Bernd Falk

Gewerbe-Immobilien

Bernd Falk
Gewerbe-Immobilien

3., überarbeitete und erweiterte Auflage

Dieses Werk will Sie beraten, die Angaben sind nach bestem Wissen zusammengestellt, jedoch kann eine Verbindlichkeit aus ihnen nicht hergeleitet werden.

CIP-Kurztitelaufnahme der Deutschen Bibliothek
Gewerbe-Immobilien/Bernd Falk (Hrsg.). – Landsberg/Lech: Verlag Moderne Industrie, 1989.
ISBN 3-478-31283-3
NE: Falk, Bernd R. [Hrsg.]

Alle Rechte, insbesondere das Recht der Vervielfältigung und Verbreitung sowie der Übersetzung, vorbehalten. Kein Teil des Werkes darf in irgendeiner Form (durch Fotokopie, Mikrofilm oder ein anderes Verfahren) ohne schriftliche Genehmigung des Verlages reproduziert oder unter Verwendung elektronischer Systeme gespeichert, verarbeitet, vervielfältigt oder verbreitet werden.

1. Auflage 1987
2., unveränderte Auflage 1988
3., überarbeitete und erweiterte Auflage 1989
© 1987 verlag moderne industrie AG & Co. Buchverlag, 8910 Landsberg/Lech
Schutzumschlag: Hendrik van Gemert unter Verwendung des Bildstadtplans Nr. 217 Hamburg
Bollmann-Bildkarten-Verlag GmbH & Co. KG, Pf. 1526, 3300 Braunschweig
Satz: Fotosatz Amann, 7970 Leutkirch
Druck- und Bindearbeiten: Kessler, Bobingen
Printed in Germany 310283/887203
ISBN 3-478-31283-3

Inhalt

Vorwort 9

I. Institutionelle Betrachtung 11

Gewerbe-Großimmobilien des Handels
Professor Dr. Bernd Falk, Hochschullehrer für Immobilien-Wirtschaft und
Inhaber des Instituts für Gewerbezentren, Bad Urach 13

Bürohäuser als Kapitalanlage
Dietrich G. Kraus, Berlin und Stuttgart 29

Bürohäuser – Planung und Vermarktung
John F. W. Morgan, F.R.I.C.S., geschäftsführender Gesellschafter der Zadelhoff Deutschland GmbH., Frankfurt 39

Hotels, Ferienzentren und Boardinghouses
Diplom-Volkswirt P. A. Bletschacher, geschäftsführender Gesellschafter der HOTOUR Unternehmensberatung für Hotellerie und Touristik GmbH., Frankfurt 55

Gewerbeparks – Planung, Errichtung, Management
Dr. Johann Vielberth, geschäftsführender Gesellschafter der Gewerbepark Regensburg GmbH, Regensburg 79

Gewerbeparks – Philosophie und Umsetzung
Diplom-Ingenieur Franz Josef Gehlen, Gesellschafter der G.i.P. Gewerbe im Park, Düsseldorf 97

Technologieparks / Technologiezentren
Dieter Bullinger, Diplom-Verw.-Wiss., Direktor, Wirtschaftsförderungsamt der Stadt Freiburg im Breisgau 111

Freizeit-Immobilien
Wolfgang Froelich, Sachverständiger für Immobilien, Frankfurt 127

Private Kliniken als Gewerbe-Immobilien
Diplom-Ökonom Klaus Burg, geschäftsführender Gesellschafter der Projektierungs- und Baubetreuungsgesellschaft mbH, Fulda 143

Senioreneinrichtungen als Gewerbeimmmobilien
Hartmut Ostermann, Vorstandsvorsitzender der Deutschen Seniorenförderung und Krankenhilfe e. V. (DSK e. V.)
Dr. Karl-Heinz Weber, Rechtsanwalt, Mannheim 185

SB-Lagerhäuser – Miniwarehouses
Benedikt Freiherr von Perfall, Matuschka-Gruppe, TRV-Beteiligungsverwaltung GmbH 211

Parkhäuser – Planung, Betrieb, Management
Diplom-Kaufmann Peter Fischer, Geschäftsführer der APCOA Autoparking GmbH, Stuttgart 219

Mehrfunktional-genutzte Gewerbe-Immobilien
Diplom-Betriebswirt Rainer Kretschmer, Projektleiter im Institut für Gewerbezentren, Bad Urach 233

Chancen und Risiken bei gewerblichen Immobilien-Investitionen auf dem US-Markt
Christian Dürr, Geschäftsführer der BVT Beratungs-Verwaltungs- und Treuhandgesellschaft mbH, München 253

Der US-Immobilienmarkt nach der Steuerreform
Dr. Klaus Trescher, geschäftsführender Gesellschafter der Dr. Trescher & Partner GmbH, München
Georg von Werz, geschäftsführender Gesellschafter der TMW Immobilien Gruppe, München – Atlanta 273

II. Funktionelle Betrachtung 293

Projektentwicklung für Gewerbe-Immobilien
Johannes Schnermann, Geschäftsführer der ECE Projektmanagement GmbH, Hamburg 295

Die Gewerbe-Immobilien bei offenen Immobilienfonds
Jürgen Ehrlich, Mitglied des Vorstandes der Deutsche Immobilien-Fonds-Aktiengesellschaft (DIFA), Hamburg 309

Geschlossene Immobilienfonds
Diplom-Kaufmann Anno August Jagdfeld, Geschäftsführer der Fundus
Fonds-Verwaltungen GmbH, Köln
Diplom-Kaufmann Jürgen Schünemann, Geschäftsführer der Fundus-
Fonds-Verwaltungen GmbH, Köln 329

Gewerbe-Immobilien-Typen (Bildteil) 369

Beurteilungskriterien für Gewerbe-Immobilien
Professor Dr. Bernd Falk, Hochschullehrer für Immobilien-Wirtschaft und
Inhaber des Institut für Gewerbezentren, Bad Urach 401

Beurteilung von Gewerbe-Immobilien und Bewertung an ausgewählten Beispielen aus Sicht eines Kreditinstitutes
Gerd Schmitz-Morkramer, Generalbevollmächtigter der Deutsche Bank
AG, Frankfurt 413

Zur Rentabilität von Gewerbe-Immobilien
Dr.-Ingenieur Wilhelm Rohrbach, Sprecher der Geschäftsführung i. R. der
Deutsche Grundbesitz-Investmentgesellschaft mbH., Frankfurt/Lehrbeauftragter für Immobilienwirtschaft an der TH Darmstadt
Jürgen Wundrack, Geschäftsführer der Deutsche Grundbesitz-Investmentgesellschaft mbH., Frankfurt 445

Konventionelle Finanzierung von Gewerbe-Immobilien
Diplom-Volkswirt Horst-Alexander Spitzkopf, Mitglied des Vorstandes der
Nassauische Sparkasse, Wiesbaden 461

Leasing für Gewerbe-Immobilien
Diplom-Kaufmann Klaus Feinen, Geschäftsführer der Deutsche Immobilien
Leasing GmbH, Düsseldorf 483

Gewerbe-Immobilien im Ausland – Deutsche Kreditinstitute als Finanzierungspartner?
Dr. jur. Klaus Peter Follak, Leiter der Planung, Produktentwicklung und
Europakoordination/Baufinanzierung, Bayerische Hypotheken- und Wechselbank AG, München 501

Gewerbe-Immobilien-Management
Professor Dr. Bernd Falk, Hochschullehrer für Immobilien-Wirtschaft und
Inhaber des Institut für Gewerbezentren, Bad Urach 513

Management gewerblicher Immobilien
Reinhold Nehl, Immobilien-Management und Beratung, Hamburg
R. Roger Weiss, mfi Management für Immobilien GmbH, Essen 531

Vermittlung von Gewerbe-Immobilien
Dr. Lutz Aengevelt, geschäftsführender Gesellschafter Aengevelt Immobilien KG, Düsseldorf 555

Marketing für Gewerbe-Immobilien
Professor Dr. Bernd Falk, Hochschullehrer für Immobilien-Wirtschaft und Inhaber des Institut für Gewerbezentren, Bad Urach 567

Computerunterstützung bei der Verwaltung gewerblicher Immobilien
Dr. Otto Herrmann, Geschäftsführender Gesellschafter der Dr. Herrmann + Partner GmbH, Mainz
Reinhold Nehl, Immobilien-Management und Beratung, Hamburg 587

Betriebs- und Nebenkostenabrechnung für Gewerbe-Immobilien
Diplom-Kaufmann Karl-Dieter Broks, BBE-Unternehmensberatung, Hamburg
Holger Schmölcke, Geschäftsführer der M + F Vermögens- und Grundstücksverwaltung GmbH, Frankfurt 605

Flächen-Recycling
Dr. Lutz Aengevelt, Geschäftsführender Gesellschafter Aengevelt Immobilien KG, Düsseldorf 625

Miet- und Pachtrecht bei Gewerbe-Immobilien
Dr. Karl-Heinz Weber, Pabst, Weber und Partner, Rechtsanwälte, Mannheim . 635

Rechtliche Risiken bei der Vermarktung von Gewerbe-Immobilien
Dr. jur. Günter Pabst, Pabst, Weber und Partner, Rechtsanwälte, Mannheim . 663

Zum Steuerrecht für Gewerbe-Immobilien unter besonderer Berücksichtigung geschlossener Fonds
Dr. Hanswerner Jehl, Rechtsanwalt, Steuerberater, München 697

Öffentliches Baurecht, Prüfen – Planen – Praxis
Dr. Manfred Probst, Rechtsanwälte Glock und Partner, München
Rudolf Häusler, Rechtsanwälte Glock und Partner, München 709

Das Umweltschutzrecht – ein Überblick
Dr. jur. Walter Beck, Dr. Beck & Partner Rechtsanwälte, München 727

Abkürzungsverzeichnis 761

Literaturverzeichnis 763

Stichwortverzeichnis 767

Vorwort zur 3. Auflage

Die »Goldgräberzeiten«, in denen Immobilien auf dem Markt lediglich verteilt werden mußten, sind seit einigen Jahren endgültig vorbei. Eine reduzierte Nachfrage nach Wohnraum, strenge Mieterschutzgesetze, niedrige Rentabilität und veränderte Steuergesetze lenkten das Augenmerk interessierter Kreise seit einigen Jahren zunehmend auf die Gewerbe-Immobilie.

In Erwartung des gemeinsamen europäischen Marktes ab 1993 wird dieser Markt durch eine zunehmende Nachfrage nach Flächen von Mietern wie auch von Investoren gekennzeichnet sein. Eine sich verschärfende Marktenge einerseits wie auch ein Wettbewerb der Standorte und Immobilien untereinander werden die Komplexität der Aufgabenstellung weiter erhöhen. Professionelle ausländische Immobiliengesellschaften mit hohem Immobilien-Know-How werden den Wettbewerb speziell im Bereich Gewerbe-Immobilien erheblich verschärfen.

Im Gegensatz zur Wohnungsimmobilie wird die Gewerbe-Immobilie für eine beträchtliche Vielfalt verschiedener Institutionen und Funktionen errichtet.

Erstmals im deutschsprachigen Raum wird mit diesem Buch wohl der gesamte Bereich der gewerblichen Immobilie umfassend und einheitlich dargestellt und damit die lange vermißte Transparenz des Gewerbe-Immobilien-Marktes entscheidend verbessert. Das vorliegende Werk schließt eine wesentliche Lücke in der Fachliteratur der Immobilienwirtschaft. Die Neuauflage eröffnete zudem die Möglichkeit, grundlegende Aktualisierungen vorzunehmen und einschlägige neue Themenbereiche wie z. B. Marketing, Recht, Freizeitimmobilien etc. zu integrieren.

38 Fachautoren beschreiben in ebenso vielen aktuellen Beiträgen die neuesten Erkenntnisse über das breite Spektrum der in der gewerblichen Immobilienwirtschaft existierenden Funktionen und Institutionen. So werden die Aufgaben der Projektentwicklung, der Finanzierung, der Beurteilung, des Management, des Marketing, der Mietvertragsgestaltung, der Kostensteuerung etc. ebenso behandelt, wie die Besonderheiten der verschiedenen Typen von Gewerbe-Immobilien wie Bürohäuser, Einzelhandelsimmobilien, Hotels, Gewerbeparks, Parkhäuser, Seniorenheime, Technologieparks, gemischt-genutzte Objekte, Freizeitimmobilien etc.

Dieses Handbuch ist für die gesamte Immobilienwirtschaft konzipiert, wendet sich also sowohl an Praktiker wie auch an Interessierte, die sich durch Eigenstudium mit dem gewerblichen Immobilienmarkt näher auseinandersetzen wollen.

Als Herausgeber gilt mein besonderer Dank den 38 Co-Autoren für ihre Mitarbeit an diesem Handbuch, denn nur mit ihrer Hilfe konnte dieses Werk entstehen. Mein Dank gilt daneben den Mitarbeitern des Instituts für Gewerbezentren. Herrn Dipl.-Betriebswirt Kretschmer für die intensive redaktionelle Betreuung dieses Handbuches, Frau Eberle für die umfangreichen Schreibarbeiten sowie Frl. Irmin Falk für die mühevollen Korrekturarbeiten.

Bad Urach, August 1989

I. Institutionelle Betrachtung

PROF. DR. BERND FALK

Gewerbe-Großimmobilien des Handels

Inhalt

1. Zur generellen Beurteilung des gewerblichen Immobilienmarktes 15
2. Anlagekriterien für ausgewählte Gewerbe-Immobilien 17
3. Ausgewählte Handels-Immobilien 18
3.1 Regionale Shopping-Center 18
3.2 Galerien/Passagen/Einkaufshöfe 20
3.3 Umwidmung von Warenhausflächen 21
3.4 Fachmärkte/Fachmarkt-Kombinationen 21
3.5 Food-Courts 22
3.6 Markthallen/Frischezentren 23
3.7 Großgastronomie 26
3.8 Erlebniszonen und Handel 26
3.9 Parkhäuser und Handel 27
3.10 Fazit 27

1. Zur generellen Beurteilung des gewerblichen Immobilienmarktes

Der Markt für gewerbliche Immobilien bzw. für ökonomisch genutzte Immobilienflächen kann wie folgt charakterisiert werden:
- In den bedeutendsten Industrieländern der westlichen Hemisphäre hat sich das Geldvermögen der institutionellen Anleger wie Versicherungsgesellschaften, Pensionsfonds und Immobilienfonds, aber auch von Privatpersonen seit Beginn dieses Jahrzehnts nahezu verdoppelt. Dies hat zur Folge, daß die Nachfrage nach gewerblichen Immobilien dieser Anlegergruppen stark zugenommen hat und auch in den nächsten Jahren ihre Bedeutung behalten wird. Die gegenwärtige Inflationsrate von 3% hat mittlerweile doch eine Größenordnung erreicht, die den anlagesuchenden Investor dazu animiert, zwar nicht die »Flucht in die Sachwerte« anzutreten, aber doch verstärkt die Anlage in Immobilien zu suchen. Insofern stellt die Inflationsrate ein weiteres Kriterium dar, sich auch aus diesem Grunde vermehrt für Gewerbe-Immobilien zu interessieren.
- Dieses Nachfragevolumen institutioneller Anleger wird durch schrittweise Anhebung der Höchstgrenzen ausländischer Anleger auf deutschen Märkten (z. B. in Japan von 2,5% auf 20% des Gesamtvermögens) zu einem verstärkten Nachfragevolumen auf dem bundesdeutschen gewerblichen Immobilienmarkt führen.
- Dieser relativ starken Nachfrage insbesondere nach Geschäftshäusern, Shopping-Centers, Bürohäusern und gemischt-genutzten Objekten steht ein vergleichsweise geringes Angebot gegenüber. Dies ist u. a. auf komplizierter und langwieriger gewordene Genehmigungsprozeduren für neue Objekte, aber auch schwieriger gewordene Genehmigungen für Erweiterungen bestehender Objekte zurückzuführen. Die Einstellung der Politiker geht vermehrt dahin, bestehende Strukturen, insbesondere in den bundesdeutschen Innenstädten, zu schützen. Verschärfte Auflagen auf seiten der Denkmalschützer, wachsende Forderungen des Brandschutzes und der Gewerbeaufsicht verteuern darüber hinaus den Bau innerstädtischer Objekte. Inwieweit das »neue Baugesetzbuch« hier zu einer Verbesserung führen wird, läßt sich gegenwärtig noch nicht beurteilen.
- Auch in den nächsten Jahren wird sich die Markttransparenz auf dem Markt für ökonomisch genutzte Immobilien weiter verbessern. Hierzu tragen vor allem die detaillierten Geschäftsberichte der offenen Immobilienfonds, die Veröffentlichungen von Fachinstituten sowie Publikationen internationaler Maklerorganisationen wesentlich bei.
- Die beschränkten Möglichkeiten einer räumlichen Erweiterung innerstädtischer Nutzungsflächen läßt zwei Entwicklungstrends für die nächsten Jahre erwarten. Einerseits die Umstrukturierung bzw. Umwidmung von Altflächen in attraktive neue Nutzungsarten (Markthallen, Fachmarkt-Zentren, Passagen, Galerien etc.).

Andererseits die Schaffung neuer Flächen für andere Nutzungsarten (Büroflächen, Hotels, Gewerbeparks etc.) in stadtperipherer Standortlage.
- Der gegenwärtig erkennbare Trend, die zu errichtenden gewerblichen Flächen – ob eigengenutzt oder vermietet – ansprechender zu gestalten, wird auch in den nächsten Jahren anhalten. Man hat erkannt, daß durch eine »intelligente Konzeption« das Investment eher längerfristig abzusichern ist bzw. diese eine Ertragssteigerung erwarten läßt.
- In den nächsten Jahren wird die Erkenntnis zunehmen, sowohl mit den zu realisierenden gewerblichen Flächen besonders ökonomisch bezüglich ihrer Flächendimension und -struktur umzugehen, dennoch aber die Fläche so flexibel wie möglich für künftige Nutzungsänderungen zu gestalten.
- Neben den Funktionen der Betreuung, Verbesserung und Sanierung sowie Verwaltung von gewerblichen Immobilien wird zunehmend mehr die Aufgabe des Immobilien-Managements an Bedeutung gewinnen.
- Eine Vernachlässigung der Grundanforderungen an Standort, äußere Objektgestaltung, Flächenstruktur und -dimensionierung, Verwaltung und Immobilien-Management etc. wird spätestens in Zeiten sich verringernder Nachfrage nach diesen Flächen zu einer Gefährdung dieses Engagements führen. Dies ist bereits heute deutlich erkennbar. So ist der Markt nach guten gewerblichen Immobilien »geradezu leergefegt«. Demgegenüber häuft sich die Objektzahl, vor allem von Geschäftszentren und Einkaufszentren, die nicht in der Lage sind, sich in einem härteren Wettbewerb zu behaupten, da sie über diese Grundanforderungen nicht verfügen.
- Es ist damit zu rechnen, daß die Situation des »gesplitteten Marktes gewerblicher Immobilien« aufgrund eines in den nächsten Jahren zu erwartenden zunehmenden Wettbewerbs, rückläufiger Bevölkerungszahl, eines schärferen Ausleseprozesses im Einzelhandel und anderer Faktoren noch kritischer wird.

Mit einer starken Belebung des gewerblichen Immobilienmarktes ist im Hinblick auf den Gemeinsamen Markt ab 1993 zu rechnen. Insbesondere wird die Bundesrepublik als Anlagemarkt für Auslands-Investoren interessant sein. Schwerpunkte hierbei sind die fünf Großräume Hamburg, Düsseldorf, Frankfurt, Stuttgart und München, wobei der Schwerpunkt auf Frankfurt liegen wird. Es ist damit zu rechnen, daß sich Frankfurt aufgrund seiner zentralen Lage innerhalb der Bundesrepublik und der guten regionalen und überregionalen Verkehrsanbindung zu einem internationalen Zentrum, nur noch vergleichbar mit London, Paris, Mailand oder Madrid entwickeln wird.

Deutsche Unternehmen werden im Europageschäft nur in sehr geringem Umfang vertreten sein, da internationale qualifizierte Projektentwicklungs-Unternehmen (Developer) in Deutschland praktisch nicht existieren. Starke Entwickler arbeiten hier zumeist regional, teilweise auch national.

Dagegen ist mit einer erheblichen Nachfrage-Konkurrenz durch ausländische

Investoren und Entwickler am deutschen Markt zu rechnen. Einerseits ist hier eine höhere Professionalität der Immobilienentwicklung und des Immobilien-Managements erkennbar, andererseits locken günstige Währungsrelationen, Geldwertstabilität und die trotz hoher Arbeitslosigkeit stabile deutsche Wirtschaft ausländisches Kapital an.

Zusätzliche Nachfrage kommt sowohl von den inländischen Versicherungen und Pensionskassen aufgrund der schwierigen Überschaubarkeit bei der Anlage alternativer Aktien und der fehlenden Rendite von Rentenpapieren. Holländische und skandinavische Unternehmen sind bereits gegenwärtig verstärkt an Investitionen interessiert. Schließlich wird damit gerechnet, daß japanische Anlageunternehmen zukünftig in den bedeutenden Zentren Europas erhebliche Immobilien-Investitionen vornehmen werden.

2. Anlagekriterien für ausgewählte Gewerbe-Immobilien

Der Schwerpunkt der Tätigkeit im Bereich gewerblicher Immobilien wird sich in den nächsten Jahren stärker auf die Umstrukturierung und Optimierung vorhandener Flächen, die Sanierung ganzer Stadtteile sowie die Entwicklung neuer Gewerbe-Immobilien richten.

Auf der Suche nach neuen attraktiven innerstädtischen Standorten, aber auch unter Berücksichtigung ökonomisch nicht mehr tragfähiger Flächen an diesen 1a-Standorten, lassen sich u. a. folgende Beispiele benennen:
- Durch die Verlegung von immissionserzeugenden Betrieben aus diesen innerstädtischen Bereichen an die Stadtperipherie ergeben sich Flächen, die sich als Standorte für alternative gewerbliche Immobilien besser nutzen lassen. Durch die Standortverlagerung von Brauereien und Druckereien besteht nunmehr die Möglichkeit, Einkaufspassagen und Büroflächen zu etablieren.
- Aufgrund der Liberalisierung der Ladenschlußregelung für Standorte an Verkehrsknotenpunkten in Städten mit über 200 000 Einwohnern bieten sich in der Bundesrepublik Deutschland »neue Standorte« in etwa 30 Städten für den Bau von vor allem Einkaufszentren und Einkaufspassagen an.
- Die Bundesbahn veräußert bzw. verpachtet nicht mehr benötigtes Bahngelände an Investoren bzw. Nutzer zur Errichtung von z. B. Handelsflächen. Hier dürfte allerdings noch zu klären sein, ob diese Flächen der Planungshoheit der Bundesbahn oder der Gemeinden unterliegt. Eine klare Kompetenzregelung steht hier noch aus.
- Die Betriebsform Warenhaus, mit über hundertjähriger Tradition, sitzt bereits seit einigen Jahren »in der Klemme«. Einerseits stehen die Warenhäuser im Zweifron-

tenkrieg zwischen Discountern und Fachhandel und andererseits im Konflikt permanent steigender Kosten bei stark abgeflachten Umsatz- und Ertragsergebnissen – um hier nur zwei Ursachen zu benennen. Experten rechnen damit, daß in den nächsten Jahren noch zahlreiche Filialen bundesdeutscher Warenhauskonzerne zur Umstrukturierung bzw. zur Aufgabe/Schließung anstehen. So beabsichtigt z. B. Horten, in den nächsten Jahren 39 Häuser für mehr als 500 Mio. DM umzubauen. In Zukunft sollen Ladenstraßen, an denen fachgeschäftsähnliche »Warenwelten« und Markenshops liegen, das Bild der Warenhäuser prägen. Die bisherigen Ergebnisse derartiger Umstrukturierungsmaßnahmen jedoch können – mit wenigen Ausnahmen – nicht beeindrucken. Dies liegt einerseits an einer nicht ausreichenden Kreativität, andererseits an der Unterschätzung des hierfür erforderlichen zusätzlichen Investitionsvolumens für Umbaumaßnahmen, technische Einrichtungen etc.

3. Ausgewählte Handels-Immobilien

3.1 Regionale Shopping-Center

Nach einer nahezu boomartigen Ausbreitung Anfang der 70er Jahre verlangsamte sich das Expansionstempo der Einkaufszentren nicht nur in der Bundesrepublik Deutschland, sondern auch in den benachbarten westeuropäischen Ländern im Verlauf dieser Dekade sehr deutlich.

Von den derzeit bestehenden rund 1 000 Einkaufszentren unterschiedlichen Typs und verschiedener Größenordnung haben lediglich 91 den Charakter eines sogenannten regionalen Shopping-Centers (ab 15 000 m^2 Geschäftsfläche). In den nächsten Jahren wird ihre Zahl aufgrund derzeit im Entwicklungs- oder Realisierungsstadium befindlicher Objekte um jährlich nur noch etwa 2 bis 3 Center ansteigen.

Entsprechend werden auch die Geschäftsflächen, die gegenwärtig einen Bestand von etwa 2,7 Mio. m^2 für den regionalen Typ bzw. von rund 7 Mio. Quadratmeter für alle Einkaufszentrentypen erreicht haben, nur noch relativ leicht steigen. Der Marktanteil aller Einkaufszentren am Gesamtumsatz des Einzelhandels in der Bundesrepublik Deutschland dürfte gegenwärtig bei etwa 10 % liegen und sich in den nächsten Jahren nur geringfügig nach oben verändern.

Für die gedämpfte Expansion neuer Shopping-Center lassen sich mindestens die folgenden Gründe nennen:
– In den letzten Jahren lag das Wachstum des Einzelhandels jeweils deutlich unter dem der bundesdeutschen gesamtwirtschaftlichen Entwicklung. Erst seit Beginn des Jahres 1987 rofitiert der Einzelhandel erstmals wieder von gestiegenem Realeinkommen, vor allem aufgrund stark gesunkener Ölpreise. Allerdings ist die Dauer dieser Situation schwer überschaubar.

**Entwicklung der regionalen Shopping-Center
– 1964 bis 1989 – in der Bundesrepublik Deutschland**

Jahr	Bestand	Geschäfts-fläche in m²	⌀ Geschäftsfläche je Center in m²
1964	3	170 500	56 833
1965	3	170 500	56 833
1966	5	222 500	44 500
1967	6	270 500	45 083
1968	8	322 079	40 260
1969	11	417 766	37 979
1970	15	625 999	41 733
1971	21	807 073	38 432
1972	26	1 018 757	37 732
1973	37	1 334 500	35 118
1974	44	1 601 706	35 593
1975	47	1 654 706	34 473
1976	49	1 697 706	33 954
1977	56	1 874 106	32 879
1978	58	1 929 506	33 267
1979	61	2 023 506	33 866
1980	69	2 175 506	31 044
1981	72	2 241 781	30 665
1982	72	2 263 848	31 442
1983	77	2 380 848	30 920
1984	80	2 446 848	30 586
1985	82	2 496 848	30 449
1986	84	2 533 848	30 165
1987	85	2 549 848	29 998
1988	88	2 602 848	29 578
1989	91	2 687 848	29 536

Quelle: Institut für Gewerbezentren, Bad Urach

– Darüber hinaus sind attraktive Standorte für großdimensionierte regionale Einkaufszentren, insbesondere in den Ballungszentren und Großstadtregionen, nur noch in geringem Maße verfügbar.
– Nach der Novellierung der Baunutzungsverordnung, die die Errichtung von Großobjekten des Einzelhandels außerhalb der Kerngebiete der Städte stark verringerte, gehen Städte und Gemeinden in Kerngebieten verstärkt dazu über, Bebauungspläne für den konkreten Fall zu erstellen, um unerwünschte Einzelhandels-Nutzungen zu verhindern.
– Zunehmend scheitert die Realisierung neuer Einkaufszentren jedoch auch an einer deutlich erkennbaren Divergenz zwischen Grundstücks- und Bauinvestitionen auf der einen Seite und nicht mehr erzielbaren Ertragsmargen auf der anderen Seite. So sind in den letzten Jahren die Baukosten und Bodenpreise erheblich stär-

ker gestiegen als die noch erzielbaren Mietpreise für Einzelhandels- und ergänzende Dienstleistungsflächen.
– Zudem erschweren eine zunehmende Marktsättigung sowie regionale Überangebote an Einzelhandels- und Dienstleistungsflächen die Errichtung weiterer Großobjekte in Gestalt von Einkaufszentren.

3.2 Galerien / Passagen / Einkaufshöfe

Auf der Suche nach Erweiterungsmöglichkeiten innerstädtischer Geschäftszentren, aber auch als Ergänzung bestehender Fußgängerzonen, wurden in den letzten Jahren zahlreiche City-Einkaufszentren, vorwiegend in der Konzeption von Passagen und Galerien, seit neuestem auch in Gestalt von Einkaufshöfen, errichtet. Im Gegensatz zum regionalen Shopping-Center liegt ihre Größe zwischen 3000 bis maximal 10000 m^2 Geschäftsfläche.

Das Volumen realisierter Objekte dieses gewerblichen Immobilientyps liegt bei gegenwärtig etwa 150. Fünfzig Prozent hiervon sind allerdings als nicht glückliche Investitionen zu bezeichnen. Als Gründe hierfür bzw. Anlagekriterien für die Überprüfung derartiger Passagen lassen sich u. a. folgende benennen:

– Aufgrund ihres hochzentralen Standortes in der Innenstadt und ihrer meist relativ geringen Flächengröße müssen Passagen größtenteils ohne einen großflächigen kundenanziehenden Magnetbetrieb auskommen. Dieses erhöht zwar die Ertragssituation, führt aber erfahrungsgemäß zu nicht ausreichenden Kundenfrequenzen.
– Daneben wird im Regelfall – nicht zuletzt auch aus Kosteneinsparungsgründen – auf ein Center-Management verzichtet. Die Erfahrung zeigt jedoch, daß, unabhängig von der Objektgröße, im Regelfall ohne ein professionelles Management keine ökonomisch akzeptablen Ergebnisse erzielt werden können.
– Häufig ist man auch nicht bereit oder aus mangelndem Know-how und fehlender Finanzkraft nicht in der Lage, eine kundenattraktive Gemeinschaftswerbung für diese klein-dimensionierten Einkaufszentren zu betreiben.
– Um die relativ hohen Grundstücks- und Errichtungskosten zu verkraften, bzw. um eine akzeptable Rentabilitätsmarge darzustellen, werden häufig Objekte dieses Typs in zwei oder mehr übereinanderliegenden Einkaufsebenen errichtet. Es ist jedoch nur in Ausnahmefällen möglich, die Kundenfrequenz auch in die oberen Etagen zu führen. Das Negativergebnis besteht dann häufig in einem »Absterben« der Ladeneinheiten auf diesen abgehängten Flächen.

Werden derartige Objekte jedoch von seriösen und erfahrenen Entwicklungsgesellschaften geplant und realisiert und die Grundzüge der »Shopping-Center-Theorie« befolgt sowie die örtlichen Gegebenheiten berücksichtigt, so stellen derartige gewerbliche Immobilien eine nach wie vor zukunftsträchtige Investition dar.

3.3 Umwidmung von Warenhausflächen

Die Warenhauskonzerne haben zu spät auf die veränderten Verhältnisse am Markt reagiert. Gegenwärtig jedoch liegen eine Reihe von ausgearbeiteten Strategien vor, die sich teilweise schon in der Erprobung bzw. Realisierung befinden. So versucht man durch personalwirtschaftliche, kostenwirtschaftliche, warenwirtschaftliche, organisatorische, marketingpolitische und nicht zuletzt auch durch raumwirtschaftliche Maßnahmen wieder bessere betriebswirtschaftliche Ergebnisse zu erzielen. Hier sind u. a. zu nennen:
- Eine intensivere Nutzung der Immobilien-Substanz insgesamt, als dies bisher der Fall war.
- Die Geschäftsflächengröße total und strukturell zu verändern.
- Die Geschäftsfläche aufgrund veränderter Nachfrageverhältnisse im Einzugsgebiet anzupassen.
- Flächenumwidmungen vorzunehmen, z. B. in Gestalt einer Vermietung an Konzessionäre und Mieter.
- Einzelne Filialen total zu schließen und sie neuen Betriebsformentypen zuzuführen.

3.4 Fachmärkte / Fachmarkt-Kombinationen

Als eine der jüngsten Entwicklungen und vielleicht auch aktuellsten Betriebsformen können die Fachmärkte angesehen werden.
  Als spezielle Merkmale lassen sich vor allem nennen:
- Der Fachmarkt verfügt über ein relativ tiefes und breites sowie zielgruppen- und bedarfsorientiertes Sortiment.
- Die Warenpräsentation ist gut, aber nicht übermäßig hochwertig ausgerichtet.
- Die Geschäftsfläche liegt, nicht zuletzt auch unter Beachtung von § 11, Abs. 3 der Baunutzungsverordnung bei um ca. 1 200 qm.
- Fachmärkte bevorzugen autokunden-orientierte Standorte. Sie suchen die Nähe von Verbrauchermärkten und Einkaufszentren.
- Die Preispolitik ist sehr differenziert, vornehmlich discountorientiert.
- Die Werbepolitik wird mit hoher Intensität betrieben.
- Fachmärkte bieten eine qualifizierte warenspezifische Beratung, wenn diese gewünscht wird. Teilweise wird jedoch bewußt hierauf verzichtet.

In der bundesdeutschen Landschaft kennen wir gegenwärtig schon eine Reihe von Branchen, die in der Betriebsform Fachmarkt offeriert werden:
- Sortiments- und Spezialbaumärkte
- Garten-Center

- Drogeriemärkte
- Möbel- und Heimausstattungsmärkte
- Bekleidungsmärkte und sonstige Spezialtextilmärkte
- Schuhmärkte
- Haushalts- und Hartwarenmärkte
- Fachmärkte für braune Ware
- Auto-, Reisen- und Zweirad-Fachmärkte.

Faßt man diese Kriterien zusammen, so kann man das Fachmarkt-Konzept auch als äußerste Rationalität bezeichnen, mit der die üblichen Einzelhandelsmarketing-Instrumente eingesetzt werden.

Sowohl die Hersteller, das Handwerk als auch Groß- und Einzelhandel können bisher als Initiatoren für Fachmärkte angesehen werden. Im Einzelhandel sind es besonders Fach- und Spezialgeschäfte, z. B. mit Hausrat und Eisenwarensortimenten, die nun als Ergänzung zu ihrem Spezialgeschäft an anderen Standorten diese Fachmärkte einrichten.

Aber auch im Warenhausbereich versucht man gegenwärtig, in Fachmärkte zu diversifizieren. So ist die Tochtergesellschaft der Kaufhof AG, Mac Fash, dabei, in guten City-Lagen, Shopping- und Fachmarktzentren Modefachmärkte auf einer Verkaufsfläche von 800 bis 1 200 m^2 zu errichten.

Die Saturn-Hansa Handels-GmbH, eine 100%ige Tochter der Kaufhof AG, hat mittlerweile mehrere Fachmarkt-Filialen für das Radio- und Fernsehsortiment errichtet. Seit dieser Zeit dürfte die Branche an den betroffenen Standorten Grund zur Furcht vor diesem Diversifikationsversuch der Kaufhoftochter im Rundfunk-, TV- und Fotogeschäft haben. Es muß erwartet werden, daß im Umfeld der Umsatz zwischen Saturn und seinen Konkurrenten neu verteilt wird.

3.5 Food-Courts

Ein Food-Court besteht aus einer Gruppe von kleinen Küchen und Theken in einem Einkaufszentrum, entweder unter der Gesamtkontrolle einer Firma bzw. des Center-Managements oder aus unabhängigen Geschäftsleuten bzw. Mietern, verbunden mit einer gemeinsamen Sitzfläche. Food-Courts haben in den vergangenen Jahren in Nordamerika eine immer größere Bedeutung im Angebot der Shopping-Center erhalten, sowohl in Einkaufszentren, die außerhalb der Städte liegen, als auch in Shopping-Centers, die in den Innenstädten, teilweise verbunden mit Bürogebäuden, situiert sind.

Ein Food-Court kann dazu beitragen, das sonstige Handels- und Dienstleistungsangebot im Objekt zu ergänzen. Er kann aber auch zu einem eigenen Magnetbetrieb werden, dies gilt besonders für Einkaufszentren, die in den Innenstädten liegen und zur Mittagszeit besonders stark frequentiert werden. In zahlreichen nordamerikanischen Einkaufszentren, die gegenwärtig umgebaut werden bzw. neu geplant werden, spielen Food-Courts eine wesentliche Rolle.

In der Anfangsphase wurde in den Food-Courts in den USA praktisch nur amerikanisches fast food angeboten. Der Erfolg lag im schnellen Service, preisgünstigen Portionen, einer sauberen Umgebung mit verhältnismäßig großer Auswahl von speziellen Schnellgerichten.

Im Laufe der Entwicklungszeit hat sich jedoch der Food-Court weiterentwickelt. Die Wünsche der Kunden sind differenzierter geworden, das Anspruchsniveau ist gestiegen. So wird heute nicht nur fast food (Hot Dogs und Coca-Cola), sondern auch andere amerikanische Modebissen sowie europäische Kost angeboten.

Ein wesentlicher Vorteil der Food Court-Betriebe ist in der Frische der Waren zu sehen. Es gibt z. B. Backwarengeschäfte, die absichtlich in kleinen und nahezu »unwirtschaftlichen Mengen« produzieren, um stets frische Ware zu offerieren, wohl ihre beste Werbung.

Das Geheimnis des Erfolges liegt gegenwärtig in der Spezialisierung sowie einem Angebot von auserlesenen Gerichten, dies jedoch preiswert und ohne formellen Zwang.

In regionalen und super-regionalen Einkaufszentren beträgt die Fläche, die für Food-Courts verwendet wird, gegenwärtig 7 bis 9% der gesamten Mietfläche, ohne Warenhäuser.

Aus einer jüngsten amerikanischen Erhebung lassen sich folgende Daten nennen:
Von 26 untersuchten Food-Courts hatten 17 unabhängige Mieter und 9 einen einzigen Hauptmieter im Food-Court, der alle Theken und Küchen betrieb.

Im Durchschnitt lag die gesamte Mietfläche aller Food-Court-Betriebe zwischen 500 und 770 m² mit durchschnittlich 11 Anbietern, die eine Durchschnittsgröße von 50 bis 70 m² aufwiesen. Die gesamte Mietfläche (Geschäftsfläche) eines Food-Court ist etwa doppelt so groß wie die Netto-Mietfläche (Bedienungsfläche). Die gemeinsamen Flächen verfügten durchschnittlich über 350 Sitzplätze.

Food-Courts haben sich in nordamerikanischen Einkaufszentren voll etabliert. In besonders groß dimensionierten Einkaufszentren, wie z. B. im Eaton Center in Toronto, existieren bereits 2 Food-Courts – und beide laufen erfolgreich.

3.6 Markthallen/Frischezentren

Markthallen sind keine Erfindung des zwanzigsten Jahrhunderts. Märkte werden bereits seit Tausenden von Jahren abgehalten, sei es auf der griechischen Agora, dem lateinischen Forum oder dem orientalischen Basar. Marktplätze waren ursprünglich Volks- oder Heeresversammlungsplätze, später Handelsplatz und Geschäftszentrum.

Die Tradition der Wochen- und Jahrmärkte hat sich bis in die heutige Zeit fortgesetzt, zwei der bekanntesten permanenten Märkte sind heute der Naschmarkt in Wien und der Viktualienmarkt in München. Die Mehrzahl dieser Märkte findet noch auf Marktplätzen, also im Freien statt. In einigen Städten existieren aber auch bereits seit längerer Zeit Markthallen.

Ein Schwerpunkt, dem Kunden zukünftig ein zusätzliches Einkaufs- und Freizeiterlebnis zu vermitteln, wird im weitesten Sinne in dem Bereich Essen und Trinken liegen. Hierbei verschwimmen die Tätigkeiten Einkaufen und Essen zunehmend. In animativ gestalteten Markthallen, Frischezentren, Delikatessas, Gourmet-Märkten, Food-Courts etc. kann der Kunde Frischwaren sowohl einkaufen wie auch fertig zubereitet zu sich nehmen. Feinkost und Fast-food werden hier mit höchstmöglicher Frische kombiniert. Die ansprechende Warenpräsentation soll den hohen Erlebniswert vermitteln. Häufig werden bei derartigen Frische-Agglomerationen regional bekannte und anerkannte Spezialanbieter an einem Standort innerhalb des Einkaufszentrums offen gebündelt.

Markthallen werden in Einzelfällen auch als regelrechte Shopping-Center entwickelt, wie Beispiele in Hannover und Bremen (geplant) zeigen. Beispielsweise sollen in Bremen nahezu 120 kleine und kleinste Einheiten von Frischwaren-Anbietern in einer derartigen Markthalle untergebracht werden. Andere Handelsbetriebe wie Fachmärkte oder ein Lebensmittelmarkt stellen hier nur noch eine Ergänzung dar. Abgerundet wird das Projekt durch mehrere gastronomische Einheiten.

Eine Markthalle kann als eine Agglomeration einer Vielzahl kleiner und mittelgroßer Händler definiert werden, die ein relativ breites und tiefes Sortiment an Frischwaren, hauptsächlich des Nahrungs- und Genußmittelbereiches unter einem Dach anbieten, wobei keine klare Trennung der Verkaufsräume ersichtlich ist. Gastronomische Betriebe und wenige Non Food-Betriebe (Blumen) können das Angebot ergänzen.

Im Gegensatz zum traditionellen Wochenmarkt, der ein- oder zweimal wöchentlich stattfindet, handelt es sich bei einer Markthalle um ein permanentes Angebot.

In den vergangenen Jahren sind in der Bundesrepublik Deutschland zahlreiche Markthallenkonzepte realisiert worden, andere befinden sich im Realisierungs- bzw. Projektierungsstadium. Es ist damit zu rechnen, daß auch weiterhin derartige Markthallen, voll integriert in Shopping-Center oder auch isoliert für sich, in der nächsten Zeit entstehen werden. Dies veranlaßt uns, nachfolgend auf einige Grundvoraussetzungen für eine erfolgreiche Errichtung und Betreibung einzugehen:

– Eine der wesentlichen Voraussetzungen für die Errichtung einer Markthalle ist in einem zentralen Standort zu sehen, der für alle Verkehrsarten gut zugänglich ist und auch über ausreichende Kfz-Stellplätze verfügt.
– Der vorhandene Bedarf im Einzugsgebiet muß groß genug sein, um eine ausreichend große, attraktive Markthalle rentabel betreiben zu können.
– Angebots- und Preisniveau müssen der örtlichen Kaufkraftsituation angepaßt werden, sofern diese überhaupt die Etablierung einer Markthalle zuläßt.

- Auch die Konkurrenzsituation muß die Einrichtung einer Markthalle ermöglichen. Insbesondere ist auf die Frischwarenabteilungen der Supermärkte, marktähnliche Abteilungen von Warenhäusern sowie auf evtl. bereits existierende permanente Märkte oder Wochenmärkte zu achten und deren Attraktivität in Relation zum eigenen (projektierten) Angebot zu setzen. Des weiteren sind Fach- und Spezialgeschäfte der vorgesehenen Branchen zu ermitteln und zu bewerten, insbesondere auch mögliche Angebotskonzentrationen im Umfeld.
- Der innerbetriebliche Standort sollte über eine gute Zugänglichkeit sowohl von der Mall als auch von den Parkplätzen verfügen.
- Der Eingangsbereich der Markthalle muß bereits von weitem optisch gut erkennbar sein.
- Die Markthalle muß sich in das Gesamtkonzept eines Shopping-Centers gut integrieren lassen, vor allem zu den Nachbarbetrieben.

Wenn diese wesentlichen Grundvoraussetzungen erfüllt sind, so sind bei der Entwicklung eines Markthallen-Konzeptes mindestens die ergänzenden Kriterien zu berücksichtigen:

- Um das Angebot der Markthalle attraktiv zu gestalten, ist ein umfassendes Angebot zu präsentieren. In der Markthalle sollten mindestens etwa 25 Betriebe ansässig sein, wobei zur Verdeutlichung der Vielfalt mehrere kleine Anbieter einem größeren vorzuziehen sind. Als Flächenuntergrenze sehen wir 1 000 m^2 Geschäftsfläche an. Die Ladengrößen bzw. Marktstandgrößen können zwischen 20 und 80 m^2 liegen.
- Der Branchen-Mix sollte so gestaltet sein, daß ein sortimentsmäßig abgerundetes Angebot gewährleistet ist. Gleichzeitig sind bestimmte Branchen doppelt oder dreifach zu besetzen, ihre Sortimente sollten sich teilweise überschneiden, um eine gesunde innerbetriebliche Konkurrenzierung zu erreichen. Das Sortimentsniveau ist auf relativ hoher Stufe anzusetzen, um sich von externen Konkurrenten abzuheben. Ähnliches gilt für das Ausstattungsniveau und die Präsentation der Waren. Eine Pflasterung z. B. der Fußböden, Bäume, Laternen, Stände sollten die Marktatmosphäre verdeutlichen.
- Absolute Frische des Angebotes und freundliche, fachkundige Bedienung sind ebenfalls Voraussetzung zur Profilierung einer Markthalle.

Neben diesen ökonomischen Voraussetzungen sind aber auch technische Erfordernisse zu berücksichtigen:

- Der relativ große Warenumschlag erfordert eine entsprechend dimensionierte Anlieferungszone und Entsorgungsmöglichkeiten. Aufgrund der erwarteten hohen Frequenz müssen auch die Verkaufsflächen entsprechend bemessen sein, zumal das Kundengeschäft im wesentlichen auf der Mall, also auf der Verkehrsfläche, abgewickelt wird.
- Die Klimatisierung sowie die Be- und Entlüftung müssen auf das Sortiment abgestimmt sein, um z. B. Geruchs-Belästigungen (Fisch) zu vermeiden.

Zunehmend entstehen in Einkaufszentren auch kleine Frische-Zentren, zum Teil auch unter der Bezeichnung »Markthalle«. Hier werden neben einem begrenzten Frischwaren-Sortiment in Spezialgeschäften auch Fastfood z. B. in sogenannten »heißen Theken« oder frische, vor Ort produzierte Backwaren angeboten. Bei dieser Konzeption handelt es sich um eine Art von Mischform zwischen Food-Court und kleiner Markthalle.

3.7 Großgastronomie

Neben der Mischung aus Verkauf und Verköstigung wird zunehmend auch der gastronomische Bereich zu einem eigenständigen Anziehungspunkt ausgebaut. Entscheidend hierfür ist wie bei den Markthallen und Frischezentren die Bündelung des Angebotes. Beispielhaft hierfür sind die Großgastronomie-Anlagen der Firma Mövenpick in Düsseldorf, Hamburg oder Berlin zu nennen, die auf einer Fläche von bis zu 4500 qm eine Reihe unterschiedlicher Gastronomiebetriebe vom Café, Bistro über die Steakabteilung bis zur Kartoffelecke und zur Eisbar unterhalten. Derartige Einrichtungen können durchaus auch als eigenständige Magneten für kleinere Objekte angesehen werden.

3.8 Erlebniszonen und Handel

Als derzeit spektakulärstes Beispiel einer Erlebniszone kann der Freizeitbereich in der West-Edmonton Mall in Edmonton Canada gelten, die derzeit wohl das auf der Welt umfassendste Angebot an Freizeit und Vergnügen – selbstverständlich auch an Einzelhandel – innerhalb eines Einkaufszentrums bietet. Beispielsweise enthält dieses riesige Zentrum einen kompletten Vergnügungspark, einen Wasserpark und eine sogenannte Seewelt, in der man mit kleinen U-Booten eine künstliche Unterwasserwelt besichtigen kann.

Derartige Dimensionen sind auf europäische Verhältnisse bisher nicht übertragbar. Aber auch in Europa gibt es Versuche, Freizeit und Einkaufen zu einer sinnvollen Kombination zu vereinen. Als Beispiel hierfür kann der Säntispark in St. Gallen in der Schweiz angeführt werden. Als Novität kann angesehen werden, daß die Fläche für Freizeitaktivitäten diejenige des Einkaufsbereiches beträchtlich übersteigt. Demgegenüber nimmt der Freizeitbereich beispielsweise der KÖ-Thermen in der KÖ-Galerie nur etwa 2500 qm der Gebäudefläche ein. In Toplage in der Innenstadt von Düsseldorf soll diese Anlage ein exklusives Freizeiterlebnis bieten.

Die umfassendste Erlebniszone soll allerdings in dem in Oberhausen geplanten World-Tourist-Center der Gebrüder Ghermezian installiert werden. Das Freizeitcenter soll einen Wasserpark mit Meeresattraktion, Zirkus, Tivoligarten, Bootsrundfahrten, Fantasiepark, Aussichtsturm, Weltraumzentrum, Traumauto-Pavillon, Eisstadion, Unterhaltung, Fitneß-Center, Campingplatz und Bootshafen umfassen. Insgesamt 5000 Hotelzimmer sollen darüber hinaus die zahlreichen erwarteten Besucher aufnehmen.

3.9 Parkhäuser und Handel

Mehr und mehr wird versucht, unattraktive innerstädtische Parkhäuser mit Ladenflächen, Büros und/oder Wohnungen – auch aus städtebaulichen Gründen – zu ummanteln. Teilweise werden hier lediglich im Erdgeschoß kleine Ladeneinheiten/Pavillons vor das Parkhaus gesetzt, teilweise werden ehemalige Parkhausflächen für den Einzelhandel umfunktioniert, so daß regelrechte kleine Geschäftszentren entstehen können. Ein gegenwärtig im Bau befindliches Projekt sieht sogar die Bebauung einer gesamten Häuserzeile vor das Parkhaus vor.

3.10 Fazit

Die gewerbliche Immobilie unterliegt einem Lebenszyklus wie auch andere Investitionsgüter und letztlich wie wir Menschen auch selbst. Sie ist somit als quasi lebendes Gebilde anzusehen. Wird dieses von den Investoren, Eigentümern und Nutzern nicht gewürdigt, so ist sie in ihrer Substanz gefährdet.

Der Markt für gewerbliche Immobilien hat sich in den letzten Jahren gewandelt. Auch hier gab es die Entwicklung zunächst vom Verkäufer- zum Käufermarkt und dann wieder zum Verkäufermarkt. Dies gilt jedoch nur für gute Objekte. Die Konsequenz hieraus lautet:

Immobilien-Anbieter müssen sich in ihrer Denkweise und in ihrem Produkt in die Situation eines Anlegers bzw. Nutzers versetzen, um ein markt-adäquates Angebot zu offerieren und zu halten. Marketing bedeutet auch im gewerblichen Immobilienbereich die Führung der Unternehmung vom Markte her.

In jeder gewerblichen Immobilieninvestition stecken Risiken – man muß sie nur sehen. Die Anlagekriterien Standort, äußere Gestaltung, Flächenstruktur, Flexibilität bzw. Alternativnutzung, Immobilienverwaltung und -Management, Qualität und Ausgestaltung vorliegender Nutzer-Verträge, Betriebskostenniveau stellen hierbei nur einige ausgewählte Prüfkriterien dar.

DIETRICH G. KRAUS
Bürohäuser als Kapitalanlage

Inhalt

1. Bürohäuser als Kapitalanlage 31
2. Der Einfluß des technischen Fortschritts 31
3. Büroatmosphäre 32
4. Der Büroarbeitsplatz im Wohnzimmer 33
5. Rationalisierung der Büroarbeit 33
6. Der Dienstleistungssektor in der Volkswirtschaft 34
7. Büromieten im internationalen Vergleich 35
8. Makro-Standort 35
9. Mikro-Standort 35
10. Die Bedeutung der konjunkturellen Entwicklung 36
11. Marktzyklus 36
12. Bürohäuser – Ein sinnvolles Investment 38

1. Bürohäuser als Kapitalanlage

Erst in den sechziger Jahren dieses Jahrhunderts begannen in der Bundesrepublik Deutschland Kapitalanleger wie Versicherungsgesellschaften, aber auch andere institutionelle Anleger, in größerem Umfang mit der Errichtung von Bürobauten nicht mehr nur für den eigenen Bedarf, sondern zur Vermietung an Dritte, also für anonyme Nutzer. Die Vorläufer dieser Entwicklung waren die Kontorhäuser an den traditionellen nationalen und internationalen Handelsplätzen, z. B. in den deutschen Hansestädten.

Als die großen Industrieunternehmen große Bürobauten benötigten und als mit der Zunahme der Nachfrage nach Dienstleistungen die ersten großen Dienstleistungsunternehmen entstanden und diese ebenfalls entsprechende Gebäude benötigten, wurde dieser Bedarf zunächst durch eigene Investitionen gedeckt. In Nordamerika setzte die Entwicklung zu einem geregelten Büroflächenmarkt schon sehr viel früher als hierzulande ein und mündete schon zu Beginn unseres Jahrhunderts in eine ganz neue städtebauliche Ära, gekennzeichnet durch die Errichtung überhoher Bürobauten, die man Wolkenkratzer nannte.

2. Der Einfluß des technischen Fortschritts

Die technische Entwicklung beschränkt sich jedoch nicht nur auf die Veränderung der Größenordnung der Bürobauten. Geradezu sprunghaft ist die Entwicklung des Innenlebens, der technischen Ausstattung. Vor wenigen Jahren gab es noch einen heftigen Streit über die Frage, ob das traditionelle Zellenbüro oder das Großraumbüro die richtige Konzeption für zeitgemäße Bürohäuser ist. Es gab für und gegen beide Lösungen gute Argumente. Heute hat man sich auf einen Kompromiß verständigt. In den neuen Bürohäusern werden sowohl Zellenbüros als auch Großräume als sogenannte Funktionsräume vorgesehen.

Auch die Frage der Vollklimatisierung ist lange Zeit kontrovers diskutiert worden. Heute wird dieses Thema ebenfalls pragmatisch behandelt. Wenn der Zuschnitt des Gebäudes (z. B. die Gebäudetiefe) oder aber die vorgesehene Nutzung (z. B. die Unterbringung elektronischer Geräte) es nicht erfordern, wird auf eine Vollklimatisierung in unseren Breitengraden weitgehend verzichtet.

Es ist jedoch denkbar, daß über solchen Auseinandersetzungen viel entscheidendere technische Entwicklungen übersehen werden. Nach Meinung von einigen Fachleuten sind die in den letzten 20 Jahren errichteten Bürobauten bereits heute hoffnungslos veraltet und lassen sich mit vertretbarem Aufwand nicht ensprechend nachrüsten. Moderne Kommunikationssysteme lassen sich oft nicht mehr integrieren. Es fehlen mehrfache Decken- oder Bodensysteme, Kabelschächte für neue Informationssysteme oder Rohrleitungen für die Energie- bzw. Klimatechnik. Neben dem Verkabelungsaufwand bestehen Abwärmeprobleme. Und neben einer hierfür erforderlichen speziellen Klimaregulierung werden wegen dezentraler Rechnerinstallationen vermehrt feuchtigkeitsstabilisierende Computerräume benötigt.

Die Alternative sind die sogenannten »Intelligent Buildings«. Die ersten ihrer Art sind bereits gebaut, so z. B. die Hauptverwaltung der Hongkong and Shanghai Banking Corporation mit Baukosten von umgerechnet ca. 2 Milliarden DM oder ein vom britischen Versicherungskonzern Lloyd's in London errichtetes Bürozentrum. Doch nicht nur die Investoren, auch die Selbstnutzer folgen diesem hochtechnisierten Konzept bisher nur recht zögernd, wenn auch weltweit heute bereits ca. 100 Gebäude dieser Art in Projektierung sein sollen.

Es ist durchaus vorstellbar, daß die »Intelligent Buildings« eines Tages auch in unseren Städten Realität werden. Aber der Investor, der sich heute darauf einstellen und ein solches Gebäude errichten wollte, würde die Zusatzkosten über die Miete nicht verzinst bekommen. Solange Investitionen in die Zukunft vom Markt nicht honoriert werden, werden sie weitgehend unterbleiben. Lediglich Selbstnutzer und spekulative Anleger kommen derzeit für derartige Investitionen in Betracht.

Wenn Bürogebäude der hochtechnisierten Generation in größerem Umfang nachgefragt werden, dann werden auch technische Möglichkeiten gefunden werden, mit denen man bestehende Bürobauten anpassen kann. Inzwischen haben wir gelernt zu miniaturisieren. Technische Geräte werden kleiner und immer noch kleiner. Auch an Gebäuden wird man mit immer kleineren Querschnitten von Leitungskanälen und anderen Einrichtungen auszukommen lernen. Damit soll nicht gesagt sein, daß der heutige Investor zukünftige Entwicklungen außer acht lassen darf. Selbstverständlich wird bei der Errichtung eines Bürohauses ein Stab von Spezialisten hinzuzuziehen sein, denn der Architekt allein ist bei dieser Aufgabe hoffnungslos überfordert. Diese Spezialisten der Bürotechnologie, der Arbeitswissenschaft, der Klima- und Beleuchtungstechnik sind mit den Entwicklungen auf ihren jeweiligen Wissens- und Fachgebieten in der Regel vertraut.

3. Büroatmosphäre

Dem technischen Fortschritt stehen die Menschen erfahrungsgemäß nicht nur positiv, sondern auch sehr kritisch gegenüber. So gibt es auch in bezug auf Bürobauten sicher gegenläufige Bewegungen. So stellen immer mehr Menschen die bislang praktizierte Lebensweise in Frage und streben naturgemäße Ernährung, Bewegung in der Natur, aber auch einen neuen Sinngehalt des Berufes an. In diesem Zusammenhang ist auch der Drang vieler Menschen zu sehen, die lieber in kleinen, menschengerecht erscheinenden Gebäuden arbeiten wollen. Klimatisierte Räume und Großraumbüros entsprechen nicht ihren Vorstellungen zur Selbstverwirklichung. Sie suchen die Möglichkeit, auch am Arbeitsplatz mal ein Fenster öffnen zu können. Sie wünschen sich einen ungestörten Arbeitsplatz möglichst im Einzelbüro, dem sie ihre eigene Prägung geben können, in dem sie sich schlicht gesagt wohlfühlen können. Es ist vorstellbar, daß diese Tendenzen den Trend zum hochtechnisierten Hochhaus relativieren werden. Daher wird es Nachfrage nach konventionellen Büros sicherlich in Zukunft noch geben.

4. Der Büroarbeitsplatz im Wohnzimmer

Die modernen Kommunikationstechnologien machen theoretisch die Ortsunabhängigkeit des Büroarbeitsplatzes möglich. Dafür gründet sich eine immer wieder gestellte Prognose, daß das Büro unserer Zeit bald ausgedient haben wird. Es stellt sich die Frage, ob der Arbeitsplatz der Zukunft wie bisher in einem Gebäude, das der Arbeitgeber bereitstellt, sein wird oder ob nicht die Wohnung des Büroangestellten, ausgestattet mit einigen hochtechnisierten Geräten, auch sein Arbeitsplatz sein wird.

Der relativ spät einsetzende Prozeß der Technisierung und Rationalisierung im Büro zeigt, daß die Kollektivleistung, die in solchen Betrieben erbracht wird, den direkten Kontakt der Leistungsträger erfordert und nicht ersatzlos durch Technik ersetzt werden kann. Daher entstehen neben deren formalen Hierarchie-Systemen mehr und mehr informelle Systeme, deren Motiv das durch die neuen Technologien gestörte und vernachlässigte Kontaktbedürfnis ist. Man erkennt in den Unternehmen immer deutlicher, daß die neuen Kommunikationstechniken dieses Grundbedürfnis nicht befriedigen können, und stellt sich darauf ein. Die vielfach bei räumlichen Zusammenlegungen von Betriebsteilen erzeugten Synergieeffekte sind nichts anderes als die Tatsache, daß persönliche Berührungsmöglichkeiten die Betriebsatmosphäre verbessern, den kurzen Austausch von Gedanken fördern, so die Motivation der Mitarbeiter verstärken und damit das betriebliche Gesamtergebnis positiv beeinflussen. Es ist aus diesen Gründen nur schwer vorstellbar, daß die Unternehmen in größerem Umfang die Auflösung der Beziehungsgeflechte eines Bürobetriebes ins Auge fassen werden.

5. Rationalisierung der Büroarbeit

Der Einzug der hochentwickelten Technik in die Büros hat möglicherweise eine Konsequenz, die Einfluß auf den gesamten Büroflächenmarkt haben könnte. Die Rationalisierung der Bürotätigkeit führt – und das ist ja ihr Ziel – zur Personalreduzierung. In vielen Betrieben ist das erkennbar der Fall. Dennoch haben diese Betriebe meist die Büroflächen trotz Personalabbaus nicht reduziert. In manchen Betrieben ist genau das Gegenteil eingetreten. Trotz Personalabbau werden mehr Flächen benötigt. Das hängt damit zusammen, daß die neuen Techniken zu mehr Flächenbedarf für den einzelnen Arbeitsplatz führen, d. h., Stellflächen für die neuen Geräte sind zusätzlich erforderlich. Zum zweiten hat der moderne Bürobetrieb als Konsequenz der neuen Techniken eine andere Personalstruktur. Es werden relativ mehr qualifizierte Arbeitskräfte beschäftigt. Die einfachen Routinearbeiten sind entfallen und damit minderqualifizierte Arbeitsplätze. Die Hierarchie-Pyramide in den Betrieben ist oben breiter und unten schlanker geworden. Die höherqualifizierten Mitarbeiter haben Anspruch auf großflächige Arbeitsplätze. So ist erklärbar, daß die Rationalisierung im Büro nicht zwangsläufig zu einem Minderbedarf an Flächen führt, sondern im Gegenteil vielfach den Flächenbedarf sogar erhöht. Da die Rationalisierung im Bürobetrieb sicherlich nicht am Ende ihrer Entwicklung, sondern eher an ihrem Anfang steht, ist auch in absehbarer Zeit nicht damit zu rechnen, daß der Flächenbedarf der Unternehmen geringer wird.

6. Der Dienstleistungssektor in der Volkswirtschaft

In den letzten Jahren hat der Trend zur Dienstleistung in allen Industrieländern der Welt angehalten. In der traditionellen Einteilung in Wirtschaftssektoren hat in der Bundesrepublik der sogenannte tertiäre Sektor – also der Dienstleistungsbereich – zu Lasten der Land- und Forstwirtschaft und zu Lasten des produzierenden Gewerbes nach der Relation der Erwerbstätigen von 1960 mit 38% der Erwerbstätigen auf 54% in 1985 zugenommen. Im Vergleich mit anderen Industriestaaten ist das noch nicht einmal hoch. Die USA, die Niederlande, England, Schweden und Frankreich haben mit 60–69% erheblich mehr Erwerbstätige im Dienstleistungsbereich beschäftigt.

Gemessen am Anteil der Anlageinvestitionen, ist der Dienstleistungssektor mit über ¾ der gesamten Investitionen noch dominierender gegenüber den beiden anderen Sektoren. An der Bruttowertschöpfung der gesamten Wirtschaft im tertiären Sektor wiederum sind Bereiche, die ihre Leistung vorwiegend in Büroräumen erbringen, wie Kreditinstitute, Versicherungen, Sozialversicherungen, Gebietskörperschaften oder Bundespost, mit ca. 58% beteiligt. Zum Vergleich hat der Handel insgesamt einen Anteil von 16%, der Einzelhandel von 9%.

Nach einer Studie der Prognos AG wird bis zum Jahr 2000 nicht nur der Anteil der Beschäftigten im tertiären Sektor weiterwachsen, sondern es werden in diesem Sektor auch absolut mehr Arbeitsplätze vorhanden sein. Bei einem angenommenen Wirtschaftswachstum von 2,5% errechnet Prognos ca. 1,3 Millionen neue Arbeitsplätze, die sich auf fast alle Dienstleistungsbereiche verteilen. Lediglich im Verkehrsbereich werden ca. 100000 und im Handel sogar ca. 200000 Arbeitsplätze verlorengehen. Im Kredit- und Versicherungsgewerbe rechnet Prognos mit einem Plus von ca. 100000 Arbeitsplätzen und begründet dies vor allem mit einer Zunahme der Beratungsbedürftigkeit des Produktangebotes.

7. Büromieten im internationalen Vergleich

Vor dem Hintergrund dieser Tendenzen besteht grundsätzlich wenig Anlaß, den Markt für Büroflächen in der Bundesrepublik mit Sorge zu betrachten. Hinzu kommt noch, daß im Zuge der weiteren Internationalisierung der Wirtschaft der Büromarkt in der Bundesrepublik in bezug auf Mietpreis noch einige Reserven aufzeigen kann. Frankfurt hat derzeit die höchsten Büromieten in Deutschland, liegt aber bei ca. 50% des Niveaus von Paris, bei ca. 40% des Niveaus von London und bei ca. 60% des Niveaus von Manhattan.

Darüber hinaus besteht auch noch ein qualitativer Unterschied zwischen Büroflächen, die in der Bundesrepublik angeboten werden, und der internationalen Konkurrenz. In keinem anderen Land steht für einen Arbeitsplatz so viel Fläche bei so guten Lichtverhältnissen, so optimalen Belüftungsbedingungen, bei so wenig Lärmbeeinträchtigung zur Verfügung. Der Preisvorteil ist also in Wirklichkeit noch größer, als die oben genannten Zahlen zum Ausdruck bringen.

8. Makro-Standort

In Deutschland, einem Land ohne Metropole, muß sich der Investor mit einer Vielzahl von Standorten befassen – ein Umstand, der oftmals vor allem ausländische Investoren verunsichert. Die Hauptstandorte für Büroimmobilien sind Frankfurt, München, Hamburg und Düsseldorf. Daneben kommen noch Stuttgart, Köln, Bonn und Berlin in Betracht. In anderen Städten der Bundesrepublik existiert ein Markt im eigentlichen Sinne nicht. Nachfrage und Angebot sind eher vereinzelt, so daß diese Standorte für Investoren meist nur dann interessant werden, wenn bereits vor der Investition die Vermietung durch Zusagen von Nutzern langfristig gesichert ist.

Die zuvor genannten Städte sind eigenen Marktgesetzen in bezug auf den Büroflächenmarkt unterworfen. Das heißt, es existiert kein einheitlicher Markt in der Bundesrepublik. Auf diese Frage wird weiter unten noch zurückzukommen sein.

9. Mikro-Standort

Innerhalb der als Standorte geeigneten Städte spielt natürlich auch die innerörtliche Lage eine Rolle. Zwar ist der Mikro-Standort für diese Art der Investitionen nicht von so ausschlaggebender Bedeutung, wie das beispielsweise für Einzelhandelsimmobilien der Fall ist. Aber innerhalb der Städte gibt es ausgesprochen bevorzugte Standorte, die auch vielfach branchenspezifisch sind, wie z. B. das Bankenviertel in Frankfurt. Für viele Büromieter ist eben die gute Adresse von geschäftspolitischer Bedeutung. Neben der eigentlichen City kommen durchaus auch Nebenzentren in Betracht, wie beispielsweise Niederrad in Frankfurt oder die City-Nord in Hamburg. Manche Standorte wirken aber sogar in ihr Umland hinaus. So existiert z. B. in Eschborn am Taunus ein Bürostandort, der selbstverständlich ohne die Existenz des benachbarten Frankfurt nicht vorstellbar wäre.

10. Die Bedeutung der konjunkturellen Entwicklung

Konjunkturelle Einflüsse auf die Büromarktsituation sind, wie die Vergangenheit deutlich gezeigt hat, in starkem Maße vorhanden. Die Unternehmen sind naturgemäß in konjunkturell schwachen Zeiten mit Neuinvestitionen eher zurückhaltend. Da die Anmietung von zusätzlichen Büroräumen für die Unternehmen nichts anderes als eine Investition ist, unterbleiben in solchen Zeiten Flächenerweiterungen in spürbarem Ausmaß. Da die Nachfrageelastizität in bezug auf die Preise sehr gering ist, entstehen in solchen Zeiten nicht nur Leerstände, sondern oftmals auch ein regelrechter Preisverfall. Die gesamtwirtschaftliche Entwicklung wird noch überlagert von den regionalen Wirtschaftsstrukturen. Das bedeutet, daß bei den verschiedenen Standorten durchaus unterschiedliche Einflüsse vorhanden sein können entsprechend der jeweiligen örtlichen wirtschaftlichen Situation.

Darüber hinaus beeinflussen externe Effekte, wie z. B. der Zuzug ausländischer Unternehmen, die Nachfrage. Aber auch die Angebotsseite ist unterschiedlich strukturiert, da die Anbieter nicht immer mit denen in anderen Städten identisch sind. Auch die Angebotsseite unterliegt oftmals mehr oder weniger zufälligen Einflüssen. Es genügt manchmal schon, daß eine Stadt ein neues Rathaus baut und demzufolge zahlreiche bisher angemietete Büroflächen freimacht, um einen örtlichen Büromarkt aus dem Gleichgewicht zu bringen.

11. Marktzyklus

Die Büromärkte unterscheiden sich nicht nur erheblich voneinander, sie sind allesamt auch zyklischen Bewegungen unterworfen. Diese Zyklen verlaufen an den verschiedenen Standorten weitgehend unabhängig voneinander. Die Ausschläge der Zyklen sind derart deutlich, daß ihre Folgen vitale Interessen der Anleger berühren können. Das hängt zum einen mit dem langfristigen Produktionsprozeß zusammen, dem Bürogebäude unterworfen sind. Die Entscheidung für die Durchführung eines Projektes fällt mehrere Jahre, bevor das Gebäude bezogen werden kann. Die Marktverhältnisse könnten in diesen Zeitpunkten sehr unterschiedlich sein. Zum anderen besteht auf diesem Markt annähernd der Zustand der vollkommenen Konkurrenz. Wie in anderen Wirtschaftsbereichen mit langer Produktionszeit und atomistischen Angebotsstrukturen – d.h., es produzieren sehr viele Marktteilnehmer –, wie beispielsweise in der Landwirtschaft, neigen die Produzenten in Hochpreisperioden dazu, relativ viel zu produzieren. Das führt in seiner Konsequenz zur Überproduktion mit der Folge, daß die Preise fallen. Sobald die Preise fallen, wird wieder weniger produziert. Wenn das vorhandene Überangebot vom Markt wieder absorbiert ist, kann die Nachfrage nicht voll befriedigt werden. Die Preise steigen wieder, und der Zyklus beginnt von neuem.

Dieses Phänomen ist sicher das schwierigste Problem für einen Investor, der in Büroimmobilien anzulegen gedenkt. Das Wissen um das Vorhandensein dieses Phänomens schützt den Anleger nur wenig. Antizyklisches Verhalten kann möglicherweise bei Neuinvestitionen ein Rezept sein, aber das Abschätzen der Phasenlänge ist äußerst schwierig. Somit ist der Erfolg recht ungewiß.

Niedrigpreisphasen wirken oft auch auf den Bestand. Bei Mieterwechsel oder vertragsgemäßen Mietverlängerungsterminen drücken die Niedrigpreise die Renditen nach unten.

Wie jüngere empirische Untersuchungen auf den Agrarmärkten gezeigt haben – und das gilt analog mit Sicherheit auch für den Büromarkt –, genügt es für die Entstehung des Zyklus, wenn sich nur eine geringe Anzahl von Marktteilnehmern wie zuvor besprochen verhält. Das heißt, daß die Zyklen selbst dann auftreten würden, wenn der größte Teil der Projektentwickler und Investoren sich in der Neuproduktion unbeeinflußt vom jeweiligen Mietpreisniveau verhalten würde. Das Fatale an diesem Phänomen ist, daß bei Entstehung eines Überangebotes beispielsweise in der Größenordnung von 5% die Preise um ein Vielfaches sinken werden, also um 10, 20 oder gar 30%. Das hängt mit der geringen Preiselastizität der Nachfrage nach Büroraum zusammen. Die Entscheidung der Unternehmen zur Anmietung von Büroflächen wird nur geringfügig vom Mietniveau beeinflußt. Im Vordergrund stehen andere Einflußgrößen, z.B. die konjunkturelle Situation, die Auftragslage und die Personalentwicklung im Unternehmen selbst. Ein niedriges Preisniveau erhöht die Nachfrage nach Flächen also kaum.

Andererseits sinken die Preise bei Flächenüberangebot enorm, da jeder betroffene Anbieter sein eigenes Problem zumindest teilweise dadurch zu lösen sucht, daß er seine Flächen zu niedrigerem Preis anbietet. Das setzt eine endlose Preisschraube in Bewegung, die aber letztlich das Leerstandsproblem nicht lösen kann. Die Folge ist, daß sich die Anbieter schließlich auf niedrigerem Preisniveau wiederfinden, aber ihre Vermietungsprobleme nicht gelöst haben.

Der einzige Weg, dieses Problem des Zyklus zu entschärfen, ist eine genaue Information über die einzelnen Märkte. Diese ist heute noch sehr erschwert, da nur wenig Daten dem Marktteilnehmer zugänglich sind. Erfreulicherweise mehren sich die Markt-Reports, die von Verbänden, Maklergesellschaften und Investoren veröffentlicht werden. Ausreichend sind diese Informationen aber noch keineswegs. Notwendig sind genaue Daten über Bestände, Vermietungen, Mietpreise, Leerstände, Neuprojekte, Planungen und über die Bewegung dieser Daten im Zeitablauf.

12. Bürohäuser – Ein sinnvolles Investment

Will man ein Fazit ziehen, so kann man als Ergebnis festhalten, daß trotz aller Unsicherheiten in bezug auf die technologische Entwicklung und Marktzyklus die Investition in Bürogebäude durchaus sinnvoll sein dürfte. Eine Reihe positiver Indikatoren ist erkennbar. Die Renditen solcher Investitionen sind langfristig besser abschätzbar als in vielen anderen Immobilienanlagen, wenn auch zumindest zeitweise negative Einflüsse durch die zyklischen Bewegungen des Marktes nicht auszuschließen sind. Aber wenn es gelingt, mehr Markttransparenz zu schaffen, läßt sich dieser Risikofaktor, wenn auch nicht vermeiden, so doch erheblich minimieren.

JOHN F.W. MORGAN

Bürohäuser –
Planung und Vermarktung

Inhalt

1.	Einleitung	41
1.1	Keine Kapitalbindung	41
1.2	Flexibilität	41
1.3	Verfügbarkeit	42
2.	Anlagemarkt	42
3.	Bauträger und professionelle Immobilienmakler	44
4.	Planung von Bürohäusern	46
4.1	Größe	46
4.2	Tiefe	47
4.3	Achsmaß	47
4.4	Geschoßhöhe	47
4.5	Klima/Be- und Entlüftung	48
4.6	Doppelboden	48
4.7	Attraktivität	49
4.8	Wirtschaftlichkeit	49
5.	Vermarktung	50
5.1	Zielgruppe	50
5.2	Vermietungsbroschüre	51
5.3	Vermietungsschild	51
5.4	Mailings	51
5.5	Anzeigen	52
5.6	Plakatwerbung	52
5.7	Radiowerbung	53
5.8	Videofilm	53
5.9	PR-Aktivitäten	53
5.10	Professionelle Makler	53

1. Einleitung

Seit Jahrzehnten mieten die meisten Firmen in den Vereinigten Staaten und in Großbritannien Büros, statt sie in Eigentum zu haben. Dieser Trend ist auch in den Großstädten des Kontinents seit 10 bis 20 Jahren zu beobachten, wie zum Beispiel in Paris, Brüssel oder Amsterdam. Auch in der Bundesrepublik Deutschland gehen viele Unternehmen und zum Teil Behörden dazu über, Büroraum anzumieten, statt zu kaufen bzw. selbst zu bauen. Die Gründe dafür sind mehrfach, zum Beispiel:

1.1 Keine Kapitalbindung

Viele Unternehmen wollen aus Liquiditäts- und Renditegründen keine höheren Summen in Immobilien investieren. Normalerweise stellt die Miete für ein Bürohaus je nach Lage, technischem Zustand, Alter usw. eine Rendite zwischen 5 und 6,25 % der gesamten Investitionssumme dar. Viele Firmen können eine viel höhere Rendite auf diese Investitionssumme erzielen, wenn das Geld für andere Zwecke in das Unternehmen investiert wird.

Besonders wenn ein Unternehmen expandiert, kommt es zu Liquiditätsengpässen. Um den Liquiditätsgrad zu verbessern, ist es dann oft sinnvoll, Büroflächen zu mieten, statt zu erwerben.

1.2 Flexibilität

In der Bundesrepublik laufen in der Regel die Mietverträge für Büroflächen, je nach Größe und anderen Umständen, zwischen fünf und zehn Jahren plus Optionen zu Gunsten des Mieters. Dies bedeutet, daß nach Ablauf der Vertragsdauer der Mieter wieder ausziehen kann, falls die Büros zwischenzeitlich nicht mehr in das unternehmerische Konzept passen, so zum Beispiel, falls die Büros zu groß, zu klein oder zu teuer geworden sind, oder auch, falls der Standort nicht mehr passend ist oder die Büros nicht mehr zeitgemäß sind. Es wäre viel umständlicher, eigene Gebäude wieder verkaufen zu müssen.

Kleine Flächen müßten ohnehin angemietet werden – hat eine Firma einen Bedarf von nur 200–300 m², käme der Erwerb eines so kleinen Gebäudes normalerweise nicht in Frage.

1.3 Verfügbarkeit

Die Geschäftswelt heute ändert sich so schnell, daß oft der Bedarf an neuen Büroflächen nur dadurch erfüllt werden kann, daß man Flächen in einem bestehenden oder im Bau befindlichen Gebäude anmietet. Hierbei muß man bedenken, daß es mindestens 18 Monate bis zwei Jahre von der Konzeption bis zur Fertigstellung eines Neubaus dauert. Falls es baurechtliche Probleme gibt, könnten es wohl drei Jahre oder mehr sein. In vielen Fällen können oder wollen Unternehmen nicht so weit im voraus planen, so daß nur eine Anmietung eines bestehenden bzw. im Bau befindlichen Objektes in Frage kommt.

Mieten hat natürlich auch Nachteile, vor allem, daß der Nutzer nicht an der wahrscheinlichen Wertsteigerung beteiligt ist – ganz im Gegenteil, der Mietzins wird normalerweise über die Jahre steigen. Trotzdem, bei vielen Unternehmen und auch Behörden sind die oben erwähnten Vorteile einer Anmietung für ihre Entscheidung ausschlaggebend.

Es ist nicht möglich, genaue Daten über das Verhältnis Mieten/Eigennutzung auf dem Bürohausgebiet in der Bundesrepublik in Erfahrung zu bringen. Unsere Beobachtungen in den Großstädten zeigen jedoch, daß der Anteil an Mietobjekten im Vergleich zu Objekten für Eigennutzung ständig zunimmt.

Wir schätzen, daß vor allem Neubauobjekte, die in den letzten fünf Jahren in Hamburg, Düsseldorf, Frankfurt und München errichtet wurden, zu ca. 40% vermietet wurden. Im Vergleich zum Ausland ist der Anteil von vermieteten Bürohausobjekten jedoch immer noch gering. Zum Beispiel in Amsterdam wurden im Durchschnitt in den letzten 10 Jahren 80% aller Bürohausneubauten gemietet. Im Jahre 1985 waren es sogar 84%.

2. Anlagemarkt

Die zunehmende Bedeutung von Bürohäusern als Mietobjekte geht Hand in Hand mit dem steigenden Interesse der Investoren an solchen Objekten. Auf dem gewerblichen Gebiet gibt es nur beschränkte andere Möglichkeiten, wenn man an einer langfristigen Anlage mit guten Wertsteigerungsmöglichkeiten interessiert ist. Die meisten institutionellen Anleger betrachten beispielsweise eine Investition in Industrieobjekte, Freizeitanlagen oder auch Hotels als zu risikoreich, so daß lediglich Investitionen in Handelsobjekte, Bürohäuser und – seit zwei oder drei Jahren – in Gewerbeparks in Frage kommen. Auch ausländische Investoren interessieren sich hauptsächlich für Bürohäuser, da ihrer Meinung nach derartige Objekte sowohl von der Lage her als auch unter technischen Gesichtspunkten einfacher zu beurteilen sind. Außerdem sind Bürohausobjekte einfacher zu verwalten als z. B. Einkaufscenter. Im großen und ganzen gibt es zur Zeit kein Überangebot an Flächen; die Mietpreise zeigen fast überall seit ein paar Jahren eine Tendenz nach oben, und es gibt – anders als bei Wohnungen – keinen Kündigungsschutz oder begrenzte Mieterhöhungen.

Die größten Anleger in der Bundesrepublik sind die Versicherungsgesellschaften, die in den letzten Jahren ihre Investitionen in Immobilien ständig gesteigert haben. Diese Gesellschaften investieren z. Zt. ca. DM 4 Mrd. p. a. in Immobilien.

Die offenen Immobilienfonds in Deutschland spielten in den letzten Jahren ebenfalls eine führende Rolle als Investoren im Bürobereich, da sie einen enormen Zuwachs an Mittelaufkommen verzeichnen konnten – im Kalenderjahr 1988 war der Netto-Mittelzufluß über DM 2 Mrd. Die offenen Immobilienfonds verwalteten zum 31. 3. 1989 ein Gesamtvermögen von ca. DM 15 Mrd.

Die geschlossenen Immobilienfonds kaufen heute vorwiegend Supermärkte, SB-Warenhäuser und Einkaufszentren, treten allerdings relativ selten als Käufer von Bürohäusern auf.

Es gibt ca. 5 000 Pensionskassen in der Bundesrepublik, aber nur die allergrößten investieren bundesweit direkt in Immobilien. Die meisten investieren – wenn überhaupt – nur in der Gegend ihres Firmensitzes oder über die Immobilienspezialfonds.

Private Gruppen sind heute auch nicht annähernd so aktiv wie zur Zeit des Baubooms Anfang der 70er Jahre. Viele dieser Gruppen sind während der Rezession am Immobilienmarkt in den Jahren 1975 bis 1977 bankrott gegangen. Es gibt jedoch immer noch einige aktive Privatgruppen wie z. B. die Firma ECE (eine Tochtergesellschaft der Werner-Otto-Gruppe). ECE ist Eigentümerin oder Verwalterin und Manager von 17 regionalen Einkaufszentren in der Bundesrepublik und hat zwei große Bürohaustürme von insgesamt ca. 70 000 m^2 vermietbaren Flächen im Frankfurter Bankenviertel errichtet und vermietet.

In den vergangenen Jahren waren es hauptsächlich die Holländer und Engländer, die Bürohäuser in der Bundesrepublik gekauft oder gebaut haben. In den letzten Monaten sind die Skandinavier, vor allem die Schweden, in Erscheinung getreten und werden bald eine führende Rolle übernehmen. Sie werden sicherlich in den nächsten zwei oder drei Jahren enorme Summen in Deutschland investieren, nachdem sie bereits seit einem Jahr ihre Aktivitäten auf Holland, Belgien und Großbritannien konzentriert haben. Auch andere europäische Investoren, vor allem die Franzosen, zeigen zunehmendes Interesse an Deutschland, und zwar hauptsächlich auf dem Bürohausgebiet. In ganz Europa wird die Bedeutung des gemeinsamen Binnenmarktes ab 1992 immer deutlicher und führt dazu, daß immer mehr europäische Investoren Interesse an gewerblichen Immobilien in Deutschland, vor allem an Bürohäusern, haben. Obwohl die Japaner bisher nicht groß in Erscheinung getreten sind, kann man davon ausgehen, daß in den nächsten zwei oder drei Jahren auch diese Investorengruppe anfangen wird, in größerem Stil in ganz Europa zu investieren. Die bisherigen Aktivitäten der Japaner in Großbritannien und Frankreich zeigen, daß auch die Japaner vorwiegend Interesse an Bürohäusern haben.

Zusammenfassend kann man sagen, daß die Nachfrage für Bürohäuser als Anlageobjekte in der Bundesrepublik stark bleiben wird. Das Hauptproblem besteht darin, genügend gute Objekte oder Projekte zu finden, da die Nachfrage das Angebot um einiges übersteigt.

3. Bauträger und professionelle Immobilienmakler

Bereits in den 70er Jahren haben die meisten institutionellen Investoren festgestellt, daß eine gute Immobilie nicht nur aus einem technisch guten Gebäude und einem Mietvertrag besteht. Auch die größten Firmen kommen manchmal in finanzielle Schwierigkeiten, schließen einen Vergleich oder gehen sogar in Konkurs – man braucht nur an Rolls-Royce, AEG oder die Neue Heimat zu denken. Was macht man nun mit einem leerstehenden Objekt in schlechter Lage, das genau für den Bedarf des damaligen Mieters gebaut wurde?

Die meisten großen Investoren kennen Problemobjekte und sind sehr viel vorsichtiger in ihrer Auswahl von neuen Objekten geworden. Auch wenn ein Neubau bereits an eine gute Adresse vermietet ist, wird sowohl der Standort als auch die technische Qualität, Flexibilität und Funktionalität des Objektes untersucht. Institutionelle Investoren erwarten heute, daß der Bauträger und professionelle Immobilienmakler, mit dem sie zusammenarbeiten, das notwendige »Know-how« auf diesem Gebiet besitzen.

Viele institutionelle Investoren können oder wollen kein Vermietungsrisiko eingehen und kaufen daher nur Projekte, die vorvermietet wurden bzw. nur voll-vermietete Objekte. Der Bauträger ist der Entrepreneur, der versucht, die Nachfrage sowohl von Mietern als auch von Investoren zu erfüllen. Der typische Bauträger kauft ein unbebautes Grundstück, plant ein Objekt, von dem er meint, daß es für Mieter und Investor von Interesse sein wird, erlangt eine Baugenehmigung, baut und vermietet das Objekt, und schließlich verkauft er es an einen Investor.

Obwohl der Bauträger an einem einzelnen Projekt einen Gewinn in Millionenhöhe erzielen kann, darf man das Risiko, das er eingeht, nicht unterschätzen. Wird die Baugenehmigung nicht rechtzeitig erteilt, hat er den Mietmarkt, die Baukosten oder seinen Verkaufspreis nicht richtig kalkuliert, erzielt er wahrscheinlich einen Verlust. Er muß die Grundstücks-, Vermietungs-, Bau- und Anlagemärkte genauestens kennen, Tendenzen und Trends rechtzeitig erkennen, ausgezeichnete Baurechtskenntnisse haben und im bautechnischen Bereich viel Erfahrung besitzen.

Solche erfolgreichen Bauträger werden oft von der Boulevard-Presse »Spekulanten« genannt. Dies ist unseres Erachtens unfair, obwohl es stimmt, wenn man dem Ursprung des Wortes nachgeht: Spekulant kommt nämlich aus dem lateinischen

Wort »speculare« – übersetzt »zu betrachten« oder »voraussehen« –, und das muß auch der erfolgreiche Bauträger.

Der gute Bauträger ist auf jeden Fall meistens schneller, flexibler, entschlußfreudiger und über das Marktgeschehen besser informiert als viele institutionelle Investoren. Damit verdient er sein Geld.

Der professionelle (gut ausgebildete) Immobilienmakler bzw. Immobilienberater ist eine relativ neue Erscheinung in der Bundesrepublik. Neben dem Anleger und Bauträger spielt auch er eine wichtige Rolle. Der gewerbliche Immobilienmarkt wird mehr und mehr überregional. Die größten Anleger investieren fast alle bundesweit aus Risikostreuungsgründen. Die größeren Bauträger arbeiten aus den gleichen Gründen überregional, und die bedeutendsten Firmen, die in der Bundesrepublik als Nutzer in Frage kommen, suchen ebenfalls Objekte bundesweit.

Das ganze Know-how, das der Bauträger benötigt, müßte auch der professionelle Immobilienberater besitzen. Er berät die Anleger, Bauträger und auch die Nutzer von gewerblichen Immobilien. Normalerweise verfügt eine solche Firma über Fachabteilungen für Projekte, Renditeobjekte, Vermietung, Objektverwaltung, Wertgutachten und technisches Projektmanagement.

Daß die Tätigkeit einer solchen Firma viel mehr Wissen verlangt, als die traditionelle Maklerfirma besitzt, sieht man an dem Beispiel der Projekte, die solche Firmen ihren Kunden anbieten. Es wird nicht nur ein Grundstück zum Preis »x« angeboten, sondern man liefert einen Bebauungsvorschlag, eine grobe Rentabilitätsberechnung, geschätzte vermietbare Flächen, Mieterträge, Baukosten, detaillierte Informationen über das Baurecht, Vergleichsmieten, Marktanalysen usw. Solche Dienste werden von Anlegern, Bauträgern wie auch von den Nutzern gerne in Anspruch genommen.

Obwohl solche Dienstleistungen in der Bundesrepublik relativ neu sind, ist dies im Ausland nicht der Fall. Das große Problem in Deutschland war bisher die Tatsache, daß es keine Hochschulausbildung oder ähnliches auf diesem Gebiet gab. Es wird sich sicherlich in den nächsten Jahren auf dem Gebiet der Ausbildung in Deutschland vieles tun. Die Fachhochschule Nürtingen hat bereits den Weg gezeigt. Jedoch wird es noch lange dauern, bis der Immobilienberater in Deutschland so akzeptiert wird wie in Großbritannien. Dort ist es genau so normal, daß man einen »chartered surveyor« bei dem Erwerb oder der Vermietung eines Objektes einschaltet, wie in Deutschland die Einschaltung eines Architekten, wenn man bauen möchte. Die Grundstücksabteilungen der größten britischen Firmen werden von »chartered surveyors« geleitet und die Bedeutung von Immobilien ist heute bei vielen Firmen so groß, daß die Leitung der Grundstücksabteilung oft einen Vorstandssitz mit sich bringt. Auch bei Behörden und Verbänden ist die Bedeutung der Grundstücksabteilung sehr groß, und fast 50 % von allen »chartered surveyors« sind im öffentlichen Dienst tätig.

Besonders in den vergangenen 20 Jahren waren die britischen Immobilienberatungsfirmen, die auf dem gewerblichen Immobiliengebiet arbeiten, sehr erfolgreich und haben ständig expandiert. Es gibt eine Reihe von solchen Firmen, die zwischenzeitlich mehr als 300 Mitarbeiter haben. Während des Baubooms Anfang der 70er Jahre haben viele solcher Firmen Niederlassungen bzw. Tochtergesellschaften auf dem Kontinent gegründet, da man feststellte, daß die hiesigen Maklerfirmen nicht in der Lage waren, ähnliche Dienste anzubieten, und man sah daher gute Geschäftsmöglichkeiten. Zwischenzeitlich merkt man überall in Europa, daß mehr getan wird für die Ausbildung auf dem Immobilienmarkt und daß es mehr und mehr lokale Firmen gibt, die einen professionellen Service bieten.

4. Planung von Bürohäusern

In seinem Beitrag zu diesem Buch hat Herr Dietrich Kraus einiges über »Intelligent Buildings« gesagt. Auch wir glauben nicht, daß solche Gebäude in absehbarer Zeit durch Investoren errichtet werden. Unsere Ausführungen beschränken sich daher auf konventionelle Gebäude.

4.1 Größe

Wenn man ein neues Bürogebäude plant, ist als erste Frage zu beantworten, wie groß das Objekt sein sollte. Sehr oft ist diese Frage gleich durch das Grundstück beantwortet, nämlich dann, wenn eine maximale Bebauung des Grundstücks kein großes Risiko für die Vermarktung bedeuten würde. Das Gebäude darf nicht so groß sein, daß eine Vermietung innerhalb einer angemessenen Zeit (vielleicht 6 Monate nach Fertigstellung) gefährdet ist. Dies kann von Stadt zu Stadt sehr unterschiedlich sein. Ein Beispiel: – Der Frankfurter Büromarkt nimmt im Schnitt ca. 160 000 m^2 Mietfläche pro Jahr auf, der Hamburger Büromarkt jedoch nur ca. 60 000 m^2 pro Jahr. Ein 30 000 m^2 Bürohausobjekt in Hamburg würde daher ein viel größeres Risiko darstellen als das gleiche Projekt in Frankfurt. Viel hängt auch von der Konkurrenzsituation ab und wie man die Weiterentwicklung des Marktes einschätzt.

Eine weitere wichtige Rolle spielt die Nachfrage der Anleger nach fertiggestellten Objekten. Die Nachfrage nach großen Objekten (mehr als DM 40 Mio) ist viel geringer als nach kleinen Objekten (DM 5 Mio bis DM 15 Mio). Es ist daher zu empfehlen, daß auch dort, wo die Mietnachfrage sehr gut ist, wie z. B. zur Zeit in München, Bürohausprojekte so entwickelt werden sollten, daß sie in Einheiten mit einem Wert von höchstens jeweils DM 40 Mio real geteilt werden können – Teileigentum ist von den meisten Investoren nicht erwünscht. Es könnte sonst schwierig werden, die Objekte zu einem späteren Zeitpunkt zu einem guten Preis zu veräußern.

4.2 Tiefe

Die meisten Mieter in der Bundesrepublik suchen heute Flächen, die als Einzelbüros und/oder als Gruppenräume genutzt werden können. Es ist eine Ausnahme, wenn nur Großraumbüros gesucht werden. Die Großraumobjekte, die in den 70er Jahren so modisch waren, sind heute kaum noch zu vermieten oder an einen Investor zu verkaufen. In Neubauten sollten normalerweise höchstens 15 % der Gesamtflächen als Großraumbüros geplant werden – es ist aber meistens kein Nachteil, wenn keine Großraumnutzung vorgesehen ist.

Wenn man von einer überwiegenden Einzelbüronutzung ausgeht, so bedeutet dies, daß das Gebäude nicht viel tiefer werden sollte als 13 m. Bei einer Raumtiefe von 5,20 m und einem Korridor von 1,50 m hat das Gebäude eine Tiefe von ca. 13 m. Es hängt vieles vom Achsmaß ab, aber ein tieferes Gebäude als 13,50 m bedeutet, daß der Mieter für viele Flächen bezahlen muß, die er nicht nutzen kann. Baut man beispielsweise 16 m tief, weil der Bebauungsplan dies erlaubt, bezahlt der Mieter für 23 % mehr Fläche als bei einer Tiefe von 13 m. Diese Mehrfläche ist in der Regel schlecht nutzbar, es sei denn, daß überwiegend Gruppenräume vorgesehen sind.

4.3 Achsmaß

Auf das Achsmaß muß auch geachtet werden, wenn man ein wirtschaftliches Gebäude plant. Auf den ersten Blick ist ein Achsmaß von 1,80 m gegenüber 1,25 m vielleicht interessant, weil die Kosten für Fenster, Heizkörper und Beleuchtung dann etwas geringer ausfallen. Dies erschwert jedoch die Vermietung, da die Einzelzimmer zu groß werden. Wenn man zum Beispiel bei einer Raumtiefe von 5,20 m ein Achsmaß von 1,25 m und 1,80 m vergleicht, stellt man fest, daß ein Einzelzimmer bei einem Achsmaß von 1,80 m 45,83 % größer ist als bei einem Achsmaß von 1,25 m. In der Regel entscheidet man sich für ein Raster zwischen 1,25 m und 1,50 m. Da ein Stützenraster von 7,50 m sehr wirtschaftlich für eine Tiefgarage ist, kann man feststellen, daß für ein Bürohaus mit Tiefgarage ein Achsmaß von 1,50 m in vielen Fällen ideal ist ($5 \times 1{,}50$ m = 7,50 m).

4.4 Geschoßhöhe

Die Geschoßhöhe eines Bürogebäudes ist zugleich eine optische wie auch baurechtliche Frage. Größere Flächen wirken unangenehm, falls die Decke zu niedrig ist. Wie hoch die Decke aus optischen Gründen sein sollte, hängt von der Raumgröße ab. Ein Raum von 100 m² wirkt zu niedrig, falls die Decke nicht mindestens 2,75 m hoch ist. Dies deckt sich in etwa mit den Arbeitsstättenrichtlinien, die besagen, daß – falls ein

Gebäude nicht mechanisch be- und entlüftet ist – die lichte Höhe bei Räumen bis 50 m² groß 2,50 m betragen muß, bei Räumen von 50 bis 100 m² 2,75 m und bei Räumen von mehr als 100 m² 3,0 m lichte Höhe. Bei Bürogebäuden mit einer mechanischen Be- und Entlüftung ist die Mindestlichthöhe 2,50 m bei Räumen bis 100 m² und 2,75 m für größere Räume.

4.5 Klima / Be- und Entlüftung

Es werden heute kaum mehr Büros in den USA oder Großbritannien ohne Vollklimatisierung gebaut. In der Bundesrepublik sind klimatisierte Büros kaum zur Anmietung gesucht, und zwar aus zweierlei Gründen, nämlich:
– Kosten
   die Nebenkosten in Gebäuden mit Voll-Klimatisierung sind fast doppelt so hoch wie für andere Büros;
– Mitarbeiterablehnung
   Laut einer Umfrage des Spiegel Nachrichtenmagazins glauben die meisten Mitarbeiter, daß es ungesund ist, in klimatisierten Räumen zu arbeiten!

Es gibt natürlich Ausnahmen. Im Bankenviertel von Frankfurt zum Beispiel wollen die meisten Nutzer in Prestigeobjekten mit Klimaanlage sitzen – viele Nutzer sind ohnehin amerikanische oder andere ausländische Banken, die klimatisierte Büros als normal betrachten.

Bei vielen innenstädtischen Lagen ist der Lärmpegel so hoch, daß entweder eine Klimatisierung oder Be- und Entlüftung erforderlich ist. In Hochhäusern ist es wegen des Windes nicht möglich, die Fenster zu öffnen, und deshalb ist hier auch zumindest eine Be- und Entlüftung notwendig.

4.6 Doppelboden

Der Vormarsch von EDV-Nutzung ist auf dem Bürogebiet kaum zu übersehen. Wenn fast jeder Mitarbeiter einen Bildschirm auf seinem Schreibtisch stehen hat, muß zunehmend überlegt werden, was mit der Verkabelung passiert.

In Großbritannien wird heutzutage kaum ein Bürohaus ohne Doppelboden gebaut, da man zumindest in der City von London herausgefunden haben möchte, daß die Verkabelung sonst nicht unterzubringen ist. Mit einem Doppelboden und Teppichfliesen kann man an jeder beliebigen Stelle die Kabel herausfischen. Einige Bürohausneubauten im Bankenviertel bzw. Westend von Frankfurt werden auch mit Doppelboden ausgestattet. In Lagen mit entsprechend hohen Mieten sind diese Mehrkosten möglicherweise gerechtfertigt, wir glauben jedoch nicht, daß ein Doppelboden anderswo unbedingt notwendig ist.

In den Neubauten, bei denen unsere Firma das technische Projektmanagement übernimmt, planen wir normalerweise einen Fensterbankkanal und zwei Bodenkanäle ein, in denen auch jeweils ein Leerrohr für die Datenverkabelung vorgesehen ist. Dies erscheint uns ausreichend – selbst die IBM-Pensionskasse macht nicht mehr in den Bürohäusern, die sie zu Vermietungszwecken in der letzten Zeit errichtet hat, und die Firma Siemens verlangt nicht mehr in den Objekten, die sie zur Zeit anmietet. Die weitere Entwicklung auf diesem Gebiet muß jedoch sorgfältig weiter beobachtet werden.

4.7 Attraktivität

Um ein Bürohaus gut zu vermieten, muß es gut aussehen. Die meisten Mieter verlangen nicht nur ein Gebäude, das wirtschaftlich geplant ist, sie legen auch viel Wert auf das, was man in den USA »corporate identity« nennt – das Unternehmen identifiziert sich mit den Gebäuden, die es nutzt, und erwartet, daß solche Gebäude eine positive Ausstrahlung haben. Auch Investoren wollen attraktive Immobilien besitzen – sie wissen auch, daß sich solche Gebäude besser vermarkten lassen. Ein Gebäude kann technisch perfekt sein, aber wenn es nicht gut aussieht, wird die Vermarktung schwieriger.

Am wichtigsten sind die ersten Eindrücke, nämlich die Fassade, die Eingangshalle und die Aufzüge – aber besonders die Fassade. Die Aufzüge müssen, was ihre Kapazität anbelangt, auch mehr als ausreichend sein. In diesem Punkt wird oft in der Bundesrepublik an der verkehrten Stelle gespart, zum Leidwesen der Nutzer, die nach langem Warten in einen überfüllten Aufzug einsteigen müssen.

Die abgehängten Decken (mit integrierter Beleuchtung) und Teppichböden müssen von guter Qualität sein und die Toiletten gut ausgestattet sein. Es lohnt auch, an die Außenanlagen zu denken, die helfen, ein Gebäude positiv zu prägen.

4.8 Wirtschaftlichkeit

Der Anleger und auch der Mieter achtet heute mehr und mehr darauf, daß wartungsfreundliche und möglichst wartungsarme Techniken in allen Bereichen eines Gebäudes verwendet werden und daß vor allem die Haustechnik nach wirtschaftlichen Gesichtspunkten ausgerichtet wird. Dadurch können die Nebenkosten, die der Mieter neben dem Mietzins tragen muß, reduziert werden.

5. Vermarktung

Bei den Ausführungen über die Vermarktung von Bürohäusern möchten wir uns auf die Vermietung beschränken. Die Errichtung von Bürohäusern zu Vermietungszwecken, ohne im voraus einen Mieter zu haben, ist ein relativ neues Geschäft in der Bundesrepublik. Erst seit etwas mehr als 15 Jahren haben institutionelle Investoren in Deutschland angefangen, solche Objekte als Anlage zu erwerben bzw. zu errichten. Dadurch hat eine professionelle Vermarktung von Bürohäusern hier erst in den letzten Jahren begonnen.

Unseres Erachtens waren es Briten, die zuerst versucht haben, gewerbliche Immobilien in der Bundesrepublik systematisch zu vermarkten, und zwar Anfang der 70er Jahre, als britische Bauträgergesellschaften, institutionelle Investoren und auch Maklerfirmen den deutschen Markt entdeckten. Besonders zwischen 1972 und 1974 waren die Briten unwahrscheinlich aktiv. In den Großstädten wurden kaum Bürohausprojekte verkauft, ohne daß die Briten zumindest mit angeboten haben!

1975 war der Boom zu Ende. Ein fast europaweites Überangebot an gewerblichen Immobilien, der erste Ölschock und eine Bankenkrise in Großbritannien setzten dem Boom ein Ende.

Die meisten britischen Bauträgergesellschaften und Investoren zogen sich vom deutschen Markt zurück (oft mit großen Verlusten!). Aber einige der großen britischen Maklerfirmen und Bauträgergesellschaften sind hiergeblieben und haben in den letzten Jahren mit Erfolg ihre Geschäfte in der Bundesrepublik aufgebaut. Die Vermarktungsmethoden, die man seit mehr als 30 Jahren in Großbritannien und in den USA anwendet, wurden auch in Deutschland von diesen Firmen benutzt. Zwischenzeitlich haben auch viele deutsche Maklerfirmen sowie deutsche Investoren und Bauträger diese Methoden übernommen. Die Vermarktungsmethoden müssen natürlich dem Produkt angepaßt werden – bei einem 40 000-m^2-Büroturm im Bankenviertel Frankfurts muß man natürlich anders vorgehen als bei einem 1 000-m^2-Bürohaus in einem Vorort von Düsseldorf. Die Prinzipien bleiben jedoch die gleichen.

5.1 Zielgruppe

Um die Vermarktung erfolgreich durchzuführen, müssen die Beteiligten erst eine klare Vorstellung über die Zielgruppe haben. Dies ist normalerweise sowieso erforderlich, um das Objekt von vornherein marktgerecht zu planen.

Zum Beispiel wäre im Frankfurter Westend die Zielgruppe wahrscheinlich deutsche und internationale Banken sowie internationale Firmen, dagegen in Frankfurt-Niederrad Firmen aus der EDV oder dem »High-Tech«-Bereich.

Es muß auch entschieden werden, ob man anstrebt, das Gebäude komplett an einen Mieter zu vermieten, oder ob man bereit ist, etagenweise zu vermieten, da dies wahrscheinlich auch verschiedene Zielgruppen betrifft. Sobald die Zielgruppe feststeht, kann man sich über die Vermarktungsstrategie im Detail klarwerden.

5.2 Vermietungsbroschüre

Unsere Firma hat festgestellt, daß es bei vielen Objekten sehr hilfreich ist, eine gute Vermietungsbroschüre für die Vermarktung zu verwenden. Bei bestehenden Objekten sollte man ein gutes Objektfoto benutzen, um die Attraktivität des Objektes zu unterstreichen. Bei einem Projekt können die wenigsten Mietinteressenten sich aufgrund der Pläne vorstellen, wie das Projekt nach Fertigstellung aussehen wird. Ein Bild von dem Projekt, das das Gebäude nach der Fertigstellung zeigt, ist daher sehr nützlich.

Außerdem braucht man eine Lagebeschreibung, einen Ausschnitt aus dem Stadtplan, eine allgemeine Beschreibung des Objektes, eine vereinfachte Baubeschreibung und verkleinerte Grundrißpläne. Dadurch hat der Mietinteressent alle wesentlichen Informationen, die er benötigt. Wenn anzunehmen ist, daß ausländische Firmen anmieten werden, ist es vielleicht nützlich, die Broschüre auch in Englisch zu produzieren.

Die Gesamtkosten einer Vermietungsbroschüre bewegen sich je nach Auflage und Qualität zwischen DM 8000 und DM 25000, eine Kleinigkeit im Vergleich zu den Objektherstellungskosten. Trotzdem gibt es immer noch Bauherren, die eine solche Broschüre nicht für notwendig halten.

5.3 Vermietungsschild

Die effektivste Werbung für ein Objekt ist ein entsprechendes Schild am Objekt. Als wir im Jahre 1972 nach Deutschland kamen, gab es so gut wie kein einziges Vermietungsschild in Frankfurt, obwohl mehr als 100 000 m^2 Bürofläche auf dem Markt zu vermieten waren. Heute sieht man solche Schilder überall an zu vermietenden Objekten.

5.4 Mailings

Das Wort »Mailings« hat sich in unserer Branche mittlerweile fest etabliert. Was sind »Mailings«? Es sind Briefe, die unaufgefordert direkt an Firmen geschickt werden, die vielleicht als Mietinteressenten von Objekten in Frage kommen.

Um das vorige Beispiel zu nehmen: – Wird ein Gebäude im Frankfurter Westend vermarktet, kommen als Zielgruppen in erster Linie alle inländischen und ausländischen Banken als Nutzer in Frage. Die werden nun angeschrieben. Macht man dieses »Mailing« konsequent, werden die Banken nach einigen Tagen auch telefonisch angesprochen. Es ist erstaunlich, wie oft durch solche Aktionen neue Mietinteressenten gefunden werden.

Anfang der siebziger Jahre waren »Mailings« etwas ganz Neues. Mittlerweile werden solche Aktionen von mehreren Maklerfirmen durchgeführt, manchmal zum Ärgernis der Empfänger, die es nicht immer schätzen, regelmäßig angesprochen zu werden. Trotzdem gibt es immer wieder Anfragen, die aus gezielten Aktionen resultieren, und deshalb ist »Mailing« eine Vermarktungsunterstützung, auf die nicht verzichtet werden kann.

5.5 Anzeigen

In den meisten Ländern gibt es eine Fachpresse für Immobilien und mehrere Zeitschriften, die monatlich oder sogar wöchentlich erscheinen, wie die »Estates Times«, »Estates Gazette« und »Chartered Surveyors Weekly« in Großbritannien oder »Vastgoedmarkt« in Holland. Anzeigen in solchen Zeitschriften sind relativ preisgünstig und werden von den Immobilienabteilungen von Nutzerfirmen gelesen.

Eine Fachpresse gibt es leider in Deutschland noch nicht. Hier muß man in der teureren Tageszeitung inserieren. Die Resonanz auf Anzeigen ist in der Regel schlecht, aber man kann bei größeren Objekten nicht darauf verzichten, wenn man sichergehen will, daß alle möglichen Mietinteressenten angesprochen werden.

Ob viele Anzeigen geschaltet werden, um einen »Image-Effekt« für ein Objekt (oder den Eigentümer) zu erreichen, oder ob nur eine objektbezogene Werbung angestrebt wird, hängt von vielen Faktoren ab.

5.6 Plakatwerbung

Bei Plakatwerbung meinen wir Werbung auf Plakaten, die wir überall in den Städten sehen und die hauptsächlich für Zigaretten, Waschpulver und ähnliches benutzt werden. Eine gute Flächenwerbung ist relativ teuer und wurde bisher nur sehr begrenzt, das heißt, für Problemobjekte, benutzt.

5.7 Radiowerbung

Radiowerbung ist auch relativ teuer und wurde daher in der Vergangenheit nur selten eingesetzt. Mit der Verbreitung von kommerziellen Radiosendern in der Bundesrepublik wird sich dies möglicherweise in Zukunft ändern.

5.8 Videofilm

Für sehr große und/oder exklusive Objekte ist es ganz nützlich, einen Videofilm über das Objekt produzieren zu lassen. Ein Film sagt in kürzester Zeit viel mehr über ein Objekt aus, als dies mit einem schriftlichen Bericht oder einer Broschüre möglich ist. Ein Videofilm ist jedoch ziemlich kostenintensiv und kostet zwischen DM 40 000 und DM 80 000.

5.9 »PR«-Aktivitäten

Es ist sehr wichtig, eine aktive »PR«-Politik zu betreiben. Falls das zu vermarktende Gebäude allgemein von Interesse ist, muß man dafür sorgen, daß die örtlichen Medien positiv darüber berichten. Hierfür müßte man gegebenenfalls eine entsprechende Werbe- oder Presseagentur beauftragen. Davon abgesehen, ist es normalerweise nur positiv für das Objekt, daß zumindest in der lokalen Presse regelmäßig hierüber berichtet wird, z.B. Abriß eines bestehenden Gebäudes, Grundsteinlegung, Richtfest usw.

5.10 Professionelle Makler

Der gut eingeführte professionelle Makler hat eine sehr wichtige Rolle bei der Vermarktung eines Objektes zu spielen. Er kennt den Markt bestens und hat dadurch bereits Kontakt zu den meisten Mietinteressenten.

Er kann die in Frage kommenden Mietinteressenten gezielt ansprechen und sollte informiert sein über Mietinteressenten, die neu auf den Markt kommen. Es ist wichtig, daß er seinen Auftraggeber über die aktuelle Marktsituation, die Tendenzen am Markt, konkurrierende Objekte, die erzielbaren Konditionen und über die gesamte Vermarktungsstrategie beraten kann.

Wenn der Makler einen qualifizierten Allein- bzw. Exklusivauftrag erhält, kann er die notwendige Zeit investieren, um die Vermarktung mit Erfolg durchzuführen, da er weiß, daß seine Verdienstmöglichkeiten besser sind, als wenn er beispielsweise mit 10 anderen Firmen konkurrieren müßte.

Da er im Grunde genommen für den Vermieter tätig ist, wäre es nur logisch, daß er vom Vermieter honoriert wird. Dies ist der Normalfall in Holland oder Großbritannien und setzt sich auch mehr und mehr in der Bundesrepublik durch.

P.A. BLETSCHACHER
Hotels, Ferienzentren und Boardinghouses

Inhalt

Die Entwicklung des Welttourismus 57
1. Hotels, Ferienzentren und Boardinghouses 58
1.1 Begriffsbestimmungen 59
1.2 Die Entwicklung der Hotellerie 61
1.3 Zur Betriebstypologie 63
1.4 Zur Gästetypologie 64
2. Planung und Projektentwicklung 66
2.1 Standorte 66
2.2 Kennziffern für Investitionsrechnungen 67
2.3 Hotelarchitektur und Design 69
3. Die Bewirtschaftung von Hotels 70
3.1 Hotellerie heute – Grundsätzliches zur Betriebsgebarung 70
3.2 Ketten und Kooperationen 71
3.3 Bewirtschaftungsformen 73
3.4 Kennziffern zum Betrieb 75
4. Schlußgedanken 76

Die Entwicklung des Welttourismus

Die Tourismusindustrie – eine vergleichbar junge Branche wie die Flugzeug- oder die Elektronikindustrie – ist nach einer Studie, die American Express vor kurzem erstellen ließ, mit über 100 Millionen Mitarbeitern der größte Arbeitgeber der Welt. In entwickelten Ländern fließen bereits über 11 % der Konsumentenausgaben in den Tourismus, und auch der Geschäftsreiseverkehr boomt. Nach 40 Jahren ununterbrochenen Wachstums zeigen sich jedoch auch unerwünschte Rückkopplungen und Umweltbelastungen; Dollarkrise, Tschernobyl oder Aktienbaisse lösten konjunkturelle Rückschläge erstmals auch im Fremdenverkehr aus. Sind dies erste Zeichen dafür, daß auch der seit dem Zweiten Weltkrieg stetig und überall expandierende Welttourismus an Sättigungsgrenzen stößt? Daß die Nachfrage nach Urlaubs- oder Geschäftsreisen stagniert oder das Angebot auf Grenzen des Machbaren stößt?

Die Antwort ist makro- ebenso wie mikroökonomisch völlig eindeutig: nein! Die Mobilität der Menschen wird nachhaltig weiter wachsen. Die Zahl, die Länge und die Geschwindigkeit von Reisen werden zunehmen. Neue Verkehrsmittel, sinkender Transportaufwand, bessere Kommunikation und der Eintritt zahlreicher Schwellenländer in den Markt werden die Nachfrage steigern, und das Angebot ist noch nirgends hinter dieser Entwicklung zurückgeblieben.

Es darf sogar angenommen werden, daß mit weiter wachsender Freizeit und zunehmender Sättigung existentieller Bedürfnisse immer breiterer Bevölkerungskreise die Ausgaben für Reisen und damit für das Beherbergungsgewerbe weltweit nicht nur absolut, sondern auch in Relation zum Gesamteinkommen weiter überproportional steigen werden, zumal selbst wohlhabende Kreise in voll industrialisierten Ländern bei Befragungen wie z. B. der Reiseanalyse des Studienkreises für Touristik in Starnberg noch kaum Sättigungstendenzen erkennen lassen. Dabei sind am Weltmarkt, außer den USA, wirklich bevölkerungsreiche Staaten noch gar nicht in Erscheinung getreten – und wer will ausschließen, daß in einigen Jahren auch die Russen, die Inder oder gar die Chinesen ebenso zu reisen beginnen wie jetzt die Japaner, die Spanier oder die Araber?

Im Jahr 1987 wurden von der World Tourism Organization, nach einer 3%igen Steigerung, weltweit 340 Millionen Touristen gezählt, 1986 sank die Zuwachsrate wegen Dollarverfall, Entführungen und Tschernobyl nur vorübergehend auf 1 %, für 1987 und 1988 standen die Signale schon wieder auf vollem Wachstum. Dabei signalisieren schon die erfolgreichsten Zielländer, nämlich Mexiko, Italien oder Spanien, daß keineswegs der Geschäftsreiseverkehr oder die Städtereisen im Zentrum der Entwicklung stehen. Vielmehr zeigen auch alle Einzelanalysen, daß die größten Marktanteile auf Urlaubsreisen, Sight-Seeing-Touren, Kurzausflüge und Kuren entfallen.

Moderne Organisationsformen und Gebäude, auf die Verkehrsträger abgestimmte Betriebsgrößen und Anspruchskategorien, zielgruppenorientiertes Marketing oder auch nur der Einsatz moderner Finanzierungsinstrumente sind dem Beherbergungsgewerbe außerhalb der von Kettenbetrieben beherrschten Großstädte zumindest in Deutschland auch heute noch weitgehend fremd. In der Branche, die sich zudem nachhaltigen Steigerungen im Anspruchsniveau gegenübersieht, ist daher für die Zukunft weiterhin mit gravierenden Anpassungsprozessen zu rechnen. Dabei wird das Hochlohnland Bundesrepublik weiter große Marktanteile an billigere und wärmere Länder abgeben müssen, gleichwohl im qualifizierten Touristik-Bereich nach wie vor ebenso absolute Wachstumsraten verzeichnen wie im Geschäftsreiseverkehr in den attraktiven unter den Großstädten.

Das Beherbergungsgewerbe wird sich dieser Herausforderung stellen müssen, und hohe Investitionssummen werden in die Gewerbeimmobilien Hotel, Ferienzentrum, Boardinghouse oder in die Parahotellerie fließen müssen, um den neu gestellten Anforderungen einer Gesellschaft im Überfluß mit wachsender Freizeit gerecht zu werden. Im folgenden sollen einige Grundzüge dieser schillernden und vielen Banken und Bauträgern rätselhaften Immobilien aufgezeigt werden, um eine sachlichere Auseinandersetzung mit Investitionen in dieser Branche zu erleichtern.

1. Hotels, Ferienzentren und Boardinghouses

Hotels zählen seit jeher zu den Juwelen und den Paradiesvögeln unter den Gewerbe-Immobilien. Diese oft eindrucksvollen und stadtbildprägenden Repräsentationsbauten, die der Selbstdarstellung von Gästen und Ortsansässigen meist gleichermaßen dienen, beanspruchen die attraktivsten Standorte, fordern den höchsten investiven und gestalterischen Aufwand und beflügeln gesellschaftliche Ambitionen und wirtschaftliche Phantasie oft gleichermaßen.

Diese Betriebe, die ihren Namen von den gastfreundlichen palastartigen Adelshöfen mittelalterlicher französischer Städte ableiten, haben daher stets berufene Investoren ebenso wie unberufene angezogen und bisweilen Anlaß zu spektakulären Planungen gegeben, deren Durchsetzung an den meist oligopolistisch strukturierten Märkten nicht immer problemfrei möglich war. Im Zeitalter der Vollmotorisierung, der Freizeitgesellschaft und des Massentourismus sind die Hotellerie und die ihr verwandten Beherbergungsbetriebe wie Ferienzentren, Boardinghäuser und Ferienwohnanlagen gleichwohl zu einer breiten, machtvollen, stabilen und wachstumsträchtigen Branche geworden, die zusammen mit der Gastronomie mehr Beschäftigte zählt als z. B. die Automobil-Industrie.

Im November 1988 zählte das Statistische Bundesamt im Beherbergungsgewerbe insgesamt 47 748 Betriebe mit 1 744 886 Betten in Häusern mit mehr als 9 Betten, womit also gleichzeitig nur knapp 3 % der Bundesbürger hier Platz gefunden hätten. 10 009 Betriebe mit immerhin 549 815 Betten hiervon entfielen auf Voll-Hotels, für die 1970 noch 10 797 Betriebe, aber nur 376 663 Betten gezählt wurden, was bei zunehmender Konzentration auf größere Betriebe ein Wachstum der angebotenen Kapazität um 46%, und unter Berücksichtigung der häufigen methodischen Veränderung der Statistik, vermutlich von über 50% bedeutet.

Ferienwohnungen und Ferienhäuser erscheinen erstmals 1971 in der Statistik und Ferienzentren erst im Jahr 1984. Heute gibt es 45 davon mit immerhin 31 829 Betten oder ca. 750 Betten pro Betrieb. Boardinghäuser werden heute offiziell noch gar nicht gezählt, Zahlen hierüber können daher nur grob geschätzt werden.

Was ist nun das Besondere an diesen Gewerbeimmobilien, was verleiht ihnen ihren investiven Reiz und ihre Risikoneigung? Zunächst müssen hierzu einmal die grundlegenden Wesensmerkmale der Branche dargestellt werden.

1.1 Begriffsbestimmungen

Ein Hotel ist ein Beherbergungsbetrieb mit gehobenem Ausstattungs- und Bedienungskomfort, der – gewöhnlich in einem größeren, repräsentativen Gebäude – gewerblich Logis, Verpflegung und sonstige Dienstleistungen für den vorübergehenden Aufenthalt auf Reisen befindlicher Ortsfremder zur Verfügung stellt. Der Begriff Hotel ist in der Regel erst auf Betriebe mit mindestens 20 Gästezimmern mit voll ausgerüsteten Sanitärzellen anwendbar.

Ein Ferienzentrum entspricht zunächst im Kern ebenfalls dieser Definition, ist jedoch ausschließlich auf den Freizeit- und Urlaubsverkehr ausgerichtet, in der Regel dörflich angelegt, und mit einer breiten Infrastruktur für Sport, Unterhaltung und für Familien mit Kindern ausgestattet. Derartige Anlagen sind sinnvollerweise nur vorstellbar in eingeführten Fremdenverkehrsregionen, in Einzelfällen auch in Naherholungsgebieten.

Dagegen entstehen Boardinghäuser ausschließlich in attraktiven Großstädten und hier in bevorzugten Wohnanlagen im Übergangsbereich zur verdichteten gewerblichen Nutzung. Die nach angelsächsischen Hotel-Pensionen für längere Aufenthaltsdauer benannten Häuser im breiten Übergangsbereich zwischen Gewerbe und Wohnung sind bisher in Deutschland erfolgreich nur im wohnungswirtschaftlichen Sektor realisiert worden. Boardinghäuser markieren den Übergang zwischen den steuerlichen Einkommensarten Gewerbebetrieb und Vermietung und Verpachtung. Sie sind daher stets auch unter steuerlichen Aspekten besonders sorgfältig zu prüfen.

Die vorstehend definierten Betriebstypen sind gleichzeitig die wichtigsten Großbetriebsformen des Beherbergungsgewerbes, auf die sich auch das Wachstum der Branche ganz deutlich konzentriert, während kleinbetriebliche Formen wie das Privatzimmer, die Untermiete, Hotelpensionen, Fremdenheime und Gasthöfe laufend an Marktanteilen verlieren. Auch der Fremdenverkehr kann sich offenkundig trotz bei der ihm nachgesagten Bedeutung persönlicher Faktoren einer allmählichen Industrialisierung des Angebots nicht entziehen.

Die Definitionen lassen bereits alle Elemente erkennen, die bei der Beurteilung der Gewerbeimmobilien Hotel, Ferienzentrum oder Boardinghouse von Bedeutung sind und die dem Branchenfremden bisweilen den Umgang mit entsprechenden Finanzierungen erschweren:

- Alle drei Betriebstypen dienen nahezu ausschließlich der Beherbergung von *Ortsfremden*, das bedeutet, sie sollten leicht auffindbar und in ihrem Angebot leicht identifizierbar sein sowie übersichtlich geplant und organisiert.

  Aber nicht nur faktisch, sondern auch sinnlich und moralisch leidet das Orientierungsvermögen von Gästen bisweilen auf Reisen. Angst oder Übermut sind typische Erscheinungsformen solcher überspitzter Emotionen, die in Planung und Betriebsführung von Hotels berücksichtigt werden sollten.

- Ein Hotel – und in gewissem Umfang auch ein Boardinghouse – ist ein quasi öffentlicher gesellschaftlicher Treffpunkt. Es verkauft nicht nur Einzelleistungen wie Unterkunft, Speisen und Getränke, sondern Koppelprodukte wie Reiseerlebnisse, Geschäftserfolg, Gesundheit oder Lebensfreude, was beim Ferienzentrum besonders deutlich wird. Leistungsbestandteile wie Repräsentation, Service oder Stimmung spielen daher eine bedeutende Rolle. Die Planung von Hotelimmobilien muß deshalb auch soziologische, psychologische, gestalterische und atmosphärische Aspekte mit einbeziehen und dies ohne Störung der sachlichen Erfordernisse und unter Wahrung des ortstypischen Ambiente.

- Ein Hotel ist ein Dienstleistungsbetrieb in dem Produktion und Konsumtion räumlich und zeitlich zusammenfallen. Die Leistungserstellung muß daher möglichst störungsfrei und häufig verdeckt erfolgen. Arbeitswege sollten Gästewege möglichst nicht kreuzen. Das Niveau des Konsumenten, des Gastes, bestimmt in ungewöhnlich direkter Rückkopplung den Standard des Betriebes gleichermaßen wie das Niveau des Produkts, der Hoteldienstleistung.

- Ein Hotel ist 24 Stunden am Tag und an allen 7 Tagen der Woche meist das ganze Jahr hindurch ununterbrochen geöffnet. Der Arbeitsrhythmus – auch im Ferienzentrum – ist in der Regel gegenläufig zu üblichen gewerblichen Tätigkeiten. Die Branche hat daher völlig eigenständige Berufsbilder entwickelt, die nur im wenig personalintensiven Boardinghouse keine Gültigkeit besitzen.

- Hotels, Ferienzentren und Boardinghouses sind in der Regel unteilbare Großimmobilien mit einheitlicher Bewirtschaftung. Eigentums- oder auch nur schuldrechtliche Teilungen sind daher nur in begründeten Einzelfällen und z.B. bei sehr extensiver Bewirtschaftung zu empfehlen. Die Planung solcher Häuser mit ihren schwierigen und wechselhaften Funktionsabläufen kann auch dem erfahrenen Architekten nur in Kooperation mit Branchenexperten gelingen. Die stetige Feinabstimmung des Betriebs auf das Nachfrageprofil der ortsfremden, stets wechselnden und in der Regel nicht wiederkehrenden Gäste besorgen bei Stadthotels heute meist marketingorientierte Gruppen oder internationale Ketten, Kooperationen oder Reservierungssysteme, die in der Regel das Hotel als Markenartikel herausstellen. Bei Ferienzentren tritt der Reiseveranstalter als Belegungspartner in den Vordergrund, während beim Boardinghouse vor allem die Markterfahrung am Ort für die Nachhaltigkeit des Belegungserfolgs verantwortlich ist.

1.2 Die Entwicklung der Hotellerie

Sieht man von Kriegszügen, Völkerwanderungen und wenigen berühmten Einzelreisenden wie Odysseus oder Marco Polo ab, so gab es einen über reine Botengänge hinausgehenden Reiseverkehr über längere Strecken in unserem Kulturkreis erst mit den Wallfahrten des frühen Mittelalters und den Messereisen der Kaufleute in die aufstrebenden Städte. Begnügte man sich hierbei zur Unterbringung noch mit einfachsten Gasthöfen, so beginnt mit dem Aufkommen der vom humanistischen Ideal der Renaissance angeregten Bildungsreisen, denen sich im ausgehenden 18. und im angehenden 19. Jahrhundert vor allem der Adel und das gehobene Bürgertum widmeten, auch die Entwicklung der europäischen Hotellerie. Dabei standen zunächst in den Städten und an wichtigen Fürstenhöfen nur die erwähnten Adelshöfe und Klosterherbergen zur Verfügung, die jedoch, gerade unter dem Einfluß der Säkularisation, die neu gebotenen Möglichkeiten zur gewerblichen Einkunftserzielung gerne nutzten.

Aber bald schon wendete sich das Interesse der Reisenden, beeinflußt von modernen Naturphilosophien, verstärkt auch Heilbädern, Sehenswürdigkeiten und selbst abgelegenen Gebirgsorten zu, in denen nun, noch im Biedermeier und Klassizismus die ersten großen Hotelneubauten heranwuchsen. Hinzu kamen Hotels auch an wichtigen Fernverkehrsknotenpunkten, an gesellschaftlich bedeutenden Stränden und bei den aufblühenden Spielbanken. Unter dem Einfluß des Eisenbahnbaus und der damit stürmisch zunehmenden Touristenzahlen steigerte sich die Entwicklung dieser neuen Immobilienkategorie ungeheuer rasch zum Bauboom für die großbürgerlichen Grandhotels der Gründerjahre.

Noch heute prägt diese Entwicklungsphase das Erscheinungsbild der Traditionshotellerie auch in den überseeischen Staaten und Kolonien, die damals durch Dampfschiff und Eisenbahn für den modernen Massenverkehr erschlossen wurden. Berufsbilder und Terminologie, Planungsgrundsätze und Betriebsgebarung vor allem der internationalen Spitzenbetriebe gehen nicht nur im übertragenen Sinn auf die Vorbilder von damals zurück, es sind meist auch heute noch die gleichen Häuser.

Die Entwicklung der Hotellerie in Europa wurde durch zwei Weltkriege, Inflationen und die Weltwirtschaftskrise in der ersten Hälfte unseres Jahrhunderts massiv gestoppt. Lediglich der Geschäftsreiseverkehr auf provinzieller Ebene und erste Ansätze eines allerdings politisch gelenkten Pauschaltourismus hielten Teile der

Fremdenverkehrswirtschaft mühsam am Leben. Aber während in Europa die Hotelkultur verkümmert, erfährt sie in Amerika ihre neuen, mehr an industriellen Vorbildern orientierten Ausprägungen, die, zumindest für die Stadthotellerie, seit Mitte der fünfziger Jahre nach einem ungeahnten, weltweiten und keineswegs abgeschlossenen Aufschwung auch heute noch ihr Erscheinungsbild bestimmen.

In den letzten Jahren deutet sich jedoch in Architektur, Gastronomie, Ausstattung und Service wieder eine Abkehr von rein quantitativen und funktionalistischen Vorgaben zu mehr Qualität, Stil und Aufwand hin an, getragen nicht zuletzt von dem in langen Friedensjahren wirtschaftlich wieder erstarkten Europa, immer mehr jedoch auch vom Fernen Osten. Den gewaltigen Veränderungen in den allgemeinen Produktionsbedingungen entsprechend, ist ein modernes Stadthotel heute beides: ein im Detail prototypischer und funktionalistischer, austauschbarer Markenartikel, einteilbar in Kategorien wie in Handelsklassen und verkaufbar in Dienstleistungspaketen an Ortsfremde einerseits – andererseits jedoch für den fremden wie den ortsansässigen Gast ein städtebaulicher Glanzpunkt, als repräsentativer öffentlicher Treffpunkt ein Spiegel der gesellschaftlichen Entwicklung und der eigenen Ansprüche.

Wesentlich individualistischer ist die Entwicklung der Ferien-, Sport- und Kurhotellerie verlaufen, aus der sich erst mit dem Aufkommen der Massenverkehrsmittel und dem wachsenden Marktanteil der Reiseveranstalter die großen modernen Ferienzentren herauskristallisierten, die mit ihren vielseitigen gebündelten Freizeitangeboten heute das Angebot in den Urlaubsregionen eindeutig dominieren. Dabei sind derartige Betriebe sowohl an Nah- wie an Fernverkehrszielen entstanden, im Gebirge ebenso wie im Flachland oder an der Küste, in Dorfform ebenso wie in Hochhauskomplexen, in strikter Modernität oder in landschaftsgebundener Architektur. Wenn heute zahlenmäßig das Ausland, und hier insbesondere Spanien und andere Mittelmeerländer, im Angebot weit überwiegen, so liegt das sicherlich zuerst daran, daß das Hochlohnland Bundesrepublik an sich kein Urlaubsstandort ist, daß hier wesentliche Standortvorteile wie Sonne, Meer und Sand nur in recht eingeschränktem Umfang angeboten werden können, und sicher nicht zuletzt an der restriktiven Genehmigungspraxis in unserem dichtbesiedelten und ökologisch hoch empfindlichen Land.

Die Geschichte der Boardinghäuser in Deutschland ist noch wesentlich jünger und der Markt nach wie vor außerordentlich schmal. Die ersten Adaptionen dieses – ähnlich wie der ebenso rein angelsächsische social club – schwer auf die kontinentale Mentalität übertragbaren Betriebstyps erfolgten in München Anfang der siebziger Jahre. Während zunächst nur wenige kleinere Häuser in rheinischen Großstädten folgten, zeigte ein schon Mitte der achtziger Jahre wieder abgebrochener Boom im Zuge des Niedergangs der Bauherrenmodell-Finanzierungen die Grenzen dieser neuen Projektidee auf, deren Bedeutung für den Immobilienmarkt wohl auf Jahre hinaus recht bescheiden bleiben wird.

1.3 Zur Betriebstypologie

Da sich Hotels in ihrer Planung, Nutzung und Betriebsführung z. T. massiv voneinander unterscheiden, sollen sie zunächst im folgenden nach ihren prägenden Grundeigenschaften gegliedert werden:

nach dem Standort
- Stadthotel
- Landhotel
- verkehrsabhängiges Hotel (z. B. Raststätte, Bahnhofs-, Flughafenhotel)

nach der Nutzung
- Passantenhotel
- Tagungshotel
- Ferienhotel
- Kurhotel

nach der Leistung
- Luxus   5 Sterne
- Commercial   4 Sterne
- Economy   3 Sterne
- Gut bürgerlich   2 Sterne
- Einfach   1 Stern

nach der Ausstattung
- Hotelpension
- Hotel garni
- Vollhotel
- Suite-Hotel, Hometel

Daneben gibt es eine Fülle von Sondertypen, die z. B. von einem bestimmten Verkehrsmittel definiert werden, wie das Messeschiff, das rotel oder das Motel, die im Namen Hinweise auf Zusatzeinrichtungen geben, wie das Bürotel oder das Sporthotel und vor allem in der Ferienhotellerie alle möglichen Übergangsformen über das Appartementhotel hin zur eindeutig nicht mehr gewerblich bewirtschafteten Ferienwohnung. Man faßt diese Betriebe zusammen unter dem Ausdruck Parahotellerie. Diese gewinnt vor allem Bedeutung in alten Touristikregionen und in Hochlohnländern, also z. B. in der Schweiz, an der Côte d'Azur, am deutschen Alpenrand oder auf Sylt.

Ferienzentren sind in ihrer Grundkonzeption zu unterschiedlich, um in ein Definitionsschema zu passen. Es lassen sich im wesentlichen jedoch zwei Grundtypen identifizieren, der eine (z. B. Club Mediterrannée oder Robinson) mehr ideologisch fixiert und bewußt von der Nachfrage her gestaltet, der andere auf die Zufälligkeiten des Standorts oder der Finanzierungsgelegenheit ausgelegt, also angebotsbedingt (z. B. Ferienpark Daun oder Sauerlandstern). Im Vordergrund stehen jedoch mehr und mehr dörfliche Anlagen, nachdem zahlreiche architektonisch ehrgeizige Zentren in massiveren Bauformen (z. B. am Zonenrand oder in französischen Skiregionen) eine deutliche Verslumungstendenz zeigen.

Auch für Boardinghouses existiert derzeit keine allgemein akzeptierte Nomenklatur. Die Namensgebung reicht vom Gästehaus bis zum Hotel, und auch in der Betriebsgebarung hat sich noch keine über unterschiedliche Standorte hinweg vergleichbare Typologie herausgebildet. Geprägt werden bislang die existierenden Betriebe überwiegend von der Betriebsgröße, da sowohl die Ausstattungsvielfalt als auch der Grad der Anonymität der Bewohner hiervon entscheidend abhängt. Kleinere Häuser mit der hier naturgemäß intensiveren Überwachung der Gäste genießen bislang weniger Präferenzen, könnten im Zug der überall zu beobachtenden Rückkehr zu konservativerem Sexualverhalten jedoch durchaus wieder an Bedeutung gewinnen.

Der Betriebstyp des Boardinghouses streift im übrigen durch seine Mittelstellung zwischen Gewerbe und Wohnungswirtschaft im Steuerrecht, im Kündigungsschutz, im Gewerberecht und selbst in der Finanzierung an einer Reihe für Wohnungen einerseits oder Hotelbetriebe andererseits festgeschriebenen Positionen. Es bedarf zwingend ausreichender praktischer Erfahrungen am Ort, um hier in der Phase der Projektdefinition die projektspezifisch richtige Lösung zu finden. Die unmittelbare bauliche und organisatorische Anbindung an ein Hotel ist zumindest ein gangbarer Weg, der sich bislang als vergleichsweise unproblematisch erwiesen hat.

1.4 Zur Gästetypologie

Das Grundbedürfnis eines Gastes nach einem auf der Reise oder am Urlaubsort allemal anstrengenden und ereignisreichen Tag ist zunächst stets ausgerichtet auf ein *bequemes Bett* in einem möglichst *sicheren Haus*, in *Ruhe* und unter möglichst weitgehender *Wahrung von Statusansprüchen*. Keinesfalls geht es dem »Fremden«, der, herausgerissen aus seinen üblichen Sozialbeziehungen, kaum Möglichkeiten hat, im flüchtigen Ablauf einer Reise seinen sozialen Rang deutlich zu machen, ohne damit unangenehm aufzufallen oder Risiken einzugehen, dabei nur um die Befriedigung technischer Bedürfnisse; diese ließen sich auf der Geschäftsreise ebenso wie im Urlaub meist mit wesentlich geringerem Aufwand befriedigen. Vielmehr wird jeder Aufenthalt auf festem Boden vom Reisenden unverzüglich auch zur Selbstdarstellung genutzt, wofür das Hotel – natürlich gegen Bezahlung – den optimalen Rahmen bietet.

Aus dieser Haltung ergibt sich einerseits das oft unökonomische Streben auch einfacherer Beherbergungsbetriebe nach öffentlicher, wenn möglich internationaler Anerkennung und andererseits der im produzierenden Gewerbe weitgehend unbekannte Rückkopplungseffekt, daß ein Hotel immer nur so vornehm ist wie seine Gäste. Um hier Enttäuschungen bei den Gästen zu vermeiden, wird ein Hotel, das angesichts der oft täglichen Umschichtung seiner Klientel über keine sicheren Grundlagen für die Beurteilung der wirklich zu erfüllenden Ansprüche verfügt, stets zu einem deutlichen Überinvestment vor allem bei statusprägenden Investitionen neigen.

In den letzten Jahren hat sich nun nicht nur durch die Steigerung des Verkehrsaufkommens ein erhebliches Wachstum der Gästezahlen ergeben, sondern gleichzeitig zeigten sich auch gravierende Veränderungen im Gästeverhalten, die weiter marktwirksam bleiben dürften und daher im folgenden, ohne Anspruch auf Vollständigkeit, aufgelistet werden sollen:

– Die Verkehrsmittel sind erheblich schneller und bequemer geworden und zudem wesentlich billiger. Dadurch wächst die durchschnittliche Reiseentfernung und damit die Größe der erschließbaren Märkte nach der Formel $r^2 \times \pi$. In einem kleinen Land wie der Bundesrepublik steigt damit notwendigerweise der Anteil der Ausländerübernachtungen bzw. der Auslandreisen.

– Breite neue Gästekreise, zum Teil auf wesentlich niedrigeren Anspruchsstufen, sind neu in den Markt hineingewachsen. Pauschalreisen und Incentive-Veranstaltungen, Jugend- und Schlafsacktourismus, Sozialversicherungskuren, Seniorenfahrten und Zweit- und Drittwohnungspendler haben neben dem traditionellen Hotel oben, und dem Campingplatz unten auf der Rangleiter, neue, z. T. fast industriell geführte Typen von Beherbergungsbetrieben entstehen lassen. Gleichzeitig sind zahlreiche Kleinanbieter wie Privatzimmervermieter oder Ferienbetriebe auf dem Bauernhof aus dem Markt geschieden.

– Die Lebens-, Jahres- und Tagesarbeitszeit abhängig Beschäftigter ist deutlich gesunken. Dadurch wuchs die Bedeutung von Freizeitangeboten im Hotel; das Gewicht attraktiver Standorte, an denen sich z. B. Geschäft und Freizeit kombinieren lassen, hat spürbar zugenommen. Die nicht ganz unrealistische Einführung der 4-Tage-Woche würde reinen Geschäftsreisezielorten vermutlich erheblich schaden.

– Kürzere Arbeitszeiten und weiter steigende Dienstleistungskosten werden auch weiterhin einen zunehmenden Anteil der Freizeit- und vor allem der Haupturlaubs-Nachfrage in Niedriglohnländern abdrängen.

– Die Gäste, die immer schon viel gereist sind, sind durch die wachsende Auslandserfahrung, aber auch durch die massive Vermögensvermehrung im Verlauf von 40 Jahren Frieden noch sachkundiger und anspruchsvoller geworden.

– Im breiten Markt dagegen haben sich die Gäste an mehr Do-it-yourself auch in der Hotellerie gewöhnt. Viele Serviceleistungen sind weggefallen oder durch erhöhten Materialaufwand ausgeglichen worden. Der Gast, der in der Regel auch zuhause kein Personal mehr hat, nutzt gerne die damit verbundenen Möglichkeiten zur Kostenersparnis, weshalb auch personalkostengünstige Hotelkategorien vor allem im privaten Reiseverkehr eine gute Konjunktur haben.

Es sind jedoch nicht nur Veränderungen im Verhalten der Gäste, die die Marktentwicklung bestimmen. Gleiches Gewicht ist den allgemeinen demoskopischen oder sozialen Veränderungen in unserem Lande und in den wichtigsten Herkunftsländern zuzumessen. Großen Einfluß auf das Nachfrageverhalten haben zudem konjunkturelle und zumindest vorübergehend auch währungspolitische Entwicklungen. Nach wie vor wirksam ist darüber hinaus die steuerliche Komponente der Nachfrage, die offenkundig ebenfalls nicht in der Gästepsyche begründet ist. Vermutlich führt z. B. die steuerliche Abzugsfähigkeit von Geschäftsreisen mit dazu, daß nachhaltig überproportional steigende Preise hier akzeptiert werden und daß die Rendite von Stadthotels in der Regel spürbar höher liegt als die von Ferienzentren oder Boardinghouses, deren Gäste mit versteuertem Einkommen bezahlen, eine Situation, die sich durchaus – wie z. B. derzeit in den Vereinigten Staaten – einmal ändern kann.

2. Planung und Projektentwicklung von Hotels, Ferienzentren und Boardinghouses

2.1 Standorte

Da ein Hotel im Unterschied zu den meisten anderen Gewerbe- oder Dienstleistungsbetrieben ein »immobiler« Betrieb ist, zählt die Standortauswahl zu den schwierigsten und entscheidendsten Fragestellungen bei Neuinvestitionen. Da ein Hotel zwar Ortsfremde beherbergt, sein soziales Standing jedoch in hohem Maße von Ortsansässigen geprägt wird, müssen die Beurteilungskriterien beider Kreise in die Standortentscheidung einfließen.

Ein Hotelstandort muß demnach gut in das für ihn relevante Verkehrsnetz eingespannt, leicht auffindbar und gut identifizierbar sein, er muß repräsentativ sein, von hohem Wohnwert und möglichst kontinuierlich frequentiert werden von Ortsfremden mit ähnlichem Anspruchsprofil. Außerdem muß er einer Fülle technischer Funktionskriterien gerecht werden hinsichtlich der Größe, dem Zuschnitt und der Bebaubarkeit, der Erschließung und der Nachbarschaft.

Zumindest Ferienzentren und Boardinghouses sollten darüber hinaus auch noch ruhig liegen und einen schönen Ausblick bieten, was z. B. für ein Flughafen- oder Messehotel keineswegs gelten muß.

Dagegen sind zumindest Stadthotels nicht mehr besonders grundstückspreis-empfindlich, soweit es sich hier um werthaltige Investitionen handelt. Es ist daher nicht verwunderlich, daß nach einer Welle von Hotelbauten, die, getragen meist von ausländischen Hotelgruppen, in den letzten beiden Jahrzehnten vor allem auf billigeren Grundstücken entlang der Autobahnausfahrten entstanden, heute wieder eine deutliche Tendenz hin zu innerstädtischen Standorten festgestellt werden kann. Dies ist nach dem Auslaufen der Motorisierungswelle sicher auch der Erkenntnis zuzuschreiben, daß auf die geschichtsträchtigen und städtebaulich anziehenden Städte Europas nicht alle Rezepte anwendbar sind, die z. B. für die Vereinigten Staaten gelten.

In einzelnen Fällen können heute Innenstadthotels durchaus noch Vergleichsmieten von DM 25,– bis DM 30,– pro m² und Monat erwirtschaften, in der Regel werden jedoch Werte um DM 20,– wohl die Obergrenze sein, aber wo werden in deutschen Großstädten solche Mieten bei langfristiger gewerblicher Vollvermietung ohne Mietausfallrisiko schon überschritten? Dazu kommt, daß Hotels eine deutlich größere Bauwerkstiefe brauchen als die meisten anderen Gebäude und damit Grundstücke oft besser ausgenutzt werden können, daß Hotels auch eigenartige Grundstückszuschnitte, ungewöhnliche Altbausubstanzen und phantasievollste Architekturformen meist klaglos vertragen und Parkhäuser nachts nutzen, die sonst leer stünden.

Hotelstandorte sollten möglichst nicht dominiert werden von anderen Einrichtungen oder Bauten. Vor allem sprunghaft oder saisonal stark schwankende Nachfrage, wie sie mit Messe- oder Fußballplätzen, mit Seeufern oder Skilift-Stationen einhergehen kann, ist extrem ungünstig für das auf Kontinuität ausgelegte Kostengefüge eines Hotels. Dies gilt für Ferienzentren oder Boardinghäuser wegen der relativ höheren Kapitalbindung eher noch mehr. Bei Einrichtungen mit kontinuierlicher Frequenz, wie Bahn- oder Flughäfen, gilt diese Empfehlung natürlich nicht, wie überhaupt alle festen Regeln bei diesen komplizierten Betrieben im konkreten Einzelfall nur vom erfahrenen Fachmann richtig angewendet oder interpretiert werden können, zumal ein Hotel mit seinem Entstehen den Standort regelmäßig auch massiv verändert. Ein Hotel kann demnach einen Standort auch *machen*, eine Erfahrung, die gerade mit Ferienzentren laufend gemacht werden kann.

2.2 Kennziffern für Investitionsrechnungen

Kennziffern für die Planung und Projektprüfung von Hotels oder verwandten Betrieben werden praktisch nirgends veröffentlicht und sind wegen der häufig recht individualistischen Züge von Einzelbauvorhaben nur aus einem größeren Marktüberblick zu ermitteln. Sie fallen an z. B. in den Development-Abteilungen großer Hotelkonzerne, bei Bauträgern, die mit Hotelgesellschaften verbunden sind, was relativ häufig der Fall ist, und bei einzelnen Architekturbüros mit großer Branchenerfahrung.

Wenig Anhaltspunkte gibt es für den Grundstücks-Flächenbedarf von Hotelprojekten. Ein Stadthotel mit 100 Zimmern sollte jedenfalls mindestens 2000 m² zur Verfügung haben. Wegen der dann meist steigenden Geschoßflächenziffern wird der Flächenbedarf für Großhotels nicht parallel zunehmen. Dagegen sind für Ferienzentren nur ausgesprochen große Grundstücke sinnvoll verwertbar. Genannt werden hier Flächen von mindestens 40000–50000 m². Wobei die Grenzen nach oben, vor allem wenn Golfanlagen zu dem Projekt gehören, offen sind.

Über alles gerechnet, braucht ein Stadthotelzimmer der 2-Sterne-Kategorie einschließlich aller Nebenanlagen eine überbaute Brutto-Geschoßfläche (BGF) von ca. 35 m², ein 4-Sterne-Hotelzimmer kommt mit 50–55 m² aus; wirklicher Luxus beginnt erst jenseits von 65 m², die für Suite-Hotels und die oberste Stufe der Boardinghäuser jedoch noch nicht ausreichen. Ferienzentren benötigen meist mehr Funktionsfläche, vor allem für die umfangreichen Freizeiteinrichtungen, kommen jedoch mit weniger Wohnfläche aus, so daß die Gesamtzahlen recht ähnlich ausfallen.

Verläßliche Zahlen über Kubaturen gibt es kaum, da Alt- und Neubauten hier oft sehr stark voneinander abweichen und da vor allem unrentierliche Nebeneinrichtungen wie Hallen, Schwimmbäder, Kongreßzentren oder Weinkeller recht raumaufwendig ausfallen können. Sicherlich sollte jedoch ein Hotel der 4-Sterne-Kategorie weniger als 250 m³ aufweisen und ein Tagungshotel mit drei Sternen weniger als 160 m³, und zwar pro Gästezimmer. Verfügt der Betrieb über zahlreiche Suiten oder große Ferienwohneinheiten, so ist Maßstab nicht die Zahl der Zimmer oder der Schlüssel, sondern der Gebäudeachsen.

Das Achsmaß der Zimmer liegt dabei derzeit für 2 Sterne bei ca. 3,20–3,40, für 3 Sterne bei 3,60–3,75, für 4 Sterne bei 3,80–4,0 m und für 5 Sterne bei 4 m und darüber.

Der Investitionsaufwand für ein betriebsbereites Hotelzimmer dürfte heute, einschließlich Grundstück, Nebenkosten, Einrichtung und Finanzierung bei ca. DM 100000–120000,–, netto, für ein 2-Sterne-Hotel liegen, bei ca. DM 150000–180000 in der 3-Sterne-Kategorie, bis zu DM 220000,– für 4 Sterne erreichen und im Luxusbereich in Einzelfällen durchaus auch die 300000,– DM-Grenze überschreiten. Im Frankfurter Bankenviertel und auf Münchens Nobelmeilen dürften auch diese Beträge noch nicht ganz ausreichen.

Häuser der 1-Sterne-Klasse sind bislang in der Bundesrepublik noch nicht gebaut worden. Es ist nicht ausgeschlossen, daß mit dem Prinzip des sog. low-cost-housing die Investitionskosten noch einmal deutlich gesenkt werden können, der langfristige Erfolg solcher Betriebe ist jedoch recht fraglich.

Investitionsrechnungen von Ferienzentren weisen projektbedingt eine wesentlich größere Spannweite auf. In der Regel sind sie wegen des erhöhten Aufwandes für Nebenanlagen jedoch, pro Zimmer gerechnet, kaum billiger, während bei Boardinghäusern, die auf die meisten teuren Anlagen wie Großküchen, Wäschereien, Klimaanlagen oder Computer verzichten können, der Investitionsaufwand oft eher mit den Zahlen für den gehobenen Wohnungsbau verglichen werden kann.

Generell sollte der Grundstücksaufwand nur in allerbesten Innenstadtlagen 20 % vom Investitionsvolumen überschreiten, und wegen des hohen Ausbaustandards wird auch die Rohbausumme kaum je 40 % vom Gesamtinvestment erreichen. Angesichts der langjährigen Gültigkeit eines Marktanspruchs, der mit einem Hotel-Neubau quasi festgemauert wird, empfiehlt es sich, den Standard des Bauwerks so festzulegen, daß er voraussichtlich auch auf längere Frist den zu erwartenden Veränderungen von Angebot und Nachfrage gerecht werden kann.

2.3 Hotelarchitektur und Design

Eine spezielle Hotelarchitektur gibt es nicht. Jeder qualifizierte Architekt müßte an sich in der Lage sein, ein attraktives und funktionell befriedigendes Hotel oder Ferienzentrum zu entwerfen. Allerdings erwachsen aus den Eigenarten des Betriebes jedoch so komplexe und jeweils unterschiedliche Problemstellungen, daß es grundsätzlich geraten erscheint, in jedem Fall einen planungserfahrenen Brancheninsider hinzuzuziehen.

Ein Hotel wickelt nämlich seinen Gewerbebetrieb keineswegs nur *in*, sondern richtiger *mit* seinem Gebäude ab, das heißt, das Bauwerk wird sozusagen jeweils mit verkauft, es beeinflußt mit seiner Fassade die Entscheidung des ortsfremden Gastes, begründet sein Preisniveau mit Zimmerfläche und Ausstattung, und seine technische Ausstattung und seine Funktionalität prägen das Kostenbild. Ein Beherbergungsbetrieb betreibt sozusagen Einzelhandel mit seiner Immobilie, kombiniert mit Serviceleistungen. Wie sehr ein solches Bauwerk gefallen und funktionieren muß, ergibt sich allein schon aus der Tatsache, daß es als wohl einzige Immobilie ein tägliches Kündigungsrecht seiner Bewohner kennt.

Bestimmend für die Hotelplanung ist zunächst die Schottenstruktur, die sich aus einem im gesamten Gebäude gleichmäßigen Achsmaß ergibt. Dessen Größe wiederum wird bestimmt von der Fläche, der Ausstattung und dem Komfortanspruch der Naßzelle sowie dem vorgelagerten Eingangsbereich, der gleichzeitig als Sicht- und Lärmpuffer, als Garderobe und Schrankraum dient. Wohnqualität erhalten die Zimmer eher aus der Raumtiefe, die es erlaubt, breitere Betten oder bequeme Sitzgruppen in Fensternähe unterzubringen. Etwa 16 Gästezimmer werden bei einem 4-Sterne-Hotel derzeit von einem Zimmermädchen betreut, zwei bis drei Zimmermädchenbereiche werden gerne in einem Serviceraum zusammengefaßt.

Kompliziert sind in einem Hotel die Verkehrsabläufe, zumal ständig größere Lasten wie Koffer oder Wäsche bewegt werden und Differenztreppen, vor allem im Restaurantbereich, daher dringend vermieden werden müssen. Beachtet werden müssen unter anderem die Fragen der reibungslosen Vorfahrt, auch für Busse, und stets für Ortsfremde, die Tiefgaragenzu- und -abfahrt, Koffertransport, Gästewege, Personalkreisläufe, und zwar getrennt für die verschiedenen Kontrollbereiche, der Warenkreislauf, der Wäschekreislauf und nicht zuletzt die Fluchtwege. Gerade die letzteren erschweren eine gefällige Gestaltung oft ungemein, sind jedoch von ganz entscheidender Bedeutung für den Sicherheitsstandard, der vor allem bei internationalen Ketten große Beachtung genießt.

Zum guten Hoteldesign zählt zunächst, daß der Gast möglichst wenig mit Produktionsprozessen konfrontiert wird und auch auf Personal nur dort trifft, wo er Serviceleistungen erwartet. Dieses Prinzip wird nur im Freizeitbereich von Ferienzentren durchbrochen, wo Animateure versuchen, wie Gäste aufzutreten. Da der Gast selbst das Erscheinungsbild des Hotels wesentlich prägt, erscheint es sodann wichtig, seine eigene Vorstellung zu antizipieren und in Gestaltung umzusetzen. Dies wird beispielhaft sichtbar bei erfolgreichen Ferienzentren, die in der Regel in landestypischer Bauweise entstehen, um beim Gast die Identifikation mit der von ihm bewußt ausgewählten Zielregion zu verstärken.

Ganz anders beim Stadt- und Konferenzhotel, das durchaus auch modernstes Design zeigen darf; der Bauherr muß sich allerdings darüber im klaren sein, daß Modernität schon nach wenigen Jahren auch demodé sein kann. Da Hotelausstattungen in der Regel jedoch recht kurzlebig sind, ist dieser Effekt ohne große Bedeutung, solange nicht ins Baugefüge eingegriffen werden muß.

Typisch, vor allem für das Design von Stadthotels, ist auch heute noch die auffällige Signet-Markierung von Besteck, Porzellan und Wäsche, auch um Diebstähle durch Angestellte oder Gäste zu vermeiden. Diese wohl wenig wirksame Maßnahme, die auch als Werbemittel nicht überzeugt, wird im Zuge der zunehmenden Qualitätskonkurrenz überlagert durch die Bemühung um mehr Erlebnisarchitektur, die ganz neue Anforderungen auch an die Gestaltung von Hotels und Restaurants stellt. Die turmhohen Hallen moderner amerikanischer Großhotels seien hier nur als ein Beispiel genannt, die bewußt theaterhaft arrangierte Erlebnisgastronomie als ein anderes.

Hotelarchitektur und Hoteldesign waren seit je Schrittmacher auch für gesellschaftlich weniger anspruchsvolle Bauten und für die Wohnungs-Innenarchitektur. Aber über allem gestalterischen Wagemut darf nicht vergessen werden, daß Hotelmobiliar besonders strapazierfähig sein muß, sicher, reinigungsfreundlich, stapelbar oder sonst gut lagerfähig und möglichst unempfindlich gegen die unterschiedlichen Stimmungen der ständig wechselnden Benutzer. Dies gilt im Kern auch für Boardinghouses, allerdings führt hier die längere Aufenthaltsdauer der Gäste doch meist auch zu einer etwas längeren Lebensdauer der Einrichtungsgegenstände.

3. Die Bewirtschaftung von Hotels, Ferienzentren und Boardinghouses

3.1 Hotellerie heute – Grundsätzliches zur Betriebsgebarung

Das Hotelgewerbe hat heute, trotz immer noch starker mittelständischer Elemente, zum Teil bereits industrielle Formen und Größenordnungen angenommen. Unter der Führung von Hoteliers, aber auch von Bau- oder Verkehrsträgern und Banken sind internationale Gruppen, Ketten und Konzerne entstanden, mit bis zu 2000 Hotels, Milliarden-Umsätzen und Milliarden-Vermögen. Bislang bestand eine eindeutige Vorherrschaft amerikanischer Gesellschaften, entstanden wohl primär aus der Vorherrschaft im Flugverkehr nach dem II. Weltkrieg, aus der soziologischen

Rolle als Geschmacksvorbild in dieser Zeit und aus der hohen Bewertung des Dollars. In den letzten Jahren sind europäische Gruppen, vor allem Engländer, Franzosen und Spanier, aber auch Ostasiaten und Mexikaner nachgerückt, und die derzeitigen Marktverhältnisse lassen ein weiteres Erstarken von Hotelgruppen aus diesen Ländern erwarten. Erstaunlicherweise hat sich bislang trotz erstaunlicher Leistungsbreite und weltweit anerkannter Spitzenleistungen noch in keinem deutschsprachigen Land eine größere Hotelgruppe mit internationalem Tätigkeitsbereich etablieren können und dies, obwohl in der Schweiz die alten Grand-Hotels zur höchsten Blüte gereift waren und obwohl diese Länder weltweit die Spitzenstellung bei den Pro-Kopf-Touristik-Ausgaben halten.

Insgesamt beschäftigt das Gewerbe heute in Deutschland mit über 700 000 Personen bei leicht steigender Tendenz mehr Arbeitnehmer als die Automobil-Industrie. Ca. 20 000 Hotelbetriebe mit ca. 795 000 Betten (einschl. Hotels garni) wickelten im Jahr 1989 ca. 103 612 293 Übernachtungen ab, bei einem Ausländer-Anteil von ca. 21 % und einer Bettenbelegung im statistischen Durchschnitt von 31 %, die bei aggressiv geführten Großhotels jedoch durchaus auch 80 % überschreiten konnte. Nach einem zum ersten Mal auch in der Hotellerie und vor allem auch bei den Nebenausgaben in den Ferienzentren spürbaren Konjunktureinbruch Anfang der achtziger Jahre ist die Branche inzwischen wieder auf breiter Front auf Wachstumskurs gegangen. Dabei wird der neue Entwicklungsschub in den Großstädten eher vom Angebot als von der Nachfrage getragen, denn hier sind eine Reihe von Großbetrieben einer neuen Generation im Entstehen, deren Markteintritt nicht an jedem Standort ganz ohne Reibungsverluste abgehen wird. Dagegen sind alle Investitionswellen in Kurorten und Ferienregionen seit Jahren abgeebbt, und die steigende Nachfrage trifft vor allem in traditionellen Zielgebieten häufig auf ein in Struktur und Leistung nicht adäquates Angebot, was mit zum anhaltenden Trend in ausländische Betriebe beiträgt. Zur Zeit dürfte in Deutschland z. B. kein einziges erfolgversprechendes größeres Ferienzentrum im Bau oder in einem realisierungsnahen Planungsstadium sein.

3.2 Ketten und Kooperationen

Reisen berühren in vielen Fällen nacheinander mehrere Zwischenstationen oder Zielorte. Hotels an diesen Plätzen konkurrieren dann nicht miteinander, wenn sie nicht selbst – wie z. B. im Urlaub – Ziel der Reise waren. Die Verkettung bringt damit keine Nachteile für Stadthotels, aber erhebliche Reiseerleichterungen für den Gast. Mit dem Aufkommen der modernen Kommunikationsmittel entstanden daher auch die ersten Kettenbetriebe zunächst vor allem im Einzugsbereich interkontinentaler Flughäfen. Früh traten hier – vor allem wieder amerikanische – Fluggesellschaften als treibende Kraft auf. Die Welle der Motorisierung ließ dann die Kettenbildung bei autobahn-orientierten Hotels folgen, die dann vor allem in Europa auf die allgemeine Stadthotellerie übergriff. Heute ist ein Großteil der führenden Hotels weltweit in Ketten zusammengefaßt, einzelne Hotelgesellschaften gehen schon dazu über, mehrere »Marken« nebeneinander aufzubauen, um den Markt in seiner ganzen Breite abzudecken. Bislang ist das Wachstum der Kettenhotellerie so gleichmäßig und nachhaltig erfolgt, daß weltweit noch keine einzige relevante Kette vollständig aus dem Markt ausscheiden mußte, von einigen kleineren Fusionen abgesehen.

Um den erheblichen Marketingvorteilen der Kettenhotellerie wenigstens etwas entgegenzusetzen, haben sich in den letzten Jahren immer mehr Einzelbetriebe zu Werbungs-, Reservierungs- und in jüngster Zeit auch zu Schulungs- und Einkaufs-Kooperationen zusammengefunden. Damit kann ein guter Teil der Kettenvorteile zumal für Nebenstandorte, besondere Betriebstypen und kleinere Einheiten gesichert werden, ohne die Individualität der Betriebsführung oder der Eigentumsverhältnisse aufgeben zu müssen. In direkter Konkurrenz erweisen sich solche Kooperationen häufig dort als überlegen, wo touristische Elemente mit hereinspielen (z. B. Romantik-Hotels), Individualität im Vordergrund steht (z. B. Gast im Schloß) oder die Einzelbetriebe standortbedingt eine größere Variationsbreite des Angebots aufweisen müssen (z. B. Best Western oder Ring-Hotels).

Während Hotelketten im übrigen Jahre und Jahrzehnte brauchen, um ein einigermaßen marktdeckendes Netz aufzubauen, und manche Standorte sogar endgültig nicht mehr besetzt werden können, kann der Aufbau von Kooperationen viel zügiger und marktdeckender erfolgen. Außerdem lastet auf Einzelbetrieben nicht das erst in jüngerer Zeit auch den Ketten selbst bewußt gewordene Risiko, daß einmal alle Betriebe gleichzeitig aus dem Markt fallen könnten. Angesichts des Investitionsvolumens moderner Großhotels ein Risiko, das auf gar keinen Fall eingegangen werden darf, was ebenfalls zu der heute zu beobachtenden Diversifizierung der Hotelketten beigetragen hat. Besonders hohe Zuwachsraten zeigen im übrigen schon seit Jahren solche Hotelketten, die eine gewisse Individualität der Einzelbetriebe zum Programm erhoben haben wie z. B. Trust House Forte, Swiss Hotel oder Maritim sowie Billighotels wie Ibis oder Arcade, bei denen sich das Finanzierungsrisiko leichter auffangen läßt.

Große Bedeutung vor allem im gehobenen Anspruchsbereich haben im übrigen reine Reservierungssysteme erlangt, die wie z. B. SRS oder Leading Hotels, praktisch überhaupt nicht in alle sonstigen Bereiche der Bewirtschaftung eingreifen, sondern lediglich dem Mitgliedsbetrieb die vor allem im internationalen Geschäft unverzichtbaren Anschlüsse an elektronische Verbundsysteme zur Verfügung stellen, wie sie etwa auch Fluglinien oder Kreditkarten-Organisationen unterhalten.

Bei Ferienzentren sind Kooperationen geradezu kontraindiziert, da hier die direkte Konkurrenz am Markt überwiegt. Lediglich in der Form der Ferienclubs haben sich bislang, z. T. im übrigen sehr erfolgreiche, Ketten etablieren können, wie z. B. Club Méditerranée oder Robinson. Nur in solchen isolierten Märkten ist es bislang gelungen, ausreichende Renditen zu erzielen, die es erlauben, auf die ansonsten kostengünstigere Verwaltung des Betriebes vor Ort, z. B. in Form des Familienhotels, zu verzichten. Diese Situation ändert sich dann, wenn der Markt zu ausreichend großen Teilen in der Hand von Reiseveranstaltern ist, weshalb z. B. in einigen Zielregionen von Flug-Pauschalreisen Tochtergesellschaften solcher Gruppen sehr erfolgreich tätig sind.

Nicht unerwähnt bleiben dürfen die sog. Hotelgruppen, die sich meist, um einen Führungsbetrieb herum entstanden, auf einen Ort oder eine Zielregion konzentrieren und hier besondere Standortgunst, bessere Marktkenntnis oder eine kostengünstigere Bewirtschaftung nutzen wie z. B. Arabella in München, Costa Smeralda auf Sardinien oder Seiler in Zermatt.

Boardinghouses bilden bislang weder Ketten noch Kooperationen. Lediglich im Raum München sind kleinere Gruppen entstanden, und es ist der Natur der Nachfrage nach auch nicht zu erwarten, daß sich hier eine ähnliche Konzentration des Angebots je ergeben wird, wie sie in der Hotellerie heute schon vorhanden ist.

3.3 Bewirtschaftungsformen von Hotels, Ferienzentren oder Boardinghouses

War in der Entstehungsphase der Grandhotels der Eigenbetrieb die übliche Bewirtschaftungsform, so hat sich diese Situation mit der zunehmenden Verkettung der Betriebe, der Internationalisierung der Nachfrage, vor allem aber wegen der veränderten steuerlichen Behandlung großer Kapitalanlagen fundamental gewandelt. Betriebsgesellschaften werden weltweit fast nur noch als Kapitalgesellschaften geführt, während die Finanzierung neuer Großprojekte praktisch in allen modernen Einkommensteuer-Staaten über Personalgesellschaften, Privatanlagen oder vergleichbare Konstruktionen läuft.

In der Regel wird die Betriebsführung dann vertraglich mittels Pachtvertrag an die Hotelgesellschaft übertragen. Dies gelingt, mit ausreichender Rendite für beide Seiten, jedoch nur bei sehr marktgerecht formulierten Projekten an gesuchten Großstadt-Standorten. Bei ausreichender Bonität des Betreibers ist diese Vertragsform für den Kapitalanleger die sicherste. Vor allem nach vielen Rückschlägen mit sog. Management-Verträgen lassen sich auch die notwendigen Fremdmittel nahezu nur noch über Pachtverträge aquirieren.

Gleichwohl kann in bestimmten Einzelfällen der Management-Vertrag, bei dem der Hotelier im Namen und für Rechnung des Hoteleigentümers auftritt und handelt, besser angebracht sein. Dies gilt vor allem bei Betrieben, deren betriebswirtschaftlicher Erfolg außer Zweifel steht (z. B. Monopolbetrieb an einem Welt-Flughafen), bei dem jedoch betriebliches Know-how und der Anschluß an ein bestimmtes

Reservierungssystem eingekauft werden sollen, um ein bestimmtes Leistungsniveau zu garantieren. In diesem Fall erhält der Management-Partner nur sein, meist ertragsabhängiges, Honorar, während Übergewinne, die ansonsten der Pächter abschöpfen würde, dem Investor zufließen. Notwendig sind jedoch in jedem Fall eines Management-Vertrags eine intensive Kooperation und Überwachung des Partners und damit zumindest Grundkenntnisse der Branche auch auf der Seite des Kapitalgebers.

Eine Zwischenlösung für derartige Situationen kann im übrigen auch in umsatz- oder ertragsabhängigen Pachten gesucht werden, bzw. in Mindestertrags-Garantien bei Management-Verträgen. Es muß der Prüfung des Einzelfalls überlassen bleiben, welche der möglichen Vertragsformen in welcher Ausprägung dem jeweiligen Betrieb am besten angemessen ist.

Keine besondere Verbreitung haben bislang bei uns die in den Vereinigten Staaten wesentlich häufigeren Franchise-Verträge gefunden. Dabei schließt sich ein im eigenen Namen und auf eigenes Risiko handelnder Hotelier lediglich im Marketingbereich einem Lizenzgeber, meist einer schon erfolgreichen Hotelkette, an, um auf diese Weise einen möglichst abgesicherten Zugang zum Markt zu erhalten. Franchise-Verträge eignen sich optimal für einfachere Hoteltypen und für Nebenstandorte, sie werden allein jedoch dem wichtigeren Prinzip der Trennung von betrieblichem Risiko und Immobilienfinanzierung noch nicht gerecht, so daß sie wie Pachtverträge eine ausreichende Bonität des Betreibers voraussetzen.

Für Ferienzentren hat sich auch in jüngeren Jahren an der Vorherrschaft des Eigenbetriebs kaum etwas geändert. Die in der Regel zu niedrige Rendite oder zumindest das erhebliche und schwer kalkulierbare Risiko, ob sie in der ausreichenden Höhe erzielt werden kann, hält die meisten Hotelkonzerne von diesem Markt fern. Pachtverträge werden, wenn, dann meist mit den Investoren nahestehenden Gesellschaften vereinbart, die Rendite durch steuerliche Vorteile, Eigennutzungsrechte oder spekulative Elemente aufgebessert. Auf diesem Markt erfolgreich tätige Gruppen, wie z. B. Dorint, sind häufig in mehreren Funktionen, wie z. B. Kapitalbeschaffung oder Bauträgerschaft mit den Objekten verbunden.

Boardinghouses werden bislang in Deutschland ausschließlich als Eigenbetriebe oder im Verbund mit abhängigen Betriebsgesellschaften geführt. Auf dem noch relativ kleinen Markt dieser Häuser haben sich überregional tätige Betreiber noch nicht entwickeln können. Da das betriebliche Know-how zudem sehr ortsgebunden ist, ist mit dem Aufkommen größerer, dynamisch operierender Bewirtschaftungsgruppen vorläufig auch nicht zu rechnen.

3.4 Kennziffern zum Betrieb von Hotels, Ferienzentren und Boardinghouses

Im Bereich der konventionellen Stadthotellerie werden heute für richtig gelegene und gut konzipierte Neubauten Renditen von 6,5–8 % auf das eingesetzte Netto-Investitionsvolumen erzielt. Dieser Ertrag ist allerdings in der Regel verbunden mit einem vergleichsweise hohen Abschreibungsbedarf, verursacht durch den hohen Ausstattungsaufwand eines Hotels. Die gesunkenen Fremdfinanzierungskosten durch den Zinsabbau der letzten Jahre lassen einen Betrieb, der diese Rendite nachhaltig zu erzielen verspricht, auf jeden Fall als finanzierbar erscheinen.

Optimale Ergebnisse erzielt ein Stadthotel meist erst bei Belegungsraten von mehr als 60 % der Betten. Höhere Auslastungsquoten als 80 % mindern dagegen die Qualität der betrieblichen Leistung und steigern das Ergebnis meist nicht mehr. Da Hotels stets nur im Logisbereich wirkliche Gewinne erwirtschaften, ist der Logisumsatz von besonderer Bedeutung für die Ertragsschätzung. Wichtig hierfür ist weniger der zukünftige Zimmerpreis als vielmehr die sog. average-room-rate, nämlich der durchschnittlich nach Abzug aller Saison- oder Gruppenrabatte, unter Berücksichtigung von Einzelbelegungen und sonstiger Ertragsschmälerungen wirklich erzielbare Netto-Umsatz pro Gästezimmer. Er dürfte heute z. B. für ein Innenstadthotel der 4-Sterne-Kategorie in Frankfurt bei ca. DM 150,– bis 180,– liegen, während ein 2-Sterne-Hotel in Regensburg wohl kaum die 100,– DM-Schwelle überschreiten wird. Wie alle Kennziffern der Branche ist auch dieser Wert wohl nur aus einer profunden Fachkenntnis heraus zu ermitteln oder zu interpretieren, da sich die Hotellerie meist oberflächlichen Beurteilungsversuchen Branchenfremder entzieht.

Ganz global kann man davon ausgehen, daß in einem Vollhotel ein Hotelzimmer etwa das Tausendfache seines Übernachtungspreises (netto und ohne Frühstück) als Investitionsaufwand kosten wird und daß der Netto-Umsatz pro Jahr wenigstens 30 % dieses Investitionsaufwandes erreichen sollte, damit der Betrieb erfolgreich geführt werden kann. Meist liegt dann – natürlich immer auf Stadthotels bezogen – der sog. break-even-point bei einer Zimmerbelegung von etwa 55 %, bei einfachen Hotels auch tiefer. Vom Umsatz gerechnet werden derzeit als Pacht zwischen 6 und 10 % vom Netto-Umsatz bezahlt für Gastronomiebetriebe, 15–30 % für reine Logisbetriebe und etwa 12–25 % für Vollhotels.

Die Zahl der Beschäftigten schwankt ganz erheblich je nach dem Anteil der sehr serviceintensiven Gastronomie. Recht anspruchsvoll geführte Betriebe halten auch heute noch die Relation ein Angestellter pro Gast ein, schon ein modernes 4-Sterne-Hotel kommt jedoch ohne weiteres mit einem Verhältnis von 0,4 zu 1 aus. Dabei läßt sich schwer die Tatsache einordnen, daß heute auch Hotels gerne einzelne Abteilungen oder Nebenbetriebe wie Friseur, Kiosk, Hallenbad und Therapie, aber auch Wäscherei oder Reinigungsdienste ausgliedern und nicht mehr selbst betreiben, vor allem um den Personalaufwand besser an die stark schwankende betriebliche Auslastung angleichen zu können.

Ferienzentren liegen in ihrem Personalaufwand meist niedriger, auch wenn vor allem im Bereich der Animation weitere Stellen besetzt werden müssen. Dem Gast wird hier jedoch inzwischen sehr häufig ein gewisser Serviceverzicht zugemutet, den er dann gerne in Kauf nimmt, wenn damit spürbare Preisvorteile verbunden sind, was der anhaltende Belegungserfolg der Ferienwohnungsanlagen beweist. Dies sollte jedoch nicht zu dem Irrtum verführen, daß die zukünftigen Bewirtschaftungskosten einer solchen Anlage vernachlässigt werden können, was die meisten time-sharing-Angebote offensichtlich tun.

Für praktisch alle Typen von Hotelbetrieben gibt es ausführliches statistisches Material zur Belegungs- und Kostensituation. Erwähnt seien hier nur die Berichte der Statistischen Landesämter, die Dokumentationen der Hotelorganisationen, die Richtwerte der Finanzbehörden oder die Tabellen der Erfa-Gruppen, die an den meisten wichtigen Standorten existieren. Für Boardinghouses gibt es praktisch noch keine vergleichbaren Unterlagen, weshalb es sich empfiehlt, für diesen neuen Betriebstyp mit seiner ungeheuren Schwankungsbreite im Leistungsspektrum vor allem die umfangreichen Erfahrungswerte aus dem Bereich der Wohnungswirtschaft heranzuziehen.

4. Schlußgedanken

Hotels galten seit vielen Jahren – vor allem in der Wiederaufbauzeit – als *die* Risikoimmobilie par excellence, und wirklich immer wieder wurden spektakuläre Pleiten ruchbar, die letztendlich zu dem unfreundlichen Spruch von einer Rendite erst nach dem dritten Konkurs geführt haben. Analysiert man die Fälle jedoch näher, dann wird man in der Regel feststellen können, daß in nahezu jedem Fall ein prestigesüchtiger Bauträger, Provinzbankier oder Bürgermeister hinter dem Projekt stand und selten überhaupt in irgendeiner Rolle ein Hotelier.

Heute hat sich die Situation gründlich gewandelt. Der Wohnungsbau ist vorübergehend zur Krisenbranche geworden, viele Teilmärkte der Gewerbeimmobilien zeigen Sättigungstendenzen, während sinkende Zinsen und wachsende Nachfrage dem Beherbergungsgewerbe überproportionale Zuwächse ermöglichten. Aktien von Hotelgesellschaften haussieren, das in den Markt fließende Investitionsvolumen steigt ständig an, ebenso die Zahl der Arbeitsplätze und der Gästebetten. Dabei erweist sich die Stabilität der Branche an der Tatsache, daß weltweit seit vielen Jahrzehnten keine relevante Hotelgesellschaft mehr aus dem Markt ausscheiden mußte.

Nach über vierzig Friedensjahren ist das Hotel wieder zu einer krisensicheren Gewerbeimmobilie mit breitem Markt geworden. Sollte die direkte Besteuerung weiter nachhaltig abgebaut werden, ist auch der Übergang zu konventionelleren

Finanzierungsformen wie Aktien, nicht mehr auszuschließen. Große Hotelprojekte stehen am Immobilienmarkt damit wieder da, wo sie auch in den Gründerjahren bereits standen: sie sind die Juwelen und Paradiesvögel der Kapitalanlage, städtebauliche Glanzpunkte und im Leben wie im Monopoly-Spiel Krönung und glänzender Abschluß einer erfolgreichen Immobilien-Karriere.

DR. JOHANN VIELBERTH

Gewerbeparks – Planung, Errichtung, Management

Inhalt

1.	Definition des Gewerbeparks	81
2.	Vorbemerkungen	81
3.	Marketing	81
4.	Standortwahl	83
4.1	Die Größe eines Gewerbegebietes	83
4.2	Die Lage eines Gewerbegebietes	84
4.3	Zur Verkehrsanbindung	84
4.4	Ergänzende Grundvoraussetzungen	84
5.	Erschließung und Bebauung	85
5.1	Bebauungsplan	85
5.2	Erschließung	86
5.2.1	Erschließungsplanung, Ver- und Entsorgungsstraßen	87
5.2.2	Architektur des Gewerbeparks	87
5.2.3	Parkplätze	88
5.2.4	Grünflächen	89
6.	Vermarktung	89
7.	Management und Verwaltung	90
7.1	Aufgaben des Managements	90
7.1.1	Unterhalt der Anlagen und Immobilien	91
7.1.2	Mieterbetreuung und Wiedervermietung	91
7.1.3	Werbung für den Gewerbepark	92
7.2	Mietervereinigung	93
8.	Administrative und steuerliche Hinweise	93
9.	Vorteile eines Gewerbepark-Konzeptes	93
9.1	Standortqualität	94
9.2	Funktionstüchtigkeit	94
9.3	Synergieeffekte	94
9.4	Flexibilität	95

1. Definition des Gewerbeparks

Gewerbepark ist ein meist von privaten Investoren planmäßig entwickeltes, einer durchdachten Nutzungskonzeption unterworfenes, größeres Gewerbegebiet, das unter einem einheitlichen Namen bekanntgemacht wird. Eine Gesamtverwaltung ist für Einhaltung der Konzeption verantwortlich. Dies wird vertraglich zwischen der Verwaltung des Gewerbeparks und den Nutzern (Mietern) vereinbart.

2. Vorbemerkungen

Der Investor in gewerbliche Immobilien wird, soweit es sich um Einzelobjekte handelt, immer wieder feststellen, daß die langfristige Wertentwicklung seiner Investition von vielen Zufällen abhängt, die ihm Wertsteigerungen bringen können, die sich jedoch auch negativ auswirken können, z. B. schlechte Bewirtschaftung oder Nutzungsänderung des Nachbargrundstücks. Es ist daher seit längerem in den USA zu beobachten, daß größere Immobilieninvestoren versucht haben, diese Zufälle auszuschalten. Sie haben große Gewerbegebiete in eigener Regie entwickelt und nach Fertigstellung in ihrer Kontrolle behalten, damit sie die langfristige Entwicklung der Immobilien positiv beeinflussen können.

Bei der Gestaltung eines Gewerbeparks erwirbt ein privater Investor nach gründlicher Standortuntersuchung alle für das Gewerbegebiet notwendigen Grundstücke und veranlaßt (in der Regel auf eigene Rechnung) ihre Erschließung und Bebauung und die Vermietung der Gebäude. Er will langfristig im Besitz der Grundstücke und Gebäudlichkeiten bleiben und hat somit ein besonderes Interesse an den Immobilien, die er durch ein sachkundiges Management verwalten läßt.

3. Marketing

Ein privater Anleger sollte sein Kapital nur dann in ein Gewerbegebiet investieren, wenn er sorgfältig analysiert hat, ob das in Aussicht genommene Projekt auch wirtschaftlich sein wird. Um diese Wirtschaftlichkeit einigermaßen abschätzen zu können, ist eine eingehende Marktanalyse notwendig.

Marktanalysen für Gewerbegebiete sind, anders als für Einkaufszentren, leider nicht so einfach zu bekommen. Um überhaupt eine Marktanalyse erstellen zu können, muß der Investor von vornherein Überlegungen über die Zusammensetzung der zukünftigen Nutzer seines Gewerbegebietes anstellen. Er hat sich mehrere Fragen zu beantworten:

Soll das Gewerbegebiet allen Gewerbetreibenden offenstehen oder nicht? Soll das

Gewerbegebiet im Eigenbesitz bleiben oder zum Teil weiterveräußert werden? Soll das Gewerbegebiet mit Schwerpunkt Großhandel und/oder Dienstleistungen entwickelt werden, oder soll Leichtindustrie angesiedelt werden? Sollen gewisse Teilbereiche, wie beispielsweise High-Tech, Computer und verwandte Betriebe, dort angesiedelt werden, oder soll ein Bürostandort entwickelt werden? Sollen Nutzungen im Freizeitbereich wie Tennishallen, Squashcenter, Bowlingcenter, Discos, etc. aufgenommen werden? Oder sollen Ausstellungsräume, Tagungsräume und Hotels integriert werden?

Sehr genau sollte der Planer eines Gewerbeparks jene Firmen definieren und jene Branchen und Bereiche herausstellen, die keinesfalls in den Gewerbepark aufgenommen werden, weil sie dort als störend empfunden werden. Das mag je nach Auslegung des Gewerbeparks immer eine andere Gruppe von Unternehmen sein. Wenn z. B. ein Großhandelszentrum errichtet werden soll, sind Fachmärkte und Fachanbieter gewerblicher Art die Zielgruppe. Hobbymärkte wären dann nicht erwünscht, weil sie die notwendige Tiefe in den einzelnen Sortimenten nicht offerieren.

Ähnliche Überlegungen sind bei Betrieben anzustellen, die Lärm, Schmutz, Staub und Rauch erzeugen. Erst wenn diese Fragen beantwortet sind, kann eine entsprechende Marktanalyse erstellt werden.

Ein privates Gewerbegebiet in der Nähe eines Flughafens wird andere Zielgruppen als mögliche Nutzer ansprechen als ein Gewerbegebiet z. B. im Raum Stuttgart, das die Computer- und Automobilindustrie vor Augen hat. Eine Marktanalyse sollte auf jeden Fall Antwort geben, ob die in Aussicht genommenen Nutzungen im Marktgebiet auch benötigt werden und ob das in Aussicht genommene Gewerbegebiet die Potenz hat, die beabsichtigten Nutzungen zu tragen.

Ein privat entwickeltes Gewerbegebiet sollte zunächst einen attraktiven Namen erhalten, unter dem die Vermarktung der gewerblichen Flächen betrieben werden kann, z. B. Gewerbepark Regensburg. Der Name muß bekanntgemacht werden, innerhalb der Region identifizierbar sein und mit dem Gewerbegebiet assoziiert werden. Nach Möglichkeit soll ein großer Personenkreis wissen, wo dieses Gewerbegebiet geographisch liegt.

Ein Marketingziel ist es daher, ein Image aufzubauen, das besagt, daß moderne, leistungsfähige und gute Unternehmen im Gewerbepark tätig sind. Das Wort »Park« unterstellt gleichzeitig, daß die Umgebung mit viel Grün positiv gestaltet ist, und drückt auch aus, daß nicht nur passiv Umweltschutz betrieben wird, sondern auch aktiv gestaltet wird.

Das Vertriebskonzept für die Flächen in einem Gewerbepark beinhaltet auch, daß den Mietern die Sicherheit gegeben wird, daß sie langfristig mit dem gewählten Standort rechnen können. Der Mieter investiert in seinen Standort nicht nur sein Kapital, sondern auch sein Image und baut zusätzlich einen immateriellen Wert auf, z. B. Lage und Bekanntheit. Er hat ein langfristiges Interesse an einem guten Standort. Das Vermietungskonzept für ein Gewerbegebiet muß darauf achten, daß tatsächlich nur Mieter in den Gewerbepark aufgenommen werden, von denen keine Störung ausgeht, sondern die im Gegenteil den Standort aufwerten. Es soll Sorge getragen werden, daß gute Namen aus Industrie und Gewerbe als Mieter im Gewerbepark ansässig sind, damit die Standortqualität über solche werbewirksame Namen gesteigert wird.

Bei Einkaufszentren des Einzelhandels spricht man von Mietermix. Sofern dem Gewerbegebiet eine konzentrierte, branchenspezifische Nutzung zugedacht ist, muß ein Mietermix oder Branchenmix erarbeitet werden. Dies trifft beispielsweise zu, wenn in dem Gewerbegebiet ein »Einkaufszentrum für Handel, Handwerk und Industrie« geschaffen werden soll oder wenn ein Modezentrum, Textilzentrum, Bürozentrum oder ein High-Tech-Elektronikzentrum etc. beabsichtigt ist.

Über alle diese Spezialisierungen hinaus bedarf ein Gewerbegebiet gewisser grundlegender Einrichtungen, die in jedem Fall angestrebt werden sollen. Hierzu gehören Dienstleistungsunternehmungen wie Steuerberater, Rechtsanwälte, Buchungsfirmen, Computerfirmen, Banken, Bürobedarfshandlungen, Reisebüros etc. Noch wichtiger ist es, daß die in einem Gewerbepark beschäftigten Menschen gewisse Grundbedürfnisse abdecken können. Das wird vor allem durch Gastronomie, Friseur, Sport-Einrichtungen, Freiflächen mit Bänken, auf denen die Mittagspause verbracht werden kann, sowie eine gute Erschließung durch öffentliche Verkehrsmittel, bzw. wenn eine solche nicht vorhanden ist, durch eigene Zubringerbusse ermöglicht.

4. Standortwahl

4.1 Die Größe eines Gewerbegebietes

Damit der Investor die Entwicklung des Gewerbegebietes langfristig positiv beeinflussen kann und Einflüsse von Nachbargrundstücken möglichst ausgeschaltet werden, ist eine gewisse Größe notwendig. Je kleiner das in Aussicht genommene Gewerbegebiet ist, desto mehr nähert es sich einer Einzelimmobilie und ist den ganzen Zufällen der Umgebungsbebauung und -nutzung ausgeliefert.

Die Größe des Grundstücks für ein Gewerbegebiet in privater Erschließung wird von den Möglichkeiten des Marktgebietes bestimmt. Das Gewerbegebiet sollte zumindest so groß sein, daß die Kosten einer qualifizierten Mannschaft, die das Gewerbegebiet zunächst entwickelt und vermarktet und dann weiter verwaltet, aus den Einnahmen problemlos getragen werden können. Ein Gewerbegebiet unter 10 Hektar wird diese Anforderungen kaum erfüllen. Gebiete von 20–30 Hektar sind sicherlich die interessanten Größen.

Die Größe eines Gewerbegebietes beeinflußt auch das Vermarktungskonzept, weil ein Gewerbegebiet nur dann die im Markt notwendige Bekanntheit erlangt und für die einzelnen Nutzer im Gewerbegebiet nur dann einen Synergieeffekt bringt, wenn sich dort ein breites und umfangreiches Nutzerspektrum ergibt. Auch die Ansiedlung von Restaurierungsbetrieben und anderen tertiären Betrieben zur Versorgung des Gebietes ist erst ab einer gewissen Größe möglich.

4.2 Die Lage eines Gewerbegebietes

Die Lage des Grundstücks, auf dem ein Gewerbepark errichtet werden soll, muß für die zukünftigen Nutzer optimal sein. Der Gewerbepark sollte innerhalb eines ausreichend großen Marktgebietes liegen, möglichst nah bei dem für dieses Gebiet zentralen Ort. Es ist nicht notwendig, daß ein Gewerbegebiet innerhalb der dicht bebauten Zonen liegt. Oft ist es vorteilhafter, wenn ein gewisser Abstand von Wohngebieten gegeben ist, weil dann weniger Restriktionen wegen der Beeinträchtigungen durch das Gewerbegebiet zu erwarten sind. Von großer Bedeutung ist die Anbindung an das überregionale (Autobahnen) und regionale (Bundesstraßen) Verkehrsnetz, wobei die Leistungsfähigkeit dieses Verkehrsnetzes von ausschlaggebender Bedeutung ist. Die Anbindung an die Eisenbahn ist in vielen Fällen zwingende Notwendigkeit. Die Erschließung eines Gewerbegebietes durch ein Wohngebiet oder gar durch einen Ortskern ist nicht zu empfehlen.

4.3 Zur Verkehrsanbindung

Die Anbindung des Gewerbegebiets an das öffentliche Straßennetz soll nach Möglichkeit durch mehrere Ein- und Ausfahrten hergestellt werden, damit der Verkehr problemlos in das öffentliche Straßennetz eingeschleust werden kann und »bottlenecks« vermieden werden. Die interne Erschließung des Geländes muß höchsten Ansprüchen genügen: Alle Gebäudlichkeiten innerhalb des Gewerbegebietes müssen an leistungsfähige Straßen angeschlossen sein und sollen wegen der Annoncenwirkung auch Fassaden und Fronten zu diesen Straßen haben.

4.4 Ergänzende Grundvoraussetzungen

Bevor ein Standort für den Gewerbepark endgültig als geeignet angesehen werden kann, sollte nach den anfänglichen Untersuchungen über den optimalen Standort innerhalb eines Marktgebietes der notwendigen Größe und über die Anbindung des Geländes an das örtliche und überörtliche Verkehrsnetz ein Katalog von weiteren Voraussetzungen überprüft werden. Der Landesentwicklungsplan, der Flächennutzungsplan und andere in der Kommune vorhandene Festlegungen sind dahingehend zu untersuchen, inwieweit sie die vorgesehene Nutzung des in Aussicht genommenen Geländes zulassen.

Überregionale Planungsverbände haben auf Gewerbegebiete dieser Größe oftmals entscheidenden Einfluß. Sofern Änderungen des Flächennutzungsplanes oder bestehender Bebauungspläne notwendig werden, ist es wichtig, im engen Kontakt mit den Behörden abzustimmen, wie und in welcher Zeit sie möglich sind.

Sehr sorgfältig ist in der näheren und weiteren Umgebung zu untersuchen, ob dort störende Einflüsse zu erwarten sind (Mülldhalden oder geplante Mülldhalden) oder ob das Gewerbegebiet selbst, im Hinblick auf zukünftige Nutzungen der Umgebung, mit Beeinträchtigungen zu rechnen hat.

Die Nähe eines Flugplatzes wird wegen des vom Flugplatz ausgehenden Lärms immer negative Auswirkungen auf ein Gewerbegebiet haben, soweit es sich um eine allgemeine gewerbliche und nicht um eine flugplatzspezifische Nutzung handelt. Dies sind Erfahrungen aus den USA.

In Zusammenarbeit mit den regionalen Planungsbehörden sollte die Leistungsfähigkeit der öffentlichen Versorgung mit Strom, Wasser, Gas, Abwasser sehr genau überprüft werden, damit der möglicherweise erhebliche Bedarf, den ein Gewerbegebiet erzeugt, auch gedeckt werden kann. In diesem Zusammenhang ist die frühzeitige Ermittlung der Erschließungskosten wichtig, da diese Kosten ein Projekt so sehr belasten können, daß die Wirtschaftlichkeit verlorengeht.

Auch technische Funktionen wie genügend Parkplätze, wenn möglich Trennung des Besucherparkplatzes von den Belegschaftsparkplätzen, ausreichende Anliefermöglichkeiten, LKW-Parkplätze, Rangierflächen für LKWs, müssen jetzt schon bedacht werden.

Nicht zu vergessen sind die Auflagen, die für den Umweltschutz zu erwarten sind. Die Erfahrungen zeigen, daß Lärmschutzwälle, Sichtschutzpflanzungen etc. gefordert werden, die ganz erheblich das Kosten- und Nutzengefüge beeinflussen können. Sichtschutz- und Lärmschutzwälle gegen Autobahnen können beispielsweise dazu führen, daß die erwünschte Annoncenwirkung für das Gewerbegebiet verlorengeht. In diesen Zusammenhang soll auch geprüft werden, ob evtl. vorhandene Baumbestände oder andere natürliche Gegebenheiten, wie kleine Gewässer, erhalten werden müssen und wieweit sie in die Planungen einbezogen werden können.

5. Erschließung und Bebauung

5.1 Bebauungsplan

Der private Entwickler eines Gewerbegebietes möchte, sobald er mit seinem Projekt an die Öffentlichkeit kommt, möglichst schnell auf die entstehende Nachfrage reagieren können. Außerdem braucht der Entwickler eines Gewerbeparks Planungssicherheit. Die Aufstellung eines Bebauungsplanes ist daher unbedingt anzuraten, selbst wenn hierfür 18 Monate oder mehr benötigt werden, weil danach die Baurechte genau definiert sind und die Genehmigungsdauer sehr kurz ist. Das Projekt kann möglicherweise auch ohne Bebauungsplan gestartet werden, wobei für die Einzelobjekte Genehmigungen nach § 34 Bundesbaugesetz erlangt werden können. Wichtig bei der Aufstellung des Bebauungsplans ist, daß mit den Behörden bei Festlegung der Nutzung ein möglichst breiter Spielraum vereinbart wird. Einzelhandel wird im allgemeinen in Gewerbegebieten nur zugelassen, soweit die Grenze von 1 200 m² für das einzelne Objekt nicht überschritten wird (BNVO § 11, Abs. 3).

Die Unterbringung von größeren Einzelhandelsprojekten in einem Gewerbegebiet ist wirtschaftlich sehr interessant und sollte nicht von vornherein ausgeschlossen sein. Wenn die Bauverwaltung alle Einzelhandelsflächen in einem Gewerbegebiet zusammenfaßt und hierfür die Grenze von 1 200 m² ansetzt, ist dies nicht akzeptabel, weil in Gewerbegebieten, die von den Gemeinden entwickelt werden, eine solche Zusammenfassung ebenfalls nicht üblich ist. Festschreibungen solcher Art im Begleittext des Bebauungsplanes sollen unbedingt vermieden werden.

Mit den Behörden soll ausgehandelt werden, daß das Straßennetz und die Versorgungsleitungen innerhalb des Gewerbegebietes durch den Entwickler selbst gebaut werden dürfen. Dies bringt erhebliche Kostenvorteile. Gleichzeitig soll jedoch auch vereinbart werden, daß dieses Straßennetz gegebenenfalls an die Gemeinde übertragen wird. Da üblicherweise die Gemeinden nicht alle Erschließungskosten umlegen, sondern einen Gemeindeanteil tragen, ist zu verhandeln, daß dieser Anteil auch dem privaten Erschließer zugute kommt.

Der private Erschließer eines Geländes sollte bei der grundsätzlichen Bebauungsplanung auch vorsehen, daß nach Möglichkeit alle Einzelobjekte auf durch Einzelplannummern ausgewiesenen Grundstücken errichtet werden. Dies bringt Erleichterung bei der Finanzierung des Gesamtprojektes und läßt in ferner Zukunft, sofern die Gesamtverwaltung und der Gesamtbesitz nicht aufrechterhalten werden, eine Einzelveräußerung der Projekte zu. In einem solchen Fall müssen die Straßen, wie oben bereits angedeutet, auf die Gemeinde übertragen werden, bzw. es müssen Nutzungsrechte, Geh- und Fahrtrechte, Belassungsrechte usw. in die Grundbücher eingetragen werden.

5.2 Erschließung

Bei der Planung eines Gewerbegebietes sind 4 Bereiche von ausschlaggebender Bedeutung:
a) die Erschließung,
b) die Gestaltung der Baulichkeiten,

c) Parkplätze und
d) die Grünflächen.

5.2.1 Die Erschließungsplanung mit dem Straßennetz und den damit verbundenen Ver- und Entsorgungsstraßen

Es gilt ein Straßennetz aufzubauen, das Einzelparzellen zuläßt, die eine möglichst vielfältige Bebauung erlauben. Es wird kaum ein privates Gewerbegebiet geben, bei dem von vornherein festgelegt ist, welche Gebäudlichkeiten errichtet werden. Vielmehr wird erst, nachdem der Planer mit seinem Konzept an den Markt herantritt, zu erkennen sein, welcher Bedarf auf ihn zukommt.

Das Verkehrswegenetz in einem Gewerbegebiet sollte so angelegt werden, daß möglichst alle Parzellen und Gebäudlichkeiten darauf eine etwa gleichwertige Lage erreichen. Dies ist außerordentlich wichtig bei der Vermarktung und bei den für die Flächen erzielbaren Mietpreisen. Es sollte ein Grundsatz sein, daß ein Gewerbegebiet sich nicht nach außen zu evtl. vorhandenen, gut frequentierten öffentlichen Straßen hin orientiert, sondern nach innen, damit durch die Eigenfrequenz eine gute Lage geschaffen wird. Das schließt nicht aus, daß gute Lagen zum öffentlichen Verkehrsnetz hin ebenfalls genutzt werden, aber noch nicht zu Beginn der Aktivitäten, um ein Gefälle zwischen Lagen an der öffentlichen Straße und Lagen innerhalb des Gewerbegebietes zu vermeiden. Ein durchdachtes Fußwegesystem soll den Fußgänger an den Gebäudefassaden vorbeiführen.

Die Ver- und Entsorgungsleitungen für Wasser, Abwasser, Strom und Erdgas müssen so ausgelegt sein, daß sie auch langfristig den Bedarf des Gewerbegebietes decken können.

5.2.2 Die Architektur des Gewerbeparks

Ohne Zweifel unterliegt ein privater Anbieter von gewerblichen Flächen, seien es einfache Hallen, Ausstellungsräume oder Büroräume, dem Zwang, ökonomisch zu bauen. Die sorgfältige Planung der Bauwerke durch die Architekten kann erhebliche Kosten sparen. Dies bedeutet jedoch keinesfalls, daß Qualität, Vielfalt und Phantasie in der Architektur nicht möglich sind. Im Gegenteil kann die attraktive Architektur eines privat erstellten Gewerbegebietes an sich schon ein Positivum des Gewerbegebietes sein.

Die Beteiligung mehrerer Architekten an der Gestaltung der einzelnen Gebäude hat sich als sehr belebend bewährt. Die Standardisierung aller Baulichkeiten in Form und Farbe ist ungünstig, was nicht ausschließt, daß gewisse Standards trotzdem zur Kostenersparnis eingeführt werden, z. B. im Fertigteilbau gleiche Bauhöhen, ein einheitliches Rastermaß für die Fenster und Türen etc.

Es ist wichtig, daß die Gebäude so angeordnet und konstruiert sind, daß Lieferhöfe und Rückseiten möglichst nicht das Erscheinungsbild des Gewerbegebietes beeinträchtigen. Einfahrten in Lieferhöfe und zu größeren Parkflächen sollen von der Verkehrsstraße her auf Einfahrtsbreite eingeengt sein und links und rechts mit größeren Pflanzflächen abgefangen werden. Die Einsicht in Lieferhöfe kann durch solche Maßnahmen und Geländegestaltung, durch Sichtschutzwälle, durch Mauern, aber auch durch geschickte Stellung der Gebäude gegeneinander verhindert werden.

Ein wesentliches Element eines privat geplanten und genutzten Gewerbeparks ist die Flexibilität der Nutzung. Solche Flexibilität wird zunächst dadurch erreicht, daß verschiedene Gebäudetypen erstellt werden, z. B. Hallen verschiedener Höhe und Breite, diverse Bürogrundrisse, z. B. Turm- oder Langbau. Der einzelne Baukörper selbst muß so konzipiert sein, daß er den Raumaufteilungsbedürfnissen der einzelnen Nutzer entgegenkommt. Flächen von 100 m^2 müssen genausogut angeboten und abgeteilt werden können wie solche von 1 000 m^2. Bei der Planung von Gebäudlichkeiten in einem privaten Gewerbegebiet sollte immer zwischen der grundlegenden Gebäudestruktur, die sehr flexibel gehalten werden soll, und der vom Mieter gewünschten spezifischen Ausbauplanung unterschieden werden.

Wenn ein Gewerbepark von einem Investor erstellt und von ihm im Portefeuille gehalten wird, so ist das Interesse gegeben, die Immobilien langfristig optimal genutzt zu sehen. Um die Risiken möglichst gering zu halten, wird in einem Gewerbegebiet sicher ein Teil der Gebäudlichkeiten erst dann gebaut, wenn Nutzer vorhanden sind. Die Nutzer haben oft sehr detaillierte Vorstellungen über die Räumlichkeiten, die sie haben möchten. Wie weit kann und soll auf diese Wünsche der Mieter eines Objektes eingegangen werden? Oberster Grundsatz bei allen Baulichkeiten sollte sein, daß die Räumlichkeiten dann, wenn der Erstnutzer auszieht, mit möglichst geringen Umbaukosten einer neuen Nutzung zugeführt werden können.

Aufgabe der Architekten ist es daher, nicht nur auf Wünsche der Erstmieter einzugehen, sondern das Objekt auch so zu planen, daß es bei Beendigung des Mietverhältnisses und Vermietung an einen neuen Partner problemlos weitergenutzt werden kann.

Die Verträge sollten vorsehen, daß nach Abstimmung mit dem Eigentümer der Mieter innerhalb der Gebäude eigene, auch unter Umständen größere Investitionen vornehmen kann. Es ist sicherzustellen, daß bei Auslaufen des Nutzungsvertrages diese Investitionen auf Kosten des Mieters unter Umständen entfernt werden müssen.

5.2.3 Parkplätze

Die Gemeinden haben Satzungen über die Auslegung der Parkplätze im Verhältnis zu den geschaffenen Flächen. Die Erfahrung zeigt, daß gutgehende Gewerbegebiete sehr schnell in Parkplatznöte kommen. Der Betreiber eines Gewerbegebietes sollte daher zunächst seine eigenen Überlegungen anstellen, wie groß der Parkplatzbedarf ist und diesen zum Planungsmaßstab machen, auch wenn die gemeindlichen Anforderungen geringer sind.

Man kann davon ausgehen, daß sich in einem Gewerbegebiet über die Jahre hin Nutzungsänderungen ergeben. Die Erfahrung zeigt, daß oftmals intensivere Nutzungen kommen, die ein Mehr an Beschäftigten und auch ein Mehr an Kundenverkehr bringen. Die dann notwendig werdenden zusätzlichen Parkplätze müssen bereits gestellt werden können, damit nicht aufgrund der Baunutzungsordnung und der Parkplatzsatzung die intensivere Nutzung unmöglich wird.

Es sollten daher in das Gesamtkonzept eines Gewerbegebietes Flächen eingeplant werden, die problemlos mit Parkdecks oder Parkhäusern aufgestockt werden können. Nur auf diese Weise ist langfristig sichergestellt, daß ein privates Gewerbegebiet sein Wachstums- und Verbesserungspotential wirklich ausnutzen kann.

5.2.4 Grünflächen

Last not least ist die gärtnerische Gestaltung der Grünflächen in einem Gewerbegebiet von ausschlaggebender Bedeutung. Neben der Architektur wird das Erscheinungsbild eines Gewerbegebietes vor allem durch die Grünflächen geprägt. Für ihre Gestaltung, am besten durch einen guten Gartenarchitekten, hat die bisherige Erfahrung einige wichtige Punkte ergeben. Die notwendigen großen Parkplatzflächen werden üblicherweise leicht abgesenkt und hinter einer hügelig gestalteten Landschaft verborgen, wobei dauergrüne und andere Bepflanzung sehr hilfreich sein kann. Eine starke Gliederung des Geländes ist ebenso vorteilhaft. Die Erfahrung zeigt, daß kleine Pflanzinseln der Vegetation keine Chance bieten. Die in einem Gewerbegebiet vorgesehenen Grün- und Pflanzenflächen sollten so konzentriert und ausgelegt werden, daß sie eine gute Optik bieten und mit geringem Wartungsaufwand zu unterhalten sind.

6. Vermarktung

Das Gelände sollte durch eine eigene Managementgesellschaft vermarktet werden, welche die auf der Standortanalyse entwickelte Nutzungskonzeption durchsetzt und die baulichen Absichten verwirklicht. Bei der Auswahl der Nutzer in dem Gewerbepark hat das Management auf einen ausgewogenen Branchenmix im Sinne der Nutzungskonzeption zu achten. Selbstverständlich steht bei Beurteilung der Mieter die Seriosität, die Leistungsfähigkeit und die Bonität an erster Stelle. Ein Gewerbegebiet wird über mehrere Jahre entwickelt und bebaut. Viele Nutzer, die in das neue Gewerbegebiet gehen wollen, sind durch Verträge an ihren alten Standorten noch gebunden. So sollte es nicht unbedingt das Bestreben eines Entwicklers sein, innerhalb kürzester Zeit und unter Inkaufnahme von Kompromissen alle Flächen zu vermieten. Die angestrebte Belegung sollte vielmehr über längere Zeit hin verfolgt werden. Außerdem stellt sich heraus, daß es viele mögliche Interessenten gibt, die dem Projekt zunächst abwartend gegenüberstehen und erst zu einem späteren Zeitpunkt, wenn das Objekt seine Lebensfähigkeit bereits unter Beweis gestellt hat, kommen. Solche Mieter sind meistens außerordentlich gute Unternehmen und verbessern den Mietermix eines Gewerbegebietes in Bonität und im Image. Das schlägt sich langfristig in der besseren Vermietbarkeit und damit in der Möglichkeit, höhere Renditen zu erzielen, nieder.

Erst bei einer optimalen Belegung wird die volle Attraktivität eines Gewerbegebietes erreicht, die dann letztlich sowohl den Mietern als auch den Erbauern den entsprechenden Standortvorteil bringt. Es ist Aufgabe des Managements, sehr sorgfältige Kostenanalysen und Kalkulationen zu erstellen, um mit den geforderten Mieten nicht nur im Markt bestehen zu können, sondern auch die Rentabilität der investierten Mittel langfristig zu garantieren. Immobilieninvestitionen sind sehr langfristig. Mietverträge laufen über 10 und mehr Jahre. Fehler in der Belegung und in der Miethöhe können daher nur sehr langfristig wieder korrigiert werden.

Es ist Aufgabe des Managements, Verträge mit der Vielzahl der Nutzer in einem Gewerbepark abzuschließen, die klar gegeneinander abgegrenzte Rechte und Pflichten für die Mieter definieren. Es müssen Nutzungsordnungen erarbeitet werden, in denen festgelegt wird, wie Beeinträchtigungen der unmittelbaren Nachbarschaft und über das Gewerbegebiet hinaus vermieden werden, z. B. durch Festlegung der Immissionswerte. Weiterhin ist z. B. die Nutzung der Gemeinschaftsanlagen zu regeln und sind die Sonderkosten für Sondernutzungen zu definieren. Diese Verträge, Mietverträge und Nutzungsordnungen müssen fair und ausgewogen sein. Es ist jedoch wichtig, daß das Management die Regelungen, die dort niedergelegt sind, kompromißlos und gerecht bei allen Mietern durchsetzt. Nur so entsteht das Gefühl, fair und gleich im Gewerbegebiet behandelt zu werden. Sollten ausnahmsweise Flächen veräußert werden, so sind dem Erwerber vertraglich die gleichen Pflichten und Rechte aufzuerlegen wie jedem Mieter, um die Einheitlichkeit des Gesamtgebietes zu wahren.

7. Management und Verwaltung

7.1 Aufgaben des Managements

Mit der ersten Entwicklung der Grundstücke und der Herstellung und Erstvermietung der Gebäude ist eine wichtige Phase der Entwicklung eines Gewerbeparks abgeschlossen. Um die Investition für den Investor weiterhin wertvoll zu erhalten, ist ein sachkundiges Management notwendig. Weiter oben wurde bereits ausgeführt, daß ein Gewerbepark eine gewisse Mindestgröße haben soll, damit langfristig ein möglichst qualifiziertes Management beschäftigt werden kann. Erfahrungsgemäß kostet die Verwaltung eines Gewerbegebietes zwischen 5 und 8 % der Bruttomieteinnahmen. Die Verwaltung soll unbedingt vor Ort erledigt werden. Ihre Aufgaben gliedern sich in 3 wesentliche Gruppen:

Unterhalt der Anlagen und Immobilien.
Mieterbetreuung und Wiedervermietung von leer werdenden Flächen.
Werbung für den Gewerbepark.

7.1.1 Unterhalt der Anlagen und Immobilien

Die Sauberkeit der Straßen und allgemeinen Anlagen und die gärtnerische Pflege der Grünanlage ist für das Erscheinungsbild eines Gewerbeparks von großer Bedeutung. Dies sollte einem täglich arbeitenden Team als Aufgabe zugeteilt sein. Darüber hinaus muß eine Hausmeisterei vorhanden sein, die kleinere Schäden an den Gebäuden selbst behebt oder zumindest zur Verfügung steht, wenn solche Schäden auftauchen, damit sie unmittelbar aufgenommen und durch Fachfirmen behoben werden.

Die Reinigung der Straßen, Schneeräumung und die Pflege der Grünanlagen sollte möglichst in eigener Regie und effizient durchgeführt werden. Es ist beispielsweise im Winter sehr wichtig, daß bei Schneefällen der Gewerbepark möglichst schnell geräumt und funktionsfähig wird. Überträgt man diese Aufgaben der öffentlichen Hand, so kommt der Gewerbepark in der Priorität nach den Hauptverkehrsstraßen erst weit hinten. Das Schneeräumen muß nicht selbst durchgeführt werden, denn es lassen sich oft Fuhrunternehmer finden, die gegen Bezahlung der Räumschilde bereit sind, den Räumdienst durchzuführen. Ähnlich verhält es sich mit dem Kehren der Straßen.

7.1.2 Mieterbetreuung und Wiedervermietung von leer werdenden Flächen

Hierfür sind besonders qualifizierte Mitarbeiter notwendig, deren Aufgabe es ist, durch Kontakt zu den Mietern des Gewerbeparks deren Nöte und Wünsche kennenzulernen. Dies können z. B. Wünsche nach Verkleinerung oder Vergrößerung der Mietflächen sein. Oft ist schon im voraus erkennbar, daß ein Mieter gezwungen ist, Flächen aufzugeben, oder daß zusätzlicher Flächenbedarf entsteht.

Dann kann darauf so frühzeitig reagiert werden, daß der Nachfolgemieter sofort in die freiwerdenden Räumlichkeiten eingewiesen werden kann und Leerstände vermieden werden.

Bei großen, privat betriebenen Gewerbegebieten gilt ein Leerstand von etwa 5 % der Flächen als normal. Dieser Satz kann durch ein Management, das gut mit den Mietern zusammenarbeitet, erheblich verringert werden, wodurch die Rentabilität der Investition verbessert werden kann.

Der Kontakt zu den Nutzern des Gewerbeparks ist außerdem wichtig, weil das

Management dadurch Probleme der Mieter frühzeitig erkennen und, soweit der Vermieter zuständig ist, beseitigen kann, ehe eine breite Unzufriedenheit um sich greift. Frühzeitige Abhilfe ist für das Image eines Gewerbegebietes außerordentlich wichtig. Ebenso wichtig ist es, frühzeitig zu erkennen, wenn Mieter in Probleme kommen. Spektakuläre Konkurse im Gewerbepark können vermieden und Mietausfälle und Verluste minimiert werden, wenn der Auszugstermin vorgezogen wird und nach Möglichkeit Ersatzmieter rechtzeitig beschafft werden.

Die Gesamtverwaltung eines Gewerbegebietes bringt weiterhin den Vorteil, daß bei schlechter Konjunktur das Mietniveau im Gewerbepark weitgehend erhalten bleiben kann. Ein einzelnes Gewerbeobjekt wird dagegen bei schlechter Konjunkturlage und einem Überangebot von Flächen im Markt sehr stark beeinträchtigt, wenn in der Nachbarschaft die Flächen zu besonders günstigen Preisen abgegeben werden, was in einem Gewerbepark nicht passiert, weil diese Nachbarn fehlen. Außerdem besteht die Möglichkeit in einem Gewerbepark, die Fristigkeit der Mietverträge so zu gestalten, daß keine große Häufung von Leerflächen durch Auslaufen der Mietverträge auftritt.

7.1.3 Werbung für den Gewerbepark

Die Werbung des Gewerbeparks soll diesen in dem ins Auge gefaßten Absatzgebiet bekannt machen und ein gutes Image aufbauen. Jeder Mieter soll am guten Image des Gewerbeparks mitarbeiten.

Die Aufgabe des Managements wird es sein, Werbung und besondere Aktivitäten im Gewerbegebiet zu organisieren und zu veranlassen. Wie später noch darzulegen sein wird, sollte in jedem größeren Gewerbegebiet auch eine Mietervereinigung bestehen, die zum Nutzen des Gewerbegebietes Aktivitäten entfalten soll. Es ist Aufgabe der Geschäftsführung eines Gewerbeparks, diese Mietervereinigung zu unterstützen und nach Möglichkeit geschäftsführend dort tätig zu sein.

Das Management eines Gewerbeparks kann die Standortqualitäten durch Werbeveranstaltungen und Information fördern. Durch Aktivitäten der Mietergemeinschaft, z. B. Tag der offenen Tür, gemeinsame Veranstaltungen, Ausstellungen etc. wird der Gewerbepark in der Öffentlichkeit bekannt gemacht. Die Verwaltung sollte auch versuchen, fremde Veranstaltungen in den Gewerbepark zu bringen, z. B. Rundkurse für Fahrradclubs. Der Grad der Aktivität hängt selbstverständlich von den Möglichkeiten innerhalb eines Gewerbegebietes ab. Auch Politiker können zu Informationsgesprächen mit den Mietern des Gewerbegebietes eingeladen und über die Möglichkeiten des Gebietes informiert werden.

7.2 Mietervereinigung

Der Zusammenschluß der Mieter eines Gewerbeparks zu einer Mietervereinigung ist sinnvoll, weil durch diese Organisation viel getan werden kann, um innerhalb des Marktgebietes das Gewerbegebiet besonders bekannt zu machen. Der Vermieter sollte bereits im Mietvertrag vorsehen, daß ein Beitrag des Mieters zu dieser Mietervereinigung ein Budget bringt, das es erlaubt, Werbemaßnahmen für das Image des Gewerbeparks durchzuführen. Die Mietervereinigung kann auch Gemeinschaftsanzeigen organisieren, ein gemeinsames Logo erarbeiten.

8. Administrative und steuerliche Hinweise

Eine Gesellschaft, die ein Gewerbegebiet entwickelt und vermietet, hat nach deutschem Einkommensteuerrecht Einnahmen aus Vermietung und Verpachtung. Jeder gute Steuerberater wird in der Lage sein, hier genaue Abgrenzungen zu gewerbesteuerpflichtigen Betrieben zu empfehlen.

Die Managementgesellschaft, meist in Form einer GmbH, sollte vor allem die Nebenkostenabrechnung für die Mieter in eigener Regie übernehmen. Es liegt im Interesse des Vermieters, die Nebenkosten so niedrig wie möglich zu halten, weil dadurch die Miete höher sein kann. Den Mieter interessiert die Gesamtbelastung. In diese Gesamtbelastung geht alles ein, was der Mieter an Kosten an dem von ihm übernommenen Standort hat. Teil dieser Gesamtanmietungskosten sind die Miete, die Nebenkosten, die Energiekosten, Reparaturkosten, die vom Mieter zu tragen sind, etc. Wenn daher ein Vermieter seine Verträge so gestaltet, daß er einerseits Miete erhebt und andererseits Nebenkosten berechnet, die ihn aber in ihrer Höhe nicht interessieren, weil sie auf den Mieter umgelegt werden, so rechnet er falsch, weil die Nebenkosten Teil der Gesamtbelastung des Mieters sind. Eine möglichst offene und einem Mieterbeirat zur Kontrolle zugängliche Nebenkostenabrechnung schafft Vertrauen und beseitigt Vorurteile.

9. Vorteile eines Gewerbepark-Konzeptes

Eine konzeptlose Aneinanderreihung von Gewerbebetrieben wird einem Immobilieninvestor keine besonderen Vorteile bringen; ist jedoch ein Konzept für den Gewerbepark entwickelt worden, das dem Nutzer Vorteile bringt, so ist er auch bereit, höhere Mieten zu akzeptieren, die dem Investor höhere Renditen gewähren. Solche Vorteile für die Mieter eines geplanten Gewerbeparks mit gutem Konzept und guter Verwaltung sollen nachfolgend diskutiert werden.

9.1 Standortqualität

Der Gewerbepark sollte für alle Gewerbetreibenden, die sich dort anmieten, einen 1 A-Standort bieten.

Um einen Gewerbepark zu einer 1 A-Lage zu machen, ist folgendes notwendig:
1. Eine aussagefähige Standortbezeichnung und ein Logo, die von allen Gewerbetreibenden im Gewerbepark benutzt werden, um sie auf diese Weise bekannt zu machen.
2. Der Standort muß in seiner Geographie bekannt gemacht werden, damit ihn alle leicht finden. Dabei helfen Hinweise auf den Gewerbepark, insbesondere an viel befahrenen Straßen.
3. Die Einbindung in das öffentliche Verkehrsnetz ist wichtig für Besucher und Belegschaft.

Oftmals wird von seiten der Gewerbebetriebe noch nicht erkannt, daß auch für sie der Standort mitentscheidend für den Erfolg des Unternehmens ist. Ein gut konzipiertes Gewerbegebiet, wenn es in der Region werblich bekanntgemacht wird, führt bei den dort angesiedelten Unternehmen unmittelbar zu wirtschaftlichen Erfolgen, soweit sie z.B. im Großhandel tätig sind, zu unmittelbaren Steigerungen der Umsätze. Ein Gewerbepark sollte auf die positive Gestaltung seines Images Einfluß nehmen, weil nur dann auch Unternehmen in den Gewerbepark gehen, die ihrerseits ihr Image pflegen.

9.2 Funktionstüchtigkeit

Ein Gewerbegebiet bedeutet eine Konzentration von gewerblicher Aktivität. Diese Konzentration muß bewältigt werden und darf keinesfalls zu gegenseitigen Störungen führen, z.B. Verkehrschaos, Lärmbelästigung etc., sondern soll im Gegenteil positive Effekte auf die Unternehmen ausüben.

9.3 Synergieeffekte

Die räumliche Nähe fördert Kooperationen innerhalb des Gewerbegebietes, da Leistungen, die dort angeboten werden, von anderen Betrieben des Gebietes in Anspruch genommen werden können. So können diese rationeller als an Einzelstandorten arbeiten.

9.4 Flexibilität

Der Mieter innerhalb eines privat gemanagten Gewerbegebietes hat die Möglichkeit, zu expandieren oder zu schrumpfen, d. h. für expandierende Unternehmen entfällt die kostspielige Vorhaltung von Flächen und für Unternehmen mit schrumpfendem Flächenbedarf wird das Risiko gemildert. Derartige Flexibilität bringt Vertrauen bei den Mietern. Der Gewerbetreibende kann, ob Expansion oder Schrumpfung, an seinem alten Standort bleiben, der für ihn aufgrund des Bekanntheitsgrades einen Firmenwert darstellt.

Nach diesen Darstellungen wird man erkennen, daß ein Gewerbepark nur dann langfristig interessant bleibt, wenn er innerhalb des Marktgebietes durch seinen Namen, seine Betreiber und Nutzer ein gutes Image als sehr guter Standort hat. Wenn dies erreicht wird, ist auch das Ziel des Investors erreicht – eine langfristig gute Immobilieninvestition mit nachhaltiger Rendite.

Quellennachweis:
The Community Builders Handbook, Anniversary Edition,
J. Ross McKeever, ULI-the Urban Land Institute,
Washington, D.C., 1968

Industrial Development Handbook,
ULI-the Urban Land Institute, 1975

Industrial Districts, Principles in Practice, Technical
Bulletin 44, ULI-the Urban Land Institute, 1962

Business Parks, Office Parks Plazas & Centers,
Technical Bulletin 65, ULI-the Urban Land Institute, 1970

Commercial & Industrial Condominiums
John C. Melaniphy, Jr., ULI-the Urban Land Institute, 1981

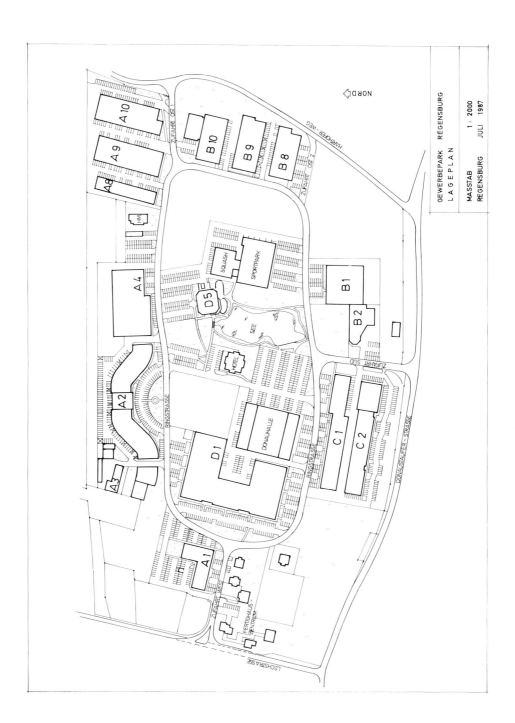

FRANZ JOSEF GEHLEN

Gewerbeparks – Philosophie und Umsetzung

Inhalt

1.	Objekt-Philosophie	99
2.	Vorläufermodelle	99
2.1	Handwerkerhöfe	99
2.2	Industrieparks	101
3.	Makro- und Mikro-Standort	103
4.	Nutzungsanforderungen und Funktionen	104
4.1	Flächenrelationen	104
4.2	Negativ-Kriterien	105
4.3	Mietermix	106
4.4	Multifunktionaler Ansatz	106
5.	Marketing und Werbeziele	107
6.	Vorteile aus der Sicht des Investors/der Stadt/des Mieters	109

1. Objekt-Philosophie

Mit der Idee, die dem Gewerbepark zugrundeliegt, wird der Versuch unternommen, zwei Ziele miteinander zu vereinbaren, die in der Öffentlichkeit häufig als Gegensatz verstanden werden. Viele Menschen glauben, daß Büro- und Lagerbauten nur unter vollständiger Verdrängung der Natur, also auf Kosten der Umwelt, errichtet werden könnten. Das muß nicht sein. Unser Ziel ist vielmehr, die ökonomischen Erfordernisse von Zweckbauten mit den ökologischen Anforderungen unserer Zeit zu verbinden.

Die bedeutendsten Kriterien der Objekt-Philosophie sind:
- kundenfreundlicher Gesamteindruck
- Parkambiente, das durch großzügige Grünanlagen erzeugt wird
- Kreativklima für alle im Park beschäftigten Menschen
- ideale Autobahnanbindung, Flughafen- und Citynähe
- langfristig geordnete Anlage unter Mitwirkung der Verwaltung, regelmäßige Mietervertretung und
- Mieterfeste
- ständige Werbung
- ausreichende PKW-Abstellplätze, für Kunden vor der Mieteinheit, für Mitarbeiter in Parkpaletten
- der Mieter muß in der Fläche wachsen und schrumpfen können
- Pflege der Außenanlagen bzw. Grünzonen, die vom Hausmeister oder Gärtner vorgenommen wird
- Versorgungseinrichtungen, wie Bistro oder Kiosk für die Nahversorgung der Mitarbeiter
- strenge Beachtung der Mieterstruktur, vor allem durch Ausschluß störender Betriebe, von denen Umweltbelastungen ausgehen könnten.

Dieses zukunftsträchtige Modell wurde in der BRD aus drei Vorläufern weiterentwickelt.

2. Vorläufermodelle

2.1 Handwerkerhöfe

Diese sind in den siebziger Jahren im rheinischen Raum entstanden. Sie haben bereits einige wichtige Merkmale der Gewerbeparks, etwa
- die Verbindung von Büro und Gewerbe
- verkehrsgünstiger Standort

– Ausgliederung aus der Stadt, wo Baugrundstücke zunehmend knapper und Gewerbevorschriften schärfer wurden.

Es werden starre und kleine Grundrißflächen mit einer geringen Geschoßhöhe bevorzugt. Für den Außenbereich wurde teilweise mit festen Wänden als Sichtschutz gearbeitet. Bei den Handwerkerhöfen ist also die Außenanlage zur gewerblichen Nutzung vorgesehen.

Mieterstruktur des Handwerkerhofs Köln-Pulheim
Branche
Verbrauchermarkt
Farben- und Tapetenmarkt
Druckerei
Werksvertretung Fa. Hüppe
Reifenhandel
Karosserie- und Fahrzeugbau
Gaststätteneinrichtung
Fliesen-Center

Mieterstruktur des Handwerkerhofs Köln-Butzweiler Hof
Branche
Steinmetzgeschäft
Metallverarbeitung
Dachdecker
Kunstgießerei
Schreinerei
Spedition
Metallspritzerei/Dreherei
Maschinenteile
Werkzeug-/Maschinenbau
Bodenbeläge/Fliesen
Bürobedarf/Büromöbel
Gabelstapler
Elektromotoren
Tiefbau
Gabelstapler
Elektromotoren
Prüf-/Schätzstelle KFZ
Druckerei
Bauunternehmung
Kohlensäure
Schreinerei
Tischlerei
Eisenbahn-/Straßenbau

Schlosserei
Autoplanen
80% der Mieter entsprechen nicht den Anforderungen eines Gewerbeparks.

Im Unterschied zu den Gewerbeparks wird in den Handwerkerhöfen Lärm und Störungen verursachendes Gewerbe zugelassen, etwa handwerkliche Betriebe, Schreinereien/Schlossereien, oder publikumsintensiver Handel.

2.2 Industrieparks

In den 70er Jahren entstand ein neuer, erheblicher Flächenbedarf, vor allen Dingen im Düsseldorfer Raum, da sich die Japaner in der rheinischen Geschäftsmetropole niederließen. Zusätzlich konzentrierte sich der High-Tech-Bereich auf die Düsseldorfer Region. Diesem Flächenbedarf haben ausländische Investoren kurzfristig Rechnung getragen.

Deshalb wurde ein dem Gewerbepark vergleichbares Konzept von den Engländern, Kanadiern und Holländern angeboten. Teilaspekte des späteren Gewerbeparks finden in den Industrieparks bereits ihren Niederschlag:
– kleine Grünflächen
– große Verkehrsflächen
– teilweise größere Büroanteile
– lichte Hallenhöhe 6,0 m.

Die Außenanlage wird kaum noch zu gewerblichen Zwecken genutzt. Auch hier entspricht – wie bei den Handwerkerhöfen – die Mieterstruktur nicht den Vorstellungen eines Gewerbeparks. Es wurden Speditionen, Reifen- und Getränkehandel zugelassen, ein Ambiente ist also nicht gewährleistet.

Mieterstruktur des Industrieparks Ratingen
Branche
Paketzustelldienst
Möbel-Spedition
Erfrischungsgetränke
Werkzeugbau
Mode
Handelsgeschäft
Industrieprodukte
Mode/Textil
Intern. Spedition
Intern. Frachtdienst
Reifenhandel
Handelsgeschäft
Reifenhandel

Handelsgeschäft
Reifenhandel
Industriehandel
Mode/Textil
Förderfahrzeuge

Die Konzeption eines Industrieparks bietet eine große, befestigte Außenfläche zu Lasten der Grünanlagen, somit besteht ausreichend Stellfläche für LKWs. Frachtintensive Betriebe, wie Speditionen, finden ideale Verhältnisse vor.

Im Laufe der Zeit verlassen dann die marktführenden, prädestinierten Gewerbe-Mieter diese Anlagen und ziehen in den Gewerbepark.

Der dritte Anstoß für das Gewerbepark-Konzept kam aus Amerika und hat sich aus den Techno-Parks entwickelt. Mitte der achtziger Jahre baute vor allem ein amerikanischer Investor in Düsseldorf einige »germanisierte« Anlagen. Die konzentrierte Zusammenführung von Architektur und Park ist erst in diesem Konzept gelungen.

Die Außenanlage wurde jetzt nicht mehr zur gewerblichen Nutzung freigegeben. Diese wird nun vom Landschaftsgärtner zur Parkanlage gestaltet.

Mieterstruktur des Gewerbeparks Ratingen
Branche
Elektronik
Brandschutzsysteme
Elektronik
Werkzeugmaschinen
Mode/Textil

Mieterstruktur des Gewerbeparks Düsseldorf-Oberkassel
Branche
Lichttechnik
Maschinenhandel
Computer-Drucker
Elektronik
Instrumentelle Analytik
Industrie-Metall
Computerfirma
Schiebedächer PKWs
japan. Lebensmittel
Herstellung Etiketten
EDV
EDV-Zubehör/Kabel

Die Nutzer- und Mieterstruktur hat den Park und dessen Anforderungen geprägt. Ein guter Mietermix wurde erreicht.

3. Makro- und Mikro-Standort

Die Auswahl des Standortes eines Gewerbeparks muß sehr sorgfältig erfolgen. Deswegen wird zuerst ein Gutachten in Auftrag gegeben, das nachweisen soll, ob in einer Region die Einrichtung eines Gewerbeparks sinnvoll ist und auf welcher Entwicklungsachse diese Grundstücke liegen sollen. Kommt dieses Gutachten zu einem positiven Ergebnis, so wird als nächstes ein Standort mit optimaler Verkehrsanbindung gesucht. Zur Zeit bieten sich als Standorte an:
- Hamburg
- Düsseldorf
- Köln
- Frankfurt
- Stuttgart
- und München

Es kommen also Großstädte mit einer kompletten Infrastruktur in Frage, die eine gute Anbindung an andere Wirtschaftseinrichtungen haben, mit ihrem Verkehrsangebot überregional verbunden sind und über beachtliche Kaufkraft verfügen.

Als Standort für einen Gewerbepark kommen nur erstklassige Lagen in Frage, die teilweise folgende Kriterien erfüllen müssen:
- Lage in einem zukunftsträchtigen Wirtschaftsraum
- direkte Anbindung an das überregionale Straßennetz
- Nähe zur Autobahn
- überregionale Verkehrsanbindung durch Flughäfen
- Anbindung an U- bzw. S-Bahn
- gute Erreichbarkeit für qualifizierte Arbeitskräfte
- gute Erreichbarkeit von höherwertigen Wohngebieten
- Einsehbarkeit der Anlagen von den Hauptverkehrswegen
- entsprechende Umgebung (kein störendes Gewerbe)
- gute Adresse als Firmenstandort

Diese Grundstücke haben in der Regel eine Größe von mindestens 30 000 m² und kosten je nach Standort zwischen 200 und 400 DM/m².

Investitionen in dieser Größenordnung sind selbstverständlich nur zu rechtfertigen, wenn ein positives Mikro-Standort-Gutachten vorliegt und eine Nachbarschaft gewährleistet ist, die der Philosophie des Gewerbeparks nicht widerspricht.

Zu den Grundstückspreisen müssen weiter die Grundstücksvorkosten, die Grundstücksnebenkosten und erhebliche Kosten für die Baurechtsbeschaffung zugerechnet werden.

Erfahrungsgemäß vergehen vom Standort-Gutachten bis zur ersten Mieteinnahme mindestens 5 Jahre.

4. Nutzungsanforderungen und Funktionen

Im folgenden wird nun das Gewerbepark-Konzept im Detail vorgestellt. Es geht dabei darum, Büro- und Lagerhallen und Servicebetriebe in parkähnlichen Grünzonen auf eine ästhetisch sehr ansprechende Weise zu errichten. Die Schwerpunkte des Konzepts sind:
– günstige Lage mit optimaler Verkehrsanbindung
– individuelle Architektur mit energiesparender Bauweise
– hochwertige Ausstattung und variable Raumaufteilung
– helle und funktionell gegliederte Hallenbereiche
– parkähnliche Gestaltung der Außenanlagen
– Betreuung der Gesamtanlage durch Gärtner und Hausmeister
– teilweise Gemeinschaftseinrichtungen wie Gaststätte, Café, Kiosk, Läden etc.

Es kommt dabei auf die gelungene Verbindung von Parklandschaft und Gewerbegebiet, von Standortqualität und Umweltqualität an. Der repräsentative Stil der Anlage soll die Kunden positiv beeinflussen, ihr gutes Arbeitsklima im Grünen soll die Motivation und Produktivität der Mitarbeiter erhöhen.

4.1 Flächenrelationen

Das Verhältnis von Büroflächen einerseits und Serviceflächen andererseits muß besonders sorgfältig bedacht werden. Es wird sich im allgemeinen nach den regionalen Anforderungen richten. So kann z. B. davon ausgegangen werden, daß in Köln weniger Bürofläche als in München nachgefragt wird. In München scheint ein Verhältnis von 50 zu 50 angemessen.

Flächen-tabelle	Düsseldorf	Köln-Marsdorf	Düsseldorf Airport	Düsseldorf Ratingen	München in Planung	Köln-Butzweilerhof
Büroanteil in m²	24 500	5 575	4 350	5 500	22 150	9 050
Hallenanteil in m²	29 000	11 500	9 400	12 000	25 160	16 025
Gesamt m²	53 500	17 075	13 750	17 500	47 310	25 075
mittlere Einheit m²	ca. 4 000	1 550	1 375	1 450	1 890	1 240

Um sich deutlich vom Handwerkerhof abzusetzen, sollen die einzelnen Betriebsgrößen im Gewerbepark nicht kleiner als 800 m² werden. Auf der anderen Seite sollten Einheiten nur in Ausnahmefällen so groß sein, daß nicht von einem Mieter die wirtschaftliche Verantwortung abhängt. Diese Größenstruktur schafft gute Voraussetzungen für den angestrebten Mieter-Mix.

4.2 Negativ-Kriterien

Die Praxis hat gezeigt, anspruchsvolle Mieter wollen vertraglich zugesichert bekommen, daß keine störenden Betriebe – etwa Speditionen, produzierendes Gewerbe und Verkaufsbetriebe – im Park Mietrechte erwerben können. Negativ-Listen werden übrigens häufig auch von den Kommunen bei der Erteilung der Baurechte verlangt.

Negativliste
– Speditionen
– produzierende, umweltbelastende Betriebe
– Einzel- und Großhandel
– Autohöfe
– Reparaturwerkstätten für Großgeräte
– Betriebe mit Freiflächenlager etc.

Mieter, die Lärm oder hohes Verkehrsaufkommen verursachen, würden der Philosophie des Gewerbeparks widersprechen und die langfristige Vermietung der Objekte gefährden. Sie scheiden also schon aus Selbsterhaltungsgründen aus.

Bevorzugt werden Mieter aus den Bereichen
– High-Tech
– Mode
– Service-Betriebe
– Verkaufsorganisationen
– Ausstellungsflächen

Anzustreben ist dabei, Mieter möglichst unterschiedlicher Branchen zu gewinnen. Dadurch wird die Möglichkeit wechselseitiger Ergänzung und damit einer höheren Attraktivität des Gewerbeparks geschaffen.

In den letzten Jahren konnte in der Bundesrepublik beobachtet werden, daß der Flächenbedarf für Lager ab- und der Bedarf an Büroflächen zugenommen hat. Das ist vor allem eine Folge schnelleren Lager-Umschlags aufgrund wachsender EDV-Anwendung. Wir leiten daraus die Notwendigkeit ab, unsere Bauten so zu errichten, daß mit sehr einfachen Mitteln mehr Büroräume in der vorhandenen Bausubstanz eingerichtet werden können. Flexibilität und wachstumsgerechte Ausbaufähigkeit werden im guten Gewerbepark garantiert.

4.3 Mietermix

Der Mieter-Mix hat in einem G. i. P.-Park den gleichen Stellenwert wie zum Beispiel in einem Shopping-Center.
Die bestehenden Mietverträge bestätigen die Vermietungs-Philosophie:

	Branche	%
1.	Masch.-Hersteller u. Service	13,8
2.	Büro-Technik	6,6
3.	EDV-Vertrieb u. Service	27,8
4.	Medizinische Geräte	8,4
5.	Sonstige … Sport, PKW-Zubehör, Mode, Kosmetik, Nachrichtentechnik	43,4
		100

4.4 Multifunktionaler Ansatz

Es sollte auf jeden Fall eine multifunktionale Nutzung angestrebt werden, um dem Mieter bei Marktveränderung die dann erforderlichen Betriebsanpassungen zu ermöglichen, ohne das Mietverhältnis abbrechen zu müssen:
– mögliche zusätzliche Bürofläche
– doppelter Eingang
– Einfahrtsbereiche
– Brandschiebetore
– zusätzliche Fundamente und haustechnische Ver- und Entsorgung
– Fassaden-Vorkehrungen für mögliche Fenster

Ein anderes wichtiges Element der Gewerbeparks ist die Individualität der Gebäude. Sie wird durch eine abwechslungsreiche Architektur sowie durch verschiedenartige Baumaterialien und Bauhöhen gesichert.

Dabei kommt der Verschiedenartigkeit der Eingangszonen eine besondere Bedeutung zu. Die Gestaltungsvielfalt dieser abwechslungsreichen Architektur wird nur erreicht, wenn gute Fassadengestalter und Farb-Berater rechtzeitig eingeschaltet werden.

Um sicherzustellen, daß genügend Platz für großzügige Außenanlagen zur Verfügung steht, wird angestrebt, die GRZ bei ca. 0,5 zu halten.

Mit der Konzeption wird ein Landschafts- und Gartengestalter beauftragt, um den Parkgedanken umzusetzen. Die Parkplätze werden sorgfältig in die Gartenanlage integriert, große zusammenhängende Parkplätze sind zu vermeiden. Die neueren Anlagen verfügen bereits über Parkhausflächen, damit die großen »Blechlawinen«

das Landschaftsbild nicht stören. In einem Gewerbepark mit ca. 15 000 m² vermietbarer Fläche sind ca. 200–250 Personen beschäftigt; aus dieser Personalzahl errechnen sich die PKW-Stellplätze.

Im Außenbereich sind nur geschlossene Abfall-Container zugelassen. Material-Lagerungen sind untersagt. Hausmeister mit gärtnerischen Fähigkeiten pflegen die Anlage und sorgen somit für eine positive Atmosphäre.

Große Bedeutung kommt auch den Gemeinschaftseinrichtungen zu. Ihre Art und Anzahl hängt von der Größe des Gewerbeparks ab. In den bisherigen Gewerbezentren ist darauf viel zu wenig geachtet worden.

In Frage kommen:
- Spiel- und Grillplätze
- Café
- Restaurant
- Bistro
- Kiosk
- Läden

Es kann davon ausgegangen werden, daß diese Service-Einrichtungen nicht nur von den Gewerbepark-Mietern, sondern auch von den Nachbarn und Anrainern der Anlage benutzt werden. Das Interesse am Betreiben solcher Service-Einrichtungen ist groß. Gemeinschaftseinrichtungen für Telefon/Sekretärin/EDV etc. haben sich nicht bewährt, hierfür besteht keine Nachfrage. Es ist beabsichtigt, künftig eine Nachtbewachung des gesamten Gewerbeparks mit Hilfe von Medienkanälen sicherzustellen.

5. Marketing und Werbeziele

Die Aufgabenstellung ergibt sich aus einer Marktanalyse für München, die im wesentlichen auf andere Städte übertragbar ist – mit Ausnahme von Düsseldorf.

Umfrage im Raum München

Branchen	– EDV
	– elektrotechnische Betriebe
	– medizinische Erzeugnisse
	– Fotolabor
	– Großhandel
Beschäftigte	bis 25 Beschäftigte
	25 bis 50 Beschäftigte
	50 bis 100 Beschäftigte
Betriebsfläche	bis 500 m²
	500–1 000 m²
	1 000–2 500 m²
	2 500 und mehr m²

Aussagen zur Standortqualität
51 % gute Erreichbarkeit
20 % Autobahn- und Flughafen-Nähe

14% Nähe zum Wohnort und jetzigen Standpunkt
Präferierte Standortbereiche München
41% Osten und Südosten
23% nördliche Stadtgebiete und Nordwesten
36% Rest
Ggf. benötigte Fläche
 7%   bis   500 m^2
22%   500 bis 1 000 m^2
39% 1 000 bis 2 500 m^2
22%   über 2 500 m^2
Kämen grundsätzlich Mietflächen in Frage?
71% ja
29% nein
Welche Mieten würden akzeptiert werden (i. M. Büro/Halle)
 8,0%   bis   5,- DM/m^2
16,6%   bis 10,- DM/m^2
20,8% 11,- bis 15,- DM/m^2
 8,3% 16,- bis 20,- DM/m^2
 4,7% 20,- u. mehr DM/m^2
41,6 ohne Angaben
Ist ihnen die Form des Gewerbeparks bekannt?
17% ja
83% nein
Anmerkung: Die in der Flächentabelle angegebenen Objekte werden i. M. für 10,- bis 13,- DM/m^2 angeboten und vermietet.

In Düsseldorf sind ca. 6–8 Gewerbeparks bereits in Betrieb und dem Bautenstand entsprechend bereits voll vermietet.

Wie die Umfrage-Ergebnisse zeigen, haben die in Frage kommenden Mieter feste Vorstellungen über

– Lage
– Fläche
– Preis

jedoch können sich nur 17% unter dem stark strapazierten Begriff Gewerbpark etwas vorstellen. Hier muß die Zielgruppen-Werbung ansetzen.

Die noch unbekannte Form des Gewerbeflächenangebots muß im Sinne einer Pionierunternehmung mit Vorsicht und Sorgfalt in den Markt eingeführt werden, und der »Stimmigkeit« von Standort, Mietpreis und Ausstattungsniveau muß größte Beachtung gewidmet werden. Wie die Gutachter festgestellt haben, kommen Vorurteile hinzu, daß sich das »Drum und Dran« letztlich in überhöhten Nebenkosten niederschlage, so daß evtl. auf den ersten Blick akzeptabel erscheinende Netto-Mieten über eine zu hohe Gesamtbelastung hinwegtäuschen. Deshalb ist es wichtig, auch auf die Ängste des potentiellen Mieters in diesem Bereich einzugehen und neben der Park-Philosophie das konkrete Preis-Leistungs-Verhältnis ins richtige Licht zu setzen. Mit diesen Aufgaben wäre ein Bauträger und Investor überfordert.

Als erstes hat die beauftragte Agentur den Begriff Gewerbepark konkretisiert.

Hier ist es der Werbeagentur gelungen, in einer kurzen Aussage die Philosophie zu beschreiben.

Der weitere Schritt sieht vor, den Park in der örtlichen Region bekannt zu machen. Dabei wird auf die bekannten Werbeabläufe zurückgegriffen:
- Branchen-Mailing
- Zeitschriften-Werbung
- Plakat-Werbung

Diese Werbung beginnt mit der Erteilung der Baugenehmigung und dem Baubeginn. Nun wird diese Kampagne durch eine abgestimmte *überregionale* Werbung unterstützt.

Die Vermietungen selbst werden mit Hilfe örtlicher Makler durchgeführt, die auch die eigentliche Vermietungswerbung vornehmen. Diese müssen aber von eigenen Mitarbeitern koordiniert werden. Mietabschlüsse benötigen in der Regel eine Dauer von 2–4 Monaten. Die Werbung ist übergreifend und wird auch nach der Vermietung fortgesetzt, um die Attraktivität der Anlage zu erhalten. Zusammenfassend geht es darum, Vorbehalte und Vorurteile abzubauen. Hier ist das profunde Know-how des Objektentwicklers gefordert, um für die Erst-Etablierung eines Gewerbeparks den Markt für diese Form der Immobilie in der Region erfolgreich zu öffnen.

Es darf bei dem Pionierobjekt auf keinen Fall auf einen kurzfristigen Vermietungserfolg gesetzt, sondern es muß eine nachhaltige Vermietung an eine namhafte Klientel angestrebt werden. Die Kosten der vorgetragenen Werbeaktionen werden ohne Vermietungsanzeigen des Maklers bei ca. 0,75 % – 1,0 % der 10-Jahresmiete liegen.

6. Vorteile aus der Sicht des Investors/ der Stadt/des Mieters

1. Die Anlagen werden von einer Lebensversicherung bzw. einem offenen Immobilienfonds oder einem sonstigen *institutionellen Kapitalanleger* finanziert; können also somit von vornherein nicht in wirtschaftliche Schwierigkeiten geraten und bedeuten somit für die Stadt keine *Investitionsruine*!

2. Die Anlagen *stellen* durch ihre Multifunktionalität, ihre anspruchsvolle Architektur und Grüngestaltung eine ideale Ergänzung zu den klassischen Gewerbegebieten dar und sind somit eine Aufwertung des *Gewerbegebietsangebotes* der jeweiligen Stadt.

   Die marktgerechten Mieten und Nebenkosten im Gewerbepark garantieren dem Anleger, daß die Objekte vom Markt auch tatsächlich angenommen werden; seine Rendite ist also sichergestellt. Angemessene Mietsteigerungen sind durch die volle Indexierung ohne Vertragsänderung möglich. 10-Jahres-Mietverträge mit Option werden garantiert; in Ausnahmefällen können jedoch 5-Jahres-Mietverträge mit 5 Jahren Option sinnvoll sein. Billige Mietangebote mit falscher Mieter- und Standortstruktur gefährden attraktive Anlagen sogar in unmittelbarer Nähe nicht, wie dies der Gewerbemarkt in Düsseldorf bestätigt. Die hohe Anzahl unterschiedlich großer Wirtschaftseinheiten gibt die Gewähr für Nachfrage ganz verschiedener Interessenten und damit für ein geringeres Mietausfallrisiko.

3. Die in den Gewerbeparks zusammengeführten Büro- *und* Hallenflächen werden den *Nutzern mietweise* überlassen. Auf diese Weise ist – ähnlich wie bei Einkaufsstraßen mit den dort vorhandenen Miet-Läden – von vornherein sichergestellt, daß in dem mit einem Gewerbepark genutzten Gebiet stets wirtschaftlich starke, gesunde *Gewerbebetriebe* angesiedelt sind.

   Der *Markt-Mietpreis* führt zu diesem Effekt. Das bedeutet zugleich: In einem Gewerbepark entsprechend dem vorgestellten Konzept sind der Tendenz nach grundsätzlich nur Betriebe, *die über* eine hohe Produktivität oder – wie der Wirtschaftler sagt – *Grenzwertschöpfung* verfügen. Dies ist aber ein Garant für ein nachhaltiges Arbeitsplatzangebot und die Schaffung und Erhaltung von Steuerkraft.

   Somit sind von Anfang an störende Betriebe wie
   – produzierende, umweltbelastende Betriebe
   – Einzel- und Großhandelsbetriebe
   – Autohöfe
   – Reparaturstätten
   – Betriebe mit Freiflächenlager und
   – Betriebe mit einem hohen Verkehrsaufkommen
   ausgeschlossen.

4. Die Gewerbeparks der dritten Generation haben sich auch im Marktgeschehen bewährt; es zeigt sich zunehmend, daß gut gestaltete Anlagen sich einer starken Nachfrage bei Gewerbeunternehmen erfreuen. Sie können die Vorteile einer *repräsentativ* gestalteten Anlage mit entsprechenden Büro- und Hallenflächen nutzen, ohne eine entsprechende Kapitalbindung einzugehen. Die Unternehmen sind auf diese Weise auch ihrerseits flexibler, sich im Marktgeschehen wirtschaftlich gesund zu erhalten und ihren räumlichen Veränderungs- und Logistikbedürfnissen nachzukommen.

DIETER BULLINGER
Technologieparks/ Technologiezentren

Inhalt

1. Erscheinungsformen und Abgrenzungen 113
2. Ziele und Trägerschaft 113
3. Standortbedingungen 114
4. Inhaltliche Struktur 115
5. Zentrum oder Park? 115
6. Gefahr der Umetikettierung 116
7. Immobilienwirtschaftliche Struktur 117
8. Anforderungen an die Bausubstanz 118
9. Bau- und Betriebskosten 119
10. Serviceangebot 121
11. Herkunft der Zentrumsfirmen 122
12. Erfolgsbedingungen 123
13. Zusammenfassung bisheriger Erfahrungen 124

1. Erscheinungsformen und Abgrenzungen

In jüngster Zeit hat die Wirtschafts- und Innovationsförderungs-Diskussion zu einer verwirrenden Fülle von Begriffen und im Gefolge davon auch zu einer Vielzahl von Mischaktivitäten geführt. In der Diskussion sind z. B.
- Gewerbehöfe (vor allem als Wiedernutzung von Altliegenschaften)
- Handwerkerhäuser (oftmals für Kunsthandwerker)
- Gründerzentren (nur für Existenzgründer aus handwerklich-industriellen Sparten)
- Innovations-/Technologiezentren/-fabriken/-parks (öffentlich oder privat betrieben)
- Forschungs-/Entwicklungs-/Wissenschaftszentren (ohne Produktion)
- Technologiestädte (in Japan sind 19 geplant).

Einheitliche Definitionen fehlen, jeder stellt sich etwas anderes unter demselben Begriff vor (zur Abgrenzung der Begriffe siehe z. B. Bullinger 1985, Henckel 1981).

Ein Technologiezentrum bzw. -park ist ein wirtschaftspolitischer (innovationspolitischer) und zugleich ein speziell immobilienwirtschaftlicher Begriff.

Auch wenn eine allgemein anerkannte Definition bislang fehlt, so kann allgemein unter einem Technologiezentrum, einer Technologiefabrik oder einem Technologiepark eine (über eine Betreibergesellschaft) organisierte räumliche Zusammenfassung von vornehmlich solchen (neugegründeten oder neugestalteten) Unternehmen verstanden werden, die auf zukunftsträchtige, innovative Produkte im hochtechnologischen Bereich ausgerichtet sind. Neben Existenzgründern (Gründerzentrum) und neu anzusiedelnden Betrieben aus dem High-Bereich werden gelegentlich auch solche bereits bestehende Unternehmen (oder Unternehmensteile, z. B. F + E-Abt.) in Technologiezentren und -parks aufgenommen, die den Anforderungen des Zentrums/Parks in bezug auf den Neuerungscharakter und die Marktchancen der Innovationsideen/-Produkte genügen.

Erfahrungen mit Technologiezentren/-parks liegen aus USA (z. B. Stanford, Silicon Valley), Japan, Großbritannien (z. B. Newcastle), Frankreich, Holland (z. B. Enschede), Österreich (z. B. Wien) und jüngst vor allem aus der Bundesrepublik Deutschland vor.

2. Ziele und Trägerschaft

Mit Technologiezentren/-parks verfolgen Städte und Gemeinden vorrangig das Ziel der regionalen und kommunalen Wirtschaftsförderung. Verbände wie Industrie- und Handelskammern, Handwerkskammern, aber auch Hochschul- oder Forschungseinrichtungen erhoffen sich von Gründer- und Technologiezentren/-parks Kristallisationskerne für eine Intensivierung des Technologietransfers und die Ausschöpfung des Innovationspotentials in einer Region. Kreditinstitute sehen in der Übernahme der Trägerschaft einen Imagegewinn und einen Lerneffekt bei der Erprobung neuer Aktivitäten in gut kontrollierbarem Raum. Industrieunternehmen sind bestrebt, sich neue Technologiefelder zu erschließen und qualifizierte Zulieferer heranzubilden. Bei Immobiliengesellschaften steht die profitable Vermarktung von Gewerbeimmobilien eindeutig im Vordergrund.

Allen diskutierten Formen (Technologiezentren, Gewerbehöfe etc.) ist gemeinsam, daß in der Mehrzahl der Fälle die öffentliche Hand (Gemeinden, Länder, andere öffentlich-rechtliche Institutionen) sowohl konzeptionell wie finanziell die entscheidende Rolle spielt. Dies schließt eine privatwirtschaftliche Lösung jedoch keineswegs aus. Mittel- und langfristig läßt sich am ehesten für »einfache« Gewerbehöfe (Beispiele in Deutschland: Berlin, Hürth bei Köln, München, privat: Kassel) und für Technologiezentren, die wesentlich (z.B. zu 50% der Räume, Aktivitäten und Kosten) von einem bestehenden größeren, ortsansässigen, technologieorientierten Unternehmen mitgetragen werden (ein entsprechendes Projekt wird in einer deutschen Landeshauptstadt von einer Elektronikfirma angedacht), eine privatwirtschaftliche tragfähige Zukunft voraussagen. In Amerika und Japan (z.B. Computerfirma Fujitsu in Numazu) finden sich auch Technologieparks, die nur von einer einzigen Firma betrieben werden (Forschung, Entwicklung und Produktion in hochtechnologischen Bereichen).

3. Standortbedingungen

An die natürlichen Standortvoraussetzungen werden von zukunftsträchtigen Technologien keine besonderen Anforderungen gestellt. Anderes gilt dagegen für die vom Menschen künstlich geschaffenen (»man-made«) Standortbedingungen. Als besonders wichtig für das Entstehen technologieorientierter Unternehmen werden
– ein gutes Beratungsangebot,
– eine ausgeprägte technologische Infrastruktur, die auch Zulieferer umfaßt,
– ein spezifisches Arbeitskräfteangebot sowie
– geeignete Räumlichkeiten
  angesehen.

Für den Standort eines Technologiezentrums und den Erfolg der darin angesiedelten Unternehmen sind somit insbesondere folgende Merkmale von Bedeutung:
– räumliche Nähe zu einer Hochschule und/oder Forschungseinrichtungen mit ausreichendem Technologieangebot;
– gutes innovatives industrielles Umfeld;
– gute allgemeine Standortbedingungen der Gemeinde, insbesondere was die überregionale Verkehrsanbindung betrifft;

– ausreichender Zentralitätsgrad (Ober- oder Mittelzentrum) mit entsprechend großem Einzugsgebiet (in der Regel wird pro Region nur *ein* aussichtsreiches Technologiezentrum errichtet werden können; Abweichungen erscheinen in Ballungsgebieten möglich und sinnvoll, die über eine entsprechende Häufung von Hochschulen und Forschungseinrichtungen verfügen);
– hoher Wohn- und Freizeitwert, um auch hochqualifizierte Arbeitskräfte binden zu können.

4. Inhaltliche Struktur

In der Regel wird eine Verweildauer der Firmen von nur einigen Jahren angestrebt (kein Dauerstandort), wobei das Technologiezentrum bzw. der Technologiepark die Startphase erleichtern soll (»Heimstatt«, »Brutkasten«), unter anderem durch die Möglichkeit zur Mitnutzung von Hochschul- und Fachhochschuleinrichtungen für Forschungs- und Erprobungszwecke. Eine gewisse räumliche und organisatorische Nähe zu derartigen Einrichtungen (Labors etc.) wird deshalb generell angestrebt.

Darüber hinaus werden von den Betreibergesellschaften des Technologiezentrums/-parks im allgemeinen zentrale Gemeinschaftseinrichtungen und Serviceleistungen angeboten, von der Telefonzentrale über EDV, Buchhaltung bis (teilweise) hin zu Cafeteria und Squash-Courts.

Flankiert werden diese Maßnahmen darüber hinaus meist durch spezielle Beratungshilfen und finanzielle Angebote (Mietzinssubventionen im Zentrum bzw. Park selbst, Forschungs- und Entwicklungskostenzuschüsse, Existenzgründungskredite, z. T. Risikokapitalbereitstellung etc.), um das Risiko der Neuentwicklung zu reduzieren.

Technologiezentren, -fabriken und -parks sind somit spezielle Mosaiksteine im Rahmen einer umfassenden, über vielerlei Instrumente verfügenden, allgemeinen, auf Innovations- und Technologieförderung in den verschiedensten Bereichen ausgerichteten Wirtschaftspolitik; sie sind ohne eine solche Einbettung nicht denkbar.

5. Zentrum oder Park?

Die Bezeichnung Technologie-»Park« (statt Zentrum oder Fabrik) stellt vor allem auf die Größenordnung und die räumlichen Umfeldgegebenheiten ab: Der Begriff Park wird verwendet, soweit es sich nicht um eines oder mehrere einzelne, kleinere Gebäude (-komplexe) in bebauten Lagen handelt, sondern solche Technologiezentren, die z. B. in einem speziellen Gewerbegebiet (wie z. B. im Research Triangle Park in North Carolina/USA, in Sophia-Antipolis bei Nizza/Frankreich, in Heidelberg und Dortmund in neuen Gewerbegebieten direkt neben der Universität) parkartig gelegen sind. Besonders beliebt sind naturnahe Lagen ohne weitere, die Kreativität möglicherweise störende Bebauungen und Nutzungen in der Nähe (»grüne Wiese«).

Für die Tätigkeit des Technologiezentrums/-parks ist es letztlich unerheblich, ob eine »Parkkonzeption« oder eine Zentrumskonstruktion gewählt wird.

Ein Technologiezentrum/-park ist also ein Gebäude oder ein Gebäudekomplex, der als Arbeitsstätte für Wissenschaftler, Ingenieure und (vornehmlich junge, kleine) Firmen mit Forschungs- und Entwicklungstätigkeiten im High-Tech-Bereich (meist, aber nicht immer mit fließendem Übergang zur Prototypenherstellung und Serienproduktion) gedacht ist und in dem die dort tätigen Firmen von diversen speziellen finanziellen Förderungen profitieren.

Häufig handelt es sich um größere ältere Gewerbeliegenschaften, die – wegen Betriebsschließung oder Auslagerung des bisherigen Nutzers an einen neuen Standort – von den bisher dort tätigen Unternehmen verlassen werden, aber weiterhin gewerblich genutzt werden sollen (Wiedernutzung, Gewerbegebäude-»Recycling«). Bei den Altbauten sind oftmals größere Umbauten und Renovationen erforderlich, um eine gewerbliche Wiedernutzung zu ermöglichen.

Neubauten sind bislang eher selten (und im Vergleich zu Altbaumodernisierungen meist teurer), ihr Anteil an der Gesamtzahl der Projekte ist jedoch im Wachsen begriffen. Dies ist unter anderem auf eine Reihe von Programmen der Bundesländer zur Errichtung von Technologiezentren/-parks zurückzuführen. Bei Neubauten überwiegt Rasterbauweise (Vorratsbau/Bestellbau), Mehrstöckigkeit ist eher selten.

6. Gefahr der Umetikettierung

Gewarnt werden muß – wie dies schon die Erfahrungen mit dem Konzept der Industrie- und Gewerbeparks lehren – vor dem prestigesüchtigen Umetikettieren und dem inflationären Gebrauch der Begriffe: Vorkommnisse wie dasjenige, daß ein gewöhnliches Gewerbegebiet ohne weitere Veränderung im Betriebszustand per Namensänderung zum Technologiepark wird, können die zugrundeliegenden Konzepte in Mißkredit bringen. Gar manches Technologiezentrum, von denen allein in der Bundesrepublik 1989 an die 100 geplant oder in Betrieb sind, wird sich möglicherweise wegen fehlender Umfeldbedingungen bereits innerhalb kürzester Zeit reduzieren auf ein Gebäude, in dem traditionelle Handwerkszweige und Gewerbebetriebe ebenso wie Auslieferungslager etc. eher zufällig unter einem Dach gleichzeitig Mieter sind; alle Erfahrungen (nur 1 % aller Unternehmensgründungen entstammen dem High-Tech-Bereich) lassen darauf schließen, daß das Potential an technologieorientierten Firmen vielerorts nicht ausreicht, um alle geplanten und laufenden Zentren zu füllen. Ein Gründerzentrum, das auch den »normalen« Existenzgründer aufnimmt, können sich indes viele Städte leisten. Sie sollten es so konzipieren, daß es notfalls auch als Gewerbehof zu nutzen ist. Die Erfolgsaussichten von reinen Technologiezentren sind dagegen wesentlich zurückhaltender zu beurteilen. Selbst in den USA sind von den 80 gestarteten Parks nur noch etwa 40 übriggeblieben, und von diesen haben sich nur rund 10 als eigentliche Volltreffer erwiesen.

7. Immobilienwirtschaftliche Struktur

Die Analyse der bestehenden Technologiezentren/-parks zeigt einige Merkmale, die in die Überlegungen zu neuen Technologieparks Eingang finden sollten (vgl. Bullinger 1985, Henckel 1981):
– Die Gebäude sollen im allgemeinen mehreren (üblicherweise ca. 5–20), vor allem kleineren und mittleren Unternehmen (im allgemeinen 2 bis 20 Beschäftigte) eine neue Heimstatt bieten. Sie stellen also Standortgemeinschaften von unabhängigen Betrieben in einem Gebäudekomplex dar.
– Im allgemeinen bedarf es einer Dreierkonstellation von Bauträger-, Betreiber- und Verwaltungsgesellschaft, um die Gebäude zu konzipieren, zu finanzieren, zu vermieten bzw. zu verpachten (oder aber – was selten ist – zu verkaufen), nachdem sie vorher hergerichtet bzw. neu erbaut wurden.

In vielen Fällen setzen sich die Verwaltungsgesellschaften aus Gemeinden, Banken und Kammern zusammen. Die meisten Trägergesellschaften sind privatrechtlich organisiert als GmbH oder Stiftung. Der Gründung einer speziellen privaten Trägerschaft (ohne öffentliche Zuwendungen) nur zum Zweck der Errichtung und Bewirtschaftung von Gewerbehöfen, Technologieparks etc. stehen meist Rentabilitätsgesichtspunkte entgegen; ein entsprechendes Vorgehen empfiehlt sich meist erst bei der Errichtung mehrerer derartiger Komplexe. Die Trägergesellschaft stellt üblicherweise die Immobilien bereit. Sie erwirbt das Gelände oder ein leerstehendes Fabrikgebäude und führt als Bauherr die Neubau- oder Umbaumaßnahmen durch, die auch von ihr finanziert werden. Die Trägergesellschaft vermietet als Eigentümerin oder Erbbauberechtigte das Technologiezentrum bzw. den Park an eine Betreibergesellschaft.

Die Betreibergesellschaft hat die Investitionen für die Einrichtungen durchzuführen. Ein Technologiezentrum sollte auf mittlere Sicht, d.h. nach etwa 3–5 Jahren, kostendeckend betrieben werden; Finanzhilfen der öffentlichen Hand sind deshalb im allgemeinen nur für die Startphase vorgesehen. Die Betreibergesellschaft muß jedoch auch in dieser Phase bereit sein, Mittel einzusetzen und finanzielle Risiken einzugehen.
– Im allgemeinen wird von den Trägern der Objekte sowie den angesiedelten Betrieben die Einrichtung des jeweiligen Technologieparks positiv bewertet. Allerdings bereitet es regelmäßig große Schwierigkeiten, die künftigen Nutzer im voraus ver-

traglich zu binden. Der Träger ist üblicherweise gezwungen, mit einem Mehrfachen (10–15 mal) der benötigten Anzahl von künftigen Nutzern Interessentengespräche zu führen, und muß dabei gewärtigen, daß viele wieder abspringen – die restlichen Mieter finden sich meist erst nach Fertigstellung. Da es sich dabei im Normalfall um Existenzgründer aus dem Bereich der hochtechnologischen Forschung handelt (oftmals noch ohne serienreifes Produkt), ist eine Belegung des Zentrums mit finanziell »potenten« Mietern jedenfalls am Anfang praktisch ausgeschlossen. Die Entwicklung von Parks geht deshalb zunächst sehr schleppend vor sich, bis etwa die ersten 4–5 Jahre verflossen sind; danach erhöht sich das Wachstum rasch, speziell wenn man namhafte Firmen angezogen hat, die als Vorbild weitere mit sich ziehen. Die Erfahrung zeigt, daß sich der Erfolg des Zentrums/Parks erst nach längerer Durststrecke einstellt, daß Mieterwechsel anfänglich relativ rasch erfolgen und in vielen Fällen neben Produktionsbetrieben auch Lager-, Dienstleistungs-, Verkaufs- und Reparaturaktivitäten (z.B. Computershops, Bürogerätewartung etc.) ins Zentrum Einzug halten.

8. Anforderungen an die Bausubstanz

Die wichtigsten Anforderungen an die Bausubstanz für ein Technologiezentrum, das unterschiedlichen Nutzern aus verschiedenen – meist auch: wechselnden – Bereichen zugute kommen soll, sind Multifunktionalität, Flexibilität und störungsfreie Vielfalt.

Flexible Trennwände sowie eine Trennung der Büro- und Beratungsräume von den übrigen Räumen für die Betriebe erweisen sich als sinnvolle Gestaltungskriterien. Wenn es baulich realisierbar ist, sollte die Unterbringung der Gemeinschaftsräume und zentralen Einrichtungen zentral erfolgen, so daß die Wege dorthin für alle Nutzer annähernd gleich lang sind (Vermeidung von Standortrivialitäten).

Die Lösung in Form flexibler Trennwände hat den Nachteil, daß verschiedene fixe Anschlußpunkte vorgehalten werden müssen, die unter Umständen nicht genutzt werden. Zudem ergeben sich Probleme bei der Lärmdämmung. Alternativ kann, wenn die Bedürfnisse der Unternehmen vorab schon bekannt sind, eine feste Aufteilung der Grundfläche in verschieden große Räume vorgenommen werden. Dabei besteht jedoch die Gefahr, daß später, d.h. nach Auszug der ersten Nutzer, bestimmte Raumgrößen nicht angeboten werden können.

Die Anforderungen an die Flexibilität und Multifunktionalität der Bausubstanz sind dann besonders groß, wenn die Konzeption nicht nur eine beschränkte Verweildauer im Technologiezentrum vorsieht, sondern zusätzlich Räumlichkeiten für nur kurze Nutzungsdauer anbietet, um auch kurzfristigen Raumbedarf für Entwicklungsprojekte zur Verfügung zu stellen (»easy in – easy out«-Konzept). Dieser Ansatz, der in niederländischen Gründerzentren verfolgt wird, gerät möglicherweise mit einer ambitionierten Innovationsförderungskonzeption in Konflikt (vgl. hierzu Hahne 1985).

Die Bausubstanz selbst richtet sich nach den örtlichen Bedingungen: In Großstadtlagen sind Neubauten angesichts der Flächenknappheit schwer zu verwirklichen, und man wird dort – wie es in Berlin und Karlsruhe geschieht – auf vorhandene Bausubstanz zurückgreifen. Altbauten haben den Nachteil, daß sie für die Bedürfnisse eines Technologiezentrums/-parks erst umgebaut werden müssen. Das Investitionsvolumen für den Umbau unterscheidet sich daher häufig nicht wesentlich von dem für Neubauten.

Der Bau muß nicht nur den Anforderungen an die Flexibilität der Raumgrößen genügen, er muß auch eine Ausstattung haben, die den verschiedensten Ansprüchen genügt: Die Tragfähigkeit der Böden und Decken ist dabei ebenso zu bedenken wie das Vorhalten von Anschlüssen für Wasser, Gas, Starkstrom, Kanäle für Computer- und Medienanschluß etc.

9. Bau- und Betriebskosten

Die in der Bundesrepublik vorhandenen und vorgesehenen Zentren besitzen zumeist eine Aufnahmekapazität von 15 bis 20 Gründerunternehmen. Auch die größer dimensionierten Zentren und Parks beginnen zunächst mit einem ersten Bauabschnitt in dieser Größenordnung. Der durchschnittliche Flächenbedarf pro Unternehmen wird auf 100–200 m² geschätzt. Darüber hinaus ist der Flächenbedarf für die Gemeinschaftseinrichtungen zu berücksichtigen, so daß sich insgesamt ca. 3000– 4000 m² Fläche je Zentrum ergeben.

Ein Neubau dieser Größenordnung erfordert – nimmt man die Grundstückskosten aus der Betrachtung aus – ein Mindestinvestitionsvolumen von 5 bis 9 Millionen DM. Bei einer marktüblichen Miete wird die Amortisationszeit des Zentrums auf mindestens 30 Jahre angesetzt. Eine derart lange Zeitspanne entspricht ungefähr den amerikanischen Erfahrungen. Da die Einnahmen aus dem Zentrum nicht gesichert sind, dürften Risiko und Zeithorizont private Anleger und Banken eher abschrecken, sofern nicht eine sehr überzeugende Konzeption für das Zentrum vorliegt.

Die Betriebskosten für das Technologiezentrum hängen stark von den angebotenen Einrichtungen ab. Eine kostendeckende Umlegung auf die Unternehmen läßt sich bei stückelungsfähigen Leistungen nach der Inanspruchnahme vornehmen. Die verbleibenden Fixkosten müssen dagegen umgelegt werden; als Verteilungsschlüssel bieten sich verschiedene Kriterien an (z.B. Ertragskraft, Mietfläche, Arbeitsplätze o.ä.).

Der Kostenvorteil für das in einem Technologiezentrum ansässige Unternehmen besteht in der relativ geringen Fixkostenbelastung. Darüber hinaus bieten zahlreiche

Zentren/Parks Mietsubventionen an. Zur Begründung wird dabei auf die Liquiditäts- und Eigenkapitalschwäche junger technologieorientierter Unternehmen verwiesen. Um die Unternehmen jedoch schrittweise an das Marktmietenniveau heranzuführen, müßte die Mietsubvention degressiv auslaufen.

Für die Kosten von Technologiezentren/-parks können folgende Beispiele hilfreich sein (Beck 1985):

Umbaukosten:
– Berlin (BIG): ca. 900 DM/m^2 (insgesamt 2,7 Mio. DM für 3 000 m^2)
– Karlsruhe (Technologiefabrik): ca. 1 100 DM/m^2 (insgesamt 4,5 Mio. DM für 4 000 m^2)
– Aachen (Technologiezentrum): ca 750 DM/m^2 (insgesamt 1,5 Mio. DM für 2 000 m^2)

Neubaukosten:
– Syke (Technologie-Park): ca. 1 700 DM/m^2 (insgesamt 3,35 Mio. DM für 2 000 m^2)
– Hildesheim (Technologiezentrum): ca. 1 800 DM/m^2 (insgesamt 12 Mio. DM für 6 700 m^2)
– Stuttgart/Pfaffenwald (Technologiefabrik): ca. 3 000 DM/m^2.

Die relativ starken Abweichungen der m^2-Preise erklären sich in erster Linie aus den unterschiedlichen Konzeptinhalten der vorstehenden Beispiele.

Eine Analyse der Finanzierung der Baukosten läßt die Modellhaftigkeit dieses neuen Ansatzes Technologiezentrum/-park recht deutlich erkennen: Aus den Erläuterungen zum Nachtragshaushaltsplan 1984 der Stadt Syke ist zu entnehmen, daß das Land Niedersachsen die Errichtung des Technologieparks als »Infrastrukturmaßnahme« ansah und daher das Projekt bezuschußte. Die Gesamtfinanzierung stellte sich wie folgt dar.

Grundstück   333 000,- DM
Finanzierung: Eigentum der Stadt
Baukosten   3 350 000,- DM
Finanzierung:
– Landeszuschuß   2 900 000,- DM
– 2 Bankkredite   450 000,- DM.

Wenn man in Betracht zieht, daß die Bankkredite lediglich mit einem Vorzugszins von 3% p.a. verzinst werden müssen, was eine monatliche Belastung nach der Annuitäten-Formel von rd. 2 500,- DM bei 20jähriger Laufzeit ergibt, so ist zu konstatieren, daß Rentabilitäts- und Amortisationskriterien nicht im Vordergrund stehen. Es sind die verlorenen Zuschüsse der öffentlichen Organe, die es den lokalen Initiatoren ermöglichen, zusammen mit den von ihnen gratis eingebrachten Immobilien solche Zentren zu gründen.

Die Investitionskosten für die geplanten bzw. realisierten Gründer- und Technologiezentren reichen von 150 TDM bis 18 Mio. DM. Die Gesamtkosten je Quadratmeter bei den größeren realisierten bzw. in der Planung weit fortgeschrittenen Zentren liegen um 800 DM/m², bei kleineren und älteren teilweise wesentlich höher, wie oben gezeigt. Die Mieten pro Quadratmeter gehen hinunter bis zu 2,30 DM/m², erreichen in manchen Zentren aber auch bis zu 25,– DM (Dortmund). Die Dimensionierung der Zentren reicht von bescheidenen, den regionalen Möglichkeiten angepaßten low cost-Versionen (Renovierungskosten von 150 TDM) bis zu Neubauten mit einem Aufwand von oft über 5 Mio. DM für Technologiezentren in Städten mit 60000 Einwohnern, die über keinen nennenswerten Einzugsbereich im Umland verfügen und von relativ schlechten Standortvoraussetzungen gekennzeichnet sind.

Im Technologiezentrum Hildesheim z.B. betragen die Mieten DM 3,– pro m² Betriebsraum für Unternehmensgründer. Junge Unternehmen, die schon arbeiten und Umsätze machen, starten mit 4,– DM pro m². Für Heizung müssen überschlägig 1,00 bis 1,50 DM/m² pro Monat gerechnet werden, und Stromverbrauch wird nach tatsächlichem Anfall berechnet. Nach Anfall berechnet werden auch die Telefongebühren. Der EDV-Rechner wird mit 25,– DM pro Stunde berechnet. Büroservice wird stundenweise abgerechnet und Fotokopien nach Stückzahl. Allgemeine Servicekosten für die Gemeinschaftseinrichtung werden etwa 1,– DM/m² je Monat betragen. Kalkulatorischer Grundsatz dabei ist aber, daß stets von Vollauslastung ausgegangen wird, denn sonst würden die ersten Unternehmen, die ins Zentrum kommen, für ihren Mut zum ersten Schritt bestraft.

10. Serviceangebot

Das Serviceangebot ist bei den in der Bundesrepublik realisierten und geplanten Technologiezentren sehr unterschiedlich. Grundsätzlich lassen sich die Konzeptionen danach unterscheiden,
– ob Servicefunktionen überhaupt vorgesehen sind oder nicht,
– ob sie generell in bestimmter Ausstattung »vorgehalten« werden oder
– ob sie je nach Bedarf der Zentrumsunternehmen eingerichtet bzw. auch wieder zurückgenommen werden.

Ist kein Serviceangebot vorgesehen, so beruht die Attraktivität des Zentrums allein auf den baulichen, grundstücks- und lagebedingten Vorteilen (wie z.B. beim Technologie-Park Heidelberg).

Das Serviceangebot der meisten Technologiezentren besteht aus den zentralen Gemeinschaftseinrichtungen, die bereits aus Gewerbehöfen bekannt sind, also z.B. Empfang, Telefonzentrale, Kopierer, Besprechungsräume und gegebenenfalls einer Kantine, einem unterschiedlich zugeschnittenen Dienstleistungsangebot (z.B. Sekretariat und Buchhaltung) und aus speziellen Beratungsleistungen von nebenamtlich tätigen Beratern von Kammern, Banken und technischen Beratungseinrichtungen, die von einem meist hauptamtlichen Manager vermittelt werden.

Generell ergibt sich die Gefahr der Unterauslastung und Nichtnutzung bestimmter Angebote, welche die Rentabilitätsrechnung des Zentrums beeinflussen. So haben die Erfahrungen mit Industrieparks gezeigt, daß nachfragebedingt nur wenige der dort angebotenen Serviceeinrichtungen rentabel betrieben werden können.

11. Herkunft der Zentrumsfirmen

Die Herkunft der Firmen in Technologiezentren/-parks weist meistens eine frühere industrielle Erfahrung der Gründer aus. Die vorhergehende Aktivität ist:

Industrie	58%
Dienstleistungen	14%
Hochschule	17%
andere	11%

Sehr oft wandern Firmengründer von einer ersten Firma zur nächsten und bilden das Vorbild für Mitarbeiter, die sich auch verselbständigen wollen. Somit entsteht mit der Zeit eine verästelte Wachstumsstruktur (berühmte Beispiele Silicon Valley, Cambridge).

Schon bestehende kleine und mittlere Firmen (außerhalb von Technologiezentren/-parks), die besonders innovationsfreudig sind, zeigen folgende Merkmale:

62% sind jünger als 20 Jahre

67% haben weniger als 50 Angestellte, bei

60% entscheidet der Chef oder Manager, wie und wann innoviert wird.

Der Anstoß zur Innovation kommt dabei in der Regel von der Notwendigkeit, spezifische Kundenprobleme zu lösen, oder wird im Gespräch mit Kunden, Lieferanten oder anderen Geschäftsbeziehungen ausgelöst.

Die Aktivität der Firmen in Parks ist darüber hinaus vorrangig in gewissen Segmenten konzentriert, die meist nicht stark kapitalintensiv sind. Dazu zählen:
- Software (künstliche Intelligenz)
- CAD/CAM
- Hardware (Peripherals)
- Elektronische Apparate, Instrumentation
- Medical electronics
- R&D Consulting.

Die Gebiete Biotechnologie und Materialien kommen nur schwach vor, wenn nicht Laboratorien von größeren Firmen vorhanden sind.

12. Erfolgsbedingungen

Als wesentliche Voraussetzungen und Erfolgsbedingungen eines Technologieparks lassen sich damit festhalten:
– Optimaler Standort (geeignete, flexibel nutzbare Räumlichkeiten, Nähe zu Forschungsabteilungen von technisch-naturwissenschaftlich orientierten Universitäten und Unternehmen, technologische Zuliefer-Infrastruktur, ausreichendes Arbeitskräfteangebot, angenehmes Wohnumfeld, guter verkehrlicher Anschluß)
– enge Kooperation mit Hochschulen und Forschungseinrichtungen
– Beteiligung verschiedener Träger
– flexibles Raumangebot zu günstigen Konditionen (die Trägergesellschaft sollte das Technologiezentrum an die Betreibergesellschaft so vermieten, daß für die Nutzer Kaltmieten von 8 DM/m^2 und Monat nicht überschritten werden; in Gebieten mit niedriger Marktmiete sollte der Mietpreis noch darunter liegen)
– bedarfsgerechte zentrale Service-Angebote, Gemeinschaftseinrichtungen, Beratungsleistungen (Management-, Marketing-, Finanzierungsberatung, bis hin zur Unterstützung bei der Akquisition von Aufträgen)
– geregelte und vielfältige Finanzierungsformen und -angebote
– sorgfältige Unternehmensauswahl
– aktiver, qualifizierter, industrieerfahrener Zentrumsmanager.

Es sei an dieser Stelle erwähnt, daß besonders harte Kriterien an die japanischen Technopolises angelegt werden, so u. a.:
– bei einer Metropole von mind. 200 000–300 000 Einwohnern gelegen
– mit Flughafen, von dem aus die diversen Metropolen des Landes in einem Tag erreicht werden können
– mit Technischer Universität.

Für deutsche Verhältnisse müssen diese Kriterien nicht alle erfüllt werden, zumal ein Technologiepark noch keine Technopolis darstellt.

Als Vorteile von Technologiepark-Konzepten, die den oben aufgeführten Voraussetzungen genügen, lassen sich nennen:
– effiziente Nutzung knapper Gewerbeflächen
– Rationalisierungseffekte durch Kostenreduktionen bei gemeinsamen Erschließungs- und Baumaßnahmen
– Möglichkeiten zur Befriedigung der in der Regel hohen Nachfrage nach relativ kleinen und kostengünstigen, dennoch zentral gelegenen und infrastrukturell gut erschlossenen Betriebsflächen
– Herstellung von Informationskontakten und -austauschmöglichkeiten (»Brutstättenfunktion«).

Alle Erfahrung hat jedoch gezeigt, daß – selbst bei hoher oder »Übersubventionierung« durch öffentliche Träger – Marginalbetriebe weder in Gewerbehöfen und

Handwerkerhäusern noch in Technologiefabriken und Gründerzentren langfristig zu erhalten und zu stabilisieren sind. Im allgemeinen liegen die effektiven Kosten und Preise in den entsprechenden Objekten ungefähr auf dem Niveau vergleichbarer Gewerbeflächen in der jeweiligen Stadt oder sogar darüber. Die Objekte eignen sich deshalb vorzugsweise für ökonomisch potente Betriebe, zumindest für solche, bei denen die wirtschaftlich-technischen Voraussetzungen (Produkt- und Marktchancen, Einsatzbereitschaft des Unternehmers etc.) dafür sprechen, daß der Betrieb eine positive Zukunftsentwicklung nimmt. (Nicht zuletzt deshalb behaupten böse Zungen, alle derartigen Objekte seien – sofern sie nicht privat, sondern öffentlich und mit entsprechendem finanziellen Engagement betrieben werden – eigentlich für jene gemacht, die es nicht nötig hätten, oder aber sie würden in Gefahr stehen, zu Asylen für »fußkranke« und langfristig nicht dynamische Betriebe zu werden, und damit werde das entsprechende Objekt zu einer schlechten Adresse mit Negativimage).

Von ganz besonderer Bedeutung ist die Liquiditätssicherung: Die überwiegende Mehrzahl der Jungunternehmen, die innerhalb der ersten zwei Jahre aufgeben müssen – die Quote liegt bei ca. 50% –, sind illiquid geworden. Die Hauptursachen liegen in einer nicht ausreichenden Finanzplanung und in ungeübtem und manchmal auch leichtfertigem Umgang mit Geld – Geld, das in der Regel dem Staat, Kreditinstituten oder fremden Leuten gehört. Häufig neigen Jungunternehmer dazu, mehrere technische Entwicklungen parallel in Angriff zu nehmen, ohne von Anfang an für ein rentables Produkt zu sorgen, oder sie verfallen in das andere Extrem und betreiben eine technische Monokultur. Beides kann zu schnellem Kapitalverlust führen. Hier ist das Zentrums-Management gefordert, dem Jungunternehmer beratend zur Seite zu stehen. Eine begleitende Beratung ist nicht immer möglich, notwendig ist sie aber in den meisten Fällen. Die Erfahrung zeigt im übrigen, daß Firmen, die als Spin-offs von Hochschulen gegründet werden, eine kleinere Sterberate (etwa 15%) nach 3 Jahren haben als normale Referenzfirmen (50%); dies ist dadurch bedingt, daß die Angestellten solcher Firmen das Cash-flow-Problem reduzieren können, indem sie Teilzeitjobs oder Consultingaufträge für die Hochschule oder für staatliche Förderorgane ausführen können.

13. Zusammenfassung bisheriger Erfahrungen

Die bisherigen Erfahrungen aus dem In- und Ausland zeigen, daß die Angebote in Technologieparks und -zentren keineswegs alle Firmen zufriedenstellen:
– Viele Unternehmer bzw. Firmengründer erfüllen die Anforderungen nicht (zu wenig innovationsorientiert, kommen über Startphase nicht hinaus etc.).
– Viele Gemeinschaftseinrichtungen werden abgelehnt wegen Konkurrenz- und

Geheimhaltungsproblemen (z. B. gemeinsame Buchhaltung), im übrigen entstehen Kostenzurechnungsprobleme.
- Viele Unternehmer fühlen sich durch laufende Besuche von am Technologiepark Interessierten gestört.
- Viele Zentren werden schnell und eher ohne Konzept »vollgemacht«, andere weisen eine einseitige Auswahl von Unternehmen mit mangelnder Nachbarverträglichkeit auf.
- Die Aufenthaltsdauer ist befristet auf nur 3–5 Jahre.
- Negativspiralen sind nicht auszuschließen, wenn sich Probleme bei einzelnen Unternehmen oder im Zentrum insgesamt einstellen (Imageverluste).

Diesen Hemmfaktoren kann durch eine entsprechende Gestaltung des Zentrums begegnet werden.

Selbst unter Einhaltung aller genannten Bedingungen sind Technologiezentren und -parks aber nur dann erforderlich, wenn für die dort entwickelten neuen innovativen Produkte die Nähe zum Markt gegeben ist. Entscheidend für den Erfolg eines Technologiezentrums/-parks ist deshalb die Auswahl der Unternehmen, die in dem Zentrum/Park angesiedelt werden. Dazu werden Fachleute benötigt, die eine zuverlässige Einschätzung über die wirtschaftlichen Aussichten des Produktes, die technische und wirtschaftliche Realisierbarkeit des Unternehmenskonzepts und die Eignung des Unternehmers abgeben können.

Unter Beachtung dieser verschiedenen Gesichtspunkte, d. h. bei einem ausgesuchten und professionellen Managementansatz, können auch Technologiezentren/-parks überaus interessante Objekte auf dem Immobilienmarkt sein.

Literaturverzeichnis

Basler Handelskammer (Hrsg.):
Technologiepark im Wirtschaftsraum Basel – überflüssig oder notwendig? In: Schriftenreihe der Basler Handelskammer Nr. 13, Basel 1987.

Beck, W.:
Technologie- und Gründerzentren – Variante der zentrenorientierten Innovationsförderung sowie der technologieorientierten Unternehmungsgründung. In: Bremer Zeitschrift für Wirtschaftspolitik, 8. Jahrgang (1985), Heft 2, Seite 66ff.

Bullinger, D.:
Gewerbehöfe, Handwerkerhäuser, Technologiefabriken, Gründerzentren. In: Falk B. (Hrsg.): Immobilien-Handbuch – Wirtschaft, Recht, Bewertung, Stuttgart etc. 1985.

Deutscher Städte- und Gemeindebund (Hrsg.):
Sonderheft Kommunale Technologieförderung. In: Städte- und Gemeindebund, 39. Jahrgang (1984), Nr. 8, Seite 363 ff (diverse Autoren)

Eisbach, J.:
Gründer- und Technologiezentren – Sackgassen kommunaler Wirtschaftsförderung. In: PIW-Studien Nr. 1, Bremen 1985.

Hahne, U.:
Technologieparks – Orientierungshilfe zur Gestaltung. In: Schriftenreihe des DIHT Nr. 222, Bonn 1985.

Henckel, D.:
Gewerbehöfe – Organisation und Finanzierung, Berlin 1981 (DIFU-Materialien).

Nimmer, H.:
Konzept für ein Bremer Innovations- und Technologiezentrum (BITZ). In: Bremer Zeitschrift für Wirtschaftspolitik, 7. Jahrgang (1984), Heft 2/3, Seite 5 ff.

Presse- und Informationsamt der Bundesregierung (Hrsg.):
Technologieparks in der Bundesrepublik Deutschland. In: Aktuelle Beiträge zur Wirtschafts- und Finanzpolitik, Nr. 34, Bonn 1985.

WOLFGANG FROELICH

Freizeitimmobilien

Inhalt

1.	Freizeitmarkt	129
1.1	Wachstumsmarkt	129
1.2	Die tragenden Säulen	129
1.2.1	Weniger Arbeitszeit und mehr Pensionäre	129
1.2.2	Selbstverwirklichung	129
1.2.3	Finanzielle Mittel	130
1.3	Weg in die Freizeitgesellschaft	130
2.	Freizeitimmobilien	131
2.1	Abgrenzungsprobleme	131
2.2	Grundsätze für die Beurteilung von Freizeitimmobilien	131
2.2.1	Unternehmerisches Denken	131
2.2.2	Lage, Lage, Lage	132
2.2.3	Solides Eigentum bevorzugen	132
2.2.4	Modeartikel oder Dauerbrenner	132
2.2.5	Skepsis bei Umsatzerwartungen	132
2.2.6	Rückstellungen zur Verbesserung der Attraktivität	133
2.2.7	Eigenkapital einsetzen	133
2.2.8	Return-on-Investment	133
2.2.9	Professionelles Management	134
2.2.10	Im Zweifel: Finger weg	134
2.3	Finanzierungsformen	134
3.	Ausgewählte Beispiele von Freizeitimmobilien	134
3.1	Management kontra Vereinsmentalität	134
3.2	Tennishallen	135
3.3	Squashanlage	136
3.4	Multifunktionale Freizeitanlage	138
3.5	Spaßbäder	139
3.6	Freizeitparks	139
4.	Entwicklungstendenzen	140
4.1	Freizeiteinrichtungen in Handelsimmobilien	140
4.2	Freizeiteinrichtungen für sportliche Aktivitäten	141
4.3	Freizeiteinrichtungen für Gesellschaft/Entspannung	141
4.4	Freizeiteinrichtungen für Urlaub/Wochenende	141
5.	Management Immobilie	142

1. Freizeitmarkt

1.1 Wachstumsmarkt

Der Freizeitmarkt wird in den 90er Jahren einer der wichtigsten Wachstumsbereiche sein. Nach Schätzungen des Instituts für Freizeitwirtschaft beliefen sich die Ausgaben der privaten Haushalte für Freizeitaktivitäten Mitte der 80er Jahre auf etwa 230 Mrd. DM, d. s. 22 % des privaten Verbrauchs. Nach Schätzungen des Instituts dürfte der private Freizeitkonsum etwa eineinhalbmal so schnell steigen wie der private Verbrauch insgesamt. Bei einer zu erwartenden Zunahme des privaten Verbrauchs von knapp 3 % p. a. dürfte sich der Freizeitkonsum Mitte der 90er Jahre daher auf rd. 340 Mrd. DM – in Preisen von 1988 – belaufen.

1.2 Die tragenden Säulen

Der Freizeitmarkt steht auf 3 entscheidenden Säulen:

1.2.1 Weniger Arbeitszeit und mehr Pensionäre

Zunehmende Freizeit resultiert aus der Reduzierung der Arbeitszeit und dem steigenden Anteil der Pensionäre an der Bevölkerung.

Von durchschnittlich 700 000 Lebensstunden werden nur noch 85 000 für Arbeit/Einkommenserzielung benötigt. Arbeitete man vor 30 bis 40 Jahren noch 6 Tage und 48 Wochenstunden bei 86 freien Tagen, sind es heute vielfach nur noch 5 Tage mit in der Regel 38 Wochenstunden und 165 freien Tagen.

Vor einem Jahrhundert waren nur rd. 5 % der Bevölkerung älter als 60 Jahre – und fühlten sich auch so –; heute sind es 20 %. In 30 Jahren sollen es sogar 30–35 % sein.

1.2.2 Selbstverwirklichung

Selbstverwirklichung verlagert sich stärker vom beruflichen in den persönlichen Bereich.

Aus einer Umfrage des Hamburger Forschungsinstitutes ergibt sich, daß die Befragten durch Freizeitaktivitäten ihrem Leben einen neuen Sinn geben wollen.

Jeder zweite möchte sich intensiver seinen Hobbies widmen, fast die Hälfte will mehr reisen, und fast ein Drittel will sich stärker sportlich betätigen.

1.2.3 Finanzielle Mittel

Für die Freizeit stehen immer mehr finanzielle Mittel zur Verfügung.

Das Einkommen pro Kopf der Bevölkerung hat sich in den letzten 40 Jahren versechsfacht. Das private Geldvermögen in Höhe von rd. 2,6 Billionen DM wächst jährlich um 200 Milliarden DM. Erbvorgänge machen dieses Vermögen »locker«.

1.3 Weg in die »Freizeitgesellschaft«

Der Freizeitmarkt entwickelt sich damit zu einem Geschäftsfeld von beachtlicher Größenordnung. Das Verhältnis von Arbeit und Freizeit hat sich immer mehr zugunsten der Freizeit verschoben: wir befinden uns auf dem Weg in die »Freizeitgesellschaft«. Das beweisen unter anderem auch folgende Zahlen:

Jährliche Ausgaben eines 4-Personen-Arbeitnehmerhaushaltes mit mittlerem Einkommen für

	1965	1975	1985	1988
Freizeit	890	3400	4000	4500
Urlaub	280	1000	1600	1850

In den Zahlen des Statistischen Bundesamtes wird der Freizeitmarkt unter »Bildung/Unterhaltung« geführt. Ein gesonderter Ausweis erfolgt infolge von Abgrenzungsproblemen nicht.

Zu den fünf wichtigsten Freizeitbereichen gehören Medienkonsum, hauswirtschaftliche Freizeit, Hobbies, Sport und Tourismus. Immobilien werden vornehmlich für die beiden letztgenannten Bereiche benötigt.

Die *traditionellen Freizeitangebote* mobilisieren jährlich Gäste in unterschiedlichem Umfang:

Freizeitparks	15 Mio
zoologische/botanische Gärten	30 Mio
Museen	52 Mio
Kinos	130 Mio
Volksfeste	160 Mio
Bäder	288 Mio

2. Freizeitimmobilien

2.1 Abgrenzungsprobleme

Neben diesen traditionellen Freizeitangeboten kommen immer mehr neue immobilienbezogene Freizeitangebote auf den Markt und erfordern Beurteilung und Bewertung als Grundlage langfristiger Finanzierungen.

Die Bandbreite dieser Immobilien reicht von Tennis-/Squashanlagen über »multifunktionale Freizeitanlagen«, Golfprojekte bis zu großen Freizeitparks.

Freizeitimmobilien		
Sport Fitneß Schönheit	Unterhaltung Gesellschaft Entspannung	Urlaub Abenteuer Wochenende
Tennishalle Bowlingbahn Eislaufbahn Squash/Badminton Fitneß und Body-Building Golf-/Segelanlagen Spaßbäder/Sauna Schönheitsfarm	Kino Spielhallen Billard Dining-/Countryclubs Freizeit-/Themenparks	Ferien-/Wochenendhaus Time-Sharing Erlebnis-Gastronomie Ferienclub

Die Aufstellung zeigt bereits die Abgrenzungsprobleme der Freizeitimmobilie.

Sie überlappt sowohl in den Bereich Hotel/Gastronomie als auch in den Bereich der Handelsimmobilien. Sie kann Immobilie für sich oder Teil einer Immobilie sein.

Beurteilung und Bewertung von Freizeitimmobilien erfordern spezielle Kenntnisse, die tendenziell mehr im Bereich der Unternehmensbewertung als im Bereich der Immobilienbewertung liegen. Die Immobilie ist hier nur Mittel zum Zweck und für andere Aktivitäten kaum zu gebrauchen.

2.2 Grundsätze für die Beurteilung von Freizeitimmobilien

2.2.1 Unternehmerisches Denken

Für die Beurteilung und die Bewertung von Freizeitimmobilien ist weniger Immobiliendenken als unternehmerisches Denken gefragt. Demzufolge bildet sich bereits ein neuer Berufsstand in Form von Consultants für Freizeitprojekte, die über spezielle Kenntnisse und Kennzahlen verfügen, um Konzept und Erwartungen plausibel zu machen.

Die Dienste solcher Berater sind hilfreich, zumal sehr viele Initiatoren von Freizeitimmobilien von viel zu hoch gesteckten Erwartungen ausgehen.

2.2.2 Lage, Lage, Lage

Auch wenn die »Freizeitimmobilie« als Unternehmen zu betrachten ist, gilt ein wichtiger Immobiliengrundsatz, der da lautet: »Lage, Lage, Lage.«

Gerade Freizeitprojekte sollten an Schlüsselstandorten errichtet werden, die verkehrstechnisch gut erreichbar sind und möglichst oft wahrgenommen werden. Dabei sind Standorte besonders günstig, wo bereits andere Freizeiteinrichtungen vorhanden sind.

Es gibt keinen »Gebietsschutz« für ein Immobilienkonzept. Erfolg beflügelt zur Nachahmung. Nur ein Top-Standort bietet auf Dauer die Gewähr, der Konkurrenz um eine Nasenlänge überlegen zu sein.

2.2.3 Solides Eigentum bevorzugen

Für Finanzierung und Kapitalanlage gilt, daß Eigentum den grundstückgleichen Rechten Erbbaurecht bzw. Teileigentum zu bevorzugen ist. Mit Blick auf unterschiedliche Mentalitäten und Beurteilungserfordernisse sollten solide Inlandsprojekte exotischen Auslandsprojekten vorgezogen werden.

Ein Feld besonderer Art ist hierbei das Time-Sharing, das i. d. R. zeitlich begrenzte Recht, eine Immobilie nutzen zu dürfen. Wenn im Rahmen des Time-Sharing Ladenhüter vermarktet werden, ist besondere Sorgfalt in bezug auf Objekt und Vertragspartner angebracht. Ein überzeugendes Time-Sharing-Konzept erfordert umfangreiche Serviceleistungen, die den Tausch der Nutzungsrechte und eine professionelle Immobilienverwaltung gewährleisten.

2.2.4 Modeartikel oder Dauerbrenner

Bei Freizeitobjekten handelt es sich oft um »Modeartikel«. Die Beurteilung erfordert daher ein kritisches Auseinandersetzen mit dem Produkt, um festzustellen, ob die Einrichtung auf Dauer interessant ist und eine begrenzte Anpassungsfähigkeit besteht.

2.2.5 Skepsis bei Umsatzerwartungen

Skepsis ist bei Umsatzerwartungen angebracht. Diese sollten nicht auf Phantasie, sondern möglichst auf realistischen Zahlen vergleichbarer Projekte beruhen. Eine einfache Plausibilität ist erreichbar, wenn man umrechnet, wieviele Besucher im Durchschnitt täglich die Einrichtung nutzen und welche Ausgaben getätigt werden müssen, damit die Rechnung aufgeht.

2.2.6 Rückstellungen zur Verbesserung der Attraktivität

Besondere Sorgfalt ist bei der Analyse der Investitions- und Bewirtschaftungskosten angebracht. Vor allem ist darauf zu achten, daß ausreichend Rückstellungen gebildet werden, um die Bausubstanz laufend instandzuhalten. Darüber hinaus sind aber auch Rückstellungen erforderlich, um die Attraktivität der Anlage laufend zu verbessern. Dies wird – neben ausreichenden Marketingkosten – in vielen Kalkulationen vergessen.

Das Schicksal einer Freizeitimmobilie:

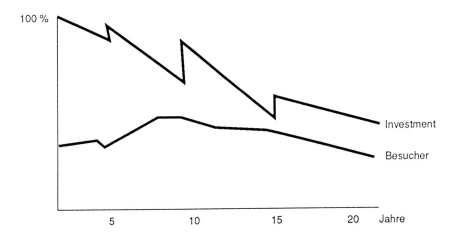

2.2.7 Eigenkapital einsetzen

Mit Blick auf die geringe Drittverwendungsfähigkeit von Freizeitimmobilien ist möglichst viel Eigenkapital einzusetzen. Finanzierer und Anleger müssen auf eine ausreichende Risikostreuung achten.

2.2.8 Return-on-Investment

Gerade Freizeitimmobilien sind kurzlebiger Art. Es ist daher darauf zu achten, daß sowohl Investment als auch Finanzierung in angemessener Zeit aus den Erträgnissen zurückgeführt wird.

Steuervorteile sind »Salz in der Suppe« – aber kein Selbstzweck.

2.2.9 Professionelles Management

Einer besonders kritischen Prüfung bedarf das Management.

Handelt es sich um Profis oder Anfänger, wie sind die Erfahrungen und die Erfolge in der Vergangenheit? Wie die Interessenlage und die Motivation?

2.2.10 Im Zweifel: Finger weg

Im Zweifel gilt: Finger weg von Finanzierung und Investment. Wenn einmal wirtschaftlich schwierigere Zeiten kommen, wird zuerst bei den Freizeitausgaben gespart.

2.3 Finanzierungsformen

Der Freizeitunternehmer, der für sich eine Freizeitimmobilie errichtet und über genügend Eigenkapital verfügt, wird i. d. R. mit einer I. Hypothek bis zu 50 bis 60 % der Gesamtkosten auskommen müssen. Weitergehende Finanzierungen werden i. d. R. auf andere Sicherheiten abgestellt.

Größere Projekte werden als geschlossene Immobilienfonds aufgelegt. Dabei wird i. d. R. ein Eigenkapitalanteil von 50 % der Gesamtkosten an Anleger plaziert.

3. Ausgewählte Beispiele von Freizeitimmobilien

3.1 Management kontra Vereinsmentalität

Lange Zeit ging der Sportler seinem Hobby fast ausschließlich in Vereinen nach. In den letzten Jahren ist es jedoch zu einer Abkehr vom traditionellen Sportverein und seinen oftmals starren Spielregeln gekommen. Individualsportarten wie Windsurfen, Drachenfliegen, Segeln, Tennis/Squash/Badminton, Jogging und Fitneß/Body-Building erfreuen sich zunehmender Beliebtheit.

Die »verpflichtende Geselligkeit« im Verein wird ersetzt durch Aktivitäten in professionell gemanagten Freizeitanlagen.

Die Ansprüche an die Immobilie sind hoch. Der Sportler will sich in angenehmer Atmosphäre bewegen – Ambiente ist wichtig.

3.2 Tennishallen

Es waren die Entwickler und Betreiber von Tennishallen, die die ersten kommerziellen Freizeitimmobilien schufen. Hier kann bereits auf fundierte Erkenntnisse zu Baugestaltung und -kosten sowie Umsätze zurückgegriffen werden.

Die Gebäudedimensionen sind durch die erforderlichen Spielfeldgrößen vorgegeben. So ergibt sich pro Spielfeld eine notwendige Hallenfläche von 620 bis 650 qm.

Die Herstellungskosten der Halle liegen – je nach Ausführung und Ausstattung – bei 280 bis 360 TDM pro Spielfeld. Daneben sind die Kosten für angebaute Umkleide-/Gaststättenräume gesondert zu veranschlagen. Werden neben den Hallenplätzen noch Freiplätze angelegt, sind für Drainage, Befestigung und Belag einschl. Einfriedigung und Beleuchtung rd. 50 bis 75 TDM pro Platz zu veranschlagen. In diesen Zahlen sind Grundstückskosten nicht enthalten. Sie beziehen sich im übrigen auf Erkenntnisse der Jahre 1985 bis 1988.

Die Belegung hängt von der Höhe der Gebühren, Standort-/Konkurrenzsituation und Geschäftspolitik ab. Nicht zu vergessen: auch von der Qualität des Managements und dessen Marketingaktivitäten.

Für die Wintersaison werden i. d. R. 7 Monate und eine tägliche Öffnung von 14 bis 16 Stunden angesetzt. Damit ist im allgemeinen eine Hallenbelegung von 60 bis 80 % zu erreichen. Je nach Tageszeit werden Gebühren von 15,– bis 25,– DM je Platz erhoben.

In der Sommersaison liegt die Auslastung etwa 2/3 und die Erlöse etwa 50 % niedriger.

Dies entspricht in etwa einem Jahresumsatz von 50 000,– DM je Hallenplatz +/−20 %.

Hinzuzurechnen sind im Einzelfall noch Umsätze aus Freiplätzen, Gastronomie u. a. Aktivitäten (z. B. Tennisshop/Automaten).

Von den Umsätzen des Tennisbetriebs sind Betriebskosten für Instandhaltung, Verwaltung/Management und Marketing, Heizungs-/Strom-/Wasser-/Kanalkosten abzusetzen. Diese liegen erfahrungsgemäß zwischen 30 und 40 %. Es handelt sich insoweit um die Kosten des Unternehmens. Für die Bewertung und die Ermittlung des Kapitaldienstes sind weitere Bewirtschaftungskosten abzusetzen; ohne AfA liegen diese zwischen 12,5 und 17,5 % des obigen Betriebsergebnisses.

Für einen durchschnittlichen Hallenplatz ergibt sich somit bei gut geführten Anlagen folgende Rechnung:

Bauinvestition ohne Grundstück und Nebenanlagen	320 000,– DM
Spielumsatz pro Hallenplatz:	50 000,– DM
./. Betriebskosten 35 %	17 500,– DM
Betriebsergebnis	32 500,– DM
d. s. rd. 4,25 DM/qm Hallenfläche	
./. Immobilienkosten 15 %	4 875,– DM
Netto-Ertrag	27 625,– DM
Bei einer Annuität von 12 % läßt sich hieraus der Kapitaldienst für bedienen.	230 000,– DM
Ohne das Grundstück zu berücksichtigen, ergibt sich aus dem Netto-Ertrag bei einer Verzinsung mit 6,5 % auf eine Nutzungsdauer von 25 Jahre ein Ertragswert von	337 000,– DM

Für Tennis gibt es ein ausreichendes Spielerpotential. Allerdings ist auch hier die Frage zu stellen, welche Hallenkapazitäten am Markt vorhanden sind und ob eine zusätzliche Halle noch existenzfähig sein kann.

3.3 Squashanlage

Die Frage nach einem ausreichenden Nachfragerpotential stellt sich insbesondere bei Sportarten, die nicht allzusehr verbreitet sind und die einen besonderen körperlichen Einsatz erfordern. Dies ist insbesondere bei Squash der Fall.

Nach einer Statistik des Deutschen Squashverbandes gab es 1987 in der Bundesrepublik ca. 1,6 Millionen Squashspieler, von denen nur rd. 32 000 in Vereinen organisiert waren. Squash wird vor allem von jüngeren Menschen betrieben. Demzufolge konzentriert sich diese Sportart vor allem auf Ballungsgebiete bzw. Universitätsstädte.

Während man sich bei Tennishallen noch eine anderweitige Nutzung der Immobilie vorstellen kann, ist dies bei Squashanlagen kaum der Fall. Um so mehr muß geprüft werden, ob das Objekt auf längere Zeit auf Nachfrage trifft.

Dies setzt voraus, daß die Sportstrukturen und die Entwicklung bekannt sind. Eine gute Hilfe bieten hierbei die einschlägigen Verbände, die mit Zahlen und Informationen gern zur Verfügung stehen.

Es handelt sich jedoch meist um Globalzahlen, die einer sorgfältigen Analyse bedürfen, wenn man sie für einen bestimmten Standort anwendet.

Dies soll das folgende *Beispiel* verdeutlichen:

In einer Stadt mit einem Einzugsbereich von 55 000 Einwohnern und einer Fachhochschule mit 4 200 Studenten wird eine kombinierte Squash-/Badmintonanlage gebaut; daneben sind Fitneßräume sowie eine Gaststätte und ein Sportshop vorgesehen.

Gesamtkosten:	
Grundstück 4300 qm × 125,–/qm	537,5 TDM
Bau-/Baunebenkosten und Inventar 15000 cbm × 250,–/cbm	3750,0 TDM
Plazierung/Dienstleistung	712,5 TDM
	5000,0 TDM
Finanzierung:	
Fremdkapital	3000,0 TDM
Zu plazierendes Eigenkapital an 50 Gesellschafter	2000,0 TDM
	5000,0 TDM
Durchschnittliche Umsatzerwartungen:	
8 Squashkabinen	
6 Std. tgl. × 20,– DM/Std.	960,– DM
6 Badmintonplätze	
6 Std. tgl. × 18,– DM/Std.	648,– DM
Gaststätte/Shop	
55 Personen × 10,– DM/tgl.	550,– DM
Fitneß/Sauna	
80 Personen × 8,– DM/tgl.	640,– DM
	2798,– DM
Jahresumsatz an 300 Tagen	839400,– DM
Die Anleger erhalten eine Pacht von 35 %	293790,– DM
Für Gebäudeeinstandhaltung, Verwaltung und nicht umlegbare Kosten sind zu veranschlagen pauschal 15 %	44070,– DM
Nettoergebnis	249720,– DM

Wirtschaftlichkeit:	Liquiditätsrechnung	Steuerrechnung
Einnahmen pro Anleger (ohne MWSt)	5875,–	5875,–
./. Zinsen FK 7 %	4200,–	4200,–
Tilgung 3 %	1800,–	
./. lineare AfA 4 %		
Basis: 4000 TDM	–	3200,–
./. nicht umlagefähige Kosten	880,–	880,–
	–1005,–	–2405,–
Steuervorteil bei 50 % Progression	+1205,–	
Überschuß		
– einschl. Tilgung	+ 200,–	
– ohne Tilgung	+2000,–	

Das Ergebnis ist – auch unter steuerlichen Aspekten – nicht besonders günstig, wenn man bedenkt, daß die Tilgung der wirtschaftlich gebotenen AfA entspricht. Eine Eigenkapitalverzinsung ist erst erreichbar, wenn die Umsätze gesteigert werden können.

Die Risiken überwiegen die Chancen.

Das soll die folgende Überlegung verdeutlichen:

Altersschichtung der Bevölkerung:

	Anzahl des Squashspielerpotentials	
	%	absolut
Einwohner insgesamt: 55 000		
15–17 Jahre 4,3 % = 2 365 EW	6	142
18–34 Jahre 28,0 % = 15 400 EW*	8	1 232
35–55 Jahre 26,0 % = 14 300 EW	3	429
* Fachhochschule 4 200 Studenten		1 803

Auf der Basis repräsentativer Erhebungen betreiben die 1 803 Squashspieler ihren Sport

			Spiele p. a.
intensiv	1 × pro Woche	25 %	22 538
Ausgleich	2 × pro Monat	40 %	18 030
gelegentlich	1 × in 2 Monaten	35 %	3 786
			44 354
Da 2 Personen pro Spiel erforderlich sind, somit Spiele pro Jahr			22 177
			22 177

Kapazität der Squashanlage:
8 Kabinen × 16 Std. tgl. × 300 Tage   38 400

Das Ergebnis zeigt, daß im günstigsten Fall aufgrund des Marktpotentials die Squashkapazitäten zu 58 % belegt werden könnten. Wenn aber noch andere Spielmöglichkeiten schon bestehen oder später entstehen werden, bestehen Risiken. Die obige Kalkulation geht daher nur von einer Auslastung von 38 % aus.

3.4 Multifunktionale Freizeitanlage

Das obige Beispiel war bereits eine multifunktionale Freizeitanlage, die unterschiedliche Freizeitaktivitäten unter einem Dach vereinigt. Hier wurde nur die Sparte Squash untersucht. Auch die anderen Angebote bedürften einer intensiven Prüfung und der Überlegung, ob genügend Nachfrage am Platz vorhanden ist. Dabei muß auch darüber nachgedacht werden, welche Freizeitaktivitäten räumlich zueinander passen und welche nicht.

Mittelpunkt einer solchen Anlage ist meist eine Gaststätte, auf die ein erheblicher Umsatzanteil entfällt. Hier ist eine besonders kritische Prüfung angebracht, ob die Erwartungen mit Blick auf Konkurrenz, Standort und Ambiente aufgehen.

Die Entscheidung, ob eine solche Anlage finanziert wird oder ob man hier sein Geld anlegen sollte, ist oft nicht einfach. Es gibt Ansätze erfolgreicher Entwicklungen. Es fehlt aber noch die Erfahrung, ob Konzept und Attraktivität über einen längeren Zeitraum funktionieren.

3.5 Spaßbäder

Es gibt bereits gut funktionierende Spaßbäder, die ihr Profil im Markt gefunden haben und deren jährliche Besucherzahl die Millionengrenze erreicht. Es gibt aber auch Flops und Pleiten in diesem Marktsegment.

Ein kurzes *Beispiel* soll diesen Problembereich verdeutlichen:

Investitionen:	50,0 Mio. DM
Umsatzerwartung:	
500 000 Besucher × i. D. 30,– DM	15,0 Mio. DM
Laufende Kosten:	
Betrieb	5,0 Mio. DM
Objekt	2,5 Mio. DM
Erlös:	7,5 Mio. DM
davon für Kapitalrückführung in 20 Jahren	2,5 Mio. DM
Verzinsung der Investition	5,0 Mio. DM
	= 10 %

Die Rechnung sieht vielversprechend aus. Aber folgendes ist zu bedenken:
– Das Spaßbad muß 20 Jahre attraktiv bleiben, um die erforderlichen Besucher anzuziehen.
– Was ist, wenn ein neues/noch besseres Angebot auf den Markt kommt?
– Was ist, wenn die Energiekosten steigen und es handelt sich nicht um ein Thermalbad?
– Reichen die Rückstellungen aus, um die Einrichtung ordnungsgemäß instandzuhalten und die Attraktivität durch geeignete Maßnahmen zu verbessern?
– Ist die Qualifikation des Managements gewährleistet?

Es wird auch hier nicht einfach sein, im Einzelfall eine Entscheidung für Finanzierung und Investment zu finden.

In den Niederlanden bestehen sog. »Centerparks«, wo unter einem riesigen Glasdach eine südseeähnliche Badelandschaft mit Animation in Verbindung mit Übernachtungsmöglichkeiten angeboten wird. Diese Einrichtungen erfreuen sich z. Z. großer Beliebtheit. Es laufen daher z. Z. Projekte, diese Idee in die Bundesrepublik zu importieren.

3.6 Freizeitparks

Es gibt bereits gut geführte Freizeitparks mit vielfältigen Aktivitäten, die Jahr für Jahr eine steigende Besucherzahl anziehen.

Der größte europäische Freizeitpark entsteht derzeit als Walt-Disney-Projekt östlich von Paris. Die Größenordnung dieses Freizeitprojektes ist faszinierend:
– Investitionen des 1. Bauabschnittes über 4 Mrd. DM, davon 1,35 Mrd. DM vom französischen Staat.

- Die Gesamtinvestitionen in der Region einschl. Infrastruktur/Verkehrserschließung werden auf rd. 16 Mrd. DM veranschlagt. Das ist etwa 1 Mrd. DM mehr als die veranschlagten Kosten des Kanaltunnels, der Großbritannien und Frankreich verbinden soll.
- Neben einem »Magic Kingdom« – wie es u. a. in Florida zu bewundern ist – werden etwa 5200 Hotelzimmer sowie weitere Einkaufs- und Unterhaltungsanlagen errichtet. Für die Realisierung des Projektes wurde eine Fläche von fast 2000 ha bereitgestellt.
- Der französische Staat fördert durch vielfältige Maßnahmen dieses Projekt. Angefangen von der günstigen Bereitstellung der Flächen, über zinsgünstige Anleihen und kurze Abschreibungszeiträume bis hin zu besonderen Tarifverträgen für die rd. 12000 Arbeitskräfte.
- Diese umfangreichen staatlichen Förderungen in Verbindung mit guten Standortvoraussetzungen waren entscheidend, daß Paris vor Barcelona den Zuschlag erhielt.

Die obigen Ausführungen zeigen eindrucksvoll, welche Investitionen wagemutige Unternehmer im Freizeitmarkt tätigen. Schon im 1. Betriebsjahr 1992 werden 11 Millionen Besucher erwartet, so daß erst gar keine Anfangsverluste entstehen.

Man muß sich vorstellen, wie viele Menschen sich Tag für Tag in Bewegung setzen müssen, damit dieses ehrgeizige Ziel erreicht wird. Welche Beförderungskapazitäten und Parkplätze verfügbar sein müssen, um einen Spitzenansturm von 100000 Besuchern an guten Tagen zu bewältigen.

Hier wird nicht mehr in engen Marktgebieten gedacht, sondern in europäischen Dimensionen, wo im Umkreis von 4 Autostunden in mehreren Ländern rd. 41 Millionen Menschen leben, die mehr Freizeit haben als die in dieser Beziehung erprobten Amerikaner.

Das Beispiel zeigt aber auch, welchen Stellenwert Freizeiteinrichtungen für die regionale Wirtschaftsförderung haben können.

4. Entwicklungstendenzen

4.1 Freizeiteinrichtungen in Handelsimmobilien

In vielen neu konzipierten Groß-Einkaufszentren erfüllen Freizeiteinrichtungen Magnetfunktionen. Auch die »Erlebnisgastronomie« berührt den Freizeitbereich. Waren früher Sport- und Freizeitartikel in Kaufhäusern »irgendwo im 4. Stock« untergebracht, werden diese Verkaufsflächen heute an strategische Punkte verlegt.

Das berühmte Einkaufszentrum in Edmonton/Kanada verfügt über rd. 350000 qm Handels-, 37 000 qm Dienstleistungs- und 93 000 qm Freizeitfläche. Im Ruhrgebiet wird z. Z. geprüft, ob dort ein ähnliches Projekt realisiert werden kann.

4.2 Freizeiteinrichtungen für sportliche Aktivitäten

Dieser Bereich der Freizeitimmobilie wurde bereits im Rahmen der Beispiele behandelt. Die Bandbreite der Freizeitimmobilien reicht hier von der Tennisanlage über Einrichtungen für bestimmte Sportarten (z. B. Squash, Badminton, Eislauf, Kegeln etc.) bis zu multifunktionalen Freizeiteinrichtungen, Golf- und Countryclubs und Spaßbäder, um nur einige zu nennen. Gerade der Golfsport entwickelt sich z. Z. sehr dynamisch, so daß in den nächsten Jahren viele Golfprojekte entwickelt werden. Wenn man bedenkt, daß ein gut angelegter 18-Loch-Platz auf Eigentumsbasis mit Clubhaus und Ausstattung rd. 6 Mio. DM erfordert und etwa 600 aktive Golfer verkraftet, ist ein Nachfragerpotential gesucht, das als »Eintrittsgeld« in diese Sportart mindestens 10 000,– DM bezahlen kann.

Großunternehmen überlegen ernsthaft, ob sie ihre Top-Kunden in ihre Freizeit »verfolgen« sollen, um sich hier von ihrer schönsten Seite zu zeigen. Erste Ansätze für anspruchsvolle Projekte – meist in Form von Golfclubs – sind sichtbar. Es muß sich zeigen, ob dieses »Marketingkonzept« aufgeht und die Einrichtungen professionell entwickelt und betrieben werden.

4.3 Freizeiteinrichtungen für Gesellschaft / Entspannung

Dieses Feld wird i. d. R. weniger durch Immobilien als durch Räumlichkeiten innerhalb unterschiedlicher Gebäude abgedeckt. Auch häusliche Einrichtungen für die Ausübung von Hobbies können im weitesten Sinn unter die Überschrift Freizeit gefaßt werden. Die Entwicklung ist dynamisch.

4.4 Freizeiteinrichtungen für Urlaub / Wochenende

Dieser Bereich umfaßt das Wochenend-/Ferienhaus in Form von Eigentum oder Time-Sharing. Hier berührt der Freizeitmarkt den Hotelmarkt. Sichtbarer Ausdruck bei vielen Hotelprojekten: zunehmender Raumbedarf für Freizeiteinrichtungen.

5. Management Immobilie

Die Freizeitimmobilie funktioniert nicht aus sich heraus, sondern erst im Rahmen eines Unternehmenskonzeptes mit einem versierten Freizeitunternehmer.

Weder Immobilie noch Konzept genießen allerdings Patentrechte. Wer in Freizeitimmobilien investiert, muß die sich durch das Wachstum des Freizeitmarktes bietenden Chancen ebenso eingehend prüfen wie das Management.

KLAUS BURG
Private Kliniken als Gewerbe-Immobilien

Inhalt

1.	Themenstellung	145
1.1	Das Unterscheidungskriterium der Trägerschaft	145
1.2	Krankenhausbezogene Bestimmungen des Gesundheits-Reformgesetzes (GRG)	146
1.3	Mögliche Auswirkungen des neuen Rentenreformgesetzes auf die krankenhausmäßige Rehabilitation	149
1.4	Entwicklung der Krankenhaus-Typen	151
2.	Voraussetzungen für Privatkrankenanstalten	153
2.1	Gewerberechtliche Erlaubnis	153
2.2	Spezielle bauliche Anforderungen	155
3.	Das Steuerrecht privater Krankenanstalten	156
3.1	Die Voraussetzungen nach § 67 AO	156
3.2	Die einzelnen Steuerarten	158
3.2.1	Einkommensteuer	158
3.2.2	Gewerbesteuer	160
3.2.3	Umsatzsteuer	161
3.2.4	Vermögensteuer	162
3.2.5	Grundsteuer	163
3.2.6	Erbschaft- und Schenkungsteuer	164
3.2.7	Grunderwerbsteuer	165
4.	Klinik-Immobilien, die unter die Förderungsbedingungen des Krankenhausfinanzierungsgesetzes fallen	165
5.	Gewerbliche Klinik-Immobilien	168
6.	Privatkrankenanstalten als geschlossene Immobilien-Fonds	173
7.	Prüfungskriterien für Privatkrankenanstalten	177
7.1	Gesamtkonzeption	177
7.2	Finanzielle Prüfungen	178
7.3	Ausstattungs- und Einrichtungsprüfungen	178
7.4	Betriebsführung	179
8.	Weitere Entwicklung	180

1. Themenstellung

Krankenhäuser werden im allgemeinen Sprachgebrauch als Einrichtungen des Gesundheitswesens zur stationären Aufnahme, Untersuchung, Überwachung und Behandlung erkrankter Personen – meist in speziellen Fachabteilungen und unter ärztlicher Leitung eines Chefarztes – verstanden. Diese Beschreibung enthält jedoch keine Aussagen über mögliche Betriebsformen, Arten der Trägerschaft bzw. Finanzierungsvarianten. Nachfolgend soll – den Möglichkeiten eines Handbuches gewerblicher Immobilien entsprechend – der Versuch unternommen werden, in geraffter Form eine Darstellung gewerblicher Klinik-Immobilien zu bringen.

1.1 Das Unterscheidungskriterium der Trägerschaft

Unterscheidet man Krankenhäuser nach dem Kriterium der Trägerschaft, so lassen sich drei Kategorien herausarbeiten. Da sind zunächst die öffentlich-rechtlichen Anstalten. Hierunter sind solche zu verstehen, deren Träger dem öffentlichen Recht, dem Bund, den Ländern, Kreisen, Kommunen, den Stiftungen, öffentlichen Krankenkassen, Berufsgenossenschaften oder Rentenversicherungen usw. zuzuordnen sind.

Daneben gibt es die Gruppe der frei-gemeinnützigen, wohltätigen oder wissenschaftlichen Zwecken dienenden Krankenhäuser. Hierunter fallen die Krankenhäuser von Trägern der freien oder kirchlichen Wohlfahrtspflege wie der kirchlichen Orden, Kongregationen, Stiftungen usw. Beide Gruppen werden – von Ausnahmen abgesehen – in aller Regel nicht gewerbsmäßig, d. h. mit Gewinnerzielungsabsicht, betrieben.

Zur dritten Kategorie gehören nun die Anstalten privater Träger, die »Privatkrankenanstalten«. Dabei steht der Begriff »Privatkrankenanstalt« nach den Urteilen des OVG Münster vom 26. 5. 1983 bzw. des BVerwG vom 18. 10. 1984 für ein privat betriebenes, d. h. auf Gewinnerzielungsabsicht ausgerichtetes Krankenhaus.

Unterstellt man, daß gewerbliche Krankenhaus-Immobilien letzten Endes mit Gewinnerzielungsabsicht initiiert, geplant, realisiert und betrieben oder vermietet/verpachtet werden, so scheiden Kliniken öffentlich-rechtlicher Träger zwangsläufig oder frei-gemeinnütziger Träger in aller Regel aus der Betrachtungsrichtung, die dieses Handbuch gewerblicher Immobilien zum Ziel hat, aus, da sie nicht gewerbsmäßig betrieben werden. Gewerbliche Klinik-Immobilien sind dann ausnahmslos privater Trägerschaft. Es soll nicht verkannt werden, daß die Problemstellungen bei frei-gemeinnützigen Krankenhäusern mit denen von privaten Trägern in wichtigen Teilbereichen identisch oder ähnlich sind bzw. sein können.

Dabei umgreift die gewählte Themenstellung ein sehr komplexes Betrachtungsfeld, das von der öffentlichen Förderung privater Krankenhausträger nach dem KHG über die Voraussetzungen zur Steuerbegünstigung privater Krankenanstalten bis hin zur Darstellung von Angebotsalternativen an Klinik-Beteiligungen reicht. Die zur Verfügung stehende Seitenzahl läßt leider nur Raum für eine grundsätzliche Darstellung, was auch letztlich nur im Rahmen eines Handbuches verlangt wird. Zum weiter- und tiefergehenden Studium wird auf die angeführten Quellen hingewiesen. Es sei jedoch zugleich auch bemerkt, daß es so gut wie keine Speziallitatur gibt, so daß es durchaus lohnenswert sein könnte, sich in Zukunft einer detaillierten Darstellung zu widmen.

1.2 Krankenhausbezogene Bestimmungen des Gesundheits-Reformgesetzes (GRG)

Durch das Gesetz zur Strukturreform im Gesundheitswesen (Gesundheits-Reformgesetz-GRG) werden weite Teile der ca. 80 Jahre alten Reichsversicherungsordnung (RVO) außer Kraft gesetzt und durch das neue krankenversicherungsbezogene Sozialgesetzbuch V (SGB V), das seit dem 1.1.1989 in Kraft ist, abgelöst. Das neue SGB V ist dabei entsprechend seiner Zielrichtung in weiten Bereichen deutlich restriktiver als die alte RVO ausgelegt und führt neue Begriffsdefinitionen ein.

Bislang hat – anknüpfend an den allgemeinen Krankenhausbegriff – das »Gesetz zur wirtschaftlichen Sicherung der Krankenhäuser und zur Regelung der Krankenhauspflegesätze (Krankenhausfinanzierungsgesetz – KHG)« in der Fassung der Bekanntmachung vom 23.12.1985, gültig ab 1.1.1986, den Begriff des »Krankenhauses« definiert. Danach sind gemäß §2 Abs. 1 KHG »Krankenhäuser Einrichtungen, in denen durch ärztliche und pflegerische Hilfeleistung Krankheiten, Leiden oder Körperschäden festgestellt, geheilt oder gelindert werden sollen oder Geburtshilfe geleistet wird und in denen die zu versorgenden Personen untergebracht und verpflegt werden können.« Dem Begriff gleichzusetzen sind die Worte »Krankenanstalt« oder »Klinik«.

Die Definition des »Krankenhauses« nach §107 Abs. 1 SGB V enthält nunmehr weitere organisatorische und strukturelle Festlegungen und dient zur Abgrenzung des »Krankenhauses« von den »Vorsorge- oder Rehabilitationseinrichtungen«, die gemäß RVO-Terminologie dort »Kur- und Spezialeinrichtungen« genannt werden. Die Abgrenzungskriterien zwischen »Krankenhäusern« und »Vorsorge- oder Rehabilitationseinrichtungen« lassen sich, wie in folgender tabellarischer Darstellung aufgeführt, umreißen:

§ 107 Abs. 1 SGB V »Krankenhaus«	§ 107 Abs. 2 SGB V »Vorsorge- oder Rehabilitationseinrichtung«
Einrichtung	Einrichtung
Krankenhausbehandlung	stationäre Behandlung
Geburtshilfe	s. Art. 5 – RVO
fachlich medizinisch unter ständiger ärztlicher Leitung	fachlich medizinisch unter ständiger ärztlicher Verantwortung
jederzeit verfügbares ärztliches, Pflege-, Funktions- und medizinisch-technisches Personal	Mitwirken besonders geschulten Personals
vorwiegend ärztliche und pflegerische Hilfeleistung zur	nach ärztlichem Behandlungsplan den Gesundheitszustand des Patienten verbessern vorwiegend durch Anwendung von Hilfsmitteln...
– Erkennung von Krankheiten	Beseitigung einer 'Schwächung der Gesundheit
– Heilung von Krankheiten	Heilung einer Krankheit
– Verhütung der Verschlimmerung	Verhütung ihrer Verschlimmerung
– Linderung von Krankheitsbeschwerden	Lindern von Krankheitsbeschwerden, Sichern oder Festigen eines Behandlungserfolges, Vorbeugen oder Beseitigen einer Behinderung, Hilfe bei der Entwicklung eigener Abwehr- und Heilungskräfte, Vermeiden oder Mindern der Pflegebedürftigkeit
Unterbringungs- und Verpflegungsmöglichkeiten	Unterbringungs- und Verpflegungsmöglichkeiten

Auch diese Abgrenzung ist nach wie vor nicht eindeutig. Eine Beurteilung ist jeweils anhand des Einzelfalles vorzunehmen, bei der auch das Trägerverständnis und der Willen der Vertragsparteien (Krankenhäuser/Kassenseite) maßgeblich sein kann.

Liegt ein Krankenhaus vor, ist die Genehmigung der zuständigen Landesbehörde mit der Folge der Anwendbarkeit des Krankenhausfinanzierungsgesetzes und der Bundespflegesatzverordnung einschließlich der Planungskompetenz der Länder vorausgesetzt. Gemäß § 108 SGB V dürfen Krankenkassen Krankenhausbehandlungen nur in Hochschulkliniken, Plankrankenhäusern und Krankenhäusern, mit denen ein

Versorgungsvertrag geschlossen ist, erbringen lassen, auf keinen Fall jedoch durch Vorsorge- oder Rehabilitationseinrichtungen bzw. durch Pflegeheime. Bei den Hochschulkliniken und Plankrankenhäusern gilt die Aufnahme in den Krankenhausplan des Landes bzw. in das Hochschulverzeichnis als Abschluß des Versorgungsvertrages. Nach § 109 Abs. 2 SGB V jedoch besteht für Krankenhäuser im Sinne des SGB V kein Anspruch auf Abschluß eines Versorgungsvertrages mit den Landesverbänden der Krankenkassen. Es ist aber aus Abs. 3 zu schließen, daß die Verträge, die bislang auf der Basis des § 371 RVO abgeschlossen waren, weiterhin Gültigkeit haben. Dabei sind die Landesverbände unter Berücksichtigung der öffentlichen Interessen und der Vielfalt der Krankenhausträger gehalten, nach pflichtgemäßem Ermessen zu entscheiden, ob sie Versorgungsverträge abschließen. Abschluß- oder Ablehnungsgründe des § 109 Abs. 2 und 3 SGB V stimmen im wesentlichen mit der bisherigen Rechtslage des § 371 Abs. 2 RVO überein.

Krankenkassen dürfen ab 1.1.1989 stationäre medizinische Leistungen zur Vorsorge und Rehabilitation nur noch in den Vorsorge- und Rehabilitationseinrichtungen erbringen lassen, mit denen ein Versorgungsvertrag gem. § 111 Abs. 1 SGB V besteht. Das heißt, diese Einrichtungen werden erstmals in ein vertragliches Zulassungssystem einbezogen. Eine staatliche Planung ist nicht vorgesehen, für Vertragsabschluß oder -kündigung ist jedoch das »Benehmen« mit der zuständigen Landesbehörde herzustellen. Die Herstellung des »Benehmens« bedeutet nicht Einvernehmen. Es werden vielmehr die Vertragsparteien verpflichtet, der zuständigen Landesbehörde Gelegenheit zur Stellungnahme zu geben. Dabei gibt § 111 Abs. 3 SGB V den Vorsorge- und Rehabilitationseinrichtungen, d.h. Kur- und Fachkliniken, Sanatorien etc., die bislang Leistungen nach § 184a RVO erbracht haben, Bestandsschutz im Umfang der in den Jahren 1986 bis 1988 erbrachten Leistungen. Dabei gilt für bestehende Vorsorge- und Rehabilitationseinrichtungen der Bestandsschutz bundesweit, bis eine rechtskräftige Entscheidung über diesen oder die Kündigung vorliegt. Vorausgesetzt wird, daß die qualitativen Anforderungen des § 111 Abs. 2 SGB V erfüllt werden und in der Vergangenheit keine »akute Krankenpflege« geleistet wurde.

Der Abschluß von Versorgungsverträgen ist somit nur für Einrichtungen von Bedeutung, die ab 1989 neu auf den Markt kommen bzw. die ihr bestandsgeschütztes Leistungsangebot erweitern wollen. Versorgungsverträge begründen nur einen Status (Zulassung), sichern aber keine Belegung oder bestimmen keine Leistungsentgelte. Sie werden zwischen dem Klinikträger und allen Kranken- und Ersatzkassenverbänden des jeweiligen Bundeslandes für ihre Mitgliedskassen schriftlich abgeschlossen. Wollen auch Krankenkassen anderer Länder diese Einrichtung belegen, muß ihr Landesverband dem bestehenden Versorgungsvertrag mit Genehmigung des ersten Landesverbandes beitreten, vorausgesetzt, es besteht für die Kassenmitglieder ein Behandlungsbedarf in dieser Einrichtung. Alternativ müssen alle Kassenverbände des anderen Bundeslandes einen eigenen einheitlichen Versorgungsvertrag mit dieser Einrichtung abschließen (z. B. bei der Behandlung anderer oder weiterer Krankheitsbilder oder bei Beitritts-Ablehnung durch den originären Landesverband).

Dieses zunächst kompliziert erscheinende Vertragssystem bedeutet aber zugleich, daß der Träger einer Vorsorge- und Rehabilitationseinrichtung dann – aber auch nur dann – einen Rechtsanspruch auf Zulassung hat, wenn für sein spezielles Leistungsangebot Bedarf besteht und selbstverständlich die gesetzlichen Anforderungen (§ 111) erfüllt werden. Gleichzeitig bedingt die länderspezifische Zulassung eine deutliche Einschränkung des sprunghaften Anstiegs von Kapazitäten in Kur- und Spezialeinrichtungen. War doch das schwierige Bemühen der Länder um den Abbau von Krankenhausbetten unterlaufen worden durch unkontrollierten Zugang von Bettenkapazitäten im Kur- und Rehabilitationsbereich.

Die Vergütung für die Leistung der Vorsorge- oder Rehabilitationseinrichtung wird zwischen dem Träger dieser Einrichtung und den Krankenkassen bzw. den Sozialversicherungsträgern frei vereinbart. Das ist insbesondere für Einrichtungen von Vorteil, die einen hohen Leistungsstandard kostengünstig erbringen können. Dabei können die vereinbarten Preise für jeden Belegungsträger unterschiedlich sein. Diese Einrichtungen unterliegen nicht den Regeln der Wirtschaftlichkeitsprüfung (§ 113 SGB V), wohl aber denen der Qualitätssicherung und -prüfung gem. § 137 SGB V.

In Allgemeinkrankenhäusern ist die Einrichtung von Rehabilitationsabteilungen durch Umwidmung möglich (§ 111 Abs. 6 SGB V). Damit soll die Möglichkeit eröffnet werden, überflüssige Krankenhausabteilungen in Vorsorge- und Rehabilitationseinrichtungen umzufunktionieren. Die eigenen Einrichtungen der Renten-, Unfall- und Krankenversicherungsträger sind in das Versorgungssystem wie alle privaten und frei-gemeinnützigen einbezogen und erhalten keine Vorzugsbehandlung.

Insgesamt müssen sich die bestehenden Vorsorge- und Rehabilitationseinrichtungen im Leistungsrecht der gesetzlichen Krankenkassen (SGB V) nur auf wenige Änderungen einstellen, im Gegenteil, das doppelte Subsidiaritätsprinzip gibt ihnen im Rahmen der stationären Therapieformen Vorrang vor den i. d. R. teureren Krankenhäusern.

1.3 Mögliche Auswirkungen des neuen Rentenreformgesetzes auf die krankenhausmäßige Rehabilitation

Der Bundesarbeitsminister hat mit Stand vom 9. 11. 1988 einen »Diskussions- und Referentenentwurf eines Rentenreformgesetzes 1992« vorgelegt, in dem Vorschläge zur künftigen Regelung des Renten- und Rehabilitationsrechtes gemacht werden. Die Rehabilitation wird also in Zukunft im Umbruch begriffen sein. Die künftigen Vorschriften werden nicht mehr in der RVO, sondern im Sozialgesetzbuch VI geregelt. Wie dies im Detail aussehen wird, ist ungewiß. Es kann jedoch nach jetzigem Erkenntnisstand davon ausgegangen werden, daß der vorliegende Entwurf nicht nur die Zustimmung der gegenwärtigen Koalitionspartner, sondern auch der SPD-Bundestagsfraktion findet und somit in wesentlichen Zügen verabschiedet werden kann.

Der Entwurf behält das Versicherungsprinzip bei, d. h., die Rehabilitationsleistungen werden weiterhin als Versicherungsleistungen definiert. Von den Versicherten wird jedoch eine verstärkte aktive und inhaltliche Mitwirkung im Verhaltensbereich verlangt. Die persönlichen medizinischen Bewilligungsvoraussetzungen bleiben bestehen. Die voraussichtliche Erfolgsaussicht im Zeitpunkt der Entscheidung über die Rehabilitationsmaßnahme ist unerläßliche Bewilligungsvoraussetzung.

Nach jetzt noch gültigem Recht (§ 1236 Abs. 1a RVO) gibt es für die Bewilligung medizinischer Rehabilitationsleistungen spezielle versicherungsrechtliche Voraussetzungen. Diese sollen komplett entfallen und künftig mit denen identisch sein, die für den Bezug von Leistungen wegen geminderter Erwerbsfähigkeit (BU/EU) gelten. Dabei bleiben die bisherigen Ausschlußregelungen im wesentlichen erhalten, Änderungen soll es für Rentenbezieher geben. Für Wiederholungsheilverfahren verbleibt es nach § 12 Abs. 2 RRGE bei der Dreijahresfrist, es sei denn, daß vorzeitig Heilverfahren aus gesundheitlichen Gründen dringend notwendig sind. Insbesondere für Kur- und Spezialeinrichtungen ist es von Bedeutung, daß es gemäß § 13 Abs. 1 RRGE bei dem bisherigen Bestimmungsrecht der Rentenversicherungsträger mit all seinen Konsequenzen (Art, Dauer, Umfang, Ort, Beginn und Durchführung der Rehabilitationsmaßnahmen) verbleibt und nicht, wie z. T. gefordert, ein neues Verordnungsrecht, z. B. durch Kassenärzte, Platz greift.

Weiter ist vorgesehen, daß medizinische Leistungen zur Rehabilitation nicht »anstelle einer sonst erforderlichen Krankenhausbehandlung« durchgeführt werden sollen. Damit will der Gesetzgeber wohl einer verstärkten Klinifizierung der Kur sicherlich im Bereich der Anschlußheilbehandlungen entgegenwirken. Näheres haben die Träger der Rentenversicherung noch mit den Spitzenverbänden der Krankenkassen im Benehmen mit dem Bundesminister für Arbeit und Sozialordnung festzulegen. Wenn es auch vielleicht noch zu Erprobungs-Ausnahmefällen kommen wird, verbleibt es hinsichtlich des Leistungsortes wohl beim Inlandsprinzip. Auch in Zukunft wird der Gesetzgeber an dem ärztlichen Leistungsmonopol festhalten. Es ist jedoch bedeutsam, daß als Leistung der Rehabilitation gemäß § 15 Abs. 1 RRGE in Zukunft ausdrücklich die Gesundheitserziehung angesprochen wird »... einschließlich der Anleitung der Versicherten, eigene Abwehr- und Heilungskräfte zu entwickeln.«

Weiterhin wesentlich ist, daß in den Zuständigkeitsbereich der Rentenversicherungsträger ambulante Leistungen im Anschluß an stationäre Rehabilitationsleistungen fallen sollen. Die berufsfördernden Leistungen der §§ 16 ff. entsprechen im wesentlichen den bisher im § 1237a RVO beschriebenen Leistungen.

Insgesamt kann festgestellt werden, daß der Gesetzesentwurf keine Regelungen enthält, die eine Absicht des Gesetzgebers erkennen ließen, künftig die Anzahl der Rehabilitationsmaßnahmen zu verringern. Der vorhandene Status quo wird bei strukturellen Verschiebungen beibehalten, so daß insgesamt mit wesentlichen Ausstrahlungen auf das Verhalten der Rehabilitations-Belegungsträger nicht zu rechnen ist. Vielmehr könnten von der Bestätigung des Status quo, des gesteigerten Gesundheitsbewußtseins und der ganzheitlichen Betrachtungsweise des Gesetzgebers positive Auswirkungen auf den Kurbereich erwartet werden.

1.4 Entwicklung der Krankenhaus-Typen

Die umfassende Bedeutung privater Krankenhäuser sowie Vorsorge- und Rehabilitationseinrichtungen ist auch hinsichtlich ihres Bestandes und ihrer Neugründung nicht durch das Gesundheits-Reformgesetz oder zu erwartende Rentenreformgesetz in Frage gestellt. Sehen wir uns die neuesten Zahlenwerte des Statistischen Bundesamtes, Gesundheitswesen, Fachserie 12, Reihe 1 und 6, 1986, an. Von insgesamt 3071 in der Bundesrepublik betriebenen Krankenhäusern mit 674 384 betriebenen Betten entfallen 941 Anstalten mit 96 321 betriebenen Betten auf private Träger. Den privatwirtschaftlichen Akut-Bereich betreffen insgesamt 288 Anstalten mit 17 878 Betten, die den verschiedensten Zweckbestimmungen eher gleichgewichtig gewidmet sind. Von den verbleibenden 653 Sonderkrankenhäusern hingegen sind allein 523 Einrichtungen »Kur-Krankenhäuser«, d. h. Kurkliniken, Fachkliniken, Rehabilitationseinrichtungen und Sanatorien etc. mit 61 683 Betten.

Während, unter dem Vorbehalt, daß hier keine näheren Untersuchungen gemacht sind, jedoch vereinfachend unterstellt werden könnte, daß die Gruppe der privaten Akut-Krankenhäuser Einrichtungen gemäß § 107 Abs. 1 und die Förderbestimmungen des KHG anwendbar sind, bleibt der volkswirtschaftlich bedeutsame Sektor der Vorsorge- und Rehabilitationseinrichtungen hiervon ausgenommen. Dem Hauptbetätigungsfeld privater Krankenanstalten, dem Rehabilitations-, Vorsorge- und damit Kurbereich mit ca. 79 % der gesamten Privatbetten, stehen somit lediglich die »normalen« Steuerbegünstigungen offen. Das KHG ist dem verschlossen. Von daher erklärt sich auch, daß gerade hier vom Finanzierungs-Instrumentarium der steuerbegünstigten Beteiligungsangebote in erheblichem Umfang Gebrauch gemacht wurde.

Seit dem Beginn dieser Beteiligungs-Ära, dem Jahr 1973, hat sich die Zahl der Betten im Vorsorge- und Rehabilitationsbereich um rund 26000 erhöht. Von diesem Zuwachs entfielen 96 % auf private Träger. Diese reagieren i. d. R. schneller und flexibler auf Marktsituation, bieten zumeist einen weitaus besseren baulichen Standard an, stehen in der apparativen Ausstattung den anderen Krankenhäusern nicht mehr nach und sind von der ärztlichen Besetzung auch nicht schlechter gestellt. Diese Umstände haben wohl auch die großen Sozialversicherungs-Belegungsträger bewogen, vermehrt auf fremde Kapazitäten zurückzugreifen. Die Gesamtausgaben der

Rentenversicherungsträger für Behandlungen in »Kur- und Spezialeinrichtungen« machten 1986 einen Betrag von knapp 3,2 Mrd. DM aus (hiervon ca. 20 LVA's etc. ca. 55 %, BfA ca. 41 %). Die überragende Bedeutung der BfA, die im gleichen Jahr 162 Vertragskliniken mit knapp ca. 21 700 Betten (82,2 % der Gesamtbelegung) belegte und hierfür ca. 1,3 Mrd. DM verausgabte, ist klar ersichtlich. Von allen Kostenträgern wurden 1986 ca. 83 000 Betten in (nicht nur) Kur- und Spezialeinrichtungen in Anspruch genommen. Hiervon entfielen auf die Krankenkassen nach § 184a RVO rd. 18 500 und auf die Rentenversicherungsträger nach §§ 1237 RVO, 14 AVG und 36 RKG rd. 64 500 Betten.

Wegen der hervorragenden Bedeutung privater Krankenanstalten im Kurbereich noch einige weitere Zahlen: Den 523 privaten Kuranstalten stehen ebenfalls per 31. 12. 1986 94 frei-gemeinnützige und 142 öffentlich-rechtliche gegenüber. Wie auch die Länder Bayern und Baden-Württemberg die mit Abstand bedeutendsten Kur- und Badeländer der Bundesrepublik sind, so entfallen auch auf sie mit erheblichem Abstand die meisten privaten Kuranstalten (z. B. Bayern 168; Baden-Württemberg 152; Rheinland-Pfalz 32, Hessen 83). Den höchsten Bestand an Kuranstalten gab es 1975 mit 667 Häusern, die Kur-Rezession 1982/83 – mit Auswirkungen bis 1984 – hat die Anzahl der Kuranstalten auf 632 sinken lassen, seitdem liegen wieder steigende Werte vor.

Wie private Krankenhausträger grundsätzlich jede für einen Gewerbebetrieb zugelassene Rechtsform haben können, sind die Investitionskosten je nach Zweckbestimmung, Bettenzahl, Einrichtungsart und -qualität, Medizintechnik, Therapieabteilung etc. derart unterschiedlich, daß es, über die Gesamtpalette privater Krankenhausträger betrachtet, keine generellen Normwerte, Ober- und Untergrenzen gibt. Betrachtet man jedoch als Teilbereich die auf dem Beteiligungsmarkt angebotenen Kur- und Fachkliniken, so sollten diese aufgrund ihrer Investitionskostenstruktur, der Finanzierungsart, der optimalen Größe professioneller Betriebsformen, von Wirtschaftlichkeits- und Belegungsfragen, Fragen der Patientenpflege, des Marketings und der Personalbesetzung etc. in aller Regel eine Bettenzahl von 150 nicht unter- bzw. eine von 300 nicht überschreiten. Diese Zahlen gelten nicht für »Familienbetriebe«, die einen viel früheren Kostendeckungspunkt erreichen, wobei dann jedoch der medizinisch-technische und diagnostische Bereich in aller Regel nicht so optimal abgedeckt sein wird.

Wie es keine für jeden Fall gültige optimale Betriebsgröße für derartige Anstalten gibt, kann es auch für die durchschnittlichen Investitionskosten je Bett als Vergleichsgröße keinen allgemeingültigen Wert geben. Dieser ist vielmehr von einer Großzahl von dynamischen Faktoren abhängig, wie z. B. Grundstückssituation (Lage, Größe, Kauf, Erbbaurecht etc.), Apartment-/Bettenzahl, Einrichtung von Zimmern und Gemeinschaftsbereichen, Art und Umfang der medizinisch-technischen (mit Großgeräten) sowie der therapeutischen und freizeitgestalterischen Einrichtungen, Art der Finanzierung und der Gesamtkonzeption. Sieht man vom sicherlich auch nicht so häufigen Fall des Erwerbs einer Klinik-Immobilie zum Eigenbetrieb ab, so kommen dann im Falle der Kapitalanlage die mit dem speziellen Modell verbundenen Dienstleistungs-, Finanzierungs- und Vertriebskosten hinzu.

Bei aller Vorsicht mit den nachstehend genannten Werten dürften sich jedoch die Gesamtaufwendungen je Bett bei einem fachgerecht ausgearbeiteten Beteiligungsmodell einer modern konzipierten Klinik zwischen 150000,– DM und 200000,– DM je Bett belaufen. Andererseits schlagen sich auch höhere oder niedrigere Investitionskosten in aller Regel in höheren oder niedrigeren Pflegesätzen nieder.

Irrationale Momente, wie die mit dem Gesundheits- und Medizinbereich verbundenen Solidaritäts- und Sicherheitserwartungen sowie Inflationsmentalität und rationale Elemente wie optimale Betriebsgröße, Kapitalbedarf je investiertem Bett, Kostenstrukturen und Steuergesetzgebung haben durch die Anbieter steuerbegünstigter Kapitalanlagen dazu geführt, daß spezielle Beteiligungsmodelle für private Kurkliniken entwickelt wurden. Diese Angebote beinhalten in aller Regel selbst betriebene bzw. an eine Betreibergesellschaft vermietete/verpachtete Kur- und Fachkliniken, Sanatorien, Rehabilitationskliniken, Kurheime, Kurmittelhäuser u. a., die in verschiedensten Modellvarianten entwickelt und plaziert wurden. Dies hat wiederum auf der Betreiber- und Pächterseite zu einer nicht zu übersehenden Konzentration neuerbauter Klinikkapazitäten geführt. Dabei wurde sich im Regelfall des Instrumentariums der »Publikums-Kommanditgesellschaft« oder »Publikums-GbR« bedient.

Wesentlich anders stellen sich die Fragen und Dinge bei den Krankenhäusern dar, die nach dem KHG gefördert werden. Hier handelt es sich im wesentlichen um Akut-Krankenhäuser ohne bzw. mit abgegrenzten Fachabteilungen, Krankenhäuser für innere Krankheiten, für Infektionserkrankungen, Chirurgie, Urologie, Zahnkrankheiten sowie Psychiatrie, Neurologie, gynäkologisch-geburtshilfliche Krankenhäuser etc. Diese können in allen Rechtsformen betrieben werden. Betriebsinhaber und ärztliche Leitung fallen oft zusammen. Einen externen Käufer- oder Beteiligungsmarkt gibt es so gut wie nicht.

2. Voraussetzungen für Privatkrankenanstalten

2.1 Gewerberechtliche Erlaubnis

Unabhängig von allen baurechtlichen Auflagen bedürfen nach § 30 GewO »Unternehmer von Privatkrankenanstalten, Privatentbindungsanstalten und Privatnervenkliniken... einer Konzession der zuständigen Behörde«. Die Worte »Konzession« und »Erlaubnis« sowie die Worte »Anstalt« und »Klinik« sind identisch. Der Begriff »Privatkrankenanstalt« steht, wie oben definiert, für ein privat betriebenes Krankenhaus. Bei eben diesen privat betriebenen und somit anscheinend zwangsläufig auf Gewinnerzielungsabsicht ausgerichteten Krankenhäusern meint der Gesetzgeber, den Patienten vor Gefahren schützen zu müssen, die sich aus deren Eingliederung in die Anstaltsorganisation ergeben könnten. Da § 30 GewO nur Anwendung auf gewerbsmäßig betriebene, d. h. Privatkrankenanstalten findet, sind öffentlich-rechtliche Anstalten ebensowenig erlaubnispflichtig wie die nicht gewerbsmäßig betriebenen, sondern lediglich gemeinnützigen, wohltätigen oder wissenschaftlichen Zwecken dienenden Krankenhäuser. Diese bedürfen aber dann einer Erlaubnis, wenn sie mit mittelbarer bzw. unmittelbarer Gewinnerzielungsabsicht geführt werden.

Unternehmer im Sinne der Gewerbeordnung ist dabei derjenige, in dessen Namen und für dessen Rechnung der Betrieb geführt wird und der hinsichtlich der Leitung und Verwaltung der Klinik wesentlicher Entscheidungsträger und so mit einem selbständigen Gewerbetreibenden gleichzusetzen ist. Insofern ist für die gewerberechtliche Unternehmereigenschaft unerheblich, wer Eigentümer der Klinik ist. Zudem ist der Unternehmer zwangsläufig nicht identisch mit dem Chefarzt. Dies ist nur dann der Fall, wenn Chefarzt und Unternehmer eine Personalunion bilden. Der jeweilige Unternehmer ist hinsichtlich seiner Zuverlässigkeit in bezug auf die Leitung und Verwaltung der Anstalt zu prüfen. Er kann selbstverständlich sowohl eine natürliche als auch eine juristische Person sein. Bei Personengesellschaften ohne eigene Rechtspersönlichkeit (z. B. oHG, KG) ist eine Erlaubnis für jeden geschäftsführenden Gesellschafter auszustellen. Bei juristischen Personen wird diese grundsätzlich auf die Vertretungsberechtigten, nämlich den Vorstand der AG oder den Geschäftsführer der GmbH, ausgestellt. Zugleich ist die Erlaubnis persönlicher und sachlicher Natur. Sie ist somit an bestimmte Personen, bestimmte Räume und eine bestimmte Betriebsart gebunden. Sie ist nicht übertragbar und unterscheidet sich von der außerdem erforderlichen baurechtlichen Genehmigung.

Zusammen mit der Prüfung der Zuverlässigkeit sind die planerischen, baulichen und technischen Gegebenheiten, die Unterbringung und örtliche Lage der Anstalt, der Schutz der Patienten vor Gefahren, die sich aus deren Eingliederung in die Anstaltsorganisation ergeben könnten, zu überprüfen. Nach § 30 Abs. 1 Satz 2 ist die Erlaubnis »nur dann zu versagen«, wenn einer der in Abs. 1 Nr. 1 bis 4 aufgeführten Versagungsgründe vorliegt. Auf andere Gründe darf die Versagung der Erlaubnis nicht gestützt werden. Daraus ergibt sich, daß der Antragsteller einen Rechtsanspruch auf Erteilung der Erlaubnis hat, wenn Versagungsgründe nicht gegeben sind. Ein nachprüfungsfreier Beurteilungsspielraum der Behörden besteht somit nicht.

Kurkliniken, Sanatorien etc. bedürfen der Anerkennung i. S. des § 30 GewO (Urteil BVerwG vom 9.2.1967). Dies gilt nicht für Erholungsheime, Kosmetik- oder Fitneßzentren, Einrichtungen i. S. § 1 Heimgesetz (Altenheim, Altenwohnheim, Pflegeheim o. ä.), Dialyse-Stationen oder Wasserkuranstalten, da es an der speziellen »Gefahrensituation« stationärer Anstalten bei ambulant-orientierten Einrichtungen nach Auffassung des Gesetzgebers und auch der Rechtsprechung fehlt.

Privatkrankenanstalten benötigen für die Beherbergung der Patienten und ihrer Angehörigen keine Erlaubnis nach § 1 Abs. 1 Nr. 3, § 2 Abs. 1 GastG, solange die Beherbergung und Beköstigung von Nichtpatienten über gelegentliche Fälle nicht hinausgeht.

Vorsätzliche oder fahrlässige Verstöße gegen eine einmal erteilte Erlaubnis können mit Geldbußen bis 10000,– DM geahndet oder bei beharrlicher Wiederholung mit Freiheitsstrafe oder Geldstrafe bestraft werden. § 48 VwVfG gestattet darüber hinaus die Rücknahme eines rechtswidrigen Verwaltungsaktes.

2.2 Spezielle bauliche Anforderungen

Neben den grundsätzlichen baugenehmigungsrechtlichen Auflagen und Bedingungen, die an Privatkrankenanstalten ebenso wie an alle anderen Bauvorhaben gestellt werden, sind zumindest von den Bundesländern Nordrhein-Westfalen, Hessen und Schleswig-Holstein für den Bau und Betrieb von Krankenhäusern weitere fachliche, feuerpolizeiliche, veterinärmedizinische, hygienische, technische und bauliche Anforderungen gerichtet.

Diese Vorgaben sind von der unteren Bauaufsichtsbehörde bei der Beantragung von Baugenehmigung und Konzession zu beachten. Die nachfolgende Darstellung orientiert sich an den Hessischen »Richtlinien über Anlage, Bau, Betrieb und Einrichtungen von Krankenhäusern (Krankenhaus-Richtlinien – KHR –)«, die der Hess. Minister des Innern mit Datum vom 31.12.1986 erlassen hat. Die KHR sind dabei keine Rechtsvorschriften und haben deshalb gegenüber Dritten keine unmittelbar bindende Wirkung. Der Krankenhausbegriff der KHR ist mit dem des Krankenhausfinanzierungsgesetzes identisch.

Nach den KHR können für »Sonderkrankenhäuser« Abweichungen unter Wahrung des allgemeinen Sicherheitsstandards zugelassen werden, soweit sie aus besonderen ärztlich-pflegerischen Zielsetzungen oder wegen der besonderen Zweckbestimmung erforderlich sind. Gleiches kann für Untersuchungs- und Behandlungsbereiche ermöglicht werden. Sonderkrankenhäuser sind dabei Krankenhäuser, die nur Kranke mit bestimmten Krankheiten oder für eine meist längere Verweildauer aufnehmen, wozu auch z. B. Kurkrankenhäuser bzw. -kliniken oder Rehabilitationskrankenhäuser gehören.

Im einzelnen werden in den Hess. KHR an Anforderungen u. a. folgende Positionen geregelt:

Grundstückslage und -größe, Anordnung der Gebäude, Ver- und Entsorgung, Brandschutz-, Schallschutzmaßnahmen, Ausgestaltung von Treppenhäusern und Fluren, von Kanälen, Schächten, Wänden, Fußböden, Fenstern, Türen, Heizungs- und Lüftungsanlagen, Beleuchtungs- sowie elektrischen Anlagen, Sanitäranlagen und Anforderungen an allgemeine, an medizinisch-technische Einrichtungen, wie

z. B. Operationsräume, Laboratorien. Strahlendiagnostik und solche für Fachabteilungen (Entbindung, Kinderinfektion, Tuberkulose, Nervenkranke etc.).

Im Genehmigungsverfahren sind die örtlich zuständigen Gesundheitsbehörden, Staatliche Gewerbeaufsichtsämter, Wasserwirtschaftsämter, Feuerwehren etc. zu beteiligen.

3. Das Steuerrecht privater Krankenanstalten

3.1 Die Voraussetzungen nach § 67 AO

Privatkrankenanstalten sind gegenüber den Gestaltungsformen der öffentlich-rechtlichen bzw. frei-gemeinnützigen Krankenhausträger in aller Regel benachteiligt, da sie nicht im Krankenhausplan und Investitionsprogramm des jeweiligen Bundeslandes aufgenommen sind und somit nicht mit öffentlichen Mitteln rechnen können. Schätzungsweise sind ca. 75 % der Krankenhäuser dieser Planung unterworfen, während die restlichen ca. 25 % planungsfrei sind.

Wegen ihres erheblichen Versorgungscharakters hat der Gesetzgeber jedoch als Ausgleich steuerliche Vergünstigungen geschaffen, die für die überwiegende Mehrzahl privater Krankenhausträger von existentieller Bedeutung sind. Nur eine verschwindend kleine Anzahl von Privatanstalten wird auf die Einhaltung der Voraussetzungen der im 2. Teil 3. Abschnitt der Abgabenordnung geregelten »steuerbegünstigten Zwecke« und hier § 67 »Krankenhäuser« aus grundsätzlich-betriebswirtschaftlichen Gründen (z. B. nur Privatpatienten mit entsprechend hohen Pflegesätzen und Leistungsentgelten etc.) verzichten bzw. die einzelgesetzlichen Voraussetzungen nicht erfüllen und somit keine Steuerbegünstigung erfahren.

Ein Krankenhaus im Sinne der o. g. Definition des KHG, d. h. auch eine Anstalt/Klinik eines privaten Krankenhausträgers, ist gem. § 67 AO dann ein Betrieb, dessen Tätigkeit darauf gerichtet ist, steuerbegünstigte Zwecke zu verfolgen, wenn er in eine der beiden in § 67 AO geregelten Gruppen einzuklassifizieren ist und die hier vorgeschriebenen Bedingungen erfüllt.

In § 67 Abs. 1 AO sind die Krankenhäuser einzuordnen, die in den Anwendungsbereich der »Verordnung zur Regelung der Krankenpflegesätze« (Bundespflegesatzverordnung – BPflV) fallen. Das sind alle nach dem KHG geförderten und alle nicht geförderten Krankenhäuser mit zwei Ausnahmegruppen: Zum einen fallen nicht hierunter die nach § 3 KHG auszuschließenden Krankenhäuser des Bundes, des Straf- und Maßregelvollzugs, die Polizeikrankenhäuser und die Krankenhäuser der gesetzlichen Renten- und Unfallversicherungsträger (§ 1 Abs. (2) Nr. 1 BPflV). Ebenfalls ausgenommen sind die Krankenhäuser, die die Voraussetzungen von § 67 AO nicht erfüllen (z. B. 40 % Regel), Tuberkulosekrankenhäuser (§ 5 Abs. (1) Nr. 2,

4 KHG) und Kurkrankenhäuser sowie Kur- und Spezialeinrichtungen (§ 5 Abs. (1) Nr. 7 BPflV). Dabei ist ein der BPflV unterliegendes Krankenhaus ein Betrieb, dessen Tätigkeit darauf ausgerichtet ist, steuerbegünstigte Zwecke dann zu erfüllen, wenn mindestens 40 v.H. der jährlichen Pflegetage auf Patienten entfallen, bei denen nur der allgemeine Pflegesatz oder der besondere Pflegesatz zuzüglich gesondert berechenbarer Kosten im Sinne der BPflV berechnet wird. Diese Voraussetzung dürfte somit für die überwältigende Mehrheit der nach dem KHG geförderten Privatkrankenanstalten gegeben sein. Dabei sind schädlich für die Berechnung der 40-v.H.-Grenze die Kosten für gesondert berechenbare Wahlleistungen, zu denen in erster Linie die Behandlung durch einen bestimmten Arzt, die besondere Unterbringung in Ein- oder Zweibettzimmern, eine besondere Zimmerausstattung und eine bessere Verpflegung fallen. Unter § 67 Abs. 2 AO fallen demgegenüber die vorbezeichneten bereits genannten Krankenhäuser, die nicht in den Anwendungsbereich der BPflV fallen. Dies sind hinsichtlich des Betrachtungsgegenstandes privater Träger Krankenhäuser, die die in § 67 AO genannten Voraussetzungen nicht erfüllen, z.B. wegen Überschreitung der 40-v.H.-Grenze, Gewinnerzielungsabsicht; Tuberkulosekrankhäuser, Kurkrankenhäuser sowie Kur- und Spezialeinrichtungen.

Dabei ist ein nicht der BPflV unterliegendes Krankenhaus ein steuerbegünstigter Zweckbetrieb, wenn mindestens 40 v.H. der jährlichen Pflegetage auf Patienten entfallen, bei denen für die Krankenhausleistung kein höheres Entgelt als nach § 67 Abs. 1 AO berechnet wird. Damit sind die zahlenmäßig wichtigsten Erscheinungsformen privater Krankenanstalten, die Kurkrankenhäuser sowie die Kur- und Spezialeinrichtungen ausdrücklich bei Vorliegen aller Voraussetzungen steuerbegünstigt. Das bedeutet aber zugleich auch, daß im Gegensatz zu geförderten Häusern die zuständigen Kostenträger sowohl die Betriebs- als auch die Investitionskosten (über die im Pflegesatz enthaltenen Abschreibungen) zu übernehmen haben.

Nach § 13 ff BPflV sind die Pflegesätze dabei auf der Grundlage der Selbstkosten bei sparsamer und wirtschaftlicher Betriebsführung zu ermitteln und das berechnete Entgelt (Pflegesatz) mit den Pflegesätzen der Zweckbetriebe nach § 67 Abs. 1 AO zu vergleichen. Dabei gehören auch Abschreibungen auf Anlagegüter (nach steuerrechtlichen Vorschriften ermittelt, jedoch ohne Sonderabschreibungen) zu den Selbstkosten. Weiterhin können u.a. berücksichtigt werden: Rückstellungen zur Anpassung an die diagnostisch-therapeutische Entwicklung in Höhe eines Vomhundertsatzes der AfA; Zinsen für Fremdkapital; Zinsen für Eigenkapital (bis zur Höhe von 1 vom Hundert über dem Zinssatz für Spareinlagen mit gesetzlicher Kündigungsfrist); Nutzungsentgelte für Anlagegüter etc. Falls die Pflegesätze einer nicht der BPflV unterliegenden Krankenanstalt mit Sozialversicherungsträgern oder Krankenkassen vereinbart sind, was in aller Regel bei Kur- und Fachkliniken der Fall ist, wird damit der Nachweis als erstellt angesehen sein können, daß die vereinbarten Sätze dem Entgelt nach § 67 Abs. 1 AO entsprechen. Denn bei nicht öffentlich-geförderten Krankenhäusern dürfen nach dem KHG von Sozialleistungsträgern keine höheren Pflegesätze gefordert werden, als sie von diesen für Leistungen vergleichbarer öffentlicher Krankenhäuser oder nach dem KHG geförderter und damit unter § 67 Abs. 1 AO fallender Krankenhäuser zu entrichten sind. Wichtig ist, daß die Steuervergünstigung – anders als zuvor – nunmehr von der Erteilung einer Konzession nach § 30 GewO rechtlich unabhängig ist.

3.2 Die einzelnen Steuerarten

3.2.1 Einkommensteuer

Der Gesetzgeber hat für private Krankenhäuser in § 7 f EStG steuerliche Vergünstigungen vorgesehen: Bewertungsfreiheit für abnutzbare Wirtschaftsgüter des Anlagevermögens

»(1) Steuerpflichtige, die im Inland ein privates Krankenhaus betreiben, können unter den Voraussetzungen des Absatzes 2 bei abnutzbaren Wirtschaftsgütern des Anlagevermögens, die dem Betrieb dieses Krankenhauses dienen, im Jahr der Anschaffung oder Herstellung und in den vier folgenden Jahren Sonderabschreibungen vornehmen, und zwar
1. bei beweglichen Wirtschaftsgütern des Anlagevermögens bis zur Höhe von insgesamt 50 vom Hundert,
2. bei unbeweglichen Wirtschaftsgütern des Anlagevermögens bis zur Höhe von insgesamt 30 vom Hundert der Anschaffungs- oder Herstellungskosten.

(2) Die Abschreibungen nach Absatz 1 können nur in Anspruch genommen werden, wenn bei dem privaten Krankenhaus im Jahr der Anschaffung oder Herstellung der Wirtschaftsgüter und im Jahr der Inanspruchnahme der Abschreibungen die in § 67 Abs. 1 oder 2 der Abgabenordnung bezeichneten Voraussetzungen erfüllt sind.

(3) Die Abschreibungen nach Absatz 1 können bereits für Anzahlungen auf Anschaffungskosten und für Teilherstellungskosten in Anspruch genommen werden.«

Gefördert werden somit nur privatbetriebene im Gegensatz zu öffentlich-rechtlichen und frei-gemeinnützigen Krankenanstalten. Dabei macht es keinen Unterschied, ob der Betreiber eine natürliche oder juristische Person ist. Es kommt auch nicht darauf an, ob er Eigentümer ist oder als Mieter, Pächter oder Leasingnehmer einen Krankenhausbetrieb führt. Auch die Art der Einkunftsermittlung ist unerheblich. Zu § 7 f EStG hat die Finanzverwaltung Richtlinien erlassen, die in Abschnitt 82 EStR enthalten sind. Danach sind begünstigt Krankenhäuser im Sinne der Definition von § 2 Nr. 1 KHG.

Neben den hier nicht zur Betrachtung anstehenden Hochschulkrankenhäusern fallen unter den Krankenhausbegriff gem. Abs. 82 EStR auf jeden Fall die in den Krankenhausplan aufgenommenen sowie die Krankenhäuser, in denen »auf Grund eines

Vertrages mit einem Sozialleistungsträger oder einem sonstigen öffentlich-rechtlichen Kostenträger ausschließlich zum Zwecke stationärer oder teilstationärer medizinischer Behandlung ärztliche Leistungen, Pflege, Verpflegung, Unterkunft, Nebenleistungen... und gegebenenfalls sonstige Leistungen, z. B. nichtärztliche psychotherapeutische oder sozialtherapeutische Leistungen, soziale Betreuung und Beratung der Patienten, erbracht werden.«

Im übrigen sind die Voraussetzungen für das Vorliegen eines Krankenhauses im Einzelfall zu prüfen. Es ist eine Einrichtung dann ein Krankenhaus, wenn »die ärztliche und die pflegerische Hilfeleistung... gegenüber den zu versorgenden Personen planmäßig und regelmäßig erbracht werden«, die Einrichtung nur den Patienten und den Personen als Begleitpersonen offensteht, deren Aufnahme für einen Behandlungserfolg medizinisch notwendig oder zweckmäßig ist. Des weiteren muß mit der Aufnahme die Lebensweise den medizinisch begründeten Verhaltensregeln unterworfen sein. In der Einrichtung müssen überwiegend stationäre oder teilstationäre Leistungen erbracht werden, wobei es auf das Verhältnis der Entgelte ankommt. Zudem muß die Einrichtung zur Erbringung solcher Leistungen geeignet sein. Sie muß über qualifiziertes Personal und die notwendigen medizinisch-technischen Ausstattungen verfügen.

Unter den genannten Voraussetzungen gehören auch Krankenhäuser, die nur Kranke bestimmter Krankheitsarten und bestimmter Altersstufen aufnehmen (Fach- oder Sonderkrankenhäuser), Anstalten für unheilbar Kranke, Krankenhäuser, in denen ärztliche Hilfeleistung durch niedergelassene Ärzte erbracht wird (Belegkrankenhäuser), Heime für kranke Säuglinge, Entbindungsheime, Diagnosekliniken, Einrichtungen zur Erbringung teilstationärer Leistungen z. B. Tages-, Nacht- oder Wochenendkliniken sowie Kurkrankenhäuser zu den nach § 77 EStG begünstigten Krankenhäusern. Obwohl der Gesetzgeber von einem Kranken-»Haus« spricht, kommt es auf die Größe der Einrichtung nicht an. Nicht zu den Krankenhäusern gehören auf jeden Fall Alten- und Pflegeheime sowie Einrichtungen, in denen nur ambulante Leistungen erbracht werden, z. B. Röntgeninstitute.

Die Sonderabschreibungen können nur in Anspruch genommen werden, wenn sowohl im Jahr der Anschaffung oder Herstellung der abnutzbaren Wirtschaftsgüter als auch im Jahr der Inanspruchnahme der Sonderabschreibungen die Voraussetzungen des § 67 AO erfüllt sind. § 7f EStG fördert somit nur materielle Wirtschaftsgüter des Betriebsvermögens des jeweiligen Krankenhauses, die zudem der Abnutzbarkeit unterliegen. Grund und Boden ist von der Vergünstigung ausgeschlossen. Es spielt keine Rolle, ob die Wirtschaftsgüter neu sind oder gebraucht erworben werden. Neben den Sonderabschreibungen können Normalabschreibungen in Anspruch genommen werden, der Steuerpflichtige kann innerhalb des Begünstigungszeitraumes die Sonderabschreibungen beliebig verteilen. Sonderabschreibungen können schon für Anzahlungen und Teilherstellungskosten in Anspruch genommen werden. Fördermittel nach dem KHG mindern das Sonderabschreibungsvolumen nicht.

3.2.2 Gewerbesteuer

Ein Krankenhausträger ist gem. § 3 Nr. 20 von der Gewerbesteuer befreit, wenn er die Voraussetzungen von § 67 AO erfüllt. Der Gesetzgeber wollte mit der Gewerbesteuerbefreiung eine Gleichbehandlung aller Krankenhausträgerformen erreichen und zum anderen vermeiden, daß sich die Gewerbesteuer als Kostensteuer erhöhend auf die Selbstkosten eines Krankenhauses niederschlägt und somit im Rahmen des dualen Finanzierungssystems von den Belegungsträgern aufgebracht werden muß. Die Folge der auf den jeweiligen Erhebungszeitraum abzielenden Steuerbefreiung ist die, daß der Krankenhausträger weder einen Gewerbeertrag noch ein Gewerbekapital zu ermitteln hat und auch nicht verpflichtet ist, entsprechende Gewerbesteuererklärungen abzugeben. Dabei ist die Befreiung der Krankenhäuser vollkommen unabhängig davon, in welcher Rechtsform sie betrieben werden. Befreit ist jedoch nur stets das begünstigte Unternehmen selbst, d. h. befreit ist nur der, der das Krankenhaus betreibt. Hinsichtlich des Krankenhausbegriffes gelten die Bestimmungen des KHG.

Das Vorliegen einer Konzession ist nicht mehr erforderlich für die Gewährung der Gewerbesteuerbefreiung. Sie kann jedoch im Zweifel als Beweiszeichen dafür gewertet werden, daß ein Krankenhaus vorliegt.

Betreibt ein Arzt ein Krankenhaus, so liegt dann keine gewerbliche, sondern eine freiberufliche Tätigkeit vor, wenn die Klinik ein notwendiges Hilfsmittel für die ärztliche Tätigkeit ist und aus der Beherbergung und Verpflegung der Patienten kein besonderer Gewinn angestrebt wird. Ist der Betrieb einer Klinik durch einen Arzt jedoch gewerblich, ist die gesamte Behandlung gewerblicher Art. Wird von einem Arzt neben einer ambulanten Praxis eine Klinik betrieben, so kann die Praxistätigkeit dann als freiberufliche Tätigkeit angesehen werden, wenn die beiden Tätigkeiten nicht unabdingbar miteinander verknüpft sind.

Ein Krankenhaus, das nach § 3 Nr. 20 GewStG befreit ist, wird nicht dadurch gewerbesteuerpflichtig, daß es sich an einem anderen gewerblichen Betrieb beteiligt. Inwieweit diese Gewerbesteuerbefreiung sich dann ebenfalls auf die sog. Beteiligungsbetriebe erstrecken kann, hängt davon ab, ob sich diese am allgemeinen wirtschaftlichen Verkehr beteiligen oder ausschließlich für den Krankenhausträger tätig sind.

Bei Betriebsaufspaltung ist die Betriebsgesellschaft im Gegensatz zur Besitzgesellschaft von der Gewerbesteuer befreit.

Bei Verpachtung unterliegt der Verpächter solange nicht der Gewerbesteuer, als ein ruhender Gewerbebetrieb vorliegt und der Klinikpächter künftig im gleichen Tätigkeitsbereich tätig ist. Der Pächter selbst ist von der Gewerbesteuer befreit, sofern er die Voraussetzungen des § 67 AO erfüllt.

3.2.3 Umsatzsteuer

§ 2 Abs. (1) UStG definiert: »Unternehmer ist, wer eine gewerbliche oder berufliche Tätigkeit selbständig ausübt. Das Unternehmen umfaßt die gesamte gewerbliche oder berufliche Tätigkeit des Unternehmers. Gewerblich oder beruflich ist jede nachhaltige Tätigkeit zur Erzielung von Einnahmen, auch wenn die Absicht, Gewinn zu erzielen, fehlt...«

Somit unterliegen grundsätzlich alle Umsätze von Unternehmern, d.h. auch von privaten Krankenhausträgern, der Umsatzsteuer.

§ 4 Nr. 16 UStG befreit jedoch »die mit dem Betrieb der Krankenhäuser, Diagnosekliniken und anderen Einrichtungen ärztlicher Heilbehandlung, Diagnostik oder Befunderhebung sowie der Altenheime, Altenwohnheime und Pflegeheime eng verbundenen Umsätze...«

Dies gilt u.a. für Einrichtungen von juristischen Personen des öffentlichen Rechts oder bei Krankenhäusern, die im vorangegangenen Kalenderjahr die im § 67 Abs. 1 oder 2 der AO bezeichneten Voraussetzungen erfüllt haben oder für Diagnosekliniken bzw. Altenheime, Altenwohnheime und Pflegeheime unter im Gesetz genannten Bedingungen. Dabei muß der leistende Unternehmer zu den in § 4 Nr. 16 genannten Institutionen zählen, die eine entsprechende Tätigkeit entfalten und damit ein Krankenhaus betreiben. Krankenhaus ist dabei im Sinne von Abschnitt 96 UStR 1985 eine Einrichtung im Sinne der KHG. Hinsichtlich der Abgrenzung zu anderen Einrichtungen wird auf die Ausführungen zu Abschnitt 82 EStR verwiesen.

Bei der Umsatzsteuerbefreiung ist die Unterscheidung nach den allgemeinen und besonderen Pflegesätzen bzw. der gesonderten Berechnung von Wahlleistungen von Bedeutung. Schädlich im Sinne von § 67 Abs. 1 oder 2 AO wäre es nämlich, wenn mehr als 60% der Pflegetage auf Patienten entfallen würden, die »ärztliche Leistung« und »Unterkunft« als Wahlleistung in Anspruch nehmen würden. Dann nämlich wären die Voraussetzungen des § 67 AO nicht erfüllt. Dabei bleiben jedoch geringfügige Annehmlichkeiten unberücksichtigt. Bei Privatkrankenanstalten, die nicht in den Anwendungsbereich der BPflV fallen, d.h. insbesondere bei Kurkrankenhäusern, reicht in der Regel eine Vereinbarung von Pflegesätzen mit Sozialversicherungsträgern aus, daß die Pflegesätze dem Entgelt nach § 67 Abs. 1 AO entsprechen.

Sanatorien, Kuranstalten, Wasserheilanstalten und Kneippkurheime können durchaus auch als Krankenhäuser angesehen werden, wenn neben den objektiven Gesichtspunkten die Kranken in der Anstalt untergebracht sind, deren Einweisung notwendig, oder wenn es zweckmäßig oder üblich ist und eine ständig dem einzelnen Kranken individuell gewidmete ärztliche Tätigkeit stattfindet, die gegenüber vorhandenen natürlichen Heilfaktoren im Vordergrund steht. Da es sich hier jedoch in der Regel um Grenzfälle handelt, gibt es Schwierigkeiten bei der zutreffenden Tatsachenwürdigung.

Nach dem UStG sind lediglich die mit dem Betrieb der Krankenhäuser »eng verbundenen Umsätze« von der Umsatzsteuer befreit, wie die stationäre oder teilstationäre Aufnahme von Patienten, deren ärztliche und pflegerische Betreuung einschließlich Lieferung der erforderlichen Medikamente, die Behandlung und Versorgung ambulanter Patienten, die Lieferung von orthopädischen Hilfsmitteln, die Lieferung von Getränken, Zeitungen an Patienten, der Verleih von Büchern, Naturalleistungen an das Personal, die Überlassung von Fernsprechanlagen an die Patienten, die Abgabe ärztlicher Gutachten, die Gestellung von Ärzten, die Krankenbeförderung etc. Nicht hierzu gehören die Lieferung von Speisen, Getränken, Arzneimitteln etc. an Besucher, die Arzneimittellieferungen einer Krankenhausapotheke an Krankenhäuser anderer Träger, die Leistungen von Zentralwäschereien etc.

Die Inanspruchnahme der Umsatzsteuervergünstigung setzt keinen besonderen Buch- bzw. Belegnachweis voraus. Es gelten die allgemeinen Vorschriften des § 22 sowie der §§ 63 ff UStDV mit getrennter Aufzeichnungspflicht hinsichtlich steuerpflichtiger und steuerfreier Umsätze.

Der Krankenhausträger kann auf die Steuerfreiheit des § 4 Nr. 16 nicht verzichten; § 9 sieht keine Optionsmöglichkeit vor.

Nachdem § 4 Nr. 16 die Umsätze der Krankenhäuser von der Umsatzsteuer freistellt, dürfen Vorsteuerbeträge gem. § 15 Abs. 2 Nr. 1 nicht abgezogen werden. Dies hat zur Folge, daß der Krankenhausträger gezwungen ist, die ihm in Rechnung gestellten Umsatzsteuerbeträge für in Anspruch genommene Lieferungen und Leistungen als Kostenfaktor in seine Kalkulation einzustellen. Dies gilt sowohl für die Errichtungs- als auch für die Betriebsphase. Der Ausschluß des Vorsteuerabzugs ist jedoch nur ein scheinbarer Nachteil für den Klinikträger, da die Umsatzsteuerbefreiung auf Dauer einen wesentlich größeren Vorteil darstellt als die Heranziehung der Vorsteuer beim Bau von Kliniken zu deren Finanzierung. Sicherlich wird es jedoch bei jedem Krankenhaus in untergeordnetem Umfang steuerpflichtige Umsätze geben, die einer Versteuerung zu unterwerfen sind.

3.2.4 Vermögensteuer

Befreiungsvorschriften sind im Vermögensteuergesetz nicht unmittelbar enthalten, sondern vielmehr im Bewertungsgesetz (BewG). Dort heißt es im § 116 Krankenhäuser: »Bei der Ermittlung des Gesamtvermögens oder des Inlandsvermögens bleibt der Einheitswert oder der Teil des Einheitswertes außer Ansatz, der für das Betriebsvermögen eines vom Eigentümer betriebenen Krankenhauses festgestellt worden ist, wenn das Krankenhaus in dem Kalenderjahr, das dem Veranlagungszeitpunkt vorangeht, die Voraussetzungen des § 67 Abs. 1 oder 2 der Abgabenordnung erfüllt hat.«

Voraussetzungen für die Vermögensteuerbefreiung sind demnach, daß der Krankenhausträger das Krankenhaus selbst betreibt und die Voraussetzungen des § 67 AO erfüllt. Wann ein Krankenhaus gegeben ist, bestimmt sich analog zu Abschnitt 82 EStR.

Da juristische Personen des privaten Rechts in der Regel nach § 3 Abs. 1 Nr. 12 VStG von der Vermögensteuer befreit sein dürften, hat § 116 BewG vor allem für private Krankenhausträgerformen Bedeutung, die zugleich Eigentümer sind. Auch bei den nach § 3 Abs. 1 Nr. 12 VStG bezeichneten gemeinnützigen, mildtätigen oder kirchlichen Körperschaften des privaten Rechts oder auch des öffentlichen Rechts richtet sich die Steuerbefreiung im einzelnen danach, ob die diesbezüglichen Voraussetzungen der AO erfüllt sind.

Ein Privatkrankenhaus wird von dem betrieben, der das finanzielle Risiko trägt und der nach § 116 BewG gleichzeitig auch der Eigentümer ist. Die Steuerbefreiung tritt deshalb dann nicht ein, wenn das Krankenhaus verpachtet ist.

Nach dem BFH-Urteil vom 21. 11. 1969 bleibt der Einheitswert für das Betriebsvermögen einer Privatkrankenanstalt nach § 116 BewG nur dann außer Ansatz, wenn er positiv ist. Ein negativer Einheitswert ist hingegen bei der Ermittlung steuermindernd zu berücksichtigen. Betrifft ein Einheitswert sowohl begünstigtes Vermögen (Klinik) als auch nicht begünstigtes Vermögen (z. B. ärztliche Privatpraxis), ist er aufzuteilen. Krankenhäuser, die in den Krankenhausplan aufgenommen sind, werden ganz oder teilweise nach dem KHG gefördert. Da die Fördermittel vom Krankenhausträger im Zeitpunkt des Empfanges zunächst passivseitig auszuweisen sind, stellen sie Verbindlichkeiten dar, mindern die Vermögensposition und führen ggf. dazu, daß beim Krankenhausträger ein negativer Einheitswert festgestellt wird. In dieser Hinsicht bringen sie unter entsprechender zeitlicher Auflösung einen vermögensteuersparenden Effekt.

Insofern werden bei der Vermögensteuer die privaten Krankenhausträger so behandelt wie die kommunalen, kirchlichen und frei-gemeinnützigen. Würde der Gesetzgeber diese Steuern erheben, müßten sie – wie die nachstehend behandelte Grundsteuer – als Kostensteuer in die Pflegesätze von den Krankenhausträgern einbezogen werden.

3.2.5 Grundsteuer

Nach § 4 Abs. 6 des GrStG ist von der Grundsteuer befreit »Grundbesitz, der für die Zwecke eines Krankenhauses benutzt wird, wenn das Krankenhaus in dem Kalenderjahr, das dem Veranlagungszeitpunkt (§ 13 Abs. 1) vorangeht, die Voraussetzungen des § 67 Abs. 1 oder 2 AO erfüllt hat. Der Grundbesitz muß ausschließlich demjenigen, der ihn benutzt oder einer juristischen Person des öffentlichen Rechts zuzuordnen sein.«

Für den Fall, daß der Krankenhausträger im Sinne der AO gemeinnützig ist, kommt als Befreiungsvorschrift § 3 GrStG in Frage. Hiernach ist von der Grundsteuer befreit, der von »einer inländischen Körperschaft, Personenvereinigung oder

Vermögensmasse, die nach der Satzung, dem Stiftungsgeschäft oder der sonstigen Verfassung und nach ihrer tatsächlichen Geschäftsführung ausschließlich und unmittelbar gemeinnützigen oder mildtätigen Zwecken dient, für gemeinnützige oder mildtätige Zwecke benutzt wird;... Der Grundbesitz muß ausschließlich demjenigen, der ihn für die begünstigten Zwecke benutzt... zuzurechnen sein.«

In objektiver Hinsicht müssen die Voraussetzungen des § 67 AO erfüllt sein. Dabei ist eine bereits bei der USt, ESt oder GewSt getroffene Entscheidung auch für die Grundsteuer zu übernehmen.

Zu den subjektiven Voraussetzungen gehört, daß der Grundbesitz ausschließlich dem Inhaber des Krankenhauses und nur dann zusteht, wenn es von ihm selbst betrieben wird oder volle Personengleichheit bei einer Personengesellschaft besteht. Eine Personenidentität wenigstens für die überwiegenden Eigentumsanteile reicht nicht aus.

Die antragsgebundene Befreiung von der Grundsteuer ist bereits bei der Einheitsbewertung festzustellen und im Grundsteuermeßbescheid verbindlich auszuweisen. Sie erstreckt sich grundsätzlich auf das Krankenhaus und den von ihm genutzten Grund und Boden einschließlich der Gebäude, die unmittelbar Krankenhauszwecken dienen. Abgrenzungsschwierigkeiten bereiten dabei u. a. Gemeinschaftsräume, Personalwohnungen und Unterkünfte sowie solcher Grundbesitz, der Wohnzwecken dient.

3.2.6 Erbschaft- und Schenkungsteuer

Im Bereich der Erbschaft- und Schenkungsteuer nehmen die privaten im Gegensatz zu den kommunalen und frei-gemeinnützigen Krankenhausträgern keine Sonderstellung ein. Und zwar unterliegen als steuerpflichtige Vorgänge unter analoger Anwendung von § 1 ErbStG der Erbschaftsteuer (Schenkungsteuer) der Erwerb eines Krankenhauses oder von Teilen an einem Krankenhaus unter Lebenden, die Zweckzuwendungen sowie das Vermögen einer Familien-Stiftung u. a. in Zeitabständen von je 30 Jahren. Somit sind die Bewertungsfragen bei dieser Steuerart von ganz erheblicher Bedeutung.

Es sei lediglich auf die mögliche Stundungserleichterung gem. § 28 ErbStG hingewiesen, die von nicht unerheblicher praktischer Bedeutung sein und bis zu 7 Jahren betragen kann.

Kommunale, öffentlich-rechtliche und frei-gemeinnützige Krankenhausträger hingegen genießen bei Zuwendungen, die ihnen unter Lebenden oder von Todes wegen zugehen, Freiheit von der Schenkung- bzw. Erbschaftsteuer nach § 13 Abs. 1 Ziffer 16 und 17 ErbStG. Infolgedessen haben die privaten Träger je nach Umfang und Steuerwert des übertragenen Krankenhausvermögens und je nach dem Verwandtschaftsgrad zwischen Übertragenden und Empfängern mit erheblichen Belastungen an Schenkung- und/oder Erbschaftsteuer zu rechnen. Dies führt eindeutig zu Unbilligkeitsmomenten, da diese einseitig den privaten Krankenhausträger belasten, den Kostenträgern aber über höhere Pflegesätze nicht weitergegeben dürfen.

Somit wird auf Dauer die private Krankenhausträgerschaft bedroht und der Gesamtversorgungsauftrag der Bevölkerung in Frage gestellt.

3.2.7 Grunderwerbsteuer

Der Erwerb eines Krankenhauses ist seit dem 1.1.1983 grundsätzlich der zweiprozentigen Grunderwerbsteuer unterworfen. Die vorherigen länderweise geregelten Befreiungsvorschriften sind aufgehoben. Auch der Erwerb eines Erbbaugrundstücks ist grunderwerbsteuerpflichtig.

Beim Erwerb eines ganz- oder teilweise nach dem KHG geförderten privaten Krankenhauses sind regelmäßig auf der Passivseite der Bilanz die noch nicht verbrauchten Fördermittel als Verbindlichkeiten ausgewiesen. Es stellt sich die Frage, ob diese Fördermittel bei der Ermittlung der Gegenleistung gem. §8 GrEStG zu berücksichtigen sind. Aufgrund eines Erlasses des Schleswig-Holsteinischen Finanzministeriums vom 22.12.1983 rechnen zu den steuerpflichtigen Gegenleistungen nicht Sonderposten aus Fördermitteln nach dem KHG, aus in Zuschüsse umgewandelte Landesdarlehen, nach dem KHG geförderte Darlehen aus Bundesmitteln und nach dem KHG geförderte Kapitalmarktdarlehen. Die Finanzverwaltung neigt verstärkt zu der Auffassung, daß es sich um bedingte Rückzahlungsverpflichtungen handelt, die insoweit nicht zur steuerpflichtigen Gegenleistung zählen.

Da schon keine Steuervergünstigungen mehr gegeben sind, sollten private Krankenhausträger der sachgerechten Bestimmung der steuerpflichtigen Gegenleistung erhöhte Aufmerksamkeit schenken.

4. Klinik-Immobilien, die unter die Förderungsbedingungen des Krankenhausfinanzierungsgesetzes fallen

Kliniken, die unter die Förderungsbedingungen des Krankenhausfinanzierungsgesetzes fallen, sind ausnahmslos Krankenhäuser im Sinne der Legaldefinition des §107 des Sozialgesetzbuches V. Hinsichtlich Begriffsdefinition und Unterscheidungskriterien zu den Vorsorge- und Rehabilitationseinrichtungen (Kur- und Spezialeinrichtungen gem. §184a RVO; alt) der Problematik in Verbindung mit den Versorgungsverträgen etc. wird auf das unter Abs. 1 Gesagte verwiesen. Bei der Beurteilung solcher Immobilien ist zudem zu achten auf die zweiseitigen und dreiseitigen Verträge und Rahmenempfehlungen (Krankenkassen, Krankenhäuser und Kassenärzte), die in §§112 und 115 SGB V noch nicht abschließend geregelt sind.

Die Geschichte der Krankenhausfinanzierungen ist eine Geschichte der Defizitträger. Da im gegenwärtigen Krankenhausfinanzierungssystem – von den Krankenhausträgern abgesehen – die Hauptlasten der Finanzierung, nämlich die Erst- und Reinvestitionen von den Gebietskörperschaften (Länder und Gemeinden) einerseits und den Krankenversicherungen andererseits getragen werden, spricht man von einem dualistischen Finanzierungssystem. Dabei ist nach der Maßgabe des Landesrechtes insbesondere die wirtschaftliche Sicherung frei-gemeinnütziger und privater Krankenhäuser zu gewährleisten. Von der staatlichen Krankenhausplanung erfaßt werden – nach der Zuordnung des Statistischen Bundesamtes zu Krankenhaustypen – fast alle Akut-Krankenhäuser, der Großteil der psychiatrischen Krankenhäuser und auch einzelne andere Krankenhausarten. Somit ist bei letzteren Krankenhausträgern gewährleistet, daß – vereinfacht – die Investitionskosten von den Ländern und Kommunen, die Betriebskosten von den Kassen übernommen werden. Hinsichtlich der Investitionskosten unterscheidet § 2 Abs. 2 KHG: »a) die Kosten der Einrichtung (Neubau, Umbau, Erweiterungsbau) von Krankenhäusern und der Anschaffung der zum Krankenhaus gehörenden Wirtschaftsgüter, ausgenommen der zum Verbrauch bestimmten Güter (Verbrauchsgüter), b) die Kosten der Wiederbeschaffung der Güter des zum Krankenhaus gehörenden Anlagevermögens (Anlagegüter)«.

Zu den Investitionskosten gehören nicht die grundstücksbezogenen Kosten sowie die Kosten ihrer Finanzierung. Den Investitionskosten sind jedoch gleichgestellt: Nutzungsentgelte für Anlagegüter; Zinsen, Tilgung, Verwaltungskosten von Darlehen für Investitions- oder gleichstehende Kosten; Investitionskosten gemeinschaftliche Krankenhauseinrichtungen betreffend; Kapitalkosten (Abschreibung und Zinsen) von geförderten Wirtschaftsgütern und mit förderungswürdigen Kosten verbundene Ausbildungsstätten-Kosten.

Somit unterscheidet der Gesetzgeber zwischen den Kosten der Ersteinrichtung eines Krankenhauses, die nach den tatsächlich entstehenden Kosten bewilligt werden, und den Kosten der Wiederbeschaffung von Anlagegütern, die den Krankenhäusern in Form von Förderpauschalen zugewendet werden sollen. Die Anschaffung und Nutzung medizinisch-technischer Großgeräte ist unter Berücksichtigung der regionalen Versorgungsbedürfnisse von der zuständigen Landesbehörde im Benehmen mit der kassenärztlichen Vereinigung und den Landesverbänden der Krankenkassen abzustimmen. Vor Inkrafttreten des KHG errichtete Krankenhäuser werden neu geförderten gleichgestellt. Dies bedeutet, daß für den Schuldendienst von Darlehen, die für Investitionskosten vor Inkrafttreten des Gesetzes aufgenommen worden sind, Fördermittel gewährt werden.

In Höhe der von Land und Kommunen gewährten Fördermittel werden nun die von den Kassen zu tragenden Pflegesätze entlastet, so daß bei geförderten Krankenhäusern nur noch die sog. Benutzerkosten die Pflegesätze umfassen. Der Krankenhausträger ist an der Finanzierung der Krankenhausversorgung unter Umständen insofern beteiligt, als er Defizite zu tragen hat, wenn die entstandenen Kosten nicht voll gedeckt werden. Hinsichtlich des Anwendungsbereiches und der nicht förderungsfähigen Einrichtungen wird auf das oben Gesagte (§§ 3 und 5 KHG) hingewiesen.

Die Krankenhäuser haben Anspruch auf Förderung, soweit und solange sie im jeweiligen Krankenhausplan aufgenommen sind und mit ihnen Versorgungsverträge gem. § 109 SGB V abgeschlossen sind. Die Aufnahme oder Nichtaufnahme wird durch Bescheid festgestellt, gegen den im Verwaltungsrechtsweg vorgegangen werden kann. Dabei besteht jedoch ein Anspruch auf Feststellung der Aufnahme in den Krankenhausplan und das damit einhergehende Investitionsprogramm nicht. Die Entscheidungshoheit liegt, ohne Ermessensspielraum zu haben, bei der zuständigen Landesbehörde.

Aufgrund der §§ 16 und 17 KHG hat die Bundesregierung mit Zustimmung des Bundesrates die Verordnung zur Regelung der Krankenhauspflegesätze (Bundespflegesatzverordnung – BPflV) vom 21. 8. 1985 erlassen.

Dabei sind die Pflegesätze auf der Grundlage der vorauskalkulierten Selbstkosten eines sparsam wirtschaftenden und leistungsfähigen Krankenhauses für alle Benutzer nach einheitlichen Grundsätzen zu budgetieren. Grundsätzlich sind bei der Ermittlung von Pflegesätzen die geförderten Investitionskosten oder die diesen gleichstehenden Kosten nicht mitzuberücksichtigen.

Die Pflegesätze werden gemäß § 18 KHG zwischen dem Krankenhausträger und den Sozialleistungsträgern vereinbart. Bei Streitigkeiten entscheidet eine Schiedsstelle. Über »Investitionsverträge« können Krankenhausträger und Krankenversicherungen vereinbaren, daß Investitionen ganz/teilweise durch einen Pflegesatzzuschlag von den Sozialleistungsträgern bezahlt werden.

Hinsichtlich der Abgrenzung der Zuordnung und der Bestimmung der durchschnittlichen Nutzungsdauer von Wirtschaftsgütern in Krankenhäusern wird auf die Vorschriften der Verordnung über die Abgrenzung der im Pflegesatz nicht zu berücksichtigenden Investitionskosten von den pflegesatzfähigen Kosten der Krankenhäuser (Abgrenzungsverordnung – AbgrV vom 12. 12. 1985 –) verwiesen. Die Rechnungs- und Buchführungspflichten von Krankenhäusern regelt die Krankenhaus-Buchführungsverordnung – KHBV vom 12. 12. 1985 –, die ab 1. 1. 1986 in Kraft getreten ist. Eine der BPflV zu § 16 Abs. 4 angeführte Anlage beinhaltet als Vordruck den Kosten- und Leistungsnachweis.

Neben dem KHG gibt es für jedes einzelne Bundesland unterschiedliche landesrechtliche Krankenhausgesetze, für Hessen z. B. das »Hessische Krankenhausgesetz« nebst einer Vielzahl von weiteren für dieses Bundesland geltenden Gesetzen, Verordnungen, Programmen und Erlassen etc. (z. B. Hess. Pflegesatzverordnung, Krankenhausbauprogramme, Fortschreibungen der Krankenhausplanung etc.).

Der Krankenhausplan wiederum weist – unterteilt nach Versorgungsgebieten – den Bedarf an Krankenhausbetten nach Zahl, Art und Standort aus und führt die

Krankenhäuser auf, die zur Deckung dieses Bedarfs herangezogen werden. Auf der Grundlage des festgestellten Bedarfs sind die Programme zur Durchführung des Krankenhausneubaues und deren Finanzierung festzustellen, die jährlich aufgestellt werden.

Das Krankenhausfinanzierungsgesetz fördert somit mit Ausnahme der dort gemachten Einschränkungen jeden Krankenhausträger, unabhängig von seiner Rechtsform, wenn er die im KHG gemachten Voraussetzungen erfüllt, keine Gewinnerzielungsabsicht hat, in den Krankenhausplan des jeweiligen Landes und in das Krankenhausbauprogramm Aufnahme gefunden hat und für hessische Krankenhäuser die Verpflichtung des Hess. Krankenhausgesetzes beachtet.

Letztlich haben die Verpflichtung zur Wirtschaftlichkeit bei der Verwendung der öffentlichen Mittel und die Erfordernisse einer wirtschaftlichen Krankenhausbetriebsführung mit einer einhergehenden Änderung der Organisationsform der Krankenhäuser und eine ständige Anpassung und Modernisierung Einfluß auf die Rechtsform der Trägerschaft. Ein Krankenhaus ist ein kompliziertes Wirtschaftsgebilde. Daher muß es sich der modernen Entwicklung anpassen. Angesichts der Tatsache, daß nach dem KHG (§ 4 Abs. 1, § 16 ff) durch öffentliche Förderung und durch Pflegesatzregelung nur die bei sparsamer, wirtschaftlicher Führung entstehenden Selbstkosten gedeckt werden sollen, wird das private Krankenhaus der Zukunft ganz deutlich seine Organisation und seine Betriebsführung nach wirtschaftlichen Gesichtspunkten ausrichten müssen, denn es kann Gewinne erwirtschaften oder Verluste erleiden.

Hinsichtlich der steuerlichen Handhabung von Fördermitteln nach dem KHG wird auf die Ausführung zum Steuerrecht privater Krankenanstalten und Literatur zu diesem Kapitel verwiesen. Bezüglich der praktischen Handhabung der Förderung wird von den Sozialministern der meisten Bundesländer die Gewährung der Fördermittel davon abhängig gemacht, daß für diese ausreichende grundbuchliche Sicherheiten in Abteilung II des Grundbuches durch Eintragung einer Grunddienstbarkeit gegeben sein müssen, wonach der Krankenhausträger verpflichtet ist, auf dem Grundbesitz ein Krankenhaus nach Maßgabe des jeweiligen Krankenhausplanes in Übereinstimmung mit dem Bedarf und den Zielsetzungen der jeweiligen Sozialminister vorzuhalten. Darüber hinaus werden in Abteilung III des Grundbuches in Höhe der gewährten Fördermittel erstrangige Grundschulden eingetragen. Allein die grundbuchliche Absicherung spricht für die Passivierung erhaltener Fördermittel.

5. Gewerbliche Klinik-Immobilien

Unterscheidet man die auf dem Markt befindlichen oder bereits realisierten privatwirtschaftlichen Klinik-Immobilien (im Gegensatz zu den nach dem KHG geförderten) auch noch entsprechend ihrer steuerrechtlichen Einordnung, so ergeben sich zum einen die Fälle, bei denen Einkünfte aus Vermietung und Verpachtung erzielt werden. Hier gibt es verschiedene Gestaltungsformen. Aufgrund der begrenzten Seitenzahl, die dieser Arbeit zur Verfügung steht, und ihrer Bedeutung auf dem Markt gewerblicher Immobilien, sollen unter dem nachfolgenden Teil geschlossene Immobilienfonds betrachtet werden. Zum anderen handelt es sich um Gewerbebetriebe, die gewerbliche Einkünfte erzielen. Dabei kann ein privater Krankenhausträger prinzipiell jede für einen Gewerbebetrieb zugelassene Rechtsform aufweisen. Die Möglichkeiten reichen vom Einzelkaufmann, der eine oder mehrere Kliniken betreibt, über die Personengesellschaften bis zu den Kapitalgesellschaften. Eine Darstellung aller Möglichkeiten würde den Rahmen dieser Arbeit bei weitem sprengen, so daß auf die eher komplexen »Publikums-Gesellschaften«, die Gesellschaften mit einer zumeist zueinander anonymen Vielzahl von Gesellschaftern, eingegangen wird. Die grundsätzlichen Ausführungen gelten dann aber auch für personal-ausgerichtete Gewerbebetriebe.

Bei »Einzel-Investoren« ist im Gegensatz zu den nachfolgend beschriebenen »Publikums-Gesellschaften« die Wahl der Rechtsform von einem Bündel von Faktoren abhängig, so daß bei diesen eine weitaus größere Rechtsformen-Vielfalt vorherrscht als bei »Publikums-Gesellschaften«.

Hier nämlich verlangt die handels- und steuerrechtliche Konzeption die Installation einer Personengesellschaft als Klinik-Träger. Nur dann ist zugleich eine Beteiligung am Ergebnis und den stillen Reserven sowie die gewerbesteuerlich zwingend vorausgesetzte Entfaltung von Unternehmerinitiative (Mitunternehmer) möglich. Unter Personengesellschaften kommen wiederum in aller Regel nur solche in Betracht, die die Haftung der Publikums-Gesellschafter (Anleger) beschränken. Somit scheidet die offene Handelsgesellschaft aus, und es verbleiben als übliche Rechtsformen die der Kommanditgesellschaft oder die der atypischen stillen Gesellschaft. Da die Initiatoren von »Publikums-Kliniken« auf der einen Seite ohne übermäßige Haftung, auf jeden Fall aber ohne Vollhaftung, die Geschäftsführung der Gesellschaft leiten wollen, wird der Kommanditgesellschaft als Komplementärin eine GmbH oder in seltenen Fällen eine AG als vollhaftende Gesellschafterin beigegeben. Somit entsteht die von der Rechtsprechung und Verwaltung allgemein anerkannte AG & Co. KG oder weitaus häufiger GmbH & Co. KG. Diese hat sich zu einem für die Finanzierung und den Betrieb von gewerblichen Klinik-Immobilien, die nicht dem KHG unterliegen oder von Einzel-Eigentümern beherrscht werden, häufig verwandten Rechtsform gewerblicher Beteiligungsmodelle entwickelt. Insbesondere für »Publikums-Kurkliniken« trifft dies zu.

Die Abgrenzung zur reinen Vermögensverwaltung mit den hieraus resultierenden Einkünften aus Vermietung und Verpachtung gibt das Gewerbesteuergesetz. Als Gewerbebetrieb ist nämlich nach § 2 Abs. (2) Nr. 1. GewStG die Tätigkeit von Kommanditgesellschaften anzusehen, bei denen die »Gesellschafter als Unternehmer« (nicht identisch mit dem Unternehmer im Sinne der GewO) betrachtet werden. Eine

Personen-Gesellschaft betreibt dabei ein gewerbliches Unternehmen, wenn sie sich selbständig und nachhaltig mit Gewinnerzielungsabsicht am allgemeinen wirtschaftlichen Verkehr beteiligt. Dies ist bei einer privatwirtschaftlich finanzierten und betriebenen Privatkrankenanstalt in der Rechtsform der GmbH & Co. KG gegeben, so daß die Kommanditisten als Anleger von Klinik-Beteiligungsgesellschaften steuerlich als Mitunternehmer anzusehen sind. Sie partizipieren am Gewinn und Verlust sowie den stillen Reserven. Werden zudem die Voraussetzungen von § 67 AO erfüllt, besteht die Möglichkeit, die vorstehend beschriebenen Steuervergünstigungen im Rahmen der einheitlichen Gewinnfeststellung in Anspruch zu nehmen.

Für die Interessenten einer gewerblichen Klinikbeteiligung spielen neben langfristigen Gewinn- und Substanzsicherungserwartungen die eher kurzfristig orientierten Zielsetzungen auf Erlangung von Steuervorteilen in der Investitionsphase eine gewichtige Rolle. Zur Prüfung von solchen Beteiligungsangeboten wird auf die im BMF-Schreiben vom 13.8.1981 (sog. »Dritter Bauherrenerlaß«) – jedoch nicht abschließend und unwiderruflich hinsichtlich Art und Höhe – aufgeführten Betriebsausgaben oder Werbungskosten hingewiesen. Dabei sind die Besonderheiten gewerblicher Einkunftsermittlung (z.B. Verteilung des bei der Finanzierung gewählten Damnums auf die Darlehenslaufzeit) zu beachten. Jedoch erlauben die »Steuerspar- oder -stundungseffekte« der Investitionsphase auf jeden Fall einen liquiditätserleichternden Einstieg in die Klinikbeteiligung. So war es bei Beteiligungsmodellen in der Vergangenheit geübter Brauch, daß das zu erbringende Eigenkapital in voller Höhe oder zum größten Teil durch steuerliche Vorteile in der Investitionsphase dargestellt werden konnte. Der Gesetzgeber hat dem durch § 15a EStG einen Riegel vorgeschoben. Hierdurch wird die Möglichkeit, Verluste mit anderen positiven Einkünften auszugleichen, bei beschränkt haftenden Unternehmern (Mitunternehmer) grundsätzlich auf den Betrag der geleisteten Einlage begrenzt. Betroffen von der Neuregelung sind jedoch nicht nur die sog. »Klinik-Verlustzuweisungsgesellschaften«, sondern auch alle anderen, vor allem mittelständischen Klinik-Kommanditgesellschaften. Der neue § 15a EStG gilt somit uneingeschränkt für gewerbliche Einkünfte aller Kommanditisten und sinngemäß auch für andere beschränkt haftende. Durch ihn ist die neuerliche Entstehung bzw. Erhöhung eines negativen Kapitalkontos ausgeschlossen.

Als Konsequenz aus § 15a EStG wurden Beteiligungsangebote ausgelegt, bei denen ein über die Bareinlage hinausgehender Verlustabzug bzw. -ausgleich dadurch möglich ist, daß der Kommanditist den Gläubigern der Gesellschaft gegenüber nach § 171 Abs. 1 HGB über die geleistete Bareinlage im Rahmen seiner Gesamteinlage haftet. Voraussetzung ist allerdings, daß der Kommanditist im Handelsregister in Höhe seiner Gesamteinlage eingetragen ist, das Bestehen der Haftung nachgewiesen wird und eine Vermögensminderung aufgrund der Haftung nicht vertraglich ausgeschlossen oder nach Art und Weise des Geschäftsbetriebes unwahrscheinlich ist. Die Eintragung nur eines Treuhand-Kommanditisten ist unzureichend. Dabei ist jedoch von erheblicher wirtschaftlicher und steuerlicher Brisanz die Frage, ob die Inanspruchnahme aus der Haftung nach der Art und Weise des Geschäftsbetriebes wahrscheinlich ist. Dieses Risiko ist gerade bei jungen Klinik-Gesellschaften mit nicht erfahrenen Initiatoren deutlich zu sehen. Interessenten, die sich für diese Form der Anlage oft in Unkenntnis der auf sie möglicherweise zukommenden finanziellen Konsequenzen entscheiden, sollten sehr vorsichtig sein. Den Anlageberatern und Initiatoren entsteht hier mit Sicherheit gegenüber den Anlegern eine erhebliche Informationsverpflichtung (Anlegerschutz). Höhere steuerliche Vorteile können also mit zumindest kongruent einhergehender höherer Haftung erkauft werden. Insgesamt laufen diese Angebote aber dem Verlangen des BFH auf Erzielung eines »Totalgewinnes« diametral entgegen, da eine Haftungsinanspruchnahme nach § 15a EStG nämlich nicht unwahrscheinlich und nach den Verhältnissen des Bilanzstichtages zu erwarten sein muß. Somit könnte ein »Totalgewinn« erst gar nicht entstehen. Derartige Modelle sind auch in steuerrechtlicher Hinsicht mit einigen Fragezeichen zu versehen. Der Anleger sollte des weiteren berücksichtigen, daß gerade bei der Haupterscheinungsform gewerblicher Klinik-Immobilien, den Kurkliniken, auch wenn diese in jeder Hinsicht hervorragend ausgestattet sind und professionell betrieben werden, Anlaufverluste zu erwarten sind, die steuerlich aufgrund des § 15a EStG nicht mehr oder nur noch zum Teil geltend gemacht werden können. Während der Investitionsphase hat sich nämlich bereits ein negatives Kapitalkonto gebildet.

Eine weitaus geringere praktische Bedeutung als die Publikums-KG bei der Finanzierung von Klinik-Immobilien besitzt die Möglichkeit des Erwerbs einer stillen Beteiligung an einer Klinik-AG, -GmbH oder -KG. Insofern soll diese Gestaltungsvariante auch nur kurz gestreift werden. Die Einlage des »Stillen« geht in das Vermögen des Unternehmers über (§ 335 HGB), der »Stille« hat lediglich schuldrechtliche Ansprüche gegen den Unternehmer. Bei der vom Steuerrecht getroffenen Unterscheidung zwischen »typischen« und »atypischen« stillen Gesellschaftern erzielt der erste Einkünfte aus Kapitalvermögen (wie bei einer Beteiligung an einem offenen Immobilienfonds, der neben vielen anderen Objekten eine Klinik in seinem Portefeuille hat), der atypische hingegen als Mitunternehmer Einkünfte aus Gewerbebetrieb. Bei gewerblichen Klinik-Beteiligungen spielt es somit keine Rolle, ob der Anleger Kommanditist oder atypisch stiller Gesellschafter ist, da in beiden Fällen die erforderliche Mitunternehmereigenschaft gegeben ist. Zivilrechtlich steht sich der »Stille« im Konkursfalle wesentlich besser als der Kommanditist, wenn dieser noch nicht im Handelsregister eingetragen ist, er somit noch unbeschränkt haftet, während der »Stille« kraft Gesetz immer nur beschränkt auf seine Einlage haftet. Weitere Vorteile zugunsten des »Stillen« ergeben sich durch das Nichtwiederaufleben von Haftung bei zuvor erfolgter Rückzahlung von Einlagen bzw. Auszahlung von Gewinnen. Diese gewichtigen Argumente sprechen eigentlich dafür, bei gewerblichen Klinik-Immobilien die Rechtsform der atypischen stillen Gesellschaft zu wählen. Auch wäre die Rechtsstellung des »Stillen« wegen der bestehenden Vertragsfreiheit durch ein ausgewogenes Mitwirkungs-, Mitsprache- und Kontrollrecht der des Kommanditisten ohne Schwierigkeiten anzupassen. Wahrscheinlich jedoch hat die Abstraktheit dieser Beteiligungsvariante wesentlich dazu beigetragen, daß sie sich im Klinik-Bereich nicht durchzusetzen vermochte.

Auch auf eine weitere Besonderheit vieler Klinik-Angebote, der Aufteilung der Gesamt-Beteiligung in Kommanditeinlage und Gesellschafterdarlehen bzw. stille Beteiligung, soll nur kurz eingegangen werden. Die Aufspaltung erfolgt dabei in aller Regel in 20–30% Hafteinlage und 70–80% Darlehen/stille Einlage und soll annähernd die haftungsrechtlichen Vorteile bringen, die der »Stille« ohnehin hat. Das gewährte Darlehen bzw. die stille Einlage können grundsätzlich auch dann zurückgezahlt bzw. verzinst werden, wenn das Kapitalkonto negativ ist. Auf die neueste Literaturmeinung bzw. Rechtsprechung sei kurzerhand – ohne die hierin gemachten Einschränkungen näher zu beschreiben – hingewiesen. Auswirkungen kann die gewählte Aufteilung aber bei Pflegesatzverhandlungen dann haben, wenn vom Belegungsträger die Gesellschafterdarlehen als Fremdkapital mit entsprechend höherer Verzinsung als beim Eigenkapital anerkannt werden.

Wie kann eine solche Klinik als Publikums-KG nun aussehen? Einige wenige Daten ergeben sich aus dem nachstehenden Modellfall, dem eine konkret solchermaßen konzipierte Kurklinik eines privaten Krankenhausträgers Pate stand:

Beteiligungsobjekt:	Kurklinik mit spezieller Indikationenstellung
Beteiligungsform:	GmbH & Co. KG mit über 200 Kommanditisten, mit einer Kommune und einem kirchlich frei-gemeinnützigen Verein als Gründungskommanditisten
Bettenzahl:	220 – überwiegend in Einzelzimmern
Belegungsträger:	Von Planungsbeginn an Belegungsvereinbarung mit bedeutenden Sozialversicherungsträgern
Investitionsvolumen:	34 Mio. DM
Durchschnittlicher Bettenpreis:	155 TDM
Einrichtung:	Komplette Diagnose- und Medizintechnik- sowie Therapieabteilung für gewählte Aufgabenstellung
Personal:	8 Ärzte und sonstiges fachlich ausgebildetes Personal gemäß Stellenplan
Finanzierung:	Eigenkapital (hiervon 20% KG-Einlage und 80% Gesellschafterdarlehen) ca. 40%
	Fremdkapital ca. 60%

Betriebsprüfung: Abgeschlossen; geplante Verlustzuweisungen von über 130% sind vollumfänglich eingetreten

Betrieb: Prognostizierte Rentabilitäts- und Liquiditätswerte werden nachhaltig erreicht.

Der hierbei geschlossene Kommandit-Gesellschaftsvertrag regelt den Gegenstand des Unternehmens mit der Errichtung und dem Betrieb einer Kurklinik und allen damit in Verbindung stehenden Angelegenheiten. Die Gesellschaft besteht auf unbestimmte Zeit. Persönlich haftende Gesellschafterin ist eine GmbH, die keine Kapitaleinlage leistet. Das Recht der Gesellschaft auf Aufnahme neuer Gesellschafter ist limitiert, die entsprechenden Aufnahmemodalitäten sind reguliert. Neu eintretende Gesellschafter werden verpflichtet, neben ihrer Einlage (20%) der Gesellschaft ein Darlehen (80%) zu gewähren. Zur Vertretung und Geschäftsführung ist allein die persönlich haftende Gesellschafterin berechtigt und verpflichtet. Zustimmungsbedürftige Geschäfte sind dezidiert aufgeführt, ein Verwaltungsbeirat ist installiert und seine Rechte und Pflichten im Gesellschaftsvertrag ebenso festgehalten wie die der Gesellschafterversammlung. Die Bestimmungen zur Gewinn- und Verlustverteilung, zum Ausscheiden eines Gesellschafters bzw. zur Übertragung von Anteilen, zum Auseinandersetzungsguthaben einschließlich des Anteils des Gesellschafters an den stillen Reserven sowie zur Liquidation sind zum Schluß vereinbart. In einem gesonderten Darlehensvertrag sind die Bestimmungen der gewährten Gesellschafterdarlehen separat geregelt.

6. Privatkrankenanstalten als geschlossene Immobilienfonds

Für die privatwirtschaftliche Finanzierung von Klinik-Großprojekten stellen geschlossene Immobilienfonds (nachstehende Fonds genannt) eine in der Vergangenheit häufig gebrauchte Finanzierungsalternative für solche Vorhaben dar, die von personalistisch ausgerichteten Gesellschaftsformen des BGB oder HGB wegen ihrer Objektgröße nicht mehr finanzierbar waren. Aufgrund der Vielzahl der dann zwangsläufig einzuwerbenden Anleger spricht man hier auch von »Publikums-Personengesellschaften«. In der überwiegenden Praxis hat sich die vermögensverwaltende Kommanditgesellschaft wohl deshalb durchgesetzt, weil beim Fonds in der Rechtsform der GbR und beim nur relativ unbedeutenden Bruchteilseigentum Haftungsfragen entstehen können und die Grundbucheintragung hinderlich ist.

Eine geschlossene Fondsgesellschaft realisiert in aller Regel nur ein Investitionsprojekt, allenfalls eine zuvor hinsichtlich Art und Umfang exakt definierte Anzahl mit genau festgelegtem Finanzierungsvolumen. Sind alle frei erwerbbaren Gesellschaftsanteile gezeichnet, wird der Fonds geschlossen. Der Erwerb des Fondsanteils stellt dabei aus der Sicht des Zertifikatinhabers eine reine Kapitalanlage, aus der Sicht der Fondsgesellschaft ein Finanzierungsinstrument dar, das durchaus mit einer Aktienemission vergleichbar ist. Die Geschäftsführung des Klinikfonds liegt in den Händen der Projektinitiatoren, die Zertifikatsinhaber werden in aller Regel von einem Treuhänder oder Beirat vertreten. Neben dem klassischen Fondsmodell gibt es verschiedene andere Gestaltungsvarianten, die mehr oder weniger »steuerorientiert« sind.

Die Gesellschafter von Klinik-Fonds erzielen grundsätzlich – wie bei anderen Immobilieninvestitionen – einkommensteuerlich Einkünfte aus Vermietung und Verpachtung i. S. d. § 2 Abs. (1) Nr. 6 i. V. m. § 21 Abs. (1) Nr. 1 EStG. Die Zuordnung zu dieser Einkunftsart ist für den Fonds-Gesellschafter durchaus positiv. Werbungskosten werden nach dem Abflußprinzip steuerlich berücksichtigt (insbesondere wichtig beim Zinsregulativ Damnum), das Beteiligungsengagement löst regelmäßig keine Gewerbesteuer aus, Ausschüttungen werden großteils steuerfrei vereinnahmt, Veräußerungsgewinne bleiben einkommensteuerlich unberücksichtigt. Diese steuerlich vorteilhafte Gestaltung ist aber davon abhängig, daß der Anleger beabsichtigt, Gewinne/Überschüsse zu erwirtschaften und daß es sich um reine Vermögensverwaltung in Abgrenzung zur gewerblichen Tätigkeit handelt. Die Fondsgesellschaft darf dabei aber noch nicht einmal in untergeordnetem Umfang gewerblich tätig sein, dann erzielt sie insgesamt Einkünfte aus Gewerbebetrieb (BFH v. 10.11.1983). Das gilt z. B. auch dann schon, wenn der Fonds neben einer ausschließlich vermieteten oder verpachteten größeren Klinik selbst noch eine kleine Privatpension betreibt.

Die Mehrheit der auf dem Markt angebotenen Klinik-Fonds ist steuerorientiert und bietet dem Anleger durch den sog. »Leverage-Effekt« (Hebelwirkung) des Fremdkapitals steuerliche Vorteile. Diese bewirken eine »Mitfinanzierung« der Klinik-Einlage durch ersparte Steuern. Weitere Steuervorteile entstehen in der nachfolgenden Vermietungsphase aus Folgeverlusten und ermöglichen oftmals über Jahre weitestgehend »steuerfreie Ausschüttungen« an die Gesellschafter.

Die zivil- und steuerrechtliche Feingestaltung eines Fonds hängt in starkem Maße von der Marktsituation, den Zielvorstellungen der Initiatoren und der ansprechbaren Anlegergruppe etc. ab. Fällt die Entscheidung zugunsten der Kommanditgesellschaft, ist bei der Komplementärin (in der Regel = Initiator) bei allem Wunsch auf Haftungsbeschränkung darauf zu achten, daß diese tatsächlich unbeschränkt haftet, eine unabhängige natürliche Person und nicht von Haftung durch Dritte freigestellt ist. Die Firma des Fonds muß eine KG sein und den Namen des persönlich haftenden Gesellschafters mit einem die Rechtsform andeutenden Zusatz enthalten. Ausschließlicher Zweck des Fonds ist die Errichtung, die Verwaltung und die Vermietung/Verpachtung der (des) Objekte(s). Der Gesellschaftsvertrag ist grundsätzlich formfrei, wird jedoch stets schriftlich abgeschlossen und unterliegt der Inhaltskontrolle nach § 242 BGB. Der Beitritt erfolgt mittels schriftlicher Beitrittserklärung; ob er der Form bedarf, ist vom Einzelfall abhängig, insgesamt aber immer ratsamer werdend. Die Beitragspflicht besteht in der Leistung der Gesellschaftseinlage. Die Geschäftsführung obliegt ausschließlich dem Komplementär, da der Anlegerkommanditist nicht mit Arbeits- und Zeitaufwand belastet werden will und sollte, zumal er in aller Regel nicht über die nötige Fachkompetenz verfügt. Kontroll- und Mitwirkungsrechte der Kommanditisten, direkt zumindest im Rahmen der Gesellschafterversammlung oder indirekt über Treuhandkommanditisten bzw. Beirat, werden von Anlegern und deren Beratern heutzutage auch im wohlverstandenen Interesse eines soliden, professionellen Initiators äußerst kritisch beleuchtet.

Bezüglich der möglichen Haftungsproblematik bei Ausschüttungen – auch beim Kommanditisten – sei auf die Fachliteratur und Rechtsprechung verwiesen. Es ist selbstverständlich, daß mangels anderer Abreden die Kommanditisten im Verhältnis ihrer Einlagen am Ergebnis beteiligt sind. Der Komplementär erhält eine getrennt geregelte Aufwands- und Risikovergütung.

Alternative zur vermögensverwaltenden KG ist die Gesellschaft bürgerlichen Rechts (§ 705 HBGB) als auf Vertrag beruhende Personenvereinigung – im Gegensatz zur KG – ohne eigene Rechtsfähigkeit. Aus diesem Grund setzt sich die Firma der »GbR« aus den Namen sämtlicher Gesellschafter zusammen. Sie werden auch alle als Eigentümer mit dem Zusatz als »Gesellschaft bürgerlichen Rechts« im Grundbuch eingetragen. Das Vermögen der »GbR« gehört allen Gesellschaftern gemeinsam, es ist also Gesamthandsvermögen.

Für das Außenverhältnis sollte der Geschäftsführer der »GbR« gehalten sein, nur teilschuldnerische Verpflichtungen zu begründen. Dies ist gerade in bezug zu den Kreditgebern von wesentlichster Bedeutung. Damit verbleibt der Gesellschafter jedoch hinsichtlich seiner persönlichen Verpflichtungen vollhaftend, hinsichtlich der Verbindlichkeiten der »GbR« insgesamt jedoch nur quotal. Dinglich wird diese Verteilungsabrede zumeist von den Banken dadurch unterlaufen, als sie Globalgrundschulden in sämtliche GbR-Grundbücher eintragen lassen und somit die Zwangsvollstreckung in alle Grundstücke insgesamt zu betreiben in der Lage sind. Damit können auch alle übrigen Gesellschafter in Mitleidenschaft gezogen bzw. zu ungewollten Übernahme- oder Bürgschaftsaktionen gezwungen werden. Hierin liegt der wesentlichste Nachteil der »GbR« bezogen auf die KG-Konzeption.

Die Gründungspraxis der »GbR«, ist zum Teil sehr unterschiedlich. Ein Gesellschaftsvertrag, der in der Regel wie das gesamte Vertragswerk der Beurkundungspflicht unterliegt, regelt die Rechte und Pflichten der Gesellschafter untereinander. Der Beitritt zur GbR bedarf auf jeden Fall dann der Form, wenn Grundstücksgeschäfte, was bei Klinik-Immobilien der Regelfall ist, noch anstehen. Der einzelne Gesellschafter ist zur Leistung seiner Einlage verpflichtet. Eine darüber hinausgehende Nachschußpflicht besteht grundsätzlich nicht und kann nur über eine Änderung des Gesellschaftsvertrages herbeigeführt werden. Diese bedarf der Zustimmung aller Gesellschafter; ausgenommen sind Fälle, in denen von Anbeginn eine

Nachschußpflicht vorgesehen war. Aufgrund der persönlichen Fremdmittelaufnahme und somit Haftung des einzelnen ist im konkreten Einzelfall eine Nachschußpflicht jedoch nicht auszuschließen.

Die Geschäftsführung der »GbR« wird in der Mehrzahl der Fälle nicht von einem Gesellschafter, sondern von einem sachkundigen Dritten ausgeführt, der zumeist dem Initiatorenkreis nahesteht. Sie ist nach außen unbeschränkt, im Innenverhältnis jedoch darf nur eine teilschuldnerische (§ 420 BGB) Verpflichtung eines jeden Gesellschafters begründet werden (Ausnahme: etwaige von Gesetzes wegen eintretende Haftungstatbestände, z. B. für Steuerschulden).

Rechte und Pflichten der Gesellschafter sollen auch hier in einem abgewogenen Gesellschaftsvertrag geregelt sein. Die Gesellschaft ist dabei grundsätzlich auf unbestimmte Zeit errichtet; die Kündigung eines Gesellschafters hat dessen Ausscheiden, nicht aber die Auflösung der Gesellschaft zur Folge.

Der Anlegerschutz bei allen geschlossenen Fonds hat zum einen auf der gesellschaftsrechtlichen Ebene, zum anderen bei der prospekt- und vertragsgemäßen Mittelverwendung einzusetzen. An den auf jeden Fall einzusetzenden Treuhänder sollten hohe persönliche und fachliche Anforderungen gestellt werden. Auf die »Grundsätze ordnungsgemäßer Treuhandschaft« (GoT) wird verwiesen.

Seit Beschluß des BFH vom 25. 6. 1984 wird die Qualifikation der Einkünfte einer vermögensverwaltenden KG (entsprechend auch für die GbR) ausschließlich auf die Tätigkeit der Gesellschaft abgestellt. Solange und soweit der Klinik-Fonds (KG oder GbR) ausnahmslos vermögensverwaltend tätig ist, die Gesellschafter Miteigentümer sind, die dauerhafte Erzielung positiver Einkünfte gegeben und der Fonds wirtschaftlicher Eigentümer der Immobilie ist, handelt es sich um Einkünfte aus Vermietung und Verpachtung. Letzteres ist dann nicht mehr der Fall, wenn die vom Fonds vermietete Klinik in einem derartigen Maße nach den Pächter-/Mieterwünschen errichtet wird, daß eine spätere Nutzung durch einen anderen Dritten ausgeschlossen erscheint. In diesem Fall liegt ein sog. »Spezial-Leasing« vor, bei dem das Objekt dem Leasingnehmer (Mieter) zuzurechnen ist. Es wird auf den Leasing-Erlaß vom 21. 3. 1972 verwiesen. Dann erwirtschaftet die Gesellschaft Einkünfte aus Kapitalvermögen.

Der in das EStG neu eingefügte § 15a beschränkt den sofortigen Verlustabzug bzw. -ausgleich bei beschränkt haftenden Mitunternehmern auf deren Haftungseinlage. Gemäß § 21 Abs. 1 EStG ist bei Einkünften aus Vermietung und Verpachtung, und damit bei geschlossenen Immobilienfonds, sinngemäß zu verfahren. Dies gilt jedoch nicht bei Fonds-Konstruktionen, bei denen die Gesellschafter den Gläubigern über die geleistete Einlage hinaus haften.

Bei der Rechtsform der KG ist jedoch Voraussetzung, daß der Kommanditist namentlich (d. h. kein Treuhand-Kommanditist) im Handelsregister eingetragen ist, er das Bestehen der Haftung nachweisen kann, eine Vermögensminderung aufgrund der Haftung nicht vertraglich ausgeschlossen und eine solche auch nicht unwahrscheinlich ist. Im Falle der »GbR« ist § 15a sinngemäß anzuwenden, wenn die Haftung des BGB-Gesellschafters der des Kommanditisten vergleichbar ist. In der Regel ist bei der GbR die Haftung gegenüber Kreditinstituten für gewährte Darlehen unbeschränkt, so daß § 15a EStG keine Anwendung findet.

Dem »geschlossenen Fonds« von der Funktion her am nächsten steht der »offene Fonds«, bei dem das Fondskapital, die Anzahl der Fondsobjekte und die Anzahl der Gesellschaften nicht begrenzt sind. Diese dürfen nur in der Rechtsform der Aktiengesellschaft oder der Gesellschaft mit beschränkter Haftung betrieben werden und unterliegen den strengen Anlegerschutz-Bestimmungen des Gesetzes über Kapitalanlagegesellschaften (KAGG) und dem Kreditwesengesetz (KWG). Fondsanteile sind mit Wertpapieren vergleichbar. Steuerlich erzielt der Anleger gem. § 20 Abs. 1 Nr. 1 EStG Einkünfte aus Kapitalvermögen. Träger offener Fonds sind in der Regel Banken, die dann als institutionelle Großinvestoren auch Kliniken als Eigentümer in ihr Portefeuille nehmen könnten. Zumindest bei den offenen Fonds der Großbanken ist dies im Augenblick nicht der Fall.

7. Prüfungskriterien für Privatkrankenanstalten

Bei der Beurteilung von Immobilien werden in letzter Zeit verstärkt Prüfungskriterien in Form von Checklisten herangezogen. Für Klinik-Immobilien gelten vom Grundsatz her zunächst einmal die gleichen Prüfungsfragen wie für alle anderen Immobilien. Auf die bisherigen Veröffentlichungen wird verwiesen. Ohne jedoch auch nur annähernd einen Anspruch auf Vollständigkeit erheben zu wollen, sollten bei einer Klinik-Immobilie in privater Trägerschaft zusätzlich noch folgende Prüfschritte vorgenommen werden:

7.1 Gesamtkonzeption

1. Handelt es sich um ein »Krankenhaus« oder eine »Vorsorge- oder Rehabilitationseinrichtung« im Sinne der Definition des SGB V?
2. Sind die Auflagen des SGB V erfüllt?
3. Handelt es sich um eine bestandsgeschützte Einrichtung (wenn ja, in welchem Umfang) oder um eine Neugründung nach dem 1. 1. 1989?
4. Wie ist die versorgungsvertragliche Seite insgesamt zu beurteilen?
5. Welches ist der genaue Betätigungszweck?
6. Wer ist Krankenhausträger?
7. Ist eine auflagenfreie Konzession nach § 30 GewO notwendig, wenn ja, vorhanden bzw. steht diese zu erwarten?

8. Werden die landesrechtlichen Sonderbestimmungen (in Hessen: Krankenhausrichtlinien/KHR) eingehalten, oder sind Abweichungen erforderlich?
9. Ist die Chefarztfrage optimal gelöst?
10. Wie ist die ärztliche, medizinisch-therapeutische und pflegerische Besetzung, und kann der vorgegebene Personalstellenplan eingehalten werden?
11. Sind die grundsätzlichen Überlegungen moderner Marketingstrategien in das Gesamtkonzept der Klinik miteingeflossen?
12. Wird insbesondere im Kurbereich das geänderte Nachfrageverhalten berücksichtigt?
13. Finden ganzheitstherapeutische Überlegungen, Animation und verstärkte seelische Betreuung der Patienten Eingang in Konzeption, bauliche Planung, Ausführung sowie Personalbesetzung?
14. Sind die im Gesundheitswesen zu erwartenden Entwicklungen ansatzweise mit in das Konzept eingebunden?
15. Sind aufgrund der Gesamtkonzeption die Förderbedingungen des § 67 AO anwendbar?
16. Sind die z.T. antragsbedingten Voraussetzungen für Steuerbegünstigung nach den einzelnen Steuergesetzen gegeben?

7.2 Finanzielle Prüfungen

1. Sind die gesamten Investitionskosten von einem Krankenhausfachmann überprüft? Wie ermitteln sie sich, und enthalten sie Sonderkosten für medizinische Großgeräte, spezielle Gebäude, Einrichtungsformen, immaterielle Werte etc.?
2. Welche Bettenzahl ist konzipiert?
3. Wie hoch ist der bereinigte Bettenpreis?
4. Erfolgt eine Förderung nach dem KHG ganz/teilweise?
5. Wie sieht die Wirtschaftlichkeits- und Liquiditätsberechnung unter Berücksichtigung realistischer Pflegesatzerwartungen, Personal-, Sach-, Finanzierungskosten und Abschreibungen aus?
6. Wie ermitteln sich die Pflegesätze?
7. Berücksichtigt die Finanzplanung – gerade bei neu zu errichtenden Klinikvorhaben – die relativ starke Abhängigkeit von den Verhandlungsergebnissen mit Belegungsträgern und eine mögliche Unterdeckung in der Anlaufphase?

7.3 Ausstattungs- und Einrichtungsprüfungen

1. Entspricht die medizinisch-technische Ausstattung/Einrichtung dem vorgegebenen Zweck?

2. Sind medizinisch-technische Großgeräte vorhanden/in Zukunft notwendig, und welche Konsequenzen ergeben sich hieraus?
3. Entspricht die diagnostische, therapeutische, pflegerische, küchenmäßige, wirtschaftliche sowie ver- und entsorgungsmäßige Einrichtung/Ausstattung der zur Zeit vorhandenen Zielrichtung der Klinik, und sind flexible und evtl. in Zukunft notwendig werdende Anpassungen möglich und finanzierbar?
4. Wie wirkt das Gesamtklima der Klinik auf Patienten, Personal und Besucher?
5. Ist das Haus ganz/teilweise rollstuhlgeeignet?
6. Wie ist die Grundstückslage (Himmelsrichtung, Verkehrsbelästigung, Parkierungsmöglichkeiten, Verkehrsanbindungen, und bei Kurkliniken: Nähe zum Kurhaus, Kurmittelhaus, Kurpark, Terrain-Kurwegen etc.)?
7. Wie sieht die infrastrukturelle Umwelt der Klinik aus? Ergänzen sich Klinik und Umfeld, und welche Entwicklungen stehen zu erwarten?

7.4 Betriebsführung

1. Ist die Privatkrankenanstalt im Krankenhausplan und ein Krankenhaus im Sinne SGB V?
2. Handelt es sich um eine Vorsorge- oder Rehabilitationseinrichtung im Sinne § 111 SGB V?
3. Wer ist Kostenträger? Liegt ein gemischtes Haus vor?
4. Sind Sonderformen in das Krankenhaus mit eingebunden wie Zentrallabor zugleich für andere Krankenanstalten, Altenpflegeheim, Kurmittelhaus etc.?
5. Werden die Musterbedingungen des Verbandes der privaten Krankenversicherungen (§ 4 Abs. 5) erfüllt, und ist die Klinik insofern anerkannt?
6. Ist die Klinik beihilfefähig im Sinne der Beihilfeverordnung (BHV)?
7. Ist die Klinik zur Durchführung von Anschluß-Heilbehandlungsmaßnahmen (AHB) und Anschluß-Gesundheitsmaßnahmen (AGM) berechtigt?
8. Mit welchen Kostenträgern sind Belegungsvereinbarungen/Versorgungsverträge getroffen:
   a) Versicherte der Angestellten-Rentenversicherung sowie Angestellte des Öffentlichen Dienstes und freiwillig Versicherte (BfA: §§ 1236 u. 1237 RVO, § 13 AVG)
   b) Rentner, Krankenversicherte und deren Familienangehörige (AOK, Ersatzkassen, Betriebs- und Innungskassen, Bundesknappschaft u. a.: §§ 109 SGB V)
   c) Versicherte der Arbeiter-Rentenversicherung (LVAs, Bundesknappschaft u. a.: §§ 1236 u. 1237 RVO)
   d) Beamte (gesetzliche Krankenkasse oder Beihilfestelle)
   e) Kriegs- und Wehrdienstbeschädigte (Landesversorgungsamt: § 11 BVG)

f) Privat-Krankenversicherte (Privatkrankenversicherung)
g) Sozialhilfeempfänger (Hauptfürsorgestelle: §§ 36 und 37 BShG)
h) Sonderformen wie gemeinnützige oder wohltätige Vereine, Selbsthilfeorganisationen etc.

8. Weitere Entwicklung

Privat geführte Krankenanstalten sind in ihren betriebswirtschaftlichen Entscheidungsspielräumen freier, haben einen erheblichen Verhandlungsvorteil gegenüber anderen Trägern. Von daher sind sie in ihren Strukturen in aller Regel auch flexibler und kostengünstiger und haben mit ihren niedrigeren Pflegesätzen sicherlich in der Vergangenheit dazu beigetragen, daß die Pflegesätze bei kommunalen und freigemeinnützigen Häusern nicht noch weiter gestiegen sind. Dabei ist das Leistungsangebot privater Häuser mit Sicherheit auch nicht schlechter als das von anderen Trägern. Wäre das der Fall, würden die Patienten diese Häuser bei sich ständig verstärkendem Wettbewerb meiden.

Aber gerade bei den Privaten wird es in Zukunft den stärksten Strukturwandel und die stärksten Schwankungen geben. In Erinnerung gebracht werden soll dabei die Rezession im Kurbereich durch das 2. Haushaltsstrukturgesetz und das Kostendämpfungs-Ergänzungsgesetz. Hiernach wurde mit Wirkung vom 1. 1. 1982 die Möglichkeit, Präventivkuren in Anspruch zu nehmen, erheblich eingeschränkt. Die Rezession im Kurbereich begann 1982 und zeigte letzte Auswirkungen 1984. Wie hier der Markt bereinigt wurde, ergibt sich aus den Zahlen des Statistischen Bundesamtes. Die Anzahl der Kurkrankenhäuser ging vom Jahr 1975 mit 667 Einheiten mit 79 702 Betten auf 632 Anstalten mit 70 127 Betten per 31. 12. 1984 zurück.

Es zeigte sich zum ersten Mal deutlich und in großem Umfang, daß auch Dienstleistungsbetriebe im zuvor immer als krisensicher vermuteten Gesundheitswesen mit erheblichen wirtschaftlichen Risiken verbunden sind. Deshalb ist bei der Beurteilung einer Klinik-Immobilie einer exakten Durchleuchtung des bestehenden Betriebes oder der geplanten Maßnahme erheblicher Stellenwert beizumessen.

Leider beginnt erst in den letzten Jahren sich die Erkenntnis durchzusetzen, daß erfolgreich betriebene Krankenanstalten – neben allen hohen idealistischen Motiven – nach den gleichen Prinzipien betrieben werden müssen wie alle anderen Dienstleistungsbetriebe auch. Gerade im Markt der medizinisch-therapeutischen Dienstleistungen, der in Zukunft einer starken Strukturänderung unterworfen sein und der sich in wesentlichen Bereichen ganz deutlich vom Verkäufer- zum Käufermarkt entwickeln wird, sind moderne Marketing- und Management-Methoden Voraussetzung für langfristigen Erfolg. Management-geführte Krankenhäuser sollten strategische Konzepte entwickeln, in denen die Stärken eines betriebswirtschaftlichen Steuerungs- und Kontrollsystems zu finden sind. Dabei sollte folgendes berücksichtigt werden:

Verselbständigung des Krankenhausbetriebes möglichst in Anlehnung an aktienrechtliche Grundsätze mit transparenten Verantwortlichkeiten und Kompetenzen sowie Einführung von Matrix-Organisationen bei größeren Kliniken; Flexibilität im Haus und nach außen; Marktausrichtung; Ausbildung eines leistungsfähigen Managements; Ausbau einer strategischen Krankenhaus-Planung; verstärkte Motivation, Animation und seelische Betreuung der Patienten; optimale und nicht maximale ärztlich-medizinische sowie therapeutische und animative Betreuung.

Neben diesen hausinternen Neuorientierungen ist der Infrastruktur und dem Kurort-Marketing zunehmende Bedeutung beizumessen. Gerade Kliniken in Heilbädern, Kurorten etc. sind hiervon stark positiv oder negativ tangiert.

Zum Schluß sei noch auf die Möglichkeit der Finanzierung öffentlicher Gesundheitseinrichtungen mit Privatkapital hingewiesen. Interessante Gestaltungsmöglichkeiten für dem Klinikbereich verwandte Gewerbe-Immobilien ergeben sich dadurch, daß kommunale Investitionsvorhaben außerhalb der kommunalen Haushalte durch private Klinik-Fonds finanziert werden können. Dies ist im gesamten Gesundheitsbereich durchgängig von öffentlichen Kurmittelhäusern über Dialyse-Stationen bis hin zu Fachkliniken oder Akut-Krankenhäusern möglich. Diese würden von der Fonds-Gesellschaft finanziert und an öffentlich-rechtliche oder auch frei-gemeinnützige Körperschaften vermietet. Damit könnten dringend erforderliche Investitionen in Gesundheitseinrichtungen in aller Regel deutlich preiswerter und schneller realisiert werden als bei kommunalen Vorhaben. Eine für alle Beteiligten bei partnerschaftlicher Zusammenarbeit sinnvolle Finanzierungsalternative gewerblicher Immobilien.

Für den zukünftigen Bestand des Dienstleistungsbetriebes private Krankenanstalt – gleich in welcher Gestaltungsform – ist es gerade bei einem Standort in einem Heilbad/Kurort zwingend notwendig, bei der Entwicklung und laufenden Fortschreibung des »Regional-Marketings« mitzuwirken. Denn unabhängig von den bundesdeutschen Strukturveränderungen im Gesundheitsbereich sind schon heute die Perspektiven auszuloten, die ein näher zusammenrückendes Europa bieten. Die bundesdeutschen Kliniken und insbesondere die Heilbäder und Kurorte sollten diesen Entwicklungen nicht mit nationalem Provinzialismus entgegenstehen. Einen Vergleich brauchen sie nicht zu scheuen, liefert doch zugleich das gestiegene Umwelt- und Gesundheitsbewußtsein gute Aussichten, leistungswillig und getrost in die Zukunft zu schauen.

Literaturhinweise

Zu Punkt 1
Statistisches Bundesamt Wiesbaden (Hrsg.), Gesundheitswesen, Fachserie 12, Reihe 1: Ausgewählte Zahlen für das Gesundheitswesen; Reihe 6: Krankenhäuser, Wiesbaden 1988

Bruckenberger, E., Kur- und Spezialeinrichtungen, Gegenstand der Krankenhausplanung? in: f & w, führen und wirtschaften im Krankenhaus, Heft 6, 1986

Bruckenberger, E., Die Zukunft der Kur- oder Rehabilitationseinrichtungen, in: Krankenhaus Umschau, Heft 4, 1988

Eichhorn, S., Krankenhausbetriebslehre – Theorie und Praxis des Krankenhausbetriebes, 3 Bde, 1975–1987

Eichhorn, S., Besonderheiten des freigemeinnützigen Krankenhauses zwischen Theorie und Praxis, in: das Krankenhaus, Heft 11, 1988

Vollmer, R. J., Das Krankenhaus in der Rechtsprechung des Bundesverwaltungsgerichts, in: das Krankenhaus, Heft 6ff, 1988/1989

Vollmer, R. J., Auswirkungen auf Vorsorge- und Rehabilitationseinrichtungen, in: f & w, führen und wirtschaften im Krankenhaus, Heft 1, 1989

Das neue Krankenversicherungsrecht, Fünftes Buch Sozialgesetzbuch, AOK-Verlag, Bonn 1989

Zipperer, M., Leistungsrechtliche Konsequenzen, Gesundheits-Reformgesetz: Für die Behandlung in Vorsorge- oder Rehabilitationseinrichtungen, in: f & w, führen und wirtschaften im Krankenhaus, Heft 2, 1989

Zu Punkt 2
Landmann, R. v., Rohmer, G., Gewerbeordnung-Kommentar, München, 18. EL zu I/II, September 1986

Zu Punkt 3
Friedrich, H., Mertens, H., »Das Steuerrecht privater Krankenhausträger«, in: f & w, führen und wirtschaften im Krankenhaus, Heft 1 ff, 1984–1986

Vogel, E., Reinisch, G., Hoffmann G., Kommentar zum Umsatzsteuergesetz (52. Erg.-Lfg. 6/86)

Littmann, E., Bitz, H., Meincke, J. P., Das Einkommensteuerrecht, Kommentar zum Einkommensteuergesetz, 14. Auflage, Stuttgart 1985

Zu Punkt 4
Rose, G., Zur ertragssteuerlichen Behandlung der Fördermittel nach dem Krankenhausfinanzierungsgesetz bei privaten Krankenhausträgern, in: Der Betrieb, Heft 45, 1984

Hoffmann, H., Zur Situation des Krankenhauswesens in der Bundesrepublik Deutschland, Düsseldorf 1985

Luber, F., Krankenhausfinanzierungsgesetz (KHG), Percha 1989

Robert Bosch Stiftung (Hrsg.), Beiträge zur Gesundheitsökonomie 20, Krankenhausfinanzierung in Selbstverwaltung, Teil I, Kommissionsbericht, Gerlingen 1987

Bruckenberger, E., Kur- und Spezialeinrichtungen, Gegenstand der Krankenhausplanung?, aus: siehe oben

Zu Punkt 5
Fleischmann G., Röschinger W., Meyerhof, H.-D., Steuern, die Vermögen werden? Ein Wegweiser für steuerbegünstigte Kapitalanlagen, Landsberg am Lech, 1983

Söffing, G., Die Auswirkungen des Beschlusses des Großen Senats des Bundesfinanzhofes vom 25.6.1984, aus: Steuerbegünstigte Kapitalanlage, in: Handbuch der Bauherrenmodelle, Bauträgermodelle, Erwerbermodelle, Immobilienfonds und sonstigen Bauinvestitionen (HdB), Köln 1989

Dornfeld, R., Zur Anwendung des Beschlusses des Großen Senats GrS 4/82 auf geschlossene Immobilienfonds, aus: siehe oben

Richter, H., Anwendung des § 15 a EStG bei beschränkt haftenden Mitunternehmern, aus: siehe oben

Kurth, H., Der geschlossene Immobilienfonds, Handbuch für Anleger und Berater, Freiburg i. Breisgau 1986

Zu Punkt 6
wie bei Punkt 5

Zu Punkt 7
Institut der Wirtschaftsprüfer in Deutschland e. V., Mindestanforderungen an den Inhalt von Prospekten zu Angeboten über Kapitalanlagen, in: Vorteilhafte Geldanlagen

Hanger, K., Prüfliste für Grundstückskäufer, in: Vorteilhafte Geldanlagen

Kurth, H., Der geschlossene Immobilienfonds, aus: siehe oben

Zainhofer, R., Fremdenverkehrsabgabe-Pflicht privater stationärer Kurkliniken in Bayerischen Heilbädern, in: f & w, führen und wirtschaften im Krankenhaus, Heft 5 f, 1986

Paghel, H.S., Zeitgemäße Gästebetreuung im Hotel und Kurhaus, Animation – sales promotion management, München 1985

Deutscher Bäderverband e. V. (Hrsg.), Deutscher Bäderkalender, Gütersloh 1989

Zeitschriften:

f & w, führen und wirtschaften im Krankenhaus, ein Magazin für Krankenhäuser, Kurkrankenhäuser, Sanatorien, Verlag Bibliomed, medizinische Verlagsgesellschaft mbH, Melsungen

Krankenhausumschau, Zeitschrift für das gesamte Krankenhauswesen, Verlag E. C. Baumann KG, Kulmbach

Das Krankenhaus, Zentralblatt für das Deutsche Krankenhauswesen, Hrsg. Deutsche Krankenhausgesellschaft, Verlag W. Kohlhammer, Köln

Heilbad und Kurort, Verlag Flöttmann KG, Gütersloh

HARTMUT OSTERMANN/DR. KARL-HEINZ WEBER

Senioreneinrichtungen als Gewerbe-Immobilien

Inhalt

1.	Marktstellung	187
2.	Sozio-demographische Entwicklung	188
2.1	Bevölkerungsentwicklung	188
2.2	Einkommensentwicklung	188
3.	Projektentwicklung	189
3.1	Anforderungskriterien	189
3.1.1	Bisheriges Wohnverhalten	189
3.1.2	Wohnerwartungen	189
3.2	Einrichtungskriterien	191
3.2.1	Mono-funktionale Einrichtungen	191
3.2.1.1	Altenwohnheim	191
3.2.1.2	Altenheim	192
3.2.1.3	Altenpflegeheim	192
3.2.2	Multi-funktionale Einrichtungen	193
3.3	Standortkriterien	194
3.3.1	Mikro-Standort	194
3.3.2	Makro-Standort	194
3.4	Betriebskriterien	195
3.4.1	Betreiberwahl	195
3.4.2	Unterbringungskosten	195
3.5	Wirtschaftlichkeitskriterien	196
3.5.1	Optimale Betriebsgröße	196
3.5.2	Nutzfläche	197
3.5.3	Auslastung	197
3.5.4	Pre-Opening-Kosten	197
3.6	Förderungskriterien	197
3.7	Spezielle Anforderungskriterien	198
3.7.1	Bauliche Ausstattung	198
3.7.2	Personelle Ausstattung	199
4.	Ordnungsrahmen: Heimgesetz	200

4.1	Historie	200
4.2	Anwendungsbereich	200
4.2.1	Altenheim	201
4.3	Schutzzwecke	201
4.4	Administratives Überwachungssystem	202
4.4.1	Vor Inbetriebnahme	203
4.4.1.1	Erlaubnis	203
4.4.1.2	Anzeige	204
4.4.2	Nach Inbetriebnahme	204
4.4.2.1	Auskunft und Nachschau	204
4.4.2.2	Rücknahme, Widerruf	205
4.4.2.3	Untersagung	205
4.4.3	Zuständigkeiten	206
4.4.4	Materielle Überwachungskriterien	206
4.5	Rechtsstellung Heimbewohner	207
4.5.1	Heimvertrag	207
4.5.1.1	Abschluß	207
4.5.1.2	Rechtsnatur	207
4.5.1.3	Entgeltbemessung	208
4.5.1.4	Sonstige Geldleistungen	208
4.5.2	Mitwirkungsrechte	209
4.5.3	Novellierung	209
5.	Ausblick	210

1. Marktstellung

Im Markt für gewerbliche Immobilien haben bislang Senioreneinrichtungen gegenüber Geschäfts-, Bürohäusern, Shopping-Centers, Hotels und Ferienzentren eine nachrangige Stellung eingenommen.

»Wohnen im Alter« ist jedoch inzwischen ein Thema geworden, über das Sozial- und Wohnungspolitiker ebenso nachdenken wie Angehörige der Immobilienwirtschaft. Senioreneinrichtungen werden im Markt für gewerbliche Immobilien in den nächsten Jahren zunehmend an Bedeutung gewinnen. Die hierfür ursächlichen Rahmenbedingungen (Bevölkerungsentwicklung, Finanzstärke der Senioren) lassen bereits heute bei manchem Immobilien-Anbieter eine boomartige Entwicklung erhoffen, die einer vorhergesagten künftigen Wohnungsnot von Senioren begegnen soll.

Trotz der unbestreitbaren Chancen stecken auch erhebliche Risiken in einer derartigen gewerblichen Immobilieninvestition, die bereits bei einer richtigen Standortwahl, bei einer zutreffenden Einschätzung der lokalen bzw. regionalen Konkurrenz- und Nachfragesituationen ihren Anfang nehmen können. Eine den betrieblichen Bedürfnissen auf Jahre hin Rechnung tragende Projektentwicklung gestaltet sich wegen der speziellen Nutzungsausrichtung wesentlich schwieriger als bei anderen Immobilien. Eine Investition in Senioreneinrichtungen wird daher um so erfolgreicher auf Jahre hin sein, wenn von Beginn der Aufbereitung des Projektes spezieller Sachverstand, Erfahrungen, gewachsene Betriebskonzepte etc. von etablierten Betreibern eingebunden wird. Nur so läßt sich vermeiden, daß die erheblichen Vor- und Anlaufkosten richtig kalkuliert werden.

Unterlassungssünden in dieser Richtung führen unkorrigierbar zum Scheitern der Investition. Bereits in der Vergangenheit hat es Pleiten von durchaus angesehenen Bauträgern gegeben, die sich in Erwartung eines Wachstumsmarktes an die Errichtung von Senioreneinrichtungen gewagt haben, ohne in ausreichender Weise spezielle betriebliche Notwendigkeiten zu berücksichtigen, häufig auch von der Vorstellung beseelt, das »Betriebsgeschäft« durch eine eigens zu gründende Betriebsgesellschaft mitnehmen zu können.

Es ist unabdingbar, in einer frühen Phase der Projektentwicklung, d. h. bereits von der Auswahl des Grundstücks, das an Betriebserfordernissen ausgerichtete Know-how einzubinden und das spezielle Betriebskonzept auf seine Schlüssigkeit hin zu überprüfen.

2. Sozio-demographische Entwicklung

2.1 Bevölkerungsentwicklung

Sofern nicht gravierende Veränderungen im Familienverhalten der deutschen Bevölkerung eintreten, werden hierzulande in den nächsten Dekaden erhebliche Umschichtungen in der sozio-demographischen Struktur der Bevölkerung eintreten. Sämtliche prognostische Modellberechnungen der Statistiker stimmen darin überein, daß sich der Bevölkerungsaufbau vom bisher gewohnten Bild eines gleichmäßigen pyramidenförmigen Baumes entfernt. Der Anteil der 60 Jahre alten und älteren Menschen steigt rapide an, was auf schon Jahrzehnte währende extrem niedrige Geburtenraten sowie auf eine deutlich gestiegene Lebenserwartung zurückzuführen ist. Die jüngste Volkszählung aus dem Jahre 1987 hat zum Stichtag 25.5.1987 ergeben, daß knapp 12,7 Mio Personen 60 Jahre und älter sind; dies entspricht einem Anteil von ca. 20,7% der Gesamtbevölkerung. Nach einer Vorausberechnung des Statistischen Bundesamtes wird bis zum Jahre 2030 mit einem Bevölkerungsrückgang von heute 61,1 Mio auf 49,3 Mio zu rechnen sein, wobei es zu ganz erheblichen Verschiebungen der Altersstruktur kommen wird. Die Zahl der Bevölkerung mit 60 und mehr Jahren wird auf 18,4 Mio im Jahre 2030 ansteigen.

2.2 Einkommensentwicklung

Aus der Vergangenheits- und Gegenwartsbetrachtung können für die künftige Entwicklung der Einkommens- und Vermögensverhältnisse älterer Menschen nur vage Aussagen gemacht werden. Die Kaufkraft bei den Rentnern hat sich von 1957 bis heute mehr als verdoppelt. Die Einkommens- und Vermögensverhältnisse der älteren Bevölkerung haben sich erheblich verändert. Während von den 60jährigen und älteren Männern im Jahre 1976 nur etwa 16% über ein Nettoeinkommen von DM 1 800,– und mehr verfügten, ist dieser Anteil bis zum Jahre 1987 kontinuierlich auf 51% gestiegen. Bei den 60jährigen und älteren Frauen ist in diesem Zeitraum der Anteil von 3% auf 16% gestiegen. Derzeit verbessern sie sich noch weiter von Jahrgangsgruppe zu Jahrgangsgruppe. Auch für die kommenden Jahre sind hier keine gravierenden Veränderungen zu erwarten. Bei längerfristiger Betrachtung, insbesondere unter dem Aspekt der sich stark zugunsten der Renten verändernden Relationen zwischen Erwerbstätigen und Rentnern – die Bevölkerung im Erwerbsalter von gegenwärtig etwa 35,0 Mio wird bis zum Jahre 2030 auf etwa 23,0 Mio abnehmen –, ist mit relativen Einkommensverlusten von Rentnern und Pensionären zu rechnen.

3. Projektentwicklung

Wie bei jeder Gewerbe-Immobilie so sollte auch bei Senioreneinrichtungen eine systematische und intensive Projektentwicklung selbstverständlich sein. Die hierfür maßgebenden speziellen Kriterien werden nachstehend behandelt.

3.1 Anforderungskriterien

3.1.1 Bisheriges Wohnverhalten

Bis in die erste Hälfte des Jahrhunderts lebte die ältere Bevölkerung noch überwiegend in der Wohngemeinschaft der Großfamilie. Heute sind die älteren Menschen meistens auf sich alleine angewiesen.

Die amtliche Statistik weist auf das Jahr 1987 8,9 Mio Haushalte aus, in denen die »Bezugsperson« mindestens 60 Jahre alt ist, was einem Anteil von 33 % aller privaten Haushalte entspricht.

Aktuelle Zahlen über die Unterbringung in Senioreneinrichtungen gibt es bundesweit nicht. Die letzten amtlichen Zahlen aus der Volkszählung 1970 weisen aus, daß damals etwa 300 000 Personen in Altenwohnheimen, Altenheimen bzw. Altenpflegeheimen lebten. Diese Zahl entsprach etwa 2,6 % der Bevölkerung im Alter von mindestens 65 Jahren. Aus Ermittlungen einzelner Städte wird abgeleitet, daß gegenwärtig bundesweit etwa 5 % der Bevölkerung im Alter von 65 Jahren und darüber in Senioreneinrichtungen leben; dieser Anteil entspricht in etwa den Angaben des Kuratoriums »Deutsche Altershilfe«, wonach 1982 etwa 600 000 Personen in spezifischen Alteneinrichtungen lebten, und zwar
– 3 % in Alten- und Pflegeheimen
– 1,5 % in Altenwohnungen
– 0,8 % in Altenwohnheimen.

Der aktuelle Wohnstandard älterer Menschen ist zum Teil durch eine schlechte Wohnausstattung geprägt. Nach Erhebungen des Statistischen Bundesamtes entsprechen sogenannte »Altenhaushalte« (Bezugsperson ist 60 oder mehr Jahre alt) zu 38 % nicht den normalen Standards von Wohnungen, in denen neben WC und Bad eine Sammelheizung vorhanden ist. Es gibt in etwa 3 Mio Wohnungen älterer Haushalte, die nicht einem zeitgemäßen Standard entsprechen.

3.1.2 Wohnerwartungen

Die jüngeren Trends im Wohnungsbau heißen verdichtetes Wohnen und Mehrgenerationenhaus. Einfamilienhäuser und ansprechende Eigentumswohnungen werden immer teurer bei steigender Nachfrage. Mit pfiffigen Planungen in verdichteten Wohnformen lassen sich Grundstücks- und Baukosten einsparen. Durch gemeinsames Bauen im Familienverbund lassen sich unnötige Aufwendungen vermeiden und gemeinsame Finanzierungsmöglichkeiten ausschöpfen. Dies führt zur zunehmenden Errichtung von sogenannten Drei- oder Mehrgenerationenhäusern. Dieser Trend ist im Auge zu behalten, wenngleich nicht zu erwarten ist, daß der künftige Bedarf an Senioreneinrichtungen als gemeinschaftliche Wohnform für Senioren hierdurch wesentlich beeinträchtigt wird. Das mit höherem Alter generell zunehmende Risiko der Hilfe- und Pflegebedürftigkeit stellt eine Herausforderung für die Familie dar, denen vorwiegend im ländlichen Bereich auch viele gerecht werden. Aufgrund der allgemeinen Bevölkerungsentwicklung und einer zunehmenden Berufstätigkeit beider Ehepartner aus der Generation der Kinder sind jedoch diesen Wohnformen in Zukunft Grenzen gesetzt. Hinzu kommt, daß die Hemmschwelle des »Abschiebens in eine Pflegeeinrichtung« mit der Zunahme von qualitativ hochwertigen Angeboten an Senioreneinrichtungen abnehmen wird.

Die Zahl der wohlsituierten Senioren, die sich einen komfortablen Lebensabend leisten können, nimmt stetig zu. Gegenwärtig fehlt es zwar an entsprechenden Angeboten repräsentativer Seniorenresidenzen, so daß in der Projektentwicklungsphase die Einrichtungen qualitativ besser in ihren vielfältigen Angeboten sein müssen. So hat sich das Selbstverständnis von Senioren in den letzten Jahren ebenso gewandelt wie deren Freizeitverhalten. Die potentiellen Interessenten einer Senioreneinrichtung sind heute relativ rüstig und aktiv und deswegen weniger an Ruhe als an Unterhaltung und Lebensqualität interessiert. Diese Erkenntnisse sind bei der Auswahl des optimalen Standortes für Senioreneinrichtungen zu berücksichtigen, die sich daher nicht mehr wegen eines häufig erzeugten »Gettocharakters« auf der »grünen Wiese« befinden sollten.

Ihr Bestreben ist es, sich Unabhängigkeit und Selbständigkeit möglichst lange zu erhalten.

Demgemäß geht der Trend zukünftig in Richtung »altengerechte Wohnungen« mit einer Wohn- und Nutzfläche von mindestens 50 qm. Entsprechend den zwischenzeitlichen Erkenntnissen im normalen Wohnungsbau sollten möglichst kleinere Objekte bevorzugt werden, um einen negativen »Silocharakter« zu vermeiden. Durch eine entsprechend aufgelockerte Bauweise lassen sich durchaus mehrere kleine Objekte in ein Gesamtobjekt integrieren, ohne den negativen baulichen Charakter zahlreicher in der Vergangenheit geschaffener Wohnkomplexe zu kopieren.

Senioreneinrichtungen, die lediglich den Mindestanforderungen im Hinblick auf ihre Ausstattung genügen, sind kaum wettbewerbsfähig, da die Ansprüche an Wohnungen und Wohnumfeld in qualitativer Hinsicht steigen. Die Mehrzahl der potentiellen Nutzer wünscht ein Einzelzimmer. Je nach dem Grad der Rüstigkeit werden Appartements mit eigenem Bad und Kochnische, also der Möglichkeit zur Selbstversorgung, nachgefragt.

Die Ausstattung der Zimmer mit Möbeln sollte grundsätzlich variabel gestaltet werden, so daß auch eigene Möbel mitgebracht werden können. Die Appartements sollten über einen Wohn-/Schlafraum sowie eine abgetrennte Diele, Bad/WC und Kochnische sowie eine Loggia verfügen.

Moderne Seniorenheime weisen heute, insbesondere wenn sie einkommensstärkere Nachfrager ansprechen, umfangreiche Zusatzangebote an Gemeinschaftseinrichtungen und Dienstleistungen aus, so z. B. über eine Bibliothek, einen Fernsehraum, eine Cafeteria, Mehrzweckräume, Teeküchen, Musikzimmer, einen Vortragsraum oder im Einzelfall sogar über einen Theatersaal.

Weniger kostspielige Freizeit- oder Sporteinrichtungen wie z. B. Tischtennis oder Boccia können zum Teil ohne Entgelt benutzt werden. Aufwendigere Anlagen wie ein Hallenschwimmbad, eine Sauna oder eine Kegelbahn können als kostenpflichtige Zusatzeinrichtungen geführt werden.

Je nach Standort kann eine Senioreneinrichtung auch durch eine kleinere Ladenzelle mit Einkaufsmöglichkeiten für den täglichen Bedarf, Bank, Friseur oder Café sinnvoll bereichert werden.

Neben einer altengerechten Einrichtung ist natürlich auch die Atmosphäre einer Senioreneinrichtung von wesentlicher Bedeutung. Hierzu zählt vor allem die Möblierung und Gestaltung der Gemeinschaftseinrichtungen, Helligkeit, Grünanlagen, Wasserspiele etc. Entscheidend wird die Atmosphäre allerdings von dem Personal (Heimleiter, Pfleger, Betreuer etc.) sowie der jeweiligen Philosophie des Betreibers geprägt. In besonderem Maße dürfte sich eine gute Atmosphäre in einem freundlichen, gut ausgebildeten Personalbestand sowie einer großzügigen Hausordnung widerspiegeln.

3.2 Einrichtungskriterien

3.2.1 Mono-funktionale Einrichtungen

Die stationäre Altenhilfe umfaßt Angebote für ältere Menschen, die auf Dauer oder Zeit in Einrichtungen leben sollen, müssen oder wollen, in denen ihnen – abgestuft je nach Hilfebedarf bzw. Einrichtungstyp – Betreuung und Pflege angeboten wird. Die gegenwärtig vorhandenen Angebote sind überwiegend sehr speziell ausgerichtet und werden als Einrichtungstypen entweder als Altenheim, Altenwohnheim oder als Altenpflegeheim betrieben.

3.2.1.1 Altenwohnheim

Bei einem Altenwohnheim handelt es sich um eine Einrichtung, in der alte Menschen, die zur Führung eines Haushaltes noch imstande sind, Unterkunft in abgeschlossenen, nach Anlage, Ausstattung und Einrichtung auf ihre besonderen Bedürfnisse ausgerichtete Wohnungen gewährt wird und die Möglichkeit vorgesehen ist, im Bedarfsfalle zusätzliche Verpflegung, Betreuung und vorübergehende Pflege zu gewähren.

Das Altenwohnheim ist baulich eine Zusammenfassung in sich abgeschlossener Ein- und Zweipersonenwohnungen, wobei die Versorgung und die Betreuung durch Wirtschafts- und Gemeinschaftseinrichtungen gesichert ist.

Wesensbestimmend ist daher die Kombination selbständigen Wohnens und Wirtschaftens mit einer gewissen Betreuung und der jederzeit möglichen Inanspruchnahme einer ganz oder teilweise heimmäßigen Versorgung im Falle ständigen, vorübergehenden oder einmaligen Bedarfs.

3.2.1.2 Altenheim

Beim Altenheim handelt es sich um eine Einrichtung, in der alte Menschen, die nicht pflegebedürftig, aber zur Führung eines eigenen Haushaltes außerstande sind, volle Unterkunft, Verpflegung und Betreuung erhalten.

Der Funktion nach ist das Altenheim auf eine *volle Versorgung* der Bewohner ausgerichtet, denen nämlich volle Unterkunft, Verpflegung und Betreuung gewährt werden soll, wobei Betreuung auch eine im Bedarfsfalle zu gewährende Pflege umfaßt.

Bau, Ausstattung und Personalbesetzung sollten diesen Funktionen entsprechen. Insbesondere der bauliche Raumbedarf wird durch die wohnliche Unterbringung, die ständige wirtschaftliche Versorgung und soziale Betreuung sowie eine individuelle Pflege bestimmt. Ein Wohnplatz in einem Altenheim genügt dann modernen Anforderungen, wenn er sich in Vorraum, Wohn-/Schlafraum, Sanitärraum und Loggia aufteilt.

3.2.1.3 Altenpflegeheim

Bei einem Altenpflegeheim handelt es sich um eine Einrichtung, in der alte Menschen, die wegen Krankheit, Gebrechlichkeit oder Behinderung pflegebedürftig sind, Unterkunft, Verpflegung und Betreuung sowie Pflege erhalten.

Die Gewährung von Pflege ist das entscheidende Kennzeichen dieser Heime; in ihnen wird auch ärztliche Hilfe geleistet, aber regelmäßig nicht als Leistung des Heimträgers selbst. Die alltäglichen Verrichtungen, zu denen die Bewohner nicht mehr in der Lage sind, werden vom Träger übernommen oder zumindest unterstützend ermöglicht.

Das Altenpflegeheim ist baulich wie das Altenheim oder die Pflegeabteilung in einem Altenheim gestaltet. Es sollten Therapieeinrichtungen ebenso vorhanden sein, wie besondere bauliche Gestaltungen, die etwaigen körperlichen oder geistigen Gebrechen der Bewohner Rechnung tragen.

3.2.2 Multi-funktionale Einrichtungen

In der Vergangenheit sind vorwiegend die dreigliedrigen Einrichtungen mit Altenwohnheim, Altenheim und Pflegeheim wegen der verschiedenen Typen der Hilfsbedürftigkeit bei älteren Menschen errichtet worden. Hierbei wurde jedoch nicht beachtet, daß der ältere Bürger einem steten Entwicklungsprozeß ausgesetzt war, so daß er gezwungen sein kann, ständig von einer für ihn speziell funktionsgerechten Einrichtung in eine andere umziehen zu müssen mit all den negativen Begleiterscheinungen, die speziell bei einem älteren Menschen mit einem Ortswechsel verbunden sind. Anzustreben ist von daher, die Errichtung von flexiblen Senioreneinrichtungen, die einerseits eine weitgehende selbständige Lebensführung mit entsprechendem Dienstleistungsangebot gewährleisten, aber auch andererseits umfangreiche Betreuung und Pflege im Bedarfsfalle orts- und zeitnah sicherstellen.

Die klassische Dreigliedrigkeit von Senioreneinrichtungen ist von daher überholt; gefragt sind Seniorenzentren, die multifunktional ausgerichtet sind und altengerechte Wohnungen ebenso anbieten wie Altenheim- und Altenpflegeplätze. Eine derartige »Vernetzung« von verschiedenen Dienstleistungsangeboten in einer Einheit gibt einem Betreiber auch eine wesentlich höhere Kostensicherheit im Hinblick auf das Vorhalten von Dienstleistungsangeboten, deren Inanspruchnahme durch den Bewohner unterschiedlich hoch und kaum verläßlich kalkulierbar ist.

Darüber hinhaus haben solche Einrichtungen Zukunft, in denen eine Kurzzeitpflege und eine Tagespflege ergänzend angeboten wird.

Unter *Kurzzeitpflege* ist die zeitlich befristete, also nur vorübergehende Versorgung und Betreuung pflegebedürftiger alter und junger Menschen in einer stationären Einrichtung zu verstehen. Mit einem derartigen Angebot kann die bestehende Lücke zwischen einer ambulanten und einer stationären Betreuung geschlossen werden. Von solchen Angeboten wird vorwiegend in Situationen Gebrauch gemacht, wenn der pflegende Angehörige zur Betreuung nicht in der Lage ist (Urlaub, Krankheit etc.) oder vorübergehend überfordert ist oder um eine häusliche Isolation zu durchbrechen oder nach einer Akutversorgung eine Genesung zu fördern.

Gefordert ist ferner ein Konzept, das offene Altenhilfe mit ambulanten Diensten und dem Angebot an stationärer Altenhilfe verbindet. In geradezu idealtypischer Weise kann dies durch die Einrichtung sogenannter *Altentagespflegestätten* geschehen, in denen Senioren tagsüber in einer Einrichtung betreut werden können. Eine Integration der Tagespflegegäste in die Bewohnergemeinschaft ist ohne weiteres möglich, wenn hierauf bereits bei der baulichen Planung Vorsorge getroffen wird.

3.3 Standortkriterien

3.3.1 Mikro-Standort

Der optimale Standort einer Seniorenimmobilie hängt von der beabsichtigten überwiegenden Nutzung ab.

Während die Idealbeschreibung eines Standortes für Seniorenwohnungen mitten in einer ruhigen Oase einer Fußgängerzone mit unmittelbarer Nähe zu einem Park richtig sein mag, ist dies für Pflegeheime sicherlich nicht bedarfsgerecht. Allgemein läßt sich für multifunktionale Senioreneinrichtungen folgendes sagen:

Der Standort sollte möglichst zentrumsnah in den Innenstädten liegen. Hierbei sollen einerseits Möglichkeiten zu Spaziergängen z. B. in Parks, Anlagen etc. gegeben sein. Andererseits sollte auch die nötige Infrastruktur vorhanden sein. Hierzu zählen vor allem Einkaufsmöglichkeiten, am besten in einer ansprechenden Fußgängerzone, sowie Dienstleistungsbetriebe, wie Post, Bank und Gaststätten (Cafés) in leicht erreichbarer Nähe. Besonders vorteilhaft ist darüber hinaus die Existenz kultureller Einrichtungen (Theater, Kino, Konzertsaal). Sofern die Senioreneinrichtung nicht über Hallenbad, medizinische Bäder, Massageabteilungen etc. verfügen, stellt zumindest die erreichbare Nähe derartiger Einrichtungen ein positives Standortkriterium dar.

Befindet sich das Grundstück nicht in sehr zentraler Lage, so ist auf eine Anbindung an das öffentliche Nahverkehrsnetz, teilweise auch an das Fernverkehrsnetz in besonderem Maße zu achten.

3.3.2 Makro-Standort

Die Makro-Standortsituation sollte durch das Vorhandensein eines ausreichenden Bevölkerungspotentiales im näheren Umfeld (ca. 30 bis 50 km) geprägt sein. Dies gilt vor allem für eher ländliche Gegenden. Nach neueren Erkenntnissen veranlaßt auch eine landschaftlich reizvolle Gegend die Senioren kaum noch, 100 bis 150 km von ihren bisherigen Wohnorten wegzuziehen – es sei denn, es handelt sich um einen besonders anziehungskräftigen Standort wie z. B. München. Vergleichsweise unproblematisch sind – sofern eine entsprechende Nachfrage gegeben ist – Standorte in Ballungsgebieten, bei denen im Umkreis von 10 bis 20 km eine Bevölkerungszahl von 1,0 Mio oder darüber gegeben ist.

Es läßt sich feststellen, daß Investitionen vorwiegend in den Einzugsbereichen der Großstädte, München, Stuttgart, Frankfurt, Düsseldorf und Köln lohnend sein können. Allgemein wird der stärkste Zuwachs im Westen und Süden der Bundesrepublik erwartet.

Es wird möglicherweise in Zukunft sogar einen bescheidenen Bedarf an Senioreneinrichtungen im Ausland geben, wobei hier jedoch aufgrund des gegenwärtig fehlenden speziellen Know-hows Zurückhaltung angeraten erscheint.

Zur Ermittlung des Bedarfs an potentiellen Standorten sollten die Landes-Altenpläne sowie die Altenpläne der Landkreise und kreisfreien Städte studiert werden. Insbesondere erscheint auch eine Überprüfung der Konkurrenzsituation im Hinblick auf eventuell bestehende Wartelisten, Leerstände, Atmosphäre und Preisniveau erforderlich.

3.4 Betriebskriterien

3.4.1 Betreiberwahl

Als Betreiber von Senioreneinrichtungen kommen in Betracht
- Öffentlich-rechtliche Träger (Länder, Landkreise, Gemeindeverbände; Anstalten und Stiftungen, denen die Rechtsfähigkeit zuerkannt ist; kirchliche Einrichtungen)
- Verbände der freien Wohlfahrtspflege (Diakonisches Werk, Innere Mission, Deutscher Caritasverband, Deutscher Paritätischer Wohlfahrtsverband, Deutsches Rotes Kreuz, Zentrale Wohlfahrtsstelle der Juden in Deutschland)
- Frei gemeinnützige Träger (Organisationen, die einem Verband der Freien Wohlfahrtspflege angehören; Organisationen, denen steuerlich die Gemeinnützigkeit anerkannt ist, ohne daß sie Mitglied in einem Verband der Freien Wohlfahrtspflege sind)
- Private Träger.

Mit Ausnahme der privaten Träger sind die übrigen Betreiber nicht gewinnorientiert tätig.

Zum Stichtag 30. 6. 1987 waren im Land Rheinland-Pfalz von den Heimen der Altenhilfe 62% in freigemeinnütziger Trägerschaft, 29% in privater Trägerschaft und 9% in öffentlich-rechtlicher Trägerschaft.

Altenheime und Pflegeheime werden überwiegend von der öffentlichen Hand, den Spitzenverbänden der Freien Wohlfahrtspflege oder freigemeinnützigen Einrichtungen betrieben, weniger von gewerblichen Unternehmungen, die vorwiegend neben einigen gemeinnützigen Unternehmen hochwertige Seniorenresidenzen und gemischt-genutzte Senioreneinrichtungen betreiben.

3.4.2 Unterbringungskosten

Die Kosten der Unterbringung in einer Senioreneinrichtung hängen von der Art des in Anspruch genommenen Wohnraumes (Ein- oder Doppelzimmer) sowie dem Grad der Dienstleistungen ab.

Für die Unterbringung in einem Altenheim mit geringem Aufwand an Dienstleistungen werden Tagespflegesätze von etwa DM 60,– verlangt.

In Altenpflegeheimen mit umfassender Betreuung und Versorgung liegen die Tagespflegesätze zwischen DM 70,– und DM 150,–.

Ein Großteil der älteren Menschen ist nicht in der Lage, die anfallenden Kosten aus dem normalen Alterseinkommen zu tragen. In diesen Fällen tritt der Sozialhilfeträger ein; so sind gegenwärtig in Pflegeheimen bis zu 90 % und in Altenheimen bis zu 50 % Sozialhilfeempfänger untergebracht. Dies bedeutet naturgemäß, daß der Sozialhilfeträger großen Einfluß auf die Höhe der Entgelte nehmen kann, indem mit den freigemeinnützigen Trägern, die einem Spitzenverband der Freien Wohlfahrtspflege angehören, sogenannte Pflegesatzvereinbarungen geschlossen werden. Hierin werden die Pflegesätze entsprechend der Höhe der nachgewiesenen Kosten vereinbart. Kosten im Sinne einer derartigen Vereinbarung sind alle bei einer sparsamen Wirtschaftsführung unter Berücksichtigung der Aufgabenstellung der betreffenden Heime entstehenden Personal- und Sachkosten einschließlich des Abschreibungs- und Instandhaltungsaufwandes.

Investitionskosten werden – z. B. in Rheinland-Pfalz – über die sogenannten »Bettenwertpauschalen« (Abschreibungs- und Instandhaltungspauschale) und zusätzlich bis zu DM 6,– pro Tag und Platz als Belastung für Fremdkapitalzinsen, Erbbauzinsen, Mieten, Pachten u. ä. bei der Höhe der Pflegesätze berücksichtigt.

Zum Teil werden auch mit privat-gewerblichen Trägern individuelle Pflegesätze vereinbart. Hierauf besteht allerdings kein Anspruch, da sich die Sozialhilfeträger auf §§ 10, 93 Abs. 2 Satz 3 des Bundessozialhilfegesetzes berufen, wo ein Vorrang freigemeinnütziger und öffentlicher Träger gegenüber privat-gewerblichen Einrichtungsträgern geregelt ist.

Es ist klar, daß Senioreneinrichtungen mit gehobenem Niveau nahezu ausnahmslos für sogenannte Selbstzahler in Betracht kommen, so daß bei allen optimistischen Prognosen einer künftigen Entwicklung Grenzen gesetzt sind.

3.5 Wirtschaftlichkeitskriterien

3.5.1 Optimale Betriebsgröße

Allgemein verbindliche Raster gibt es nicht. Berücksichtigungspflichtige Kriterien sind Standort, Einzugsgebiet, spezielle lokale und regionale Bedarfssituationen, Wettbewerbssituation, Höhe der »Einstiegskosten«.

Die Zahl der Einheiten in einer Senioreneinrichtung hängt im wesentlichen vom Nachfragepotential im unmittelbaren Umfeld ab. Ein Minimum von etwa 40 bis 50 Einheiten ist im allgemeinen erforderlich, um überhaupt einen wirtschaftlichen Betrieb zu gewährleisten.

Relativ schnell belegbar sind Senioreneinrichtungen in einer Größenordnung von 100 bis 150 Einheiten. Diese Dimensionierung gilt als ausgesprochen wirtschaftlich.

In bevölkerungsstarken Regionen können Objekte durchaus mit 300 bis 350 Wohneinheiten schnell belegt und damit ökonomisch betrieben werden.

3.5.2 Nutzfläche

Als eine gesunde Relation zwischen Wohnfläche einerseits und allgemein zugänglichen Gemeinschaftsflächen andererseits wird ein Allgemeinflächenanteil von etwa 30 bis 40% angesehen. Zu den Allgemeinflächen zählen neben den Gemeinschaftsräumen auch Küchen, Schwesternstationen, Flure etc.

3.5.3 Auslastung

Gut geführte Senioreneinrichtungen erreichen je nach Konkurrenzsituation und Nachfragepotential eine Auslastung bis zu 100%. Aufgrund vorhandener Wartelisten können freiwerdende Plätze sehr kurzfristig wiederbelegt werden. In einer derartigen Situation dürfte eine kalkulatorische Auslastungsquote von 90% eventuelle Leerstände ausreichend berücksichtigen. Je nach Standort ist jedoch bei der Entwicklung neuer Projekte mit einer niedrigeren Auslastung zu kalkulieren.

3.5.4 Pre-Opening-Kosten

Häufig werden die Vor- und Anlaufkosten einer Senioreneinrichtung unterschätzt. Diese können oftmals eine Größenordnung von DM 1,0 bis DM 2,0 Mio erreichen und sind entweder in die Investitionskosten miteinzubeziehen oder durch Einräumung von mietzinsfreien Zeiten abzugelten.

3.6 Förderungskriterien

Die Errichtung oder der Betrieb von Senioreneinrichtungen wird auf verschiedene Weise durch die öffentliche Hand gefördert: Gemeinnützig arbeitende Betreiber sind nicht körperschaftssteuer- und mehrwertsteuerpflichtig.

In der Investitionsphase kommen zwei Förderungsmöglichkeiten in Betracht: Sofern die Förderung von Seniorenheimen in den Wohnungsbauprogrammen der Länder enthalten ist, werden Zuschüsse je qm Nutzfläche gewährt. Je nach Bedarf werden daneben auf Kreisebene im Rahmen von Kreis-Altenplänen Zuschüsse pro Seniorenbett gewährt. Die Höhe richtet sich nach dem jeweiligen örtlichen Bedarf. Investoren sollten sich jedoch darauf einrichten, daß die notwendigen Bewilligungsverfahren einen äußerst langen Zeitraum in Anspruch nehmen.

3.7 Spezielle Anforderungskriterien

3.7.1 Bauliche Ausstattung

Aufgrund der in § 3 enthaltenen Ermächtigung ist die *Verordnung über bauliche Mindestanforderungen für Altenheime, Altenwohnheime und Pflegeheime für Volljährige* (HeimMindBauV) vom 27.1.1978 (BGBl I, S. 189) erlassen worden und am 1.8.1978 in Kraft getreten. Sie wurde durch Verordnung vom 3.5.1983 (BGBl I, S. 547) geändert. Der Verordnungsgeber hat die baulichen Mindestanforderungen für die genannten Alteneinrichtungen verbindlich festgelegt, sofern diese mindestens sechs Personen aufnehmen.

Für Investitionsentscheidungen sind vor allem folgende Erfordernisse von besonderer Bedeutung:
- Wohn- und Pflegeplätze müssen unmittelbar von einem Flur erreichbar sein, der den Heimbewohnern, dem Personal und den Besuchern allgemein zugänglich ist.
- Flure, die von Heimbewohnern benutzt werden, dürfen innerhalb eines Geschosses keine oder nur solche Stufen haben, die zusammen mit einer geeigneten Rampe angeordnet sind.
- In Pflegebereichen müssen die Flure zu den Pflegeplätzen so bemessen sein, daß auf ihnen bettlägerige Bewohner transportiert werden können (je nach Flurlänge variieren die Mindestbreiten von 1,2 m [Flurlänge 10,0 m] bis 1,8 m [Flurlänge 25,0 m]).
- Flure und Treppen müssen an beiden Seiten mit festen Handläufen versehen werden.
- In Einrichtungen, in denen bei regelmäßiger Benutzung durch die Bewohner mehr als eine Geschoßhöhe zu überwinden ist oder in denen Rollstuhlbenutzer in nicht stufenlos zugänglichen Geschossen untergebracht sind, muß mindestens ein Aufzug vorhanden sein.
- Fußbodenbeläge müssen rutschfest sein.
- Räume, in denen Pflegebedürftige untergebracht sind, müssen mit einer Rufanlage ausgestattet sein, die von jedem Bett aus bedient werden kann.
- Ferner schreibt die Verordnung das Vorhandensein einer Nachtbeleuchtung, die Art der Lichtschalter, die Notwendigkeit von Fernsprechern, Türen, Heizung und Wirtschaftsräumen sowie die Mindestanforderungen an die sanitären Anlagen vor.

Für Altenheime gelten hinsichtlich des Raumprogrammes folgende spezielle Anforderungen:
- Die Wohnplätze für eine Person müssen mindestens einen Wohn-/Schlafraum mit einer Wohnfläche von 12 qm, Wohnplätze für zwei Personen einen solchen mit einer Wohnfläche von 18 qm umfassen und über einen Waschtisch mit Kalt- und Warmwasseranschluß verfügen.
- Innerhalb der Einrichtung muß mindestens eine Kochgelegenheit für die Bewohner sowie ein Abstellraum für deren Sachen vorhanden sein.

- Die Einrichtung muß mindestens einen Gemeinschaftsraum von 20 qm Nutzfläche haben, bei mehr als 20 Bewohnern muß eine Nutzfläche von mindestens 1 qm je Bewohner zur Verfügung stehen, wobei Speiseräume generell und ausnahmsweise Wohnflure angerechnet werden können.
- Darüber hinaus muß ein Raum für Bewegungstherapie und Gymnastik vorhanden sein, sofern nicht geeignete Räumlichkeiten in zumutbarer Entfernung, d. h. mit geringem zeitlichen Aufwand ohne Hilfe Dritter, benutzt werden können.

Für Altenwohnheime gelten folgende spezielle Anforderungen:
- Die Mindestfläche für Wohnplätze liegt auch hier wie bei Altenheimen bei 12 qm bzw. 18 qm bei Doppelbelegung.
- Als Zusatzausstattung ist eine Küche oder zumindest eine Kochnische oder ein Kochschrank sowie ein Sanitärraum mit Waschtisch und Spülklosett erforderlich.
- Für Gemeinschaftsflächen müssen mindestens 0,75 qm Nutzfläche je Heimbewohner zur Verfügung stehen.

Für Altenpflegeheime gelten folgende spezielle Anforderungen:
- Die Pflegeplätze müssen mindestens einen Schlafraum mit einer Wohnfläche von 12 qm für einen bzw. 18 qm für zwei, 24 qm für drei und 30 qm für vier Bewohner umfassen; Wohn-/Schlafräume für mehr als vier Personen sind in Pflegeheimen nicht zulässig.
- Zusätzlich zu den allgemein für Altenheime vorgeschriebenen Funktions- und Zubehörräumen muß bei Pflegeheimen in jedem Gebäude ein Schmutzraum mit Fäkalienspüle vorhanden sein.
- Die Dimensionierung der Gemeinschaftsflächen bemißt sich ebenfalls nach der Zahl der Bewohner (0,75 qm), die Nutzflächen müssen jedoch so angelegt sein, daß auch Bettlägerige an Veranstaltungen und Zusammenkünften teilnehmen können.

3.7.2 Personelle Ausstattung

Aufgrund der in §3 enthaltenen Ermächtigung wurde am 11.5.1979 dem Bundesrat der *Entwurf einer Verordnung über personelle Mindestanforderungen* (HeimMindPersV) zugeleitet (Bundesrat-Drucksache 240/79) und von diesem mit geringfügigen Ergänzungen, aber mit einschneidenden Änderungen des Mindestpflegepersonal-Schlüssels für pflegebedürftige Bewohner gebilligt. Der Bundesminister für Jugend, Familie und Gesundheit hat und will jedoch die Verordnung nach der Reduzierung des Personalschlüssels nicht erlassen. Der Bundesminister plädiert für einen Schlüssel von 1:4 bei Pflegebedürftigen, der Bundesrat für 1:5 mit der Begründung, dieser Schlüssel reiche als unterste Grenze aus. Ein Schlüssel von 1:4 würde erhebliche Kostensteigerungen verursachen.

Zwar fehlt für die Durchführung des Heimgesetzes damit eine wichtige Rechtsgrundlage, doch stellt dies für den Vollzug des Gesetzes insoweit kein Hindernis dar, als sich die Behörden in praxi an den Festlegungen des Entwurfs orientieren. Die Stellenplanschlüssel werden jedoch in keiner Weise den Bedürfnissen zur Pflege alter Bewohner im stationären, aber auch im ambulanten Bereich gerecht. Notwendig ist neben einer personellen Aufstockung vor allem auch eine qualifiziertere Ausbildung der Pflegekräfte. Vielfach werden Krankenschwestern zur Pflege älterer Menschen eingesetzt, die jedoch für diese Arbeit nicht speziell ausgebildet sind.

4. Ordnungsrahmen: Heimgesetz

4.1 Historie

Das Heimwesen unterlag über einen langen Zeitraum keiner umfassenden gesetzlichen Regelung. Die Landesregierungen waren ermächtigt, Rechtsverordnungen für den Betrieb von gewerblichen Alteneinrichtungen zu erlassen, wovon sie auch Gebrauch machten. Bei etwaigen Mißständen konnte der Heimbetrieb nach § 35 Gewerbeordnung wegen Unzuverlässigkeit untersagt werden. Eine behördliche Präventivkontrolle vor Beginn des Heimbetriebes fand nicht statt.

Mehrere in der Presse stark herausgestellte Fälle über Mißstände in Altenheimen zu Beginn der 70er Jahre veranlaßten den Gesetzgeber schließlich zum Erlaß des *Gesetzes über Altenheime, Altenwohnheime und Pflegeheime für Volljährige* (HeimG) vom 7.8.1974 (BGBl I, S. 1873), welches öffentlich-rechtliche Normen enthält, die Zugangsvoraussetzungen für den Heimbetrieb regeln und Organisation, Zuständigkeiten sowie Eingriffsbefugnisse der auf diesem Felde agierenden öffentlich-rechtlichen Aufgabenträger bestimmen.

4.2 Anwendungsbereich

Nach § 1 Abs. 1 Satz 1 HeimG gilt das Gesetz für »Altenheime, Altenwohnheime, Pflegeheime und gleichartige Einrichtungen, die alte Menschen sowie pflegebedürftige oder behinderte Volljährige nicht nur vorübergehend aufnehmen und betreuen, soweit es sich nicht um Krankenhäuser, Tageseinrichtungen oder Einrichtungen der beruflichen Rehabilitation handelt«.

Generell begründen die über reine Wohnraumüberlassung hinausgehenden Leistungen die Anwendbarkeit des HeimG, wobei es in Einzelfällen durchaus zu Zweifelsfragen kommen kann. Tagespflegeeinrichtungen fallen nicht in den Anwendungsbereich des Gesetzes.

4.2.1 Altenheim

Die Altenwohnheime unterliegen der Überwachung nach dem HeimG auch dann, wenn die Bewohner oder die Mehrzahl von ihnen noch in der Lage sind, ein selbständiges Leben zu führen, und wenn deshalb die für den Bedarfsfall zugesagten Hilfeleistungen bisher nicht oder nur in geringem Umfang in Anspruch genommen worden sind. Diese Überwachung hat den Zweck sicherzustellen, daß der Träger der Einrichtung die für den Bedarfsfall angebotenen Leistungen, auf deren Vorhandensein die alten Menschen vertrauen, auch tatsächlich bereit hält und in diesem Zusammenhang dann auch die sonstigen zum Schutze der Bewohner erlassenen Vorschriften einhält.

Entscheidend ist mithin das Versprechen von Versorgungs- und Betreuungsmaßnahmen. Dieses Versprechen muß nicht vom Heimträger selbst abgegeben worden sein. Auch wenn der Vermieter die Versorgung und Betreuung durch Dritte erbringen läßt, mit denen er entweder selbst oder die Bewohner einen Vertrag über die Erbringung dieser Leistungen abschließen, unterfällt die Einrichtung dem HeimG. Die Anwendbarkeit des Gesetzes kann somit nicht durch eine Aufspaltung auf verschiedene Vertragspartner umgangen werden.

Für die Anwendbarkeit des HeimG kommt es nicht auf Namen, Bezeichnungen, Rechtsgrundlagen und Motive für den Betrieb von Einrichtungen an. Vielmehr fallen unter das Gesetz auch Pflegestationen sonstiger Einrichtungen (z. B. Pflegestation des Wohnheimes, Seniorenstifte, Feierabendhäuser, Ruheheime, Alterspensionen u. ä.), wenn nur die sachlichen Voraussetzungen gegeben sind.

Das HeimG ist nicht anwendbar auf Einrichtungen, die nicht heimmäßig betrieben werden, d. h., wo eine Betreuung und Versorgung nicht erforderlich ist und nicht bereitgehalten wird.

4.3 Schutzzwecke

Generalzweck des HeimG ist es, die Interessen und Bedürfnisse der Bewohner vor Beeinträchtigungen zu beschützen (§ 2 Abs. 1 HeimG). Neben diesem Auffangtatbestand hat der Gesetzgeber in Nr. 2 bis 4 spezielle Schutzzwecke normiert:
– Zweck des Gesetzes ist es, die *finanzielle Übervorteilung* der Heimbewohner zu verhindern; es darf zwischen dem Entgelt und der Leistung der Einrichtung kein Mißverhältnis bestehen.
– Zweck des Gesetzes ist ferner die *Förderung der Beratung der Bewohner und der Träger* von Einrichtungen.
– Zweck des Gesetzes ist schließlich die *Sicherung zurückzuzahlender Leistungen*, die im Hinblick auf die Unterbringung in einer Einrichtung von oder zugunsten von Bewohnern oder Bewerbern erbracht worden sind.

Um einen wirksamen Schutz durchsetzen zu können, enthält das Gesetz zahlreiche Gebote, Verbote, Verpflichtungen und Ermächtigungen zum Erlaß von Rechtsverordnungen sowie Verpflichtungen und Ermächtigungen für die Behörde zur Überwachung, zu Eingriffen in den Heimbetrieb und zur Ahndung von Ordnungswidrigkeiten durch Geldbußen.

Geboten werden die Einhaltung von Mindestanforderungen in baulicher und personeller Hinsicht (§ 3), der Abschluß von Heimverträgen und die schriftliche Bewerber-Information (§ 4), die Mitwirkung der Heimbewohner (§ 5), die Sicherung der ärztlichen und gesundheitlichen Betreuung und die Gewährleistung der Betreuung pflegebedürftiger Bewohner (§ 6 Abs. 3), die Erstattung von Anzeigen (§ 7), Buchführung und Meldungen (§ 8) und die Rückzahlung bestimmter Leistungen (§ 14 Abs. 3).

Verboten werden der Betrieb erlaubnispflichtiger Einrichtungen ohne Erlaubnis (§ 6 Abs. 1), ein Mißverhältnis zwischen Entgelt und Leistungen (§ 6 Abs. 3), die Beschäftigung nicht geeigneter Leiter oder Mitarbeiter (§ 13) und Vermögensvorteile für Träger, Leiter und Beschäftigte (§ 14 Abs. 1 und 2).

Das Instrumentarium der zuständigen Behörde umfaßt die Versagung der Erlaubnis (§ 6 Abs. 3), die Einholung von Auskünften (§ 9 Abs. 1), die Nachschau (§ 9 Abs. 2), die Beratung über Möglichkeiten zur Abstellung von Mängeln (§ 11 Abs. 2), Auflagen und Anordnungen (§ 12), Beschäftigungsverbote (§ 13), Rücknahme und Widerruf der Erlaubnis (§ 15) und Untersagung des Betriebes einer erlaubnisfreien Einrichtung (§ 16).

4.4 Administratives Überwachungssystem

Mit dem HeimG hat der Gesetzgeber den Betrieb von Senioreneinrichtungen grundsätzlich einer privatwirtschaftlichen Ordnung überantwortet. Diese freie wirtschaftliche und damit unternehmerische Betätigung in diesem Bereich der Daseinsvorsorge ist somit grundrechtlich geschützt durch Art. 2 Abs. 1 GG (unternehmerische Dispositionsfreiheit als Ausdruck der allgemeinen Handlungsfreiheit), Art. 14 Abs. 1 GG (Eigentumsgarantie unter dem Gesichtspunkt des Bestandsschutzes) und insbesondere durch Art. 12 Abs. 1 GG, denn das Grundrecht der Berufsfreiheit gewährleistet einschlußweise auch die Gewerbe- und Unternehmerfreiheit.

Diese Freiheiten sind jedoch nicht schrankenlos; im HeimG sind den privaten Initiativen Grenzen gesetzt, wo dies zum Schutz der Interessen und Bedürfnisse der Bewohner erforderlich ist (§ 2 I 1 HeimG). Dies ändert aber nichts an der Grundbewertung des Gesetzgebers, nach der er sich in ordnungspolitischer Hinsicht gegen eine staatliche und für eine privatwirtschaftliche Unternehmensform im Heimwesen entschieden hat.

4.4.1 Vor Inbetriebnahme

4.4.1.1 Erlaubnis

Nach § 6 Abs. 1 HeimG bedarf derjenige, der eine Einrichtung im Sinne des § 1 betreiben will, grundsätzlich der Erlaubnis. Es handelt sich hierbei um nichts anderes als um ein klassisches Instrument des Wirtschaftsverwaltungsrechts, nämlich um ein sogenanntes präventives Verbot mit Erlaubnisvorbehalt. Während mit der dogmatischen Gegenfigur des repressiven Verbotes mit Befreiungsvorbehalt eine an sich unerwünschte Tätigkeit unterbunden werden soll, weil sie vom Gesetzgeber prinzipiell als sozial schädlich bewertet worden ist und demzufolge das betreffende Verhalten nur in wenigen Ausnahmefällen erlaubt werden soll, gibt § 6 Abs. 1 HeimG instrumentell der Behörde lediglich eine Kontrollgelegenheit zum Zwecke einer auf den Einzelfall bezogenen Bewertung einer an sich erwünschten wirtschaftlichen Betätigung.

Diese gesetzgeberischen Grundbewertungen führen dazu, daß ein Betreiber einen Anspruch auf Erlaubniserteilung hat, wenn die in § 6 Abs. 3 aufgezählten Gründe nicht gegeben sind (Näheres dazu unten).

Die Erlaubnis ist dem zukünftigen Betreiber (d. h. dem späteren Träger) zu erteilen, der sie auch beantragen muß. Der Antrag muß gestellt werden, bevor der erste Heimbewohner eingezogen ist. Der Betrieb darf erst aufgenommen werden, wenn die Erlaubnis erteilt ist. Wird die Einrichtung zu einem späteren Zeitpunkt von einem anderen als dem Antragsteller betrieben, bedarf es einer erneuten Erlaubnis.

Lehnt die Behörde den gestellten Antrag auf Erteilung einer Betriebserlaubnis ab, so handelt es sich hierbei um einen belastenden Verwaltungsakt, gegen den der Beschwerte Widerspruch binnen einer Monatsfrist einlegen muß, will er gegen die Entscheidung vorgehen. Das Widerspruchsverfahren ist ein Vorverfahren, dem sich die Erhebung einer Verpflichtungsklage wegen Versagens der beantragten Erlaubnis vor dem zuständigen Verwaltungsgericht anschließen kann.

Es ist auch denkbar, daß wegen Untätigkeit der Behörde im Anschluß an die Antragstellung eine Verpflichtungsklage als sogenannte Untätigkeitsklage bei dem zuständigen Verwaltungsgericht erhoben werden kann. Da das normale verwaltungsgerichtliche Verfahren eine erhebliche Zeit in Anspruch nimmt, ist in diesen Fällen dazu anzuraten, eine einstweilige Anordnung (§ 123 VwGO) bei dem zuständigen Verwaltungsgericht zu beantragen. Im Rahmen eines derartigen vorläufigen Rechtsschutzes kann der Träger eine einstweilige Anordnung beantragen, wenn die Gefahr besteht, daß andernfalls wesentliche Nachteile nicht mehr abgewendet werden können oder die Verwirklichung eines Rechts vereitelt oder wesentlich erschwert werden würde. Bei einer unangemessen verzögerten Bescheidung über den Antrag auf Betriebserlaubnis entstehen erhebliche Nachteile für den Betreiber, die ein derartiges Vorgehen ermöglichen.

4.4.1.2 Anzeige

§ 7 Abs. 1 HeimG regelt, daß derjenige, der den Betrieb einer Einrichtung im Sinne des § 1 aufnimmt, dies gleichzeitig der zuständigen Behörde anzuzeigen hat. In der Anzeige sind Name und Anschrift des Trägers sowie Art, Standort und Bettenzahl der Einrichtung sowie die berufliche Ausbildung und der berufliche Werdegang des Leiters anzugeben. Des weiteren ist je ein Exemplar der Musterverträge, der Satzung des Trägers und der Heimordnung beizufügen.

Diese die Anzeigepflicht regelnde Vorschrift hat insbesondere praktische Bedeutung für diejenigen Einrichtungen, die nach § 6 Abs. 1 Satz 2 HeimG *keiner* Erlaubnis bedürfen. Hiernach bedürfen alle juristischen Personen des öffentlichen Rechts keiner Betriebserlaubnis. Hierzu kommen neben den ausdrücklich aufgeführten Ländern, Gemeinden und Gemeindeverbänden auch andere juristische Personen des öffentlichen Rechts wie die Religionsgesellschaften, so die evangelische Kirche in Deutschland, die katholische Kirche, die katholischen Bistümer als selbständige Gliederung in der katholischen Kirche, die einzelnen katholischen und evangelischen Kirchengemeinden in Betracht.

Von der Erlaubnispflicht befreit sind ebenfalls jene Einrichtungen, die von »Trägern im Sinne des § 10 Abs. 1 des Bundessozialhilfegesetzes unterhalten werden«. Es sind dies in erster Linie die Verbände der freien Wohlfahrtspflege, aber auch die Kirchen und Religionsgesellschaften des öffentlichen Rechts.

Verbände der freien Wohlfahrtspflege in diesem Sinne sind nur die – nicht unbestritten – in der Bundesarbeitsgemeinschaft der freien Wohlfahrtspflege e. V. zusammengeschlossenen Verbände, nämlich Arbeiterwohlfahrt, der Deutsche Caritasverband, das Deutsche Rote Kreuz, das Diakonische Werk und die Innere Mission der evangelischen Kirche, der Deutsche Paritätische Wohlfahrtsverband und die Zentralwohlfahrtsstelle der Juden in Deutschland.

Die Freistellung von der Erlaubnispflicht gilt für alle rechtsfähigen Untergliederungen dieser Verbände und alle angeschlossenen rechtsfähigen Mitglieder.

4.4.2 Nach Inbetriebnahme

4.4.2.1 Auskunft und Nachschau

§ 9 HeimG enthält Auskunfts- und Duldungspflichten sowohl des Trägers als auch des Leiters einer Einrichtung, die eine wirksame Überwachung der Einrichtungen während der Betriebsdauer ermöglichen sollen. Insbesondere nach Abs. 2 kann die Behörde sich durch Augenschein an Ort und Stelle der Einrichtung davon überzeugen, daß die Interessen und Bedürfnisse der Bewohner der Einrichtung gewahrt sind. Dieses Recht auf Nachschau besteht grundsätzlich nur während der üblichen Geschäftszeit; außerhalb dieser Zeit ist eine Nachschau nur zur Verhütung dringender Gefahren für die öffentliche Sicherheit und Ordnung zulässig. Eine vorherige Ankündigung der Nachschau ist nicht zwingend erforderlich, wenn auch unter dem Gesichtspunkt, unnötige Unruhe von den Bewohnern fernzuhalten, eine vorherige Anmeldung angemessen erscheint.

4.4.2.2 Rücknahme, Widerruf

Nach § 15 Abs. 1 HeimG kann die zuständige Behörde die Erlaubnis nach § 6 HeimG zurücknehmen, wenn bei der Entscheidung über die Erlaubnis Versagungsgründe nach Abs. 3 vorgelegen haben, ohne daß diese der zuständigen Behörde im Zeitpunkt der Erlaubniserteilung bekannt waren.

Nach § 6 Abs. 2 HeimG kann die Behörde die Erlaubnis widerrufen, wenn Tatsachen, die einen Versagungsgrund nach § 6 Abs. 3 begründen, zeitlich erst nach Erlaubniserteilung eingetreten sind. Eine derartige Entscheidung liegt im pflichtgemäßen Ermessen der zuständigen Behörde, d.h., sie hat darauf zu achten, ob sie die gesetzlichen Grenzen des Ermessens nicht überschreitet und das Ermessen nach dem Zweck des HeimG ausübt.

Ferner sind die Grundsätze über die Verhältnismäßigkeit und den geringst möglichen Eingriff zu beachten. D.h. die Behörde hat in jedem Fall zu überprüfen, ob die Herstellung des gesetzmäßigen Zustandes nicht durch andere im HeimG geregelte Maßnahmen erreicht werden kann. Hierbei kommen insbesondere Maßnahmen nach § 12, Erteilen von Auflagen und Anordnungen, ebenso in Betracht wie das Auferlegen von Bußgeldern nach § 17 HeimG.

Rücknahme und Widerruf sind nach Durchführung eines erfolglosen Widerspruchsverfahrens mit der Erhebung einer Anfechtungsklage vor den Verwaltungsgerichten anfechtbar. Die Rechtsbehelfe haben grundsätzlich aufschiebende Wirkung, es sei denn, die zuständige Behörde hat die sofortige Vollziehung nach § 80 Abs. 2 Nr. 4 VwGO angeordnet, dem nur durch einen Antrag auf Wiederherstellung der aufschiebenden Wirkung nach § 80 Abs. 5 VwGO begegnet werden kann; hierfür sind auch die Verwaltungsgerichte zuständig.

4.4.2.3 Untersagung

Nach § 16 Abs. 1 HeimG ist der Betrieb einer Einrichtung, für die lediglich eine Anzeige erforderlich ist, zwingend zu untersagen, wenn Tatsachen bekannt werden, die nach § 6 Abs. 3 HeimG die Versagung einer Erlaubnis gerechtfertigt hätten.

Nach § 16 Abs. 2 HeimG kann nach pflichtgemäßem Ermessen der Betrieb untersagt werden, wenn der Träger eine Anordnung nicht befolgt oder die Voraussetzungen für den Widerruf einer Erlaubnis nach § 15 Abs. 3 Nr. 3 und 4 HeimG (Personen entgegen einem nach § 13 HeimG ergangenen Verbot beschäftigt oder gegen eine Rechtsverordnung verstößt) vorliegen.

4.4.3 Zuständigkeiten

Die jeweiligen Landesregierungen sind ermächtigt, die für die Durchführung des HeimG zuständigen Behörden zu bestimmen. Im einzelnen sind dies:
– Baden-Württemberg: Landratsämter und kreisfreie Städte
– Bayern: Regierungen bei anzeigepflichtigen Einrichtungen, Kreisverwaltungsbehörden bei erlaubnispflichtigen Einrichtungen
– Berlin: Senator für Arbeit und Soziales
– Bremen: Senator für Soziales, Jugend und Sport
– Hamburg: Bezirksämter
– Hessen: Sozialminister und die Landesversorgungsämter sowie die örtlich zuständigen Versorgungsämter
– Niedersachsen: Landkreise und kreisfreie Städte
– Nordrhein-Westfalen: Kreise und kreisfreie Städte
– Rheinland-Pfalz: Bezirksregierungen
– Saarland: Minister für Arbeit, Gesundheit und Sozialordnung
– Schleswig-Holstein: Landräte und Bürgermeister der kreisfreien Städte

4.4.4 Materielle Überwachungskriterien

§ 6 Abs. 3 HeimG enthält abschließend die Gründe, die der Erteilung einer Erlaubnis entgegenstehen, die Rücknahme und Widerruf einer Erlaubnis wie auch die Untersagung eines Betriebs rechtfertigen können.

Die behördlichen Maßnahmen können dann ergriffen werden, wenn »der Antragsteller die für den Betrieb der Einrichtung erforderliche Zuverlässigkeit nicht besitzt« *(Unzuverlässigkeit)*. Die Zuverlässigkeit ist betriebsbezogen zu bewerten und umfaßt nicht nur Merkmale in der Person des Betreibers, sondern auch die wirtschaftliche Leistungsfähigkeit, so wenn beispielsweise keine hinreichende Finanzierung der Einrichtung gegeben ist oder wenn ein Heim wegen der bestehenden hohen Belastungen bei dem erforderlichen Personalaufwand nicht rentabel geführt werden kann oder eine Rentabilität allenfalls auf Kosten einer unzureichenden Ausstattung an Personal und Sachmitteln erreicht werden kann.

Die behördlichen Maßnahmen können auch dann ergriffen werden, wenn »die Wahrung der Interessen und Bedürfnisse der Bewohner, insbesondere die ärztliche oder gesundheitliche Betreuung, nicht gesichert ist«.

Ferner können die behördlichen Maßnahmen dann ergriffen werden, wenn »die Betreuung pflegebedürftiger Bewohner in der Einrichtung selbst oder in angemessener anderer Weise nicht gewährleistet ist«. Die hieran anzulegenden Maßstäbe sind je nach Art und Größe der Einrichtung unterschiedlich. Der Träger ist auf jeden Fall verpflichtet, ein Mindestmaß an Vorkehrungen zu treffen, so daß wenigstens für kurze Zeit Pflege im notwendigen Umfang übernommen werden kann, und zwar auch bei Altenheimen, in denen eine Pflegestation nicht unterhalten wird.

Die behördlichen Maßnahmen können dann ergriffen werden, wenn »die Einhaltung der Mindestanforderungen nach den aufgrund des § 3 HeimG erlassenen Rechtsverordnungen nicht gewährleistet ist«.

Schließlich können die behördlichen Maßnahmen auch dann ergriffen werden, wenn »die Prüfung der einzureichenden Unterlagen ergibt, daß a) zwischen den angebotenen Leistungen und dem geforderten Entgelt ein Mißverhältnis besteht, oder b) die Einhaltung der nach § 14 Abs. 4 HeimG erlassenen Vorschriften nicht gewährleistet ist«.

4.5 Rechtsstellung Heimbewohner

4.5.1 Heimvertrag

Die Rechtsstellung des Heimbewohners in einer Senioreneinrichtung ist privatrechtlich in einem »Heimvertrag« zu regeln, in dem die wechselseitigen Rechte und Pflichten festzuhalten sind.

4.5.1.1 Abschluß

§ 4 Satz 1 HeimG verpflichtet jeden Heimträger zum Abschluß eines *schriftlichen* Vertrages mit dem Bewerber als zukünftigem Bewohner. Der Abschluß eines derartigen Heimvertrages setzt die unbeschränkte Geschäftsfähigkeit voraus, so daß der gesetzliche Vertreter für den Bewohner den Vertrag abschließen muß, wenn die volle Geschäftsfähigkeit beeinträchtigt ist.

Nach § 4 Satz 2 HeimG hat dem Vertragsabschluß vorauszugehen eine *schriftliche* Belehrung über die Beurteilung des Vertrages oder der Benutzungsordnung erforderlichen Angaben, insbesondere über die Leistungen und Ausstattung der Einrichtung und die Rechte und Pflichten der Bewohner.

Grundsätzlich ist die inhaltliche Ausgestaltung des Heimvertrages den Vertragsparteien als Ausdruck der geltenden Privatautonomie überlassen. Die Vertragsgestaltungsfreiheit findet jedoch dort ihre Grenzen, wo eine Kollision mit den im HeimG formulierten Schutzzwecken feststellbar ist und wo Bestimmungen des Gesetzes zur Regelung des Rechts der Allgemeinen Geschäftsbedingung (AGB-Gesetz) nicht beachtet werden, da es sich üblicherweise um Formularverträge handelt.

4.5.1.2 Rechtsnatur

Bei einem Heimvertrag handelt es sich um einen sogenannten gemischten Vertrag, der aus Elementen des Mietvertrages, des Dienstvertrages und des Kaufvertrages zusammengesetzt ist, aber ein einheitliches Ganzes bildet und deshalb bei der rechtlichen Beurteilung nicht in seine verschiedenen Bestandteile zerlegt werden kann in dem Sinne, daß etwa auf den Mietvertragsanteil Mietrecht, auf den Dienstvertragsanteil Dienstvertragsrecht und auf den Kaufvertragsanteil Kaufrecht anzuwenden wäre.

Nach der Rechtsprechung des Bundesgerichtshofes (NJW 1981, 341) wird der Eigenart des Vertrages nur die Unterstellung unter ein einziges Vertragsrecht, nämlich dasjenige, in dessen Bereich der Schwerpunkt des Vertrages liegt, gerecht. Es kommt also für die Beurteilung, welcher Vertragstyp überwiegt, nicht auf die Bezeichnung und den Namen der Einrichtung an, ausschlaggebend ist vielmehr, welche Leistungen, in welchem Umfang der Träger der Einrichtung anbietet und bereithält.

Generell läßt sich sagen, daß in Altenwohnheimen – erst recht in seniorengerechten Wohnungen – mietvertragliche Elemente überwiegen und dienstvertragliche Leistungen gering oder nur in Ausnahmefällen gewährt werden. Hingegen wird in Altenheimen und erst recht in Pflegeheimen eine volle Versorgung und Verpflegung geboten, so daß der dienstvertragliche Charakter dort überwiegt.

Die rechtliche Einstufung des Heimvertrages ist in der Praxis insbesondere von Bedeutung bei Kündigungen und bei Entgelterhöhungen. Gelangt man im Einzelfall zu dem Ergebnis, daß mietrechtliche Elemente den Heimvertrag prägen, so sind die speziellen mietrechtlichen Schutzbestimmungen anwendbar.

4.5.1.3 Entgeltbemessung

Heimverträge, bei denen ein Mißverhältnis zwischen dem Entgelt und der Leistung der Einrichtung besteht (§ 2 Abs. 1 Nr. 2 HeimG), sind nach § 134 BGB nichtig, und zwar unabhängig davon, ob die Beteiligten den Inhalt des Vertrages und seine Wirkungen billigen. Es spielt auch keine Rolle, ob der Bewohner als sogenannter Selbstzahler die Unterbringungskosten aus eigenen Mitteln aufbringt oder ob sie von einem öffentlich-rechtlichen Kostenträger übernommen werden.

Ob ein Mißverhältnis vorliegt, beurteilt sich anhand der Leistungen ähnlicher Einrichtungen von vergleichbaren Trägern und das von ihnen verlangte Entgelt. Als angemessen können in der Regel die mit den Sozialträgern vereinbarten Pflegesätze und die Mieten für abgeschlossene Wohnungen in Altenwohnheimen angesehen werden, die nach der Zweiten Berechnungsverordnung sowie der Neubaumietenverordnung berechnet worden sind.

4.5.1.4 Sonstige Geldleistungen

Nach § 14 Abs. 1 HeimG ist es dem Träger einer Einrichtung untersagt, sich über das für die Unterbringung, Beköstigung und Pflege der Bewohner vereinbarte Entgelt hinaus Vermögensvorteile versprechen oder gewähren zu lassen, soweit es sich nicht um geringwertige Aufmerksamkeiten handelt. Die Geringwertigkeitsgrenze wird allgemein bei einem Betrag in Höhe von DM 50,– angesetzt.

§ 14 Abs. 3 HeimG verpflichtet den Heimträger zur Rückzahlung aller Geld- und geldwerten Leistungen, die zum Zwecke der Unterbringung eines Bewohners in einer Einrichtung erbracht worden sind, soweit sie nicht mit dem Entgelt verrechnet werden. Dabei handelt es sich entweder um Darlehen, Vorauszahlungen und Geldleistungen zum Zwecke des Eigentumserwerbs bis zum Zeitpunkt des Eigentumserwerbs oder um sonstige Geldleistungen und geldwerte Leistungen, wenn sie zum Zwecke der Unterbringung erfolgen.

Die Verordnung über die Pflichten der Träger von Altenheimen, Altenwohnheimen und Pflegeheimen für Volljährige im Falle der Entgegennahme von Leistungen zum Zweck der Unterbringung eines Bewohners oder Bewerbers (HeimsicherungsV vom 24. 4. 1978, BGBl I, S. 353) regelt die Pflichten des Heimträgers und die Überprüfung ihrer Einhaltung.

4.5.2 Mitwirkungsrechte

§ 5 Abs. 1 HeimG räumt den Bewohnern ein Mitwirkungsrecht, jedoch kein Mitbestimmungsrecht in Angelegenheiten des Heimbetriebes wie Unterbringung, Aufenthaltsbedingungen, Heimordnung, Verpflegung und Freizeitgestaltung ein. Ist ein Finanzierungsbeitrag an den Träger geleistet worden, so erstreckt sich die Mitwirkung auf die Verwaltung sowie die Geschäfts- und Wirtschaftsführung der Einrichtung.

Die Ausübung des Mitwirkungsrechts erfolgt durch den Heimbeirat als gewähltem Organ der Bewohner. Das Letztentscheidungsrecht verbleibt jedoch immer dem Heimträger; eine ohne Beteiligung der Heimbewohner getroffene Maßnahme ist nicht wirksam. In der *Verordnung über die Mitwirkung der Bewohner von Altenheimen, Altenwohnheimen und Pflegeheimen für Volljährige in Angelegenheiten des Heimbetriebes* (HeimmitwirkungsV vom 19. 7. 1976, BGBl I, S. 1819) ist die Wahl des Heimbeirates sowie Art, Umfang und Form der Mitwirkungsrechte im einzelnen geregelt.

4.5.3 Novellierung

Das Bundeskabinett hat am 11. 12. 1988 einen Regierungsentwurf zum Ersten Gesetz zur Änderung des Heimgesetzes verabschiedet mit dem Ziel, die Stellung älterer und behinderter Bürger, die in Senioreneinrichtungen leben, zu verbessern. Schwerpunkte der Neuregelung sind
- Regelung über Form- und Kernbestandteile des zwischen Heimträger und Heimbewohner abzuschließenden Heimvertrages
- Bestellung eines Heimfürsprechers in den Fällen, in denen die Bildung eines Heimbeirates nicht möglich ist
- Neufassung der Aufzeichnungs- und Aufbewahrungspflicht

– Neufassung von § 14 über die Gewährung von Geld- und geldwerten Leistungen des Bewohners an Träger und Beschäftigte.

5. Ausblick

Die Errichtung von Seniorenzentren wird für institutionelle Anleger ebenso interessant sein wie für Kapitalanleger. Es lassen sich durchaus Renditen in Höhe von 5,5 bis 7%, bezogen auf die reinen Investitionskosten, erwirtschaften; bei einem Kapitalanlageangebot liegen diese wegen der weiteren Dienstleistungen etwa zwischen 4 und 5,5%, bezogen auf den jeweiligen Gesamtaufwand.

Zu berücksichtigen ist jedoch, daß es sich bei Senioreneinrichtungen um sogenannte Management-Immobilien handelt, bei denen der Qualität des Managements bzw. des Betreibers eine entscheidende Bedeutung zukommt. Diese müssen insbesondere auch in der Lage und willens sein, sozialhumanitäre Leistungen zu erbringen. Die Zukunft wird zeigen, ob alle Betreiber, insbesondere die neuen, die auf den Markt drängen, diesen Anforderungen gerecht werden und die zugrundegelegte Ertragskalkulation nachhaltig und auf Dauer sichern.

BENEDIKT VON PERFALL

SB-Lagerhäuser – Miniwarehouses

Inhalt

1. Historie und generelle Beschreibung 213
2. Grundstücksauswahl und Bauweise 214
3. Bauausführung 215
4. Verwaltung 216
5. Das SB-Lagerhaus als Investment 217

1. Historie und generelle Beschreibung

Die Idee der SB-Lagerhäuser – in Amerika als Self Storage Properties oder Miniwarehouses bekannt – wurde vor ca. 35 Jahren in Texas in der Nachbarschaft von Militärbasen geboren, um Soldaten die Möglichkeit zu bieten, persönliche Habe jederzeit verfügbar und preisgünstig außerhalb der Kasernen (»Locker in Town«) einzulagern. Schnell wurden diese Anlagen dann auch von umziehenden Familien, die hier persönliche Dinge – insbesondere Möbel – gegen Gebühr abstellen bzw. zwischenlagern konnten, genutzt. Folglich dehnten sich SB-Lagerhäuser besonders schnell im sogenannten »Sunbelt« aus, waren bald im nördlichen Kalifornien, im mittleren Westen und schließlich auch in den nordöstlichen Staaten zu finden.

Vor allem in den letzten 15 Jahren hat sich das SB-Lagerhaus in nahezu allen Großstadtregionen der USA stark durchgesetzt und ist heute aus dem täglichen Leben von Privatpersonen wie Gewerbebetrieben nicht mehr wegzudenken. Als Faustregel gilt, daß der Bedarf in Großstadtregionen bei ca. 2 sq.ft. pro Einwohner im normalen Einzugsbereich eines SB-Lagerhauses von 5 Meilen liegt.

Man schätzt, daß heutzutage über 10 000 Lagerhausanlagen in den USA betrieben werden. Dabei ist die Branche zu einem großen Teil mittelständisch organisiert, d. h., die Inhaber vertreiben ihre Anlagen selbst oder verfügen lokal über eine begrenzte Anzahl von Objekten. Seit Anfang der 70er Jahre haben sich daneben einige größere Unternehmen etabliert, die eine Vielzahl von Anlagen industriell nach standardisierten Verfahren verwalten. Mit Abstand größter Bauträger und Verwaltungsgesellschaft für SB-Lagerhäuser in den USA ist die 1972 gegründete Firma Public Storage, Inc., die über 900 SB-Lagerhausanlagen in 36 Staaten der USA betreibt. Daneben sind zu nennen die Firmen »U Haul«, »Shurgard« und »Colonial«.

Ein typisches Mini-Lagerhaus besteht aus 3 bis 7 langen rechteckigen Gebäuden mit 300 bis 1 000 Lagerboxen unterschiedlicher Größe von ca. 3 m^2 bis 30 m^2. Vorwiegend sind Mini-Lagerhausgebäude einstöckig gebaut, da sie so am einfachsten zu beschicken sind.

Rolltore schließen jede Box hermetisch ab. Kleinere Einheiten sind von innen durch normale Türen begehbar. Die Verkehrswege sind üblicherweise asphaltiert und erlauben eine Befahrung des Geländes auch mit größeren PKWs (Pick-ups).

An Standorten, an denen die Grundstückspreise bereits vergleichsweise hoch liegen, werden heutzutage auch mehrstöckige Gebäude errichtet. Selbstverständlich ist es hier erforderlich, daß ein Fahrstuhl alle Nutzungsmöglichkeiten in den verschiedenen Stockwerken ermöglicht, d. h. den An- und Abtransport der Waren problemlos erlaubt.

Die dominierenden Faktoren unter einer Vielzahl von Gründen, die Mini-Lagerhäuser zu einer etablierten Branche gemacht haben, sind:
– der Trend in Richtung auf Mehrfamilienhauseinheiten

- die hohen Kosten für die Anmietung von Gewerbe- und Einzelhandelsflächen
- die Mobilität der amerikanischen Familien.

Jährlich ziehen 1/3 der amerikanischen Familien um. Die meisten stellen fest, daß ein traditionelles Umzugsverfahren mit erheblichen Kosten verbunden ist. Deshalb suchen sie kostengünstigere Wege, um einen Umzug wirtschaftlich durchführen zu können. Eine Vielzahl von Privatpersonen transportiert selbst und benutzt SB-Lagerhäuser als Zwischenlager. Das geht bequem und flexibel; teure Arbeitskräfte brauchen nicht beschäftigt zu werden. Interessant ist das Ergebnis einer Untersuchung, wonach Mieter bei Anmietung beabsichtigten, das Angebot für nur 1 bis 3 Monate zu nutzen, tatsächlich im Durchschnitt auf 7 Monate verlängern.

Die zunehmende Popularität von Mietappartements und Eigentumswohnungen hat ebenfalls zu dem Erfolg der Mini-Lagerhaus-Industrie beigetragen, denn heute versorgen Neubauten die Mieter oder Eigentümer nicht mehr mit dem unbedingt notwendigen Lagerraum. Besonders im »Sunbelt« haben Gebäude – auch Einfamilienhäuser – kaum Garagen, Keller und/oder Lagerräume.

Noch vor wenigen Jahren kosteten qualitativ hochstehende Vorort-Büroflächen in einer durchschnittlichen amerikanischen Stadt nicht mehr als US$ 7,– pro Quadratfuß pro Jahr. Heute sind die Mieten mehr als doppelt so hoch. Unter diesen Umständen ist es sinnvoll, z. B. Archive, vorübergehend nicht benötigte Büroausstattungen etc. außerhalb der teuren Büroräume zu lagern. Gewerbliche Mieter sind darüber hinaus Einzelhandelsbetriebe, die Lagerbedarfspitzen ausgleichen, saisonal benötigte Güter u. a. m. lagern. Der Anteil gewerblicher Mieter liegt heute je nach Standort zwischen 20 und 50 %.

2. Grundstücksauswahl und Bauweise

Ausschlaggebend für den wirtschaftlichen Erfolg einer SB-Lagerhausanlage ist die richtige Standortwahl. Hier haben gerade die überregional arbeitenden Bauträger aufgrund ihrer langjährigen Erfahrungen und Kenntnisse der verschiedenen Märkte hochentwickelte Auswahlverfahren eingerichtet. Das Ertragsmaximum ist nur dann erreichbar, wenn der potentielle Mieter die Anlage ohne Zurücklegung großer Distanzen bequem und direkt erreichen kann. Es ist daneben wichtig, einen Standort zu wählen, der in der Zukunft eine gute andere Verwendung (Nutzung) des Grundstücks ermöglicht (siehe auch unten).

Eine Entscheidung für den Bau eines SB-Lagerhauses sollte nur dann getroffen werden, wenn umfassende Marktanalysen zu folgenden Ergebnissen führen:
- überdurchschnittliches Bevölkerungswachstum im Einzugsbereich
- der nähere Einzugsbereich weist vorteilhafte private und gewerbliche Siedlungsstrukturen vor

- das Grundstück liegt verkehrsgünstig, ist sehr gut sichtbar und kann von stark befahrenen Hauptverkehrsstraßen leicht erreicht werden
- es besteht eine vorteilhafte Konkurrenzsituation, d. h. es besteht noch ungedeckter Bedarf im Einzugsbereich des zur Diskussion stehenden Grundstücks.

Gerade der große wirtschaftliche Erfolg von SB-Lagerhäusern in der jüngsten Vergangenheit hat zu einer starken Bautätigkeit geführt, so daß heutzutage der Konkurrenzsituation besondere Aufmerksamkeit beizumessen ist. Erfahrene große SB-Lagerhausgesellschaften sind dazu übergegangen, auch teure Standorte in erstklassigen stadtnahen Gebieten für die Bebauung mit SB-Lagerhäusern zu erwerben. Es hat sich gezeigt, daß in diesen Lagen wegen geringerer Konkurrenz und beschränkter Möglichkeiten, weitere Anlagen zu errichten, die höheren Grundstückspreise durch entsprechend höhere Mietpreise mehr als kompensiert werden können. Allerdings sind oftmals an diesen Standorten, in dicht besiedelten Gebieten, Baugenehmigungen wesentlich schwieriger durchzusetzen, bzw. erfordert die Durchsetzung erhebliche Anstrengungen, da z. B. die Änderung von Bebauungsplänen erforderlich ist (zoning).

Je nach Region und Qualität des Standortes können heutzutage mindestens zwischen US$ 2,50 bis zu US$ 12,- und mehr pro Squarefuß Land entsprechend US$ 32,- bis US$ 130,- pro Quadratmeter bezahlt werden.

3. Bauausführung

Naturgemäß gibt es eine Vielzahl von Bautechniken, um SB-Lagerhäuser zu errichten und auszustatten. Generell kann die Bauweise und Bauausführung als extrem einfach bezeichnet werden. Üblicherweise werden nach Erschließung des Grundstücks, die wegen geringen Elektrizitäts-, Zu- und Abwasserbedarfs ebenfalls sehr einfach ist, Betonfußböden auf die planierte Erde gegossen. Hierauf werden Betonpfeiler gestellt, die wiederum mit Holztragelementen für das Flachdach verbunden werden. Die einzelnen Boxen werden durch Stahl-/Spanplattenkonstruktionen unterteilt. Abgeschlossen werden die Boxen durch nach oben laufende Rolltore.

Man rechnet heutzutage, daß die Herstellungskosten pro Squarefuß netto vermietbarer Fläche bei ca. US$ 40,- liegen. Das schließt Außenanlagen mit Sicherheitseinrichtungen wie Zäunen, Beleuchtung, elektronisch gesteuerten Eingangstoren sowie den feuerpolizeilichen Erfordernissen wie z. B. Sprinkleranlagen ein.

Wie erwähnt, werden SB-Lagerhäuser heutzutage auch mehrstöckig gebaut. Hierbei ist es an besonderen Standorten sogar sinnvoll, eine spätere Umwandlung in ein Bürogebäude bereits bei der architektonischen Auslegung vorzusehen. Oftmals sind auch bestehende Gebäude, die für ihren ursprünglichen Zweck, wie z. B. veraltete Industriegebäude und unmoderne Bürogebäude, nicht mehr genutzt werden können, in SB-Lagerhäuser umgewandelt worden. Hierfür gibt es insbesondere in den

Ballungsgebieten von New York, Los Angeles und San Franzisko sehr erfolgreiche Beispiele.

4. Verwaltung

Eine SB-Lagerhausanlage kann bei durchschnittlicher Größe von 2 Personen, oftmals einem Ehepaar, denen ein Appartement auf der Anlage zu günstigen Konditionen zur Verfügung gestellt wird, verwaltet werden. Die Gehälter hierfür bewegen sich am unteren Ende der Lohnskala, etwa in Höhe der Mindestgehälter. Allerdings ist es sinnvoll, dem Verwalter einen besonderen Anreiz zu geben, indem er einen Bonus von $ 1,- bis $ 2,- für jede vermietete Einheit erhält. Dies wird ihn dazu anhalten, telefonische Anfragen über die Verfügbarkeit von Mieteinheiten und Preise zuvorkommend zu beantworten sowie sich zu bemühen, Kunden generell immer gut zu bedienen. Diese Frage stellt sich natürlich bei dem Unternehmensverwalter nicht.

Neben der Vermietung und Betreuung der Mieter obliegt der Verwaltung, die Anlage stets in einem sauberen und sicheren Zustand zu halten. Darüber hinaus hat der Verwalter zeitnah über Mieteinnahmen, Entwicklung der Belegung und Kosten zu berichten.

Große Ketten etablieren sich nur in solchen Regionen, wo sie davon ausgehen können, daß mindestens 8 bis 10 Anlagen gebaut bzw. erworben werden können, da sich nur unter dieser Voraussetzung eine effiziente Verwaltung mit Installierung eines sogenannten »Area-Managers«, der die einzelnen Objektverwalter überwacht, möglich ist. Wichtig ist hierbei, daß auch der »Area-Manager« erfolgsorientiert entlohnt wird, d. h., daß seine Vergütung vom Betriebsergebnis der ihm unterstehenden Anlagen abhängig ist. Bei großen Organisationen sind diesen Area-Managern nochmals Regional-Manager überstellt, die ihrerseits der Zentrale verantwortlich sind.

Gerade bei dieser Investition ist eine zeitnahe Kontrolle und die Fähigkeit, auf Entwicklungen durch geeignete Maßnahmen wie Preiserhöhung, Preisreduzierung, Auswechseln des Managements, Planung von Werbeaktionen verschiedenster Art etc. flexibel zu reagieren, von größter Bedeutung.

In diesem Zusammenhang sei erwähnt, daß 1986 erstmalig TV-Werbung für SB-Lagerhäuser landesweit und zu den besten Sendezeiten eingesetzt wurde. Dieses Programm ist auch in den USA ein ganz neues Element bei der Vermarktung und Verwaltung von gewerblicher Mietfläche überhaupt sowie bei SB-Lagerhausfläche im besonderen und erhöhte die öffentliche Aufmerksamkeit über die Möglichkeiten für die private und geschäftliche Nutzung von SB-Lagerhäusern weiter stark.

Bei gut geführten und ausgelasteten SB-Lagerhäusern dürfen die Betriebskosten nicht mehr als 30 % – 35 % der Mieteinnahmen ausmachen.

Die erzielbaren Einnahmen bei SB-Lagerhäusern sind je nach Region, Standort und Konkurrenzsituation sehr unterschiedlich. Während heutzutage z. B. in Florida durchschnittliche Mieten von ca. 40 Cents pro Squarefuß und Monat erzielt werden, liegen die entsprechenden Mietraten z. B. in Kalifornien und im Großraum von Washington DC bis um mehr als das Doppelte darüber. Selbstverständlich spiegelt sich hierin auch das allgemeine Preisniveau wider, d.h., daß in den angesprochenen Regionen im besonderen die Grundstücks-, aber auch Baukosten höher sind.

5. Das SB-Lagerhaus als Investment

Als die ersten SB-Lagerhäuser konzipiert und gebaut wurden, erfolgte dies vorwiegend durch Eigenfinanzierung der Unternehmer bzw. durch Zwischen- und langfristige Hypothekenfinanzierungen. Nachdem sich dieser Investitionstyp bewiesen hatte, d.h. erkennbar wurde, welche attraktive Renditen und Wertsteigerungschancen SB-Lagerhausinvestitionen bieten, wuchs das Interesse breiter Anlegerkreise an dieser Investition. So wurde laufend der Firma Public Storage bislang über US$ 1,6 Mrd. Eigenkapital von privaten und institutionellen Anlegern, davon allein 1986 ca. US$ 430 Mio., zur Verfügung gestellt.

Die hohen Erträge bei SB-Lagerhäusern sind auf ein besonders günstiges Verhältnis von Baukosten, erzielbaren Mieterlösen und Betriebskosten zurückzuführen. Die Baukosten pro m^2 netto vermietbarer Fläche liegen beispielsweise deutlich unter denen für ein einfaches Appartementhaus. Gleichzeitig werden aber nahezu dieselben Mietpreise erzielt. Hinzu kommt, daß die Betriebs- und Instandhaltungskosten bei einem voll vermieteten SB-Lagerhaus unter 30 % der Erlöse liegen (siehe oben), während diese bei Appartementhäusern durchaus bei 50 % und darüber liegen können. Ein besonderes Merkmal bei SB-Lagerhausinvestitionen ist die kurze Laufzeit der Mietverträge (mindestens einen Monat, maximal ein Jahr), wodurch sich die Möglichkeit bietet, bei entsprechender Marktlage die Mieten sehr kurzfristig anzuheben, was besonders in inflationären Zeiten gut möglich und wünschenswert ist. Dabei soll nicht unerwähnt bleiben, daß andererseits die Erträge nicht in der gleichen Weise gesichert sind, wie dies naturgemäß bei lang laufenden Mietverträgen der Fall ist, vorausgesetzt, der Mieter verfügt über die erforderliche Bonität.

Hierbei ist ein interessantes Phänomen, daß prozentual durchaus substantielle Mieterhöhungen bei den Mietern nicht so stark empfunden werden. Dies liegt daran, daß eine Mieterhöhung von z.B. 10 % beim Mieter einer Einheit durchschnittlicher Größe von 10 × 10 Fuß, mit einem Grundpreis von $ 50,– pro Monat, zu einer Mieterhöhung von nur $ 5,– pro Monat führt, aus seiner Sicht für einen begrenzten Zeitraum von ein paar Monaten. Dies wird normalerweise den Mietern nicht veranlassen, auszuziehen.

Ein besonderer Aspekt ergibt sich aus dem sogenannten »Land Banking-Konzept«; hierunter wird verstanden, daß ein Grundstück erworben wird und zunächst relativ einfach bebaut wird, so daß das Grundstück einen vergleichsweise hohen

Anteil an der Gesamtinvestition behält. Bei SB-Lagerhausinvestitionen liegt üblicherweise der Grundstücksanteil bei 20% bis 35%, während er bei Bürogebäuden, Shopping-Centers und ähnlichen bei nur etwa 10% liegt. Bei einem starken Ansteigen der Grundstückspreise und einem Wachstum der Region kann sich ergeben, daß ein Käufer das Grundstück erwirbt, um es einer höheren Nutzung, d.h. Bebauung mit Bürogebäude oder Shopping-Center, zuzuführen. In der Vergangenheit wurden in diesem Sinne des öfteren Verkäufe zu Preisen getätigt, die weit über den Investitionskosten, einschließlich der Erstellung der Gebäude, lagen.

Unabhängig davon richtet sich der Verkaufswert – unter der Annahme, daß ein Käufer die SB-Lagerhausanlage als solche weiterführt und wie generell bei amerikanischen Immobilien üblich – vornehmlich am Ertragswert. Die zunehmend positive Einschätzung von SB-Lagerhausinvestitionen durch den Markt zeigt sich auch darin, daß die sogenannte cap rate (Kapitalisierungsrate) von 12% bis 13% auf heute 9% bis 10% gesunken ist. Generell gilt, daß, je niedriger die Kapitalisierungsrate (höherer Preis), desto geringer das Investitionsrisiko eingeschätzt wird.

Fazit: SB-Lagerhäuser gehören heute zu den allgemein anerkannten Immobilieninvestitionen, was auch darin zum Ausdruck kommt, daß in den letzten Jahren zunehmend auch institutionelle Investoren (Pensionsfonds) in diesem Bereich engagiert sind. Zu beachten ist, daß der Erfolg dieser Investition im wesentlichen von der richtigen Standortwahl, wie dies für alle Immobilieninvestitionen gilt, aber auch von einem aktiven und anpassungsfähigen Management getragen wird. Es empfiehlt sich daher, Investitionen in diesem Spezialbereich nur dann zu tätigen, wenn ein amerikanischer Partner eingebunden ist, der über die unbedingt erforderlichen Kenntnisse und Erfahrungen für die Standortwahl verfügt sowie eine hochqualifizierte Verwaltungsorganisation bereitstellen kann.

PETER FISCHER

Parkhäuser –
Planung, Betrieb, Management

Inhalt

1. Rechtsgrundlagen für Planung und Genehmigung 221
2. Technische Aspekte der Bauausführung 222
3. Betrieb und Management 223
3.1 Notwendiges Übel oder Profit-Center? 224
3.2 Eigenregie oder Fremdvergabe? 226
3.3 Servicekriterien 227
3.4 Optische Komponenten 229
3.5 Marketing-Instrumentarium 230

1. Rechtsgrundlagen für Planung und Genehmigung

Bei der Errichtung von Parkierungsbauwerken sind, wie bei jedem anderen Bauvorhaben auch, eine Fülle von Gesetzen und gesetzlichen Vorschriften zu beachten.

Das Baurecht ist kein in sich geschlossenes Regelwerk wie z. B. das BGB, sondern setzt sich aus einer Vielzahl von Gesetzen und Vorschriften mit Gesetzescharakter zusammen, die zum Teil miteinander konkurrieren.

Baurecht ist in Jahrhunderten gewachsenes Recht, das durch den jeweiligen Gesetzgeber immer wieder dem zunehmenden Zivilisationsgrad und dem Stand der Technik angepaßt und entsprechend erweitert wurde.

Dem potentiellen Bauherrn bzw. Investor einer Großgarage kann nur dringend angeraten werden, sich bereits im Planungsstadium hochqualifizierter Berater zu bedienen, um nicht schon im Genehmigungsverfahren zu scheitern.

Die wichtigsten Rechtsgrundlagen sollen im folgenden nur aufgeführt – jedoch nicht im einzelnen erläutert werden, da auf diesem Gebiet eine Fülle an Fachliteratur zur Verfügung steht.

Ähnlich § 1 der Straßenverkehrsordnung gibt es auch im Baurecht eine Generalklausel. Sie findet sich in § 3 der Musterbauordnung von 1981 und lautet:
– »Bauliche Anlagen... sind so anzuordnen, zu errichten, zu ändern und zu unterhalten, daß die öffentliche Sicherheit oder Ordnung, insbesondere Leben oder Gesundheit, nicht gefährdet werden; sie müssen ihrem Zweck entsprechend ohne Mißstände zu benutzen sein. Die allgemein anerkannten Regeln der Technik sind zu beachten.«

Zentrale Vorschrift ist das Baugesetzbuch, aus dem sich zahlreiche Länder- und Gemeinde-Verordnungen ableiten lassen. Genannt seien hier vor allem die von Ländern, Kreisen und Gemeinden aufgestellten Pläne mit Gesetzescharakter, wie z. B. Stadtentwicklungspläne, Generalverkehrspläne, Flächennutzungspläne, Bebauungspläne. Von den zahlreichen Verordnungen, die zu beachten sind, seien beispielhaft erwähnt: Geschäftshausverordnung, Feuerungsverordnung, Brandschutzverordnung und nicht zuletzt die Garagenverordnung.

Die Vorschriften der Mustergaragenverordnung, auf die hier etwas näher eingegangen werden soll, sollen in erster Linie die zwei Hauptgefahren, die von einer Mittel- oder Großgarage ausgehen, eindämmen: die Brandgefahr und die Erstickungsgefahr. Daher finden sich in ihr zahlreiche Vorschriften, die die Mindestbreite der Parkflächen, Fahrstraßen für Feuerwehr, Anzahl der Feuerlöscher, Fluchtwege, Brandschutztüren, Belüftung, Co-Warnanlage usw. regeln.

Erwähnt seien noch Vorschriften, die von privaten Institutionen erlassen sind – aber gleichwohl Gesetzeskraft haben. Es handelt sich vor allem um technische Vorschriften der Technischen Überwachungsvereine (TÜV), des Deutschen Instituts für

Normung (DIN), des Verbandes Deutscher Elektroingenieure (VDE), des Verbandes Deutscher Ingenieure (VDI), des Verbandes der Sachversicherer (VdS) sowie des Vereins der Gas- und Wasserfachleute (DVGW).

2. Technische Aspekte der Bauausführung

Leitlinien und Grundsätze für die technischen Komponenten bei Planung und Konstruktion sind in der einschlägigen Literatur ausführlich dargestellt. An dieser Stelle sollen dennoch die wichtigsten Aspekte für Design und Konstruktion von Parkierungsbauwerken kurz angesprochen werden:
- Bei der Planung ist innerhalb der vorgegebenen Sachzwänge auf ausreichende Dimensionierung von Fahrgassen und Stellplätzen zu achten: Um die bequeme Befahrbarkeit für den späteren Nutzerkreis zu gewährleisten, sollte die Fahrbahn als Verkehrsfläche mit wenigstens 6,50 m ausgestaltet sein. Die Stellplätze sollten in der Regel eine Breite von 2,50 m aufweisen, damit später umständliche Rangiermanöver vermieden werden.
- Die Durchfahrtshöhe sollte an der niedrigsten Stelle mindestens 2,20 m betragen. Hierbei ist insbesondere an Kleinbusse oder Campingfahrzeuge zu denken. Aber auch überlange Radio- oder Autotelefonantennen können bei geringerer Ausmessung im späteren Betrieb Probleme verursachen: In jedem Fall ist bei der Anordnung der Beleuchtungskörper darauf zu achten, daß diese nicht quer zur Fahrtrichtung angebracht sind und somit der unbeabsichtigten Zerstörung preisgegeben wären.
- Das Parkierungsbauwerk sollte idealerweise möglichst stützenfrei gebaut sein, um für den Kunden die großzügige Überschaubarkeit sicherzustellen. Hiermit werden auch künftige Sicherheitsprobleme ausgeschaltet, die den Betrieb vieler Parkierungsanlagen erheblich erschweren. Unabhängig von der Bauweise ist es zu empfehlen, neben der gesetzlich vorgeschriebenen Anzahl von Behindertenplätzen auch bereits in der Planung spezielle Frauen-Stellplätze vorzusehen. Des weiteren erleichtern Notrufknöpfe für Gefahrensituationen und Video-Bewachungssysteme den Betrieb und können im Verbund mit Streifengängen des Überwachungspersonals den Sicherheitsstandard erheblich verbessern.
- Weiteres Prinzip der Planung sollte die Vermeidung von jeglichem Quell- und Suchverkehr sein, der neben erhöhten Immissionswerten im CO-Bereich auch unnötige Warteschlangen produziert. Durchgängiger Einbahnverkehr und Kreuzungsfreiheit sollten Selbstverständlichkeiten sein. Bei Rampenbauwerken ist auf großzügigen Radius und Übersichtlichkeit zu achten.
- Größere Parkierungsanlagen sind für den optimalen Betrieb mit mehreren Ausfahrts- respektive Ausweichspuren auszustatten, da die Probleme bei der Abfertigung der Kundenfahrzeuge in der Regel nicht an der Einfahrt anzusiedeln sind.

Dies gilt selbstverständlich in verstärktem Maße für späteren vollautomatisierten Betrieb mit personeller Überwachung.
– Die Transparenz und Attraktivität von Parkierungsbauwerken wird auch von einer hellen und freundlichen Gestaltung von Decken- und Wandflächen mit großzügiger Ausleuchtung abhängig sein. Für nasse Witterung und/oder für die Wintermonate ist durch entsprechendes Gefälle der Parkebenen ein reibungsloser Ablauf von Tropfwasser sicherzustellen, um spätere Pfützenbildung zu vermeiden. Übersichtliche Beschilderung und hinterleuchtete Transparente geben dem Kunden schließlich die ideale Orientierung.

Die vorstehenden Anforderungen erheben keinen Anspruch auf Vollständigkeit und unterliegen selbstverständlich auch einer Kosten-Nutzen-Analyse. Grundsätzlich wird eine möglichst umfassende Realisierung des Anforderungsprofils für jene Parkierungsanlagen umzusetzen sein, die einen hohen Grad an Kurzpark-Frequenz aufweisen und möglicherweise typische Rush-hour-Situationen (Einkaufszentren/Kulturzentren/Flughäfen/Messen etc.) in der betrieblichen Praxis verkraften müssen.

3. Betrieb und Management

Eine ökonomische Betriebsführung von Parkierungsanlagen ist in ganz erheblichem Ausmaß durch die vorgenannten Kriterien bei Planung und Konstruktion determiniert. Bei der Festlegung von haustechnischen Komponenten wird die Kostenstruktur von Betrieb und Investitionsrechnung wesentlich beeinflußt:

Dies vermeidet hohe Investitionen bei der Anschaffung von mechanischen Be- und Entlüftungssystemen und entlastet den Betrieb von erheblichen Energiekosten. Hierbei sind nicht nur Verbrauchskosten angesprochen – bei hoher Installationsleistung für Elektrowerke werden auch entsprechend hohe Bereitstellungsgebühren des Energieversorgungsunternehmens fällig.

Dies gilt beispielsweise auch für die Installation von Rampenheizungen: Die wirtschaftlichere Lösung liegt hier in der Verwendung von nicht substanz-aggressiven und handelsüblichen Streumitteln, wobei der Betreiber die zeitnahe Erfüllung seiner Räum- und Streupflicht gewährleistet.

Zusammenfassend läßt sich feststellen: Je aufwendiger die Betriebsvorrichtungen und technischen Gewerke eines Parkierungsbauwerkes ausfallen, um so mehr wird die Wirtschaftlichkeit im Betrieb durch hohe Kostenstrukturen belastet sein.

Die Kostenarten bei der betrieblichen Abrechnung werden üblicherweise nach folgendem Kontenplan unterteilt:
– *Direkte Personalaufwendungen für Betriebspersonal* (Überwachung/Aufsichtspersonal/Betriebsleitung/Kassendienst/Reinigung). Dies umfaßt die Positionen Löhne und Gehälter/Sozialabgaben des Arbeitgebers/Gratifikationen/Urlaubs- und Krankheitsvergütung und -vertretung/Beiträge zur Berufsgenossenschaft

- *Abschreibungen für Gebäude*
- *Abschreibungen für bewegliche Anlagegüter* wie z. B. Fuhrpark für Reinigung / Park-Abfertigungsanlagen mit Kassenautomaten / Personentransporter / Video-Überwachungsanlagen / Geldzählmaschinen etc.
- *Energiekosten* für Beleuchtung sowie Be- und Entlüftung
- *Instandhaltung und Instandsetzung* der Betriebsvorrichtungen (haustechnische Gewerke wie Lüftungsanlagen / Sprinklerung / CO-Anlage / Personenaufzüge / Brandschutztore / Park-Abfertigungsanlage etc.)
- *Versicherungsprämien* (Elementarversicherungen / Schwachstrom / Betriebshaftpflicht / Vertrauensschaden / Einbruchsdiebstahl / Glas etc.)
- *Öffentliche Abgaben* wie z. B. Grundstückslasten und Grundsteuern / Erbbauzins / Steuern / Beitrag für Werbegemeinschaften etc.
- *Beschaffungsaufwand* für Verbrauch von Berechtigungsausweisen (Ein- und Ausfahrtstickets / Quittungen / Codekarten / Schlüsselschaltungen etc.)
- *Sonstiger direkter Betriebsaufwand* wie z. B. Bewachung in den Nachtstunden / Kosten für Werbung und Beschilderung / sonstige Nebenkosten des Gemeinschaftseigentums / Bankgebühren / IHK-Beiträge / Büromaterial / Reinigungsmittel u. ä.

Selbstverständlich sind bei Eigenbetrieb der Parkierungsanlage auch *kalkulatorische Gemeinkosten* für die Verwaltung innerhalb des Finanz- und Rechnungswesens anzusetzen. Die organisatorische Betreuung durch die Finanzbuchhaltung in den Bereichen Personalverwaltung / Bankbelegprüfung / Kreditoren / Vertragsverwaltung von Dauermiet- und Werbeverträgen / Debitoren ist hierbei in Ansatz zu bringen; auch Wertberichtigungen bei Ausfall von Forderungen sind zu berücksichtigen.

Die Erlöse aus dem Betrieb von Parkierungsanlagen sind wie folgt zu differenzieren:
- Erlöse aus Kurzpark-Gebühren
- Erlöse aus Dauermietverträgen
- Erlöse aus der Vermietung von Werbeflächen
- Erlöse aus Rechnungen für Kreditparken / Veranstaltungen

Für den Betrieb von Parkierungsanlagen ist es empfehlenswert, Dauermietverträge für Stellplätze grundsätzlich mit Mehrwertsteuer auszuweisen, um vermeidbaren Aufwand für nichtabzugsfähige Vorsteuer zu eliminieren.

3.1 Notwendiges Übel oder Profit-Center?

In früheren Jahren wurde die Parkierungsanlage neben ihrer infrastrukturellen Servicefunktion eher wie ein notwendiges Übel betrachtet, das aus der Reichs-Garagen-Ordnung resultiert. Dementsprechend wurde die Immobilie in ihrer Ertragskraft

Location profit & loss report (detailed) – Die Zahlenwerte wurden anonymisiert   Date: 3.6.1989

Location Muster   G + V

		Current month = 4			Year to date		
		Bud	Act	Var	Bud	Act	Var
20	General parking	75000	83258CR	8258CR	282400	306207CR	23807CR
21	Contract parking	9000	10055CR	1055CR	35800	40785CR	4985CR
23	Advertising	1300	260CR	1040	5200	10202CR	5002CR
25	Other sales					53CR	
28	Garage revenues	85300	93573CR	8273CR	323400	357247CR	33847CR
29	Total net revenues	85300	93573CR	8273CR	323400	357247CR	33847CR
32	Salaries & wages	8300	8485	185	33700	33512	188CR
33	Premiums & bonuses	500	500		2000	2000	
34	Payroll charges	1700	1841	141	7000	6598	402CR
35	Compensation total	10500	10826	326	42700	42110	590CR
36	Rent fixed	29200	29167	33CR	116800	116667	133CR
40	Rent total	29200	29167	33CR	116800	116667	133CR
41	Depreciations	4600	4017	583CR	18400	17739	661CR
42	Depreciations	4600	4017	583CR	18400	17739	661CR
43	Insurance	800	332	468CR	3200	1409	1791CR
50	Property tax	2700	2700		10800	10800	
52	Utilities	13000	14696	1696	52000	58782	6782
53	Cleaning	100	196	96	400	461	61
55	Ticket expense	550	259	291CR	2200	2194	6CR
56	Advertising	250	409	159	1000	1159	159
60	Telephone & postage	350	383	33	1400	1112	288CR
61	Office rent		165			660	
62	Car leasing & expense		16			23	
63	Equipment leasing					216	
64	Technical approvals	600	4430	3830	2400	8088	5688
65	R & M equipment	1500	993	507CR	6000	2964	3036CR
66	R & M buildings	500	34	466CR	2000	34	1966CR
67	Techn. supplies + small tools	700	102	598CR	2800	2595	205CR
68	Office supplies		51			164	
70	Travel & entertainment		1689			1799	
71	Recruitment				500		500CR
80	Legal fees		92			308	
81	Bad debt expense		2			281	
83	Bank charges	200	1062	862	800	1105	305
98	Total other expense	21250	27611	6361	85500	94152	8652
110	Total operating expense	65550	71620	6070	263400	270668	7268
112	GOP – Operating income (Rohgewinn)	19750	21953CR	2203CR	60000	86579CR	26579CR

Bud = Soll, Act = Ist, Var = Abweichung, CR = Haben

unterschätzt und häufig vernachlässigt. Heute muß jedoch der Stellenwert von Garageneinheiten unter Rendite-Gesichtspunkten neu formuliert werden.

Bei der Konzeption und Realisierung von Neubauten wird diese Frage in aller Regel schon während der Finanzierungsphase zugunsten des Profit-Centers »Parkierung« entschieden werden. Aber auch Altobjekte, die bereits einen erheblichen Sanierungs- bzw. Revitalisierungsbedarf erkennen lassen, sollten unter Ertragsaspekten überprüft werden.

Selbstverständlich muß hierbei sehr wohl nach Standort und Umfeld differenziert werden. Grundsätzlich stellt Parkraum in unseren Innenstädten ein knappes Gut dar und muß konsequenterweise nach den Prinzipien der Marktwirtschaft gesteuert werden. Somit ist die Entscheidung – kostenlose respektive kostenpflichtige – Stellplätze vorzuhalten, bereits weitgehend vom Markt diktiert.

3.2 Eigenregie oder Fremdvergabe?

Aus vermeintlichen Kostengründen tendiert manch ein kommunaler oder institutioneller Investor von Parkierungsbauwerken dazu, die Parkierungsanlage in eigener Regie »zu verwalten«. Hierbei wird unterstellt, daß die Garageneinheit als Selbstläufer funktioniert.

Bei dieser Überlegung wird aber das spezielle Branchen-Know-how und Potential eines überregional und professionell arbeitenden Fachunternehmens unterschätzt. Der »Eigenregisseur« muß sich über seine Organisationsstruktur und Personalkapazität dieses Fachwissen mit enormen Leerkapazitäten nur für sein spezielles Objekt teuer erkaufen und vorhalten. Dies kann ihm – wenn überhaupt – nur partiell gelingen, und hiermit werden zusätzliche Gemeinkosten entwickelt, die das Ergebnis später nachhaltig belasten.

Um diesen Überbau zu vermeiden, sollte der Eigentümer der Immobilie die offenkundigen Vorteile eines fachbezogenen Management-Unternehmens für Parkierungsanlagen in Betracht ziehen: Insbesondere gilt es hierbei auch, von dessen degressivem Kostengefüge bei entsprechend überregionaler Präsenz zu profitieren sowie das Potential des Betreibers herauszufordern. Im kommunalen Bereich sprechen allein Privatisierungstendenzen in vielen Sektoren gegen den Betrieb in eigener Regie.

Ferner ist bei Eigenbetrieb des Investors zu berücksichtigen, daß ein andauerndes Spannungsfeld im Mieterbereich von Gewerbezentren oder im politischen Raum bei kommunalen Bauten vorprogrammiert ist: Alle relevanten Entscheidungen hinsichtlich dem Betrieb der Parkierungsanlage (wie beispielsweise Öffnungszeiten / Tarifsystem etc.) geraten in Gefahr, torpediert und zerredet zu werden.

Vor einer beabsichtigten Fremdvergabe ist der Investor von Parkierungsbauwerken allerdings gut beraten, sich über die Bonität und den wirtschaftlichen Hintergrund seines künftigen Partners zu informieren. Dies muß sowohl in direkten Gesprächen mit dem Management des Fachunternehmens erfolgen als auch über Bankauskunft und Referenzeinholung gegengeprüft werden.

Die Vertragsgestaltung muß die langfristigen Ziele einer angestrebten Partnerschaft berücksichtigen und sollte möglichst viele unternehmerische Elemente auf den Betreiber konzentrieren.

Grundsätzlich ist hierfür fast ausschließlich der Miet- oder Pachtvertrag ideal geeignet – ein Betriebsführungsvertrag (»Management Contract«) überläßt nahezu alle Risiken dem Eigentümer und bietet dem Betreiber zuwenig Anreize für Umsatzmaximierung und Renditeoptimierung.

Bei einem Miet- oder Pachtvertrag kann der Miet- oder Pachtzins unterschiedlich definiert werden:
– Garantierte Festpachtleistung mit Indexgestaltung
– Staffelpacht über mehrere Zeitsprünge
– Reine Umsatzbeteiligung
– Mindestpacht mit Umsatzbeteiligung

Der Investor sollte sich ein Mitspracherecht hinsichtlich Öffnungszeiten und Tarifgestaltung vorbehalten – grundsätzlich ist von einer langfristigen Vertragsgestaltung auszugehen.

Die direkten Betriebskosten und die Gemeinkosten der Verwaltung sind auf den Betreiber vertraglich abzuwälzen. Idealerweise wird der Mieter oder Pächter die Investitionen für Park-Abfertigungsanlagen (Kassenautomaten/Beschrankungssystem etc.) und sonstige Betriebsmittel zu eigenen Lasten übernehmen: Hierdurch wird eine Entlastung des Investors in seiner Investitionsrechnung erzielt, und gleichzeitig wird der Betreiber der Parkierungsanlage in den wirtschaftlichen Erfolg der Immobilie nachhaltig eingebunden.

3.3 Servicekriterien

Nachfolgend soll das Anforderungsprofil für den Eigentümer der Immobilie deutlich gemacht werden, das er an den Betreiber der Parkierungsanlage stellen muß.

Service und Dienstleistung des Betreibers haben in gleichem Maße den Ansprüchen des Eigentümers der Immobilie wie auch den Vorstellungen sonstiger gewerblicher Mieter gerecht zu werden und müssen den Erwartungshorizont des Nutzers erfüllen.

So werden sich die Servicefunktionen eines hochspezialisierten Garagen-Managements in mehrere Stufen gliedern:

Das *technische Know-how* ist idealerweise vom Investor bereits in der Planungs- und Realisierungsphase abzurufen, da die Mitwirkung des künftigen Betreibers (in der Regel honorarfrei) entscheidend die spätere Nutzerfreundlichkeit sowie Funktionsfähigkeit und den wirtschaftlichen Betrieb prägen wird. Der Eigentümer der Immobilie darf erwarten, daß hierfür Stabsabteilungen des Betreibers bereitstehen, die sämtliche planerischen und bautechnischen Detailfragen in enger Zusammenarbeit mit dem Architekten des Investors souverän lösen können.

Für einen reibungslosen Betrieb der Parkierungsanlage ist das vor Ort im Einzelobjekt *eingesetzte Personal* des Betreibers mit-entscheidend für den wirtschaftlichen Erfolg der Immobilie. Eine hierarchisch gegliederte Organisationsstruktur des Management-Unternehmens (Niederlassungsprinzip mit zentraler straffer Führung) bietet dem Eigentümer die Gewähr für permanente Qualitätskontrolle und Erfahrungsaustausch des Betriebspersonals. Probleme von Betriebsblindheit und Schwierigkeiten bei qualifizierten Krankheits- und/oder Urlaubsvertretungen des örtlichen Garagenpersonals werden wohl ausschließlich mit einem leistungsstarken Betreiber zu realisieren sein.

Der *technische Service* für das Handling von sensibler Elektronik an den Park-Abfertigungsanlagen sowie die Einhaltung von Wartungsintervallen und die zeitnahe Umsetzung von Instandsetzungsarbeiten bei Ausfall von technischen Betriebsvorrichtungen der Garage sind ausschließlich in der Verantwortung des Betreibers zu sehen: Er wird dieses hohe Anforderungspotential intern nur mit Hilfe eigener technischer Serviceabteilungen lösen können – der Eigentümer darf hiervon im Tagesbetrieb in keiner Weise tangiert sein.

An die laufende *Administration* des Objektes durch den Betreiber sind seitens des Investors hohe Anforderungen zu stellen: Die Kriterien einer zeitnahen Verbuchung und transparente Kontenpläne (die Betriebsstätte ist als separate Kostenstelle zu erfassen!) sollten hierbei Selbstverständlichkeiten sein. Daneben muß jedoch auch die ordnungsgemäße Verwaltung sowie Kontenführung von Werbe- und Dauermietverträgen gewährleistet sein. Zügige Abwicklung von Versicherungsschäden – die Kunden in der Parkierungsanlage erleiden und/oder verursachen – sind ebenfalls Tagesarbeit für den routinierten Betreiber.

Für den Eigentümer kann auch der kontinuierliche *Datenfluß* mit dem Betreiber essentiell sein: Tägliche Frequenzen sowie durchschnittliche Verweildauer geben wichtige Rückschlüsse über Einkaufsgewohnheiten von Kunden. Auch darf der Eigentümer der Immobilie jährliche Umsatzbudgetierung mit monatlichen statistischen Managementberichten des Betreibers erwarten. Bei Pachtverträgen mit Umsatzbeteiligung sollte das Testat einer renommierten Wirtschaftsprüfungs-Gesellschaft zu Lasten des Betreibers gefordert werden.

Bei Pacht- und Mietverträgen mit Umsatzbeteiligung für den Investor sind Aspekte der *Revision* außerordentlich entscheidend: Die Gefahr von Manipulationen kann sowohl von dem Nutzer des Parkierungsbauwerks ausgehen als auch durch unzuverlässiges Personal des Betreibers verursacht werden. Dieses Problem stellt sich zwangsläufig in allen Sektoren des Bargeld-Handlings (beispielsweise Einzelhandel). Hierbei ist jedoch zu berücksichtigen, daß ein sich selbst kontrollierendes System von hochintelligenten elektronischen Abfertigungsanlagen (im Netzverbund mit zentraler EDV) gleichwohl nicht gegen Störungen oder mißbräuchliche Eingriffe gänzlich abzuschirmen ist. Der Investor sollte von dem Betreiber vorbeugende Kontrollen des Managements und auch Einsatz von hausinternen Revisionsabteilungen verlangen.

3.4 Optische Komponenten

Ein hoher Reinlichkeitsstandard, der durch tägliche Grob- und wöchentliche Grundreinigung des Betreibers vertraglich und in praxi sicherzustellen ist, sollte eine Grundbedingung sein. Der Betreiber ist hierbei anzuhalten, in einen leistungsfähigen Maschinenpark zu investieren, um seinen Reinigungs- als auch Schneeräum- und Streupflichten in den Wintermonaten zeitnah nachkommen zu können.

Eine Auflockerung in dem Erscheinungsbild des Parkierungsbauwerkes bringt die aktive Vermarktung von Werbeträgern durch den Betreiber (beispielsweise hinterleuchtete Coloramas/attraktive Ausstellungsvitrinen/Unterzugbemalung/Stufen- und Banderolenwerbung etc.). Selbstverständlich sind auf seiten des Eigentümers der Immobilie hierbei Fragen des Konkurrenzausschlusses sowie der Imageverträglichkeit mit dem Genre der Immobilie zu beachten und entsprechende Mitgestaltungsmöglichkeiten im Vertragswerk vorzusehen.

Weitere Akzente kann der Betreiber bei der optischen Verbesserung der Immobilie setzen, indem er beispielsweise ausgewählte Wandflächen in Abstimmung mit dem Investor durch Schulklassen unter fachpädagogischer Anleitung bemalen läßt. Diese Aktionen lassen sich sehr positiv mediengerecht aufbereiten – darüber hinaus kann mit dieser Maßnahme potentielle Stammkundschaft der Garage aufgebaut werden: Die Eltern der mitwirkenden jugendlichen Künstler werden bei ihren künftigen Einkaufsfahrten wohl nicht umhin können, die Werke ihrer Sprößlinge in dieser Parkierungsanlage bewundern zu müssen.

Als Hilfestellung für die Orientierung des Kunden innerhalb der Parkanlage empfiehlt sich nachfolgende Aktion: Durch Vermietung kompletter Garagendecks an bekannte Markenartikler kann über die werbliche Vermarktungsschiene dem Endverbraucher eine einprägsame Eselsbrücke zum späteren Auffinden seines PKW gebaut werden. Nur wenige Nutzer von Parkierungsbauwerken sind in der Lage, sich komplizierte Stellplatznumerierungen oder Etagenbezeichnungen auch tatsächlich zu merken – sehr wohl aber wird sich der Kunde an das »Coca-Cola-Deck« entsinnen. Ein ähnlicher Effekt läßt sich auch mit unterschiedlicher Farbgebung und/oder dem etagenweisen Aufbringen von unterschiedlichen Fruchtsymbolen erzielen. Diese Hinweise müssen sich dann selbstverständlich bis in Treppenhäuser und Aufzugskabinen fortsetzen.

Grundsätzlich sollte der Investor einer Immobilie bei der Vertragsgestaltung die Verpflichtung zur turnusmäßig wiederkehrenden Innenrenovierung an den Betreiber weiterreichen. Er wird damit kontinuierlich optische Schönheitsreparaturen in der Immobilie zu eigenen Lasten für den Eigentümer durchführen.

3.5 Marketing-Instrumentarium

Das Argument einer aktiven Marketingpolitik für Parkierungsanlagen mag zunächst ungläubiges Staunen hervorrufen. Es ist jedoch zu berücksichtigen, daß Garagenbauwerke – wie jeder andere unverwechselbare Markenartikel auch – einer speziellen Marketingphilosophie bedürfen.

Eine gewichtige Rolle spielt hierbei selbstverständlich zunächst für den Kunden das Preis-Leistungs-Verhältnis. Es sollte hierbei als Empfehlung grundsätzlich ein günstiger Kurzpark-Einstiegstarif gewählt werden, der den Interessen des Kurzparkers und Zielkäufers entgegenkommt.

Die weitere Gestaltung des Tarifsystems muß sich an der tatsächlichen oder gewollten Verweildauer des Kunden orientieren: Beispielsweise muß dem Impulskäufer das »Shopping-Erlebnis« durch entsprechend vorgegebene Verweildauer in der Parkierungsanlage ermöglicht werden – und nicht etwa durch stündlichen Taktwechsel mit Tarifsprüngen durchkreuzt werden und damit den Kunden gar zur Eile antreiben.

Ein flächendeckendes Parkgebühren-Rückerstattungssystem mit dem umliegenden Einzelhandel sowie gastronomischen Betrieben wird letztlich den Kunden der Parkierungsanlage überzeugen. Durch Minimierung seiner Parkgebühren soll mittels Rückvergütung eine Kundenbindung an die Immobilie realisiert werden – im Idealfall parkt der Kunde vermeintlich zum Nulltarif, da er seine Parkgebühren rückerstattet erhält.

Die Preispolitik muß jedoch weitere Kundensegmente erfassen: so kann beispielsweise der abendliche Besucher durch einen attraktiven »Bummeltarif« angelockt werden; für Theater- und Kulturbetriebe im Umfeld der Parkierungsanlage wird man spezielle »Kulturtarife« entwickeln; der Hausfrau wird man bei Einkäufen an speziellen Wochentagen in den Vormittagsstunden einen »Markttarif« anbieten.

Der Garagenbetreiber sollte aktives Mitglied der jeweiligen Werbegemeinschaft sein und hierbei Sonderaktionen mittragen und initiieren. Die Impulse und das Engagement zur Vermarktung der Immobilie sind von ihm zu erwarten.

Einen zielgruppen-spezifischen Marketingansatz kann man durch die enge Kooperation des Garagenbetreibers mit dem lokalen Fahrschulverband realisieren: Der Fahrlehrer hat während der Übungsstunden mit dem Fahrschüler kostenlose Trainingsmöglichkeit zum Befahren und Eingewöhnen in der Parkgarage. Bei erfolgreich bestandener Fahrprüfung erhält jeder Führerschein-Neuling per Direct Mailing des Garagenbetreibers ein Kontingent an Gutscheinen zum kostenlosen Parken: Durch diese Aktion wird Stammkundschaft für die Parkierungsanlage aufgebaut, von der wiederum der Eigentümer und Investor der Immobilie langfristig profitiert.

Da die vorstehende Auflistung an Marketingmaßnahmen keinen Anspruch auf Vollständigkeit erhebt und lediglich beispielhaft Möglichkeiten aus der ganzen Palette des Marketingpotentials herausstreichen kann, soll abschließend eine weitere Möglichkeit dargelegt werden, die durch Einsatz modernster Elektronik in den Park-Abfertigungsanlagen umgesetzt werden kann:

Bestimmten Kundenkreisen (z.B. Inhabern von Kundenkarten bei Warenhauskonzernen oder Vielfliegern auf Flughäfen etc.) werden sogenannte »Werttickets« angeboten. Diese beinhalten einen Vorzugstarif und ermöglichen »Parken à la carte«: Durch Erwerb der gespeicherten Parkpunkte wird der ständige Bezahlvorgang des Stammkunden überflüssig – er parkt bargeldlos und ist damit privilegiert. Selbstverständlich wird es im Zeitalter der elektronischen »Point-of-Sales« auch möglich, mit Kreditkarten jeglicher Couleur das Parkentgelt bargeldlos zu entrichten.

In ausgewählten Städten sind von renommierten Fachfirmen sogenannte »Generalparkkarten« im Testlauf: Der Kunde hat einen Dauer-Stellplatz in seiner Stammgarage (Wohnung/Arbeitsplatz) und kann mit seiner Codekarte bargeldlos andere Parkierungsanlagen frequentieren. Natürlich muß hierbei ein exakter Abrechnungsmodus von dem Betreiber gefunden sein, da meist mehrere seiner Vertragspartner im Systemverbund profitieren sollen. Auch wird dieser Service nur von professionellen Management-Unternehmen auf dem Parkierungssektor angeboten werden, die flächendeckend arbeiten können.

RAINER KRETSCHMER

Mehrfunktional-genutzte Gewerbe-Immobilien

Inhalt

1.	Begriff	235
2.	Arten	235
3.	Standort	236
3.1	Gesetzliche Beschränkungen	236
3.2	Standortkategorien	236
3.3	Anforderungen an den Standort	237
3.3.1	Unterschiedliche Ansprüche der Nutzergruppen	237
3.3.2	Einzelhandel	237
3.3.3	Büros	237
3.3.4	Freizeit/Unterhaltung/Gastronomie	237
3.3.5	Hotels	238
4.	Besonderheiten der baulichen Konzeption	238
4.1	Zugänglichkeit	238
4.2	Abluft	238
4.3	Besondere Sicherheitsanforderungen	239
4.4	Arztpraxen	239
4.5	Eingangsgestaltung	239
4.6	Existenz von Wohnungen	239
4.7	Klimatisierung	240
4.8	Flächenrelationen	240
4.9	Flexibilität	240
5.	Image	241
5.1	Anforderungen	241
5.2	Negative Auswirkungen	241
5.3	Image-Anspruch der Eigentümer	242
6.	Kompatibilität	242
7.	Besonderheiten mehrfunktionaler Gewerbe-Immobilien	243
7.1	Vorteile	243
7.1.1	Verbundwirkung	243
7.1.2	Rentabilität	243

7.1.3	Mangel an Alternativen	243
7.1.4	Risikostreuung	244
7.2	Nachteile	244
7.2.1	Komplexität der Immobilie	244
7.2.2	Erfordernis eines Managements	244
7.2.3	Potenzierung negativer Einflüsse	244
8.	Sicherheit	245
8.1	Besonderheiten bei gemischt-genutzten Objekten	245
9.	Parkierung	245
10.	Fungibilität/Werterhaltung	246
10.1	Branchen-/Mieter-Mix	246
10.2	Bauliche Vorkehrungen	246
10.3	Architektur	246
10.4	Ausstattung	247
10.5	Nebenkosten	247
10.6	Mietverträge	247
10.7	Teilbarkeit	247
10.8	Einschränkungen	248
11.	Verwaltung/Management	248
11.1	Mietverträge	248
11.2	Nebenkosten	249
11.3	Fluktuation	249
11.4	Management	249
12.	Künftige Entwicklung	250
12.1	Nachfrage	250
12.2	Entwicklung	250
12.3	Ausblick	251

1. Begriff

Mehrfunktionale Gewerbe-Immobilien oder gemischt genutzte Immobilien umfassen ein weit breiteres Spektrum verschiedener Typen von gewerblichen Immobilien, als dies bei oberflächlicher Betrachtung den Anschein haben mag.

Generell sind unter mehrfunktionalen Gewerbe-Immobilien alle diejenigen Immobilien zu verstehen, deren Mieter/Nutzer unterschiedliche Funktionen ausüben, im Gegensatz zu monofunktionalen, in denen ein oder mehrere Mieter demselben Tätigkeitsbereich nachgehen.

Handelt es sich bei den Mietern ausschließlich um Gewerbemieter, so könnte man die Immobilie als mehrfunktionale gewerbliche Immobilie oder im engeren Sinne als »reine« Gewerbe-Immobilie ansehen. Befinden sich in einem Gebäude neben den gewerblichen auch Wohneinheiten, so spricht man häufig auch von sogenannten *gemischt-genutzten Immobilien*, die hier als mehrfunktionale Gewerbe-Immobilie im weitesten Sinne bezeichnet werden soll.

Im Vergleich zur monofunktionalen Gewerbe-Immobilie sind bei mehrfunktionalen Objekten die je nach Funktion teilweise sehr unterschiedlichen Anforderungen der Mieter hinsichtlich Standort, Gestaltung, Funktionalität innerhalb des Objektes, Verkehrsanbindung, Parkierung etc. zu berücksichtigen. Diese sind für alle Mieter/Nutzer gleichermaßen zu erfüllen.

2. Arten

Bei näherer Betrachtung des Marktes für mehrfunktionale Gewerbe-Immobilien wird erkennbar, daß bei diesem Immobilientyp sehr unterschiedliche und vielfältige Nutzungsvarianten und -konzepte existieren und daß viele bei oberflächlicher Betrachtung als monofunktional angesehene Gewerbe-Immobilien bei näherer Betrachtung mehrfunktional genutzt werden. Einen Überblick über das breite Spektrum kann die folgende Darstellung der unterschiedlichsten Typen mehrfunktionaler Gewerbe-Immobilien vermitteln.
- Das »typische« mehrfunktionale innerstädtische Geschäftshaus, in dem Einzelhandel und/oder Gastronomie und/oder sonstige Dienstleistungen sowie Büros, Praxen und eventuell Wohnungen untergebracht sind.
- Innerstädtische Einkaufspassagen, Galerien, Einkaufshöfe mit Büro- und/oder Praxisräumen mit oder ohne kommerzielle Parkhäuser/Tiefparkanlagen.
- Kommerziell genutzte Parkhäuser mit Ladenzeilen, Freizeiteinrichtungen (Bowling/Kegeln, Fitness etc.), Büros, Praxen, z. B. um das Parkhaus zur Straßenseite hin zu kaschieren oder die Rentabilität zu verbessern etc.

- Bürohäuser mit Ladenzeile, Einkaufspassage, Gastronomie und/oder kommerziell genutzte Parkanlage.
- Hotels in Verbindung mit einer Ladenpassage, Kongreß-Zentrum, Boarding House, Büroetage etc.
- Freizeitanlagen in Verbindung mit Hotel oder Bungalows, Handelseinrichtungen, Gastronomie.
- Innerstädtische und stadtperiphere mehr- oder multifunktionale Einkaufszentren (z. B. Einzelhandel in Verbindung mit Freizeiteinrichtungen, sonstige Dienstleistungen, Büroetagen, Hotel, Kongreß-Zentrum etc.).

Im folgenden soll nicht detailliert auf die spezifischen Kriterien der beispielhaft genannten mehrfunktionalen Gewerbe-Immobilientypen eingegangen werden. Vielmehr soll versucht werden, die Besonderheiten, die generell für mehrfunktionale Gewerbe-Immobilien gelten, zu charakterisieren, wobei diese sowohl für das komplizierteste Gebilde, ein multifunktionales Shopping-Center, ebenso zutreffen können wie (im Detail) auf ein Bürogebäude, welches zusätzlich zur Büronutzung lediglich mit einem z. B. gastronomischen Betrieb versehen ist.

3. Standort

3.1 Gesetzliche Beschränkungen

Bei der Standortwahl sind zunächst bestimmte *gesetzliche Restriktionen* zu beachten, die sich aus der Baunutzungsverordnung (BauNVo) ergeben. So sind die im Flächennutzungsplan für die Bebauung vorgesehenen Flächen (§ 5 Abs. 2 Nr. 1 des Bundesbaugesetzes) »nach der allgemeinen Art ihrer baulichen Nutzung darzustellen« als
- Wohnbauflächen
- gemischte Bauflächen
- gewerbliche Bauflächen
- Sonderbauflächen.

So ist beispielsweise in reinen oder allgemeinen Wohngebieten der Bau von Gewerbe-Immobilien ebenso nur in Ausnahmefällen möglich wie die Errichtung von Wohnungsimmobilien in Gewerbe- und Industriegebieten.

3.2 Standortkategorien

Typische Standorte für mehrfunktionale Gewerbe-Immobilien sind aufgrund der gesetzlichen Regelungen vor allem die sogenannten Mischgebiete und Kerngebiete sowie eigens hierfür ausgewiesene Sondergebiete.

3.3 Anforderungen an den Standort

3.3.1 Unterschiedliche Ansprüche der Nutzergruppen

Die Anforderungen an einen Standort für eine mehrfunktionale Gewerbe-Immobilie sind im Vergleich zur mono-funktionalen Nutzung wesentlich differenzierter und komplexer, da dieser gleichermaßen für die unterschiedlichen Nutzungen geeignet sein soll. Hierbei ist vor allem auch der Rahmen der gesetzlichen Vorschriften zu beachten.

3.3.2 Einzelhandel

So erfordert ein innerstädtischer Einzelhandels-Standort vor allem eine akzeptable Fußgängerfrequenz, gut erreichbare Parkmöglichkeiten sowie nach Möglichkeit die Nähe zu anderen attraktiven Einzelhandelsanbietern. Bevorzugt werden hierbei Lagen in absoluten Hauptgeschäftsbereichen der Städte. Zumeist sind dies die Fußgängerzonen. Aber auch gute Stadtteillagen bieten Chancen für den Einzelhandel. Betriebe mit erheblicher eigener Anziehungskraft und hohem Stammkundenanteil sind auch in Neben- oder Seitenlagen existenzfähig.

3.3.3 Büros

Nachfrager nach Büroräumen erwarten aus Repräsentationsgründen primär eine gute Büro-»Adresse«. Teilweise kann das Vorhandensein gleichartiger Betriebe ein wichtiges Standortkriterium (z. B. bei Fluglinien, Banken) darstellen. Nicht unbedeutend ist im Hinblick auf die Mitarbeiter die Anbindung an öffentliche Verkehrsmittel insbesondere in den autoverkehrs-überlasteten Großstädten. Auch die Existenz von Parkmöglichkeiten am Standort oder in unmittelbarer Nähe ist oftmals von erheblicher Bedeutung. Ein weiteres Kriterium für die Belegung bestimmter Büros kann die Nähe zu den potentiellen Kunden sein.

3.3.4 Freizeit/Unterhaltung/Gastronomie

Auch für gastronomische Betriebe sowie Freizeit- und Unterhaltungseinrichtungen ist üblicherweise die Existenz weiterer gleichartiger Betriebe im unmittelbaren Umfeld als positiver Standortfaktor anzusehen. Je größer das Freizeit- oder Unterhaltungsangebot an einem Standort ist, desto eher ist der potentielle Besucher geneigt, einen Standort gezielt aufzusuchen.

Aufgrund ihrer Vielfalt scheinen gewachsene Standorte speziell für die Gastronomie mittel- oder längerfristig die besten Marktchancen zu bieten.

Große Freizeit- und Unterhaltungsanlagen können dagegen auch an peripheren

Standorten existieren. Von Bedeutung ist bei diesen Anlagen vor allem die Größe des Einzugsbereiches der potentiellen Nutzer.

3.3.5 Hotels

Betriebe des Übernachtungsgewerbes präferieren leicht auffindbare Standorte in Citylagen (Stadthotel) oder verkehrsgünstig gelegene Standorte (Verkehrshotel), z. B. an Flughäfen, Bahnhöfen, Fernstraßen. Aber auch Standorte in gewachsenen Vierteln mit Integration in das innerstädtische oder gesellschaftliche Leben oder Standorte in Messenähe, Nähe zu touristischen Anziehungspunkten etc. können für Hotels von besonderem Interesse sein.

4. Besonderheiten der baulichen Konzeption

Werden mehrere verschiedene Funktionen unter einem Dach ausgeübt, so müssen deren z. T. spezifische Anforderungen bei der baulichen Konzeption berücksichtigt werden. Nachfolgend soll dies anhand einiger ausgewählter Beispiele dargestellt werden:

4.1 Zugänglichkeit

So ist es aufgrund der unterschiedlichen Öffnungszeiten sinnvoll, Einrichtungen, die nicht den Ladenschlußzeiten unterworfen sind, mit separaten Eingängen/Treppenhäusern zu versehen oder extrovertiert an der Immobilie anzuordnen. So sollten gastronomische Betriebe und Freizeitbetriebe in Einkaufszentren einerseits tagsüber in das Objekt integriert sein, abends dagegen muß eine Abtrennung vom Einkaufsbereich sowie ein Betreten von außen über einen getrennten Zugang möglich sein. Der Einzelhandelsbereich sollte in jedem Fall abgeschlossen werden können. Da Apotheken teilweise 24 Stunden dienstbereit und für den Publikumsverkehr zugänglich sein müssen, werden diese vorzugsweise an den Eingängen von Passagen oder Einkaufszentren plaziert oder verfügen auch über einen Straßeneingang.

Eingänge zu Büros oder Praxen innerhalb von Laden- oder Dienstleistungsbereichen können zur Frequenzerhöhung im Ladenbereich beitragen.

4.2 Abluft

Bei Reinigungsbetrieben sind besondere Entlüftungsvorrichtungen erforderlich; aufgrund der hier installierten schweren Maschinen ist die Deckenbelastung höher als bei den meisten anderen Dienstleistern. Bei gastronomischen Betrieben mit Küche oder Einzelhandel mit Frischfisch muß außerdem die Abluft so geregelt sein, daß andere Mieter, insbesondere in den Obergeschossen (z. B. über das Dach), sowie die Nachbarbetriebe nicht belästigt werden. Die Entlüftung sollte so ausgelegt sein, daß ggf. bei geschlossenen Fenstern gearbeitet werden kann, da ansonsten eine Geruchsbelästigung über die offene Fenster stattfinden kann.

4.3 Besondere Sicherheitsanforderungen

Je nach Größe benötigen Banken besonders gesicherte Zu- und Abfahrten, eine Entladestelle für Geldtransporte sowie Tresorräume. Parkanlagen sind mit Rollgittern auszustatten und übersichtlich zu konzipieren. Dunkle, »tote« Ecken sind zu vermeiden. Ein heller Anstrich, Video-Überwachungsanlagen oder Spiegel erhöhen die Sicherheit beträchtlich. Bei Ladenpassagen oder sonstigen Durchgängen ist darauf zu achten, daß diese abgeschlossen werden können.

4.4 Arztpraxen

Ärzte gehen ungern höher als in das 2. Obergeschoß, selbst wenn die als Voraussetzung angesehenen mindestens zwei Aufzüge vorhanden sind. Ausnahmen hiervon werden höchstens in Ärztehäusern mit mehreren unterschiedlichen Praxen unter einem Dach gemacht.

4.5 Eingangsgestaltung

Viele Büromieter wie auch Freiberufler legen in der Regel größten Wert auf eine repräsentative Eingangsgestaltung z. B. in Form von hochwertigen Baumaterialien, größere Höhe oder die Installation einer Portiersloge bei größeren Bürogebäuden. Ein großzügiges Foyer im Erdgeschoß, evtl. in Verbindung mit Gastronomie, ist auch bei Hotels erforderlich, während die Zimmer in den obersten Geschossen untergebracht werden können.

4.6 Existenz von Wohnungen

Befinden sich Wohnungen in der gemischt-genutzten Immobilie, so ist bei der Plazierung der Anlieferung zusätzlich darauf zu achten, daß eine Lärmbelästigung für die Wohnungsmieter aufgrund von Lieferungen in den frühen Morgenstunden verhindert wird. Auch der Publikumsverkehr von Gewerbemietern wird oftmals von Wohnungsmietern als störend empfunden, weswegen gegebenenfalls getrennte Treppenhäuser erforderlich sein können. Andererseits stören bestimmte Gruppen von Wohnungsmietern (z.B. soziale Randgruppen) das Repräsentationsbedürfnis von Gewerbemietern, was ebenfalls als Argument für getrennte Eingänge und Treppenhäuser bzw. eine Trennung der Funktionen zu sehen ist.

4.7 Klimatisierung

Gegebenenfalls müssen unterschiedliche Klimatisierungsanforderungen z.B. bei Ladenpassagen, Büros oder Wohnungen erfüllt und durch den Einbau von entsprechenden Zwischenzählern die genaue Verbrauchszuordnung sichergestellt werden.

Büroräume erfordern nicht zwingend eine Klimatisierung. In unseren gemäßigten Breiten tendiert der potentielle Nutzer dazu, eine Klimatisierung nicht zu fordern.

Bestimmte Einzelhandelsbranchen können dagegen einen Klimatisierungsbedarf (z.B. Uhren/Schmuck) oder einen überdurchschnittlichen Abluftbedarf (Fisch, Schaubäckerei) haben.

4.8 Flächenrelationen

Als gesundes Verhältnis wird bei mehrfunktionalen Objekten eine Relation Einzelhandelsfläche zu Büro-/Praxisfläche von etwa 70% zu 30% angesehen. Bei Einzelhandelsflächen kann die gesamte Grundfläche überbaut werden, während Büros oder Wohnungen aufgrund der notwendigen natürlichen Belichtung – je nach Grundstücksgröße – nur an den Grundstücksseiten »darübergesetzt« werden. Eine evtl. von den Städten gewünschte Wohnfläche in gemischt-genutzten Gebäuden sollte nach Möglichkeit 10% der Gesamtflächen nicht überschreiten.

4.9 Flexibilität

Der gelegentliche Wechsel der Nutzer von Handels- und Büroflächen erfordert eine höchstmögliche Flexibilität bei der Variierung der Flächengrößen. Diese kann durch ein großzügiges Stützenraster und eine leichte Herausnehmbarkeit von Zwischenwänden erreicht werden. Schwieriger wird eine Umnutzung von Freizeitanlagen oder Gastronomiebetrieben.

5. Image

5.1 Anforderungen

Im allgemeinen stellen die verschiedenen Nutzer bestimmte Ansprüche an das Image der Immobilie, die sich teilweise decken, teilweise aber auch unterschiedlicher Natur sein können.

Besondere Bedeutung hat das Image für den Bereich Einzelhandel, wobei das Image mittels Etablierung bestimmter Betriebe, Betriebsformen, Gestaltung der Ladenstraßen, Verwendung entsprechender Baumaterialien an die Erfordernisse des Einzugsbereichs oder die Erwartungen der Zielgruppen angepaßt werden kann. Auch das Image einer ganzen Stadt oder eines Stadtteils kann hierbei von Bedeutung sein.

Für bestimmte Büromieter ist gegebenenfalls das Image einer Straße, eines Stadtteils oder die Adresse von besonderer Bedeutung. Hierbei kann der Bekanntheitsgrad einer gelungenen, hochwertigen Passage oder Galerie durchaus auch dem Repräsentationsbedürfnis eines Büromieters entgegenkommen. Eine wichtige Rolle für die Anmietung spielt häufig auch das äußere Erscheinungsbild der Immobilie sowie die Gestaltung der Eingänge und Treppenhäuser. Nicht zu vergessen ist hierbei auch das Image der objekt-eigenen Parkanlage. Eine dunkle, schwer befahrbare Tiefparkanlage kann sich durchaus negativ auf das Gesamt-Objekt und damit auf die Umsätze von Einzelhandels-Mietern, Frequenz von Ärzten etc. auswirken.

5.2 Negative Auswirkungen

Als Image-schädigende Nutzungen werden vor allem Sex-Shops, Sex-Kinos, Spielhallen, dubiose Bars oder sogenannte »Modelle« als Mieter angesehen. Beispielsweise kann ein Hotel, in dem sich eine Nachtbar befindet, leicht mit einem Stunden-Hotel verwechselt werden. Spielhallen können allerdings so unauffällig z. B. im Seiten- oder rückwärtigen Teil eines Gebäudes untergebracht werden, daß diese – was die Immobilie anbelangt, keine negativen Auswirkungen zur Folge hat. Andererseits können auch bestimmte Einzelhandelsbetriebsformen wie z. B. Discounter das Objekt-Image für andere Nutzer ungünstig erscheinen lassen. Umgekehrt kann eine besonders hochwertige Architektur oder die Existenz einzelner Mieter mit hochwertigem Sortiment dazu führen, daß das Objekt von potentiellen Kunden als überteuert angesehen wird.

Besonders bei Frauen haben dunkle und enge Parkhäuser und Tiefparkanlagen ein sehr ungünstiges Image, welches nicht selten auch negative Auswirkungen auf das

Gesamtobjekt hat. Dunkle, unübersichtliche Gänge oder Treppenhäuser sowie das Zusammentreffen bestimmter Bevölkerungsgruppen im und am Objekt führen ebenso zu einem negativen Image wie eine starke Fluktuation der Ladenmieter in Einkaufszentren.

5.3 Image-Anspruch der Eigentümer

Neben dem Mieter will aber oftmals auch der/die Eigentümer sich mit der Immobilie sowie deren Image identifizieren können, wenn es sich um bekannte institutionelle Anleger handelt, die ihre Bestandsobjekte u. a. zur Kunden-Akquisition vorzeigen wollen. Bei einem privaten Eigentümer kann durchaus auch Besitzerstolz aufkommen, wenn neben der Rendite die Architektur, der äußere Eindruck des Objektes, die Lage und attraktive Mieter das Objekt aufwerten.

6. Kompatibilität

Die Zusammensetzung der verschiedenen Mieter ist so zu wählen, daß diese nicht störend aufeinander wirken, sondern eine gegenseitige Verträglichkeit sichergestellt ist. Ein Zusatznutzen der gesamten Immobilie ist dann gegeben, wenn darüber hinaus eine gegenseitige Befruchtung erfolgen kann.

Beispielsweise harmonieren Einzelhandels- und sonstige Dienstleistungsbetriebe durchaus mit der Existenz von Büros oder Arztpraxen oder auch von Wohnungen. Darüber hinaus profitieren die einzelnen Nutzungsarten jeweils zusätzlich von der Frequenz des anderen. Beinahe obligatorisch ist die Ansiedlung einer Apotheke oder eines Augenoptikers in einem Ärztehaus bzw. einem Gebäude mit Arztpraxen. Einer Gaststätte in einem Gebäude mit zahlreichen Beschäftigten steht bereits ein bestimmtes Grund-Kundenpotential zur Verfügung.

Als unpassend kann andererseits von Mietern mit gesteigertem Repräsentationsbedürfnis die Existenz von Discount-Betrieben (mit verklebten oder unattraktiven Schaufenstern), von Spielsalons, Sex-Shops oder dubiosen Bars angesehen werden. Auch sollte eine hochwertige Einkaufsgalerie oder -passage nicht mit Sozialwohnungen oder einem Jugendzentrum etc. in den oberen Geschossen kombiniert werden, auch wenn dies ein besonderes Anliegen der jeweiligen Stadtverwaltung darstellt. Umgekehrt sind auch besonders hochwertige Läden neben einem discount-orientierten Angebot falsch plaziert.

Geringe Kompatibilität ergibt sich zwischen Freizeiteinrichtungen und Einkaufen durch unterschiedliche Nutzungszeiten bei den verschiedenen Funktionen. Durchaus harmonieren können dagegen Freizeit, Gastronomie und Hotellerie. Auch können durch Freizeiteinrichtungen bestehende Parkanlagen möglicherweise besser ausgelastet werden. Passend erscheint auch der gesamte Bereich Sport/Freizeit/ Gesundheit einschließlich gastronomischer und Übernachtungseinrichtungen.

7. Besonderheiten mehrfunktionaler Gewerbe-Immobilien

7.1 Vorteile

7.1.1 Verbundwirkung

Durch die richtige Planung und Wahl der Mieter können teilweise erhebliche Verbundwirkungen erzielt werden. In Einkaufszentren werden beispielsweise die einzelnen Branchen u. a. im Hinblick auf ihre Verträglichkeit sowie ihre Verbundwirkung zusammengesetzt. Bei gemischt genutzten Immobilien können darüber hinaus zusätzliche Verbund- oder Wechselwirkungen dadurch erzielt werden, daß auch die unterschiedlichen Nutzungsarten gegenseitig voneinander profitieren können oder sich ergänzen. Als besonders gute Beispiele können hierbei die Vermietung an Fachärzte bei gleichzeitiger Ansiedlung einer Apotheke und eines Optikers, Hörgerätespezialisten etc. oder die Verbindung größerer Büroeinheiten mit Gastronomie und Einzelhandel angeführt werden.

7.1.2 Rentabilität

Gerade an innerstädtischen Standorten bietet sich häufig nur über die Errichtung einer mehrfunktionalen Immobilie die Möglichkeit zur optimalen Ausnutzung der erlaubten Geschoßflächenzahl (GFZ) und Baumassenzahl (BMZ). Dies ist im allgemeinen erforderlich, um für die hohen Grundstücks- und Baukosten eine entsprechende Rentabilität darstellen zu können. Nicht selten ergibt sich die Etablierung mehrerer Funktionen in einem Gebäude zwangsläufig aus dem Baurecht und der spezifischen Standort-Situation.

7.1.3 Mangel an Alternativen

Da eine Einzelhandelsnutzung meist nur im Erdgeschoß, bei attraktiven Betrieben auch im Basement und im 1. Obergeschoß funktioniert, bleibt nur die Etablierung zusätzlicher Funktionen wie Büros, Praxen, Wohnungen, Hotel etc., wenn die zulässigen Geschoßzahlen ausgenutzt werden sollen. Aus den gegebenen Verpflichtungen zum Bau von Stellplätzen kann sich ggf. eine Parkanlage als eigenständiges Profit-Center ergeben.

7.1.4 Risikostreuung

In gewissem Umfang ist bei mehrfunktionalen Gewerbe-Immobilien für den Eigentümer eine Risikostreuung gegeben. Aufgrund der Dynamik im Handel erodieren Handelsbetriebe und Standorte wesentlich schneller, als dies z. B. bei Büros oder Praxen der Fall ist. Büromieter, Ärzte und Banken wechseln z. B. nur ungern den Standort. Zwar ist bei Letztgenannten der Mietertrag geringer als für Ladenflächen, doch ist auch das Mietausfallrisiko erheblich niedriger.

7.2 Nachteile

7.2.1 Komplexität der Immobilie

Mehrfunktionale gewerbliche Immobilien sind – sofern es sich nicht nur um das innerstädtische »Rentehaus« handelt, relativ komplizierte Immobilien. Speziell bei größeren Objekten sind klare Konzepte erforderlich und teilweise komplizierte Wechselwirkungen zu berücksichtigen.

7.2.2 Erfordernis eines Managements

Bereits kleine und mittelgroße Objekte mit Ladeneinheiten, Gastronomie oder Freizeitanlagen sind den sogenannten sensiblen Gewerbimmobilien hinzuzurechnen, die den Einsatz eines qualifizierten Managements erfordern. Sofern spezifisches Know-how nicht selbst vorhanden ist, sind vergleichsweise hohe Summen für dessen Einkauf erforderlich. Auf die besonderen Anforderungen an die Verwaltung mehrfunktionaler Gewerbe-Immobilien wurde bereits hingewiesen.

7.2.3 Potenzierung negativer Einflüsse

Auch wenn nur wenige Mieter sich unattraktiv präsentieren, überträgt sich der negative Eindruck auf das Gesamtobjekt mit der Folge, daß dessen Image erheblich beeinträchtigt wird. Auch eine geringe, durchaus übliche, Mieter-Fluktuation kann dieselbe Wirkung auslösen.

8. Sicherheit

8.1 Besonderheiten bei gemischt-genutzten Objekten

Die gemischte Nutzung von Gewerbe-Immobilien kann zum Teil mit erheblichen Sicherheitsproblemen verbunden sein. Befinden sich beispielsweise die Eingänge zu Wohnungen, Büros oder Praxen innerhalb der Ladenstraße oder einer Ladenpassage, so kann die Ladenstraße nachts erst zu später Stunde geschlossen werden oder muß völlig offen bleiben (bei Wohnnutzung). Passagen oder Ladenstraßen ohne Durchgangsmöglichkeiten sind zum einen bevorzugte Aufenthaltsorte für Nichtseßhafte oder Jugendliche ohne Freizeit-Aufenthaltsort o. ä. und erleichtern andererseits kriminellen Elementen Diebstähle in den Objektbetrieben. Die Läden müssen mit teuren Sicherheitseinrichtungen (Alarmanlage, Sicherheitstüren, Panzerglas etc.) ausgestattet oder getrennte, von außen zugängliche Treppenhäuser eingeplant werden. Passagen und Hausdurchgänge dürfen nicht als öffentliche Wege gewidmet sein, da einerseits unerwünschte Personen nicht mittels des Hausrechts entfernt werden können und andererseits eine Schließung auch unter Sicherheitsaspekten sehr schwierig ist.

9. Parkierung

Zunächst erscheint es sehr verlockend, über eine mehrfunktionale Nutzung eine bessere Auslastung von relativ teuren Parkflächen zu erreichen: Tagsüber werden die Stellflächen beispielsweise von Einzelhandelskunden und Praxisbesuchern genutzt, abends und nachts stehen diese Wohnungsmietern oder Besuchern von Freizeiteinrichtungen und Gastronomiebetrieben zur Verfügung.

Hier ist aber häufig zu beobachten, daß Wohnungsmieter oder Büroangestellte tagsüber die am leichtesten zugänglichen Flächen belegen. Diese sollten jedoch für die Kunden oder Einzelhandelsanbieter, Dienstleister oder Büros mit Publikumsverkehr vorbehalten bleiben, da die Parkfläche Teil des akquisitorischen Potentials dieser Betriebe ist. Die Dauermieter und Beschäftigten sollten deswegen die unterste Parkebene bzw. die entferntesten Stellplätze belegen. Um dies sicherzustellen, wäre eine getrennte Zufahrt am sinnvollsten, doch ist dies aus Kostengründen in vielen Fällen nicht realisierbar.

Zunehmend werden seit einiger Zeit ursprünglich mono-funktionale, unattraktive Parkhäuser der ersten Generation in mehr-funktionale Objekte umgewandelt, um die oftmals zentralen, innerstädtischen Lagen einer besseren Nutzung zuzuführen. Auch stadtentwicklungs-politische und städte-bauliche Gründe können angeführt werden, wenn häßliche Parkhausfronten hinter einer Ladenzeile verschwinden oder gar eine Wohnanlage mit Büros oder Läden davorgebaut wird.

10. Fungibilität/Werterhaltung

Der Wiederverkaufswert bzw. die Wiederverkaufsmöglichkeit hängt hauptsächlich von dem Nutzungswert ab, den das Objekt auch für andere Eigentümer oder Mieter hat. Hierbei sind neben dem für jede Immobilie wichtigen Standort, bei mehr-funktionalen Objekten weitere, die einzelnen Funktionen spezifisch betreffende, aber auch funktions-übergreifende Kriterien zu berücksichtigen.

10.1 Branchen-/Mieter-Mix

Für Einzelhandelsagglomerationen ist einerseits der richtige, standort-spezifisch angebrachte Branchen-Mix von besonderer Bedeutung. Paßt darüber hinaus der Mieter-Mix des gesamten mehr-funktionalen Objektes zusammen, so dürfte die Wiederverkäuflichkeit noch positiver berührt werden.

10.2 Bauliche Vorkehrungen

Durch flexibel zu gestaltende Grundrisse von Ladenflächen und Büroräumen, die in ihrer Dimension je nach Bedarf variiert werden können, können die Flächen veränderten Situationen angepaßt werden, was die Fungibilität beträchtlich erhöht. Dasselbe gilt auch für den Einbau großzügiger Stützraster und beweglicher Zwischenwände, so daß z.B. aus einer Vielzahl kleiner Handelseinheiten eine Großfläche geschaffen oder aus einem Großraumbüro eine Aufteilung in mehrere Büroeinheiten vorgenommen werden kann.

10.3 Architektur

Sicherlich wird auch eine ansprechende architektonische Gestaltung die Verkäuflichkeit im Vergleich zu weniger attraktiven Objekten erhöhen, wenn das Rendite-Niveau und die übrigen Kriterien sich in einem vernünftigen Rahmen bewegen. Sicherlich wird bei einer guten Architektur unterschwellig der Eindruck entstehen, daß es sich hier möglicherweise um eine wertvollere Immobilie handelt.

10.4 Ausstattung

Gerade bei mehrfunktionalen Objekten sollte zumindest die Möglichkeit der Klimatisierung, eventuell auch nur von Teilflächen, gegeben sein.

Speziell für Büroräume ist eine vorhandene Datenverarbeitungs-Kompatibilität (z. B. durch Vorhaltung von Kabelkanälen) ein wesentlicher Beitrag zur Erhöhung der Fungibilität. Teilweise kann hierfür auch die Existenz von Sicherheitseinrichtungen (z. B. Alarmanlagen, Sicherheitseinrichtungen, Sicherheitsschleusen, Wachdienst) vorteilhaft sein.

10.5 Nebenkosten

Als wesentlicher Punkt ist schließlich auch die Höhe der Nebenkosten zu nennen. Niedrige Nebenkosten bewirken zumeist höhere Mieterträge, da für die Mieter im allgemeinen die Gesamtkostenbelastung (also Mieten und Nebenkosten) entscheidend ist. Verwaltungs- und Managementkosten, auf die Mieter umgelegte Grundsteuern, teure Heiz- oder Klimatisierungskosten sind hierbei von besonderer Bedeutung.

Eine »intelligente« Gesamt-Konzeption führt insofern zu einer dauerhaften Absicherung der Investition, verbunden mit höheren Ertragssteigerungsmöglichkeiten.

10.6 Mietverträge

Für den potentiellen Käufer stellt die Bonität der Mieter und die Qualität der Mietverträge, insbesondere im Einzelhandelsbereich, ein ganz wesentliches Beurteilungskriterium dar. Bevorzugt werden hierbei bekannte, überregionale Filialisten, teilweise auch angesehene regionale Anbieter. Auch die Existenz von Praxen (Ärzte, Rechtsanwälte) ist im Verkaufsfall durchaus positiv zu sehen. Bei Hotels und Parkanlagen müssen die Management- oder Pachtverträge einer kritischen Überprüfung standhalten.

10.7 Teilbarkeit

Da für Großimmobilien mit Investitionsvolumina von mehr als ca. 50 Mio. DM nur vergleichsweise wenige potentielle Nachfrager am Markt sind, größtenteils handelt es sich hierbei um institutionelle Anleger, kann die Möglichkeit des Verkaufs einzelner größerer Einheiten den potentiellen Käuferkreis beträchtlich erweitern. Hierbei kommt es entscheidend auf eine sinnvolle Teilung an. Unter keinen Umständen sollten Einzelhandelsflächen aufgrund des erforderlichen Branchen-Mix geteilt werden. Demgegenüber ist eine Aufsplittung z. B. in eine Handelseinheit sowie eine oder mehrere Büroetagen oder -blocks denkbar. Eine befriedigende Fungibilität ist bis zu einem Investitionsvolumen von 15 bis 20 Mio. DM gegeben.

10.8 Einschränkungen

Eingeschränkt wird die Fungibilität durch die Existenz von Wohneinheiten innerhalb der mehrfunktionalen Immobilie. Sofern es sich nicht nur um einige Einheiten handelt, werden reine Gewerbe-Immobilien bevorzugt. In guter Lage und bei entsprechender Gesamtrentabilität scheitert der Verkauf des gemischt-genutzten Objektes jedoch sicher nicht an der Existenz von Wohneinheiten.

11. Verwaltung/Management

Während bei mehrfunktionalen Objekten mit nur wenigen Mietern die reine Verwaltung zumeist ausreicht und eine lokale Präsenz nicht unbedingt erforderlich ist, benötigen die komplexeren Großobjekte ein spezielles Management. Dies gilt vor allem, wenn es sich um Ladenflächen handelt, bei denen ein bestimmter Mieter- oder Branchen-Mix realisiert werden soll bzw. ständig an aktuelle Veränderungen anzupassen ist. Auch größere Freizeitanlagen, Hotels und/oder Parkhäuser erfordern ein eigenständiges Management, welches zumindest teilzeitig am Standort des Objektes präsent sein sollte. Die einzelnen Funktionen stellen hierbei an die Verwaltung oder das Management jeweils unterschiedliche Anforderungen.

11.1 Mietverträge

Zunächst unterscheiden sich die Mietverträge in ihrer spezifischen Ausgestaltung. Die Vereinbarung kombinierter Fix-/Umsatzmieten, Sortimentsfestlegungen, Offenhaltungs- und Betreibungspflichten sowie die Pflichtmitgliedschaft in einer Werbegemeinschaft betrifft beispielsweise die Vermietung von Einzelhandelsflächen. Einfachere Mietverträge können dagegen für Büroräume verwendet werden. Hierbei spielt insbesondere die Indexierung, Kostenübernahme von Steuern und Art und Umfang der Übernahme der Instandhaltung durch den Mieter eine bedeutende Rolle. Bei Wohnungsmietverträgen bewegt man sich innerhalb der durch das Gesetz stark eingeschränkten Vertragsfreiheit. Mit Hotelgesellschaften werden z. T. sehr unterschiedliche Betreibungs- oder Pachtverträge ausgehandelt. Hier bestehen je nach Stärke der Mietpartner erhebliche Verhandlungsspielräume. Der Gebührenansatz in Parkhäusern wird nicht selten durch Verpflichtungen gegenüber der jeweiligen Stadtverwaltung eingeschränkt. Häufig sind auch die Laufzeiten der Mietverträge völlig unterschiedlich.

Während bei den meisten gewerblichen Mietern der Mehrwertsteuerausweis erforderlich ist, unterliegen Wohnungsmieter nicht der Mehrwertsteuer. Eine bei gewerblichen Mietern übliche Indexierung kann bei Wohnungsmietern nicht vereinbart werden, hingegen seit einigen Jahren die sog. Staffelmiete.

11.2 Nebenkosten

Als verhältnismäßig schwierig und kostenträchtig erweist sich die genaue Zuordnung der Nebenkosten bei mehrfunktionalen Objekten z. B. hinsichtlich der Reinigung, der Bewachung und der Energiekosten.

Eine Umlage der Nebenkosten nach Quadratmetern Nutzfläche ist hier zumeist nicht sinnvoll bzw. zulässig. Es sind vielmehr die technischen Voraussetzungen (Installation von Zählern) zu schaffen, um eventuellen Einsprüchen der Mieter vorzubeugen. Dies gilt insbesondere, wenn die einzelnen Nutzer jeweils unterschiedliche Ansprüche an die Ausstattung der angemieteten Flächen (z. B. Klimatisierung) haben. Je nach Übernahme von Investitionskosten können die Mieter mit sehr unterschiedlichen Miet- und Nebenkosten belastet werden, was eine komplizierte Nebenkosten-Abrechnung erforderlich macht.

11.3 Fluktuation

Eine relativ starke Fluktuation bzw. ein häufiger Mieterwechsel ist oftmals bei Gastronomie-Mietern, aber auch bei Appartementwohnungen festzustellen. Auch Laden-Mieter ohne ausreichende finanzielle und fachliche Basis, in schlecht konzipierten Einkaufszentren und Passagen oder an ungünstigen (innerbetrieblichen) Standorten müssen oft schon nach kurzer Zeit ihre Flächen trotz anderslautender Mietverträge aufgeben. Relativ langfristig sehen dagegen Büromieter, Banken oder Arztpraxen ihr Engagement, da diese nur ungern ihren Standort wechseln. Der Verwaltungsaufwand für diese Mieter ist deswegen im allgemeinen geringer als für die o. g. Funktionen.

11.4 Management

Die Shop-Bereiche von mehrfunktionalen Gewerbe-Immobilien erfordern in der Regel eine Steuerung durch ein Center-Management. Dasselbe gilt auch für Objekte mit mehreren Gastronomie- und Freizeitbetrieben, sofern ein einheitlicher Mieter-Mix realisiert wurde. Generell kann festgestellt werden, daß mehrfunktionale Gewerbe-Immobilien, denen ein ausgearbeitetes Gesamtkonzept zugrunde liegt, zu den sogenannten sensiblen Gewerbe-Immobilien zählen, die in wesentlich höherem Maße eines Managements bedürfen als kleinere Objekte mit nur einigen Mietern und eher zufälligem Mieter-Mix.

12. Künftige Entwicklung

12.1 Nachfrage

Von der relativ starken Nachfrage nach gewerblichen Immobilien zur Kapitalanlage seitens der institutionellen Anleger, aber auch vermögender Privatanleger, sind neben einigen monofunktionalen Typen insbesondere auch die mehrfunktionalen Gewerbe-Immobilien betroffen. Gleichzeitig sind nur sehr wenige gute Objekte am Markt. Zunehmend macht sich auch die Nachfrage weiterer ausländischer Unternehmen auf diesem Sektor bemerkbar. Betroffen sind hiervon vor allem die Großräume/Ballungszentren innerhalb der Bundesrepublik Deutschland. Nicht zuletzt im Hinblick auf den gemeinsamen Markt ab 1992 treten neue Nachfrager aus dem EG-Raum, Skandinavien, aber auch aus Japan auf.

12.2 Entwicklung

Komplizierter und langwieriger gewordene Genehmigungsprozesse für neue Projekte und die Erweiterung bestehender Objekte sowie verschärfte Auflagen von Brandschutz, Denkmalschutz und Gewerbeaufsicht verteuern den Bau innerstädtischer Vorhaben. Darüber hinaus bestehen nur beschränkte Möglichkeiten der räumlichen Erweiterung bzw. allgemein der Schaffung neuer innerstädtischer Nutzflächen. Nicht zuletzt aus diesen Gründen lassen sich folgende Entwicklungstrends für gemischt genutzte Gewerbe-Immobilien ableiten:
– Umwidmung von Altflächen in zentralen Lagen in attraktive neue, mehrfunktionale Objekte, z.B. Aufteilung von ehemaligen Warenhäusern oder sonstigen monofunktional genutzten größeren Einzelhandelsbetrieben in kleinteilige Einkaufszentren mit Büros, Verwaltung, Freizeiteinrichtungen etc.
– Erschließung von Fußgängerzonen-Randlagen durch Neubau von mehrfunktionalen Passagen, Galerien oder Einkaufshöfen, Markthallen.
– Neubau oder Umfunktionierung bestehender Objekte in attraktiven Stadtteilzen-

tren im Rahmen der Nahversorgung mit Handel, Büros, Praxen, Wohnungen, sonstigen Dienstleistern etc.
- Neubau in Zwischenlagen mit größeren Wohngebieten und/oder Großbetrieben/Büros mit hoher Beschäftigtenzahl.
- Umwidmung von mono-funktionalen Parkhäusern durch Vorsetzen von Ladenzeilen, Wohn-/Bürotrakten, vereinzelt Aufstockung auf dem Dach.

12.3 Ausblick

Zunehmend entdecken ehemals ausschließlich im Wohnungsbau tätige Bauträger, Entwickler oder Initiatoren die (mehrfunktionale) Gewerbe-Immobilie als lukratives Betätigungsfeld, zumal diese Objekte in erheblichem Umfang nachgefragt werden.

Allerdings bedürfen gerade mehrfunktionale Gewerbe-Immobilien einer klaren Konzeption sowie des richtigen Standortes, da dieser Immobilientyp nicht nur dem baulichen Verschleiß, sondern auch einer (oftmals wesentlich schnelleren) konzeptionellen Erosion unterworfen ist. Objekte, bei denen die o. g. Voraussetzungen gegeben sind, gehören aufgrund der begrenzten Expansionsmöglichkeiten, bei gleichzeitig starker Nachfrage, zu den zukunftsträchtigen Immobilientypen, während deren Fehlen oftmals mit einem gravierenden Wertverfall einhergeht.

CHRISTIAN DÜRR

Chancen und Risiken bei gewerblichen Immobilien-Investitionen auf dem US-Markt

Inhalt

1.	Investitionsziele im Spannungsfeld von Chancen und Risiken	255
2.	Amerika als Investitionsland	258
2.1	Positives Wirtschaftsklima sorgt für Dynamik und Wachstum	258
2.2	Wachstumsland auch im Hinblick auf die Bevölkerungsentwicklung	260
2.3	Fast eine »Steueroase«	261
2.4	Derzeitiges Dollarniveau – immer noch günstiger Einstiegszeitpunkt	262
3.	Generelle Aspekte des amerikanischen Immobilienmarktes	262
3.1	Dynamik und Wachstum	262
3.2	Neue Stadtteile vom Reißbrett	263
3.3	Häufigere Marktzyklen	264
4.	Die wichtigsten Aspekte beim US-Immobilienerwerb	264
4.1	Standort – »Be there, where the action is«	265
4.2	Was bei Renditeprojektionen manchmal fehlt	266
4.3	Der triple-net-Mietvertrag oder das Kaufen eines Mietvertrages	269
4.4	Mieter-Mix	270
4.5	Management heißt nicht nur verwalten	271
4.6	Günstige Fremdfinanzierung kann auch beim Wiederverkauf helfen	271
5.	Schlußbemerkung	272

In einer Zeit schneller wirtschaftlicher und politischer Veränderungen ist es wichtig, das Risiko zu verteilen, es nicht nur hinsichtlich verschiedener Anlageformen, sondern auch geographisch zu diversifizieren. Im gewerblichen Immobilienbereich kommen für den deutschen Investor hierbei vor allem die USA in Betracht.

1. Investitionsziele im Spannungsfeld von Chancen und Risiken

Die wesentlichen Anlageziele des europäischen US-Immobilieninvestors lassen sich in folgende Kriterien zusammenfassen:
- Hohe, steigerungsfähige Rendite
- Wertzuwachs
- Inflationsschutz
- Sicherheit.

Die Reihenfolge der hier aufgeführten Anlageziele bedeutet keine Rangfolge, da jeder Investor unter Berücksichtigung seiner persönlichen Verhältnisse und Lebenseinstellung unterschiedliche Zielvorstellungen verfolgt und Gewichtungen setzt. Investoren mit besonders konservativer Einstellung werden die Sicherheit einer kontinuierlichen Einnahmequelle in den Vordergrund ihrer Überlegungen stellen und dafür Abstriche bei den Kriterien »hohe Rendite« und »Wertzuwachs« in Kauf nehmen. Investitionen in Einkaufsmärkte oder Bürogebäude mit langfristigen »triple-net«-Mietverträgen und möglichst auch »triple A«-Mietern – wie etwa die Firmen Kroger oder AT & T – bei denen aufgrund ihrer erstklassigen Bonität für die Kontinuität der Mietzahlungen eine hohe Sicherheit gegeben ist, werden diesem Anlageziel am ehesten gerecht.

Investoren, die eine hohe und steigerungsfähige Rendite anstreben, sind sich bewußt, daß sie damit in aller Regel auch ein höheres Vermietungsrisiko eingehen. Denn sie werden eine Anlage suchen, wo zumindest zu einem Teil kürzerfristige Mietverträge abgeschlossen sind, die die Möglichkeit zur Anpassung an das erwartete gestiegene Marktniveau bei Neuvermietung geben. Je besser dabei der Standort der Immobilie ist, desto wahrscheinlicher ist auch eine rasche Wiedervermietbarkeit freigewordener Fläche. Der Standort ist damit von wesentlicher Bedeutung für den Wertzuwachs.

Allerdings gibt es zwischen hoher, steigerungsfähiger Rendite und Wertzuwachs nicht immer nur Zielharmonie. An weniger guten Standorten sind zwar Objekte zu erwerben, die eine hohe Rendite bieten, jedoch hinsichtlich des Wertzuwachses keine allzu großen Chancen eröffnen.

Der Inflationsschutz als oberstes Anlageziel ist anerkanntermaßen durch Immobilienbesitz am ehesten gewährleistet. Dies wird auch immer wieder durch zahlreiche

Comparative Investment Performance
Nominal Pre-Tax Returns (%)
(1975 through June 30, 1985)

	1975	1976	1977	1978	1979	1980	1981	1982	1983	1984	Annualized Yield 6 months 1985	Mean Annual Return*
SRCO Commingled Real Estate Index	9,2%	10,4%	11,3%	16,8%	19,7%	17,4%	16,2%	8,6%	13,1%	12,8%	7,9%	13,0%
S&P 500	37,2	23,6	(7,4)	6,4	18,2	32,3	(5,0)	21,4	22,4	6,1	34,2	16,3
Corporate AAA Bonds	8,8	8,4	8,0	8,7	9,6	11,9	14,2	13,8	12,0	12,7	11,7	10,9
Three-Month Treasury Bills	5,8	5,0	5,3	7,2	10,0	11,5	14,0	10,7	8,7	9,6	7,0	8,6
Change in Consumer Price Index	7,0	4,8	6,8	9,0	13,3	12,4	8,9	3,9	3,8	4,0	4,3	7,1

* Assumes annual reinvestment at the rate of return.

Source: Stephen Roulac & Company.

Vergleiche der Renditen aus Immobilien, Aktien und Anleihen in Zeiten hoher und niedriger Inflation bestätigt. In den Jahren hoher Inflation liegt ihre Rendite fast immer und zum Teil deutlich über denjenigen der übrigen Anlageformen.

Betrachtet man den Immobilienbesitz als Bestandteil eines mit Aktien und Anleihen von »triple A«-Firmen zusammengesetzten Portfolios, trägt sie in Zeiten hoher Inflation zur Steigerung der Gesamtrendite eines solchen diversifizierten Anlageportfolios bei. Umgekehrt drückt in Zeiten niedriger Inflation der Renditebeitrag aus der Immobilie tendenziell auf die Gesamtrendite des Portfolios. Hier wirkt sich der in solchen Zeiten eher zurücktretende Wertsteigerungsaspekt bei der Immobilie aus.

Über einen längeren Zeitraum betrachtet, zeigt die Immobilienrendite einen wesentlich stabileren Verlauf als die genannten alternativen Anlagemöglichkeiten. Wichtig ist auch, daß die Realrendite, also die um die Inflation bereinigten Nominalrenditen aus Immobilienanlagen, in dem diesen Aussagen zugrundeliegenden Untersuchungszeitraum von zehn Jahren (1975–1985) in jedem Jahr als einzige der genannten Anlagealternativen positiv blieben.

Ein über Mietverträge abgesicherter Inflationsschutz wird in erster Linie durch jährliche Anpassung der Mieten an den Konsumentenpreisindex erreicht oder im

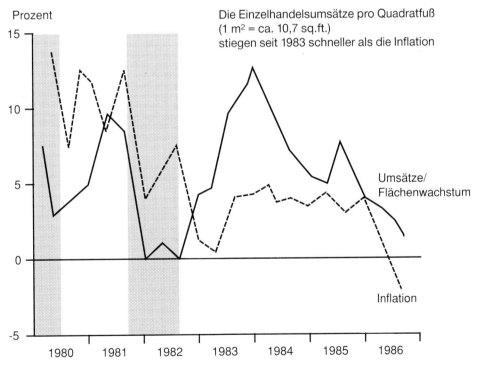

Quelle: Dodge/DR: Consulten and Real Estate intermason Service

Einzelhandelsbereich durch die Vereinbarung einer zusätzlich zur Basismiete zu zahlenden Umsatzmiete ab Erreichen einer gewissen Umsatzgröße. Untersuchungen über die Umsatzsteigerungsraten pro sq.ft. Ladenfläche und die Inflationsentwicklung zeigen, daß die pro-sq.ft.-Umsatzsteigerungen seit 1983 über der Inflationsrate liegen, während in den Jahren 1980 bis Ende 1982 bei zum Teil noch sehr hoher Inflation die pro-sq.ft-Umsatzsteigerungsraten nicht immer voll mithalten konnten.

Etwas verallgemeinernd und zusammenfassend lassen sich also die Wechselbeziehungen zwischen den einzelnen Anlagezielen wie folgt umreißen: Eine völlige Zielharmonie wird es bei Immobilieninvestitionen wie auch bei Anlagealternativen nicht geben. Besonders chancenreiche Investments mit Aussicht auf hohe, steigerungsfähige Rendite und Wertsteigerungspotential beinhalten zugleich das Risiko, die gesteckten Anlageziele nicht zu erreichen, bis hin zu Verlustmöglichkeiten bei außerordentlich spekulativen Engagements. Die hohe Rendite bzw. das Wertsteigerungspotential ist somit eine Prämie für das mit der Investition eingegangene Vermietungsrisiko. Immobilienanlagen ohne realistischerweise zu erwartendes Risiko, die also auf das Anlageziel »Sicherheit« setzen, eröffnen hinsichtlich der Erwartung hoher und steigerungsfähiger Rendite relativ geringe Chancen, und auch das Wertsteigerungspotential ist begrenzter. Gerade der amerikanische Immobilienmarkt bietet Investitionsmöglichkeiten in eine Vielzahl unterschiedlicher Immobilientypen. Unter der Gültigkeit der generellen Wechselbeziehungen zwischen den aufgeführten Anlagezielen eröffnet er damit die Möglichkeit zu ihrer graduellen Durchsetzung bei unterschiedlichen Zielkombinationen.

Der vorliegende Beitrag beschäftigt sich mit den Chancen bei US-Immobilieninvestitionen insoweit, als sie die Investitionsziele begünstigen, und mit den Risiken, soweit sie die Investitionsziele gefährden.

Zunächst wollen wir uns mit den allgemeinen wirtschaftlichen und politischen Rahmenbedingungen der USA als Investitionsland beschäftigen.

2. Amerika als Investitionsland

2.1 Positives Wirtschaftsklima sorgt für Dynamik und Wachstum

Freiheit und Unabhängigkeit, die Ideale, die Pate bei der Gründung Amerikas standen, gelten auch heute noch als Verpflichtung für das politische und wirtschaftliche Handeln von Staat und Bürgern. Das von allen westlichen Staaten am konsequentesten praktizierte Bekenntnis zu Eigentum und freier Marktwirtschaft schafft eine wirtschaftspolitisch stabile Basis, die vor allem für langfristige unternehmerische Investitionsentscheidungen wichtig ist. Die Folge ist ein allseits positives Wirtschaftsklima, das Unternehmen wie auch Selbständige ermuntert, neue Vorhaben in

Angriff und damit unternehmerisches Risiko auf sich zu nehmen, ohne befürchten zu müssen, daß der Lohn für das auf sich genommene Risiko geneidet oder von Staats wegen umverteilt wird. Für langfristige unternehmerische Investitionsentscheidungen ist somit das wirtschaftspolitische Umfeld in den USA sehr viel berechenbarer.

Anders sieht das in Deutschland aus, wo immer eine gewisse Unsicherheit über die Kontinuität eines politischen Kurses, besonders angesichts zunehmender Blockbildungen, nämlich des konservativ-liberalen Lagers gegenüber dem rot-grünen Bündnis, besteht. Man denke hierbei nur an die Konsequenzen, die ein Machtwechsel vom konservativ-liberalen zum rot-grünen Lager mit sich bringen würde, mit all seinen negativen Folgen für die deutsche Gesamtwirtschaft.

Das positive Wirtschaftsklima erzeugt eine außerordentliche Dynamik, die trotz mancher Rückschläge die amerikanische Wirtschaft immer wieder zur Weltkonjunktur-Lokomotive gemacht hat, wenn sie auch diese Funktion zuletzt nicht ohne Turbulenzen für das Weltwährungssystem ausgeübt hat.

Anerkennenswert sind aber auf jeden Fall die Leistungen, die dabei hinsichtlich Produktivität und Beschäftigungslage erzielt wurden. Seit 1982 zog in der folgenden 5-Jahresperiode die Produktivität im produzierenden Gewerbe jährlich um 4,3 % an, ein Anstieg wie er bislang in Friedenszeiten Amerikas noch keine Parallele fand. Zugleich hat die amerikanische Wirtschaft eine erstaunliche Flexibilität gezeigt, sich unterschiedlichen konjunkturellen Situationen schnell anzupassen, in Aufschwung- wie in Abschwungphasen. Anpassungen nach unten an die Beschäftigungslage können ohne kostspielige Sozialpläne rasch vorgenommen werden und somit sehr viel zügiger zu einer neuen und profitablen Ausgangslage des jeweiligen Unternehmens führen.

Amerikanische Arbeitnehmer sind bereit, Lohnkürzungen hinzunehmen im Interesse der Überlebenssicherung ihres Unternehmens und damit auch ihrer Arbeitsplätze. Ohne nennenswerte Kündigungsfristen und bei Abfindungen in Höhe von ein bis zwei Wochenlöhnen ist das Risiko, das ein Unternehmen mit einer Neueinstellung auf sich nimmt, vergleichsweise gering. Das erleichtert vor allem den neugegründeten Unternehmen die Expansion.

Hinzu kommt, daß in Amerika üblicherweise unternehmensbezogene Tarifabschlüsse getroffen werden. Sie orientieren sich ausschließlich an der wirtschaftlichen Lage des jeweiligen Unternehmens. Dies geht sogar soweit, daß Mischkonzerne die Lohnpolitik strikt an der Wettbewerbsfähigkeit der jeweiligen Unternehmenseinheit ausrichten, d. h. daß für die Lohnhöhe nicht so sehr entscheidend ist, ob man bei einem mit Gewinn arbeitenden Konzern beschäftigt ist, sondern wie sich die wirtschaftliche Situation der arbeitgebenden Tochtergesellschaft darstellt. So können die amerikanischen Unternehmen sich bietende Geschäftschancen sehr viel konsequenter nutzen als ihre europäischen Konkurrenten. Sie stellen neue Mitarbeiter ein, die sie bei veränderten wirtschaftlichen Bedingungen jederzeit und ohne großen Kostenaufwand wieder freisetzen können. Man mag aus unserer sozialen Grundeinstellung zu dieser Haltung auf kritische Distanz gehen, vor der amerikanischen »Job-Maschine« können die Augen jedoch nicht verschlossen werden. Sie lief über die letzten Jahre auf hohen Touren und schuf ständig neue Arbeitsplätze. Allein in den dem Höhepunkt der Rezession Ende 1982 folgenden 5 Jahren stieg die Zahl der Amerikaner über 16 Jahre mit einer festen Beschäftigung um über 14 Mio. auf 133 Mio. Gegenüber den europäischen Staaten haben es die USA somit geschafft, wieder eine Arbeitslosenquote zu erreichen, die mit 5% im März 1989 nahezu Vollbeschäftigung darstellt, die heutzutage bei ca. 5% anzusetzen ist (»natürliche Arbeitslosigkeit«). Dies ist der niedrigste Stand seit 16 Jahren. Sie konnten damit den Anteil der Erwerbstätigen an den Erwachsenen über 16 Jahren, also die Beschäftigungsquote auf 61% erhöhen. Der viel gemachte Vorwurf, die Arbeitsplatz-Rekordzunahme der vergangenen Jahre hätte sich hauptsächlich im Bereich niedrig bezahlter und wenig qualifizierter Arbeitsplätze, der sogenannten »Mc Jobs« abgespielt, kann durch Statistiken des US-Arbeitsamtes widerlegt werden. Nur ein neuer Arbeitsplatz von zehn fällt in die Kategorie der »Mc Jobs«. Ein Drittel der neuen Arbeitsplätze fällt jedoch in den Bereich gehobener Bürotätigkeit.

2.2 Wachstumsland auch im Hinblick auf die Bevölkerungsentwicklung

Amerika ist also ein Wachstumsland, auch im Hinblick auf seine Bevölkerungsentwicklung. So rechnet man für den Zeitraum von 1983 bis zum Jahre 2000 mit einem jährlichen Wachstum der Bevölkerung von 0,8%. Dies bedeutet allein von 1983 bis 1990 eine Zunahme der Bevölkerung um mehr als 15 Mio. Einwohner und bis zum Jahre 2000 insgesamt um fast 34 Mio. Menschen. Im gleichen Zeitraum wird für Deutschland eine rückläufige Bevölkerungsentwicklung vorhergesagt.

Besonders begünstigt von diesem enormen Bevölkerungswachstum zwischen 1983 und 2000 (laut National Planning Association) sind folgende Bundesstaaten: Kalifornien mit einem Zuwachs von 5,7 Mio. Einwohnern, gefolgt von Florida mit 3,7 Mio., Texas mit 2,4 Mio., Arizona mit 1,3 Mio. und Massachusetts mit 1,1 Mio. Der Zuwachs der hier genannten Bundesstaaten liegt beträchtlich über dem US-Durchschnitt von 0,8% p.a. Darin kommt auch zum Ausdruck, daß das Bevölkerungswachstum dieser Bundesstaaten aufgrund von starken Wanderungsbewegungen zu Lasten anderer US-Bundesstaaten erfolgt.

2.3 Fast eine »Steueroase«

Aus deutscher Sicht ergeben sich nach der amerikanischen Steuerreform (auf die ausführlich in einem anderen Beitrag dieses Buches eingegangen wird) im Vergleich zu den Steuerentlastungen, die hier bis 1990 eingeführt werden sollen, erhebliche Unterschiede bei den Einkommensteuertarifen.

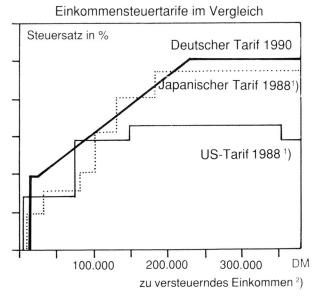

Grenzsteuersätze für Ehepaare mit gemeinsamer Veranlagung
1) Nur Bundessteuer (USA) bzw. nationale Steuer (Japan)
2) Umrechnungskurse: 100 Yen=1,20 DM und 1US$= 2 DM
Quelle: Deutsche Bank

Auch hier bieten die USA die günstigeren Rahmenbedingungen, von denen der deutsche Immobilieninvestor insofern profitiert, als durch das Doppelbesteuerungsabkommen zwischen den USA und Deutschland die Erträge aus US-Immobilien von der deutschen Besteuerung freigestellt sind und nur im Rahmen der Ermittlung des Progressionsvorbehaltes in Deutschland erfaßt werden.

2.4 Derzeitiges Dollarniveau – immer noch günstiger Einstiegszeitpunkt

Auch wenn der Dollar gegenüber seinem historischen Tief wieder an Boden gewonnen hat, erscheint er, gemessen an der Wirtschaftskraft der USA und auch an der langfristigen Parität zur DM, auf derzeitigem Niveau immer noch eher unter- als überbewertet und bietet somit über die nächsten Jahre durchaus Kurschancen. Zu den oben behandelten, langfristig günstigen Bedingungen für chancenreiche Investments in den USA kommt hier ein weiterer positiver Gesichtspunkt hinzu.

3. Generelle Aspekte des amerikanischen Immobilienmarktes

Wer sich mit dem amerikanischen Immobilienmarkt auseinandersetzt, muß zunächst einmal eine Reihe von generellen Einflüssen berücksichtigen, die sich aus dem »American Way of Life«, aus der Tradition und Potenz des Landes und den besonderen Verhältnissen, die sich aufgrund von Städte- und Flächennutzungsplanung ergeben.

Insbesondere hat sich der Investor mit folgenden Phänomenen auseinanderzusetzen: Dynamik des Marktes, Einfluß der Infrastruktur auf den Immobilienmarkt, antizipatives »Reißbrett-Denken«, häufigere und ausgeprägtere Zyklen, schnelles Umsetzen von Trends und Modeerscheinungen auch im Immobilienbereich, Vorhandensein enormen Kapitals.

3.1 Dynamik und Wachstum

Bevölkerungswachstum, Wanderungsbewegungen innerhalb Amerikas, besondere Expansion einzelner moderner Wirtschafts- und Dienstleistungszweige sowie das allgemeine Wirtschaftswachstum haben – vor allem unterstützt durch hohe Steuerbegünstigungen besonders zwischen 1983 und 1986 – vielerorts zu einem für europäische Verhältnisse unvorstellbaren Bauboom geführt, der innerhalb kurzer Zeit das Gesicht ganzer Stadtregionen veränderte.

Besonders augenfällig werden solche Entwicklungen bei großen infrastrukturellen Maßnahmen wie dem Bau von Autobahnringen um Großstädte oder dem Ausbau von S- und U-Bahnnetzen in die Vororte sowie der Anlage oder Erweiterung von Flughäfen. Sie führen zu zahlreichen Neuansiedlungen von Büro- und Gewerbeparks mit nachfolgenden Wohnsiedlungen und Einkaufscenter-Arealen entlang den neu entstandenen Verkehrsadern. Eine Stadt wie Atlanta, der durch den Bau eines

Großflughafens bedeutende nationale Distributionsfunktionen im Personen- und Güterverkehr zuwuchsen, erlebte in den Folgejahren stetig steigende Ansiedlungen von Handels-, Dienstleistungs- und Produktionsunternehmen, die entsprechende Immobilien benötigten. Die Chancen, die Immobilienbesitz in derartigen Regionen eröffnet, können äußerst attraktiv sein. Ein kleines Beispiel mag dies illustrieren. Ein im wirtschaftlichen Herzen Atlantas (»Buckhead Triangle«) gelegener Appartementkomplex mit einem Grundstück von ca. 370 000 sq.ft. und einer nettovermietbaren Fläche von ca. 103 000 sq.ft. wurde Mitte 1983 zu Umwandlungszwecken für einen Kaufpreis von US$ 3,25 Mio. erworben. Mittlerweile werden Grundstücke in dieser Lage zu Preisen zwischen US$ 20 und 30 pro sq.ft. gehandelt. Unter Außerachtlassen der Bausubstanz hat der damalige sq.ft.-Preis des Grundstücks bei nicht ganz US$ 9 gelegen.

Der Bau einer großen überregionalen Shopping Mall führt dazu, daß sich in kurzer Zeit ein Kranz weiterer Einzelhandelscenter, Restaurants, Autohändler, Servicestationen, Hotels und sonstige Dienstleister, Kinos etc. herum gruppiert und das Ganze zu einer Einkaufsstadt zusammenwächst. Oftmals liegt zwischen dem ersten Spatenstich und der Vollendung des letzten Teils des Gesamtwerkes nur eine Zeitspanne von zwei bis vier Jahren, und der gelegentliche Besucher staunt über das veränderte Erscheinungsbild der Gegend, das sich bei seinem nächsten Besuch nach vielleicht drei Jahren präsentiert.

3.2 Neue Stadtteile vom Reißbrett

Die amerikanischen Developer können gerade in den neueren Städten ihre Ideen großzügig auf dem Reißbrett entfalten, da sie es, abgesehen von einigen alten traditionsreichen Städten wie Boston, New York, Washington D. C. oder San Francisco, mit einer relativ liberalen Flächennutzungsplanung zu tun haben. Mancherorts, wie in Houston, gibt es sogar gar keine »Zoning Laws«. So lassen sich großflächige Entwicklungsobjekte in die Tat umsetzen und schaffen durch bereits vorgehaltene Mietflächen oftmals erst die spätere Nachfrage. Sie sorgt in den folgenden Jahren für ihre Absorption, wenn sich das die Bauaktivitäten auslösende Ereignis, nämlich der zuvor angekündigte Neubau z. B. eines großen neuen Automobilwerks oder Flughafens realisiert hat. Dies alles wird möglich durch das enorme Kapitalvolumen, das für Immobilieninvestitionen in den USA über Privatinvestoren, Pensions- und Versicherungskassen und ausländische Investoren zur Verfügung steht. Hierzu als Beispiel nur eine Zahl: der Anteil der Immobilie an den gesamten Vermögensanlagen der US-Pensionskassen beträgt derzeit ca. 2,4 %, was einem Volumen von über US$ 31 Mrd. entspricht. Dies ist zwar immer noch vergleichsweise gering. Doch auch schon ein gleichbleibender Anteil der Immobilie am Gesamtvermögen setzt angesichts der ständig steigenden Vermögenswerte der Fonds beträchtliche zusätzliche Kapitalströme für Immobilieninvestments frei. Darüber hinaus ist ein starker Zustrom ausländischen Kapitals auf den US-Immobilienmarkt zu beobachten, wobei hier insbesondere japanische Investoren vorne liegen und auch für die nächste Zeit die höchsten Zuwachsraten erwarten lassen.

3.3 Häufigere Marktzyklen

Das Vorhandensein enormen Kapitals ist auch dafür verantwortlich, daß es in den USA immer wieder zu sich häufig abwechselnden Zyklen von Bauboom zu Marktausgleich bis kurzfristiger Angebotsverknappung kommt. Sie erfolgen in sehr viel dichteren Abständen, als wir dies in Europa kennen. Der letzte Bauboom hat 1986 zu seinem Auslaufen angesetzt, nachdem er in den vorangegangenen Jahren durch hohe Steuerbegünstigungen und anlagesuchendes Kapital entfacht worden war, was vielerorts zu nicht mehr rendite- und bedarfsorientierter Bebauung führte. Die somit geschaffene Überbauung, insbesondere im Bürogebäudebereich, und die Auswirkungen der Anfang 1987 eingeführten Steuerreform führt dazu, daß sicherlich nur noch bei entsprechendem Vorvermietungsgrad (z. B. 40–50%) Neubauvorhaben in Angriff genommen und von den Banken, die sehr viel vorsichtiger bei der Kreditvergabe geworden sind, finanziert werden.

Neben der starken Zyklik wird der amerikanische Immobilienmarkt auch geprägt durch ein schnelles Umsetzen von Trends und Modeerscheinungen, die sich aus verändertem Konsumentenverhalten oder Änderung der Lebensweise bestimmter Bevölkerungsgruppen ergeben. Der Trend, das Einkaufen zur Erlebniswelt zu gestalten, hat dem Shopping Center-Bereich viele Impulse verliehen und teilweise zum Bau phantasievoll gestalteter Einkaufspaläste geführt (z. B. Edmonton Mall in Kanada). Dies hat auch auf schon bestehende ältere Center mit nicht mehr ganz attraktivem Erscheinungsbild übergegriffen und zu einer Welle von Modernisierungs- und Erweiterungsmaßnahmen geführt, die den Vorteil haben, daß während der Bauphase weiterhin Mieteinnahmen fließen und das Bauträgerrisiko begrenzt ist.

4. Die wichtigsten Aspekte beim US-Immobilienerwerb

Ein Investor, der bisher den Bürogebäude-Bereich präferiert hat, muß sich angesichts der zahlreichen Meldungen über hohe Leerstandsraten gerade bei Bürogebäuden in vielen Städten der USA fragen, ob er nunmehr weitere Anlagegelder nicht in von der Marktsituation her günstiger zu bewertende Lagerhäuser/Distributionszentren oder auch Shopping Center, wenngleich auch hier mit leichter Überbauung gerechnet werden muß, umlenken soll. Da der amerikanische Immobilienmarkt großräumig, regional und selbst innerhalb einer Stadt in viele Teilmärkte untergliedert werden kann, treten zwischen ihnen in zahlreichen Fällen sehr große Differenzen hinsichtlich erzielbarer Mieten, Leerstands- und Absorptionsraten und anderer Kriterien auf. Generelle Marktaussagen über Leerstandsraten im Bürogebäude-Bereich sollten daher nicht allein Grundlage für die Entscheidung sein, in diesen Immobilientyp nun nicht mehr zu investieren. Eine Menge anderer Faktoren sind zu dieser Entscheidung mit heranzuziehen. Die wichtigsten Aspekte für die Beurteilung der Chancen und Risiken einer speziellen Immobilie lassen sich unabhängig davon, welchen Immobilientyp man untersucht, wie folgt zusammenfassen: Standort, Renditeprojektionen, Mietverträge, Mieter-Mix, Objektmanagement, Finanzierungssituation, Wiederveräußerbarkeit. So kann schließlich jeder Immobilientyp eine gute Anlage sein und damit entsprechende Chancen eröffnen, wenn die genannten Kriterien positiv beantwortet werden konnten.

4.1 Standort – »Be there, where the action is«

Dies trifft auf alle Immobilientypen zu. Zu bevorzugen sind also in jedem Falle Standorte in für den jeweiligen Immobilientyp etablierten Lagen.

Shopping Center brauchen, verallgemeinernd gesagt, hohe Kundenströme, was je nach Warenangebot und direkter Konkurrenzsituation die Nachbarschaft zu weiteren Einzelhandelscentern erfordert, überdurchschnittliche Kaufkraft einer wachsenden Bevölkerung im Einzugsbereich, keine geeigneten Flächen mehr für Neuansiedlung direkter Konkurrenzbetriebe, gute Sicht- und Erreichbarkeit. Interessant ist, daß Shopping Center-Fachleute Objekte bevorzugen, die rechter Hand der stadtauswärts in die Wohnbezirke führenden Ausfallstraßen liegen, so daß die Kunden abends nach Büroschluß, ohne den Gegenverkehr queren zu müssen, bequem rechts abbiegen und ihre Besorgungen machen können. Günstig in bezug auf bequeme Erreichbarkeit ist auch, wenn die Hauptausfahrt des Shopping Centers mit einer Ampel versehen ist.

Bürogebäude sollten entweder in guten Downtown-Lagen oder in etablierten Bürolagen außerhalb der Innenstadt angesiedelt sein. Amerikanische Unternehmen wollen sich als Mieter mit ihrem Gebäude identifizieren können und es als imageunterstützenden Faktor einsetzen. Auch hier ist der Umstand der Sichtbarkeit des Gebäudes für viele Mieter von besonderer Bedeutung, und sie sind daher auch bereit, hierfür einen höheren Mietpreis zu entrichten. Sogenannte »Class A«-Bürogebäude an erstklassigen, etablierten Standorten sind daher empfehlenswerte Anlagen im Bürogebäude-Bereich. Ihre Vermietung erscheint nicht so anfällig in wirtschaftlich schwierigen Zeiten wie die von Gebäuden zweiter Lage und weniger guter

Bauqualität und Ausstattung. In überbauten Lagen mit entsprechendem Druck auf Mieten konnte bei Mietern in sogenannten »Class B«-Gebäuden vielfach der Trend beobachtet werden, in »Class A«-Gebäude umzuziehen, in denen sie aufgrund der gedrückten Mieten nicht sehr viel mehr als bei ihren aufgelösten Mietverhältnissen zahlen müssen. Die Vermieter der »Class A«-Bürofläche schließen diese Mietverträge nur für einen kürzeren Zeitraum ab, so lange, bis sich ihrer Annahme nach die Marktsituation wieder gebessert haben wird. Bis dahin können sie ihre Flächen belegen und dadurch zumindest die Betriebskosten ihres Gebäudes und darüber hinaus die Fremdfinanzierung abdecken. Interessant ist, daß diese Entwicklung mit dazu beigetragen hat, daß nunmehr Downtown-Leerstände bei Büros deutlich unter denjenigen von Vorort-Büroparks liegen, was vor wenigen Jahren noch umgekehrt war. Viele Unternehmen, denen damals Innenstadtlagen zu teuer waren, sind auf die Vorort-Märkte ausgewichen. Die ermäßigten effektiven Downtown-Mieten haben diesen Trend unterbrochen.

Lagerhäuser und Distributionszentren sind vom Standort her auf sehr guten Zugang zu den wesentlichen Transportwegen angewiesen. Darüber hinaus eröffnen hier Lagen in der Nähe von Arealen mit sogenannter höherwertiger Bebauung, wie z.B. Einzelhandelsgebiete oder Büroparks, die Möglichkeit des einander Entgegenwachsens und somit die Chance zur Aufwertung des Standortes. Besonderer Wert sollte auch auf die Ausgewogenheit der Wirtschaftsstruktur in der Umgebung des Standortes gelegt werden. Solche Standorte sind in der Regel weniger anfällig gegenüber konjunkturellen Schwankungen als überwiegend von Monostruktur geprägte Regionen wie z.B. das von Öl abhängige Houston, das zwar in Zeiten, in denen es dieser Branche besonders gut geht, auch besondere Wachstumschancen und Wertsteigerungspotentiale eröffnet, in konjunkturell schwachen Perioden jedoch der Fall und die damit verbundenen Risiken um so größer sind. Städte, die nicht unbedingt im Blickfeld der nationalen und internationalen institutionellen Investoren stehen, aber eine ausgewogene Wirtschaftsstruktur haben und womöglich Landeshauptstadt eines Bundesstaates mit Universitäts- und Forschungseinrichtungen sind, können ein langfristig stetiges Steigerungspotential bieten, ohne daß ihr Immobilienmarkt durch allzu umtriebige Aktivitäten großer nationaler Bauträgergesellschaften in zyklisches Fahrwasser gerät.

4.2 Was bei Renditeprojektionen manchmal fehlt

Die Renditeprojektionen angebotener Objekte gehen vielfach nicht auf. Dies ist besonders in Zeiten hoher Leerstände und erheblichen auf den Markt kommenden Neubauvolumens der Fall. Da nun aber der Marktwert einer Immobilie in erster Linie über den Ertragswert bestimmt wird, ist eine genaue Analyse der Ertrags- und Aufwandspositionen über die nächsten Jahre anhand der uns aus der Standortanalyse bereits vertrauten generellen Marktdaten und der Details der Mietverträge unabdingbar. Makler, die in der Regel die Interessen der Verkäuferseite vertreten, neigen oft zu übertrieben optimistischen Prognosen über das Ertragsentwicklungspotential einer Immobilie und errechnen einen besseren Cash-flow, als das Objekt aller Voraussicht nach tatsächlich erwirtschaften kann. Hat man sich in den Preisverhandlungen erst einmal auf eine »Cap Rate« (Kapitalisierungszins) geeinigt, und die läßt sich relativ problemlos anhand der jeweils herrschenden Marktsituation und entsprechenden Daten von vergleichbaren Verkäufen auf ihre Angemessenheit überprüfen, sind die Mietverträge sehr genau auf ihre zahlreichen ertrags- und kostenwirksamen Klauseln zu analysieren, um zu dem aller Voraussicht nach richtigen Cash-flow zu kommen.

Zunächst einmal ist zu berücksichtigen, daß in einem schwachen Mietmarkt bei der Neuvermietung einer freigewordenen Fläche Zugeständnisse an den neuen Mieter zu machen sind. Dies beginnt mit sechs bis zwölf Monaten freier Miete bei Mietverträgen, die auf wenigstens drei Jahre abgeschlossen sind. Hinzu kommt, daß Mieter während solcher Marktsituationen vom Vermieter je nach Konkurrenzsituation, Dauer der Mietverträge und Höhe der Mieten sogenannte »Tenant Allowances« oder »Tenant Improvements« zwischen US$ 10 und 30 pro sq.ft. für die Ausgestaltung der Mieträumlichkeiten erhalten. In Zeiten ausgeglichenen Angebots und Nachfrage lagen die durchschnittlichen Renovierungskosten neu zu vermietender Flächen zwischen US$ 2 und 8 pro sq-ft. – je nach Immobilientyp. Zwischen erzielbarer Bruttomiete, so wie sie häufig in den Verkaufsbroschüren aufgeführt ist, und der effektiven Miete (net effective rent) können durch die beschriebenen zusätzlichen Kosten deutliche Differenzen auftreten. Dies wirkt sich um so stärker aus, je mehr kurzfristige Mietverträge für ein Gebäude vorliegen. So stehen in Zeiten ausgeglichener Marktverfassung den unzweifelhaften Vorteilen von kürzerfristigen Mietverträgen wegen ihrer häufigeren Anpassungsmöglichkeiten an das gestiegene Marktniveau, in Zeiten schwacher Marktverfassung das Anfallen der genannten Kosten nachteilig gegenüber.

Vom Verkäufer werden die Mieten in Projektionen jährlich um einen bestimmten Prozentsatz gesteigert und die so hochgeschriebenen Mieten zum Zeitpunkt einer Mietvertragserneuerung als dann gültige Marktmiete angesetzt. Diese bei gesunder Marktverfassung zulässige Praxis wird aber auch bei schwachem Mietmarkt oftmals beibehalten, obwohl aufgrund der Leerstandsituation Mieterhöhungen gar nicht durchgesetzt werden können und sogar niedrigere effektive Mieten während dieses Zeitraums zu erwarten sind.

In vielen Fällen wird vom Verkäufer über einen bestimmten Zeitraum eine Mietgarantie gewährt, um eine bestimmte Cash-flow-Höhe zu gewährleisten, die dann Grundlage für die Preisermittlung des Objektes ist. Bei gesunder Marktverfassung sind Mietgarantien nicht erforderlich, da sonst mit dem Objekt etwas nicht stimmen kann. Im übrigen werden sie dann über einen erhöhten Kaufpreis letztlich vom Käufer des Objektes selbst bezahlt bzw. vorfinanziert. Bei schwachen Märkten kann – sollte eine genaue Untersuchung der künftigen Marktentwicklung ergeben, daß aufgrund hoher Absorptionsraten auch die Leerstände innerhalb eines kürzerfristigen Zeitraums wieder auf ein Normalmaß reduziert werden können – eine Mietgarantie akzeptiert werden. Sie sollte jedoch nicht über dem gültigen Marktmietniveau liegen, da sich sonst der Käufer den garantierten Cash-flow-Teil wiederum selbst bezahlen muß. Vorsicht ist auch geboten bei Offerten, bei denen der Verkäufer nach Verkauf des Objektes Mieter bleibt und seine Miete deutlich über derjenigen der übrigen Mieter bzw. der Marktmiete ansetzt.

Bei den Kosten ist festzustellen, ob und in welchem Maße sie an die Mieter durchgestellt werden können. Bei nicht »triple-net«-Mietverträgen wird hinsichtlich der Grundsteuern und Objektversicherung oftmals vereinbart, daß sämtliche Erhöhungen über einen festgesetzten Basisbetrag hinaus an die Mieter durchgestellt werden, während der Vermieter den Basisbetrag zu tragen hat. Hierbei ist zu berücksichtigen, daß bei Ablauf dieser Mietverträge und Weitervermietung an Neumieter sich in aller Regel auch der Basisbetrag wieder erhöht und für den Vermieter somit im Vergleich zu den vorangegangenen Jahren höhere Betriebskosten anfallen. Auch dieser Umstand wird sehr oft in Verkäuferprojektionen vernachlässigt. Bei gerade fertiggestellten Objekten stützen sich die Angaben in den Projekten auf Grundsteuerbeträge und Versicherungsprämien, die sich am Wert der Immobilie vor endgültiger Fertigstellung und Inbetriebnahme orientieren. Da mit den Mietern in den meisten Fällen vereinbart ist, daß das der Ermittlung des Basisbetrages zugrundeliegende Jahr das erste volle Geschäftsjahr in der betreffenden Immobilie ist und zwischenzeitlich eine Neubewertung des Gebäudes aufgrund seiner Fertigstellung zu einer Erhöhung des Objektwertes führt, belasten für alle Folgejahre die gegenüber der Projektion erhöhten Basisbeträge die Rendite des Eigentümers.

Bei Shopping-Centern sind ein Kostenbestandteil die mit der Pflege und Instandhaltung der Gemeinschaftsfläche verbundenen Aufwendungen. Sie werden in der Regel den Mietern pro-rata weiterbelastet. In Fällen, wo neben der Basismiete auch eine Umsatzmiete vereinbart ist, finden sich oftmals bei Mietern mit Verhandlungsmacht Vereinbarungen, nach denen eine obere Begrenzung des durch sie zu tragenden Anteils an den Betriebskosten der Gemeinschaftsfläche festgesetzt worden ist. Oder es erfolgt bei dem Teil der Kosten der Gemeinschaftsfläche, der einen bestimmten Betrag übersteigt, eine Gegenrechnung mit den Verpflichtungen aus der Umsatzmiete. Ebenso gibt es mit verhandlungsstarken Mietern zum Teil eine generelle Obergrenze der Umsatzmiete.

Des weiteren ist darauf zu achten, ob für die Teile des Gebäudes, für deren Reparatur und Erneuerung der Vermieter zuständig ist, entsprechende Reserven in der Kalkulation enthalten sind. Ein weiterer Kostenpunkt, der gerne von Veräußerern »vergessen« wird, sind die Vermietungsgebühren (leasing commissions), die bei Neuvermietung der Fläche anfallen. Diese Gebühren orientieren sich an den Mietzahlungen über die gesamte Laufzeit des Mietvertrages inklusive Verlängerungsoption und betragen je nach Marktverhältnissen und Höhe der sq.ft.-Miete zwischen 2 und 6 % der Bruttomiete. Sie können entweder mit einem entsprechenden Abzinsungsfaktor sofort an den eingeschalteten Makler ausbezahlt werden oder über die Mietvertragsdauer hinweg laufend gezahlt werden.

4.3 Der triple-net-Mietvertrag oder das Kaufen eines Mietvertrages

Im Rahmen der Analyse von Chancen und Risiken, die sich aus den Konstellationen von Mietverträgen ergeben, soll an dieser Stelle noch auf eine besondere Mietvertragsform eingegangen werden. Es handelt sich um den »triple net«-Mietvertrag, der über einen freistehenden Markt oder ein einzelnes Bürogebäude langfristig idealerweise mit einem »National Credit Tenant« (national tätiger Mieter mit erstklassiger Bonität) abgeschlossen wird. Solche Art Objekte treffen auf große Nachfrage, auch bei deutschen Investoren, und werden daher am deutschen Markt häufig angeboten.

Gerade in Zeiten hoher Überbauung sind die Vorteile klar: hohe Sicherheit wegen guter Bonität und nicht vorhandenem Vermietungsrisiko und unkompliziert in der Verwaltung. Demgegenüber muß berücksichtigt werden, daß zum Beispiel in Zeiten vergleichsweise niedrigen Zinsniveaus die Cap Rates, zu denen die Objekte gekauft werden können, ebenfalls niedrig sind, man also zu einem relativ hohen Preis einkauft. Die Basismiete bei Einzelhandelsobjekten bleibt im allgemeinen während der gesamten Laufzeit auf dem Anfangsniveau festgeschrieben. Etwaige Steigerungen ergeben sich aus der zusätzlich vereinbarten Umsatzmiete, wo jedoch bei den verhandlungsstarken großen Einzelhandelsketten die Umsatzschwelle, ab der die Umsatzmiete einsetzt, oftmals so hoch angesetzt ist, daß mit ihrem Eintreten erst nach sieben bis zehn Jahren gerechnet werden kann, was sich in Zeiten sehr niedriger Inflationsraten noch weiter verzögern kann. Bei anderen Immobilientypen finden Erhöhungen der Miete oftmals nur alle fünf Jahre mit relativ bescheidenen Steigerungsraten statt. Bei gleichbleibenden Gegebenheiten mag dies noch in Ordnung gehen, steigen jedoch die Zinsen und damit auch entsprechend die Cap Rates in den folgenden Jahren, besteht die Gefahr, daß bei einem geplanten Wiederverkauf des Objektes angesichts der flachen Renditeentwicklung während der Laufzeit der Investition nicht einmal der Einstandspreis wieder erzielt werden kann, insbesondere dann nicht, wenn das Objekt seinerzeit als Fondsobjekt angeboten wurde und die damit verbundenen Vorkosten der Fondskonstruktion über eine Wertsteigerung eingefahren werden müssen. In diesem Fall ist das Anlageziel Sicherheit vermutlich zu teuer erkauft. Der Investor muß realisieren, daß er nur einen Mietvertrag mit begrenzten Möglichkeiten und nicht so sehr die Immobilie gekauft hat.

Außerdem sollte sich jeder Investor auch darüber im klaren sein, daß es Fälle gegeben hat, wo die großen Handelskonzerne zur Durchsetzung ihrer Marketingstrategien einen Standort trotz langfristigen Mietvertrages vorzeitig aufgeben, um an anderer Stelle auf größerer Fläche das auf die neuesten Erkenntnisse erweiterte Warensortiment anbieten zu können. Die Amerikaner nennen diese für den Eigentümer der Immobilie höchst unerfreuliche Entwicklung »The lease is going dark«. In den meisten Fällen bot der bestehende Standort keine Expansionsmöglichkeiten. Die Basismiete wird zwar weiterhin gezahlt, und der Mieter ist in der Regel berechtigt, seine ursprünglich angemietete Fläche unterzuvermieten, der Eigentümer kann jedoch aus diesem Untermietverhältnis keinen Anspruch auf Umsatzmiete bei dem neuen Mieter geltend machen, auch wenn dieser darüber eine Umsatzmietvereinbarung getroffen hat. Er erhält also über die Restlaufzeit nur noch die vereinbarte Basismiete. Da in der Regel die Mietverträge auch keine Betriebsklauseln vorsehen, ist der Mieter nicht verpflichtet, an dem alten Standort seinen Betrieb aufrechtzuerhalten. Auch Konkurrenzausschlußklauseln können derartige Entwicklungen meist nicht verhindern, da sie sich nur auf einen Radius von einer Meile um den Standort beschränken. Wenn auch solche Fälle nicht allzu häufig auftreten, ist es doch empfehlenswert, beim Kauf eines älteren Objektes, dessen Ladenfläche deutlich unter derjenigen der modernern Läden des betreffenden Mieters liegt, darauf zu achten, daß genügend Land für etwaige Expansionspläne des Mieters zur Verfügung steht.

4.4 Mieter-Mix

Bei sogenannten »Single Tenant Buildings« können erhebliche Einnahmeausfälle zu Buche schlagen, wenn der Mieter nach Auslaufen des Mietvertrages auszieht. In vielen Fällen ist das Gebäude auf die speziellen Belange dieses einen Mieters hin ausgerüstet und kann dann nur mit erheblichen Umbauarbeiten für einen oder mehrere neue Mieter hergerichtet werden, wenn kein Nachfolgemieter aus gleicher oder verwandter Branche gefunden werden konnte.

Unter dem Aspekt der Realisierung möglichst vieler Anlageziele erscheinen Mieterstrukturen, wo möglichst zwischen 60 und 70% der Fläche langfristig an einen oder mehrere bonitätsmäßig sehr gute Mieter vermietet sind und der Rest der Fläche mit kürzerfristigen Mietverträgen die Chance zu häufigerer Anpassung an das Marktmietniveau gibt, empfehlenswert. So kommt es zum Beispiel gerade bei Shopping-Centern auf den richtigen Mieter-Mix an, der sich an dem Konsumentenbedarf des Einzugsgebiets zu orientieren hat. Die Bedarfsermittlung und die Suche nach entsprechenden Einzelhändlern sollte man einer ortsansässigen erfahrenen Objektverwaltungsgesellschaft übertragen, deren Qualität maßgeblich für den Erfolg eines solchen Shopping-Centers verantwortlich ist.

4.5 Management heißt nicht nur verwalten

Gerade in Zeiten eines Mietermarktes ist ein besonders aktives und vorausschauendes Management notwendig, um dem Gebäude gegenüber Konkurrenzimmobilien ein bestimmtes Profil zu geben. Rechtzeitiges Inkontakttreten mit den Mietern vor Auslaufen ihres Mietvertrages dient dazu, deren Wünsche abzuklären und gegebenenfalls darauf eingehen zu können, um den Mieter so zu einer Verlängerung des Vertragsverhältnisses zu bewegen. So konnte beispielsweise die Fläche eines Bürogebäudes innerhalb eines von hohen Leerständen geprägten Marktes gefüllt werden, indem das Management als Mieter gezielt rechtsberatende Firmen ansprach und eine Bibliothek mit juristischer Fachliteratur und eine Imbißküche, die bis in den späten Abend geöffnet ist, einrichtete. Die Idee kam gut an, das Gebäude vermietete sich zügig, und der Eigentümer freute sich über die Wertsteigerung seines Gebäudes. Oftmals sind die Aufwendungen für derartige außerordentliche Einrichtungen im Vergleich zu den Möglichkeiten der Steigerung des Cash-flows unerheblich. Auch die Aufwendungen, um einen Mieter nach Ablauf seines Mietvertrages zu halten, sind vertretbar, wenn man die Kosten für die Gewinnung eines neuen Mieters gegenüberstellt. Man darf dabei nicht vergessen, daß auch für einen Mieter ein Umzug immer mit erheblichem Kostenaufwand verbunden ist.

Ein gutes Management will entsprechend bezahlt sein, deshalb sollte man die Gebühren für diese Leistungen angemessen gestalten. Ja nach Objekttyp und Art und Dauer der Mietverträge rangieren Managementgebühren zwischen 3 und 6% der Mieteinnahmen.

4.6 Günstige Fremdfinanzierung kann auch beim Wiederverkauf helfen

Steuerliche Erwägungen und das Volumen eines Objektes, das aus dem zur Verfügung stehenden Eigenkapital allein nicht finanziert werden kann, machen die Aufnahme einer geeigneten Fremdfinanzierung ratsam. In Zeiten niedriger Hypothekenzinssätze kommt hinzu, daß sich mit einer Fremdfinanzierung unter bestimmten Voraussetzungen sogar ein positiver Hebeleffekt verbinden läßt. Darüber hinaus kann eine solche langfristige Finanzierung beim Wiederverkauf des Objektes zur Wertsteigerung beitragen, wenn das Zinsniveau zu diesem Zeitpunkt wieder über der laufenden Finanzierung liegt und die Restlaufzeit des Kredits noch einige Jahre beträgt.

Umgekehrt ist in Zeiten niedriger Zinsen eine bestehende Fremdfinanzierung, die langfristig auf hoher Zinsbasis abgeschlossen war, ein Hemmnis beim Wiederverkauf bzw. drückt den Kaufpreis. Die vorzeitige Ablösung einer Fremdfinanzierung kann da meistens auch keine Abhilfe schaffen, da in aller Regel hiermit erhebliche Strafzahlungen an die Bank verbunden sind.

Als günstiges Finanzierungsinstrument hat sich in letzter Zeit verstärkt die Eindeckung mit Eurogeldern – meist auf DM- oder Sfr.-Basis erwiesen, deren Zinssätze derzeit ca. 3 bis 4 Prozentpunkte pro Jahr günstiger sind als eine Dollar-Hypothek. Sie sind rein objektabgesichert. Wegen ihrer kürzeren Laufzeit und Zinsfestschreibungsdauer haben sie zwar nicht den oben geschilderten Einfluß auf einen Wiederverkaufspreis, können jedoch unter Inkaufnahme des Währungsrisikos, dem nach Meinung vieler Fachleute hinsichtlich der längerfristigen Dollarkursentwicklung eher eine höhere Chance gegenübersteht, die laufende Rendite erheblich verbessern.

5. Schlußbemerkung

Wir haben versucht aufzuzeigen, welche interessanten Entwicklungsmöglichkeiten der amerikanische Immobilienmarkt für Investoren in gewerbliche Immobilien eröffnet. Die sich auf seinen vielen Teilmärkten immer wieder vollziehenden Veränderungen erfordern ein wachsames Auge und ständigen engen Marktkontakt, den am besten ein auch vor Ort sitzender Partner halten kann.

DR. KLAUS TRESCHER / GEORG VON WERZ

Der US-Immobilienmarkt nach der Steuerreform

Inhalt

1. Schwerpunkte der Einkommensteuerreform 275
2. Gegenüberstellung der Änderungen gegenüber altem Recht 276
3. Allgemeine Auswirkungen 277
4. Auswirkungen auf den Immobilienmarkt 277
4.1 Verlustausgleich 277
4.2 Übergangsregelung 278
5. Auswirkungen des Steuerreformgesetzes auf die Steuerbelastung bei Immobilien-Investitionen 278
5.1 Erwerb der Immobilie über eine Kapitalgesellschaft 279
5.2 Erwerb der Immobilie durch eine in den USA nicht ansässige natürliche Person 280
5.3 Steuerbelastung der Veräußerungsgewinne 281
5.4 Fazit 282
6. Der gewerbliche Immobilienmarkt 1989 283
6.1 Das wirtschaftliche Umfeld 283
6.2 Bürogebäude 284
6.3 Lagerhäuser 286
6.4 Einzelhandel 287
6.5 Wohnungsbau 288
6.6 Hotels 288
6.7 Landinvestments 289
7. Grundsätzliche Überlegungen bei der Beurteilung von Chancen und Risiken 289
8. Ausblick 291

1. Schwerpunkte der Einkommensteuerreform

Am 1.1.1987 ist in den USA eine Einkommensteuerreform von fundamentaler Bedeutung in Kraft getreten, auf die auch in der deutschen Steuerreformdiskussion wiederholt Bezug genommen wurde.

Schwerpunkte dieser grundlegenden Einkommensteuerreform sind die folgenden Änderungen:
a) drastische Reduzierung der Höchststeuersätze für natürliche Personen (28% statt bisher 50%) und Gesellschaften (34% statt bisher 46%);
b) Abschaffung oder Einschränkung von steuerlichen Abzugsmöglichkeiten, insbesondere von Zinsaufwendungen bei persönlichen Darlehen;
c) Verlängerung der Abschreibungsdauer von Wirtschaftsgütern;
d) Abschaffung der begünstigten Besteuerung langfristiger Veräußerungsgewinne;
e) Beschränkung bei der Geltendmachung von Verlusten aus sogenannten passiven Investitionen;
f) umfassende Anwendung der Mindestbesteuerung bei natürlichen Personen und Gesellschaften;
g) Änderung der steuerlichen Gewinnermittlungsvorschriften.

Es wird geschätzt, daß 6 Millionen amerikanische Steuerpflichtige, die im Jahre 1986 noch Steuern zahlen mußten, infolge der Steuerreform im Jahre 1988 keine Steuern mehr zahlen werden. Der steuerlichen Entlastung der privaten Haushalte steht ein geschätztes Steueraufkommen der Industrie von ca. 120 Milliarden US$ in den nächsten 6 Jahren gegenüber. Diese Umverteilung des Steueraufkommens zu Lasten der Industrie war erforderlich, um die Staatseinnahmen auf etwa gleichem Niveau wie 1986 zu halten (sog. Haushaltsneutralität des Gesetzentwurfes). Zur Sicherstellung der Haushaltsneutralität enthält der Gesetzentwurf eine Vielzahl von Übergangsregelungen, die bis in das Jahr 1991 reichen.

2. Gegenüberstellung der Änderungen gegenüber altem Recht

A. *Einzelperson* *Altes Recht* *Neues Recht*

1. Steuersätze	15 Steuersätze: 11 % bis auf 50 % ansteigend		2 Steuersätze: 15 % für steuerpflichtiges Einkommen bis US$ 17 850; 25 % über US$ 17 850 (US$ 29 750 bei gemeinsamer Veranlagung) Überschreiten die steuerpflichtigen Einkünfte US$ 71 900 (bei gemeinsamer Veranlagung), wird eine 5 %ige Ergänzungsabgabe erhoben bis zu dem Zeitpunkt, in dem der aus der niedrigeren Progressionsstufe (15 %) resultierende Vorteil eliminiert ist. Die vorstehenden Steuersätze werden ab 1988 angewendet. Für 1987 war folgende Übergangsregelung vorgesehen: 5 Steuersätze von 11 % bis 38,5 % steigend.
2. Persönliche Freibeträge	US$ 1 080 pro Steuerpflichtigen; jährliche Anpassung an die Inflationsentwicklung		1987: US$ 1 900 1988: US$ 1 950 1989: US$ 2 000
3. Steuerabzugsbetrag	Einzelperson: US$ 2 480 Gemeinsame Veranlagung: US$ 3 670		Einzelperson: 1987: US$ 2 570 1988: US$ 3 000 Gem. Veranlagung: 1987: US$ 3 800 1988: US$ 5 000
4. Veräußerungsgewinne	Höchststeuersatz für langfristige Veräußerungsgewinne 20 %		Veräußerungsgewinne werden wie laufende Einkünfte besteuert (15 % / 28 %), bei »non resident aliens« kommt FIRPTA-Mindestsatz von 20 % zur Anwendung
5. Abschreibungen	Nutzungsdauer für Immobilien 19 Jahre		Nutzungsdauer für gewerbliche Immobilien 31,5 Jahre (27,5 Jahre für privat genutzte Immobilien)
6. Verlustausgleich	Grundsätzlich unbeschränkt möglich soweit nicht ausgleichsfähig, können Verluste 15 Jahre vorgetragen werden.		Verluste aus passiven Investitionen können nur mit Gewinnen aus passiven Investitionen verrechnet werden.
7. Mindeststeuer	20 %		21 %
8. Zinsen	100 % abzugsfähig		Nur abzugsfähig für erstes und zweites Haus/Wohnung bis zur Höhe der Anschaffungskosten. Bei Kapitaleinkünften bis zur Höhe der Einnahmen.

B. Kapitalgesellschaften	Altes Recht	Neues Recht
1. Körperschaftsteuersatz	5 Steuersätze von 16 % bis auf 46 % ansteigend	5 Steuersätze von 15 % bis auf 34 % ansteigend
2. Mindeststeuer	15 %	20 %
3. Abschreibung	degressiv, wesentlich schneller als Nutzungsdauer	degressiv, stärker ausgerichtet an Nutzungsdauer
4. Steuergutschrift für Investitionen	10 %	Abschaffung rückwirkend zum 1. 1. 1986
5. Veräußerungsgewinne	28 %	Veräußerungsgewinne werden wie laufende Einkünfte besteuert.

* Diese Gegenüberstellung sowie alle folgenden Tabellen wurden uns freundlicherweise von Rechtsanwalt H. Faßbender, München, zur Verfügung gestellt.

3. Allgemeine Auswirkungen

Nutznießer der Steuerreform sind in erster Linie Privatpersonen wegen der drastisch reduzierten Spitzensteuersätze. Benachteiligt werden kapitalintensive Industrieunternehmen, die wegen der in Wegfall kommenden Steuergutschrift für Investitionen (»Investment Tax Credit«) und niedrigeren Abschreibungen in Zukunft mehr Steuern zahlen müssen. Ob die USA durch diese Steuerreform im Vergleich zu anderen Industrienationen in Zukunft tatsächlich zur »Steuer-Oase« werden, bleibt abzuwarten. Es zeigt sich aber bereits jetzt, daß allein die Vereinfachung des Steuerrechts, verbunden mit der Reduzierung der Spitzensteuersätze, eine erhebliche Anziehungskraft auf die Investitionsüberlegungen ausländischer Privatpersonen und Unternehmen ausübt.

4. Auswirkungen auf den Immobilienmarkt

4.1 Verlustausgleich

Nach dem bis 31. 12. 1986 geltenden Recht waren Verluste, die amerikanische Steuerpflichtige im Zusammenhang mit »passiven« Investitionen erzielten, unbegrenzt ausgleichsfähig mit sonstigen positiven Einkünften. Nicht verbrauchte Verluste konnten 3 Jahre zurück und 15 Jahre vorgetragen werden.

Nach neuem Recht können Verluste aus sog. passiven Investitionen nur noch mit positiven Einkünften aus solchen Investitionen ausgeglichen werden. Diese dem § 2a EStG ähnliche Verlustabzugsbegrenzung wird eine Neuorientierung im amerikanischen Immobiliengeschäft insoweit zur Folge haben, als Beteiligungsangebote mit einer die Einlage übersteigenden Verlustzuweisung (»Abschreibungsobjekte«) jetzt auch für den amerikanischen Steuerzahler uninteressant werden und nicht mehr vermarktet werden können.

4.2 Übergangsregelung

Für bei Inkrafttreten des Gesetzes bestehende Verlustvorträge aus passiven Investitionen gilt eine Übergangsregelung. Danach können die bestehenden Verlustvorträge in den Folgejahren nur noch eingeschränkt mit positiven Einkünften verrechnet werden. Von 1987 bis 1990 können danach bestehende Verluste wie folgt zum Ausgleich mit sonstigen positiven Einkünften verwendet werden:

     1987: 65%
     1988: 40%
     1989: 20%
     1990: 10%

Die Möglichkeit, bestehende Verlustvorträge mit Einkünften aus »passiven« Beteiligungen zu verrechnen, bleibt von der Gesetzesreform unberührt. Das bedeutet für beschränkt steuerpflichtige Ausländer, daß bestehende Verlustvorträge innerhalb der zulässigen Frist von 15 Jahren mit laufenden Gewinnen und etwaigen Veräußerungsgewinnen beim Verkauf des Objektes verrechnet werden können.

5. Auswirkungen des Steuerreformgesetzes auf die Steuerbelastung bei Immobilien-Investitionen

Die Auswirkungen der in der Gegenüberstellung dargestellten Maßnahmen werden in den nachfolgenden Steuerbelastungsvergleichen rechnerisch ermittelt und gegenübergestellt. Auf den ersten Blick erstaunt, daß die Rendite nach Steuern bei Investitionsbeträgen bis US $ 1 000 000 nach neuem Recht schlechter ist als nach geltendem Recht. Dieses zunächst überraschende Ergebnis erklärt sich jedoch daraus, daß einerseits die Eingangssteuerbelastung nach neuem Recht höher ist als nach dem alten (15% statt bisher 11%), andererseits die laufenden Abschreibungen sich gegenüber dem bisherigen Recht um mehr als 2% pro Jahr reduziert (3,175% statt 5,26%). Dies hat zur Folge, daß in Zukunft ein größerer Teil der Mieterträge als bisher der laufenden Besteuerung unterliegt. Anderseits ist der steuerliche Buchwert, der im Falle der späteren Veräußerung des Gebäudes für Zwecke der Ermittlung des Veräußerungsgewinns zugrundezulegen ist, entsprechend höher. Da Veräußerungsgewinne in Zukunft wie laufende Erträge besteuert werden, kommt der laufenden Abschreibung im wesentlichen eine Bedeutung nur noch unter Liquiditätsgesichtspunkten zu.

5.1 Erwerb der Immobilie über eine Kapitalgesellschaft

a) Steuerbelastungsvergleich der laufenden Erträge

		altes Recht	neues Recht
1.	Kaufpreis Objekt	1 000 000	1 000 000
2.	Mieterträge (8 % p.a.)	80 000	80 000
3.	Abschreibungen	52 600[1]	31 750[2]
4.	Steuerpflichtiger Mietertrag (2 ∕ 3)	27 400	48 250
5.	Körperschaftsteuern	4 182[3]	7 375[4]
6.	Mietertrag nach Steuern (2 ∕ 5)	75 818	72 625
7.	Ergebnis in %	7,6 %	7,3 %

Erläuterungen

1) 5,26 % linear (19 Jahre) auf den Grundstücksanteil
2) 3,175 % linear (31,5 Jahre)
3) 16 % bis US$ 25 000 plus 18 % des übersteigenden Gewinns (US$ 2 400)
4) 15 % bis US$ 50 000

b) Steuerbelastungsvergleich unter Einbeziehung der Veräußerungsgewinnsteuern beim Verkauf nach Ablauf von 19 Jahren

		altes Recht	neues Recht
1.	Kaufpreis Objekt	1 000 000	1 000 000
2.	Mieterträge (8 % p.a.) über 19 Jahre	1 520 000	1 520 000
3.	Abschreibungen	1 000 000[1]	603 250[2]
4.	Steuerpflichtiger Mietertrag (2 ∕ 3)	520 000	916 750
5.	Laufende Steuern auf steuerpflichtige Mieterträge	80 986[3]	137 522[4]
6.	Buchwert nach 19 Jahren (1 ∕ 3)	0	396 750
7.	Veräußerungspreis	2 000 000	2 000 000
8.	Veräußerungsgewinn (7 ∕ 6)	2 000 000	1 603 250
9.	Veräußerungsgewinnsteuern	560 000[5]	545 105[5]
10.	Ergebnis vor Steuern (2 + 7 ∕ 1)	2 520 000	2 520 000
11.	Ergebnis nach Steuern (7 ∕ 1 + 2 ∕ 5 ∕ 9)	1 879 014	1 837 373
	in % des eingesetzten Kapitals	188 %	184 %

Erläuterungen

1) 5,26 % linear (19 Jahre) Grundstücksanteil vernachlässigt
2) 3,175 % linear (31,5 Jahre)
3) 520 000 : 19 = 27 368 p.a. Gemäß US-Steuertabelle 1986 ergäbe sich eine Steuerbelastung von US$ 4 126 p.a. × 19 = 80 986
4) 916 750 : 19 = 48 250 p.a. Steuersatz: 15 % bis US$ 50 000; 7 238 p.a. × 19 = 137 522
5) 1986: 28 %, 1988: 34 %

5.2 Erwerb der Immobilie durch eine in den USA nicht ansässige natürliche Person

a) Steuerbelastungsvergleich der laufenden Erträge

Das Beispiel betrifft eine Beteiligung an einem Immobilienobjekt in den USA über eine Limited Partnership[1]

Gesamtkapital:	US$ 10000000
Grundstücksanteil:	US$ 1000000
Gebäudewert:	US$ 9000000
AfA:	19 Jahre nach altem Recht (5,26 %); 31,5 Jahre nach dem neuen Recht (3,175 %)
Mietertrag netto:	US$ 1000000 (10 %)

	Beteiligung 50000 altes Recht/neues Recht		Beteiligung 250000 altes Recht/neues Recht		Beteiligung 500000 altes Recht/neues Recht		Beteiligung 1000000 altes Recht/neues Recht		Beteiligung 5000000 altes Recht/neues Recht	
1) Mieteinnahmen	5000	5000	25000	25000	50000	50000	100000	100000	500000	500000
2) Afa 2)	./. 2367	1429	11835	7145	23367	14290	47340	28575	236700	142875
3) Freibetrag	./. 1080	2000	1080	2000	1080	2000	1080	2000	1080	2000
4) Steuerabzugsbetrag 3)	+ 1835	1835	–	1835	–	1835	–	1835	–	–
5) Steuerpflichtige Einkünfte 4)	+ 3388	1571	13920	15855	27388	33710	53415	69425	264055	355125
6) US-Bundeseinkommensteuer (1 ./. 6)	./. 175	236	2031	2378	6290	7119	17238	17119	121992	97115
7) Rendite nach Steuern (1 ./. 6) in %	+ 4825	4764	22969	22622	43710	42881	82762	82881	378008	402885
	9,65	9,53	9,19	9,05	8,74	8,58	8,28	8,29	7,56	8,06
8) Veränderung der Rendite nach Steuern in %	./. 0,12		./. 0,14		./. 0,16		+ 0,01		+ 0,50	

Erläuterungen

1) Es wird unterstellt, daß die Partnership selbst kein Steuersubjekt ist, sondern nur deren Gesellschafter (wegen Einzelheiten vgl. Heiss, a.a.O., S. 324; Fischer/Töben, a.a.O., S. 14)
2) altes Recht: 5,26 % AfA linear = 473 400 p.a. = 2367 pro US$ 50 000 Beteiligung
   neues Recht: 3,175 % AfA linear = 285 750 p.a. = 1429 pro US$ 50 000 Beteiligung
3) War in die US-Steuertabelle eingearbeitet als »Zero bracket amount«, der auf beschränkt Steuerpflichtige keine Anwendung fand und deshalb einzurechnen war. Zukünftig als »standard deduction« nur von unbeschränkt Steuerpflichtigen absetzbar.
4) Steuerbelastung berechnet wie folgt:
   altes Recht: nach Steuertabelle 1986 für verheiratete Steuerpflichtige mit getrennter Veranlagung.
   neues Recht: 15 % bis US$ 17 850, 28 % über US$ 17 850; 5 % Ergänzungsabgabe wurde nicht berücksichtigt.

b) Steuerbelastungsvergleich unter Einbeziehung der Veräußerungsgewinnsteuern bei Verkauf nach Ablauf von 19 Jahren

	altes Recht	neues Recht
1. Kaufpreis Objekt	1 000 000	1 000 000
2. Mieterträge (8 % p. a.)	1 520 000	1 520 000
3. Abschreibungen	1 000 000[1)]	603 250[2)]
4. Steuerpflichtige Mieterträge (2 ./. 3)	520 000	916 750
5. Laufende Steuern auf steuerpflichtige Mieterträge	119 358[3)]	212 600[4)]
6. Buchwert nach 19 Jahren (1 ./. 3)	0	396 750
7. Veräußerungspreis	2 000 000	2 000 000
8. Veräußerungsgewinn (7 ./. 6)	2 000 000	1 603 250
9. Veräußerungsgewinnsteuern	400 000[5)]	448 910[6)]
10. Ergebnis vor Steuern (2 + 7 ./. 1)	2 520 000	2 520 000
11. Ergebnis nach Steuern (7 ./. 1 + 2 ./. 5 ./. 9)	2 000 642	1 858 490
in % des eingesetzten Kapitals	200 %	186 %

Erläuterungen
1) 5,26 % linear (19 Jahre) Grundstücksanteil vernachlässigt
2) 3,175 % linear (31,5 Jahre)
3) 520 000 : 19 = 27 368 p.a. Gemäß US-Steuertabelle 1986 für verheiratete Steuerpflichtige mit getrennter Veranlagung ergibt sich eine Steuerbelastung von US$ 6 282 p.a., 19 × 6 282 = 119 358
4) 916 750 : 19 = 48 250 p.a., Steuersatz: 15 % von US$ 17 850 und 28 % von US$ 30 400 = 11 189,50 p.a. × 19 = 212 600
5) 1986: 20 %, 1988: 28 %
6) 28 %

5.3 Steuerbelastung der Veräußerungsgewinne

Nach neuem Recht werden Veräußerungsgewinne wie laufende Einkünfte besteuert, unterliegen aber einer Besteuerung von entweder 15 %, sofern die laufenden Einkünfte bei Einzelpersonen US$ 17 850 nicht übersteigen, oder bei Einkünften über US$ 17 850 einer Besteuerung von 28 %.

Da die Mindestbesteuerung langfristiger Veräußerungsgewinne, die Ausländer im Zusammenhang mit US-Immobilieninvestitionen erzielen, beibehalten werden soll (sog. »FIRPTA« Steuergesetz v. 1981), wird der Mindeststeuersatz für Ausländer auch weiterhin 20 % betragen. Um eine Ungleichbehandlung amerikanischer und ausländischer Steuerpflichtiger auszuschließen, ist anzunehmen, daß ab Einkünften von US$ 17 850 der Steuersatz von 28 % Anwendung findet.

5.4 Fazit

Zwar wird es in Zukunft nur noch zwei Steuerklassen geben (15 % für steuerpflichtiges Einkommen bis US$ 17 850; 28 % bei höherem Einkommen, gegenüber bislang 15 Steuersätzen von 11 % – 50 % ansteigend), eine Reihe von Übergangsregeln und »Klarstellungen« verwischen jedoch diese zunächst so einfach erscheinende Struktur. So wird bei Überschreiten der steuerpflichtigen Einkünfte von US$ 71 900 eine 5 %ige Ergänzungsabgabe erhoben, bis der Vorteil der niedrigeren Progressionsstufe (15 %) eliminiert ist, so daß sich der Steuersatz zwischenzeitlich von 28 % auf 33 % erhöht. Neben der Veränderung von Standard-Freibeträgen und -Steuerabzugsbeträgen wurde die Geltendmachung fast aller bislang steuerlich abzugsfähiger Kosten von Schuldzinsen, Arzt- und Krankenhauskosten, Spenden, Mehrwertsteuer, Ausbildungskosten von Abhängigen, bis hin zu geschäftlich bedingten Essen so drastisch gekürzt oder verändert, daß z. B. der Steuerpflichtige mit Jahreseinkommen über US$ 75 000 zumindest in der Anlaufzeit der Steuerreform mit nicht unerheblichen Steuererhöhungen zu rechnen hat.

Von der Verlängerung der Abschreibungsfristen sind Immobilien ganz wesentlich betroffen. Statt der bislang 19 Jahre (linear) sollen privat genutzte Immobilien zukünftig über 27,5 Jahre, gewerblich genutzte über 31,5 Jahre abgeschrieben werden.

Auch bei der Veräußerung von Immobilien wird es in Zukunft keine bevorzugte Besteuerung des Veräußerungsgewinnes (capital gain) mehr geben. Während bislang die Besteuerung nur auf 40 % des Veräußerungsgewinnes mit dem für den Steuerzahler geltenden Steuersatz (bei 50 %iger Progression also maximal 20 % Steuer auf den Veräußerungsgewinn) berechnet wurde, werden Veräußerungsgewinne ab 1. 1. 1987 wie normale Einkünfte mit maximal 28 % bzw. 33 % besteuert.

Für den deutschen Anleger in amerikanischen Immobilien werden die Auswirkungen der Steuerreform dennoch insgesamt als recht positiv zu bewerten sein.

Da nach dem deutsch-amerikanischen Doppelbesteuerungsabkommen Einkünfte aus amerikanischem Immobilienbesitz nach dem Gelegenheitsprinzip nur in den USA zu versteuern sind (mit Ausnahme des Progressionsvorbehaltes), kann der deutsche Anleger, der den höheren deutschen Steuersätzen unterliegt, seine steuerliche Belastung durch Immobilieninvestitionen in den USA auf höchstens 28 % bzw. 33 % mindern. Zwar wird in der Zukunft ein nicht mehr so hoher Anteil des Ertrages durch die Gebäudeabschreibung neutralisiert werden können; die Abzugsfähigkeit der mit der Immobilie in Verbindung stehenden Schuldzinsen bleibt jedoch unangetastet.

6. Der gewerbliche Immobilienmarkt 1989

6.1 Das wirtschaftliche Umfeld

Auch wenn die Ära Reagan mit ihrem beispiellosen Wirtschaftswachstum über fast 7 Jahre nicht wirklich zu Ende gekommen ist und von der Regierung Bush weitergeführt werden kann, so mehren sich doch die Anzeichen dafür, daß sich die beeindruckende Expansion der amerikanischen Wirtschaft im laufenden Jahr verlangsamen wird.

Die Statistiken und Indikatoren allein ergeben hier kein eindeutiges Bild. Ihre teilweise Widersprüchlichkeit macht aber deutlich, daß 1989 ein Jahr sein wird, in dem konträre Entwicklungen die Wirtschaftssituation beeinflussen werden.

Trotz lauter werdender Warnungen und verstärkter Signale ist mit einer Rezession in den kommenden 12 Monaten wohl immer noch nicht zu rechnen. Auch 1989 wird eine Erhöhung des Bruttosozialproduktes um ca. 2,8% erwartet. Wie in 1988 wird auch in diesem Jahr das Wachstum am deutlichsten in den Bereichen Handel und Industrie ausfallen. Dienstleistungen und der Bereich des Einzelhandels sollen dagegen wieder niedrigere Wachstumsraten aufweisen.

Das fortgesetzte Wirtschaftswachstum und niedrigere Arbeitslosenzahlen in mehr als der Hälfte des Landes werden aber den Lebenshaltungskostenindex spätestens bis zur Jahresmitte auf über 5% ansteigen lassen.

Die Bemühungen der Federal Reserve Bank, deren vorrangiges Ziel auch unter der neuen Administration die Inflationsbekämpfung sein wird, werden weiterhin auf eine Geldverteuerung und Verknappung der Liquidität gerichtet sein, so daß damit verbunden auch eine weitere Stabilisierung der amerikanischen Währung zu erwarten ist.

Zinsen sind durch die Bemühungen der Federal Reserve Bank bereits deutlich gestiegen, und weitere Steigerungen sind zumindest während der ersten Jahreshälfte vor allem für kürzere Laufzeiten zu erwarten.

Schon aus diesem kurzen Überblick über wirtschaftliche Trends ergeben sich eine Reihe direkter Auswirkungen auf den Immobilienmarkt:
– Lagerhäuser und Produktionshallen werden 1989 von der Expansion im Bereich Handel und Industrie begünstigt;
– Bürohäuser und Einkaufszentren werden 1989 von dem reduzierten Wachstum im Dienstleistungsbereich und Einzelhandel betroffen;
– Die Erhöhung der Inflationsrate wird die großen institutionellen Investoren der USA weiterhin zur verstärkten Umschichtung in Sachwerte veranlassen;
– Der immer noch niedrige Dollar wird bei festerer Tendenz ausländische Investoren verstärkt zur Anlage in den USA anregen;

– Steigende Finanzierungskosten resultieren in einem Druck vor allem auf die im kurzfristigen Bereich finanzierenden Bauträger.

6.2 Bürogebäude

Bedingt durch das etwas verlangsamte Wirtschaftswachstum im vergangenen Jahr, ging auch die Absorption neuer Flächen im gewerblichen Immobilienbereich leicht zurück. Gleichzeitig ging aber auch das Angebot an Neubauflächen zurück.

Zusammengerechnet resultierten diese beiden Faktoren in einem nur leichten Rückgang der Leerstandsquote im Bürosektor gegenüber dem Jahresende 1987. Der nationale Durchschnitt der Leerstandsquote für Bürogebäude in den innerstädtischen Lagen betrug am Jahresende 1988 immer noch 16 %, in Randlagen zwischen 22–23 % und im gewichteten Mittel rd. 20 %. Hierbei gab es natürlich deutliche regionale Unterschiede – am markantesten zwischen den nach wie vor vom schwachen Wachstum des Energiesektors betroffenen Staaten Texas und Oklahoma einerseits und den stark expandierenden Staaten an der Ostküste, wo eine verstärkte Absorption neuer Flächen z. B. in Washington D. C. zu einem Leerstand von nur rd. 9 % am Jahresende führte.

Wie in den zwei bis drei Jahren vorher auch schon, begünstigt die Marktsituation ganz deutlich den Mieter und zwingt dem Vermieter die Notwendigkeit zu Zugeständnissen auf.

Eine Verbesserung der Situation ist auch in den kommenden Jahren nur sehr allmählich zu erwarten. Das Wirtschaftswachstum nach 1982 hatte sich am deutlichsten im Dienstleistungs- und Verwaltungsbereich manifestiert. Bis Ende 1987 wuchs dieser Sektor der Wirtschaft mit jährlichen Steigerungen von rd. 5–8 % fast dreimal so stark wie die gesamtwirtschaftliche Expansionsrate.

1988 betrug das Wachstum aber nur noch 3 %, nicht zuletzt ausgelöst durch den Zusammenbruch des Aktienmarktes im Oktober 1987. Während zwischen 1982 bis 1987 jedes Jahr zwischen 600 000–800 000 neue Arbeitsplätze im Bürobereich geschaffen wurden, fiel diese Zahl 1988 auf rd. 500 000 und wird 1989 wohl um weitere 10 % auf etwa 450 000 zurückgehen.

Nicht lediglich im Finanzsektor, sondern im gesamten Verwaltungsbereich wird das Hauptaugenmerk auf Kosteneinsparungen liegen. Auch wenn vor allem der Markt in New York von den Kürzungen des Finanzsektors betroffen wird, sind die Auswirkungen doch auch im Rest des Landes zu spüren.

Nach der gewaltigen Zunahme der Büroflächen zwischen 1980 bis 1985, wo jedes Jahr fast 300 Mio. SF (= Square feet; 10,7 SF = 1 m²) an neuen Büroflächen errichtet wurden, sind die Zahlen seit 1985 stark rückläufig. 1987 wurden noch 275 Mio. SF errichtet, 1988 »nur« noch 240 Mio. SF, wobei der Rückgang am deutlichsten in den Büroparks in den außerstädtischen Lagen zu verzeichnen ist. Für 1989 wird ein weiterer Rückgang der Neubauflächen um 5 % erwartet.

Während die Neubautätigkeit zu Anfang der 80er Jahre durch die gewaltige Absorption aufgrund der starken Zunahme von Arbeitsplätzen getrieben worden war, sind also bei dem erwarteten Rückgang von Angebot *und* Nachfrage nur wenig Veränderungen der Leerstandsquote zu erwarten. Aufgrund des stärkeren Rückgangs der Bautätigkeit in den außerstädtischen Lagen ist dort wohl mit einem etwas höheren Abbau der Leerstände im Vergleich zu den Downtownlagen zu rechnen, wobei die Innenstädte aber generell niedrigere Leerstände ausweisen.

Aufgrund der hohen Leerstände nahmen auch die effektiv erzielten Mieten kontinuierlich ab und fielen durchschnittlich um 20% während der letzten drei Jahre. Außer in Sonderfällen dürfte aber ein weiterer Rückgang der effektiv erzielten Mieteinkünfte in 1989 und danach nicht zu befürchten sein. Wie die Statistik zeigt, gibt es bei den Leerständen natürlich markante Unterschiede in den einzelnen Regionen. Washington, New York, Boston und Los Angeles verfügen nach wie vor über die stärksten Wirtschaftszahlen und weisen demgemäß auch im Bürosektor günstige Bedingungen aus. Houston, Dallas und Denver dagegen verfügen nach wie vor über hohe Leerstände, die erst über einen Zeitraum von längeren Jahren abgebaut werden, obwohl eine Verbesserung der Lage in diesen Städten bereits deutlich wird.

Wie in den Vorjahren auch, zeigt der Immobilieninvestmentmarkt eine deutliche Spaltung. Gut vermietete Objekte halten ihren Wert und können trotz der allgemeinen Leerstände und deutlich gestiegener Erträge bei Bonds und Schuldverschreibungen aufgrund des enormen Anlagebedarfs in- und ausländischer Investoren nicht mit höheren Ausgangsverzinsungen gekauft werden. Schlecht vermietete Objekte dagegen, die oft unter dem Gestehungspreis gekauft werden können, sind nach wie vor schwer verkäuflich. Trotz eines deutlich anziehenden Lebenshaltungskostenindex können solche schlecht vermieteten Objekte im Zweifel zu billigeren Preisen als im Vorjahr erworben werden, wohingegen trotz derzeit fehlender Steigerungen der effektiven Mieteinnahmen nachhaltig vermietete Objekte an besonders bevorzugten Lagen wie Downtown Washington deutliche Preissteigerungen zu verzeichnen hatten.

In diesem Markt, wie auch in Boston und New York, fielen die Kapitalisierungssätze im vergangenen Jahr allgemein unter 7% (= über 14-fache Jahresnettomiete). Demgemäß stiegen in diesen Städten die Kosten pro SF und Preise von über $ 300 stellen heute die Norm dar. Angesichts gestiegener Landkosten (in Downtown Washington heute schon bei $ 150/SF Gebäudefläche) ergeben sich Gesamtkosten von bisweilen über $ 350/SF für den Neubau hochqualitativer Bürogebäude, weshalb an so herausragenden Standorten schon ähnlich hohe Preise auch für gut vermietete ältere Gebäude bezahlt werden müssen.

6.3 Lagerhäuser

Wie schon im Vorjahr verfügt dieser Sektor des gewerblichen Immobilienmarktes über die größte Ausgeglichenheit von Angebot und Nachfrage.

Die Neubautätigkeit in diesem Bereich war wieder stark, aber nicht überhitzt. Aufgrund der zu erwartenden Zunahme im Industriebereich wird dieser Sektor auch in 1989 von weiterhin starker Absorption geprägt sein.

In Vertrieb und Großhandel wurden 1987 217 000 und 1988 weitere 320 000 neue Arbeitsplätze geschaffen. Eine Fortsetzung dieses Wachstums ist für 1989 zwar nicht zu erwarten, aber immerhin dürften in diesem Bereich rd. 200 000 neue Arbeitsplätze entstehen.

Unterschiede kann es aber nach Regionen geben:

Mit der stärker werdenden einheimischen Industrie werden die Regionen des Mittleren Westens begünstigt, dagegen die mehr von Importen beeinflußten Gebiete an den beiden Küsten benachteiligt.

Wie im Vorjahr beträgt die Leerstandsquote nur rd. 6 %.

Aufgrund der ausgeglichenen Vermietungssituation und der Wachstumschancen wird der Lagerhausmarkt gerade Objekte ohne wesentlichen Büroanteil auch 1989 über die besten Investmentqualitäten verfügen.

Bei dem deutlich minderen Prestigewert dieser Objekte z. B. im Vergleich zu Bürogebäuden sind sie oft als Investmentalternative vernachlässigt worden. Wie falsch eine solche Einstellung ist, hat sich auch letztes Jahr wieder gezeigt. Seit 10 Jahren nun ist dieser Typ von Immobilie stabil in der Vermietung und sicher im Ertrag. Während im Bürosektor Überkapazitäten geschaffen wurden, bestehen bei reinen Lagerhäusern nach wie vor ausgeglichene Verhältnisse bei einer Leerstandsquote von rd. 5 %. Der wesentliche Grund hierfür liegt in dem meist sehr hohen Landanteil der Gesamtkosten, die z. B. in der Vergangenheit für den auf Steuerverluste bedachten Anleger weniger hohe Abschreibungen im Vergleich zu anderen gewerblichen Immobilien bedeuteten, weshalb die steuerlich motivierten Gelder in diesem Sektor fast gänzlich ausblieben.

Höhere Landkosten haben dazu geführt, daß der Bau von »höherwertigen« Gewerbebauten, also z. B. Lagerhäusern mit einem sehr hohen Anteil an Bürofläche oder sog. R & D Gebäuden (Research & Development = Forschung) überall dort erfolgte, wo eine adäquate Verzinsung durch die niedrigeren Lagerhausmieten nicht mehr zu erzielen war. Genau bei diesen höherwertigen Gewerbebauten ist aber heute wie im Bürosektor Überkapazität geschaffen worden, deren Abbau dadurch erschwert wird, daß viele Mieter angesichts der verfügbaren Konzessionen bei Bürogebäuden diesen den Vorzug geben. Nach wie vor knapp sind die reinen Lagergebäude mit einem kleinen Büroflächenanteil vor allem an solchen Standorten, die von einer verkehrsgünstigen Lage profitieren (insbesondere Atlanta, Nord New Jersey, Los Angeles, aber auch Dallas).

6.4 Einzelhandel

Das konservativere Verhalten der Verbraucher hat im Vorjahr zu einem Rückgang der starken Expansionszahlen dieses Wirtschaftsbereiches geführt. Eine durchschnittliche Zunahme der Umsätze um 4% in 1988 wird aber wohl auch 1989 in ähnlicher Höhe erreicht.

Die beispiellos hohe Absorption neuer Ladenflächen hat sich parallel zu den abgeschwächten Wachstumsraten bei den Umsätzen ebenfalls verlangsamt, und auch die Neubautätigkeit bei Shopping Centern ist zurückgegangen (für 1988–1989 wird mit einem Rückgang um rd. 14% gerechnet). Dennoch übertrifft das Angebot auch in diesem Sektor die Nachfrage, und generell ist deshalb 1989 der Investmentmarkt für Shopping Center mit gedämpftem Optimismus zu sehen.

Der Einzelhandel scheint immer deutlicher zwei Zielgruppen zu unterscheiden: Den preisbewußten Käufer, der seine Einkäufe in Discountläden ohne großen Anspruch auf Komfort erledigt, und den qualitätsbewußten Verbraucher, der auf bequeme Erreichbarkeit, auf Service und eine ansprechende Präsentation Wert legt und dafür zu zahlen bereit ist. Gerade die Objekte in etablierten Wohnvierteln, wo hohe Landpreise in der Kalkulation der Mieten berücksichtigt werden müssen, erreichen ihre Wirtschaftlichkeit nur durch eine entsprechende Preisgestaltung. Dies ist nur dann möglich, wenn zur Qualität des Angebots auch ein entsprechendes »Ambiente« kommt. Immer mehr Shopping Center tragen dem durch eine überdurchschnittliche Ausstattung der Ladenflächen und eine attraktive architektonische Gestaltung Rechnung.

Eine ganze Reihe von innerstädtischen Shopping Centern, die zwischen den späten 50er und frühen 70er Jahren errichtet wurden, werden heute nach dem Auslaufen der Mietverträge mit den Hauptmietern von Grund auf renoviert und den heutigen Gegebenheiten angepaßt. Aufgrund ihrer Individualität und ihres Charakters haben sie oft besondere Anziehungskraft.

Immer mehr Discountläden, die im krassen Gegensatz zu den vorgenannten attraktiven Ladenzentren stehen, wo Einkaufen als Element der Freizeitgestaltung angesehen wird, werden als sog. Warehouse oder Wholesale Clubs organisiert, wo das Clubmitglied unter weitestgehendem Verzicht auf Service etwa nach Art der C & C-Läden verbilligte Einkaufsmöglichkeiten auf Großhandelsbasis nutzen kann. Die in dieser Sparte überwiegend erst in den letzten 3–5 Jahren gegründeten Ladenketten können zum größten Teil einen Nachweis ihrer Bonität noch nicht erbringen. Der Konkurrenzdruck in dieser Branche ist groß, und in den nächsten 5 Jahren wird mit einem Ausleseprozeß gerechnet, bei dem eine ganze Reihe von unterkapitalisierten Unternehmen auf der Strecke bleiben dürfte. Aufgrund des ungleich höheren Risikos und der sehr viel einfacheren Bauqualität wird meist eine deutlich höhere Verzinsung geboten, als sie beim Kauf von konventionellen Einkaufszentren erreicht werden kann. Auch die sog. »convenience«-Läden, die für kleinere Besorgungen bei meist 24stündigen Öffnungszeiten gedacht sind, eignen sich nur selten als Anlageobjekt, da sie aufgrund sehr kleiner Grundstücke das primär im Landanteil und nicht in der Gebäudesubstanz liegende Wertzuwachspotential vermissen lassen.

6.5 Wohnungsbau

Insbesondere steuerlich motivierte Anlagegelder führten zwischen 1984 bis 1986 zu einem Bauboom, der die Leerstandsrate im nationalen Durchschnitt auf 11–12% trieb, höher als in irgendeinem anderen Zeitraum während der vergangenen 20 Jahre. Ein Abbau dieser Leerstände war auch 1988 im bundesweiten Durchschnitt nicht zu verzeichnen.

Dabei gibt es aber wieder markante Unterschiede zwischen den einzelnen Regionen: Während die Leerstandsquote in Kalifornien, dem Nordosten und Teilen des Mittleren Westens unter 5% liegt, übersteigt sie deutlich 20% in Gegenden wie Texas und Colorado.

Abgesehen von diesen Ausnahmen, sind die Effektivmieten aber im Apartmentsektor generell gestiegen (z. B. in Kalifornien oder dem Nordosten um 5–7% p. a.). Durch das Ausbleiben der steuerlich motivierten Anleger fehlte vielfach das Geld für den Neubau von Wohnungen. So wurden 1988 nur rd. 335000 Einheiten erstellt, ein Rückgang um 18%. Auch für 1989 wird zumindest nicht mit steigenden Neubauzahlen gerechnet.

6.6 Hotels

Auch wenn dieser Markt für den branchenfremden Investor typischerweise von geringerem Interesse ist, hier einige Zahlen zur derzeitigen Verfassung dieses Immobiliensektors:

Nach dem Hotel-Bauboom der frühen 80er Jahre, der seinen Höhepunkt 1985 erreichte, zeichnet sich allmählich eine Trendwende ab. Bei »nur« 50 bis 60 Mio. SF an jährlich hinzukommendem Hotelraum (ein Rückgang um 20% in Gestehungskosten gerechnet) ist mit einem weiteren Rückgang der durchschnittlichen Belegung, die ihren Tiefpunkt 1987 bei 65% erreicht hatte, nicht mehr zu rechnen. Wie für 1988 ist auch für 1989 mit einer geringfügigen Verbesserung zu rechnen. Begünstigt wird die Entwicklung durch den Tourismus, da zum einen USA-Reisen für Ausländer nach wie vor eher billig sind, Auslandsreisen für Amerikaner aber aufgrund des niedrigen Dollars immer noch teuer.

Auch hier gibt es natürlich deutliche Unterschiede nach Regionen: Die Rezession in Oklahoma etwa resultiert dort in einem breiten Angebot an Hotelraum für den

Geschäftsreisenden, der gleichzeitig Probleme beim Finden eines einigermaßen erschwinglichen Hotelzimmers in New York haben dürfte.

Außer dem eigentlichen Investmentmarkt für Hotels haben spektakuläre »Trophäenkäufe« wie die von Donald Trump (Plaza Hotel in New York) für Schlagzeilen gesorgt. Die wirtschaftliche Rechtfertigung dieser Investitionen erfolgt meist nur indirekt, z. B. durch den Werbeeffekt der Akquisition. Vielfach sind diese Transaktionen auch allein unter dem Aspekt der Ego-Bestätigung zu sehen.

6.7 Landinvestments

Bei einer anziehenden Inflationsrate und einer sich abzeichnenden Normalisierung auch in den von hohen Leerständen betroffenen Bereichen des gewerblichen Immobilienmarktes scheint die Zeit für Investitionen in Land heute sehr viel günstiger als irgendwann in den vergangenen fünf Jahren. Entscheidend ist hier natürlich eine professionelle und überlegte Auswertung der Wertsteigerungschancen eines bestimmten Grundstückes.

Gerade die von der Bush-Regierung diskutierte Reform der Capital-Gains-Besteuerung, wonach der Wertzuwachs von Land, nicht der bei Gebäuden begünstigt werden soll, gibt einen zusätzlichen Anreiz für Landinvestitionen. Dies ist ein Grund unter anderem, warum man sich heute neben den üblichen langfristig vermieteten »income producing commercial properties« auch mit sehr aussichtsreichen »Landbank« bzw. Landentwicklungsprojekten befaßt.

7. Grundsätzliche Überlegungen bei der Beurteilung von Chancen und Risiken

Während Investitionen im amerikanischen Immobilienmarkt in Krisenzeiten von politischen Erwägungen bestimmt waren (»Fluchtgeldinvestitionen«) bestimmen am Ende der 80er Jahre ausschließlich wirtschaftliche Faktoren die Überlegungen des ausländischen Anlegers.

Der internationale Anlagemarkt wird zunehmend durch seine Globalisierung bestimmt. Nicht nur große institutionelle Anleger, sondern auch Privatpersonen blicken über die eigenen Grenzen. Aus dem Vergleich der Gegebenheiten in den einzelnen Ländern ergeben sich interessante Aspekte: Selbst die aus der Preisentwicklung der letzten Jahre heraus hoch erscheinenden $ 300/SF für erstklassigen Büroraum in Downtown Washington erscheinen billig im Vergleich zu den vielleicht $ 500–550/SF, die für vergleichbaren Büroraum in Frankfurt anzusetzen wären, ganz zu schweigen von den $ 1 360/SF in London oder gar den $ 4 500/SF, die 1988 in Tokio bezahlt werden mußten.

Noch gravierender wird der Preisunterschied, wenn andere Städte in den USA zum Vergleich genommen werden, wie etwa Atlanta, wo auch in Downtown die Preise noch deutlich unter $ 200/SF liegen.

Während die Globalisierung des Finanzmarktes im Laufe der Jahre zu einer Anpassung der vergleichsweise noch niedrigen amerikanischen Kosten pro SF an die höheren Werte von Vergleichsobjekten in Japan oder Europa führen könnte, hat sich gezeigt, daß die Bedingungen der Immobilienmärkte in den einzelnen Volkswirtschaften weitestgehend unabhängig voneinander sind. Die Verzinsungen, z. B., die für ein Bürogebäude in Tokio oder in London erwartet werden können, werden von den lokalen Gegebenheiten geprägt und beeinflussen einander in der Regel nicht. Telefax, Kurierdienste und Konferenzschaltungen ermöglichen zwar die Verlagerung von Firmenteilen in andere Regionen oder gar Länder (Beispiele: Abrechnung von Kreditkarten der New Yorker Citybank in South Dakota, Bearbeitung von Schadensformularen der ebenfalls in New York ansässigen Metropolitan Life in Irland), diese von Kostenerwägungen diktierten Verlagerungen einzelner Firmenaktivitäten führen aber nicht zu einer grundsätzlich beachtlichen Veränderung etwa der vor Ort zu erwartenden Mieten oder Kapitalisierungsraten.

So bleibt der Aspekt der Risikoverteilung und der Wahrnehmung unterschiedlicher Chancen auch in einem Umfeld gültig, das sich durch eine internationale Verflechtung auszeichnet.

Beachtlich sind bei der Diversifikation auch Unterschiede der Wechselkurse. Gerade aus einem Wechselkurs des Dollars von unter DM 1,90 können sich attraktive Wertsteigerungsaspekte für den langfristig orientierten Immobilieninvestor ergeben.

Es ist unseres Erachtens unumgänglich, daß z. B. die traditionelle Bevorzugung des Büromarktes von einer offeneren Betrachtungsweise abgelöst wird, die die anderen Bereiche wie Lagerhäuser oder Landinvestitionen gleichermaßen in Erwägung zieht.

Offener beurteilt werden müssen auch die Chancen von solchen Städten, die nicht auf der Hitliste der großen institutionellen Investoren stehen. Immerhin gibt es in den USA 87 Standorte, die aufgrund ihrer wirtschaftlichen Gegebenheiten eine Größenordnung besitzen, die sie grundsätzlich auch für ausländische Investoren erwägenswert machen, und nicht nur die Handvoll der favorisierten Standorte wie Washington, Los Angeles, etc.

Auch eine Beobachtung der strukturellen Änderung der amerikanischen Wirtschaft ist für die Investitionsentscheidung sowohl hinsichtlich der Objektart als auch der geographischen Region entscheidend. Während die Hochtechnologie- und Dienstleistungsbereiche und die Verbrauchsgüterindustrie in den Jahren von 1982 bis 1986 florierten, zeigten die traditionellen Industrien vom Automobilbau über den Energiesektor bis zur Agrarindustrie deutliche Schwächen. Demgemäß mußten

Investitionen in Bürogebäude zu Anfang der 80er Jahre sehr viel positiver beurteilt werden als etwa solche in Industrieanlagen.

Seit 1987 ist nunmehr eine Strukturänderung der amerikanischen Wirtschaft festzustellen, die sich 1988 verstärkt hat und die auch in 1989 fortgesetzt werden wird. Durch Modernisierung von Fabrikanlagen, Kosteneinsparungen und erhöhte Produktivität hat sich die Situation im Industriebereich deutlich verbessert. Gleichzeitig war angesichts der Ost-West-Entspannung eine deutliche Verlangsamung der Expansion im Verteidigungsbereich und gleichzeitig im gesamten Bereich der Hochtechnologie zu verzeichnen. Mit einem Rückgang der Ausgaben privater Verbraucher und den Kürzungen im Finanzsektor werden zwei weitere Bereiche betroffen, die in der Vergangenheit für Bedarf an Bürofläche gesorgt hatten. So wird ersichtlich, wie strukturelle Veränderungen der Wirtschaft Veränderung im Bedarf an verschiedenen Objektarten in verschiedenen Gegenden mit sich bringen.

Was vor diesem Hintergrund im Einzelfall als Anlageobjekt erwägenswert erscheint, kann nur nach Kenntnis des bereits bestehenden Immobilienportefeuilles entschieden werden.

8. Ausblick

Die Unsicherheiten einzelner Marktbereiche veranlassen am Ende der 80er Jahre zu noch größerer Vorsicht als in den Vorjahren, und entsprechend teuer werden solche Objekte sein, die genügend Sicherheit bieten. Bei der Abwägung der Investmentkriterien wird die Verläßlichkeit der erwarteten Verzinsung und nicht so sehr die Höhe der Anfangsrendite ausschlaggebend und wichtiger sein als unwägbare Wertsteigerungen. Noch wichtiger als in der Vergangenheit wird die Abwägung der jeweiligen Gegebenheiten und Marktbedingungen vor Ort. Von gleicher Bedeutung ist die Beurteilung der vielfältigen Verwendbarkeit des jeweiligen Objektes und seiner zukünftigen Umrüstkosten bei einem Mieterwechsel.

Eine Verbesserung der Ausgangsverzinsungen ist vorerst nicht zu erwarten. Die starke Nachfrage führt zu hohen Preisen bei qualitativ ansprechenden Objekten. Die Höhe der im Immobilienbereich angelegten Mittel ist also nicht etwa aufgrund fehlender Nachfrage begrenzt, sondern weil einfach nicht genügend qualitativ akzeptable Objekte auf den Markt kommen.

Neben den großen institutionellen US-Investoren, die ihre Mittel aus dem Wertpapiersektor in Sachwerte umschichten wollen, und neben den ausländischen Investoren, die den immer noch günstigen Dollarkurs nutzen, wird auch der inländische Privatinvestor wieder verstärkt auf dem Markt erscheinen, da Investmentalternativen gerade im Hinblick auf allmählich steigende Inflationsraten unbefriedigend erscheinen. Beim Auffinden und der Auswertung geeigneter Objekte wird es 1989 mehr denn je auf Kenntnis und sorgfältige Beurteilung der lokalen Gegebenheiten ankommen.

II. Funktionelle Betrachtung

JOHANNES SCHNERMANN

Projektentwicklung für Gewerbe-Immobilien

Inhalt

1.	Vorbemerkung	297
2.	Projektidee	298
3.	Erarbeitung einer Projektstudie	300
3.1	Standortprüfung	300
3.2	Prüfung des Baurechts	301
3.3	Nutzungskonzept	302
3.4	Investitionen	303
3.5	Mieterträge	304
3.6	Finanzierungsmodell des Bauherrn	304
3.7	Wirtschaftlichkeit	305
4.	Vorbereitung der Projektrealisierung	305
4.1	Grundstückssicherung	305
4.2	Erwirkung der Baugenehmigung	306
4.3	Vergabe der Bauleistungen	306
4.4	Abschluß der Mietverträge	307
4.5	Einkauf der Finanzierung	307
4.6	Baufreigabe	307

1. Vorbemerkung

Eine systematische und intensive Projektentwicklung von Immobilien ist für viele in der Immobilienwirtschaft Tätige nicht selbstverständlich. Der Bereich gewerbliche Immobilien bildet dabei keine Ausnahme. Noch ist es allgemein üblich, die einzelnen Aufgaben der Entwicklung von Immobilien von verschiedenen Unternehmen, Abteilungen, Personen lösen zu lassen. Es fehlt die für die Entwicklung einer guten Immobilie notwendige Zusammenarbeit der Spezialisten.

Verständlich wird diese Situation durch den besonderen Immobilienmarkt der Nachkriegszeit. Die Wiederaufbauphase war gekennzeichnet von einer anhaltend starken Nachfrage der gesamten Wirtschaft nach Immobilien aller Art. Die Anbieter wie Bauträger, Investoren, Bauspekulanten hatten eine sehr starke Stellung am Markt. Selbst minderwertige Objekte an schlechten Standorten wurden vom Markt angenommen. Die Nachfrager und Nutzer hatten oft keine andere Wahl. Viele und teilweise schon leerstehende Immobilien, insbesondere des Handels, weisen hinsichtlich Standort, Funktion und Bauausführung nicht korrigierbare Mängel auf, so daß vor einer neuen Nutzung des Grundstückes das alte Gebäude abgerissen werden muß.

Nach Abschluß der Wiederaufbauphase Ende der siebziger Jahre hat sich der Immobilienmarkt grundlegend gewandelt. Nicht mehr die Anbieter, sondern die Nachfrager und Nutzer haben zwischenzeitlich aufgrund des Überangebotes die stärkere Stellung am Markt erhalten. Wohnungen sind, von einigen Ballungsräumen abgesehen, genügend vorhanden. Durch Rationalisierung in der Wirtschaft werden zunehmend Büros und Verwaltungsbauten frei. Die öffentliche Hand hat wegen der Finanznöte nur noch einen geringen Bedarf an neuen Bauten. Sportanlagen und Schwimmbäder werden geschlossen, weil die Unterhaltungskosten den Gemeindeetat zu stark belasten. Die Bauwirtschaft hat sich durch den Abbau der Kapazitäten dem geringeren Bauvolumen angepaßt.

Dieser Strukturwandel des Immobilienmarktes verlangt von allen Beteiligten wesentlich höhere Leistungen. Erforderlich ist nun eine gute Aufbereitung von Immobilien, um das richtige Angebot zum richtigen Zeitpunkt am richtigen Standort zu haben. Die Spezialisierung in allen Bereichen der Wirtschaft stellt wesentlich höhere Anforderungen an die gewerbliche Immobilie. Funktionalität und Flexibilität dürfen sich nicht mehr ausschließen, da die Zeiträume für bestimmte Nutzungen, bedingt durch den steten technischen Fortschritt, immer kürzer werden. Die gewerbliche Wirtschaft mietet zunehmend die von ihr genutzten Immobilien, um überschaubare Verpflichtungen einzugehen und kein unnötiges Kapital zu binden.

Aufgrund der dargelegten Entwicklung sollten gewerbliche Immobilien – soweit es möglich ist – nicht nur einseitig nutzbar sein. So sollte z. B. ein Verwaltungsgebäude eines Unternehmens nach dessen Auszug ohne großen Aufwand in kleinere

Mietbereiche aufteilbar sein. Bauten des Handels müssen den sich ändernden Betriebsformen angepaßt werden können. Eine Speditionshalle darf nicht nur für die Lagerung von Waren geeignet sein.

Unternehmen, welche die Entwicklung der von ihnen genutzten Immobilien selbst vornehmen, neigen dazu, nur ihre Belange zu sehen. Der externe Projektentwickler beachtet dagegen spätere Umnutzungsmöglichkeiten, insbesondere dann, wenn er zugleich langfristig die Interessen des Eigentümers der gewerblichen Immobilie wahrnimmt. Er muß den Immobilienmarkt kennen. Dazu gehört das frühzeitige Erkennen sowohl der sich ändernden Anforderungen an die gewerbliche Immobilie als auch die Auf- bzw. Abwertung von Standorten z. B. durch raumordnerische Maßnahmen.

Vorteilhaft ist es, wenn dem Projektentwickler Spezialisten für die Entwicklungsaufgaben zur Verfügung stehen, da er in der Regel überfordert ist, sämtliche Aufgaben selbst zu lösen. Es ist vielmehr seine Aufgabe, die Arbeit der Spezialisten zum Nutzen des Projektes zusammenzuführen. Diese Aufgabe wird der Projektentwickler erfolgreich bewältigen, wenn er sowohl in den kaufmännischen als auch in den technischen Spezialbereichen über genügend Grundkenntnisse verfügt.

2. Projektidee

Jeder Projektentwicklung liegt eine Idee zugrunde, die irgend jemand hatte. Mit dem nachfolgenden Beispiel, das allerdings keine gewerbliche Immobilie zum Inhalt hat, soll dennoch verdeutlicht werden, was eine mit Nachdruck vertretene Idee – im Beispiel mit politischer Macht in die Tat umgesetzt – bewirken kann:

Ein Feierabendpolitiker ärgert sich darüber, daß er mit dem Auto nicht zügig zu der Ratssitzung fahren kann, weil auf dem Wege zum Rathaus an einem Bahnübergang fast ständig die Schranken unten waren. Im Generalverkehrsplan, von Experten ausgearbeitet, war nicht an dieser, sondern an einer nicht auf seiner Fahrroute liegenden Stelle eine Unterführung der Bahngleise geplant. Ungeachtet dessen erhob dieser Politiker die Forderung, die Bahngleise dort zu untertunneln, wo ihm die geschlossenen Schranken bisher den Weg versperrten. Da seine Partei im Rathaus das Sagen hatte, konnte er bald ohne Halt zügig zum Rathaus fahren. Selbstverständlich hat er die Beseitigung des Verkehrshindernisses für sich als Erfolg seiner politischen Arbeit verbucht.

Ideen für die Entwicklung von Projekten haben viele. Der Projektentwickler hat sie aufzuspüren, zu sondieren und auszuwerten, um die verfolgenswerten darunter aufzugreifen und mit dem nötigen Nachdruck in die Tat umzusetzen. Er wird bald feststellen, ob eine Realisierung möglich erscheint, da gute Ideen von den Beteiligten positiv aufgenommen werden. Bei der sich so entwickelnden Eigendynamik des Projektes darf der Projektentwickler sich die Fäden nicht aus der Hand nehmen lassen.

Projektideen haben zum Beispiel
- *Politische Gruppierungen*
  Die Einzelhändler einer Stadt fordern mehr Verkaufsflächen in der City, um die Kaufkraft in der Stadt zu binden. Über ihre Partei erreichen sie die entsprechenden baurechtlichen Ausweisungen für bestimmte Gebiete.
- *Stadtverwaltung*
  Der Baurat der Stadt möchte ein das Stadtbild störendes Gebäude abgerissen und an gleicher Stelle ein dem Umfeld angepaßtes Objekt haben. Er wird Anstrengungen unternehmen, einen Investor zu finden.
- *Grundstückseigentümer*
  Sein Grundstück, ob bebaut oder unbebaut, bringt zu wenig Ertrag. Seine Aktivitäten sind auf die Ertragssteigerung ausgerichtet. Er läßt durch seinen Architekten Vorschläge für einen Neubau oder eine Umgestaltung der bestehenden Bebauung erarbeiten und beauftragt evtl. einen Makler, Mieter zu akquirieren.
- *Nutzer*
  Mit klaren Vorstellungen über den Standort und die Nutzung gehen z. B. Handelsunternehmen an den Markt, um neue Verkaufsstellen für den Absatz ihrer Waren zu erhalten.
- *Banken*
  Auch Banken entwickeln Verwertungsideen, insbesondere dann, wenn damit Kredite gerettet werden sollen. Das heißt, wenn Objekte notleidend geworden sind, wollen sie über andere Nutzungen einen möglichst hohen Kaufpreis erreichen.
- *Bauunternehmer*
  Auf der Jagd nach Bauaufträgen suchen sie Grundstücke, erarbeiten Bebauungsvorschläge, um Investoren und Nutzer zu begeistern. Sie betätigen sich zunehmend als Bauträger, indem sie das Objekt selbst errichten und vermieten, um es danach an einen Investor zu verkaufen.
- *Architekten*
  Diese Berufsgruppe produziert natürlich besonders viele Ideen für die Bebauung von Grundstücken, wobei deren Nutzungsvorstellungen, geprägt von Architektur und Stadtgestaltung, nicht immer realitätsnah sind.
- *Makler*
  Über die reine Vermittlungstätigkeit hinausgehend, entwickeln Makler Bebauungs- und Nutzungskonzepte in allen Variationen in der Erwartung, damit schneller zum provisionspflichtigen Vermittlungsgeschäft zu kommen.
- *Industrielle und gewerbliche Unternehmen*
  Nicht mehr genutzte Grundstücke werden mit Nutzungskonzepten auf den Markt gebracht, um einen hohen Verwertungserlös zu erzielen.
- *Gutachter*
  Bei der Beurteilung von Objekten erarbeiten sie Vorschläge für bessere und andere Nutzungen.

– *Entwicklungsgesellschaften*
Die den Städten, Kreisen und Ländern sowie den gemeinnützigen Unternehmen gehörenden Entwicklungsgesellschaften sind am Markt tätig, um regional und auch teilweise überregional nach vorgegebenen Zielvorstellungen, welche in der Regel politisch geprägt sind, Entwicklungsarbeit zu leisten. Freie, also politisch nicht beeinflußte Entwicklungsgesellschaften gibt es in der Bundesrepublik nicht viele. In den USA haben freie Entwicklungsgesellschaften eine wesentlich größere Bedeutung. Der Developer – so nennt sich dort der Entwickler – hat fast immer seine Hand mit im Spiel und ein Gespür für den Standort und das dort Machbare.

Von den genannten Stellen werden zahlreiche Projektideen auf den Markt gebracht. In der heutigen Zeit sogar mehr als in der Wiederaufbauphase nach dem Kriege. Die geringere Nachfrage nach Immobilien regt die Angebotsseite zu immer neuen Projektideen an. Es ist daher sehr schwierig, die verfolgungswerten Projektideen zu erkennen. Die Erarbeitung einer Projektstudie gibt letztlich Aufschluß darüber, ob die ausgewählte Projektidee auch realisierbar erscheint oder ob das verfügbare Grundstück für andere Nutzungen geeignet ist.

3. Erarbeitung einer Projektstudie

Zwei verschiedene Wege werden bei der Erarbeitung einer Projektstudie beschritten. Überwiegend besteht eine feste Zielvorgabe für ein Bauvorhaben. Mit der Projektstudie soll dann festgestellt werden, ob auf dem ausgewählten Grundstück die Realisierung der geplanten Baumaßnahme möglich erscheint. Weniger üblich, aber zukünftig immer notwendiger wird es sein, mit Hilfe der Projektstudie eine für das verfügbare Grundstück geeignete, behördlich zulässige und wirtschaftlich darstellbare Nutzung zu ermitteln.

3.1 Standortprüfung

Die Prüfung, ob der angebotene Standort für die beabsichtigte gewerbliche Nutzung überhaupt geeignet ist, ist der erste und wichtigste Schritt der Projektstudie. Bei einer klaren Zielvorstellung über die Nutzung ist es für den Beschaffungsprofi von Grundstücken nicht schwer zu erkennen, ob der Standort geeignet, bedingt geeignet oder ungeeignet ist. Schon bestehende Bebauungsvorschläge können leicht Standortmängel verdecken. Der Standortprüfer soll sich nicht von noch so schönen Zeichnungen und Modellen sowie Renditerechnungen über mögliche Bebauungen blenden lassen, sondern stur anhand einer Checkliste Vor- und Nachteile des Standortes aufzeigen. Erscheint ein Standort geeignet oder bedingt geeignet, so ist es angebracht, vorausgesetzt, daß eine entsprechende Bebauung behördlich zulässig ist oder ein für die geplante Bebauung notwendiges Baurecht erwartet werden kann, selbst und/oder durch ein externes Institut eine Standortanalyse anzufertigen, um eine bessere Transparenz des Standortes zu erhalten.

Die Standortanalyse soll aufzeigen, wie der Mikro- und der Makrostandort aussieht. Enthalten in der Standortanalyse für ein Projekt mit Einzelhandelsnutzungen sind zum Beispiel Aussagen über
– Lage, Zuschnitt und Beschaffenheit des Baugrundstückes,
– Verkehrsanbindung,
– Beschreibung des Umfeldes,
– Beschreibung des Standortes innerhalb oder außerhalb des bebauten Stadtgebietes,
– Einwohner im Nah- und im erweiterten Einzugsbereich,
– soziale Struktur der Einwohner,
– Kaufkraftpotential,
– Wettbewerbssituation und
– Marktchancen des Projektes.

Die Fragen an den Standortanalytiker sind jeweils bezogen auf die Nutzungsart der gewerblichen Immobilie zu stellen und sind außerdem aus den Anforderungen an den Standort abzuleiten.

Der Standortanalytiker wird als Ergebnis seiner Ermittlungen empfehlen, das Projekt weiter zu verfolgen, es bedingt weiter zu verfolgen oder es aufzugeben.

Falsch ist es, sich ausschließlich auf den Standortanalytiker zu verlassen. Die eigene Meinungsbildung der für eine Standortentscheidung Verantwortlichen, welches eine eingehende Besichtigung vor Ort einschließt, ist letztlich unumgänglich. Leider wird diese so wichtige Meinungsbildung heute noch oft unterlassen. Dafür wird, wenn der Standort später nicht so wie erwartet einschlägt, dem Standortanalytiker die Schuld in die Schuhe geschoben.

3.2 Prüfung des Baurechts

Der Projektentwickler darf sich hier nicht auf Aussagen anderer wie Grundstückseigentümer, Makler und Bauunternehmer verlassen. Auch Aussagen der Architekten sind oft für die Beurteilung, ob das geplante Projekt behördlich zulässig ist, nicht ausreichend. Der Projektentwickler muß sich schon selbst vergewissern oder durch einen Fachanwalt das Baurecht prüfen lassen. Wird dieses Thema nachlässig behandelt, so können daraus unangenehme Folgen entstehen. Es passiert auch heute noch, daß der Bauwillige nach Kauf des Grundstückes und Einreichung des Bauantrages den Bescheid erhält, daß das geplante Projekt den Festsetzungen des Bebauungsplanes widerspricht. Die Aufwendungen für das Grundstück und die Planung sind dann vergebens getätigt. Muß das Grundstück wieder verkauft werden, so ist dieses in der Regel nur mit einem erheblichen Preisnachlaß möglich.

Die Bebaubarkeit und Nutzung eines Grundstücks regelt sich nach der Bauleitplanung (Flächennutzungsplan und Bebauungsplan) und der Baunutzungsverordnung in der zum Zeitpunkt der Aufstellung des Bebauungsplanes gültigen Fassung. Hat die Prüfung eine Zulässigkeit des Projektes ergeben, so kann es dennoch vorkommen, daß die Baugenehmigung versagt wird, weil das Projekt politisch unerwünscht ist. Schon mancher Bauwillige hat erfahren müssen, daß plötzlich die Erschließung des Baugrundstückes nicht gesichert oder keine Umweltverträglichkeit gegeben ist. Reichen diese und weitere ähnliche Ablehnungsgründe nicht aus, so wird durch den Rat ein anderes, für das geplante Projekt nicht geeignetes Baurecht beschlossen, auch wenn dabei der Grundstückseigentümer zu entschädigen ist. Versuche, über den Rechtsweg zu einer Baugenehmigung gegen den Willen der Genehmigungsbehörde zu kommen, sind sehr zeitraubend, kostenaufwendig und meistens aussichtslos. Wird nach mehrjährigem Rechtsstreit dennoch eine Baugenehmigung erwirkt, so kann es vorkommen, daß das Projekt nicht mehr aktuell ist.

Für größere Projekte sind selten Grundstücke mit einem geeigneten Baurecht vorzufinden, weil die Städte und Gemeinden verstärkt dazu übergehen, hierfür das notwendige Baurecht maßgeschneidert zu schaffen, vorausgesetzt natürlich, daß die Baumaßnahme politisch gewollt ist. Der Projektentwickler muß daher in den meisten Fällen zunächst die politischen Gremien davon überzeugen, daß die Baumaßnahme für die Stadtentwicklung von Vorteil ist. Bei Einzelhandelsobjekten ist dieses nicht einfach, weil der bereits ansässige Einzelhandel meistens zusätzliche Wettbewerber ablehnt.

Private Freizeiteinrichtungen sind dagegen zur Zeit gern gesehen, da dadurch eine Entlastung der städtischen Finanzhaushalte erwartet wird. Industrie- und Gewerbebetriebe sind willkommen, da sie Arbeitsplätze schaffen. Allerdings wird gerade bei Betrieben dieser Art verstärkt auf deren Umweltverträglichkeit geachtet.

3.3 Nutzungskonzept

Nach Kenntnis der Standortqualität und der zulässigen oder angestrebten Bebauung soll das Nutzungskonzept Aufschluß darüber geben, welche Nutzungen bei funktionell richtiger Zuordnung möglich sind. Nutzungskonzepte, welche Anbieter von Grundstücken entwickeln, sind selten zur Übernahme durch den Investor geeignet, da sie meistens nicht den gestellten Anforderungen entsprechen.

Nutzungskonzepte sollten daher vom späteren Nutzer selbst – aufbauend auf seine Erfahrungen – entwickelt werden. Enthalten müssen sie klare Zielvorstellungen über zum Beispiel:
– die einzelnen Nutzungsarten,
– die den einzelnen Nutzungsarten zugewiesenen Flächen und Nebenflächen,
– die Verkehrs- und allgemeinen Flächen,

- die Zugangs- und Anlieferungsbereiche,
- die Parkflächen und
- die Zueinanderordnung aller Funktionen.

Erreicht wird ein derartiges Nutzungskonzept durch Ausarbeitung einer Funktionsplanung im Maßstab 1:500, 1:200 oder bei kleineren Projekten im Maßstab 1:100 mit entsprechenden Eintragungen.

3.4 Investitionen

Nach Erarbeitung des Nutzungskonzeptes ist es möglich, eine Hochrechnung der zu erwartenden Investitionen vorzunehmen, da nun die dafür notwendigen Ausgangsdaten bekannt oder feststellbar sind. Üblich ist es, die zu erwartenden Investitionen zu unterteilen in drei Hauptgruppen, und zwar in
- Grundstücks- und Grundstücksnebenkosten,
- Bau- und Baunebenkosten und
- Zwischenfinanzierungs- und Finanzierungskosten.

Weiter bietet es sich an, die Werbungskosten in den genannten Hauptgruppen besonders zu kennzeichnen, damit die steuerlichen Auswirkungen für den Bauherrn feststellbar sind.

- *Grundstücks- und Grundstücksnebenkosten*

  Zu dem in dieser Phase der Projektentwicklung bekannten Kaufpreis des Grundstückes sind die Erwerbskosten hinzuzurechnen. Eventuell auch noch zu zahlende Erschließungskosten und Kosten der Energiever- und Entsorgung können von der Stadt bzw. den Energieversorgern erfragt werden.

- *Bau- und Baunebenkosten*

  Das Bauvolumen ist durch das vorliegende Nutzungskonzept bekannt, so daß hier entweder eine Errechnung über die Flächen oder über den m^3-umbauten Raum bei Ansatz von Erfahrungswerten möglich ist. Zur Abstützung dieser Rechnung bietet es sich an, von mehreren Generalunternehmern die Baukosten schätzen zu lassen. Allerdings sind diese Schätzungen noch ungenau, weil die für eine genaue Schätzung erforderliche Planreife noch nicht gegeben ist. Die Baunebenkosten werden in dieser Phase der Projektentwicklung durch einen prozentualen Aufschlag auf die Baukosten ermittelt.

- *Zwischenfinanzierungs- und Finanzierungskosten*

  Die Höhe des Fremdkapitals ergibt sich aus dem vom Bauherrn gewählten Finanzierungsmodell. Die Laufzeiten der Zwischenfinanzierung sind durch die geschätzte und gegebenenfalls vom Generalunternehmer bestätigte Bauzeit bekannt. Nicht bekannt sind jedoch die Konditionen des Fremdkapitals zum späteren Zeitpunkt der Beschaffung. Hier sind Annahmen notwendig, um die Hochrechnung zu vervollständigen. Wie später noch ausgeführt wird, haben die Konditionen des Fremdkapitals oft eine über die Realisierung des Projektes entscheidende Auswirkung. Ein um 1 % über die Annahme hinausgehender Zinssatz für das Fremdkapital kann durchaus zum Scheitern des Projektes führen. Ein unter der Annahme liegender Zinssatz hat natürlich den umgekehrten Effekt.

In der DIN 276 sind alle Kostenarten erfaßt. Bei ihrer Anwendung wird nichts vergessen.

3.5 Mieterträge

Das Unternehmen, welches selbst die Immobilie errichtet, errechnet aus den Investitionen die kalkulatorische Miete und weiß sehr schnell, ob diese kalkulatorische Miete für die geplante Nutzung tragbar ist.

Plant der Bauherr einer gewerblichen Immobilie, das Objekt an einen oder mehrere Nutzer zu vermieten, so ist eine Ermittlung der auf Basis des Nutzungskonzeptes am Markt erzielbaren Mieten vorzunehmen. Ermittlungen anderer Stellen, welche insbesondere ein Interesse daran haben, das Grundstück an den Mann zu bringen oder auch Bau- und sonstige Aufträge für das Projekt zu erhalten, sind äußerst vorsichtig zu werten, weil die Mieten in der Regel zu hoch angesetzt werden. Vorteilhaft ist es, wenn der Projektentwickler eigene Erfahrungswerte von selbst realisierten Objekten modifiziert auf den projektierten Standort übertragen kann.

Ob die ermittelten Mieten später am Markt auch durchsetzbar sind, hängt davon ab, wie die Aufnahmebereitschaft des Marktes zum Zeitpunkt der Vermietung ist. Politisch unruhige und unsichere Zeiten, verbunden zum Beispiel mit einem wirtschaftlichen Abschwung, können dazu führen, daß zum Zeitpunkt der Vermietung der Markt ganz anders aussieht und die erarbeitete Zielvorstellung unerreichbar ist. Liegen zum Zeitpunkt der Erarbeitung der Projektstudie Anmietungserklärungen von Mietern für alle Mietflächen vor, so kann der weiteren Projektbearbeitung ein bestimmter Mietertrag zugrunde gelegt werden.

3.6 Finanzierungsmodell des Bauherrn

Maßgeblich beeinflußt wird die Wahl des Finanzierungsmodells durch die Situation auf dem Kapitalmarkt. Der Projektentwickler muß alle Möglichkeiten des Marktes kennen und in seine Überlegungen einbeziehen, um auszuloten, welches Finanzierungsmodell zu welcher Zeit für das Objekt vorteilhaft ist. Mit in seine Überlegungen einbeziehen wird er die Anlageinteressen der Versicherungs- und Fondsgesellschaften sowie anderer für das Objekt infrage kommender Anleger. Eine vom Projektentwickler zusammengestellte Informationsmappe erleichtert das Gespräch mit diesen Anlegern und auch mit den finanzierenden Banken.

Nicht empfehlenswert ist die Aufteilung einer gewerblichen Immobilie in Teileigentum für den jeweiligen Nutzer. Für ein Einzelhandelsobjekt geht z. B. die erforderliche Flexibilität dabei verloren. Das Einzelhandelsobjekt kann später nicht oder nur mit Mühe den Wandlungen des Marktes angepaßt werden.

3.7 Wirtschaftlichkeit

Wichtigster und abschließender Bestandteil der Projektstudie ist die Ermittlung der Wirtschaftlichkeit. Die Ausgangsdaten wie Investitionen und Mieten sind bekannt. Je nach Wahl des Finanzierungsmodells ergeben sich unterschiedliche Resultate. Hilfreich für die Entscheidung ist die Ausarbeitung von mehreren Varianten mit jeweils einer Betrachtung über einen Zeitraum von mindestens 10 Jahren, damit auch die Auswirkungen geplanter Mietsteigerungen und Abschreibungen sichtbar werden. Die erforderliche Mindestrendite beim Start des Objektes ist je nach Interesse des Anlegers unterschiedlich. Bei einem langfristigen Anlageinteresse reicht dem Anleger eine verhältnismäßig niedrige Anfangsrendite aus, wenn eine Wertsteigerung im Laufe der Zeit wahrscheinlich ist. Gute Standorte sind teuer und meistens nur mit niedrigen Anfangsrenditen realisierbar.

4. Vorbereitung der Projektrealisierung

Schließt die Projektstudie mit einem positiven Ergebnis ab, wird der Projektentwickler die Projektrealisierung vorbereiten und hierfür erhebliche und im Vergleich zur Erarbeitung der Projektstudie hohe Aufwendungen tätigen mit dem Ziel, nach Abschluß der Vorbereitungen mit dem Bau des Objektes beginnen zu können. Alle nun einzuleitenden und nachfolgend genannten Maßnahmen stehen aber noch unter dem Vorbehalt der endgültigen Entscheidung über die Realisierung des Objektes.

4.1 Grundstückssicherung

Der erste Schritt der Vorbereitung der Projektrealisierung ist die Sicherung des Grundstückes, damit später auch tatsächlich gebaut werden kann. Vorteilhaft ist es, vom Verkäufer ein notarielles Verkaufsangebot entgegenzunehmen, um später zu entscheiden, wer als Bauherr das Grundstück erwirbt. Steht der Bauherr bei der Grundstückssicherung schon fest, so ist der Abschluß eines Grundstückskaufvertrages angebracht, jedoch mit Rücktrittsmöglichkeiten für den Fall, daß
– keine Baugenehmigung erteilt und
– die Rentabilität des Projektes nicht erreicht wird.

Um rechtliche Auseinandersetzungen zu vermeiden, sollte der genannte zweite Rücktritt ohne Angabe von Gründen erfolgen können. Nicht jeder Grundstücksverkäufer ist bereit, für einen bestimmten Zeitraum die genannten Rücktrittsmöglichkeiten vom Kaufvertrag zu akzeptieren. Gegen Erstattung von Vorhaltekosten kann die Bereitschaft meistens erreicht werden. Für den Käufer ist dabei das finanzielle Risiko eingrenzbar.

4.2 Erwirkung der Baugenehmigung

Bereits in der Phase der Projektentwicklung werden die Grundzüge der Planung festgelegt, indem auf Basis der Funktionsplanung mit dem Vorentwurf begonnen wird, insbesondere dann, wenn das Projekt zunehmend machbarer erscheint. Nach der Sicherung des Grundstückes sollte der Bauantrag unverzüglich eingereicht werden. Erfahrene Projektentwickler haben vorher durch Gespräche mit allen zuständigen Stellen der Behörden die Genehmigungsfähigkeit der geplanten Baumaßnahme geklärt, so daß die Erteilung der Baugenehmigung nicht lange auf sich warten läßt. Außerdem hat dieses Verfahren den Vorteil, daß der Antragsteller die in der Baugenehmigung zu erwartenden Auflagen und Bedingungen schon vorher kennt und sich darauf sowohl in planerischer als auch in wirtschaftlicher Hinsicht einstellen kann.

4.3 Vergabe der Bauleistungen

Parallel zur Planung des Projektes und zu der Stellung des Bauantrages werden die Aufwendungen für die Bauleistungen ermittelt und durch Unternehmerangebote abgesichert. Dieses kann auch durch die Entgegennahme eines Generalunternehmer-Angebotes geschehen, welches dann bei endgültiger Entscheidung über die Realisierung der Baumaßnahme angenommen wird. Im Generalunternehmervertrag sind neben der genauen Beschreibung der Leistung der Lieferpreis, die Gewährleistung und der Termin der Fertigstellung fest vereinbart, damit die Inbetriebnahme der Immobilie zu dem gewollten Termin gesichert ist. Änderungen sowohl der Planung als auch der Ausführung bieten dem Generalunternehmer aber eine willkommene Gelegenheit, seinen Preis aufzubessern. Sollten Änderungen des Auftrages nicht vermeidbar sein, so sind sie in Nachträgen zum Generalunternehmervertrag jeweils verbindlich für beide Vertragspartner festzuschreiben.

4.4 Abschluß der Mietverträge

Die Zeiten, in denen eine gewerbliche Immobilie auf Vorrat gebaut und erst bei bzw. nach Fertigstellung vermietet wurde, gehören der Vergangenheit an. Die Hypothekenbanken sind auch gar nicht mehr bereit, bei nicht überschaubarer Ertragslage des Objektes in die Finanzierung einzusteigen. Unfertige und leerstehende Objekte mahnen die Banken zur Vorsicht nach dem Motto: »Gebrannte Kinder scheuen das Feuer«.

Mit den Hauptmietern ist schon in der Projektentwicklungsphase Kontakt aufzunehmen, um das Mietinteresse auszuloten und deren Vorstellungen in die Planung übernehmen zu können. Vor endgültiger Baufreigabe sind die Mietverträge mit den Hauptmietern und mit möglichst einer großen Anzahl weiterer wesentlicher Mieter abzuschließen, damit die sich aus den Verträgen ergebenden Rückwirkungen auf die Planung und den Bau noch bei der Vergabe der Bauleistungen berücksichtigt werden können.

Projektentwickler, welche Vermietungsprobleme haben, neigen dazu, dem Investor für einen Zeitraum eine vereinbarte Miete zu garantieren. Damit werden nicht selten gravierende Mängel des Objektes verdeckt. Der Investor wird getäuscht und erfährt erst nach Wegfall der Garantie den wirklichen Marktwert der von ihm gekauften gewerblichen Immobilie.

4.5 Einkauf der Finanzierung

Die Entwicklungen auf dem Kapitalmarkt sind nicht kalkulierbar. Durch plötzliche Zinserhöhungen kann ein sonst noch so gutes Projekt scheitern, weil die sich dadurch ergebenden zusätzlichen Belastungen nicht verkraftet werden können. Vor dem endgültigen Start des Projektes muß also die Finanzierung klar sein, das heißt, die benötigten Fremdmittel müssen vertraglich zugesagt sein. Um auch für eine möglichst lange Zeit vor Zinserhöhungen gesichert zu sein, sollte die Höhe der Zinsen mindestens für einen Zeitraum von 10, wenn erreichbar, auch von 15 bis 20 Jahren festgeschrieben werden.

4.6 Baufreigabe

Die gute Vorbereitung der Realisierung endet damit, daß alle Verträge »dicht« und die Risiken überschaubar sind, so daß der Startschuß erfolgen kann. Damit endet auch die eigentliche Projektentwicklung, nicht aber die Tätigkeit des Projektentwicklers am Objekt. Er ist nicht mehr federführend, sondern objektbegleitend tätig, weil zum Beispiel noch bestimmte Abwicklungsaufgaben aus den Verträgen von ihm am besten durchgeführt werden können. Das Miterleben der Realisierung hat für den Projektentwickler den Vorteil, Erfahrungen für die Entwicklung neuer Projekte zu sammeln.

Die Projektentwicklung von gewerblichen Immobilien ist oft mühsam und zeitaufwendig. Fünf Jahre Entwicklungsarbeit für eine größere Immobilie sind durchaus keine Ausnahme. Phasen der Begeisterung wechseln sich ab mit Phasen der Ernüchterung. Zielvorstellungen ändern sich während des Entwicklungszeitraumes. Mit viel Geduld und einer großen Beharrlichkeit gelingt es dem Projektentwickler aber, auch schwierige Projekte zu realisieren.

JÜRGEN EHRLICH
Die Gewerbe-Immobilien bei offenen Immobilienfonds

Inhalt

1.	Allgemeine Anmerkungen über das Geschäft mit Gewerbe-Immobilien	311
1.1	Es war einmal	311
1.2	Wandel des Geschäftsverhaltens	311
1.3	Aktuelle Marktsituation	312
1.4	Die Markterweiterung heißt »Europa«	312
2.	Faktoren für den offenen Immobilienfonds	313
3.	Das fondsspezifische Objekt	313
3.1	Wertentwicklung ist angesagt	313
3.2	Langfristig nachgefragte Immobilienanlage	313
3.3	Zur Bedeutung der Regionalität	314
3.4	Innerstädtische Standorte	315
3.5	Optimale Flächenstruktur	315
3.6	Langfristig orientierter Mieter-Mix	315
3.7	Gefahr durch »Maßanzugsimmobilien«	316
3.8	Bereitschaft zu Nachinvestitionen	316
3.9	Mietvertragslaufzeiten im Dienstleistungsbereich	316
4.	Der Objekteinkauf	317
4.1	Die Objektanbieter	317
4.2	Die Objekttypen	317
4.3	Die Objektstandorte	320
4.4	Das Auslandsobjekt	321
4.5	Die Objektprüfung	321
5.	Die Objektentwicklung	322
5.1	Mitwirkung beim Objekteinkauf	322
5.2	Die Bestandsbeobachtung	322
5.3	Kontakte zu den Objektnutzern	323
5.4	Durchführung von Neubauvorhaben	324
5.5	Durchführung von Umstrukturierungen	324
5.6	Vorbereitung für den Objektverkauf	325
6.	Die Objektbetreuung	325

6.1 Partner zwischen Eigentümer und Mieter 325
6.2 Ertrags- und Kostenmanagement 326
6.3 Vertragsbeobachtung 326
6.4 Kostenbeobachtung 327
7. Die Objektbewertung 327
8. Der Objektverkauf 328

1. Allgemeine Anmerkungen über das Geschäft mit Gewerbe-Immobilien

1.1 Es war einmal

Als der Verfasser dieses Beitrages im Jahre 1954 die ersten Gehversuche im Immobiliengeschäft unternahm, war die Rollenverteilung noch einfach und klar. Es gab überwiegend den Einzeleigentümer, seltener kam eine Anhäufung von gewerblichem Grundeigentum (wie z. B. Bach-Erben in Hamburg) vor. Die Versicherungsgesellschaften beschäftigten sich überwiegend mit dem freien Wohnungsbau und die Wohnungsbaugesellschaften mit dem sozialen Wohnungsbau. Allenfalls die Kaufhausunternehmen und große Textilhäuser betreiben eine systematische Grundstückspolitik, fixiert dabei naturgemäß auf ihre Expansionsabsichten. Man sprach vom Zinshaus und meinte damit jedes Gebäude, das eine Kapitalanlage im Gegensatz zu Wohnungseigentum darstellte. Grundeigentum blieb lange im Besitz des jeweiligen Eigentümers.

Der An- und Verkauf und die Verwaltung wurden oft genug von Hausmaklern durchgeführt, teilweise auch die Vermittlung von Krediten aus privater Hand.

Die Banken wickelten das Geldgeschäft ab, finanziert wurde über die Versicherungen oder Hypothekenbanken und Sparkassen.

Hektik war diesem Geschäftszweig nicht zu eigen, eher Abgewogenheit und ruhige Geschäftsentwicklung. Die Marktteilnehmer kannten ihr Geschäft.

1.2 Wandel des Geschäftsverhaltens

Das Wirtschaftswunder und die Entwicklung der Sozialpolitik, ausgedrückt durch steuerliche Entlastungen bzw. Vorteile, erreichten eine enorme Verbreitung des Immobilieneigentums in privater Hand, zunächst allerdings ausgerichtet auf das Einfamilienhaus und die Eigentumswohnung, und sorgten im weiteren Verlauf auch dafür, daß sich der Wunsch nach Immobilieneigentum als Kapitalanlage verstärkte, auch hier zunächst ausgerichtet und orientiert auf den Wohnungsbau. Gewerbliches Immobilieneigentum als Kapitalanlage in privater Hand kam erst später hinzu.

Der Wandel des Geschäftsverhaltens ergab sich einerseits durch die Ausweitung der Anzahl der Marktteilnehmer bei nicht in gleichem Maße stattfindender Vermehrung der Ware Immobilie und andererseits durch die Beeinflussung des Immobiliengeschäftes durch immobilienfremde – insbesondere steuerliche – Einflüsse.

Es wurde hektischer in diesem Geschäft. Das Wort von der schnellen Mark, die man in dieser Branche machen konnte, sprach sich schnell herum.

Angebotsunterlagen, die Kenntnisse vom Geschäft, die Auseinandersetzung mit der Immobilie, der Blick für die Bedeutung der Nutzer der Immobilie fiel oft genug dem schnellen Abschluß zum Opfer.

Die Auswirkungen aus diesem Verhalten blieben oft genug für längere Zeit unsichtbar. Erst wenn die Immobilie aus sich heraus existieren muß, zeigt sich die wirkliche Qualität gegenüber der prospektierten.

1.3 Aktuelle Marktsituation

Mittelmäßigkeit wird verschwinden. Gefordert ist die ausgezeichnet geplante und durchgestaltete Immobilie am nachgefragten Standort oder das in jeder Hinsicht diskontierende Immobilienangebot für nachrangige Nutzungen.

Heute muß das Marketing in die Architektur mit einbezogen werden. Dadurch erreichen wir, daß die Investoren bessere Gebäude bauen – Helmuth Jahn, Architekt des Messeturms, hat dies gesagt –. Eine Aussage, der man sich mit aller Nachdrücklichkeit anschließen muß.

Das Marketingerfordernis darf sich dabei nicht nur auf die Verpackung – sprich Fassade – beschränken, sondern hat sich auf Flächenstruktur und Technologie und auch auf das Managen zu erstrecken. Gerade an nachgefragten Standorten, also den sogenannten 1a-Lagen, haben diese Feststellungen Anwendung zu finden. Diesbezüglich gibt es einen allgemeinen Nachholbedarf, der sich auf alle europäischen Metropolen bezieht. An zweitklassigen Standorten den erkennbaren Standortnachteil durch überzogene Architektur wieder wettmachen zu wollen bedeutet allenfalls eine temporäre Beseitigung des grundsätzlichen Problems und damit rausgeschmissenes Geld.

Auch zweitklassige Standorte haben Nachfragepotential, dies hat man herauszufinden und zu bedienen mit in jeder Hinsicht angemessenen und angepaßten Faktoren bezüglich Ausstattung und Preis.

1.4 Die Markterweiterung heißt »Europa«

Wo auch immer zu kaufen sein wird in der Zukunft, wenn auch nur ein geringer Prozentsatz der Phantasie, die jetzt noch mit der magischen Zahl 1992 verbunden ist, übrig bleibt, wird Bewegung in die Schar der Investoren kommen. Man kann davon ausgehen, daß auf Sicht die deutschen Investoren die anderen europäischen Standorte entdecken und belegen werden. Die Größenordnungen des anzulegenden Kapitals zwingen dazu. Darüber hinaus ist ein weiterer Aspekt zu beachten.

Ebenso wie es in Deutschland für einen Filialisten interessant ist, von einem Investor an vielen Standorten im Bundesgebiet Ladenangebote zu erhalten, wird dies im

Zuge der Europäisierung euorpaweit gelten und sich auf die Büro- und Gewerbeparknutzer ausdehnen. Ein Zugzwang, dem sich die Investoren, welcher Nationalität auch immer, nicht entziehen können.

2. Faktoren für den offenen Immobilienfonds

– Gesetzliche Grundlage (KAGG) und gesetzliche Aufsicht (BAK)
– Dominanz der Langfristigkeit und Nachhaltigkeit
– Bestimmungsfaktoren: Standort und Nutzerforderungen
– Die Wertigkeit diktiert der Markt
– Transparenz der Geschäftätigkeit
– Dienstleistung durch Management und Immobilie.

3. Das fondsspezifische Objekt

3.1 Wertentwicklung ist angesagt

Abgeschriebene Werte, die Fehlentscheidungen ausgleichen helfen, gibt es für den offenen Fonds nicht. Aus dieser Tatsache leitet sich die Forderung nach dem fondsspezifischen Objekt ab.

Bei einem offenen Immobilienfonds ist allein der Verkehrswert von Bedeutung. Er ist Grundlage für den Preis des Investmentzertifikats (neben den anderen Vermögensgegenständen, insbesondere der Geldmittel als Wertpapieranlage und Bankguthaben). Insoweit ist es entscheidende Voraussetzung, daß über Ertragsentwicklung Wertentwicklung stattfindet. Wobei es sich um realisierbare Wertentwicklung handeln muß, d.h. um beim Verkauf erzielbare Verkaufswerte.

3.2 Langfristig nachgefragte Immobilienanlage

Auch im Geschäft mit der gewerblichen Immobilie gibt es immer wieder die Versuchung, »Modeerscheinungen« oder Flächenausweitungen mitzumachen, die der Markt nicht auf Dauer mitgeht. Für die Modeerscheinungen stehen teilweise die Freizeitanlagen. Für die Flächenausweitungen stehen eine Reihe von Passagen.

Die Ausweitung des traditionellen Flächenangebotes muß mit Vorsicht und unter stärkster Einbeziehung der Flächennutzer erfolgen. Nur wenn der Standort und die dort nachgefragte Nutzung übereinstimmen, kann eine langfristig nachgefragte Immoblienanlage entstehen.

3.3 Zur Bedeutung der Regionalität

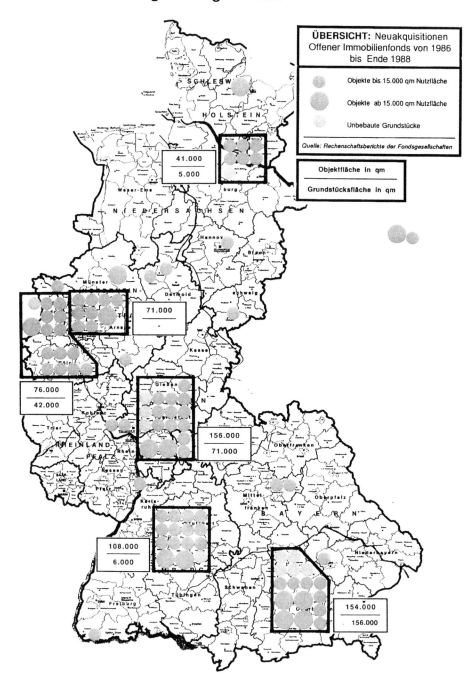

314

3.4 Innerstädtische Standorte

Die nachgefragte Nutzung und der Standort müssen übereinstimmen. Traditionell bleiben der City-Standort und die Stadtteillage im Vordergrund des Interesses. Die Versuchung, bei der Projektentwicklung Standorte »machen« zu wollen, ist groß. Nur selten gelingt es. Die in verschiedenen Städten entwickelten Bürostädte zeigen, wie schwer es ist und welche Zeit notwendig ist, entwicklungsfähige Immobilien zu schaffen. Ausnahmen sind die neuen Gewerbeparks, die sich durch eine sehr ansprechende Architektur und flexible Flächenstruktur auszeichnen.

3.5 Optimale Flächenstruktur

In Anbetracht der sich an guten Standorten stark entwickelnden Mieten und der immer höher werdenden Belastung des Mieters durch Nebenkostenumlagen ist die Flächenstruktur bei jeder gewerblichen Nutzung von ausschlaggebender Bedeutung. Die richtigen Bau- bzw. Ladentiefen, das vernünftige Verhältnis zwischen Haupt- und Nebennutzflächen und die kleinstmögliche Teilbarkeit bei guten Lichtverhältnissen sind zu beachten. Der Mieter sollte nur dafür bezahlen müssen, was er auch wirklich nutzt, und nicht für architektonische Spielereien. Dies bedeutet nicht, daß bei der äußeren Gestaltung des Gebäudes und der Allgemeinflächen im Inneren auf die sehr wichtige Ausstrahlungskraft der Architektur und des Design verzichtet werden muß, sie ist zwingend geboten (corporate identity).

3.6 Langfristig orientierter Mieter-Mix

Wenn die langjährige Bestandshaltung im Vordergrund steht, ist die sorgfältig aufeinander abgestimmte Mieterauswahl bedeutend. Ein mittelfristiger Leerstand kann möglicherweise für das Objekt besser sein als ein zu häufiger Mieterwechsel. Die wirtschaftlichen Auswirkungen sind oft genug unter dem Strich gleich. Für das Image des Objektes aber ist ein häufiger Mieterwechsel nicht gut. Die Abstimmung des Mieterbesatzes sollte die Einbeziehung der Vorstellungen des Hauptmieters beinhalten. Die vorübergehende Belegung von Flächen mit Branchen, die nicht standortadäquat sind, kann die Entwicklung des Hauptmieters derartig beeinflussen, daß seine nicht stattfindende Umsatzentwicklung zu einer deutlichen Frequenzminderung führt, was wiederum den Abschluß von Mietverträgen mit den gewünschten Branchen hinauszögert. Die Immobilie ist auf Langfristigkeit angelegt, da sind kurzfristige Maßnahmen oft weniger als nur vorübergehende Erfolge.

3.7 Gefahr durch »Maßanzugsimmobilien«

Das auf einen Nutzer oder auf eine Vertriebslinie zugeschnittene Objekt hat oft zwar eine etwas höhere Rendite, aber auch den großen Nachteil, in die Abhängigkeit des Mieters geraten zu können, und dies heißt, im Verlaufe der Zeit möglichen Ertragseinbußen ausgesetzt zu sein. Die Wandlung der Bedürfnisse der Flächennutzer ist im übrigen bei allen Branchen so groß, daß der »Maßanzugsimmobilie« mit großer Vorsicht begegnet werden sollte. Zumindest erscheint es sehr ratsam, das Spezielle der Anlage sich nicht auf alle Faktoren – Gebäude-Flächenstruktur-Standort-technische Ausstattung – ausdehnen zu lassen. Mit reinen Finanzierungsinvestitionen, die zwar sehr bequem sind, ist schon mancher Investor in Schwierigkeiten gekommen.

3.8 Bereitschaft zu Nachinvestitionen

Zuerst aus dem Kreis der Filialisten ist der Begriff »store-erosion« bekannt geworden. Dieses Phänomen beginnt, was viele nicht glauben wollen, bereits bei der Ladeneröffnung oder sogar schon davor. Die dauernde Entwicklung gerade im Ladenbereich hört nicht bei der zuletzt festgestellten modernsten Ladenplanung auf. Auf die Dienstleistungsflächen bezogen, mögen die Veränderungen vielleicht nicht ganz so rasant sein, sie finden aber auch hier statt.

Neben der normalen Instandhaltungspauschale sind daher auch Mittel für Nachrüstungen, Umstellungen und Umbauten vorzusehen. In neuen Mietverträgen wird die Notwendigkeit sogenannter Anpassungsinvestitionen für bestimmte Zeitabschnitte bereits vorgesehen, und deren wirtschaftliche Auswirkungen werden vereinbart.

3.9 Mietvertragslaufzeiten im Dienstleistungsbereich

Der Wandel auf diesem Gebiet ist rasch vorangekommen. Die 5jährige Bindung fängt an, üblich zu werden. Hieraus folgt eine noch zwingendere Beachtung der bis hier abgehandelten Faktoren. Insbesondere in der Büroflächenvermarktung setzt sich diese Handlungsweise stärker durch, die vorwiegend von der High-Tech-Branche ausgeht.

In diesem Zusammenhang gewinnt ein weiterer Faktor Bedeutung. Es ist die Notwendigkeit der Nachvermietungsinvestition. Nicht unerhebliche Beträge (100,– bis 200,– DM/m^2) sind hierfür als Minimum einzukalkulieren. In den USA ist dieser Sachverhalt bereits Normalität geworden – tenant improvement ist das Fachstichwort. Auch hier sehen wir, wie beweglich und anpassungsfähig der Umgang mit der unbeweglichen Immobilie sein muß.

4. Der Objekteinkauf

4.1 Die Objektanbieter

Es kann davon ausgegangen werden, daß etwa 100 bis 150 Objektangebote monatlich einen offenen Immobilienfonds erreichen. Sicherlich handelt es sich dabei auch um eine Reihe von Doppelangeboten. Den größten Anteil an den vorgelegten Objektangeboten haben die Immobilienmakler. Es ist daher zwingende Voraussetzung, eine gut funktionierende Angebotskartei zu führen, um dem permanenten Problem der doppelten Inanspruchnahme bezüglich der Maklergebühr zu entgehen. Auch bei der Bewältigung dieser Arbeit leistet der Computer gute Dienste und kann dann nebenher noch manche gute statistische Aufgabe lösen und so für mehr Transparenz, die für die Marktbeobachtung notwendig ist, sorgen.

Für die großen Objektinvestitionen zeichnen in vielen Fällen Objektentwickler verantwortlich. Nur in geringem Maße sind es die Eigentümer, die ihr Objekt selber anbieten. In letzter Zeit hat sich der Kreis der Bauträger, die gemischtgenutzte Objekte anbieten, stark vergrößert. Hier merkt man das geringer gewordene Geschäft mit den Bauherrenmodellen.

4.2 Die Objekttypen

– Wohn- und Geschäftshaus
  Die in der Vergangenheit und in bezug auf Mittelstädte und Stadtteillagen noch immer gängigste Immobilienanlage ist das Wohn- und Geschäftshaus. Teilweise wurde der Wohnungsanteil zurückgedrängt durch Arztpraxen. Allerdings zeichnet sich in letzter Zeit nur noch ein verhaltenes Nachfrageinteresse bei den Ärzten ab, dies ist für die Immobilienrendite besonders schmerzlich.
– Ladenpavillon
  Der alleinstehende Ladenpavillon war eher ein Erscheinungsbild der stürmischen Entwicklung der Lebensmittelfilialbetriebe in den sechziger und siebziger Jahren. In der heutigen Zeit ist dieser Objekttyp von untergeordneter Bedeutung.
– Einkaufszentren
  Leider, so muß man aus der Sicht der großen Kapitalanleger sagen, ist dieser Objekttyp als Neubauinvestition nicht mehr oder nur äußerst selten am Markt. Die Baugesetzgebung wußte ihn zu verhindern. Fairerweise muß aber auch erwähnt werden, daß dadurch mancher Investitionsflop vermieden worden ist, denn kaum ein Objekttyp ist ein so sensibles Instrument wie das Einkaufszentrum.

Wohlgemerkt, gemeint ist mit dem Objekttyp Einkaufszentrum das klassische Einkaufszentrum mit Warenhaus (konventionell oder SB) und Einzelhandelsbesatz.
- Fachmarktzentrum
Uneinheitlich bezüglich Größenordnung und Besatz, so meint man, ist bei diesem Objekttyp die Entwicklung. Ein einheitliches Erscheinungsbild hat sich noch nicht herauskristallisiert. Standortknappheit auf der einen Seite und großvolumiges Flächenerfordernis auf der anderen Seite sind sicher zwei Faktoren, die die Entwicklung nicht gerade beschleunigen.
Zahlen von dem neuesten Objekt in Hamburg (Umwandlung eines ehemaligen Metro-Marktes) stehen für diesen Objekttyp:
  ● 16 000 m² Nutzfläche auf zwei Ebenen, davon:
    Adler mit 2 600 m², Media-Markt mit 5 600 m², Primus-Sportwelt mit 1 300 m², Minimal-Lebensmittel sowie 23 kleine Fachgeschäfte.
  ● 360 überdachte Stellplätze
  ● Es werden 6 000 Kunden täglich erwartet, die einen Jahresumsatz von 300 Mio DM erwarten lassen (TW vom 11.5.1989).
- Vertical Mall
Die »Vertical Mall« als neues Konzept für ein innerstädtisches Shopping Center ist angesichts der zumindest architektonisch überzeugenden Realisation des »Olivandenhofes« in Köln und des »City Point« in Braunschweig wieder in der Diskussion. Es geht um die alte Frage, ob und welche Bedingungen erfüllt sein müssen, damit Einzelhandel über mehrere Ebenen funktioniert, d.h., daß auch in den obersten Geschossen noch befriedigende Umsätze getätigt werden können.
Was ist unter einer »Vertical Mall« zu verstehen? Es handelt sich um ein Einkaufszentrum mit klarer vertikaler Ausrichtung über mehrere Ebenen, d.h. ab drei Geschosse aufwärts. Was üblicherweise bei Shopping Centern sich um eine Hauptmall und möglicherweise angegliederte Nebenmalls gruppiert, findet bei der Vertical Mall geschoßweise schichtenartige Anordnung ohne weitere Ausdehnung in der jeweiligen Ebene. Typischerweise sind die Läden um einen Innenhof gruppiert und zu einer zentralen Mall ausgerichtet. Höhe dominiert Weite, folglich muß Höhe für den Konsumenten erfahrbar und bewältigbar werden.
Welches sind die wesentlichen Erfolgsfaktoren?
Das Vertical-Center-Konzept und die architektonische Gestaltung müssen darauf ausgerichtet sein, die natürliche Schwellenangst und Höhenträgheit der Kunden zu überwinden. Ein ständiger Anreiz muß gegeben werden, auch die obersten Geschosse aufzusuchen, vergleichbar wie die Aufgabe, entlegenere Bereiche eines Shopping Centers zu aktivieren und interessant zu halten.
Schon wenn der Kunde die Vertical Mall betritt, ob aus der Fußgängerzone oder vom angegliederten Parkhaus kommend, muß er Höhe erleben. Für ihn muß unmittelbar erfahrbar sein, daß sich in diesem Shopping Center Handel und Verkauf über beispielsweise fünf Ebenen abspielen.

Die Vertical Mall bleibt das kritische Unterfangen, Einzelhandel in der Höhe auszudehnen. Die negativen Beispiele überwiegen. Bei den positiven Realisierungen bleibt die Bewährungsfrist und nähere Erkenntnis über Umsatzleistungen abzuwarten.

– Ladenpassage

Auch wenn teilweise Mietgarantien bestehen (ein Zeichen dafür, daß der Markt die Mieterwartung zumindest zunächst nicht bestätigt), hat es dieser Objekttyp in vielen Fällen sehr schwer, sich gegenüber der traditionellen Einkaufsstraße durchzusetzen und wirtschaftliche Entwicklung zu zeigen. Mancher Ladenbetreiber mußte sich von der Realität belehren lassen, daß nicht nur schön gestaltete Ladenpassagen und ein normales Warenangebot schon den geschäftlichen Erfolg sicherstellen. Die Abstimmung der Kunden, die in diesen Fällen mit den Füßen erfolgt, ist meist eindeutig und dabei oft sehr schmerzhaft.

– SB-Warenhaus

Das über das Einkaufszentrum Gesagte trifft annähernd auch für diesen Objekttyp zu. Der berühmte § 11 Abs. 3 der Baunutzungsverordnung hat hier für staatlich verordnete Marktentwicklung oder aus mancher Sicht für Marktbehinderung gesorgt. Vereinzelt nur wechseln bestehende SB-Warenhäuser den Besitzer, wenn nicht die Betreiber selbst die Eigentümer sind bzw. das SB-Warenhaus geleast haben.

– Bürohaus

Das Bürohaus ist sicherlich in den letzten Jahren zu dem häufigsten Anlageobjekt geworden. Auf diesem Sektor zeigt sich aber ein anderer Engpaß. Sehr deutlich muß man sehen, daß die nachhaltig entwicklungsträchtigen Anlagemöglichkeiten sich auf wenige Städte mit ihrem nächsten Umfeld im Bundesgebiet konzentrieren, nämlich Hamburg-Düsseldorf-Frankfurt-Stuttgart-München. Absolute Anlageschwerpunkte sind dabei Frankfurt und München. Die Bankenwelt und die High-Tech-Industrie stehen dabei als Flächennachfrager im Vordergrund.

– Bürocenter

Versteht man unter diesem Begriff allein die Größenordnung eines Bürohauses, so könnte man in der Bundesrepublik sicherlich einige Objekte nennen. Auch könnte man in diesem Zusammenhang auf Objekte hinweisen wie z. B. das Verwaltungsgebäude des RWI, in dem neben Büroflächen Läden und Gastronomieflächen im Gebäude integriert sind. Anlagen oder Gebäude, die dem Nutzer der Flächen Gemeinschaftseinrichtungen anbieten, wie z. B. bei den World-Trade-Centern üblich, gibt es in der Bundesrepublik noch nicht. Man kann jedoch davon ausgehen, daß in nicht allzu ferner Zeit World-Trade-Center oder gleichwertige Formen (Objekt Eschborn) bei uns entstehen werden.

– Gewerbepark und Distributionscenter

Der Gewerbepark ist die umwelt- und nutzerfreundliche Fortentwicklung des Gewerbegebietes. Auch hier finden wir die Ursprünge in den USA. Die Entwicklung der Gewerbeparks hat die optisch und strukturell ansprechende und vernünftige Kombination von Lager-, Ausstellungs- und Büroflächen erreicht. Zur Zeit finden wir diesbezüglich das größte Angebot in und bei Düsseldorf. Es ist aber abzusehen, daß auch auf diesem Sektor im Laufe der Zeit in und um Frankfurt bzw. München die weitaus größere Entwicklung stattfinden wird. Alle Branchen, die sich die Innenstadtmieten mit z. Z. bereits 30,–/40,– DM p. m² mtl. nicht erlauben können, werden hier die potentiellen Nachfrager und Abnehmer sein.

– Hotel
Die Anzahl der Hotelneubauten hat in den letzten Jahren stark zugenommen. Für die institutionellen Kapitalanleger ist insgesamt das Investitionsvolumen in diesem Objekttyp zwar noch gering, dennoch erleichtert die eine oder andere Investition auf diesem Gebiet die Erfüllung der Jahresinvestitionspläne. Es ist erstaunlich, was auf dem Hotelsektor geschieht. Bis vor einigen Jahren hatten wir uns daran gewöhnt, von dieser Branche nur Klagelieder über die zu niedrigen Auslastungsquoten zu hören. Jetzt erleben wir das Stelldichein internationaler Hotelkonzerne. Namen wie Trusthouse Forte, Marriott, Hyatt, Ramada u. a. erscheinen auf der Mieterliste. Allein in Hamburg werden über kurz oder lang fast alle diese Hotelkonzerne vertreten sein. Das größte Problem für den Investor sind bei dieser Immobilienanlage die zugrundeliegenden Vertragsverhältnisse. Nur in den wenigsten Fällen werden normale Mietverträge auf Indexbasis abgeschlossen. Überwiegend kommt der Managementvertrag zum Abschluß. Dieser Managementvertrag ist darüber hinaus – wie könnte es anders sein – von Gesellschaft zu Gesellschaft unterschiedlich und für den Investor ohne Fachberatung oft nicht kontrollierbar. Vor einer Investitionsentscheidung sollten sehr gründliche Standort-, Objekt- und Vertragsprüfungen stehen, auch und gerade dann, wenn die Objekte mit vielfältigen Garantien angeboten werden.

– Wohnhaus
Für die offenen Immobilienfonds kommt die Investition in reine Wohnhäuser nicht mehr in Frage. Zwingend notwendige Ertrags- und damit Wertentwicklungserfordernisse verschließen diese Investitionsmöglichkeit.

4.3 Die Objektstandorte

Es kommen für den offenen Immobilienfonds alle die Standorte in Frage, die nicht die Gefahr in sich bergen, daß Nutzer und Standortqualität zu stark auseinanderfallen.

Für den Einzelhandel bedeutet dies die 1a-City- und Stadtteillage. Ausflüge in die 1b-Lagen werden in fast allen Fällen mit dem eingangs erwähnten Auseinanderfallen von Nutzer- und Standortqualität und damit mit gebremster, wenn nicht ausbleibender wirtschaftlicher Entwicklung bestraft. Ebenfalls für den Einzelhandel kommt die verkehrsorientierte Lage in Frage.

Für die Flächenangebote an den Dienstleistungssektor heißt es, die traditionelle Bürolage, mit geringfügigen Abstrichen auch die Bürostadtlage, zur Verfügung zu stellen. Als verhältnismäßig neue Entwicklung ist die Anlagemöglichkeit in Objekten in Gewerbeparks hinzugekommen. Die Standortwahl läßt von allen zu beachtenden Kriterien die allerwenigsten Kompromisse zu, weil Korrekturen nicht möglich sind. Qualitative Standortentwicklungen sind immer noch die Ausnahme.

4.4 Das Auslandsobjekt

Drei offene Immobilienfonds können entsprechend ihren Vertragsbedingungen Investitionen im Ausland tätigen. Zwei Fondsgesellschaften verfügen über jeweils ein Auslandsobjekt. Für Auslandsinvestitionen kommen – seit die deutschen Investoren beginnen, Europa zu entdecken – Städte wie Paris, London, Wien, Madrid etc. neben den Anlagemöglichkeiten in USA und Kanada in Frage. Die Objektbeschaffung an den anzustrebenden Standorten ist nicht einfacher als hierzulande. Auch kann man für erstklassige Büroanlagen, die vornehmlich in Frage kommen dürften, von – wenn überhaupt – nur geringfügig höheren Renditen als für inländische Objekte ausgehen. Das Auslandsobjekt ist mit Sicherheit die gelungene Abrundung des Anlagespektrums eines Immobilienportefeuilles.

4.5 Die Objektprüfung

Es wurde bereits zu Beginn dieser Ausführungen auf die stark nachlassende Qualität von Angebots- und Objektunterlagen hingewiesen. Um so wichtiger ist die formelle, technische und wirtschaftliche Objektprüfung. Es hat sich als richtig erwiesen, sogenannte »schlafende Hunde« zu wecken. Auseinandersetzungen über Objekteigenschaften sind sehr viel besser aus einer noch ungebundenen Position (sprich vor Vertragsabschluß) zu führen als mit dem Mühlstein eines fehlerhaften Objektes am Hals. Neben dem Abarbeiten einer umfangreichen Checkliste sollte die Formulierung eines möglichst umfassenden Kaufvertrages die Regel sein. Was für den Kaufvertrag zutrifft, gilt selbstverständlich auch für Bau- und Generalübernehmerverträge.

Die Prüfung der Objekteigenschaften, der Gewährleistungen und die Vertragsgestaltung und -abwicklung sollten wirklich mit akribischer Gründlichkeit betrieben werden. Diese Verhaltensweise fördert im übrigen eher langjährige Geschäftsverbindungen, als daß sie sie behindert.

Was für die formelle Prüfung zutrifft, gilt selbstverständlich auch für die technische und wirtschaftliche Prüfung. Nicht nur der augenblickliche Zustand ist ausschlaggebend, sondern die Entwicklungsmöglichkeit ist das alles Entscheidende.

Diese Entwicklungsmöglichkeit ist zu hinterfragen beim Standort, bei der Flächenstruktur, bei den bestehenden Mietverträgen, bei der Bausubstanz, insbesondere der Haustechnik, bei den Bewirtschaftungskriterien (Versicherung, Altlasten, Wartung, Instandhaltung, Verwaltung) und bei der Situation im Objektumfeld.

Die in den letzten 10 Jahren eingetretene Mobilität der Objektnutzer fordert zwingend diese Vorgehensweise. Die Immobilieneigentümer müssen sich immer wieder ihrer überwiegend nur dienenden Funktion bewußt sein.

5. Die Objektentwicklung

Die Zeiten sind vorbei, in denen ein unbebautes Grundstück gekauft, beplant, bebaut, vermietet und dann von der Verwaltung für den Rest seiner Nutzungsdauer übernommen wurde. Sicherlich hat es auch in der Vergangenheit Veränderungen an einem Objekt gegeben, aber der heutige permanente technische Fortschritt, die Veränderungen und Anpassungsmöglichkeiten auf der Nutzerseite, und zwar sowohl bei den Einzelhandelsnutzern wie bei den Dienstleistungsnutzern, erfordern ständige Marktbeobachtung, Aktion und Reaktion.

5.1 Mitwirkung beim Objekteinkauf

Der Objekteinkauf eines institutionellen Kapitalanlegers ist in den letzten Jahren aufgrund des enormen Mittelzuflusses in zunehmendem Maße gefordert worden. Bei einer solchen Situation darf nicht der Fehler gemacht werden, der Qualität eines Objektes, und zwar in jeder Beziehung, nicht mehr die Beachtung zu widmen, die zwingend notwendig ist. Hier kann das »Vier-Augen-Prinzip« des Objekteinkäufers und des Objektentwicklers ein gutes Korrektiv sein.

Zunächst ist da die beim Objektentwickler bestehende Bestandserfahrung; das Wissen um die langfristigen Auswirkungen von weniger guten Eigenschaften, insbesondere standort- und flächenstrukturbezogen. Hinzu kommt das technische Knowhow und das Erkennen von Bewirtschaftungshemmnissen (z. B. langfristige Wartungsverträge, schlechtes Hauspersonal, uneinheitliche Vertragsgestaltung etc.). Der Objektentwickler hat sich bei seiner Arbeit immer wieder mit diesen Themen auseinanderzusetzen.

5.2 Die Bestandsbeobachtung

Es kommt nicht nur auf das Aufschreiben der Zahlen der Einnahmen- und Ausgabenseite an. Die Ergebnisse müssen über längere Zeiträume hinweg beobachtet werden.

Ein Vergleich mit den Ergebnissen anderer Objekte, vielleicht sogar anderer Gesellschaften, ist notwendig. Die Handlungsweise der verschiedenen Nutzer oder noch besser der verschiedenen Ladenbetreiber einer Branche ist festzustellen. Die Arbeitsweise der verschiedenen technischen Anlagen ist zu vergleichen, woraus dann Handlungsanweisungen für die Architekten abzuleiten sind. Neben den Erkenntnissen am Objekt ist eine Beobachtung des Objektumfeldes von ganz großer Bedeutung. Das rechtzeitige Feststellen von dem Objekt und seinen Benutzern abträglichen Entwicklungen kann ausschlaggebend sein für die Ertrags-, Rendite- und Wertentwicklung eines Objektes. Zu verweisen ist in diesem Zusammenhang auf die Entwicklung neuer Bebauungspläne, den Zu- oder Wegzug einzelner Branchen, insbesondere der Branchenführer, die Modernisierung von benachbarten Flächen, die Änderung von Verkehrsführungen, die Veränderung der Bevölkerungsstruktur im Einzugsgebiet des Objektes. Eine solche Umfeldbeobachtung ist auch in den Innenstädten geboten, wie es das Beispiel der in der Vergangenheit eher gebremsten Entwicklung des östlichen City-Bereiches in Hamburg aufgrund der interessanteren Entwicklung des westlichen City-Teiles durch die verschiedenen Passagen und die Bürohaus- und Hotelbebauungen zeigt. Die Bildung einer Interessengemeinschaft der Ladenbetreiber des östlichen Teils, die Ausschreibung eines internationalen Architektenwettbewerbs und die Bemühungen, die Ergebnisse dieses Wettbewerbs zu realisieren, sind Ausdruck für die Anpassungsnotwendigkeit.

In der Zwischenzeit sind aufgrunddessen Maßnahmen und Bauvorhaben in Durchführung, die ein Gleichziehen des östlichen mit dem westlichen Teil der City zur Folge haben werden.

5.3 Kontakte zu den Objektnutzern

Das Wissen um die Absichten der Mietpartner, speziell bezogen auf das Objekt, aber auch bezüglich ihrer Geschäftspolitik, ist enorm wichtig. Das Sprechen miteinander hat den Vorteil, daß der Eigentümer rechtzeitig reagieren kann, und zwar bevor der Mieter bei einem anderen Objekt durch Vertragsabschluß vollendete Tatsachen geschaffen hat.

Wie oft hört man, ja, wenn wir gewußt hätten, daß Sie einen Erweiterungsbau durchgeführt hätten oder zu einer Vertragsmodifizierung bereit gewesen wären oder auf eine Indexerhöhung in voller Höhe verzichtet hätten, usw., dann wären wir in Ihrem Objekt geblieben.

Mieterwechsel auch an guten Standorten führen nicht zwangsläufig zu einer Verbesserung des wirtschaftlichen Ergebnisses. Es gibt Fälle, in denen es billiger ist, dem vorhandenen Mieter auf diese oder jene Weise entgegenzukommen.

Auch das Wissen um eine geänderte Geschäftspolitik beim Mieter kann den Eigentümer in die Lage versetzen, vor den Mitwettbewerbern Angebote zu unterbreiten, die der langfristigen Absicherung des wirtschaftlichen Ergebnisses seines Objektes dienen. Diese Beschäftigung mit dem Mietpartner ist natürlich in viel größerem Maße für den Eigentümer einer Vielzahl von Objekten von Bedeutung, da die Bereitstellung von Flächen an verschiedenen Standorten auch eine engere Bindung der beiden Partner bedeutet. Hier kann bei negativer Betrachtungsweise selbstverständlich auch auf das erhöhte Risiko hingewiesen werden, das die Vermietung vieler Ladenflächen an einen Partner bedeutet. Ob positiv oder negativ, das permanente Beschäftigen mit den Objektnutzern ist entscheidend.

5.4 Durchführung von Neubauvorhaben

Die vielfältige Marktkenntnis, die Erfahrung aus der Bestandsbeobachtung und aus der Objektvermarktung machen es zwingend erforderlich, daß der Objektentwickler eine entscheidende Aussage bei der Nutzungsvorgabe für eine Objektplanung macht. Neben den planungstechnischen Angaben, insbesondere die Flächenstruktur und Raumökonomie betreffend, sind es die wirtschaftlichen Erwartungen, die der Objektentwickler formuliert. Die schwergewichtig durch den Standort vorgezeichnete Nutzung ist dabei, auf das Gebäude bezogen, mit den optimalen Rahmenbedingungen zu versehen.

Eine weitere, sehr wichtige Funktion ist die Objektvermietung innerhalb der Objektentwicklung. Gerade bei einer Vielzahl von Mietverhältnissen in einem neu zu bauenden Objekt kommt es darauf an, zum Schluß der Vermietungsaktivitäten nicht vor ungeordneten Restflächen zu stehen; das trifft für die Einzelhandels- wie für die Dienstleistungsflächen gleichermaßen zu. Die Übergabe an die Bestandsbetreuung ist der Schlußpunkt dieses Tätigkeitsfeldes.

5.5 Durchführung von Umstrukturierungen

Es ist immer noch so, daß Maßnahmen in diesem Zusammenhang eher unter negativen Vorzeichen gesehen werden. Dabei sind es nicht immer Fehler aus der Entwicklung des Objektes, die es zu korrigieren gilt; oft genug sind es die Anpassungen an geänderte Marktverhältnisse oder technische Fortentwicklungen, die Handlungsbedarf auslösen. Dabei geht es nicht nur um technische Maßnahmen, Vertragsanpassungen, vorzeitige Vertragsauflösungen und Nutzungsänderungen sind vielfach die entscheidenden Schritte, die zu unternehmen sind. Vor allen Dingen ist es wichtig, Aktivitäten auf diesem Feld rechtzeitig durchzuführen, um selbst der Handelnde zu sein. Beim reinen Nachvollzug ist man in den meisten Fällen eher der Ausführer von unabdingbaren Forderungen des Mieters.

5.6 Vorbereitung für den Objektverkauf

Alle Maßnahmen, die im Verlauf der Verweildauer eines Objektes im Objektbestand erfolgen, dienen im Endeffekt auch der Vorbereitung für einen gewollten Objektverkauf als ein zusätzliches Mittel der Bestandsveränderung. Die Arbeit des Objektentwicklers bezieht sich in diesem Zusammenhang auf die Objektverpackung, und zwar nicht im Sinne der Mogelpackung, sondern der nachhaltig die Vermarktung unterstützenden Ausstattung. Innen wie außen gilt es, den Nutzungsanforderungen zu entsprechen, besser zu sein als der Nachbar und dafür mit einem höheren Vermietungsgrad, einer höheren Miete und damit einem höheren Verkaufserlös belohnt zu werden.

6. Die Objektbetreuung

6.1 Partner zwischen Eigentümer und Mieter

Neben der zu beachtenden Tatsache, daß das Objekt vornehmlich dienende Funktion hat, d. h., der höchstmögliche Nutzen wird erzielt, wenn das – im wahrsten Sinne des Wortes – Dienstleistungsangebot stimmt, sollte der Grundsatz beachtet werden, daß Ausnutzung vermeintlich stärkerer Positionen oft nur kurzfristige Erfolge zeitigt.

Dies trifft um so mehr zu, wenn das Immobilienvermögen sich, wie bei den institutionellen Anlegern, über das ganze Bundesgebiet erstreckt. Ein großer deutscher Discount-Filialist verweist in Mietverhandlungen oft auf seine Mietertreue. Man sollte darüber nicht lächeln – es könnte schmerzhaft sein.

Um Mißverständnissen vorzubeugen, unter Objektbetreuung verstehen wir die Objektverwaltung. Bereits vor mehr als zehn Jahren haben wir den Begriff Objektbetreuung anstelle des Begriffs Objektverwaltung vorgezogen und dahinter die Philosophie von dem Eigentümer als Mieterpartner gestellt. Eine gute Partnerschaft ist immer dann gegeben, wenn sie für beide Seiten den größtmöglichen Nutzen bringt, wohl bemerkt, für beide Seiten.

Eine ganz wichtige Voraussetzung für eine gute Partnerschaft ist die örtliche Nähe zum Objekt. Gerade bei einer Verteilung der Objekte über das gesamte Bundesgebiet ist es notwendig, die »Entfernungshürde« weitestgehend abzubauen. Man kann dies gut durch die Einrichtung von Gebietsleitungen tun. Die Mitarbeiter einer solchen Gebietsleitung sind die ersten Gesprächspartner für die Mieter. Es ist z. B. um ein Vielfaches besser, Heiz- oder Nebenkostenabrechnungen persönlich erläutern zu lassen, als umfangreichen Schriftwechsel zu führen.

6.2 Ertrags- und Kostenmanagement

Ertragsreserven sollten bei einer gut betreuten Immobilie weitestgehend nicht mehr bestehen. Wenn wir dennoch die eine oder andere erwähnen, dann sind wir uns bewußt, daß fachkundige Leser vielleicht feststellen, daß sie diese Reserve bereits seit langem ausgenutzt haben.

Ein kleiner Ausgleich für den Ertragsausfall aufgrund gebremster Wertsicherungsklauseln kann die mietvertragliche Vereinbarung einer Verwaltungskostenumlage sein. Mehr oder weniger problemlos sind 2 % bis 3,5 % aus Miet-, Neben- und Heizkostenerträgen zu erzielen, ohne daß Abstriche an der m²-Miete notwendig werden.

Eine weitere Ertragsreserve ergibt sich aus der Umstellung von vermieteter Nettonutzfläche auf vermietete Bruttonutzfläche. Es handelt sich hier um einen langsamen Prozeß, dessen Durchführung im Bestand auch Komplikationen auslösen kann, insbesondere im Neben- und Heizkostenbereich.

Die bereits angesprochene augenblickliche Indexentwicklung gibt Anlaß, über eine Kombination von index- und umsatzgebundener Miete nachzudenken.

Die Ausnutzung aller vorhandenen Gebäudeflächen, auch z. B. die Hauseingangsfläche für den bekannten Soft-Eis-Automaten, ist sicherlich selbstverständlich. Weniger beachtet wird oft der Umstand, dem Mieter tatsächlich nur die Fläche zu vermieten, die er unbedingt zur Nutzung benötigt. Man befreit den Mieter so von einer unnötigen Kostenlast und gewinnt zusätzlich vermietbare Fläche. Die zentimetergenaue Vorgabe für die Frontbreite, wie dies ein bekannter Schuhfilialist tut, ist ein in diesem Zusammenhang für sich sprechender Hinweis.

Ebenso verhält es sich mit den Raumtiefen bei der Bürovermietung. Auch hier müssen unnütze Zentimeter vermieden werden. Solche Kostenentlastung für den Mieter ist Mehrertrag für den Vermieter.

Ertragsreserven sehen wir auch dort, wo der Standort und das optimale Flächenangebot eine kurzfristige Mietvertragslaufzeit zulassen. Neuvermietungen nach z. B. fünf Jahren können eine größere Ertragsentwicklung bringen als Wertsicherungsklauseln.

Abschließend zu diesem Punkt möchten wir auf eine anscheinende Selbstverständlichkeit hinweisen, und zwar auf die Kontrolle des Mieteinzugsverfahrens. Je strenger hier die Verhaltensweise gegenüber dem Mieter ist, desto geringer ist die Rückstands- und Abschreibungsquote, was selbstverständlich eine Ertragsreserve bedeutet.

6.3 Vertragsbeobachtung

Zur Sichtbarmachung von Ertragsreserven gehört es, daß ein einmal mühsam ausgehandelter Mietvertrag auch sorgfältig beobachtet wird. Eine oberflächliche Vertragsbeachtung kann viel Geld kosten. Dazu gehört eine exakte Indexkartei, die Weiterberechnung von umlagefähigen Instandhaltungskosten, die Teilhabe an Untervermietungsgewinnen etc. Die Beachtung von Vertragsterminen ist sicherlich selbstverständlich. Hinzuzufügen wäre, daß man insbesondere bei mehreren Mietverhältnissen mit einem Mieter, wenn möglich, Verbindungen herstellen sollte.

6.4 Kostenbeobachtung

Alle Kostenarten sind hier gleichermaßen angesprochen. Es beginnt bei der Festsetzung der Grundsteuer durch das Finanzamt, der man nicht ergeben folgen sollte, wie man auch für länger leerstehende Flächen eine Grundsteuererstattung beantragen sollte.

Die Gestaltung des Versicherungsschutzes ist sowohl vom Umfang wie von der Prämienhöhe ein Gebiet, das den fachkundigen Berater bei größerem Objektbestand nicht überflüssig macht.

Bei allen Kostenarten gilt es, die Entwicklung zu beobachten. Gerade hier hat sich die Inanspruchnahme von externen Beratern oft genug bezahlt gemacht. Der Energieberater steht in diesem Zusammenhang für viele andere Berufskollegen. Es geht dabei nicht um Arbeits- oder Verantwortungsverschiebung, es geht um die Erzielung optimaler Ergebnisse.

Stellen wir einmal fest, mit welchem zusätzlichen Aufwand über den Mechanikeraufwand aus einem Auto die optimale Leistung herausgeholt werden kann, so muß es auch bei der Kostenminimierung sein. Selbstverständlich darf es dabei nicht zum Austausch der einen Kostenart mit der anderen (Beratungskosten) kommen.

7. Die Objektbewertung

Die Wertfeststellung bei den offenen Immobilienfonds erfolgt durch einen Sachverständigenausschuß, also mehrere, die für die Wertfeststellung verantwortlich sind, und es ist keine einmalige Bewertung. Bewertungzwang besteht, wie bereits ausgeführt, beim Objektankauf, einmal jährlich für den Objektbestand und vor Objektverkauf, wenn die letzte Bewertung länger zurückliegt, und hier sieht das Bundesaufsichtsamt in Berlin sehr enge Zeiträume.

Die Objektbewertung erfolgt nach dem Ertragsverfahren. Die Bewertung orientiert sich überwiegend an tatsächlichen Kostenfaktoren und pauschaliert in der Regel Instandhaltungskosten aufgrund des unterschiedlichen jährlichen Anfalls, gegebenenfalls auch die Verwaltungskosten.

Die negativen oder positiven Wertveränderungen haben unmittelbaren Einfluß auf den Zertifikatswert, und zwar zur jeweils nächsten Preisberechnung, die überwiegend zweimal monatlich bei den offenen Fonds vorgenommen wird. Im Rahmen des Ankaufs- bzw. Verkaufsgeschäftes darf der Sachverständigenwert nur unwesentlich über bzw. unterschritten werden.

8. Der Objektverkauf

Alle Überlegungen zum Immobiliengeschäft, alle Konzeptionen, die Entscheidungen für oder gegen einzelne Objekttypen finden im Verkaufsgeschäft und dem dabei erzielten Ergebnis ihre Bestätigung oder Verwerfung. Es sollte für den offenen Immobilienfonds langfristig zu seiner Unternehmenspolitik gehören, sich diesem Marktbarometer zu unterwerfen. Kein Bewertungsgesetz kann diese praktischen Erfahrungen ersetzen. Bereits der Ankaufsvorgang sollte von diesem Gedanken nicht unbeeinflußt bleiben. Wie gesagt, diese Politik des auch Verkaufens muß langfristig angelegt werden, sie darf nicht in Bauträgerüberlegungen übergehen oder spekulativ geprägt sein.

Wenn alle Hinweise und Gedanken, die vorgetragen worden sind, in der Bestandshaltung beachtet werden, wird man beim Verkauf nicht von der Auslese von schlechten Objekten sprechen können. Die Gesetzmäßigkeit eines offenen Immobilienfonds erzeugt Handlungsbedarf bezüglich der Verkaufstätigkeit. Objekte, die in ihrer Ertragsentwicklung normalisiert sind und auch noch eine lange Mietvertragslaufzeit vor sich haben, sind geeignete Verkaufsobjekte.

Diese Objekteigenschaften sind sowohl für den privaten Anleger (wenn die Höhe des Kaufpreises es zuläßt) als auch für die Pensionskasse, die ein aktives Immobiliengeschäft nicht betreiben will, eine gute Kaufvoraussetzung.

Der offene Immobilienfonds ist gehalten, aktives Immobilienmanagement zu betreiben. Insoweit sollte der Objektverkauf ein gewöhnlicher Vorgang im Immobiliengeschäft der institutionellen Anleger ohne negative Vorzeichen werden.

DIPL.-KFM. A. AUGUST JAGDFELD/DIPL.-KFM. JÜRGEN SCHÜNEMANN

Geschlossene Immobilienfonds

Inhalt

1.	Geschlossene Immobilienfonds – ein etabliertes Bankenprodukt . . .	331
1.1	Reflexionen zur historischen Entwicklung	331
1.2	Entwicklung der Marktanteilsströme	332
1.3	Der Markt für Geschlossene Immobilienfonds	334
1.3.1	Marktsegmente	334
1.3.2	Anbieter und Emissionspartner von KG-Gewerbefonds	335
1.3.3	Zielgruppen	336
2.	Produktnutzen	337
2.1	Spannweite des Nutzenprofils	337
2.2	Steuerliche Nutzenkategorien	338
2.2.1	Vorteile der Einkunftsart	338
2.2.2	Vermögensbezogene Vorteile	341
2.3	Rentabilität	345
2.3.1	Die Fondsprognoserechnung als Bezugsrahmen	345
2.3.1.1	Aufbau und Komponenten	345
2.3.1.2	Ermittlung statischer und finanzmathematischer Kennzahlen	350
2.3.2	Zeichnerunabhängige Einflußfaktoren und Sensibilitätsanalysen . . .	352
2.3.2.1	Inflationsrate	352
2.3.2.2	Finanzierungsstrategie	352
2.3.2.3	Instandhaltungsüberraschung	354
2.3.3	Die Wirkung der persönlichen Finanzierung von Fondsanteilen	355
3.	Realisationsbedingungen des Anlageerfolges	356
3.1	Qualifizierte Immobilienbeschaffung und -finanzierung	356
3.2	Finanzierungsstrategie	357
3.3	Kompetentes Immobilienmanagement	359
3.3.1	Sicherung und Steigerung der Mieteinnahmen	359
3.3.2	Sicherung der langfristigen Werterhaltung	359
3.4	Zuverlässige treuhänderische Begleitung	360
3.4.1	Entlastung der Fondszeichner	360
3.4.2	Sicherung der Kontrollfunktionen	361
3.4.3	Vollständige Information der Fondszeichner	362

3.5	Organisationale Konsequenzen – Anforderungsprofil an Fondssyndikatoren	362
4.	Wiederveräußerbarkeit	363
4.1	Zweitmarktaspekte	363
4.2	Steuerliche Wirkungen und Zielgruppen	365
5.	Erfolgsaussichten	366

1. Geschlossene Immobilienfonds – ein etabliertes Bankenprodukt

1.1 Reflexionen zur historischen Entwicklung

Der Geschlossene Immobilienfonds ist ein eingeführtes und bewährtes Bankenprodukt, dessen Definitionsmerkmale sich besonders leicht in Gegenüberstellung zu Offenen Immobilienfonds darstellen lassen. Sind Offene Immobilienfonds z. B. weder in der Zahl der Anleger noch in der Höhe des Fondsvolumens oder in der Anzahl der von ihnen verwalteten Immobilien beschränkt, bieten Geschlossene Immobilienfonds definierte Objekte oder Projekte mit einer festgelegten Finanzierung an:
- die Fondsimmobilien sind bekannt, in einem Prospekt exakt beschrieben und nicht austauschbar;
- sowohl Investitions- und Finanzierungsplan und damit das Investitionsvolumen sind vorgegeben;
- das benötigte Eigenkapital wird öffentlich zur Zeichnung angeboten,
- und der Fonds wird bei »Vollzeichnung« geschlossen.

Für Geschlossene Immobilienfonds gelten keine standardisierten Vertragsbedingungen, wie dies z. B. für Offene Immobilienfonds gilt, die ihre weitgehend einheitlichen Vertragsbedingungen durch die Genehmigungspraxis des Bundesaufsichtsamtes für das Kreditwesen und die gesetzlichen Regelungen im Gesetz über Kapitalanlagegesellschaften erhalten. Geschlossene Immobilienfonds können also im Rahmen der allgemeinen gesetzlichen Bestimmungen frei konzipiert werden.

Einen gemeinsamen Nenner fanden die Marktteilnehmer gleichwohl von Anfang an: das Bemühen, durch die Wahl einer geeigneten Rechtskonstruktion dafür Sorge zu tragen, den Fondsanleger wirtschaftlich und steuerlich wie einen direkten Immobilieneigentümer zu stellen.

Gab es vor allem zu Beginn der Entwicklung Bruchteilsgemeinschaften (direktes Immobilieneigentum) mit Treuhänder, deren Vorteile in der steuer- und prämienunschädlichen Verwendung von Bausparmitteln bei Investitionen in Wohnimmobilien zu sehen sind und die man deshalb meist im Bereich des sozialen Wohnungsbaus antrifft, haben sich danach vorzugsweise gesellschaftsrechtliche Lösungen durchgesetzt: bei derartigen Gesamthandslösungen erwirbt der Immobilienfondsanleger Gesellschafterrechte an einer Personengesellschaft, die entweder eine BGB-Gesellschaft oder eine Kommanditgesellschaft ist, die ihre jeweilige Tätigkeit auf reine Vermögensverwaltung beschränkt und deren Komplementäre natürliche Personen sind.

Der hohe Freiheitsgrad in der Gestaltung Geschlossener Immobilienfonds machte eine Vielzahl von Marktangeboten mit einem ausgeprägten Gefälle von Qualitätsunterschieden auf wirtschaftlichem, rechtlichem und steuerlichem Gebiet möglich. Fondszeichner und auch Kreditinstitute konnten positive, aber auch negative Erfahrungen machen.

Es ist deshalb nicht verwunderlich – zumal dieser Wirtschaftszweig noch in den Kinderschuhen steckte –, daß die unterschiedlichsten Einstellungen, Urteile und natürlich auch Vorurteile über das Produkt Geschlossener Immobilienfonds entstanden. Sie werden rückblickend auch durch die vermittelten Erfahrungen vergangener Marktentwicklungen verständlich.

Nach einer großen Angebotswelle vor etwa 35 Jahren in der Bundesrepublik Deutschland entwickelten sich zwei Bereiche problematisch:

a) Immobilien eher als Vehikel zur Erreichung steuerlicher Vorteile begreifend und insbesondere durch eine hohe Fremdkapital- und damit kleine Eigenkapitalfinanzierung gekennzeichnet, erfüllten die Wohnungsbaufonds der späten sechziger und frühen siebziger Jahre bei weitem nicht die in sie gesetzten Erwartungen (siehe Bremer Treuhand).

b) Einer Reihe von Einkaufszentren der sogenannten »ersten Generation« (z. B. das Ihme-Zentrum in Hannover oder das City-Center in Leverkusen) bestätigte der Vermietungsmarkt mit laufend hohen Leerstandsquoten, am Markt vorbeigeplant und »betoneuphorisch« errichtet worden zu sein.

Unter anderem deshalb zogen sich mehrere Banken und Landesbanken aus diesem Geschäftszweig zurück.

Daneben nahmen jedoch Fonds mit soliden Gewerbeimmobilien und konservativen Finanzierungsstrukturen einen ungleich anderen, höchst erfreulichen wirtschaftlichen Verlauf. Der Bayern-Fonds 8 »Erlangen« der Bayerischen Landesbank belegt beispielsweise mit einer Ausschüttung von 16 % für 1988 die Sinnhaftigkeit Geschlossener Immobilienfonds mit anlegerfreundlicher Konzeption und sicheren und ertragsstarken Objekten. Überzeugendes Beispiel für gelungene Fondsangebote ist schließlich die Div-Fonds-Serie der Hessischen Landesbank, von deren insgesamt zehn Fonds mit bereits ca. 20jährigen Laufzeiten allein sieben in 1988 hohe zweistellige Ausschüttungen erzielten. Interessant: alle Div-Fonds sind ausnahmslos in großflächige Einzelhandelsobjekte investiert und konservativ finanziert.

1.2 Entwicklung der Marktanteilsströme

Schon seit Beginn der achtziger Jahre konzentrieren sich die Geschlossenen Immobilienfonds, die Offenen Immobilienfonds, die Versicherungen und Pensionskassen sowie die ausländischen Investoren auf gewerbliche Immobilien. Seit 1983 zeigt sich eine strukturelle Verschiebung der Marktanteilsströme mit einem erkennbar zunehmenden Gewicht der Geschlossenen Immobilienfonds, die 1987 und 1988 die größte Investorengruppe auf dem bundesdeutschen Immobilienanlagemarkt waren:

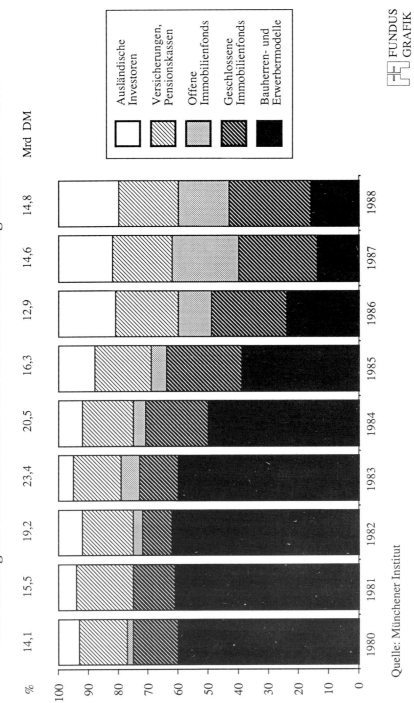

1.3 Der Markt für Geschlossene Immobilienfonds

1.3.1 Marktsegmente

Das gesamte Anlagevolumen der Geschlossenen Immobilienfonds wird vom Münchener Institut aktuell auf ca. DM 42,5 Milliarden geschätzt (zum Vergleich: Das Bestandsvolumen der Offenen Immobilienfonds summiert sich auf ca. DM 15 Milliarden, und die Buchwerte aller Immobilienanlagen der 421 im GDV zusammengeschlossenen Versicherungsgesellschaften betrugen Ende 1987 ca. DM 40 Milliarden).

Die beiden nachfolgenden Balkendiagramme geben die Entwicklung des Gesamtmarktes für Geschlossene Immobilienfonds zwischen 1984 und 1988 wieder:

Entwicklung des Marktes für geschlossene Immobilienfonds 1984 – 1988

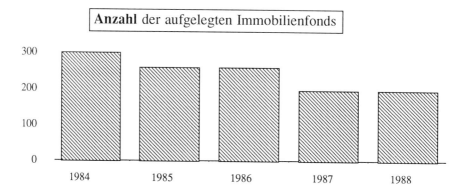

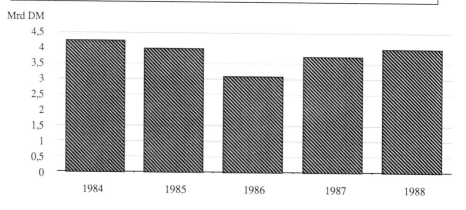

Quelle: Münchener Institut

Nach Schätzungen des Münchener Instituts erhöhte sich schließlich die Gesamtzahl der Zeichner Geschlossener Immobilienfonds im Jahre 1988 um etwa 40000 auf ca. 350000 Zeichner.

Über alle Angebote liegt der Investitionsschwerpunkt Geschlossener Immobilienfonds eindeutig auf gewerblichen Immobilienanlagen.

Allerdings müssen drei Teilmärkte voneinander unterschieden werden: 1988 verteilte sich das Marktvolumen auf die wohnungswirtschaftlich orientierten Berlinfonds (DM 1,2 Milliarden) und die auf Gewerbeimmobilien ausgerichteten Fonds, die entweder als Gesellschaften bürgerlichen Rechts (DM 1,6 Milliarden) oder als Kommanditgesellschaften (1,2 Milliarden) angeboten wurden.

Vom Gesetzgeber nicht anders beabsichtigt, eignet sich die Gesellschaft bürgerlichen Rechts bei entsprechender Vertragsgestaltung eher für einen überschaubaren Kreis von Kapitalanlegern zur Durchführung einer Immobilienbeteiligung. Andererseits darf nicht verkannt werden, daß ein nicht unerheblicher Teil von BGB-Fonds-Angeboten das Strickmuster ehemaliger Bauherrenmodelle trägt und vielfach als »Armsparfonds« geprägt ist.

So verwundert es nicht, daß sich das Volumen der in BGB-Form konzipierten Gewerbefonds auf eine Vielzahl von überwiegend lokal wirkenden Anbietern verteilt, deren Offerten regional von Nicht-Geldinstituten angeboten werden und deren Einzelinvestitionsvolumina in aller Regel DM 10 Millionen nicht überschreiten.

Für große Publikumsgesellschaften mit Hunderten von Anlegern und Immobilienvermögen bis zu etwa DM 100 Millionen und darüber hinaus hat sich die vermögensverwaltende Kommanditgesellschaft mit natürlichen Personen als Komplementären, mit einem erfahrenen Treuhandkommanditisten und einer Treuhandbank als geeignete Rechtsform durchgesetzt.

1.3.2 Anbieter und Emissionspartner von KG-Gewerbefonds

Beobachter der Marktentwicklung konnten während der letzten Jahre einen deutlichen Wandel der Konzeptionsformen Geschlossener Immobilienfonds feststellen. Bestimmten in der Vergangenheit primär steuerlich orientierte Angebote mit hohen Verlustzuweisungen das Marktgeschehen, stehen heute mehr und mehr renditeorientierte Fondsangebote im Vordergrund des Anlageinteresses. Dazu haben sicherlich nicht nur die Änderungen der steuerlichen Rahmenbedingungen und die Entwicklung eines Kapitalanlegerschutzes durch die Rechtsprechung des Bundesgerichtshofs beigetragen, sondern auch die gewandelte Anlagehaltung der Privatkundschaft, die anspruchsvoller, erfahrener, kritischer und reifer geworden ist. Ähnliche Lernprozesse sind auch bei den qualifizierten Trägern der freien Anlageberatung zu erkennen. Die wenigen tradierten und heute noch erfolgreichen Anlageberatungsfirmen zeichnen sich durch hohe Professionalität, Seriosität, bedachte Produktauswahl und fachliche Weiterbildung aus. Zumindest ein neugegründeter bundesweiter Verband bemüht sich um ein Tätigkeitsniveau seiner Mitglieder, das sich nicht zuletzt auf die permanente Stärkung und Vermittlung fachlicher Qualifikationen und hohes Verantwortungsbewußtsein gründet. Die qualifizierten freien Anlageberatungsfirmen sind akzeptierte Partner der Anbieter von gewerblich orientierten Immobilienfonds, die in der Rechtsform der vermögensverwaltenden Kommanditgesellschaften geführt werden. Abgesehen von Gelegenheitssyndikatore wird dieser Markt von ernsthaften Anbietern bestimmt, die man an zwei Händen abzählen kann. Zu den etablierten Anbietern gehören seit jeher Banken, zunehmend Unternehmen aus der Versicherungsbranche, aber auch geldinstituts- und versicherungsunabhängige Unternehmen.

Vorausgesetzt, ein Fondssyndikator kann seine Leistungskraft und ein notwendigerweise hoch anzusiedelndes Anforderungsprofil belegen, sind geprüfte Beteiligungsangebote aus solchen Häusern ideale All-Finanzprodukte mit hohem Mehrfachnutzen für die anspruchsvolle Privatkundschaft.

1.3.3 Zielgruppen

Gerade die Bezieher hoher Einkommen und/oder die vermögenden Bundesbürger, die anspruchsvolle Privatkundschaft also, präferieren nachweislich Immobilieninvestitionen. Diese Zielgruppe hat in aller Regel schon Haus- oder Wohnungseigentum zur Eigennutzung oder im Vermögensportfolio. Anteile an gewerblichen Immobilienanlagen gewinnen für diesen Personenkreis immer mehr an Bedeutung, denn ausgesuchte gewerbliche Immobilien – deren Sicherheit und Wertbeständigkeit mit vergleichsweise hohen und nachhaltigen Einnahmenüberschüssen verbunden sind – bewegen sich üblicherweise in einer Größenordnung, die einen Einzelerwerb ausschließt oder wegen der konzentrierten und hohen Kapitalbindung nur für einige wenige sinnvoll erscheinen läßt.

Anteile an Geschlossenen Immobilienfonds sind auf die Bedürfnisstruktur solcher Anleger zugeschnitten, die
- eine rentierliche, langfristig wertgesicherte Vermögensaufbewahrung anstreben;
- nicht nur kurzfristig am Konsum orientierte Sparziele verfolgen, sondern die familiäre Zukunftssicherung, die Altersversorgung und eine möglichst steuerunschädliche Vermögensübertragung im Schenkungs- und Erbschaftsfall in den Vordergrund ihrer Anlageüberlegungen stellen;
- über ein vergleichsweise hohes Einkommen und/oder ein anlagebereites Vermögen verfügen und
- die ertragsteuerlichen Vorteile der Einkunftsart Vermietung und Verpachtung wahrnehmen wollen.

2. Produktnutzen

2.1 Spannweite des Nutzenprofils

Die Vorziehenswürdigkeit alternativer Kapitalanlagen, die Entscheidung für eine oder mehrere Kapitalanlagen und nicht für andere, die Erarbeitung von Anlageempfehlungen und die Planung von Anlageprogrammen – all dies setzt Anlageziele und Anforderungen voraus, die erfüllt werden sollen. Nur die konsequente Überprüfung der jeweiligen Zielerfüllung kann der Schlüssel zu einer verantwortungsvollen Anlageauswahl sein. Insofern muß sich jede qualifizierte Anlageanalyse und Vermögensberatung mit der Konkretisierung und Artikulierung von Anlagezielen beschäftigen.

Aus dem Bereich der empirischen Kapitalanlegerzielforschung liegen eine Reihe US-amerikanischer, aber auch bundesdeutsche Studien vor. Eine 1989 veröffentlichte Studie (Münchener Insitut, Dr. Seebauer & Partner GmbH) ermittelt für die »ideale« Geldanlage eine höchst anspruchsvolle Präferenzstruktur:
1. Sicherheit der Investitionen
2. Höhe der Rendite (im Sinne von Verzinsung/Ausschüttung)
3. Inflationssicherheit
4. Durchschaubarkeit der Anlage
5. Wertsteigerung.

Nur »Wunderanlagen« könnten dieser Präferenzstruktur gerecht werden, sollten wirklich alle Ziele in bestmöglicher Ausprägung erfüllt sein.

Die genannten Ziele oder Zielkriterien und ihre Reihenfolge sollten deshalb eher als generelle Leithinweise für Entscheidungskriterien angesehen werden.

Zu den Forderungen, die zunehmend an Bedeutung gewinnen, gehören darüber hinaus das Interesse der Anleger an Anlagen, die keiner besonderen Pflege bedürfen (ADIG-, EMNID- und SPIEGEL-Studien), ihnen also keine zusätzlichen Aktivitäten abverlangen und andererseits die Forderung nach Durchschaubarkeit, Transparenz und Vertrautheit mit der Kapitalanlage.

Die Spannweite des Nutzenprofils ausgesuchter Geschlossener Immobilienfonds umfaßt ein differenziertes Feld von Merkmalen:
a) Durchschaubarkeit, Transparenz, Vertrautheit
b) Benutzerfreundlich, pflegeleicht
c) Individuelle Wahl der Investitionshöhe, beliebige Stückelbarkeit
d) Ausschüttungen
e) Inflationsschutz.

Werterhaltung der Kapitalanlage:
die Mietverträge enthalten Indexklauseln, die nach Maßgabe der Inflationsentwicklung zu steigenden Mieterträgen führen.

Werterhaltung der laufenden Ausschüttung:
da Preissteigerungen zu steigenden Mieten führen, während die Zinsen als Hauptkostenfaktor in der Regel langfristig fixiert sind, erhöhen sich tendenziell die ausschüttungsfähigen liquiden Überschüsse.
f) Fremdfinanzierbarkeit
g) Sicherheit
h) Steuerlicher Zusatznutzen

Wegen ihrer grundsätzlichen Bedeutung wollen wir diesen Aspekten nachfolgend ein eigenes Kapitel widmen.

2.2 Steuerliche Nutzenkategorien

2.2.1 Vorteile der Einkunftsart

Einerseits soll hier gewiß nicht der Eindruck geweckt werden, die steuerlichen Zielrealisationen seien das Wichtigste an Geschlossenen Immobilienfonds.

Andererseits geht es grundsätzlich um die Sonderstellung der Grundbesitzbesteuerung in der Bundesrepublik Deutschland, deren Präferenzen auch Geschlossene Immobilienfonds vollumfänglich ausschöpfen.

Eine im Handelsregister eingetragene Kommanditgesellschaft erzielt vom Grundsatz her Einkünfte aus Gewerbebetrieb. Soweit jedoch ausschließlich Vermögensverwaltung Gesellschaftszweck und -tätigkeit ist, sind die Einkünfte der Kommanditgesellschafter als Einkünfte aus Vermietung und Verpachtung zu qualifizieren, es sei denn, es liegen die Sondertatbestände der gewerblichen Prägung (ausschließlich Kapitalgesellschaften als Komplementäre und nur diese sind zur Geschäftsführung befugt) oder der »Liebhaberei« vor. Die Einkünfte der Einkunftsart Vermietung und Verpachtung werden durch Einnahmen-Überschußrechnung ermittelt. Der besondere Vorzug dieser Ermittlungsmethode bei Immobilienbeteiligungen wird durch die nachfolgende Gegenüberstellung von Einnahmen und Ausgaben (Ermittlung des liquiden Ergebnisses) und die Gegenüberstellung von Ertrag und Aufwand (Betriebsvermögensvergleich) augenfällig:

	Einnahmen-Überschußrechnung	Betriebsvermögens-vergleich (G+V)	Ermittlung des liquiden Ergebnisses
	Gegenüberstellung von Einnahmen und Werbungskosten (i.S. von § 8 und 9 EStG) unter Beachtung des Zufluß-/ Abflußprinzips (§ 11 EStG)	Gegenüberstellung von Ertrag und Aufwand (Periodenzuordnung, Periodenabgrenzung)	Gegenüberstellung von Einnahmen und Ausgaben
Miete	1.000,00	1.000,00	1.000,00
Disagio (10 Jahre)	./. 3.000,00	./. 300,00	0,00
Zins	./. 400,00	./. 400,00	./. 400,00
Tilgung	0,00	0,00	./. 100,00
Abschreibung	./. 400,00	./. 400,00	0,00
Ausschüttung	0,00	0,00	./. 400,00
Ergebnis	**./. 2 800,00**	**./. 100,00**	**+ 100,00**

FUNDUS GRAFIK

Um die relevanten steuerlichen Nutzenmerkmale Geschlossener Immobilienfonds in der Rechtsform der vermögensverwaltenden Kommanditgesellschaft vergleichsweise zu verdeutlichen, zeigt das nachfolgende Schaubild eine Gegenüberstellung steuerlicher Kriterien für Geschlossene und Offene Immobilienfonds:

Steuerliche Kriterien	Geschlossener Immobilienfonds (KG)	Offener Immobilienfonds nach KAGG
1. Verlustzuweisung	Ja, „unter pari Kurs"	Nein, Kurs 105%
2. Steuerfreiheit der Ausschüttungen	Teilweise, wegen AfA und Zinsen	Teilweise, wegen Veräußerungsgewinnen
3. Steuerfreiheit des Veräußerungsgewinns	Ja – nach 2 Jahren	Ja – nach 6 Monaten
4. Nutzung der wirtschaftlichen Wirkung der Abschreibung der Immobilie	Ja, Ausschüttung möglich	Ja, jedoch üblicherweise zur Rücklagenbildung
5. Bewertung der Immobilie mit dem Einheitswert beim Zeichner	Ja	Nein – Kurswert
6. Vermögensteuerwirkung der Immobilie	Typischerweise ja	Nein – Kurswert
7. Schenkungsteuerliche Wirkung der Immobilie	Typischerweise ja	Nein – Kurswert
8. Erbschaftsteuerwirkung	Typischerweise ja	Nein – Kurswert

FUNDUS GRAFIK

Bestimmte Aufwendungen der Fondsgesellschaft in der Investitionsphase führen als Werbungskosten zu einer »Verlustzuweisung«. Diese negativen Einkünfte aus Vermietung und Verpachtung kann der Fondszeichner mit seinen sonstigen positiven Einkünften verrechnen und spart auf diese Weise entsprechend seiner persönlichen Steuerbelastung Steuern. Dies führt zu einer Minderung des Kaufpreises von nominal 105% der Zeichnungssumme.

Die »Verlustzuweisung« ist also mit einem »Unter-pari-Effekt« verbunden. Die wesentlich im Finanzierungsbereich angesiedelten sofort abzugsfähigen Werbungskosten liegen bei konservativ finanzierten KG-Fonds in aller Regel zwischen ca. 25% und 35%, bezogen auf das Eigenkapital.

Ausschüttungen erfolgen aus dem Überschuß der tatsächlichen Mieteinnahmen und Guthabenzinsen über die jährlichen Ausgaben. Barausschüttungen sind ertragsteuerlich Entnahmen und sind deshalb nicht zu versteuern. Erklärungspflichtig gegenüber der Finanzverwaltung ist das anteilige steuerliche Ergebnis, das auf die jeweilige Zeichnungssumme entfällt. Dieses steuerliche Ergebnis ist nun für eine längere Laufzeit der Beteiligung regelmäßig niedriger als die erhaltene Barausschüttung; denn steuerlich gibt es insbesondere einen Aufwand, der nicht mit einem Liquiditätsabfluß verbunden ist: der Einnahmenüberschuß pro Jahr wird steuerlich – nicht liquiditätswirksam – durch laufende Abschreibungen geschmälert. Hier zeigt sich im übrigen die Vorteilhaftigkeit der Personengesellschaft. Kapitalgesellschaften können zunächst einmal nur Gewinne ausschütten, Abschreibungen nur dann, wenn sie entweder in gleichem Maße Kapital herabsetzen oder Gesellschafterdarlehen oder stille Beteiligungen entsprechend zurückführen würden.

Vorausgesetzt, die Kalkulationsansätze für Instandsetzungs-, Instandhaltungs- und Erneuerungsaufwendungen sind im Rahmen eines sachverständigen Fachgutachtens gewerkspezifisch unter Berücksichtigung eventueller Gewährleistungsfristen und den Nebenkostenregelungen der Mietverträge abgeleitet und es werden darüber hinaus noch solide Rücklagen für Unvorhergesehenes aufgebaut, sind Ausschüttungen, die die steuerlichen Ergebnisse (Gewinne) übersteigen, nicht nur zulässig, sondern ein betriebswirtschaftliches Muß. Da mit zunehmender Laufzeit die Einnahmenüberschüsse bei gleichzeitig zunehmender Tilgung steigen, die Abschreibungen hingegen entweder gleich bleiben oder in Stufen fallen, steigen natürlich die steuerlichen Ergebnisse. Dies wird in der Regel kompensiert durch den Transfer in eine niedrigere Progressionsstufe, der für die meisten Fondszeichner (Durchschnittsalter bei Zeichnung ca. 50 Jahre) mit dem Abschied aus dem aktiven Berufsleben verbunden ist. Nach Ablauf der zweijährigen Spekulationsfrist sind ggf. erzielte Veräußerungsgewinne steuerfrei. Freilich, der Wertzuwachs aller Anlagen, die im Privatvermögen gehalten werden, ist nach Ablauf einer Spekulationsfrist, die z.B. für Aktien und Bonds nur sechs Monate beträgt, steuerfrei. Für gewerbliche Fondsimmobilien hat die kurzfristige Spekulationsfrist ohnehin nur akademische Bedeutung, denn die Wertzuwachspotentiale derartiger Langfristprodukte sind regelmäßig nicht kurzfristig, sondern – ihre zeitliche Kategorisierung bestätigend – nur langfristig zu verwirklichen.

2.2.2 Vermögensbezogene Vorteile

Den drei einkommensteuerlichen Vorteilen entsprechen drei vermögensbezogene:

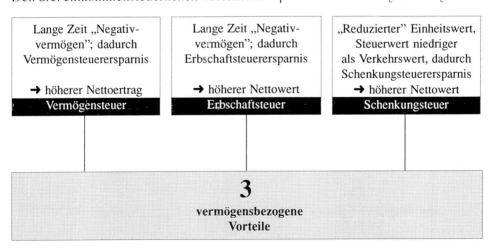

Die Anleger sind am Vermögen der Fondsgesellschaft ebenso beteiligt wie an deren Einkünften. Bei der Ermittlung des steuerpflichtigen Vermögens werden die Vermögensgegenstände und die Schulden erfaßt. Nach den Vorschriften des Bewertungsgesetzes werden Grundstücke mit dem um 40% erhöhten Einheitswert angesetzt. Vereinfacht gesprochen, führt das einheitlich geregelte Verfahren dazu, daß etwa 20% – 30% des Verkehrswertes einer Immobilie bei der Vermögensteuer »zählen«. Da neben Betriebsvorrichtungen, die mit dem gemeinen Wert (etwa Verkehrswert) anzusetzen sind, Schulden jedoch in nomineller Höhe abzugsfähig bleiben, ergibt sich im allgemeinen per Saldo ein negativer vermögensteuerlicher Wert, der mit anderen positiven Vermögenswerten eines Fondszeichners verrechnet werden kann. Für den vermögensteuerpflichtigen Fondszeichner erhöht sich damit die Rentabilität seiner Fondsbeteiligung um ca. 0,5%, und trotz des optisch niedrigen Vermögensteuersatzes darf nicht vergessen werden, daß die Vermögensteuer aus versteuerten Mitteln zu leisten ist.

Der Transfer von Vermögenswerten in die nächste Generation durch Erbschaft (unentgeltliche Vermögensübertragung) hat allerdings seinen Preis: es wird Erbschaftsteuer fällig, deren Höhe vom Verwandtschaftsgrad und vom Volumen der ererbten Werte abhängt. Die nachfolgende Tabelle gibt die stark progressiv verlaufende Erbschaftsteuerbelastung wieder:

Wert des steuerpflichtigen Erwerbs bis einschließlich DM	Vom-Hundertsatz in der Steuerklasse			
	I z.B. Ehegatten-Freibetrag 250.000,- Kinder-Freibetrag 90.000,-	**II** z.B. Enkel-Freibetrag 50.000,-	**III** z.B. Eltern, Geschwister Freibetrag 10.000,-	**IV** z.B. entfernte Verwandte, Nichtverwandte Freibetrag 3.000,-
50.000,-	3	6	11	20
75.000,-	3,5	7	12,5	22
100.000,-	4	8	14	24
125.000,-	4,5	9	15,5	26
150.000,-	5	10	17	28
200.000,-	5,5	11	18,5	30
250.000,-	6	12	20	32
300.000,-	6,5	13	21,5	34
400.000,-	7	14	23	36
500.000,-	7,5	15	24,5	38
600.000,-	8	16	26	40
700.000,-	8,5	17	27,5	42
800.000,-	9	18	29	44
900.000,-	9,5	19	30,5	46
1.000.000,-	10	20	32	48
2.000.000,-	11	22	34	50
über 100.000.000,-	35	50	65	70

FUNDUS GRAFIK

Es leuchtet unmittelbar ein, daß angesichts der erwähnten Marktvolumina die erbschaftsteuerfreundliche Strukturierung von Vermögensportfolios einen bedeutenden und expansiven Markt eröffnet. Zu einseitig auf Nominalwerte ausgelegte Vermögenszusammensetzungen werden dem Ziel des Vermögenstransfers in die nächste Generation ohne Vermögensverluste sicherlich nicht gerecht. Eine Beimischung von Anteilen an Geschlossenen Immobilienfonds zu einem gegebenen Portfolio führt dagegen zu hochinteressanten Erbschaftsteuerersparnissen, wie das folgende Beispiel zeigt:

Es erbt	Ehefrau DM 2 Mio. vom Ehemann Steuerklasse I**	Ehefrau DM 2 Mio. vom Ehemann Steuerklasse I***	Enkel DM 1 Mio. vom Großvater Steuerklasse II	Nichtverwandter DM 1 Mio. Steuerklasse IV
a) ohne Fonds-Beteiligung				
Wert der Erbschaft	DM 2.000.000,-	DM 2.000.000,-	DM 1.000.000,-	DM 1.000.000,-
./. Freibetrag	DM 500.000,-	DM 250.000,-	DM 50.000,-	DM 3.000,-
Bemessungsgrundlage	DM 1.500.000,-	DM 1.750.000,-	DM 950.000,-	DM 997.000,-
Erbschaftsteuer	DM 165.000,-	DM 192.500,-	DM 190.000,-	DM 478.560,-
in %	11	11	20	48
b) mit Fonds-Beteiligung: Es erbt	Ehefrau Fonds-Beteiligung in Höhe von DM 500.000,- und DM 1,5 Mio bar	Ehefrau Fonds-Beteiligung in Höhe von DM 500.000,- und DM 1,5 Mio bar	Enkel Fonds-Beteiligung in Höhe von DM 500.00,- und DM 0,5 Mio bar	Nichtverwandter Fonds-Beteiligung von DM 500.000,- und DM 0,5 Mio bar
Wert des ererbten Barvermögens	DM 1.500.000,-	DM 1.500.000,-	DM 1.000.000,-	DM 1.000.000,-
Erbschaftsteuerl. Wert d. Fonds-Beteil. ./. 35%	DM 175.000,-	DM 175.000,-	DM 175.000,-	DM 175.000,-
./. Freibetrag	DM 500.000,-	DM 250.000,-	DM 50.000,-	DM 3.000,-
Bemessungsgrundlage	DM 825.000,-	DM 1.075.000,-	DM 275.000,-	DM 322.000,-
Erbschaftsteuer	DM 78.375,-	DM 118.250,-	DM 35.750,-	DM 115.920,-
Erbschaftsteuerersparnis	**DM 86.625,-**	**DM 74.250,-**	**DM 154.250,-**	**DM 362.640,-**

Referenzfonds: FONDS 14

*
** Gemäß § 17 Abs. 1 wird der 2. Freibetrag in Höhe von DM 250.000,- um den Kapitalwert evtl. nicht der Erbschaftsteuer unterliegender Versorgungsbezüge gekürzt, die dem überlebenden Ehegatten aus Anlaß des Todes der Erblassers zustehen.
*** Nur 1 Freibetrag

FUNDUS GRAFIK

Schließlich gelten auch bei der Schenkungsteuer die Einheitswerte für Grundbesitz. Nach der Nettozuwendungsmethode werden die schenkungsteuerlichen Werte allerdings anders als die vermögen- und erbschaftsteuerlichen Werte ermittelt: zunächst werden vom Verkehrswert des Fondsvermögens die Schulden abgezogen und so der unbelastete Teil in Prozent des Fondsvermögens ermittelt. Mit diesem Prozentsatz wird dann die Summe aus dem um 40% erhöhten Einheitswert des Grundvermögens und des sonstigen Vermögens des Fonds multipliziert. Nach dieser Ermittlungsmethode sind »Negativschenkungen« zwar ausgeschlossen, jedoch sind die derart ermittelten schenkungsteuerlichen Werte immer noch weitaus günstiger als die zu 100% steuerpflichtigen Verkehrswerte nominaler Vermögensteile.

2.3 Rentabilität

2.3.1 Die Fondsprognoserechnung als Bezugsrahmen

2.3.1.1 Aufbau und Komponenten

Unter Rentabilität wird allgemein das Verhältnis von Gewinn zu Kapitaleinsatz verstanden; übertragen auf die Einkunftsart Vermietung und Verpachtung, also das Verhältnis von Ausschüttung oder ausgeschüttetem Einnahmenüberschuß zu Kaufpreis (Herstellungskosten, Anschaffungskosten). Wenn gewerbliche Immobilien also zum x-fachen der aktuellen Jahresmiete gehandelt werden, dann ist ein derartiges Verzinsungs- oder Rentabilitätskriterium bestenfalls ein Anhaltspunkt oder ein Ausgangspunkt für die Rentabilität, die der Käufer erzielen wird, denn:

1. eine Jahresmiete ausschließlich Mehrwertsteuer ist eine Brutto-Erfolgsgröße. Für den Investor ungleich wichtiger ist der Teil der Mieteinnahmen, der ihm nach Bedienung der Bewirtschaftungskosten einschließlich nicht umlegbarer Nebenkosten und angemessen kalkulierten Instandhaltungssätzen zur Verfügung steht;
2. diese Maßgröße kennt keine steuerliche Betrachtungsebene (z. B. Abschreibung);
3. es wird eine hundertprozentige Eigenkapitalfinanzierung des Kaufpreises unterstellt;
4. die persönliche steuerliche Situation eines Fondszeichners wird nicht mitberücksichtigt;
5. die arg verkürzte und investorferne Maßgröße bezieht sich nur auf einen Zeitpunkt am Anfang der Investition und läßt ihren langfristigen Charakter und damit eine mehrperiodische Betrachtung unberücksichtigt. Eine Beteiligung an einem Geschlossenen Immobilienfonds ist eine Langfristanlage; die Wirkungen realisierter Mieterhöhungspotentiale und inflationsbedingter Mietsteigerungen, verbunden mit der Wirkung von Tilgung und Abschreibung im Zeitablauf, können

ebenso wenig kurzfristig gemessen werden wie die Wirkung eines etwaigen Verkaufserlöses in langfristiger Zukunft.

Eine mehrperiodische Investitionsrechnung für ein Wirtschaftsgut sollte grundsätzlich alle relevanten und zurechenbaren Zahlungsströme über seine voraussichtliche Nutzungsdauer abbilden. Das Erfassungsmodell zur Rentabilitätsermittlung einer Fondsbeteiligung unterscheidet einen liquiditätsorientierten von einem steuerlich orientierten Teil:

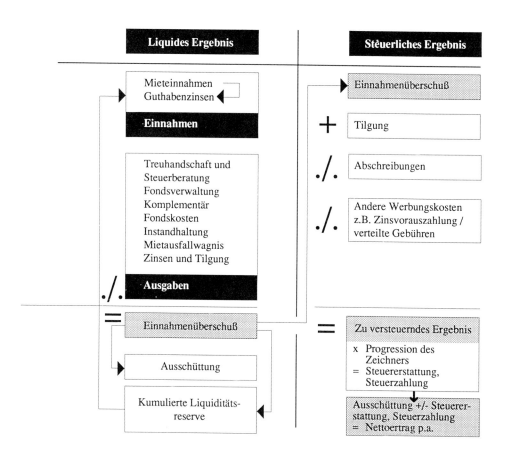

Die Einnahmen eines Fonds setzen sich zusammen aus Mieteinnahmen und Guthabenzinsen. Da die Fondsgesellschaft die Mieten zwar monatlich vereinnahmt, Ausschüttungen aber üblicherweise zum 30. 6. des jeweiligen Folgejahres vorgenommen werden und sauber konzipierte Fonds von Anfang an mit einer wachsenden Liquiditätsreserve ausgestattet sind, entstehen mit der Anlage dieser liquiden Mittel Zinsen, die den Fondszeichnern zustehen.

In diesem Zusammenhang ist darauf zu achten, daß die Mieteinnahmen einer

Fondsgesellschaft tatsächlich die von den wirklichen Einzelmietern gezahlten Mieten und nicht etwa in Gänze durch einen Initiator oder Syndikator lediglich garantierte Mieteinnahmen sind. Die Vergangenheit hat gelehrt, daß eine solche Konstruktion oftmals eine gegebene Ertragsschwäche des Objektes über eine kurze Garantiephase verdeckt.

Die Eingangsgröße der steuerlichen Rechnung ist der Einnahmenüberschuß, der nach Erhöhung um die Tilgung und nach Verringerung um die laufende Abschreibung und anderer Werbungskosten zum jährlichen steuerlichen Ergebnis führt.

Auf der Grundlage des Investitions- und Finanzierungsplanes, des Gesellschaftsvertrages, des Treuhandvertrages und des steuerlichen Gutachtens, der mietvertraglichen Regelungen einschließlich plausibler Hypothesen über Anschlußvermietungskonditionen und die durchschnittliche Inflationsrate im Betrachtungszeitraum, Annahmen eines adäquaten Mietausfallwagnisses und, basierend auf den Konditionen der langfristigen Endfinanzierung, der im Rahmen eines technischen Gutachtens abgeleiteten Instandhaltungs-Entwicklung sowie Annahmen über die durchschnittlich erzielbaren Guthabenzinsen im Betrachtungszeitraum, wird das Zahlenwerk der Fondsprognoserechnung transparent und umfassend entwickelt.

Das folgende Beispiel gibt einen solchen Bezugsrahmen zur Rentabilitätsberechnung für einen Geschlossenen Immobilienfonds wieder, der 1988 emittiert wurde und dessen Investitionsvolumen in Höhe von DM 51 Mio. mit Eigenkapital in Höhe von DM 30,2 Mio. und Netto-Fremdkapital in Höhe von DM 20,8 Mio. finanziert ist. Die langfristige Fremdfinanzierung wurde wie folgt vereinbart: DM 11,7 Mio. mit einer 20jährigen Zinsfestschreibung (7,8% p.a.; Auszahlung 100%) und DM 9,1 Mio. mit einer 15jährigen Zinsfestschreibung (7,5% p.a.; Auszahlung 100%). Durch Disagien in Höhe von 10% des Bruttodarlehens wurde der Nominalzins des auf 20 Jahre festgeschriebenen Teils auf 6,9% und für das auf 15 Jahre festgeschriebene Darlehen auf 6,4% gesenkt. Mit einer Zinsvorauszahlung in Höhe von DM 4,026 Mio. wurde der Durchschnittszinssatz bis zum 31.12.1998 weiter auf 4,815% p.a. ermäßigt. Sowohl Disagien als auch Zinsvorauszahlung wurden mitfinanziert (Bruttodarlehen DM 27,585 Mio.). Der durchschnittliche Zinssatz für die Jahre 1999 bis 2003 beträgt 6,687% p.a. Die Tilgung setzt ein ab 1.1.1994 mit durchschnittlich 1% p.a. zuzüglich der jeweils ersparten Zinsen. Ab 1.1.1999 ist sie mit durchschnittlich 1,5% p.a. und ab dem 1.1.2004 mit durchschnittlich 2% p.a. vereinbart.

I. Voraussichtliche Liquiditätsentwicklung (in TDM) – Prognose-Rechnung für den Zeitraum 1989–2008

FONDS 14	1989	1990	1991	1992	1993	1994	1995
Mieteinnahmen	3289	3296	3299	3367	3421	3589	3639
Guthabenzinsen	72	120	129	141	156	165	170
Einnahmen	**3361**	**3416**	**3428**	**3508**	**3577**	**3754**	**3809**
Treuhandschaft und Steuerberatung	0	45	45	45	45	90	91
Fondsverwaltung	0	45	45	45	45	90	91
Komplementär	10	10	10	10	20	27	27
Fondskosten	140	140	140	140	140	145	151
Instandhaltung	30	31	31	32	33	97	101
Mietausfallwagnis	45	45	45	45	45	36	36
Zinsen und Tilgung	1330	1330	1330	1330	1330	1605	1605
Ausgaben	**1555**	**1646**	**1646**	**1647**	**1658**	**2090**	**2102**
Einnahmenüberschuß	1806	1770	1782	1861	1919	1664	1707
Ausschüttung	1586	1586	1586	1586	1586	1586	1586
Barausschüttung in % des nom. EK (Summe: 122,75%)	**5,25**	**5,25**	**5,25**	**5,25**	**5,25**	**5,25**	**5,25**
Barausschüttung in % des effekt. EK (Steuersatz 40%)	**5,68**	**5,68**	**5,68**	**5,68**	**5,68**	**5,68**	**5,68**
Barausschüttung in % des effekt. EK (Steuersatz 50%)	**5,88**	**5,88**	**5,88**	**5,88**	**5,88**	**5,88**	**5,88**
Kumulierte Liquiditätsreserve	620	804	1000	1275	1608	1686	1807

II. Voraussichtliche steuerliche Ergebnisse (in TDM)

	1989	1990	1991	1992	1993	1994	1995
Einnahmenüberschuß	1806	1770	1782	1861	1919	1664	1707
+ Tilgung	0	0	0	0	0	275	289
./. Abschreibung	1790	1790	1790	1790	1790	1790	1790
./. andere Werbungskosten	908	835	598	525	452	293	220
zu versteuerndes Ergebnis	–892	–855	–606	–454	–323	–144	–14
zu versteuerndes Ergebnis in % des EK (Summe: 65,2%)	**–3,0**	**–2,8**	**–2,0**	**–1,5**	**–1,1**	**–0,5**	**0**
Stand „Kapitalkonto" in % des EK	65,4	57,3	50,0	43,3	37,0	31,2	26,0
Stand Fremdkapital jeweils zum 31.12.	27585	27585	27585	27585	27585	27310	27021

Mietentwicklung
Die Mietverträge sind an die Entwicklung des Lebenshaltungskostenindex gebunden. Bei der Ermittlung der Mieteinnahmen wurde die jährliche Inflationsrate für die Jahre 1989 und 1990 mit jeweils 1,75% und ab dem Jahre 1991 bis zum Jahre 2008 mit durchschnittlich 3,85% angenommen. Die Errechnung der jeweiligen Miete erfolgte auf der Basis der abgeschlossenen Mietverträge. Für die nicht indexierten Wohnungsmietverträge wurde unterstellt, daß bei einem 10%igen Anstieg der Lebenshaltungskosten die Mieten um 5% angehoben werden können.

Guthabenzinsen
Bei der Ermittlung der Guthabenzinsen wurde jeweils ein geschätzter durchschnittlicher Liquiditätssaldo aus Mieteinnahmenüberschüssen, Liquiditätsreserve und Barausschüttung bei langfristiger Anlage des Bodensatzes mit 5% p.a. verzinst. Die Höhe der tatsächlichen Zinseinnahmen kann von den prognostizierten abweichen.

Geschäftsbesorgung, Komplementäre, Treuhänder
Die Gebühren für die Treuhandschaft inklusive der Steuerberatung und der laufenden Fondsgeschäftsbesorgung betragen in den Jahren 1990 bis zum Jahre 1993 jeweils DM 45.000,– p.a.; ab dem Jahre 1994 belaufen sich sie jeweils auf 2,5% der vertraglichen Jahresmieten ohne Umsatzsteuer. Die Komplementärvergütung beträgt 1989 bis 1992 DM 10.000,– p.a.; 1993 beträgt sie DM 20.000,– p.a.; ab dem Jahre 1994 0,75% der vertraglichen Jahresmieten ohne Umsatzsteuer.

Fondskosten
Die Fondskosten enthalten die Gebühren für die Prüfung des Jahresabschlusses, den Verwaltungsrat und die nicht umlagefähigen Nebenkosten. Die Fondskosten sind bis zum Jahre 1993 mit Pauschalbeträgen, die danach mit 3,85% p.a. indexiert werden, kalkuliert.

Instandhaltung
Die Instandhaltungen wurden entsprechend den Ausführungen auf Seite 345 für die einzelnen Bewirtschaftungsjahre auf Preisbasis 1989 ermittelt und danach wie die Mieteinnahmen mit den angenommenen Inflationsraten indexiert.

Mietausfallwagnis
Das Mietausfallwagnis wurde mit 1% der Mieteinnahmen kalkuliert. Für die Jahre 1989 bis 1993 wurde ein erhöhtes Mietausfallwagnis von DM 45.000,– p.a. in Ansatz gebracht.

Kapitaldienst
Der Kapitaldienst für Zins und Tilgung ergibt sich auf der Basis der bereits auf Seite 347 erläuterten Bruttodarlehen von TDM 27.585 beim Zinssatz von 4,815% und einer Tilgung ab dem 01.01.1994 von 1% p.a. zzgl. ersparter Zinsen, ab dem 01.01.1999 betragen die Zinsen unter Berücksichtigung der zweiten Zinsvorauszahlung für weitere 10 Jahre 5,69% und die Tilgung 1,5%, die ab dem Jahre 2004 mit 2% angesetzt wurde. Die Höhe der zweiten Zinsvorauszahlung wurde mit TDM 1.902 ermittelt. Die tatsächliche Höhe richtet sich nach dem dann gültigen Kapitalmarktniveau. Die Zinsvorauszahlung für die 2. Dekade soll aus der angesammelten Liquiditäts-

1996	1997	1998	1999	2000	2001	2002	2003	2004	2005	2006	2007	2008
3783	3885	3971	4151	4220	4367	4515	4596	4794	4913	5035	5241	5335
180	193	209	125	128	137	146	153	160	168	173	178	181
3963	**4078**	**4180**	**4276**	**4348**	**4504**	**4661**	**4749**	**4954**	**5081**	**5208**	**5419**	**5516**
95	97	99	104	106	109	113	115	120	123	126	131	133
95	97	99	104	106	109	113	115	120	123	126	131	133
28	29	30	31	32	33	34	34	36	37	38	39	40
157	163	169	176	183	190	197	205	213	221	230	239	248
104	108	113	140	145	151	157	163	169	176	182	189	197
38	39	40	42	42	44	45	46	48	49	50	52	53
1605	1605	1605	1983	1983	1983	1983	2042	2121	2121	2121	2121	2121
2122	**2138**	**2155**	**2580**	**2597**	**2619**	**2642**	**2720**	**2827**	**2850**	**2873**	**2902**	**2925**
1841	1940	2025	1696	1751	1885	2019	2029	2127	2231	2335	2517	2591
1661	1661	1661	1661	1661	1888	1888	1963	2114	2265	2416	2567	2567
5,50	**5,50**	**5,50**	**5,50**	**5,50**	**6,25**	**6,25**	**6,50**	**7,00**	**7,50**	**8,00**	**8,50**	**8,50**
5,95	**5,95**	**5,95**	**5,95**	**5,95**	**6,76**	**6,76**	**7,03**	**7,57**	**8,11**	**8,65**	**9,20**	**9,20**
6,16	**6,16**	**6,16**	**6,16**	**6,16**	**7,00**	**7,00**	**7,28**	**7,84**	**8,40**	**8,96**	**9,52**	**9,52**
1987	2266	728	763	853	850	981	1047	1060	1026	945	895	919
1841	1940	2025	1696	1751	1885	2019	2029	2127	2231	2335	2517	2591
303	317	332	500	528	558	590	623	797	842	890	941	994
1080	1080	1040	940	940	940	580	580	580	580	580	580	580
146	73	346	311	277	242	207	173	138	104	69	35	0
918	1104	971	945	1062	1261	1822	1899	2206	2389	2576	2843	3005
3,0	**3,7**	**3,2**	**3,1**	**3,5**	**4,2**	**6,0**	**6,3**	**7,3**	**7,9**	**8,5**	**9,4**	**10,0**
23,5	21,6	19,4	17,0	15,0	12,9	12,7	12,5	12,8	13,2	13,7	14,7	16,1
26718	26401	26069	25569	25041	24483	23893	23270	22473	21631	20741	19800	18806

reserve gezahlt werden. Nach Auslaufen der 15jährigen Zinsbindungsfrist für das Teildarlehen von brutto TDM 11.876 wurde eine Anschlußfinanzierung mit einer 5jährigen Zinsbindungsfrist zum Effektivzinssatz von 6,90% unterstellt. Zur Glättung des Zinsverlaufes wurde hierbei ein erneutes Disagio von TDM 59 im 15. Jahr eingerechnet, das sich je nach Höhe des tatsächlichen Anschlußfinanzierungszinssatzes erhöhen oder vermindern kann.

Barausschüttungen in % des nominellen Kapitals
Die in der Prognose-Rechnung errechneten Barausschüttungen sind abhängig von den zuvor erläuterten Annahmen und Kalkulationen. Da die Zinsen als größter Ausgabefaktor für die Dauer von 15 bzw. 20 Jahren und wesentliche Teile der laufenden Fonds-Kosten langfristig fest vereinbart sind, werden nennenswerte Abweichungen in der Gesamthöhe der Barausschüttungen nicht erwartet.

Die Auszahlung der erwirtschafteten Barausschüttungen erfolgt gemäß Gesellschaftsvertrag jeweils zum 30.06. des Folgejahres; insoweit also abweichend von der Darstellung der Prognose-Rechnung. Die Gesellschafterversammlung kann eine andere Regelung beschließen.

Barausschüttungen in % des effektiv eingesetzten Eigenkapitals
Hierbei wurde das effektiv eingesetzte Eigenkapital für einen Spitzensteuersatz von 40% und 50% (für 1988) unter Zugrundelegung der Erwerbskosten von 105% und von Anfangsverlusten von 31,4% beispielhaft ermittelt.

Liquiditätsreserve
Die nicht ausgeschütteten Fonds-Überschüsse werden in einer Liquiditätsreserve angesammelt. Sie dient überwiegend als Rücklage für die 2. Zinsvorauszahlung und als Rücklage für nicht auszuschließende zukünftige Erneuerungsmaßnahmen, soweit diese die kalkulierten jährlichen Instandhaltungen übersteigen. Bedarfsinduziert kann deshalb die Liquiditätsreserve von der Prognose abweichen.

Andere Werbungskosten
Im Jahre 1988 sind die Werbungskosten ohne Abschreibung aus der Durchführung des Investitionsvorhabens ausgewiesen.
In dieser Zeile ist weiterhin die nach Ansicht der Finanzverwaltung gebotene Verteilung der jeweiligen Zinsvorauszahlungen unter degressiver Auflösung über jeweils 10 Jahre berücksichtigt. Darüber hinaus werden Honorare für die Steuerberatung. Treuhandschaft und Geschäftsbesorgung nach Auffassung der Finanzverwaltung teilweise erst in den Jahren 1989 bis 1993 zum Werbungskostenabzug zugelassen.

Zu versteuerndes Ergebnis, Kapitalkonto
Das Kapitalkonto des Jahres 1989 ergibt sich wie folgt:
Einzahlung 1988   105,00%
./. Verlust 1988   31,40%
./. steuerliches Ergebnis 1989   3,00%
./. Ausschüttung 1989   5,25%
Kapitalkonto   65,35%

2.3.1.2 Ermittlung statischer und finanzmathematischer Kennzahlen

– Statische Rentabilität

Die folgende Beispielrechnung basiert auf der vorseitigen langfristigen Prognoserechnung des Fonds:

Steuerprogression	40%	50%	55%
1. Nominalbeteiligung	100.000	100.000	100.000
2. Agio 5%	5.000	5.000	5.000
3. Gesamtbetrag der Einlage	105.000	105.000	105.000
4. ESt-Ersparnis aus Verlustzuweisung 1988	12.560	15.700	17.270
5. **Tatsächlicher Eigenkapitaleinsatz**	92.440	89.300	87.730
6. Summe der Barausschüttungen	122.750	122.750	122.750
7. Gesamtertrag vor Steuern bezogen auf den tatsächlichen Eigenkapitaleinsatz (Zeile 5)	133%	137%	140%
8. Durchschnittlicher Gesamtertrag vor Steuern p.a.	6,65%	6,85%	7,00%
9. ESt/KiSt-Zahlungen auf steuerliche Fondsüberschüsse von DM 65.200	26.080	32.600	35.860
10. Ertrag nach Steuern (Zeile 6 abzüglich Zeile 9)	96.670	90.150	86.890
11. Gesamtertrag nach Steuern bezogen auf den tatsächlichen EK-Einsatz (Zeile 10 div. durch Zeile 5)	105%	101%	99%
12. **Durchschnittlicher Ertrag nach Steuern p.a.** (Zeile 11 div. durch Prognosezeitraum [20 J.])	**5,2%**	**5,0%**	**5,0%**
(zzgl. Vermögensteuerersparnis (~0,5%)	5,7%	5,5%	5,5%)
das entspricht einem vor Steuern erzielten Ertrag von	**8,7%**	**10.0%**	**11,1%**
(zzgl. Vermögensteuerersparnis	9,5%	11,0%	12,2%)

FUNDUS GRAFIK

Selbstverständlich legt der gewählte 20jährige zeitliche Bezugsrahmen damit die tatsächliche Haltedauer individueller Fondsanteile oder gar der Fondsimmobilien selbst nicht fest.

Aus den jährlichen Barausschüttungen und steuerlichen Ergebnissen lt. Prognoserechnung ermittelt sich der jährliche Durchschnittsertrag der Beteiligung unter Berücksichtigung der jeweiligen Progression nach Steuern. Methodisch wurde unterstellt, daß sich der Wert der Beteiligung über die Laufzeit der Prognoserechnung nicht verändert. Damit wird die Fondsbeteiligung einem »Nominalwert« mit attraktiver Verzinsung ähnlich.

– Finanzmathematische Rentabilität

Bereits bei Unterstellung eines Szenarios ohne Wertentwicklung führt die Ermittlung einer statischen durchschnittlichen Rentabilität zu einer wettbewerbsfähigen Kennzahl.

Realistischer ist dagegen die Durchführung einer Bewertung der Fondsimmobilien am Prognosehorizont unseres Modells. Die Frage nach dem Wert einer Immobilie ist die Frage nach ihrem erzielbaren Verkaufspreis. Zu welchem Preis nun können die Fondsimmobilien in 20 Jahren verkauft werden? Die Antwort auf diese Frage ist einfach und weniger einfach zugleich. Einerseits werden auch in 20 Jahren gewerbliche Immobilien zu einem x-fachen der dann vereinnahmten Jahresmiete gehandelt werden. Andererseits gibt es keine Regel dafür, welches Vielfache als Mietmultiplikator anzusetzen ist. Ein repräsentativer Erfahrungswert, der die Marktverhältnisse der jüngeren Vergangenheit für vergleichbare Objekte in vergleichbaren Lagen berücksichtigt und unter der Bedingung einer professionellen Instandhaltung wäre etwa das 13,8-fache der im Jahre 20 prognostizierten Jahresmiete. Eingangsgröße der Rentabilitätsrechnung wäre dann dieser Verkaufserlös zuzüglich der Liquiditätsreserve im Veräußerungsjahr, abzüglich Veräußerungskosten (3%) und abzüglich des noch zurückzuführenden Teils der Fondshypotheken. In unserem Beispiel würde das zu einem ausschüttungsfähigen Verkaufserlös in Höhe von ca. 177% des Eigenkapitals führen.

Würde man nun diesen ausschüttungsfähigen Teil durch den Beobachtungszeitraum dividieren und das Ergebnis dem ermittelten durchschnittlichen Ertrag hinzufügen, erhielte man eine außergewöhnlich hohe Nettorentabilität. Das wäre rechnerisch zwar richtig, aber betriebswirtschaftlich schlicht falsch, würde doch durch die Mittelwertbildung unterstellt, daß der Verkaufserlös von Beginn des 20jährigen Prognosezeitraums an schon scheibchenweise zur Verfügung gestanden hätte, obgleich er erst nach 20 Jahren fließt.

Barausschüttungen, steuerliche Ergebnisse und Nettoverkaufserlöse fallen zu unterschiedlichen Zeitpunkten verteilt über den gesamten Zeitraum der Fondsprognoserechnung an. Einnahmen, die früher erzielt wurden, haben ein höheres ökonomisches Gewicht als später vereinnahmte Gelder und umgekehrt. Die zeitliche Verteilung von Ausschüttungen in Verbindung mit steuerlichen Ergebnissen und deren Zins- und Zinseszinseffekte sind ebenso wichtig wie ihre absoluten und summierten Werte. Derartige Unterschiede werden üblicherweise durch Abzinsen und Barwertrechnungen berücksichtigt.

Faßt man alle Zahlungsströme des Berechnungsbeispiels (Prämisse: Ausschüttungen, Steuererstattungen und Steuerzahlungen erfolgen immer zum 30.6. des jeweils folgenden Jahres) in einem finanzmathematischen Maß zusammen, ergeben sich für die Rentabilität unserer Fondsbeteiligung die folgenden Werte:

Steuerprogression	40%	50%	55%
Rentabilität netto nach Steuern	7,4%	7,6%	7,6%
(Zzgl. Vermögensteuerersparnis	7,9%	8,1%	8,1%)
das entspricht einer vor Steuern erzielten Rentabilität von	**12,3%**	**15,2%**	**16,9%**
(Zzgl. Vermögensteuerersparnis	13,2%	16,2%	18,0%)

Die finanzmathematischen Rentabilitätskennziffern sind mit der internen Zinsfußmethode ermittelt worden, die aus der Effektivzinsberechnung von Krediten bekannt ist und für die typischen Strukturen der Zahlungsströme Geschlossener Immobilienfonds in KG-Form ein fairer Schätzer der Rentabilität ist.

2.3.2 Zeichnerunabhängige Einflußfaktoren und Sensibilitätsanalysen

Die Entwicklung der Einnahmen hängt wesentlich von der angenommenen Inflationsrate und am Prognosehorizont zusätzlich von der Annahme eines bestimmten Verkaufsmultiplikators ab; die Entwicklung der Ausgaben wird wesentlich bestimmt von Zins und Tilgung und damit von der gewählten Finanzierungsstrategie, aber auch vom Verlauf des konkreten Instandhaltungsbedarfs in der Zukunft.

2.3.2.1 Inflationsrate

Unter Berücksichtigung der jeweiligen Kaufkraft der Barausschüttung ist die angenommene Inflationsrate ohnehin relativ bedeutungslos, denn höhere Inflationsraten bedeuten auch einen höheren Kaufkraftverlust, der durch die Erhöhung der Barausschüttungen nahezu ausgeglichen wird. Die Kaufkraft der Barausschüttungen bleibt also weitgehend von der Inflationsentwicklung unberührt. Gerade diese Tatsache ergibt den positiven Unterschied zu anderen Anlage- und Sparformen, nämlich größtmöglichen Inflationsschutz auch der laufenden »Verzinsung« des angelegten Kapitals und seine eigene Werterhaltung.

2.3.2.2 Finanzierungsstrategie

Der eigenkapitalintensive Referenzfonds FONDS 14 (ca. 60 % EK) ist mit langfristig festgeschriebenen Fremdmitteln finanziert und arbeitet mit mitfinanziertem Disagio, mitfinanzierter Zinsvorauszahlung und einer 5jährigen Tilgungsaussetzung.

Diese Strategie beeinflußt bewußt die Zahlungsströme des Fonds nach Maßgabe finanzmathematischer Grundüberlegungen: Die barwertigen Begünstigungen durch Vorziehen von Einnahmen und durch Verschieben von Ausgaben nach hinten. Da es sich bei einer vollständigen Fondsprognoserechnung gewissermaßen um ein geschlossenes System handelt, sind alle Folgewirkungen dieser Strategie sowohl in der Fondsprognoserechnung als auch in der Verlustzuweisung enthalten. Die Wirkung auf den Verkaufserlös ist ebenfalls einfach abzuleiten, da ja der jährliche Fremdkapitalstand in der letzten Zeile der Rechnung ausgewiesen ist.

Selbstverständlich hätte man auch mit sofortigem Tilgungsbeginn oder ohne Zinsvorauszahlung oder vielleicht ganz ohne Fremdkapital finanzieren können.

Die Wirkung einer sofortigen Tilgung, einer Finanzierung ohne Zinsvorauszahlung und schließlich die Wirkung einer vollständigen Eigenkapitalfinanzierung bei sonst jeweils gleichen Bedingungen zeigt die folgende Übersicht:

	Die Auswirkungen einer Finanzierung			
	① wie Prospekt[1]	② ohne Tilgungsverzögerung	③ ohne Zinsvorauszahlung	④ ohne Fremdkapital
Summe Barausschüttungen nach Steuern[2]	88,90%	82,05%	78,30%	92,20%
Durchschnittsertrag nach Steuern[2]	5,00%	4,60%	4,40%	4,70%
Ausschüttungsfähiger Verkaufserlös	177,24%	188,54%	191,00%	136,70%
Finanzmathematische Rentabilität	7,60%	7,35%	7,10%	5,70%

[1] Referenzfonds: FONDS 14
[2] Prämisse: 50% Progression

FUNDUS GRAFIK

Eine Tilgung von Beginn an verschlechtert natürlich mit sofortiger Wirkung die Barausschüttung, und deren Summe wird kleiner als im Prospektfall, ebenso der durchschnittliche Ertrag nach Steuern. Der verteilungsfähige Verkaufserlös wird zwar ein wenig höher, aber die fehlenden Vorzieheffekte überkompensieren barwertig den relativ geringen später erzielten Mehrerlös.

Ähnlich ist die Wirkung einer Finanzierung ohne Zinsvorauszahlung. Die Barausschüttungen sind von Anfang an kleiner, so auch der durchschnittliche Ertrag nach Steuern. Auch hier wird der nominelle Verkaufserlösvorteil in späterer Zukunft offensichtlich durch die von Anfang an gegebenen Ausschüttungsnachteile barwertig überkompensiert, was ein Vergleich der internen Zinsfüße sehr deutlich macht.

Die vergleichsweise schlechteste Rentabilität hat der ausschließlich eigenkapitalfinanzierte Fonds. Diese Finanzierungsvariante ist zwar durch eine Barausschüttungssumme nach Steuern gekennzeichnet, die ein wenig höher liegt als im Prospektfall. Andererseits aber hat diese Variante die vergleichsweise kleinste Verlustzuweisung, und sie ist durch ein höheres Investitionsvolumen gekennzeichnet, denn sowohl Eigenkapitalbeschaffungskosten als auch Kosten der Treuhandschaft erhöhen sich entsprechend. Und last not least führt diese Strategie zu einem nicht nur marginal, sondern gravierend schlechteren verteilungsfähigen Verkaufserlös als der Prospektfall, weil der leverage-Effekt fehlt.

2.3.2.3 Instandhaltungsüberraschung

Bei der gegebenen Ausgangssituation der neuen oder neuwertigen Immobilien des Fonds sind Instandhaltungsentwicklungen innerhalb der ersten 15 Jahre der Prognoserechnung, die den Rahmen der Ableitungen des technischen Gutachtens deutlich überschreiten, zwar nicht ausgeschlossen, aber nicht sehr wahrscheinlich.

Nehmen wird gleichwohl einmal an: im 14. Jahr der Fondsrechnung kündigen sich einige nicht erwartete Erneuerungsmaßnahmen an, die im 15. Jahr durchgeführt und in Höhe von DM 3 Mio. (ca. 10% des Eigenkapitals) finanziert werden müssen. Das Fondsmanagement schlägt eine zusätzliche Darlehensaufnahme vor, um den Finanzierungsbedarf zu decken.

Angesichts der bisherigen Entwicklung der Mieten, der bislang erfolgten Tilgung und die ursprünglichen Finanzierungsrelationen berücksichtigend, wird ein Darlehen über DM 3 Mio. mit hundertprozentiger Auszahlung, linearer Tilgung und einem Nominalzins in Höhe von 8% über 10 Jahre gewährt. Das folgende Schaubild zeigt die Wirkung einer derartigen Überraschung und Problemlösung u.a. auf die finanzmathematische Rentabilität:

	Instandhaltungsentwicklung	
	wie Prospekt[1]	mit „Instand-haltungs-. überraschung"
Summe Barausschüttungen nach Steuern[2]	88,90%	79,65%
Durchschnittsertrag nach Steuern[2]	5,00%	4,50%
Ausschüttungsfähiger Verkaufserlös	177,24%	168,75%
Finanzmathematische Rentabilität	7,60%	7,10%

[1] Referenzfonds: FONDS 14
[2] Prämisse: 50% Progression

FUNDUS GRAFIK

Die Rentabilität sinkt nur marginal, von 7,6% auf 7,1%, weil die Instandhaltungsüberraschung einmal relativ spät eintritt und zum anderen der finanzierte Instandhaltungsbedarf die Ausgabenströme zwar mit zusätzlichen Tilgungs- und Zinsleistungen belastet, andererseits eine Folgeverlustzuweisung, kleinere steuerliche Folgeergebnisse und auch kleinere jährliche Zuweisungen zur Fondsliquiditätsreserve begründet.

Die Effekte komplexer Finanzierungsstrategien sind in einem vollständigen Bezugsrahmen der Fondsprognoserechnung bestimmbar, können in ihren Rentabilitätswirkungen allerdings nur finanzmathematisch und nicht durch eher emotional geprägte Konventionen beurteilt werden.

2.3.3 Die Wirkung der persönlichen Finanzierung von Fondsanteilen

Leitmotiv für den Erwerb einer Fondsbeteiligung ist für eine große Gruppe von Zeichnern der Vermögensaufbau mit dem Ziel, eine zusätzliche Einkommensquelle zur gesetzlichen Rente oder zur betrieblichen Altersversorgung und anderen arbeitsunabhängigen Einkommensquellen zu schaffen. Für denjenigen, der heute 48 Jahre oder 50 Jahre alt ist und der über ein Jahreseinkommen z. B. eines leitenden Angestellten verfügt, stellt sich auf der Grundlage eines guten finanziellen Spielraums heute eher das Problem, in 10, 12 oder 15 Jahren über zusätzliche Einnahmen verfügen zu können. Es entspricht also der besonderen Situation dieser Zielgruppe, einen Teil ihrer Fondsanteile mit einem persönlichen Darlehen ihres jeweiligen Geldinstitutes zu finanzieren und die Laufzeit dieses Darlehens in Abhängigkeit vom geplanten Eintritt ins Ruhealter zu bestimmen. Üblicherweise wird die Hälfte der Zeichnungssumme finanziert, und bei Finanzierungslaufzeiten zwischen 10 und 15 Jahren können Zins und Tilgung der Anteilsfinanzierung fast vollständig oder ganz aus den laufenden Steuerersparnissen und Barausschüttungen bedient werden. Nach vollständiger Rückführung des Fremdkapitals kommt der Anleger dann in den Genuß der Früchte seiner Beteiligung, zumal begünstigt durch seine dann im allgemeinen niedrigere Steuerprogression, wie geplant.

1. Erhöhung der Zeichnungssumme bei gleichem Eigenkapitaleinsatz;
2. Erhöhung der Steuervorteile aus höherer Verlustzuweisung im Erwerbsjahr, denn die Verlustzuweisung erhält man nicht nur für das Eigenkapital, sondern auch für das Fremdkapital;
3. Zahlung von Zins und Tilgung für die Anteilsfinanzierung fast vollständig oder ganz (bei 50-prozentigen Finanzierungen mit einer Laufzeit zwischen 10 und 15 Jahren) aus den laufenden Steuerersparnissen und Barausschüttungen;
4. Erhöhung der Verzinsung des eingesetzten Eigenkapitals.

In diesem Zusammenhang sollte der Fondszeichner Wert darauf legen, sich die Auswirkungen einer Anteilsfinanzierung auf den Unter-pari-Effekt aus Verlustzuweisung, auf alle relevanten Zahlungsströme vor und nach Steuern über eine bis zu 30jährige Laufzeitbetrachtung sowie auf die statisch und finanzmathematisch ermittelte Rentabilität seiner beabsichtigten Beteiligung demonstrieren zu lassen. Dabei sollten im Zweifel auch eine Anpassungsfähigkeit des Berechnungssystems an eine individuelle Steuerplanung (verschiedene Einkommenssituationen und Steuersätze für zukünftige Lebensabschnitte), der Ansatz einer vom Fondszeichner als wahrscheinlich erachteten Inflationsrate, die durchaus von der des Fondsprospektes abweichen kann, eine Variation der Länge des Betrachtungszeitraumes und eine Änderungsmöglichkeit des Verkaufsmultiplikators am Prognosehorizont der Fondsrechnung angeboten werden.

3. Realisationsbedingungen des Anlageerfolges

3.1 Qualifizierte Immobilienbeschaffung und -finanzierung

Die Anlageschwerpunkte der Anbieter Geschlossener KG-Fonds können im allgemeinen wie folgt umrissen werden:

a) Bürohäuser als Großprojekte sind nur in den Metropolen sinnvoll. Trotz oder gerade wegen dieser eindeutigen Fokussierung des organisierten Büromarktes auf wenige Großstädte ergeben sich in Abhängigkeit vom Mikrostandort für mittlere und kleinere Objekte auch an anderen Orten in Einzelfällen positive Entwicklungschancen.

b) Hotels sind nur in Ausnahmefällen als Renditeobjekte geeignet. Die üblichen Managementverträge sind anlegerfeindlich, und der gegenwärtig zu beobachtende Bauboom kann negative Auswirkungen auf die gesamte Struktur haben. Andererseits, stimmen Makro- und Mikrostandort in ihrer Attraktivität überein und ist das Hotel in einem genau definierten Wettbewerbssegment plaziert, wird es professionell betrieben und stimmen schlußendlich die Pachtverträge, können auch Hotels attraktive Fondsprodukte sein.

c) Freizeitobjekte

Die Freizeit der Bundesbürger wird auch weiterhin zunehmen, und insofern werden freizeitorientierte Immobilien zumindest zukünftig ihren angemessenen Markt haben. So fehlt es denn auch nicht an fehlender Nachfrage von Nutzern solcher Immobilien, sondern eher an nachhaltigen strukturellen Konzeptionen und erfahrenen Betreibern. Solange die Menge der vom Markt bestätigten Entwürfe noch keine schlüssigen Erfolgsprognosen zuläßt und professionelles Management nicht erkennbar zur Verfügung steht, sollten Freizeitobjekte nicht oder zumindest noch nicht Objekte Geschlossener Immobilienfonds sein.

d) Distributionszentren, Lagerhallen, Industrieobjekte

Rechnen sich im Bereich der Distributionszentren und Lagerhallen nur Topstandorte als Anlageobjekte, sind Industriegebäude als Anlageobjekte Geschlossener Immobilienfonds ungeeignet, weil sie konzeptionell und ökonomisch zu sehr auf die mietenden Unternehmen zugeschnitten sind und deshalb minimale Zweit- oder Drittverwendungsmöglichkeiten und damit geringe Wiederverkaufschancen haben.

e) Wohn- und Geschäftshäuser bieten bei entsprechendem Mikrostandort gute Anlagechancen in fast allen Städten der Bundesrepublik.

f) Gewerbeparks mit ihrem kombinierten Angebot an Büro-, Ausstellungs- und Lagerflächen sind interessante gewerbliche Angebote und bieten gute Entwicklungschancen.

g) Großflächige Einzelhandelsobjekte/Einkaufszentren

Bestehende, vom Markt angenommene oder bereits genehmigte großflächige Einzelshandelsimmobilien oder Einkaufszentren gelten als äußerst interessante Gewerbeimmobilien, weil:
- attraktive Innenstadt- oder Innenstadtrandlagen rar und kaum noch zu finden sind;
- der Realisierung neuer Zentren in der Regel eine deutliche Divergenz zwischen Grundstücks- und Bauinvestitionen auf der einen und Ertragsmargen auf der anderen Seite entgegensteht;
- die meisten Städte und Gemeinden sind kaum noch bereit, Genehmigungen für größere Einzelhandelsflächen zu erteilen. Die Märkte sind also eng, und einem relativ starren Angebot steht eine große Nachfrage gegenüber.

Einkaufen ist eine notwendige Tätigkeit im Rahmen des Grundbedarfs eines jeden Bürgers, egal ob er viel oder wenig verdient, in welcher Region er lebt und gleichgültig, wie viele Familienmitglieder von einem Einkommen leben; letztendlich auch unabhängig von der wirtschaftlichen Situation und der Kaufkraft des einzelnen. Deshalb sind Verbrauchermärkte und SB-Warenhäuser in Flensburg, Aachen, Dortmund oder Düren genauso interessant wie in München. Angesichts der Preisunterschiede im Süd-Nordgefälle (im Schnitt 1–1½ Jahresmieten) sind die Flächen in Klein- und Mittelstädten des Nordens und Westens der Bundesrepublik den Objekten des ansonsten bevorzugten Südens zumindest gleichwertig.

3.2 Finanzierungsstrategie

Die Finanzierungsstrategie eines Immobilienfonds und die Güte seiner Immobilien stehen in einer engen Beziehung zueinander. Zwar wird die beste Finanzierungsstrategie aus schlechten Immobilien sicher keine guten Immobilien machen, jedoch können inadäquate und risikobehaftete Finanzierungskonzeptionen aus an sich durchaus sinnvollen Immobilien Immobilienfonds machen, die den Anlageerfolg eher verhindern als ermöglichen helfen. Nicht zuletzt vor dem Hintergrund der vorliegenden umfangreichen Erfahrungen hat sich im Markt der Geschlossen Immobilienfonds in KG-Form die eigenkapitalorientierte Fondsfinanzierung durchgesetzt, die das jeweilige Fondsinvestitionsvolumen zu 50 % und mehr mit Eigenkapital (Zeichnungskapital, Kommanditkapital) belegt.

In der Emissionsphase werden die Fondsobjekte voll durch Geschäftsbanken zwischenfinanziert. Plaziertes Eigenkapital und langfristige Endfinanzierung lösen die Zwischenfinanzierung ab.

Die langfristige Finanzierungsphase beginnt mit der Fondsschließung, zu deren Zeitpunkt die Endfinanzierung valutiert wird.

Auch bei stark eigenkapitalfinanzierten Immobilienfonds ist der Kapitaldienst mit weitem Abstand größter einzelner Ausgabenfaktor in der laufenden Fondsrechnung. Daraus folgt unmittelbar, daß eine möglichst lange Zinsfestschreibung der Fondshypotheken den Fonds am besten vor eventuellen Zinsentwicklungsrisiken schützt. In der Praxis haben sich hier Finanzierungen über 10 bis 20 Jahre durchgesetzt. Unterschiedliche Zinsfestschreibungsperioden erschweren den Vergleich der Ergebnisse verschiedener Immobilienfondsangebote. Je länger die Zinsfestschreibung desto teurer der Preis der Fremdmittel, also der Zins. Eine zwanzigjährige Zinsfestschreibung ist im Nominalzinssatz ca. $1/2\%$ teurer als eine nur zehnjährige Zinsfestschreibung; Sicherheit hat ihren Preis. Optisch kann natürlich der Fonds, der mit zehnjähriger Festschreibung finanziert ist, von Anfang an 0,5 % mehr Barausschüttung leisten, hat allerdings das Risiko, bei der Anschlußfinanzierung nach 10 Jahren nur einen ungleich schlechteren Zins vereinbaren zu können, der die ganze Fondsrechnung der zweiten Dekade aus den Angeln heben kann. Für Publikumsfonds sollte die Maxime langfristiger Kalkulationssicherheit im Vordergrund stehen. Das impliziert aber möglichst lange Zinsfestschreibungszeiten, vorausgesetzt, die zu vereinbarenden Zinsen liegen nicht über dem Durchschnittswert der letzten 20 Jahre.

Auch die jeweilige Strukturierung des Tilgungsverlaufes beeinflußt nachhaltig die Fondsrechnung.

Aus Anlegersicht wäre eine reine Zinshypothek, das heißt, eine endfällige Hypothek, die Finanzierungsvariante mit dem vergleichsweise kleinsten Effektivzins. Jedwede Tilgungsverzögerung muß also vorteilhaft für den Anleger sein. Sowohl die beiden Zinsbeeinflussungsinstrumente als auch eine zeitverzögerte Tilgung ermöglichen höhere Ausschüttungen von Anfang an, natürlich um den Preis eines höheren Verschuldungsgrades und einer verzögerten Entschuldung, deren Wirkung sich liquiditätswirksam allerdings nur bei einem Verkauf der Immobilien bemerkbar machen kann. Der dann resultierende verteilungsfähige Verkaufserlös (nach Veräußerungskosten und Ablösung der Restvaluta der Hypothekenmittel) ist natürlich geringer als bei einer Finanzierungsvariante ohne Damnum, ohne Zinsvorauszahlung und ohne Tilgungsverzögerung, für die hingegen sowohl die Summe der Barausschüttungen nach Steuern als auch der Unter-pari-Effekt aus der Verlustzuweisung vergleichsweise kleiner wären.

Die Wahl der Finanzierungsstrategie beeinflußt also einmal die Verlustzuweisung am Anfang, darüber hinaus die laufende Liquiditäts- und Steuerrechnung und schließlich den verteilungsfähigen Verkaufserlös bei Fondsliquidation. Welche Verteilung der Zahlungsströme für den Anleger die vergleichsweise günstigere ist, vermag im Einzelfall, abhängig von den Finanzierungsrelationen, den konkreten

Immobilien wie auch von den Präferenzen der Fondsanleger nur auf der Grundlage eines finanzmathematischen Kalküls entschieden werden, wie wir bereits unter Punkt 2.3.2 zeigen konnten.

3.3 Kompetentes Immobilienmanagement

3.3.1 Sicherung und Steigerung der Mieteinnahmen

Das Fondsmanagement wird auf der Rechtsgrundlage eines Geschäftsbesorgungsvertrages im Auftrag der Fondskommanditgesellschaft tätig. Das Oberziel jeglichen Fondsmanagements ist die Sicherung der langfristigen Beziehungen zwischen Fondssyndikator, Emissionspartnern und Fondszeichnern, deren Dauerhaftigkeit in entscheidender Weise von der kontinuierlichen Funktionserhaltung und der langfristigen Sicherung der Rentabilität der Immobilien abhängt. Ohne Verletzung der Allgemeingültigkeit wird ein Fondszeichner seinem Fondsmanagement dann das Attribut kompetent zuordnen, wenn seine mit Fondszeichnung getroffene Anlageentscheidung alljährlich durch die erwirtschafteten Ergebnisse seines oder seiner Fonds bestätigt wird.

Vor allem Einkaufszentren und Einkaufs- und Bürozentren sind lebende Wirtschaftseinheiten. Gerade bei Immobilien, die erst am Anfang ihrer Entwicklung stehen (neu errichtete oder »junge« Objekte), sind Umstrukturierungen in Mietbereichsteilen normal und im übrigen positiv. Die Ausgewogenheit des jeweiligen Mietermix der Fondsobjekte ohne Abgleichungsprozesse kann, muß aber nicht mit der durchgeführten, erfolgreichen Erstvermietung gewährleistet sein.

Ein erfahrenes Management ist darauf grundsätzlich vorbereitet und in der Lage, Eintrittswahrscheinlichkeit und relative Höhe eines gegebenenfalls induzierten Mietausfallrisikos zu minimieren; Mieterwechsel gehören wie bei allen Immobilien ebenso zur Normalität der Nutzungsentwicklung wie Mietvertragsverlängerungen. Ein erfahrenes Management wird gerade solche Fälle aktiv nutzen, um z. B. den Mieter- und Branchenmix, die Qualität der Mietverträge und das durchschnittliche Mietzinsniveau weiter zu verbessern.

3.3.2 Sicherung der langfristigen Werterhaltung

Für größere Mietergemeinschaften, wie sie beispielsweise in Einkaufszentren anzutreffen sind, ergeben sich administrative Tätigkeiten weit überschreitende Aufgaben, etwa die Bildung und inhaltliche Steuerung der Werbegemeinschaften der Mieter. Formal muß sorgfältig darauf geachtet werden, daß diese Aktivitäten nicht von der Fondskommanditgesellschaft ausgeübt werden (ansonsten steuerlich schädliche gewerbliche Aktivitäten), sondern beispielsweise vom Fondssyndikator. Materiell geht es um die Profilierung des jeweiligen Zentrums, um seine Positionierung und die ständige Stabilisierung und Erhöhung seines Bekanntheitsgrades. Promotionsaktivitäten müssen geplant, abgestimmt und durchgeführt werden, die Kontakte zum örtlichen Einzelhandel und zu Verbänden müssen ebenso gepflegt werden wie die Beziehungen zur lokalen Presse.

Aktives Centermanagement bedeutet aber auch Einflußnahme auf Branchen- und Mietermix, auf die Sortimentsgestaltung in Breite und Tiefe, jeweils in Abhängigkeit von Änderungen, die sich generell im Handelsbereich, im Einkaufsverhalten bzw. im Rahmen der jeweiligen lokalen Konkurrenzsituation ergeben können.

Ein qualifiziertes Fondsmanagement prüft darüber hinaus auch regelmäßig die Fondsimmobilien und ihr unmittelbares Umfeld auf qualitative und/oder quantitative Weiterentwicklungspotentiale, die sich in immobilien-, aber auch mieterinduzierten baulichen Erweiterungen und/oder Umstrukturierungen konkretisieren, mit dem Ziel, die Flächenbilanz von Fondsimmobilien qualitativ und quantitativ zu verbessern.

Weiterhin obliegen dem Management die Ermittlung eventuell erforderlicher baulicher Maßnahmen, ihre Kosten und ihre zeitliche Durchführung und Ermittlung künftiger Instandhaltungs- und Wartungsbedürfnisse der Immobilien.

Instandhaltungs- und Wartungsbudgets bestimmen einen wichtigen Planungsrahmen für die Fondsmanagement-Aktivitäten. Deshalb ist die frühzeitige Information und die Beteiligung des Fondsmanagements an diesen technischen Vorarbeiten eine wichtige Voraussetzung für eine möglichst reibungslose Übernahme der Immobilien in die laufende Verwaltungsarbeit.

Laufende Instandhaltungsvorsorgeuntersuchungen, die Durchführung von Instandhaltungsmaßnahmen, der Abschluß von Wartungs-, Dienstleistungs- und Instandhaltungsverträgen und die laufende Kontrolle einer Vielzahl von Wartungsverträgen für die Immobilien runden das gesamte technische Leistungspaket des Fondsmanagements zur Sachwertpflege ab.

3.4 Zuverlässige treuhänderische Begleitung

3.4.1 Entlastung der Fondszeichner

Die Beteiligung an Geschlossenen Immobilienfonds ist als Engagement zu qualifizieren, das den Fondszeichner wirtschaftlich zum »Mitgestalter« macht. Die sich aus dieser Stellung ergebenden Rechtsausübungsmöglichkeiten und Gesellschafterpflichten stehen in der Regel in Konkurrenz mit den Motiven des Anlegers, eine rentierliche, risikoarme und mit minimalem Verwaltungsaufwand belastete Kapitalanlage in Immobilienvermögen zu tätigen.

Dieser Zielkonflikt wird durch die Beauftragung eines qualifizierten Treuhänders gelöst, der in dem Umfang, in dem der Kapitalanleger seine ihm zustehenden Rechte und auszuübenden Pflichten nicht wahrnehmen will, als dessen Stellvertreter tätig wird. Eine qualifizierte Treuhandschaft für Geschlossene Immobilienfonds beginnt nicht erst mit dem Zeitpunkt der Begründung des Treuhandverhältnisses zwischen Kapitalanleger und Treuhänder. Sie setzt vielmehr eine Einbeziehung bereits in die Fondsplanung und damit eine Einflußnahme auf das wirtschaftliche, rechtliche und steuerliche Konzept und dessen Dokumentation in den Emissionsunterlagen voraus. Während der Beteiligungsdauer begleitet der Treuhänder alle relevanten wirtschaftlichen Entscheidungen mit dem Ziel, eine umfassende Wahrung der Anlegerinteressen und eine zeitnahe und ordnungsgemäße Umsetzung von Gesellschafterbeschlüssen zu gewährleisten.

Der Treuhänder, dem sinnvollerweise die steuerliche Beratung der Fondsgesellschaft zugeordnet ist, übernimmt die Erfüllung der handelsrechtlichen, steuerrechtlichen und gesellschaftsvertraglich vorgesehenen Rechnungslegungspflichten (Bilanzen, steuerliche Einnahmen-Überschußrechnungen, Liquiditätsrechnungen) und die steuerlichen Deklarationspflichten. Im Rahmen des Steuerberatungsvertrages unterstützt der Treuhänder den Anleger bzw. dessen Berater bei der Durchsetzung der steuerlichen Beteiligungsziele.

3.4.2 Sicherung der Kontrollfunktionen

Die Wahrung des Anlageerfolges setzt eine zeitnahe Überprüfung sämtlicher Geschäftsvorfälle voraus. Soweit der Treuhänder mit der umfassenden Steuerberatung der Beteiligungsgesellschaft beauftragt ist, werden ihm über die von ihm zu erstellende Finanzbuchhaltung atypische Geschäftsvorfälle, das Auftreten eventueller Mietrückstände oder außerplanmäßige Kosten schnell bekannt und er kann – soweit nicht bereits durch den Geschäftsbesorger geschehen – notwendige Maßnahmen zeitnah veranlassen. Auf der Grundlage eines periodischen Soll-Ist-Vergleiches können bei positiven und negativen Abweichungen von den Planvorgaben frühzeitig geschäftspolitische Entscheidungen vorbereitet und den Gesellschafterversammlungen zur Beschlußfassung vorgelegt werden.

Im Rahmen seiner Kontrollfunktion hat der Treuhänder auch dafür Sorge zu tragen, daß keine von Gesellschafterbeschlüssen abhängigen Entscheidungen von der Geschäftsführung getroffen werden, ohne daß das gesellschaftsvertraglich geforderte Votum der Gesellschafterversammlung vorliegt.

Schließlich hat der Treuhänder die von den Komplementären bzw. Gesellschaftern zur Tagesordnung der regelmäßig stattfindenden Gesellschafterversammlungen vorgeschlagenen Tagesordnungspunkte zu würdigen und sollte Beschlußempfehlungen geben, soweit Gesellschafterbeschlüsse zu den Tagesordnungspunkten zu treffen sind.

3.4.3 Vollständige Information der Fondszeichner

Voraussetzung, auf die künftige wirtschaftliche Entwicklung der Gesellschaft Einfluß nehmen zu können, ist die umfassende Information des Fondszeichners über die wirtschaftlichen Eckdaten und die Kenntnis von Entscheidungsvorlagen und Bewertungen von Entscheidungsalternativen. Es gehört deshalb zu den zentralen Aufgaben des Treuhänders, in Zusammenarbeit mit dem Fondsmanagement und den Komplementären umfassend über das abgelaufene Geschäftsjahr zu berichten.

Außerhalb der periodischen Berichtspflichten gehört es zu den selbstverständlichen Aufgaben des Treuhänders, den Anleger über außergewöhnliche Ereignisse, Geschäftsvorfälle und Vorgänge von besonderer Bedeutung zu unterrichten. Diese Berichtspflicht sollte sich nicht nur auf eine ausschließliche Sachverhaltswiedergabe beschränken, sondern auch deren Folgewirkungen und gegebenenfalls notwendige Entscheidungen in Verbindung mit sinnvollen Entscheidungsalternativen aufzeigen. Schließlich sei angemerkt, daß die Ausgestaltung der Rechtsbeziehung zwischen Treuhänder und Fondszeichner sicherstellen muß, daß der Treuhänder ohne Einschränkung der Weisung des Fondszeichners unterliegt und dieser jederzeit seine delegierten Rechte selbst wahrnehmen kann.

3.5 Organisationale Konsequenzen – Anforderungsprofil an Fondssyndikatoren

Aus der Analyse der vielschichtigen Realisationsbedingungen für den Anlageerfolg des Langfristprodukts Geschlossener Immobilienfonds leitet sich eine Reihe grundlegender organisationaler Konsequenzen ab. Im allgemeinen können Zufalls- oder Gelegenheitsanbieter der Vielfalt und dem Anspruch der komplexen Aufgabenfelder nicht gerecht werden. So haben u. a. die Aufgaben einer langfristigen, kundenorientierten Zeichnerbetreuung, eines seriösen und gleichwohl erfolgsorientierten Produktmarketings, des effizienten Trainings und der wirksamen Vertriebsunterstützung der Emissionspartner, einer zieladäquaten Fondskonzeption mit ihren immobilienwirtschaftlichen, betriebswirtschaftlichen, rechtlichen und steuerlichen Aspekten, der Beschaffung hochwertiger gewerblicher Immobilien und des so wichtigen eigenen Fondsmanagements (»hands on business«) eine große Spannweite und Tiefe.

Die Gewährleistung einer hinreichenden Nähe zu den Emissionspartnern, aber auch zu den regionalen Beschaffungsmärkten und Bestandsobjekten fordert eine regionalisierte Organisationsstruktur des Fondssyndikators. An ausgesuchten strategischen Standorten sollten Niederlassungen zuständig sein für die regionale Betreuung und Unterstützung der Emissions- und Kooperationspartner, die Vertriebssteuerung und die regionale Marktbeobachtung. Die Verantwortung und Durchführung von Fachtagungen, Seminaren und Trainings und die Unterstützung der Objektbeschaffung und Objektbetreuung vor Ort sind hier zu verankern.

Da die Wertentwicklung von Immobilien – und damit von Fondsanteilen – sicher nicht nur von der Zeit und von exogenen Faktoren wie der Inflationsrate abhängt, sondern wesentlich vom Know-how und der Professionalität des Fondssyndikators bestimmt wird (»to work on value«) sollte ein Fondssyndikator die nachfolgenden Anforderungen erfüllen, damit sich das Langzeitprodukt Geschlossener Immobilienfonds zum Vorteil der Anleger bewährt:
– Emissionsvertrauen, Standing
– Leistungsbilanz, track-record
– Erfahrene Profimannschaft
– Full-Service-Organisation
– Laufende Zeichnerbetreuung (client services)
– Research, Innovation
– Funktionierende Zweitmarktorganisation
– Professionelles Immobilienmanagement und -weiterentwicklung
– Emissionskraft und Beschaffungskraft
– Professionelle Emissionsunterlagen (Prospekt, WP-Bericht, steuerliches Gutachten, Standortgutachten, technisches Gutachten).

4. Wiederveräußerbarkeit

4.1 Zweitmarktaspekte

Die Erfahrung lehrt, daß es keine Kapitalanlage gibt, die kontinuierlich immer den gleichen Erfolg oder auch Mißerfolg hat. Es gibt Zeiten, in denen es richtig ist, mit Aktien zu spekulieren. Es gibt Zeiten, in denen man besser auf festverzinsliche Wertpapiere setzt, es gibt Zeiten, in denen Sachwerte besser sind als Geldwerte. Allerdings, kurzfristige Gelder in langfristige Sachwerte zu investieren kann genauso wenig richtig sein, wie langfristige Gelder auf Sparbüchern zu deponieren.

Beteiligungen an Geschlossenen Immobilienfonds sind keine kurzfristigen Investitionen, sie sind grundsätzlich als langfristige Kapitalanlagen konzipiert, und nur der, der sie über eine lange Zeit wie z. B. prospektiert hält, kann die voraussichtliche Rentabilität realisieren.

Neben der langfristigen Erzielung von Einnahmenüberschüssen (z. B. im Rahmen zusätzlicher Altersversorgung, wie erwähnt) ist nicht auszuschließen, daß zu einem späteren Zeitpunkt eine attraktive Veräußerung der Fondsimmobilien im Interesse der Fondszeichner ist.

Über die Auflösung des Fonds bzw. den Verkauf der Fondsimmobilien beschließen die Fondsanleger mehrheitlich im Rahmen der Gesellschafterversammlung (qualifizierte Mehrheit) und bestimmen somit selbst den Zeitpunkt für die Realisierung des Wertzuwachses ihrer Fondsbeteiligung. Obwohl auch in diesem Zusammenhang die Ausnahmen die Regel bestätigen, bauen sich stille Reserven gewerblicher Immobilien in einem zeitlichen Rhythmus auf, der die Erzielung eines interessanten Veräußerungserlöses erst im Laufe der jeweils zweiten Dekade der Immobiliennutzung realistisch macht.

Unabhängig davon ist auch der Verkauf einzelner Fondsanteile jederzeit möglich, wenn z. B. aus einer plötzlichen Notlage heraus eine Beteiligung verkauft werden soll.

Voraussetzung hierfür ist allerdings, daß ein Fondsanteil eine für einen Zweitkäufer interessante Verzinsung hat. Jede Anlage ist so fungibel, wie sie gut ist, und ihre Rentabilität bestimmt natürlich auch ihre Wiederveräußerbarkeit. Für rentable Beteiligungen an Geschlossenen Immobilienfonds hat das Thema der Wiederveräußerbarkeit nur eine relativ kleine praktische Bedeutung, und, gemessen an den plazierten Volumina, ist der Anteil von Rückgaben außerordentlich klein. Die Zielgruppe der marktführenden Fondssyndikatoren ist die anspruchsvolle Privatkundschaft, und ein Anleger, der Geschlossene Fondsanteile als Beimischung zu seinem Portfolio erwirbt oder Anteile mit Blick auf zusätzliche Einnahmen im Alter über 10 oder 15 Jahre finanziert, wird in aller Regel eine Beteiligung, die sich nach Maßgabe unseres Referenzbeispiels rechnet und zusätzlich noch vermögensteuerliche »Befreiungseffekte« und erbschaft- und schenkungsteuerliche Schutzwirkungen besitzt, nicht verkaufen.

Dies vorausgesetzt, ist mit der Rückgabe eines Stücks – egal aus welchem Grund – nach kurzfristiger Haltedauer grundsätzlich eine Zweckentfremdung oder Umdefinition der langfristigen Kapitalanlage Geschlossener Immobilienfonds in eine kurzfristige Anlage, die eher Geldcharakter hat, verbunden. Die Erwartungshaltung muß sich hier also folgerichtig auf den Rückfluß des eigenen effektiven Kaufkurses beschränken, der in unserem Fondsbeispiel zwischen ca. 88 und 93 % der Nominalbeteiligung lag.

Selbstverständlich ist der erzielbare Kurs – wie bei allen anderen Kapitalanlagen auch – u. a. eine Funktion des Zinsniveaus am Kapitalmarkt zum beabsichtigten Verkaufszeitpunkt. Ist es für Wertpapierbesitzer in Zeiten steigender Zinsen nicht unbedingt sinnvoll, zu vergleichsweise niedrigen Kursen zu verkaufen, gilt gleiches auch für Anteile an Geschlossenen Immobilienfonds in einer derartigen Situation; Zyklendisziplin gehört dazu.

Daneben muß darauf hingewiesen werden, daß der Handel mit Kommanditanteilen nicht institutionalisiert ist, wie z. B. der Aktienmarkt. Für den Handel mit Anteilen an Geschlossenen Immobilienfonds gibt es weder eine Börse noch einen Anzeigenteil in der Zeitung. Ein Markt bildet sich aber gleichwohl immer dann, wenn Angebot und Nachfrage zusammengeführt werden. Die Emissionspartner der marktführenden Fondssyndikatoren plazieren Rückflußstücke in angemessener Zeit in eigener Klientel mit den richtigen Argumenten für die richtige Zielgruppe.

4.2 Steuerliche Wirkungen und Zielgruppen

Warum denn überhaupt jemand einen Zweitanteil kaufen solle, so wird häufig hinterfragt, könne er doch nicht mehr die Verlustzuweisung haben, in deren Genuß bekanntlich der Erstkäufer gekommen sei. Wie alle Halbwahrheiten ist auch diese Sicht der Dinge unvollständig und irreleitend, kennzeichnet sie doch nur »eine Seite der Medaille«, was das folgende Beispiel belegen mag:

A 1988 100 %		B 1990 100 %	
1. Werbungskosten	25%	1. Werbungskosten	0%
2. Grundstück	20%	2. Grundstück	20%
3. Gebäude, Außenanl., Betriebsvorrichtungen	55%	3. Gebäude, Außenanl., Betriebsvorrichtungen	80%
Σ	100%	Σ	100%

Folgen für B	Konsequenzen für Zielgruppendefinition
1. Höhere AfA-Basis, lfd. kleinere steuerliche Ergebnisse p.a. 2. Vergleichsweise höhere Barausschüttungen nach Steuern p.a.	1. Ältere Personen der anspruchsvollen Privatkundschaft 2. – ohne große ESt-Probleme

Vereinfachtes Beispiel

FUNDUS GRAFIK

B möge von A zwei Jahre nach dessen Erwerb seinen Anteil übernehmen und dafür – aus Vereinfachungsgründen sei dies gestattet – den gleichen Preis entrichten wie A (jeweils 100%). A hat mit seinem Kaufpreis Werbungskosten finanziert, einen Grundstücksanteil und mit dem Rest auf 100% Gebäude, Außenanlagen und Betriebsvorrichtungen. Dasselbe Modell muß auch für B gelten, der, wie wir vereinfachend annehmen wollen, mit seinem Kaufpreis den gleichen Grundstücksanteil bezahlt, jedoch keine Werbungskosten mehr und – da nur noch eine Kategorie zu 100% übrig bleibt – dessen Gebäude-, Außenanlagen- und Betriebsvorrichtungsanteil sich auf 80% erhöht haben muß. Natürlich sind Gebäude, Außenanlagen und Betriebsvorrichtungen, wirtschaftlich betrachtet, durch den individuellen Kauf- und Verkaufsvorgang nicht wertvoller geworden. Es wurde aber ein neuer Anschaffungskostensachverhalt geschaffen und die ehemaligen Werbungskosten des A werden nun über eine Ergänzungsbilanz für B nachaktiviert. B hat also in der Folge ständig vergleichsweise höhere Barausschüttungen nach Steuern als A sie gehabt hätte. Die bestimmenden Merkmale für die Zielgruppe, die deshalb vor allem für den Zweitmarkt von Fondsanteilen in Frage kommen, gibt das vorstehende Schaubild wieder.

Mit zunehmender Haltedauer des Erstzeichners wird ein Zweiterwerb nicht nur wegen der steigenden Barausschüttung, sondern auch steuerlich immer interessanter.

5. Erfolgsaussichten

Die Dr. Seebauer und Partner GmbH, die sich auf die Strategieberatung im Finanzdienstleistungsmarkt spezialisiert hat, prognostiziert die Bestandsentwicklung des inländischen Finanzdienstleistungsmarktes nach Wachstumsraten zwischen 1980 und 2000 wie nachfolgend abgebildet:

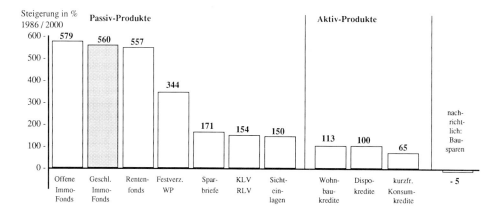

Strategie-Konsequenzen:

1. Passivprodukte wachsen schneller als Aktivprodukte
2. Innerhalb der Passiv-Produkte 3 Spitzenreiter:
   • Offener Immobilien-Fonds
   • Geschlossener Immobilien-Fonds
   • Rentenfonds

Quelle: Münchener Institut, Dr. Seebauer & Partner 1988

FUNDUS GRAFIK

Die Anteile an sorgfältig ausgesuchten Immobilienfonds der marktführenden Syndikatoren mit ihren attraktiven Barausschüttungen, einem im Durchschnitt vergleichsweise geringen steuerpflichtigen Anteil, ihrem möglichen Wertsteigerungspotential sowie ihren vermögen-, erbschaft- und schenkungsteuerlichen Vorteilen werden auch in Zukunft eine attraktive Beimischung der Anlageportfolios der vermögenden Privatkundschaft sein.

Anmerkung:
Gekürzte Fassung. Die vollständige Fassung ist erschienen als Band Nr. 2/1989 der Schriftenreihe der FUNDUS FONDS-Verwaltungen GmbH, Köln/München

GEWERBE-IMMOBILIEN-TYPEN –
ausgewählte internationale Beispiele

Hauptverwaltung der Deutschen Bank AG., Frankfurt

Zentralverwaltung der Bayerischen Hypotheken- und Wechselbank AG., München / aus dem Archiv der SF-Bau, Köln

Züblin-Halle in der Hauptverwaltung der ED. Züblin AG., Bauunternehmung Stuttgart

State of Illinois-Center, Chicago

MesseTurm, Frankfurt, TishmanSpeyer Properties

Campanile, geplanter Büro-Tower in Frankfurt

HansaPark mit Hansahaus in der Endausbaustufe, Düsseldorf
freigegeben vom Regierungspräsidium Düsseldorf 33 B 227

HansaPark, Düsseldorf, Lageplan

HansaPark, Düsseldorf, Fassadenansicht

HansaPark, Düsseldorf, Parkhausfassade

Wahler Park, Düsseldorf, Ursprungszustand der Fertigungsanlage eines Walzwerk-Herstellers

Wahler Park, Flächen-Recycling: Abbruch, Altlasten-Sanierung, Erschließung
Freigabe der Luftbilder des Regierungspräsidiums Düsseldorf 33 R 222 / 33 V 432

Wahler Park, Düsseldorf, 1. und 2. Bauabschnitt
Freigabe: Regierungspräsidium Düsseldorf 33 A 2413

Typisches SB-Lagerhaus in der USA-Anlage der Public Storage Inc.

Innerstädtisches Parkhaus in Karlsruhe

Parkhaus in Reutlingen

Parkhaus 10 am Flughafen Stuttgart

Hyatt Regency, Atlanta

Hyatt Regency, Atlanta

Hotel Bayerischer Hof, München

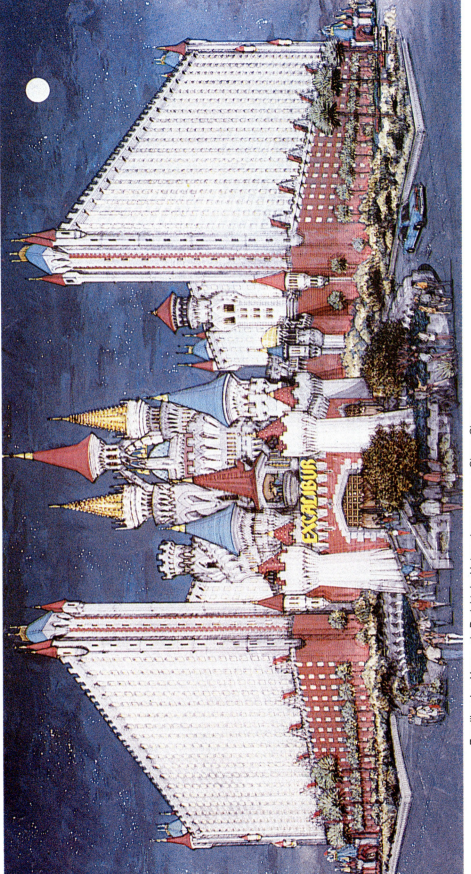

Excalibur, Las Vegas, ein Projekt der Unternehmensgruppe Circus Circus

Kur- und Privatklinik mit Kurmittelhaus in Bad Rippoldsau/Schwarzwald

Wohnpark Vaterstetten, Senioreneinrichtung der DSK

Senioreneinrichtung der DSK

Senioreneinrichtung der DSK

KÖ-Galerie, Düsseldorf

KÖ-Galerie, Düsseldorf

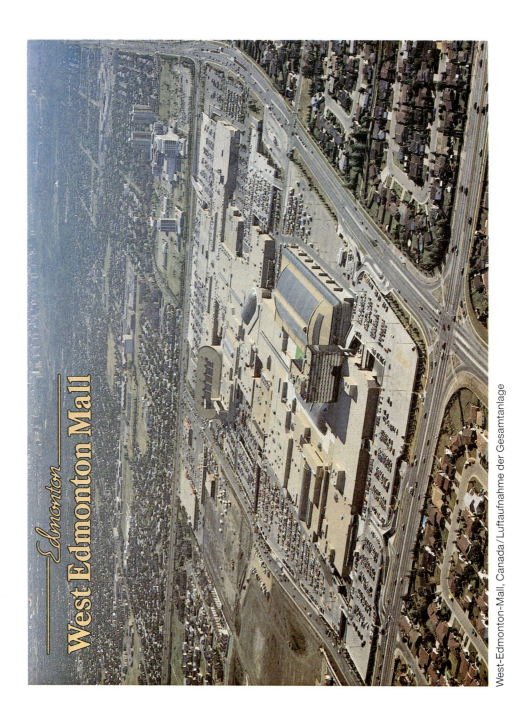

West-Edmonton-Mall, Canada / Luftaufnahme der Gesamtanlage

West-Edmonton-Mall, World-Waterpark

West-Edmonton-Mall, Deep Sea Adventure

West-Edmonton-Mall, Santa Maria

Säntispark, Shopping- und Freizeitzentrum, St. Gallen/CH

PROF. DR. BERND FALK
Beurteilungskriterien für Gewerbe-Immobilien

Inhalt

1.	Zur Bedeutung von Beurteilungskriterien	403
1.1	Handels-Immobilien	403
1.2	Übernachtungs-Gewerbe	404
1.3	Büro- und Verwaltungsbauten	404
1.4	Freizeiteinrichtungen	404
1.5	Neue gewerbliche Immobilien-Arten	404
2.	Zum Erfordernis detaillierter Prüfung	405
3.	Ausgewählte Beurteilungskriterien	405
3.1	Projekt-Idee/-Philosophie	406
3.2	Projekt-Initiator	406
3.3	Markt- und Standort-Analyse	407
3.4	Prüfung des Baurechts	407
3.5	Prüfung des Nutzungskonzepts	408
3.6	Prüfung der Gesamtinvestition	409
3.7	Prüfung der Verträge	409
3.8	Prüfung der Mieter	410
3.9	Prüfung des Finanzierungsmodells	410
3.10	Prüfung der Grundstückssicherung	410
3.11	Prüfung der Aufwendungen für Bauleistungen	411
3.12	Etablierung eines Center-Managements	411
3.13	Prüfung der Wiederverkäuflichkeit	411

1. Zur Bedeutung von Beurteilungskriterien

Beurteilungskriterien für Wohnungs-Immobilien sind auf seiten der Experten bekannt und stellen in der Praxis i. d. R. keine Probleme dar. Erheblich problematischer bezüglich der Prüfung und Bewertung sind demgegenüber die gewerblichen Immobilien anzusehen.

Drei Fragen sind zunächst zu behandeln:
– Um welche gewerblichen Immobilien handelt es sich hierbei?
– Hat sich bei diesen gewerblichen Immobilien in der Vergangenheit ein Wandel vollzogen?
– Welche Kriterien sind im Rahmen einer Prüfung bei diesen gewerblichen Immobilien besonders zu berücksichtigen?

1.1 Handels-Immobilien

Der bundesdeutsche Einzelhandel befindet sich in einer totalen Umbruchperiode. Wurde er fast einhundert Jahre ganz wesentlich durch die bundesdeutschen Warenhauskonzerne geprägt, so schließen diese per Saldo mehr Geschäftsfläche, als eröffnet wird.

Die in den 70er und Anfang der 80er Jahre phänomenale Entwicklung der Verbrauchermärkte und SB-Warenhäuser hat aufgrund der im Jahre 1977 novellierten Baunutzungsverordnung § 11 Absatz 3 einen kräftigen Dämpfer erhalten.

Der Renner der letzten Jahre und mit Sicherheit auch der kommenden Jahre ist der sogenannte Fachmarkt. Mit einer Geschäftsfläche von maximal 1 200 m² und ausgewählten Sortiments-Segmenten stellt er gegenwärtig die aktuellste Form des Handels, aber auch ein interessantes Feld für Kapitalanleger dar.

Ein anderer Wandel hat sich bei der Betriebsform Shopping-Center vollzogen. Ebenfalls bedingt durch baurechtliche Reglementierungen, aber auch durch knapper werdende Standorte und sich zunehmend mehr überschneidende Konkurrenzgebiete, ist das sogenannte regionale Shopping-Center in eine Stagnationsphase getreten. Andererseits nimmt die Bedeutung eines kleineren Einkaufszentrentyps, in der Bandbreite von etwa 3 000 bis 8 000 m² Geschäftsfläche ständig an Bedeutung zu. In Gestalt von Einkaufspassagen, Galerien und Einkaufshöfen werden gegenwärtig etwa 50 Einkaufszentren dieses Typs in der Bundesrepublik Deutschland, teils auch in Klein- und Mittelstädten errichtet. Also auch hier keinesfalls eine Beendigung der Bau- und Entwicklungstätigkeiten und damit das Erfordernis einer Prüfung, sondern lediglich ein veränderter Markt.

1.2 Übernachtungs-Gewerbe

Diese zweite Immobilie gewerblicher Art wird in Zukunft weiter an Bedeutung gewinnen. Die Reisetätigkeit im privaten Bereich hat ebenso zugenommen wie im geschäftlichen Bereich. Unternehmen führen zunehmend mehr Konferenzen, Seminare und Tagungen durch. Im Rahmen der Prüfung derartiger Objekte wird zunehmend mehr eine Rolle spielen, in welcher Form es gelingt, nicht nur Hotelflächenkapazität anzubieten, sondern diese auch mit Erlebnis-Hotellerie zu verknüpfen. Nach spektakulären amerikanischen Beispielen, wie wir sie z.B. in den Hyatt-Hotels finden, sind nunmehr auch erste Ansätze in der Bundesrepublik erkennbar. Hinzuweisen ist z.B. auf das Ramada Renaissance Hotel in Düsseldorf oder das Elysée-Hotel in Hamburg.

1.3 Büro- und Verwaltungsbauten

Die Nutzer dieser Einrichtungen legen immer mehr Wert darauf, daß die »Adresse stimmt«. Nicht mehr das Bürohaus am Rande der Stadt dominiert, sondern der repräsentative Standort im Zentrum einer Stadt ist gefragt. Gleichzeitig sollen Parkmöglichkeiten sowie eine Anbindung an öffentliche Verkehrsmittel – insbesondere U-Bahn und S-Bahn – vorhanden sein.

1.4 Freizeiteinrichtungen

Die Städte und Gemeinden halten sich bezüglich dieser Immobilien sehr zurück. Zur Einsparung von Kosten neigen sie eher dazu, derartige Einrichtungen sogar zu schließen. Die private Wirtschaft demgegenüber hat in den vergangenen Jahren häufig am Markt vorbei gebaut. Die Erkenntnis alleine, daß der Bundesbürger über zunehmend mehr Freizeit verfügt und dies bei wachsendem Realeinkommen, reicht nicht aus, derartige sensible Immobilien erfolgreich zu betreiben. Zu den bedeutendsten Prüfungskriterien gehört einerseits die Abstimmung des Freizeitangebotes zum spezifischen Nachfragerverhalten im Einzugsgebiet, andererseits das Erfordernis, daß derartige Einrichtungen von einem professionellen Objekt-Management betrieben werden müssen.

1.5 Neue gewerbliche Immobilien-Arten

Die bisher dargestellten Immobilien-Arten sind uns vom Typ her weitgehend bekannt. Daneben bilden sich neue Immobilienarten heraus, deren Besonderheiten

im Rahmen des Prüfungsprozesses besonders herausgearbeitet und berücksichtigt werden müssen. Hierzu können u. a. die folgenden Erscheinungsformen gerechnet werden:
- Industrie- und Gewerbeparks
- Großhandelszentren
- Trade Marts
- Distributions-Zentren
- Technologie- und Gründerzentren
- Länderspezifische Zentren (Japan-Zentrum, China-Zentrum)
- bestehende, aber umgewidmete »Alt-Immobilien« wie z. B. Bahnhofsüberbauungen mit gewerblichen Flächen, Warenhäuser etc.
- erwähnt seien in diesem Zusammenhang auch die Markthallen, also permanente Wochenmärkte in geschlossenen Immobilien-Komplexen.

2. Zum Erfordernis detaillierter Prüfung

Auch im gewerblichen Immobilien-Bereich hat in den letzten Jahren die Zahl der Insolvenzen zugenommen. Die Ursachen hierfür sind vielfältig und liegen bei den verschiedensten Institutionen:
- So wurde unterlassen, alle erhältlichen Informationsquellen zu nutzen.
- Wichtige Informationsquellen waren nicht zugänglich.
- Bestimmte Informationen wurden bewußt durch die Mieterfirma, teilweise auch durch Personen, die mit der Prüfung beauftragt waren, verschleiert.
- Bestehende Informationen wurden falsch interpretiert.
- Nach Vertragsabschluß eintretende, also vorher nicht voraussehbare interne oder externe Einflußfaktoren führten zu Fehlinvestitionen.
- Bewertungsexperten für Wohnungsimmobilien wurden eingesetzt, um komplizierte gewerbliche Immobilien zu überprüfen, wobei sie häufig überfordert waren, die Besonderheit dieser gewerblichen Immobilie zu erkennen.

3. Ausgewählte Beurteilungskriterien – (dargestellt an einem Einkaufszentrum / Shopping-Center)

Das Ziel der Prüfung für die Beleihung eines gewerblichen Immobilien-Objektes in Gestalt eines Einkaufszentrums besteht in der Ermittlung:
- der vollständigen Erwerbskosten
- des Verkehrswertes

- des Netto-Ertrages
- der Netto-Rendite
- des Cash-Flow
- sowie der Relation Kaufpreis zu Netto-Miete

Ohne in diesem Zusammenhang auf die detaillierte Berechnung einzugehen, die ja auch recht unterschiedlich ist, je nachdem welche Institution sie vornimmt, ob:
- ein institutioneller Anleger (Versicherungsgesellschaft, Pensionskasse)
- Immobilien-Fonds (geschlossen oder offen)
- Privat-Investor etc. etc.

erscheint die Zahl zu berücksichtigender Prüfungskriterien quantitativ sowie qualitativ nicht ausreichend. Hierin kann ein ganz wesentlicher Grund für fehlgeschlagene Beleihungen während der Vergangenheit gesehen werden.

Am Beispiel eines der wohl schwierigsten gewerblichen Immobilien-Objekte, nämlich dem Einkaufszentrum in der Form eines Shopping-Centers US-amerikanischer Prägung, sollen nachfolgend ausgewählte Prüfungskriterien behandelt werden. Immerhin existieren von dieser Immobilien-Art etwa 1 000 Objekte in der Bundesrepublik, für die alle, sieht man einmal von Ausnahmen der Versicherungsgesellschaften ab, die nahezu zu 100 % mit Eigenkapital finanziert worden sind, Beleihungen in einem erheblichen Volumen darstellen.

3.1 Projekt-Idee / -Philosophie

Die Märkte sind durch eine zunehmende Bedeutung der Käufermarktseite, verstärkten Verdrängungswettbewerb auf Anbieterseite sowie in weiten Bereichen durch Sättigungserscheinungen gekennzeichnet. Dieses verlangt um so mehr auf seiten der Initiatoren, das eigene gewerbliche Immobilien-Objekt durch eine besondere Projekt-Idee bzw. -Philosophie herauszustellen, sich also gegenüber konkurrierenden Objekten zu profilieren.

3.2 Projekt-Initiator

Ein zweites Prüfungskriterium besteht in der Feststellung, wer der Initiator für dieses Einkaufszentrum ist, welche vergleichbaren Objekte er bisher mit welchem Erfolg realisiert hat und wieweit er bereit ist, in ein haftendes Obligo für dieses Objekt zu gehen.

3.3 Markt- und Standort-Analyse

Es ist kaum zu glauben, aber dennoch wahr, daß immer noch Beleihungen in Millionenhöhe vorgenommen werden, ohne vorher durch objektive Fach-Institute aussagefähige Markt- und Standort-Analysen erstellen zu lassen. Wenn auch diese Analytiker keinen Absolutheitsanspruch für die Richtigkeit ihrer Ergebnisse und Interpretationen für sich in Anspruch nehmen können, verständlicherweise auch nicht für ihre Prognosen haften können, so muß man ihnen in der Regel doch zugestehen, daß durch ihren Einsatz anstehende Entscheidungen einen höheren Sicherheitsgrad erfahren.

Liegen derartige Gutachten jedoch vor, so sind u. a. kritisch folgende Fragen zu prüfen:
– Welcher Analytiker/welches Institut hat die Analyse vorgenommen?
– Über welche spezifische Erfahrung in der Analyse-Tätigkeit für Einkaufszentren verfügt dieses Institut?
– Wie lautete die konkrete Aufgabenstellung für die Durchführung dieser Untersuchung?
– Welche markt- und standort-spezifischen Faktoren wurden untersucht?
– Besteht die Gefahr, daß es sich hierbei nicht um ein Gut-, sondern um ein Schlecht-Achten handelt?

Je größer das Beleihungsvolumen und je höher der Grad kritischer Beurteilung, desto mehr empfiehlt es sich, ergänzend zu einem derartigen Gutachten ein zweites, möglicherweise auch ein drittes Gutachten in Auftrag zu geben.

Diese Empfehlung geht nicht nur an die Adresse des Projekt-Initiators, sondern auch an die Adresse des die Beleihung vornehmenden Kreditinstituts. Bei diesen sträubt man sich jedoch sehr häufig schon gegen die Beauftragung eines 1. Gutachtens. Die Begründungen hierfür können nicht überzeugen. Sie lauten z. B. »der Kreditnehmer ist nicht bereit, derartige Kosten zu übernehmen, aus diesem Grunde können wir ein derartiges Gutachten nicht in Auftrag geben/oder sehen uns nur in der Lage, ein paar Mark hierfür aufzuwenden«.

3.4 Prüfung des Baurechts

Das beleihungswillige Kreditinstitut bzw. der Investor darf sich im Rahmen der Prüfung nicht auf Aussagen anderer wie Grundstückseigentümer, Makler, Bauunternehmer und Architekten verlassen. Hier empfiehlt es sich, direkte Informationen einzuholen bzw. durch die Einschaltung eines Fachanwalts für das Baurecht diese prüfen zu lassen.

Auch heute passiert es noch, daß der Initiator bzw. Bauherr nach Kauf des Grundstückes und Einreichung des Bauantrages sowie erfolgter Kreditzusage den Bescheid erhält, daß das geplante Projekt den Festsetzungen des Bebauungsplanes widerspricht. Die Aufwendungen waren dann fehlinvestiert, der Kredit gerät in Gefahr.

Zu berücksichtigen ist ferner, daß seit dem 1.1.1984 die meisten Bebauungspläne unter dem Damoklesschwert einer entschädigungslos zulässigen Änderung oder Aufhebung der baulichen Nutzbarkeit besteht, sofern sich das beabsichtigte Vorhaben (in unserem Beispiel das Einkaufszentrum) nicht des Wohlwollens der Gemeindeverwaltung und des Gemeinderates erfreut.

So wichtig die Überprüfung des Baurechtes auch im Einzelfalle ist, so gefährlich kann dieser sorgfältige Prüfungsakt ausgehen, wenn die baurechtliche Anfrage Auslöser eines neuen Bebauungsplanes mit ungünstigen Festsetzungen zur Folge hat.

3.5 Prüfung des Nutzungskonzepts

Die Überprüfung des Nutzungskonzepts eines Einkaufszentrums ist, z.B. im Vergleich zu einem Supermarkt oder Warenhaus, besonders deswegen so kompliziert, weil man es mit zahlreichen unterschiedlichen Entscheidungsträgern zu tun hat. Neben der Eigentümergesellschaft gibt es in der Regel 20 bis 150 Center-Betriebe, vornehmlich aus dem Bereich des Einzelhandels und sonstiger Dienstleistungen, daneben aber auch noch eine sogenannte Mietervereinigung oder Werbegemeinschaft.

Bezüglich des Nutzungskonzeptes im engeren Sinne sind folgende Kriterien einer Prüfung zu unterziehen:
– Wie ist der Mieter-Mix der diversen Center-Betriebe zu beurteilen?
– Sind in diesem Gesamt-Mix auch sogenannte kundenanziehende Magnet-Betriebe, wie z.B. Verbrauchermärkte, SB-Warenhäuser oder überregional agierende Filialketten enthalten?
– Wie ist das Angebots-Niveau dieser Betriebe zu beurteilen (entspricht es den Nachfrager-Verhältnissen im Einzugsgebiet)?
– Entspricht die Funktion der Gesamtanlage, insbesondere die Ausrichtung auf einen sogenannten vorprogrammierten Kundenstrom, den neuesten Erkenntnissen?
– Entspricht die äußere und innere architektonische Gestaltung dem Anspruchsniveau der Nachfrager?
– Kann die technische Konstruktion dieser gewerblichen Immobilie als flexibel bezeichnet werden (ist es also möglich, Flächen ohne großen Aufwand umzufunktionieren bzw. umzuwidmen)?
– Stehen die einzelnen Nutzungsarten wie Verkaufsflächen, Geschäftsflächen, Mall-, also Verkehrsflächen, Parkierungsflächen etc. in einem gesunden Verhältnis zueinander?
– Sind hierbei die rechtlichen Auflagen erfüllt worden (z.B. die Kfz-Stellplatz-Vorschriften)?

3.6 Prüfung der Gesamtinvestition

Auf der Basis des erarbeiteten Nutzungskonzeptes ist es möglich, die Gesamtinvestition zu ermitteln.

Auf der Seite des Prüfenden ist es wichtig festzustellen, ob die angegebenen:
- Grundstücks- und Grundstücksnebenkosten
- Bau- und Baunebenkosten sowie
- Zwischenfinanzierungs- und Finanzierungskosten

richtig ermittelt worden sind und als angemessen zu bezeichnen sind. Eine Überprüfung über analoge Objekte auf der Basis des kubikmeter-umbauten Raumes sowie der erstellten Gebäudenutzflächen unter Berücksichtigung der örtlichen Preisverhältnisse ist im Regelfall nicht problematisch.

3.7 Prüfung der Verträge

Der Überprüfung vorliegender Verträge, insbesondere der Mietverträge, muß auf seiten des Prüfenden ganz besondere Aufmerksamkeit gewidmet werden. Stellen doch die Erträge aus den Mietverhältnissen die zentrale Einnahmenquelle und somit die sicherste Komponente für die zu leistenden Zins- und Tilgungsleistungen dar.

Vor allem folgende Prüfungskriterien sollten erfaßt werden:
- Handelt es sich bei bereits abgeschlossenen Mietverträgen um echte/seriöse Abschlüsse oder um sogenannte Scheinverträge?
- Sind die vereinbarten Mietpreise bzw. die kalkulierten Mietpreise bei noch nicht abgeschlossenen Mietverträgen als marktüblich anzusehen und auch langfristig erzielbar?
- Sind Mietgarantien abgegeben worden und wenn ja, für welchen Zeitraum und mit welcher Absicherung?
- Mit welchen Mietpreis-Reduzierungen ist nach Ablauf einer Mietgarantiezeit zu rechnen, insbesondere bei einer Konzeption des Objektes nach dem Bauherrenmodell oder ähnlicher Modelle.
- Welcher Vermietungsstand wurde zum Zeitpunkt der Objekt-Prüfung erreicht?
- Welche Mietflächen sind in der vermieteten Quote enthalten, die problemlosen oder die problembehafteten?
- Wurden in den abgeschlossenen Mietverträgen die center-spezifischen Besonderheiten berücksichtigt, oder handelt es sich bei den Mietverträgen um eine Formulierung, wie sie in einem Mietvertrag enthalten ist, der im Schreibwarengeschäft an der nächsten Ecke zu kaufen ist? Zu prüfen ist u. a.:
    Betreibungspflicht
    Offenhaltungspflicht
    Sortimentsbestimmung

Konkurrenzschutz
Beitrittspflicht zur Werbegemeinschaft
Festlegung des Werbekostenbeitrages
Öffnungszeitenregelung
Nebenkosten-Regelung
Untervermietung
Schaufensterbeleuchtung
Mall-Benutzung
Parkierungs-Regelungen etc. etc.

3.8 Prüfung der Mieter

So kritisch wie der Mietvertrag zu überprüfen ist, ist auch – selbst in Zeiten nicht mehr leicht zu findender Mieter – vor Abschluß des Vertrages seine Qualität zu überprüfen.
– Über welche berufliche Erfahrung verfügt er? (Newcomer beleben das Objekt, verfügen aber in der Regel über keine Erfahrung.)
– Wie ist die Bonität und Seriosität der Mieter einzuschätzen?
– Lassen die Mieter Kooperationsbereitschaft erkennen (Shopping-Center!)?

3.9 Prüfung des Finanzierungsmodells

Hier ist das vom potentiellen Kreditnehmer beabsichtigte Finanzierungsmodell zur Realisierung seines projektierten Shopping-Centers zu überprüfen.

Besonders kritisch sollte der Prüfer der Flächenaufteilung in Teileigentum gegenüberstehen. So interessant dieses ursprünglich als »Leverkusener Modell« bezeichnete Konzept für die Finanzierungsseite ist, so problematisch ist es für das spätere Management und die Verwaltung einer solchen Immobilie.

3.10 Prüfung der Grundstückssicherung

Ist der Initiator noch nicht Eigentümer des Grundstückes, so ist zu überprüfen, ob der Ankauf des Grundstückes als gesichert anzusehen ist.

Genau so wichtig erscheint es, welche Rücktrittsmöglichkeiten der Eigentümer hat, für z. B. den Fall, daß
– keine Baugenehmigung erteilt wird oder
– die beabsichtigte Rentabilität des Projektes nicht erreicht wird.

Noch günstiger ist es, einen Rücktritt sich einräumen zu lassen, ohne hierbei Gründe angeben zu müssen.

3.11 Prüfung der Aufwendungen für Bauleistungen

Für die Errichtung von Einkaufszentren ist es üblich geworden, im Falle der Baugenehmigung und Realisierung das Angebot eines Generalunternehmers anzunehmen. In diesem Vertrag sind neben den üblichen Regelungen der Festpreis sowie der Festtermin für die Fertigstellung vereinbart, damit die Inbetriebnahme dieser Immobilie zu einem bestimmten Termin gesichert ist. Dieses Verfahren, unterstellt man einen professionell arbeitenden Generalunternehmer, erleichtert diesen Teil der Objekt-Prüfung. Ist der Initiator nicht erfahren, so erhöht sich das Risiko bei der Vergabe von Einzelgewerken.

3.12 Etablierung eines Center-Managements

Die reine Verwaltung eines Shopping-Centers unterscheidet sich nicht wesentlich von der Verwaltung anderer gewerblicher Immobilien.

Mit Verwaltung ist jedoch nicht Objekt-Management gemeint. So soll es immer noch Personen geben, die glauben, daß ein Shopping-Center, ist es einmal fertiggestellt und eröffnet, keines Managements bedarf. Ist dies doch auch für Wohnungen, Büros oder Lagerhäuser nicht erforderlich.

Die Erfahrung zeigt jedoch eindeutig, daß es für dieses komplizierte Kooperationsgebilde mit diversen Entscheidungsträgern – teilweise unterschiedlicher Zielsetzung – unbedingt erforderlich ist, durch eine zentrale Institution geführt und geleitet zu werden.

Im Rahmen der Prüfung ist festzustellen,
– ob für dieses Objekt ein Center-Management vorgesehen ist
– über welche Erfahrungen dieses Center-Management verfügt
– welche Kosten hierfür anfallen und
– von wem sie getragen werden.

3.13 Prüfung der Wiederverkäuflichkeit

Diese Frage dürfte nicht nur für den künftigen Eigentümer, sondern auch unter bestimmten Konstellationen für das beleihende Kreditinstitut von Bedeutung sein.
– Die Substanz der Immobilie,
– die Bedeutung des Standortes national bzw. international
– sowie das gesamte Investitionsvolumen
dürften nur einige der hier zu prüfenden Kriterien sein.

GERD SCHMITZ-MORKRAMER

Beurteilung von Gewerbeimmobilien und Bewertung an ausgewählten Beispielen aus Sicht eines Kreditinstitutes

Inhalt

1.	Einleitung	415
2.	Beurteilung von Gewerbeimmobilien	416
2.1	Grundlegende Beurteilungskriterien	416
2.2	Durchführung der Beleihungswertermittlung	419
2.2.1	Objektunterlagen und Objektbesichtigung	419
2.2.2	Verfahren der Wertermittlung	421
2.2.2.1	Sachwertermittlung	421
2.2.2.2	Ertragswertermittlung	423
2.2.2.3	Vergleichswertermittlung	425
2.3	Turnusmäßige Überprüfung von Gewerbeobjekten	426
3.	Bewertung von Gewerbeimmobilien an ausgewählten Beispielen	426
3.1	Bewertung von »Büroimmobilien«	426
3.1.1	Bevorzugte Standorte	426
3.1.2	Grundsätzliche Beurteilungskriterien	427
3.1.3	Entwicklungstrends	429
3.1.4	Praxisfall: Kaufpreisfindung für eine Büroimmobilie	429
3.2	Bewertung von »Hotelimmobilien«	431
3.2.1	Bevorzugte Standorte	431
3.2.2	Grundsätzliche Beurteilungskriterien	432
3.2.3	Entwicklungstrends der Branche	434
3.2.4	Praxisfall: Finanzierung eines Hotels	434
3.3	Bewertung von »Einzelhandelsimmobilien«	436
3.3.1	Bevorzugte Standorte	436
3.3.2	Merkmale unterschiedlicher Betriebsformen	437
3.3.3	Grundsätzliche Beurteilungskriterien	438
3.3.4	Praxisfall: Wertermittlung für einen Lebensmittel-SB-Markt	443
3.3.5	Entwicklungstrends	443

1. Einleitung

1988 haben die Bauinvestitionen wieder einen deutlichen Beitrag zum gesamtwirtschaftlichen Wachstum geleistet. Preisbereinigt erhöhten sie sich um 4,5%. Knapp 1/5 des Anstiegs des Sozialprodukts entfiel auf die Bauwirtschaft. Besonders rege war die Produktionstätigkeit im gewerblichen Bau (+5,3%), der am gesamten Bauvolumen von 222 Mrd DM (in Preisen von 1980) einen Anteil von rd. 22% hat.

Folgende *Strukturdaten* kennzeichnen den Gewerbeimmobilienmarkt 1988[1]:

Gemessen an den *Fertigstellungszahlen*, wurden im vergangenen Jahr 31,4 Mrd DM für neue Gebäude und 6,5 Mrd DM an bestehenden Gebäuden investiert (veranschlagte Baukosten). Dies ist der höchste Wert, der je erreicht wurde. Nach der Nutzfläche wurden knapp 23,8 Mio qm fertiggestellt, dies entspricht einer Steigerung von rd. 18% gegenüber dem Vorjahr. Bei den *Genehmigungen* hat das gewerbliche Bauvolumen, gemessen an den veranschlagten Baukosten, mit 33,6 Mrd DM für neue Gebäude und 8,5 Mrd DM für Baumaßnahmen im Bestand ebenfalls einen neuen Höhepunkt erreicht. Die Zahl der Baugenehmigungen lag im Süden der Bundesrepublik höher als im Norden. Am höchsten in Bayern, gefolgt von Baden-Württemberg, Nordrhein-Westfalen, Niedersachsen und Hessen. Überschlägig entfallen etwa 60% der gewerblichen Bauinvestitionen auf die südlichen Bundesländer; 30% der gesamten gewerblichen Nutzflächen werden in neuen Verdichtungsgebieten gebaut.

Naturgemäß sind Gewerbeimmobilien auch für Banken von größtem Interesse. Der Markt gewerblicher Immobilienfinanzierungen umfaßt die Wirtschaftshochbauten von Unternehmen und Selbständigen, die entweder gewerblichen oder industriellen Zwecken dienen. Ordnet man diesen Gewerbeformen Einzelobjekte zu, so ergibt sich nachstehende Systematik:

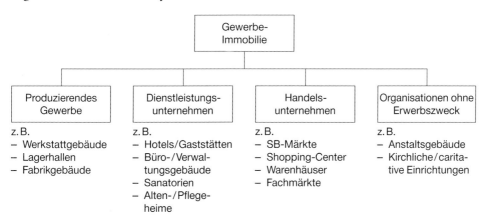

Das Gesamtvolumen der *Hypothekarkredite* auf andere als Wohngrundstücke an inländische Unternehmen und Privatpersonen belief sich nach Erhebungen der Bundesbank Ende 1988 auf 145,5 Mrd DM. Gegenüber dem Vorjahr ist dies ein Zuwachs von 7,5%. Der größte Anteil entfiel auf die reinen Hypothekenbanken (28,2%), gefolgt von den Sparkassen (27,8%) und den Girozentralen (17,7%). Leider liegen keine umfassenden Statistiken über den Verwendungszweck gewerblicher Beleihungen vor. Folgt man dem Jahresbericht des Verbandes deutscher Hypothekenbanken[2], dann werden 35% der gewerblichen Finanzierungen für Handelsgebäude (einschließlich Lagergebäude), 32% für Büro- und Verwaltungsgebäude und 13% für Fabrik- und Werkstatt-Immobilien verwendet. Die durchschnittliche Darlehenssumme stellt sich auf 1,4 Mio DM.

Auch mittelfristig sind die Aussichten für den Wirtschaftsbau günstig. Bis 1993 dürften die Bauinvestitionen mit preisbereinigt ca. 3% p.a. erheblich schneller expandieren als im Schnitt der letzten 5-Jahresperiode (+0,9%). Der Wirtschaftsbau wird insbesondere von der Vollendung des Binnenmarktes 92 sowie von der Modernisierungswelle profitieren, die im gewerblichen Immobiliensektor einen immer größer werdenden Stellenwert einnimmt. Lt. Ifo-Prognose dürfte der Anteil des Wirtschaftsbaues am Bauvolumen bis Ende der 90er Jahre auf über 30% steigen.

2. Beurteilung von Gewerbeimmobilien

2.1 Grundlegende Beurteilungskriterien

Unabhängig von den spezifischen Merkmalen eines Objektes und der Beleihungswertermittlung sind für die Bewertung einer Gewerbeimmobilie einige grundlegende Prüfkriterien bedeutsam. Beispiele aus jüngster Vergangenheit belegen, daß Objekte ihren Wert – trotz Berücksichtigung vorsichtigster Wertmaßstäbe – weitgehend verlieren, wenn nachstehende grundlegende Bewertungsfaktoren – auf die hier nur kursorisch eingegangen werden kann – nicht sorgfältig geprüft werden.

a) Bonität des Kreditnehmers

Nach §18 KWG sind Kreditinstitute verpflichtet, von Kreditnehmern die Offenlegung ihrer wirtschaftlichen Verhältnisse zu verlangen. Dies erfolgt vor Finanzierung einer gewerblichen Immobilie in der Regel durch die Prüfung der vom Kreditnehmer eingereichten Jahresabschlüsse, die von diesem unterschrieben und vom Wirtschaftsprüfer oder Steuerberater testiert sein müssen. Mit Hilfe von Bilanzanalysen kann ein betriebswirtschaftlich fundiertes Urteil über den bisherigen Geschäftserfolg des Kreditnehmers gebildet werden. Aus dem durch die vergleichende Analyse ersichtlichen Entwicklungstrend kann unter Berücksichtigung von Branchenvergleichszahlen sowie nach Prüfung der persönlichen Kreditwürdigkeit (Seriosität, Fachkenntnisse etc.) ein Krediturteil gebildet werden. Bedeutsam ist ferner, daß die Bonität des Kreditnehmers laufend – i.d.R. jährlich – anhand aktueller Einkommens- und Vermögensverhältnisse überprüft wird.

b) Nachhaltigkeit der Erträge

Neben der Bonität des Kreditnehmers sind Sicherheit und Nachhaltigkeit der Erträge aus der Gewerbeimmobilie bedeutsame Beurteilungskriterien[3]. Vorhandene Mietverträge bilden hierfür nicht immer eine ausreichende Gewähr. Vielmehr ist Voraussetzung, daß der derzeitige oder ein späterer Nutzer seine Umsatz- und Ertragsziele dauerhaft realisieren kann. Auch wenn ein Objekt aufgrund gegenwärtiger Erträge günstig beurteilt wird, kann die Einschätzung der zukünftigen Entwicklung des betreffenden Wirtschaftszweiges und des in Frage kommenden Wirtschaftsraumes sowie fehlende oder eingeschränkte Drittverwendungsfähigkeit (vgl. Punkt d) zur Ablehnung einer langfristigen Beleihung führen. Gerade in der heutigen Zeit mit ihren schnellen Innovationen, technischen Entwicklungen und regionalen Verlagerungen von Wirtschaftsbetrieben gewinnt dieser Gesichtspunkt steigende Bedeutung.

c) Standortqualität

Vor jeder Objektbewertung hat die Einschätzung des Standortes zu erfolgen: Neben qualitativen Kriterien wie Verkehrsanbindungen, örtliche Infrastruktur, Beschaffungs- und Absatzmärkte, Nutzung von Förderungsmitteln usw. sollte die Standortqualität nach Möglichkeit in relativen Kennziffern gemessen werden – etwa Verkaufs- oder Bürofläche zur Investitionssumme oder Standortgröße. Zu diesem Zweck ist die Erstellung von qualifizierten Standortanalysen unverzichtbar.

d) Drittverwendungsfähigkeit

Die Mehrfunktionalität ist bei gewerblichen Immobilien naturgemäß von größerer Bedeutung als bei Wohnimmobilien. Bei Mieterwechsel oder Verwertung ist die Drittverwendungsfähigkeit des Objektes Voraussetzung, um Ausfälle zu vermeiden oder zumindest zu begrenzen.

Auf eine spätere Drittverwendung oder Verwertung von Gewerbeobjekten wirken sich insbesondere folgende Gegebenheiten aus, die somit bereits bei Objektprüfung mit ins Kalkül zu ziehen sind[4]:

1. Ortslage und Brancheneinflüsse
   - Standort (Makro-, Mikrostandort), Verkehrsanbindungen und voraussichtliche Entwicklung der Lage, etwa durch Veränderungen des Verkehrsnetzes (Umgehungsstraßen, U-Bahn, Autobahnanschluß u. ä.);
   - Branchensituation der jeweiligen Region. Bei Spezialbranchen sollte untersucht werden, ob potentielle Interessenten als Mietnachfolger in Betracht kommen;
   - Marktsituation der Gewerbeimmobilie in der Region. Ein großes Angebot an Gewerberäumen macht eine Vermietung unter Umständen schwierig; außerdem spielt die Modernität der Räume bei Ladenlokalen und Büros eine wichtige Rolle;
   - Nutzungsmöglichkeiten für andere Branchen (z. B. Fabrikationshallen als SB-Märkte, SB-Märkte als Lagerhallen etc.). Evtl. erforderliche Umbaukosten müssen wirtschaftlich vertretbar sein;
   - Flächenreserven für evtl. Erweiterungen.

2. Einflüsse aus Verträgen, Stadtplanung und Gesetzen
   - Bonität der Mieter/Dauer der Mietverträge, Inhalt der Mietverträge, z. B. Regelung der Nebenkosten, Untervermietung, Betreiberverpflichtung, Konkurrenzschutz, Sortimentsfestlegungen,
   - Know-how des Betreibers,
   - Höhe/Art des Mietansatzes (Umsatzmiete oder Indexmiete),
   - Auswirkungen des Baurechtes, des Umweltschutzes, kommunale Planungsvorstellungen etc.,
   - Besondere Auflagen wie z. B. für Klima-Anlage, Lärmschutz, Abgase und dergleichen, die in besonderem Maße verteuernd wirken können.
3. Einflüsse aus Bevölkerungs- und Wirtschaftsstruktur
   - Interregionale Bevölkerungsbewegungen
   - Arbeitslosenquote
   - Konsumentenverhalten
   - Einkommens-/Kaufkraftentwicklung
4. Bauliche Gegebenheiten
   - Verstärkte Abnutzung der Bausubstanz bei gegebenen Sondereinflüssen
   - Betriebseinrichtungen

   Gebäudekonzeption:
   - Größe und Gestaltung der Nutzflächen/Achsmaß/Raster/Geschoßhöhen
   - Variable Nutzung/Aufteilbarkeit der Nutzflächen
   - Belastbarkeit der Böden/Geschoßdecken.

e) Zinsänderungsrisiko

Bei der Finanzierung von Gewerbeimmobilien ist das Zinsänderungsrisiko aufgrund des möglicherweise steigenden Zinsaufwandes nach Ablauf der Zinsfestschreibung zu berücksichtigen[5]. Trifft diese mit einer Kapitalmarktsituation mit deutlich höherem Zinsniveau zusammen, entspricht die erzielbare Miete nicht mehr dem ursprünglichen Kapitaldienst. Ein Kapitalanleger wird in einer derartigen Situation, sofern der Mietvertrag mit dem Betreiber gekündigt werden kann, nicht unbedingt einen Anschlußmieter finden, der die vergleichsweise höhere Miete für die nächste Zinsfestschreibung akzeptiert. Aus diesen Gründen ist erforderlich, daß die Mieterträge genügend Liquiditätsreserven für einen höheren Kapitaldienst bereitstellen und die Finanzierung langfristig ausgelegt ist.

f) Mietausfallrisiko

Mieteinnahmen aus einem Gewerbeobjekt sind im Hinblick auf konjunkturelle Schwankungen wesentlich unsicherer als bei einem Mietwohnungsgrundstück mit zahlreichen Mietparteien[6]. Das Mietausfallrisiko liegt sowohl in der Bonität der Mieter als auch in der verminderten Vermietbarkeit der im allgemeinen auf betriebliche Verhältnisse zugeschnittenen Nutzungsflächen. Deshalb wird das Mietausfallwagnis in der Wertermittlungspraxis kalkulatorisch mit 2–4 % der Jahresrohrerträge berücksichtigt. Diese Position soll dazu dienen, etwaige Kosten aufgrund von Mietrückständen, Rechtsverfolgung, Räumung der Mietfläche etc. zu decken.

Um Mietausfallrisiken nach Möglichkeit zu vermeiden, ist für die Bank hinsichtlich der Vertragsgestaltung wichtig, daß der Mietvertrag mit einer Wertsicherungsklausel ausgestaltet und die Umlage von Bewirtschaftungskosten eindeutig geregelt ist. Darüber hinaus sollte der Mietvertrag langfristig ausgelegt sein und von einem Sachverständigen geprüft werden: So kann beispielsweise ein langfristig vereinbartes Mietverhältnis von dem Betreiber eines SB-Marktes durch einseitige Erklärung nach Ablauf einer Kündigungsfrist vorzeitig beendet werden, wenn eine nicht von ihm zu vertretende geschäftliche Entwicklung eintritt[7]. In diesen Fällen wird vielfach eine neue Mietzahlung vereinbart, die deutlich unter der ursprünglich vereinbarten Vertragsmiete liegt und dadurch den Kapitaldienst des Kreditnehmers nicht mehr deckt. In ähnliche Richtung können atypische Abmachungen zwischen Vermieter und Mieter wirken, etwa Beteiligung an der Instandhaltung des Objektes, Zahlung von Versicherungsprämien, Grundsteuer, städtischen Gebühren und anderen Kosten. Es bietet sich eine Vereinbarung an, wonach der Mietvertrag nur mit Zustimmung der finanzierenden Bank geändert oder aufgelöst werden kann.

2.2 Durchführung der Beleihungswertermittlung

2.2.1 Objektunterlagen und Objektbesichtigung

Um eine Gewerbeimmobilie zuverlässig bewerten zu können, ist die Prüfung objektspezifischer Unterlagen und eine Objektbesichtigung erforderlich. Hierbei ist zwischen obligatorischen und ergänzenden Unterlagen zu unterscheiden, von denen die wichtigsten in der nachstehenden Übersicht dargestellt sind:[8]

1. *Obligatorische Objektunterlagen*
   a) bei unbebauten Gewerbegrundstücken / Fabrikarealen
      – Grundbuchauszug
      – Auszug aus dem Liegenschaftsbuch
      – Flurkarte / Lageplan
      – Auszug aus Baulastenverzeichnis
      – Erschließungsbeitragsbescheinigung
      – Auskunftsmitteilungen der Gemeinde (z. B. zu § 42 Abs. 10 BauGB)
   b) *zusätzlich* bei bebauten Grundstücken
      – Bauzeichnungen / Bauschein
      – Objektfotos
      – Baubeschreibung
      – Berechnung des umbauten Raumes
      – Berechnung der Nutzflächen
      – Rohbau- / Gebrauchsabnahmeschein
      – Grenzbescheinigung
      – Versicherungspolicen
      – Betriebsgenehmigungen / Konzessionen
      – Auflistung besonderer Betriebseinrichtungen
      – Flächen-, Auslastungs- und Umsatzangaben

2. *Ergänzende Unterlagen (je nach Objekt)*
   – Kaufvertrag
   – Bodengutachten / Baugrunduntersuchung / Altlastenverdachtskarten
   – Gebäudedaten
   – Baukostenaufstellung / Kostenvoranschlag
   – Einheitswertbescheid
   – ältere Wertermittlungen
   – Prüfatteste für Licht- und Kraftanlagen
   – Standortanalysen / Branchenberichte / Gutachten

Um eine zeitnahe Wertermittlung zu erstellen, ist bei den zu prüfenden Unterlagen Aktualität die wichtigste Voraussetzung. Wird auf externe Unterlagen zurückgegriffen (z. B. Berechnung des umbauten Raumes, Berechnung Wohn-/Nutzflächen, Baubeschreibung), werden diese vom Sachverständigen überprüft. Dies gilt auch für die Baugenehmigung, welche unbeschadet der Rechte Dritter erteilt wird und daher Auflagen und Bedingungen enthalten kann, welche die vorgesehene Objektnutzung einschränken.

Bei Gewerbeimmobilien erfolgt nach Aufbereitung und Prüfung vorgenannter Unterlagen eine Objektbesichtigung[9], bei der mittels einer Checkliste Informationen für die Wertermittlung komplettiert werden – etwa über Baumängel / Bauschäden / Reparaturstau, Geschäftslage, Verkehrsanbindung, Nachbarbebauung etc. Vor allem soll aber durch die Besichtigung des Objektes festgestellt werden, ob eine Drittverwendungsfähigkeit der Gewerbeimmobilie sowie eine Vermiet- und Verwertbarkeit ausreichend gesichert scheint.

Aufgrund der Objektunterlagen und der -besichtigung wird der Sachverständige den Sach- und Ertragswert feststellen und zu einer Risikoeinstufung kommen, ob die *objektbezogene Kreditvergabe* mit einem unterdurchschnittlichen, durchschnittlichen oder überdurchschnittlichen Beleihungsrisiko verbunden ist.

2.2.2 Verfahren der Wertermittlung

Der Beleihungswert soll die dauernden Eigenschaften (Sachwert) und den Ertrag eines Objektes berücksichtigen, der bei ordnungsgemäßer Bewirtschaftung *jeder Besitzer* nachhaltig erzielen kann (vgl. ausführlich § 12 HypBankG). Bedeutsam ist in diesem Zusammenhang, daß der Beleihungswert den abstrakten nachhaltigen Marktwert darstellt und werterhöhende, an den jeweiligen Besitzer geknüpfte Umstände, ausschließt[10].

Bei der Wertermittlung[11] ist zwischen dem Sachwert-, Ertragswert- und Vergleichswertverfahren zu unterscheiden. Bei Gewerbeimmobilien steht naturgemäß die Prüfung des Ertragswertes im Vordergrund, während Sach- oder Vergleichswerte im Verhältnis zum Ertragswert Kontrollwerte darstellen, mit deren Hilfe Zweifel an der Nachhaltigkeit der Erträge begründet werden können.

Quelle: Simon, J., Wertermittlung, in: Der Sachverständige 1987, S. 300

2.2.2.1 Sachwertermittlung

Der Sachwert setzt sich zusammen aus Boden- und Bauwert.

Bei der *Bodenwertermittlung*[12] sind drei Verfahren zu unterscheiden:
a) *Unmittelbarer Preisvergleich* aus Kaufpreisen vergleichbarer Grundstücke. Dieses Verfahren wird in der Praxis selten angewendet, da Kaufpreise vergleichbarer Grundstücke selten vorliegen bzw. die Herstellung der Vergleichbarkeit durch

Korrektur der Berechnungsgrößen (Größe des Grundstückes, bauliche Nutzung, Veräußerungszeitpunkt etc.) nicht unproblematisch ist.

b) *Mittelbarer Preisvergleich* über Bodenrichtwerte. Dieses Verfahren wird in der Praxis *am häufigsten angewendet*. Die bei Kommunalbehörden etablierten Gutachterausschüsse erteilen auf Anfrage Auskünfte über Grundstücksrichtwerte, die aufgrund von Kaufpreissammlungen ermittelt werden. Allerdings sind diese Richtwerte nur als Orientierungshilfen zu werten und deshalb kritisch zu würdigen.

c) *Bodenwertermittlung aus dem (mutmaßlichen) Ertrag*. Dieses Verfahren wird in Gebieten angewendet, für die keine Bodenrichtwerte ausgewiesen sind und auch keine Richtwerte aus vergleichbaren Lagen verfügbar sind. So ist in innerstädtischen Zentren eine Bodenwertermittlung nach diesem Verfahren vielfach nicht möglich, da die Lageunterschiede zu groß sind. Kaufpreise vergleichbarer unbebauter Grundstücke liegen meist nicht vor oder sind aus der begrenzten Anzahl in etwa vergleichbar bebauter Grundstücke nicht herleitbar. Seit langem werden für die Wertermittlung aussagefähige Verfahren gesucht. Untersuchungen in einigen Städten haben ergeben, daß der Bodenwert je qm etwa das 35- bis 48-fache der Erdgeschoßrohmiete/qm Nutzfläche ergeben. Wegen der unterschiedlichen Entwicklung von Bodenpreisen und Geschäftsraummieten kann diese Spanne naturgemäß nur Anhaltspunkte geben.

Dieses Verfahren ist rechtlich zulässig, aber insofern problematisch, da eine Kausalität zwischen dem Gebäudeertragsanteil und dem Sachwert nicht zwingend herstellbar ist. Deshalb wird auf dieses Verfahren nur dann zurückgegriffen, wenn die Anwendung vorstehend genannter Methoden nicht möglich ist.

Bei der Bewertung gewerblich-genutzter Grundstücke ist im besonderen Maße auf den planungsrechtlichen Bestandsschutz zu achten, der bei Nutzungsänderungen – etwa bei Branchenwechsel – eine Prüfung der baurechtlichen Zulässigkeit erforderlich macht und dadurch die Drittverwendungsfähigkeit der Immobilie einschränken kann. Ferner müssen bei der Ermittlung des Bodenwertes ggf. Änderungen aufgrund eines Bebauungsplanes und Eintragungen in Abt. II des Grundbuches bzw. des Baulastenverzeichnisses Berücksichtigung finden. Schließlich sind künftige Wertminderungen des Grundstücks – z. B. infolge Änderungen in der Verkehrsführung, zu erwartende Belästigungen aufgrund des Autobahn- oder Flughafenbaues in die Bodenwertberichtigungen einzubeziehen.

Zur Ermittlung des *Bauwertes* stehen zwei Verfahren zur Verfügung: das Abschlags- und Indexverfahren.

Das in der Praxis üblicherweise verwendete *Abschlagsverfahren* bewertet unter Berücksichtigung aller qualitativen Einflußfaktoren (Bauart, Ausführung, Ausstattung) den cbm-umbauten Raum mit dem zeitgemäßen cbm-Preis. Zunächst wird der »reine Bauwert« ermittelt, der sich durch Multiplikation des umbauten Raumes mit dem Raummeterpreis errechnet. Dieser Wert kann sich um folgende Nebenkosten oder werterhöhende Bauteile erhöhen:

	in % des reinen Bauwertes
– Baunebenkosten (Architekten- und Behördenleistungen, Damnum, Zwischenfinanzierungszinsen)	bis 15 %
– Kosten der Außenanlagen (z. B. Wegbefestigungen, Gartenanlagen)	ca. 5 %
– Besondere Bauteile (soweit werterhöhend) (z. B. Sicherheitsvorkehrungen)	bis 10 %
– Garagenplätze – Einzelgarage bis 8 TDM – Tiefgarage bis 15 TDM	

Der so ermittelte Bauwert wird durch *Abschreibung und Sicherheitsabschlag* reduziert. Die *Abschreibung* für Alter und Abnutzung ist aufgrund der technischen Lebensdauer und unter Berücksichtigung des Objektzustandes gesondert zu ermitteln und anzusetzen. Der *Sicherheitsabschlag* für gewerblich-genutzte Gebäude liegt bei Objekten, die nicht älter als 10 Jahre sind, mindestens bei 15 %, bei älteren Gebäuden mind. bei 20 %.

Ein Rechenschema zur Ermittlung des Sachwertes ist nachstehend aufgeführt.

	TDM
Bodenwert	
Grundstückswert = ... qm Grundstück × ..... DM/qm	....
Erschließungskosten	....
	Bodenwert
Bauwert	
reiner Bauwert = ... cbm umbauter Raum × ..... DM/cbm	....
Garagen .... Stück à DM	....
Baunebenkosten	....
Kosten der Außenanlagen	....
Besondere Bauteile	....
	Zwischensumme
./. Altersabschreibung (..... %)	....
./. Sicherheitsabschlag (..... %)	....
	Bauwert
Sachwert	
Bodenwert + Bauwert =	Sachwert

2.2.2.2 Ertragswertermittlung

Bei gewerblichen Immobilien ist in aller Regel der Ertragswert die maßgebliche Wertkomponente. Hierbei ist von entscheidender Bedeutung, in welcher Höhe nachhaltig erzielbare Mieterträge angesetzt werden können. Bei bestehenden Objekten sind die gezahlten Mieten/Pachten auf ihre Marktfähigkeit hin zu untersuchen, anzugleichen und auch um die in der Mietzahlung eventuell enthaltene MwSt zu reduzieren. Besonders bei gewerblichen Objekten ist bedeutsam, daß die Mieten nach Nutzungsart und Lage ausreichend differenziert dargestellt werden, da Pauschalwerte oder durchschnittliche Flächenmieten wenig aussagefähig sind.

Von der Bruttojahresmiete werden die Bewirtschaftungskosten in Abzug gebracht. Bei gewerblich genutzten Beleihungsobjekten betragen diese i. d. R. 20–40 %, wobei davon ausgegangen wird, daß die Betriebskosten weitestgehend auf die Mieter umgelegt werden. In günstigen Ausnahmefällen können die Bewirtschaftungskosten auch unter 20 %, mindestens jedoch 15 % betragen.

Nach Abzug der Bewirtschaftungskosten ergeben sich die jährlichen Reinerträge, die nunmehr unter Berücksichtigung der Restnutzungsdauer des Objektes zu kapitalisieren sind.

Hierbei kann von folgenden Kapitalisierungsfaktoren – 100jährige Nutzung unterstellt (»ewige« Kapitalisierung) – ausgegangen werden.

	Kapitalisierungsfaktoren	Vervielfältigungsfaktor (100 : Kap.faktor)
– überwiegend gewerblich genutzte Objekte	6,0–6,5 %	16,6–15,4
– gewerbliche Objekte u. evtl. höher	6,5–7,0 % (7,5–8,0 %)	15,4–14,3

Bei geringerer wirtschaftlicher Nutzungsdauer verändert sich der Rentenbarwertfaktor naturgemäß je nach unterstelltem Zinssatz.

Beispiel:

Ein Bürogebäude mit einem Mietreinertrag von 80 TDM p. a. soll eine Restnutzungsdauer von 65 Jahren haben. Bei einem Zinssatz von 6 % errechnet sich folgender Rentenbarwertfaktor (»Vervielfältiger«)

$$V = \frac{(1{,}06)^{65} - 1}{(1{,}06)^{65} \cdot 0{,}06}$$

$V = 16{,}29$

Der kapitalisierte Mietreinertrag ergibt nunmehr den Ertragswert:

$E = V \times$ Mietreinertrag
$E = 16{,}29 \times 80$ TDM
$E = 1\,303{,}2$ TDM

Bei anderen Gewerbeimmobilien wird folgende mittlere Nutzungsdauer unterstellt, wobei von einer durchschnittlichen Objektunterhaltung ausgegangen wird.

	Jahre
1. Büro- und Verwaltungsgebäude	60–80
Kaufhäuser	40–60
Kaufhauseinrichtungen u. -ausbauten	10–20
Supermärkte	20–40
Schulen	60–80
Werk- und Lagerhallen, Fabrikgebäude	40–60
Hotels	50–70
Krankenhäuser	50–70
Garagen	40–60
2. Leichtbauten	20–40
3. Außenanlagen	30–50

Eine *andere Berechnungsmethode* ergibt sich bei Berücksichtigung der Bodenwertverzinsung, die bei Gewerbeobjekten in der Regel zwischen 6 und 7% p. a. liegt.

Da der Grundstückswert aufgrund fehlender Abschreibungsfähigkeit keine Restnutzungsdauer aufweist, stellt sich der Rentenbarwertfaktor als das reziproke Verhältnis des Zinssatzes dar, also in unserem Beispiel 1 : 0,06 = 16,67. Unterstellt man einen Bodenwert von 200 TDM, so ergibt sich folgende Rechnung:

Mietreinertrag	80 TDM
./. Bodenwertverzinsung	12 TDM
6% von 200 TDM	
Gebäudeertrag	68 TDM
Gebäudereinertragswert	
68 TDM × 16,29	= 1 108 TDM
+ Bodenwert	200 TDM
$\frac{12\ \text{TDM}}{0,06}$	
Gesamt	1 308 TDM

In vorstehenden Beispielen ist die Differenz zwischen dem kapitalisierten Mietreinertrag und dem kapitalisierten Gebäudereinertrag zuzüglich Bodenwert gering. Die Abweichungen nehmen jedoch um so stärker zu, als der Bodenwertanteil ansteigt und/oder die Restnutzungsdauer abnimmt. Dies ist insbesondere dann der Fall, wenn die Gebäuderestnutzungsdauer kürzer als 30 Jahre ist.

Maschinelle und andere technische Anlagen, auf die sich das Grundpfandrecht der Bank erstreckt, können dann angemessen berücksichtigt werden, wenn sie jederzeit nutzbar, verkäuflich oder anderweitig verwertbar sind. Dabei ist i. d. R. ein mindestens der normalen Abschreibung entsprechender Abschlag für Abnutzung und technische Entwertung zu machen. Maschinen, die veraltet sind, sowie Spezialmaschinen und Spezialanlagen, die anderweitig nicht oder nur eingeschränkt genutzt werden können, werden i. d. R. mit dem Schrottwert angesetzt.

2.2.2.3 Vergleichswertermittlung

Kann der nachhaltige Ertrag eines gewerblich genutzten Beleihungsobjektes nicht aufgrund erzielbarer Mieten oder Pachten festgestellt werden (z.B. bei Eigennutzung), so wird dieser i. d. R. durch Vergleichsobjekte ermittelt. Voraussetzung hierfür ist, daß die Gewerbeimmobilie vielseitig, insbesondere in verschiedenen Branchen genutzt werden kann, wobei bei der Wertermittlung insbesondere die für die dauernde rentierliche Nutzung des Beleihungsobjektes wesentlichen Umstände (z.B. Marktstellung, Umsatzrendite, Ausnutzung und Qualität von Produktionsanlagen, Standortbedingungen) unter Berücksichtigung der Branchenverhältnisse zu beachten sind[13].

Das Vergleichswertverfahren ist bei gewerblichen Immobilien selten anwendbar. Lage, Bebauung, betriebliche Nutzung etc. differieren vielfach so stark, daß sie durch Korrekturfaktoren nur unzureichend behoben werden können[14].

2.3 Turnusmäßige Überprüfung von Gewerbeobjekten

Die Beleihungsgrundsätze schreiben vielfach eine turnusmäßige Überprüfung der Objekte nicht vor. Im Hinblick auf mögliche Planungs- und Baurechtsänderungen, Baulastenvereinbarungen, Gebäudeabbrüche, An- und Umbauten, überdurchschnittliche Abnutzung während der Beleihung erscheint aber eine regelmäßige Kontrolle angebracht. Ferner kann die mietvertragliche Übertragung der Instandhaltungskosten auf den Mieter/Pächter in manchen Fällen zu einem Reparaturstau führen, der nur bei Objektbesichtigung offenkundig wird. In Extremfällen kann sich hieraus eine Gefährdung der Kreditsicherung ergeben. Es erscheint daher geboten, die Objekte – gegebenenfalls nach Nutzungsart, Alter, Darlehenshöhe und Beleihungsauslauf in gestaffelten Abständen besichtigen zu lassen und ggf. eine Neufestsetzung der Werte herbeizuführen. In der Praxis hat sich hierfür ein Zeitraum zwischen 3 und 5 Jahren als ausreichend erwiesen.

3. Bewertung von Gewerbeimmobilien an ausgewählten Beispielen

3.1 Bewertung von »Büroimmobilien«

3.1.1 Bevorzugte Standorte

Der längste konjunkturelle Aufschwung in der Nachkriegszeit sowie der Trend zur Dienstleistungsgesellschaft haben den Markt für Büroimmobilien stark belebt. Vor allem der rasch expandierende Dienstleistungssektor sowie die EDV-Branchen benötigen mehr Büroflächen. Als expansivster Markt gilt Frankfurt, wo die Quadratmeterpreise in Spitzenlagen auf über 50,– DM gestiegen sind.

In anderen Großstädten haben sich 1988 die Spitzenmieten[15] für Büroflächen in bester zentraler Lage (für Einheiten von 500 qm Fläche) bei mtl. 25,– bis 30,– DM je qm stabilisiert. Werte bis 35,– DM können für München, niedrigere Werte mit rd. 20,– DM für Köln angesetzt werden.

Die Übersicht auf der nächsten Seite gibt einen Überblick über die Mietpreisentwicklung in wichtigen Städten der Bundesrepublik.

Bei Büroflächen in wirtschaftsstarken Lagen ergaben sich im vergangenen Jahr im Regelfall folgende Verkaufspreise ohne Kaufnebenkosten:

- Erstklassige Lage 17,5- - über 20-fache Jahresmiete
- Zentrale Lage 15- - über 19,5-fache Jahresmiete
- Dezentrale Lage 14- - über 17-fache Jahresmiete

3.1.2 Grundsätzliche Beurteilungskriterien

Die Bedeutung der Büroimmobilie als Anlageobjekt ist in den letzten Jahren ständig gewachsen. Ca. 24% des Gesamtimmobilienbestandes der Bundesrepublik besteht aus Büro- und Verwaltungsgebäuden.

Der Büroflächenmarkt ist nicht nur regional differenziert, sondern stößt auch mengenmäßig und qualitätsmäßig auf sehr unterschiedliche Nachfrage. So werden mancherorts durchaus kleinere Flächen bis 500 qm angeboten, die aber aufgrund schlechter Ausstattungsqualität kaum Interessenten finden. Andererseits stehen in manchen Regionen größere Flächen zur Verfügung, die wegen mangelnder technischer Ausrüstung oder schlechter verkehrstechnischer Anbindung nicht vermietbar sind.

Die Differenziertheit der Nachfrage- und Angebotssituation macht allgemeingültige Beurteilungskriterien außerordentlich schwierig. Versucht man dennoch, einige grundlegende Beurteilungskriterien aufzustellen, so scheinen folgende Faktoren bedeutsam[16]:
- Attraktivität/Imageeinschätzung
- Standort nach Möglichkeit in Citylagen und unweit von Einkaufsmöglichkeiten.
- Gute Verkehrsanbindung, d. h. schnelle Erreichbarkeit öffentlicher Verkehrsmittel und Abstellmöglichkeiten für Kraftfahrzeuge.
- Niedriger Lärmpegel
- Hohe technische Ausrüstung, die den Einsatz moderner Kommunikations- und Arbeitsmittel ermöglicht (Doppel-/Hohlraumboden, um Verkabelung zu ermöglichen).
- Ausstattung (Bodenbelag, Aufzüge, Raumteiler, Einbauschränke)
- Parkplatzverhältnisse
- Größe und Aufteilung der Nutzfläche
- Vorrichtungen zur Beschränkung des Gebäudezutritts (Sicherheitsaspekte).

Anhaltspunkte für die bei der Ertragswertermittlung anzusetzenden Jahresrohmieten können den Veröffentlichungen der Maklerverbände bzw. der IHK entnommen werden. Die cbm-Preise für bis zu zweigeschossige Objekte liegen je nach Bauweise und Ausstattung zwischen 20,- und 27,- DM je cbm umbauten Raum, bei mehr als zweigeschossiger Bauweise zwischen 28,- und 48,- DM und bei Großraumbauweise bis etwa 60,- DM/cbm (Basisindex 1913/14 = 100).

Mietwerte für Büroflächen in bester zentraler Lage
DM pro Quadratmeter pro Monat für klimatisierte oder nicht klimatisierte Flächen gemäß Nachfrage bei Einheiten von 500 qm.

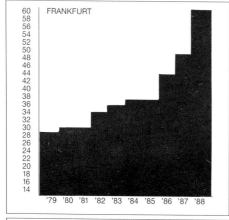
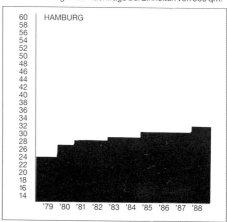
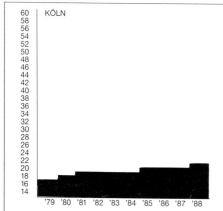
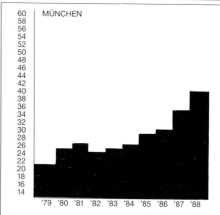
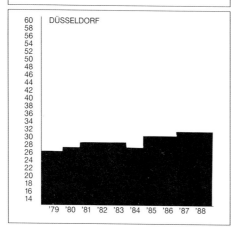
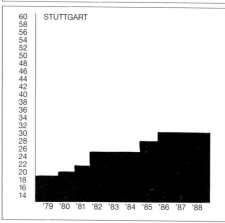

Quelle: Weatherall, Green & Smith, German Property Report, Köln 1989

3.1.3 Entwicklungstrends

Die Nachfrage nach Büro- und Verwaltungsgebäuden dürfte im Rahmen des angestrebten EG-Binnenmarktes zunehmen. Insbesondere das Dienstleistungsgewerbe wird zu einer steigenden Nachfrage nach Büro- und Verwaltungsgebäuden beitragen. EG-Ausländer suchen nach Standorten in der Bundesrepublik, um befürchteten Abschottungstendenzen vorzubeugen. Investoren aus dem EG-Raum interessieren sich in der Bundesrepublik für Liegenschaften, da wirtschaftliche Rahmenbedingungen und technischer Standard positiv beurteilt werden.

Inwieweit ab Mitte der 90er Jahre Flächenfreisetzungen durch verstärkten Einsatz in der elektronischen Datenverarbeitung oder durch Auslagerungen von bisher im Büro ausgeübten Tätigkeiten in die Wohnung stattfinden[17], ist schwierig zu beurteilen. Unzweifelhaft treten hierdurch Rationalisierungseffekte auf, die aber wahrscheinlich durch Ausweitung anderer Dienstleistungstätigkeiten mehr als kompensiert werden dürften.

Die flexible Nutzung von Bürogebäuden gewinnt immer mehr an Bedeutung. Büroimmobilien sollten sowohl großflächig als auch kleinflächig vermietbar sein und in Einzel- und Gruppenräume aufteilbar sein. Neuere Entwicklungen sind auch bei der technischen Konzeption von Bürogebäuden festzustellen (z. B. Verwendung von Electronomic-Glas zwecks Sonnenschutz oder Stoffumkleidung von Gebäuden (»intelligente Mauer«) zur Energieaufnahme und Wärmedämmung).

Ein weiteres Merkmal des Marktes in allen bedeutenden Großstädten scheint die zunehmende Tendenz größerer Unternehmen, ihren Sitz vom Zentrum in moderne Gebäude in dezentraler Lage zu verlegen, die für den eigenen Bedarf speziell errichtet werden. Dieser Trend ist in den vergangenen Jahren deutlicher geworden und weist in Richtung der »Business Parks« nach amerikanischem Muster[18].

3.1.4 Praxisfall: Kaufpreisfindung für eine Büroimmobilie

Nachstehend wird ein Praxisfall dargestellt, der die Kaufpreisfindung für eine Büroimmobilie erläutert. Um die Nachvollziehbarkeit zu erleichtern, mußten – wie in den anderen Praxisbeispielen auch – bewußt Vereinfachungen in Kauf genommen werden.

a) Ausgangsbasis

Gemeinsam mit einem Kunden soll überlegt werden, auf welcher Kaufpreisbasis der Erwerb eines Bürogebäudes von Interesse sein könnte.
- Gebäude wurde 1905 errichtet und 1952 renoviert. Das Bürogebäude soll von Grund auf umgebaut, modernisiert werden. Anschließend ist eine Neuvermietung vorgesehen.
- Die vermietbare Fläche beträgt insgesamt 5820 qm, wovon 4470 qm auf Büro-, 750 qm auf Laden- und 600 qm auf Archivflächen entfallen.

- Die Kosten für die notwendige Renovierung/Modernisierung belaufen sich auf insgesamt 6 Mio DM; dies entspricht rd. DM 1000,- je qm Nutzfläche.
- Nach Modernisierung werden Mieten von DM 18,- je qm Bürofläche, DM 35,- je qm Ladenfläche und DM 10,- je qm Archivfläche angestrebt.

b) Errechnung der Mieteinnahmen

Ausgehend von vorgenannten Eckdaten, errechnet sich der am Ertragswert orientierte Wert des Gebäudes nach Modernisierung und Neuvermietung wie folgt.

Mieteinnahme:

Büro	DM 18,- × 4470 qm × 12 =	965,5 TDM
Läden	DM 35,- × 750 qm × 12 =	315,0 TDM
Archiv	DM 10,- × 600 qm × 12 =	72,0 TDM
	5820 qm	1 352,5 TDM
./. Bewirtschaftungskosten 25 % =		338,1 TDM
Nettomiete (Reinertrag) =		1 014,4 TDM

c) Errechnung des Ertragswertes

Bei Kapitalisierung mit 6% stellt sich der Ertragswert bei einer Restnutzungsdauer von 70 Jahren (Rentenbarwertfaktor 16,38) auf DM 16,6 Mio. Dies entspricht der *12,3-fachen Bruttomiete.* Bezogen auf die Nutzfläche, ergibt sich ein Wert von ca. DM 2900,- je qm; dieser Wert scheint aufgrund der örtlichen Verhältnisse vertretbar.

d) Findung eines Kaufpreises

Der Kaufpreis richtet sich nach Angebot und Nachfrage und der örtlichen Lage. Unter Würdigung aller Faktoren stellt der Betrag von DM 17 Mio in der Gesamtkostenkalkulation die obere Grenze dar. Dieser Betrag berücksichtigt das bestehende Vermietungsrisiko und läßt noch Spielraum für Wertsteigerungschancen im Zuge einer zukünftigen Standortverbesserung, mit der aufgrund beschlossener öffentlicher Investitionen im Stadtgebiet gerechnet werden kann.

Beim Erwerb sind Modernisierungskosten, Grunderwerbsteuer, Notarkosten, Maklerprovision sowie Zinskosten während der Umbauphase zu berücksichtigen.

Grunderwerbsteuer, Notarkosten und Maklerprovision können bei der unterstellten 50%igen Steuerprogression weitestgehend aus den Steuervorteilen vor Neuvermietung des Objektes gedeckt werden.

Der *Kaufpreis* für das Objekt errechnet sich dann wie folgt:

Wert nach Modernisierung	DM 17 Mio
Kosten für Modernisierung	DM 6 Mio
Zinskosten vor Neuvermietung	
8% auf DM 10 Mio für 1 Jahr	
8% auf DM 6 Mio für ½ Jahr	DM 1 Mio
	DM 10 Mio

e) Gesamtergebnis für den Interessenten

Für den Anleger ergibt sich bei Gesamtkosten von DM 17 Mio nach Abschluß der

Modernisierung und Neuvermietung ein weitgehend ausgeglichenes Ergebnis vor Tilgung:

	Liquidität	Steuer
Mieteinnahme	1 352,5	1 352,5
7 % Zins auf DM 17 Mio	1 190	1 190
AfA 2 % (pauschal auf 14 Mio)	–	280
Tilgung 2 %	340	–
Bewirtschaftung	338	338
	−515,5	−455,5
Steuerersparnis bei 50 % Progression		227,5
Ergebnis nach Tilgung	−288	
vor Tilgung	+ 52	

Die Überlegungen zeigen, daß ein Erwerb auf Basis eines Kaufpreises von DM 10 Mio für den Anleger von Interesse sein könnte. Zu berücksichtigen ist jedoch, daß das Vermietungsrisiko beim Erwerber liegt und die Nachfragesituation nach Büroflächen einer sorgfältigen Prüfung bedarf. Seitens der finanzierenden Bank ist schließlich zu prüfen, inwieweit im Rahmen der Beleihungswertermittlung Sicherheitsabschläge erforderlich sind.

3.2 Bewertung von »Hotelimmobilien«

3.2.1 Bevorzugte Standorte

Bevorzugte Standorte des Hotel- und Gaststättengewerbes sind Messe- oder Kongreßzentren sowie Regionen mit Tourismus, Bade- und Kurbetrieb, Seminar- und Tagungszentren sowie Städte mit hohem Geschäftsreiseverkehr. Entsprechend lassen sich 3 Gruppen von Hotels unterscheiden: Großstadthotels, Hotels in übrigen Städten und Ortschaften und Kur-, Sport- und Ferienhotels.

Nachstehende Übersicht gibt einen Überblick über die bedeutendsten Fremdenverkehrsregionen in der Bundesrepublik und die Saisonzeiten.

Schaubild: Saisonzeiten in den deutschen Fremdenverkehrsregionen

	Jan.	Febr.	März	April	Mai	Juni	Juli	Aug.	Sept.	Okt.	Nov.	Dez.
Niedersachsen			▒		▒	▓	▓	▓	▓	▒		
Schleswig-Holstein			▒			▓	▓	▓	▓			
Küstenregionen			▒			▓	▓	▓	▓			
Nordsee-Inseln			▒		▒	▓	▓	▓	▓	▒		
Nordrhein-Westfalen nur Eifel					▒	▓	▓	▓	▓	▒		
Rheinland-Pfalz Mosel/Ahr/Eifel					▒	▒	▓	▓	▓	▓		
Hessen Rheingaukreis					▒	▓	▓	▓	▓	▓		
Untertaunuskreis				▒	▓	▓	▓	▓	▓	▒		
Baden Württemberg Sommersaison					▒	▒	▓	▓	▓	▒		
Baden Württemberg Wintersaison	▓	▓	▒									▓
Bayern Sommersaison					▒	▒	▓	▓	▓	▒		
Bayern Wintersaison	▓	▒										▒
Autobahnraststätten			▒	▓	▓	▓	▓	▓	▓	▒		

▒ = Vor- oder Nebensaison   ▓ = Hauptsaison

Quelle: Jahresbericht des Deutschen Hotel- und Gaststättenverbandes 1985/1986, S. 204

3.2.2 Grundsätzliche Beurteilungskriterien

Bei der Wertermittlung sind insbesondere die Rentabilitätskriterien zu beachten, die den Ertragswert des Hotels bestimmen. Hierzu zählen vor allem:[19]
- Geltung des Standortes, und zwar je nach Ausrichtung des Hotels (z. B. Tagungsort, Ferien-, Kur- oder Sportart);
- Kategorie und Hoteltyp/Anzahl der Zimmer;
- Übernachtungspreise, Restaurantangebot und Nebenbereiche;
- Konkurrenz vor Ort (Art und Anzahl der Hotels, Betriebsgrößenstruktur, Qualitätsstandard, Verhältnis Einzelzimmer/Doppelzimmer, Belegungsziffer);
- Kapazitätsauslastung;
- Saisonale Schwankungen der Belegungsziffer;
- Management/Betreiber.

Quantitative Orientierungswerte für die Wertermittlung bietet ferner der Hotelbetriebsvergleich (Stand 1983), der sich auf »Hotels mit normaler Ausstattung« bezieht. Die Hotels dieser Kategorie erzielen im Durchschnitt einen Nettoumsatz von 800 TDM p. a., der dem Durchschnittsumsatz eines Hotelbetriebes in der Bundesrepublik entspricht.

- Beherbergungskapazität: rd. 50 Betten
- Sitzplätze in Governmenträumen: rd. 200
- Personalstand: 5 Vollbeschäftigte (davon 2 Inhaber)
                  3 Teilzeitbeschäftigte
                  3 Auszubildende
- ⌀ Umsatz je Vollbeschäftigter: rd. 80 000,– DM (pro Jahr)
- ⌀ Auslastung der Bettenkapazität: rd. 40 %
- ⌀ Beherbergungsertrag pro Übernachtung: rd. 25,– DM
- ⌀ Wareneinsatzquote: rd. 40 %
- ⌀ Rohaufschlagssatz: rd. 150 %
- Wichtigste Aufwandsarten: Warenaufwand 30 %
  (in % der Gesamterträge) Personalaufwand 27 %
                            Betriebs- und Verwaltungsaufwand 18 %
    - Betriebsergebnis I: rd. 25 %
    - Gewinn vor Einkommensteuer: rd. 6 %; das sind rd. 48 000,– DM
    - Cash flow (absolut): rd. 100 000,– DM
    - Cash flow (in Relation zu den Gesamtverbindlichkeiten): rd. 15 %
    - Eigenkapitalanteil: rd. 20 %.

Quelle: Deutscher Hotel- und Gaststättenverband e. V. Jahresbericht 1985/86, S. 265

Für geplante *Hotelneubauten* erscheinen als Orientierungsgrößen folgende Relationen bedeutsam[20]:
- Die Investitionssumme wird i. d. R. auf der Grundlage der Kosten pro Zimmer kalkuliert. Hier gelten folgende Richtwerte:

Kosten je Zimmer
Hotel garni   50–100 TDM
Gehobene Klasse
bis Luxusklasse   100–250 TDM
(incl. Bodenwert-
anteil ohne Einrichtung)

- Durchschnittliche Aufenthaltsdauer bei Gästen in Messestädten 2 Tage, bei Kurgästen 3 und bei Feriengästen 2–3 Wochen.
- Für die Einrichtung eines Hotelzimmers werden i. d. R. 5–15 TDM zusätzlich berechnet.
- Zimmerpreis sollte ca. 1 % der Investitionssumme betragen; also 150 DM pro Zimmer bei 150 TDM Investitionssumme.
- 5 % p. a. des Betriebsumsatzes sind nach wenigen Jahren Betriebszeit für Ersatzbeschaffung und Modernisierung aufzuwenden.

Bei einem Hotelgrundstück handelt es sich eindeutig um ein *Renditeobjekt*. Es besteht deshalb kein Zweifel, daß der Verkehrswert aus dem Ertragswert abzuleiten ist.

Bei der Ermittlung des *Ertragswertes* ist im Regelfall von der nachhaltigen Jahrespacht auszugehen, die mit Hilfe gängiger Prozentsätze aus den durchschnittlichen Bruttobetriebsumsätzen ermittelt wird:
Die Pachtsätze (ohne MwSt) für Einnahmen aus Beherbergung liegen durchschnittlich zwischen 15 und 20% und bei Hotels (garni) zwischen 20 und 22%. Für Einnahmen aus Speisen und Getränken können 8–12% zugrundegelegt werden[21]. Der Rohertrag aus Beherbergung wird schematisch wie folgt ermittelt: Anzahl Zimmer × Zimmerpreis je Nacht × 365 Tage pro Jahr × Belegungsziffer (Jahreskapazität). Die durchschnittliche Zimmerauslastung (Belegungsziffer) ist der Quotient aus Anzahl der tatsächlichen Zimmervermietungen p. a. und Anzahl der vermietbaren Zimmer p. a. Ein optimal konzipiertes Hotel erreicht den Break-even-Point bei einer Belegungsziffer von 45 bis 58% p. a.[22].

Da neue Hotels erfahrungsgemäß eine Anlaufzeit von bis zu fünf Jahren haben können, treten in solchen Fällen manchmal Beteiligungsgesellschaften in Erscheinung, um steuerliche Verlustzuweisungen und Abschreibungen zu nutzen. Über Betriebsführungsverträge wird dem Pächter dann oft lediglich der Name und das »Know-how« von bekannten Hotelgesellschaften zur Verfügung gestellt[23].

3.2.3 Entwicklungstrends der Branche

Das Hotelleriegewerbe wird künftig weiter an Bedeutung gewinnen, da die Reisetätigkeit im geschäftlichen und privaten Bereich voraussichtlich weiter zunehmen wird. Allerdings wird zunehmend der Trend erkennbar, nicht nur großzügige komfortable Hotelflächenkapazität anzubieten, sondern diese mit Erlebnis-Hotellerie zu verknüpfen. Die zunehmende Freizeit, wachsende Mobilität, langsam wachsende steigende Einkommen und zunehmende internationale Verflechtungen führen weltweit zu einem nachhaltigen Aufwärtstrend der Hotellerie. Dies gilt insbesondere für Freizeithotels in attraktiven Lagen, deren Bedeutung eher zunehmen dürfte[24]. Seit einigen Jahren ist in der Bundesrepublik eine starke Nachfrage von ausländischen Hotelgesellschaften nach neuen Hotels festzustellen, wobei Komfort, Qualität, Standort und bauliche Konzeption entscheidende Kaufkriterien sind.

3.2.4 Praxisfall: Finanzierung eines Hotels

a) Prämissen
Ein Kunde beabsichtigt, ein 420-Betten-Hotel der obersten Kategorie in einer deutschen Großstadt zu erwerben. Der Kaufpreis soll sich incl. Nebenkosten auf DM 76 Mio belaufen. Gewünscht wird eine Finanzierung in Höhe von DM 70 Mio. Eine

Bewertung des Hotels durch einen vereidigten Sachverständigen führt zu einem Ertragswert von DM 75 Mio.

Das Hotel stand bisher im Eigentum einer namhaften, weltweit operierenden Hotel-Betriebsgesellschaft, die das Hotel zukünftig nur noch im Zuge eines Managementvertrages betreiben will. Es soll eine Managementvergütung in Höhe von 3%, gerechnet auf den Umsatz, sowie 10%, gerechnet auf den Netto-Betriebsgewinn, vereinbart werden.

Zu dem Hotel erhalten wir folgende Daten:

Jahr	1983	1984	1985	1986
Umsatz	25,4 Mio	29,5 Mio	31,3 Mio	29,3 Mio
Belegung	79,0%	82,0%	78,0%	71,0%
Brutto BE	9,2 Mio	9,3 Mio	9,3 Mio	6,2 Mio

Für die folgenden Jahre wird folgendes Ergebnis prognostiziert:

Jahr	1987	1988	1989	1990
Umsatz	31,7 Mio	33,9 Mio	35,9 Mio	37,6 Mio
Belegung	87,74%	88,76%	78,0%	79,0%
Brutto-BE	8,5 Mio	9,2 Mio	10,0 Mio	10,6 Mio

b) Entscheidungskriterien der Bank
1. Der zukünftige Verkaufspreis für das Hotelgebäude ist primär abhängig von dem wirtschaftlichen Erfolg des Hotels.
2. Entscheidend ist, daß die Bedienung des Kredites langfristig sichergestellt ist. Die Tilgung sollte innerhalb eines Zeitraums von höchstens 20 Jahren und innerhalb der Laufzeit des Managementvertrages erfolgen. Hierzu wäre eine Annuität von mindestens 9% p. a. erforderlich, welche unter Berücksichtigung eines Disagios je nach Kapitalmarktsituation darzustellen ist.

Im Zusammenhang mit dem beabsichtigten Erwerb stellen sich für die finanzierende Bank darüber hinaus wichtige Fragen:
1. Warum soll das Hotel verkauft werden?
2. Gibt es evtl. Instandhaltungsprobleme?
3. Wodurch ist die stark fallende Belegungsquote bedingt? Ist die prognostizierte Steigerung in den folgenden Jahren realistisch? Hierbei sind auch Veränderungen bzgl. der örtlichen Hotelkapazitäten zu berücksichtigen.

Die Bank erfährt, daß der Verkauf des Hotels aus geschäftspolitischen Gründen, die nachvollziehbar sind, erfolgt. Ein Instandhaltungsstau ist nach dem vorliegenden Wertgutachten nicht vorhanden.

Die negative Belegungsentwicklung resultiert im wesentlichen aus den rückläufigen Europareisen durch amerikanische Staatsbürger. Die Managementgesellschaft rechnet ab 1987 wieder mit steigenden Belegungsquoten. Diese Erwartung wird auch gestützt durch ein Gutachten eines namhaften Hotelsachverständigen.

c) Berechnung der Liquiditätsentwicklung

Im Zusammenhang mit Zins- und Tilgungsdienst stellt die Bank folgende Überlegungen an:

Bei einem Kreditbetrag von DM 70 Mio beläuft sich die Annuität (Zins und Tilgung) auf rd. DM 6,3 Mio p.a. Diese muß aus dem Hotelertrag bedient werden können. Vom vorgenannten Bruttobetriebsergebnis sind Managementgebühr und Instandhaltungsrücklage noch abzusetzen. Für die Jahre 1987 bis 1990 ergibt sich folgende Rechnung:

Jahr	1987	1988	1989	1990
BE nach Abzug aller Kosten	8507 TDM	9264 TDM	10086 TDM	10588 TDM
5 % Instandhaltungs- rücklg.	1585 TDM	1695 TDM	1795 TDM	1880 TDM
3 % Gebühr vom Umsatz	951 TDM	1017 TDM	1077 TDM	1128 TDM
	5971 TDM	6552 TDM	7214 TDM	7580 TDM
10 % Erfolgshonorar	597 TDM	655 TDM	721 TDM	758 TDM
Summe	5374 TDM	5807 TDM	6493 TDM	6822 TDM

Die Analyse zeigt, daß der Kapitaldienst für das Darlehen erst ab 1989 aus dem Hotelergebnis bedient werden könnte. Dabei besteht ein Risiko bezüglich der künftigen Geschäftsentwicklung. Mit dem Kreditnehmer und der Managementgesellschaft werden deshalb folgende Vereinbarungen getroffen:

Die bonitätsmäßig einwandfrei beurteilte Managementgesellschaft garantiert für die Dauer von 10 Jahren ein Mindest-Nettoergebnis von DM 6,3 Mio p.a. Wird dieses Ergebnis durch den Hotelbetrieb nicht erzielt, wird die Managementgesellschaft zunächst in voller Höhe auf ihr Erfolgshonorar und anschließend bis zur Hälfte auf ihre Umsatzgebühr verzichten. Hierdurch wird auch für den neuen Eigentümer das wirtschaftliche Risiko zumindest in den ersten Jahren eingeschränkt. Er ist in der Lage, aus dem Hotelertrag Zins- und Tilgungsleistungen zu erbringen. Nach Ablauf von 10 Jahren ist der Kredit so weit getilgt, daß das wirtschaftliche Risiko aus der Hotelinvestition überschaubar scheint.

3.3 Bewertung von »Einzelhandelsimmobilien«

3.3.1 Bevorzugte Standorte

In der Bundesrepublik Deutschland ist der *Einzelhandel* nach der Industrie und dem Handwerk der drittgrößte Wirtschaftszweig. Er verfügt über ca. 370000 Betriebe mit ca. 2,4 Mio Beschäftigten und weist ein außerordentlich breites Spektrum von ca. 50 Handelssparten (Warenarten) auf.

Bevorzugt werden in der Regel Standorte in Zentrumslagen oder an der Stadtrandperipherie mit guter Verkehrsanbindung. Für SB-Geschäfte wird derzeit etwa das 12- bis 14-fache der Jahresmiete gezahlt. Zum Vergleich: Die Preise für Geschäftsgebäude in *erstklassigen Lagen* belaufen sich auf das 17,5- bis über das 20-fache der Jahresnettomiete; bei weniger guten Lagen liegt die Spanne zwischen dem 10- bis 17-fachen. Die *Herstellungskosten* für SB-Märkte/Verbrauchermärkte schwanken in aller Regel um das 10-fache der Jahresnettomiete.

3.3.2 Merkmale unterschiedlicher Betriebsformen

Bei Einzelhandelsimmobilien sind folgende *Betriebstypen*[25] zu unterscheiden:

Discounter/Discountmärkte:
Verkaufsfläche bis 1000 qm. Einfache Ausstattung. Eng begrenztes Sortiment. Überwiegend Lebensmittelanteil. Betonung auf Niedrigpreisen. Viele Artikel werden in Kartons angeboten. 600 bis 1200 Artikel. Ausschließlich Selbstbedienung. Umsätze ca. DM 4500,- bis DM 8000,- je qm Verkaufsfläche und Jahr. Miete bzw. Mietwert ca. 1% bis 3,5% des Umsatzes, entspricht DM 8,- bis DM 16,- in Ausnahmefällen bis DM 18,- je qm Verkaufsfläche.

Laufzeit der Mietverträge i. d. R. bis zu 10 Jahren.

Die Zahl dieser Betriebstypen hat sich in den letzten 10 Jahren verdoppelt, der Umsatz verdreifacht.

Supermärkte:
Verkaufsfläche ca. 400 qm bis 1200 qm. Bessere bauliche Ausstattung. »Frischabteilung« (Frischfleisch, Obst und Gemüse). Teilweise Bedienung. 2000 bis 2500 Artikel. Umsätze DM 5000,- bis DM 9000,- je qm Verkaufsfläche. Miete bzw. Mietwert ca. 2% bis 3,5% des Umsatzes. Miete je qm Verkaufsfläche DM 10,- bis DM 18,-, in Ausnahmefällen bis DM 20,-.

Verbrauchermärkte:
Verkaufsfläche zwischen 1500 qm und 5000 qm. Ausstattung wie SB-Märkte, jedoch größeres und warenhausähnlicheres Warensortiment (ca. 8000 bis 12000 Artikel). Umsätze DM 4500,- bis DM 8000,- je qm Verkaufsfläche. Miete bzw. Mietwert ca. 1% bis 3,5% des Umsatzes. Miete je qm Verkaufsfläche DM 8,- bis DM 18,-. Laufzeit der Mietverträge zwischen 10 und 15 Jahren.

Verbrauchergroßmärkte:
Verkaufsflächen zwischen 10000 qm und ca. 30000 qm. Parkmöglichkeiten für 600 bis 1000 PKW.

Fachmärkte/Fachdiscounter:
Diese sprechen ganz bestimmte Zielgruppen an bzw. orientieren sich an einem speziellen Bedarf (z. B. Heimwerker/Drogerie etc.).

Baumärkte:
Umsätze zwischen DM 3000,- und DM 6000,- je qm Verkaufsfläche.

Miete bzw. Mietwert ca. 4% bis 5% des Umsatzes. Weitere Beispiele: *Drogeriefachmärkte, Elektrofachmärkte/Unterhaltungselektronik.*
SB-Warenhäuser:
Verkaufsfläche über 5000 qm. Breites und warenhausähnliches Sortiment des Food- und Non-Foodbereiches. Selbstbedienung. 20000 bis 30000 Artikel. Umsatz DM 4000,- bis DM 7000,- je qm Verkaufsfläche. Miete bzw. Mietwert ca. 2,5% bis 4% des Umsatzes. Laufzeit der Mietverträge zwischen 15 und 20 Jahren.
Einkaufszentren/Shoppingcenter:
Als Einheit geplante, errichtete und gemeinschaftlich verwaltete und betriebene Einzelhandels- und Dienstleistungsbetriebe, zum Teil mehrgeschossig. Verkaufsflächen über 10000 qm. Ab 15000 qm Bezeichnung als regionale Shoppingcenter. Lage am Stadtrand bzw. in den Außenbereichen. Großes Parkplatzangebot. Zum Teil gute Ausstattung und umfassendes Warensortiment. Umsatz DM 5000,- bis DM 10000,- je qm Verkaufsfläche. Miete 2% bis max. 7% des Umsatzes bzw. DM 15,- bis DM 120,- je qm Verkaufsfläche.

3.3.3 Grundsätzliche Beurteilungskriterien

Wenngleich jede Einzelhandelsimmobilie ein eigenständiges Objekt darstellt und eine Einzelfallbeurteilung erfordert, sind einige grundsätzliche Beurteilungskriterien zu nennen:
– *Lage*
  Entscheidender Faktor ist die *Lage*. Dies trifft ganz besonders für die gewerblich genutzte Immobilie zu. Standortanalysen sind deshalb unverzichtbar[26]. Bei Einzelhandelsimmobilien sind Konkurrenzsituation und Entwicklung der Wirtschaftskraft bzw. Kaufkraft weitere, maßgebende Beurteilungsfaktoren. Bedeutsam ist auch eine ausreichend große Zahl von Kundenparkplätzen. Erfahrungsgemäß hat sich ein Verhältnis von 2:1, d.h. 2 qm Parkfläche auf 1 qm Verkaufsfläche als optimal herausgestellt.
– *Versorgungsgrad*
  In einigen Gebieten ist ein sehr hoher Versorgungsgrad der Bevölkerung erreicht. Neuansiedlungen bedeuten in aller Regel *Verdrängungswettbewerb.*
  Nach einer Studie der GfK (Gesellschaft für Konsumforschung, Nürnberg) aus 1988 schwankt der Marktanteil, beispielsweise der Verbrauchermärkte und SB-Warenhäuser (Marktanteil insgesamt von 12,9% am Einzelhandel) regional ganz erheblich. Gründe hierfür sind:
  – Deutlicher Stadt-Land-Unterschied
  – Verdichtungsrandzonen, also die an Großstädte angrenzenden Landkreise, sind in der Regel stark mit Verbrauchermärkten und SB-Warenhäusern besetzt, während in den Verdichtungskernen die Marktanteile weit unter Durchschnitt liegen.

– Im ländlichen Raum dagegen bestehen überwiegend hohe Marktanteile.
– *Bauweise/Konzeption*

Ein weiteres wichtiges Beurteilungskriterium ist die *Bauweise/Konzeption* der Märkte. Hiervon sind Nutzungsdauer bzw. die evtl. Drittverwendungsfähigkeit abhängig.

Eine relativ leichte Bauweise und die starke Beanspruchung erlauben nur eine mittlere wirtschaftliche Nutzungsdauer zwischen 20 und max. 40 Jahren. Bei aufwendiger gebauten und gut unterhaltenen SB-Warenhäusern kann diese bis zu 60 Jahren betragen.

– *Mietwertanalyse/Mietvertragsgestaltung*

Einen Überblick über Ladenmieten in ausgewählten Städten der Bundesrepublik gibt nachstehender RDM-Mietpreisspiegel 1988.

	Ladenmieten (zu ebener Erde) in DM pro qm und Monat 1988							
	im Geschäftskern				im Nebenkern			
	Ia-Lage		Ib-Lage		Ia-Lage		Ib-Lage	
	klein	groß	klein	groß	klein	groß	klein	groß
Großstädte unter 500 000 Einwohner und Mittelstädte								
Bochum	110	70	50	30	40	20	18	12
Gelsenkirchen	80	45	40–50	30	25	15	20	13
Hamm	70	40	35	20	20	15	12	10
Bonn	200	150	100	70	100	50	25	20
Kiel	120	90	50	35	30	25	16	12
Wiesbaden	120	60–100	40–85	40	20–30	20	20	10
Hildesheim	115	50	50	25	20	15	15	10
Karlsruhe	200	100	100	60	60	30	15	8
Münster	200	120	60	40	28	18	13	10
Kassel	60–100	40–60	40–50	30–40	25–35	20–25	12–18	10–15
Lübeck	150	90	50	35	20	12	12	10
Bremerhaven	–	–	–	–	15	12	8	8
Mannheim	120	85	75	45	40–50	25–35	25	15–20
Wuppertal	80	60	40	25	25	20	15	10
Bielefeld	100	70	50	30	45	25	20	15
Augsburg	180	100	80	30	40	30	20	12
Freiburg	180	90	38	28	18	13	10	7
Regensburg	75	50	50	30	25	20	15	12
Mainz	180	120	80	55	45	40	25	15
Aachen	130	80	80	40	30	20	20	15
Braunschweig	140	60	50	30	18	12	10	7
Würzburg	130	65	65	35	30	18	22	15
Mönchengladbach	80–90	60–70	30–40	25–30	25–30	15–25	15	12–15
Kaiserslautern	120	80	80	60	80	60	60	40
Krefeld	90	75	50	35	35	22	15	13
Heidelberg	100–140	80–90	70	45	40	25	20	12
Erlangen	65	40	40	25	25	20	15	12
Ludwigshafen	50	30	25	15	15	10	12	8
Saarbrücken	120	80	70	50	30	20	10	8
Nienburg/Weser	60	30	25	12,5	15	12	12	10
Oldenburg	90	60	50	35	20	17	15	12
Koblenz	180	120	100	60	100	40	40	25
Landau/Pfalz	60–80	40	40	25	18	14	10	9
Bad Pyrmont	35	25	25	20	15	15	10	10
Neumünster	60	30	30	18	15	10	10	8
Gifhorn	25	20	12	10	8	7	7	6,5
Cuxhaven	50	30	30	20	25	15	20	10
Celle	60–70	50–60	50	37	30	20	15	15
Trier	160	110	50	40	70	50	30	25

Quelle: Bundesverband Ring Deutscher Makler e.V., Hamburg

Zur Beurteilung einer Gewerbeimmobilie unter Renditegesichtspunkten wird der Kauf-/Herstellungspreis einer Gewerbeimmobilie ins Verhältnis zur erwarteten Jahresmiete gesetzt. Die für den Kapitaldienst verbleibende Miete sollte ausreichen, den Kredit innerhalb der Mietvertragslaufzeit so weit planmäßig zu tilgen, daß im ungünstigsten Falle allenfalls ein Restsaldo nach Ablauf des Mietvertrages bestehen bleibt, der dem angemessenen Bodenwert entspricht. Der Bonität des Mieters kommt daher maßgebliche Bedeutung zu. Großflächige Mietbereiche (insbesondere in Problemzonen) sollten grundsätzlich langfristig (i. d. R. 15 Jahre mit Verlängerungsoption des Mieters) und an erste Adressen vermietet werden.

Zunehmend sind heute Betriebskosten weitestgehend vom Mieter zu tragen. Allerdings sind hierbei örtliche Usancen zu berücksichtigen, die eine Umlage bestimmter Kosten vielfach nicht zulassen. Erfahrungsgemäß sind i. d. R. folgende Bewirtschaftungskosten nicht umlagefähig und vom Vermieter zu tragen:
– Grundsteuer etwa 5% der Rohmiete
– Mietausfallwagnis mit 2–4% der Rohmiete
– Verwaltungskosten mit 3–5% der Rohmiete
– Instandhaltungskosten etwa zwischen 1% und 1,5% der Herstellungskosten zum Wertermittlungsstichtag.
- *Leistungs- und Kostenziffern*
Interessante Hinweise über Absatz je qm Geschäfts- und Verkaufsraum sowie Miete und Sachkosten einzelner Branchen (Stand Ende 87) gibt der Betriebsvergleich auf der nächsten Seite, der vom Institut für Handelsforschung der Universität Köln durchgeführt wurde.

Absatz je qm Geschäftsraum und je qm Verkaufsraum, Miete und Sachkosten für Geschäftsräume im Jahre 1987

Lfd. Nr.	Branche	Absatz je qm Geschäftsraum in DM	Absatz je qm Verkaufsraum in DM	Anteil des Verkaufsraumes am Gesamtgeschäftsraum in %	Zahl d. qm Geschäftsraum je 100000 DM Absatz	Zahl d. qm Geschäftsraum je beschäft. Person	Miete od. Mietwert in % des Absatzes	Sachkosten für Geschäftsräume in % des Absatzes
		1	2	3	4	5	6	7
1	Lebensmitteleinzelhandel	5900	7890	72	17	52	2,1	1,5
2	Reformhäuser	6170	10680	59	16	38	3,7	1,2
3	Tabakwareneinzelhandel	14120[1)]	22520[1)]	67	7[1)]	27	2,1	0,7
4	*Gemischtwarengeschäfte*	*3630*	*5570*	*66*	*28*	*72*	*2,0*	*1,3*
5	Textileinzelhandel insgesamt	4640	6760	71	22	52	4,6	1,6
	davon mit vorwiegend							
6	Herren- und Knabenoberbekleidung	5010	7360	71	20	55	4,4	1,5
7	Damenoberbekleidung	5740	8390	71	17	43	4,5	1,6
8	Herren-, Damen- und Kinderoberbekleidung	4440	6120	74	23	54	4,4	1,6
9	*Kinder- und Babyausstattung*	*3370*	*4780*	*73*	*30*	*70*	*4,9*	*1,9*
10	Herrenausstattung	6600	9650	70	15	45	4,7	1,6
11	*Strickwaren*	*4650*	*7520*	*65*	*22*	*42*	*4,7*	*1,4*
12	Wäsche, Miederwaren und Badeartikeln	6700	9960	66	15	30	4,7	1,4
13	Bettwaren, Bett- und Hauswäsche	3450	5430	66	29	61	5,0	1,6
14	Teppichen und Gardinen	2930	4720	65	34	80	5,8	1,9
15	*Meterwaren*	*3630*	*4830*	*75*	*28*	*47*	*3,8*	*1,2*
16	*Handarbeitsartikeln*	*3240*	*5330*	*66*	*31*	*45*	*6,9*	*1,8*
17	gemischtem Sortiment	3210	4510	73	31	58	4,0	1,7
18	Schuheinzelhandel	3650	6800	56	27	54	4,2	1,5
19	Möbeleinzelhandel	1310	1840	73	76	272	4,5	1,6
20	Glas-, Porzellan- und Keramikeinzelhandel	2960	5170	59	34	65	4,9	2,0
21	Eisenwaren- und Hausrathandel insgesamt	2820	8900	48	36	99	2,9	1,2
	davon mit							
22	*vorwiegend Haus- und Küchengeräten*	*2240*	*4060*	*55*	*45*	*85*	*4,3*	*1,7*
23	*vorwiegend Haushalttechnik*	*3450*	*6650*	*56*	*29*	*77*	*2,6*	*0,9*
24	*vorwiegend Baubeschlägen, Kleineisenw. und Werkzeugen*	*4260*	*19510*	*40*	*24*	*81*	*2,1*	*0,9*
25	30% und mehr Walzmaterial-, Sanitärartikel-, Bau- und Brennstoffabsatz	2610	12470	27	38	141	1,8	0,7
26	gemischtem Sortiment	2290	4540	54	44	100	3,4	1,5
27	*Beleuchtungs- und Elektroeinzelhandel*	*3720*	*8320*	*52*	*27*	*54*	*2,7*	*1,2*
28	Radio- und Fernseheinzelhandel	5940	11560	54	17	43	2,4	0,9
29	Tapeten-, Bodenbelag- und Farbenhandel	2030	4070	59	49	112	4,3	1,6
30	Drogerien	3700	6150	51	27	53	3,3	1,5
31	Parfümerieeinzelhandel	7870	13800	55	13	27	4,2	1,6
32	Lederwareneinzelhandel	4250	6520	68	24	49	6,0	1,8
33	Photoeinzelhandel	9110	17630	57	11	28	3,1	1,1
34	Uhren-, Juwelen-, Gold- und Silberwareneinzelhandel	10110	17970	57	10	23	3,6	1,5
35	Zweiradhandel	2810	6470	47	36	87	3,3	1,2
36	Sportartikeleinzelhandel	4400	6540	68	23	58	4,2	1,3
37	*Jagd- und Sportwaffenfachhandel*	*6080*	*12160*	*60*	*16*	*47*	*3,3*	*1,1*
38	*Spielwareneinzelhandel*	*3200*	*4870*	*67*	*31*	*65*	*5,0*	*1,4*
39	*Klavierhandel*	*5430*	*8910*	*64*	*18*	*55*	*2,9*	*1,0*
40	*Musikfachgeschäfte*	*5430*	*8140*	*69*	*18*	*49*	*3,3*	*1,0*
41	Sortimentsbuchhandel	7560	11440	69	13	31	3,0	1,0
42	Bürowirtschaftlicher Fachhandel insgesamt	5900	13390	49	17	42	2,3	0,9
	davon							
43	*BBO-Fachgeschäfte*	*6510*	*16670*	*44*	*15*	*49*	*1,8*	*0,8*
44	PBS-Fachgeschäfte m. vorw. Absatz an private Verwender	4900	8820	57	20	39	3,1	1,2
45	PBS-Fachgeschäfte m. vorw. Absatz an gewerbl. Verwender	4320	15590	46	15	43	2,0	0,8
46	BBO/PBS-Vollsortimenter	6280	15600	45	16	43	2,0	0,7
47	*Medizinisch-technischer Fachhandel*	*10420*	*48070*	*31*	*10*	*41*	*1,6*	*0,6*
48	Zoologische Fachgeschäfte	2540	3920	63	39	71	4,3	2,4
49	Blumenfachgeschäfte	3690	6920	54	27	35	4,7	2,2
	Einzelhandelsfachgeschäfte insgesamt	5180	8130	66	19	71	3,2	1,4
	Zum Vergleich: Einzelhandelsfachgeschäfte insges. i. J. 1986	5130	8120	66	20	71	3,2	1,5
	Einzelhandelsfachgesch. insges. ohne Lebensmitteleinzelh.	4760	8270	62	20	82	3,8	1,3
	Zum Vergleich: Einzelhandelsfachgeschäfte insgesamt ohne Lebensmitteleinzelhandel im Jahre 1986	4700	8110	63	22	83	3,8	1,5

Kleinkursivdruck bedeutet: Die Zahl der berichtenden Betriebe liegt unter 40.
[1)] Ohne Automatenabsatz.

Quelle: Institut für Handelsforschung der Universität Köln

3.3.4 Praxisfall: Wertermittlung für einen Lebensmittel-SB-Markt

Objekt:	Verbrauchermarkt (SB-Markt)
Lage:	Großstadt im Ruhrgebiet, Zentrumslage
Baujahr:	Fertigstellung Ende 1986
Mieter:	Bekannte Einzelhandelskette – gute Beurteilung –
Miete:	DM 180 000,– p. a. zuzüglich Mehrwertsteuer
Fläche:	950 qm Nutzfläche, umbauter Raum 4 249 cbm

Wertermittlung:	Jahres-Netto-Miete	DM	180 000,–
	∕. Bewirtschaftungskosten nicht umlagefähige Betriebskosten, einschl. Grundsteuer (= 5 % der Rohmiete)	DM	9 000,–
	Nicht umlagefähige Instandhaltung an Dach und Fach	DM	4 750,–
	Verwaltungskosten (= 3 % der Rohmiete)	DM	5 400,–
	Mietausfallwagnis (= 2 % der Rohmiete)	DM	3 600,–
		DM	157 250,–
	kapitalisiert mit 6 % auf 60 Jahre Restnutzungsdauer (Vervielfältiger = 16,6)	DM	2 610 350,–
	Der Verkehrswert kann, aufbauend auf den Ertragswert, mit festgelegt werden.	DM	2 610 000,–

3.3.5 Entwicklungstrends

Seit einigen Jahren verstärkt sich einerseits die Tendenz zum Erlebniskauf[27]: Spezialisierung, Shop in Shop-Systeme im Food-Bereich, Markthallen oder sog. Food-Courts – zumeist eine Kombination von Kaufen und Degustation. Andererseits läßt sich eine Etablierung großflächiger Fachmärkte feststellen, die verkehrsmäßig günstig an der Peripherie angesiedelt sind und in aller Regel ein großes Parkplatzangebot bereitstellen.

Gemeinsam ist den neuen Betriebsformen der Hang zur Größe, mit der Folge, daß sich die reale Flächenproduktivität (realer Umsatz je qm Verkaufsfläche) in den letzten 20 Jahren deutlich verringert hat. In diesem Zeitraum (1965 bis 1985) hat sich die Verkaufsfläche des Einzelhandels von ca. 30 Mio qm auf ca. 63 Mio qm mehr als verdoppelt, der reale Umsatz nahm jedoch im gleichen Zeitraum nur um rd. 50 % zu.

Die Entwicklungstrends lassen sich wie folgt zusammenfassen:
– Die *Konzentrationstendenzen* werden sich fortsetzen und sich insbesondere auch im Non-Food-Handel verstärken.
– *Fachmarkt und Fachdiscounter* werden das klassische Fachgeschäft stark bedrängen.

- Die *Warenhäuser* dürften ihre derzeitige Schwächephase überwinden.
- *Filialunternehmen* werden aller Voraussicht nach weiterhin hohe Wachstumsraten aufweisen.
- *Shopping-Center* auf der grünen Wiese werden die Ausnahmen bleiben. Bestehende Center werden vergrößert.
- Das Wachstum der *Fachmarkt-/Verbrauchermarktzentren* wird sich fortsetzen.

Literaturverzeichnis

1) O.V.: Der Börsencrash 1987 hat das Vertrauen in die Immobilie eindeutig gestärkt, in: Handelsblatt Nr. 104, 2./3.6.1989, S. 30
2) Verband deutscher Hypothekenbanken, Jahresbericht 1988, S. 38 ff.
3) Heinze, Heino, Marktwandel und Beleihungspolitik, in: Der Langfristige Kredit, Heft 10, 1986, S. 306 f. und Feinen, Klaus, Bewertungsfragen bei gewerblichen Objekten im Realkredit- und Immobilien-Leasinggeschäft, in: Der Langfristige Kredit, Heft 8, 1984, S. 240.
4) Stannigel/Kremer/Weyers, Beleihungsgrundsätze, Stuttgart 1984, S. 476 f. Vgl. zur Drittverwendungsfähigkeit ausführlich Fleischmann/Bellinger/Kerl; Hypothekenbankgesetz, München 1979, S. 222.
5) Feinen, Klaus, a.a.O., S. 244 f.
6) Schmitz-Morkramer, Carl, Finanzierungsaufgaben und Ausleihungspraxis der privaten Hypothekenbanken, in: Finanzierungshandbuch, hrsg. v. Hans Janberg, Wiesbaden 1970, S. 557.
7) Weyers, Gustav, Entwicklung und Praxis der Wertermittlung bei gewerblich genutzten Grundstücken im (Real-)Kreditgeschäft, in: Der Langfristige Kredit, Heft 14, 1984, S. 451 f.
8) Ebenda, S. 446 ff.
9) Stannigel/Kremer/Weyers, a.a.O., S. 571 ff.
10) Schmitz-Morkramer, Carl, Hypothekarkredit, in: Handwörterbuch der Finanzwirtschaft, hrsg. v. Hans E. Büschgen, Stuttgart 1976, Sp. 804 f.
11) Simon, J.: Aktuelle Probleme bei der Wertermittlung von Gewerbe- und Industriegrundstücken, in: Der Sachverständige, Dez. 1987, Heft 12, S. 298 f.
12) Feinen, Klaus, a.a.O., S. 239 f.
13) Fleischmann/Bellinger/Kerl, a.a.O., S. 220.
14) Simon, J., a.a.O., S. 299.
15) Weatherall, Green & Smith, German Property Report, Köln 1988. Vgl. auch Handelsblatt v. 20.5.88, S. 24.
16) Rohrbach, Wilhelm, Anmerkungen zum Markt der gewerblichen und gemischt genutzten Objekte, in: Der Langfristige Kredit, Heft 12, 1986, S. 304. Vgl. hierzu auch o. V.: Die Märkte für Laden- und Büroflächen in Zentrumslagen, in: Der Langfristige Kredit, Heft 19/1985, S. 592 ff.
17) Waldmann, Klaus, Immobilienmanagement im Mietermarkt, in: Der Langfristige Kredit, Heft 3, 1987, S. 72.
18) Weatherall, Green & Smith, a.a.O., S. 6.
19) Weyers, Gustav, Grundlagen der Wertermittlung für Hotel- und sonstige gastgewerblich genutzte Grundstücke, in: Der Langfristige Kredit, Heft 3, 1985, S. 75.
20) Weyers, Gustav, a.a.O., S. 76 ff.
21) Stannigel/Kremer/Weyers, a.a.O., S. 503 f.
22) Gerlach, Hieronymus, Schwatlo u.a.: Die Gewerbeimmobilie als Kapitalanlage, 2. Auflage, Freiburg 1988, S. 87.
23) Stannigel/Kremer/Weyers, a.a.O., S. 503.
24) Bletschacher, P.A., Hotels, in: Immobilien Handbuch, hrsg. v. B. Falk, Stuttgart u.a. 1985, S. 54.
25) Gerlach, Hieronymus, Schwatlo u.a.: a.a.O., S. 14 ff.
26) Falk, Bernd, Markt- und Standortanalysen für Einkaufszentren, hrsg. von Bernd Falk, Landsberg am Lech, S. 91 ff. und Schmidt, Alexander, Bewertungsrisiken bei gewerblichen Sonderprojekten: Einkaufszentren, in: Der Langfristige Kredit, Heft 17, 1984, S. 541 ff.
27) Peiter, H.J., Der Markt der gewerblichen und gemischt genutzten Objekte, in: Der Langfristige Kredit, Heft 10, 1989, S. 314 ff.

DR. WILHELM ROHRBACH/JÜRGEN WUNDRACK

Zur Rentabilität von Gewerbe-Immobilien

Inhalt

1. Zum Begriff der Rentabilität 447
2. Definition der Gewerbe-Immobilie 447
3. Bestimmungsgrößen für die Rentabilität gewerblicher Immobilien 448
4. Der Einfluß der Finanzierungsform auf die Rentabilität 450
5. Entwicklung der Finanzierung von Gewerbe-Immobilien 451
6. Immobilien als Vermögensanlage 454
6.1 Der individuelle Anleger 454
6.2 Kapitalanlagegesellschaften für offene Immobilienfonds 456
6.3 Geschlossene Immobilienfonds 458

1. Zum Begriff der Rentabilität

In der Betriebswirtschaftslehre wird Rentabilität als Verhältnis von Gewinn zum eingesetzten Kapital definiert. Ziel eines jeden Unternehmers oder Unternehmens in unserem marktwirtschaftlichen Wirtschaftssystem – und letztlich ist auch ein Immobilienanleger Unternehmer – ist, die größtmögliche Rentabilität des investierten Kapitals zu erreichen. Grundlage der Rentabilitätsrechnung ist der vergleichbare Periodenerfolg als Maßstab der Wirtschaftlichkeit. Dieser Erfolg ergibt sich aus der Differenz zwischen Aufwand und Leistung. Der Aufwand wird an den Ausgaben, die Leistung des Unternehmers an seinen Einnahmen gemessen. Zu den Ausgaben ist als Ausgangsgröße auch der Ursprungsbetrag der Investition zu rechnen, d. h. das investierte Kapital. Da die Nutzungsdauer der Wirtschaftsgüter jedoch nicht oder nur selten mit der auf ein Wirtschaftsjahr abgestellten Rechnungsperiode übereinstimmt, fallen Aufwand und Ausgabe einerseits und Einnahme und Ertrag andererseits zeitlich auseinander. Demzufolge müssen für die Ermittlung eines periodengerechten Ergebnisses Ausgaben und Aufwand sowie Einnahmen und Ertrag voneinander abgegrenzt werden. Der zeitlich »abgegrenzte« Periodenertrag oder Gewinn ist die eine Bestimmungsgröße für die Rentabilität einer Investition. Die andere Bestimmungsgröße ist das für diese Investition eingesetzte Kapital.

Zur Ermittlung der Rentabilität hat die Betriebswirtschaftslehre aus dem Verhältnis von Gewinn und Kapital abgeleitete Kennziffern entwickelt. Unterschieden wird zwischen der Eigenkapitalrentabilität, d. h. dem Gewinn, bezogen auf das im Unternehmen oder für eine Einzelinvestition eingesetzte Eigenkapital, und der Gesamtkapitalrentabilität, d. h. Gewinn zuzüglich Fremdkapitalzinsen, bezogen auf das eingesetzte Gesamtkapital, also Eigen- und Fremdkapital. Besonderes Augenmerk bei der Ermittlung des Gewinnes ist nach dem Vorgesagten der periodengerechten Abgrenzung der Aufwendungen und Erträge zu widmen, wobei insbesondere einmalige oder außerordentliche Aufwendungen und Erträge zu eliminieren bzw. periodengerecht zu verteilen sind.

2. Definition der Gewerbe-Immobilie

Grundsätzlich sind Gewerbe-Immobilien stets als ein Mittel zum Zweck anzusehen. Zweck der gewerblichen Tätigkeit ist die Herstellung von Gütern und die Erbringung von Dienstleistungen sowie deren Vermarktung.

Gewerbebetriebe lassen sich in produzierende und nichtproduzierende unterteilen. Die Immobilie für den industriellen Produktionsbereich, d. h. die wetterfeste Hülle für die Produktion, soll hier nicht betrachtet werden. Sie erfordert seit Beginn der Industrialisierung in der Regel die kleinere, weniger kapitalintensive Investition für einen Fabrikationsbetrieb.

Gewerbe-Immobilien in dem hier zu betrachtenden Sinne sind Gebäude mit Räumlichkeiten, die für die Verwaltungstätigkeit des produzierenden Gewerbes, den Einzelhandel, die Kredit- und Versicherungswirtschaft und die Verkehrswirtschaft, überhaupt alle Dienstleistungen benötigt werden. Diese Art von Gewerbe-Immobilie hat nach intensivem Wachstum einen breiten Raum in der Vermögensanlagepolitik gefunden. Für Investoren ist hierbei entscheidend, daß das Risiko der Investition langfristig von der Drittverwendungsfähigkeit der Immobilie, d. h. der Möglichkeit ihrer nachhaltigen Vermietbarkeit, bestimmt wird.

3. Bestimmungsgrößen für die Rentabilität gewerblicher Immobilien

Die für die Rentabilität eines Unternehmens maßgeblichen Bestimmungsgrößen lassen sich ohne weiteres auch auf die Beurteilung der Wirtschaftlichkeit einer Immobilie übertragen, wobei mit Blick auf die relativ lange technische und wirtschaftliche Nutzungsdauer dem zeitlichen Horizont besondere Bedeutung zukommt. In diesem Zusammenhang muß einerseits dem Sachwertgedanken, andererseits dem Risiko einer Immobilieninvestition Rechnung getragen werden. Grund und Boden ist nicht beliebig vermehrbar, insbesondere nicht an Standorten, die für eine gewerbliche Nutzung in Betracht kommen. Deshalb konnte man zumindest in der Vergangenheit stets davon ausgehen, daß bei gut ausgewählten Standorten auch eine Wertsteigerung der Immobilie eintritt, und zwar in dem Umfange, wie die Wertentwicklung die wirtschaftlich gebotene Abschreibung übersteigt.

Ausschlaggebend für den Erfolg einer Immobilie sind neben der Standortwahl eine nutzungsgerechte Planung, eine hohe Bauqualität und, darauf aufbauend, die langfristige Vermietbarkeit zu marktüblichen Konditionen, wobei die Investoren davon ausgehen, daß sich die Mieten im Zeitablauf steigern lassen. Der Mietzins und seine künftige Entwicklung sind somit Bestimmungsgröße für die Einnahmenseite einer Immobilie.

Mietsteigerungen bei langfristig abgeschlossenen Verträgen werden in der Regel dadurch erreicht, daß die Mieten an die Entwicklung des Lebenshaltungskostenindex gebunden werden. Im Verhandlungswege werden hierbei auch Modifikationen, wie z. B. Freijahre bis zum Beginn des Indexlaufes oder nur eine teilweise Weitergabe der prozentualen Indexveränderung oder Staffelmieten vereinbart. Inwieweit derartige Modifikationen zum Tragen kommen, hängt letztlich von der Marktstellung der Verhandlungspartner ab. Weitere Anpassungsregelungen z. B. bei Gewerbeflächen für Einzelhandelsbetriebe sind die Bindung der Miete an den wirtschaftlichen Erfolg des Mieters, also an die erzielten Umsätze. Derartige Umsatzmieten werden in aller Regel auch vom Einzelhandel akzeptiert, wobei der Prozentsatz der Miete von Branche zu Branche variiert. Soll nach Ablauf der vertraglich vereinbarten Mietzeit das Mietverhältnis fortgesetzt werden, haben die Partner die Möglichkeit, dann erneut über die Miete zu verhandeln, wobei man sich in aller Regel auf das Mietniveau für vergleichbare Objekte am jeweiligen Standort verständigen wird. Gleiches gilt bei Abschluß von Verträgen mit neuen Mietern.

Den Mieteinnahmen gegenüber stehen die mit der Bewirtschaftung der Immobilie verbundenen Aufwendungen. Die bei der Bewirtschaftung eines Objektes anfallenden Kosten sind zu definieren und periodengerecht zu erfassen. Bewirtschaftungskosten sind einmal die Mietnebenkosten, die – soweit verbrauchsabhängig – in aller Regel zusätzlich vom Mieter zum Mietzins getragen werden. Als Beispiel seien hier aufgeführt Stromkosten, Heizungskosten, der Wasserverbrauch, Reinigungskosten, die sich auf die vermieteten Büroräume, aber auch auf die Gemeinschaftsanlagen erstrecken, Kosten für den Hausmeister, Straßenreinigungsgebühren, Müllabfuhrgebühren, Schornsteinfegergebühren, Gebühren für die Pflege der Außenanlagen, Abwassergebühren, Schneeräumgebühren. Darüber hinaus entstehen die Kosten der Objektversicherung sowie Grundsteuer und Kosten der kaufmännischen Objektverwaltung, z. B. für Abrechnung der Nebenkosten. Auch hier bleibt es den mietvertraglichen Regelungen vorbehalten, inwieweit Mieter oder Eigentümer solche Kosten tragen. In aller Regel lassen sich die verbrauchsbedingten Nebenkosten, insbesondere bei Rechnungstellung durch die öffentliche Hand, die Versorgungs- und Versicherungsträger, relativ unproblematisch erfassen. Werden solche Nebenkosten nicht unmittelbar vom Mieter getragen oder dem Vermieter erstattet, muß der Eigentümer diese aus dem ihm zufließenden Mietertrag decken. Dies wird allerdings dann Auswirkungen auf die Höhe des zu vereinbarenden Mietzinses haben. Maßgeblich beeinflußt wird die Aufwandseite von Aufwendungen, die ihrer Natur nach werterhaltend oder werterhöhend sind. Hierzu gehören vor allem Reparaturen und Instandhaltungsmaßnahmen. Während Reparaturen, die mit der vertragsgemäßen Nutzung der Mieträume im Zusammenhang stehen, insbesondere also Schönheitsreparaturen, in aller Regel vom Mieter getragen werden und darüber hinaus die mietvertraglichen Vereinbarungen gewöhnlich vorsehen, daß bei Auszug des Mieters dieser die Mieträume in dem übernommenen Zustand zu übergeben hat, sind die Instandhaltung an Dach und Fach und der Einsatz der technischen Einrichtungen, wie z. B. Heizung, Klima etc. Sache des Vermieters. Nur bei Objekten, die von einem einzigen Mieter genutzt werden, sind vertragliche Vereinbarungen üblich, bei denen der Mieter auch diese Kosten übernimmt. Während der laufende jährliche Instandhaltungsaufwand einfach zu erfassen und auch entsprechend den mietvertraglichen Vereinbarungen entweder dem Mieter in Rechnung gestellt oder vom Eigentümer getragen wird, ist für größere Instandhaltungsmaßnahmen, z. B. Fassadenerneuerung, Dacherneuerung, Vorsorge zu treffen. In aller Regel geschieht dies in der Weise, daß aus den Erträgen eine Instandhaltungsrücklage oder eine Rückstellung gebildet wird. Die Mieteinnahmen abzüglich der Aufwendungen für Bewirtschaftung ergeben den Rohertrag.

4. Der Einfluß der Finanzierungsform auf die Rentabilität

Zur Ermittlung des periodenbezogenen Nettoertrages ist der Rohertrag um die Abschreibungen und ggf. Fremdfinanzierungskosten zu kürzen. Abschreibungen stellen den Aufwand für den wirtschaftlich gebotenen Wertverzehr des Objektes dar. Bei der Ermittlung der wirtschaftlichen Abschreibung muß der Eigentümer eines Gebäudes abschätzen, welche Nutzungsdauer dem Objekt zuzumessen ist. Mieteinnahmen in Höhe der Abschreibungen sind nicht Ertragsbestandteile, sondern Wertverzehr und bedeuten demnach Rückzahlung des im Objekt investierten Kapitals. Dies hat zur Folge, daß sich die Bemessungsgrundlage, also der Kapitaleinsatz, auf den sich der Nettoertrag bezieht, um die erwirtschafteten Abschreibungen verringert. Das im Objekt gebundene Kapital reduziert sich demzufolge entsprechend der Nutzungsdauer des Objektes. Dieser Effekt kann jedoch ganz oder teilweise dadurch kompensiert werden, daß die Immobilie eine Werterhöhung erfährt, sei es, daß ein solches Objekt nur zu höheren Kosten wieder errichtet werden kann, sei es, daß der Wert des Objektes, zu dem ein Dritter bereit ist, ein Kaufpreisangebot abzugeben, aufgrund der nachhaltig erzielbaren Miete steigt. Insoweit sind Werterhöhungen im Vergleich zu den ursprünglichen Herstellungskosten bzw. zu den um die Abschreibung verminderten Ursprungskosten ebenfalls als Renditebestandteil anzusehen. Wird das Objekt, was allgemein üblich ist, auch mit Fremdkapital finanziert, sind vom Mietvertrag auch die Fremdkapitalkosten in Abzug zu bringen, wobei hier ausschließlich Zinsaufwendungen anzusetzen sind. Tilgungen für Fremdmittel stellen keinen Aufwand dar, sondern mindern das im Objekt gebundene Kapital. Tilgungen müssen aber aus dem Ertrag des Objektes geleistet werden. Hierfür stehen in aller Regel die »verdienten Abschreibungen« zur Verfügung, soweit sie vom Investor nicht rechnerisch zur Eigenkapitalrückführung herangezogen werden. Ist das Objekt abgeschrieben bzw. ist das Fremdkapital zurückgezahlt, hat der Investor das eingesetzte Kapital ganz oder teilweise amortisiert.

Bezüglich der Renditekennziffer ist abzuwägen, ob die Nettoerträge auf die ursprünglichen Herstellungskosten zuzüglich nachträglich aktivierter Herstellungskosten abzüglich Abschreibungen oder auf die jeweiligen Wiederbeschaffungskosten oder aber auf den Marktwert (Verkehrswert) des Objektes bezogen werden. Zu einer betriebswirtschaftlich einwandfreien Betrachtung führt die Ermittlung des sogenannten internen Zinsfußes. Der interne Zinsfuß einer Investition ist der Zinssatz, bei dem sämtliche Nettozahlungsströme einschließlich des tatsächlichen oder auch angenommenen Veräußerungsgewinnes – abgezinst auf den Zeitpunkt der Vornahme der Investition, d. h. der Barwert aller Zahlungen – der ursprünglichen Investitionssumme entsprechen.

In der nachstehenden Übersicht sind die Ermittlung des Nettoertrages und die

Entwicklung des jeweils eingesetzten Eigenkapitals als Bezugsgrundlage für die Rendite bei voller Eigenkapital- bzw. teilweiser Fremdkapitalfinanzierung dargestellt. Wählt man als Bezugsgrundlage für den (adjustierten) Nettoertrag jeweils den Verkehrswert des vorangegangenen Jahres, wird deutlich, daß auch Veränderungen des Verkehrswertes gegenüber den ursprünglichen Investitionskosten bzw. dem Verkehrswert des Vorjahres Renditebestandteil sind. Dieser Teil der Rendite kann jedoch erst bei einem Verkauf des Objektes zum Verkehrswert realisiert werden.

Maßgeblichen Einfluß auf die Rendite haben nicht zuletzt steuerliche Faktoren, wenn Immobilien von privaten Investoren erworben oder errichtet werden. In einem solchen Falle sind Veräußerungsgewinne steuerfrei, wenn zwischen Anschaffungs- und Veräußerungszeitpunkt nicht weniger als zwei Jahre liegen.

Investoren, die Immobilien im Privatvermögen halten, können darüber hinaus auch während der Besitzdauer zugeflossene Ertragsbestandteile in Höhe der jeweils geltend gemachten steuerlichen Abschreibungen nach § 7, Abs. 4 und 5 EStG endgültig steuerfrei vereinnahmen. Der Teil der Nettoerträge, der demzufolge den Anlegern steuerfrei zufließt, erhöht – je nach persönlichem Einkommensteuersatz – die Rendite aus einer Immobilieninvestition im Vergleich zu einer anderen voll steuerpflichtigen Vermögensanlage, vorausgesetzt, der steuerlichen Abschreibung steht kein tatsächlicher Wertverzehr gegenüber.

Einen weiteren Renditevorteil bietet eine Immobilienanlage bei der Vermögen- und Erbschaftsteuer, da bei der Ermittlung des Vermögens nicht die Herstellungskosten bzw. der Verkehrswert der Immobilie, sondern der steuerlich niedrigere Einheitswert angesetzt werden. Ferner kann das zur Finanzierung eingesetzte Fremdkapital abgezogen werden. Somit können sich teilweise sogar negative Vermögensteuerwerte ergeben, die mit anderen, der Vermögensteuer unterliegenden Vermögen verrechnet werden können.

5. Entwicklung der Finanzierung von Gewerbe-Immobilien

In den fünfziger Jahren war es noch üblich, daß der Nutzer einer Gewerbe-Immobilie auch Eigentümer war. Er selbst baute sich für den damals noch kleinen Einzelhandelsladen oder auch für das Warenhaus die für ihn speziell nach seiner Auffassung richtige Immobilienhülle für seinen Betrieb.

Die Ausdehnung des Handels und das starke Anwachsen des Dienstleistungsbereiches erforderten jedoch immer größere Immobilieninvestitionen. Diese Investitionen, die, wie wir eingangs bereits sagten, eigentlich nur Mittel zum Zweck für die Erwerbstätigkeit innerhalb einer wetterfesten Hülle sein sollten, erforderten mit der Zeit einen zunehmenden Kapitaleinsatz. Dieses Kapital war im Gegensatz zum Einsatz im Betrieb langfristig gebunden und konnte nicht sofort gewinnbringend umgeschlagen werden. Daraus entstand der Gedanke, daß der Gewerbetreibende in erster Linie darauf bedacht sein mußte, die ihm zur Verfügung stehenden Mittel für den eigentlichen Geschäftszweck einzusetzen. Daher suchte man nach Wegen, die Immobilie durch andere finanzieren oder am besten ganz errichten zu lassen. So konnte man eine zusätzliche Verschuldung und damit eine Belastung des Kreditrahmens vermeiden. Es entstand der Gedanke der Anlage von Kapital in Immobilien zur Vermietung und Verpachtung. Für diesen Geschäftszweig stellten sich sowohl individuelle als auch institutionelle Anleger zur Verfügung.

Mit Eigenkapital finanzierte Immobilieninvestition
Bemessungsgrundlage für Rendite

Herstellungs-/Anschaffungskosten	Verkehrswert
A) *Erfolgsrechnung*	A) *Erfolgsrechnung*
Jahresmiete (ohne Umlagen) ∕. nicht umlagefähige Nebenkosten ∕. Abschreibung	Jahresmiete (ohne Umlagen) ∕. nicht umlagefähige Nebenkosten ∕. Abschreibung
Nettoertrag	Nettoertrag
B) *Kapital*	B) *Kapital*
Anschaffungs-/Herstellungskosten ∕. Abschreibung	Anschaffungs-/Herstellungskosten + Wertänderungen
gebundenes Eigenkapital	Verkehrswert
C) *Rendite*	C) *Rendite*
$$\frac{\text{Nettoertrag}}{\text{gebundenes Eigenkapital (Vorjahr)}}$$	$$\frac{\text{Nettoertrag} + \text{Abschreibung}}{\text{Verkehrswert (Vorjahr)}}$$ $+$ jährliche Wertänderung 1. Anschaffungskosten bzw. 2. Verkehrswert (Vorjahr)

Mit Eigen- und Fremdkapital finanzierte Immobilieninvestition
Bemessungsgrundlage für Rendite

Herstellungs-/Anschaffungskosten	Verkehrswert
A) *Erfolgsrechnung*	A) *Erfolgsrechnung*
Jahresmiete (ohne Umlagen) ∕ nicht umlagefähige Nebenkosten ∕ Abschreibung ∕ Fremdkapitalzinsen	Jahresmiete (ohne Umlagen) ∕ nicht umlagefähige Nebenkosten ∕ Abschreibung ∕ Fremdkapitalzinsen
Nettoertrag	Nettoertrag
B) *Kapital*	B) *Kapital*
Anschaffungskosten ∕ valutierende Fremdmittel ± Saldo aus Abschreibung ∕ Tilgung	Anschaffungskosten ∕ valutierende Fremdmittel + Wertänderungen
gebundenes Eigenkapital	Verkehrswert

C) *Rendite*

$$\frac{\text{Nettoertrag} + \text{Abschreib.} - \text{Tilgung}}{\text{gebundenes Eigenkapital (Vorjahr)}}$$

C) *Rendite*

$$\frac{\text{Nettoertrag} + \text{Abschreib.} - \text{Tilgung}}{\text{Verkehrswert (Vorjahr)}}$$

$$+$$

$$\frac{\text{jährliche Wertänderung}}{\substack{\text{1. Herstellungskosten bzw.}\\\text{2. Verkehrswert (Vorjahr)}}}$$

6. Immobilien als Vermögensanlage

Für alle Anleger ist die Rendite schließlich und endlich der Motor für den Bau bzw. den Erwerb von Gewerbe-Immobilien. Sie unterscheiden sich allerdings in den einzelnen Zielrichtungen sehr stark, so daß auch unterschiedliche Faktoren in die Renditebetrachtung einfließen.

Individuelle Anleger sind kapitalkräftige Einzelpersonen oder Personengruppen, die aufgrund ihrer Bonität und Eigenkapitalausstattung auch ausreichend Fremdmittel von Kreditinstituten zur Verfügung gestellt bekommen, um den Bau von Gewerbe-Immobilien finanzieren zu können.

Als institutionelle Anleger treten Gesellschaften, die offene oder geschlossene Fonds betreuen, Pensionskassen und Versicherungsunternehmen u. a. auf.

6.1 Der individuelle Anleger

Der individuelle Anleger läßt sich bei einer Immobilien-Investition nicht zuletzt von dem Gedanken der langfristig sachwertgesicherten Vermögensanlage leiten. Diese wurde früher fast ausschließlich im Wohnungsbau gesehen. Seit Beginn der 70er Jahre wandte sich dieser Anlegerkreis immer stärker der gewerblichen Immobilie zu, die insbesondere mit Blick auf die Mietpreisgestaltung höhere Renditen erhoffen ließ. Durch detaillierte Kenntnisse örtlicher Gegebenheiten sowie bestehender Verbindungen zu Grundstückseigentümern, Architekten, potentiellen Mietinteressenten, Behörden und Kreditinstituten war der am Ort ansässige Anleger häufig gegenüber Ortsfremden im Vorteil. Hinzu kamen bei der Gewerbe-Immobilie Vorteile, die die Wohnraumvermietung grundsätzlich nicht bietet. So hat der private Anleger – wie im übrigen auch jeder andere Investor – die Möglichkeit, auf die gesetzliche Umsatzsteuerbefreiung der aus Gewerbeobjekten erzielten Mieten zu verzichten und seine Vermietungsumsätze, die er mit Unternehmen im umsatzsteuerlichen Sinne tätigt, mit Mehrwertsteuer zu belegen. Optiert der Vermieter zur Umsatzsteuer, so ist er bei sämtlichen Bauleistungen zum Abzug der Vorsteuer berechtigt; seine für die Renditebetrachtung maßgebliche Bemessungsgrundlage sind die Netto- und nicht die Brutto-Anschaffungs- oder Herstellungskosten wie im Wohnungsbau. Da zudem Büromieten steigerungsfähig sind und Büroflächen in aller Regel kostengünstiger als Wohnraum erstellt werden können, ist die Zuwendung individueller Anleger hin zu dieser Kapitalanlageform mehr als verständlich. Lohnende Investitionsobjekte waren neben Bürogebäuden in den vergangenen 20 Jahren vorrangig Investitionen in Einkaufszentren und großflächigen SB-Warenhäusern, die in regionalen Ballungsgebieten bei günstigen Bau- und Grundstückskosten sowie langfristigen Mietverträgen gute Erträge brachten.

Man kann davon ausgehen, daß sich auch der individuelle Anleger bei Anlageentscheidungen im Immobilienbereich langfristig orientiert. Bei gegebenen Einkünften aus Vermietung und Verpachtung ist sein bei Veräußerung des Objektes erzielter Gewinn steuerfrei; die vom Gesetz vorgesehene Spekulationsfrist von zwei Jahren ist daher im Normalfall keine Hemmschwelle für eine Anlageentscheidung im Immobilienbereich.

Steuerliche Überlegungen lassen einen hohen Fremdkapitaleinsatz angeraten erscheinen, da dessen Kosten gegenüber dem kalkulatorischen Eigenkapitalzins Aufwand darstellen. Allerdings muß darauf geachtet werden, daß die Kapitaldienstfähigkeit aus den Mieterträgen sichergestellt ist.

Der private Anleger hat die Möglichkeit, durch Wahl eines hohen Disagios bei der Fremdfinanzierung, das steuerlich sofort abzugsfähig ist, seinen tatsächlichen Eigenkapitaleinsatz zu mindern.

Durch die Geltendmachung der degressiven Bauherrenabschreibung kann darüber hinaus in den ersten Jahren vielfach noch mit steuerlichen Verlusten aus Vermietung und Verpachtung gerechnet werden, die das ingesamt zu versteuernde Einkommen mindern. Dies läßt eine Immobilienanlage im Vergleich zu einer voll steuerpflichtigen Vermögensanlage besonders attraktiv erscheinen. Die Rendite für einen individuellen Anleger ergibt sich aus dem Nettoertrag, d. h. der um die nicht umlagefähigen Nebenkosten, Abschreibungen und Kapitalzinsen gekürzten Jahresmiete, bezogen auf das im Objekt gebundene Eigenkapital. Das Eigenkapital ergibt sich aus den Anschaffungskosten, gegebenenfalls vermindert um die zur Finanzierung aufgenommenen Fremdmittel (vergleiche Tableau). Jedem einzelnen Investor steht es selbstverständlich offen, seine eigene (evtl. abweichende) Renditeermittlung vorzunehmen.

Überlegungen zur Veräußerung und damit verbundene Gewinnrealisierungen treten meist dann auf, wenn den zu versteuernden Erträgen zunehmend geringere Aufwendungen (Abschreibungen und Zinsen) gegenüberstehen, es sei denn, die Erwartungen über die künftigen Wertsteigerungen des Objektes lassen diesen Nachteil untergeordnet erscheinen.

Der Direkterwerb von Immobilien oder die Durchführung einer Baumaßnahme erfordern – abgesehen von größeren Kapitalbeträgen – heute mehr als zu früheren Zeiten Sachkunde, Erfahrung und Zeitaufwand, Voraussetzungen, die nicht bei allen Interessenten vorhanden sind. Daher haben Beteiligungen an Immobilienfonds mittlerweile einen festen Platz im Anlageangebot, da diese Fonds mit verhältnismäßig geringem Kapitaleinsatz eine mittelbare Beteiligung am Immobilienbesitz mit nahezu gleichen Vorteilen wie das direkte Immobilieneigentum bieten. Alle mit der Bebauung oder dem Erwerb vom Grundvermögen sowie mit dessen Vermietung und Verwaltung verbundenen Aufgaben übernehmen dabei erfahrene Fachleute der Fondsgesellschaft. Mit dieser Form der Vermögensanlage befassen sich die beiden nächsten Punkte.

6.2 Kapitalanlagegesellschaften für offene Immobilienfonds

Die offenen Immobilienfonds haben seit ihrer Auflegung den Schwerpunkt ihrer Anlagepolitik auf den Erwerb oder die Errichtung gewerblich genutzter Immobilien gelegt. Dies hat seinen Grund darin, daß der Forderung nach einem nachhaltig steigerungsfähigen Mietertrag in besonderer Weise durch Vereinbarung entsprechender Mietanpassungsklauseln Rechnung getragen werden kann.

Die offenen Immobilienfonds werden als Sondervermögen von Kapitalanlagegesellschaften aufgelegt, die dem Gesetz (KAG) und der Aufsicht des Bundesaufsichtsamts für das Kreditwesen (BAK) unterliegen. Außerdem ist als Kontrollorgan in die Geschäftsabwicklung stets ein Kreditinstitut als Depotbank eingeschaltet. Die von den sechs in der Bundesrepublik Deutschland verwalteten neun Publikumsfonds haben derzeit ein Fondsvolumen von rund 15,1 Milliarden DM (Stand April 1989).

Die für die Investition erforderlichen Barmittel werden durch den laufenden Verkauf von Anteilen in Form von Zertifikaten in kleiner Stückelung beschafft. Alle durch den Kauf oder Bau in einen offenen Immobilienfonds eingebrachten Gewerbe-Immobilien können damit in der Regel ohne Aufnahme von Fremdmitteln finanziert werden. Nach Auffassung des Gesetzgebers sollen in einen offenen Immobilienfonds nur solche Objekte eingebracht werden, die bei normaler Bewirtschaftung langfristig einen Ertrag erwarten lassen. Dies ist bei Gewerbeobjekten mit entsprechendem Immobilien-Management normalerweise gegeben. Die Rendite von Gewerbe-Immobilien im offenen Immobilienfonds setzt sich für den Anleger, d. h. für den Zertifikatsinhaber, aus zwei Faktoren zusammen:
a) der Ausschüttung
b) der Wertentwicklung.

Ausgeschüttet werden die Nettomieterträge, Zinserträge aus Bankguthaben und Wertpapieranlagen sowie eventuell anfallende Veräußerungsgewinne. Ausschüttungsfähig ist der Mietertrag nach Abzug von
– nicht umlagefähigen Nebenkosten
– Verwaltungskosten
– Aufwendungen für die Instandhaltung
– Vergütung für die Fonds-Verwaltung
– Depotbankgebühren
– Aufwendungen für die Sachverständigen-Ausschüsse
– der nach § 33 KAGG festgelegte Einbehalt zum Ausgleich von Wertminderungen (Abschreibung auf Gebäude).

Die Erträge aus der Anlage liquider Mittel werden um die Vergütung für die Fondsverwaltung und die Depotbankgebühren gekürzt.

Die Wertentwicklung der im Fonds vorhandenen Immobilien wird jährlich durch unabhängige Sachverständige festgestellt, deren Einschaltung vom Kapitalanlagegesetz vorgeschrieben ist. Ausgehend von dem nachhaltig erzielbaren Mietertrag, ermitteln die Sachverständigen den jeweiligen Verkehrswert der einzelnen Immobilie. Jede Wertänderung wirkt sich unmittelbar auf die Höhe des Fondsvermögens und damit über den Anteilwert des Zertifikates auf seinen Preis aus. Ausgabe- und Rücknahmepreis spiegeln daher stets den augenblicklichen Wert des Fondsvermögens wider. Der Zertifikatsinhaber hat bei dieser Form der Immobilienanlage im übrigen jederzeit die Möglichkeit, seinen Fondsanteil zum Anteilwert an das Sondervermögen zurückzugeben, das zur Rücknahme gesetzlich verpflichtet ist. Damit kann er – anders als bei Immobilien sonst üblich – den festgestellten Verkehrswert problemlos realisieren, ohne daß die Immobilie verkauft werden muß. Die von den Immobilienfonds erzielten Nettoerträge und die ermittelte Änderung des Verkehrswertes des Immobilienvermögens ergeben – bezogen auf das Fondsvermögen zum jeweiligen Verkehrswert des Vorjahres – die Gesamtrendite.

Der Bundesverband der Investmentgesellschaften veröffentlicht seit Jahren Angaben zum Anlageergebnis der einzelnen Immobilienfonds. Hierbei wird abgestellt auf die Ergebnisse, die die einzelnen Fonds in den vergangenen 12 Monaten, im 5-, 10- oder 15-Jahres-Zeitraum erzielt haben. Auch die einzelnen Immobilienfonds veröffentlichen in ihren Rechenschaftsberichten den Anlageerfolg nach der gleichen Berechnungsmethode. Mit dieser Berechnungsmethode wurde eine Vergleichbarkeit der Anlageergebnisse sämtlicher Wertpapier- und Immobilienfonds erreicht, unabhängig davon, ob diese Fonds jährlich Erträge ausschütten oder nicht. Die Methodik der Wertberechnung beruht darauf, daß die Anlage des Investitionsbetrages zu einem bestimmten Zeitpunkt zum Anteilwert erfolgt, also ohne Berechnung von Ausgabekosten. Die jährlich anfallenden Ausschüttungen werden zum Anteilwert des Ausschüttungstages ebenfalls wieder kostenfrei angelegt. Die kostenfreie Wiederanlage der Ausschüttungen ist in aller Regel bei Anlageplänen bzw. Anlagekonten möglich. Der Anteilwert, der in die Endbewertung eingeht, enthält die im Laufe des Betrachtungszeitraumes erwirtschafteten Nettoerträge sowie die Wertänderung des Immobilienvermögens. Dieses Verfahren ermöglicht den direkten Vergleich mit anderen Anlageformen dann, wenn auch dort Erwerbs- und Veräußerungskosten außer Ansatz bleiben.

Der von einer Kapitalanlagegesellschaft verwaltete Immobilienfonds ist ein Sondervermögen, das von Ertrag- und Vermögensteuer befreit ist. Damit wird eine steuerliche Doppelbelastung von Ertrag und Vermögen beim Anleger vermieden. Die von einem Sondervermögen erwirtschafteten Erträge sind – ungeachtet ihrer Herkunft – beim Anleger als Einkünfte aus Kapitalvermögen zu versteuern. Da diese Erträge im Sondervermögen aber um Aufwendungen, wie z. B. die steuerlich zulässigen Abschreibungen, gekürzt werden können, bleiben in aller Regel Teile der ausgeschütteten Erträge beim Anleger steuerfrei. Ohne Steuerabzug beim Anleger können bei Beachtung der Fristen Veräußerungsgewinne aus dem Verkauf der im Fondsvermögen vorhandenen Immobilien und Wertpapiere vereinnahmt werden. Darüber hinaus bleibt der Wertzuwachs, der sich aus der Bewertung des Immobilienvermögens ergibt, steuerfrei. Gleiches gilt beim Verkauf von Fondsanteilen, wenn diese wenigstens 6 Monate gehalten wurden.

Die Ermittlung der Gesamtrendite zeigt, daß viele Faktoren vorhanden sind, die die Rendite einer Fonds-Immobilie positiv beeinflussen können. Selbstverständlich geht allen voraus, daß die Rendite bei gleichen Erträgen steigt, wenn das eingesetzte Kapital für die Gewerbe-Immobilie sinkt.

Dies bedeutet: bei fertigen Immobilien ist ein niedriger Kaufpreis erstrebenswert. Hier bestimmt allerdings in der Regel der Markt den Preis. Bei selbstentwickelten und neugebauten Immobilien bestehen dagegen mehrere Ansatzpunkte, die Investition so kostengünstig wie möglich und damit wirtschaftlich zu gestalten.

Beginnen muß man bereits bei der Grundstücksauswahl und dem Grundstückskauf. Eine möglichst gezielte, auf eine spätere multifunktional ausgerichtete Nutzung und eine klare Planung können bereits große Vorteile für die Baumaßnahme und für eine wirtschaftliche Vermietung sein. Die Bauausführung sollte dem Wettbewerb ausgesetzt werden, um so marktgerechte Baupreise zu erzielen. Im Hinblick auf den späteren Betrieb sollten in der Planungs- und Bauphase Detailausbildung, Materialauswahl und Qualität der Ausführung so gewählt werden, daß später möglichst niedrige Wartungs- und Instandhaltungskosten entstehen.

Der künftige Mieter rechnet zu seiner Miete stets die Betriebs- und Wartungskosten hinzu; damit wird sein Gesamtaufwand aus Miete und Nebenkosten bestimmt. Hier können bei sinnvoller Planung und Bauausführung dem Investor Mietanteile erhalten bleiben, die bei unwirtschaftlichen Gebäuden für Betriebs- und Instandhaltungskosten aufgewendet werden müssen. Für den Investor sind qualitativ hochwertige Gebäude mit geringen Wartungs- und Instandhaltungsaufwendungen auf die Dauer rentabler als Bauten, die zwar mit geringeren Investitionskosten erstellt sind, dafür aber teuer in der Unterhaltung sind.

6.3 Geschlossene Immobilienfonds

Seit Anfang der siebziger Jahre treten in zunehmendem Umfange auch geschlossene Immobilienfonds als Bauherren oder Erwerber von Gewerbe-Immobilien auf. Die Deutsche Bundesbank hat ermittelt, daß geschlossene Immobilienfonds mit einem Investitionsvolumen von rd. 15,3 Mrd. DM (Stand Ende 1987) aufgelegt wurden. Davon haben Anleger rd. 5,6 Mrd. DM aufgebracht. Als Objektträger wird dabei regelmäßig eine eigens zu diesem Zweck errichtete Kommanditgesellschaft eingeschaltet. Die Finanzierungsmittel zur Durchführung der Investition werden durch Aufnahme langfristiger Bankdarlehen und durch Anlegerkapital, das breit gestreut wird, beschafft. Als solider Grundsatz hat sich herausgebildet, Fremdmittel etwa in Höhe von 50 % der Gesamtinvestitionskosten einzusetzen. Um die Anteilszeichner auch steuerlich dem direkten Eigentümer einer Immobilie gleichzustellen, muß die

Tätigkeit der Fonds-Kommanditgesellschaft ausschließlich auf die Verwaltung des eigenen Grundvermögens ausgerichtet sein. Damit wird erreicht, daß der Anleger Einkünfte aus Vermietung und Verpachtung erzielt. Dies hat den Vorteil, daß bei einer späteren Veräußerung der Anteile und auch des Objektes nach Ablauf der zweijährigen Spekulationsfrist Veräußerungsgewinne steuerfrei vereinnahmt werden können. Die geschlossenen Immobilienfonds sind insoweit steuerorientiert, als die Anleger in der Anfangsphase anfallende Werbungskosten steuerlich geltend machen und damit ihren Eigenkapitaleinsatz mindern können und auch in den Folgejahren – in dann allerdings geringerem Umfange – noch mit Verlusten aus Vermietung und Verpachtung rechnen können.

Diese Verluste entstehen dadurch, daß die von der Fondsgesellschaft geltend gemachten Aufwendungen zunächst in aller Regel höher sind als die vereinbarten Tilgungsleistungen für die Fremdmittel.

Soweit steuerliche Verluste anfallen, können sie mit anderen Einkünften des Anlegers verrechnet werden. Die Rendite aus einer Beteiligung an einem geschlossenen Immobilienfonds setzt sich aus folgenden Faktoren zusammen:
– der Barausschüttung, die sich aus Miet- und Pachteinnahmen sowie Zinserträgen nach Abzug der laufenden Objektkosten, Fremdkapitalzinsen sowie Tilgung auf die Fremdmittel ergibt
– dem steuerlichen Ergebnis; ist dies geringer als die Barausschüttung oder sogar negativ, bleibt die Barausschüttung teilweise oder ganz steuerfrei. Ein negatives steuerliches Ergebnis kann mit anderen Einkünften verrechnet werden und mindert damit das übrige Einkommen und die darauf zu entrichtende Einkommensteuer
– dem Vermögensteuervorteil, der sich aus einem niedrigen Einheitswert des Fondsobjektes unter Berücksichtigung der Fremdfinanzierung ergibt
– dem Wertzuwachs aus der Tilgung der Fremdmittel, soweit diese die wirtschaftlich gebotene Abschreibung übersteigt
– der allgemeinen Wertentwicklung der Immobilie aufgrund sich ändernder Mieterträge, Bodenpreise und Baukosten.

Bei einem Engagement in geschlossenen Immobilienfonds ist insbesondere darauf zu achten, daß die Gesamtinvestitionskosten – bestehend aus Grundstückskosten, Baukosten, Zwischenfinanzierungskosten und Projektgebühren – nicht durch Aufwendungen erhöht werden, die zwar zu einem höheren steuerlichen Anfangsverlust führen, dem aber, auf Dauer gesehen, keine werthaltige Substanz gegenübersteht. Anleger, die sich an derartigen Fonds beteiligen, sollten insbesondere prüfen, ob die in den Prospekten genannten Kosten angemessen und die angesetzten Mieten auch nachhaltig erzielbar sind. Im übrigen ist darauf zu achten, daß der Fremdkapitaldienst, also Zins und Tilgung für die aufgenommenen Darlehen, und die sonstigen Verwaltungskosten aus Mieteinnahmen abgedeckt sind.

Die nach Abzug der jährlich anfallenden Verpflichtungen verbleibende Liquidität muß so hoch sein, daß der Anleger unter Berücksichtigung des Steuereffektes eine mit vergleichbaren Vermögensanlagen attraktive Rendite erzielt. Letztlich wird sich der aus der Entschuldung des Objektes und der aufgrund steigender Mieterträge eintretende Wertzuwachs nicht unmittelbar in dem Kurs der Fondsanteile niederschlagen, sondern in aller Regel erst bei einer Veräußerung des Objektes erzielt werden. Demzufolge können sämtliche Vorteile nur bei einem langfristigen Engagement ausgeschöpft werden. Anteile an geschlossenen Immobilienfonds sind daher keine Spekulationsobjekte.

HORST-ALEXANDER SPITZKOPF

Konventionelle Finanzierung von Gewerbe-Immobilien

Inhalt

1.	Vorbemerkungen	463
2.	Definitionen	463
2.1	Gewerbliche Immobilie	463
2.2	Marktstrukturen	465
2.3	Nachfrager und Anbieter gewerblicher Immobilienfinanzierungen	466
2.4	Realkreditbegriff und konventionelle Finanzierung	467
3.	Beurteilungskriterien bei der Vergabe eines gewerblichen Baukredits	468
	Exkurs: Zwischenfinanzierung	469
3.1	Risikoüberlegungen	469
3.1.1	Eigentumsrisiko	469
3.1.2	Fehlinvestitionsrisiko	470
3.1.3	Verwertungsrisiko	470
3.1.4	Zahlungsänderungsrisiko	471
3.1.5	Kapitalstrukturrisiko	471
	Exkurs: Haftungsrisiko	471
3.2	Kostengesichtspunkte	472
3.2.1	Kapitalbeschaffungspreis	472
3.2.2	Margenbestandteile	474
3.2.3	Zusatzprämien	475
	Exkurs: Sicherheitsäquivalente	476
3.3	Liquiditätsmerkmale	477
3.3.1	Zahlungsströme	477
3.3.2	Kreditpotential	477
	Exkurs: Steuerliche Effekte oder »Netto«-Liquidität	478
4.	Nebenbedingungen der Kreditentscheidung	478

1. Vorbemerkungen

An den Leser, der in diesem Handbuch nicht nur gelegentlich blättert, oder den eilig Nachschlagenden, der sich von der eher konservativen Überschrift im Inhaltsverzeichnis hat ansprechen lassen, sind zwei Vorbemerkungen zu richten:
- Dieser Beitrag ersetzt weder dem Praktiker außerhalb der Kreditwirtschaft das Gespräch mit seinem Kundenbetreuer in der Bank noch dem Kreditfachmann bei detaillierten Fragen den Blick in das Fach- oder Lehrbuch. Dazu wird auf die zahlreichen Literaturquellen, wie sie z. B. in der Sparkassenorganisation (Falter 1987, Kreutzfeldt 1987) und in sämtlichen anderen kreditwirtschaftlichen Verbänden sowie bankwirtschaftlichen (Pohnert) und bankrechtlichen Fachbüchern (Pottschmidt/Rohr 1986) vorhanden sind, verwiesen.
- Dieser Beitrag wendet sich vielmehr an alle Teilnehmer auf dem Finanzierungsmarkt für gewerbliche Immobilien, die daran interessiert sind, das Kreditgespräch zwischen Kunde und Bank transparenter zu gestalten. Ich möchte als Insider den Informations-, Bearbeitungs- und Entscheidungsprozeß strukturieren, wie er sich in einer Bank abspielen kann, und somit zu mehr Information und Offenheit beitragen und damit zu (noch) mehr Vertrauen (= Kredit) zwischen den Marktpartnern.

Nicht nur uns »Bankern« fehlt oftmals die Einsicht in die spezielle Branche oder der Blick für die einzelne Investition, auch der Kunde kennt häufig zu wenig vom bankinternen Geschehen und den spezifischen Beurteilungskriterien bei der Kreditprüfung.

Hierzu möchte dieser Beitrag einige aktuelle Hinweise geben und systematische Einsichten vermitteln.

2. Definitionen

Zuvor ist jedoch noch einiges zur Begriffsbildung und zur Abgrenzung des Untersuchungsgegenstandes zusammenzutragen.

2.1 Gewerbliche Immobilie

Bis heute ist der Markt für Gewerbe-Immobilien (Bestand und Entwicklung) definitorisch und statistisch eher eine Restgröße, entstanden aus – negativer – Abgrenzung zum Wohnungsbaumarkt, erfaßt durch die jährliche Summe aller Bau- und/oder Finanzierungsleistungen abzüglich der (weitaus größeren) Anteile für den Wohnungsneubau.

Lehre und Forschung haben noch keine allgemein anerkannte Beschreibung bzw.

Definition für die Gewerbe-Immobilie geliefert, und auch die Bundesbank stellt lediglich die Kredite an inländische Unternehmen und Privatpersonen nach Kreditvolumen so zusammen, daß die Kredite nur mit den Krediten für den Wohnungsbau ausgewiesen werden (Deutsche Bundesbank, stat. Beihefte Reihe 1, Tab. 6).

Es hat sich allerdings eingebürgert, die Gewerbe-Immobilie nach Investoren (Bauherren oder Anlegern) und nach Produkten, d.h. nach Gebäudearten, zu gliedern. Auch der Kreditfachmann trennt aufgrund seiner besonderen, risikoorientierten Sicht in zwei Kategorien. Neben dem ausschließlichen *Objektrisiko* beurteilt er die Immobilie danach, ob sie zusätzlich ein *Nutzungsrisiko* trägt. Dies ergibt zwei Gruppen von Gewerbe-Immobilien, die in
- *Verwaltungs- bzw. Renditeimmobilien*
   (Büro- und Verwaltungsgebäude, Handels- und Lagergebäude) und
- *Management-Immobilien*
   (Hotels und Gaststätten, Anstaltsgebäude wie Kliniken oder Alten- und Pflegeheime, Fabrik- und Werkstattgebäude, landwirtschaftliche Betriebsgebäude, aber auch Shopping-Center und Freizeitimmobilien)

unterschieden werden können.

Während die erste Gruppe dadurch gekennzeichnet ist, daß das einzelne Grundstück einen Ertrag erwirtschaftet, der jedem Besitzer offensteht, tragen die Investoren der zweiten Gruppe ein ausgesprochen unternehmerisches Risiko.

Gewerbliche Immobilien-Investitionen 1988 Schaubild 1
Differenzierung nach Produkten (Gebäudearten)

Gebäudeart	Anzahl	Nutzfläche in 1 000 m^2	Veranschlagte Baukosten in Mrd. DM
Anstaltsgebäude	318	794	2,48
Büro- und Verwaltungsgebäude	2 287	3 502	8,20
Landwirtschaftl. Betriebsgebäude	8 224	2 697	1,30
Fabrik- und Werkstattgebäude	5 465	6 038	6,46
Handels- und Lagergebäude	7 954	7 686	7,36
Hotels und Gaststätten	664	619	1,12
Sonstige Gebäude	2 921	2 272	4,64
Insgesamt	32 021	25 593	33,64
Maßnahmen an bestehenden Gebäuden	17 259	4 488	8,54

Quelle: Münchener Institut für Regional- und Wirtschaftsforschung (geschätzt).

2.2 Marktstrukturen

Das Münchener Institut für Regional- und Wirtschaftsforschung errechnete in der BRD für die letzten Jahre durchschnittliche Baukosten bei gewerblichen Neu-Immobilien zwischen 25 und 35 Mrd. DM (vgl. Schaubild 1).

Werden die Kosten für Grundstücke und den Innenausbau hinzugenommen, so dürfte sich das gesamte Investitionsvolumen mit rd. 40 Mrd. DM p. a. ergeben, das sich auf die verschiedensten Bauherrengruppen verteilt (Schaubild 2).

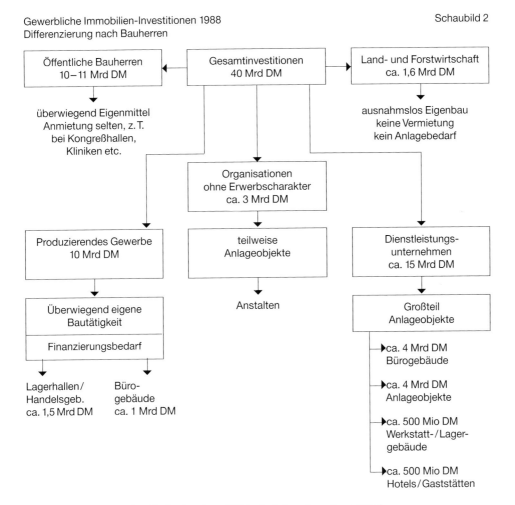

Quelle: Münchener Institut für Regional- und Wirtschaftsforschung (geschätzt)

Da die Eigenkapitalquote sehr unterschiedlich ist und bei vielen institutionellen Investoren sogar 100% erreicht, ist das Fremdfinanzierungsvolumen wahrscheinlich mit 15–20 Mrd. DM p.a. ausreichend bemessen.

Dabei ist der Kauf bzw. Verkauf gebrauchter Immobilien nicht berücksichtigt.

Auch der Anteil des Volumens, der von den sog. privaten Bauherren beansprucht wird, läßt sich nicht ermitteln. Lediglich Schätzwerte für die bekannten Anlageformen wie Fonds und Pensionskassen etc. liegen für 1988 vor (vgl. Schaubild 3).

Gewerbliche Immobilien-Investitionen 1988 (Brutto-Neuzugang) Schaubild 3
Differenziert nach Anlageformen (in Mrd. DM)

Investitionsformen	total	davon gewerbl. Anteil
Bauherren- und Erwerbermodelle	2,5	0,3
Geschlossene Immobilienfonds	4,0	2,8
Offene Immobilienfonds	2,5	1,8
Versicherungen, Pensionskassen	3,0	2,2
Ausländische Investoren	2,8	2,5
Total	14,8	9,6
Anteil gewerbl. Immobilien	64,2 %	

Quelle: Münchener Institut für Regional- und Wirtschaftsforschung (geschätzt)

Auch hier mag die Summe von fast 10 Mrd. DM manch flüchtigen Marktbeoachter überraschen.

2.3 Nachfrager und Anbieter gewerblicher Immobilienfinanzierungen

Von den bisher genannten Marktteilnehmern fallen einige bereits wegen ausschließlicher Eigenmittelfinanzierung als Nachfrager nach Fremdkapital aus. Es sind dies
– Versicherungsgesellschaften
– Pensionsfonds
– Offene Immobilienfonds
– Spezialfonds.

Auch ist es nicht unsere Aufgabe, die Mittelaufnahme der öffentlichen Hand zu untersuchen, wie auch die Finanzierung der landwirtschaftlichen Betriebe ein hier nicht zu erörterndes Spezialgebiet darstellt.

Damit reduziert sich auf der investitionswirtschaftlichen Seite der Kreis potentieller Nachfrager nach einer konventionellen Baufinanzierung auf folgende Gruppen

– Produktionsorientiertes Gewerbe
– Organisationen ohne Erwerbscharakter (Anstalten)
– Dienstleistungsunternehmen

mit besonderem Gewicht der zuletzt genannten.

Auf der finanzwirtschaftlichen Seite gelten auch für Leasingfinanzierungen und geschlossene Immobilienfonds besondere Gesetzmäßigkeiten, denen in diesem Handbuch jeweils eigene Beiträge gewidmet sind.

Insoweit ergibt sich auf der Nachfrageseite als praktisches und idealtypisches Untersuchungsobjekt der private Bauherr, der eine Dienstleistungsimmobilie errichtet und finanziert.

Auf der Kapitalanbieterseite stehen diesem Bauherrn eine Vielzahl von Kreditinstituten, Versicherungsgesellschaften und anderen Kapitalsammelstellen oder privaten Kapitalgebern gegenüber, und auf den ersten Blick könnte es schwerfallen, aus der Fülle der Marktpartner den richtigen auszuwählen.

Hier hat jedoch der starke und immer noch wachsende Wettbewerb im Finanzdienstleistungssektor dafür gesorgt, daß die ehemals gravierenden Unterschiede zwischen Universal- und Spezialbanken, zwischen kurz- oder langfristig orientierten Instituten, ob variables oder Festzinsangebot, ob nur einstelliger Baukredit oder Gesamtfinanzierungspaket, zumindest aus Sicht des Nachfragers fast gänzlich verwischt wurden.

Heute ist der kreditwirtschaftliche Verbund in der Sparkassenorganisation und unter den Genossenschaftsbanken unter Einschluß jeweils ihrer Regional- und Spitzeninstitute wie auch im Großbankenbereich nach Abschluß des »Hypothekenbankenkarussells« so eng, daß jeder Kundenbetreuer eines beliebigen Kreditinstitutes über das gesamte Instrumentarium einer gewerblichen Baufinanzierung verfügt. Die Unterschiede liegen im Sicherheitsdenken, in den Kosten (= Preisen) und in den Ansichten über Liquidität (= Tilgung) und Flexibilität (= Anpassungsfähigkeit der Investition und der Finanzierung) – auf beiden Seiten des Marktes (!).

2.4 Realkreditbegriff und konventionelle Finanzierung

Seit der 1984 erfolgten Novellierung des Kreditwesengesetzes (KWG) gilt der Realkreditbegriff des Hypothekenbankgesetzes (HBG) für sämtliche Kreditinstitute. Das heißt,
– die Beleihung eines inländischen Grundstückes darf die ersten drei Fünftel des Grundstückswertes nicht übersteigen (§ 11 Abs. 2 HBG) und
– der bei der Beleihung angenommene Wert des Grundstücks darf den durch sorgfältige Ermittlung festgestellten Verkaufswert nicht übersteigen. Bei der Feststellung des Wertes sind nur *die dauernden Eigenschaften des Grundstücks* und *der Ertrag* zu berücksichtigen, welchen das Grundstück bei ordnungsgemäßer Wirtschaft *jedem Besitzer nachhaltig gewähren kann* (§ 12 Abs. 1 HBG).

Warum? Weil der übersteigende Kreditanteil diversen formalen Anforderungen des KWG (§§ 13, 15, 16 und 18) unterliegt und damit nicht mehr Realkredit (= Objektkredit), sondern Personalkredit ist. Übersteigt der Kredit die 6/10-Grenze auch nur geringfügig, so fällt er in voller Höhe unter die Personalkreditvorschriften[1].

Ein Kreditfachmann ist also gut beraten und sogar bankgesetzlich legitimiert, eine gewerbliche Immobilie entsprechend ihrem nachhaltigen Ertrag bis zu 60% langfristig, d.h. > 10 Jahre, zu beleihen und entsprechend den »persönlichen« Eigenschaften des Objektes und/oder des Eigentümers/Nutzers einen weiteren Teil in angemessener kürzerer Frist (d.h. < 10 Jahre) zu finanzieren.

Darüber hinaus ist – hoffentlich überrasche ich den Leser jetzt nicht – bis zur Höhe der Gesamtinvestitionskosten selbstverständlich auch Eigenkapital »erlaubt«!

Dies nenne ich ganz einfach eine konventionelle Finanzierung einer Gewerbe-Immobilie (spezielle Finanzierungsformen wie Fonds, Leasing etc. ausgeschlossen, s.o.!), wenn die Mittel nach banküblicher Prüfung von einem Kreditinstitut zur Verfügung gestellt werden: 60% Realkredit, 20% Personalkredit und 20% Eigenkapital.

Aber wenn das alles so einfach ist, warum gibt es dann so häufig gerade bei gewerblichen Immobilienfinanzierungen so viele Meinungsunterschiede, Mißverständnisse und gegensätzliche Verhandlungspositionen zwischen Kunden und Bankpartnern?

Ich möchte an dieser Stelle nur zwei Antworten geben und später weiter differenzieren:
– die 6/10-Grenze vermittelt leider nur eine Scheingenauigkeit, und
– für die heutigen Investitionssummen sind Eigenkapitalquoten von bis zu 40% sehr anspruchsvoll.[2]

3. Beurteilungskriterien bei der Vergabe eines gewerblichen Baukredites

60% wovon? Das ist die erste Frage!

Gegenüber sitzen sich ein völlig von seinem Vorhaben und dessen nachhaltigem Erfolg überzeugter Investor und ein risikobewußter, kritischer Banker.

Was kann er tun, um seinen Kreditantrag materiell zu unterlegen? Wie denkt und beurteilt ein Banker?

Ein Kreditberater oder Sachbearbeiter sollte seine Beurteilung bei gänzlich umfassender Betrachtung auf die Investitions- *und* finanzwirtschaftliche Seite des Beleihungsgegenstandes sowie auf die Aspekte der Mittelbeschaffungs- *und* -verwendungsseite seines Bankbetriebes abstellen.

Auf eine derartige ganzheitlich und starre Systematik, die in der Praxis selten eingehalten wird, ist jedoch im folgenden verzichtet worden. Die Kriterien (Degener 1986, S. 43ff) sind nach praktischer Bedeutung gereiht.

Exkurs: Zwischenfinanzierung

Die Reifezeit der Investition, insbesondere der gewerblichen Immobilie, vom Grundstückserwerb über die Planung bis zur endgültigen Fertigstellung beträgt selten weniger als ein Jahr, häufig drei Jahre und mehr. Insoweit ist die Grundstücksfinanzierung, aber auch die Bauzwischenfinanzierung überwiegend Bestandteil einer gewerblichen Gesamtfinanzierung. Dabei entstehen für die eingeschaltete Bank besondere Risiken aus der Investition *und* aus der Finanzierung, was nicht selten dazu führt, daß verschiedene Gesprächspartner – auch innerhalb des Institutes – oder sogar zwei Banken im Rahmen eines Verbundes auf Bankseite den Kunden betreuen. Aus der Investition entstehen Risiken wegen nicht rechtzeitiger Fertigstellung, Mängeln und Gewährleistungsansprüchen, wegen Nichteinhaltung der Gesamtkosten oder wegen nicht oder nicht rechtzeitiger Vermarktung. Aus der Finanzierung entstehen Risiken bei nicht ausreichend oder nicht zeitgemäß, entsprechend der günstigsten Kapitalmarktlage, bereitgestellten Mitteln.

All diese Fehlentwicklungen können zur Nachfinanzierung führen und damit zu einer nicht geplanten nachhaltigen Verschlechterung der Ertragslage. Aus diesen Gründen ist nach wie vor eine Arbeits- bzw. Risikoteilung in der Kreditwirtschaft üblich.

Ein Institut gibt sich nicht gern selbst das »Take out«!

Anders gesagt, eine zwischenfinanzierende, meist kurzfristig orientierte Bank, läßt sich gern die zugesagten langfristigen Mittel einer endfinanzierenden Bank abtreten, verwaltet für diese bereits endgültig eingetragene Grundpfandrechte und trifft mit ihr und dem Kunden Vereinbarungen über den günstigsten Einsatz der Mittel entsprechend dem Baufortschritt.

Es soll damit nicht ausgeschlossen werden, daß der Kunde in seiner Bank oder Sparkasse das Gesamtangebot erhält. Wichtig ist, sich darauf einzustellen, daß hier kreditpolitisch zwei völlig verschiedene Denkarten und Handlungsweisen aufeinander folgen, vor allem dann, wenn das Nutzungsrisiko nicht von Anfang an ausgeschlossen ist.

3.1 Risikoüberlegungen

3.1.1 Eigentumsrisiko

Das Eigentumsrisiko umfaßt die Gefahr des zufälligen Untergangs, das Beschädigungsrisiko und die Risiken der technischen Funktionsfähigkeit und eines vorzeitigen technischen Verschleißes. Dagegen gibt es teilweise Versicherungsschutz.

Dennoch können diese Risiken sowohl eine unerwartete Erhöhung der laufenden Unterhaltungskosten wie auch eine überraschende Minderung der laufenden Objekterlöse (Mietausfall) zur Folge haben (vgl. Pohnert 1986). Diese Wagnisse sind einzukalkulieren.

3.1.2 Fehlinvestitionsrisiko

Das Fehlinvestitionsrisiko ist bei Gewerbe-Immobilien besonders gravierend (vgl. für Handelsimmobilien Falk 1986; für Hotelbauten Bletschacher 1987). Eine Grundstückslage läßt sich wenig verändern, und die Aufbauten (den Beton) kann man nur selten entfernen.

Die Immobilie ist zunächst einmal immobil.

Eine unzutreffende Einschätzung des Absatzmarktes kann bereits zu Beginn der Investitionsphase vorliegen, durch die längere Reifezeit ab Nutzung oder Inbetriebnahme eintreten oder durch mittelfristige Veränderungen von Mensch, Technik und Umwelt und damit Marktverhalten in der Betreiberphase entstehen.

Beispiele dafür sind bei Bürobauten die Entstehung des sog. »Schweinezyklus« (vgl. Rohrbach 1986, Kraus 1986; Waldmann 1987) und im Bereich der Handelsimmobilien die Erscheinungen des »store erosion« (Ladenverschleiß)[3]. Insgesamt sind die Managementimmobilien von derartigen Entwicklungen stärker betroffen, aber auch Renditebauten verlangen mehr und mehr eine besondere Objektbetreuung und -verwaltung und ggf. Objektsanierung. Dies führt zu völlig neuen Ansprüchen an die Immobilie und ihre Finanzierung. Sie wird als organisches Ganzes betrachtet. Alternativnutzungen werden von Beginn an eingeplant. Die Immobilie lebt, sie ist ein Betrieb (Grohmann 1986).

Diese Erfahrungen machen seit Anfang der 70er Jahre alle Banken, und nicht wenige haben sie in der jüngeren Vergangenheit teuer bezahlen müssen, mit der Folge, daß immer mehr und besser branchenspezifisch ausgebildete und erfahrene Berater und Sachbearbeiter die geplante Investition auf Herz und Nieren prüfen, die von dem Investor verlangen, daß er Unterlagen/Analysen über Branchen, Märkte, Verhaltensänderungen, Standortentwicklungen, Strukturen und Konjunkturen vorlegt und nicht nur über Immobilien. Gewünscht ist mehr Dynamik und weniger Statik und Statistik (Kremer/ten Hoevel 1989).

Das Fehlinvestitionsrisiko ist wohl das schwerwiegendste Risiko für den Investor und, wie die Vergangenheit lehrt, für seinen Finanzier.

3.1.3 Verwertungsrisiko

Die 60%-Grenze als Beleihungswert hat neben der gesetzlichen Grundlage und ihrer historischen Begründung (Grohmann 1986) selbstverständlich einen materiellen Kern. In dieser Höhe soll sämtlichen Gläubigern (Geldgebern) der Banken über das sonstige Vermögen der Bank hinaus eine »Deckungsmasse« als Sicherheit[4] für das langfristig überlassene (Spar-)Kapital zur Verfügung stehen.

Das Risiko der Verwertung und der daraus entstehenden Kosten soll also nicht mehr als 2/5 des Gesamtwertes ausmachen. Für den Fall des Falles kommt es auf den Zeitpunkt an und insbesondere die Zeitdauer,[5] auf qualitative und quantitative Verwertungskapazitäten genauso wie auf grundbuchliche[6] und mietvertragliche Rechte[7]. All diese Einflüsse können sich sehr rasch wertverzehrend auswirken und das vermutlich sichere Reservepolster dahinschmelzen lassen. Lag der Beleihungsauslauf zudem deutlich über der 6/10-Grenze, z. B. in dem sog. objektgesicherten Raum bis 80 % des Gesamtwertes, ist die Verlustzone allein durch die Kosten der Verwertung schnell erreicht. Das Risiko aus dem Erlös der Verwertung (s. o.) kommt dann noch hinzu.

3.1.4 Zahlungsänderungsrisiko

Auf der Einnahmeseite des Investors können Zahlungsänderungen im Grundsatz nur dann auftreten, wenn Mietverträge Anpassungen an Umsätze, Indizes oder Umfeldentwicklungen vorsehen. Diesen Gefahren, aber auch Chancen ist im Rahmen der Risikoanalyse Rechnung zu tragen. Wichtiger ist jedoch die Berücksichtigung der Zinsbindungsfristen auf der Ausgabenseite. Selbstverständlich gibt es bei entsprechender Zinsentwicklung Vorteile für die Investoren, unverträglich sind aber meist die Zinsanpassungen bei deutlich verschlechtertem Kapitalmarkt bei Ablauf der Zinsbindung. Dann werden häufig die Banken gefordert, im Wege einer Nachfinanzierung mit Damnumeinbehalt die Zahlungsverpflichtungen »einzuregulieren«.

3.1.5 Kapitalstrukturrisiko

Dieses in der Literatur (Schneider 1980, 489 ff) ausreichend behandelte Risiko resultiert aus der Entwicklung des Fremdkapitals (und seines Preises) in Relation zum Eigenkapital. Die Entwicklung der Eigenkapitalrentabilität im Verhältnis zur Fremdkapitalaufnahme ist aber kreditpolitisch überwiegend ein Problem der Unternehmens-, weniger der Objektfinanzierung. Insoweit soll es hier nur erwähnt und nicht vertieft werden.

Exkurs: Haftungsrisiko

Obwohl in diesem Beitrag Spezialfinanzierungen von Immobilien, insbesondere Bauherrenmodelle, Fonds und Leasing außerhalb der Betrachtung liegen, soll doch auf die Haftungsrisiken der Banken bei Immobilienanlagen hingewiesen werden. Die Marktentwicklung schafft fließende Übergänge, und manches Mal entpuppt sich eine zunächst konventionell behandelte Finanzierung als reines Fondsmodell im

Rahmen einer zwar überschaubaren, aber doch vertriebsorientierten GbR. Bei Immobilienanlagen und Abschreibungsgesellschaften hat die Rechtsprechung eine Haftung der finanzierenden Bank im Hinblick auf Interessenlage, Risikoverteilung und angesprochene Zielgruppen zwar generell verneint. Wenn die Bank jedoch nicht nur Kreditgeber ist, sondern sich darüber hinaus am finanzierten Geschäft beteiligt, können sich ausnahmsweise unter bestimmten Voraussetzungen vertragliche und außervertragliche Ansprüche ergeben. Je nach Konzeption und Vertragsgestaltung kommen hier in Betracht: Anlageberatung, Vertrieb, Treuhandschaft, Verschulden bei Vertragsabschluß und Prospekthaftung (v. Heymann 1986, Immenga 1987, Rümker 1987).

3.2 Kostengesichtspunkte

Gewerbe-Immobilien erreichen im Vergleich zu Wohnimmobilien eine wesentlich höhere Netto-Rendite von etwa 5% bis 6,5% pro Jahr im Durchschnitt, üblicherweise ausgedrückt in einem Vielfachen der Jahresnettomiete. Wenn eine Immobilie also zum 20fachen den Besitzer wechselt, heißt das nichts anderes, als einen Ertragswert von 5% zu rechnen (Tiemann 1985, S. 511). Im Schaubild 4 ist dieser einfache Zusammenhang dargestellt, um gleichzeitig auf den paradoxen Unterschied zwischen Bewertung und Rendite hinzuweisen und die Grenzen der (Fremd-)Finanzierung aufzuzeigen.

Allgemein gilt der Merksatz: Je besser die Immobilie, je höher das X-fache, umso kleiner ist die Gesamtrendite, um so weniger oder preiswerteres Fremdkapital, um so mehr Eigenkapital muß eingesetzt werden. Dies erklärt, insbesondere bei Gebrauchtimmobilien, den Marktvorsprung von offenen Immobilienfonds und Versicherungsgesellschaften. Aber auch Finanzierungen mit bis zu 100% Fremdkapital wie z. B. im Leasingbereich stehen dazu nicht im Widerspruch. Desto mehr Fremdkapital (weniger Eigenkapital), um so höher ist der Anspruch an die Bonität (der Nutzung)!

3.2.1 Kapitalbeschaffungspreis

Die Höhe der Fremdkapitalkosten hängt ab von
- dem Kapitalbeschaffungspreis des Kapitalgebers,
- dem Preisaufschlag (der Marge) für Eigenkapital, Risiko und Personal-/Sachaufwand,
- den etwaigen Zusatzprämien.

Der Kapitaleinstandspreis der Kreditinstitute wird bestimmt von den Kapitalmarktbedingungen im Zeitpunkt der Aufnahme des Fremdkapitals, von den institutsbezogenen Determinanten der Fremdmittelaufnahme (Einlagen- oder Emis-

Gesamtrendite und Kapitalrelation

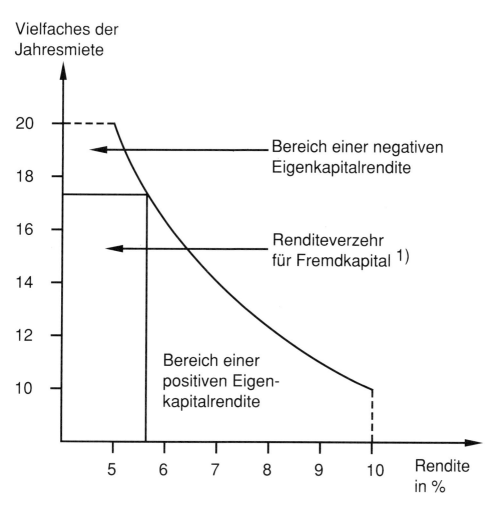

1) Bei 60% Fremdkapital zu 8,0% Zins oder 80% Fremdkapital zu 5,6% Zins, jeweils 1,5% Tilgung

Schaubild 4

sionsbank), je nach Raten- oder Amortisationsdarlehen mit variablem oder festem Zins und der Zahlungsweise der Zins- und Tilgungsleistungen. Dies alles kann nach Kostenaufschlag noch variiert werden durch die Vereinbarung eines Auszahlungsabschlages (Damnums), so daß bei demselben Effektivzinssatz noch eine erhebliche Kombinationsvielfalt von Nominalzinsen und Auszahlungskursen zur individuellen Finanzierungsgestaltung verbleibt.

Der Kunde sollte insbesondere in langfristiger Sicht bei seinen Kalkulationen als Hilfsgröße für die Entwicklung der Zinskosten die Umlaufrendite für festverzinsliche Wertpapiere heranziehen. Innerhalb des Zeitraumes 1969–1988 gab es Schwankungen für 10jährige Papiere von 5,8% (1987) und 6,1% (1978) sowie 10,6% (1974 und 1981). Der Mittelwert beträgt 7,9%. Addiert er dazu die marktübliche Kostenmarge für dinglich gesicherte, gewerbliche Kredite in Höhe von ca. 1% bis 1,5%, so erhält er einen langfristigen Durchschnitts-Effektivzinssatz von rd. 9,0% bis 9,5%.

Die Angebote von Kreditinstituten auf der Grundlage von Spareinlagen wie insbesondere von den Sparkassen, aber auch den Großbanken sind zumindest für Laufzeiten bis zu 5 Jahren und vor allem in Hochzinsphasen sehr zu beachten. Kann der Kunde dann einen Kredit mit variablem Zins abschließen, bleibt ihm die Möglichkeit einer sehr kostenneutralen Umschuldung in einen auskömmlichen Festzinssatzkredit während einer Niedrigzinsphase erhalten.

Allerdings sollte sich der Investor bei jedem Finanzierungsantrag darauf einstellen, daß bei kürzeren Zinsbindungsfristen dennoch der Kreditfachmann mit dem fiktiven langfristigen Zinssatz (s. o.) rechnet, um vor unliebsamen Überraschungen bei Zinsanpassungen geschützt zu sein.

Darüber hinaus steht der Kreditfachmann generell auf dem Standpunkt, daß ein gewerblicher Immobilienkredit während der Laufzeit der mietvertraglich vereinbarten Nutzung (ggf. einschließlich etwaiger Mietverlängerungsoptionen) und/oder der steuerrechtlich zulässigen Abschreibungsdauer (abzüglich Grundstücksanteil) zurückgeführt, d. h. getilgt sein muß. Als wirtschaftlich/steuerlich zulässig gilt dabei im übrigen nicht der technische, sondern der wirtschaftlich mögliche Verschleiß. Diese Forderung führt dazu, daß Tilgungssätze unter 1,5% kaum denkbar sind, eher liegen sie bei 2% und darüber; insbesondere wenn der Gesamtkredit einen deutlichen Personalkreditanteil umfaßt.

3.2.2 Margenbestandteile

Ein Kreditinstitut kalkuliert in seiner Kostenrechnung mit
- Kapitalkosten (für Rücklagendotierung und Dividendenzahlung)
- Risikokosten (nach Bonitätsklassen und Erfahrungen mit dem Fonds für Wertberichtigungen) und
- Sach- und Personalkosten (der sog. Bedarfsspanne).

Eine realistische Marge für einen gewerblichen Realkredit zeigt Schaubild 5.

Margenzusammensetzung

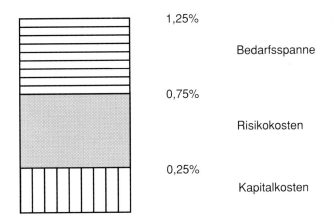

Schaubild 5

Bei Preisverhandlungen zeigt sich dann Spielraum für den Kunden insbesondere unter Bonitätsgesichtspunkten, d.h. bei der Risikoprämie, während sich an den Kapitalkostenbestandteilen bei langfristigen Krediten so gut wie nichts und an der Bedarfsspanne nur wenig beeinflussen läßt.

Die bereits mehrfach erwähnte 60%-Grenze spielt auch hier wieder eine dem Laien zunächst unverständliche Rolle.

Ein Teil der Kreditinstitute ist gesetzlich gebunden, ihr haftendes Eigenkapital in einem bestimmten Verhältnis zu den Kundenforderungen gestaffelt nach Kreditrisiken einzusetzen.[8] Hypothekenbanken wiederum sind grundsätzlich[9] auf die Beleihung des erststelligen Raumes beschränkt, dürfen jedoch sog. kommunalverbürgte Darlehen[10] im nachrangigen Raum herauslegen.

Gleichgültig, ob der Einsatz von mehr Eigenkapital oder einer Bürgschaft notwendig ist, für den Bauherrn/Eigentümer wird es teurer, zumindestens 0,25% auf den 6/10 übersteigenden Betrag, im Durchschnitt 0,5% bis 1%.

3.2.3 Zusatzprämien

Die bisher genannten Kosten sind Bestandteil des Zinses für Fremdkapital und insoweit im Angebot nicht einzeln erkennbar. Häufig spielen bei den Preisverhandlungen jedoch Nebenleistungen eine Rolle wie
– Vermittlungsgebühr

- Schätzgebühr
- Bearbeitungsgebühr u. a.

Diese Aufwendungen sind zumeist angefallen und sollten deshalb auch honoriert werden. Da sie in der Regel in Relation zum Kreditvolumen bestimmt werden, ergeben sich allerdings je nach Höhe absolute Beträge, die verhandlungsfähig sind. Anders sieht es aus mit Sonderleistungen, die Zinsäquivalente oder sogar Zinsausfall darstellen, wie
- Bereitstellungszinsen und
- Vorfälligkeitsentschädigungen.

Hier zeigen Bankkunden oft ein Interesse an Preiszugeständnissen, dem ein Kreditverkäufer schlechterdings widerstehen muß[11]. Die Bank bürdet sich allenfalls ein Liquiditätsrisiko mit Rentabilitätswirkung auf, wobei weniger der Einzelkredit, sondern die Gesamtheit der Fälle von Bedeutung ist, was der individuelle Kunde nicht übersieht.

Der Investor kann jedoch seine Kosten reduzieren, wenn er nach Baufortschritt zahlt oder in Niedrigzinsphasen sehr langfristig finanziert (und umgekehrt) und ggf. einzelne Tranchen zusammenstellt.

Exkurs: Sicherheitsäquivalente

Wir haben bereits davon gesprochen, daß im Zins Differenzen möglich sind, je nach dem, wie hoch eine Prämie für die Bonität in Abzug gebracht wird. Denkbar wäre zusätzlich eine Korrektur des Fonds für Wertberichtigungen und sogar eine Kürzung der Bearbeitungsgebühr, wenn Güte und/oder Größe des Antrages dies begründen.

Nun pflegen Banken und Sparkassen jedoch weitere Sicherheitsäquivalente zu verlangen (Süchting 1985), die zum Ausdruck kommen
- in der Anforderung unbelasteter Vermögensteile als Kreditsicherheiten[12],
- im Verlangen nach Einflußnahme auf die Geschäftspolitik des Kreditnehmers, z. B. über Restriktionen in Form von Bilanzstrukturauflagen, mietrechtlichen Verpflichtungen, Nutzungsbeschränkungen, Zahlungsbedingungen, Informationspflichten etc.[13],
- in der Forderung nach Zusatzgeschäften, die mehr Informationen über den Kunden und ggf. Zusatzerträge bedeuten.

In dem Maße, wie derartige Sicherheitsäquivalente zu Aktionsparametern im Wettbewerb um Kreditkunden gemacht werden, wird die Markttransparenz weiter eingeschränkt und eventuell in Verbindung mit der oben geschilderten Teilpreisbildung die Verhandlungsmacht des Kunden durch relativ geringe Zugeständnisse an anderen Stellen verbraucht.

3.3 Liquiditätsmerkmale

3.3.1 Zahlungsströme[14]

Zahlungsunfähigkeit ist ein Konkursgrund!

Um sie zu vermeiden, gibt es in Unternehmen Instrumente der Liquiditätsdisposition, Reservefonds, verschiedene liquidierbare sonstige Aktiva oder zumindest doch Kreditlinien und Überziehungsmöglichkeiten im Kontokorrent der Hausbank. Dies alles ist bei gewerblichen Immobilien nicht nötig! Oder doch? Auch bei einer einzigen größeren Gewerbe-Immobilie fallen Ein- und Auszahlungsströme zeitlich und der Höhe nach nicht aufeinander. Mieteingänge erfolgen monatlich, ebenfalls Teilausgaben für die Bewirtschaftung. Aber die Amortisation des Fremdkapitals kann frei vereinbart werden, erst recht die Bedienung des Eigenkapitals. Daneben gibt es viele viertel- oder halbjährlich zu erbringende Leistungen, z. B. Versicherungen und Umsatzsteuer. Was geschieht aber, wenn die Miete an den Erfolg der Immobilien-Nutzung z. B. an den Umsatz geknüpft ist und der geplante nicht eintritt? Was ist bei größerem Mietausfall oder Mietaufrechnung und -einbehalt? Wer bezahlt hohen, nicht erwarteten Instandsetzungsaufwand?

Was passiert, wenn die fest eingeplante Indexsteigerung nicht eintritt?

Diese Fragen bei der Kreditprüfung zu beantworten heißt, die Höhe des Fremdkapitals wirklich an der »Netto-Netto-Netto-Miete« auszurichten. Die (Fremd-)Kapitaldienstgrenze ergibt sich dann erst nach Abzug sämtlicher Bewirtschaftungskosten, der Umsatzsteuer und einer Mindesteigenkapitalverzinsung. Daraus folgt eine intensive Prüfung der Mietvertragsverhältnisse und der Versuchung zu widerstehen, die gesamten Fremdmittel bereits vor Mietvertragsabschluß auszuzahlen. Darüber hinaus wird darauf zu achten sein, ob Mietkautionen oder Mietvorauszahlungen geleistet werden.

Gelingt es nicht, in der »Geldrechnung« einer Gewerbe-Immobilie derartige Reserven zu legen, sollte eine Gefährdung der Liquidität nur über die Bonität des Eigentümers vermieden werden. Einer wie immer gearteten Nachfinanzierung und Risikoverlagerung in die Zukunft wird hier nicht das Wort geredet.

3.3.2 Kreditpotential

Wie in Abschnitt 3.1.5 zum Kapitalstrukturrisiko soll auch hier lediglich darauf hingewiesen werden, daß die Fremdkapitalaufnahme bei der Finanzierung einer Gewerbeimmobilie dem Grunde und der Höhe nach für den Kreditnehmer eine Veränderung seines Kreditpotentials bedeutet. Soweit diesem Schuldner gegenüber die Kapitalvergabebereitschaft potentieller Gläubiger sinkt, nehmen die Möglichkeiten zur Beschaffung liquider Mittel ab.[15]

Exkurs: Steuerliche Effekte oder »Netto«-Liquidität

Weiter oben wurde ausgeführt, daß in den letzten 20 Jahren die Anlage in festverzinslichen Werten durchschnittlich ca. 7,9 % Rendite ergab. Warum investiert dann ein Bauherr in Immobilien, auch in gewerbliche, zu erheblich geringeren Renditen (vgl. Schaubild 4)?

Die Antworten sind bekannt: Vermögenszuwachs und Steuervorteil! Beide Anlageziele sind jedoch miteinander verknüpft oder besser gesagt, ein langfristiger Steuervorteil entsteht ohne Vermögenszuwachs nicht. Der Steuervorteil aus der zulässigen AfA stellt vielmehr nur eine Steuerstundung dar. Werden langfristig die Abschreibungsgegenwerte nicht thesauriert und entspricht der technische bzw. wirtschaftliche Verschleiß der Immobilie tatsächlich der steuerlichen Absetzung, verbleibt dem Investor lediglich das Grundstück.[16] Dieses kann allerdings in der abgelaufenen Frist eine Wertsteigerung erfahren haben. Lediglich der im Regelfall kalkulierte zwischenzeitliche Verkauf stellt zumindest eine Option auf eine durch Steuervorteil und inflationären Wertzuwachs beeinflußte Rendite dar, wenn die etwaigen langfristig negativen Folgeentwicklungen dem neuen Besitzer aufgebürdet werden können.

Weitere sog. Steuereffekte können durch eine hohe Fremdmittelaufnahme (Zinsaufwand + Afa > Mieterlös) oder durch Zinserhöhungen mittels Tilgungsverzichten bis -streckungen (z. B. über Kapitallebensversicherungen) entstehen. Soweit dann negative Einkünfte aus Vermietung und Verpachtung mit sonstigen Einkünften verrechnet werden können, entstehen durchaus positive Liquiditätseffekte bei dem Investor.

Im Rahmen einer gewerblichen Immobilienfinanzierung sollten diese Liquiditätszuflüsse nicht zu einer Verbesserung des Prüfungsergebnisses führen. Dies sind Zusatzeffekte in der zunächst nicht zur Entscheidung stehenden sonstigen Vermögens- und Einkommenssphäre des Bauherrn.[17]

Die objektbezogene »Netto«-Liquidität muß zur Bedienung des Fremdkapitals ausreichen.[18]

4. Nebenbedingungen der Kreditentscheidung

Marktstrukturen und Objektkriterien sind Bausteine einer Kreditprüfung bei der Finanzierung gewerblicher Immobilien. Es sind allerdings nicht alle entscheidungsrelevanten Gesichtspunkte. Nicht selten unterliegen Kreditentscheidungen auch Einflüssen, die vielleicht eher in der Sphäre der Banken und Sparkassen zu suchen sind, wie
– die Kunden–Bank–Beziehung,
– bank-(branchen-)politische Besonderheiten oder
– bankbetriebliche Strukturen.

Es ist kein Zweifel, daß auch Kreditinstitute im Zuge des Wechsels vom Anbieter- zum Nachfragermarkt von Bankdienstleistungen verstärkt akquisitorisch den potentiellen Kunden pflegen und dabei bisher eingefahrene Gleise verlassen oder Grenzen überschreiten. Gleichzeitig haben aber gerade die Erfahrungen in der Immobilienfinanzierung, auch der gewerblichen, zu einer eher konservativen Geschäftspolitik zurückgeführt. Dies gilt ganz besonders für den Neu- oder »Einmalkunden«, soweit der Wunsch nach einer Geschäftsbeziehung weder sachlich noch räumlich fundiert werden kann. Es ist ein Irrtum, anzunehmen, daß die Risikofreude der Banken immer noch mit dem Quadrat der Entfernung vom Objektstandort zunimmt. Ebenso erhalten die Beleihungsunterlagen, die gleichzeitig oder nacheinander bei mehreren Instituten zur Prüfung eingereicht werden, kein Gütesiegel.

Irritationen treten auch dadurch auf, daß Prüfungen nach § 18 KWG allein deshalb erschwert werden, weil formal nur der Investor und/oder seine (Kapital-)Objektgesellschaft zur Verfügung stehen, während das materielle Risiko, abgedeckt durch einen sehr solventen internationalen Konzern oder eine ertragsstarke überregionale Einzelhandelskette, nicht ermittelt werden kann. Investoren sollten ihren potentiellen Mietern/Nutzern klarmachen, daß deren Bonität beliehen wird, und sich infolgedessen entsprechende Vertragsbedingungen sichern.

Zu den bankpolitischen Besonderheiten zählt das bei einigen Institutsgruppen verankerte Regionalprinzip (Sparkassen und Landesbanken, teilweise Regionalbanken), das die eben erwähnte Einsicht, nur um den eigenen Kirchturm herum zu beleihen, zur Maxime geschäftspolitischen Handelns erhebt.

Auch die Mittelherkunft zählt trotz aller Verbundlösungen noch zu den Kriterien, die ggf. einen Investor verführt, ein neue Bankverbindung zu suchen. Die pfandbrief-refinanzierten Institute, insbesondere Hypothekenbanken, können das von Kunden verlangte umfassende Finanzierungsangebot vor allem im nachstelligen Raum aus eigener Kraft nicht konkurrenzfähig anbieten. Die Lösung besteht in der Kooperation mit ihren »Großbankenmüttern«. Die einlagenrefinanzierten Sparkassen haben wiederum erst neuerdings die Möglichkeit, durch die Emission von Inhaberschuldverschreibungen auch Zinsbindungsfristen über 5 Jahre hinaus anzubieten, und sind ansonsten auf die Zusammenarbeit mit ihren Landesbanken oder dritten Partnern angewiesen. Auch aus Risikoerwägungen wird in der Bankenwelt gern die institutsübergreifende Partnerschaft und dann nicht nur im Rahmen des Verbundes in Form von Konsortialfinanzierungen gewählt.[19] Dies ist vor allem dann der Fall, wenn die Komplexität der Gewerbe-Immobilie, die Größenordnung, das spezifische Know-how oder die Kundenverbindung die Beurteilung von Chancen und Risiken der Investition/Finanzierung erschweren. Eine Selbstverständlichkeit sollte dabei das Thema Kundenschutz – für beide Seiten – sein, ist es wohl aber nicht immer.

Manchmal zählen auch einzelbankbetriebliche Strukturen zu den Entscheidungshemmnissen oder doch zumindest Beschlußverzögerern. Jedes Kreditinstitut hat aufgrund seiner spezifischen Erfahrungen und Kenntnisse eine eigene Kreditphilosophie. Eine Bank finanziert überhaupt keine »Betten« (mit anderen Worten Hotels, Kliniken, Altenheime etc.)[20], eine Sparkasse möchte ihre Kreditportefeuillestruktur nicht noch mehr durch Verbrauchermärkte belasten, und eine Hypothekenbank schreckt vor dem »Klumpenrisiko« in einer Großstadt zurück, weil sie dort bereits einige Verwaltungsgebäude finanziert hat.

In solchen Fällen sollte jeder Verhandlungspartner von Beginn an das offene Gespräch suchen und die Gründe für eine eventuelle Absage klar darlegen. Der langfristigen Partnerschaft wird es nutzen.

Daneben sollen auch für Kreditinstitute übliche institutionelle Konflikte nicht verschwiegen werden, die so manche Kundenanfrage verzögern kann. Hierzu zählen die inzwischen in der Kreditwirtschaft übliche Trennung zwischen Kundenbetreuung einerseits und Kreditbearbeitung sowie Schätzbüro andererseits. Darüber hinaus zwingen die gesetzlichen und/oder satzungsmäßigen Vorschriften gerade bei der gewerblichen Immobilie aufgrund ihrer hohen Investitions- und Kreditsummen zur Einhaltung von Kompetenzen meist in der Vorstandsebene und darüber hinaus. Existiert dann noch eine gesonderte Kreditprüfung (vor Beschlußfassung) und/oder eine Kreditüberwachung (nach Beschluß, jedoch vor Auszahlung), weiß der Kunde zeitweilig nicht, wer gerade mit seinem Vorhaben beschäftigt ist.

Oder? In der idealtypischen Bank oder Sparkasse ist das selbstverständlich anders: Dort verhandelt nur der kompetente, freundliche Betreuer ein einziges Mal mit dem Kunden und teilt ihm in kürzester Zeit die wettbewerbsgerechte Entscheidung mit.

Literaturangaben

Bähre/Schneider: KWG-Kommentar, 3. Aufl. München 1986

Bletschacher, P. A.: Hotels, Ferienzentren und Boardinghouses. In: Gewerbe-Immobilien. B. Falk Hrsg. Landsberg/Lech 1987, S. 55–77.

Degener, Th.: Die Leasingentscheidung bei beweglichen Anlagegütern – ein Vorteilshaftigkeitsvergleich zwischen Leasing und Kreditkauf aus der Sicht gewerblicher Investoren. Frankfurt a. M. 1986.

Deutsche Bundesbank: Statistische Beihefte zu den Monatsberichten der..., Reihe 1, Tab. 6.

Falk, B.: Prüfungskriterien für die Beleihung von Gewerbeobjekten. In: Der langfristige Kredit 18/86, S. 564–569.

Falter, M.: Die Praxis des Kreditgeschäfts. 12., neubearbeitete Aufl. Stuttgart 1987.

Fleischmann/Bellinger/Kerl: HBG-Kommentar, 3. Aufl., München 1979.

Grohmann, H.: Zur Bedeutung der dinglichen Sicherheit im Realkredit und in der (privaten) Baufinanzierung. In: Der langfristige Kredit 13/86, S. 415–420.

v. Heymann, E.: Zur Finanzierung und Haftung der Bank bei neuen Immobilienfonds-Modellen. In: Der langfristige Kredit 15/86, S. 472 f.

Immenga, U.: Bankenhaftung bei der Finanzierung steuerbegünstigter Anlagen. In: Zeitschrift für das gesamte Handelsrecht und Wirtschaftsrecht 2/87, S. 148–161.

Kraus, D.: Sind Gewerbe-Immobilien noch attraktiv? Beispiel: Bürohäuser. In: Institut für Gewerbezentren. 14. Internationale Shopping-Center-Tagung. München 1986.

Kremer, E., ten Hoevel, W.: Kredite an Unternehmen. Kreditentscheidung unter dynamischen Aspekten. 6. Auflage, Stuttgart 1989.

Kreutzfeldt, R.: Leitfaden durch das Realkreditgeschäft. 4., neubearb. u. erw. Auflage, Stuttgart 1987.

Krupp, G.: Die Immobilie als strategischer Ansatzpunkt für Bankleistungen aus Sicht einer Großbank. In: Der langfristige Kredit 24/88, S. 4–10.

OLG Celle: NJW 78, S. 2510 f. Keine Weiterbetreibungspflicht für Mieter eines Ladengeschäfts.

Pohnert, F.: Kreditwirtschaftliche Wertermittlungen. Typische und atypische Beispiele der Immobilienbewertung. 3. Aufl., Wiesbaden 1986.

Pottschmidt, G., Rohr, U.: Kreditsicherungsrecht. Ein Handbuch für Studium und Praxis. 3. Aufl., München 1986.

Rohrbach, W.: Anmerkungen zum Markt der gewerblichen und gemischt genutzten Objekte. In: Der langfristige Kredit 10/86, S. 300–305.

Rümker, D.: Haftung der Bank aus der Finanzierung von Bauherrenmodellen und geschlossenen Immobilienfonds-Modellen. In: Zeitschrift für das gesamte Handelsrecht und Wirtschaftsrecht 2/87, S. 162–178.

Schneider, D.: Investition und Finanzierung. 5. Aufl. Wiesbaden 1980.

Steiner, C.: Hypothekenbanken im wachsenden Wettbewerb – Einsichten und Aussichten für den Immobiliarkredit. In: Der langfristige Kredit 4/89, S. 100–107.

Süchting, J.: Überlegungen zu einer flexiblen Preispolitik der Kreditinstitute im Firmenkundengeschäft. In: Bank und Markt 3/85, S. 5–9.

Tiemann, H. J.: Interdependenzen zwischen Finanzierungsart und Miete bzw. Mietentwicklung. In: Immobilien-Handbuch, Hrsg. B. Falk, S. 511–515, Stuttgart 1985.

Waldmann, K.: Immobilienmanagement im Mietermarkt. In: Der langfristige Kredit 3/87, S. 68–76.

Wolf, E. u. Eckert, H. G.: Handbuch des gewerblichen Miet-, Pacht- und Leasingrechts. 5., neubearbeitete Auflage, Köln 1987.

Anmerkungen

[1] Selbstverständlich prüft jedes Kreditinstitut auch bei »Nur«-Realkrediten zusätzlich die Bonität des Kreditnehmers. Schwierigkeiten ergeben sich immer dann, wenn formale (Eigentümer) und materielle (Mieter/Nutzer) Bonität auseinanderfallen.

[2] 6/10 sind nicht 60% des Investitionsvolumens!

[3] Auch mit rechtlichen Konsequenzen:
In bestimmten, eng begrenzten Ausnahmefällen kann der Mieter eines Geschäftsraumes auch dann zur fristlosen Kündigung berechtigt sein, wenn das Geschäft nicht mehr rentabel ist, d. h. wenn die mangelnde Rentabilität auf Umstände zurückzuführen ist, die der Mieter nicht vorhersehen konnte (OLG Celle NJW 78, S. 2510 f).

[4] Hier ist das Vermögensrisiko gemeint, nicht das Zinsänderungsrisiko.

[5] Die Belastungen der Gerichte und Grundbuchämter führen zu erheblich verlängerten Verwertungszeiten.

[6] Abt. II des Grundbuches bietet häufig Überraschungen.

[7] Risiken liegen in dinglich gesicherten Vorkaufs- oder Nutzungsrechten für den Mieter, im Konkursfall des Vermieters, auch noch verknüpft mit a. o. Kündigungsrechten des Mieters.
Chancen bietet das Kündigungsrecht gem § 57 a ZVG.

[8] Gem. § 10 KWG und Grundsatz I des BAKred gilt für Personalkredite das 18fache und für Realkredite das 36fache des haftenden Eigenkapitals als Volumenobergrenze.

[9] Nach § 5 Abs. 1 Nr. 2 HBG dürfen 15% des Gesamtbetrages aller hypothekarischen Beleihungen auch über den ersten drei Fünfteln des Grundstückswertes liegen.

[10] Gegen Übernahme der vollen Gewährleistung durch eine Anstalt oder Körperschaft des öffentlichen Rechts.

[11] Das Risiko für die Bank liegt in der Zinsdifferenz zwischen dem Mittelbeschaffungssatz und der Verzinsung der Wiederanlage für die wesentlich kürzere Restlaufzeit, soweit überhaupt eine Zwischenanlagemöglichkeit besteht.

[12] Z.B. bei Paketfinanzierungen durch einfache Zweckerklärung.

[13] Derartige Kreditvertragsklauseln sind allerdings im Gegensatz z. B. zu den USA bei uns noch nicht marktüblich, insbesondere weniger in der Immobilienfinanzierung.

[14] In diesem Aufsatz geht es nicht darum, mit Hilfe von Barwertmethoden die günstigste Finanzierungsalternative zu ermitteln.

[15] Wichtig für die Kreditinstitute ist insoweit § 14 KWG, wonach die Bundesbank die beteiligten Institute benachrichtigt, wenn einem Kreditnehmer von diesen jeweils mehr als 1 Mio. DM Kredit gewährt worden ist.

[16] Bei konstanten Preisen!

[17] Bis hin zur Gefahr der Nichtanerkennung von Steuervorteilen.

[18] Dies gilt auch für sonstige Subventionen und Finanzhilfen oder Sonderabschreibungsmöglichkeiten.

[19] Die finanztechnische, laufzeitbedingte und grundbuchliche Aufteilung der Kredite stellt unter den Banken, ob Geld oder Bürgschaften »getauscht« werden, heute kein Problem mehr dar.

[20] Z.B. weil eine Aufteilung der Sicherheiten im Grundbuch zwar sachwert-, aber nicht ertragswertgerecht ist. Die »Einheitlichkeit der Nutzung« läßt sich nicht in Einzelgrundbüchern sichern. Ähnliches haben die Banken mit der Beleihung von (gewerblichem) Teileigentum nach dem WEG erlebt.

DIPL.-KFM. KLAUS FEINEN

Leasing für Gewerbe-Immobilien

Inhalt

1.	Einführung	485
2.	Die grundsätzlichen Inhalte des Immobilien Leasing	485
3.	Gewerbe-Immobilien als Leasingobjekte	486
3.1	Zivilrechtliche Voraussetzungen	486
3.2	Wertkonstanz und Drittverwendungsfähigkeit	486
3.3	Buy-and-lease/Sale-and-lease-back	488
4.	Finanzierung, Kalkulation und Abwicklung	488
5.	Der Einfluß fiskalischer Regelungen	489
6.	Gewerbliches Immobilien-Leasing als Dienstleistung aus der Sicht des Leasingnehmers	490
7.	Immobilien-Leasing im betriebswirtschaftlichen Vergleich	491
8.	Wichtige Vertragsklauseln beim Immobilien-Leasing	493
8.1	Abwälzung von Sach- und Preisgefahr auf den Leasingnehmer	493
8.2	Gewährleistungs-, Haftungs- und Kündigungsregelungen	494
8.3	Optionsvereinbarungen	494
8.4	Vertragsklauselkontrolle unter Berücksichtigung des AGB-Gesetzes	494
9.	Kostenvergleich zwischen Immobilien-Leasing und traditioneller Finanzierung	495
9.1	Immobilien-Leasing (Teilamortisation linear)	496
9.2	Traditionelle Finanzierung (Teilamortisation/Ratendarlehen)	497
9.3	Ergebnis	499
10.	Ausblick	499

1. Einführung

Im Bereich der gewerblichen Grundstücksnutzung hat die Investitions- und Finanzierungsform Leasing – hier in bezug auf die Objekte Grund und Boden und Gebäude Immobilien-Leasing genannt – zunehmende Bedeutung gewonnen. Der Gesamtbetrag der gewerblichen Grundstücks- bzw. Gebäudeinvestitionen im Portefeuille der deutschen Leasinggesellschaften wird 1989 zu Anschaffungs- bzw. Herstellungskosten ca. DM 40 Mrd. erreichen. Dieser Wert verteilt sich auf rd. 3700 Objekte. Die einzelne gewerbliche Immobilie, die von Unternehmen aller Art über den Abschluß von Leasingverträgen genutzt wird, repräsentiert einen durchschnittlichen Investitionsbetrag von ca. DM 12 Mio. Hieran wird deutlich, daß es sich bei den Unternehmen, die das Investment des Immobilien-Leasing nutzen, einerseits um den gehobenen Mittelstand, zum anderen um Großunternehmen handelt. Handwerksbetriebe, Kleingewerbe etc. fallen als anwendende Unternehmen für die Investitionsform Immobilien-Leasing meistens infolge des geringen Wertvolumens des einzelnen Objektes aus.

2. Die grundsätzlichen Inhalte des Immobilien-Leasing

Auf Basis ihrer Herstellungs- bzw. Anschaffungskosten für das einzelne Objekt kalkulieren Immobilien-Leasinggesellschaften ihre langfristig geltenden Mietsätze. Diese setzen sich aus der Verzinsung der investierten Mittel, der anteiligen Abschreibung des Objektes und einem Gewinn- bzw. Risiko- und Verwaltungskostenzuschlag (Marge) zusammen. Eine nach diesen Grundsätzen aufgestellte Mietrechnung ist für den Leasingnehmer transparent. Er erhält eine klare Kalkulationsbasis für seine Betriebsgebäudenutzung. Lange Vertragslaufzeiten – oft über 20 Jahre – sichern die Nutzungsmöglichkeit ab. Andererseits kann die Leasinggesellschaft aufgrund dieser Investitionsmiete dem Leasingnehmer auch eine Option auf späteren Objekterwerb oder für eine Anschlußmietperiode einräumen. Bezüglich der Kaufoption erlaubt das spezielle Mietverfahren der Leasinggesellschaft, dem Nutzer schon nach Ermittlung der Mietbemessungsgrundlage einen exakten Preis zu nennen. Steuerliche Normen schreiben vor, daß der spätere Kaufpreis nicht unter dem steuerlichen Restbuchwert nach linearer AfA angesetzt werden kann.

Alle direkten Objektlasten stellt die Leasinggeberin als Nebenkosten im ausmachenden Betrag dem Leasingnehmer in Rechnung. Hierzu gehören z. B. die Grundsteuer, Versicherungsprämien, gemeindliche Abgaben etc. Ebenfalls hat bei einem Leasingvertrag der Leasingnehmer die Reparaturen und Unterhaltung des Objektes unmittelbar zu tragen. Da es sich bei den Kunden der Immobilien-Leasinggesellschaften um gewerbliche Unternehmen handelt, optiert die Leasinggeberin für die Mehrwertsteuer, die beim anmietenden Unternehmen als Vorsteuer wiederum abzugsfähig ist.

Es liegt auf der Hand, daß diese Besonderheiten der Kalkulation »Vorratsinvestitionen« durch eine Leasinggesellschaft nicht empfehlenswert machen, weil die konkrete Nutzungsnachfrage unbekannt ist. Regelmäßig gibt der Leasingnehmer vor Erwerb und der Bebauung eines Areals seitens der Leasinggesellschaft seine individuellen Nutzungswünsche auf. Die Leasinggesellschaft wird aufgrund ihrer Marktkenntnis frühzeitig den Investitionsrahmen für die schlüsselfertige Herstellung festlegen. Auch erfordert das »maßgeschneiderte« Vermietungsobjekt eine Bonitätsprüfung des Leasingnehmers. Der Verzicht auf die Wertsteigerungschance und die eng kalkulierten Margen begrenzen einerseits die Risikofreudigkeit des Investors Immobilien-Leasinggesellschaft, andererseits ergeben sich die dargestellten spezifischen Vertragsregelungen aus der Interessenlage des Mieters im Umgang mit dem langfristig nutzbaren Vermögensgegenstand »gewerbliche Immobilie«.

3. Gewerbe-Immobilien als Leasingobjekte

3.1 Zivilrechtliche Voraussetzungen

Grundstücke und Gebäude dienen in ihrer gewerblichen Funktion der Produktion und Lagerung von Materialien, Halb- und Fertigfabrikaten sowie Verwaltungs- und Distributionszwecken. Häufige Immobilien-Leasingprojekte sind deswegen Fabrikationsgebäude, Lagerhallen, Kaufhäuser, Verwaltungsgebäude, Servicegebäude, Kraftfahrzeugwerkstätten und Parkhäuser. Die Leasinggesellschaften erwerben entweder das direkte Eigentum an dem zu bebauenden Areal oder üben ihre Vermietungsfunktion als Erbbauberechtigte oder als Inhaber eines ähnlichen grundstücksgleichen Rechts aus. Da mit dem Grundstückserwerb und der Bebauung regelmäßig erhebliche Investitionsmittel aufzuwenden sind, ist das langfristige uneingeschränkte Verfügungsrecht über die im Eigentum befindlichen Objekte eine Voraussetzung zur Betreibung des Immobilien-Leasinggeschäftes.

3.2 Wertkonstanz und Drittverwendungsfähigkeit

Neben den zivilrechtlichen Voraussetzungen sind wegen der wirtschaftlichen Risikoposition der Leasinggeber an das einzelne immobile Objekt besonders hohe Nutzungsanforderungen zu stellen. In diesem Zusammenhang ist die Frage nach der Leasingfähigkeit eines Betriebsgebäudes zu stellen. Der Begriff der Leasingfähigkeit wird durch den Drittverwendungswert des Leasinggegenstandes ausgefüllt. Ein Leasingunternehmen wird auf Dauer nur dann Geschäfte erfolgreich tätigen können, wenn die investierten und vermieteten Objekte nicht nur für den Erstmieter, sondern auch für potentielle andere Unternehmen einen Nutzen haben. Ist diese Voraussetzung nicht gegeben und kann die Leasinggesellschaft im Falle der Insolvenz eines Kunden eine wirtschaftliche Anschlußnutzung nicht sichern, so müßte sie ihr Investment ausschließlich auf die Bonität des Erstleasingnehmers abstellen. Die Leasingfähigkeit eines Wirtschaftsgutes bedingt, daß das Mietobjekt einen Markt hat. Im Unterschied zu den meisten beweglichen Wirtschaftsgütern, die recht differenzierten Marktverhältnissen unterliegen, hat sich in der Vergangenheit gezeigt, daß Betriebsgebäude hinsichtlich ihrer Drittverwendung entscheidend durch den Standort geprägt werden. Eine zufriedenstellende Wertentwicklung für den Leasinggeber wurde darüber hinaus durch die Inflationsentwicklung bei unbebauten und bebauten Grundstücken unterstützt. Diese sich hieraus ergebende günstige Marktposition war jedoch dann nicht in einen entsprechenden Ertrag umzusetzen, wenn die Drittverwendungsfähigkeit eingeschränkt war. Dies gilt z.B. bei Objekten, die nur für bestimmte Produktionen geeignet sind. Bei fast allen Betriebsgebäuden sind für später zu ändernde Nutzungen in bedeutendem Umfang Umrüstungskosten aufzubringen. In diesem Zusammenhang ist auf die fortlaufende Anpassung des Arbeitsstättenrechts, der Feuerschutzbestimmungen sowie des allgemeinen Gewerbeaufsichtsrechts hinzuweisen. Im Falle einer Nutzungsänderung geht der Bestandsschutz, der bei Erstinbetriebnahme gewährleistet war, unter, und es gelten die aktuellen gesetzlichen Anforderungen.

Eine Leasinggesellschaft wird ihre Investitionsentscheidung nach den konkreten Möglichkeiten, die das betreffende Gebäude für andere Verwendungszwecke bietet, treffen. Demzufolge ist Wert auf eine hohe Flexibilität der Nutzung, z.B. eines Fabrikationsgebäudes im Hinblick auf zukünftige Produktions- und Markterfordernisse zu legen. Konstruktion, Dauerhaftigkeit der verwendeten Baustoffe sowie ein nach funktionaler Anpassungsmöglichkeit ausgerichteter Ausbau bestimmen die langfristige Wertkonstanz eines Gebäudes.

Als Bauherr übernimmt eine Immobilien-Leasinggesellschaft zahlreiche Pflichten. In jedem Falle muß sie gewährleisten, daß das Leasingobjekt zum kalkulierten Preis, in der vereinbarten Qualität und der zugesagten Funktion hergestellt wird. Dabei wird sie sich leistungsstarker Partner bedienen. Ggf. kann auch der Leasingnehmer die Verantwortung für die Bauausführung übernehmen. Ein wichtiger Faktor stellt die Qualität des geografischen Standortes für die Erfordernisse einer langfristigen optimalen gewerblichen Gebäudenutzung – und damit der Investitionsmöglichkeit des Leasinggebers – dar. Durch eine Standortanalyse können die Verkehrsanbindungen (Straße, Schiene, Wasser) genauso wie das vorhandene Arbeitskräftepotential, die Möglichkeit einer langfristig gesicherten Energieversorgung, unproblematische Abfallbeseitigung, Entsorgung bzw. Umweltschutz und die Zuordnung des vorgesehenen Ansiedlungsortes zu Einkaufs- und Absatzmärkten überprüft werden. Die Leasinggesellschaft muß davon ausgehen können, daß sie über eine möglichst langfristige Periode Unternehmen findet, die die Nutzungsleistungen ihres Objektes nachfragen. Letztlich hat die Nutzung und damit der Bau eines bestimmten Betriebsgebäudes nach betriebswirtschaftlichen Kriterien aufgrund einer Kosten- und Nutzenanalyse zu erfolgen.

3.3 Buy-and-lease/Sale-and-lease-back

Besondere Fragestellungen ergeben sich bei der Übernahme von bereits bestehenden gewerblichen Gebäuden seitens einer Immobilien-Leasinggesellschaft im sog. buy-and-lease- bzw. sale-and-lease-back-Verfahren. Die Unternehmen, die Leasinggesellschaften ihre Gebäude zum Verkauf mit gleichzeitiger Rückmiete anbieten (sale-and-lease-back), wollen hierdurch zusätzliche Liquidität bei Aufrechterhaltung des betrieblichen Nutzungspotentials gewinnen, ggf. auch stille Reserven freisetzen, das ausgewiesene Eigenkapital erhöhen und eine Verbesserung des Bilanzbildes erreichen. Ähnliches gilt für das sog. buy-and-lease-Verfahren, wo bebaute Grundstücke von Dritten auf Empfehlung des zukünftigen Leasingnehmers durch die Leasinggesellschaft erworben und gleichzeitig an ihre Kunden vermietet werden. Insbesondere erspart der Nutzer eigene Investitionsaufwendungen. Die zivilrechtlichen Regelungen sowie die Konditionen bei bestehenden Objekten entsprechen Leasingverträgen für Neubauten.

4. Finanzierung, Kalkulation und Abwicklung

Die Investitionstätigkeit der Immobilien-Leasinggesellschaften erfordert ein umfassendes Management. Dabei ist das breite Spektrum der Aufgabenstellung im juristischen, steuerrechtlichen, betriebswirtschaftlichen, grundstücksmäßigen, bautechnischen und allgemeinen verwaltungstechnischen Bereich abzudecken. Die gewerblichen Mietobjekte sind nicht nur zu planen und zu bauen, sie sind auch zu versichern und zu überwachen, so daß die Gebäude über Jahrzehnte in einem einwandfreien Zustand verbleiben. Auch wenn dem Leasingnehmer die Arbeiten der ordnungsmäßigen Instandhaltung durch entsprechende vertragliche Vereinbarungen übertragen sind, ist eine Immobilien-Leasinggesellschaft über den langen Zeitraum des Vertrages gehalten, über ausreichende Kapazitäten für Verwaltungstätigkeiten zu verfügen. Dabei macht es keinen großen Unterschied, ob der einzelne Objektwert bei DM 1 Mio. oder DM 20 Mio. liegt.

Neben den allgemeinen geschäftsmäßigen Voraussetzungen ist bei den hohen Investitionsanforderungen die finanzielle Ausstattung der Immobilien-Leasinggesellschaft ein entscheidendes Kriterium für ihre geschäftspolitischen Möglichkeiten. Die Bonität des Leasingnehmers und die Qualität des Objektes sind bei geringem Eigenkapital des Leasinggebers dafür maßgebend, zu welchen Bedingungen Drittmittel beschafft werden können.

Die Kalkulation des einzelnen Investments erfolgt von den Finanzierungsquellen und ihren Kosten ausgehend. Dabei ergeben sich vielfältige Möglichkeiten. Aufgrund der Größenordnung der einzelnen Investition sollte eine Leasinggesellschaft auf jeden Fall vermeiden, eine Inkongruenz von aufgenommenen Mitteln zu den zu kalkulierenden Leasingeinnahmen in Kauf zu nehmen. Für die Kalkulation macht es auch einen Unterschied, ob eine Leasinggesellschaft im Rahmen ihrer bautechnischen Kapazitäten Bau- bzw. Architektenleistungen in erheblichem Umfange selbst erbringen kann oder ob in vollem Umfang auf Drittleistungen zurückgegriffen werden muß. Üblicherweise erfolgen die Zahlungen für den Leasingvertrag durch den Leasingnehmer monatlich oder quartalsmäßig. Wenn es gelingt, die Mittel für die aufgenommenen Finanzierungen zeitlich verzögert zu begleichen, so können ggf. Zusatzerträge erwirtschaftet werden. Für den Fall möglicher Mieterwechsel sollte eine Leasinggesellschaft vorsorglich gebildete Rückstellungen zur Verfügung haben.

5. Der Einfluß fiskalischer Regelungen auf das gewerbliche Immobilien-Leasing

Immobilien-Leasingverträge sind unter Beachtung der steuerlichen Regelungen im Hinblick auf die Zurechnung des wirtschaftlichen Eigentums des zu vermietenden Objektes abzuschließen. In jedem Falle sollte die Immobilien-Leasinggesellschaft das Objekt sowohl in ihrer Handels- als auch in der Steuerbilanz ausweisen. Aus Sicht des Leasingnehmers soll der Abschluß eines Leasingvertrages eine »off-balance-sheet-financing« ermöglichen. Aufgrund der Rechtsprechung des Bundesfinanzhofes vom 18.11.1970 sind für Immobilien-Leasinggeschäfte grundlegende Erlasse der Finanzverwaltung ergangen. Im wesentlichen dient der Erlaß vom 21.3.1972 als Regelungsinstrument für die Anforderungen an einen steuerlich bestätigten Leasingvertrag. Dabei definiert die Finanzverwaltung das sog. full-pay-out-Leasing als Finanzierungsleasing, wenn a) der Vertrag über eine bestimmte Zeit abgeschlossen wird, während der Vertrag bei vertragsgemäßer Erfüllung von beiden Vertragsparteien nicht gekündigt werden kann (Grundmietzeit) und b) der Leasingnehmer mit den in der Grundmietzeit zu entrichtenden Raten mind. die Anschaffungs- und Herstellungskosten sowie alle Nebenkosten einschließlich der Finanzierungskosten des Leasinggebers deckt. Für die Grundmietzeit wird verlangt, daß sie nicht kürzer als 40 v. H. oder länger als 90 v. H. der betriebsgewöhnlichen Nutzungsdauer des Gebäudes ist. Ist dem Leasingnehmer eine Kaufoption eingeräumt, so muß der Kaufpreis mindestens dem nach linearer AfA ermittelten Restbuchwert des Gebäudes zuzüglich des Buchwertes des Grund und Bodens entsprechen. Für den Fall der Einräumung einer Mietverlängerungsoption ist ein Mietpreis zu vereinbaren, der mindestens 75 v. H. einer vergleichbaren Marktmiete entspricht. Mit dem Erlaß vom 22.12.1975 sind bestimmte Fälle von sog. non-full-pay-out-Verträgen angesprochen, die aber in dieser Form beim Immobilien-Leasing in der Praxis nur wenig Verwendung gefunden haben. Die üblicherweise verwendeten non-full-pay-out-Verträge sind nach den allgemeinen Grundsätzen der Bilanzierung, d. h. also einzelfallbezogen, bezüglich der Frage der Zurechnung des wirtschaftlichen Eigentums des Leasingobjektes zu bewerten.

Jede leistungsstarke Immobilien-Leasinggesellschaft wird aus eigenem Interesse darauf bedacht sein, gegenüber ihren Kunden steuerlich eindeutig geregelte Leasingbedingungen anzubieten.

6. Gewerbliches Immobilien-Leasing als Dienstleistung aus der Sicht des Leasingnehmers

Die positive Entwicklung des Immobilien-Leasing basiert letztlich – wie jeder geschäftliche Erfolg – auf der dauerhaften Nachfrage nach dieser Dienstleistung. Ausgehend von der vom Leasingnehmer gewünschten off-balance-sheet-financing-Situation bei der Nutzung von Betriebsgebäuden ergibt sich eine Vielzahl von konkreten Vorteilen für den Abschluß eines Immobilien-Leasingvertrages als Alternative zu einer sonstigen Anmietung oder einer Eigeninvestition mit Eigen- bzw. Fremdmitteln.
– Die eigenen Finanzierungsmöglichkeiten des Leasingnehmers bleiben unverändert erhalten.
– Das Eigenkapital und/oder Fremdkapital wird zu Beginn der Investitionsnutzung nicht benötigt.
– Der langfristige Leasingvertrag sichert die Nutzung ähnlich wie die Eigeninvestition.
– Die Dauer des Leasingvertrages kann an die betriebsindividuellen Erfordernisse angepaßt werden.
– Die Bilanzrelationen werden nicht berührt. Im Vergleich zur Eigeninvestition verbleibt es bei gegebenen positiven Bilanzkennziffern.

- Entsprechend dem System pay as you earn werden die Leasingraten bezahlt.
- Die Leasinggesellschaft übt keinen Einfluß auf die Geschäftspolitik des Leasingnehmers aus.
- Der Leasingnehmer braucht im Gegensatz zur Eigeninvestition keine finanziellen Vorleistungen beim Erwerb oder bei der Herstellung des zu nutzenden Betriebsgebäudes aufzubringen.
- Der Leasingnehmer erhält klare langfristige Kalkulationsgrundlagen, weil der Finanzierungs-Leasingvertrag transparente Mietraten ermöglicht.
- Neben der Objektnutzung kommt gleichzeitig das technische Know-how des professionellen Bauherrn Immobilien-Leasinggesellschaft insbesondere mittelständischen Unternehmen mit der Wirkung erheblicher Preisreduzierungen zugute.
- Der Immobilien-Leasingvertrag ist über die Grundmietzeit nicht kündbar.
- Die Kaufoption ermöglicht einen späteren Eigentumserwerb.

7. Immobilien-Leasing im betriebswirtschaftlichen Vergleich

Ein Unternehmen, das vor der Entscheidung steht, für seinen betrieblichen Bedarf eine Immobilie anzuschaffen bzw. herzustellen, wird das Immobilien-Leasing als eine Alternative der Investitionsdurchführung in sein Kalkül einbeziehen. Um zu einer betriebswirtschaftlich sinnvollen Aussage über die Vor- und Nachteile der Leasing-Vergleichsrechnung zu kommen, gibt es wichtige Anhaltspunkte. Die folgende Beispielrechnung stellt der Leasinginvestition eine konventionelle langfristige Fremd- bzw. Eigenfinanzierung gegenüber. Neben den jeweiligen finanzwirksamen Aufwendungen sind auch die steuerlichen Be- und Entlastungsfaktoren im Detail erfaßt.

Über diesen reinen Kostenvergleich hinaus bedarf es jedoch noch der Einbeziehung anderer Faktoren, um zu einer vollständigen Bewertung der Vorteilhaftigkeit der einen oder anderen Nutzungsform der Immobilie zu gelangen. Hierzu zählt insbesondere die Berücksichtigung der speziellen rechtlichen Position und der zu vereinbarenden Abwicklungsschritte in bezug auf die Funktionen einer Immobilien-Leasinggesellschaft als Eigentümerin des Objektes und ihrer Tätigkeit als Bauherr und Trägerin zahlreicher Dienstleistungen. Der Abschluß des Immobilien-Leasingvertrages versetzt das Unternehmen in die Position eines Leasingnehmers mit besonderen mietrechtlichen Ansprüchen. Diese Position läßt sich nicht ohne weiteres mit der Stellung eines Eigentümers vergleichen. Im Immobilien-Leasingverfahren wird dem Leasingnehmer die Nutzung eines Objektes für eine ganz bestimmte Periode zur Verfügung gestellt, und der Leasingnehmer zahlt hierfür eine laufende monatliche Leasingrate. Andererseits soll die Vermögenslage – mit Ausnahme eines sale-and-lease-back – durch die Anmietung der Immobilie nicht verändert werden. Die

Leasingrate wird als Aufwand in der Gewinn- und Verlustrechnung erfaßt. Für die Gewährung einer sehr langfristigen Nutzungsmöglichkeit sowie der eigenen Art der Festsetzung der Leasingrate ist der Leasingnehmer grundsätzlich bereit, während der Leasingperiode alle Risiken, die im Zusammenhang mit der Immobilie auftreten können, zu tragen. Die besondere Rechtsposition ist beim Immobilien-Leasing durch eine umfangreiche vertragliche Dokumentation transparent.

Die Immobilie als Leasingobjekt kann vom Leasingnehmer weder beliehen noch für andere Sicherungszwecke eingesetzt werden. Die Leasinggesellschaft als rechtliche Eigentümerin hat die ausschließliche Verfügungsmacht. Andererseits wird das Unternehmen als Leasingnehmer anstreben, seine individuellen Interessen bei der Festlegung der Leasingvertragsformen einzubringen. Dabei sind Chancen und Risiken der zukünftigen Wertentwicklung einer Immobilie einzuschätzen. Das Ergebnis ist Maßstab dafür, ob der Leasingnehmer sich eine Kaufoptionsmöglichkeit einräumen läßt oder eine Anschlußmietperiode später nutzen möchte.

Die in dem Rechnungsbeispiel erfaßten laufenden finanzwirksamen Kosten des Immobilien-Leasingvertrages einerseits sowie die Finanzierungskosten einer konventionellen Finanzierung andererseits bieten die Basis dafür, die Vertragsqualitäten quantitativ zu untermauern.

Mietnebenkosten können grundsätzlich vernachlässigt werden, weil sie – aufgrund der Behandlung der Immobilie sowohl im Steuerrecht als im Versicherungsrecht – regelmäßig auch beim eigenen Investor in gleicher Höhe anfallen. Andererseits ergibt sich ein grundsätzliches Problem, um langfristige Mietpreise vergleichbar zu machen. Im Immobilien-Leasinggeschäft ist es üblich, daß die Leasingrate zunächst für einen 10-, max. 15jährigen Zeitabschnitt festgeschrieben wird. Danach kann die Leasinggesellschaft bei veränderten Kapitalmarktbedingungen die Leasingrate entsprechend anpassen. Hierbei können sich sowohl Mietpreissenkungen als auch Mietpreissteigerungen ergeben. Wünscht der Leasingnehmer Transparenz über die späteren Mietpreisentwicklungen, so kann als Basis für die Anpassungen auf die täglich notierten Sätze von Schuldverschreibungen im Handel unter Banken Bezug genommen werden. Eine ähnliche Problemsituation ergibt sich im übrigen auch bei der Fremdfinanzierung, weil auch hier günstige Kreditsätze regelmäßig nicht über eine Periode von 20 Jahren vereinbart werden können. Zu den Immobilien-Leasingvertragskosten zählt bei einem sale-and-lease-back auch die Grunderwerbsteuer. Dagegen sind die Notar- und Gerichtsgebühren dann identisch, wenn anstelle des Unternehmens direkt die Leasinggesellschaft vom dritten Eigentümer ein Objekt erwirbt und dem Leasingnehmer zur Nutzung überläßt.

Die Beispielrechnung schließt mit der Ermittlung eines Barwertes, um die zeitliche Verteilung der Aufwendungen effektiv vergleichen zu können.

8. Wichtige Vertragsklauseln beim Immobilien-Leasing

Die von der Leasinggesellschaft gewährte Gebrauchsüberlassung der Immobilie einerseits und die vom Leasingnehmer für die Leasingperiode zu leistenden Leasingraten andererseits bestimmen die grundsätzlichen zivilrechtlichen Vertragsklauseln. Um den Grundinteressen der beiden Vertragsparteien gerecht zu werden, erfolgt eine sehr genaue Dokumentation der einzelnen Rechte und Pflichten. Hierzu dient beim Immobilien-Leasingvertrag insbesondere die genaue Beschreibung des zu errichtenden bzw. anzuschaffenden Bauwerks.

Bei Neubauten ist es üblich, daß der Leasingnehmer sich damit einverstanden erklärt, die endgültigen Gesamtinvestitionskosten erst nach Vorliegen aller Baurechnungen vom Leasinggeber feststellen zu lassen. Bei diesem Verfahren ist es selbstverständlich, daß die Immobilien-Leasinggesellschaft die aufgewendeten Baukosten nachzuweisen hat. In zahlreichen Fällen wird durch eine schlüsselfertige Bauvergabe bereits bei Abschluß des Immobilien-Leasingvertrages die endgültige Investitionssumme, die Bemessungsgrundlage der Mietraten ist, festgelegt.

Neben diesen mehr abwicklungstechnischen Vertragsschritten werden insbesondere Einzelvereinbarungen zu den nachstehenden Rechtsgebieten getroffen.

8.1 Abwälzung von Sach- und Preisgefahr auf den Leasingnehmer

Durch die Gewährung von Einflußnahmen auf die Qualität und den Preis der anzumietenden Immobilien sowie die Einräumung von Kauf- bzw. Mietverlängerungsoptionen obliegt dem Leasingnehmer der sorgfältige Umgang mit dem Leasinggegenstand. Ihm wird deswegen während der Leasingperiode auch die Verantwortung für die Sach- und Preisgefahr der angemieteten Immobilie übertragen. Auch unter dem Aspekt der Wirtschaftlichkeit ist diese Regelung zweckmäßig, weil eine Immobilien-Leasinggesellschaft sonst einen bundesweiten Reparaturservice unterhalten müßte. Die hierfür aufzuwendenden Kosten würden dann in die Mietbedingungen einzubeziehen sein. Auch ist zu berücksichtigen, daß praktisch alle Großschäden durch einen fast vollständigen Versicherungsschutz aufgefangen werden können. Die Versicherungsprämie, die diese Risiken abdeckt, wird als Mietnebenaufwand dem Leasingnehmer belastet. Der Bundesgerichtshof hat schon im Jahre 1975 die Überwälzung der Sach- und Preisgefahr für typisch bei einem (Mobilien-)Leasingvertrag bewertet.

8.2 Gewährleistungs-, Haftungs- und Kündigungsregelungen

Abweichend zum »konventionellen« Mietvertrag, werden Gewährleistungsverpflichtungen bei einem Immobilien-Leasing grundsätzlich so geregelt, daß die Leasinggesellschaft hiervon direkt ausgeschlossen bleibt. Dagegen tritt der Leasinggeber seine Gewährleistungsansprüche gegenüber den bauausführenden Firmen an den Leasingnehmer ab. Beim Neubau von Betriebsgebäuden lassen sich im übrigen durch den Abschluß von Bauleistungsversicherungen mögliche Schäden während der Bauzeit auf die Höhe der Prämie reduzieren.

Grundsätzlich ist der Immobilien-Leasingvertrag nicht kündbar. Nur bei eintretenden Leistungsstörungen sind außerordentliche Kündigungsrechte vorgesehen, die ggf. wie folgt lauten können:
– Der Leasingnehmer ist mit einer fälligen Mietzinsrate länger als 60 Tage in Verzug.
– Der Leasingnehmer gerät in Zahlungsschwierigkeiten, stellt insbesondere seine Zahlungen ein, ein außergerichtliches oder gerichtliches Vergleichsverfahren oder ein Konkursverfahren wird beantragt.
– Der Leasingnehmer verstößt im erheblichen Maße trotz Abmahnungen gegen sonstige Bestimmungen des Vertrages oder beseitigt nicht unverzüglich bereits eingetretene Folgen von erheblichen Vertragsverletzungen.

8.3 Optionsvereinbarungen

Um den wirtschaftlich angestrebten Vertragszweck, entweder nach Ablauf einer Grundmietperiode die bisher geleaste Immobilie zu erwerben oder eine Verlängerungsperiode zu sichern, werden die bereits erwähnten Kauf- oder Mietverlängerungsrechte verabredet. Hierbei dominieren die steuerlichen Regelungen die zivilrechtlichen Festlegungen, so daß für die Zurechnung des wirtschaftlichen Eigentums des Leasingobjektes beim Leasinggeber die Fristen und Preisermittlungsgrundsätze der Leasingerlasse entsprechende praktische Anwendung finden (vgl. Ziff. V).

8.4 Vertragsklauselkontrolle unter Berücksichtigung des AGB-Gesetzes

Bei einem Immobilien-Leasingvertrag handelt es sich regelmäßig um einen Formularvertrag oder um Allgemeine Geschäftsbedingungen i. S. des AGB-Gesetzes. Deswegen ist grundsätzlich zu prüfen, ob die vertraglichen Verabredungen in Übereinstimmung mit dem am 1.4.1977 in Kraft getretenen Gesetz über Allgemeine Geschäftsbedingungen (AGB-Gesetz) stehen.

Die Anwendbarkeit des AGB-Gesetzes für Kaufleute i. S. des § 1 HGB gilt nur, soweit der Vertrag zu ihrem Handelsgewerbe gehört. Allgemeine Geschäftsbedingungen können dann unwirksam sein, wenn sie als sog. überraschende Klauseln i. S. des § 3 AGB-Gesetz zu bewerten sind. Die bekannten in Immobilien-Leasingverträgen enthaltenen Regelungen sind in dem maßgeblichen Geschäftskreis üblich und deswegen nicht als überraschend zu bewerten.

Die Rechtsprechung des Bundesgerichtshofes zu Leasingverträgen unter Berücksichtigung des AGB-Gesetzes hat bisher ebenfalls nur Mobilien-Leasingverträge zum Gegenstand gehabt. Da in der Praxis des Immobilien-Leasinggeschäftes die Vertragsfestlegungen wegen der Komplexität der zu regelnden Bereiche äußerst detailliert ausgehandelt werden, dürfte davon auszugehen sein, daß eine negative Bewertung auch zukünftig nicht zu erwarten ist.

9. Kostenvergleich zwischen Immobilien-Leasing und traditioneller Finanzierung

Prämissen:	Gesamtinvestitionskosten:	DM 4 000 000
	davon Gebäude:	DM 3 500 000 Nutz.dauer Leas.: 25,00 Jahre = 4,0000 % AfA = DM 140 000
		Nutz.dauer Trad.: 25,00 Jahre = 4,0000 % AfA = DM 140 000
A. Immobilien-Leasing:	Mietdauer (1. Periode):	22 Jahre
	Einmalige Abschlußzahlung:	0,0000 % der Gesamtinvestitionskosten = DM 0
	Jahresmiete:	9,7000 % der Gesamtinvestitionskosten = DM 388 000
	(Effektiver Fremdkapitalzins:	7,0000 % – 4 Tilgungsverrechnungen p. a.)
	Ankaufsrecht bei Vertragsende für DM 920 000 (Buchrestwert)	
B. Traditionelle Finanzierung:	1. Darlehen:	Ratendarlehen – Teiltilgung bis auf Restschuld von 420 000 DM
	Laufzeit:	22 Jahre
	in % der Invest.summe:	70,0000 % = DM 2 800 000
	Zinssatz:	7,0000 % – 4 Tilgungsverrechnung/en p. a.
	Eigenkapital:	DM 1 200 000
C. Steuern:	Einheitswert des Betriebsgrundstücks = 50,00 % der Anschaffungskosten = DM 2 000 000	
	Körperschaftsteuer:	56,00 %
	Vermögensteuer:	0,60 %
D. Sonstiges:	Kalkulatorische Verzinsung des Eigenkapitals:	7,000 % (nach Steuern)
	Barwertfaktor zur Abzinsung der Nettokosten:	7,000 %

9.1 Immobilien-Leasing (Teilamortisation linear)

Jahr	Ab-schluß-zahlung	Jahres-miete	13,04 % Gew.st. Erpsarn.	56,00 % Kö.st. Erpsarn.	Netto-kosten	7,0000 % Barwert Faktor	Barwert Netto-kosten
(1)	(2)	(3)	(4)	(5)	(6)	(7)	(8)
1	0	388 000	50 609	188 939	148 452	0,9346	138 744
2	0	388 000	50 609	188 939	148 452	0,8734	129 658
3	0	388 000	50 609	188 939	148 452	0,8163	121 182
4	0	388 000	50 609	188 939	148 452	0,7629	113 255
5	0	388 000	50 609	188 939	148 452	0,7130	105 847
6	0	388 000	50 609	188 939	148 452	0,6663	98 914
7	0	388 000	50 609	188 939	148 452	0,6227	92 442
8	0	388 000	50 609	188 939	148 452	0,5820	86 400
9	0	388 000	50 609	188 939	148 452	0,5439	80 744
10	0	388 000	50 609	188 939	148 452	0,5083	75 459
11	0	388 000	50 609	188 939	148 452	0,4751	70 530
12	0	388 000	50 609	188 939	148 452	0,4440	65 913
13	0	388 000	50 609	188 939	148 452	0,4150	61 608
14	0	388 000	50 609	188 939	148 452	0,3878	57 570
15	0	388 000	50 609	188 939	148 452	0,3624	53 800
16	0	388 000	50 609	188 939	148 452	0,3387	50 281
17	0	388 000	50 609	188 939	148 452	0,3166	47 000
18	0	388 000	50 609	188 939	148 452	0,2959	43 927
19	0	388 000	50 609	188 939	148 452	0,2765	41 047
20	0	388 000	50 609	188 939	148 452	0,2584	38 360
21	0	388 000	50 609	188 939	148 452	0,2415	35 852
22	0	388 000	50 609	188 939	148 452	0,2257	33 506
	0	8 536 000	1 113 398	4 156 658	3 265 944		1 642 039

Erläuterungen zur Tabelle

Spalte 2: Abschlußzahlung: fällt nicht an

Spalte 3: Jahresmiete in DM

Spalte 4: 13,04 Gewerbeertragsteuerersparnis auf die Jahresmiete (3) plus Abschlußgebühr (2). Hebesatz 300 × 5,00 % Steuermeßzahl = 15,00 Bruttogewerbesteuer, da die Gewerbesteuer bei sich selbst abzugsfähig ist:

$$\frac{15,00\,\% \times 100}{115,00} = 13,04\,\%$$

Spalte 5: 56,00 % Körperschaftsteuerersparnis von Abschlußgebühr (2) plus Jahresmiete (3) minus Gewerbeertragsteuerersparnis (4).

Spalte 6: Nettokosten = Abschlußgebühr (2) plus Jahresmiete (3) minus Gewerbeertragsteuerersparnis (4) minus Körperschaftsteuerersparnis (5).

Spalte 7: 7,0000 % = Abzinsungssatz, mit dem die in der Zukunft liegenden Nettokosten (6) auf den Gegenwartswert abgezinst werden.

Spalte 8: Auf den Gegenwartswert abgezinste Nettokosten.

9.2 Traditionelle Finanzierung (Teilamortisation / Ratendarlehen)

Jahr	Rest-kapital	Tilgung	7,0000% Zins	AfA	Rest-buchwert	0,60% Verm.st.	0,600% Gew.kap. St.ersp.	13,04% Gew.st. Ersparn.	56,00% Kö.st. Ersparn.	7,0000% Eigenkap. Zins	Netto-kosten	7,0000% Barwert Faktor	Barwert Netto-kosten
(1)	(2)	(3)	(4)	(5)	(6)	(7)	(8)	(9)	(10)	(11)	(12)	(13)	(14)
1	2800000	108182	193160	140000	3860000	0	8400	34136	162749	81773	209648	0,9346	195938
2	2691818	108182	185587	140000	3720000	487	8075	33685	158943	79545	204916	0,8734	178974
3	2583636	108182	178015	140000	3580000	974	7751	33233	155137	77318	200186	0,8163	163412
4	2475454	108182	170442	140000	3440000	1460	7426	32782	151331	75091	195454	0,7629	149112
5	2367272	108182	162869	140000	3300000	1947	7102	32330	147525	72864	190723	0,7130	135986
6	2259090	108182	155297	140000	3160000	2434	6777	31879	143719	70636	185992	0,6663	123927
7	2150908	108182	147724	140000	3020000	2921	6453	31428	139912	68409	181261	0,6227	112872
8	2042726	108182	140151	140000	2880000	3408	6128	30976	136106	66182	176531	0,5820	102742
9	1934544	108182	132578	140000	2740000	3895	5804	30525	132299	63955	171800	0,5439	93443
10	1826362	108182	125006	140000	2600000	4381	5479	30073	128494	61727	167068	0,5083	84921
11	1718180	108182	117433	140000	2460000	4868	5155	29622	124687	59500	162337	0,4751	77127
12	1609998	108182	109860	140000	2320000	5355	4830	29170	120882	57273	157606	0,4440	69978
13	1501816	108182	102287	140000	2180000	5842	4505	28719	117075	55046	152876	0,4150	63444
14	1393634	108182	94715	140000	2040000	6329	4181	28268	113269	52818	148144	0,3878	57451
15	1285452	108182	87142	140000	1900000	6815	3856	27816	109463	50591	143413	0,3624	51973
16	1177270	108182	79569	140000	1760000	7302	3532	27365	105656	48364	138682	0,3387	46972
17	1069088	108182	71996	140000	1620000	7789	3207	26913	101851	46137	133951	0,3166	42409
18	960906	108182	64424	140000	1480000	8276	2883	26462	98044	43909	129220	0,2959	38237
19	852724	108182	56851	140000	1340000	8763	2558	26011	94238	41682	124489	0,2765	34422
20	744542	108182	49278	140000	1200000	9250	2234	25559	90432	39455	119758	0,2584	30946
21	636360	108182	41705	140000	1060000	9736	1909	25108	86625	37228	115027	0,2415	27780
22	528178	108182	34133	140000	920000	10223	1585	24656	82820	35000	110295	0,2257	24894
	2380000	2500222	3080000		112455	109830	646716	2701257	1284503	3519377		1906960

Erläuterungen zur Tabelle

Spalte 2: Restkapital = Fremdkapital minus kumulierte Tilgung

Spalte 3: 1. Darlehen: Teiltilgung bis auf 420 000 DM – Tilgungsverlauf linear (gleiche Raten).

Spalte 4: 1. Darlehen: 7,0000 % Zinsen auf das Restkapital (2) bei 4 Tilgungsverrechnungen p. a.

Spalte 5: Jahres-AfA auf Investitionskosten ohne Grundstück minus evtl. Zuschuß aus Fördermitteln (siehe Seite 2).

Spalte 6: Anschaffungskosten minus evtl. Zuschuß aus Fördermitteln abzüglich der jährlichen AfA (5).

Spalte 7: 0,60 % Vermögensteuer auf 75 % von 140 % des Einheitswertes abzüglich Restkapital (2), Einheitswert = 50,00 % der Anschaffungskosten

Spalte 8: 0,600 % Gewerbekapitalsteuerersparnis von 50 % des Restkapitals (2), Hebesatz 300 × 0,20 % Steuermeßzahl

Spalte 9: 13,04 % Gewerbeertragsteuerersparnis von AfA (5) plus 1,2 % auf 140 % des Einheitswertes des zum Betriebsvermögen gehörenden Grundstückes plus 50 % der Fremdkapitalzinsen (4) minus Gewerbekapitalsteuerersparnis (8). Hebesatz 300 × 5,00 % Steuermeßzahl = 15,00 % Bruttogewerbesteuer. Da die Gewerbesteuer bei sich selbst abzugsfähig ist:

$$\frac{15,00\% \times 100}{115,00} = 13,04\%$$

Spalte 10: 56,00 % Körperschaftsteuerersparnis von Zinsen (4) plus Afa (5) abzüglich Gewerbekapitalsteuerersparnis (8) abzüglich Gewerbeertragsteuerersparnis (9).

Spalte 11: 7,0000 % kalkulatorische Eigenkapitalverzinsung.
(Eigenkapital = Eigenkapitalanteil plus kumulierte Tilgung minus kumulierte AfA)

Spalte 12: Nettokosten = Zinsen (4) plus AfA (5) plus Vermögensteuer (7) minus Gewerbekapitalsteuerersparnis (8) minus Gewerbeertragsteuerersparnis (9) minus Körperschaftsteuerersparnis (10) plus Eigenkapitalzinsen (11).

Spalte 13: Barwertfaktor 7,0000 % = Abzinsungssatz, mit dem die in der Zukunft liegenden Nettokosten (12) auf den Gegenwartswert abgezinst werden.

Spalte 14: Auf den Gegenwartswert abgezinste Nettokosten.

9.3 Ergebnis

Vergleich absolute Nettokosten
Traditionelle Finanzierung   DM 3 519 377
Immobilien-Leasing   DM 3 265 944
Vorteil Immobilien-Leasing   DM   253 433

Barwertvergleich Nettokosten
Traditionelle Finanzierung   DM 1 906 960
Immobilien-Leasing   DM 1 642 039
Vorteil Immobilien-Leasing   DM   264 921

10. Ausblick

Das Immobilien-Leasing verbindet fast ideal die Interessen bzw. Wünsche zahlreicher Unternehmen für die Nutzung gewerblicher Immobilien mit den Investitionsmöglichkeiten finanzstarker Leasinggeber. Die »Kostenmiete« erlaubt einen sauberen betriebswirtschaftlichen Vergleich mit den Formen der Eigeninvestition. Der Verzicht auf Indexklauseln der Lebenshaltung bei der Leasingpreisbasis seitens der Leasinggesellschaft und die Abstellung der Kalkulation – neben der AfA – ausschließlich auf tatsächliche Kosten- und Finanzierungsbezugsgrößen erlaubt dem Leasingnehmer eine langfristige Kostenplanung. Durch den Bauservice wird das anmietende Unternehmen von artfremden Funktionen entlastet. Im Zweifel gelingt es der Leasinggesellschaft, das Objekt zu wesentlich günstigeren Preisen erstellen zu können. Aufgrund der eigenen Risikosituation leistet die Leasinggesellschaft darüber hinaus einen Beitrag für die zukünftigen Nutzungsbedürfnisse des einzelnen Unternehmens, die eine Flexibilität der Objektnutzung sowie eine grundsätzliche Drittverwendungsmöglichkeit fordern.

Die über 25jährige Praxis des Immobilien-Leasinggeschäftes belegt, daß diese moderne Investitions- und Finanzierungsform einen bedeutenden Stellenwert bei der Nutzung der gewerblichen Immobilien erlangt hat. Es kann die Prognose gestellt werden, daß auch zukünftig zahlreiche Unternehmen sich für diese Form der Anmietung für ihre gewerbliche Immobilie entscheiden.

DR. KLAUS PETER FOLLAK

Gewerbe-Immobilien im Ausland – Deutsche Kreditinstitute als Finanzierungspartner?

Inhalt

1.	Das Umfeld	503
1.1	Deutsche Auslandsinvestitionen: Expansion und Konzentration	503
1.2	Deutsche Kreditinstitute im Auslandsgeschäft	503
2.	Die Finanzierung ausländischer Gewerbe-Immobilien	504
2.1	Beratung im Vorfeld	504
2.2	Finanzierungsmodelle	505
2.2.1	Problemstellung	505
2.2.2	Finanzierung im Investitionsland	506
2.2.2.1	Finanzierung durch ein ausländisches Institut	506
2.2.2.2	Besondere Finanzierungsformen	507
2.2.3	Finanzierung durch ein deutsches Kreditinstitut	508
2.2.3.1	Absicherung im Ausland	508
2.2.3.2	Absicherung im Inland	508
2.2.3.3	Bürgschaftslösung	508
2.2.3.4	Zwischenfinanzierungslösung	509
3.	Ausländische Gewerbe-Immobilien und deutsches Realkreditsystem	509

1. Das Umfeld

1.1 Deutsche Auslandsinvestitionen: Expansion und Konzentration

In den 80er Jahren ist eine starke Expansion deutscher Direktinvestitionen im Ausland zu verzeichnen: 13,6 Mrd. DM Ende 1985 gegenüber 3,5 Mrd. DM im Jahre 1970. Gleichzeitig konzentrieren sich diese Anlagen zunehmend – zu 95 % – auf die Industrieländer und hier wiederum im Zuge der US $-Schwäche auf die USA, die 1985 über 50 % der Anlagen an sich zogen, während der Anteil der europäischen Industrieländer auf etwas über 1/3 absank. Damit zählt die Bundesrepublik Deutschland zu den bedeutenden Netto-Kapitalexporteuren der Welt.

Einen wichtigen Teilaspekt dieser Entwicklung bildet die Investition in gewerbliche Auslandsimmobilien. Dazu gehören nicht nur Betriebsgebäude im Rahmen unternehmerischer Investitionen. Der Erwerb von Bürogebäuden, Einkaufszentren und gewissen Infrastruktureinrichtungen (z.B. Freizeit, Touristik) und sonstigen Gewerbe-Immobilien an guten Standorten mit erstklassigen Mietern sowie von entsprechenden Beteiligungen daran gilt mit Recht als ebenso ertragreiche wie wertgesicherte Anlage. Zeiten einer starken und begehrten deutschen Währung bieten hierfür besonders günstige Voraussetzungen – auch und gerade zur Abrundung des Anlagesortiments einkommensstarker Privatkunden. Hinzu kommt die durchaus günstige Einschätzung des Gewerbebaus für die europäischen Wirtschaftszentren bis in die 90er Jahre. Diese Entwicklung erfährt durch den Zusammenschluß des europäischen Binnenmarktes bis 1992 eine zusätzliche Dynamik; man denke ferner an die Erschließung neuer Wirtschaftszonen durch den englisch-französischen Kanaltunnel sowie möglicherweise durch die Neugestaltung der Alpenübergänge. Innerhalb dieses Rahmens wird der Immobilienanleger verstärkt daran denken, Chancen und Risiken in verschiedenen Wirtschaftszentren zu streuen.

1.2 Deutsche Kreditinstitute im Auslandsgeschäft: Abrundung des Leistungsangebotes

Die deutschen Kreditinstitute sind der hier beschriebenen Entwicklung gefolgt, um auch ihrer international ausgerichteten Kundschaft ein vollständiges Leistungsangebot zur Verfügung stellen zu können. Im Zuge dieser Entwicklung haben sie im 3. Quartal 1986 die britischen Institute als viertgrößte Gruppe am internationalen Kapitalmarkt abgelöst.

Das Leistungsangebot der deutschen Kreditinstitute rund um die Auslandsimmobilie hängt von deren – auch durch die gesetzlichen Rahmenbedingungen bestimmten – Ausrichtung und Größenordnung ab. Es reicht von der Vermittlung kompetenter Gesprächspartner bis zur Fremdwährungsfinanzierung im Ausland.

2. Die Finanzierung ausländischer Gewerbe-Immobilien

2.1 Beratung im Vorfeld

Bereits im Vorfeld des Erwerbes und der Finanzierung ausländischer Immobilien tauchen vielfältige Probleme auf, die mit einem erfahrenen Partner rechtzeitig geklärt werden sollten. Wer nicht über entsprechende Verbindungen vor Ort verfügt, dem bieten sich – neben Maklern, Anlageberatern usw. – auch Kreditinstitute an. Zweckmäßigerweise wird man sich solcher Institute bedienen, die zumindest über Repräsentanzen oder Kooperationspartner im Investitionsland verfügen und entsprechende Partner vermitteln. Eine qualifizierte Beratung können in aller Regel Institute leisten, die – evtl. neben einer Niederlassung – über einschlägige Unternehmensbeteiligungen mit im Investitionsland erfahrenen Partnern wie z. B. dort führenden Banken, Maklerfirmen u. ä. verfügen. Sie können bei so wichtigen Fragen helfen wie:

– Objektanalyse (Standort, Rendite, Objektmanagement). Dabei muß besonderes Augenmerk auf die Aktualität der Wertermittlung gelenkt werden. So konzentriert sich z. B. in den USA der Markt zunehmend auf sog. »class A«-Objekte. Auch Analysen über ganz oder zeitweise nicht vermietete Flächen (Leerstandsanalysen) sind zu differenzieren; bei Bürogebäuden im erwähnten Beispiel der USA ergibt sich für Neubauten mit modernen technischen Möglichkeiten (EDV-Leitungen usw.) ein ungleich günstigeres Bild als für ältere Objekte. Von großem Wert ist auch die Beratung durch einen Partner, der über Erfahrungen mit Schätzgutachten sowohl in Deutschland als auch im Investitionsland verfügt. Amerikanische Gutachten bauen z. B. auf einer 10jährigen Investitionsrechnung auf und beziehen damit die künftige Wertentwicklung ein, während deutsche Gutachten den jeweils aktuellen Verkehrswert ohne Vorgriff auf die Zukunft angeben. Eine Bank mit eigenen Gutachtern und einschlägigen Auslandserfahrungen kann die für die Anlageentscheidung so wichtige – nicht nur sprachliche – Übersetzungsarbeit leisten. Sehr wichtig ist auch die Prüfung der Mietverträge.
– Angebotsformen und Vertriebsgepflogenheiten (z. B. Bauträger, »joint-venture«-Vertriebsformen u. a.)
– Fragen des Eigentumsübergangs und dessen Sicherstellung

- Steuern und öffentliche Förderung (z. B. staatliche Hilfen wie in Frankreich durch die Kommunen oder aus besonderen öffentlichen Anleihen – sog. »revenue«-Programmen – in den einzelnen Staaten der USA; in manchen Ländern wie z. B. in Spanien und wiederum in Frankreich lassen sich Steuervorteile durch Finanzierung über Immobilienleasing erzielen)
- Fragen des Kapitalverkehrs (z. B. Notwendigkeit von Genehmigungen beim Kapital- und Zahlungsverkehr)

Teilweise vermitteln sie auch selbst Immobilien.

2.2 Finanzierungsmodelle

2.2.1 Problemstellung

Die Entscheidung für eines der im folgenden dargestellten Finanzierungsmodelle hängt auch eng mit einigen Problemkreisen zusammen, die vorab durchdacht werden sollten:
- Handelt es sich um einen institutionellen Investor mit entsprechendem standing auch im Investitionsland oder um einen Privatmann, der vielleicht bei seiner Hausbank als »erste Adresse« bekannt ist, aber im Ausland nicht über entsprechende Verbindungen verfügt?
- Muß die Finanzierung aus den Fremdwährungserträgen der Auslandsimmobilie bedient werden?
- Soll die Immobilie in DM finanziert werden, um sich innerhalb eines vertrauten Zinsgefüges zu bewegen, oder will man das internationale Zinsgefälle nutzen – z. B. durch eine Finanzierung in Schweizer Franken? Evtl. wäre auch an ein Kurssicherungsgeschäft zu denken, z. B. um die Währungen der Finanzierung und der Immobilienerträge in Einklang zu bringen. Die deutschen Kreditinstitute können Finanzierungen und Kurssicherungsgeschäfte in allen wichtigen Weltwährungen anbieten; zu den Besonderheiten der Realkreditinstitute s. unter Nr. 3.
- Kann der Finanzierungswunsch – z. B. langfristige Zinsfestschreibung – auf dem Kapitalmarkt des Investitionslandes überhaupt erfüllt werden? In vielen Ländern sind überwiegend variable Zinssätze und wesentlich kürzere Darlehenslaufzeiten üblich als in Deutschland – z. B. in Großbritannien.
- Stehen freie Sicherheiten in Deutschland zur Verfügung, die für die Finanzierung herangezogen werden könnten? Diese Überlegung ist auch unter Kostengesichtspunkten bedeutsam; so sind bei einer Finanzierung von ca. 1 Mio. US$ in den USA für die grundpfandrechtliche Absicherung 5,5–7%, in Deutschland nur ca. 0,32% zu veranschlagen.

Aus der Sicht der Banken liegt das Hauptproblem in folgenden Umständen:
- Eine ausländische Bank kann einen deutschen Kreditnehmer ohne einen aufwen-

digen Niederlassungsapparat vor Ort schwer beurteilen (man denke nur an unterschiedliche Bilanzierungsgrundsätze) und noch schwerer überwachen. Sie muß das Darlehen ausschließlich auf die Sicherheit der Immobilie und deren Ertrag abstellen, was bei den üblichen Sicherheitsabschlägen der Beleihungshöhe Grenzen setzt.
– Eine deutsche Bank ohne Niederlassung oder entsprechende Partner vor Ort kann wiederum die Wertentwicklung am ausländischen Immobilienmarkt schwerer überblicken als ein im Investitionsland ansässiges Institut; gleiches gilt für den rechtlichen Bestand der dort belegenen Sicherheiten. Hinzu kommt das Risiko von Transferbeschränkungen, wenn die Bedienung der Finanzierung vom Ertrag der ausländischen Immobilie abhängt. Auch dies setzt zumindest der Beleihungshöhe Grenzen, wenn es sich bei dem Kreditnehmer nicht um eine allererste Adresse handelt oder keine weiteren Sicherheiten innerhalb Deutschlands zur Verfügung stehen.

2.2.2 Finanzierung im Investitionsland

2.2.2.1 Finanzierung durch ein ausländisches Institut

Die Notwendigkeit zur Finanzierung durch ein Institut mit Sitz im Investitionsland kann sich z. B. ergeben, wenn die Immobilienerträge nicht transferiert werden dürfen und in Deutschland keine ausreichenden Einnahmen zur Bedienung der Finanzierung zur Verfügung stehen. Dann mag der Gedanke naheliegen, die Finanzierung einer ausländischen Bank anzutragen, die auch den dortigen Immobilienmarkt samt den entsprechenden Möglichkeiten der Absicherung kennt. Bei Beleihungen innerhalb der traditionellen Realkreditgrenze (ca. 50% der Erwerbskosten) dürfte dies i. d. R. keine besonderen Schwierigkeiten bereiten. Hier können deutsche Kreditinstitute ggf. entsprechende Partner vermitteln, wenn sie nicht sogar über eine Beteiligung oder ein Tochterinstitut – evtl. zusammen mit einem Institut des Investitionslandes – verfügen. In Frage kommen hier nicht nur Banken, sondern auch besondere Finanzierungsinstitute ohne Bankstatus, z. B. die spanischen sociedades creditos hipotecarios.

Finanzierungen, die diese Grenzen überschreiten, müssen freilich auch im Ausland auf die persönliche Kreditwürdigkeit des Kreditnehmers abgestellt werden – die hierbei entstehenden Schwierigkeiten wurden bereits erwähnt. Die Lösung liegt nun darin, die jeweiligen Heimvorteile eines deutschen (Bonitätsüberwachung) und eines ausländischen (Beurteilung der Immobilie und Zugriff darauf) Kreditinstitutes zu vereinen: Durch eine Bürgschaft oder Garantie des deutschen Instituts für den über die Realkreditgrenze hinausreichenden Darlehensteil der Auslandsbank. Dies ist zu den in Deutschland für Bürgschaften üblichen Voraussetzungen und gegen inländische Sicherheiten möglich. Ein Sonderfall liegt vor, wenn die Auslandsbank in Deutschland über eine Niederlassung verfügt. Da diese aber selten als Hausbank des Kreditnehmers fungiert, wird man auch hier häufig die Bürgschaft eines deutschen Institutes verlangen.

2.2.2.2 Besondere Finanzierungsformen

Wer seinen Immobilienerwerb im Ausland finanziert, benötigt eingehende Informationen über die dort üblichen Finanzierungsformen. So gibt es z. B. in den USA Kredite, deren Bedienung an die Ertragsentwicklung der finanzierten Immobilie gekoppelt ist, Hypotheken mit kontinuierlich steigendem Zins sowie Hypotheken mit Beteiligung der Bank am Wertzuwachs der Immobilie.

In Frankreich werden Gewerbeimmobilien i. d. R. über Leasing finanziert. Der Grund liegt einerseits darin, daß eine Hypothek dem Darlehensgeber keine ausreichende vorrangige Sicherheit im Konkursfall des Schuldners bietet. Darüber hinaus gibt es für eine Reihe von Leasingfinanzierungen Steuervorteile, die bei Finanzierung über eine entsprechende Leasinggesellschaft (»S.I.C.O.M.I.«) zu erzielen sind. Steuervorteile bietet die Leasingfinanzierung auch in Spanien.

In den USA und Großbritannien, seit etwa 3 Jahren auch im französischen Bauträgergeschäft, werden nachrangige Finanzierungsteile (über 70 % des Verkehrswerts) auch häufig im Joint-Venture-Verfahren angeboten. Hierbei gründen Darlehensnehmer und Finanzierungsinstitut eine Projektgesellschaft nur für die zu finanzierende Immobilie. Das Finanzierungsinstitut erhält zum Ausgleich für das unternehmerische Risiko, das durch die Finanzierung im Bereich derjenigen Kapitalien übernommen wird, die normalerweise der Bauträger übernimmt (d. h. deutlich über 70 % des Verkehrswerts hinaus), eine Gewinnbeteiligung beim erfolgreichen Immobilienverkauf.

Eine weitere Finanzierungsvariante, die für Großimmobilien in den USA entwickelt wurde, findet sich seit einiger Zeit auch in Großbritannien: die sog. Securitization. Hierbei werden Wertpapiere ausgegeben, die entweder Eigentumsrechte an der betreffenden Immobilie verbriefen oder (häufiger) durch die zu finanzierende Immobilie besicherte Schuldverschreibungen. Möglich ist dieses Verfahren auf der Grundlage einer einzelnen Großimmobilie (sog. »unitization«) oder eines Immobilienpools. I. d. R. wird eine emittierende Objektgesellschaft gegründet; die von ihr ausgegebenen Schuldverschreibungen erhalten eine zusätzliche Sicherheit durch eine separate Eigenkapital- und Nachrangtranche (d. h. für den 70 % des Verkehrswerts erheblich überschreitenden Finanzierungsanteil) oder durch »letters of credit« einer Bank. Zur Plazierung wird i. d. R. eine Investment-Bank miteingeschaltet (in den USA auch aus rechtlichen Gründen).

In den USA und in Großbritannien übernehmen Banken meist nur eine mittelfristige Finanzierung (incl. Bauzeitphase 5–7 Jahre), die dann beim Verkauf und/oder durch Endfinanzierung wie Versicherungsgesellschaften und Pensionsfonds abgelöst wird.

2.2.3 Finanzierung durch ein deutsches Kreditinstitut

Hierunter fallen auch Finanzierungen über Auslandsfilialen. Es bieten sich je nach Sachlage verschiedene Lösungen an:

2.2.3.1 Absicherung im Ausland

Auf den ersten Blick scheint sich – entsprechend den wirtschaftlichen Gegebenheiten des Immobilienkredits – ein Darlehen, abgestellt auf die (im Inland kontrollierbare) persönliche Bonität des Kreditnehmers, abgesichert auf der zu erwerbenden Immobilie, anzubieten. Die Schwierigkeiten für das deutsche Institut liegen einerseits darin, den ausländischen Immobilienmarkt in seiner strukturellen und regionalen Verästelung zu überblicken, andererseits in den unterschiedlichen rechtlichen Gegebenheiten der Absicherung auf der Immobilie. So gibt es in den USA kein Grundpfandrecht, das dem Gläubiger eine mit den deutschen Verhältnissen vergleichbare Rechtsposition einräumt.

Die bestehenden Schwierigkeiten lassen sich wie folgt zusammenfassen:
– unterschiedliche Rechtsvorschriften für Besicherung und Vollstreckung
– Beschränkungen des Geld- und Kapitalverkehrs
– langfristige Währungsrisiken
– unterschiedliche bankrechtliche Rahmenbestimmungen

Die Insitute sind bemüht, in ihren ausländischen Niederlassungen und Repräsentanzen das entsprechende fachliche Instrumentarium bereitzustellen, werden aber häufig für die Wertermittlung und Absicherung auf ausländische Fachgutachten und Rechtsberater zurückgreifen. Hierbei kommt es entscheidend darauf an, mit führenden Adressen zusammenzuarbeiten, um die notwendige Qualität sicherzustellen. So ist etwa bei Wertgutachten in den USA besonders auf die Einhaltung der strikten Grundsätze des Memorandums 41c des Federal Home Loan Board vom 11. 9. 1986 zu achten.

2.2.3.2 Absicherung im Inland

Um die grenzüberschreitenden Probleme zu umgehen, kann das Darlehen ganz oder teilweise gegen inländische Sicherheiten bereitgestellt werden; es wird dann insoweit nach den Regeln des deutschen Binnenmarktes abgewickelt und kann auch in der Währung des Investitionslandes angeboten werden. Der Nachteil – insbesondere für größere Vorhaben – besteht darin, daß im Inland freie Sicherheiten entsprechender Größenordnung selten zur Verfügung stehen werden.

2.2.3.3 Bürgschaftslösung

Auch diese Lösung umgeht die erwähnten Probleme, die sich für ein deutsches Kreditinstitut bei unmittelbarer Absicherung auf ausländischen Immobilien ergeben.

Sie kombiniert die jeweilgen Heimvorteile eines Kreditinstitutes in Deutschland und im Investitionsland, indem die Auslandsbank eine auf der Immobilie abgesicherte Bürgschaft oder Garantie zumindest in Realkredithöhe (ca. 50 % der Erwerbskosten) abgibt, die als Sicherheit für ein entsprechendes Darlehen des deutschen Kreditinstitutes dient. Die darüber hinaus benötigte Finanzierung stellt das deutsche Kreditinstitut sodann auf persönliche Kreditwürdigkeit und inländische Sicherheiten, ggf. auch über die oben erwähnte Realkreditgrenze (50 % der Erwerbskosten) hinweg auf das Auslandsobjekt ab. Zu beachten ist, daß für den Fall einer Inanspruchnahme der Bürgschaft häufig die Transfergenehmigung des Investitionslandes erforderlich ist, deren Erteilung geraume Zeit (u. U. in der Größenordnung eines Jahres) beanspruchen kann. Hier empfiehlt sich rechtzeitige Information über die deutsche Hausbank, die mit ihren Auslandskontakten auch den Bürgen vermitteln oder sogar bereitstellen kann.

Auch hier kann das Darlehen in DM oder in Währung ausgereicht werden.

Als Sonderfall wäre noch die Bürgschaft durch öffentlich-rechtliche Institutionen des In- und Auslandes zu erwähnen; s. dazu unter Nr. 3.

2.2.3.4 Zwischenfinanzierungslösung

Bis zur Absicherung der langfristigen Endfinanzierung auf dem Auslandsobjekt, die häufig Baufertigstellung, oft gar vollständige Vermietung voraussetzt, muß die Finanzierung zunächst verstärkt auf die persönliche Bonität des Kreditnehmers abgestellt werden. Dies wird, wie wir gesehen haben, einem deutschen Kreditinstitut am leichtesten fallen. Andererseits birgt auch die kurzfristige Finanzierung für ein Institut ohne verzweigtes Regionalnetz im Investitionsland weniger Risiken, da es hier auf die schwierige Einschätzung der Zukunftsperspektiven nicht ankommt und sich auch das Transferrisiko (Einführung von Devisenkontrollen) kurzfristig leichter abschätzen läßt. Unter diesen Aspekten kommt die kurzfristige Finanzierung über ein deutsches Institut in Frage, um den Erwerb rasch abzuwickeln und die langfristige Finanzierung durch ein ausländisches Partnerinstitut zu vermitteln.

3. Ausländische Gewerbe-Immobilien und deutsches Realkreditsystem

Das deutsche Realkreditsystem zeichnet sich nach wie vor durch die Möglichkeit langfristiger Zinsfestschreibung aus, so daß die Bezahlung der Finanzierung unter fester Kalkulationsbasis auf Erträge und Abschreibung aus der Immobilie abgestellt werden kann. Seitens der Kreditinstitute setzt dies die Möglichkeit einer entsprechenden Mittelbeschaffung voraus, die sich im erforderlichen Umfang über die Ausgabe von Schuldverschreibungen der privaten und öffentlich-rechtlichen Realkredit-

institute darstellen läßt. Diese Schuldverschreibungen (i. d. R. Pfandbriefe) müssen nach den gesetzlichen Anforderungen durch Darlehen gedeckt sein, die mit Grundpfandrechten innerhalb von 60% des vorsichtig ermittelten Verkaufswerts von Immobilien gesichert sind. Eine Ausnahme bildet der Einsatz von Finanzierungsinstrumenten des internationalen Kapitalmarkts (z. B. Zinsswaps), der aber nur bei Großprojekten in Frage kommt.
– Grundpfandrechte auf Auslandsimmobilien zählen nicht zur vorgeschriebenen Deckung.
  Eine Brücke läßt sich nur durch die Bürgschaft oder Garantie einer nach dem HBG[1]) oder ÖPG[2]) hierfür zugelassenen öffentlich-rechtlichen Körperschaft oder Anstalt schlagen:
– unter bestimmten Voraussetzungen im öffentlichen Interesse oder im Rahmen von Maßnahmen der Entwicklungshilfe vergibt die Bundesrepublik Deutschland bei »Hermes« gedeckte Kredite (sog. Deckblattbürgschaften)
– auch Bürgschaften oder Garantien der EG-Staaten, der EGKS, der EURATOM und der Europäischen Investitionsbank führen zur erforderlichen Deckungsfähigkeit. Auch dies wird ein öffentliches Interesse voraussetzen.
  Die Novelle des Hypothekenbankgesetzes v. 8. 6. 1988 erscheint halbherzig: Sie eröffnet die Beleihung in der EG gelegener Immobilien nur als Nebengeschäft bis zu 60% des vorsichtig ermittelten Verkaufswerts, zusätzlich begrenzt durch die Höhe des haftenden Eigenkapitals der Hypothekenbank. Die Bank muß die Mittel für solche Finanzierungen durch Einlagen, aufgenommene Darlehen oder ungedeckte Schuldverschreibungen beschaffen.
  Diese Beschränkungen sind um so bedauerlicher, als ein »Export« des leistungsfähigen deutschen Realkreditsystems auch volkswirtschaftlich sinnvoll erscheint. Denn nicht überall bietet sich eine derartige Stabilität in der Darstellung langfristiger Zinsfestschreibungen praktisch unbegrenzten Umfangs. So waren in Großbritannien bis vor kurzem Festzinssätze völlig unbekannt.
  Noch sind die EG-Märkte des langfristigen Kredits weitgehend national orientiert. Es wäre wünschenswert, wenn im Zuge der anstehenden Verwirklichung des gemeinsamen Binnenmarktes – bis Ende 1992 – die Geschäftsmöglichkeiten der deutschen Realkreditinstitute zumindest innerhalb der EG um folgende Felder erweitert würden:
– deckungsfähige Absicherung auf Auslandsimmobilien (bis 1963 war dies wenigstens noch außer Deckung zulässig)
– Zulässigkeit der Bürgschaft oder Garantie öffentlich-rechtlicher Institutionen des Auslands unterhalb der Staatsebene (z. B. Gemeinden)
– Währungskredite und Deckungsmassen in Fremdwährung
– Deckungsmassen (Deckung für die Ausgabe von Schuldverschreibungen) in Fremdwährung
– Möglichkeit für Geschäftsabschlüsse in ECU, die immerhin bereits in Japan Devisenstatus erhalten hat.

Literaturhinweise

Arthur Anderson & Co., Ausländische Investitionen in US-Grundvermögen, Herne-Berlin 1984

dies., Internationale Investitionen in US-Grundvermögen, Genf 1980

Atkins, Evaluating the Appraisal, in: National Real Estate Investor, 1987 (März), S. 52 ff.

Bellinger, EG-Hypothekarkredit: Tendenzen und Konsequenzen, Lfr. Kr. 1986, S. 526 ff

Brestl, Vermögen in Amerika. Ein Ratgeber für Kapitalanlagen in den USA und Kanada, 2. Aufl. Niederklatt 1981

Goedecke, Realkredit-Perspektiven und Probleme, Frankfurt/M. 1979/82

ders., Das Auslandsgeschäft der Pfandbriefinstitute, in: Steffan (Hrsg.), Handbuch des Real- und Kommunalkredits, Frankfurt/M., 1977

ders., Das Auslandsgeschäft der Pfandbriefinstitute – Ein kommentierter Rückblick, Lfr. Kr. 1985, S. 688 ff

Northedge, Mortgage Lending Property Finance, Banker 1986, S. 148ff

Pleyer/Bellinger, Das Recht der Pfandbriefbanken in Europa, München 1981

Veltins, Das Recht der US-partnership und limited partnership einschließlich ihrer Besteuerung, Herne-Berlin 1984

o. V.: Darlehen auch im Ausland. Hypotheken, Bankkaufmann 7/86, S. 17 ff

Ifo-Schnelldienst 1–2/87, Baukonjunktur in Westeuropa

Anmerkungen

[1] Hypothekenbankgesetz
[2] Gesetz über die Pfandbriefe und verwandte Schuldverschreibungen der öffentlich-rechtlichen Kreditanstalten

PROF. DR. BERND FALK

Gewerbe-Immobilien Management

Inhalt

1.	Erfordernis des Managements von Immobilien	515
2.	Management-Immobilien	515
3.	Eigen- oder Fremd-Management?	516
4.	Aufgaben des Immobilien-Management	516
4.1	Projektentwicklung	517
4.2	Profilierungs-Management	518
4.3	Vermiet-Management	519
4.4	Mietvertrags-Management	521
4.5	Kosten-Management	523
4.6	Flächen-Management	524
4.7	Expansions-Management	525
4.8	Parkflächen-Management	526
4.9	Sicherheits-Management	527
4.10	Werterhaltung und Revitalisierung	528

1. Erfordernis des Managements von Immobilien

Der Begriff »Immobilien-Management« ist erst in jüngerer Zeit aufgetaucht, nachdem festgestellt wurde, daß im Bereich der gewerblichen Immobilien viele Objekte nicht nur verwaltet werden können, sondern gemanagt werden müssen. Dies gilt im besonderen für die sogenannten »sensiblen Immobilien« wie Einkaufszentren, Seniorenheime, Freizeitanlagen, Industrie- und Gewerbeparks etc. Am bekanntesten und seit einiger Zeit auch als unbedingt notwendig angesehen ist das Management von Shopping-Centers, unabhängig von der Objektgröße.

Bereits vor dem Kauf der Gewerbe-Immobilie hat der potentielle Investor die finanzielle Belastung eines professionellen Managements einzukalkulieren. Kleinere Objekte, die ein eigenes Management aus finanziellen Gründen nicht zulassen, können über ein zentrales Management oder ein Regional-Büro, welches noch andere Objekte managt, betreut werden.

Die Management-Aufgaben setzen im Grunde bereits in der Entwicklungsphase einer Immobilie ein. Allerdings kann die Projektentwicklung als relativ eigenständiger Bereich innerhalb des Immobilien-Managements gesehen werden, weswegen dieser separat im Rahmen eines eigenen Beitrages ausführlich behandelt wird.

2. Management-Immobilien

Unter den diversen Gewerbeimmobilientypen erfordern einige in besonderem Maße ein qualifiziertes Management. Bei diesen sogenannten sensiblen Immobilien handelt es sich vor allem um Kooperationsformen, in denen zahlreiche unterschiedliche Betriebe untergebracht sind, wie z. B.:
– Freizeiteinrichtungen/Freizeitzentren
– Einkaufszentren, Galerien, Passagen
– Gewerbeparks
– Technologiezentren/Gründerzentren

Seniorenwohnheime und Hotels erfordern ebenfalls ein sachkundiges Management, welches hier im Regelfall von den Betreibern und nicht vom Immobilieneigentümer gestellt wird.

Ohne ein eigenständiges Management kommen dagegen im Regelfall Bürogebäude, Lagerhallen, Industrieflächen oder einfache Handelsimmobilien wie Supermärkte, Fachmärkte oder SB-Warenhäuser aus. Allerdings sollte auch bei diesen Objekten die Akquisition, die Vermietung und die Werterhaltung als Managementaufgabe betrachtet werden.

3. Eigen- oder Fremd-Management?

Bei der Entscheidung, von wem das Immobilien-Management wahrgenommen werden soll, ist zu überprüfen, inwieweit Mitarbeiter des eigenen Unternehmens in der Lage sind, eine Gewerbe-Immobilie professionell zu managen. Die Komplexität und Vielzahl der Aufgaben des Gewerbe-Immobilien-Management erfordert sehr genaue Überlegungen, inwieweit die Einschaltung eines professionellen Unternehmens nicht kostengünstiger und/oder effizienter ist. Die Beantwortung dieser Fragestellung hängt zunächst sicher von dem Vorhandensein und der Qualifikation des eigenen Personals ab. Ein weiterer wichtiger Punkt ist in der Größe und der Streuung des Portefeuilles zu sehen, da eine Objektnähe des Managements in der Regel sinnvoll ist. Handelt es sich lediglich um ein kleineres oder mittelgroßes Gewerbeobjekt, so wird der Aufbau eines eigenen Management kaum lohnend sein, insbesondere wenn sich das Objekt in größerer Entfernung zum Sitz des Unternehmens befindet. Die Betreuung vor Ort ausschließlich durch einen örtlichen Hausmeister ist in den meisten Fällen nicht mehr ausreichend. Auch die eigene Verwaltung ist möglicherweise mit der Übernahme von Management-Aufgaben überfordert. In einem derartigen Fall wird der Investor wohl nicht umhin kommen, die teilweise relativ hohen Management-Gebühren aufzubringen.

Großinvestoren wie Versicherungs- oder Fondsgesellschaften sind bereits seit einigen Jahren dazu übergegangen, ihre Gewerbeobjekte selbst zentral, aber auch regional durch Regionalbüros in den wichtigsten Ballungsgebieten zu managen.

4. Aufgaben des Immobilien-Management

Im Rahmen der allgemeinen kaufmännisch-wirtschaftlichen Verwaltung einer Gewerbeimmobilie obliegt dem Management vor allem die Kontrolle geschlossener Verträge (Miet-, Wartungs-, Dienstleistungsverträge etc.) und der eingehenden Rechnungen von Handwerkern und sonstigen Dienstleistungs- oder Wartungsunternehmen. Säumige Mieter sind vor Beschreiten des Rechtsweges zu kontaktieren.

Wirtschaftspläne für das Objekt sind zumindest einmal jährlich zu erstellen und zu budgetieren. Schließlich sind, falls erforderlich, anstehende Mieterversammlungen zu organisieren und durchzuführen.

Im Rahmen der Verantwortlichkeit für Hausverwaltung und Haustechnik ist das technische Personal einzustellen, ggf. zu schulen, zu kontrollieren und zu führen. Wartungsverträge (z.B. für Aufzüge, Klimaanlage, Heizung etc.) und Dienstleistungsverträge (z.B. für Reinigung, Bewachung etc.) sind abzuschließen und deren korrekte Durchführung zu kontrollieren. Weiterhin sind Instandsetzungsprogramme aufzustellen und umzusetzen, Gewährleistungsansprüche zu verfolgen (einschließlich der Nachbesserungsarbeiten) sowie anstehende Reparaturen und Baumaßnahmen im Rahmen von Ausschreibungen vorzubereiten, zu vergeben und zu kontrollieren. Kleinere Reparaturen können nach Möglichkeit vom eigenen technischen Hauspersonal bei Überwachung durch das Management durchgeführt werden.

Im Zusammenhang mit der Steuerung der wirtschaftlichen Entwicklung eines Objektes liegen die Hauptaktivitäten des Managers darin, eine akquisitorische Vermietung bzw. Weitervermietung freiwerdender Einheiten – ggf. im Rahmen eines festgelegten Branchen- oder Mieter-Mixes – durchzuführen.

Im Rahmen von evtl. erforderlichen Public Relations Maßnahmen sind Kontakte zu z. B. Lokalredaktionen der Tageszeitungen oder Verbindungen zu den örtlichen Behörden sowie Verbänden zu unterhalten. Schließlich sind die Objekte auf Ordnung und Sauberkeit zu überprüfen und ggf. die Beseitigung von Mißständen zu veranlassen. Eine weitergehende Aufgabenstellung ergibt sich bei dem Management von Einkaufszentren, wo die Beratung einzelner Center-Betriebe hinsichtlich Sortimentspolitik, Warenpräsentation, Werbepolitik etc., die Motivation der Center-Mieter zur Verbesserung ihrer Umsatzergebnisse, die Durchführung kleinerer Kundenforschungsanalysen und die Zusammenarbeit mit beratenden Institutionen (Werbeagenturen) zum Aufgabenspektrum des Management zählen. Des weiteren ist der Aufbau einer Mieter- bzw. Werbegemeinschaft zu organisieren bzw. deren Leitung zu übernehmen und die Vorbereitung der erforderlichen Sitzungen durchzuführen.

4.1 Projektentwicklung

Immobilien-Management beginnt nicht erst bei der fertiggestellten Immobilie. Auch die Projektentwicklung zählt im Grunde zu den wesentlichen Management-Aufgaben. Projektentwicklung beginnt mit dem Vorhandensein einer Idee, für die ein Grundstück gesucht wird, oder der Verfügbarkeit eines Grundstückes, für welches eine Idee gefunden werden soll. Über diverse Projektstudien wie Markt- und Standortanalysen, Verkehrs- und/oder Bodengutachten etc. werden die grundsätzlichen Marktchancen überprüft.

Eine besondere Bedeutung bei der Projektentwicklung kommt einer optimalen Zusammenarbeit der verschiedenen beteiligten Spezialdisziplinen zu.

Nach der Grundstückssicherung, z. B. durch ein notarielles Verkaufsangebot oder eine Kaufoption, ist zunächst das Baurecht zu überprüfen. Bei letztlich negativer Beurteilung des Grundstückes sollte ein Rücktritt von den Verträgen ohne weitere Kosten möglich sein.

Erst nach Kenntnis der Standortqualität und des Baurechtes läßt sich ein Nutzungskonzept entwickeln, dessen voraussichtliche Wirtschaftlichkeit ebenfalls zu überprüfen ist. Hierfür sind zunächst die gesamten zu erwartenden Investitionskosten hochzurechnen. Auf der Basis der durch eine Marktanalyse ermittelten realistischen, nachhaltig erzielbaren Mieteinnahmen ergibt sich die Errechnung der voraussichtlichen Rendite. Bei Handelsobjekten läßt sich der mögliche Erfolg des Projektes sehr schnell durch das Mietinteresse der großen Filialanbieter ermitteln. Optimal ist es, wenn Mietvorverträge mit den wichtigsten Mietern bereits vor dem Grundstückskauf abgeschlossen werden können.

Sind diese grundsätzlichen Aufgaben geklärt, kann der Grundstücksankauf und die Vergabe der Bauarbeiten erfolgen.

Spätestens in diesem Entwicklungsstadium sollte das eigentliche »spätere Management« eingeschaltet werden, um die Vermietung nach dem festgelegten Konzept zu betreiben.

4.2 Profilierungs-Management

Eine gezielte Image- oder Profilierungspolitik ist sicher nicht für jede kleine Gewerbeeinheit, wohl aber für Großobjekte wie Einkaufszentren, Hotels, Seniorenheime, größere Bürogebäude etc. sinnvoll. Dies gilt insbesondere dann, wenn man sich von vergleichbaren bzw. ähnlichen Objekten abheben möchte.

Zu den Kriterien einer Erfolgsphilosophie zählen sicherlich eine besonders gelungene architektonische Gestaltung, aber auch ein besonders anziehender Mieter-Mix innerhalb des Objektes. Verwirklichte Objekt-Philosophien sind beispielhaft bei folgenden Objekten erkennbar:
- Beim Trump Tower in New York dominiert Hochwertigkeit und Hochpreisigkeit im Rahmen einer Mischnutzung für Handels- und Büroflächen.
- Beim Essl-Gebäude in Klosterneuburg bei Wien wird die Büroflächen-Nutzung mit der Innenraumnutzung der Halle für Kunstausstellungen verbunden.
- Beim Züblin Verwaltungsgebäude in Stuttgart wurde durch die Verglasung eines Innenhofes und damit die Verbindung zweier Baukörper versucht, die besondere »Persönlichkeit« dieser Immobilie herzustellen.
- Ganz anders das im Kontrast hierzu stehende und weit in das nächste Jahrtausend hineinreichende neue Verwaltungsgebäude der Bayerischen Hypotheken- und Wechselbank in München.
- Ein Beispiel für den Hotelbereich sind die Hyatt-Konzeptionen in den USA, mit Innenhöfen, spektakulären Aufzügen und hängenden Gärten.

Durch solcherart von der Norm abweichende Konzepte und Philosophien ist ein weit überdurchschnittlicher Bekanntheitsgrad sichergestellt. Gleichzeitig wird eine eigene Adresse geschaffen, indem das Objekt als Bezugs- oder Orientierungspunkt von der Bevölkerung verwendet wird. Daß eine derartige Positionierung der Immobilie nicht nur bei spektakulären Objekten wie dem Trump Tower, dem Hypogebäude oder dem neuen Messeturm in Frankfurt möglich ist, dokumentiert beispielsweise das Züblin-Gebäude, welches sich in seinen Dimensionen durchaus in »normalen« Größenordnungen bewegt.

Auch die Kreierung eines eigenen Themas der Immobilie, z. B. durch die Konzentration gleichartiger oder sich ergänzender Handels- und/oder Dienstleistungen kann zu demselben Ergebnis führen. Beispiele hierfür könnten sein:
Informations-/EDV-Center, Ärzte-/Gesundheitszentrum, »Haus der Werbung«, Japanzentrum, Sport- und Freizeit, Konfektions-/Bekleidungszentrum, »Haus der freien Berufe« etc.

Speziell bei Einkaufszentren bietet sich an, diese als »Markenartikel« mit eigenem Signet, eigenem Motto (»das sympathische...«, »die preiswerte Alternative zu...« etc.) in der Wettbewerbslandschaft zu positionieren. Daß es sogar möglich ist, den Markenartikel Immobilie zu multiplizieren, zeigt das Beispiel des »Gewerbe im Park«-Konzeptes, nach welchem an verschiedenen Standorten Gewerbeparks mit demselben Grundkonzept entstanden sind bzw. entstehen.

Sicherlich ist in diesem Zusammenhang auch die Namensgebung eines Objektes von Bedeutung. Wohlklingende Bezeichnungen wie »Park-Residenz«, »Galleria« etc. sollten aber unbedingt im Einklang mit den tatsächlichen Gegebenheiten des Objektes stehen.

Die Identität der Immobilie kann zu einer regelrechten Corporate Identity weiterentwickelt werden, indem sich Eigentümer wie Mieter sowie die Beschäftigten einheitlich gegenüber der Öffentlichkeit (Presse, Kunden, Aktionären, Versicherungen, Banken) präsentieren. Dies kann durch Werbung oder Öffentlichkeitsarbeit, aber auch durch so banale Dinge wie ein einheitliches Immobilien-Signet auf den Briefköpfen der Mieter, Kugelschreiber mit dem Immobilien-Markenzeichen etc. geschehen. Oberstes gemeinsames Ziel ist also nicht die Vermarktung des Produktes Immobilie an sich, sondern eine Institutionalisierung und Profilierung in der Region.

4.3 Vermiet-Management

Bedingt durch das Überangebot an Gewerbeflächen aller Art und die Vielschichtigkeit der angebotenen Flächen und Standorte, hat sich der Markt vom Vermieter längst zu einem Mietermarkt gewandelt. Ausnahmen hiervon sind lediglich die Top-City-Lagen attraktiver Zentren. Hier lösen die geforderten Mietpreise teilweise den Nachfrageüberhang.

Da sich der Wert der Gewerbe-Immobilie fast ausschließlich am nachhaltig zu erzielenden Mietertrag bemißt, reicht es nicht mehr aus, an den ersten zu vermieten, der bereit ist, den geforderten Mietpreis zu bezahlen. Vielmehr sind hier aktiv die möglichen Mieter – am besten direkt – anzusprechen. Hierbei wird man besonders darauf achten, daß die ersten Mieter im Hinblick auf ihren Namen oder ihren Bekanntheitsgrad eine Magnetfunktion auf Nachfolge-Mieter erfüllen. Dies können bei Handelsobjekten beispielsweise überregionale Filialisten mit Großbetrieben, bei Gewerbe- oder Büroobjekten bekannte nationale oder internationale Industrie- oder Handelsunternehmen sein. Nicht selten werden hier sogar niedrigere Mieten in Ansatz gebracht, die jedoch durch eine bessere Anschlußvermietung mehr als kompensiert werden.

Gleichzeitig wird man darauf achten, daß ein möglichst einheitliches Niveau der Mieter erreicht wird. Durch einen geplanten Branchen- oder Mieter-Mix lassen sich gegebenenfalls Synergieeffekte für die Mieter erzielen, was zu einer Standortaufwertung und letztlich zu einem erhöhten Ertrag führt (z.B. Ärztehaus, Gesundheitshaus, konzentrierte Ansiedlung von z.B. EDV-Anbietern, Werbeagenturen, Fluglinien etc.). Daß bei der Vermietung jeweils die Bonität und die Seriosität der Mietpartner geprüft werden, versteht sich eigentlich von selbst. In diesem Zusammenhang sei darauf hingewiesen, daß sogenannte »Newcomer« auf Grund unkonventioneller Ideen, Phantasie und Initiative durchaus eine Belebung einer Gewerbe-Immobilie darstellen können. Allerdings ist die finanzielle Decke zumeist sehr kurz, so daß eine »gesunde« Mischung etablierter Unternehmen einerseits und einiger weniger Unternehmensgründer andererseits sinnvoll ist.

Bezüglich der Werbemedien hat die Zeitungsanzeige im Gegensatz zur Direktansprache der bekannten oder durch Marktforschung ermittelten Marktpartner verloren. Dennoch kann hierauf nicht verzichtet werden. Gute Vermietmöglichkeiten bieten sicherlich auch die Interessenkarteien bekannter regionaler und überregionaler Vermittlungsorganisationen. Neben einem informativen Vermietungsprospekt hat sich die Herstellung von Modellen als akquisitorisch sehr erfolgversprechend herausgestellt. Bei größeren Objekten und nationalen bzw. internationalen Vermietaktivitäten kann die Verwendung eines Video-Filmes sinnvoll sein. Gut gestaltete Vermietungsschilder direkt am Objektstandort bieten sich an gut frequentierten Standorten an.

Vermiet-Management bedeutet aber nicht nur eine einmalige Vermietung. Eine laufende Mieterbetreuung ist erforderlich, um rechtzeitig den Wünschen von Mietern hinsichtlich Flächenerweiterungen oder -verkleinerungen entsprechen zu können. Der Mieter sollte nicht für mehr Fläche bezahlen müssen, als er benötigt. Insofern sind die Flächen vor allem bei Mietbeginn, aber auch während der laufenden Mietperiode nach Möglichkeit den Erfordernissen anzupassen. Eine optimale Flächengröße führt darüber hinaus tendenziell zu besseren Mieterträgen. Durch laufenden Kontakt mit den Mietern können Problem-Mieter rechtzeitig erkannt und Flächen möglicherweise vor einem anstehenden Konkurs ohne Image-Schädigung für das Gesamtobjekt weiter vermietet werden.

4.4 Mietvertrags-Management

Es hat sich in der Praxis gezeigt, daß vertragsrechtliche Regelungen als Steuerungsinstrument für das Immobilien-Management eine wesentliche Grundlage im Streben nach der Durchsetzung gesetzter Ziele spielen. Dies gilt insbesondere für Agglomerationen wie Shopping-Centers oder Gewerbeparks, in denen sich einzelne negative Einflüsse sehr schnell auf das Gesamtobjekt übertragen können.

Der Abschluß eines spezifizierten Mietvertrages garantiert zwar nicht das Ausbleiben von Problemen, ermöglicht jedoch unter Einhaltung der jeweils bestehenden Rechtsprechung das Ergreifen von Maßnahmen, um letztlich nicht das gesamte Kooperationsgebilde zu gefährden.

Neben den einschlägigen sowie typischen mietvertragsrechtlichen Regelungen sind im Rahmen von vertraglichen Vereinbarungen speziell im Shopping-Center und im Gewerbepark einige Besonderheiten zu berücksichtigen. So sind auf der Grundlage eines erarbeiteten Branchen- oder Mieter-Mix-Konzeptes die Sortimente/Branchen der Anbieter eingehend zu definieren und festzulegen, was vom Anbieter offeriert werden darf. Gleichzeitig sollte ein Konkurrenzschutz für den Mieter ausgeschlossen werden, da eine gesunde Konkurrenzierung auch die Attraktivität eines Einkaufszentrums oder eines Gewerbeparks ausmacht.

Im Rahmen der bereits genannten Kooperationsgebilde ist der Mieter zur sogenannten Offenhaltungspflicht seiner Ladeneinheit zu den vom Management oder einer Mietervereinigung festgelegten Zeiten zu verpflichten. Um ein funktionsfähiges Objekt zu gewährleisten, hat sich der Mieter zur Betreibung seiner Laden- oder Gewerbeeinheit zu verpflichten. Hierdurch soll vermieden werden, daß eine Ladeneinheit angemietet, diese aber trotz Zahlung der Miete und anfallender Nebenkosten nicht betrieben wird. Im Regelfall ist eine Untervermietung zu versagen bzw. vom Management genehmigen zu lassen, um einen festgelegten Branchen-/Mieter-Mix nicht zu gefährden. Um das akquisitorische Potential des Shopping-Centers auf Grund seines in der Regel umfangreichen Parkflächenangebotes nicht zu reduzieren, ist das Parken für die Angestellten des Objektes zu regeln. Wenn die für sie vorgesehenen Parkflächen nicht genutzt werden, sind entsprechende Sanktionsmaßnahmen in den Mietverträgen einzubauen.

Bereits im Rahmen des Mietvertrages ist der Mieter zum Beitritt in eine Werbe- bzw. Mietervereinigung zu verpflichten. Insbesondere sind auch hier die Regelungen über Werbebeiträge und Kostenumlagen zu fixieren. Unabhängig davon, ob der Mieter aktiv an der Mieter- bzw. Werbevereinigung mitarbeitet oder nicht, sind von ihm die Kosten aus den Umlagen zu tragen. Außerdem sollte der Mieter bei allen eigenen Werbeaktivitäten das Objektsignet verwenden.

Zur optimalen Gestaltung des Erscheinungsbildes der Gesamteinrichtung sind Kontrollmechanismen für die Werbung bereits mietvertragsrechtlich zu regeln bzw. ein Genehmigungsrecht aus der Sicht des Management vorzusehen.

Daneben ist der Mieter dazu zu verpflichten, eine dem Objekt gemäße Reklame an seiner Ladeneinheit anzubringen.

Permanente Streitpunkte wie das Herausstellen von Verkaufsständern, Hinweistafeln, Stühlen und Tischen bei Gastronomiebetrieben in die Gemeinschaftsfläche können durch entsprechende Bestimmungen im Mietvertrag vermieden werden.

Sowohl die Immobilie, im besonderen aber auch die Läden unterliegen auf Grund der Dynamik im Handel und im Dienstleistungsbereich Erosionserscheinungen im Zeitablauf. Aus diesem Grunde ist bereits im Mietvertrag vorzusehen, daß der Mieter Renovierungsarbeiten zu dulden hat und sie nicht als Geschäftsschädigung bzw. Beeinträchtigung zurückweisen darf. Bei Abschluß von längerfristigen Mietverträgen ist zu vereinbaren, daß der Mieter nach Ablauf bestimmter Zeitfristen die Renovierung seiner Fassade bzw. seines Betriebes im Rahmen von Schönheitsreparaturen und Renovierungen selbst vorzunehmen hat. Gegebenenfalls sind sogar Regelungen über die Erneuerung der Ladeneinrichtung in Übereinstimmung mit dem Management zu treffen.

Bezüglich der Mietpreisregelung dominiert in den bundesdeutschen Einkaufszentren die kombinierte Fest- und Umsatzmiete. Darüber hinaus sind die Mietverträge, die zumeist eine Laufzeit über einen Zeitraum von mehr als zehn Jahren aufweisen, an den Verbraucherpreisindex gekoppelt. Abhängig von der Qualität des Standortes und der Stärke des potentiellen Mieters wird diese jedoch nicht immer zu 100% durchzusetzen sein. Im Falle der Vereinbarung einer sogenannten Barkaution ist diese auch dann zu verzinsen, wenn der Mietvertrag keine anderslautende Vereinbarung – also den ausdrücklichen Ausschluß einer Verzinsung des Kautionsbetrages – enthält.

Detaillierte mietvertragsrechtliche Regelungen sind schließlich auch bezüglich der Nebenkosten-Abrechnungen zu vereinbaren. Auch bei Gewerbe-Immobilien sind seit dem 30. Juni 1984 Instrumente zur Verbrauchserfassung der Heiz- und Warmwasserkosten zu installieren. Als äußerst problematisch und zeitintensiv hat sich die Vereinbarung von Sonderregelungen bei der Umlage der Nebenkosten herausgestellt. Da bei Gewerbe-Immobilien Vertragsfreiheit besteht, sind praktisch alle Nebenkosten von der Grundsteuer bis zu Management-Gebühren, Betriebsausfall-Versicherung etc. umlagefähig. Allerdings werden die Nebenkosten bereits heute »2. Miete« genannt. Für den Mieter ist immer die Gesamtbelastung entscheidend, so daß die Obergrenze durch das örtliche Mietpreisniveau gegeben ist. Höhere Nebenkosten bedingen damit einen niedrigeren Mietpreis.

Es ist nicht immer erforderlich, alle im Mietvertrag festgelegten Regelungen strikt durchzusetzen. In Streitfällen besteht jedoch eine rechtliche Handhabe. Andererseits können an den Mieter herangetragene Wünsche des Managements leichter durchgesetzt werden, wenn auf die seitherige Duldung eines bestimmten Verhaltens einerseits sowie die Regelung im Mietvertrag andererseits hingewiesen wird.

Evtl. anstehende Umbaumaßnahmen, Betriebsverlagerungen innerhalb des

Objektes oder Mietanpassungen ohne mietvertragsrechtliche Verpflichtung lassen sich oftmals mit dem Hinweis auf das (hoffentlich baldige) Auslaufen des Mietvertrages und eine Nicht-Verlängerung durchsetzen, sofern es sich um ein gutes Objekt handelt.

4.5 Kosten-Management

Neben der Vermietung und der Mieterbetreuung kommt dem Kosten-Management eine erhebliche Bedeutung zu, da sich positive wie negative Ergebnisse unmittelbar in der Rentabilitätsrechnung niederschlagen. Da Miete und Nebenkosten für den Mieter einen einheitlichen Kostenblock »Raumkosten« bilden, erwächst aus niedrigeren Nebenkosten grundsätzlich ein Mieterhöhungsspielraum in vergleichbarer Größenordnung.

Bereits in der Projektentwicklungsphase sollten die späteren voraussichtlichen Betriebskosten kritisch durchleuchtet und durchgerechnet werden. Hier ist genau abzuwägen, inwieweit mittel- und langfristig eine niedrigere gesamte Bausumme höheren und teilweise in ihrer Höhe nicht beeinflußbaren Nebenkosten gegenüber Kostenvorteile bringt. Das größte Kosteneinsparungs- bzw. Reduzierungspotential findet man bei den Heizungs- und Energiekosten (Strom). Weitere Reserven liegen bei der Wartung der technischen Anlagen, wo sich bei einfacher zu handhabender Technik oder durch Einholen verschiedener Wartungsangebote nicht unbeträchtliche Kostenvorteile ergeben können.

Kosten wie die Grundsteuer oder sonstige öffentliche Abgaben, Managementkosten, Hausmeister- oder Pförtnerkosten sind dagegen kaum beeinflußbar.

Durch Poolung von Versicherungen und Wartungsverträgen lassen sich ggf. weitere Einsparungen ermöglichen.

Es versteht sich beinahe von selbst, daß eine laufende Instandhaltung des Objektes der Werterhaltung besser förderlich ist als ein Hinauszögern von Instandhaltungsmaßnahmen. Ggf. läßt sich bei Einbau modernerer Anlagen sogar eine Wertverbesserung erzielen (niedrigere Nebenkosten = Ertragswertsteigerung).

Bei den Instandhaltungsrücklagen ist im Rahmen des Kosten-Managements auch zu berücksichtigen, daß speziell Handelsimmobilien neben dem baulichen-technischen Verschleiß auch der sogenannten Store Erosion unterliegen. Derartige Verschleißerscheinungen machen es u. U. erforderlich, ein Objekt bereits nach zehn bis fünfzehn Jahren umfassend zu erneuern bzw. zu revitalisieren. Aber auch die rasante technische Entwicklung im Informationsbereich erfordert möglicherweise bei Bürobauten erhebliche Nachrüstungsinvestitionen.

Eine laufende Kontrolle der Kosten erfordert vor allem auch eine regelmäßige und genaue Kostenerfassung und Kostenzuteilung. Gleichzeitig wird man sich ständig bemühen, die Kosten für Fremd- bzw. für Eigenwartung einander gegenüberzustellen.

Generell können auch die Arbeitsabläufe in der Verwaltung und der Haustechnik im Hinblick auf Rationalisierungsmöglichkeiten durchforstet werden. Ggf. lassen sich Personal- bzw. Personalnebenkosten reduzieren. Andererseits könnte die Gewährung von Prämien für Kosteneinsparungsvorschläge die Mitarbeiter zu diesbezüglichen Überlegungen motivieren.

4.6 Flächen-Management

Unter dem Flächenmanagement bei Gewerbeimmobilien kann man die quantitativ wie qualitativ optimierte Ausnutzung aller Flächen der Immobilie verstehen. Oftmals sind zwar Laden- oder Büroflächen zu hundert Prozent vermietet. Häufig beinhalten aber Verkehrsflächen, Wand- oder Deckenflächen noch ein zusätzliches Potential an vermietbarer Fläche, also an Ertragsreserven. Es handelt sich hier also um eine professionellere Nutzung bestehender Flächen. So wurden beispielsweise diverse amerikanische Shopping-Center der ersten Generation durch Aufstockung zu mehreren Ladenstraßen sowie durch Redimensionierung der Verkehrsflächen und Schaffung zusätzlicher vermietbarer Fläche umfunktioniert. Aber auch innerhalb der Objekte lassen sich durch raum-ökonomische Maßnahmen Flächenergebnisse verbessern:

Wände in Einkaufszentren, die bisher regelmäßig gewartet werden mußten, werden umfunktioniert zu handelsbetrieblichen Zwecken z. B. durch nachträglich eingebaute Verkaufskioske an oder auf der Ladenstraße, Nutzung der Fläche unter den Treppen bzw. Rolltreppen oder die Aufstellung und Vermietung von Vitrinen etc. Ein Buch- oder Zeitschriftenstand oder eine Modeschmuckausstellung benötigen lediglich eine Ladentiefe von etwa 30 bis 40 cm. Eingangshallen in Bürohäusern können durch Gastronomie aufgewertet werden. Sonstige Wand- oder Deckenflächen, insbesondere in Parkhäusern, lassen sich zumindest werblich nutzen.

Eine qualitative Verbesserung der Fläche kann andererseits durch eine besonders gelungene architektonische Gestaltung, die Etablierung besonders attraktiver Dienstleistungbetriebe oder einen besonders anziehenden Mieter-Mix erreicht werden. Auch die Existenz eines »ausreichenden« Parkflächenangebotes trägt zumindest in innerstädtischen Lagen zur Erhöhung der Flächenattraktivität bei.

Bei Hotelkonzepten steht nicht mehr nur das Produzieren von Zimmern und Betten, sondern auch der Erlebnisbesuch des Gastes im Vordergrund. Ausgekernte Innenhöfe, großzügige Hallen und spektakuläre Aufzüge sollen bei den Gästen eine positive Erinnerung auslösen.

Bei Büroflächen dokumentieren die sogenannten »intelligent buildings« das aktuelle Anforderungsprofil an Flächenqualität. Hierzu gehört das Vorhalten von abgehängten Decken bzw. Doppelböden zur ausreichenden Verkabelung, das Vorhalten technischer Einrichtungen, der Einbau sogenannter Dealerräume für Computereinrichtungen sowie ergänzende gastronomische und sonstige Service-Einrichtungen.

Ein anderes Beispiel für die Steigerung der Flächenqualität ist in der Überbauung bzw. Verglasung von Straßenzügen oder von offenen Einkaufszentren zu sehen.

Weitere Objekt- bzw. Konzeptverbesserungen lassen sich auch durch ergänzende Flächenüberbauungen ermöglichen, soweit diese das bestehende Baurecht zuläßt.

Durch eine äußerst gelungene Brückengestaltung eines Einkaufszentrums konnte nicht nur der alte Bauteil mit dem neuen verbunden werden, sondern auch eine zusätzliche Verkaufsfläche innerhalb bzw. auf dem Brückenbauwerk realisiert werden.

Für ein Parkhaus bestehen Pläne, über der obersten Parkierungsebene ein Sport- und Freizeitzentrum zu errichten. In einem anderen Parkhaus wurde zur Attraktivitätssteigerung der gesamten Straße eine Ladenzeile vorgelagert.

Höchste Anforderungen werden an das Flächenmanagement beim Flächenrecycling gestellt. Die zentrale Aufgabe besteht darin, für bestehende Flächen neue Nutzungskonzepte zu finden, da die ursprüngliche Flächennutzung hinfällig wurde.

4.7 Expansions-Management

Veränderungen im Marktgebiet oder ein zusätzlicher Flächenbedarf sowohl von Mietern wie auch von externen Interessenten sind Ansatzpunkte, das Expansionspotential der Immobilie unter die Lupe zu nehmen.

Sofern eine Erweiterung bereits beim ersten Bauabschnitt geplant war und die entsprechenden Grundstücke gesichert wurden, entfällt zumindest das Problem der Grundstücksbeschaffung. Geringe Schwierigkeiten dürfte es seitens der Genehmigungsbehörden bei der Erweiterung von Bürogebäuden oder nicht störendem Gewerbe geben. Eine restriktive Haltung zeigt sich dagegen zumeist bei Erweiterungswünschen von Einzelhandelsflächen.

Gerade aber bei Einzelhandelsobjekten können Veränderungen insbesondere der Wettbewerbssituation im Marktgebiet eine Expansion unabdingbar werden lassen.

Expansion kann sowohl durch die Angliederung neuer Bauteile wie durch eine bessere, d.h. intensivere Nutzung der bestehenden Fläche erfolgen. Hierbei ist zu denken an die Bebauung von Parkfreiflächen mit der entsprechenden Schaffung von nicht ebenerdigen Stellplätzen, die Umwandlung von Parkflächen in Lager oder Verkaufsflächen, sofern die Deckenhöhe dies zuläßt, die Einbeziehung von Freiflächen und Hofflächen (evtl. überdachen). Die Umwandlung von Verwaltungsflächen in z. B. Verkaufsflächen bietet sich vor allem bei den Warenhäusern an. Durch das Auslagern nicht betriebsnotwendiger Abteilungen können Nebenflächen so einer höherwertigen Nutzung zugeführt werden.

Der Flächenbedarf expansionswilliger Mieter ist durch permanenten Kontakt der Größenordnung nach bekannt. Der Flächenbedarf potentieller Mietinteressenten läßt sich durch geeignete Vermietaktivitäten in einem tragbaren Zeitrahmen eruieren. Gleichzeitig wird man eine Bestandsaufnahme durchführen, welche Mieter möglicherweise zukünftig nicht mehr in das Objekt passen oder nicht mehr gewünscht sind, und je nach Mietvertragslaufzeit versuchen, diese zu verlagern.

Speziell bei Kooperationsgebilden wie Einkaufszentren und Gewerbeparks muß die Anbindung des neuen Teils an das bestehende Objekt optimal sichergestellt sein, um nicht einen Appendix ohne Frequenz zu schaffen.

Die Parkflächen sowie die Ver- und Entsorgung sind dem geänderten Flächenvolumen anzupassen.

Je nach Situierung und Dominanz des Neubauteiles kann eine dem aktuellen Zeitgeschmack entsprechende Architektur zu einer wesentlichen Aufwertung des Gesamt-Objektes führen. Ggf. wird eine Anpassung der Architektur des bestehenden Bauteils an diejenige des Erweiterungsbaues – zumindest durch Einbringung einiger Stilelemente – erforderlich.

4.8 Parkflächen-Management

Parkflächen sind nicht nur ein notwendiges Übel, welches aus dem Zwang zur Schaffung von Stellplätzen nach der Stellplatz-Verordnung resultiert. Für die meisten Gewerbeimmobilientypen stellen Parkplätze ein wesentliches Akquisitionsinstrument dar, sei dies nun in Supermärkten, Einkaufszentren, Gewerbeparks oder in Bürogebäuden. Beispielsweise kann die Vermietung einer Büroeinheit durchaus daran scheitern, daß keine Stellplätze für die Mitarbeiter vorhanden sind.

Grundanforderungen an Parkflächen sind eine ausreichend gute Befahrbarkeit, Licht, Sauberkeit, Sicherheit und eine gute Orientierung. Eine optimale Befahrbarkeit ist bei stützenfreien Parkanlagen mit schräger Parkierung und ausreichend breiten Stellplätzen und Fahrspuren gegeben. Eine stützenfreie Bauweise erhöht gleichzeitig die Sicherheit, da unüberschaubare Ecken, Winkel etc. minimiert werden. Ausreichende Helligkeit läßt sich nicht nur mit elektrischer Beleuchtung, sondern auch mit einem sehr hellen Anstrich erreichen. Benutzer-Freundlichkeit drückt sich neben einer guten Befahrbarkeit auch in einer leicht zu bedienenden Abfertigungstechnik sowie in einem Leitsystem zum besseren Auffinden freier Stellplätze aus.

Die Bewirtschaftung eines Parkhauses dürfte erst ab einer Größenordnung von etwa 80 bis 100 Stellplätzen – für sich alleine gesehen – sinnvoll sein. Die Frage der Eigenbetreibung oder der Verpachtung der Parkanlage hängt sehr wesentlich vom eigenen Know-how, dem Personal sowie den Konditionen ab. Mittels der Preisgestaltung läßt sich die Dauer der Parkierungsvorgänge sowie die Umschlagshäufigkeit der Stellplätze beeinflussen.

Ergänzende Einnahmen des Parkhauses können sich aus einer Nutzung der Dekken, Wand oder Bodenflächen für z. B. Werbezwecke ergeben.

Einer besonderen Regelung bedarf es bei den Dauerparkern, denen nach Möglichkeit die am ungünstigsten zu erreichenden Stellplätze zur Verfügung gestellt werden sollten, damit Kurzparker mit unzureichender Orientierung im Objekt bequemer parken können. Ein zusätzliches Segment an Dauerparkern kann möglicherweise durch geschlossene Stellplätze (zu höheren Mietpreisen) erschlossen werden (z. B. für Eigentümer von Luxusfahrzeugen, hochwertigen Oldtimern etc.). Eine zusätzliche Auslastung der Parkanlage läßt sich bei entsprechendem Standort möglicherweise dadurch erreichen, daß Stellplätze über Nacht zu Sonderkonditionen von Bewohnern der Umgebung angemietet werden können.

4.9 Sicherheits-Management

Basis für die Sicherheit in Immobilien ist zunächst eine qualifizierte Sicherheitsanalyse, um die möglichen Risiken zu identifizieren. Die Sicherheitsanforderungen können je nach Gewerbeimmobilientyp äußerst komplex und von unterschiedlichen Interessenlagen geprägt sein. Sicherheit ist zu gewährleisten für:
– Personen, Kunden, Mitarbeiter, Lieferanten, Service-Personal
– Gebäude, Gebäudetechnik
– Waren und Lagerbestände, Einrichtungen etc.
   Bei der Sicherheits-Analyse sind folgende Aspekte zu berücksichtigen:
– Größe des Objektes
– vorgesehene Stärke des Sicherheitspersonals
– technische Ausstattung des Objektes
– räumliche Gegebenheiten des Objektes
– Umfeld des Objektes
– lokale Besonderheiten
– Öffnungszeiten
– Publikumsfrequenz
– evtl. besonders gefährdete Mieter etc.

Sicherheit kostet selbstverständlich Geld. Menschen, Infrastruktur und Organisation unterliegen unterschiedlichen Gefährdungen. Natürlich ergibt sich hier das Problem der Wirtschaftlichkeit von Sicherheitsmaßnahmen. Allerdings können nicht nur die Kosten der Sicherheit dem möglichen materiellen, quantitativ erfaßbaren Schaden gegenübergestellt werden. Mangelnde Sicherheit kann sich auch in einer Image-Schädigung, Frequenz- und Umsatzverlusten und letztlich in schlechterer Vermietbarkeit ausdrücken. In diesem Zusammenhang ist festzustellen, inwieweit durch Maßnahmen zur Arbeitssicherheit, durch technische Einrichtungen oder auf anderem Wege Risiken eliminiert oder z. B. auf eine Versicherung übertragen werden können.

Der potentiellen Gefährdung wird begegnet durch geeignete personelle, technische und organisatorische Maßnahmen unter Inkaufnahme einiger Restrisiken, z. B. durch das Umfeld.

Bei den personellen Maßnahmen hat sich die ständige oder zeitweilige Präsenz von Sicherheitsmitarbeitern und evtl. der Einsatz von Schutzhunden als durchaus wirkungsvoll erwiesen. Dies bedeutet, daß für potentielle Täter ein gewisses Maß der Abschreckung gegeben ist, wogegen sich bei Kunden und Mietern ein positives Sicherheitsgefühl einstellen kann. Der Qualifikation des einzusetzenden Personals ist eine überdurchschnittliche Bedeutung beizumessen.

Allgemeine technische Sicherheitsmaßnahmen fangen schon bei recht banalen Dingen wie einer guten Ausleuchtung aller für die Menschen zugänglichen Bereiche, Spiegel etc. an. Für besonders gefährdete Bereiche bietet sich eine Kameraüberwachung als gutes Hilfsmittel an. Aber auch Scheinkameras bieten ein gutes Abschreckungsmittel, sofern sie gut wahrnehmbar plaziert sind. Funkgeräte verbessern die Effizienz des eingesetzten Personals und stellen sicher, daß die Alarmierungszeiten für Feuerwehr, Erste Hilfe, Polizei usw. wesentlich reduziert werden.

Ob und inwieweit Einsatzleitzentralen oder auch Einbruchmeldeanlagen zum Einsatz kommen sollten, hängt auch bei Großobjekten vom Einzelfall ab.

In der Planung und Durchführung der organisatorischen Sicherheitsmaßnahmen ist ein wesentliches Kriterium des Sicherheitsmanagements zu sehen. Die genaueste Ablaufplanung für Ereignisse, die hoffentlich niemals eintreffen, ist unbedingt durchzuspielen und festzuhalten. So sind sowohl für technische Schäden wie für Feueralarm, Bombendrohung, Einbruch, Raub usw. Notfallpläne vorzubereiten, um sachlich richtiges, ruhiges und konzentriertes Handeln zu ermöglichen. Aus einer im Rahmen der Sicherheitsanalyse ermittelten Schwachstellen-Analyse lassen sich Gefahrenstellen erkennen, die in einer Rundgangsplanung fixiert und mit hoher Permanenz aufgesucht werden müssen.

4.10 Werterhaltung und Revitalisierung

Wie jedes Produkt und jedes Individuum unterliegt auch eine Immobilie einem Alterungsprozeß. Bestimmte Gewerbeimmobilientypen wie Shopping-Center oder Freizeitzentren unterliegen nicht nur einer »normalen«, baulich bedingten Erosion. Lange vor dem technischen Verschleiß können erhebliche Abnutzungserscheinungen durch die Entstehung gleichartiger, aber modernerer und nutzungs-gerechterer Konkurrenzeinrichtungen oder attraktiverer größerer Objekte auftreten. Ein wesentlicher Faktor ist hierbei auch das Image, welches bei entsprechender Erosion den Wert der Immobilie regelrecht »abstürzen« lassen kann. Die Entwicklung im Kommunikationsbereich hat beispielsweise einen gewissen Wertverfall bei Bürogebäuden mit sich gebracht, die nicht über die neuesten technischen Anschlußmöglichkeiten verfügen. Auch diese Einschränkung der Wertentwicklung unterliegt nicht dem baulichen Verschleiß.

Ursachen der Erosion sind häufig objektbedingt. So wurde beispielsweise der Markt oder der Standort falsch eingeschätzt, Marktanalysen wurden nicht oder fehlerhaft durchgeführt, oder die Konzeption, die Architektur oder die Funktionalität des Objektes entsprechen nicht den Standortanforderungen.

Im Gegensatz zu den objekt-bedingten Faktoren lassen sich die exogenen Faktoren wie Marktveränderungen, Verschlechterung der Verkehrsanbindung oder Entstehen attraktiver Konkurrenzobjekte/-Standorte, verändertes Verbraucher-/ Konsumentenverhalten im Entwicklungsstadium eines Projektes wesentlich schwieriger ausschließen. Hier gilt es für den Manager, derartige Veränderungen festzustellen, zu analysieren und entsprechend zu reagieren.

Direkt beeinflußbar ist die Veränderung der sogenannten betriebsbedingten Erosion, die durch fehlendes oder unqualifiziertes Management, Unterlassung notwendiger Reparaturen, unzureichende Werbeaktivitäten, falsche Mieterauswahl oder fehlende Reaktion auf Konkurrenzaktivitäten hervorgerufen werden kann. So sind ggf. weniger attraktive Mieter zu Verbesserungsaktivitäten zu motivieren oder zu ersetzen durch attraktive, innovative Unternehmen, innovative Angebotsformen etc.

Die über den reinen technischen Verschleiß hinausgehenden Instandhaltungskosten werden heute vielfach unzureichend oder gar nicht bei der Rücklagenbildung berücksichtigt. Unter Umständen ist bereits nach 10 bis 15 Jahren mit gravierenden Umbau- bzw. Erneuerungskosten zu rechnen, wenn die Immobilie nicht mehr dem aktuellen Publikumsgeschmack entspricht. Beispielhaft sei hierbei nur gedacht an die Glasüberdachung ehemals offener Einkaufszentren, die Schaffung von Tageslichteinfall in geschlossenen Einkaufszentren, die Aussiedlung störender Betriebe in Gewerbeparks etc.

Vergleichsweise häufig werden Immobilien-Objekte zum Kauf angeboten, wenn sich ein Niedergang durch rückläufige Mieterträge, problematische Anschlußvermietung oder bereits durch Leerstände abzeichnet und auf der anderen Seite kein Kapital für eventuell mögliche Revitalisierungsmaßnahmen bereitsteht. In diesem Zusammenhang muß darauf hingewiesen werden, daß eine Revitalisierung in der Regel nicht mit dem technischen Lebenszyklus der Immobilie einhergeht, sondern zumeist wesentlich früher anfällt.

Ursachen hierfür können ein verändertes Verbraucherverhalten, gewandelte Geschmacks- und Wertevorstellungen hinsichtlich der Architektur oder beim Besuch von Gastronomie, Dienstleistung und Einzelhandel sein. Als Beispiele für eine Anpassung an den Kundengeschmack können die Überdachung ehemals offener Einkaufszentren, die Verglasung ehemals geschlossener, dunkler Einkaufszentren, die Innenraumgestaltung und die Schaffung von Lichthöfen in Warenhäusern etc. angeführt werden.

Veränderte Anforderungen hinsichtlich der technischen Ausstattung stellen nicht selten auf Grund der hohen Kosten die Revitalisierungs-Bemühungen in Frage. Gedacht sei hierbei nur an die Nachrüstung von Büro-Immobilien mit Kabelschächten, Doppelböden oder eine Anpassung der technischen Ausstattung von Warenhäusern an neue Nutzungen.

Relativ problemlos ist dagegen zumeist die Behebung baulicher Mängel oder eine »kosmetische Behandlung« für nackte Betonfassaden durch die Installation von Glasfenstern, Vordächern oder eine neue Farbgestaltung.

Einen weiteren Ansatz zur Revitalisierung stellt auch die Vermietung an neue oder attraktivere Mieter dar. Bei einer negativen Entwicklung der Immobilie bedarf dies jedoch einer erheblichen Überzeugungsarbeit und ist zumeist mit Mietnachlässen, zumindest bei den vermeintlichen Basis- oder Magnetmietern verbunden, deren Ansiedlung eine Initialzündung auslösen soll. In diesem Zusammenhang kann bei umsatzabhängigen Betrieben bei unsicherer Umsatzerwartung auch eine rein umsatzorientierte Miete oder auch eine Probemiete für ein bis zwei Jahre vereinbart werden.

Obwohl Behörden in der Regel geneigt sind, bestehende Bauten bei einer Umbau- bzw. Revitalisierungsmaßnahme zu unterstützen, muß für die Baugenehmigung derselbe Zeitaufwand einkalkuliert werden wie bei Neubaumaßnahmen.

Ist ein tragfähiges Konzept gefunden, kann durch begleitende Werbe- und PR-Maßnahmen einerseits bereits das neue Konzept bekannt gemacht und andererseits die Vermietung unterstützt werden.

Literaturangaben

Arnold, Wurtzebach, Miles: Modern Real Estate, 3. Auflage, Boston 1980

Bloom, Weimer, Fisher: Real Estate, 8. Aufl., New York 1982

Carpenter, H. jun.: Shopping-Center-Management, New York 1978

Falk, B. (Hrsg.): Einkaufszentren, Landsberg a. L. 1982

Falk, B. (Hrsg.): Gewerbe-Immobilien, Landsberg a. L. 1987

Falk, B. (Hrsg.): Immobilien-Handbuch, Stuttgart 1985

Heyel: Encyclopedia of Management, New York 1973

MI Verlag (Hrsg.): Management Enzyklopädie, Landsberg a. L. 1982/83

Seldin, M.: The Real Estate Handbook, Homewood, Ill., 1980

REINHOLD NEHL / R. ROGER WEISS

Management gewerblicher Immobilien

Inhalt

1. Das Kostenmanagement 533
1.1 Kostenentstehung 533
1.2 Kostenverteilung 535
1.3 Kostenreduzierung 548
2. Die Bedeutung des Kostenmanagements für die gewerbliche Immobilie . 549
2.1 Grundsätze des Kostenmanagements 549
2.2 Die Anforderung an das Immobilien-Management 553

1. Das Kostenmanagement

Wenn man die vielfältigen Aufgaben des Immobilien-Managements betrachtet, kann man feststellen, daß diese Aufgaben zum größten Teil unter dem Gesichtspunkt von Ertrags- und Kostendenken erfüllt werden. In diesem Beitrag wollen wir uns speziell mit der Kostenseite des Immobilien-Managements beschäftigen.

Aus der Vielzahl der gebräuchlichen Definitionen des Begriffs »Kosten«, sowohl im Bereich der Betriebswirtschaftslehre als auch des Rechnungswesens, haben wir die nachfolgende Definition, die uns in diesem Zusammenhang am aussagefähigsten erschien, herausgesucht:

Kosten sind die mit der Entscheidung über das betrachtete Objekt ausgelösten Ausgaben (aus Klaus Riebe, Einzelkosten und Deckungsbeitragsrechnung).

Ertrags- und Kostensituationen im Immobilien-Management lassen sich nicht voneinander trennen. Regelmäßig werden zunächst Kosten verursacht (Bau- und Unterhaltskosten), bevor die Gewerbe-Immobilie dann Erträge erwirtschaftet. Bei unserer Betrachtung wollen wir jene Gewerbe-Immobilie besprechen, die bereits mehrere Jahre am Markt besteht.

Wir wollen über die Kosten, die Kostenverteilung und die Kostenreduzierung der Gewerbe-Immobilie berichten und deren Auswirkung auf bzw. Anforderung an ein professionelles Immobilien-Management.

Unter Immobilien-Management verstehen wir das Management für gewerbliche Groß-Immobilien, d.h. für Gewerbe-Immobilien wie Shopping-Center, Bürozentren, Industrie-/Gewerbeparks und Wohn- und Geschäftshäuser.

1.1 Kostenentstehung

Die Kostenentstehung einer Gewerbe-Immobilie resultiert aus ihrer Nutzung, es entstehen also Kosten für den Betrieb der Gewerbe-Immobilien, man spricht von den Betriebskosten.

Ein Teil der Betriebskosten wird als Nebenkosten bezeichnet. Diese sind nach unserer Definition diejenigen Kosten des Betriebes/des Objektes, die auf Grundlage der abgeschlossenen Mietverträge auf den Mieter verteilbar sind (umlagefähig sind).

Diese Nebenkosten setzen sich in der Hauptsache zusammen aus:
- Instandhaltung und Instandsetzung sowie Reinigung und Wartung aller nicht innerhalb des Mietobjektes enthaltenen Flächen, Gemeinschaftsflächen, Anlagen, Sanitäranlagen usw.
- Instandhaltung und Instandsetzung sowie Reinigung, Schneeräumung und Abtransport sowie Streuung von Parkflächen, Verkehrswegen und sonstigen Außenanlagen;

- die Wasserversorgung im Mietobjekt sowie für die Gemeinschaftsanlagen z. B. Heizungsanlagen, Sanitäranlagen, Begießen der Zierpflanzen, Reinigungsmaßnahmen, Sprinkleranlagen usw.;
- die Bewachung, Betreuung und Verwaltung des Objektes einschließlich der Gestellung und Unterbringung des hierfür erforderlichen Personals;
- die Stromversorgung der Gemeinschaftsanlagen und Einrichtungen;
- Betriebspflege, Wartung, Instandhaltung, Instandsetzung sonstiger Gemeinschaftsanlagen und Einrichtung sowie ggf. Eingangsanlage, Telefonzentralen, Musikübertragungsanlagen, Außenbeleuchtung, Rolltreppen, Aufzüge, Sprinkleranlagen, Klimaanlagen bzw. Be- und Entlüftungsanlagen, Pflege und Erneuerung von Blumen und Sträuchern usw.;
- Kehr- und Sielbenutzungsgebühren;
- Kosten der Kanal- und Straßenreinigung;
- Müllabfuhr;
- Grundsteuer und sonstige das Objekt betreffende öffentliche Abgaben;
- die auf das Objekt entfallenen Versicherungsprämien;
- Einrichtung, Pflege, Wartung, Instandhaltung und Instandsetzung aller gewerblichen Einrichtungen für das Objekt.

Somit sind die umlagefähigen Nebenkosten der gewerblichen Immobilie erheblich umfangreicher, wie die in der 2. Berechnungsverordnung für den Wohnungsbau erwähnten Kosten, nämlich die Kosten, die tatsächlich und nachgewiesen für das Objekt angefallen sind.

Des weiteren entstehen in der Gewerbe-Immobilie Kosten für
- die Vermietung des Objektes;
- die Weiterentwicklung des Objektes im Hinblick auf das soziale Umfeld und das damit verbundene Kunden-, Mieter- und Nutzerverhalten.

All diese Kostenarten haben eines gemeinsam, sie müssen sowohl von ihrer Höhe her als auch von ihrem zeitlichen Anfall her geplant bzw. besser gesagt: vorausgeplant werden.

Deshalb ist es eine der wesentlichen Aufgaben eines Immobilien-Managements zum Beginn eines Rechnungsjahres, die für das Objekt anfallenden, d. h. die im Objekt entstehenden Kosten, entsprechend vorzuplanen, also zu budgetieren. Hierzu bedarf es der engen Zusammenarbeit zwischen den kaufmännischen und technischen Mitarbeitern des Immobilien-Managements.

Alle für das Budget zu treffenden Entscheidungen sind unter kaufmännischen Gesichtspunkten vorzunehmen. Letztlich muß und darf nur der Kaufmann die Kosten-/Nutzenrelation seines Objektes nach Vorliegen aller Detailfakten entscheiden.

Bei der Planung der Kosten und ihrer möglichen Entstehung dürfen Nutzungsart, Alter und Standort der Immobilie nie vernachlässigt werden, da sie ganz wesentlichen Einfluß auf Höhe, Dauer etc. haben.

Eine solche Vorplanung ist der erste wichtige Schritt, um
a) jeden Mitarbeiter im Immobilien-Management zum Kostenbewußtsein zu erziehen und
b) die Grundlage für eine Gesamtbeurteilung des Objektes darzustellen.

Um eine Bestandsaufnahme der im oder durch das Objekt verursachten Kosten zu erhalten, wird ein Objekt-Kostenbudget erstellt, in dem die geplanten Kosten zeitlich auf den Monat verteilt werden (siehe dazu nachfolgendes Beispiel, Anlage 1 und 2).

Mit dieser Kostenbudgetierung werden auch erstmalig gedanklich die Kosten erfaßt, die im Laufe einer Abrechnungsperiode entstehen können. Darüber hinaus ist diese Kostenbudgetierung die spätere Grundlage für alle weiteren Vergleichszahlen, Hochrechnungen und Trendberechnungen.

Voraussetzung hierzu ist jedoch ein auf das Objekt abgestimmter Kontenrahmen.

Zweckmäßig ist der Einsatz eines »Kosten-Masters«, in dem alle möglichen und denkbaren Kostenarten klassifiziert sind, in dem für jede einzelne Gewerbe-Immobilie die benötigten Kostenarten enthalten sind.

Vorteil eines solchen Kostenmasters ist, daß man gleiche Kostenarten, gleiche Nummern- und Kostenbezeichnungen durch alle Gewerbeobjekte hat und damit die Vergleichbarkeit aller Kostenarten gewährleistet.

Für die Kostenbudgetierung gilt:
Die Kosten so genau wie möglich und so tief wie notwendig zu ermitteln.

Diese Notwendigkeit ist von Objekt zu Objekt und von Kostenart zu Kostenart unterschiedlich.

Die Kosten eines Wasserzählers zu budgetieren ist dann notwendig, wenn dieser beim Versorgungsunternehmen angemeldet ist und damit eine eigene Abrechnung erhält.

Auch interne Unterzähler für die verbrauchsabhängige Messung von Wasser-, Strom-, Gas-, Öl-Verbraucher sind dann sinnvoll zu budgetieren, wenn bestimmte Abnahmegruppen an diese Unterzähler angeschlossen sind.

Dieses erleichtert später die Arbeit der Kostenverteilung.

Im Zuge der späteren Kostenverteilung ist es bereits wichtig, die Entstehung der Kosten genau ermitteln zu können, d. h. die Zuordnung der Kostenverursacher auf die entsprechenden Mieteinheiten bzw. Mieter.

Kostenverursacher in diesem Sinne sind wie in einer Art Kostenstellen-Rechnung zu bestimmen.

1.2 Kostenverteilung

Bei der Verteilung der Objektkosten aller Gewerbe-Immobilien sind zu unterscheiden:

Anlage 1

			OBJEKTVERWALTUNG					Seite: 2
			Liste der Sollwerte					
13.3.89			Testfirma					
Firma: 990			1989					Objekt: 01

Kto-Nr.	Kto-Bezeichnung	Januar	Februar	März	April	Mai	Juni
444009	Fahrstuhl	0	0	0	0	0	0
451000	*Fördertechnische Anlagen*	0	0	0	0	0	0
451001	Personenaufzüge	0	0	1500	0	0	1500
452000	*Heizung, Lüftung*	0	0	0	0	0	0
452001	Heizungsanlagen	0	0	0	0	0	0
452002	Lüftungsanlagen	0	0	0	0	0	0
453000	*Elektro-Anlagen*	0	0	0	0	0	0
453001	Allgemeine Elektroinstallation	200	200	200	200	200	200
461000	*Allgemeines Material*	0	0	0	0	0	0
461001	Elektrozubehör	400	0	0	0	0	0
461004	Sanitärzubehör	0	0	0	0	0	0
461005	Schlosserzubehör	0	0	0	0	0	0
461006	Sonstiges Zubehör	1800	0	0	0	0	0
462000	*Reinigungsmaterial*	0	0	0	0	0	0
462003	Sonstige Mittel	0	0	0	0	0	0
464000	*Sonstiges Material*	0	0	0	0	0	0
464003	Technisches Gerät	0	0	0	0	0	0
480000	**Reparatur**	400	400	400	400	400	400
481001	Personenaufzüge	0	0	0	0	0	0
482000	*Heizung, Lüftung*	0	0	0	0	0	0
482001	Heizungsanlagen	0	0	0	0	0	0
483000	*Elektro-Anlagen*	0	0	0	0	0	0
483001	Allgemeine Elektroinstallation	0	0	0	0	0	0
483002	Elektrozentrale	0	0	0	0	0	0
483004	Batterieanlagen	0	0	0	0	0	0
483005	Blitzschutzanlagen	0	0	0	0	0	0
484000	*Wasser- und Abwasseranlagen*	0	0	0	0	0	0
484002	Hebeanlagen	0	0	0	0	0	0
485000	*Nachrichtentechnische Anlagen*	0	0	0	0	0	0
485006	Klingel- und Sprechanlagen	0	0	0	0	0	0
487000	*Sonstige technische Anlagen*	0	0	0	0	0	0
487001	Rolltore	0	0	0	0	0	0
487006	Waschmaschinen/Trockner	0	0	0	0	0	0
487007	Sonstige technische Einrichtung	0	0	0	0	0	0
+++	Gruppensumme:	12280	4130	10780	3430	3430	10080

Anlage 2

13.3.89 OBJEKTVERWALTUNG Seite: 2
Firma: 990 Liste der Sollwerte Objekt: 01
Testfirma
1989

Kto-Nr.	Kto-Bezeichnung	Juli	August	September	Oktober	November	Dezember
444009	Fahrstuhl	0	0	0	0	0	0
451000	*Fördertechnische Anlagen*	0	0	0	0	0	0
451001	Personenaufzüge	0	0	1500	0	0	1500
452000	*Heizung, Lüftung*	0	0	0	0	0	0
452001	Heizungsanlagen	0	0	0	0	0	0
452002	Lüftungsanlagen	0	0	0	0	0	0
453000	*Elektro-Anlagen*	0	0	0	0	0	0
453001	Allgemeine Elektroinstallation	200	200	200	200	200	200
461000	*Allgemeines Material*	0	0	0	0	0	0
461001	Elektrozubehör	0	0	0	0	0	0
461004	Sanitärzubehör	0	0	0	0	0	0
461005	Schlosserzubehör	0	0	0	0	0	0
461006	Sonstiges Zubehör	0	0	0	0	0	0
462000	*Reinigungsmaterial*	0	0	0	0	0	0
462003	Sonstige Mittel	0	0	0	0	0	0
464000	*Sonstiges Material*	0	0	0	0	0	0
464003	Technisches Gerät	0	0	0	0	0	0
480000	**Reparatur**	400	400	400	400	400	400
481001	Personenaufzüge	0	0	0	0	0	0
482000	*Heizung, Lüftung*	0	0	0	0	0	0
482001	Heizungsanlagen	0	0	0	0	0	0
483000	*Elektro-Anlagen*	0	0	0	0	0	0
483001	Allgemeine Elektroinstallation	0	0	0	0	0	0
483002	Elektrozentrale	0	0	0	0	0	0
483004	Batterieanlagen	0	0	0	0	0	0
483005	Blitzschutzanlagen	0	0	0	0	0	0
484000	*Wasser- und Abwasseranlagen*	0	0	0	0	0	0
484002	Hebeanlagen	0	0	0	0	0	0
485000	*Nachrichtentechnische Anlagen*	0	0	0	0	0	0
485006	Klingel- und Sprechanlagen	0	0	0	0	0	0
487000	*Sonstige technische Anlagen*	0	0	0	0	0	0
487001	Rolltore	0	0	0	0	0	0
487006	Waschmaschinen/Trockner	0	0	0	0	0	0
487007	Sonstige technische Einrichtung	0	0	0	0	0	0
+++	Gruppensumme:	3430	3430	10080	3930	4230	10880

Kosten des Objektes, die aufgrund ihrer Art weiterbelastbar sind, sind diejenigen Betriebskosten des Objektes, die sowohl von ihrem Anfall her als auch aufgrund der vertraglichen Vereinbarung (Mietvertrag) auf den Mieter weiterbelastbar sind.

Demgegenüber stehen die Kosten des Objektes, die entweder aufgrund vertraglicher Einzelvereinbarung nicht auf den Mieter weiterbelastbar sind, oder Kosten, die von ihrer Definition her nicht mit dem Betrieb der Immobilie in Verbindung stehen (z. B. Umbau, Erweiterungsbau und ähnliches).

Kosten des Objektes, die aufgrund ihrer Art weiterbelastbar sind, jedoch aufgrund von Leerständen nicht auf die Mieter des Objektes verteilbar sind.

Bei der Verteilung der Kosten des Objektes bzw. bei der Verteilung der Betriebs- oder Nebenkosten des Objektes auf die Mieter sind zwei Verteilungsarten gebräuchlich.

Die eine Verteilungsart ist, daß die Mietfläche des Mieters ins Verhältnis gesetzt wird zur gesamten im Objekt *vermietbaren* Fläche.

Dies bedeutet, daß auch die Mietflächen des Objektes, die z. Z. des Kostenanfalls nicht vermietet sind, an der Verteilung der Kosten teilnehmen.

Der entsprechende Text in den Mietverträgen lautet dann:
»Die Kosten des Objektes werden von allen Mietern im Verhältnis der jeweiligen Mietfläche zur gesamten vermietbaren Fläche des Objektes anteilig getragen.«

Betriebskosten des Objektes, die sowohl weiterbelastbar sind aufgrund ihrer Art als auch aufgrund von Vertragsklauseln weiterverteilbar sind (Leerstandskosten-Verteilung).

Die andere gebräuchliche Regelung in gewerblichen Mietverträgen ist die Verteilung von Objektkosten im Verhältnis der Kosten des Mietbereiches im Verhältnis zur *vermieteten* Fläche des Objektes. Bei dieser Regelung werden die auf die Leerflächen, d. h. die z. Z. nicht vermieteten Mietbereiche entfallenden Nebenkosten, auf die Mieteinheiten verteilt, die vermietet sind.

In den Gewerbemietverträgen lautet dann die entsprechende Passage:
»Die Kosten des Objektes werden von allen Mietern im Verhältnis der jeweiligen Mietfläche zur gesamten vermieteten Fläche des Objektes anteilig getragen.«

Kosten für die Weiterentwicklung des Objektes, die durch den Eigentümer zu tragen sind.

Investitionskosten für die Weiterentwicklung des Objektes, die nach heutigen Schätzungen zwischen 5 und 10 % der jährlichen Mieteinnahmen betreffen, sind Objektkosten, die üblicherweise beim Eigentümer verbleiben und nicht auf die Mieter weiterbelastbar sind.

Diese Kosten dienen dem Eigentümer dafür, sein Objekt im Markt weiterbehaupten zu können, d. h. eine Anpassung des Objektes nach den jeweils gegebenen Anforderungen der Objekt-Weiterentwicklung laufend vorzunehmen.

Die Grundlagen für die Kostenverteilung des Objektes sind in den jeweiligen Mietverträgen bestimmt, die zwischen Mieter und Vermieter individuell ausgehandelt werden können.

Alle Regelungen über die Nebenkostenverteilung sollten keine individuellen Einzelvereinbarungen zwischen Mieter und Vermieter zulassen, sondern standardisiert für das jeweilige Objekt angewendet werden (Anlage 3).

Die Kostenverteilung bedingt zwei wesentliche Voraussetzungen. Diese sind: Eine möglichst ordnungsgemäße und detaillierte Kostenermittlung.

Eine in vertraglichen Grundlagen und Gerechtigkeitsprinzip dem Mieter entgegenkommende Verteilung der angefallenen Kosten.

Eine schematische Darstellung des Ablaufes der Kostenverteilung und damit der Kostenweiterbelastung auf die Mieter gibt das Schaubild in Anlage 4.

Alle Objektkosten werden unterschieden in umlagefähige und nicht umlagefähige Objektkosten.

Anlage 3

4.4 Die Nebenkosten des Objektes und aller seiner Einrichtungen, insbesondere die Kosten des Betriebes, der Objektverwaltung und des Managements, der Pflege, Wartung, Instandhaltung und Instandsetzung aller gemeinschaftlichen Anlagen und Einrichtungen (einschl. der Verkehrsflächen und Stellplätze) werden von allen Mietern im Verhältnis der jeweiligen Mietflächen einschließlich der Nebenflächen (siehe Ziffer 1.1 und Ziffer 1.3) zur gesamten vermieteten Fläche des Objektes anteilig getragen.

Die Nebenkosten werden in ihrer tatsächlichen, nachgewiesenen Höhe ohne Beschränkung auf die in der 2. Berechnungsverordnung angeführten Kosten umgelegt. Die Nebenkosten für das Objekt selbst betreffen insbesondere:
- Instandhaltung und Instandsetzung sowie Reinigung und Wartung aller nicht innerhalb des Mietobjektes enthaltenen Flächen/Gemeinschaftsflächen/Anlagen/Sanitäranlagen usw.;
- Instandhaltung und Instandsetzung sowie Reinigung, Schneeräumung und -abtransport sowie Streuung von Parkflächen, Verkehrswegen und sonstigen Außenanlagen;
- die Wasserversorgung im Mietobjekt sowie für die Gemeinschaftsanlagen (z. B. Heizungsanlagen, Sanitäranlagen, Begießen der Zierpflanzen, Reinigungsmaßnahmen, Sprinkleranlage usw.). Benötigt der Mieter Wasser für gewerbliche Zwecke, so hat er auf eigene Kosten eine entsprechende Zähleinrichtung zu installieren, mit der der Wasserverbrauch für seine gewerblichen Zwecke erfaßt wird und die sich danach ergebenden Wassergeldkosten und Entwässerungsgebühren gesondert zu zahlen;
- die Bewachung, Betreuung und Verwaltung des Objektes, einschließlich der Gestellung und Unterbringung des hierfür erforderlichen Personals;
- die Stromversorgung der Gemeinschaftsanlagen und -einrichtungen;
- Betrieb, Pflege, Wartung, Instandhaltung und Instandsetzung sonstiger Gemeinschaftsanlagen und -einrichtungen sowie ggf. Eingangsanlagen, Telefonzentrale, Musikübertragungsanlage, Außenbeleuchtung, Rolltreppen, Aufzüge, Sprinkleranlage, Klimaanlage bzw. Be- und Entlüftungsanlage; Pflege und Erneuerung von Blumen, Sträuchern usw.;
- Kehr- und Sielbenutzungsgebühren;
- Kosten und Auslagen der Kanal- und Straßenreinigung;
- Müllabfuhr;
- Grundsteuer und sonstige das Objekt betreffende öffentliche Abgaben;
- die auf das Objekt entfallenden Versicherungsprämien. Sonderprämien aufgrund einer Gefahrenerhöhung, die sich aus dem Betrieb des Mieters ergeben, trägt dieser allein;
- Einrichtung, Pflege, Wartung, Instandhaltung und Instandsetzung aller werblichen Einrichtungen für das Objekt.

4.5 Der Vermieter ist berechtigt, alle nach Vertragsabschluß eintretenden Veränderungen bei den Nebenkosten des Objektes sowie alle neu eingeführten Gebühren, Abgaben und sonstige im wirtschaftlichen Zusammenhang mit dem Objekt stehenden Belastungen auch rückwirkend anteilig auf den Mieter umzulegen.

4.6 Der Vermieter ist berechtigt, die Leistungen, deren Kosten gem. Ziffer 4.4 umlagefähig sind, einem anderen Unternehmen im Auftrage des Mieters zu übertragen.

4.7 Die Vorauszahlungen sind unter Berücksichtigung der Erfahrungswerte und der zu erwartenden Kostenentwicklung festzusetzen. Für die Verteilung, Zahlung und Abrechnung dieser Kosten sowie für die Kündigung werden die Ziffern 2, 4.4, 6 und 9.4 dieses Vertrages sowie §3 der Allgemeinen Mietbedingungen entsprechend angewendet.

4.8 Der Vermieter ist unwiderruflich bevollmächtigt, Verträge gem. Ziffer 4.6 im Namen des Mieters abzuschließen, zu ändern, zu ergänzen oder aufzuheben.

4.9 Soweit im Einzelfall aufgrund von besonderen Umständen (individuelle Zählervorrichtungen, erhöhte Verursachung von Nebenkosten von einzelnen Mietern aufgrund ihres Geschäftszweiges usw.) Abweichungen auftreten, ist der Vermieter berechtigt, diese Abweichungen angemessen und im Sinne eines Schiedsgutachtens gem. §317 BGB verbindlich für alle Mieter zu berücksichtigen. Der Mieter hat jedoch keinen Anspruch darauf, daß der generelle Verteilungsschlüssel abgeändert wird.

4.10 Die monatliche Nebenkostenvorauszahlung beträgt derzeit DM   /m^2
(i. W.: DM   ).
Die Vorauszahlung ist zusammen mit der Monatsmiete fällig und in gleicher Weise wie diese zu zahlen.

4.11 Die Nebenkostenvorauszahlung kann vom Vermieter jederzeit mit einer Ankündigungsfrist von einem Monat zum 1. eines jeden Monats durch schriftliche Erklärung angemessen heraufgesetzt oder herabgesetzt werden, je nach Höhe der tatsächlichen oder zu erwartenden Kosten.

Anlage 4

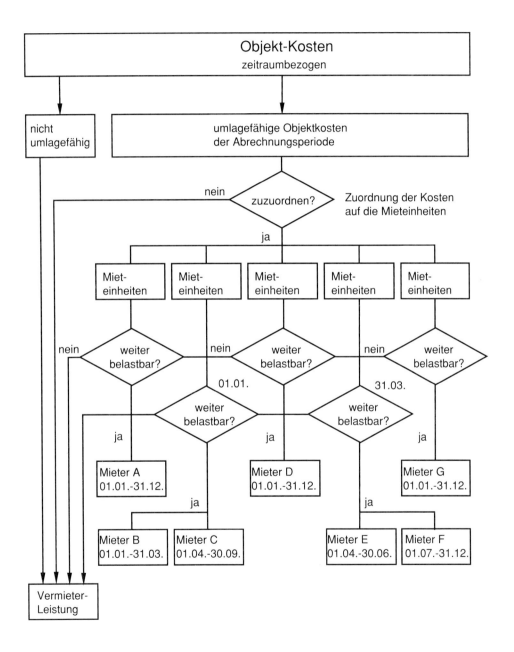

Die so ermittelten umlagefähigen Objektkosten werden auf ihre Zugehörigkeit zur Abrechnungsperiode untersucht.

Diejenigen Kosten sind zu ermitteln, die einen Abrechnungszeitraum überschreiten, z. B. Kostenabrechnungen der Versorgungsunternehmen, die oftmals erst ihre Schlußrechnung vom 1.4. bis 31.3. des Folgejahres stellen oder auch die Prämienrechnungen der Versicherungen.

Anschließend erfolgt die Zuordnung der Kosten auf die einzelnen Mieteinheiten der Gewerbe-Immobilie. Die Verteilung erfolgt also vorerst nicht auf den Mieter, sondern auf die Mieteinheiten.

Nach der Verteilung auf die einzelnen Mieteinheiten des Objektes werden im nächsten Schritt die auf die Mieteinheiten verteilten Objektkosten auf den Mieter weiterbelastet.

Hierbei sind die unterschiedlichen mietvertraglichen Festlegungen und die Mietzeit des Mieters innerhalb des Abrechnungszeitraumes zu berücksichtigen.

Bei Mietvertragsvereinbarungen, in denen die Leerstandskosten durch die Mieter getragen werden, werden dann die auf die Mieteinheiten, denen kein Mieter gegenübersteht, entfallenden Kosten auf die verbleibenden Mieter zugeordnet.

Bei Mietvertragsregelungen, bei denen der Vermieter die Leerstandskosten trägt, werden die auf die Mieteinheit verteilten Objektkosten, dem kein Mieter gegenübersteht, dem Vermieter zugerechnet.

Die Beispiele in Anlage 5 und 6 zeigen die Zuordnung der einzelnen Kostenarten mit den einzelnen Abrechnungsschlüsseln sowie die Zuordnung der auf eine Mieteinheit entfallenden Kostenarten und ihren Abrechnungsschlüssel.

Das Immobilien-Management muß heute auch in der Lage sein, zu jedem Zeitpunkt eine intervallbezogene Nebenkostenabrechnung für jeden Mieter des Objektes zu fahren.

Ein Intervall kann ausgelöst werden durch:

Zeitliche Abgrenzung der Kosten

Hierunter sind die normalen, einen Abrechnungszeitraum überschreitenden, Kosten zu verstehen, z. B. die Kosten für Versicherungsprämien, die einen Zeitraum vom 1.7. des lfd. Jahres bis zum 30.6. des Folgejahres betreffen, oder die Kosten eines Dienstleistungsvertrages, dessen Laufzeit vom 1.11. des lfd. Jahres bis zum 31.3. des Folgejahres abgeschlossen wurde (z. B. Schnee- und Eisbeseitigung), oder die Kosten für Wartungsleistung, die vom 1.4. des lfd. Jahres bis 31.3. des Folgejahres abgeschlossen wurden.

Veränderung der Verteilgröße z. B. Mieterein- und -auszug (hier besonders, wenn die mietvertraglichen Regelungen eine Verteilung der Kosten im Verhältnis der Mietfläche zur im Objekt insgesamt vermieteten Fläche darstellt).

Anlage 5

1.4.89 OBJEKTVERWALTUNG Seite: 1
– KONTIERUNGSLISTE –

Firma: Testfirma   Firmen-Nr.: 990
Objekt: Musterobjekt   Objekt-Nr.: 01

Kontogruppe K.-Art AE.	Bezeichnung	Abrechnungs-schlüssel
41 100 00 00	*Strom*	51 Verbrauch NK-Fläche
01 00	Strom allgemein	51 Verbrauch NK-Fläche
01	Allgemeiner Verbrauch	21 NK-Fläche (m²)
02	Wohnbereich	51 Verbrauch NK-Fläche
04 00	Strom Garagen	10 anteilig
41 200 00 00	*Heizung*	00 keine Zuordnung
02 00	Gas	00 keine Zuordnung
01	Zähler 1 Gewerbemieter	00 keine Zuordnung
02	Zähler 2 Wohnungen	00 keine Zuordnung
41 300 00 00	*Wasser/Entwässerung*	21 NK-Fläche (m²)
01 00	Wasserverbrauch allgemein	61 nach Prozentanteilen
01	allgemeiner Verbrauch	61 nach Prozentanteilen
05 00	Entwässerung	61 nach Prozentanteilen
01	allgemeiner Bereich	61 nach Prozentanteilen
42 100 00 00	*Steuern und Abgaben*	
01 00	Grundsteuer	21 NK-Fläche (m²)
01	Grundbetrag	21 NK-Fläche (m²)
02	Erhöhungsbetrag	21 NK-Fläche (m²)
02 00	Deichanlagen	21 NK-Fläche (m²)
42 200 00 00	*Entsorgung*	21 NK-Fläche (m²)
01 00	Müllabfuhr allgemein	21 NK-Fläche (m²)
02 00	Container Wohnungen	21 NK-Fläche (m²)
03 00	Container Gewerbe	21 NK-Fläche (m²)
42 300 00 00	*Öffentl. Reinigung, Straßenreinigung*	21 NK-Fläche (m²)
01 00	Gehwegreinigung	21 NK-Fläche (m²)
42 400 00 00	*Sonstige öffentliche Gebühren*	
02 00	Meßprotokolle	21 NK-Fläche (m²)
43 100 00 00	*Gebäudeversicherung*	21 NK-Fläche (m²)
01 00	Feuerversicherung	21 NK-Fläche (m²)
02 00	Verbundene Gebäudeversicherung	21 NK-Fläche (m²)
43 200 00 00	*Haftpflichtversicherung*	21 NK-Fläche (m²)
01 00	Haftpflicht allgemein	21 NK-Fläche (m²)

4410 00 00		*Reinigungsarbeiten*	21 NK-Fläche (m²)
03 00		Wohnbereiche	21 NK-Fläche (m²)
04 00		Gewerbebereiche	21 NK-Fläche (m²)
05 00		Fassaden	21 NK-Fläche (m²)
06 00		Dachflächen	21 NK-Fläche (m²)
07 00		Glasreinigung	21 NK-Fläche (m²)
09 00		Schnee- und Eisbeseitigung	21 NK-Fläche (m²)
4430 00 00		*Hausmeisterdienste*	21 NK-Fläche (m²)

Anlage 6

++ Nebenkostenabrechnung – Listenprogramm ++

Firma: Testfirma Firmen-Nr.: 0990
Objekt: Musterobjekt Objekt-Nr.: 01

Mieteinheit 360003, Spielhalle EG gültig ab: 1/89

Konto	UV	Bezeichnung	Abrechnungsschlüssel	L.STD
4110 01 01		Strom allgemein / Allgemeiner Verb	21 NK-Fläche (m²)	NEIN
4130 01 01	02	allgemeiner Verb / übrige; übrig	61 nach Prozentanteile	NEIN
4130 05 01		Entwässerung / allgemeiner Bereich	61 nach Prozentanteile	NEIN
4210 01 01		Grundsteuer / Grundbetrag	21 NK-Fläche (m²)	NEIN
4210 01 02		Grundsteuer / Erhöhungsbetrag	21 NK-Fläche (m²)	NEIN
4220 01 00		Müllabfuhr allgemein	21 NK-Fläche (m²)	JA
4220 03 00		Container Gewerbe	21 NK-Fläche (m²)	JA
4230 01 00		Gehwegreinigung	21 NK-Fläche (m²)	NEIN
4240 02 00		Meßprotokolle	21 NK-Fläche (m²)	NEIN
4310 01 00		Feuerversicherung	21 NK-Fläche (m²)	NEIN
4310 02 00		Verbundene Gebäudeversicherung	21 NK-Fläche (m²)	NEIN
4320 01 00		Haftpflicht allgemein	21 NK-Fläche (m²)	NEIN
4410 04 00		Gewerbebereiche	21 NK-Fläche (m²)	NEIN
4410 05 00		Fassaden	21 NK-Fläche (m²)	NEIN
4410 06 00		Dachflächen	21 NK-Fläche (m²)	NEIN
4410 07 00		Glasreinigung	21 NK-Fläche (m²)	NEIN
4410 09 00		Schnee- und Eisbeseitigung	21 NK-Fläche (m²)	NEIN
4430 01 00		Hausmeister	21 NK-Fläche (m²)	NEIN
4430 03 00		Aushilfen	21 NK-Fläche (m²)	NEIN
4440 09 00		Fahrstuhl	21 NK-Fläche (m²)	NEIN
4510 01 00		Personenaufzüge	21 NK-Fläche (m²)	NEIN
4520 00 00		*Heizung, Lüftung*	21 NK-Fläche (m²)	NEIN
4530 01 01		Allgemeine Elektro / Allgemeine El	21 NK-Fläche (m²)	NEIN
4610 00 00		*Allgemeines Material*	21 NK-Fläche (m²)	NEIN
4620 03 00		Sonstige Mittel	21 NK-Fläche (m²)	NEIN
4640 03 00		Technisches Gerät	21 NK-Fläche (m²)	NEIN
4810 01 00		Personenaufzüge	21 NK-Fläche (m²)	NEIN
4820 01 00		Heizungsanlagen	21 NK-Fläche (m²)	NEIN

Diese Intervallautomatik ist besonders bei den Objekten wichtig, bei denen eine Verteilung der im Objekt angefallenen Kosten auf der Grundlage der Mietfläche der einzelnen Mietbereiche des Mieters im Verhältnis zur gesamten im Objekt vermieteten Fläche erfolgt. Da sich diese Verteilgröße jeweils bei Ein- und Auszug eines Mieters ändert, wird hierdurch automatisch ein Intervall ausgelöst.

Daß darüber hinaus ein EDV-gestütztes Kosten-Verteilprogramm auch Auswertungen jeglicher Art, sowohl der einzelnen Rechnungen und Rechnungspositionen als auch der einzelnen Beträge pro Konto und Teilintervall als auch der Verteilung Miete, Mieteinheit unter Berücksichtigung oder Nichtberücksichtigung von Sondervereinbarungen zuläßt, sei hier nur am Rande erwähnt.

In den Anlagen 7, 8 und 9 haben wir eine detaillierte Nebenkosten-Abrechnung eines Gewerbemieters dargestellt sowie eine detaillierte Nebenkostenabrechnung auf einzelne Teilintervalle, im Beispiel vom 1. 1. bis 30. 4. und vom 1. 5. bis 31. 12. des Abrechnungsjahres.

Anlage 7

Nebenkostenabrechnung an Mieter   Seite 1

Nebenkosten-Abrechnungszeitraum: 1.1.88 bis 31.12.88
Mieteinheit: 360003 Spielhalle EG, Hauptfläche
Mieter: 00502 Hartmann, Werner
Mietzeit: 1.1.88 bis 31.12.88 = 365 Tage

Kostenart	Betrag gesamt	Betrag der Mieteinheit
Strom		
Allgemeiner Verbrauch	631,58	85,07
Wasser/Entwässerung		
übrige, übrige ME	2 295,40	334,76
übrige, übrige ME	3 003,71	458,08
Steuern und Abgaben		
Grundbetrag	2 500,00	487,76
Erhöhungsbetrag	338,76	66,10
Entsorgung		
Container Gewerbe	204,00	42,53
Öffentl. Reinigung, Straßenreinigung		
Gehwegreinigung	1 274,40	171,36
Gebäudeversicherung		
Feuerversicherung	3 254,33	634,95
Verbundene Gebäudeversicherung	223,01	43,45
Haftpflichtversicherung		
Haftpflicht allgemein	422,80	82,62
Reinigungsarbeiten		
Schnee- und Eisbeseitigung	19,84	2,75
Hausmeisterdienste		
Hausmeister	11 256,08	2 195,55
Aushilfen	2 374,52	463,28
Prüfungen und Abnahmen		
Fahrstuhl	260,00	47,74

Fördertechnische Anlagen		
Personenaufzüge	5970,03	803,56
Fördertechnische Anlagen		
Personenaufzüge	157,50	21,12
Heizung, Lüftung		
Heizungsanlagen	696,80	93,95
Summe	34 882,76	6 034,63
∕ Nebenkostenvorauszahlung lt. Vertrag		7 200,00
		−1 165,37
zuzüglich 14 % MWST		163,15
Überzahlung		−1 002,22

Hinweis: Die Beträge pro Kostenart ergeben sich als Summe der entsprechenden Werte aus den detaillierten Teilabrechnungen.

Anlage 8

Detaillierte Nebenkostenabrechnung   Seite 2

Mieter: 00502 Hartmann, Werner
Teil-Abrechnungszeitraum: vom 1.1.1988 bis 30.4.1988

Kostenart	Betrag gesamt	gesamte Verteilgröße	DM/Verteilgröße	Verteilgröße	Betrag der Mieteinheit
Steuern und Abgaben					
Grundbetrag	821,92	1 568,58 m²	0,524	306,00	160,34
Erhöhungsbetrag	111,37	1 568,58 m²	0,071	306,00	21,73
Entsorgung					
Container Gewerbe	67,07	1 288,58 m²	0,052	306,00	15,91
Öffentl. Reinigung, Straßenreinigung					
Gehwegreinigung	418,98	2 273,72 m²	0,184	306,00	56,30
Gebäudeversicherung					
Feuerversicherung	1 069,92	1 568,58 m²	0,682	306,00	208,69
Verbundene Gebäudeversicherung	73,32	1 568,58 m²	0,047	306,00	14,38
Haftpflichtversicherung					
Haftpflicht allgemein	139,00	1 568,58 m²	0,089	306,00	27,23
Hausmeisterdienste					
Hausmeister	3 777,88	1 568,58 m²	2,408	306,00	736,85
Prüfungen und Abnahmen					
Fahrstuhl	85,48	1 667,96 m²	0,051	306,00	15,61
Fördertechnische Anlagen					
Personenaufzüge	1 957,75	2 273,72 m²	0,861	306,00	263,47
Fördertechnische Anlagen					
Personenaufzüge	51,78	2 273,72 m²	0,023	306,00	7,04
Heizung, Lüftung					
Heizungsanlagen	229,08	2 273,72 m²	0,101	306,00	30,91
Summe	8 803,55				1 558,46

Hinweis: Die Beträge der Mieteinheit pro Kostenart ergeben sich als Produkt aus DM/Verteilgröße mal Verteilgröße.

Anlage 9

Detaillierte Nebenkostenabrechnung Seite 3

Mieter: 00502 Hartmann, Werner
Teil-Abrechnungszeitraum: vom 1.5.1988 bis 30.12.1988

Kostenart	Betrag gesamt	gesamte Verteilgröße	DM/Verteilgröße	Verteilgröße	Betrag der Mieteinheit
Strom					
Allgemeiner Verbrauch	631,58	2 273,72 m²	0,278	306,00	85,07
Wasser/Entwässerung					
übrige, übrige ME	2 295,40	2 098,48 m²	1,094	306,00	334,76
übrige, übrige ME	3 003,71	2 006,40 m²	1,497	306,00	458,08
Steuern und Abgaben					
Grundbetrag	1 678,08	1 568,58 m²	1,070	306,00	327,42
Erhöhungsbetrag	227,39	1 568,58 m²	0,145	306,00	44,37
Entsorgung					
Container Gewerbe	136,93	1 568,58 m²	0,087	306,00	26,62
Öffentl. Reinigung, Straßenreinigung					
Gehwegreinigung	855,42	2 273,72 m²	0,376	306,00	115,06
Gebäudeversicherung					
Feuerversicherung	2 184,41	1 568,58 m²	1,393	306,00	426,26
Verbundene Gebäudeversicherung	149,69	1 568,58 m²	0,095	306,00	29,07
Haftpflichtversicherung					
Haftpflicht allgemein	283,80	1 568,58 m²	0,181	306,00	55,39
Reinigungsarbeiten					
Schnee- und Eisbeseitigung	19,84	2 273,72 m²	0,009	306,00	2,75
Hausmeisterdienste					
Hausmeister	7 478,20	1 568,58 m²	4,767	306,00	1 458,70
Aushilfen	2 374,52	1 568,58 m²	1,514	306,00	463,28
Prüfungen und Abnahmen					
Fahrstuhl	174,52	1 667,96 m²	0,105	306,00	32,13
Fördertechnische Anlagen					
Personenaufzüge	4 012,28	2 273,72 m²	1,765	306,00	540,09
Fördertechnische Anlagen					
Personenaufzüge	105,72	2 273,72 m²	0,046	306,00	14,08
Heizung, Lüftung					
Heizungsanlagen	467,72	2 273,72 m²	0,206	306,00	63,04
Summe	26 079,21				4 476,17

Hinweis: Die Beträge der Mieteinheit pro Kostenart ergeben sich als Produkt aus DM/Verteilgröße mal Verteilgröße.

Die Kostenverteilung, also die Belastung der Mieter mit den im Objekt entstandenen Betriebskosten, ist stets dann der Ansatz für Streitigkeiten und Unstimmigkeiten zwischen Mietern und Vermietern, wenn sie nicht klar belegbar und auf der Grundlage gerechter Umlageschlüssel erarbeitet und nachvollziehbar ist.

Ziel des Kosten-Managements muß es deshalb sein, eine höchstmöglich gerechte Kostenverteilung vorzunehmen.

Die Aufgabe eines effektiven Kostenmanagements ist es nicht, aus veralteten Mietverträgen abgeleitete Vertragsgrundlagen zu berücksichtigen, sondern Lösungen zu erarbeiten und durchzusetzen, die den wirtschaftlichen Notwendigkeiten des Objektes und seiner Mieter Rechnung tragen.

Durch die großartigen Möglichkeiten der elektronischen Datenverarbeitung sind diese Anforderungen an ein professionelles Immobilien-Management erfüllbar.

Auch ist zu berücksichtigen, daß ein entsprechendes Anforderungsprofil alle betrieblichen Bereiche (z. B. das Rechnungswesen) tangieren kann, so daß bereits im Vorfeld mit den entsprechenden Abteilungen das Gesamtkonzept intern verabschiedet werden muß.

1.3 Kostenreduzierung

Eine der Aufgaben eines kostenorientierten Immobilien-Managements ist es, Möglichkeiten für Kostenreduzierungen laufend zu prüfen und, wo sinnvoll, vorzunehmen.

Wichtig ist jedoch, daß nicht eine Senkung der Kosten um jeden Preis vorgenommen wird, sondern daß die Kostenreduzierungen in einem angemessenen Kosten-Nutzen-Verhältnis stehen.

Ein deutliches Beispiel für eine falsche Kostenreduzierungsmaßnahme wäre, die Beleuchtung der Mall eines Shopping-Centers zur Hauptgeschäftszeit auf die Notbeleuchtung zu schalten, weil diese die kostengünstigste Beleuchtung ist.

Dagegen sind Kosteneinsparungsmöglichkeiten im Heizung-, Lüftungs- und Klimabereich durch Anpassung der Fahrweise auf Öffnungszeiten, starke oder schwächere Frequenzen ebenso sinnvoll und praktikabel wie auch möglicherweise Übergang auf Handbetrieb in den Übergangszeiten von Herbst/Winter und Frühjahr/Sommer.

Ein wesentliches Hilfsmittel für den kostenorientierten Immobilien-Manager ist ein EDV-gestütztes Kosten-/Budgetprogramm.

Die Objekt-Kosten-Abweichungsanalyse, die in einem monatlichen Soll-Ist-Vergleich sowohl den kumulierten Wert als auch den Wert der Jahreshochrechnung ermittelt, ist eines der wichtigsten Instrumente für die Kostenüberwachung und damit des Erkennens von Möglichkeiten zur Kostenreduzierung (s. Anlage 10).

Wie im Schaubild (s. Anlage 11) dargestellt, ist die Überprüfung der Möglichkeit von Kostenreduzierungen auf jeder Stufe der Kostenbetrachtung, d. h. bei ihrer Entstehung und bei ihrer Verteilung, durchzuführen.

Bei der Planung und Errichtung einer Gewerbe-Immobilie hat die Kostenreduzierung bereits hier einzusetzen, alle neueren technischen Entwicklungen im haustechnischen Anlagenbereich, die gesammelten Erfahrungswerte aus gleichgelagerten Gewerbe-Immobilien etc. sind in die Projekte miteinzubeziehen, um alle Möglichkeiten sinnvoller Kostenreduzierungen berücksichtigt zu haben.

2. Die Bedeutung des Kosten-Managements für die gewerbliche Immobilie

2.1 Grundsätze des Kosten-Managements

Die drei Bereiche für die Tätigkeit eines aktiven Kosten-Managements sind:
- Kosten-Entstehung
- Kosten-Reduzierung
- Kosten-Verteilung.

In seiner Bedeutung kommt das Kosten-Management den anderen Aufgabengebieten des Immobilien-Managements wie Vermietungsmanagement, Mietermanagement, Objektmanagement, Werbe- und PR-Management etc. zumindest gleich, ist bereits oder wird in nächster Zukunft einer der wichtigsten Tätigkeitsbereiche sein. Gerade weil heute durch mietvertragliche Vereinbarungen die Mieter der Gewerbe-Immobilie den größten Teil der laufenden Kosten zu tragen haben, ist das Immobilien-Management gefordert, besonderes Augenmerk auf die Kostensituation des von ihr betreuten Gewerbeobjektes zu richten. Jede Mark mehr Kosten ist eine Mark weniger Miete.

Die gesamte Tragweite und der Umfang des Kostenmanagements wird bisher nur von wenigen Immobilien-Spezialisten erkannt und praktiziert. Besonders dort, wo gewerbliche Mietverträge zuungunsten von Kostenregelungen abgeschlossen wurden, können wir erkennen, mit welcher Unbedarftheit häufig die Bedeutung eindeutiger Kostenregelungen und Kostenübernahmebestimmungen verkannt und völlig unterschätzt wird.

Anlage 10

OBJEKTVERWALTUNG
– Nebenkosten – Abweichungsanalyse –
1989

13/3/89 11:50
Firmen-Nr.: 0990
Objekt-Nr.: 01

Konto-Nr.	Kostenart	Monat: Dezember				Kumulation (Januar–Dezember)				Jahreshochrechnung			
		Soll	Ist	Diff.	%	Soll	Ist	Diff.	%	Soll	Ist	Diff.	%
411000	*Strom*	0	0	0	0	0	0	0	0	0	0	0	0
411001	Strom allgemein	500	4966	4466–	893–	5400	4966	434	893–	5400	4966	434	8
411004	Strom Garagen	30	350	320–	1067–	360	350	10	1067–	360	350	10	3
412000	*Heizung*	0	0	0	0	0	0	0	0	0	0	0	0
412002	Gas	2100	21107	19007–	905–	21300	21107	193	905–	21300	21107	193	1
413000	*Wasser/Entwässerung*	0	0	0	0	0	0	0	0	0	0	0	0
413001	Wasserverbrauch	300	2550	2250–	750–	3600	2550	1050	750–	3600	2550	1050	29
413005	Entwässerung	350	3337	2987–	853–	4200	3337	863	853–	4200	3337	863	21
421000	*Steuern und Abgaben*	0	0	0	0	0	0	0	0	0	0	0	0
421001	Grundsteuer	700	0	700	100	2800	2838	38–	100	2800	2838	38–	1
421002	Deichanlagen	0	0	0	0	0	0	0	0	0	0	0	0
422000	*Entsorgung*	0	0	0	0	0	0	0	0	0	0	0	0
422001	Müllabfuhr allgemein	0	0	0	0	0	0	0	0	0	0	0	0
422002	Container Wohnung	600	0	600	100	2400	4392	1992–	100	2400	4392	1992–	83
422003	Container Gewerbe	0	0	0	0	0	204	204–	0	0	204	204–	0
423000	*Öffentl. Reinigung*	0	0	0	0	0	0	0	0	0	0	0	0
423001	Gehwegreinigung	250	0	250	100	1000	1274	274–	100	1000	1274	274–	27
424000	*Sonstige Öffentl*	0	0	0	0	0	0	0	0	0	0	0	0
424002	Meßprotokolle	0	0	0	0	0	0	0	0	0	0	0	0
431000	*Gebäudeversicherung*	0	0	0	0	0	0	0	0	0	0	0	0
431001	Feuerversicherung	0	0	0	0	3500	3254	246	0	3500	3254	246	7
431002	Verbundene Gebäudeversicherung	0	0	0	0	2000	2007	7–	0	2000	2007	7–	0
432000	*Haftpflichtversicherung*	0	0	0	0	0	0	0	0	0	0	0	0
432001	Haftpflicht allgemein	0	0	0	0	450	422	28	0	450	422	28	6
441000	*Reinigungsarbeiten*	0	0	0	0	0	0	0	0	0	0	0	0
441003	Wohnbereiche	250	0	250	100	3000	1160	1840	100	3000	1160	1840	61

13/3/89   11:50

OBJEKTVERWALTUNG
– Nebenkosten – Abweichungsanalyse –

Firma: 1989   Firmen-Nr.: 0990
Objekt: Objekt-Nr.: 01

Konto-Nr.	Kostenart	Monat: Dezember Soll	Ist	Diff.	%	Kumulation (Januar–Dezember) Soll	Ist	Diff.	%	Jahreshochrechnung Soll	Ist	Diff.	%
441004	Gewerbebereiche	0	0	0	0	0	0	0	0	0	0	0	0
441005	Fassaden	0	0	0	0	0	0	0	0	0	0	0	0
441006	Dachflächen	0	0	0	0	0	0	0	0	0	0	0	0
441007	Glasreinigung	0	0	0	0	0	0	0	0	0	0	0	0
441009	Schnee- und Eisbeseitigung	100	0	100	100	300	146	154	100	300	146	154	51
443000	*Hausmeisterdienste*	0	0	0	0	0	0	0	0	0	0	0	0
443001	Hausmeister	3000	1688–	4688	156	12000	13192	1192–	156	12000	13192	1192–	10
443003	Aushilfen	600	697	97–	16–	2400	2373	27	16–	2400	2373	27	1
444000	*Prüfungen und Abnahmen*	0	0	0	0	0	0	0	0	0	0	0	0
444009	Fahrstuhl	0	0	0	0	0	260	260–	0	0	260	260–	0
451000	*Fördertechnische Anlagen*	0	0	0	0	0	0	0	0	0	0	0	0
451001	Personenaufzüge	1500	0	1500	100	6000	5970	30	100	6000	5970	30	1
452000	*Heizung, Lüftung*	0	0	0	0	0	0	0	0	0	0	0	0
452001	Heizungsanlagen	0	0	0	0	0	477	477–	0	0	477	477–	0
452002	Lüftungsanlagen	0	0	0	0	0	0	0	0	0	0	0	0
453000	*Elektro-Anlagen*	0	0	0	0	0	0	0	0	0	0	0	0
453001	Allgemeine Elektroanlagen	200	0	200	100	2400	2456	56–	100	2400	2456	56–	2
461000	*Allgemeines Material*	0	0	0	0	0	0	0	0	0	0	0	0
461001	Elektrozubehör	0	0	0	0	400	459	59–	0	400	459	59–	15
461004	Sanitärzubehör	0	0	0	0	0	0	0	0	0	0	0	0
461005	Schlosserzubehör	0	0	0	0	0	0	0	0	0	0	0	0
461006	Sonstiges Zubehör	0	0	0	0	1800	3000	1200–	0	1800	3000	1200–	67
462000	*Reinigungsmaterial*	0	0	0	0	0	0	0	0	0	0	0	0
462003	Sonstige Mittel	0	0	0	0	0	0	0	0	0	0	0	0
464000	*Sonstiges Material*	0	0	0	0	0	0	0	0	0	0	0	0
464003	Technisches Gerät	0	0	0	0	0	0	0	0	0	0	0	0

Anlage 11

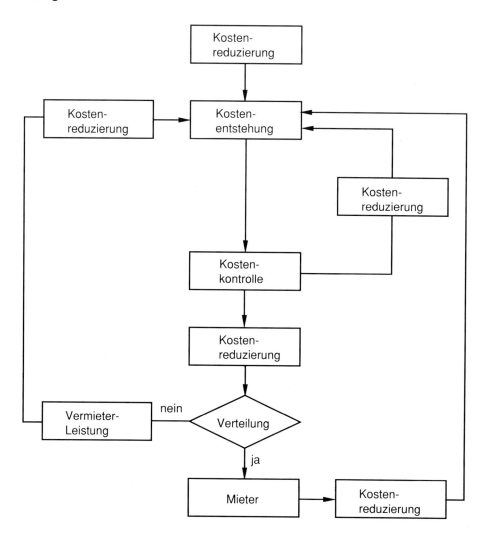

2.2 Die Anforderung an das Immobilien-Management

Das Immobilien-Management muß sich darüber im klaren sein, daß das Kosten-Management ein gleichbedeutender Faktor seiner Gesamtverantwortung ist wie alle anderen Managementaufgaben.

Dort, wo Objektkosten auf die im Objekt ansässigen Mieter weiterbelastbar und somit auch verteilbar sind, muß das Immobilien-Management schon aus dem Interesse heraus, bestmögliche Mieterträge zu erzielen, alles unternehmen, die Kostenbelastung für den Mieter und für das Objekt so gering als möglich zu halten.

Daß heute von vielen Mietern und in vielen Objekten die Höhe der umgelegten Betriebs- und Nebenkosten bereits als »2. Miete« angesehen wird, unterstreicht den Stellenwert des Kosten-Managements.

An einem einfachen Beispiel läßt sich die Bedeutung des Kosten-Managements eindrucksvoll verdeutlichen.

An einem bestimmten Standort wird für die Vermietung einer Immobilie ein marktgerechter Durchschnittspreis von DM 20,–/m^2 und Monat erzielt. An diesem Standort und an diesem Vermietungsmarkt ist eine Nebenkostenbelastung von DM 5,–/m^2 marktgerecht. Für den Mieter sind damit insgesamt Mietbelastungskosten von DM 25,–/m^2 marktgerecht.

Bei einer Belastung durch Nebenkosten mit DM 10,–/m^2 würde dieses bei sonst gleichen Marktgegebenheiten eindeutig zu Lasten des Mietertrages gehen, d. h. bei einem durchschnittlichen Kostenfaktor von DM 25,–/m^2 und einem Nebenkostenanteil von DM 10,–/m^2 bleibt somit ein Mietertrag von DM 15,–/m^2 übrig.

Die Anforderung an das Immobilien-Management ist es deshalb, jede Kostenart und jede Kostenverursachung stets und ständig auf ein ausgewogenes Preis-Leistungs-Verhältnis hin zu untersuchen.

Der Immobilien-Manager von heute darf sich nicht auf seiner Erfahrung ausruhen. Standort-Beobachtungen, Strukturanalysen, bauliche Konzeptionen, Analysen über Kunden- und Käuferverhalten, Erarbeitung von Mieter- und Branchenmix, Erarbeitung von Werbe- und Öffentlichkeitsarbeit, Weiterentwicklung von Mietvertragsgestaltungen, Durchführung von Vermietung und Mieterbetreuung sind noch lange nicht alle Anforderungen, die an ein erfolgreiches Immobilien-Management zu stellen sind.

Denn erst, wenn kontinuierlich die Kosten- und Nutzen-Analyse eines Objektes im gewerblichen Immobilien-Management mehr Nutzen als Kosten erwirtschaftet, darf man von einem erfolgreichen Immobilien-Management sprechen.

DR. LUTZ AENGEVELT
Vermittlung von Gewerbe-Immobilien

Inhalt

1.	Vermittlung von Gewerbeobjekten – Grundlegung	557
2.	Die Objektseite	557
2.1	Objektaufnahme	557
2.2	Elemente einer kritischen Bestandsaufnahme	558
2.3	Objektbewertung	559
2.4	Objekt-Aufbereitung	560
2.5	Der Auftrag	560
2.6	Objektbeschreibung	560
3.	Die Vermittlungstätigkeit	561
3.1	Feststellung der Zielgruppen	561
3.2	Suchkartei	561
3.3	Zielorientierung	562
3.4	Objektpräsentation	562
3.5	Flankierende Maßnahmen	562
3.6	Korrekturphase	563
3.7	Verhandlungsphase	564
3.8	Vertragsabschluß	564

1. Vermittlung von Gewerbeobjekten – Grundlegung

Die Aufgabenstellung dieses Beitrages ist die Darstellung der vermittelbaren Tätigkeit eines Immobilienmaklers, in der Wahrnehmung seiner Rolle als unabhängiger Sachkenner und als Mittler zwischen den Interessen der Marktteilnehmer.

Vermittlung ist die zielgerichtete Tätigkeit zur Herstellung des Vermittlungserfolges; hier: Verkauf oder Vermietung gewerblicher Immobilien.

Gewerbliche Immobilien sind solche Liegenschaften, die nicht oder nicht überwiegend Wohnzwecken dienen. Die hiesige Untersuchung konzentriert sich dabei auf die wesentlichen gewerblichen Marktsegmente: Einzelhandelsflächen, Büroflächen, »kombinierte« Objekte (Liegenschaften, die der räumlichen Zusammenfassung von Büro-, Lager/Montage- und Ausstellungsflächen dienen) und industrielle Objekte, bei denen die Produktionsorientierung im Vordergrund steht.

Bei der konkreten Vermittlungstätigkeit ist außerdem noch zu unterscheiden, ob sie sich auf Bestandsobjekte oder auf Objekte im Erstbezug bezieht.

Jede Vermittlungstätigkeit basiert auf zwei Elementen, die personell – das ist die Erfahrung des Verfassers – von zwei unterschiedlich orientierten Personengruppen im Maklerbüro – freilich unter einheitlicher Geschäftsleitung – abgewickelt werden sollten:
– der Beschäftigung mit dem zu vermittelnden Objekt,
– der Suche nach dem dafür geeigneten Erwerber.

2. Die Objektseite

Es ist bekannt, daß es *den* Immobilienmarkt nicht gibt. Zu unterschiedlich sind die Sonderbewegungen in einzelnen Volkswirtschaften, Nationalwirtschaften, Regionalwirtschaften; zu groß sind die Unterschiede zwischen den einzelnen Immobilienobjekten, deren Spannweite von der Mietwohnung bis zur Industrieliegenschaft reicht. Dennoch gibt es gewisse Generallinien und Gemeinsamkeiten, wie die Objektaufnahme, Objektaufbereitung und die Objektvermittlung durchzuführen sind. Um deren Darstellung wird es im folgenden gehen:

2.1 Objektaufnahme

Die *Objektaufnahme* besteht zunächst in einer Datenerfassung, am besten anhand einer Checkliste, und reicht von der Feststellung der Eigentumsverhältnisse, der Grundbuchtatbestände zuzügl. Baulasten; der Untersuchung, ob Erschließungskosten nach BauGB und KAG vollständig gezahlt und wenn nicht, wieviel noch zu erwarten sind. Die Datenerfassung schließt auch ein, ob der Gesprächspartner zur Erteilung des Vermittlungsauftrages befugt ist und ob ein ernsthafter Verkaufs-/Vermietungswille besteht. Zu oft wird die Sach- und Fachkenntnis eines Immobilienmaklers für die Erstellung eines kostenlosen Gutachtens ausgenutzt.

2.2 Elemente einer kritischen Bestandsaufnahme

Es folgt eine *Bestandsaufnahme* und Kontrolle der Liegenschafts-*»Technik«*:

a) Sachverständige Besichtigung zur Feststellung der Objektstruktur, des Zustandes, der Erfassung evtl. Baumängel, eines evtl. Reparaturstaues, aber auch eine qualitative Kontrolle, die der Untersuchung der Frage dient, ob die vorhandenen Aufbauten auch den wirtschaftlichen Ansprüchen des Marktes (den weniger der Jetzt-Zustand als die zukünftig optimale Nutzung interessiert) entsprechen. Bei der kritischen Feststellung, daß die vorhandenen Aufbauten keine multifunktionale Nutzung zulassen, sind die entsprechenden Abbruchkosten zu kalkulieren, und zwar in zwei Varianten: Komplettabbruch incl. Entfernung von Fundamenten bzw. Abbruch bis 30 cm unter Bodenoberkante.

b) Der nächste Schritt besteht in der Kontrolle des *Baurechts*: Feststellung, ob es sich beim vorhandenen Baugebiet um den Geltungsbereich eines B-Planes handelt oder um Baurecht gemäß § 34 BauGB. Gegenkontrolle durch Untersuchung der Ansichten der staatlichen Gewerbeaufsicht, welche Art von Betrieben am untersuchten Standort zulässig sind. Der Abschluß dieser baurechtlichen Bestandsaufnahme erfolgt durch die Feststellung, ob die Liegenschaft im Geltungsbereich zukünftiger planerischer Maßnahmen liegt. Bei industriellen Liegenschaften schließt dies die Feststellung ein, ob planerische Maßnahmen im Bereich der Zuwegungen beabsichtigt und möglich sind.

c) Bei gewerblichen und industriellen Liegenschaften darf eine *Altlastenuntersuchung* zur Abschätzung des Gefährdungspotentials aus gegenwärtigen oder früheren Produktionsprozessen, Deponien etc. nicht fehlen. In der Tendenz ist damit zu rechnen, daß sich bundesweit die Regelung durchsetzt, wonach Neunutzungen, Umnutzungen etc. nur genehmigt werden, wenn diese Untersuchungen durchgeführt und evtl. bestehende Altlasten saniert werden.

Aus praktischen Gründen (Abwicklungshindernis) und zur Ausschaltung von Haftungsfragen (Verursacherhaftung oder Bestandshaftung) ist die Altlastenuntersuchung einer der frühesten und wichtigsten Schritte bei der Objektaufnahme und Objektbewertung.

d) Die hier beschriebenen Schritte beziehen sich insbesondere auf gewerbliche und industrielle Liegenschaften. Bei der Aufnahme von Büro- und Lagerflächen ist darauf zu achten, daß die angegebenen Nutzflächenberechnungen tatsächlich

den einschlägigen DIN-Normen bzw. den vertraglichen Vereinbarungen entsprechen.
e) Zum Abschluß jeder Aufnahmetätigkeit ist die Sammlung der notwendigen Planunterlagen und deren Abgleichung mit der Realität vorzusehen. Zahlreiche Kaufverträge wurden nicht durchgeführt oder beschäftigen später dankbare Juristen, weil behauptete Zahlen nicht mit den tatsächlichen Gegebenheiten übereinstimmen.
f) Bei Objekten des Einzelhandels sind spezielle Aufnahmetechniken anzuwenden. Diese beinhalten eine Untersuchung – und deren spätere Weitergabe – der Konkurrenzsituation im Einzugsbereich des Standortes. Insbesondere bei der Vermittlung des Erstbezuges von Standorten mit mittlerer und größerer Verkaufsfläche sind Daten zur Feststellung des Kaufkraftpotentials bzw. dessen Bindung oder Abfluß zu erheben.

2.3 Objektbewertung

a) Die kritische Datenaufnahme dient der *Bewertung* der zur Vermittlung anstehenden Liegenschaft. Dabei erfolgt die Zusammenführung des technischen und des wirtschaftlichen Erhebungsergebnisses: nämlich die kritische Untersuchung, ob z. B. vorhandene gewerbliche oder industrielle Aufbauten wirtschaftlich veraltet sind und daher Bewertungsabschläge erforderlich machen, die über das Maß der sich aus den üblichen Bewerter-Tabellen ergebenden Abschläge für »Altersminderung« hinausgehen. Auf der Gegenseite kann die Beurteilung der Objektlage dazu führen, daß dem Wert des Grundstücksanteils ein zusätzliches Schwergewicht gegenüber den Aufbauten verliehen wird. Diese Entwicklung trifft zu, wenn z. B. durch Maßnahmen der Stadtplanung und durch positive Entwicklung in der Umgebungsbebauung lagemäßige Verbesserungen eingetreten sind: ehemals industriell genutzte und bebaute Liegenschaften erhielten den Charakter von Gewerbegebieten, Büro- oder Einzelhandelsstandorten.

Die Bewertung bezieht stets Vergleichsobjekte ein und endet in der Abgleichung der objektiven technisch-wirtschaftlichen Bewertung mit den im Marktgebiet bekannten Verhältnissen von Angebot und Nachfrage: Der Prüfstein jeder akademisch einwandfreien Bewertung gemäß den einschlägigen Richtlinien, Tabellen etc. ist deren Kontrolle durch die tatsächlich herrschenden Marktverhältnisse. Hier zeigt sich ein wesentlicher Teil der Vermittlungsqualität.

b) Keine Objektbewertung ohne Marktanalyse! Für welche Zielgruppe(n) kommt das zur Vermittlung anstehende Objekt zu welchen Konditionen (Preis, Kauf oder Miete etc.) in Frage? Konkurrenzsituation und Marktbeobachtung, Einbeziehung von evtl. öffentlichen Förderungshilfen etc. gehören zum Erkundungsprogramm des Vermittlers.

2.4 Objekt-Aufbereitung

Hierunter ist die keineswegs einfache Untersuchung zu verstehen, ob durch geeignete Maßnahmen, gegebenenfalls Investitionen etc., die Marktfähigkeit des zur Vermittlung anstehenden Objektes verbessert oder gar erst hergestellt wird. Dabei handelt es sich um eine Kosten-Nutzen-Analyse zur Feststellung, ob – z.B. durch Renovierungen, Sanierungen, Umbauten – Chancenverbesserungen am Markt erzielt werden, deren Ertrag über die aufgewandten Kosten hinausgeht. Im Einzelhandelsbereich schließt dies die Untersuchung kompletter Umstrukturierungen ein: Branchenmix kleinerer Objekte als Ersatz für ein großflächiges Angebot – oder umgekehrt; Herstellung einer »Markthalle« mit attraktivem Branchenmix statt Nutzung durch einen Interessenten mit beschränktem Sortiment. Bei unbebauten Grundstücken hat die Kosten-Nutzen-Analyse zu erfolgen, wenn z.B. durch Tiefenerschließungen und Parzellierungen Marktchancen eröffnet oder verbessert werden sollen, usw. Die Kosten-Nutzen-Analyse beinhaltet dabei auch die zeitlichen Risiken durch ein möglicherweise ausgelöstes oder unabwendbares B-Plan-Verfahren etc.

2.5 Der Auftrag

Das Ergebnis der vorbeschriebenen Untersuchungen und Bewertungen ist der Gegenstand des *Auftragsgespräches* mit dem Auftraggeber zur Vermittlung der Liegenschaft. Der angestrebte Auftrag muß in seinem Inhalt zeitlich, sachlich und honorarmäßig an die Aufgabenstellung des gewünschten Vermittlungserfolges angeglichen werden. Gleichzeitig sind die einzelnen Vermittlungsschritte zu erörtern inkl. Definition und Herstellung des Einvernehmens über die anzusprechende Zielgruppe, Maßnahmenkatalog, Werbe- und Präsentationsbudget etc. Hauptfehler: das Preisniveau wird als Fehleinschätzung oder aus mangelndem Durchsetzungswillen gegenüber dem Auftraggeber falsch (zu hoch) bemessen. Ergebnis: kein Vermittlungserfog; 2 enttäuschte Marktpartner (Auftraggeber und Vermittler) und ein ins Gerede gebrachtes Objekt.

2.6 Objektbeschreibung

Unsere Beschäftigung mit der Objektseite endet durch die Erstellung eines Angebotsexposés bzw. einer Werbebroschüre. Vordergründig spielen bei der Beschlußfassung über den Erwerb gewerblicher Immobilien auf der Erwerberseite Emotionen nicht dieselbe Rolle wie z.B. beim Kauf eigengenutzter Einfamilienhäuser oder Eigentumswohnungen. Dennoch braucht die »Verkaufsbotschaft« in Exposés oder Broschüren nicht völlig auf Emotionen zu verzichten, etwa in dem Sinne: Was unterscheidet das hier angebotene Objekt von vergleichbaren Objekten positiv, was stiftet es an zusätzlichem Nutzen (z. B. Imagegewinn) etc.? Grundsätzlich haben Exposés bzw. Werbebroschüren die keineswegs einfach herzustellende Balance zu halten zwischen der simplen Auflistung entscheidungsrelevanter Fakten und einem gut gemeinten Datenüberfluß, den der potentielle Erwerber dank der schieren Quantität gar nicht erst zur Kenntnis nimmt. Die Untergrenze der Information ist die Veröffentlichung der Daten, die dem reinen Verbraucherschutz im Sinne des § 34 der Gewerbeordnung und der einschlägigen Vorschriften der Makler- und Bauträgerverordnung (MABV) dienen. Die Angebotserstellung beinhaltet in ihren Aussagen bereits die Hinwendung auf die voraussichtliche Zielgruppe(n), die für den Erwerb des angebotenen Objektes in Frage kommt. Die Feststellung, welche Zielgruppe in Frage kommt und welche »Botschaft« bei dieser Zielgruppe »ankommt«, ist für den Marktkenner relativ leicht zu beantworten.

3. Die Vermittlungstätigkeit

Der umfangreichen Beschäftigung mit der Objektseite folgt nunmehr die eigentliche Vermittlungstätigkeit. Diese knüpft an Punkt 2.6 an:

3.1 Feststellung der Zielgruppen

Nämlich der Feststellung der für den Erwerb in Frage kommenden *Zielgruppe(n)*. Bei gewerblichen Objekten handelt es sich dabei um Eigennutzer, private und institutionelle Kapitalanleger, Gewerbebauträger, gelegentlich auch um Wirtschaftsförderungsgesellschaften oder Kommunen, z. B. bei Industrieliegenschaften.

3.2 Suchkartei

Für den Makler ist die Definition der Zielgruppe und die Herstellung der notwendigen Kontakte dorthin einfach: Er verfügt stets über eine Anzahl von fest vorgemerkten Suchkunden (Bedarfsträgern) für die von ihm in Auftrag genommenen Vermittlungsobjekte. Da der Makler immer dann am erfolgreichsten ist, wenn er sich auf der Nachfrageseite im Umfeld seiner fest vorgemerkten Suchkunden bewegt, ist er gut beraten, wenn er nur solche Objekte in Auftrag nimmt, die er in seiner Klientel auch voraussichtlich unterbringen kann. Der aufmerksame Umgang mit seinen Suchkunden erlaubt es dem Makler, zugunsten seines Objekt-Auftraggebers den Markt optimal auszuschöpfen, denn er hat stets die präzisen Anforderungen des kaufenden oder mietenden Publikums vor Augen und gleichzeitig das konkrete Preisniveau, das bei dem Bedarfsträger auch den erwünschten Erwerbswillen auslöst.

3.3 Zielorientierung

Die Auswertung der Interessenkartei bietet dem Vermittler und seinen Auftraggebern auf beiden Seiten des Marktes (Eigentümer einerseits und Nachfrager andererseits) *jeweils* und allseitige Vorteile: die Bedarfsträger erhalten nur solche Objekte zur Prüfung vorgelegt, die im wesentlichen den angemeldeten Bedürfnissen entsprechen. Den diffizilen Ansprüchen der Eigentümerseite wird ebenfalls Rechnung getragen, denn das Objekt wird gezielt und nicht breit auf dem Markt angeboten. Es wird zielorientiert angeboten und nicht auf den Kommissar »Zufall« gehofft. Das Objekt wird mit der notwendigen Diskretion behandelt und gerät nicht ins Gerede mit dem dabei unvermeidlicherweise entstehenden Verlust an Image und der Folgewirkung der Preiseinbuße.

3.4 Objektpräsentation

Nach Auswertung der Kartei erfolgt die Präsentation bei den gewonnenen Interessenten durch eine nach den Umständen zu entscheidende Kombination von persönlicher Ansprache und schriftlichen Vorlagen. Dabei ist darauf zu achten, daß die Präsentationstechnik von Immobilien unbedingt auch optisches Material umfassen muß: »Ein Bild sagt mehr als tausend Worte.« Bei Gewerbeobjekten gehört die Schilderung der Nachbarschaft und deren Besiedlung (Charakter und Namen) zum Informationsangebot. Video kann eine Hilfe sein. Dia-Shows haben den Nachteil, nur im Maklerbüro bzw. am Standort (also selten beim Kunden) durchführbar zu sein. Sie lohnen sich bei größeren, mehrstufigen Neubauvorhaben in Musterbüros etc.

3.5 Flankierende Maßnahmen

a) Die Ausschöpfung des Interessentenkreises erfolgt durch eine kundige Erfassung möglicher Interessenten, die nicht in der Sucherkartei vermerkt sind. Hier gilt es, die Instrumente des Marketing einzusetzen, die bei Immobilien wesentlich vorsichtiger gehandhabt werden müssen als im Konsumgüterbereich. Diese Instrumente sind an anderer Stelle im Handbuch eingehend beschrieben. Um die Möglichkeiten anzudeuten, sei hier nur erwähnt, daß gerade bei gewerblichen oder industriellen Immobilien die Nachbarschaft sorgfältig analysiert werden sollte, um festzustellen, ob sich dort möglicherweise expansionswillige Firmen befinden.

b) Um die Marktmöglichkeiten auszuschöpfen, ist – zeitlich versetzt zur persönlichen oder schriftlichen Angebotstätigkeit im vorhandenen Kundenkreis – eine wohldosierte Werbemaßnahme in den hierfür in Frage kommenden Medien ins Auge zu fassen. Sofern die Liegenschaften ein präsentables »Bild« abgeben, sollte hierauf bei der Werbung nicht verzichtet werden.

c) Sehr zweischneidig ist der Umgang mit dem Instrument des »direct mailing«. Sorgfältig auf die Ausschöpfung der möglichen Zielgruppe(n) angewandt, kann es gelegentlich Erfolg bringen. Die Grenze zum ungezielten »mailing-shot« (ein unvergleichlich passendes Wort unserer angelsächsischen Freunde für *Marketing mit der Schrotflinte*) ist zu wahren. Gerät ein Objekt durch »direct mailing« ins Gerede, dann war die angewandte Maßnahme schädlich. Die Schädigung wirkt lange nach: Firmen haben gute Archive. Ein Objekt, dem man in Erwerberkreisen das Prädikat »längst bekannt« verleiht, hat seine Markt- und Preischancen weitgehend eingebüßt. »Direct mailing« – unsensibel praktiziert – ist nichts als blinder Aktionismus und eher eine Geste der Verzweiflung als die Anwendung eines erfolgsorientierten Marketing-Instruments.

d) Auf der Suche nach positiven Verbündeten sind Gespräche mit Multiplikatoren bei Verbänden, Kammern, Auslands- und Außenhandelsorganisationen, Wirtschaftsförderungsgesellschaften, Entwicklungsgesellschaften, spezialisierten Kollegen, spezialisierten Architekten und Bauunternehmungen erfolgversprechende Maßnahmen.

3.6 Korrekturphase

Kommt es nach der Angebotsphase nicht zur Aufnahme von ernsthaften Verhandlungen, so sind die Gründe hierfür emotionslos zu überprüfen. In der Regel handelt es sich um eine fehlerhafte Definition der Zielgruppe(n) und deren mangelnde Ausschöpfung durch den Vermittler und/oder um ein nicht den herrschenden Marktverhältnissen entsprechendes Preis-Leistungs-Verhältnis. Jetzt hat die Korrekturphase einzusetzen, die außerdem die vorbereiteten Maßnahmen zur Objektaufbereitung (vergleiche Punkt 1.4) beinhalten kann. Es ist – je nach den Umständen – noch zusätzlich zu entscheiden, ob das korrigierte Angebot sofort oder erst nach einer Aktionspause wieder auf den Markt gebracht werden soll. Wenn z. B. das Preisniveau falsch kalkuliert war, so spricht eine Reihe von Umständen für eine »Angebotspause«, weil das Objekt unter veränderten Preisumständen wieder der im wesentlichen unveränderten Erwerbergruppe zugeleitet wird. Das hat nur dann Sinn, wenn konkrete Gebote vorliegen. Bei völlig unterbliebener Marktreaktion ist eher die Angebotspause zu befürworten. Wenn hingegen die Zielgruppe falsch eingeschätzt war oder Maßnahmen zur Objektaufbereitung (vergleiche Punkt 1.4) die Marktfähigkeit herstellen oder verbessern, dann kann das Objekt auch alsbald wieder in den Markt eingebracht werden.

3.7 Verhandlungsphase

Einer erfolgreichen Angebots- bzw. Korrekturphase folgt die Verhandlungsphase. Diese ist vom Vermittler so lange in eigener Regie durchzuführen, bis sich die Standpunkte der jeweiligen Parteien durch seine Vermittlungsverhandlungen so weit genähert haben, daß unüberbrückbare Gegensätze nicht mehr bestehen. Werden die Parteien zu frühzeitig zusammengebracht, besteht erfahrungsgemäß und unnötigerweise die Gefahr, daß das Objekt aus dem Entscheidungsprozeß ausscheidet, weil sich die Parteien – im Gegensatz zum Vermittler – stets als »letzte Instanz« begegnen und naturgemäß dann einen geringeren Verhandlungsspielraum besitzen. Die Verhandlungspsychologie spielt auch bei Gewerbeobjekten eine nicht zu unterschätzende Rolle. Der Eintritt in die Verhandlungsphase wird vorbereitet durch die vom Vermittler im Vorfeld abzuklärenden möglicherweise noch aufgetretenen Detailfragen, Beschaffung von Unterlagen, zusätzliche Auskünfte, Finanzierungsfragen etc. Der Vermittler ist dann am erfolgreichsten, wenn er das Vertrauen beider Seiten besitzt. Dieses Vertrauen basiert auf seiner nachgewiesenen Fach- und Sachkompetenz, die erkennbar unabhängige Wahrnehmung der Interessen beider Seiten und der Verhandlungsführerschaft zum rechten Zeitpunkt. Das Vertrauen wird auch hergestellt, wenn beide Marktparteien über die Honorierung des Vermittlers klare Auskünfte besitzen. Einseitige Honorierungen stärken nicht unbedingt das Vertrauen zum Vermittler, es sei denn, sie beruhen auf alteingeführten und am Markt bekannten Ortsüblichkeiten.

3.8 Vertragsabschluß

Eine erfolgreich abgeschlossene Verhandlungsphase führt zum Abschluß durch Miet- oder Kaufvertrag. Sie setzt beim Vermittler voraus, daß die Strukturen und die Details des abzuschließenden Vertrages mit den Marktparteien besprochen werden, so daß der abzuschließende Vertrag vom Makler selbst erstellt und den Parteien zur Prüfung vorgelegt werden kann bzw. – dort, wo Beurkundungspflicht besteht, – die entsprechende Vertragsvorbereitung beim Notar durch den Makler so erfolgt, daß die eigentliche Beurkundung im Interesse beider Marktseiten problemlos gelingt.

Vermittler werden gerade im Marktsegment der gewerblichen Objekte gern und erfolgreich in Anspruch genommen, insbesondere deshalb, weil es für die gewerblichen Marktteilnehmer üblich ist, qualifizierte Dienstleistungen von Spezialisten in Anspruch zu nehmen. Auf der anderen Seite: Hier handelt es sich um die Partner, die die Leistung des Vermittlers kritisch beurteilen, vergleichen und würdigen können. Gute Vermittler werden deshalb von den Parteien immer wieder in Anspruch genommen. Der Umkehrschluß ist angebracht.

Das ist wohl auch der Grund dafür, daß sich eine relativ kleine Gruppe spezialisierter Makler herauskristallisiert hat, die willens und in der Lage ist, die Dienstleistungsansprüche der gewerblichen Auftraggeber zu erfüllen.

PROF. DR. BERND FALK

Marketing für Gewerbe-Immobilien

Inhalt

1.	Einführung	569
2.	Der gewerbliche Immobilienmarkt	570
3.	Besonderheiten bei der Vermarktung von Gewerbe-Immobilien	571
4.	Die Produkte	572
5.	Das marketing-politische Instrumentarium	572
5.1	Marktforschung	573
5.2	Beschaffungspolitische Maßnahmen	573
5.3	Aufbereitung von Gewerbe-Immobilien bei Bestandsobjekten	574
5.4	Produkt-politische Maßnahmen	576
5.4.1	Handels-Immobilien	577
5.4.2	Büroflächen	577
5.4.3	Gewerbeparks	578
5.4.4	Beherbergungsbetriebe	578
5.4.5	Mehr-funktionale Objekte	579
5.4.6	Seniorenheime	579
5.5	Preis-/Konditionen-Politik	580
5.6	Service-Politik	580
5.7	Werbe-politische Maßnahmen	581
5.8	Image-Politik	583
5.9	Personal-politische Maßnahmen	583
5.10	Organisatorische Maßnahmen	584

1. Einführung

Ursprünglich verstand man unter Marketing nichts anderes als die Vermarktung von Gütern[1], so daß sich die absatzwirtschaftlichen Anstrengungen auf die Erfüllung der Verteilungsfunktion (Distribution) beschränkten. Lange Zeit galt Marketing auch als Oberbegriff für das absatzpolitische Instrumentarium. Mittlerweile ist Marketing immer mehr zum Inbegriff für eine gewisse Grundhaltung innerhalb des Unternehmens geworden. Man geht davon aus, daß alle Entscheidungen innerhalb des Unternehmens den (Absatz-)Markt mittelbar oder unmittelbar beeinflussen. Die Unternehmen bemühen sich um Schaffung von Präferenzen und damit Erringung von Wettbewerbsvorteilen durch gezielten Einsatz des marketing-politischen Instrumentariums. War in der Nachkriegsphase noch die Produktion der zu erstellenden Leistungen der Engpaßsektor, so hat diese Funktion in einem mehr oder weniger gesättigten Markt der Absatz übernommen.

Marketing bedeutet demnach heute Planung, Koordination und Kontrolle aller auf die aktuellen und potentiellen Märkte ausgerichteten Unternehmens-Aktivitäten. Durch eine dauerhafte Befriedigung der Kundenbedürfnisse sollen die Unternehmensziele realisiert werden.

Bei der Ware »Immobilie« handelt es sich in der Regel um vergleichsweise sehr hochpreisige Produkte, die immer Unikate sind. Immobilien sind evtl. gerade noch mit hochwertigen Investitionsgütern vergleichbar, mit der Ausnahme, daß Immobilien eben standort-gebunden sind.

Der Bedarf für ein gezieltes Immobilien-Marketing ist nicht neu, doch bestand bei einem bis vor wenigen Jahren anhaltenden überwiegenden Verkäufermarkt nur wenig Grund für eine gezielte Absatzorientierung.

Marketing für Gewerbe-Immobilien ist zudem noch äußerst vielschichtiger als Wohnungsimmobilien-Marketing, da es sich hier um unterschiedliche Immobilientypen handelt, von denen einige als sogenannte »sensible« Immobilien eine besondere Aufmerksamkeit nicht nur bei der Vermarktung, sondern auch im laufenden Betrieb erfordern. Gleichzeitig hat das Marketing zu berücksichtigen, daß es sich um äußerst uneinheitliche lokale Märkte mit äußerst unterschiedlichen Abnehmerkreisen handelt.

Marketing ist in diesem Zusammenhang die Gesamtheit aller unternehmerischen Maßnahmen, die zur Beschaffung und zum Verkauf oder der Vermietung einer Gewerbe-Immobilie führen. Vermietung und Absatz stehen zudem bei Gewerbe-Immobilien in einem besonders engen Zusammenhang.

2. Der gewerbliche Immobilienmarkt

Wie bereits angedeutet, ist der gewerbliche Immobilienmarkt traditionell sehr stark lokal orientiert. Eine bundesweite Transparenz ist für den Käufer/Nutzer praktisch nicht gegeben. Nur relativ wenige überregionale Anbieter sind am Markt. Die nominelle Zahl überregionaler Nachfrager ist vergleichsweise gering, die umgesetzten Volumina dürften allerdings erheblich sein. Nachfrager sind hierbei vor allem institutionelle Nachfrager wie in- und ausländische Pensionsfonds, Immobilien-Kapitalanlagegesellschaften, offene und geschlossene Immobilienfonds, Versicherungen und zunehmend sonstige ausländische Immobilien-Kapitalanlagegesellschaften.

Erst seit einigen Jahren wird durch das Auftauchen professioneller Immobilien-Entwicklungsunternehmen und überregional arbeitender Vermittlungsunternehmen versucht, zumindest die Großräume der Bundesrepublik Deutschland im Hinblick auf den Markt für Gewerbe-Immobilien transparenter zu gestalten. Großanleger, vor allem aus dem Ausland, investieren größtenteils nur in den Ballungsgebieten, so daß vor allem hier eine erhebliche Lücke zwischen Angebot und Nachfrage klafft.

In den bedeutendsten Industrieländern der westlichen Hemisphäre hat sich das Geldvermögen der o.g. institutionellen Anleger seit Beginn dieses Jahrzehnts nahezu verdoppelt. Dies hat zur Folge, daß die Nachfrage nach gewerblichen Immobilien durch diese Anlegergruppe stark zugenommen hat und auch in den nächsten Jahren noch erheblich an Bedeutung gewinnen wird. Dieses Nachfrage-Volumen institutioneller Anleger wird durch schrittweise Anhebung der Höchstgrenzen ausländischer Anleger auf deutschen Märkten (z.B. in Japan von 2,5 auf 20% des Gesamtvermögens) zu einem verstärkten Nachfragevolumen auf dem bundesdeutschen gewerblichen Immobilienmarkt führen.

Dieser relativ starken Nachfrage insbesondere nach Geschäftshäusern, Shopping-Centers, Bürohäusern und gemischt-genutzten Objekten steht u.a. aufgrund komplizierter und langwieriger gewordener Genehmigungsprozeduren ein vergleichsweise geringes Angebot gegenüber. Auch wird seitens der Politiker und Stadtentwickler verstärkt dazu übergegangen, bestehende Strukturen, insbesondere in den bundesdeutschen Innenstädten, zu schützen.

In den nächsten Jahren wird sich die Markttransparenz auf dem Markt für ökonomisch-genutzte Immobilien weiter verbessern. Hierzu tragen die zunehmend detaillierteren Geschäftsberichte der offenen Immobilienfonds, die Veröffentlichungen von Fachinstituten sowie Publikationen internationaler Maklerorganisationen und marketing-orientierter, regionaler, professionell arbeitender Makler bei.

Das Zusammenwachsen der europäischen Immobilienmärkte durch zusätzliche Betätigung internationaler Institutionen in der Bundesrepublik Deutschland wird noch mehr Professionalität in den bundesdeutschen Immobilienmarkt bringen.

Da gute Objekte an gesuchten Standorten und mit 1A-Mietern wohl nicht in ausreichendem Maße zu beschaffen bzw. zu produzieren sind, werden mittel- oder längerfristig die Renditeerwartungen wohl zurückgeschraubt werden müssen.

3. Besonderheiten bei der Vermarktung von Gewerbe-Immobilien

Sofern es sich nicht gerade um Industrie- und Fabrikanlagen handelt, dürfte der größte Teil der Gewerbe-Immobilien für einen »anonymen« Markt erstellt werden. Weder die künftigen Nutzer noch die künftigen Eigentümer sind im Anfangsstadium während der Projektentwicklung, teilweise auch während des Baus bekannt. Teilweise wird jedoch dazu übergegangen, zumindest die wichtigsten Nutzer der Immobilie unter Vertrag zu haben, bevor mit dem Bau begonnen wird.

Allerdings handelt es sich auch um sehr unterschiedliche Produkte, so daß hier keine generellen Richtlinien gegeben sind. Beispielsweise werden Bürogebäude zumeist »auf Vorrat« gebaut.

Die Nachfragerstruktur ist ebenso unterschiedlich wie die Produkte. Die Kundenansprache muß demzufolge sehr individuell, nahezu maßgeschneidert erfolgen.

Der Bereich der Gewerbe-Immobilien tangiert zahlreiche andere Disziplinen wie das Baurecht, das Steuerrecht, die Architektur, die Finanzierung, Projektentwicklung, Management, Werbung usw. Hieraus folgt, daß bei der Vermarktung von Gewerbe-Immobilien ein hoher Beratungs- und/oder Dienstleistungsbedarf für den Verkäufer/Vermittler gegeben ist. Zudem verfügen die Marktpartner – sowohl die Anbieter als auch die Nachfrager – teilweise nicht über eine ausreichende und umfassende Erfahrung über die z.T. sehr komplexen Zusammenhänge bei Gewerbe-Immobilien.

Häufig wünschen die Nachfrager komplette Problemlösungen, d.h., ein Grundstück ist z.B. optimal zu beplanen, zu entwickeln, zu vermieten, zu verkaufen, zu finanzieren und zu managen.

Schließlich sind Gewerbe-Immobilien besonders hochwertige komplexe Produkte, die vom Verkäufer ein erhebliches Maß an detailliertem Fachwissen erfordern.

4. Die Produkte

Bei den Gewerbe-Immobilien handelt es sich um äußerst unterschiedliche Produkte, die man vor allem nach der Art der Nutzung unterscheiden kann. So zählen zu den Gewerbe-Immobilien vor allem folgende Immobilien-Typen:
- Handels-Immobilien (Ladeneinheiten, Supermärkte, Fachmärkte, Warenhäuser, SB-Warenhäuser, Einkaufszentren, Galerien, Passagen etc.)
- Büro-Immobilien (einschließlich Praxen)
- Gewerbe-Parks (Produktion, Gewerbe, Großhandel, Distribution, Administration etc.)
- Immobilien des Übernachtungsgewerbes (Hotels, Motels, Pensionen etc.)
- Freizeit-Immobilien (Wasseranlagen, Sporteinrichtungen, Freizeitparks, Saunas, Fitneßcenter etc.)
- Boarding-Houses
- Parkierungsanlagen
- mehrfunktionale Gebäude/gemischt-genutzte Objekte (mit z. B. Läden, Büros, Wohnen, Parkierung etc.)
- Industrie-Immobilien
- Sonderformen wie Technologie-Zentren, Distributions-Zentren, Trade-Marts, Medien-Zentren, Luftfracht-Terminals, länderspezifische Zentren (z. B. China-Zentrum, Japan-Zentrum)

Gleichzeitig lassen sich die Produkte auch danach unterscheiden, ob es sich um Projekte, neue fertiggestellte Objekte, »normale« Bestandsobjekte oder Sanierungsfälle mit oder ohne Entwicklungspotential handelt.

Bei den noch nicht fertiggestellten oder geplanten Objekten stellt sich zudem die Frage nach dem Projektierungs-Fortschritt insbesondere in Zusammenhang mit dem Baurecht sowie einem eventuellen Vorvermietungsgrad.

5. Das marketing-politische Instrumentarium

Der Anteil der Serviceleistung bei der Vermarktung von Gewerbe-Immobilien fällt noch deutlich höher aus als beispielsweise bei Wohn-Immobilien. Basis für den eigentlichen Vertrieb der Produkte ist zunächst eine permanente Marktbeobachtung, aus der letztlich eine genaue Marktkenntnis resultiert. Darüber hinaus sind die Märkte vor allem auch im Hinblick auf ihre Zukunftsorientierung zu untersuchen. Angesichts der langfristigen Investitionen und der hohen Investitionsvolumina auf einem bundesweit nur wenig transparenten Markt kommt neben den zentralen marketing-orientierten Vertriebs-Aktivitäten auch der Marktforschung sowie der Beschaffungs- und Personalpolitik erhebliche Bedeutung zu. Umfassende Aktivitäten im Rahmen der heutigen Marketing-Philosophie sind also im besonderem Maße erforderlich.

5.1 Marktforschung

Eine permanente Marktbeobachtung und Marktkenntnis durch den Vertreiber einer Immobilie dokumentiert dessen Kompetenz, dennoch bestehen viele Abnehmer darauf, eine Marktanalyse oder Objektanalyse einer unabhängigen Institution vorgelegt zu bekommen. Insofern bietet sich vor allem bei den besonders komplizierten Immobilien wie Einkaufszentren, Freizeitanlagen, Hotels, Gewerbeparks etc. die Erstellung einer Markt-, Standort- und Projekt-/Objekt-Analyse an.

Zunehmend unterhalten die überregional tätigen, teilweise auch große örtliche Vermittlungsunternehmen eigene Marktforschungsabteilungen, die versuchen, zumindest die Märkte der Ballungsgebiete und der Großstädte/größeren Städte transparenter zu machen. Beispielsweise werden Standortkarten, Mietpreis-Indizes erstellt oder die wichtigsten makro-ökonomischen Daten bedeutender Städte zusammengestellt. Auch Erhebungen über erzielbare Mietpreise nach Standortlagen, erzielbare Quadratmeter-Preise beim Verkauf oder die Beobachtung der für den Gewerbe-Immobilien-Markt wichtiger Entwicklungstendenzen in bestimmten Städten sind keine Seltenheit.

Für den Anbieter von Gewerbe-Immobilien, sei dies nun der Developer, der Bauherr oder der Vermittler, ist sowohl die systematische Erforschung der einzelnen Marktsegmente und Märkte ebenso unausweichlich wie die systematische Erfassung der Anforderungen der Nutzer an die jeweiligen Immobilien-Typen. Gleichzeitig ergibt sich hieraus auch die Suche nach nicht ausgeschöpften Marktpotentialen, Marktnischen und die permanente Beobachtung von Entwicklungstendenzen.

Nachfrager- und Anbieter-Zielgruppen sind im Rahmen der Marketing-Forschung zu erkennen und zu segmentieren.

Angesichts vielfacher Veränderungen ist auch die Steuergesetzgebung »zumindest mit einem Auge« zu beobachten. Schließlich wird der Immobilien-Anbieter wohl automatisch die Aktivitäten von Wettbewerbern beobachten und im Hinblick auf die eigenen Aktivitäten analysieren.

5.2 Beschaffungspolitische Maßnahmen

Da vor allem Gewerbe-Immobilien an gesuchten Standorten nur äußerst schwer zu beschaffen sind, ist die Betreibung einer aktiven Beschaffungspolitik unumgänglich. Hierzu zählt einerseits die Beschaffung von Grundstücken und Gebäuden. Durch Kontaktaufnahme zu notleidenden Wirtschaftsunternehmen läßt sich die Verkaufsbereitschaft für nicht mehr benötigten Immobilienbesitz ausloten. Durch Kooperation mit Projektentwicklern, Bauträgern, Banken, Stadtplanungsämtern, Bauämtern, Architekten, Immobilienmaklern etc. können Objekte/Projekte bereits bekannt werden, bevor diese offiziell auf dem Markt sind. Bei überregionaler Akquisition bietet sich die Zusammenarbeit mit guten örtlichen Vermittlern an. Zur Abrundung der beschaffungspolitischen Maßnahmen können darüber hinaus Inserate in den lokalen Tageszeitungen und überregionalen Zeitungen geschaltet werden, um möglicherweise noch nicht erfaßte Grundstücke zu erschließen.

Synchron mit den Beschaffungsaktivitäten für die Immobilien selbst kann auch die Beschaffung potentieller Nutzer erfolgen. Durch Kontaktaufnahmen zu Unternehmen der Wirtschaft (z.B. expandierende Handelsunternehmen oder wachstumsstarke Industrieunternehmen) kann der Bedarf nach Flächen bereits ermittelt werden, bevor das Grundstück oder die Immobilie bekannt ist. Hierdurch werden sehr schnelle Akquisitionsentscheidungen ermöglicht.

Die sehr unterschiedlichen Anforderungen an die verschiedenen Nutzungsarten lassen unter Umständen eine Konzentration auf bestimmte Gewerbe-Immobilientypen sinnvoll erscheinen. Andererseits sind gute Grundstücke vergleichsweise rar, so daß möglicherweise erst nach der Sicherung des Grundstückes die spätere Nutzungsart überprüft wird. Sofern möglich, sollte eine Grundstückssicherung durch Entgegennahme eines notariellen Verkaufsangebotes erfolgen. Nicht selten wird man sich auf eine oder mehrere bestimmte Akquisitionsregionen festlegen, bei denen bereits ein Marktüberblick besteht. Internationale Anleger sind beispielsweise relativ stark auf die sechs Großräume der Bundesrepublik Deutschland festgelegt.

Bei Großobjekten bietet sich eine kooperative Beschaffung an. Auch lassen sich bei der Beschaffung/Entwicklung größerer Objekte/Projekte die Fixkosten vergleichsweise gering halten. Vorteile bei der Beschaffung ergeben sich möglicherweise auch daraus, wenn Kauf *und* Errichtung von Objekten in eigener Regie erfolgen.

5.3 Aufbereitung von Gewerbe-Immobilien bei Bestandsobjekten

Da Objekte in hervorragenden Lagen »Selbstläufer« sind, erfordern diese bei akzeptablem Preisniveau nur geringe marketing-orientierte Bemühungen. Ungleich häufiger werden aber Objekte angeboten, die mit Mängeln oder Schwachstellen behaftet sind und insofern nicht nur eine prospektmäßige, sondern auch eine immobilien-spezifische Aufbereitung erfordern.

Zunächst wird man sicher versuchen, durch einfache raum-wirtschaftliche Maßnahmen eine intensivere Nutzung der Immobiliensubstanz zu erreichen. Beispielsweise bieten sich hier der Ausbau von Dachgeschossen oder die Anbindung des

Basements an ebenerdige Ladenflächen an, um auch das Erdgeschoß als Ladenfläche vermieten zu können. Auch kann eine Anpassung der Flächengröße an festgestellte Nachfrageveränderungen im Einzugsgebiet (z. B. vom Großraumbüro zurück zum Einzelbüro oder die Aufteilung einer größeren Ladenfläche in mehrere kleinere) zu einer besseren Vermietbarkeit und zu höheren Mieteinnahmen führen.

Eine Veränderung der Flächengrößen und der Zuordnung kann sowohl total als auch partial erfolgen. Je nach Flächenbedarf und Dauer der Mietverträge kann eine Flächenumwidmung dadurch erreicht werden, daß Untermieter oder Konzessionäre in bestehende Einheiten aufgenommen werden. Extensiv genutzte Nebenflächen können auf die »grüne Wiese« bzw. an billigere Standorte verlagert werden. Beispielsweise lassen sich Lagerflächen in Zentrallager verlegen und in Einzelhandelsverkaufsfläche oder Bürofläche umwandeln. Auch durch eine bedarfs-nähere, zeitpunkt-genaue Belieferung lassen sich Lagerflächen einsparen.

Durch die Einrichtung von Shops-in-Shop bei Handelsobjekten wird unter Umständen ohne großen Kostenaufwand derselbe Effekt erreicht wie bei einer Aufteilung in kleinere Einheiten.

Eine intensivere Flächennutzung kann aber auch dadurch zustande kommen, daß Wandflächen (z. B. mit Bücher- oder Zeitungsständern), Deckenflächen (Werbung), Parkflächen (Werbung, Doppelvermietung Tag und Nacht) und sonstige ungenutzte Flächen (durch Vitrinen) vermietet und somit der Ertragswert erhöht wird. Grundsätzlich ist in jedem Falle zu überprüfen, inwieweit »Mietertragsreserven« mobilisiert werden können.

Hierzu ist sicherlich auch erforderlich, den Bebauungsplan im Hinblick auf eine optimale Grundstücksausnutzung (Ausbau, Aufstockung) zu überprüfen.

Wie bei allen Immobilienobjekten sind erforderliche Modernisierungsmaßnahmen vor dem Verkauf bzw. vor Besichtigungsterminen durchzuführen. Darüber hinaus wäre zu überprüfen, inwieweit durch architektonische Maßnahmen im Außen- und Innenbereich des Objektes eine Verbesserung der Atmosphäre erreicht werden kann (Glasüberdachung von Innenbereichen, verbesserte Eingangsgestaltung bei Bürogebäuden, Fassadenanstriche, attraktivere Fenster etc.).

Falls das Objekt über leerstehende Flächen verfügt, ist vor der Vermarktung die Vollvermietung sicherzustellen. Ggf. ist sogar die Erarbeitung eines neuen Gesamt-Konzeptes unumgänglich.

Eine Aufbereitung des Objektes ist aber nicht nur im Hinblick auf Gebäude und ertragsspezifische Kriterien erforderlich, sondern auch bezüglich allgemeiner Informationen über den Makro- und den Mikro-Standort. Der überregional anlegende Investor möchte den Verkaufsunterlagen auch Angaben über die Wirtschaft und die Bevölkerung der betreffenden Stadt entnehmen. Hierzu zählt mindestens die Bevölkerungszahl, Einzugsgebiete von Standorten, die Kaufkraftsituation, die Wirtschaftskraft, die Existenz bedeutender Unternehmen innerhalb der Stadt, Zentralitätsbedeutung, Tourismus etc.

Schließlich sind Angaben über den Mikro-Standort einzubeziehen. Hierbei ist insbesondere die Verkehrsanbidnung an z. B. Fußgängerzonen, Parkhäuser, stark befahrene Straßen, öffentliche Verkehrsmittel etc. festzuhalten. Auch die Nähe zu Großbetrieben des Einzelhandels, Hotels, bedeutenden Unternehmen, Stadtverwaltung etc. hat Aussagekraft im Hinblick auf eine Beurteilung der Standort-Situation und sollte deswegen in den Angebotsunterlagen enthalten sein.

Bei größeren Projekten kann eine Beurteilung durch unabhängige dritte Institutionen auch unter Marketing-Aspekten hilfreich sein.

5.4 Produkt-politische Maßnahmen

Hier stellt sich zunächst die Frage der grundsätzlichen Festlegung auf die Angebotsbreite. Spezialisiert man sich beispielsweise auf die Produktion oder den Vertrieb eines bestimmten Immobilientyps wie Büros, Einkaufszentren, Supermärkte, Gewerbeparks, Seniorenheime etc., oder soll das gesamte Spektrum der Gewerbeimmobilien abgedeckt werden? Sollen die Objekte als Einheit oder im Teileigentum vermarktet werden? Welche Dimensionen/Größenordnungen sollen die Objekte haben?

Sind diese Fragen abgeklärt, wird man sich an die Nachfragerstrukturen sowohl bei den Mietern wie auch bei den Käufern anpassen müssen.

Danach sind die Ausstattungsstandards festzulegen, mit denen eine Profilierung gegenüber den Wettbewerbern möglich ist. Dies kann beispielsweise geschehen durch eine besondere Akzentuierung einer behinderten-gerechten Bauweise, den Einbau energiesparender Heizungs- und/oder Lüftungs- bzw. Kühlungssysteme oder eine besonders betriebskosten-reduzierende Bauweise (Isolierung, Wärmerückgewinnung, individuelle Steuerung etc.).

Durch eine entsprechende Namensgebung in Verbindung mit einem einprägsamen Signet und entsprechender Werbung kann ein Markenname für die Immobilie geschaffen werden, z. B. »Büropark am Waldsee«, G. i. P. »Gewerbe im Park«, »Einkaufspark«, »KÖ-Galerie« etc. Voraussetzung hierfür ist allerdings, daß das gesamte Objekt auch als »Markenartikel« entwickelt wurde und so auch als solcher angeboten werden kann.

Die Integration einer ausreichenden Zahl von Kfz-Stellplätzen und/oder Grünflächen kann auch unter marketing-politischen Aspekten genutzt werden. Die Kosten-Nutzen-Relation wäre in diesem Zusammenhang besonders vorsichtig auszubalancieren.

Auch Auflagen und Erfordernisse für technische Einrichtungen können marketing-politisch genutzt werden. Beispielsweise kann das für die Sprinkleranlage benötigte Wasser in einem (Lösch-)Teich mit Park optisch durchaus attraktiv untergebracht werden.

Eine besondere Wertschätzung sollte der möglichen (späteren) Drittverwendungsfähigkeit des Objektes zuteil werden. Für eine langfristige Werterhaltung der Gewerbeimmobilie wie auch für die Beleihung bei Banken oder die Finanzierung über Leasinggesellschaften ist eine möglichst flexible Nutzbarkeit der Immobilie unbedingt empfehlenswert.

Im Rahmen dieses Beitrages soll nicht detailliert auf die Produkte sowie deren Anforderungen eingegangen werden, da diese bereits an anderen Stellen näher gekennzeichnet sind. Allerdings ist auf einige Besonderheiten im Rahmen der marketing-orientierten Aktivitäten hinzuweisen.

5.4.1 Handelsimmobilien

Vergleichsweise gut überschaubar ist der Markt für Handelsimmobilien, da es sich bei den Nachfragern oftmals um sehr professionell arbeitende regionale oder überregionale Filialisten handelt. Da diese auch sehr aktiv nachfragen, sind durch permanenten Informationsaustausch sehr schnell Standort- und Anforderungskriterien für kleinere und größere Ladenflächen ermittelt. Noch in der Projektentwicklungsphase lassen sich so innerhalb kürzester Zeit Chancen und Marktgängigkeit von Ladenflächen erkunden. Die Vermietung von Ladenflächen sowie der Absatz von Handelsimmobilien sind weitgehend unproblematisch, wenn das Baurecht vorhanden und der Standort des Objektes den Anforderungen der Nutzer entspricht.

Wesentlich schwieriger sind allerdings komplexe Handelsimmobilien wie Einkaufszentren, Galerien und Passagen zu vermarkten, sofern kein schlüssiges Konzept vorgelegt werden kann und die (zukünftigen) Mieter nur über eine geringe Erfahrung und Kapitalausstattung verfügen.

5.4.2 Büroflächen

Büroflächen werden in deutlich größerem Umfang für einen anonymen Markt erstellt. Die Marktverhältnisse bis zum Zeitpunkt der Objekt-Fertigstellung sind zumeist unbekannt. Durch die vergleichsweise kurzfristige Disposition der Nachfrager, die von einem permanent existierenden Angebot ausgehen, treten immer wieder zyklische Schwankungen auf, wodurch einmal die Nachfrage und das andere Mal das Angebot an Büroflächen überwiegt.

Die Nutzer fordern heute von Bürobauten vor allem eine gute »Adresse«, eine ansprechende äußere Architektur mit großzügiger Eingangssituation zur Unterstreichung des Repräsentationsbedürfnisses, Anbindung an öffentliche Verkehrsmittel, ausreichende Plätze für die Mitarbeiter, ökonomische Raumgrößen sowie einen geringen Nebenkostensatz. Flexibel zu gestaltende Grundrisse durch leicht herausnehmbare Wände etc. dienen im Hinblick auf Folgevermietungen auch den Interessen des Eigentümers. Eine Klimatisierung wird aus Gründen der Folgekosten sowie oftmals wegen Widerständen der Mitarbeiter in der Bundesrepublik selten gewünscht.

Schwer absetzbar sind andererseits ältere Bestandsobjekte, die die genannten Anforderungen nicht oder nur zum Teil erfüllen können.

Nachfrager nach kompletten Büro-Immobilien sind aufgrund der oftmals unproblematischen Verwaltung institutionelle Anleger wie Versicherungen, Pensionsfonds, offene und geschlossene Immobilienfonds etc. aus dem In- und Ausland.

5.4.3 Gewerbeparks

Wurden Gewerbegebiete seither größtenteils unkoordiniert erschlossen und bebaut, so entstehen erst seit wenigen Jahren einheitlich geplante Gewerbeparks, die neben den »normalen« Nutzer-Anforderungen einen Zusatznutzen durch parkähnliche Gestaltung/Grün, individuelle Architektur und eine gezielte Vermietung an sich ergänzende Branchen bietet. Daneben können gemeinsam zu nutzende Einrichtungen (wie Schulungs- oder Ausstellungsräume) oder ergänzende Servicebetriebe (Gastronomie, Hotel etc.) die Attraktivität eines derartigen Objektes für den potentiellen Nutzer zusätzlich erhöhen. Eine gute Verkehrserschließung und ausreichende Parkmöglichkeiten sind selbstverständlich Voraussetzung hierfür. Das Wort Park indiziert hierbei, daß es sich um eine angenehme Arbeitsumgebung handelt. Die Flächengrößen für Gewerbeparks liegen zwischen etwa 30000 und 150000 m², wovon rd. die Hälfte bebaut wird. Oftmals fragen die Nutzer sowohl Büro- wie auch Lager- und Ausstellungsflächen nach. Aus dem Gewerbepark läßt sich durch Werbung und Öffentlichkeitsarbeit, Schaffung eines Markennamens mit entsprechendem Logo etc. ein überdurchschnittlicher Bekanntheitsgrad und eine höhere Standort-Attraktivität schaffen.

5.4.4 Beherbergungsbetriebe

Da allgemein davon ausgegangen wird, daß der Tourismus in den nächsten Jahren/Jahrzehnten weiter zunehmen wird, räumt man in Fachkreisen dem Hotel relativ günstige Entwicklungschancen ein, sofern wesentliche Kriterien nicht vernachlässigt werden. Allein in der Bundesrepublik Deutschland sind gegenwärtig über 600 neue Hotels in Planung oder Realisierung.

Auch für die Vermarktung von Hotels stellt der Standort ein wesentliches Kriterium dar. Dieser muß, da ihn zumeist Ortsfremde aufsuchen, leicht auffindbar, gut erkennbar und repräsentativ sein. Je nach Art des Hotels ist eine ruhige Lage und eine gute Aussicht der Besucher-Frequenz förderlich. Gewünscht wird eine ganzjährig relativ gleiche Frequentierung. Fremdenverkehrsorte mit nur einer Saison oder hauptsächlich von Messebesuchen abhängende Standorte wirken sich sowohl auf die jährliche Auslastung wie auch auf die Kostensituation negativ aus. Gleichmäßig frequentierte Standorte an Bahnhöfen, Flughäfen oder in Stadtzentren sind deswegen zu bevorzugen.

Je nach der anzustrebenden Zielgruppe können preisorientierte 1-Sterne-Hotels ebenso wie Luxushotels eine gute Investition darstellen. Von besonderer Bedeutung bei der Vermarktung von Hotels sind die jeweils abgeschlossenen Miet- oder Pachtverträge. Mit besonderer Vorsicht zu genießen sind Betreiber-Verträge, die zudem dem Immobilieneigentümer den Ersatz von Inneneinrichtung etc. aufbürden. Als weitgehend problemlos werden dagegen langfristige Pachtverträge mit bekannten Hotelketten beurteilt.

5.4.5 Mehr-funktionale Objekte

Bei mehrfunktionalen Objekten müssen vor allem die unterschiedlichen Anforderungen der verschiedenen Nutzer hinsichtlich Standort, Öffnungszeiten, Architektur, Atmosphäre, Flächengrößen, Parkierung etc. in Übereinstimmung gebracht werden. Außerdem sollten keine image-schädigenden Nutzungen innerhalb des Objektes gegeben sein (z. B. Spielhallen, Sexshops etc.).

Vorteile gemischt-genutzter Immobilien sind andererseits in einer möglichen Verbundwirkung der unterschiedlichen Nutzungen, einer optimalen Ausnutzung des Baurechts, einer Risikostreuung und ggf. einer höheren Rentabilität zu sehen. In innerstädtischen oder hochzentralen Lagen existiert häufig gar keine Alternative zu den unterschiedlichen Nutzungen.

Die Marktgängigkeit dieses Immobilientyps an zentrumsperipheren Lagen oder in guten Stadtteillagen ist durchaus beachtlich, die vergleichsweise geringeren Investitionsvolumina ermöglichen auch den Verkauf an Privatanleger oder eine Aufteilung, sofern diese aufgrund einer weiteren Beherrschbarkeit der Immobilie sinnvoll erscheint. Größere Objekte könnten sich vergleichsweise gut an institutionelle Anleger vermarkten lassen sofern sich der Anteil der Wohnnutzung in engen Grenzen hält.

5.4.6 Seniorenheime

Die sozio-demographischen Daten sowie die Einkommensentwicklung weisen eindeutig auf eine zu erwartende steigende Nachfrage nach diesem Immobilientyp hin.

Zu beachten ist hierbei insbesondere, daß es sich um eine sehr sensible Immobilie handelt, die von einem sehr erfahrenen Betreiber geführt werden sollte. Seniorenheime sind zudem keine »Verschiebe-Bahnhöfe« für alte Menschen. Vielmehr sind die Bewohner durchaus aktiv, so daß Standorte in Innenstadtlagen mit guter Anbindung an Einkaufsmöglichkeiten und kulturelle Veranstaltungen bevorzugt werden. Die optimale Betriebsgröße liegt bei etwa 100 bis 150 Einheiten. Da institutionelle Anleger Imageschädigungen bei dem »Geschäft mit alten Menschen« befürchten, kommen diese als potentielle Anleger zumeist nicht in Frage. Aufgrund der interessanten Rendite beteiligen sich aber zunehmend eher anonyme institutionelle Anleger wie Immobilienfonds an diesem Gewerbeimmobilientyp. Auch der Vertrieb einzelner Einheiten an gegenwärtige und zukünftige Nutzer stellt durchaus eine mögliche Verkaufsalternative dar.

5.5 Preis-/Konditionen-Politik

Zunächst hat der Initiator einer Immobilie die Möglichkeit, sich generell auf eine Preisstrategie festzulegen. Sollen beispielsweise hochpreisige, qualitativ anspruchsvolle Immobilien entstehen oder wird der Niedrigpreis in den Vordergrund der marketing-politischen Maßnahmen gestellt? Sicherlich wird hierbei eine Anpassung der preispolitischen Maßnahmen an die orts-spezifische Situation im Hinblick auf das Nachfragerverhalten oder die Stärke der Konkurrenz in die Strategie eingehen müssen. Denkbar erscheint aber auch durchaus eine differenzierte Preispolitik, wobei das Angebot einfache und preiswerte wie auch hochwertige innerstädtische Immobilien umfaßt. Bisher praktisch nicht genutzt wird die Möglichkeit der zeitlichen Preisdifferenzierung. Hier könnte möglicherweise eine Art »Subskriptionspreis« für den Verkauf von nur auf dem Papier existierenden Objekten den Absatz beschleunigen. Andererseits finanzieren bestimmte Initiatoren/Bauträger die gesamte Immobilie bis zur Fertigstellung und Vollvermietung vor, um dem Kunden eine fertige, »anfaßbare« Immobilie, möglichst noch mit Mietgarantie verkaufen zu können.

Bei weniger gut verkäuflichen Objekten können neben dem Preis zusätzliche Leistungen die Vermarktung erleichtern. Beispielsweise bietet sich an, bei Neukauf eines Objektes Bestandsobjekte des Käufers kostenlos zu vermitteln, ggf. sogar ein Bestandsobjekt »in Zahlung zu nehmen«. Evtl. überbrückt eine Kaufpreisstundung eine Liquiditätslücke des potentiellen Erwerbers bis zum Verkauf seines Bestandsobjektes.

Ggf. können »Zugaben« in Gestalt besonderer Ausstattungen wie z.B. den »kostenlosen« Einbau von Unterhaltungs-, Sport- und/oder Freizeiteinrichtungen geleistet werden.

Fast selbstverständlich ist die Beihilfe zur oder die Übernahme der Beantragung öffentlicher Fördermittel wie z.B. Berlin-Darlehen oder Zonenrandhilfe.

5.6 Service-Politik

Da es sich bei Gewerbeimmobilien um besonders beratungs- und erklärungsbedürftige Produkte handelt, muß eine erstklassige Service-Politik sich durch optimale Beratung bei Kauf oder Verkauf, Entwicklung etc. auszeichnen. Dies kann bis hin zum Einsatz von Spezialberatern oder der Kooperation mit einem interdisziplinären Team von Fachleuten (Jurist, Architekt, Planungsspezialist etc.) bei besonders komplexen Immobilientypen führen.

In jüngerer Zeit wird darüber hinaus versucht, durch die Übernahme zusätzlicher Dienstleistungen ein umfassendes Service-Angebot zu präsentieren. Beispielhaft sei hier die Übernahme einer leistungsfähigen Hausverwaltung, des Managements, des Vermietmanagements für Kapitalanleger etc. erwähnt.

Neben diesem – kostenpflichtigen – Service-Angebot kann eine besondere Servicebetonung beispielsweise bei der Hilfe zur Gestaltung von Mietverträgen unter Berücksichtigung der Nutzungsart, bei der Finanzierungsvermittlung und Beratung, selbstverständlich aber auch bei der Beratung über die Miethöhe, die Standortqualität etc. zum Ausdruck kommen. Durch eigene – objektive Marktforschungsaktivitäten kann für die Kunden die Markttransparenz erhöht werden. Bei überregionaler Vermarktung läßt sich durch die Einrichtung eines Abholservice auswärtiger Interessenten vom Flughafen oder vom Bahnhof ein gutes Verhandlungsklima schaffen. Im Rahmen eines internationalen Angebotes besteht die Möglichkeit, fremdsprachige Kunden durch fremdsprachiges Personal bedienen zu lassen oder Videoaufnahmen in der entsprechenden Sprache und/oder Begleit-Hostessen als Dolmetscherinnen zur Verfügung zu stellen.

Generell gilt auch hier, daß der »zufriedene Kunde« der beste Werbeträger ist.

5.7 Werbe-politische Maßnahmen

Je nach Art der zum Verkauf stehenden Immobilie ist zunächst die spezielle Zielgruppe abzugrenzen (z. B. institutionelle Anleger, private Kleininvestoren etc.). Danach wird man sich sinnvollerweise an den Bedürfnissen dieser speziellen Zielgruppe ausrichten. Hierzu zählt die Erarbeitung einer zielgruppen-orientierten Werbekonzeption z. B. durch direkte persönliche oder schriftliche Ansprache, aber auch durch Inserate in Fachzeitschriften oder der regionalen und überregionalen Presse etc. Ortsspezifische Besonderheiten der regionalen Immobilienmärkte sind hierbei zu berücksichtigen.

Bei überregionaler Vermarktung kann auch die Verbundwerbung bei verbundenen Unternehmen oder bei Partnerunternehmen, Kooperationspartnern etc. wahrgenommen werden.

Als sehr werbeträchtig, auch im Hinblick auf die Imagekomponente des eigenen Unternehmens, erweist sich die Veranlassung von redaktionellen Beiträgen in Zeitungen, durch Presseerklärungen, Presseinformationen, Veranstaltungen, Vorträgen etc. Durch die Veranstaltung von Informations-Seminaren (am besten mit lokalen oder bundesweiten Prominenten) kann ein breites Publikum angesprochen und aufgrund der durch die schriftlichen Reservierungen erhaltenen Adressen individuell kontaktiert werden.

Der Besuch von Fachtagungen und evtl. sogar eine aktive Beteiligung z. B. an Ausstellungen oder durch Referate sollte als Möglichkeit zur persönlichen Kontaktaufnahme mit potentiellen Interessenten/Kunden nicht unterschätzt werden. Vor allem trifft dies für die überregionale Vermarktung von größeren Objekten zu. Daneben bieten Immobilienbörsen oder Messen, zumeist im regionalen Bereich angesiedelt, eine gute Möglichkeit zur Präsentation des Angebotes bzw. des Unternehmens.

Als wohl selbstverständlich muß die Erstellung eines informativen Verkaufsprospektes bzw. umfassender Verkaufsunterlagen angesehen werden. Neben den rein objektspezifischen Daten und Fakten wie Grundstücksgröße, Quadratmeter-Nutzfläche, Verzinsung, Nebenkosten etc. sind eine Orts- und Lagebeschreibung, eine Grundstücksbeschreibung, Baubeschreibung, Kostenaufstellung, Mieter- und Mietenaufstellung, Lageplan, Stadtplan mit Objekt-Standort sowie eine Übersichtskarte zu integrieren. Darüber hinaus sind Fakten und Daten über den Makro-Standort sowie ggf. Ergebnisse von Markt- und Standort-Analysen in die Verkaufsunterlagen zu integrieren.

Schließlich kann auch das Erstellen eines Image-Prospektes des eigenen Unternehmens, in dem beispielsweise das Leistungsspektrum, erstellte oder verkaufte Objekte, Geschäftspartner, eine Leistungsbilanz etc. enthalten sind, dem Verkauf der Produkte förderlich sein.

Bei besonders gefragten Objekten lassen sich durch die Ausrichtung einer Auktion möglicherweise bessere Ergebnisse erzielen als bei Einzelverhandlungen.

Eine von vielen Unternehmen noch nicht erkannte, in den Vereinigten Staaten von Amerika aber zunehmend propagierte Bedeutung kommt den sogenannten Nachverkauf-Aktivitäten (Post-Sale-Selling) zu. Entscheidend hierbei ist, daß der Kunde nach dem Kauf nicht aus den Augen verloren wird, sondern in gewissen Zeitabständen kontaktiert oder angeschrieben wird, aktuelle Immobilien-Informationen erhält, die Kaufzufriedenheit recherchiert wird und ein möglicher Neubedarf oder eine Verkaufsabsicht zur Sprache kommen. Post-Sale-Selling bedeutet vor allem auch, den Kunden nicht nur mit konkreten Angeboten zu »überschütten«, sondern eine Art Kundenpflege zu betreiben.

Public-Relations-Maßnahmen könnten auch als indirekte Werbemaßnahmen bezeichnet werden, die wohl beim potentiellen Kunden eine nachhaltigere Werbewirkung erzielen können, als dies bei direkten Werbeaktivitäten der Fall sein dürfte. Insbesondere ergeben sich ungezwungenere Kontakte z.B. bei Informationsveranstaltungen, bei Organisationen von gemeinnützigen Veranstaltungen, der Übernahme von Schirmherrschaften, Vorträgen an Bildungs-/Ausbildungseinrichtungen, Preisverleihungen (z.B. Spar-Haus, Architektur etc.) etc. Auch die Mitgliedschaft des Unternehmens oder von Mitarbeitern in öffentlichen Einrichtungen, Institutionen, Vereinen etc. kann als vorteilhaft für die Öffentlichkeitsarbeit des Unternehmens sowie das Image angesehen werden.

Als besonders nützlich erweist sich ein gutes Verhältnis zur lokalen oder überregionalen Presse, die durch informative Pressekonferenzen oder Mitteilungen beispielsweise zur Situation der Gewerbeimmobilien, Mietpreisentwicklung etc. gutes Material für den redaktionellen Teil erhält.

Ein beträchtlicher Werbeeffekt kann auch durch die Initiierung oder die Beteiligung am Bau kultureller, karitativer oder sportlicher Einrichtungen erreicht werden.

Tage der offenen Tür, Richtfeste für ein breiteres Publikum, Einweihungen von neuen Gebäuden, Betriebsfeste (mit Kunden) können den Public-Relations-»Mix« ergänzen.

5.8 Image-Politik

Das insgesamt schlechte Image der Immobilienwirtschaft in der Bundesrepublik Deutschland, häufig gleichgesetzt mit dem Makler, erfordert grundsätzlich eine auf Dauer angelegte Image-Politik. Selbstverständlich ist die Wahrung absoluter Seriosität Grundvoraussetzung, um dieses zu erreichen bzw. zu wahren. Eine Reihe ergänzender Maßnahmen wie z. B. die Kreierung eines sich ständig wiederholenden Firmensignets, die Gestaltung der eigenen Büro-/Verkaufsräume oder des Firmengebäudes bieten sich hier an.

Daneben wirkt sich eine aktive Mitarbeit in öffentlichen Gremien, Institutionen oder eine zielgerichtete PR imagefördernd aus. Die Veröffentlichung eigener Marktberichte, Mietpreis-Indices usw. unterstreicht das Image der fachlichen Qualifikation. Schließlich ist eine Kooperation mit Stadtplanern und Stadtentwicklern ebenfalls dem Ansehen des Unternehmens förderlich, insbesondere wenn diese eine entsprechende Publizität erhält.

5.9 Personal-politische Maßnahmen

Bei Gewerbeimmobilien handelt es sich in der Regel um besonders hochwertige und komplexe Produkte, die einen beträchtlichen Beratungsbedarf hinsichtlich der verschiedensten Funktionen wie Finanzierung, Steuerrecht, Baurecht, Bautechnik und vieles mehr sowie der Immobilie selbst erfordern. Insofern kommt der Beratungsqualität eine dominierende Bedeutung zu. Diese läßt sich entweder durch die Einstellung besonders qualifizierter und erfahrener Mitarbeiter erreichen, was häufig sehr große Schwierigkeiten bereitet. Andererseits wird man auf eine permanente Aus- und Fortbildung eigener Mitarbeiter großen Wert legen müssen. In diesem Zusammenhang ist auch die Motivation der Mitarbeiter zu erwähnen, die durch Leistungsanreizsysteme wie Prämien, umsatzabhängige Entlohnung, Incentivereisen, interne Wettbewerbe, Preise etc. gefördert werden kann. Auch kann die Mitsprachemöglichkeit des Personals bei Hereinnahme von Objekten, sofern die entsprechende Qualifikation vorhanden ist, der Motivation beim Weiterverkauf dienlich sein. Dasselbe gilt wohl auch für eine entsprechende Kompetenzausstattung bzw. die Delegation von Verantwortung bei entsprechender fachlicher Eignung. Bei größeren Unternehmen kann die Schaffung einer entsprechenden Corporate identity (»Wir-Gefühl«) z.B. durch entsprechende Öffentlichkeitsarbeit verstärkt werden. Aber auch durch eher belanglose Artikel wie Krawattenanstecknadeln, Unternehmenssignet, Briefpapier, Kugelschreiber etc. lassen sich letztlich bessere Ergebnisse erzielen.

Betriebsintern kann entsprechend der Eignung und den Wünschen der Mitarbeiter ein Personaltausch vorgenommen werden. Eine Kontrolle des Personals z.B. durch Test-Interessenten oder Beobachter gibt Aufschluß über das Verhalten gegenüber Kunden sowie über die fachliche Qualifikation. Ggf. sind Entlassungen unumgänglich.

Eine rationellere Gestaltung des Verkaufsvorganges sowie der Verkaufsvorbereitung z.B. durch Erarbeitung informativer Exposés, EDV-Einsatz etc. kann zusätzliches Arbeitszeit-Potential freisetzen. Unnötige Termine und das wahllose Versenden von Exposés können durch genaues Erfragen der Kundenwünsche minimiert werden.

Ggf. kann der Einsatz von externen Beratern oder die Vermittlung von qualifizierten Beratern für den Kunden zu Spezialfragen erforderlich werden.

5.10 Organisatorische Maßnahmen

Auch durch organisatorische Maßnahmen läßt sich eine optimierte Bedienung und Beratung des Kunden erreichen. Durch den Einsatz computer-gestützter Systeme können Informationen über Akquisitions- und Verkaufsaktivitäten schneller und effizienter verfügbar gemacht werden. Zeitraubende, ständig wiederkehrende Routinearbeiten können reduziert, schlecht verkäufliche Objekte schnell erkannt werden. Außerdem lassen sich Analysen nach Standorten, Stadtteilen, Immobilientypen, Mietpreisen, Verkaufspreisen etc. jederzeit abrufen.

Als sinnvoll hat sich bereits bei größeren Unternehmen die Bildung von Fachsparten erwiesen. Getrennt nach den einzelnen Immobilienarten wie Hotels, Bürogebäude, Handelsimmobilien etc. stehen die einzelnen Fachabteilungen zur Verfügung.

Ebenfalls für größere Unternehmen bietet sich die Bildung zentraler Stabsstellen für Spezialbereiche wie Marktforschung, Bewertung, überregionale Vermarktung etc. an.

Durch die Entwicklung von Informationssystemen lassen sich quasi auf Knopfdruck die Anforderungen von Nachfragern, aber auch die Wünsche der Verkäufer darstellen.

Mit Hilfe einer aussagefähigen Exposézusammenstellung bzw. eines Prospektes sowie durch genaue Erfassung der Kundenwünsche sind zeitaufwendige Ortstermine und telefonische Rückfragen vermeidbar. Für Vermittler bietet oft die Herausnahme nicht marktgängiger Objekte aus dem Angebot ein gutes Mittel zur Kosten- und Zeitersparnis (ABC-Analyse). Ggf. werden schlecht gängige Objekte nur gegen Aufwandsentschädigung vermittelt.

Literaturangaben

Bloom, Weimer, Fisher: Real Estate, 8. Aufl., New York

Falk, B. (Hrsg.): Einkaufszentren, Landsberg a. L. 1982

Falk, B. (Hrsg.): Gewerbe-Immobilien, Landsberg a. L. 1987

Falk, B. (Hrsg.): Immobilien-Handbuch, Stuttgart 1985

Gaedeke, R.; Tootelian, D.: Marketing, St. Paul 1983

Kutsch, K.; Schiffers, K. H.: Marketing im Bauwesen, Braunschweig 1979

McCarthy, E.: Basic-Marketing, Homewood, 3. Aufl. 1965

MI Verlag (Hrsg.): Marketing Enzyklopädie Band 1 bis 3, München 1975

Meffert, H.: Marketing, 6. Aufl., Wiesbaden 1982

Ring, A.; Dasso, J.: Real Estate, 9. Aufl., Englewood Cliffs 1981

Seldin, M. (Hrsg.): Real Estate Handbook, Homewood, 1979

Shenkel, W.: Marketing Real Estate, Englewood Cliffs 1985, 2. Aufl.

Sherwood, C.; Nordstrom, R. u. a.: Marketing, St. Paul 1983

Steacy, R.: You can make it selling real estate, Toronto 1988

Tietz, B.: Die Grundlagen des Marketing, Band 1 und 2, München 1975

Tootelian, D.; Gaedeke, R.: Cases and Classics in Marketing Management, San Diego 1986

DR. OTTO HERRMANN / REINHOLD NEHL

Computerunterstützung bei der Verwaltung gewerblicher Immobilien

Inhalt

1.	Problemstellung	589
2.	Anforderungen an ein EDV-System zur Verwaltung gewerblicher Immobilien	589
2.1	Aktualität der Informationen	589
2.2	Datenintegration	590
2.3	Dezentraler Zugriff auf zentral gespeicherte Daten	590
2.4	Detaillierte Datenzugriffsrechte	591
2.5	Variable Datenauswertungen	591
2.6	Bedienerfreundlichkeit	591
3.	Grundzüge eines EDV-Systems zur Verwaltung gewerblicher Immobilien	592
3.1	Aufgaben bei der Verwaltung gewerblicher Immobilien	592
3.2	Software-Gesichtspunkte	592
3.2.1	Software zur Unterstützung der Vermietung	592
3.2.2	Software zur Unterstützung der Mietvertragsverwaltung	593
3.2.3	Software zur Unterstützung der Objektbuchhaltung	595
3.2.4	Software zur Unterstützung des Controlling	597
3.2.5	Software zur Unterstützung der Nebenkostenabrechnung	598
3.2.6	Software zur Unterstützung der Instandhaltungsplanung und -durchführung	600
3.3	Die integrierte Datenbasis zur Verwaltung gewerblicher Immobilien	601
4.	Ausblick	603

1. Problemstellung

Der Einsatz der Datenverarbeitung ist heute in allen Verwaltungsbereichen nahezu eine Selbstverständlichkeit. Im Bereich der Immobilienverwaltung ist jedoch ein gravierender Unterschied zwischen der Verwaltung von Wohnungsimmobilien und der Verwaltung von Gewerbe-Immobilien feststellbar. In der Wohnungswirtschaft existieren große Service-Rechenzentren zur Abwicklung der Verwaltungsaufgaben. Außerdem gibt es für diese Problemstellung eine Reihe ausgereifter Softwarepakete mit beachtlichen Installationszahlen. Bei der Verwaltung gewerblicher Immobilien beginnen sich erst langsam umfassende integrierte EDV-Lösungen durchzusetzen. Die Gründe hierfür liegen einerseits in der um ein Vielfaches höheren Komplexität der Verwaltungsaufgaben, die aus der Notwendigkeit zur ständigen Anpassung an Markterfordernisse resultiert. Die Struktur von Wohnungsimmobilien ist wesentlich stabiler und somit leichter in einem EDV-System abbildbar, als dies bei Gewerbe-Immobilien der Fall ist. Andererseits ist die Zahl der Verwalter gewerblicher Immobilien geringer, so daß sich viele Anbieter vom Marktpotential her zunächst auf EDV-Lösungen für die Wohnungswirtschaft konzentriert haben.

In diesem Beitrag sollen zunächst die Anforderungen an ein EDV-System zur Verwaltung gewerblicher Immobilien definiert werden. Danach sollen die Grundzüge eines solchen Systems entwickelt werden. Dabei sollen vor allem die Besonderheiten erarbeitet werden, die die Verwaltung gewerblicher Immobilien von der Verwaltung von Wohnungsimmobilien unterscheiden. Schließlich sollen noch einige Grundsätze genannt werden, die bei der Entwicklung oder der Auswahl eines solchen Systems zu beachten sind.

2. Anforderungen an ein EDV-System zur Verwaltung gewerblicher Immobilien

2.1 Aktualität der Informationen

Bei gewerblichen Immobilien handelt es sich selten um statischen Wohnraum, bei dem der Mieterwechsel die einzige Veränderung im Zeitablauf darstellt. Gewerbemietraum hingegen ist durch ständige Veränderungen bezüglich vertraglicher Regelungen und oft auch der Flächenaufteilung gekennzeichnet. Die langfristige Vermietbarkeit von Gewerbe-Immobilien hängt damit in hohem Maße von der Fähigkeit des Verwalters ab, sofort Änderungen und Unregelmäßigkeiten erkennen zu können, um frühzeitig zu agieren. Er ist daher ungleich stärker auf aktuelle Informationen für sein Handeln angewiesen, als dies in der herkömmlichen Wohnungswirtschaft der

Fall ist. Nur EDV-Systeme, in denen alle Informationen zum Zeitpunkt ihres Entstehens erfaßt, verarbeitet und ausgewertet werden können, erfüllen die volle Anforderung nach Aktualität.

2.2 Datenintegration

Integration bedeutet, daß eine Information nur einmal am Ort ihres Entstehens erfaßt wird und danach unmittelbar für alle nachgelagerten und verknüpften Informationsprozesse zur Verfügung steht. Das Ziel der Integration besteht darin, Mehrfacherfassungen und damit unterschiedliche Informationsstände (fehlende Datenintegrität) zu vermeiden.

Kündigt beispielsweise ein Mieter, so ist diese Information nur einmal beim Eingang der Kündigung zu erfassen. Danach werden folgende Informationsprozesse automatisch ausgelöst:
– die Mieteinheit ist ab sofort in die »Liste der vermietbaren Mieteinheiten« aufzunehmen,
– die automatische Sollstellung der Miete ist am Ende der Mietdauer einzustellen,
– eine vorläufige Nebenkostenabrechnung ist durchzuführen,
– die Informationen über den Vermietungsstand des Objekts sind zu aktualisieren,
– nach Auszug des Mieters sind die Mietvertragsdaten für statistische Zwecke in eine Datei der »ehemaligen Mietverträge« zu überstellen.

Nur EDV-Systeme »aus einem Guß« können diese Integrationsanforderung erfüllen.

2.3 Dezentraler Zugriff auf zentral gespeicherte Daten

Die Kommunikationsanforderung beinhaltet, daß das EDV-System über die technische Möglichkeit verfügt, Zugriff auf Informationen zu ermöglichen, die räumlich entfernt erfaßt wurden. Für ein bevorstehendes Mietergespräch müssen dem Center-Management jederzeit die aktuellen Informationen über offene Posten, Umsätze, hinterlegte Kautionen, Zahlungsmoral etc. zur Verfügung stehen, obwohl diese Informationen räumlich entfernt von anderen Personen erfaßt wurden.

Nur mehrplatzfähige EDV-Systeme mit zentraler Datenhaltung und dezentralen Bildschirminstallationen sowie in jüngerer Zeit vernetzte Computersysteme erfüllen die Kommunikationsanforderung. Allerdings macht diese Anforderung nur dann Sinn, wenn es sich um ein aktuelles und integriertes EDV-System handelt.

2.4 Detaillierte Datenzugriffsrechte

Integration und dezentrale Zugriffsmöglichkeit bedingen detaillierte Regelungen über die Benutzung der gespeicherten Daten. Daten dürfen nur an einer Stelle erfaßt und gepflegt werden. Nur dann ist eine Datenverantwortlichkeit definierbar. Der Center-Manager kann zum Beispiel die Zahlungseingänge am Bildschirm zwar abrufen, er darf die Daten jedoch nicht verändern können. Die Zugriffsregelungen müssen so organisiert sein, daß jedem Benutzer nur die benötigten Daten mit Lese- und/oder Schreibberechtigung zur Verfügung stehen. Zugriffsregelungen können in EDV-Systemen auf der Ebene von Dateien, einzelner Datensätze oder im Extremfall sogar auf der Ebene einzelner Datenfelder definiert werden. Nur EDV-Systeme, die zumindest eine Zugriffsregelung auf der Datensatzebene erlauben, erfüllen die Anforderung nach Zugriffssicherung.

2.5 Variable Datenauswertungen

Herkömmliche EDV-Systeme sind in der Regel so programmiert, daß für zuvor definierte Informationsbedürfnisse Anwendungsprogramme zur Verfügung stehen. Kommen neue Informationsbedürfnisse hinzu, so ist die Entwicklung neuer Anwendungsprogramme erforderlich.

Ein komfortables Informationssystem sollte Ad-hoc-Informationsbedürfnisse ohne zeitaufwendige Neuprogrammierung befriedigen können. Auf der Basis des gespeicherten Datenmaterials müssen jederzeit beliebig formulierbare Datenabfragen möglich sein.

2.6 Bedienerfreundlichkeit

Der Wert eines EDV-Systems hängt sehr stark von der Akzeptanz durch den Benutzer ab. Ein EDV-System wird akzeptiert, wenn es schnell zuverlässige Informationen liefert, ohne daß der Anwender technische Hürden überwinden muß. Komplexe und äußerst flexible Systeme, die durchaus in der Lage sind, jeden denkbaren Anwendungsfall abzuwickeln, können wertlos sein, wenn sie den Bediener durch eine schwierige Handhabung überfordern. Oft ist es sinnvoller, auf die EDV-Abwicklung seltener Ausnahmen zu verzichten, wenn durch die Integration dieser Ausnahmen die Handhabung der Regelfälle zu sehr erschwert wird. Bei der Gestaltung eines Systems ist zusätzlich darauf zu achten, daß es geübte Anwender geben wird, die das System in allen Details kennen, und ungeübte Anwender, die das System nur gelegentlich nutzen. Die Bedienerführung des Systems muß generell so gestaltet sein, daß ein Mitarbeiter ohne großes Studieren von Handbüchern mit dem System umgehen kann. An jeder Stelle der Anwendung sollte am Bildschirm die Möglichkeit bestehen, Bedienerinformationen in verschiedenen Detaillierungsstufen abzurufen. Das System muß so robust sein, daß es auf alle Benutzereingaben ohne Abbruch des Systems reagiert.

Zusätzlich sollten Testobjekte eingerichtet werden, mit deren Hilfe der Anwender die Nutzung des Systems erlernen kann.

3. Grundzüge eines EDV-Systems zur Verwaltung gewerblicher Immobilien

3.1 Aufgaben bei der Verwaltung gewerblicher Immobilien

Folgende wichtige Aufgaben bei der Verwaltung gewerblicher Immobilien sollen nachfolgend hinsichtlich einer Computerunterstützung näher untersucht werden:
– Vermietung,
– Mietvertragsverwaltung,
– Objektbuchhaltung,
– Controlling,
– Nebenkostenabrechnung,
– Instandhaltungsplanung und -durchführung.

Bei der Analyse der Computerunterstützung dieser Aufgaben sollen insbesondere Unterschiede zu den Aufgaben bei der herkömmlichen Wohnungswirtschaft erarbeitet werden.

3.2 Software-Gesichtspunkte

3.2.1 Software zur Unterstützung der Vermietung

Im Bereich der Wohnungswirtschaft besteht die Vermietungsaufgabe primär darin, maximale Erträge durch einen hohen Vermietungsstand zu erzielen. Oft wird die Vermietungsaufgabe nicht vom Eigentümer oder Verwalter, sondern von einem Immobilienmakler wahrgenommen. Meist nutzt der Makler Anzeigen in der Lokalpresse, um auf sein Wohnungsangebot aufmerksam zu machen. Bei Direktanfragen von Wohnungssuchenden ist es für ihn hilfreich, wenn er durch ein EDV-Programm sein Wohnungsangebot nach Größe und Ausstattungsmerkmalen selektieren kann. Hierzu müssen die Mieteinheiten bei der Erfassung im EDV-System durch diese Attribute gekennzeichnet werden.

Bei gewerblichen Immobilien, insbesondere bei Einkaufszentren, ist die Vermietungsaufgabe differenzierter durchzuführen. Um langfristig einen maximalen Mietvertrag sicherzustellen, müssen zusätzlich folgende Nebenziele beachtet werden:
- optimaler Branchen-Mix,
- optimaler Mieter-Mix,
- optimale Nutzung des umbauten Raumes und
- funktional richtige Anordnung der Gewerbemieter innerhalb eines Objektes.

Eine Computerunterstützung zur Erreichung eines optimalen Branchen-Mix wäre denkbar, indem man bei der Aufnahme des Objekts in das EDV-System erfaßt, für welche Branchen die einzelnen Mieteinheiten aufgrund ihrer Ausstattung und ihrer Lage im Objekt besonders geeignet sind. Bei der Versendung von Exposés im Rahmen des Direct-Mailing könnte das vorhandene Angebot entsprechend selektiert und an den richtigen Interessentenkreis verschickt werden.

Bei der Mieterauswahl ist es hilfreich, wenn das EDV-System Zugriff auf Datenbanken gestattet, in denen Angaben über die Bonität der Mieter und Branchenkennzahlen gespeichert sind. Wird die Vermietungsaufgabe bereits über einen längeren Zeitraum computergestützt durchgeführt, so lassen sich aus dem gespeicherten Datenmaterial Kennzahlen aus der Vermietung ableiten. Beispiele für solche Kennzahlen, die im Zeitablauf gewonnen werden können, sind:
- durchschnittliche Mietpreise je Branche,
- durchschnittliche Mietpreise je Region,
- durchschnittliche Umsatzzahlen je Quadratmeter Mietfläche,
- durchschnittliche Mietvertragsdauer.

Solche Kennzahlen können bei Mietvertragsverhandlungen unterstützend herangezogen werden.

Eine weitere Unterstützung der Vermietung könnte durch die neue Technik des Desk-Top-Publishing erreicht werden. Hierunter versteht man die computerunterstützte Erstellung von Publikationen. Diese Einsatzmöglichkeit der EDV käme in Frage, wenn als Vermietungsinstrument eine eigene »Center-Zeitung« eingesetzt wird.

3.2.2 Software zur Unterstützung der Mietvertragsverwaltung

Im Bereich der Wohnungswirtschaft beschränkt sich die Computerunterstützung der Vertragsverwaltung darauf, eine begrenzte Anzahl von Daten aus Mietverträgen zu erfassen, zu pflegen und auszuwerten.

Von diesen Daten sollen beispielhaft genannt werden:
- Mietdauer,
- Mietpreise,
- Kündigungsfristen,
- Nebenkostenvorauszahlungen,
- Kautionsdaten.

Im Bereich der Gewerbemietverträge ist die volle Vertragsfreiheit gegeben. Die wenigen Daten aus der Wohnungswirtschaft reichen keinesfalls aus, diese volle Vertragsfreiheit abbilden zu können. Folgende zusätzliche Daten, die bei Gewerbemietverträgen häufig vorkommen, müssen verwaltet werden können:
- Daten über indexierte Mietverhältnisse,
- Daten über Mietpreisstaffeln,
- Daten über Umsatzmietverhältnisse,
- Daten über die Gewährung von Optionen,
- Daten über Sonderkündigungsrechte,
- Daten über die Beteiligung an Werbeaktionen der Mietergemeinschaft und
- Daten über Sonderregelungen bezüglich der Nebenkosten.

Ein Beispiel für eine Bildschirmmaske, in der die erforderlichen Zusatzdaten für indexierte Mietverhältnisse dargestellt werden, zeigt die Abbildung 1.

Grundsätzlich ist die Aktualitätsanforderung an EDV-Systeme (siehe Abschnitt 2.1) nur gewährleistet, wenn alle diese zusätzlichen Informationen einmalig bei der Vertragserfassung im EDV-System gespeichert werden können. Beim Zeitpunkt des Wirksamwerdens dieser Informationen muß sich das System automatisch melden, um die notwendigen Verwaltungsaktionen auszulösen.

Folgende beispielhafte Fragen muß das System »per Knopfdruck« auf der Basis dieser gespeicherten Zusatzinformationen sofort beantworten können:
- Zeige alle Mietverträge, deren Indexregelung greift, wenn der derzeitige Index um 0,5 Punkte steigt.
- Zeige alle Mietverträge, bei denen im nächsten Quartal eine Staffelmieterhöhung ansteht.
- Zeige alle Umsatzmietverträge, deren Sollstellung aufgrund der erfaßten Umsätze angepaßt werden muß.
- Zeige alle Mietverträge, die im nächsten Kalenderjahr auslaufen.

Nur wenn solche oder ähnliche Fragen ad-hoc beantwortet werden können, wird das EDV-System als Managementhilfe und nicht als reines Abrechnungsinstrument verstanden werden. Die Computerunterstützung der Vertragsverwaltung darf jedoch nicht bei der Beantwortung dieser Fragen stehen bleiben, sondern muß die Verwaltungsaktionen, die sich aus den Antworten zu diesen Fragen ergeben, durch eine integrierte Textverarbeitung weiter unterstützen.

```
 14.5.87                    **OBJEKTVERWALTUNG**                     14:29
                         - Mietvertragsergänzung Indexmiete -
     Firma:      0001   Leichtling
     Objekt:     01     Wallhausen
     Mieter:     00002  Brinkmann, Uwe
     Straße:            Salinenweg 235
     PLZ/Ort:           8500 Nürnberg
     Vertrag:    01     Einheit: 100401   4. OG links

  6. Index-Art:      1        aller privaten Haushalte
  7. Basis-Jahr:     1970     8. Index-Beginn: 01/76      Index: 138,2
     Grundmiete:     1947,50

  9. Anpassungsart:     2 nach Prozentpunkten
 10. Anpassungshöhe:    10,00           11. Indexweitergabe:       100,00 %

     Anpassungsindex:   194,8           12. Letzte Anpassung:      7/82
     Aktueller Index:   198,1    3/87   Zugehöriger Index:         184,8
     Abweichung:        3,3-            13. Wartezeit (Monate):    60
                                            Anpassung:             7/87

 Feld-Namen oder -Nummer für Änderung eingeben.........
 CR = speichern, II = löschen, III = drucken, IV = Ende
```

Abb. 1: Bildschirmmaske »Vertragsergänzung Indexmiete«

3.2.3 Software zur Unterstützung der Objektbuchhaltung

In der Objektbuchhaltung sind alle relevanten Geschäftsvorfälle zu erfassen, die bei der Vermietung und dem Betrieb von Immobilien entstehen. Objektbuchhaltungssysteme gliedern sich meistens in folgende Teilbereiche:

a) *Debitorenbuchhaltung:*

- automatische Sollstellung der Mietforderungen aus den Vertragsdaten,
- automatischer Zahlungsverkehr bei Mietern, die am Lastschriftverfahren teilnehmen,
- Erfassung von Zahlungseingängen auf den Mieterkonten
- Offene-Posten-Verwaltung und
- Mahnwesen.

b) *Kreditorenbuchhaltung:*

- Erfassung von Eingangsrechnungen, die bei der Verwaltung und dem Betrieb der Immobilien entstehen,
- automatischer Zahlungsverkehr,
- Erfassen von Zahlungsausgängen auf den Kreditorenkonten.

c) *Auswertungen und Abschlußarbeiten:*

- Journal,
- Sachkonten und Kontokorrentkonten mit allen Bewegungen,
- Saldenlisten,
- Offene-Posten-Listen,
- Mahnlisten,
- Einnahmen-Überschuß-Rechnung bzw.
- Bilanz.

Bei gewerblichen Immobilien sind zusätzlich die Umsatzsteuerverprobung und die regelmäßige Abgabe von Umsatzsteuervoranmeldungen EDV-technisch zu realisieren. Neben diesen für alle Buchhaltungssysteme üblichen Auswertungen sind spezielle mieterbezogene Berichte wünschenswert, in denen die für den Objektmanager wichtigen buchhalterischen Informationen gut lesbar aufbereitet werden (z. B. Mieter-Soll-Ist-Liste).

Bei der Beurteilung der Effizienz von computergestützten Objektbuchhaltungssystemen ist in erster Linie das Vorhandensein der Anforderungen nach Aktualität und Integration der Daten zu prüfen.

Ein System genügt der Anforderung nach Aktualität, wenn ein Geschäftsvorfall (z. B. Mieteingang) unmittelbar nach der Datenerfassung in allen relevanten Konten (z. B. Mieterkonto, Bankkonto) und Auswertungen (z. B. Offene-Posten-Liste, Saldenliste) abgebildet wird. In vielen Systemen können die Geschäftsvorfälle zwar jederzeit erfaßt werden, die Fortschreibung der Konten jedoch geschieht innerhalb von monatlichen Abschlußarbeiten, so daß die Konteninformation bis zu diesem Zeitpunkt keine aktuellen Daten liefern kann. Derartige Systeme mögen für Abrechnungszwecke der Wohnungswirtschaft genügen, für ein zeitnahes Immobilien-Management sind sie ungeeignet.

Untersucht man die Integration von Systemen, so spielen die Verknüpfungen der Objektbuchhaltung zur Vertragsverwaltung und zur Nebenkostenplanung, -kontrolle und -abrechnung eine wesentliche Rolle. Ein Beispiel für eine sinnvolle Integration dieser Teilbereiche wird in der Abbildung 2 gezeigt.

Datenerfassungen und Datenänderungen im Bereich der Vertragsdaten, die für die Objektbuchhaltung relevant sind (z. B. Adreßdaten, Mietpreise, Kündigungsdaten etc.), dürfen nur am Ort ihrer Entstehung in der Vertragsverwaltung erfaßt und gepflegt werden. Sie müssen von dort im direkten Dialog in der Objektbuchhaltung aktualisiert werden. Doppelerfassung dieser Daten und die damit verbundene Möglichkeit unterschiedlicher Aktualitätsstände von Daten sind zu vermeiden.

Soll eine verursachungsgerechte Nebenkostenabrechnung durchgeführt werden, so müssen die Rechnungseingänge detaillierter kontiert und erfaßt werden, als dies im Rahmen der Objektbuchhaltung erforderlich ist. Daher sollte die Rechnungserfassung aus der Objektbuchhaltung in den Bereich der Nebenkostenabrechnung ver-

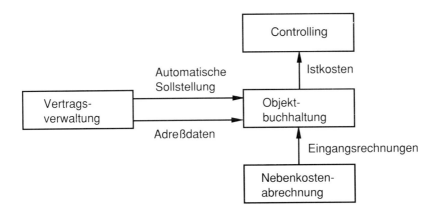

Abb. 2: Schnittstellen der Objektbuchhaltung zu den Teilbereichen Vertragsverwaltung, Controlling, Nebenkostenabrechnung

lagert werden. Von dort erfolgt eine Überspielung der Rechnungseingänge in die Objektbuchhaltung, um eine Doppelerfassung zu vermeiden.

Im Rahmen des Controllings von Kosten und Erlösen werden den Budgetwerten die Istwerte aus der Rechnungserfassung gegenübergestellt.

Die Forderung nach Datenintegration kann aufgrund dieser Schilderungen nur durch ein Objektbuchhaltungssystem erreicht werden, das speziell auf die Belange der Verwaltung gewerblicher Immobilien integrativ entwickelt wurde. Wohnungswirtschaftssysteme in Kombination mit einer Standardfinanzbuchhaltung sind hierfür ungeeignet.

3.2.4 Software zur Unterstützung des Controllings

Das Controlling spielt in der Wohnungswirtschaft nur eine untergeordnete Rolle. Zum Beginn eines Kalenderjahres wird ein Wirtschaftsplan erstellt, in dem Jahresplanwerte für die einzelnen Nebenkostenarten definiert werden. In der jährlichen Nebenkostenabrechnung werden diesen Planwerten die in der Finanzbuchhaltung erfaßten Istkosten gegenübergestellt. Die Nebenkosten im Wohnungsbereich sind von Struktur und Umfang, abgesehen von Schwankungen im Energiebereich, relativ stabil und bedürfen daher keiner aufwendigen Planung und Kontrolle.

Bei gewerblichen Immobilien, insbesondere bei Einkaufszentren, kommt den Nebenkosten eine bedeutend wichtigere Rolle zu. Die Nebenkosten können in diesen Objekten eine Dimension annehmen, die der detaillierten Kontrolle bedarf. Auch sind erhebliche Schwankungen im Zeitablauf, bedingt durch Mieterwechsel, vorstellbar. Daher ist es in diesem Bereich sinnvoll, häufiger, z.B. monatlich, eine

Gegenüberstellung von geplanten und tatsächlich angefallenen Nebenkosten vorzunehmen. Hierzu ist es erforderlich, daß die Nebenkosten am Anfang eines Wirtschaftsjahres detailliert geplant werden. Eine Bildschirmmaske zur Erfassung solcher Sollwerte wird in der Abbildung 3 gezeigt.

```
21.4.87                    **OBJEKTVERWALTUNG**                      15:06
                         – Budget-Sollwerte-Erfassung –

Firmen-Nummer:        1        Leichtling, GmbH
Jahr:              1987
Konto-Nummer:    423000        Kommunale Straßenreinigung

                                              0. E-Bilanzwert:         0

   I. Quartal:         II. Quartal:        III. Quartal:      IV. Quartal:
   (Jan.–März)         (April–Juni)        (Juli–Sept.)       (Okt.–Dez.)

 1.        874     4.        874       7.        923     10.        923
 2.        874     5.        923       8.        923     11.        923
 3.        874     6.        923       9.        923     12.        923
         _____              _____               _____              _____
          2622               2720                2769               2769
         =====              =====               =====              =====

                                                   Jahresbetrag:   10880

Soll Satz geändert werden (J/N)?. ›D‹ => Druck
›CR‹ → nächster Satz, ›I‹ → BS-Maske vor, ›III‹ → 1. BS-Maske
```

Abb. 3: Bildschirmmaske zur Erfassung von Nebenkosten-Sollwerten

Diesen Sollwerten können in Form einer monatlichen Auswertung die bisher angefallenen Istwerte gegenübergestellt werden. Aufgrund einer solchen Auswertung kann frühzeitig erkannt werden, ob die Nebenkostenvorauszahlungen anzupassen sind.

3.2.5 Software zur Unterstützung der Nebenkostenabrechnung

Die Nebenkostenabrechnung in der Wohnungswirtschaft wird so abgewickelt, daß die Nebenkosten des abzurechnenden Objekts im Verlaufe eines Kalenderjahres mehr oder weniger detailliert auf Kostenkonten in der Finanzbuchhaltung erfaßt werden. Die verbrauchsabhängigen Nebenkosten (Energie, Warmwasser) werden durch Verbrauchsablesungen auf die Mieter verteilt. Die Verteilung der übrigen Nebenkostenarten auf die einzelnen Mieter geschieht in der Regel nach dem Anteil der Mietfläche an der Gesamtmietfläche und dem Anteil der Mietdauer am Kalenderjahr. Insofern stellt diese Form der Nebenabrechnung aus mathematischer Sicht ein triviales »Dreisatzproblem« dar.

Diese Form der Nebenkostenabrechnung unterstellt eine Gleichverteilung des Anfalls und Verbrauchs der Nebenkosten im Kalenderjahr durch die einzelnen Mieter. Diese Annahme ist schon im Bereich der Wohnungswirtschaft äußerst fraglich, bei der Verwaltung gewerblicher Immobilien ist sie völlig unrealistisch. Gewerbemietraum unterliegt im Zeitablauf ständigen Veränderungen. Eine große Mieteinheit, die heute von einem Gewerbemieter einer bestimmten Branche angemietet ist, kann morgen zu zwei neuen Mieteinheiten umgebaut werden, die anschließend von anderen Mietern aus völlig unterschiedlichen Branchen angemietet werden. Die Gesamtmietfläche, die in herkömmlichen Nebenkostenabrechnungen als stabile Verteilungsgrundlage verwendet wird, unterliegt bei Gewerbemietraum somit Schwankungen im Abrechnungszeitraum. Durch den Wechsel von Mietern unterschiedlicher Branchen kann die Annahme des gleichverteilten Anfalls und Verbrauchs der Nebenkosten keinesfalls aufrechterhalten werden.

Eine verursachungsgerechte Nebenkostenabrechnung kann nur erreicht werden, wenn die Kostenerfassung zeitraumbezogen vorgenommen wird und die Abrechnung in Intervallen stattfindet.

Eine Bildschirmmaske für die zeitraumbezogene Kostenerfassung ist in der Abbildung 4 dargestellt.

Nachdem im Kopf der Bildschirmmaske die globalen Daten einer Eingangsrechnung erfaßt wurden, ist der Gesamtrechnungsbetrag verursachungsgerecht auf die

```
16.4.87                  **OBJEKTVERWALTUNG**                         9:45
                          – Rechnungserfassung –

Firma:         0001      Leichtling, GmbH        Zahlungsträger:   JA
Beleg-Nr.:     870021                            Beleg-Datum:      8.3.1987
Kreditor:      00024 Stadtwerke Saarbrücken      Referenz-Nr.:     870305
                                                 Rechnungsbetrag:  13842,00 H
                                                 (Kontrollsaldo:   0,00)

POS OBJ Konto    AE  UST  Buchungstext            von–bis        Betrag
01  01  411100   01  V07  Wasserverbrauch Januar 1987  010187 310187   8566,00 S
02  01  413100   00  V14  Fernwärme Januar 1987        010187 310187   2300,80 S
03  01  412100   00  V14  Abwasser Januar 1987         010187 310187    566,00 S
04  01  415100   00  V14  Gas-Verbrauch 12/86–1/87     151286 150187   1922,40 S
05  01  423000   00  V14  Straßenreinigung 1/87        010187 310187    318,00 S
06  01  422000   00  V14  Müllabfuhr Januar 1987       010187 310187    168,80 S


›CR‹, ›I‹ → Buchung Festschreiben, ›III‹ → zur Position
```

Abb. 4: Bildschirmmaske zur zeitraumbezogenen Rechnungserfassung

Rechnungspositionen aufzuteilen. Bei jeder Rechnungsposition sind das betroffene Objekt, der Mehrwertsteuerschlüssel, das angesprochene Konto, eventuell eine angesprochene Unterabrechnungseinheit, der Buchungstext sowie vor allem der Gültigkeitszeitraum und der Betrag der Rechnungsposition zu erfassen. Die Erfassung kann nur beendet werden, wenn der gesamte Rechnungsbetrag verursachungsgerecht aufgelöst wurde. Nur eine derart detaillierte, zeitraumbezogene Kostenerfassung ermöglicht eine intervallorientierte Nebenkostenabrechnung. Die Nebenkostenabrechnung in Intervallen bedeutet, daß durch jeden Mieterwechsel und durch jede Änderung der Verteilungsgrundlagen (z. B. Gesamtmietfläche) eine gesonderte Nebenkostenabrechnung im EDV-System automatisch ausgelöst wird. Im Extremfall besteht die jährliche Nebenkostenabrechnung aus 364 Teilnebenkostenabrechnungen, wenn täglich im Objekt ein Mieterwechsel bzw. eine Änderung der Verteilungsgrundlagen stattgefunden hat. Eine derart genaue Nebenkostenabrechnung kann nur durch Computerunterstützung erzielt werden.

3.2.6 Software zur Unterstützung der Instandhaltungsplanung und -durchführung

Die Unterstützung der Instandhaltungsplanung kann durch EDV-Checklistenprogramme und durch ein EDV-Wiedervorlagesystem erfolgen. Die regelmäßig durchzuführenden Wartungs- und Instandhaltungsarbeiten können bei der jährlichen Instandhaltungsplanung mit den jeweils vorgesehenen Planterminen in Checklisten eingetragen werden. Nach Durchführung der Arbeiten wird der Erledigungstermin in den Checklisten eingetragen. Durch Aufruf der Checkliste am Bildschirm kann man jederzeit erkennen, welche der geplanten Arbeiten erledigt wurden und welche Arbeiten noch ausstehen. Durch Kombination mit einem computergestützten Wiedervorlagesystem gibt das EDV-System ad-hoc Antworten auf folgende Fragen:
– Welche Instandhaltungsarbeiten stehen in einem bestimmten Zeitraum, gegliedert nach Objekten und/oder Verwaltern, an?
– Welche der für einen bestimmten Zeitraum vorgesehenen Arbeiten konnten nicht termingerecht erledigt werden?

Für die Instandhaltungsdurchführung ist ein EDV-Auftragsabwicklungssystem denkbar, das die Vergabe von Aufträgen und das Bestellwesen unterstützt. Ein solches System ließe sich, falls sinnvoll und erforderlich, zum Lieferanteninformationssystem ausbauen, um eine kostengünstige Bestell- und Auftragsvergabe durchzuführen. Mit der Integration zur Kostenplanung steigt der Wert derartiger Systeme. Stellt man das Auftragsvolumen im Zeitpunkt der Auftragsvergabe den Budgetwerten der Nebenkostenplanung gegenüber, so können Abweichungen noch frühzeitiger erkannt werden.

3.3 Die integrierte Datenbasis zur Verwaltung gewerblicher Immobilien

Der Nutzen und die Aussagekraft eines Computersystems zur Verwaltung gewerblicher Immobilien steht und fällt mit der Integrität der gespeicherten Daten. Die Datenbasis muß so gestaltet werden, daß sämtliche Informationen möglichst redundanzfrei, d. h. nur einmal im System, gespeichert werden. Sind Daten mehrfach gespeichert und läßt das System eine Änderung der mehrfach gespeicherten Daten an mehreren Stellen zu, so geht die Datenintegrität verloren, da dann unterschiedliche Aktualitätsstände der Informationen nicht mehr ausgeschlossen werden können.

Das Design einer integrierten, redundanzfreien Datenbasis bildet die anspruchsvollste Aufgabe beim Entwurf eines computerunterstützten Anwendungssystems zur Verwaltung gewerblicher Immobilien. Hier entscheidet sich die spätere Effizienz des Systems.

Einen Ausschnitt für eine integrierte Datenbasis zur Verwaltung gewerblicher Immobilien zeigt die Abbildung 5.

Bei der Aufnahme einer Immobilie in das EDV-System sind die relevanten Daten des Eigentümers, des Objekts und der Mieteinheiten in der Stammdatenverwaltung zu erfassen. Vor der Vermietung sind später die Mieterstammdaten und vor der Instandhaltungsdurchführung die Lieferantenstammdaten in der Stammdatenverwaltung zu erfassen.

Diese Stammdaten stehen den Bereichen Vertragsverwaltung, Objektbuchhaltung und Instandhaltung integriert zur Verfügung. In der Vertragsverwaltung werden alle relevanten Daten der Mietverträge erfaßt und gepflegt. Zusätzlich sind Daten über die Veränderung statistischer Indices und Umsatzdaten der Mieten zu erfassen. Nur so kann das System automatisch erkennen, wenn Index- und Umsatzmietvertragsregelungen wirksam werden.

Aus der Vertragsverwaltung werden die Mietforderungen in die Objektbuchhaltung automatisch sollgestellt. Sämtliche Zahlungen und Rechnungsausgänge werden verbucht. Die Rechnungseingänge können aus dem Bereich der Nebenkostenabrechnung übernommen werden, da sie dort detaillierter, d. h. nebenkostengerecht, erfaßt werden müssen.

Beim Controlling werden für die einzelnen Kostenarten Budgetwerte definiert. Diesen Werten werden aus der Instandhaltung das Auftragsvolumen und aus der Objektbuchhaltung das Rechnungsvolumen gegenübergestellt.

Das zentrale Problem der Nebenkostenabrechnung besteht in der zeitraumbezogenen, verursachungsgerechten Rechnungserfassung, um hieraus die intervallorientierte Abrechnung durchführen zu können.

In der Instandhaltungsplanung sind Checklistendaten, bei der Instandhaltungsdurchführung Daten über Aufträge und Bestellungen zu erfassen.

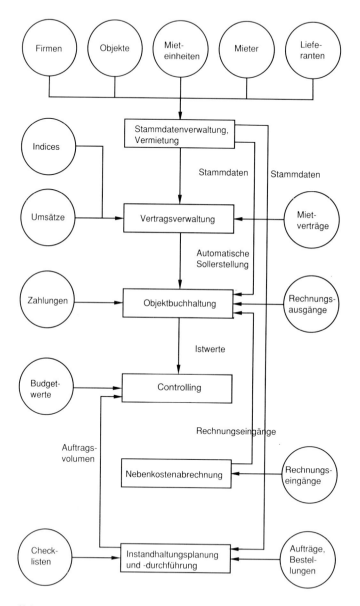

Abb. 5: Beispiel einer integrierten Datenbasis zur Verwaltung gewerblicher Immobilien

4. Ausblick

Selbst wenn für die Entwicklung eines solchen integrierten Systems zur Verwaltung gewerblicher Immobilien gut ausgebildete EDV- und Branchenspezialisten zur Verfügung stehen und moderne Softwareentwicklungs-Tools eingesetzt werden, sind mehrere Mannjahre an Entwicklungsaufwand erforderlich, um eine Eigenentwicklung durchzuführen.

Es erscheint daher kostengünstiger, auf vorhandene Lösungen zurückzugreifen bzw. auf diesen Lösungen aufzubauen. Die Entscheidung für einen Anbieter sollte zunächst von der Kompetenz, dem Funktionsumfang und der Integration der Problemlösung bestimmt werden. Danach sollte analysiert werden, mit welchem Aufwand die angebotene Problemlösung an spezielle, unverzichtbare, hausinterne Gegebenheiten angepaßt werden kann.

Erst danach spielen Hardware-Gesichtspunkte eine Rolle. Insgesamt ist darauf zu achten, daß die Investitionen, die durch Organisationsmaßnahmen, die Ausbildung der Mitarbeiter sowie durch die Beschaffung von Hard- und Software entstehen, langfristig gesichert werden. Dies ist gewährleistet, wenn die ausgewählte Problemlösung in einem EDV-Betriebssystem lauffähig ist, das von mehreren EDV-Herstellern unterschiedlicher Größenordnung angeboten wird.

KARL-DIETER BROKS/HOLGER SCHMÖLCKE

Betriebs- und Nebenkostenabrechnung für Gewerbe-Immobilien

Inhalt

1.	Zur Definition der Betriebs- und Nebenkosten	607
2.	Abrechnungsmodalitäten	608
3.	Verbrauchsabhängige Abrechnung der Heiz- und Warmwasserkosten	609
3.1	Erfassung des Verbrauchs durch Wärmemengenzähler	610
3.2	Erfassung des Verbrauchs durch Heizkostenverteiler	610
4.	Verbrauchsunabhängige Mietnebenkosten	611
4.1	Nebenkosten für Parkierungsflächen	612
4.2	Abrechnung für Gemeinschaftseinrichtungen	612
4.3	Abrechnung von Reparaturkosten	613
4.4	Abrechnung von Kosten für Hausmeister	614
4.5	Abrechnung von Kosten für Versicherungen, Grundsteuer und öffentliche Abgaben	615
4.6	Verteilerschlüssel	615
4.7	Mietnebenkosten und Rentabilität	616
4.8	Beispielhafte Nebenkostenabrechnung	619

1. Zur Definition der Betriebs- und Nebenkosten

Unter dem sprachgebräuchlichen Begriff »gewerbliche Immobilie« ist eine gewerblich genutzte oder, in diesem Zusammenhang, eine zur gewerblichen Nutzung vermietete Immobilie zu verstehen. »Betriebs- und/oder Nebenkosten« sind als Teil der Bewirtschaftungskosten derjenige Aufwand, der zur Aufrechterhaltung der Funktion der Liegenschaft erforderlich und üblich ist.

Zur näheren Erläuterung ist es in Ermangelung gleichartiger Vorschriften erforderlich, auf für den Wohnungsmietraum geschaffene Verordnungen zurückzugreifen. Gleichzeitig ist darauf hinzuweisen, daß die Bestimmungen der Verordnungen nicht ohne weiteres auf die zur gewerblichen Nutzung vermietete Immobilie zu übertragen und anzuwenden sind. Diese Vorschriften sind außerhalb des Wohnungsmietraums in der Regel, z.B. schriftlich durch abweichende Regelung im Mietvertrag, abdingbar. Wenn auch rechtliche Unsicherheiten hinsichtlich der Anwendbarkeit bestehen mögen, so präzisieren diese Verordnungen Begriffe und Verfahrensweisen und helfen, Mißverständnissen und unterschiedlichen Auslegungen vorzubeugen.

Die Bewirtschaftungskosten gemäß Zweite Berechnungsverordnung (II. BV) umfassen Abschreibungen, Verwaltungskosten, Betriebskosten, Instandhaltungskosten und das Mietausfallwagnis.

Betriebskosten sind nach dieser Vorschrift diejenigen Kosten, die dem Eigentümer durch das Eigentum oder durch den bestimmungsgemäßen Gebrauch des Gebäudes oder der Wirtschaftseinheit, der Nebengebäude, Anlagen und Einrichtungen des Grundstücks laufend entstehen. Die Bezeichnung Nebenkosten ist seit der Einführung des § 550 b BGB zum 1.1.1983 ebenfalls ein Legalbegriff. Nicht festgelegt ist allerdings, was unter Nebenkosten zu verstehen ist. In diesem Beitrag, der sich auf die Behandlung der Betriebs-/Nebenkosten der zur gewerblichen Nutzung vermieteten Immobilie und eine Betrachtung der wirtschaftlichen Auswirkungen beschränkt, soll nachfolgend der Begriff »Mietnebenkosten« gebraucht werden.

Im Mietvertrag wird das Rechtsverhältnis (Miete) zwischen Vermieter und Mieter geregelt. Mietverträge mit einer Laufzeit von mehr als einem Jahr bedürfen der Schriftform, die zur Schaffung eines eindeutigen Verhältnisses zwischen den Mietparteien ohnehin unverzichtbar ist. Der Vermieter verpflichtet sich durch den Mietvertrag, dem Mieter den Gebrauch der Mietsache zu gewährleisten, während der Mieter zur Zahlung des vereinbarten Mietzinses verpflichtet ist. Eine zweite Hauptpflicht des Vermieters ist die Überlassung der Mietsache in einem dem vertragsgemäßen Gebrauch entsprechenden Zustand; dies bedeutet, daß der Vermieter grundsätzlich sämtliche während der Mietzeit auftretenden Mängel an der Mietsache auf seine Kosten zu beseitigen hat, es sei denn, daß ein Verschulden des Mieters vorliegt (die Frage eines Verschuldens des Vermieters ist dabei unerheblich). Dies deckt sich auch mit der ausdrücklichen Unterscheidung von Betriebs- und Instandhaltungskosten gemäß II. BV.

Wird die Frage nach den Mietnebenkosten im Mietvertrag nicht behandelt, ist von einer Pauschalmiete auszugehen, d. h., der Vermieter trägt sämtliche Mietnebenkosten (z. B. auch die Heizkosten) selbst. (Die Pauschalmiete ist nicht mit den in der Praxis, insbesondere von Vermittlern, oft angewandten Begriffen »Kalt- oder Warmmiete« zu verwechseln. Unter »Warmmiete« ist zu verstehen, daß tatsächlich nur die Warmwasser- und Heizkosten in der Miete eingeschlossen sind, die übrigen Mietnebenkosten können gesondert geregelt sein.)

Sieht man von den seltenen Fällen, daß bei gewerblich genutzen Immobilien Pauschalmieten vereinbart werden, ab, so sind die Mietnebenkosten vom Vermieter gegenüber den Mietern zumindest einmal jährlich abzurechnen. Das Abrechnungsjahr kann zwischen den Mietparteien beliebig festgelegt werden und muß mit dem Kalenderjahr nicht übereinstimmen. Die Abrechnung der Mietnebenkosten ist vom Vermieter sorgfältig, plausibel, unter Offenlegung der die Kosten nachweisenden Rechnungen, Belege usw. sowie unter Beachtung der gesetzlichen Vorschriften vorzunehmen.

2. Abrechnungsmodalitäten

Die Abrechnung muß neben den Gesamtkosten die auf den Mieter entfallenden Kostenanteile im einzelnen und insgesamt ausweisen, die Art der Verteilung der einzelnen Kosten/Kostenarten muß eindeutig nachvollziehbar sein und nötigenfalls hinreichend erläutert werden; vom Mieter geleistete Abschluß- oder Teilzahlungen sind als Summe auszuweisen und von dem vom Mieter zu fordernden Nebenkostenanteil abzusetzen. Nachforderungen an den Mieter oder Gutschriften zu seinen Gunsten müssen unmißverständlich gekennzeichnet und ausgewiesen werden (vergl. auch Muster am Ende dieses Beitrags). Dem Mieter ist eine ausreichende Prüfungs- und Zahlungsfrist einzuräumen, die sich in der Praxis zwischen zwei und vier Wochen bewegt.

Werden im Mietvertrag bestimmte Mietnebenkosten namentlich aufgezählt, dann wird diese Aufzählung als abschließend angesehen; die Weiterbelastung von nicht ausdrücklich erwähnten Nebenkosten ist auch dann ausgeschlossen, wenn der Aufzählung oft gebrauchte Hinweise (»Der Mieter trägt alle Mietnebenkosten« z. B. ...) vorausgestellt werden. Dieser abschließende Charakter kann wohl dadurch vermieden werden, daß ausdrücklich darauf hingewiesen wird, daß es sich bei der beispielsweisen Aufzählung der Mietnebenkosten eben nicht um eine abschließende Aufzählung handelt und daß ausdrücklich mit weiteren Kosten zu rechnen ist. Allerdings ist damit immer noch nicht gesagt, um welche weiteren Mietnebenkosten es sich handelt. Meinungsverschiedenheiten und Streit zwischen den Mietparteien sind schon deshalb vorprogrammiert, weil im BGB zum Umfang der Mietnebenkosten nichts gesagt ist und auch die Zweite Berechnungsverordnung keine allgemeinverbindliche

Aussage zuläßt. Die Vereinbarung im Mietvertrag, daß der Umfang der vom Mieter zu tragenden Mietnebenkosten durch die II. BV festgelegt und geregelt wird, böte hier eine unmißverständliche Lösung. In der Praxis ist es jedoch üblich, daß der Vermieter dem Mieter eine weitergehende Kostentragungspflicht auferlegt.

Die rechtlichen Unsicherheiten lassen sich auf einfache Art und Weise dadurch umgehen, daß in den Mietvertrag eine umfassende und abschließende Aufzählung derjenigen Mietnebenkosten aufgenommen wird, die dem Mieter weiterbelastet werden sollen.

Nach Gesetz und Verordnung können die Mietverhältnisse über Gewerberaum weitestgehend frei gestaltet werden, es gibt nur wenige zwingende Vorgaben oder Verbote (z.B. die Verpflichtungen des Vermieters zur Gewährung von Konkurrenzschutz, zur Einholung einer Genehmigung für eine Mietpreisgleitklausel oder zur verbrauchsabhängigen Heizkostenabrechnung).

3. Verbrauchsabhängige Abrechnung der Heiz- und Warmwasserkosten

Als Folge der unverhältnismäßig gestiegenen Öl-Importkosten, der stärker beachteten Umweltschutzüberlegungen und der Diskussion um Brennstoffverknappung schuf der Staat die auch auf gewerbliche Mieteinheiten anzuwendende »Verordnung über die verbrauchsabhängige Abrechnung der Heiz- und Warmwasserkosten« (Heizkostenverordnung) mit der Idee, ohne Einbuße an Komfort Energie durch bewußteres Verbraucherverhalten der Mieter und Nutzer einzusparen. Nach den der Verordnung vorangegangenen Studien sollte der für Heizung und Warmwasser erforderliche Energieverbrauch um etwa 10% gesenkt werden können.

Betroffen von dieser am 1.3.1981 in Kraft getretenen Heizkostenverordnung sind alle gewerblich genutzten Mieträume; die Vorschriften für vor dem 1.7.1981 fertiggestellte Räume waren spätestens ab 30.6.1984 zwingend anzuwenden. Bis zum 30.6.84 waren die technischen Voraussetzungen für eine verbrauchsabhängige Abrechnung durch entsprechende Nachrüstung gefordert, es sei denn, daß eine Ausnahmeregelung nach §5 des Energieeinsparungsgesetzes vorliegt.

Die Vorschriften der Heizkostenabrechnung haben ausdrücklich Vorrang vor etwaigen rechtsgeschäftlichen Regelungen, z.B. den abweichenden Vereinbarungen zwischen Mieter und Vermieter im Mietvertrag. Kommt der Vermieter seiner Verpflichtung zur verbrauchsabhängigen Abrechnung der Heizkosten nicht nach, z.B., weil er auf die mit dem Mieter im Mietvertrag vereinbarte Regelung (... Heizkosten werden verhältnismäßig nach Quadratmetern Mietfläche abgerechnet...) vertraut, kann der Mieter den aus einer nicht verbrauchsabhängigen Abrechnung auf ihn entfallenden Kostenanteil um 15% kürzen.

So, wie der Vermieter verpflichtet ist, die für die verbrauchsbezogene Abrechnung notwendigen technischen Ausstattungen im Gebäude und/oder in den Mieträumen zu veranlassen, ist der Mieter verpflichtet, diese Maßnahmen zu dulden. Der Vermieter hat die Wahl, auf welche Art und Weise und mit welchen technischen Hilfsmitteln er die verbrauchsbezogene Heizkostenabrechnung vornehmen will; eine Mitwirkung des Mieters oder eine Abstimmung zwischen den Mietparteien ist nicht vorgesehen oder erforderlich.

Allerdings hat der Gesetzgeber Vorschriften wegen der Beschaffenheit und der Funktion der einzusetzenden Technik erlassen, die vom Vermieter zwingend zu beachten sind. Zu unterscheiden ist zwischen zwei Hauptsystemen:

3.1 Erfassung des Verbrauchs durch Wärmemengenzähler

Erfassung des Verbrauchs durch Wärmemengenzähler, die aus der Durchflußmenge und der Temperaturdifferenz zwischen Vor- und Rücklauf der Versorgungsstränge zuverlässige Daten für die tatsächliche Feststellung des Verbrauchs liefern. Voraussetzung für den (nachträglichen) Einbau von Wärmemengenzählern ist jedoch, daß jeder Mietbereich über einen eigenen Vor- und Rücklauf verfügt und daß die Mieteinheiten (z. B. bei einem Mieterwechsel) nicht verändert werden. Die Wärmemengenzähler müssen eichfähig sein; die Eichung ist in bestimmten Intervallen (Kaltwasserzähler nach 8 Jahren, Warmwasserverteiler und Wärmezähler nach 5 Jahren) zu wiederholen.

3.2 Erfassung des Verbrauchs durch Heizkostenverteiler

Erfassung des Verbrauchs und Verteilung der Kosten (»Heizkostenabrechnung«) durch sog. »Heizkostenverteiler«, die nach dem Verdunstungsprinzip (DIN 4713 Teil 2) oder mit elektrischer Meßgrößenerfassung (DIN 4713 Teil 3) arbeiten. Beide Verfahren sind nicht eichfähig und werden als sogen. Meßhilfsverfahren eingestuft. Es dürfen nur solche Fabrikate verwandt werden, die durch den DIN-Ausschuß geprüft und zugelassen sind; die Zulassung muß im Bundesanzeiger bekanntgegeben werden.

Die Heizkostenverteilung mit elektrischer Meßgrößenerfassung erfolgt beispielsweise durch die Erfassung der Temperaturdifferenz zwischen einem Heizkörper und der Raumluft. Die Daten werden in einen Rechner eingespeist, der diese auf Verbrauchsanteile je Einheit umrechnet. Dieses Verfahren hat sich, wohl auch wegen der hohen Anschaffungskosten, bislang am Markt nicht durchsetzen können.

Der Heizkostenverteiler nach dem Verdunstungsprinzip wird am Heizkörper befestigt. Die Flüssigkeit in den durchsichtigen Ampullen des Gerätes verdunstet in

Abhängigkeit von der Temperatur und der Dauer der Temperatureinwirkung. Aus dem Verhältnis des Absinkens des Flüssigkeitsspiegels in der Ampulle läßt sich der Verbrauch bestimmen.

Die Genauigkeit der Heizkostenverteiler-Systeme ist zu bezweifeln. Die Heizkostenverteiler nach dem Verdunstungssystem sind zudem bei Warmluftheizungen, Fußbodenheizungen, Einrohrheizungen u. a. nicht anwendbar.

Zu den Heizkosten zählen auch die Kosten der Verwendung der Meß- und Zähleinrichtungen, z. B. die Ablese- und Umrechnungsgebühren der »Heizkostenverteiler«.

Die Heizkosten sind mindestens zu 50%, höchstens zu 70% der tatsächlich erfaßten Verbräuche und im übrigen nach dem Verhältnis der Mietfläche, der beheizbaren Mietfläche des umbauten Raums oder des beheizbaren umbauten Raums zu verteilen und abzurechnen.

Die Vorschriften sind ebenfalls auf die Kosten für Warmwasser anzuwenden, wobei bei sogenannten verbundenen Anlagen (eine Anlage erzeugt Wärme und Warmwasser) bestimmte Umrechnungsformeln (§ 9 Heizkostenverordnung) anzuwenden sind. Allerdings bildet eine solche verbundene Anlage bei zur gewerblichen Nutzung vermieteten Immobilien die Ausnahme.

4. Verbrauchsunabhängige Mietnebenkosten

Für die Abrechnung der verbrauchsunabhängigen Mietnebenkosten (z. B. Grundsteuer, Versicherungen) fehlen die für die Heizungs- und Warmwasserkosten geltenden zwingenden Vorschriften; die Umlagefähigkeit einer Kostenart und die Art und Weise der Verteilung auf mehrere Mieter sind zwischen den Mietparteien unter Berücksichtigung der Anforderungen an die Abrechnung als solche fest vereinbart. Eine Vereinbarung zwischen Vermieter und Mieter kommt durch schriftliche Aufzählung der auf den Mieter anteilig umzulegenden Kostenarten unter Hinzufügung des Umlegungsschlüssels (z. B.: der Mieter trägt diese Kosten im Verhältnis seiner Mietfläche × zur Gesamtmietfläche y). Ist ein Gebäude an nur einen Mieter vermietet, ist die Festlegung des Umlegungsschlüssels selbstverständlich nicht notwendig. Der Umlegungsschlüssel sollte im Mietvertrag unbedingt und ausdrücklich festgelegt werden, die Formulierung »... der Mieter trägt die Kosten x im Verhältnis seiner Mietfläche zur Gesamtmietfläche...« genügt nicht, da die Formulierung »Gesamtmietfläche« immer angreifbar ist (Schwierigkeit der Abgrenzung der vermieteten Flächen gegenüber allgemeinen oder individuell nutzbaren Lagern, Neben- oder Gemeinschaftsräumen, Treppenhäusern, gemeinschaftlichen Aufzugsvorräumen und Eingangshallen, Zufahrten oder an Einzelmieter vermieteten PKW-Einstellplätzen in der Tiefgarage usw.).

4.1 Nebenkosten für Parkierungsflächen

Gerade die (zumeist) Tiefgaragen werfen für den Vermieter eine besondere, in der Rechtsprechung neue und durch Grundsatzurteile noch nicht belegte Problematik auf: einerseits ist der Vermieter gezwungen, eine bestimmte Anzahl von Parkmöglichkeiten zu errichten und zur Nutzung vorzuhalten, andererseits besteht oft seitens der Mieter des Hauses kein ausreichender Bedarf. Da wegen der hohen Herstellungskosten eine kostendeckende Dauer-Parkplatzmiete ohnehin nicht zu erzielen ist, wird der Vermieter einen Teil seiner Parkplätze an Dritte vermieten. Der Mieter eines Parkplatzes wird kaum bereit sein, sich zur Zahlung von Mietnebenkosten auf die Parkplatzmiete verpflichten zu lassen; die Prozedur einer Nebenkostenabrechnung für einen Parkplatz wäre vom Vermieter auch unter wirtschaftlichen Gesichtspunkten nicht zu empfehlen.

Vermietet der Vermieter den Parkplatz als Pauschalmiete (ohne im Mietvertrag Nebenkosten aufzuzählen und zu verlangen), hätte er die auf den Parkplatz (möglicherweise auch auf die zugehörigen anteiligen Zufahrten und Nebenflächen) entfallenden Mietnebenkosten selbst zu tragen.

Die Fläche einer Tiefgarage (auch der umbaute Raum) kann durchaus ein Viertel der Gesamtfläche eines Gebäudes ausmachen, so daß auf den Vermieter erhebliche Kosten zukommen können.

4.2 Abrechnung für Gemeinschaftseinrichtungen

Einem solchen Problem kann aus der Sicht des Vermieters wohl am ehesten durch eine ausdrückliche Klausel im Mietvertrag, die die Nebenflächen (im Beispiel hier die Tiefgarage) von den Mietflächen abgrenzt, begegnet werden. Zur weiteren Klarstellung der Kostentragungspflicht des Mieters ist der Hinweis im Mietvertrag dienlich, daß der Mieter unabhängig vom Umfang der tatsächlichen Nutzung einzelner, allen Mietern zur Verfügung stehenden Gemeinschaftseinrichtungen, z. B. Aufzüge, zur Übernahme der anteiligen Kosten im Verhältnis seiner Mietfläche x zur Gesamtfläche y verpflichtet ist. Der Mieter kann sich dann später nicht darauf berufen, daß er die Aufzugsanlage für seine im Erd- oder 1. Obergeschoß gelegene Mietsache weniger benutzt als die Mieter im 6. oder 20. Obergeschoß. Im Vordergrund steht dabei, daß die Einrichtung (hier die Aufzugsanlage) dem Mieter zur Nutzung zur Verfügung steht. Eine Erfassung oder Schätzung des tatsächlichen Nutzungsumfanges ist realistisch heute noch nicht möglich.

Kritischer zu beurteilen ist diese Problemeinstellung bei der Übertragung der Kostentragungspflicht von Betriebs-, Wartungs- oder Verbrauchskosten von Klima- oder Lüftungsanlagen, wenn die Mietflächen des Mieters nicht oder nur teilweise einer Klima- oder Be- und/oder Entlüftungsanlage angeschlossen sind. Ist eine Klimaanlage nur für diese oder einzelne andere Mietflächen nicht vorhanden, so kann die Übertragung der Kosten auf den Mieter mit den zwingenden Vorschriften der Heizkostenverordnung kollidieren. Ist ein Teil der Mietfläche eines Mieters klimatisiert, eine andere jedoch nicht, so ist innerhalb der Nebenkostenabrechnung in klimatisierte und nicht klimatisierte Flächenanteile zu unterscheiden, eine Kostentragungspflicht des Mieters für die nicht klimatisierte Teilfläche wäre in diesem konkreten Fall zu verneinen.

Grundsätzlich ist die Verpflichtung des Mieters zur Übernahme auch derjenigen Kosten, die nach der II. BV nicht zu den Betriebskosten (= Mietnebenkosten), sondern zu den Verwaltungs- oder Instandhaltungskosten gehören, durch ausdrückliche Vereinbarung zwischen den Mietvertragsparteien möglich. Auch die Überschreitung der in der II. BV im Einzelfall genannten Richt- oder Höchstsätze (Beispiel: rund 10,– DM/m²/Jahr Instandhaltungskosten für nach 1980 fertiggestellte Gebäude) ist statthaft, sofern die mietvertraglichen Formulierungen eindeutig sind und Zweifel oder Mißverständnisse ausschließen.

4.3 Abrechnung von Reparaturkosten

Den Reparaturkosten ist ohnehin eine Sonderstellung beizumessen. Der Vermieter ist verpflichtet, die Mietsache für die Dauer der Mietzeit in einem zum vertragsmäßigen Gebrauch geeigneten Zustand zu erhalten. Dies bedeutet, daß der Vermieter, falls im Mietvertrag nicht ausdrücklich weitergehendes vereinbart ist, Mängel infolge von Alterung und Abnutzung auf seine Kosten beheben muß. Diese Instandhaltungspflicht erstreckt sich auf die Miträume, die gemeinschaftlich zu nutzenden Flächen und technischen Einrichtungen. (Nach § 26 II. BV ist »Instandhaltung« die Wiederherstellung der Gebrauchsfähigkeit nach längerem Unterlassen der Instandhaltung, Brand oder Höherer Gewalt.) Bei den heute überwiegend gebrauchten Mietvertragsformularen oder -mustern sollen die Kosten der Wartung vom Mieter und die Kosten der Instandhaltung vom Vermieter getragen werden. Obwohl der Begriff »Wartung« ständig gebraucht wird, fehlt es an einer verbindlichen Definition. Eine klare Abgrenzung zwischen Instandhaltung/Instandsetzung/Reparatur und Wartung ist erforderlich, so daß als Wartung eine vorbeugende Pflege, Überprüfung der Funktionsbereitschaft, Suche und frühzeitiges Erkennen von Mängeln zur Vermeidung größerer Reparaturen, Einstellung von Regelungen, Abschmieren von Gelenken, Reinigung von Heizkesseln, Einstellung von Brennern, Kontrollmessungen, Reinigung von beweglichen Teilen und ähnliches anzunehmen ist. Nicht eingeschlossen ist die »Bedienung« technischer Einrichtung, z. B. Einschalten von Heizbrennern zu bestimmten Uhrzeiten, Beschaffung von Brennmitteln usw. Der Vermieter vergibt die Wartungen an die Hersteller- oder sonstigen Fachfirmen oder pauschal an Serviceunternehmen, die sich verstärkt um Anteile an diesem recht jungen, wachsenden Markt (als Folge der vermehrten und verbesserten technischen Ausstattung gewerblich genutzter Gebäude) bemühen. Die Vergabe kann als Teil- oder Vollwartung geschehen; in keinem Fall wird ein Vertragswerk zwischen Vermieter und Service-Unternehmen, das auf die Wartung und/oder Bedienung, Pflege, Instandhaltung ausgerichtet ist, der Anforderung zur Unterscheidung von Wartungs- und Instandhaltungsleistungen genügen. (Beispiel: Bei Überprüfung einer Regelungsanlage fällt die Notwendigkeit eines Austausches eines Teiles an. Die Reparaturkosten setzen sich aus den Anschaffungskosten des zu ersetzenden Teils, dem anteiligen Zeitaufwand für die Anfahrt, Vorbereitung und Durchführung des Austausches, Kleinmaterialien, Schmiermitteln usw. zusammen. Eine sichere Abgrenzung, welcher Anteil dieses Aufwandes der Wartung oder der Instandhaltung zuzurechnen ist, ist in der Praxis kaum möglich. Schmiermittel- und Wegekosten entstünden auch dann, wenn lediglich die reine Wartung durchgeführt würde; die Unterlassung der Reparatur und Durchführung zu einem späteren Zeitpunkt wäre unverhältnismäßig und wirtschaftlich nicht zu vertreten. Der mit der Wartung und Reparatur beauftragte Unternehmer wäre mit der Aufteilung der Leistungen und getrennten Abrechnung überfordert.)

Die sogenannten Vollwartungsverträge umfassen neben der Wartung auch die Reparatur, zumeist wird das Reparaturkostenrisiko vom Unternehmer getragen. Die Wartungsfirma verzichtet auf die Abrechnung der Reparaturen gegenüber dem Auftraggeber; die vom Vermieter im Rahmen der Nebenkostenabrechnung vorzulegende Rechnung weist den auf die reine Wartung entfallenden Kostenanteil nicht aus. Diese Nebenkostenabrechnung wäre vom Mieter anfechtbar. In der Rechtsprechung hat sich wohl die Ansicht durchgesetzt, daß von den Rechnungen für die Vollwartungen 30% für anteilige Reparaturen oder das Reparaturkostenrisiko abzusetzen sind.

Eine Möglichkeit, diese Unsicherheit zu vermeiden, besteht in der Vergabe eines Pauschal-Vollwartungsvertrages (Wartung und Reparatur), in dem die Kosten der Reparaturen zwischen Vermieter und Unternehmer auf eine bestimmte Quote, die bei 30% liegen kann, pauschaliert werden. Beim Abschluß von Einzelwartungsverträgen sollte der Vermieter den Unternehmer veranlassen, seine Leistungen nach Wartungs- und Reparaturaufwand getrennt abzurechnen.

4.4 Abrechnung von Kosten für Hausmeister

Die Kosten der Hausmeister/technischen Hauswarte/Haustechniker sind als Teil der Betriebsnebenkosten gemäß II. BV umlagefähige Mietnebenkosten, sofern sich die Leistungen für die abzurechnenden Lohn- und Lohnnebenkosten auf das Mietgebäude beziehen. Betreut ein Hausmeister mehrere Gebäude, ist der Nachweis der tatsächlichen Arbeitsleistung (ohne Anfahrt und Wegekosten) erforderlich. Die Einschaltung eines Unternehmens für die Besorgung der Hausmeisterdienste ist bei angemessenen Preisen unbedenklich. Die Hausmeisterkosten sind jedoch vom Mieter immer dann ganz oder teilweise anfechtbar, wenn der Hausmeister neben den üblichen Hauswartungsaufgaben regelmäßig Tätigkeiten ausübt, die nach dem Mietvertrag nicht umlagefähig sind (z. B. Ausführung von Reparaturen, allgemeine Büro- oder Organisationsarbeiten für den Vermieter u. ä.).

4.5 Abrechnung von Kosten für Versicherungen, Grundsteuer und öffentliche Abgaben

Die Kosten der Sach- und Haftpflichtversicherungen sind nach der II. BV umlegbare Mietnebenkosten. Die Umlegung der Versicherungsprämien für weitere Versicherungen, z. B. Mietausfall (versichert wird der Mietausfall des Vermieters im Falle der Zerstörung der Mietsache durch Brand u. ä.), oder Versicherungen für »weitergehende oder übergreifende Gefahren (versichert werden Risiken als Folgen von Streik oder politischer Aufruhr, Vandalismus u. ä.) ist durch Vereinbarung zulässig.

In der Vergangenheit wurden verbreitet die Kosten der Grundsteuer und öffentlichen Abgaben (z. B. Straßenreinigung) durch die Miete pauschaliert, dem Mieter wurde jährlich die Verpflichtung auferlegt, zukünftige Steigerungen zu übernehmen. Nach dieser wenig glücklichen Variante war der Vermieter genötigt, einen (gegebenenfalls auch mehrere) Basis- oder Sockelbeträge zu erfassen und in der Nebenkostenabrechnung mitsamt der eingetretenen Steigerung nachzuweisen. Diese Verfahrensweise hat die ohnehin komplizierte Abrechnung der Mietnebenkosten unnötig erschwert und dürfte aus den Mietverträgen bald wieder verschwunden sein.

Die Grundsteuer ist eine von der Gemeinde auf den Grundbesitz erhobene, zumeist nach bestimmten Schlüsseln am Ertragswert der Liegenschaft orientierte Steuer und gilt als eine der klassischen Mietnebenkostenarten. Auch die Grundsteuer ist nach der II. BV umlegbar.

Alle übrigen, mit der Bewirtschaftung einer zur gewerblichen Nutzung vermieteten Immobilie in Zusammenhang stehenden und in der II. BV nicht erfaßten Kosten sind durch ausdrückliche Vereinbarung auf den Mieter abwälzbar.

4.6 Verteilerschlüssel

Neben der als selbstverständlich vorauszusetzenden rechnerischen Richtigkeit einer Nebenkostenabrechnung und dem Umfang der dem Mieter zu belastenden Nebenkostenarten bildet die Art der rechnerischen Verteilung, der sogenannte Verteilerschlüssel, eine wesentliche Gefahrenquelle für den Mieter, zumal ihm die Überprüfung der in Ansatz gebrachten Mietflächen (oder des umbauten Raumes) kaum möglich ist. Die durch freie Vereinbarung zwischen den Mietvertragsparteien festgelegten Flächen unterscheiden sich zumeist von den nach den DIN-Vorschriften zu berechnenden Nutz-, Neben- und Verkehrsflächen. (Nach den DIN-Normen kann eine für den Mieter vollwertig nutzbare Fläche mit einer geringeren und tatsächlich vorhandenen Fläche in Ansatz gebracht werden.) Der Vermieter wird auch kaum bereit sein, auf eine Miete für eine von mehreren Mietern gemeinschaftlich zu nutzende sanitäre Anlage, für Flure, Korridore, Aufzugsvorplätze u. ä. deshalb zu verzichten, weil diese durch die DIN als Neben- oder Verkehrsflächen ausgewiesen werden.

Auch in Anerkennung der DIN-Norm wären die Mietparteien an die im Mietvertrag vereinbarten Flächenangaben gebunden. Der Vermieter muß bei der Erstellung der Nebenkostenabrechnung die mit dem Mieter A im Mietvertrag vereinbarte Quadratmeterzahl ansetzen, somit gegenüber den Mietern A–Z zur Ermittlung des Verteilerschlüssels die Summe der mit diesen Mietern vereinbarten Quadratmeterzahlen. Es mag dahingestellt sein, ob eine von der DIN-Norm abweichende Quadratmeterzahl, gegebenenfalls nach dem Umfang der Abweichung, den Mieter berechtigt, seine Nebenkostenabrechnung zurückzuweisen. Zutreffendenfalls wäre der Vermieter gezwungen, als Folge der Abänderung des Verteilerschlüssels in der Nebenkostenabrechnung des Mieters A auch die Nebenkostenabrechnungen mit den Mietern B–Z zu korrigieren.

Der die Nebenkostenabrechnung sorgfältig prüfende Mieter müßte zur Kontrolle des Verteilerschlüssels nicht nur den Nachweis der Mietflächen der übrigen Mieter oder Einblick in deren Mietverträge verlangen, er wäre darüber hinaus gezwungen, sich über die Art und Weise der technischen Ausstattung der Mietflächen (z. B., ob diese beheizbar sind) zu informieren. Nach dem Verursachungsprinzip dürfen Kosten nur auf solche Flächen verteilt werden, die von der jeweiligen Kostenart betroffen werden. (Nicht beheizbare Flächen sind gegenüber den beheizbaren abzugrenzen.) Dadurch ergibt sich in der Regel, daß im Verteilerschlüssel unterschiedliche Flächen aufgeführt werden.

4.7 Mietnebenkosten und Rentabilität

Die Abrechnung der Mietnebenkosten bildet für den Vermieter die Grundlage für seine Wirtschaftlichkeitsberechnung und die Voraussetzung für eine aktive Beeinflussung der Rendite. In den Verhandlungen um den Abschluß eines Mietvertrages mit einem dem Vermieter genehmen Mietinteressenten wird es im Regelfall zu beiderseitigem Nachgeben kommen. Der Vermieter ist vielfach bereit, Forderungen des Mieters zu einzelnen Nebenkostenarten zu akzeptieren, anstatt eine gleichwertige Nachgabe in der Höhe des Mietzinses zu gewähren. Der Vermieter erschwert sich damit die Tätigkeiten zur Abrechnung der Mietnebenkosten und die sich daran anschließenden Auswertungen der Renditeberechnungen erheblich. Zudem ist er wegen der unterschiedlichen Gestaltung der Mietverträge hinsichtlich der Nebenkostentragungspflicht nicht mehr in der Lage, den tatsächlichen Ertrag aus einem Mietverhältnis exakt zu erfassen. Weiter erschwerend kommt hinzu, daß eine Vielzahl von Vermietern oder von diesen beauftragten Verwaltern die Mietnebenkosten zunächst in umlegbare und nicht umlegbare Nebenkosten unterteilen und diese erste dann den verschiedenen Kostenstellen zuordnen. Die nicht umlegbaren Mietnebenkosten werden zu Lasten des Vermieters verbucht und sind buchhalterisch dem Zugriff des Bearbeiters bei der Erstellung der Nebenkostenabrechnung verschlossen; die umlegbaren Mietnebenkosten werden auf die Mieter verteilt. Unterschiedliche Kostentragungspflichten in den Mietverträgen führen somit zwangsläufig zu fehlerhaften Abrechnungen, es sei denn, daß hinsichtlich der Mietnebenkosten sämtliche Mietverträge tatsächlich absolut gleich gestaltet sind. Der Umrechnungsfaktor ergibt sich aus dem Verhältnis der (jeweils) zu belastenden Gesamtmietfläche zur Mietfläche eines Mieters (Berechnungsbeispiel: Gesamtfläche 1000 m^2, Mietfläche des Mieters 100 m^2; Kostenart x = 1500,– DM. 1500,– DM : 1000 m^2 = 1,50 DM/m^2 × 100 m^2 = 150,– DM. Der vom Mieter A zu tragende Kostenanteil beträgt 150,– DM.) Leider ist in der Praxis üblich geworden, auf die Umrechnung des Kostenanteils auf 1 m^2 der zu belastenden Mietfläche zu verzichten und mit einem bestimmten Prozentsatz, im obigen Beispiel 10%, zu arbeiten. Für die Abrechnung der Mietnebenkosten ergibt sich ein rechnerisch korrekter Wert, weitere kaufmännische Auswertungen werden aber verhindert. Bei der Kostenplanung und -steuerung können weder die Gesamtkosten noch die einzelnen Kostenarten verschiedener Immobilien miteinander verglichen werden, weil die technische Ausstattung, Energieversorgung, Art der Vermietung usw. mehrerer zur gewerblichen Nutzung vermieteter Immobilien weder ähnlich noch identisch sind. Der Vergleich der auf einen Quadratmeter Bürofläche entfallenden Heizkosten der einen Immobilie mit anderen läßt jedoch Rückschlüsse und Erkenntnisse zu; der Vergleich der durch die Quoten (im Beispiel 10%) gebildeten Teilsummen bleibt wertlos.

Für den Vermieter unverzichtbar ist die Erfassung und Auswertung des von einem Mieter (oder von mehreren Mietern) nicht übernommenen Anteils an einer ansonsten umlegbaren Kostenart, die Bildung von Teil- und Endsummen. Nur in Kenntnis des tatsächlichen Nettoertrages aus einem Mietverhältnis läßt sich bei anstehenden Mietvertragsverhandlungen oder Neuvermietungen die Wirtschaftlichkeit einer Immobilie aktiv beeinflussen. Wegen der langfristigen Bindungen zwischen den Mietvertragsparteien, üblich sind zehn oder mehr Jahre, summieren sich aus Unkenntnis oder Fehleinschätzung getroffene Vereinbarungen über Mietnebenkosten oft zu erheblichen Nachteilen des Vermieters, die die Erwirtschaftung der erwarteten Rendite nicht mehr zulassen.

Die nachfolgenden Beispiele, Nebenkostenabrechnung und tabellarische Gesamtübersicht, wurden auf einem der marktgängigen Personalcomputer (ohne Programmierung oder Mitwirkung eines Progammierers) eingerichtet. Gegenstand ist eine gewerblich genutzte Immobilie mit Läden, Büros, Hausmeisterwohnungen, teilweise klimatisiert. Dem Eigentümer sei gedankt für die Erlaubnis, diese tatsächlichen Zahlen veröffentlichen zu können.

4.8 Beispielhafte Nebenkostenabrechnung

Nebenkostenabrechnung 1.1.–31.3.1989

Kosten nach Verursachungsstelle	DM Total 1. Qrt. 89	Total m²	DM per m²	Whg 1 DM m² 98,00
Grundsteuer	24 780,54	12 240,836	2,024	
Grundsteuer	36 200,05	12 240,836	2,957	
Straßenreinigung	1 182,68	12 240,836	0,097	9,47
Müll	3 891,34	12 240,836	0,318	31,15
TÜV	604,20	12 240,836	0,049	4,84
Kanal, Öffentl. Gebühren	5 140,13	12 240,836	0,420	41,15
Versicherungen, Feuer	4 253,54	12 240,836	0,347	
Versicherungen, Feuer, BU	2 164,45	12 240,836	0,177	
Versicherungen, Leitungswasser	4 499,03	12 240,836	0,368	
Versicherungen, Gebundene Gebäude	6 564,40	12 240,836	0,536	
Versicherungen, Haftpflicht	1 730,38	12 240,836	0,141	
Lohn Haustechniker	31 488,23	12 240,836	2,572	
Kassenabrechnungen	1 367,47	12 240,836	0,112	
Werkzeuge	17 111,26	12 240,836	1,398	
Telefonkosten	1 182,08	12 240,836	0,097	9,46
Fremdkosten	1 966,59	12 240,836	0,161	
Haus- und Grundstücksreinigung	16 100,00	12 240,836	1,315	
Reinigung Büros	1 300,00	9 619,174	0,135	
Reinigung Fassaden	572,00	11 432,914	0,050	
Gartenpflege	1 120,00	12 240,836	0,091	
Wartung Haustechn. Elektro	15 899,34	12 240,836	1,299	127,29
Wartung Rauchabzug	823,21	12 240,836	0,067	6,59
Wartung Feuermelder	1 870,83	12 240,836	0,153	14,98
Wartung Klima + Lüftung	30 228,54	11 432,914	2,644	
Wartung Aufzüge	9 095,15	9 849,174	0,923	90,50
Wartung Schneepflug etc.	1 345,16	12 240,836	0,110	10,77
Wartung Sprinkleranlage	1 022,55	12 240,836	0,084	
Wartung Müllpresse + Abwurf	250,00	12 240,836	0,020	
Wartung Fassadenbefahren		11 432,914	0,000	
Sanitäre Einrichtungen		12 240,836	0,000	0,00
M + F Service	33 941,15	12 240,836	2,773	
Total-Kosten nicht verbrauchsabhängig:	232 913,76			346,20
Total-Kosten verbrauchsabhängig:	136 538,59			486,31
	369 452,35			832,51
+ 14 % Mehrwertsteuer				116,55
				949,06
abzüglich Nebenkostenvorauszahlungen per 31.3.1989				
noch zu zahlen:				949,06

Nebenkostenabrechnung 1.1.–31.3.1989

Kosten nach Verursachungsstelle	DM Total 1. Qrt. 89	Total m²	DM per m²	Whg 1 DM m² 98,00	Whg 2 DM m² 132,00	Laden 1 + Lager 1 DM m² 147,70	Büro 1 DM m² 165	Laden 2 + Lager 2 DM m² 112,74	Laden 3 DM m² 162,00	Laden 4 DM m² 100,00
Grundsteuer	24 780,54	12 240,836	2,024			299,01		228,23		202,44
Grundsteuer	36 200,05	12 240,836	2,957				487,96		479,09	
Straßenreinigung	1 182,68	12 240,836	0,097	9,47	12,75	14,27	15,94	10,89	15,65	9,66
Müll	3 891,34	12 240,836	0,318	31,15	41,96	46,95	52,45	35,84	51,50	31,79
TÜV	604,20	12 240,836	0,049	4,84	6,52	7,29	8,14	5,56	8,00	4,94
Kanal, Öffentl. Gebühren	5 140,13	12 240,836	0,420	41,15	55,43	62,02	69,29	47,34	68,03	41,99
Versicherungen, Feuer	4 253,54	12 240,836	0,347				57,34	39,18		34,75
Versicherungen, Feuer, BU	2 164,45	12 240,836	0,177			51,32	29,18			
Versicherungen, Leitungswasser	4 499,03	12 240,836	0,368				60,64			
Versicherungen, Gebundene Gebäude	6 564,40	12 240,836	0,536				88,48		86,88	
Versicherungen, Haftpflicht	1 730,38	12 240,836	0,141				23,32		22,90	
Lohn Haustechniker	31 488,23	12 240,836	2,572			379,94	424,44	290,01	378,84	257,24
Kassenabrechnungen	1 367,47	12 240,836	0,112			16,50	18,43		18,10	
Werkzeuge	17 111,26	12 240,836	1,398			206,47	230,65		226,46	
Telefonkosten	1 182,08	12 240,836	0,097	9,46	12,75	14,26	15,93	10,89	15,64	9,66
Fremdkosten	1 966,59	12 240,836	0,161			23,73	26,51	18,11	26,03	16,07
Haus- und Grundstücksreinigung	16 100,00	12 240,836	1,315			194,27	217,02	148,28	213,07	131,53
Reinigung Büros	1 300,00	9 619,174	0,135				22,30			
Reinigung Fassaden	572,00	11 432,914	0,050			7,39	8,26			
Gartenpflege	1 120,00	12 240,836	0,091			13,51	15,10			
Wartung Haustechn. Elektro	15 899,34	12 240,836	1,299	127,29	171,45	191,84	214,31	146,44	210,42	129,89
Wartung Rauchabzug	823,21	12 240,836	0,067	6,59	8,88	9,93	11,10			
Wartung Feuermelder	1 870,83	12 240,836	0,153	14,98	20,17	22,57	25,22	17,23		15,28
Wartung Klima + Lüftung	30 228,54	11 432,914	2,644			344,25	436,26	239,39	299,83	264,40
Wartung Aufzüge	9 095,15	9 849,174	0,923	90,50	121,89	136,39	152,37	104,11	104,72	92,34
Wartung Schneepflug etc.	1 345,16	12 240,836	0,110	10,77	14,51	16,23	18,13	12,39		10,99
Wartung Sprinkleranlage	1 022,55	12 240,836	0,084			12,34	13,78	9,42		8,35
Wartung Müllpresse + Abwurf	250,00	12 240,836	0,020			3,02	3,37	2,30	3,31	2,04
Wartung Fassadenbefahren		11 432,914	0,000			0,00	0,00	0,00	0,00	0,00
Sanitäre Einrichtungen		12 240,836	0,000	0,00	0,00	0,00	0,00	0,00	0,00	0,00
M + F Service	33 941,15	12 240,836	2,773				457,51			
Total-Kosten nicht verbrauchsabhängig:	232 913,76			346,20	466,31	2 073,51	3 203,44	1 365,61	2 228,45	1 263,36
Total-Kosten verbrauchsabhängig:	136 538,59			486,31	655,03	3 505,03	1 588,77	2 068,84	3 008,86	1 195,22
	369 432,35			832,51	1 121,34	5 578,35	4 792,21	3 434,45	5 237,31	2 458,57
+ 14 % Mehrwertsteuer				116,55	156,99	781,00	670,91	480,82	733,22	344,20
				949,06	1 278,33	6 359,54	5 463,11	3 915,28	5 970,33	2 802,77
abzgl. Nebenkostenvorauszahlungen per 31.3.1989					1 573,20	3 001,74	3 950,10	2 010,96	2 770,20	1 539,00
noch zu zahlen:				949,06	−294,87	3 337,80	1 513,01	1 904,32	3 200,33	1 263,77

Mietflächenaufteilung:

Bürofläche in m²		9 619,174					165,000			
Ladenfläche in m²		1 798,540				115,000		90,540	162,000	100,000
Lagerfläche in m²		577,922				17,500		22,200		
sonst. Flächen in m²		15,200				15,200				
Wohnungen in m²		230,000		98,000	132,000					
Total Mietfläche in m²		12 240,836		98,000	132,000	147,700	165,000	112,740	162,000	100,000

Laden 5 + Lager 3	Laden 6	Lager 4	Büro 2 + Laden 7	Büro 3 + Lager 5	Büro 4 + Lager 6	Büro 5 + Lager 7	Laden 7	Laden 8 + Lager 8	Laden 9	Büro 6	Total berechnet	Diff zu uns Lasten
DM m²	DM m²	m²	m²	DM m²	DM m²	DM m²	DM m²	DM m²	DM m²	DM m²	DM	DM
210,00	180,00	14,60	1500,00	4892,72	647,00	2788,77	400,00	204,18	165,00	269,00		
425,13		29,56	3036,62		1309,80			413,35	334,03		6278,16	
	532,32					8247,27	1182,93			795,52	11725,08	18196,82
20,29	17,39	1,41	144,93	472,72	62,51	269,44	38,65	19,73	15,94	25,99	1177,64	5,04
66,76	57,22	4,64	476,85	1125,00	203,68	886,54	127,16	64,91	52,45	85,51	3444,38	446,96
10,37	8,88	0,72	74,04	241,50	31,94	137,65	19,74	10,08	8,14	13,28	601,63	2,57
88,18	75,58	6,13	629,87	2054,53	271,69	1171,05	167,97	85,74	69,29	112,96	5118,24	21,89
72,97	62,55	5,07	521,23		224,82	969,06	139,00	70,95	57,34	93,47	2399,05	1854,49
	31,83					493,12	70,73			47,57	672,41	1492,04
	66,16					1024,99	147,02			98,87	1397,68	3101,35
	96,53					1495,53	214,51	109,50		144,26	2235,68	4328,72
	25,45					394,22	56,54	28,86		38,03	589,33	1141,05
340,20	463,03	37,56	3858,59	12585,99	1664,34	7173,80	1028,96	525,23	424,44	691,97	30724,60	763,63
	20,11					311,54	44,69	22,81		30,05	482,23	885,24
	251,62					3898,37	559,15	285,42		376,03	6034,17	11077,09
20,28	17,38	1,41	144,85	472,48	62,48	269,31	38,63	19,72	15,93	23,98	1177,05	5,03
33,74	28,92	2,35	240,99	786,06	103,95	448,04	64,26	32,80	26,51	43,22	1921,26	45,33
276,21	236,75	19,20	1972,90	6435,25	850,98	3667,98	526,11	268,55	217,02	353,81	15728,92	371,08
			153,53	644,34	83,66	360,46				35,68	1299,96	0,04
										13,46	29,10	542,90
										24,61	53,22	1066,78
272,76	233,80	18,96	1948,32	6355,04	840,37	3622,26	519,55	265,20	214,31	349,40	15831,63	67,71
										18,09	54,59	768,62
32,10	27,51	2,23	229,25	747,78	98,88	426,22	61,13	31,21	25,22	41,11	1838,10	32,73
343,72	475,92		3701,59	12605,82	1636,63	7051,99	1057,60	507,65	436,26	711,23	30112,52	116,02
193,92	166,22	13,48	1383,16	4518,15	597,47	2575,27	369,38	188,55	152,37	248,41	11210,69	−2115,54
23,08	19,78	1,60	164,84	537,67	71,10	306,46	43,96	22,44	18,13	29,56	1321,63	23,53
17,54	15,04	1,22	125,30	408,72	54,05	232,96	33,41	17,06	13,78	22,47	985,45	37,10
4,29	3,68	0,30	30,64	99,93	13,21	56,96	8,17	4,17	3,37	5,49	244,24	5,76
0,00	0,00	0,00	0,00	0,00	0,00	0,00	0,00	0,00	0,00	0,00	0,00	0,00
0,00	0,00	0,00	0,00	0,00	0,00	0,00	0,00	0,00	0,00	0,00	0,00	0,00
	499,10					7732,64	1109,11			745,88	10544,23	23396,92
2441,53	3432,75	145,85	18839,50	50090,98	8183,55	53223,13	7628,34	2993,91	2084,54	5221,90	165232,88	67680,88
3096,42	2376,02	2204,44	15839,98	50534,70	6287,24	27183,47	0,00	3324,98	3397,10	2672,03	129424,43	7114,16
5537,95	5808,77	2350,29	34679,48	100625,67	14470,79	80406,60	7628,34	6318,89	5481,64	7893,93	294657,31	74795,04
775,31	813,23	329,04	4855,13	14087,59	2025,91	11256,92	1067,97	884,64	767,43	1105,15	41252,02	0
6313,27	6622,00	2679,33	39534,61	114713,27	16496,71	91663,53	8696,31	7203,53	6249,07	8999,08	335909,33	
3334,50	4309,20		21546,00	65222,40	2014,05	66899,43	9703,41	3611,52	4249,35	6320,16	202055,22	
2978,77	2312,80	2679,33	17988,61	49490,87	14482,66	24764,10	−1007,10	3592,01	1999,72	2678,92	133834,11	0,00
			1136,000	4767,720	619,000	2667,174				264,000		
130,000	180,000		264,000				400,000	192,000	165,000			
80,000		14,600	100,000	125,000	28,000	121,592		12,180				
										5,000		
210,000	180,000	14,600	1500,000	4892,720	647,000	2788,766	400,000	204,180	165,000	269,000		

Nebenkostenabrechnung 1.1.–31.3.1989

Kosten nach Verursachungsstelle	DM 1. Qrt. 89 Total	m² Total	DM/m²	Whg 1 DM	Whg 2 DM	Laden 1 + Lager 1 DM	Büro 1 DM	Laden 2 + Lager 2 DM	Laden 3 DM	Laden 4 DM
Wasser, Verbrauch allgemein	11 521,92	11 662,914	0,988	96,82	130,40	113,61	163,01	89,45	160,04	98,79
Wasser, Klimaanlage	2 927,23	11 432,914	0,256				42,25			
Heizung, Läden üb. Klimaanl.	12 831,67	1 798,540	7,134							
Heizung, Büros üb. Klimaanl.	39 110,37	9 619,174	4,066				670,87			
Stat. Heizung Wohnungen	421,44	230,000	1,832	179,57	241,87					
Strom, allgemeine Haustechnik	19 075,52	12 240,836	1,558	152,72	205,70	230,17	257,13	141,09	252,45	155,84
Strom, Klimaanl. Läden	17 953,05	1 798,540	9,982							
Strom, Klimaanl. Büros	23 846,63	9 619,174	2,479				409,05			
Strom, Notnetz (Abr. in kw)	6 007,35	25,507	0,236				0,00			
Strom, Wohnungen	69,48	230,000	0,302	29,60	39,87					
Strom, Aufzüge	2 773,93	9 849,174	0,282	27,60	37,18			46,47		
	136 538,59									
Für Abrechnung nach Betriebsstd. 60 % aus:										
Wasser, Klimaanlage	1 756,34	11 526	0,152			205,10		104,99	127,69	21,33
Heizung, Läden üb. Klimaanl.	7 699,00	11 526	0,668			899,09		460,23	559,76	93,52
Strom, Klimaanl. Läden	10 771,83	11 526	0,935			1 257,93		643,92	783,17	130,84
Für Abrechnung nach m² 40 % aus:										
Wasser, Klimaanlage	1 170,89	11 432,91	0,102			11,78		9,27	16,59	10,24
Heizung, Läden üb. Klimaanlage	5 132,67	1 798,54	2,854			328,19		258,38	462,31	285,38
Strom, Klimaanl. Läden	7 181,22	1 798,54	3,993			459,17		361,51	646,83	399,28
Total verbrauchsabhängige Kosten	136 538,59			486,31	655,03	3 505,03	1 588,77	2 068,84	3 008,86	1 195,22
Notnetz kw/h	25 507,00					1 346,00		689,00	838,00	140,00
Betriebsstunden	11 526,00									
Mietfläche in m²				98,000	132,000	115,000	165,000	90,540	162,000	100,000
Zeitraum in Monaten				3,00	3,00	3,00	3,00	3,00	3,00	3,00

Laden 5 + Lager 3	Laden 6	Lager 4	Büro 2 + Laden 7	Büro 3 + Lager 5	Büro 4 + Lager 6	Büro 5 + Lager 7	Laden 7	Laden 8 + Lager 8	Laden 9	Büro 6	DM Total berechnet	DM Diff zu uns Lasten
DM	DM	DM	DM	DM	DM	DM	DM	DM	DM	DM	DM	DM
128,43	177,82		1383,08	4833,57	611,52	2634,93		189,68	163,01	260,81	11234,95	286,97
			358,45	1252,71	158,49	682,89				67,59	2562,38	−706,92
											0,00	4093,27
			4618,84	19893,19	2516,78	10844,40				1073,39	39617,47	−507,10
											421,44	0,00
327,25	280,50	2204,44	2337,53	7624,58	1008,25	4345,88		318,18	257,13	411,40	20510,25	−1434,73
											0,00	5726,98
			2816,23	12129,41	1534,55	6612,12				654,48	24155,82	−309,19
			858,70	3423,25	283,33	1312,07				130,01	6007,35	0,00
											69,48	0,00
			319,94	1377,99	174,34	751,18				74,35	2809,05	−35,13
150,86	57,90							128,76	158,93		955,58	
661,29	253,83		558,42					564,43	696,69		4747,25	
925,22	355,14		781,30					789,71	974,75		6641,97	
13,31	18,43							19,66	16,90		116,19	
370,99	513,68		753,40					547,93	470,88		3991,15	
519,06	718,71		1054,10					766,62	658,81		5584,10	
3096,42	2376,02	2204,44	15839,98	50534,70	6287,24	27183,47	0,00	3324,98	3397,10	2672,03	129426,43	7114,16
			3646,00	14535,00	1203,00	5571,00				552,00	0,00	
990,00	380,00		836,00				326,00	845,00	1043,00		0,00	4093,00
130,000	180,000	14,600	1400,000	4892,720	619,000	2667,174	400,000	192,000	165,000	264,000	12017,034	
3,00	3,00	3,00	3,00	3,00	3,00	3,00	3,00	3,00	3,00	3,00	3,00	

Nebenkostenabrechnung 1.1.–31.3.1989

Kosten nach Verursachungsstelle	DM 1. Qrt. 89 Total	m² Total	DM/m²	Whg1 DM
Wasser, Verbrauch allgemein	11 521,92	11 662,914	0,988	96,82
Wasser, Klimaanlage	2 927,23	11 432,914	0,256	
Heizung, Läden üb. Klimaanl.	12 831,67	1 798,540	7,134	
Heizung, Büros üb. Klimaanl.	39 110,37	9 619,174	4,066	
Stat. Heizung Wohnungen	421,44	230,000	1,832	179,57
Strom, allgem. Haustechnik	19 075,52	12 240,836	1,558	152,72
Strom, Klimaanl. Läden	17 953,05	1 798,540	9,982	
Strom, Klimaanl. Büros	23 846,63	9 619,174	2,479	
Strom, Notnetz (Abr. in kw)	6 007,35	25 507	0,236	
Strom, Wohnungen	69,48	230,000	0,302	29,60
Strom, Aufzüge	2 773,93	9 849,174	0,282	27,60
	136 538,59			
Für Abrechnung nach Betriebsstd. 60 % aus:				
Wasser, Klimaanlage	1 756,34	11 526	0,152	
Heizung, Läden üb. Klimaanl.	7 699,00	11 526	0,668	
Strom, Klimaanl. Läden	10 771,83	11 526	0,935	
Für Abrechnung nach m² 40 % aus:				
Wasser, Klimaanlage	1 170,89	11 432,91	0,102	
Heizung, Läden üb. Klimaanl.	5 132,67	1 798,54	2,854	
Strom, Klimaanl. Läden	7 181,22	1 798,54	3,993	
Total verbrauchsabhängige Kosten	136 538,59			486,31
Notnetz kw/h	25 507,00			
Betriebsstunden	11 526,00			
Mietfläche in m²				98,000
Zeitraum in Monaten				3,00

DR. LUTZ AENGEVELT
Flächen-Recycling

Inhalt

1. Inhalt und Begriff des Flächen-Recycling 627
2. Probleme des Flächen-Recycling 628
2.1 Struktur der Region 628
2.2 Abbruchkosten statt Bauwert 628
2.3 Altlastenuntersuchung als Vorfrage 628
2.4 Erschließung und Parzellierung 629
2.5 Bebauungsplan oder nicht? 629
2.6 Zusammenfassung 630
3. Maßnahmen des Flächen-Recycling 631
3.1 Immobilienwirtschaftliche Phasen 631
3.2 Träger des Flächen-Recycling 632

1. Inhalt und Begriff des Flächen-Recycling

Der Begriff *Flächen-Recycling* umfaßt das geschlossene System mit dem Ziel der Flächen-Neu- oder Flächen-Wiederverwendung. Für die Immobilienwirtschaft heißt das: die durchgängige Behandlung vorhandener zur Disposition stehender Flächen von ihrem Angebot über den Rechtsplan, über die Erschließung, über die Aufbereitung (Abbruch, Altlastenuntersuchung) bis zum Verkauf, d. h. bis zur Neu- und Wiederverwendung.

Die Immobilienwirtschaft und ihre Dienstleister bewegen sich dabei im Dreieck zwischen dem wirtschaftlich Machbaren, dem städtebaulich Sinnvollen und dem ökologisch Wünschenswerten. (Vergl. Der Verfasser in »Gewerbeflächen und neue Produktionsformen«. Veröffentlichung »Deutsches Institut für Urbanistik«, 6/85; Seite 13 ff.)

Flächen-Recycling findet im wesentlichen im Marktsegment der gewerblichen Immobilien statt und gewinnt zunehmend an Bedeutung, weil die landesplanerischen Überlegungen in der Grundtendenz darauf hinauslaufen, Flächenverbrauch durch Neuausweisungen landwirtschaftlicher Flächen für Gewerbe- und Industrieansiedlungen einzuschränken. Dadurch wird der zukünftige Flächenbedarf auf die Beschäftigung mit vorhandenen brachgefallenen, ungenutzten oder mindergenutzten Standorten verwiesen.

Flächen-Recycling ist sinnvoll, denn es handelt sich um die modernen Bedürfnissen angepaßte Nutzung von Flächen, deren Infrastruktureinrichtungen zu historischen Kosten erstellt wurden und fast lückenlos vorhanden sind. Die hohen technischen und sozialen Folgekosten zur Erstellung von Infrastrukturleistungen in Neu-Standorten entfallen incl. der Folgeeinrichtungen für Nahversorgung, Wohnflächen etc. Dadurch werden recycelte Standorte in jedem Fall billiger als Standorte, bei denen die »grüne Wiese« mit entsprechend hohen technischen und sozialen Kosten in Gewerbeflächen umgewandelt wird. Die sozialen und ökonomischen Folgen, die stadtplanerischen Vor- und Nachteile müssen sorgsam abgewogen werden.

Insofern spricht alles für die intensive Förderung aller Maßnahmen für ein sinnvolles Flächen-Recycling.

Erfolgreiches Flächen-Recycling ist jedoch schwierig und nur durch die konsequente Erkennung einer Reihe von typischen Problemen und deren Lösung durch interdisziplinäre Tätigkeit möglich.

2. Probleme des Flächen-Recycling

2.1 Struktur der Region

Brachgefallene oder mindergenutzte Flächen befinden sich in aller Regel in strukturschwachen Regionen sogenannter Altindustrien, oder sie befinden sich in stadtzentralen Industrie- und Gewerbequartieren, die – da vor längerer Zeit einheitlich gebaut, im Kriege zerstört, danach überwiegend unorganisch wieder aufgebaut wurden – heute aus technisch-wirtschaftlichen Gründen verslumt sind. Diese Quartiere sind unansehnlich geworden und besitzen trotz zum Teil glänzender Infrastruktur ein negatives Image, so daß sie den Anforderungen moderner Bedarfsträger nicht mehr entsprechen.

2.2 Abbruchkosten statt Bauwert

Zum Recycling anstehende Standorte sind weitgehend massiv bebaut. Die aufstehenden überwiegend mehrgeschossigen Gewerbegebäude entsprechen den Anforderungen modern orientierter Bedarfsträger nach optimalem Material-, Lager- und Verwaltungsfluß nicht mehr. Die aufstehende Bausubstanz hat – zur Enttäuschung ihrer Eigentümer – keinen positiven Wert mehr, sondern sie muß mit z. T. erheblichen Kosten abgebrochen werden (Negativwert).

2.3 Altlastenuntersuchung als Vorfrage

Zum Recycling anstehende Standorte sind fast immer mit Altlasten als Folge von Produktionsprozessen belastet. Altlasten oder Altablagerungen entstehen durch genehmigte oder ungenehmigte Eintragung chemischer Produkte in den Boden.

Überwiegend konzentriert sich die Beschäftigung mit Altlasten auf solche Vorgänge, die akut oder potentiell grundwassergefährdend sind. Zu untersuchen sind deswegen Bodenverunreinigungen als Auswirkungen von Produktionsprozessen, genehmigten oder ungenehmigten Deponien, als Folge undichter Rohre und Versorgungsleitungen, Schlabbermengen um Tankanlagen, Lösungsmittel bei der Metallbehandlung u. v. a. m.

In der Tendenz ist davon auszugehen, daß zukünftig alle genehmigungsbedürftigen Tatbestände im Umgang mit Immobilien, wie Umwandlungsgenehmigungen,

Nutzungsgenehmigungen, Bau- bzw. Umbaugenehmigungen, Erstellung von Bauleitplänen etc. mit einer Bodenuntersuchung zum Zwecke der Gefährdungsabschätzung aus evtl. vorhandenen Altlasten begleitet bzw. zur Genehmigungsvoraussetzung gemacht werden.

Gerade die vielschichtigen Probleme der Haftung für evtl. vorhandene Altlasten, Bodenverunreinigungen etc. erfordern von der Immobilienwirtschaft kenntnisreiches und konsequentes Vorgehen. Flächen-Recycling mit dem Ziel der Neu- und Wiedernutzung hat eine Altuntersuchung voranzustellen. Das Interesse zukünftiger Nutzer ist auf Wiedernutzung, Erlangung von Baugenehmigungen, Umbaugenehmigungen etc. gerichtet. Diesem Interesse kann nicht gedient werden, wenn nicht *vorher* eine Altlastenuntersuchung durch entsprechend qualifizierte Gutachter vorgenommen wurde. Bei Feststellung von Altlasten ist die Untersuchung zu vertiefen und auf ein Sanierungskonzept auszudehnen. Untersuchungsergebnisse und Sanierungskonzept sind mit der örtlich zuständigen Unteren Wasserbehörde zu erörtern und einvernehmlich abzustimmen. Die Sanierung hat – in Wahrung des Interesses von Eigentümer und zukünftigem Nutzer – unter Aufsicht eines entsprechend geeigneten Sachverständigen zu erfolgen, begleitet durch ein Kontrollangebot an die zuständige Untere Wasserbehörde.

2.4 Erschließung und Parzellierung

Die zum Flächen-Recycling anstehenden Flächen und deren Größen entsprechen in aller Regel nicht den Bedürfnissen der zukünftigen Interessenten. Deshalb sind sinnvolle und am Bedarf orientierte *Erschließungs- und Parzellierungsmaßnahmen* in das Flächen-Recycling einzubeziehen. In Anbetracht der aufstehenden Altgebäude, die vielfach auf massiven Fundamenten ruhen, sind die Erschließungssysteme nicht nur auf den zukünftigen Bedarf, sondern auch auf eine Kostenoptimierung im Hinblick auf die Umgehung von Fundamenten (zur Vermeidung teurer Abbruchkosten) auszurichten. Diese Maßnahme gilt auch für den Umgang mit evtl. vorhandenen Altlasten: Häufig ist die Versiegelung von kontaminierten Flächen der ökologisch *und* ökonomisch sinnvollere Weg anstelle der Verbringung von mehr oder weniger stark kontaminierten Böden zu (raren) Deponien.

2.5 Bebauungsplan oder nicht?

Flächen-Recycling unter Einbeziehung von Erschließungsmaßnahmen (öffentliche oder private Straßen) führt häufig zu der Frage, ob zusätzlich zu den o. a. Problemen auch noch *Bauleitplanverfahren*, Bodenordnungsmaßnahmen etc. mit allen bekannten Folgen der Verzögerung etc. notwendig werden. Diese Frage ist im Vorfeld mit den zuständigen Planungsbehörden detailliert zu untersuchen. In der Regel ist davon auszugehen, daß insbesondere kleinteilige Parzellierungen, Tiefenerschließungen, die Schaffung neuer Grundstückszufahrten, die Errichtung von privaten, insbesondere aber öffentlichen Straßensystemen, Nutzungsumwandlungen etc. die Aufstellung eines Bebauungsplanes unumgänglich machen.

Das Ziel muß es deshalb sein, Flächen-Recycling dahingehend zu optimieren, daß ein B-Plan-Verfahren nicht notwendig wird: z.B. dadurch, daß eine radikale Nutzungsumwandlung (z.B. von GI-Fläche in Einzelhandels- oder Wohnbaufläche) vermieden und statt dessen eine Kontinuität in der Nutzung geplant wird (z.B. GE statt GI). Auf eine kleinteilige Parzellierung kann unter diesen Umständen zugunsten einer mittelgroßen Parzellierung verzichtet werden. Eine private Erschließungsmaßnahme ist einer öffentlichen Erschließungsmaßnahme – die ein B-Plan-Verfahren erfordert – vorzuziehen.

Dieser Abwägungsprozeß hat zu erfolgen, wenn zur Ausnutzung von Marktchancen einer kurzfristigen Lösung der Vorzug eingeräumt werden soll vor einer nur vordergründig profitableren, tiefgreifenden Nutzungsumwandlung im Rahmen eines B-Plan-Verfahrens und den damit verbundenen zeitlichen und politischen Risiken.

Dort, wo eine generelle Strukturänderung aus gesellschaftlichen, ökonomischen, ökologischen oder stadtplanerischen Gründen erforderlich ist, muß ein Bauleitplanverfahren mit all seinen Vor- und Nachteilen angestrebt werden.

2.6 Zusammenfassung

Die Zusammenfassung der o. e. Probleme ergibt, daß Flächen-Recycling zwar sinnvoll, wünschenswert, aber keineswegs einfach durchzuführen ist.[1] Flächen-Recycling kann nur durchgeführt werden, wenn die mit seiner Bewältigung befaßten technischen und wirtschaftlich orientierten Fachdisziplinen jeweils Hand in Hand zusammenarbeiten. Flächen-Recycling erfordert eine immobilienwirtschaftliche Bedarfsanalyse, um festzustellen, daß eine vorhandene Nutzung suboptimal ist und welche zukünftige Nutzung optimal wäre. Dieser Optimierungsprozeß erfordert die o. e. technischen, ökologischen, stadtplanerischen Voruntersuchungen, um dann in wirtschaftliche Daten umgesetzt werden zu können. Insbesondere die Kosten für Abbrüche, Erschließungen und Altlastenuntersuchungen sind weder zu ignorieren noch »über den breiten Daumen zu peilen«. Sie bedürfen einer sehr genauen und – leider auch zeitaufwendigen – Untersuchung. Das Untersuchungsergebnis kann durchaus so sein, daß sich Flächen-Recycling nicht lohnt, weil z.B. bereits die Kosten der Altlastensanierung über den zukünftigen immobilienwirtschaftlichen Erträgen liegen.

Weil solche Ergebnisse weder selten noch unwahrscheinlich sind, werden heute eine Reihe von Finanzierungsmodellen für die Beseitigung von Altlasten diskutiert, wenn z. B. entweder die Verursacher oder die Bestandshafter nicht auffindbar oder nicht zahlungsfähig sind oder wenn das Ergebnis zukünftiger Verkaufserlöse unter dem Ergebnis der Sanierungskosten liegt.[2]

3. Maßnahmen des Flächen-Recycling

3.1 Immobilienwirtschaftliche Phasen

Ergibt die technisch-wirtschaftliche Kosten-Nutzen-Untersuchung, die jeder Maßnahme des Flächen-Recycling vorangeht, ein positives Ergebnis gegenüber dem »Liegenlassen«, dann sind folgende immobilienwirtschaftliche Schritte einzuleiten:

a) Verfeinerte Bedarfsanalyse. Zur Informationsbeschaffung dienen die Spezialmakler für gewerbliche Vermittlung und die Ansichten des örtlich bzw. regional zuständigen Wirtschaftsförderungsamtes als Zusatzinformation.

b) Aufgrund dieses Bedarfsbildes ist ein Erschließungssystem mit entsprechend bedarfsgerechten Parzellenschnitten zu entwickeln.

c) Das Erschließungssystem ist mit dem Ergebnis der physikalischen Bodenuntersuchung (Fundamente) und damit der Abbruchkosten abzugleichen. Teuere Beseitigungen sind z. B. durch entsprechende »Umleitungen« im Erschließungssystem elegant zu umgehen.

d) Die endgültige Korrektur erfolgt durch das verfeinerte Ergebnis der Altlastenuntersuchung und des gewählten Sanierungskonzeptes.

e) Abbrüche von Altsubstanzen sind möglichst unverzüglich vorzunehmen. Ziel muß es sein, das fast immer negativ beeinflußte Image am Altstandort durch Beseitigung häßlicher Aufbauten einzuebnen, zu begrünen und mit den Erschließungsarbeiten so schnell wie möglich zu beginnen. Erschließungskosten müssen nicht unbedingt vorfinanziert werden, sondern können bereits durch eine beschränkte Anzahl von »Vor«-Verkäufen (wenn es sein muß mit »Pionierrabatt«) hereingeholt werden.

f) Das Nutzungs- und Erschließungskonzept ist so früh wie möglich mit den zuständigen Stellen der Stadtplanung abzustimmen, mit dem Ziel, möglichst frühzeitig festzustellen, ob ein B-Plan-Verfahren notwendig ist oder ob Baurecht gemäß § 34 BauGB erteilt werden kann. Eine Revision des Konzeptes ist angeraten, wenn seine städtebauliche Durchsetzung nur mit außergewöhnlichen Kosten und/oder Zeitaufwand bzw. mit unkalkulierbaren politischen Risiken verbunden ist.

g) Die Frage des Vorhandenseins von Altlasten oder Altablagerungen ist parallel zur Frage des Baurechts zu klären. Bei vorhandenen Altlasten ist der Befund mit der zuständigen Unteren Wasserbehörde zu erörtern und die Altlasten – mit einem Kontrollangebot an diese versehen – zu sanieren bzw. zu beseitigen. Ziel aller Maßnahmen muß es sein, Baurecht wirtschaftlich, technisch, planungsrechtlich und ökologisch zu sichern.

h) Flächen-Recycling ist eine unternehmerische Aufgabe, und zwar in dem Sinne, als sie die Koordination einer größeren Anzahl von Einzeldisziplinen unter Berücksichtigung stadtplanerischer und gesellschaftspolitischer Rahmenbedingungen erfordert[3]. Flächen-Recycling bedingt die Erbringung einer ganzen Reihe von Dienstleistungen durch Spezialisten wie Marktkennern, Stadtplanern, Erschließungsplanern, Verkehrsplanern, Bodengutachtern, Schallschutzexperten, Architekten, Abbruchunternehmern, Bauunternehmern.

3.2 Träger des Flächen-Recycling

Die Fülle dieser Dienstleistungen wird in der Bundesrepublik von einem Unternehmer nicht erbracht. Mit Flächen-Recycling beschäftigen sich Immobilienwissenschaftler, um die wissenschaftlichen Grundlagen zunächst einmal transparent zu machen. Mit Flächen-Recycling befassen sich vereinzelte Liegenschaftsabteilungen großer Unternehmen, die an Altstandorten tätig sind, um die eigenen Grundstücksreserven zu aktivieren. Mit ihm befassen sich die eine oder andere Planungsgruppe oder Ingenieurgesellschaft und eine verschwindend geringe Anzahl von Praktikern, die sich im Laufe der Zeit das Know-how des Flächen-Recyclings angeeignet haben und über die entsprechenden Managementkapazitäten verfügen. Eines ist ganz sicher: Flächen-Recycling ist zu einer gesamtgesellschaftlichen Aufgabe geworden und eine der wesentlichen Aufgaben der gewerblich-industriellen Immobilienwirtschaft.

1) Vergl.: Der Verfasser in »Wiederaufbereitung von Gewerbe- und Industrieflächen für private Träger und Eigentümer« in »Information zur Raumentwicklung«: Städtebauliche Brachflächen und Flächenreaktivierung; Bundesforschungsanstalt für Landeskunde und Raumordnung, Heft 3, 1986, Seite 185 ff.
2) Vergl.: ebenda, Seite 219: Peter Lampe: »Erfahrungen mit den Grundstücksfonds des Landes NRW«
3) Vergl.: Referat des Verfassers anläßlich der Seminarveranstaltung »Deutsches Institut für Urbanistik« vom 16.–19. 3. 1987 in Berlin »Probleme des Flächenrecycling aus der Sicht der Wirtschaft« hier: »Anforderungen neuer Firmen an alte Flächen«

DR. KARL-HEINZ WEBER

Miet- und Pachtrecht bei Gewerbe-Immobilien

Inhalt

1.	Allgemeines	637
1.1	Stellenwert	637
1.2	Abgrenzungen	637
2.	Vertragsabschluß	639
2.1	Parteien	639
2.2	Entwicklung	640
2.2.1	Mietvorvertrag	640
2.2.2	Mietoptionsvertrag	640
2.2.3	Mietvorhand	641
2.2.4	Rahmenvertrag	641
2.2.5	Vorvertragliche Rechtsbeziehungen	641
2.3	Form	642
2.4	AGB-Gesetz	643
3.	Vertragsinhalt	643
3.1	Geschäftsgrundlage	643
3.2	Hauptpflichten	645
3.2.1	Gebrauchsgewährung	645
3.2.2	Erhaltung	645
3.2.3	Mietzinsen	646
3.2.3.1	Grundmiete	646
3.2.3.2	Neben-/Betriebskosten	647
3.2.3.3	Mietzinsanpassung	649
3.2.3.4	Kaution	649
3.3	Nebenpflichten	650
3.3.1	Pflichtenkreis des Mieters	650
3.3.1.1	Allgemeines	650
3.3.1.2	Einzelne Pflichten	650
3.3.2	Pflichtenkreis des Vermieters	651
3.3.2.1	Allgemeines	651
3.3.2.2	Einzelne Pflichten (Wettbewerbsschutz u. a.)	651

3.4	Leistungsstörungen	652
3.4.1	Rechtsmängel	652
3.4.1.1	Beispiele	652
3.4.1.2	Folgen	653
3.4.2	Sachmängel	653
3.4.2.1	Arten der Sachmängel	653
3.4.2.2	Folgen	654
4.	Beendigung	654
4.1	Zeitablauf	654
4.2	Kündigungen	654
4.2.1	Kündigungsarten	654
4.2.1.1	Ordentliche Kündigung	655
4.2.1.2	Außerordentliche fristgebundene Kündigung	655
4.2.1.3	Fristlose Kündigung	656
4.2.2	Form und Inhalt	657
4.3	Abwicklung	657
4.3.1	Rückgabepflicht	657
4.3.2	Abrechnung	658
5.	Untermietverhältnis	658
5.1	Zulässigkeit	658
5.2	Rechtsfolgen	659
6.	Besondere Schieflagen	659
6.1	Konkurs	659
6.2	Vergleich	660
6.2.1	Vergleich über das Vermögen des Mieters	660
6.2.2	Vergleich über das Vermögen des Vermieters	660
6.3	Zwangsvollstreckung	661
6.4	Zwangsversteigerung	661

1. Allgemeines

1.1 Stellenwert

Regelmäßig liegt einer Investition in Gewerbe-Immobilien eine langfristige Rentabilitätsbetrachtung zugrunde. Von daher kommt der wirtschaftlichen und rechtlichen Ausgestaltung des Mietvertrages, aber auch der allgemeinen Rechtsentwicklung im Mietrecht (Gesetz, Verordnung, Rechtsprechung) eine tragende Bedeutung zu.

Für einen Investor, aber auch für einen Anmieter, der dies nicht erkennt oder unterschätzt, kann es zu unliebsamen Überraschungen kommen, wenn etwa Kündigungen vorgenommen, Mietzinserhöhungen durchgesetzt werden sollen oder Fragen der Kostentragung von Instandsetzungs- und Instandhaltungsmaßnahmen anstehen. Das Korrektiv des »sozialen Mietrechts« mit weitgehenden Schutzregelungen zugunsten der vermeintlich schwächeren Vertragspartei fällt bei gewerblichen Mietverträgen weg. Hier gilt vielmehr der Grundsatz der Vertragsfreiheit; die Vertragsbedingungen können frei ausgehandelt werden, so daß generell die stärkere, insbesondere auch die juristisch besser beratene Vertragspartei für sich vorteilhafte Regelungen durchsetzt.

Der Rechtssatz »pacta sunt servanda«, d. h., Verträge sind einzuhalten, kann bei einer gewöhnlich auf Jahre angelegten Rechtsbeziehung wie bei Gewerbe-Mietverträgen über den wirtschaftlichen Erfolg bzw. Mißerfolg eines Investors auf der einen Seite ebenso entscheiden, wie umgekehrt auf der anderen Seite die wirtschaftliche Existenz eines Anmieters hiervon abhängen kann.

1.2 Abgrenzungen

Miete ist die entgeltliche Überlassung einer Sache zum Gebrauch an einen Dritten. Gegenstand der Miete können sowohl bewegliche (Auto, Buch, Maschinen etc.) als auch unbewegliche Sachen (Immobilien) sein. Bei unbeweglichen Sachen unterscheidet das geltende Mietrecht grundlegend nach der jeweiligen Nutzungsart zwischen *Wohnraummiete* und *gewerblicher Miete* bzw. Miete von Geschäftsräumen. Das Mietrecht, das bei Vermietung von Gewerbe-Immobilien anzuwenden ist, unterscheidet sich wesentlich von dem, das bei Wohnraum gilt. Zahlreiche Bestimmungen, die den Schutz des Mieters bezwecken, gelten nur für die Wohnraummiete (z. B. §§ 537 II, 550a, 552a, 554 II, 554b, 556a-c, 557a II, 564a + b, 569a + b, 570, 570a BGB; §§ 29a, 721 ZPO).

Wohnraum ist jeder zum Wohnen von Menschen bestimmte und geeignete Raum als Teil eines Gebäudes.

Geschäftsraum ist jeder Raum als Teil eines Gebäudes, der zu anderen als zu Wohnzwecken bestimmt ist. Beispiele für Gewerberäume sind Büros, Läden, Praxen, Hotels, Gaststätten, Alteneinrichtungen etc.

Die jeweilige rechtliche Einordnung hängt von der vertraglichen Zweckbestimmung und der tatsächlichen Nutzung ab. Grundsätzlich obliegt es der Entscheidung des Eigentümers bzw. Vermieters, ob Räume zum Wohnen oder zu gewerblichen Zwecken vermietet werden (BGH, Urteil vom 20. 10. 1982 – VII ZR 235/81 – WM 1982, 1390). Eine einmal vertraglich bestimmte Nutzungsart bleibt für das Mietverhältnis auch dann bindend, wenn der Mieter die Nutzungsart tatsächlich ändert. So ist es etwa einem gewerblichen Mieter nicht möglich, durch eine Nutzungsänderung den sozialen Schutz eines Wohnraummietverhältnisses zu erlangen.

Werden Räume sowohl zu wohnlichen als auch zu gewerblichen Zwecken vermietet (sog. Mischmietverhältnisse), ist nur eine einheitliche Zuordnung möglich, und zwar entweder nach dem ausdrücklichen Parteiwillen oder, falls ein solcher fehlt, nach der überwiegenden Nutzungsart. Überwiegt die gewerbliche Nutzung, so ist demnach gewerbliches Mietrecht anwendbar. Lassen sich hingegen die Mietverträge trennen, obwohl sie etwa äußerlich in *einem* Vertrag geschlossen sind (Mietvertrag über Laden und dazugehörige Wohnung), so finden auf jeden von ihnen die für diesen Teil geltenden Vorschriften Anwendung.

Dem Verhältnis Vermieter und Haupt-(Zwischen-)Mieter liegt auch dann ein gewerbliches Mietverhältnis zugrunde, wenn der End-(Unter-)Mieter die Räume bestimmungsgemäß zum Wohnen nutzt (BGH, Urteil vom 13. 12. 1985 – VII ZR 36/84 – Band 94, 11 = NJW 1985, 1172). Hierzu gehören nicht nur die Fälle der Vermietung von Eigentumswohnungen, die im Rahmen sogenannter Bauherrenmodelle errichtet worden sind und bei denen u. a. aus steuerlichen Gründen die Einschaltung einer gewerblichen Zwischenmietgesellschaft erfolgt ist, sondern auch Anmietungen zum Betrieb einer Pension, einer Ferienwohnanlage oder eines Studentenwohnheimes. Dagegen ist der Vertrag des Zwischenmieters mit seinem Endmieter ein Wohnraummietvertrag.

Neben der Abgrenzung der Miete zu anderen schuldrechtlichen Gebrauchsüberlassungsverträgen wie Leihe (§ 598 BGB: unentgeltliche Gebrauchsüberlassung) und Verwahrung (§ 688 BGB: Übernahme besonderer Obhutspflichten) ist insbesondere die *Pacht* zu erwähnen. Bei diesem Vertragstyp wird zusätzlich zum Gebrauch einer Sache ein Fruchtgenuß (§ 99 BGB) gewährt.

Von einem Pachtverhältnis ist auszugehen, wenn Räume mit besonderen Einrichtungen und Ausstattungen zum Betrieb eines Gewerbes notwendig sind (z. B. Überlassung einer Gaststätte mit Inventar, eines Seniorenheimes mit speziellen Einrichtungsgegenständen etc.). Nach § 581 II BGB gelten – bis auf wenige Ausnahmen – die Mietvorschriften auch für Pachtverhältnisse. Dies führt in der Praxis dazu, daß zahlreiche Pachtverträge fälschlich als Mietverträge bezeichnet werden, ohne daß dies in rechtlicher Hinsicht zu spürbaren Konsequenzen führt.

2. Vertragsabschluß

2.1 Parteien

Parteien eines Mietvertrages sind Vermieter und Mieter, die jeweils genau zu bezeichnen sind. Es kann sich um natürliche und juristische Personen handeln. Auch offene Handelsgesellschaften (§ 105 HGB) und Kommanditgesellschaften (§ 161 HGB) können, obwohl sie nicht rechtsfähig sind, unter ihrer Firma Verträge abschließen und somit Mietvertragspartei sein. Soweit sie zu einem späteren Zeitpunkt ihr Handelsgewerbe aufgeben, berührt dies das Mietverhältnis nicht und wird fortgesetzt mit der dann fortbestehenden Gesellschaft des bürgerlichen Rechts (§ 705 BGB). Auch ein nicht rechtsfähiger Verein kann Mietvertragspartei sein, wobei Vertragspartei die Mitglieder in ihrer Gesamtheit werden. Das einzelne Vereinsmitglied ist nicht berechtigt, eine Forderung des Vereins im eigenen Namen zu verfolgen; hierzu sind vielmehr nur die Mitglieder gemeinschaftlich befugt. Andererseits haften die Mitglieder eines Vereins für Verbindlichkeiten nach §§ 427, 714 BGB als Gesamtschuldner.

Bei Abschluß von Mietverträgen mit juristischen Personen und mit Personengesellschaften ist darauf zu achten, daß die für sie handelnden Personen vertretungsbefugt sind; dies kann regelmäßig durch Einsicht in das Handelsregister geklärt werden.

In der Praxis treten häufig Personenmehrheiten sowohl auf der Vermieter- als auch auf der Mieterseite auf. Auf der Vermieterseite handelt es sich regelmäßig entweder um Bruchteilsgemeinschaften nach § 741 BGB (z. B. Miteigentümer eines Grundstücks) oder um Gesamthandsgemeinschaften (z. B. Gesellschaft des bürgerlichen Rechts oder Erbengemeinschaft ist Eigentümerin eines Grundstücks). Sowohl der Abschluß des Mietvertrages als auch die Geltendmachung von Rechten hieraus können nur alle Vermieter gemeinschaftlich vornehmen. Handlungsfähigkeit kann dadurch hergestellt werden, indem ein Vertreter von der Gemeinschaft ausdrücklich zur Vornahme von verbindlichen Handlungen bevollmächtigt wird. Bei einer Mehrzahl von Personen auf der Mieterseite können die Mieter nur gemeinschaftlich den Mietvertrag abschließen, aber auch nur gemeinschaftlich den Mietvertrag kündigen, wie das Mietverhältnis gegenüber allen Mietern nur einheitlich gekündigt werden kann.

Es empfiehlt sich, bei Mietverträgen mit Personenmehrheiten in den Vertrag eine Regelung mit aufzunehmen, aus der sich eine Bevollmächtigung einer einzelnen Person ergibt, Erklärungen, die für und gegen alle wirken, im Namen aller Mieter bzw. Vermieter mit Wirkung für und gegen alle abzugeben bzw. entgegenzunehmen.

2.2 Entwicklung

Ein Mietvertrag kommt durch Angebot und Annahme (§ 145 BGB) zustande. Die für einen Vertragsabschluß notwendigen Willenserklärungen können ausdrücklich erfolgen, aber auch durch schlüssiges Verhalten ersetzt werden. Entscheidend ist, daß sich die Parteien über die nach ihrem Willen wesentlichen, regelungsbedürftigen Punkte geeinigt haben, und zwar mindestens eine Einigung über die Mietsache und den Mietzins erfolgt ist.

Bis zum Zustandekommen eines Mietvertrages sind verschiedene Vorstufen vertraglicher Bindungen denkbar.

2.2.1 Mietvorvertrag

Ein Mietvorvertrag ist ein formloser Vertrag, durch den sich die künftigen Vermieter und Mieter bindend verpflichten, einen Mietvertrag abzuschließen, ohne daß bereits unmittelbare Leistungspflichten begründet werden.

Ein Mietvorvertrag wird regelmäßig dann abgeschlossen, wenn dem Abschluß des Hauptvertrages noch tatsächliche und/oder rechtliche Hindernisse entgegenstehen. Denkbare Hindernisse sind: Mietgegenstand ist noch nicht fertiggestellt, Notwendigkeit weiterer Investitionen, z. B. Schaffung bestimmter Einrichtungen für spezielle Nutzungen (Praxen). Ein wirksamer Vorvertrag setzt aber voraus, daß sich die Parteien über alle wesentlichen Punkte geeinigt haben und der Inhalt des abzuschließenden Hauptvertrages wenigstens bestimmbar ist.

Aus einem wirksamen Mietvorvertrag erwächst die Verpflichtung der Parteien, ein Angebot auf Abschluß des Hauptvertrages abzugeben und/oder das Angebot des anderen Teils anzunehmen. Es ist auch möglich, den Vorvertrag so zu gestalten, daß nur für eine Partei eine Pflicht zum Vertragsschluß besteht.

In der Praxis ist ein derartiger Vertrag die Ausnahme. Ein solcher Vertrag bedarf auch dann, wenn das Mietverhältnis über einen längeren Zeitraum als ein Jahr geschlossen werden soll, nicht der Schriftform des § 566 BGB; zu Beweiszwecken sollte jedoch ein derartiger Vorvertrag schriftlich abgeschlossen werden.

In der Praxis sind immer wieder Versuche feststellbar, gescheiterte Vertragsverhandlungen in einen Vorvertrag umzudeuten, die jedoch regelmäßig zum Scheitern verurteilt sind, da das Vorliegen übereinstimmender Willenserklärungen häufig nicht nachgewiesen werden kann.

2.2.2 Mietoptionsvertrag

Ein Mietoptionsvertrag ist ein Mietvertrag, der unter der aufschiebenden Bedingung geschlossen wird, daß der eine Vertragspartner innerhalb einer bestimmten Frist von dem ihm eingeräumten Gestaltungsrecht, einen Mietvertrag zustande zu bringen oder zu verlängern, durch formlose Erklärung Gebrauch macht. Anders als bei einem Vorvertrag, der dem Berechtigten einen schuldrechtlichen Anspruch auf Abschluß eines Mietvertrages gibt, räumt der Optionsvertrag ein einseitiges Gestaltungsrecht ein, das einen Mietvertrag zustande bringt oder einen bestehenden verlängert.

Bei einer Optionsdauer von mehr als einem Jahr gilt das Schriftformerfordernis des § 566 BGB.

2.2.3 Mietvorhand

Mit der Einräumung einer sogenannten Mietvorhand bzw. eines Anmietrechts kann sich ein Vermieter verpflichten, einen bestimmten Mietgegenstand, bevor er diesen anderweitig vermietet, einer bestimmten Person, nämlich dem Vorhandberechtigten, anzubieten. Hieraus erwächst jedoch lediglich die Pflicht, mit dem Berechtigten in Vertragsverhandlungen einzutreten und ihm eventuell konkurrierende Angebote mitzuteilen.

2.2.4 Rahmenvertrag

Bei einem Rahmenvertrag vereinbaren die Parteien den Abschluß mehrerer Mietverträge über gleichartige oder ähnliche Mietgegenstände, ohne diese genau zu konkretisieren.

2.2.5 Vorvertragliche Rechtsbeziehungen

Auch während der Zeit, in der Vertragsverhandlungen stattfinden, entstehen zwischen den Parteien vorvertragliche Pflichten, die bei schuldhafter Verletzung zu Schadensersatzansprüchen aus Verschulden bei Vertragsschluß (culpa in contrahendo) führen können. So kann ein Schadensersatzanspruch damit begründet werden, daß ein Verhandlungspartner bei dem anderen schuldhaft das Vertrauen geweckt hat, den auszuhandelnden Mietvertrag auch abschließen zu wollen. Zum Schadensersatz ist auch derjenige Verhandlungspartner verpflichtet, der schuldhaft Aufklärungspflichten über wesentliche Eigenschaften oder Umstände, die für den anderen erkennbar von besonderer Bedeutung sind, verletzt.

Ein hierauf gestützter Schadensersatzanspruch ist nicht darauf ausgerichtet, einen Vertrag zustande zu bringen, sondern lediglich auf Ersatz des Vertrauensschadens (sog. negatives Interesse) gerichtet. Dies bedeutet im Ergebnis, daß der Verletzte nur verlangen kann, so gestellt zu werden, wie er stünde, wenn keine Vertragsverhandlungen stattgefunden hätten.

2.3 Form

Mietverträge sind grundsätzlich formfrei. Hiervon macht § 566 Satz 1 für solche Grundstücksmietverträge eine Ausnahme, die für längere Zeit als ein Jahr geschlossen werden. Nach § 580 BGB gilt diese Formvorschrift auch bei Mietverträgen über Wohn- und Gewerberäume.

Sinn und Zweck dieser Formregel besteht darin, einem künftigen Erwerber zu ermöglichen, sich über Umfang und Inhalt der auf ihn nach § 571 BGB (Kauf bricht nicht Miete) übergehenden Verpflichtungen mit Zuverlässigkeit zu unterrichten.

Das Schriftformerfordernis ist dann gewahrt, wenn auf einer Vertragsurkunde beide Vertragsparteien eigenhändig unterzeichnet haben. Es ist auch denkbar, daß bei mehreren gleichlautenden Vertragsurkunden jede Vertragspartei die für die anderen Partei bestimmte Urkunde eigenhändig unterzeichnet. Dem Schriftformerfordernis ist ebenso durch eine notarielle Beurkundung genügt.

Ein formbedürftiger Mietvertrag ist seinem vollständigen Inhalt nach formbedürftig, nicht nur bezüglich der wesentlichen Vertragselemente, sondern auch bezüglich aller Nebenabreden, die für einen Erwerber irgendwie von Bedeutung sein können. Zusatzvereinbarungen, Vertragsänderungen, Vertragsverlängerungen, Eintritt eines weiteren Mieters oder eines Ersatzmieters in den Vertrag bedürfen daher der Schriftform, da sie für den Erwerber von Bedeutung sind. Werden Zusätze oder Änderungen formwidrig abgeschlossen, wird dadurch grundsätzlich auch ein formgerecht schriftlich abgeschlossener Hauptvertrag formwidrig. Handelt es sich bei dem formwidrig abgeschlossenen Vertrag allerdings um einen reinen Verlängerungsvertrag, bleibt der ursprüngliche und formgültig abgeschlossene Vertrag bis zum Ende der darin vereinbarten Laufzeit wirksam. Bei einem Mietverlängerungsvertrag genügt es nach der Rechtsprechung des Bundesgerichtshofes, wenn auf den früheren Mietvertrag Bezug genommen wird, ohne daß dieser beigefügt wird.

Ein Verstoß gegen das gesetzliche Schriftformerfordernis hat nicht zur Folge, daß der Vertrag unwirksam ist. Nach § 566 Satz 2 BGB gilt vielmehr ein derart fehlerhaft zustandegekommener Mietvertrag als auf unbestimmte Zeit abgeschlossen und kann von jeder Vertragspartei, jedoch frühestens zum Ablauf des ersten Jahres, gekündigt werden. Ist der Mietvertrag noch nicht vollzogen, so errechnet sich die Jahresfrist nicht ab Übergabe der Mietsache, sondern ab dem Zeitpunkt des Vertragsschlusses.

Haben die Parteien ein besonderes Formerfordernis vereinbart, z. B. den Abschluß eines schriftlichen Mietvertrages, so ist hinsichtlich der Rechtsfolgen eines Formverstoßes zu unterscheiden. Ist nach dem Willen der Parteien die vereinbarte Schriftform Voraussetzung für die Wirksamkeit des Vertrages, so ist der Vertrag nach der Auslegungsregel des § 125 Satz 2 BGB unwirksam. Die Unwirksamkeitsfolge tritt auch dann ein, wenn neben dem Verstoß gegen die gewillkürte Schriftform auch eine Nichtbeachtung der gesetzlichen Schriftform des § 566 BGB gegeben ist, d. h., es kommt noch nicht einmal ein Mietverhältnis auf unbestimmte Zeit zustande.

Haben die Parteien jedoch lediglich die Schriftform zu Beweiszwecken oder zur Klarstellung vereinbart, ist der Mietvertrag auch dann wirksam zustandegekommen, wenn die Form nicht eingehalten worden ist.

2.4 AGB-Gesetz

Häufig werden gewerbliche Miet- und Pachtverträge formularmäßig abgeschlossen, d. h., sie sind von ihrem »Verwender« vorformuliert und sollen für eine Vielzahl von Verträgen gelten. Die einzelnen Bestimmungen dieser Formularmietverträge unterliegen der inhaltlichen Kontrolle des »Gesetzes zur Regelung des Rechts der Allgemeinen Geschäftsbedingungen« (AGB-Gesetz), dessen Zielsetzung darin liegt, einen Mißbrauch der dem AGB-Verwender eingeräumten Vertragsgestaltungsfreiheit zu verhindern. Von besonderer praktischer Bedeutung ist hierbei die Generalklausel des § 9 AGBG. Hiernach sind Klauseln unwirksam, die den Vertragspartner des Verwenders »entgegen den Geboten von Treu und Glauben unangemessen benachteiligen«. Nach dem gesetzlichen Leitbild ist eine derartige Benachteiligung entweder dann gegeben, wenn »eine Bestimmung mit wesentlichen Grundgedanken der gesetzlichen Regelung, von der abgewichen wird, nicht zu vereinbaren ist« (erster Fall) oder »wesentliche Rechte oder Pflichten, die sich aus der Natur des Vertrages ergeben, so eingeschränkt werden, daß die Erreichung des Vertragszwecks gefährdet ist«. Zu diesen Wahlgruppen gibt es eine Vielzahl von Rechtsprechung, die im einzelnen darzulegen, den Rahmen dieses Beitrages sprengen würde. Nach § 24 Abs. 2 AGBG gilt die Generalklausel des § 9 auch für solche Formularmietverträge, die gegenüber einem Kaufmann verwendet werden und zum Betrieb seines Handelsgewerbes gehören.

3. Vertragsinhalt

3.1 Geschäftsgrundlage

Juristen erfassen allgemein unter dem Gesichtspunkt der Geschäftsgrundlage die nicht zum eigentlichen Vertragsinhalt erhobenen, beim Vertragsabschluß aber zutage getretenen, dem anderen Teil erkennbar gewordenen und von ihm nicht beanstandeten Vorstellungen der einen Partei oder die gemeinsame Vorstellung beider Parteien von dem Vorhandensein oder dem künftigen Eintritt bestimmter Umstände, auf deren Grundlage sich der Geschäftswille aufbaut. Die Anwendung dieser Grundsätze über die Geschäftsgrundlage kann dazu führen, daß während der Vertragszeit eine Anpassung der vereinbarten vertraglichen Regelungen an die veränderten Verhältnisse oder aber eine Kündigung des Vertragsverhältnisses erfolgen kann. Somit können Umstände, die außerhalb des ausdrücklich Vereinbarten liegen, für die ungestörte Vertragsabwicklung von erheblicher Bedeutung sein. Die Neigung eines Vertragspartners, auf diesem Wege einen »Notausstieg« aus ungünstigen vertraglichen Bindungen zu wählen, ist in der Praxis nicht selten. Der Bundesgerichtshof ist in der Vergangenheit derartigen Auswüchsen durch differenzierte Risikozurechnungen im gewerblichen Miet- und Pachtrecht begegnet. Es entspricht gefestigter Rechtsprechung, daß Umstände, die in den Risikobereich einer Partei fallen, dieser in aller Regel nicht das Recht geben, eine Änderung der Vertragspflichten zu ihren Gunsten herbeizuführen, weil anderenfalls die in der Vertragsgestaltung liegende Risikoverteilung in einer für den Vertragspartner nicht tragbaren Weise verändert würde.

So hat der Bundesgerichtshof mehrfach bekräftigt, daß es grundsätzlich zur Risikosphäre eines Mieters gehöre, auf dem zu gewerblichen Zwecken vermieteten Grundstück gewinnbringend tätig zu sein. Diese Bewertung gilt sowohl für die allgemeine Erwartung, künftig Gewinne aus der Mietsache zu erzielen, als auch für konkrete, an bestimmte Gesichtspunkte anknüpfende Vorstellungen, zum Beispiel Einrichtung einer Fußgängerzone oder Ausbau einer Geschäftsstraße bzw. eines Stadtteils.

Eine Risikoverlagerung auf die Vermieterseite erfolgt in der Rechtsprechungspraxis wesentlich zurückhaltender. So hat das OLG Bamberg bei mangelhaften Zu-, Abfahrts- und Parkmöglichkeiten eines Supermarktes eine Freistellung der Vermieterseite von jeglichem Risiko abgelehnt und den gewerblichen Vermieter grundsätzlich für die verkehrsmäßige Beschaffenheit des Mietobjektes mitverantwortlich gemacht. Anknüpfungspunkt war der ausdrücklich zum Vertragsinhalt erhobene Verwendungszweck der Mietsache, d. h., die Mieträume waren vermietet »zum Betrieb eines Super- bzw. Einkaufsmarktes«.

Das OLG Celle (Urteil vom 17. 3. 1978 – 2 U 196/77 – NJW 1978, 2510) hat eine »Risikobeteiligung des Vermieters einer Ladeneinheit in einem Einkaufszentrum mit der Begründung bejaht, bei Vertragsschluß sei erkennbar gewesen, daß der Vermieter die Funktionsfähigkeit des Einkaufszentrums als seinem Risikobereich zugeordnet betrachte.

Unlängst hat das OLG Koblenz (Urteil vom 11. 10. 1988 – 3 U 520/87 – WM 1989, 30f) entschieden, daß Geschäftsgrundlage ein werbewirksam vermarktetes Einkaufszentrum war, das aufgrund der Branchenvielfalt der Ladenlokale den täglichen und gehobenen Bedarf der Verbraucher abdeckt. Das Gericht hat den fehlenden Kundenzuspruch und die damit verbundene schlechte Geschäftsentwicklung nicht dem Risikobereich des Mieters zugewiesen.

3.2 Hauptpflichten

Den jeweiligen Hauptpflichten von Vermieter und Mieter entsprechen die Rechte der jeweils anderen Vertragsseite. Die Hauptpflichten des Vermieters sind Gebrauchsgewährung sowie Erhaltung der Mietsache; die Hauptpflicht des Mieters ist die Entrichtung des vereinbarten Mietzinses. Die Hauptpflichten werden im einzelnen konkretisiert durch bestimmte Einzelpflichten; so hat der Vermieter für die Mangelfreiheit der Mietsache zu sorgen, während der Mieter zur schonenden Behandlung der Mietsache verpflichtet ist.

3.2.1 Gebrauchsgewährung

Nach §§ 535 Satz 1, 536 BGB ist der Vermieter verpflichtet, dem Mieter die Mietsache so zu überlassen, daß er in der Lage ist, den üblichen oder vertraglich bestimmten Gebrauch zu machen. Dazu wird regelmäßig dem Mieter der unmittelbare Besitz an der Mietsache bei Vertragsbeginn einzuräumen sein. In der Praxis genügt die Übergabe der Schlüssel.

Die Pflicht zur Gebrauchsgewährung umfaßt auch die Mitüberlassung derjenigen Teile einer Immobilie, die zum ungestörten Mietgebrauch erforderlich sind, auch wenn eine ausdrückliche Vereinbarung insoweit nicht getroffen ist. So sind Zugangswege, Hofraum, Eingangstüren, Flure, Loggien, Treppenhaus, Aufzüge Bestandteil der Überlassungspflicht. Die Außenwand kann nicht nur für die Firmenbezeichnung, sondern entsprechend der Ortssitte auch für Reklamezwecke mitbenutzt werden.

3.2.2 Erhaltung

Die Hauptleistungspflicht eines Vermieters beschränkt sich nicht auf das Verschaffen des Mietgebrauchs. Nach § 536 BGB ist er auch zur Erhaltung des Mietgebrauchs verpflichtet, d. h., er hat während der Mietzeit dafür Sorge zu tragen, daß die Mietsache sich jederzeit in einem zum vertragsgemäßen Gebrauch geeigneten Zustand befindet. Unter diese Kardinalpflicht fallen jedoch lediglich Maßnahmen, die der »Substanzerhaltung« dienen, nicht auch solche, die der Beseitigung von typischen und unvermeidbaren Benutzungsfolgen dienen. Die Verantwortung für die Abnutzung der Mietsache hat der Gesetzgeber in § 548 BGB indirekt dem Vermieter, allerdings nicht als Hauptpflicht überantwortet, wobei diese Norm vertraglich abbedungen werden kann, was häufig dadurch geschieht, daß dem Mieter die Schönheitsreparaturen aufgebürdet werden.

Generell gehört zu den Erhaltungspflichten des Vermieters, daß alle während der Mietzeit auftretenden Schäden, die nicht der Mieter zu vertreten hat, insbesondere die von außen einwirkenden Beeinträchtigungen wie etwa Feuchtigkeit, Lärm etc. von ihm zu beseitigen sind.

3.2.3 Mietzinsen

Nach § 535 Satz 2 BGB schuldet der Mieter als Entgelt für die Gebrauchsüberlassung Mietzins, wobei es sich hierbei um eine vertragliche Hauptpflicht handelt. Im Unterschied zur Wohnraummiete sind die Parteien bei Abschluß eines Gewerbe-Mietvertrages in der Gestaltung des Mietzinses frei; es gibt keine gesetzliche Mietpreisbindung. Hinsichtlich der Mietzinshöhe ist lediglich die Grenze des § 138 Abs. 2 BGB zu beachten. Haben die Parteien einen sogenannten wucherischen Mietzins (die vereinbarte Miete übersteigt die angemessene ortsübliche Vergleichsmiete um mehr als 50 %), so tritt an dessen Stelle die angemessene Miete unter Wirksambleiben des Mietvertrages.

Sinnvoll ist es, das vom Mieter geschuldete Entgelt in eine Grundmiete und in einen Nebenkosten-Betriebskostenanteil aufzuspalten.

3.2.3.1 Grundmiete

Die zu zahlende Grundmiete wird üblicherweise genau beziffert. Es sollte auch ausdrücklich im Mietvertrag vereinbart werden, ob im Mietzins die Mehrwertsteuer (MwSt) bereits enthalten ist oder ob sie zusätzlich auf die vereinbarte Mietzinshöhe zu zahlen ist. Fehlt ein solcher Hinweis, so gilt der angegebene Mietzins als Entgelt inklusive MwSt. Seine nach § 4 Nr. 12 a UStG umsatzsteuerfreien Mieteinkünfte bei Grundstücksvermietung zu gewerblichen Zwecken kann der Vermieter nach § 9 UStG als steuerpflichtig behandeln lassen (sog. Umsatzsteueroption). Wegen der dadurch eröffneten Möglichkeiten des Vorsteuerabzuges (§ 15 UStG) kann sich dies für ihn ebenso günstig auswirken wie für den Mieter, der seinerseits den Vorsteuerabzug beanspruchen kann, wobei dieser vom Vermieter die Ausstellung einer die MwSt gesondert ausweisenden Rechnung (§ 14 UStG) verlangen kann. Eine derartige Steuerwahl hat jedoch keinen Einfluß auf die Höhe des vereinbarten Mietzinses.

Am einfachsten ist es, wenn die Vertragsparteien einen *festen Mietzins* für die gesamte Vertragsdauer vereinbaren. Eine derartige Regelung ist jedoch kaum sachgerecht. In praxi wird deshalb ein fester Mietzins allenfalls bei kurzfristigen Mietverträgen vereinbart.

Eine beachtliche Variante stellt bei Gewerbe-Mietverträgen die *Umsatzmiete* dar.

Eine umsatzabhängige Miete kann in der Weise vereinbart werden, daß der Mieter einen bestimmten Prozentsatz seines in den Mieträumen erzielten Umsatzes als Entgelt an den Vermieter zu zahlen hat. Bei der vertraglichen Gestaltung ist jedoch darauf zu achten, daß exakt die zu berücksichtigenden Umsätze fixiert werden und dem Vermieter eine Überprüfungsmöglichkeit eingeräumt wird. Da bei einer derartigen Mietzinsregel der Vermieter voll am Geschäftsrisiko des Mieters partizipiert, ohne auf die Geschäftsführung Einfluß nehmen zu können, wird in praxi auch häufig zusätzlich eine vom Umsatz unabhängige Mindestmiete vereinbart.

Die Probleme liegen bei der Umsatzmiete in einer für den Vermieter zweifelsfreien Ermittlung der Höhe des Umsatzes. Es ist ratsam in einem derartigen Fall, im Mietvertrag zu vereinbaren, daß eine im Hinblick auf die gesetzlichen Berufspflichten zuverlässige Person (Steuerberater, Wirtschaftsprüfer) Einblick in die Geschäftsunterlagen des Mieters zur Erfassung und Kontrolle des tatsächlichen Umsatzes erhält. Noch problematischer ist die Orientierung des Mietzinses nicht am Umsatz, sondern am Gewinn des Unternehmens. Bei der Ausweisung des Gewinns sind dem Mieter Bandbreiten von Bewertungen möglich (z.B. durch Rückstellung, Warenbewertungen etc.), die zu einer Reduzierung des Gewinns als Berechnungsgrundlage für das Mietentgelt führen können.

Eine weitere Möglichkeit ist die Vereinbarung einer sogenannten *Staffelmiete*. Hier ist im Mietvertrag von vornherein vorgesehen, daß der Mietzins sich zu bestimmten, feststehenden Terminen ändert. Eine derartige Regelung ist insbesondere dann sachgerecht, wenn dem Mieter in der Anfangsphase seiner gewerblichen Betätigung finanziell eine Entlastung zukommen soll.

Nach § 551 BGB ist der Mietzins am Ende der Vertragszeit zu entrichten, was bei Dauerverträgen für den Vermieter kaum akzeptabel ist. So werden üblicherweise Fälligkeitstermine vertraglich vereinbart, wobei regelmäßig der Mietzins im voraus zu zahlen ist.

Der Mieter hat, da es sich bei dem Mietzins um eine Schickschuld handelt, das Geld zu dem vereinbarten Termin auf seine Kosten und seine Gefahr so rechtzeitig zu übermitteln, daß der Mietzins zum Fälligkeitstermin auf dem Vermieterkonto gutgeschrieben wird. Haben hingegen die Parteien sich auf das sog. Lastschriftverfahren geeinigt, so wird die Geldschuld zur Holschuld, und der Vermieter muß rechtzeitig von der ihm erteilten Abbuchungsermächtigung Gebrauch machen.

Mietzinsansprüche verjähren nach § 197 BGB in vier Jahren, wobei die Frist vom Beginn des auf den Eintritt der Fälligkeit folgenden Jahres an zu laufen beginnt (§ 201 BGB).

3.2.3.2 Neben-/Betriebskosten

Nach § 546 BGB hat der Vermieter die auf der Mietsache ruhenden Lasten zu tragen, wozu öffentlich-rechtliche Abgaben, wie Grundsteuer, Straßenreinigungsgebühren, Kanalisationsgebühren, Müllabfuhr, Straßenanliegerbeiträge etc. gehören. Es ist jedoch allgemein üblich, daß die Neben-/Betriebskosten auf den Mieter vertraglich abgewälzt werden. Da sich der Umfang der vom Mieter zu tragenden Nebenkosten nach der vertraglichen Regelung bestimmt, sollte eine möglichst genaue Umschreibung erfolgen. Weit verbreitet ist ein Rückgriff auf die Anlage 3 zu § 27 der Zweiten Berechnungsverordnung (II. BVO), in der jeweils Betriebskosten mit Definitionen aufgeführt sind. Hierbei empfiehlt sich folgende Formulierung:

Der Mieter hat alle Betriebskosten im Sinne der Anlage 3 zu § 27 der II. BVO zu tragen. Eine Aufstellung der Betriebskosten ist dem Vertrag als Anlage beigefügt.

Darüber hinaus können bei Gewerbe-Mietverträgen – anders als bei Wohnraum-Mietverträgen, wo die Begrenzung der Nebenkosten durch die II. BVO gilt – die Nebenkosten zu 100% auf den Mieter umgelegt werden.

Auch bei Gewerbe-Mietverträgen gilt die Verordnung über Heizkostenabrechnung (HeizkostenVO vom 5.4.1984, BGBl I 592), in der geregelt ist, was zu den Kosten des Betriebs einer zentralen Heizungsanlage und Warmwasserversorgung gehört. Demnach ist der Vermieter verpflichtet, die Kosten des Betriebs zentraler Heizungsanlagen und zentraler Warmwasserversorgungsanlagen sowie die Kosten der Lieferung von Fernwärme und Fernwarmwasser anteilig nach Verbrauch auf die Mieter umzulegen.

Von den Kosten des Betriebs der zentralen Heizungsanlage sind mindestens 50 vom 100, höchstens 70 vom 100 nach dem erfaßten Wärmeverbrauch der Nutzer zu verteilen. Die übrigen Kosten sind nach der Wohn- oder Nutzfläche oder nach dem umbauten Raum zu verteilen; es kann auch die Wohn- oder Nutzfläche oder der umbaute Raum der beheizten Räume zugrunde gelegt werden. Von den Kosten des Betriebs der zentralen Warmwasserversorgungsanlage sind mindestens 50 vom 100, höchstens 70 vom 100 der Kosten der Wassererwärmung nach dem erfaßten Warmwasserverbrauch, die übrigen Kosten nach der Wohn- oder Nutzfläche zu verteilen. Daneben ist es zulässig, daß sämtliche Kosten verbrauchsabhängig abgerechnet werden.

Die Verordnung geht allen mietvertraglichen Regelungen vor.

Üblich ist, daß der Vermieter, um eine Vorfinanzierung zu vermeiden, Vorauszahlungen vereinbart, die die Möglichkeit der Anhebung bei steigenden Neben-/Betriebskosten einschließt.

Etwaige Ansprüche des Vermieters auf Nachzahlung werden fällig bei ordnungsgemäßer Abrechnung, wozu der Vermieter verpflichtet ist. Nach der Rechtsprechung des Bundesgerichtshofes (Urteil vom 23.11.1981 – VIII ZR 298/80 – NJW 1982, 573) sind folgende Mindestangaben bei einer ordnungsgemäßen Abrechnung erforderlich:
– eine Zusammenstellung der Gesamtkosten (bei schwankenden Energiepreisen ist der Einstandspreis maßgebend)
– Abgabe und Erläuterung des zugrunde gelegten Verteilerschlüssels
– Berechnung des Anteils des Mieters
– Abzug der Vorauszahlungen des Mieters.

Der Anspruch des Vermieters auf Nachzahlung von Nebenkosten verjährt wie der Mietzinsanspruch in vier Jahren (§ 197 BGB). Es kann jedoch bereits zu einem wesentlich früheren Zeitpunkt Verwirkung eingetreten sein, wenn über den reinen Zeitablauf hinaus besondere Umstände hinzutreten, die beim Mieter das Vertrauen wecken, mit einer Nachzahlung sei nicht mehr zu rechnen. Bei Wohnraummietverhältnissen hat die Rechtsprechung Verwirkung bereits nach einem Jahr Verspätung angenommen.

3.2.3.3 Mietzinsanpassung

Es gibt eine Vielzahl von Möglichkeiten, die Höhe des Mietzinses für die gesamte Mietvertragsdauer von der allgemeinen wirtschaftlichen Entwicklung abhängig zu machen. Bei der vertraglichen Gestaltung darf jedoch § 3 Währungsgesetz nicht außer acht bleiben. Danach bedürfen Sicherungsklauseln, durch die der Nennwert oder die künftige Höhe einer Verbindlichkeit durch den Preis oder die Menge anderer Güter oder Leistungen bestimmt wird, der Genehmigung durch die Deutsche Bundesbank (Landeszentralbank). Hinsichtlich der in der Praxis verwendeten Klauseln wird differenziert zwischen genehmigungspflichtigen und genehmigungsfreien:

– Von genehmigungsbedürftigen *Gleitklauseln* spricht man dann, wenn sich die Veränderung der Bezugsgröße unmittelbar und zwangsläufig ohne zusätzliche Tätigkeit der Vertragsparteien auf die Höhe des Mietzinses auswirkt, so daß der Mieter beim Eintritt der Erhöhungsvoraussetzungen ohne weiteres den erhöhten Mietzins zahlen muß.

Die Deutsche Bundesbank hat zur Genehmigungspraxis sogenannte Genehmigungsgrundsätze entwickelt, wonach eine Genehmigung derartiger Klauseln nur dann erfolgt, wenn der Mietvertrag mindestens über 10 Jahre läuft, die Anpassung zugunsten beider Parteien vorgesehen ist und die Art und Weise der Anpassung eindeutig geregelt ist.

– Von genehmigungsfreien *Spannungsklauseln* spricht man dann, wenn der Mietpreis vom Steigen oder Fallen anderer vergleichbarer Mietobjekte oder der ortsüblichen Miete für Geschäftsraum abhängig gemacht wird. Hier ist eine mit der konkreten Mietsache vergleichbare Bezugsgröße vereinbart, die auf die Währung als solche keinen Einfluß hat. Eine solche Klausel ist jedoch deshalb von *Nachteil*, weil die Veränderung der Mietpreise anderen Gesetzen folgen kann als die Entwicklung der allgemeinen Lebenshaltungskosten.

– Von genehmigungsfreien *Leistungsvorbehalten* spricht man dann, wenn die Anpassung des Mietzinses nicht automatisch erfolgt, sondern es eines zusätzlichen Aktes wie Vereinbarung der Parteien über die Erhöhung bedarf oder die Entscheidung eines Schiedsgutachters eingeholt werden muß.

3.2.3.4 Kaution

Während bei der Vermietung von Wohnraum in § 550b BGB eine Vorschrift über Höhe, Anlage und Verzinsung einer vom Mieter zu leistenden Kaution existiert, gibt es eine derartige Bestimmung bei Gewerbe-Mietverhältnissen nicht. Da der Vermieter von Gewerbeimmobilien ebenfalls ein Sicherungsbedürfnis im Hinblick auf die Erfüllung der Mieterpflichten, insbesondere im Insolvenzfall hat, bedarf es diesbezüglich näherer Vereinbarungen im Mietvertrag. Eine Kaution ist regelmäßig in Geld zu leisten, kann aber auch durch Hinterlegung von Wertpapieren oder durch eine selbstschuldnerische Bankbürgschaft gestellt werden. Bei bonitätsmäßig ersten

Adressen wird in der Praxis häufig die Stellung einer Kaution vom Vermieter nicht durchsetzbar sein. Stattdessen wird vielfach mit einer Patronatserklärung etwa einer Konzern-Muttergesellschaft dem Sicherungsbedürfnis des Vermieters Genüge geleistet.

Veräußert der Vermieter die Immobilie, so kann der Mieter verlangen, daß die Kaution an den Erwerber herausgegeben wird. Auch ohne ausdrückliche gesetzliche oder vertragliche Verpflichtung ist beim Gewerbe-Mietvertrag eine Verzinsung der Kaution vorzunehmen.

3.3 Nebenpflichten

3.3.1 Pflichtenkreis des Mieters

3.3.1.1 Allgemeines

Gesetzliche Nebenpflichten, die aus der Pflicht resultieren, Verträge unter gegenseitiger Rücksichtnahme zu erfüllen, sind nur in geringem Umfang anerkannt. Hierunter fallen z.B. Gebote, unaufschiebbare Maßnahmen zur Erhaltung der Mietsache zu ergreifen, Mitteilungspflichten über Umstände, die für den Vermieter und die Mietsache wesentlich sind, wie etwa Informationen über Haus- und Installationsschäden sowie die Pflicht des Mieters, den Gebrauch der Mietsache nicht vertragswidrig auszudehnen. Soll der Mieter weitere Pflichten erfüllen, muß dies vertraglich ausdrücklich vereinbart werden.

3.3.1.2 Einzelne Pflichten

Sinnvoll ist oft, eine Betriebspflicht des Mieters festzuschreiben. Der Mieter ist zum Gebrauch der Mietsache und zum Betrieb eines Unternehmens in den gemieteten Räumen von Gesetzes wegen nicht verpflichtet. Dies gilt selbst dann, wenn eine Umsatzmiete vereinbart worden ist (vgl. BGH, Urteil vom 4.4.1979 – VIII ZR 118/78 – NJW 1979, 2351). Leerstehende Gewerberäume wirken sich jedoch auf das »Image« und die Anziehungskraft eines Gewerbekomplexes negativ aus. Geht deshalb die Laufkundschaft zurück, können auch benachbarte Gewerbebetriebe wegen der Unattraktivität des Standortes zur Kündigung veranlaßt werden. Eine Gebrauchs- und Betriebspflicht sollte daher verabredet werden, wobei ein Vertragsstrafeversprechen für den Fall eines Verstoßes gegen die Betriebspflicht und ein besonderes Kündigungsrecht eine sinnvolle Ergänzung darstellen.

Schließlich treffen den Mieter verschiedene Duldungspflichten (vgl. §§ 541a, b BGB). So hat er die Besichtigung der Mieträume durch den Vermieter bei gehöriger Anmeldung zu gestatten. Will der Vermieter ohne Angabe eines Grundes die Mietsache besichtigen, ist der Mieter zur Gestattung nur insoweit verpflichtet, als dies im Vertrag geregelt ist. Zulässige Besichtigungsgründe, die der Vermieter vorzubringen hat, sind der Verdacht vertragswidrigen Gebrauchs oder der Verdacht der Vernachlässigung von Obhutspflichten. Vor Verkauf oder Neuvermietung bei bevorstehender Beendigung des Mietverhältnisses ist auch den Interessenten der Zutritt zusammen mit dem Vermieter zu erlauben. Zu beachten ist jedoch, daß der Vermieter sich strafbar machen kann, wenn er ohne oder gegen den Willen des Mieters Mieträume betritt oder sich Zugang verschafft (§ 123 StGB). Der Mietvertrag gibt dem Vermieter nur einen klagbaren Anspruch auf Gestattung, kein Selbsthilferecht.

3.3.2 Pflichtenkreis des Vermieters

3.3.2.1 Allgemeines

Die gesetzlichen Nebenpflichten des Vermieters sind im Gegensatz zum Pflichtenkreis des Mieters wesentlich umfangreicher. Der Vermieter kann einen großen Teil dieser Nebenpflichten jedoch weitgehend auf den Mieter abwälzen. Von der finanziellen Beteiligung des Mieters an Betriebskosten war bereits die Rede. Auch Erhaltungs- und Verkehrssicherungspflichten können auf den Mieter verlagert werden. Es bedarf hierzu jedoch einer vertraglichen Vereinbarung; eine einseitige Hausordnung genügt nicht.

Zwar trifft den Vermieter keine allgemeine Pflicht, die Mieter gleich zu behandeln, die Erfahrung lehrt jedoch, daß es zu heftigen Spannungen zwischen den Vertragsparteien kommt, wenn Mieter vergleichbarer Einheiten eine Ungleichbehandlung feststellen.

3.3.2.2 Einzelne Pflichten (Wettbewerbsschutz u. a.)

Eine bedeutende Nebenpflicht bei der Vermietung von gewerblich genutzten Mietobjekten stellt die Pflicht des Vermieters zur Gewährung von Wettbewerbsschutz dar. Der Vermieter hat Konkurrenzschutz für Gewerbeunternehmen wie auch für freie Berufe selbst ohne ausdrückliche Regelung im Mietvertrag zu gewähren (sog. *vertragsimmanenter* Konkurrenzschutz). Dies kann unter Umständen auch für Objekte außerhalb des Mietgrundstückes gelten. Der Vermieter darf mithin nicht an Konkurrenzunternehmen vermieten. Selbstverständlich ist ihm auch eine eigene konkurrierende Tätigkeit untersagt. Ein umfassender Konkurrenzschutz wird dem Mieter freilich auf diese Weise nicht gewährt; der Schutz beschränkt sich regelmäßig auf die Fälle, in denen ein neu hinzukommender Wettbewerber auch den Hauptartikel des Erstmieters anbietet.

Die Parteien können auch ausdrücklich einen *vertraglichen* Konkurrenzschutz vereinbaren, in dem sie die sachliche, zeitliche und örtliche Reichweite des Wettbewerbsverbotes genau festlegen. Es ist allerdings ein vertraglicher Ausschluß der Pflicht zum Wettbewerbsschutz zulässig; dies kann auch in Formularverträgen geschehen. Ob ein solcher Ausschluß allerdings stets sinnvoll ist, bedarf der genauen Prüfung. Konkurrenz in diesem Sinne ist nämlich nicht bereits dann gegeben, wenn zwei Unternehmen lediglich im Nebensortiment übereinstimmen. Andererseits besteht gerade in kleineren Gewerbezentren bei der Ansiedlung konkurrierender Geschäfte die Gefahr, daß sich die Nachfragemacht (Kundschaft) aufteilt, was zu einer Existenzgefährdung beider Mietparteien führen kann oder die Durchsetzbarkeit späterer Mieterhöhungen in Frage stellt.

Der Vermieter hat weiterhin das Abstellen von Fahrzeugen durch die Mieter und deren Kundschaft zu dulden; auf dem Hof jedoch nur, wenn ein Abstellplatz vorgesehen ist. Zu diesem Fragenkreis ist dringend eine vorherige vertragliche Absprache anzuraten; Werbemittel und -maßnahmen, die dem Unternehmen des Mieters dienen und üblich sind, hat der Vermieter zu dulden. Schließlich hat der Vermieter den Schutz der Mieter vor beeinträchtigenden Störungen zu gewährleisten.

Er hat Vorkehrungen gegen Lärmstörungen und Immissionen ebenso wie gegen unbefugten Zutritt Dritter zu treffen. Dies gilt auch im Verhältnis der Mitmieter untereinander. Werden zwei benachbarte Einheiten an zwei sich gegenseitig störende Unternehmen vermietet, macht sich der Vermieter beiden Seiten gegenüber schadensersatzpflichtig. Den Vermieter treffen generell Verkehrssicherungspflichten bezüglich Zugängen, Hofräumen, Gärten und Aufzügen, wie die ordnungsgemäße Beleuchtung oder das Verhindern von Rutschgefahr etwa durch Glatteisbildung.

3.4 Leistungsstörungen

3.4.1 Rechtsmängel

3.4.1.1 Beispiele

Von einem Rechtsmangel spricht man, wenn der Vermieter dem Mieter wegen des entgegenstehenden Rechts eines Dritten den Gebrauch der Mietsache nicht oder nur zum Teil gewähren kann. Dies kann dann der Fall sein, wenn der Vermieter zur Vermietung der Sache nicht berechtigt ist, etwa weil ihm die Mietsache bei Vertragsschluß nicht gehört oder weil einem anderen ein Nießbrauch (§ 1030 BGB) an der Sache zusteht. Ein Rechtsmangel kann jedoch auch erst nach Abschluß des Vertrages entstehen, etwa dann, wenn ein Vormietberechtigter in die Rechte und Pflichten aus dem Mietvertrag eintritt. Ein Rechtsmangel entsteht auch, wenn ein Untermietverhältnis besteht und das Hauptmietverhältnis beendet wird (hierzu unter Ziff. 6) oder wenn dasselbe Mietobjekt an zwei Parteien gleichzeitig vermietet wird. In der Praxis sind Rechtsmängel jedoch selten.

3.4.1.2 Folgen

Der Mieter kann verlangen (vgl. § 541 BGB):
- Erfüllung, also die Beseitigung des entgegenstehenden Rechts und Gebrauchsüberlassung (§ 536 BGB),
- Minderung oder den vollständigen Wegfall der Pflicht zur Entrichtung des Mietzinses (§ 537 BGB),
- Beendigung des Vertrages durch Kündigung (§ 542 BGB),
- Schadensersatz wegen Nichterfüllung (§ 538 BGB).

Für den Schadensersatzanspruch gelten verschiedene Besonderheiten. Ist der Rechtsmangel erst nach Vertragsschluß entstanden, haftet der Vermieter nur, wenn er den Rechtsmangel zu vertreten hat. Der Anspruch greift erst, wenn die Mietsache bereits an den Mieter übergeben worden ist. Er umfaßt den eventuellen Mehrbetrag des Mietzinses, den der Mieter für die Anmietung neuer Objekte aufzubringen hat sowie die Kosten der einstweilen Unterbringung einer bereits vorhandenen Ladeneinrichtung und sonstiger vorhandener Sachen, die dem Unternehmen des Mieters dienen. Weiter kann der Mieter Verdienstausfall (entgangener Gewinn) verlangen. Diese Rechte werden jedoch nur bis zu dem Zeitpunkt gewährt, zu dem erstmals gekündigt werden kann. Aufgrund einer Schadensminderungspflicht muß sich der Mieter um ein Ersatzobjekt bemühen. Kennt der Mieter den Mangel beim Vertragsschluß, stehen ihm die oben genannten Rechte allerdings nicht zu (§ 539 BGB).

3.4.2 Sachmängel

3.4.2.1 Arten der Sachmängel

Von einem Sachmangel spricht man, wenn die Mietsache mit einem Fehler behaftet ist, der ihre Tauglichkeit zu dem vertragsmäßigen Gebrauch aufhebt oder mindert (§ 537 BGB). Ein Fehler liegt auch vor, wenn der Vermieter eine bestimmte Eigenschaft zusichert, die der Mietsache in Wahrheit fehlt oder später wegfällt. Als solche Eigenschaft wird häufig eine bestimmte Fläche der Mieträume zugesichert. Als Fehler sind auch öffentlich-rechtliche Baubeschränkungen oder dem vertragsgemäßen Gebrauch entgegenstehende Bebauungs- und Nutzungspläne anzusehen. Sind Kfz-Einstellplätze (mit)vermietet, stellt auch ständig verkehrswidriges Parken vor der Einfahrt einen Sachmangel dar. Der Fehlerbegriff hängt schließlich wesentlich von der vertraglichen Beschreibung des Mietzwecks ab.

Kein Fehler ist dagegen der geringe Besuch von kaufinteressiertem Publikum bei der Vermietung eines Ladenlokals (BGH, Urteil vom 1.7.1981 – VIII ZR 192/80 – NJW 1981, 2405).

3.4.2.2 Folgen

Die Vorschriften über Rechtsmängel gelten weitgehend entsprechend. Der Vermieter kann also zwischen Vertragserfüllung und Kündigung wählen. Die weiteren Rechte, auch die Einrede des nicht erfüllten Vertrages nach § 320 BGB, kann er dagegen nebeneinander beanspruchen. Ebenso wie er im Falle eines Rechtsmangels die Beseitung entgegenstehender Rechte Dritter verlangen kann, kann der Mieter die Behebung eines Sachmangels fordern.

4. Beendigung

4.1 Zeitablauf

Sieht der Mietvertrag eine bestimmte Vertragsdauer vor, endet er automatisch mit Ablauf der vereinbarten Frist; einer Kündigung bedarf es nicht (§ 564 Abs. 1 BGB). Das Mietverhältnis ist grundsätzlich für die vereinbarte Laufzeit unkündbar.

Dennoch kann eine Kündigung zum vereinbarten Ablaufdatum notwendig sein. Dies ist dann der Fall, wenn der Vertrag eine Verlängerungsmöglichkeit vorsieht. Diese Vertragsverlängerung greift regelmäßig, wenn nicht ausdrücklich zum ursprünglichen Ablaufdatum gekündigt wird. Doch ist auch die umgekehrte Vertragsgestaltung möglich, nach der von einer Verlängerungsmöglichkeit durch ausdrückliches Verlangen einer Partei Gebrauch gemacht werden muß. In beiden Fällen ist eine genaue Regelung der Erklärungsmodalitäten und -fristen im Mietvertrag anzuraten. Während der Verlängerungszeiten ist eine ordentliche Kündigung ebenfalls ausgeschlossen. Der Vertrag endet zum verlängerten Ablauftermin.

Auch nach endgültigem Ablauf des Vertrages kann eine Willenserklärung des Vermieters notwendig werden. Nach § 568 BGB verlängert sich nämlich das Mietverhältnis auf unbestimmte Zeit, wenn der Mieter nach Ablauf des Vertrages den Mietgebrauch fortsetzt und der Vermieter nicht widerspricht. Soll der Vertrag mit dem Mieter auf jeden Fall beendet werden, ist vorsichtshalber der Widerspruch nach § 568 BGB zu erklären.

4.2 Kündigungen

4.2.1 Kündigungsarten

Von der vorstehenden Ausnahme abgesehen, kann eine einseitige Vertragsbeendigung nur durch eine Willenserklärung herbeigeführt werden. Hauptbeispiel ist die

Kündigung. Man unterscheidet ordentliche (fristgebundene) und außerordentliche (sowohl fristgebundene als auch fristlose) Kündigungen.

4.2.1.1 Die ordentliche Kündigung

Die ordentliche Kündigung gilt nicht nur für auf unbestimmte Zeit abgeschlossene Verträge, sondern auch für befristete Verträge, die widerspruchslos nach § 568 BGB fortgesetzt wurden. Ein Kündigungsgrund ist bei der Vermietung von Gewerbeimmobilien nicht notwendig. Die Kündigung ist – ebenfalls im Unterschied zur Wohnraummiete – insbesondere auch zur Durchsetzung eines höheren Mietzinses zulässig (sog. Änderungskündigung; vgl. BGH, Urteil vom 18.4.1980 – V ZR 16/79 – WM 1980, 1073).

Die Kündigung von Gewerbeimmobilien ist nur zum Ende eines Kalendervierteljahres zulässig. Sie muß dem Vertragspartner spätestens am dritten Werktag des ersten Monats im Quartal zugegangen sein, wenn der Mietzins nach Monaten oder längeren Zeitabschnitten berechnet ist. Die Kündigungsfrist beträgt somit knapp drei Monate.

Die Parteien können jedoch auch andere Fristen vereinbaren. Längere Fristen sind auf jeden Fall zulässig. Doch auch Fristverkürzungen sind individual-vertraglich möglich. Dagegen sind in vorformulierten, einseitig diktierten Verträgen für beide Vertragspartner unterschiedlich lange Kündigungsfristen meist unangemessen. Auch ein Ausschluß der ordentlichen Kündigung für den Mieter von Räumen bei Verträgen über unbestimmte Dauer ist nach § 9 AGBG unwirksam.

Ist die vereinbarte oder gesetzliche Kündigungsfrist nicht eingehalten, kann die nichtige Kündigung in eine zum nächstzulässigen Termin wirksame Kündigung umgedeutet werden.

4.2.1.2 Die außerordentliche fristgebundene Kündigung

In Sonderfällen gewährt das Gesetz ein außerordentliches Recht zur Vertragsbeendigung unter Einhaltung der oben genannten dreimonatigen Kündigungsfrist (»gesetzliche« Kündigungsfrist).

So bestimmt § 549 BGB, daß ein Mieter das Mietverhältnis unter Einhaltung der gesetzlichen Frist kündigen kann, wenn der Vermieter eine beantragte Erlaubnis zur Untervermietung verweigert oder eine Erlaubnis widerruft, ohne daß in der Person des vorgesehenen Untermieters ein wichtiger Grund vorliegt. Wann ein wichtiger Grund vorliegt, der zur Versagung der Erlaubnis berechtigt, ist im Einzelfall unter Abwägung der Interessen der Vertragsparteien zu beurteilen. Hier ergeben sich für die Praxis Unwägbarkeiten, so daß eine ausdrückliche Regelung der Untervermietungsbefugnis dringend anzuraten ist. Hierbei sollten auch Fallgruppen formuliert werden, die eine Versagung der Erlaubnis zur Untervermietung rechtfertigen. Daneben kann auch der gänzliche Ausschluß dieses Sonderkündigungsrechts verabredet werden. Ist umgekehrt dem Mieter die Befugnis zur Untervermietung vertraglich eingeräumt, berechtigt eine spätere Versagung durch den Vermieter zur fristlosen Kündigung nach § 542 BGB.

Bei Tod des Mieters gewährt § 569 BGB sowohl dem Vermieter als auch den Erben des Mieters ein Sonderkündigungsrecht mit gesetzlicher Kündigungsfrist. Umstritten ist die Rechtslage beim Tod eines von mehreren Mietern, insbesondere beim Tod eines persönlich haftenden Gesellschafters einer Personenhandelsgesellschaft (oHG, KG). Hier stellt sich die Frage, ob der oder die Erben auch mit Wirkung für andere Mitmieter kündigen können oder ob der Vermieter der zumeist weiterbestehenden Personenhandelsgesellschaft kündigen kann und umgekehrt. Soll ein Kündigungsrecht in den genannten Fällen vorbehalten werden, empfiehlt sich eine dahingehende ausdrückliche Regelung im Mietvertrag.

Weiter bestimmt § 567 BGB, daß ein Mietvertrag, der über mehr als 30 Jahre abgeschlossen ist, nach Ablauf von 30 Jahren unter Einhaltung der gesetzlichen Kündigungsfrist gekündigt werden kann. Diese Vorschrift kann nicht durch Parteivereinbarung umgangen werden.

Weitere Sonderkündigungsrechte gewähren die §§ 541 b Abs. 2, 1056, 2135 BGB, 30 ErbbaurechtsVO, auf die hier nur verwiesen werden kann (siehe auch unten Ziff. 6).

4.2.1.3 Die fristlose Kündigung

Der Vermieter ist nach § 554 BGB zur fristlosen Kündigung berechtigt, wenn:
– sich der Mieter mit zwei aufeinanderfolgenden Mietzinszahlungen in Verzug befindet oder
– er mehrfach den Mietzins teilweise schuldig bleibt und die Rückstände die Höhe des Mietzinses für zwei Monate erreichen oder
– er mit nicht unerheblichen Teilen zweier aufeinanderfolgender Mietzinsraten in Verzug gerät.

Im letztgenannten Fall kann ein »nicht unerheblicher« Rückstand nur angenommen werden, wenn der Betrag einen Monatszins übersteigt. Zum Mietzins im Sinne des § 554 BGB zählen auch die Nebenkostenvorauszahlungen (OLG Koblenz, Rechtsentscheid vom 26.7.1984 – 4 W – RE 386/84 – NJW 1984, 2369). Zahlt der Mieter ständig verspätet, muß der Vermieter dieses Verhalten abmahnen, sonst kann er später nicht mehr fristlos kündigen.

Das Kündigungsrecht ist jedoch ausgeschlossen, wenn den Mieter kein Verschulden am Zahlungsverzug trifft, insbesondere wenn er zur Minderung oder Zurückbehaltung – etwa aufgrund einer Vertragsverletzung des Vermieters – berechtigt ist. Besitzt der Mieter fällige Gegenansprüche, kann er die Aufrechnung mit dem Mietzins erklären. Ein Kündigungsrecht scheidet aus.

Für Gewerbeimmobilien können die Voraussetzungen des § 554 BGB auch zuungunsten des Mieters verschärft werden. Aber auch wenn der Mieter ständig unter der Grenze des § 554 BGB mit seinen Rückständen bleibt, kann ohne verschärfende Vereinbarung eine Kündigung auf § 554a BGB bei vorheriger Abmahnung gestützt werden. Anerkannte Kündigungsgründe sind auch Störungen der Hausordnung und fortwährende Belästigungen der anderen Mieter, Beleidigungen und Tätlichkeiten. Bei schweren außerordentlichen Störungen des Vertrauensverhältnisses zwischen den Parteien kommt schließlich eine Kündigung aus wichtigem Grund nach § 242 BGB in Betracht. Hierunter fallen Fälle, in denen das für § 554a BGB notwendige Verschulden fehlt. Eine weitergehende Abgrenzung zwischen diesen zuletzt genannten Vorschriften kann nicht allgemein getroffen werden.

Daneben kann der Mieter bei Entziehung oder Nichtgewährung des vertragsgemäßen Gebrauchs oder bei gesundheitsgefährdendem Zustand von Miträumen nach den §§ 542, 544 BGB fristlos kündigen, wie umgekehrt dem Vermieter dieses Recht nach § 553 BGB zusteht, wenn der Mieter die Mietsache vertragswidrig gebraucht. Ein vertragswidriger Gebrauch ist anzunehmen, wenn der Mieter unberechtigt die Mietsache einem Dritten überläßt.

4.2.2 Form und Inhalt

Eine Schriftform ist für die Kündigungserklärung bei gewerblich genutzten Immobilien nicht notwendig, wegen der Beweisnotwendigkeit jedoch dringend anzuraten. Auch der Kündigungsgrund muß nicht angegeben werden; es genügt, wenn ein solcher objektiv vorliegt. Dennoch empfiehlt sich die Angabe eines Kündigungsgrundes, da sich der Vertragspartner einer »grundlosen« Kündigung regelmäßig nicht beugen wird. Vorsorglich ist einer Fortsetzung des Vertrages nach § 568 BGB zu widersprechen (oben Ziff. 4.1). Eine ordentliche, fristgebundene Kündigung kann auch vorsorglich für den Fall der Unwirksamkeit einer bereits erklärten fristlosen Kündigung ausgesprochen werden. Die Wirkungen einer fristlosen Kündigung treten erst mit Zugang der Erklärung beim Vertragspartner ein. Eine Räumungsfrist ist bei einer fristlosen Kündigung nicht notwendig zu gewähren, jedoch meist sinnvoll. Bei einer ordentlichen Kündigung zum Quartalsende muß die Erklärung spätestens am dritten Werktag des ersten Monats des Quartals zugehen.

4.3 Abwicklung

4.3.1 Rückgabepflicht

Nach Vertragsbeendigung ist die Mietsache an den Vermieter nach § 556 BGB zurückzugeben (Räumung, Schlüsselübergabe etc.). Wird die Mietsache unberechtigt noch weiter benutzt, steht dem Vermieter für diesen Zeitraum eine Nutzungsentschädigung zu (§ 557 BGB). Der Vermieter ist beweisbelastet für einen vertragswidrigen Zustand der Gewerbeimmobilie (Schäden, fehlende Renovierung usw.) nach der Rückgabe. Es empfiehlt sich daher die Erstellung eines Übergabeprotokolls. Ein Zurückbehaltungsrecht des Mieters wegen eventueller Gegenansprüche steht dem Mieter von Grundstücken oder Räumen grundsätzlich nicht zu (§ 556 Abs. 2 BGB). Umgekehrt ist aber auch der Vermieter nicht berechtigt, die Mietsache gegen den Mieterwillen – selbst bei Abwesenheit des Mieters – an sich zu nehmen (Selbsthilfe, z. B. durch Austausch der Schlösser). Er muß ein gerichtliches Verfahren betreiben.

4.3.2 Abrechnung

Eventuell noch bestehende Ansprüche sind abzurechnen. Der Vermieter muß Schäden und deren Beseitigungskosten, eventuelle Renovierungskosten, die der Mieter vertraglich übernommen, aber nicht durchgeführt hat usw., feststellen und mit der meist vom Mieter zu Vertragsbeginn geleisteten Kaution verrechnen. Der Rückzahlungsanspruch der Kaution wird grundsätzlich nach sechs Monaten fällig. Will der Vermieter seine Sicherungs- und Befriedigungsrechte aus der Kaution nicht verlieren, muß er also innerhalb eines halben Jahres abrechnen und die Aufrechnung wegen seiner Ansprüche erklären. Die auf den Mieter umgelegten Betriebskosten (Nebenkostenvorauszahlungen) sind ebenfalls innerhalb der Frist abzurechnen; doch kann hierfür im Einzelfall ein längerer Zeitraum zuzubilligen sein, etwa wenn notwendige gemeindliche Betriebskostenabrechnungen nicht früher zu erlangen sind.

Aber auch dem Mieter können noch Ansprüche zustehen. Hier kommt ein Verwendungsersatzanspruch nach § 547 BGB in Frage für Aufwendungen, die der Mieter zur Abwendung einer der Mietsache drohenden Gefahr getätigt hat oder die zu ihrer Erhaltung unerläßlich waren. Befand sich der Vermieter mit Mängelbeseitigungsarbeiten in Verzug, steht dem Mieter auch hierfür Ersatz seiner Verwendungen zu. Der Mieter kann mit solchen Ansprüchen gegenüber einem Nachzahlungsanspruch des Vermieters seinerseits aufrechnen.

5. Untermietverhältnis

5.1 Zulässigkeit

Soweit vertraglich nichts anderes vereinbart ist, besitzt der Mieter keinen Anspruch auf die Einwilligung des Vermieters zur Untervermietung. Wie oben in Ziff. 4.2.1.2 dargelegt, erwächst dem Mieter jedoch ein Kündigungsrecht bei unberechtigter Verweigerung der Zustimmung. Berechtigt ist eine Ablehnung der Untervermietung, wenn:

- Gewerberaum zu Wohnzwecken untervermietet werden soll,
- Konkurrenzschutz geschuldet ist und der vorgesehene Untermieter ein mit einem Mitmieter konkurrierendes Gewerbe betreiben möchte,
- eine Überbeanspruchung der Mietsache durch die Untervermietung droht,
- persönliche Streitigkeiten und Abneigungen im Verhältnis zum Untermieter bestehen.

Diese Aufzählung ist nicht abschließend. Es sind stets im Einzelfall die Interessen der Vertragsparteien abzuwägen.

5.2 Rechtsfolgen

Durch eine rechtmäßige Untervermietung bleiben die Rechte des Hauptmieters aus dem Hauptmietvertrag unberührt. Seine Pflichten werden jedoch erweitert. Er haftet auch für Schäden, die sein Untermieter verursacht, gegenüber dem Vermieter. Vertragswidriges Verhalten des Untermieters kann den Hauptvermieter zur Kündigung des Hauptmietverhältnisses berechtigen.

Der Hauptvermieter hat keine Ansprüche unmittelbar gegen den Untermieter während der Vertragsdauer. Nach Beendigung des Hauptmietverhältnisses kann er jedoch unmittelbar vom Untermieter Rückgabe der Mietsache und eventuell Nutzungsentschädigung verlangen. Ansonsten gelten für das Verhältnis von Untermieter zu seinem Vertragspartner (Hauptmieter) dieselben Rechtsgrundsätze wie im Verhältnis des Hauptmieters zu seinem Vermieter. Zu beachten ist jedoch, daß sich unterschiedliche Rechtsfolgen in den beiden Vertragsverhältnissen ergeben können, wenn ein gewerblicher Hauptmieter das Mietobjekt zu Wohnzwecken untervermietet. Für das Hauptmietverhältnis gelten hier die weniger strengen Vorschriften der gewerblichen Miete, während für das Untermietverhältnis die strengen Vorschriften über die Wohnraummiete zum Zuge kommen.

Nach Beendigung des Hauptmietverhältnisses hat der Vermieter einen Anspruch auf Rückgabe der Mietsache gegen den Untermieter.

6. Besondere Schieflagen

6.1 Konkurs

Wird der Konkurs des Vermieters vor Überlassung der Mietsache eröffnet, hat der Konkursverwalter ein Wahlrecht zwischen Vertragserfüllung und Ablehnung. Im letzten Fall stehen dem Mieter lediglich Schadensersatzansprüche wegen Nichterfüllung als einfache Konkursforderungen zu. Nach Überlassung des Mietobjektes ist der Vertrag unabänderlich. Ein Sonderkündigungsrecht ist gesetzlich nicht vorgesehen. Ein solches sollte daher vertraglich vereinbart werden. Ein eventueller Anspruch auf Rückerstattung von Mietvorauszahlungen ist im Falle der Beendigung durch Konkurseröffnung ebenfalls lediglich Konkursforderung.

Wird dagegen das Konkursverfahren über das Vermögen des Mieters eröffnet, berechtigt § 20 Abs. 1 KO den Vermieter zur Kündigung. Darüber hinaus sind beide Parteien zu einer Sonderkündigung nach § 19 KO berechtigt, wenn der Konkurs des Mieters erst nach Überlassung der Mietsache eröffnet wird. Allerdings schreibt § 19 KO die Einhaltung der gesetzlichen Kündigungsfrist vor. Es empfiehlt sich die Vereinbarung eines fristlosen Kündigungsrechts. Ansprüche des Vermieters, die vor Konkurseröffnung entstanden sind, sind Konkursforderungen, danach Masseschulden.

6.2 Vergleich

6.2.1 Vergleich über das Vermögen des Mieters

War dem Mieter das Mietobjekt zum Zeitpunkt der Vergleichseröffnung noch nicht überlassen, ist er berechtigt, die Erfüllung des Mietvertrages abzulehnen (§ 50 VglO). Hierzu bedarf er jedoch der Ermächtigung durch das Gericht. Der Vermieter bleibt an den Vertrag gebunden, wenn er sich nicht ein entsprechendes Rücktrittsrecht für diesen Fall im Vertrag vorbehalten hat.

Wird der Vertrag fortgesetzt, so wird der Vermieteranspruch auf laufende Mietzinszahlungen nicht vom Verfahren erfaßt. Dagegen sind rückständige Mietzinsansprüche und bereits entstandene Schadensersatzansprüche Vergleichsforderungen (§ 25 VglO).

Die Vergleichseröffnung nach Überlassung des Mietobjektes berechtigt den Mieter zur Kündigung unter Einhaltung der gesetzlichen Kündigungsfrist (§ 51 Abs. 2 VglO). Auch hierfür ist eine gerichtliche Ermächtigung notwendig. Die Kündigung ist innerhalb von zwei Wochen nach Zustellung des Ermächtigungsbeschlusses auszusprechen. Dem Vermieter steht dieses Recht nicht zu. Allerdings macht sich der Mieter schadensersatzpflichtig im Falle der Kündigung. Die entsprechende Forderung des Vermieters ist vom Vergleich betroffen (§ 52 Abs. 1 VglO).

6.2.2 Vergleich über das Vermögen des Vermieters

Bei einem Vergleich über das Vermietervermögen bleiben beide Seiten zur Vertragserfüllung verpflichtet. Dem Vermieter steht weiterhin der Mietzins zu; es kommt für ihn jedoch eine Verfügungsbeschränkung nach § 59 VglO in Betracht.

Bei Beendigung des Mietverhältnisses während des Vergleichsverfahrens gelten keine Besonderheiten. Der Anspruch des Mieters auf Rückerstattung der Kaution stellt keine Vergleichsforderung dar. Wird jedoch das Vergleichsverfahren erst nach Beendigung des Mietverhältnisses eröffnet, ist der Mieter mit seinen Abwicklungsansprüchen Vergleichsgläubiger.

6.3 Zwangsvollstreckung

Ein Gläubiger des Mieters kann nicht im Wege der Zwangsvollstreckung auf die Gewerbeimmobilie zugreifen; der Anspruch auf Gebrauchsgewährung ist unpfändbar. Dies gilt allerdings dann nicht, wenn der Vermieter die Gebrauchsüberlassung an Dritte allgemein gestattet hat.

Die Mietzinsforderung ist dagegen wie jede Geldforderung pfändbar. Ist dem Mieter ein gerichtlicher Pfändungs- und Überweisungsbeschluß hinsichtlich des Mietzinses zugestellt worden, muß er den Mietzins an den pfändenden Gläubiger entrichten.

Zwangsvollstreckungsmaßnahmen sind meist Ausdruck einer Verschlechterung der Vermögenssituation. Es wird daher vielfach ein Kündigungsrecht für den Fall, daß Zwangsvollstreckungsmaßnahmen gegen den Mieter betrieben werden, vereinbart. Die Zulässigkeit einer solchen Vertragsklausel ist jedoch noch nicht höchstrichterlich bestätigt.

6.4 Zwangsversteigerung

§ 57a ZVG gewährt dem Ersteher eines zwangsversteigerten Grundstücks ein Sonderkündigungsrecht, unabhängig von den Vereinbarungen des Mietvertrages. Hat sich der Mieter jedoch an der Bebauung des Grundstücks finanziell beteiligt (Mietvorauszahlung, verlorener Baukostenzuschuß etc.), entfällt dieses Recht des Erstehers. Das Vollstreckungsgericht fordert den Mieter auf, bis zum Versteigerungstermin darzulegen, welche derartigen Beträge er gezahlt hat. So kann frühzeitig Klarheit über dieses Sonderkündigungsrecht geschaffen werden. Kündigt der Erwerber, hat der Mieter einen Schadensersatzanspruch gegen den Voreigentümer aus Nichterfüllung. Dieser dürfte jedoch regelmäßig nicht zu realisieren sein.

DR. GÜNTER PABST

Rechtliche Risiken bei der Vermarktung von Gewerbe-Immobilien

Inhalt

1.	Einführung	665
2.	Zivilrecht	666
2.1	Prospekthaftung	666
2.1.1	Allgemeines	666
2.1.2	Prospekthaftung im weiteren Sinne	667
2.1.2.1	Haftung aus Auskunftsvertrag	667
2.1.2.2	Haftung aus Verschulden bei Vertragsverhandlungen	668
2.1.2.3	Haftung aus unerlaubter Handlung	668
2.1.3	Prospekthaftung im engeren Sinne	668
2.2	Rechtsfolgen	669
2.3	Verjährung	670
3.	Strafrecht	670
3.1	Kapitalanlagebetrug (§ 264a StGB)	670
3.1.1	Allgemeines	670
3.1.2	Täuschungshandlungen	670
3.1.2.1	Unrichtige vorteilhafte Angaben	671
3.1.2.2	Verschweigen nachteiliger Tatsachen	673
3.1.2.3	Erhebliche Umstände	675
3.1.2.4	Größerer Personenkreis	679
3.1.3	Täuschungsmittel	680
3.1.4	Anlageformen	680
3.1.5	Täter	682
3.1.6	Subjektiver Tatbestand	686
3.1.7	Tätige Reue und Verjährung	688
3.2	Strafbare Werbung (§ 4 UWG)	689
3.2.1	Allgemeines	689
3.2.2	Tatbestand	689
3.2.3	Sonstiges	690
4.	Rücktrittsrecht des Abnehmers (§ 13a UWG)	691
4.1	Allgemeines	691
4.2	Praktische Anwendung	692

1. Einführung

Gute Gewerbe-Immobilien waren schon immer als Kapitalanlage gefragt. Seit dem Niedergang des Bauherrenmodells hat sich die Nachfrage auch bei den kleinen und mittleren Anlegern auf die gewerblich genutzte Immobilie verschoben. Seit einigen Jahren werden zur Deckung dieser Nachfrage Angebote in prospektmäßiger Form entwickelt, die häufig – bewußt oder unbewußt – Informationslücken enthalten. Dabei ist es nicht immer leicht, im Einzelfall festzustellen, welche Informationen dem Kapitalanleger vor seiner Anlageentscheidung zu geben sind. Fehlende oder unrichtige Informationen können zu Haftungsrisiken führen, die größer geworden sind. Neben der Gefahr, einen zivilrechtlichen Haftungstatbestand zu erfüllen, kommt dabei dem Strafrecht eine bisher nicht gekannte Bedeutung zu.

Das zivilrechtliche Risiko geht von der Prospekthaftung[1] aus; die Rechtsprechung hat hier inzwischen deutliche Konturen geschaffen. Dies kann von den einschlägigen strafrechtlichen Normen indes kaum behauptet werden. Insbesondere gilt dies für die am 1. 8. 1986 in Kraft getretene neue Strafvorschrift des § 264 a StGB (Kapitalanlagebetrug). Diese Norm hat dem Kapitalanlagemarkt eine neue Dimension verliehen; ihre unbestimmten und weiten Formulierungen stellen diejenigen vor fast unüberwindbare Schwierigkeiten, die in der Konzeption und im Vertrieb von Kapitalanlagen mitwirken.

Soweit der rechtliche Rahmen den Schutz potentieller Kapitalanleger bezweckt, unseriöse Marktteilnehmer verdrängt und somit zu einer Stabilisierung des Kapitalanlagemarktes führt, kann die Entwicklung begrüßt werden. Solange zu § 264a StGB keine höchstrichterliche Rechtsprechung vorliegt, kann die Vorschrift jedoch nicht nur die »schwarzen Schafe« der Branche bedrohen. Kein seriöser Anbieter wird in nächster Zeit sicher ausschließen können, in den Randbereich von § 264a StGB einzudringen. Beschäftigt sich erst einmal die Staatsanwaltschaft mit den Emissionsunterlagen, besteht die Gefahr negativer Publizitätswirkungen selbst dann, wenn die Ermittlungen wieder eingestellt werden. Die Kriminalisierung bei der Vermarktung von Immobilien-Kapitalanlagen droht immer dann, wenn wirtschaftliche Entwicklungen das sorgfältig prognostizierte Ergebnis einer Investition nicht so eintreten lassen, wie es prospektiert wurde. In diesen Fällen entwickeln enttäuschte Anleger und deren Berater sehr viel Phantasie, um sich von dem eingegangenen Engagement zu lösen. Es kann ein deutlicher Trend beobachtet werden, zur Unterstützung zivilrechtlicher Ansprüche die Staatsanwaltschaften einzuschalten. Die im Rahmen von Ermittlungsverfahren durch die Verfolgungsbehörden erlangten Erkenntnisse können regelmäßig sehr elegant zur Durchsetzung von Schadensersatzansprüchen eingesetzt werden. Diese Wechselwirkung zwischen Straf- und Zivilrecht ist es, die zu dieser bereits erwähnten Steigerung der Haftungsrisiken geführt hat.

Um das Risiko unternehmerischen Handelns klar zu erkennen und sachgerecht zu begrenzen, ist es unerläßlich, sich mit den einschlägigen Vorschriften und der durch die Praxis der Gerichte geschaffenen Rechtslage zu befassen. Nur so ist es möglich, Kapitalanlagen erfolgreich zu vertreiben, ohne einem permanenten Haftungs- oder Strafbarkeitsrisiko ausgesetzt zu sein.

Die folgende Darstellung befaßt sich zunächst mit der (zivilrechtlichen) Prospekthaftung in deren Ausgestaltungen. Im Anschluß daran folgt eine Auseinandersetzung mit Inhalt und Grenzen der neuen Strafnorm des § 264a StGB. Schließlich werden einige Aspekte des Wettbewerbsrechts untersucht.

2. Zivilrecht

2.1 Prospekthaftung

2.1.1 Allgemeines

Erstmalig taucht der Begriff »Prospekthaftung« in einem Urteil des Bundesgerichtshofs (BGH) vom 13.3.1980[2] auf. Mit dieser Entscheidung hat der BGH an zwei frühere Grundsatzurteile aus dem Jahr 1978[3] angeknüpft; Hier wurde – ohne den Begriff zu verwenden – der Grundstein für die umfangreiche Rechtsprechung zur Prospekthaftung gelegt.

Anknüpfungspunkt ist der Prospekt, der in aller Regel die Basis der Anlageentscheidung ist. Prospekte müssen vollständig und richtig sein. Ist dies nicht der Fall, stellt sich die Frage, ob der Prospektherausgeber oder andere mit Konzeption und Vertrieb der Kapitalanlage befaßte Personen zum Schadensersatz verpflichtet werden können.

Im Gegensatz zur Emission von Aktien sind für den Inhalt von Prospekten des freien Kapitalanlagemarktes keine gesetzlichen Regelungen vorhanden. Der Regierungsentwurf eines Gesetzes über den Vertrieb von Anteilen an Vermögensanlagen sowie ein hierzu verfaßter Entwurf für eine Verordnung über Prospekte sind zwar 1978 in die parlamentarischen Beratungen eingebracht, nicht aber verabschiedet und seither auch nicht wieder aktiviert worden. In der Praxis gebräuchlich und letztlich im Hinblick auf strafrechtliche Risiken unerläßlich sind die folgenden sogenannten Checklisten:
– Stellungnahme WFA 1/1987 des Instituts der Wirtschaftsprüfer-Grundsätze ordnungsmäßiger Durchführung von Prospektprüfungen[4]
– Prospektinhaltskatalog des Kapitalanlage-Informationszentrums (KIZ)[5].

Der Emissionsprospekt muß den Anleger über alle Umstände, die für seine Anlageentscheidung von Bedeutung sind oder sein können, sachlich richtig und vollständig unterrichten. Es ist insbesondere auf Tatsachen hinzuweisen, die den Vertragszweck vereiteln können. Dies gilt auch, wenn es sich um ein Risikogeschäft handelt. Die Aufklärungspflicht erstreckt sich auch auf solche Umstände, von denen zwar noch nicht feststeht, die es aber wahrscheinlich machen, daß sie den vom Anleger verfolgten Zweck gefährden. Abzustellen ist auf die objektive Betrachtung aus dem Empfängerhorizont eines durchschnittlichen Kapitalanlegers. Entscheidend ist das Gesamtbild, also die Gesamtaussage des Prospektes[6].

Bei der Prospekthaftung hat sich die Unterscheidung in die Haftung im engeren Sinn sowie die Haftung im weiteren Sinn herausgebildet.

2.1.2 Prospekthaftung im weiteren Sinne

2.1.2.1 Haftung aus Auskunftsvertrag

Wer Kapitalanlagen vertreibt, schließt mit dem Interessenten – zumindest stillschweigend – einen Auskunftsvertrag. Diese Vertragsbeziehung liegt immer dann vor, wenn Auskünfte erteilt werden, die für den Empfänger erkennbar von erheblicher Bedeutung sind und zur Grundlage wesentlicher Entschlüsse oder Maßnahmen gemacht werden. Dies gilt insbesondere dann, wenn der Anlageverkäufer für die Erteilung der Auskunft sachkundig und bei ihm ein eigenes wirtschaftliches Interesse im Spiel ist.

Von erheblicher praktischer Bedeutung ist auch die Differenzierung danach, ob der Vertrieb sich als einfacher Anlagevermittler, qualifizierter Anlagevermittler oder als Anlageberater ausgibt. Die geringste Haftungsverantwortung trifft den Anlagevermittler, denn an ihn wendet sich der Anlageinteressent regelmäßig in dem Bewußtsein, daß der werbende und anpreisende Charakter der Aussagen im Vordergrund stehen wird.

Verwendet der Anlagevertrieb einen Emissionsprospekt, hat er für dessen inhaltliche Richtigkeit und Vollständigkeit einzustehen. Soweit die Prospektunterlagen Widersprüche oder erkennbar falsche Angaben enthalten, muß er darauf hinweisen. Noch weitergehend ist die Haftung des sogenannten qualifizierten Anlagevermittlers. Er kann sich nicht damit entlasten, daß er auf die Richtigkeit der Prospektangaben vertraut habe. Er ist vielmehr gehalten, die Prospektangaben auf ihre Plausibilität zu prüfen und gegebenenfalls eigene Nachforschungen anzustellen.

Der »Anlageberater« hat nicht nur objektive und vollständige Informationen über das Anlageobjekt zu vermitteln, er muß in die Beratung auch persönliche Verhältnisse des Anlegers, wie z. B. dessen Einkommens- und Vermögensverhältnisse, einbeziehen.

2.1.2.2 Haftung aus Verschulden bei Vertragsverhandlungen

Die Rechtsprechung des BGH hält im Grundsatz alle Personen, die bei der Konzeption und dem Vertrieb einer Kapitalanlage eine wesentliche Funktion übernehmen, für verpflichtet, die Verantwortung für die vollständige und richtige Information mit zu übernehmen. Möglicher Haftungsadressat ist somit jeder, der in vorvertragliche Rechtsbeziehungen zum Anlageinteressenten getreten ist.

Für den Anlagevermittler ergibt sich aus der Rechtsprechung des BGH die Besonderheit, daß die Haftung ihn persönlich trifft, selbst dann, wenn er als Vertreter einer Vertriebsgesellschaft handelt. Maßgeblicher Gesichtspunkt war für die Rechtsprechung, daß der Vertreter die Verhandlungen maßgeblich im eigenen Namen führt und aus dem Geschäft einen persönlichen Nutzen erstrebt. Nimmt er in besonderem Maße persönliches Vertrauen für sich in Anspruch, sieht der Anlageinteressent in seiner Person eine Gewähr für den Erfolg des in Aussicht genommenen Rechtsgeschäfts und läßt sich hierdurch beeinflussen. Auch dies rechtfertigt nach Auffassung der Rechtsprechung, den Vertreter ausnahmsweise selbst für die Verletzung vorvertraglicher Pflichten einstehen zu lassen.

2.1.2.3 Haftung aus unerlaubter Handlung

Neben der vertraglichen bzw. der vorvertraglichen Haftung kommt der sogenannten deliktischen Haftung zunehmende Bedeutung zu. Anspruchsgrundlage ist regelmäßig die Vorschrift des §823 Abs. 2 BGB i. V. m. mit einer Strafrechtsnorm. Die Betrugsvorschrift des §263 StGB spielt in der Praxis nur eine unbedeutende Rolle, so daß es vielfach unmöglich ist, die Absicht der Vermögensschädigung im Zeitpunkt des Vertragsabschlusses nachzuweisen. Der derzeitige Trend geht eindeutig dahin, daß die deliktische Haftung unter Verwendung der Strafnorm des §264a StGB (Kapitalanlagebetrug) erheblich an Bedeutung gewinnen wird. Bei dieser Vorschrift handelt es sich um ein abstraktes Gefährdungsdelikt, mit dem der Vertrieb von Kapitalanlagen mit unrichtigen oder unvollständigen Emissionsunterlagen unter Strafe steht. Die Voraussetzungen des §264a StGB werden im Abschnitt »Strafrecht« ausführlich dargestellt.

2.1.3 Prospekthaftung im engeren Sinne

Nach der Rechtsprechung des BGH haften alle diejenigen für Vollständigkeit und Richtigkeit des in den Verkehr gebrachten Prospektes, die durch von ihnen in Anspruch genommenes und auch entgegengebrachtes Vertrauen auf den Willensentschluß des Kapitalanlegers Einfluß genommen und diesen so zu einer Entscheidung veranlaßt haben. Den Personenkreis, der für Ansprüche aus Prospekthaftung in Betracht kommt, hat die Rechtsprechung ständig ausgeweitet. Im Urteil vom 24.4.1978[7] sind dies die das Management bildenden Initiatoren und Gründer einer Publikums-KG. In einer späteren Entscheidung kam der Bundesgerichtshof zu dem Ergebnis, daß auch Personen schadensersatzpflichtig sein können, die neben der Geschäftsführung in der Publikums-Gesellschaft einen besonderen Einfluß ausüben und Mitverantwortung tragen. Dies gelte auch dann, wenn den Kapitalanlegern diese Personen und ihr Einfluß vor oder bei den Beitrittsverhandlungen nicht bekannt geworden sind. Schließlich wurden auch berufsmäßige Sachkenner, wie Rechtsanwälte, Steuerberater und Wirtschaftsprüfer, in den Kreis der Haftungsadressaten einbezogen.

Es zeigt sich, daß der Bereich der potentiell Haftenden bei Prospektfehlern außerordentlich weit gezogen ist. Geschützt wird das standardisierte Anlagevertrauen; ein Vertrauen also, das aus einer Art Garantstellung abgeleitet wird, die kraft Amtes oder Berufes entsteht oder auf einer besonderen Sachkunde oder einer allgemein anerkannten hervorgehobenen beruflichen und wirtschaftlichen Stellung beruht. Jeder Person, die einen Prospekt tatsächlich mitgestaltet, bringt der Anleger wegen der – tatsächlichen oder vermuteteten – Kompetenz Vertrauen entgegen. Die Enttäuschung dieses Vertrauens hat einen Schadensersatzanspruch zur Folge.

2.2 Rechtsfolgen

Der Schadensersatzanspruch geht auf Ersatz des sogenannten negativen Interesses. Der Kapitalanleger ist damit so zu stellen, wie er gestanden hätte, wenn der zum Schadensersatz Verpflichtete seiner Informationspflicht vollständig und richtig nachgekommen wäre. Regelmäßig hätte dann der Anleger von seinem Engagement Abstand genommen. Der Anspruch geht in diesem Fall auf Rückzahlung der Einlage (bei einer gesellschaftsrechtlichen Beteiligung) oder der Eigen- und Fremdmittel (bei sonstiger Beteiligung) jeweils Zug um Zug gegen Übertragung der Rechtsinhaberschaft bzw. des Eigentums am Anlageobjekt.

Der Ersatz des negativen Interesses schließt die Möglichkeit ein, daneben noch den Differenzbetrag zu den wirtschaftlichen Vorteilen geltend zu machen, die bei einer alternativen Kapitalanlage erzielt worden wären. Der Anspruch geht jedoch nicht auf Ersatz des positiven Interesses, also der Vorteile, die im Prospekt versprochen wurden, aber nicht eingetreten sind.

Nach einer neueren Rechtsprechung des BGH kann der Anleger, der an der Kapitalanlage festhält, den Betrag als Schadensersatz fordern, um den er das Objekt zu teuer erworben hat[8]. Im entschiedenen Fall hatte ein Anlagevermittler seine Aufklärungspflicht verletzt. Der Schaden des Anlegers lag darin, daß die angestrebte Vorsteuererstattung nicht gewährt wurde. Der Schadensersatzanspruch wurde zugewiesen, obwohl die Frage, ob die Vorsteuererstattung zu Recht versagt wurde, noch nicht endgültig entschieden war.

2.3 Verjährung

Hinsichtlich der Verjährung wird danach differenziert, ob es sich um Ansprüche aus Prospekthaftung im engeren oder im weiteren Sinne handelt. Ansprüche aus Verschulden bei Vertragsabschluß unterliegen der 30jährigen Verjährungsfrist von § 195 BGB. Der BGH[9] ist der Ansicht, daß bei der Haftung für die Verletzung typisierten Vertrauens (Prospekthaftung im engeren Sinne) eine kürzere Verjährungsfrist angezeigt ist als bei der Inanspruchnahme von persönlichem Vertrauen (Prospekthaftung im weiteren Sinne). Danach verjähren die Ansprüche aus Prospekthaftung im engeren Sinne nach sechs Monaten ab dem Zeitpunkt, ab dem der Kapitalanleger von der Unrichtigkeit oder Unvollständigkeit Kenntnis erlangt, spätestens jedoch drei Jahre seit Wirksamkeit seiner Anlageentscheidung. Für Rechtsanwälte, Steuerberater und Wirtschaftsprüfer gilt bei Prospekthaftungsansprüchen im weiteren Sinne die Besonderheit, daß sich die Verjährung nach den entsprechenden spezialgesetzlichen Regelungen (§§ 51 BRAO, 68 StBerG, 51 a WPO) richtet; sie beträgt demnach drei bzw. fünf Jahre.

3. Strafrecht

3.1 Kapitalanlagebetrug (§ 264 a StGB)

3.1.1 Allgemeines

Die Bundesregierung war bei Einbringung des Gesetzesentwurfs zu § 264 a StGB der Meinung, daß ein nur unvollständiger Schutz sowohl des individuellen Vermögens als auch des Kapitalmarkts vorhanden sei. Rechtsgut des § 264 a StGB ist daher das Individualvermögen des Anlegers und gleichzeitig die Funktionsfähigkeit des Kapitalmarkts bzw. das Vertrauen der Anleger in die Funktionsfähigkeit.

3.1.2 Täuschungshandlungen

§ 264 a StGB stellt den Vertrieb bestimmter Kapitalanlagen auf der Grundlage unvollständiger und unrichtiger Emissionsunterlagen unter Strafe. Eine für den objektiven Tatbestand der Strafvorschrift relevante Täuschungshandlung begeht derjenige, der
- unrichtige vorteilhafte Angaben macht oder
- nachteilige Tatsachen verschweigt
- gegenüber einem größeren Kreis von Personen

– hinsichtlich der für die Entscheidung über den Erwerb einer Beteiligung erheblichen Umstände.

Eine Definition dieser auslegungsbedürftigen Tatbestandsmerkmale sucht man im Gesetz vergebens. Dem verfassungsrechtlichen Bestimmtheitsgebot des Art. 103 Abs. 2 GG genügen Strafbestimmungen jedoch nur dann, wenn die Tathandlung mit hinreichender Bestimmtheit umschrieben ist. Andererseits darf nicht verkannt werden, daß der Gesetzgeber darauf angewiesen ist, allgemeine Formulierungen zu verwenden, um einen strafwürdigen Tatbestand zu umschreiben, der auf konkrete Lebenssachverhalte anzuwenden ist. Die Verwendung von Allgemeinbegriffen gilt nach der Rechtsprechung so lange als unbedenklich, als sich »mit Hilfe der üblichen Auslegungsmethoden, insbesondere durch Heranziehen anderer Vorschriften desselben Gesetzes, durch Berücksichtigung des Normenzusammenhangs... eine zuverlässige Auslegung und Anwendung der Norm gewinnen läßt, so daß der einzelne die Möglichkeit hat, durch den durch die Strafnorm geschützten Wert sowie das Verbot bestimmter Verhaltensweisen zu erkennen und die staatliche Reaktion vorherzusehen«[10].

Es ist daher davon auszugehen, daß die Fassung des Tatbestandes des § 264 a StGB noch den Anforderungen an das verfassungsrechtliche Bestimmtheitsgebot genügt. Hieraus wird bereits deutlich, daß die Elemente des objektiven Tatbestandes von § 264 a StGB erheblicher Konkretisierung bedürfen, um in der Praxis handhabbar zu sein.

3.1.2.1 Unrichtige vorteilhafte Angaben

Bei der Umschreibung der Täuschungshandlung verwendet der Gesetzestext zwei unterschiedliche Begriffe. Im Zusammenhang mit dem positiven Tun ist von Angaben die Rede, während das Verschweigen sich auf Tatsachen beziehen muß. Es spricht vieles dafür, daß diese begriffliche Differenzierung zufällig ins Gesetz gekommen ist. Anders wäre es nicht zu erklären, daß in der Begründung des Regierungsentwurfs eine Differenzierung nicht festzustellen ist, sondern im Gegenteil von vorteilhaften und nachteiligen Angaben die Rede ist. In der Literatur besteht Einigkeit darüber, daß die beiden Begriffe unterschiedliche Inhalte haben. Angabe ist der weitere Begriff und bringt zum Ausdruck, daß alle Varianten des Tatsachenbegriffs sowie einige darüber hinausgehende beim Tatsachenbegriff schwierige Fragen aufwerfende Fälle erfaßt sein sollen.

– Tatsachen
  Tatsachen sind vergangene oder gegenwärtige Geschehnisse oder Zustände der Außenwelt, die objektiv nachprüfbar sind; dieser Tatsachenbegriff korrespondiert mit dem des Betrugstatbestandes des § 263 StGB.
– Innere Tatsachen und Werturteile mit Tatsachenkern
  Der Tatsachenbegriff umfaßt nicht nur äußere Tatsachen, sondern auch »innere

Tatsachen« und Werturteile mit nachprüfbarem Tatsachenkern. Die Unterscheidung der äußeren bzw. inneren Tatsachen läßt sich am folgenden Beispiel verdeutlichen: Um äußere Tatsachen handelt es sich etwa dann, wenn im Rahmen der Durchführung eines Altbausanierungsmodells ein Wertgutachten erstellt wird, dessen Ergebnisse zum Zwecke des Vertriebs werblich eingesetzt werden. Erfaßt werden auch Bewertungen des Gutachters, wie etwa über den Wert des Objekts oder aufzubringende Kosten, da diese Tatsachen mangels Nachprüfbarkeit durch den Anleger Anspruch auf Verbindlichkeit erheben.

Im Rahmen des Betrugstatbestandes des § 263 StGB täuscht über innere Tatsachen derjenige, der z. B. einen ungedeckten Scheck hingibt und dem Empfänger wahrheitswidrig erklärt, er sei davon überzeugt, daß zum Zeitpunkt der Vorlage des Schecks eine hinreichende Deckung auf dem Konto vorhanden sei.

– Werturteile und Prognosen

Unter den Begriff »Angaben« fallen auch aus Tatsachen gewonnene subjektive Ansichten und Bewertungen, die sich in Werturteilen und Prognosen widerspiegeln. In Betracht kommen insbesondere Hinweise auf zukünftige Entwicklungen der Geldentwertung und des Zinsniveaus sowie Aussagen über Vermietbarkeit und Wertentwicklung von Vermögensgegenständen.

– Unrichtig

Angaben sind unrichtig, wenn mit ihnen nicht vorhandene Umstände als vorhanden oder vorhandene Umstände als nicht vorhanden bezeichnet werden. Entscheidend kommt es daher auf den objektiven Widerspruch zwischen dem Inhalt der Angabe und dem tatsächlichen Sachverhalt an. Kein Problem bereitet die Feststellung der Unrichtigkeit bei Tatsachen im engeren Sinne. Wird in einem Prospekt für einen geschlossenen Immobilienfonds etwa damit geworben, daß ein namhaftes Einzelhandelsunternehmen den zu errichtenden SB-Markt anmieten werde, und ein solcher Mietvertrag nicht vorliegt, handelt es sich um eine unrichtige Angabe im Sinne von § 264a StGB.

Fraglich kann sein, auf welchen Zeitpunkt hinsichtlich der Beurteilung der Unrichtigkeit abzustellen ist. Der Prospekt kann stets nur einen bestimmten in der Vergangenheit liegenden Zustand festschreiben. Spätere Entwicklungen können einen Einfluß auf die Richtigkeit der Angaben in den Emissionsunterlagen haben. Es ist nicht auszuschließen, daß während der Vertriebsphase eines Anlageobjektes eine behördliche Genehmigung (z. B. Baugenehmigung) zurückgenommen wird, weil Nachbarn das Projekt erfolgreich mit Einsprüchen bekämpft haben oder etwa der Initiator bestimmten Auflagen nicht nachgekommen ist. Für die Feststellung der Unrichtigkeit im Sinne der Strafnorm des § 264a StGB ist auf den gesamten Zeitraum, in dem die Angaben zu Vertriebszwecken gemacht werden, abzustellen. Insoweit ergibt sich eine ständige Aktualisierungspflicht; jedes auf die Anlageentscheidung wirkende Ereignis ist darauf zu prüfen, ob hierdurch Ergänzungen oder Veränderungen im Prospekt erforderlich werden. Die Form, in der die Aktualisierung erfolgt, spielt keine Rolle; denkbar sind Prospekteinlagen, aber auch mündliche Zusatzinformationen. Dabei muß allerdings auf die Gefahr hingewiesen werden, daß möglicherweise eine ungünstige Beweislage entstehen kann, so daß es sich unter Umständen sogar empfehlen kann, vorhandene Emissionsunterlagen aus dem Verkehr zu ziehen und durch neue aktualisierte zu ersetzen. Die Aktualisierungspflicht kann nicht dadurch umgangen werden, daß auf den Stichtag der Prospektherausgabe hingewiesen wird bei gleichzeitig ergänzendem Hinweis auf Veränderungsmöglichkeiten. Als Korrektiv käme insoweit lediglich der subjektive Tatbestand in Betracht.

Anders ist die Rechtslage in den Fällen zu beurteilen, in denen sich die Veränderungen nach dem Beitritt des Anlegers ergeben. Ab diesem Zeitpunkt können die Angaben, die für die Beitrittsentscheidung des Anlegers von wesentlicher Bedeutung waren, nicht mehr unrichtig werden.

Bei Werturteilen und Prognosen ist von der Unrichtigkeit auszugehen, wenn die gemachten Angaben schlechterdings unvertretbar sind. Das folgende Beispiel soll dies verdeutlichen: Die durchschnittliche Inflationsrate der Jahre 1976 bis 1985 liegt bei 4%. Wird in einem Verkaufsprospekt für einen geschlossenen Immobilienfonds auf diesen Umstand verwiesen, dann aber ohne weiteres in einer Prognoseberechnung eine jährliche Geldentwertungsrate von 10% p. a. unterstellt, ist dies unvertretbar. Eine unrichtige Angabe kann nur dann vermieden werden, wenn gleichzeitig auf den spekulativen Charakter dieser Prognose hingewiesen wird, die durch Tatsachen nicht belegt und mit Prognosen von Fachleuten nicht im Einklang steht.

Da das Steuerrecht ständig in Entwicklung ist, wird man steuerrechtliche Angaben in der Regel auch dann noch für vertretbar halten, selbst wenn die Rechtsprechung Jahre später in einem anderen Sinne entscheidet. Ist es jedoch so, daß sich aus den Stellungnahmen von Literatur und Finanzverwaltung deutlich abzeichnet, daß eine bestimmte Konzeption kaum noch mit Absegnung durch das Finanzamt rechnen kann, muß auf diesen Umstand hingewiesen werden.

– Vorteilhaft

Die unrichtigen Angaben müssen »vorteilhaft« sein. Hiermit will der Gesetzgeber erreichen, daß nicht auch abwertende Angaben zum Anlageobjekt oder einem Boykottaufruf erfaßt werden. Vorteilhaft sind Angaben, wenn sie den Entscheidungsentschluß des Anlegers unterstützen, indem sie die maßgeblichen wirtschaftlichen Verhältnisse günstiger darstellen, als sie wirklich sind.

3.1.2.2 Verschweigen nachteiliger Tatsachen

– Nachteilige Tatsachen

Wie bereits erwähnt, erfüllt nicht nur das aktive Tun durch unrichtige Angaben, sondern auch das »Nichtstun« durch Verschweigen nachteiliger Tatsachen den objektiven Tatbestand des § 264a StGB. Nachteilig sind Tatsachen, die geeignet sind, die Entscheidung für die Beteiligung an einem Anlageobjekt zuungunsten des potentiellen Anlegers zu beeinflussen, also geeignet wären, ihn von seiner Anlageentscheidung Abstand nehmen zu lassen. Da sich das Verschweigen nur auf Tatsachen bezieht – nicht auf Angaben –, bezieht sich die Vorschrift nicht auf Prognosen und Werturteile, sondern lediglich auf die Tatsachen, die Grundlage hiervon sind. Negative Prognosen sind deshalb hiervon nicht erfaßt, sondern lediglich die Umstände, die eine solche Prognose erwarten lassen. Übergeht die Baubeschreibung in einem Prospekt für ein Modernisierungsobjekt die in einem Sachverständigengutachten festgestellten Mängel der Bausubstanz, handelt es sich hierbei um das Verschweigen nachteiliger Tatsachen. Insoweit besteht eine durch § 264a StGB statuierte Informationspflicht. Nicht hinweisen dagegen muß der Prospektverantwortliche auf seine Einschätzung der Rentabilität der Anlageentscheidung in Anbetracht später entstehender höherer Betriebskosten. Gibt er in der Prognoserechnung die zu leistenden Instandhaltungsaufwendungen in einer Höhe an, die in keinem Fall ausreichend sein wird, werden unrichtige vorteilhafte Angaben gemacht, die wiederum objektiv tatbestandsmäßig sind.

– Verschweigen

Da die Abgrenzung zwischen unrichtigen und lediglich unvollständigen Angaben schwierig sein kann, wurde in den Tatbestand des § 264a StGB die Offenbarungspflicht für nachteilige Tatsachen aufgenommen. Die Vollständigkeit der entscheidungserheblichen Tatsachen ist nach dem Gesamteindruck der Emissionsunterlagen zu beurteilen. Unvollständig sind Prospekte insbesondere dann, wenn entscheidungserhebliche Tatsachen nicht genannt werden, aber auch dann, wenn die mitgeteilten Umstände zwar richtig sind, der Gesamteindruck durch Auslassen erheblicher Umstände jedoch ein falsches Bild vermittelt.

Gesetzliche Vorschriften über den Inhalt von Verkaufsprospekten auf dem freien Kapitalanlagemarkt existieren nicht. Nach der amtlichen Begründung des Rechtsausschusses bezieht sich die Aufklärungspflicht auf Umstände, die Einfluß auf den Wert, die Chancen und die Risiken einer Kapitalanlage haben und deshalb für die Anlageentscheidung erhebliche Umstände darstellen. Damit verlagert sich das Auslegungsproblem von dem Tatbestandsmerkmal des Verschweigens nachteiliger Tatsachen auf die für die Entscheidung erheblichen Umstände; hierzu wird auf die nachstehenden Ausführungen unter 3.1.2.3 verwiesen.

In einem Spannungsfeld befindet sich die Offenbarungspflicht über nachteilige Tatsachen mit dem Recht auf Schutz von Betriebs- und Geschäftsgeheimnissen. Eine uneingeschränkte Offenbarungspflicht könnte dazu führen, daß Ergebnisse von Forschungsarbeiten, Pläne über Absatzstrategien, Stand von Vertragsverhandlungen oder andere geheimhaltungsnotwendige interne Vorgänge bekannt gegeben werden müssen. Man muß aber zunächst erkennen können, daß bei bestimmten Umständen ein elementares Geheimhaltungsinteresse besteht. Aller-

dings wird die Grenze zur Erfüllung des objektiven Tatbestandes da überschritten, wo – aus dem Gesamteindruck – ein insgesamt falsches Bild entsteht. Auf die Verbreitung von Betriebs- und Geschäftsgeheimnissen wird man deshalb nur dann verzichten können, wenn
- dem Anbieter der Kapitalanlage hierdurch ein erheblicher Schaden zugefügt werden würde und
- sich aus dem Gesamtbild der Emissionsunterlagen ein falsches Bild über die Kapitalanlage ergibt.

Keine Offenbarungspflicht besteht bezüglich der Kalkulationsgrundlagen, insbesondere der Kostenstruktur und der Gewinnmarge.

3.1.2.3 Erhebliche Umstände

Nicht jede unrichtige vorteilhafte Angabe und nicht jedes Verschweigen nachteiliger Tatsachen führt zur Tatbestandsverwirklichung des § 264a StGB. Die Tathandlung muß sich auf Umstände beziehen, die für die Entscheidung über den Erwerb der Kapitalanlage oder die Erhöhung der Beteiligung an einer Kapitalanlage erheblich sind.

Es wurde bereits darauf hingewiesen, daß die Handhabung des hochgradig unbestimmten Rechtsbegriffs der Erheblichkeit äußerst problematisch ist. Die Bundesregierung hatte in ihrem Entwurf bereits darauf hingewiesen, daß der Tatbestand in dieser Beziehung nicht konkreter zu formulieren sei, weil der beabsichtigte strafrechtliche Anlegerschutz rechtsformunabhängig sei. Für jedes Anlageobjekt müßte im Einzelfall entschieden werden, welche Umstände erheblich sind.

Ein unbestimmter Rechtsbegriff in einer Strafrechtsnorm wirft immer die Frage auf, ob das verfassungsrechtliche Bestimmtheitsgebot von Art. 103 Abs. 2 GG verletzt ist. Sicher ist, daß das Strafrecht nicht darauf verzichten kann, allgemeine Begriffe zu verwenden, die im besonderen Maße einer Deutung durch den Richter bedürfen. Von einem Verstoß gegen Art. 103 Abs. 2 GG kann daher erst ausgegangen werden, wenn es nicht gelingt, die Vorschrift in einer dem Bestimmtheitsgebot genügenden Weise auszulegen. Die Auslegung hat sich am Schutzzweck der Norm zu orientieren. Geschützt werden soll das individuelle Vermögen des Anlegers und das allgemeine Vertrauen in den Kapitalmarkt. Es kann nicht im Interesse des Kapitalmarkts sein, in einer übergroßen Papierflut alle nur denkbaren Angaben über eine Kapitalanlage zu machen, ohne auf die Informationsbedürfnisse und die Aufnahmefähigkeit der angesprochenen Verkehrskreise Rücksicht zu nehmen. Prospekte, die wegen der Menge der verarbeiteten Informationen unlesbar sind, erreichen das Gegenteil einer sachgerechten Information. Wenn nicht ernsthaft erwartet werden kann, daß die interessierten Kapitalanleger die Informationen aufnehmen, droht dem Kapitalanlagemarkt ebenso ein Vertrauensschaden wie bei unzureichend verkürzten Darstellungen.

Der enttäuschte Anleger bei einer im Ergebnis wirtschaftlich mißglückten Kapitalanlage wird sich düpiert vorkommen, wenn ihm aus den massenhaft vermittelten Informationen diejenigen Teile vorgehalten werden, in denen auf verwirklichte Risiken bereits hingewiesen worden war. Durch solche Praktiken droht die Gefahr, daß Kapitalanlageprospekte auf die Dauer nicht als sachliche Informationsgrundlage, sondern als »Exkulpationsmittel« der Verantwortlichen angesehen werden. Die Auslegung muß daher zum Ergebnis kommen, daß erheblich nur solche Angaben und Tatsachen sind, die sich auf die Werthaltigkeit der konkreten Anlagen auswirken.

Als Maßstab der Erheblichkeit ist auf die Sichtweise des verständigen, durchschnittlich vorsichtigen Anlegers abzustellen. Die subjektive Auffassung des konkret getäuschten Anlegers kann nicht entscheidend sein. Mit dem Abstellen auf den durchschnittlich vorsichtigen Anleger ist allerdings nur ein sehr grober Maßstab bestimmt, der einer erheblichen Konkretisierung bedarf.

- Kriterium der Erheblichkeit
  - Kriterium der konkreten Kapitalanlage
    Die Feststellung einer fehlerhaften vorteilhaften Angabe oder einer unterlassenen Aufklärung über nachteilige Tatsachen kann sich immer nur an einer Gegenüberstellung von den Emissionsunterlagen zu den tatsächlichen Verhältnissen des Einzelfalls orientieren. Wird bei einer Beteiligung an einem gewerblichen Unternehmen in den Emissionsunterlagen eine Rendite von 15 % p. a. ausgewiesen, obwohl tatsächlich nur 10 % zu erzielen sind, was, objektiv betrachtet, immer noch eine günstige Rendite ist, kann dies ein entscheidungserheblicher Umstand sein, wenn angesichts eines hohen unternehmerischen Risikos die versprochene Rendite von 15 % ursächlich für die Beteiligung war.
  - Kriterium der wertbeeinflussenden Umstände
    Erheblich können nur die Umstände sein, die im konkreten Einzelfall geeignet sind, die Anlageentscheidung nachteilig zu beeinflussen. Für den Kapitalanleger sind Informationen über wertbestimmende Faktoren ausschlaggebend. Interessant ist für ihn, ob der Mieter einer gewerblichen Immobilie für die Dauer des Vertrages zur Mietzahlung bonitätsmäßig in der Lage ist; uninteressant ist für ihn, ob die Firmierung richtig ist oder die Geschäftsführer in den Emissionsunterlagen vollzählig genannt sind.
  - Kriterium der einhelligen Branchenmeinung
    Wenn beim Erheblichkeitsmerkmal auf die konkrete Kapitalanlage und die Eignung zur Wertbeeinflussung abgestellt wird, ist die Kapitalanlagebranche mit ihren Fachkenntnissen am ehesten in der Lage, Auslegungshilfen zu geben. Hat sich in der Branche ein Konsens ergeben, daß in bestimmten Fallkonstellationen spezielle Anforderungen an Vollständigkeit und Richtigkeit zu stellen sind, wird man hieran nicht vorbeikommen. Dies gilt sowohl im positiven wie im negativen Sinn; besteht ein Branchenkonsens über die mangelnde Erheblichkeit, wird dies entlastend wirken. Zu warnen ist allerdings vor der Auffas-

sung, die Erheblichkeit sei immer nur dann gegeben, wenn die gesamte Branche hierüber einen Konsens erzielt habe.
- Kriterium der angesprochenen Verkehrskreise
Ob bei den Anforderungen an den Informationsgehalt danach zu differenzieren ist, welche Bevölkerungskreise angesprochen werden, ist nicht endgültig geklärt. Werden reine Fachkreise angesprochen, kann deren Fachwissen als bekannt unterstellt werden. Die Emissionsunterlagen können sich daher einer Fachsprache bedienen; in den angesprochenen Fachkreisen bekannte Tatsachen müssen nicht besonders erwähnt werden. Das Gegenbeispiel für die Notwendigkeit sehr umfassender Informationen dürften Emissionen für den »kleinen Mann« sein, also etwa die Investmentfonds des geregelten Kapitalmarkts oder Ansparfonds oder Beteiligungen nach dem 5. Vermögensbildungsgesetz.
- Kriterium der vorhandenen Sicherungen
Wird bei einem im Bau befindlichen Anlageobjekt unzutreffenderweise von der Sicherung der Baukosten durch einen Generalübernehmervertrag berichtet, ist diese Angabe ein nicht unerhebliches Kriterium für den Anleger, denn die Kostensicherheit ist unbestritten ein entscheidungserheblicher Umstand. Dennoch fehlt es an der Erheblichkeit, wenn eine werthaltige Baukosten- oder Höchstpreisgarantie vorhanden ist, wodurch Kostenüberschreitungen im Ergebnis ausgeschlossen werden. Gleiches wird gelten, wenn die prospektierten Herstellungskosten so großzügig kalkuliert sind, daß eine Kostenüberschreitung ausgeschlossen werden kann. Hätte der Prospekt auf die unzutreffende Information verzichtet und stattdessen die tatsächlichen Verhältnisse richtig wiedergegeben, wäre unter solchen Umständen der Kapitalanleger wohl kaum von seinem Engagement abgehalten worden.

Verallgemeinernd wird man feststellen können, daß unvollständige oder unrichtige Angaben über »originäre« Sicherungen immer dann unerheblich sind, wenn gleichwertige »sekundäre« Sicherheiten gestellt sind.
- Kriterium der vergleichbaren Alternativanlage
Jede Kapitalanlage steht in enger oder weitläufiger Konkurrenz zu anderen Produkten der gleichen Anlageform oder zu anderen Anlageformen. Die jeweils angesprochenen Verkehrskreise werden vielfach aus ihrer Kenntnis vergleichbarer Alternativanlagen Schlußfolgerungen für das konkrete Angebot ziehen. Gibt es negative Abweichungen von den assoziierten Alternativen, sind diese regelmäßig erheblich.
- Kriterium der selbstverständlichen Risiken
Im allgemeinen kann die Kenntnis unterstellt werden, daß Kapitalanlagen außerhalb von Sparbüchern und festverzinslichen Wertpapieren mit mehr oder minder großen Risiken verbunden sind. Deshalb wird man Hinweise auf die allgemeinen unternehmerischen Risiken (konjunkturelle Einflüsse, Veränderungen des Marktes, Fehler im Management) nicht kennzeichnen müssen. Glei-

ches gilt für nicht oder nur schwer kalkulierbare Risiken, deren Eintritt unwahrscheinlich ist. Zu denken ist etwa an Naturkatastrophen, grundlegende Änderungen des politischen Systems, Krieg, aber auch fundamentale Änderungen des Rechts oder der Rechtsprechung. Unerheblich ist auch das Verschweigen der Tatsache, daß eine Kapitalanlage die weitere Aufbringung liquider Mittel erfordert, die ein bestimmtes Einkommen voraussetzen. Gleiches gilt für den Hinweis darauf, daß sich die prospektierten Zahlen negativ verändern, wenn zukünftige, bestimmte Grenzsteuersätze nicht mehr vorhanden sind; es genügt, insoweit auf die Unterstellung zukünftiger Grenzsteuersätze hinzuweisen.
- Prospektinhaltskataloge

Erhebliche praktische Bedeutung in der täglichen Arbeit des Konzeptionärs spielen Prospektinhaltskataloge. Bereits im Gesetzgebungsverfahren wurde die Meinung vertreten, die strafrechtliche Praxis zur Konkretisierung des Erheblichkeitsmerkmals werde sich – neben der Rechtsprechung zur Prospekthaftung – an den Prospektinhaltskatalogen und Checklisten orientieren, die aus der Anlageberatungspraxis entwickelt wurden. Bei Inkrafttreten des Gesetzes hatte die Branche bereits folgende Kataloge erarbeitet:
- Prospektangaben für Beteiligungsangebote des freien Kapitalmarktes des Verbandes zur Förderung von steuerbegünstigten Privatinvestitionen e. V. sowie des deutschen Interessenverbandes für Kapitalanleger, Stand 6.4.1981;
- Anforderungen an den Inhalt von Prospekten zu Angeboten über Kapitalanlagen des Instituts der Wirtschaftsprüfer in Deutschland e. V. (Anlage 1 in der Stellungnahme WFA 1/87);
- Prospektinhaltskatalog der Kapitalanlage-Informationszentrum GmbH (Stand 1.11.1986).

Bedeutung erlangt haben lediglich die Kataloge des Instituts der Wirtschaftsprüfer (IdW) und der Kapitalanlage-Informationszentrum GmbH (KIZ). Verbindliche Maßstäbe zur Auslegung von § 264 a StGB können diese Checklisten natürlich nicht bieten. Dem IdW ging es darum, auf die Anfang der achtziger Jahre entstehende Nachfrage nach Prospektprüfungsberichten zu reagieren. Es lag im Interesse des Berufsstandes, hierfür einheitliche Leitlinien zu schaffen; zugleich sollte durch die Forderung nach Mindestinhalten sichergestellt werden, daß ein bestimmter Qualitätsstandard entsteht. Die KIZ GmbH beabsichtigt demgegenüber, mit der Statuierung von Angabepflichten einen maximalen präventiven Anlegerschutz auf dem Markt durchzusetzen. Im Hinblick auf das Erheblichkeitsmerkmal des § 264 a StGB ist festzustellen, daß beide Prospektinhaltskataloge wesentliche und unwesentliche Forderungen materieller wie formeller Art stellen. Die in den Katalogen enthaltenen Anforderungen in bezug auf formelle Angaben sind kaum geeignet, einen strafrechtsrelevanten Vorwurf zu begründen. Ist beispielsweise die Angabe des Datums der Handelsregistereintragung des Initiators fehlerhaft, wird dies kaum als eine Tatsache anzusehen sein, die für die Investitionsentscheidung ursächlich war. Auch die in den Katalogen enthaltenen materiellen Anforderungen sind wegen ihres generellen Anspruchs nicht geeignet, das Erheblichkeitsmerkmal hinreichend zu konkretisieren; ein Verstoß gegen die in den Fachkatalogen enthaltenen Anforderungen kann allenfalls ein Indiz für die Erheblichkeit der Angabe bzw. der verschwiegenen Tatsache darstellen. Trotz dieser Einschätzung kann für die praktische Arbeit bei der Emission von Kapitalanlagen nur dringend empfohlen werden, sich an den vorhandenen Fachkatalogen und Checklisten maximal zu orientieren, denn selbst wenn die Angabe im konkreten Fall für die Anlageentscheidung nicht erheblich ist, wird die Staatsanwaltschaft, falls es zu Ermittlungen kommt, die Emissionsunterlagen mit den Prospektinhaltskatalogen vergleichen. Wer Ermittlungen der Staatsanwaltschaft vermeiden will, tut also gut daran, einen im Sinne der Prospektinhaltskataloge »mustergültigen« Prospekt herzustellen.

Im Ergebnis wird man daher die IdW- und KIZ-Dokumentationen vorwiegend dazu verwenden, als vorläufiges Gerüst für eine Checkliste zu dienen, die für die Konzeption und Überprüfung jeder Kapitalanlage neu erstellt werden muß.

3.1.2.4 Größerer Personenkreis

§ 264a StGB bezweckt mit der Strafandrohung, den auf Täuschung potentieller Anleger aufbauenden Vertrieb von Kapitalanlagen zu verhindern. Der objektive Tatbestand verlangt daher, daß die Täuschungshandlungen gegenüber einem größeren Kreis von Personen vorgenommen werden. Wenn auch im einzelnen nicht feststeht, ab wann von einem größeren Kreis von Personen gesprochen werden kann, sind die folgenden Kriterien für die praktische Anwendung jedoch von Bedeutung:
– Erfaßt wird die öffentliche Werbung, das Auslegen von Werbematerialien in allgemein zugänglichen Räumen, das gezielte Ansprechen von vielen Personen, die aus Telefon- oder Adreßbüchern herausgesucht werden.
– Wird dagegen von Anfang an eine Emission für einen sehr kleinen überschaubaren oder etwa geschlossenen Kreis von Interessenten aufbereitet oder wird die unrichtige Angabe erst im Rahmen eines individuellen Gesprächs durch den Anlageberater gemacht, ist das Tatbestandselement nicht erfüllt.
– Die reine Individualtäuschung fällt nicht in den Anwendungsbereich von § 264a StGB.

3.1.3 Täuschungsmittel

Für § 264 a StGB ist weiterhin erforderlich, daß der Vertrieb unter Verwendung der im Gesetz genannten Täuschungsmittel erfolgt. Hierbei handelt es sich um Prospekte, Darstellungen sowie Übersichten über den Vermögensstand, wobei Prospekte im Zusammenhang mit dem Vertrieb von Immobilienkapitalanlagen die größte praktische Bedeutung haben.

Der Begriff Prospekt ist in einem umfassenden Sinne zu verstehen und betrifft jedes Schriftstück, das für die Beurteilung der Anlage erhebliche Angaben enthält oder den Eindruck eines solchen Inhalts erwecken soll. Nur bei erkennbar lückenhafter Information liegt kein Prospekt im Sinne der Vorschrift vor. Es kann daher festgestellt werden, daß Individualerklärungen, Anzeigen, Werbebriefe und Kurzprospekte den objektiven Tatbestand nicht erfüllen. Ein Kurzprospekt kann jedoch durch seine Gestaltung den Eindruck erwecken, die für die Kapitalanlage erheblichen Informationen zu enthalten. Dieses Schriftstück ist dann als ein Prospekt im Sinne der Strafvorschrift anzusehen, selbst wenn er den Hinweis enthält, daß weitere Informationen in einem Hauptprospekt zu finden sind.

Ein Prospekt im Sinne von § 264 a StGB liegt jedoch stets dann nicht vor, wenn der Eindruck der Vollständigkeit nicht erweckt wird. Hiervon ist immer dann auszugehen, wenn auf die Unvollständigkeit ausdrücklich hingewiesen wird und tatsächlich noch in ergänzenden Unterlagen wesentliche Zusatzinformationen enthalten sind.

3.1.4 Anlageformen

Kapitalanlagebetrug kann begangen werden im Zusammenhang mit dem Vertrieb von Wertpapieren, Bezugsrechten oder von Anteilen, die eine Beteiligung an dem Ergebnis eines Unternehmens gewähren sollen oder dem Angebot die Einlage auf solche Anteile zu erhöhen. Von praktischer Relevanz im Bereich der Immobilienkapitalanlagen sind die »Anteile, die eine Beteiligung an dem Ergebnis eines Unternehmens gewähren sollen«. In der Diskussion um den Anwendungsbereich von § 264 a StGB haben sich erhebliche Meinungsunterschiede bei der Auslegung dieses Tatbestandsmerkmals ergeben. Höchst umstritten ist die Anwendung von § 264 a StGB auf die Anlageformen im Immobiliensektor. Von den gesamten am freien Kapitalanlagemarkt vertriebenen Produktlinien haben Immobilienanlagen eine hervorragende Stellung eingenommen. Wenn § 264 a StGB einem umfassenden präventiven Anlegerschutz dienen und nicht nur einen Teilbereich des Kapitalanlagemarktes erfassen soll, ist die Beantwortung dieser Frage von eminent praktischer Bedeutung.

Gesellschaftsrechtlich konzipierte Immobilieninvestitionen, bei denen sich der Anleger als Gesellschafter direkt oder als Treugeber lediglich wirtschaftlich an einer Personengesellschaft beteiligt, werden von der Vorschrift unstreitig erfaßt. Anders als die geschlossenen Immobilienfonds sind die Produktlinien zu beurteilen, in denen Sondereigentum erworben wird, wie Bauherren-, Bauträger- und Erwerbermodelle. Ob bei konzeptionsbedingt vorgesehenem Mietenpool eine differenzierende Sichtweise angebracht ist, ist ebenfalls umstritten. Da der Tatbestand des § 264 a StGB weder bestimmte Anlageobjekte ausdrücklich nennt noch andere explizit aus dem Anwendungsbereich ausscheidet, muß die Überprüfung am Wortlaut der Vorschrift ansetzen. Daher sind die genannten »Modelle« nach ihrem jeweiligen vertraglichen Inhalt zu untersuchen, wobei festzustellen ist, ob ein »Unternehmen« vorliegt und ob – gegebenenfalls – der oder die »Unternehmer« »Anteile« am Unternehmen halten, mit denen sie an dessen »Ergebnissen« beteiligt sind.

Soweit eine Bauherrengemeinschaft sich vertraglich zu dem Zweck verbindet, etwa ein Hotel oder eine Ferienanlage zu betreiben, so ist es nicht zweifelhaft, daß nach jeder Unternehmensdefinition ein relevanter Personenzusammenschluß vorliegt, an dessen Ergebnis – sei es Gewinn oder Verlust – die Bauherren beteiligt sind. In der Praxis werden derartige Vorhaben jedoch in aller Regel in gesellschaftsrechtlichen Organisationsformen – Kommanditgesellschaft oder Gesellschaft bürgerlichen Rechts – durchgeführt. Bei einer Bauherrengemeinschaft endet die gesellschaftsrechtliche Eingebundenheit des Anlegers im allgemeinen mit Fertigstellung des Gebäudes. Nach Beendigung der Investitionsphase sind bei Bauherren- oder auch bei Erwerbermodellen die Anleger allenfalls bei Vorhandensein eines Mietpools oder im Rahmen der Wohnungseigentümergemeinschaft verbunden. Eine weitere Auslegung des Unternehmensbegriffs ermöglicht es sicherlich auch, Wohnungseigentümergemeinschaften hierunter zu fassen. Die Beteiligung an einem der genannten Steuermodelle bedeutet jedoch nicht den Erwerb eines Anteils, der die Beteiligung an dem Ergebnis eines Unternehmens gewähren soll. Die Auslegung von Strafvorschriften findet nämlich ihre Grenze im noch möglichen Wortsinn. Die Interpretation, die diese Grenze überschreitet, wird im Strafrecht als eine unzulässige Analogie zuungunsten des Täters angesehen. Wer als Bauherr oder Erwerber einer Eigentumswohnung den anderen Wohnungs- oder Teileigentümern eines Objektes nach den Vorschriften des WEG zu einer Eigentümergemeinschaft zusammengeschlossen ist, ist zur gemeinschaftlichen Verwaltung und Kostentragung verpflichtet.

Am Ergebnis eines gemeinschaftlichen Unternehmens sind die Wohnungseigentümer dagegen nicht beteiligt, da jeder einzelne nach wie vor Ergebnisse aus der Nutzung seiner Sondereigentumseinheit erzielt. Das Element der gemeinschaftlichen Kostentragung ist also nicht geeignet, den objektiven Tatbestand von § 264 a StGB zu begründen. Nichts anderes kann gelten, wenn sich einzelne Wohnungseigentümer in der Weise zusammenschließen, daß sie die erzielten Mieterträge zur Verringerung des Mietausfallwagnisses in einen sogenannten Mietenpool einbringen. Auch diese Variante der gemeinschaftlichen Nutzung von Sondereigentum unterfällt nicht dem Anwendungsbereich des § 264 a StGB, da die Einheiten der einzelnen Eigentümer nicht mit dem Risiko des Totalverlustes in ein »Unternehmen Mietenpool« eingebracht werden.

Als Ergebnis kann festgestellt werden, daß der individuelle Immobilienbesitz, auch wenn in der Investitions- oder der Nutzungsphase ein Zusammenschluß mit anderen Miteigentümern besteht, nicht zu den relevanten Anlageformen des § 264a StGB gehört. Hierbei möglicherweise entstehende Strafbarkeitslücken, die einem umfassenden präventiven Anlegerschutz entgegenstehen, müssen aus verfassungsrechtlichen Gründen hingenommen werden.

3.1.5 Täter

Der Kreis der potentiellen Täter des Kapitalanlagebetruges ist außerordentlich groß. Es kann sich nicht nur derjenige strafbar machen, der sich die unrichtigen oder unvollständigen Angaben bzw. Tatsachen zurechnen lassen muß, weil er sie »im Zusammenhang mit dem Vertrieb« gebraucht hat.

Täter kann grundsätzlich jeder sein, der
– im Zusammenhang mit dem Vertrieb
– eine im Gesetz genannte Tathandlung
– unter Einsatz der entsprechenden Täuschungsmittel
– bei den erfaßten Anlageformen
objektiv verwirklicht.

Hierzu sind nicht nur die Anbieter der Prospektherausgeber von Kapitalanlagen in der Lage; Täter kann vielmehr jedermann sein. Danach kommen als Täter auch Personen aus dem Bereich von Kreditinstituten, Investment- und Abschreibungsgesellschaften sowie Anlageberater, Anlagevermittler, Warenterminhändler, Broker, Steuerberater und Treuhänder in Betracht.

Das Strafrecht differenziert zwischen Täterschaft und Teilnahme. Täter kann sowohl der unmittelbar wie der mittelbar Handelnde sein. Teilnahmeformen sind Anstiftung (§ 26 StGB) und Beihilfe (§ 27 StGB). Täter ist, wer in seiner Person und in seinem Verhalten alle Tatbestandsvoraussetzungen erfüllt, mag er eigenhändig gehandelt (unmittelbare Täterschaft), sich eines anderen bei der Deliktsverwirklichung bedient (mittelbare Täterschaft) oder dabei mit einem anderen arbeitsteilig zusammengewirkt haben (Mittäterschaft).

Gehilfe ist nach der Definition des § 27 StGB derjenige, der vorsätzlich einem anderen zu dessen vorsätzlich begangener rechtswidriger Tat Hilfe leistet; die Abgrenzung zwischen Täterschaft und Beihilfe bestimmt sich danach, wer die Tat als eigene gewollt hat.

Nachfolgend sollen die Personengruppen untersucht werden, die im Zusammenhang mit dem Vertrieb von Kapitalanlagen tätig sind.
– Prospektherausgeber
  Daß derjenige, der als Herausgeber des Prospektes für dessen Inhalt verantwort-

lich ist, als potentieller Täter in Betracht kommt, ist keine Frage. Ist der Prospektherausgeber, was die Regel ist, eine juristische Person, richtet sich die strafrechtliche Verantwortlichkeit nach den allgemeinen strafrechtlichen Kriterien (§ 14 StGB). Ist Prospektherausgeber eine GmbH, trifft die strafrechtliche Verantwortlichkeit den oder die Geschäftsführer. In der BGH-Rechtsprechung zur (zivilrechtlichen) Prospekthaftung bei Publikumspersonengesellschaften wurde festgestellt, daß unabhängig von den formalen Funktionen auf die »graue Eminenz« ebenfalls abzuheben ist. Dies sind alle Initiatoren, Gründer und Gestalter der Gesellschaft, soweit sie das Management bilden oder beherrschen. Sie stehen üblicherweise neben der Geschäftsleitung, haben faktisch aber auch einen besonderen Einfluß auf das Anlageobjekt und tragen deshalb die Verantwortung. Dieser Gedanke ist auch auf das Strafrecht übertragbar. Wer, im Hintergrund bleibend, andere Personen als Prospektverantwortliche nach außen treten läßt, kann mittelbarer Täter sein.

– Konzeptionär
Mit falschen oder unvollständigen Prospektaussagen in der Konzeption eines Anlageobjektes ist der Konzeptionär regelmäßig unmittelbarer Täter, weil sein Handeln über das Medium des Prospektes sich in direkter Form an den Kapitalanleger wendet. Unerheblich ist, aus welchem Lager er kommt; sowohl derjenige, der im Auftrag des Prospektherausgebers oder Initiators handelt, als auch derjenige, der als späterer Treuhänder vorgesehen ist, kann den objektiven Tatbestand verwirklichen.

– Treuhänder
Der Treuhänder kann Täter sein, wenn er die unrichtige oder unvollständige Angabe im Prospekt veranlaßt oder selbst gemacht hat, etwa als Informant des Konzeptionärs oder indem er selbst an der Konzeption unmittelbar mitgewirkt hat. Täterschaft ist auch dadurch vorstellbar, daß der Treuhänder in einer Vertriebspräsentation oder auf individuelle Rückfragen hin erläuternde oder ergänzende Informationen zu den Emissionsunterlagen gibt. Damit macht er sich regelmäßig den bisherigen Inhalt zu eigen, so daß er in diesem Augenblick Handelnder im Sinne des objektiven Tatbestandes ist. Die Tatbeteiligung eines Treuhänders in Form der Beihilfe ist in der Praxis indes der wahrscheinlichere Fall. Für Beihilfe ist ausreichend, daß der Gehilfe die Tat eines anderen mit Rat oder Tat unterstützt, wobei für die psychische Beihilfe schon die bloße Bestärkung des – bereits vorhandenen – Tatentschlusses des Täters ausreicht. Die Mitwirkung eines Treuhänders an einer Kapitalanlage erfolgt immer in wichtigen Funktionen. Typische Aufgabenbereiche sind die Mittelverwendung und/oder die Vertragsabschlüsse, aus denen sich die finanziellen Folgen für den Kapitalanleger ergeben. Nachdem sich in der Kapitalanlagebranche für viele Produkte die Einschaltung eines Treuhänders als zweckmäßig erwiesen hat, unterstützt jede sich hierfür zur Verfügung stellende Person denjenigen, der im Vertrieb für die Kapitalanlage tätig ist. Der sub-

jektive Bereich der Beihilfe, der sogenannte Gehilfenvorsatz, wird nicht schwer aufzuspüren sein. Niemand wird sich vernünftigerweise auf eine Treuhandschaft einlassen, ohne zu wissen, auf welches Produkt sich die zukünftige Tätigkeit bezieht. Schon aus rein kalkulatorischen Gründen wird Einblick in alle für das Anlageobjekt wesentlichen Vorgänge genommen werden müssen; wie sollte sonst abgeschätzt werden, welche Leistungsdimensionen mit der Treuhandschaft verbunden sind?

Ein sorgfältig vorbereitetes Anlageobjekt mit starken Vertragspartnern macht die Treuhandtätigkeit zu einer rein nachvollziehenden und kontrollierenden Aufgabe. Ein vielfach höherer Aufwand ist dann zu erwarten, wenn die Konzeption unausgegoren ist, die Vertragspartner schwach und unerfahren sind oder mit einer langen Plazierungsdauer gerechnet werden muß. Wenn der Treuhänder dennoch behauptet, die Prospektunterlagen nicht gekannt zu haben, um den Vorwurf der Beihilfe zum Kapitalanlagebetrug zu entkräften, wird ihm dies nur schwer abgenommen werden können.

– Prospektprüfer

Auch für den Prospektprüfer besteht die Gefahr, sowohl als Täter wie auch als Gehilfe eines Kapitalanlagebetruges in Betracht zu kommen. Prospektprüfungsberichte werden nicht selten gezielt eingesetzt, um die Emissionsunterlagen zu vervollständigen. Damit wird die Arbeit des Prospektprüfers Tatmittel, das zusammen mit anderen Unterlagen ein insgesamt fehlerhaftes oder unvollständiges Bild ergibt. Dabei kann es nicht darauf ankommen, daß der Inhalt des Prospektprüfungsberichtes selbst richtig ist; der Gesamteindruck aller Emissionsunterlagen ist ausschlaggebend. Der Prospektprüfer hätte nur die Möglichkeit, sich im subjektiven Bereich einer Strafbarkeit zu entziehen, weil er die Verwendung des Prospektprüfungsberichtes als Teil der Emissionsunterlagen untersagt hat oder er hiervon keine positive Kenntnis hat.

Näherliegend ist allerdings, daß die Tätigkeit eines Prospektprüfers als Hilfeleistung bei der Tatbestandsverwirklichung des Kapitalanlagebetruges gewertet wird. Kennt der Prospektprüfer die Unrichtigkeit oder Unvollständigkeit der Emissionsunterlagen in wesentlichen Punkten und ist ihm weiter bekannt, daß mit der Existenz seines Prospektprüfungsberichts verkaufsfördernd geworben wird, unterstützt er durch das Ergebnis seiner Prüfungstätigkeit den Haupttäter.

– Anlageberater und -vermittler

Ist das Vertriebsunternehmen einer Kapitalanlage nicht mit dem Prospektherausgeber identisch, ist dem Vertrieb der Prospektinhalt zunächst nicht unmittelbar zuzurechnen.

Der Vermittler macht sich den Inhalt jedoch zu eigen, wenn er den Prospekt an seinen potentiellen Kunden herausgibt. Nicht entscheidend kann es darauf ankommen, ob er diese Übergabe ohne Kommentar oder mit ergänzenden Anmerkungen vornimmt; in jedem Fall enthält die Übergabe der Unterlagen die konkludente Erklärung, daß diese seine Informationen über die Kapitalanlage enthalten. Zu vermeiden wäre dieses Ergebnis nur dadurch, daß man darauf hinweist, man kenne den Inhalt der Unterlagen nicht und mache sich diese deshalb auch nicht zu eigen. Es liegt auf der Hand, daß eine solche Verhaltensweise völlig realitätsfremd ist.

– Kreditinstitute und Versicherungsgesellschaften
In den vergangenen Jahren haben Kreditinstitute und Versicherungsgesellschaften neben ihrer traditionellen Tätigkeit vermehrt nicht nur die Finanzierung, sondern auch den Vertrieb von Kapitalanlagen übernommen. Die Täterschaft von Organen oder Mitarbeitern einer Bank oder eines Versicherers kommt insbesondere dann in Betracht, wenn die Unternehmen als Prospektherausgeber, Treuhänder oder Vermittler fungieren bzw. in anderer Weise Zurechnungstatbestände über den Inhalt der Emissionsunterlagen schaffen. Beschränkt sich die Tätigkeit eines Kreditinstitutes oder einer Versicherungsgesellschaft ausschließlich auf die Finanzierung einer Kapitalanlage, kommt Täterschaft im Sinne des § 264a StGB nicht in Betracht. Die strafrechtliche Verantwortung als Gehilfe ist dagegen nicht von vornherein auszuschließen. Ein Kreditinstitut wird an der Finanzierung einer Kapitalanlage nur mitwirken, wenn der Inhalt des Finanzierungsgegenstandes genau bekannt ist. Deshalb ist der Kreditvergabe stets eine genaue Objektprüfung vorgeschaltet. Hierzu gehört die Erfassung aller Umstände, die auch für die Beitrittsentscheidung von wesentlicher Bedeutung sind. Unverzichtbar ist in diesem Zusammenhang, daß die Bank sich Einblick in die Emissionsunterlagen verschafft, weil diese schließlich zumindest in wirtschaftlicher Hinsicht die Grundlage für die Kreditverhältnisse darstellen werden. Erkennt die Bank in diesem Zusammenhang wesentliche Unrichtigkeiten oder Unvollständigkeiten, erklärt sie sich aber gleichwohl zur Finanzierung bereit, unterstützt sie durch die Zusage den Vertrieb. Sie kennt die Haupttat und weiß, daß die Realisierung der Kapitalanlage ohne Finanzierung regelmäßig unmöglich ist.

Damit setzt sie die entscheidende Kausalität in Gang, die im Ergebnis bei der Verwendung der täuschenden Prospekte liegt. Dieses Ergebnis ist nur bei theoretischer Durchdringung des Problemstoffes zu beseitigen; in praktischer Hinsicht wird dies nicht gelingen. Keine ordentlich geführte Bank wird zur Vermeidung der Beihilfegefahr die Augen vor dem Inhalt der Emissionsunterlagen verschließen und Finanzierungszusagen »ins Blaue hinein« geben. Dies wäre aber erforderlich, um nicht Beihilfe zu leisten.

– Berater
Beratungsleistungen werden für verschiedene Projektbeteiligte in unterschiedlichen Entwicklungsstadien einer Kapitalanlage erbracht. Die Erscheinungsformen von Täterschaft und Teilnahme sind deshalb vielfältig. Regelmäßig ist der Berater nicht Täter, weil er die Tat nicht als eigene verwirklichen will, sondern lediglich unterstützende Aufgaben in Händen hält. Nur ausnahmsweise ist er unmittelbarer

oder mittelbarer Täter, etwa, wenn sein Interesse an dem erfolgreichen Vertrieb der Kapitalanlage so weit geht, daß er über seine Beratung einen eigenen Tatbeitrag leisten will. Die typische Interessenlage sieht anders aus: Der Berater liefert die intellektuelle Unterstützung, die den Täter zur Herstellung des Prospektes und dem Vertrieb damit in die Lage versetzt. Erkennt er, daß aus seiner Beratungsleistung der objektive Tatbestand des § 264a StGB entsteht, wird selten der Hinweis möglich sein, man habe die Verwirklichung der Tat weder gewollt noch unterstützen wollen.

3.1.6 Subjektiver Tatbestand

Eines Kapitalanlagebetruges strafbar macht sich nur derjenige, der den objektiven Tatbestand vorsätzlich verwirklicht; fahrlässige Begehung wäre nicht ausreichend. Vorsatz ist nach der gebräuchlichen Kurzformel das Wissen und Wollen der Tatbestandsverwirklichung. Für § 264a StGB bedeutet dies, daß der Täter alle Merkmale des objektiven Tatbestandes kennen muß und diesen verwirklichen will. Das Strafrecht kennt verschiedene Formen des Vorsatzes, nämlich den direkten Vorsatz und den bedingten Vorsatz. Wenn sich aus dem Gesetz nichts anderes ergibt, reicht jede Form des Vorsatzes aus. Bedingter Vorsatz ist bereits dann gegeben, wenn der Täter die Tatbestandsverwirklichung weder anstrebt noch für sicher gibt, wohl aber für möglich hält.

Die vage Hoffnung, daß die Tatbestandsverwirklichung ausbleiben wird, steht dem nicht entgegen. Für die Praxis wird man allerdings davon ausgehen können, daß derjenige regelmäßig auch die Tatbestandsverwirklichung will, der weiß, daß er unrichtige und unvollständige Angaben hinsichtlich entscheidungserheblicher Tatsachen verbreitet. Die entscheidende Fragestellung wird stets sein, ob dem Täter oder Teilnehmer die Behauptung widerlegt werden kann, er habe nicht gewußt, daß
– eine vorteilhafte Angabe gemacht oder eine nachteilige Tatsache verschwiegen worden sei,
– die Angabe oder Tatsache sich auf erhebliche Umstände für die Anlageentscheidung beziehe oder
– die Werthaltigkeit der konkreten Kapitalanlage beeinträchtigt werde.

Es bleibt der richterlichen Würdigung im Einzelfall vorbehalten, ob eine solche Behauptung den Vorsatz ausschließt oder als Schutzbehauptung nicht überzeugt. Je professioneller bei der Herstellung oder Verbreitung der Emissionsunterlagen gearbeitet wird, desto eher wird man von einer Schutzbehauptung ausgehen müssen. Die zukünftige Branchenentwicklung wird aller Voraussicht nach weiter dazu beitragen, daß die Marktteilnehmer auf der Initiatorenseite ihren Kenntnisstand steigern und damit noch eher in die Gefahr der potentiellen Täterschaft geraten.

Wie bereits zu Beginn dieses Abschnittes angesprochen, handelt vorsätzlich nur, wer alle Umstände kennt, die zur Erfüllung des objektiven Tatbestandes führen.

Erfolgt wie beim Kapitalanlagebetrug die Umschreibung des objektiven Tatbestandes unter Verwendung von sogenannten normativen Tatbestandsmerkmalen, kann vom Täter natürlich nicht verlangt werden, daß er deren konkreten Inhalt uneingeschränkt erfaßt. Diese würde im Ergebnis dazu führen, daß allenfalls noch mit der Materie bestens vertraute Spezialisten der Gefahr der Bestrafung ausgesetzt wären. Vom Täter kann insoweit nur erwartet werden, daß er Kenntnis von den Tatsachen und Umständen hat, die das juristisch exakte Urteil später tragen werden. Wendet sich ein Vertriebsunternehmen mit einem unrichtigen Prospekt an 100 verschiedene Interessenten und verteidigt es sich mit dem Hinweis darauf, daß es dies nicht für einen größeren Personenkreis halte, liegt insoweit ein unbeachtlicher Subsumtionsirrtum vor.

Gleiches gilt für denjenigen, der vorbringt, die zum Vertrieb einer Kapitalanlage verwendete Werbebroschüre sei kein Prospekt. Auch dieser Irrtum, unterstellt, es sei nicht lediglich eine Schutzbehauptung, kann den Täter nicht entlasten. Schwierigkeiten wird mit Sicherheit auch das schon bei der Auslegung des objektiven Tatbestandes problematische Erheblichkeitsmerkmal bereiten. Wie die tatrichterliche Würdigung der Einlassung ausfällt, man habe die personelle Verflechtung zwischen Treuhänder und Initiator im Prospekt nicht angegeben, weil man dies nicht für anlageentscheidend gehalten habe, läßt sich kaum prognostizieren.

Es liegt nahe, den subjektiven Tatbestand dadurch auszuschließen, daß man die Konzeption oder die Überprüfung seiner eigenen Konzeption von Fachleuten vornehmen läßt. Kommen diese zum Ergebnis, daß in dem Verkaufsprospekt über entscheidungserhebliche Umstände keine unrichtigen vorteilhaften Angaben gemacht oder nachteilige Angaben verschwiegen werden, wird in der Regel auch ein bedingter Vorsatz nicht nachzuweisen sein. Selbst wenn aufgrund eines Fehlers der objektive Tatbestand verwirklicht ist, wird sich der Betroffene meist mit dem Hinweis auf die Einschaltung eines Fachmannes exkulpieren können. Allerdings soll hier zur Vorsicht gemahnt werden. Eine Konzeption, ein Gutachten oder eine sonstige Stellungnahme, die lediglich als »Persilschein« erkauft wird, bietet natürlich keinen hinreichenden Schutz vor strafrechtlicher Verantwortlichkeit. Auch dann, wenn ein Fehler dem weniger kundigen Prospektverantwortlichen sofort auffallen müßte, wird die Verlagerung der Verantwortung auf den Fachmann schwierig sein. Eine absolute Sicherheit bietet deshalb die Einschaltung von Rechtsanwälten, Steuerberatern, Wirtschaftsprüfern oder sonstigen Kompetenzträgern nicht. Nur ein seriöser Fachmann mit einer in sich schlüssigen Konzeption oder Prüfungsfeststellung kann erfolgreich zur Exkulpation und damit präventiv zur Vermeidung von Strafrechtsrisiken eingesetzt werden.

Nicht selten wird versucht, Anlageberatern oder -vermittlern durch eine »Sauberkeitserklärung« des Prospektherausgebers das Gefühl zu vermitteln, sie seien bereits hierdurch hinreichend vor strafrechtlichen Risiken geschützt. Die Erklärungen, die in plakativer Form und an markanter Stelle in einem Verkaufsprospekt abgedruckt waren, hatten etwa folgenden Inhalt: »Im Hinblick auf § 264a StGB (Kapitalanlagebetrug) erklärt der Prospektherausgeber, daß im Prospekt hinsichtlich der für die Anlageentscheidung erheblichen Umstände keine unrichtigen vorteilhaften Angaben gemacht oder nachteilige Tatsachen verschwiegen werden.« Grundsätzlich sind solche Erklärungen untauglich. Sind die Emissionsunterlagen korrekt, ist jeder diesbezügliche Hinweis überflüssig. Fehlen Angaben über entscheidungserhebliche Umstände oder sind sie fehlerhaft, kann sich der Anlageberater auf eine solche Erklärung eines Prospektverantwortlichen auf Initiatorenseite nicht verlassen. Zu sehr ist die Aussage mit der Gefahr verbunden, von Unzulänglichkeiten lediglich abzulenken. Wer es darauf angelegt hat, mit fehlerhaften Prospekten auf Anlegersuche zu gehen, wird auch vor einer solchen Erklärung nicht zurückschrecken, zumal sie die strafrechtliche Verantwortlichkeit weder begründet noch erhöht; auch ohne eine solche Erklärung wäre die Strafbarkeit bereits gegeben. Angesichts einer solchen leicht erkennbaren Interessenlage ist der Berater oder Vermittler, der sich im Vertriebsgespräch den Prospektinhalt zu eigen macht, kaum durch den Hinweis auf eine solche Erklärung zur Exkulpation in der Lage. Dabei soll nicht verkannt werden, daß in Grenzfällen das Vorhandensein von Aussagen dieser Art positive Auswirkungen haben kann; generell wird man ihnen jedoch jede Eignung absprechen müssen.

3.1.7 Tätige Reue und Verjährung

Zwei Umstände können dem Täter auch nach Vollendung des objektiven und des subjektiven Tatbestandes Straffreiheit bringen. Der eine ist der in § 264a Abs. 3 StGB geregelte Fall der tätigen Reue, der andere ist die Verjährung der Tat. Nicht erforderlich ist, daß der Täter »Reue« im wörtlichen Sinn zeigt. Entscheidend ist ausschließlich, daß er
– freiwillig verhindert, daß aufgrund der Tat die Leistung des Anlegers erbracht wird oder
– sich freiwillig und ernsthaft bemüht, das Erbringen der Leistung zu verhindern, falls dies ohne sein Zutun nicht erbracht wird.

Gelingt ihm dies trotz intensiven Bemühens nicht, hilft auch Reue über die Tat nicht.

Die Verjährungsfrist richtet sich nach dem Höchstmaß der Strafe. § 264a StGB droht eine maximal dreijährige Freiheitsstrafe an; hierfür sieht das Strafrecht eine fünfjährige Verjährungsfrist vor.

3.2 Strafbare Werbung (§ 4 UWG)

3.2.1 Allgemeines

Nachdem im Zuge der Diskussion um § 264a StGB das Strafrecht als Mittel des Anlegerschutzes in den Vordergrund gerückt ist, muß künftig mit verstärkter Aktivität der Strafverfolgungsbehörden gerechnet werden. Neben § 264a StGB kann § 4 UWG anzuwenden sein, dem die Funktion eines »Auffangtatbestandes« zugeschrieben wird[11]. Praktische Bedeutung kann die Strafbestimmung aus dem Wettbewerbsrecht insbesondere bei den Anlageformen erlangen, die vom Anwendungsbereich des § 264a StGB nicht erfaßt sind. Schließlich ist nicht auszuschließen, daß Prospekte, die vor Inkrafttreten des § 264a StGB (1.8.1986) zum Vertrieb von Kapitalanlagen eingesetzt wurden, nunmehr an § 4 UWG gemessen werden.

3.2.2 Tatbestand

Nach § 4 UWG macht sich strafbar, wer in öffentlichen Bekanntmachungen oder in Mitteilungen die für einen größeren Kreis von Personen bestimmt sind, über geschäftliche Verhältnisse wissentlich unwahre und zur Irreführung geeignete Angaben macht und hierbei die Absicht hat, den Anschein eines besonders günstigen Angebotes hervorzurufen.

Die Werbung muß sich an die Öffentlichkeit richten; entweder an die Allgemeinheit schlechthin oder wenigstens an einen größeren, d.h. nicht eingegrenzten, Personenkreis. Nicht ausreichend ist die Täuschung eines einzelnen oder eines geschlossenen Kreises von Interessenten, soweit dieser nicht sehr groß ist. Die Werbung für Kapitalanlagen in Zeitungen, Zeitschriften oder sonstigen Pressemedien fällt im streitigen Anwendungsbereich von § 4 UWG. Dasselbe gilt im Fall der Werbung mit einem Angebotsprospekt, der sich naturgemäß an einen größeren Interessentenkreis wendet.

Der Täter im Sinne des § 4 UWG muß Angaben über geschäftliche Verhältnisse machen. Hierunter fallen vor dem Hintergrund der umfangreichen Zivilrechtsprechung unwahre Angaben über
– Steuervorteile,
– Rentabilität des Objektes,
– bestehende personelle Verflechtungen, insbesondere zwischen Initiator und Treuhänder,
– Höhe von Provisionen,
– interne Mittelabflüsse (sog, kick-backs),
– Kapitalausstattungen,
– Haftungsrisiken,
– prognostizierte Wertzuwächse sowie
– marktgerechte Mieterträge.

Für die Erfüllung des objektiven Tatbestandes ist weiter erforderlich, daß die Angaben unwahr und zur Irreführung geeignet sind. Insoweit ist die tatbestandliche Fassung erheblich enger als bei § 3 UWG. Dort reicht es aus, wenn die Angaben irreführend sind; daß sie unwahr sind, ist nicht erforderlich. § 4 UWG fordert, daß diese beiden Merkmale gleichzeitig vorliegen.

Die Frage, ob unwahre Angaben auch dadurch gemacht werden können, daß auf einzelne nachteilige Punkte in einer Anzeige oder einem Prospekt nicht hingewiesen wird, ist nicht abschließend geklärt, wird im Ergebnis jedoch überwiegend bejaht. Diese Frage ist strafrechtlich deshalb von Bedeutung, weil ein Verschweigen, also ein »Nichtstun«, nicht ohne weiteres strafbar ist. Im Regelfall knüpft das Strafrecht Sanktionen an aktives Verhalten. Untätig bleiben ist unter der Voraussetzung der sogenannten unechten Unterlassungsdelikte strafbar. Hierfür ist eine Garantenstellung im Sinne des § 13 StGB erforderlich. In diesem Punkt geht der Anwendungsbereich von § 264a StGB erheblich weiter, denn dieser stellt das Verschweigen von nachteiligen Tatsachen ausdrücklich unter Strafe und statuiert hiermit eine besondere Informationspflicht des Anbieters von Kapitalanlagen. Der Täter von § 4 UWG muß dagegen aus besonderen rechtlichen Gründen zur Aufklärung verpflichtet sein. Dies kann sich im Einzelfall aus dem Grundsatz von Treu und Glauben ergeben. Dies gilt insbesondere bei länger bestehenden Geschäftsbeziehungen, aus denen sich bestimmte Treu- und Rücksichtnahmepflichten ergeben. Bei der Anbahnung von geschäftlichen Beziehungen – und dies ist bei der Werbung von Anlageinteressenten typischerweise der Fall – ist für die Begründung einer solchen Rechtspflicht zur Aufklärung kein Raum.

Die unwahren Behauptungen müssen zur Irreführung geeignet sein. Dies sind alle Angaben, die auch nur einen Teil der durch die Werbung angesprochenen Personenkreise veranlassen können, sie für wahr zu halten, und dadurch getäuscht werden.

Der subjektive Tatbestand der Strafnorm des § 4 UWG ist erfüllt, wenn der Täter die relevanten Angaben wissentlich und in der Absicht, den Anschein eines besonders günstigen Angebotes hervorzurufen, macht. »Wissentlich« bedeutet vorsätzlich; insoweit ist auch bedingter Vorsatz ausreichend. Für die Absicht, den Anschein eines besonders günstigen Angebotes hervorzurufen, ist dagegen direkter Vorsatz erforderlich.

Nach Ansicht der Rechtsprechung genügt es, wenn der Wettbewerber unwahre Angaben macht und beabsichtigt, die Vorteile seines Angebotes in den Augen des Publikums besonders in Erscheinung treten zu lassen – mögen die Vorteile tatsächlich bestehen oder nicht.

3.2.3 Sonstiges

– Täterkreis
   Täter ist jede Person, die die in § 4 UWG umschriebene Tat selbst, unmittelbar

oder durch einen anderen begeht. Aus der Formulierung des Tatbestandes »wer...
macht« ergibt sich, daß jeder Dritte Täter sein kann. Eine Beschränkung auf
bestimmte Personengruppen gibt es bei § 4 UWG ebensowenig wie bei § 264 a
StGB.
- Strafmaß
Die Tat kann mit Freiheitsstrafe bis zu einem Jahr oder wahlweise mit Geldstrafe
geahndet werden. Neben einer Freiheitsstrafe kann eine Geldstrafe verhängt werden, wenn der Täter mit Bereicherungsabsicht gehandelt hat und dies unter
Berücksichtigung der persönlichen und wirtschaftlichen Verhältnisse des Täters
angebracht ist (§ 41 StGB).
- Strafverfolgung
Die Straftat wird von Amts wegen verfolgt (§ 22 UWG). Die öffentliche Klage
wird jedoch nur dann erhoben, wenn es im öffentlichen Interesse liegt (§ 374 Abs.
1 Nr. 7 StWO). Damit ist die Tat ein Privatklagedelikt.
- Verjährung
Die Verjährung beträgt grundsätzlich drei Jahre (§ 78 Abs. 3 Nr. 5 StGB).

4. Rücktrittsrecht des Abnehmers (§ 13 a UWG)

4.1 Allgemeines

Mit der durch die UWG-Novelle 1986 in das Gesetz eingefügten Bestimmung des
§ 13 a UWG wird dem durch eine unwahre und zur Irreführung geeignete Werbeangabe im Sinne von § 4 UWG zum Vertragsabschluß bestimmten Abnehmer ein Rücktrittsrecht eingeräumt. Da die Einführung von § 264 a StGB dazu geführt hat, daß
auch § 4 UWG als »Auffangtatbestand« eine ganz neue Dimension erlangt, ergibt
sich zwangsläufig aus der höheren Aufmerksamkeit für § 4 UWG ein praktisch nicht
zu unterschätzender Anwendungsbereich der Rücktrittsklausel in § 13 a UWG.

Das Rücktrittsrecht steht demjenigen zu, der durch eine unwahre und zur Irreführung geeignete Werbeangabe im Sinne von § 4 UWG, die für den Personenkreis, an den sie sich richtet, für den Abschluß von Verträgen wesentlich ist, zur
Abnahme bestimmt worden ist. § 13 a UWG setzt also eine Werbeangabe voraus, die
den objektiven Tatbestand des § 4 UWG erfüllt (vgl. hierzu die Ausführungen unter
3.2). Das Wesentlichkeitsmerkmal bezweckt eine Eingrenzung des Rücktrittsrechts
insofern, als völlig untergeordnete Angaben oder allenfalls subjektiv als bedeutend
eingeschätzte Angaben dem Rücktritt entgegenstehen. Schließlich ist erforderlich,
daß ein ursächlicher Zusammenhang zwischen den unwahren und zur Irreführung
geeigneten Werbeangaben und dem Vertragsabschluß besteht. Die Ursächlichkeit
würde z. B. dann fehlen, wenn der Abnehmer die Werbeangabe nicht kannte oder

den Vertrag geschlossen hat, obwohl er mit der Unwahrheit der Angabe gerechnet hatte.

Der Rücktritt muß dem anderen Vertragsbeteiligten gegenüber erklärt werden. Diese Erklärung ist unverzüglich abzugeben, nachdem der Abnehmer von den Umständen Kenntnis erlangt hat, die sein Rücktrittsrecht begründen (§ 13a Abs. 2 Satz 1 UWG). Das Rücktrittsrecht erlischt, wenn der Rücktritt nicht vor dem Ablauf von sechs Monaten nach dem Abschluß des Vertrages erklärt wird (§ 13a Abs. 2 Satz 2 UWG).

4.2 Praktische Anwendung

Die Anwendung von § 13a UWG auf die Beteiligung an Anlageobjekten des freien Kapitalanlagemarktes bereitet keine großen Schwierigkeiten. Emissionsunterlagen sind stets Werbeangaben im Sinne von § 13a UWG. Sind in den Emissionsunterlagen unrichtige vorteilhafte Angaben enthalten oder werden nachteilige Tatsachen verschwiegen, die von wesentlicher Bedeutung sind, wird der Anleger hierdurch zum Abschluß eines Treuhandvertrages bestimmt. Hierbei kann dahinstehen, wem die unwahren oder unvollständigen Werbeangaben zuzurechnen sind; der Anleger kann von allen Verträgen zurücktreten, deren Vertragspartner die Emissionsunterlagen kennen oder kennen mußten. Aus den gleichen Gründen, aus denen Treuhänder, Banken und eine Reihe anderer Projektbeteiligter als Täter oder Gehilfen im Sinne von §§ 4 UWG, 264a StGB in Betracht kommen, werden diese sich das Rücktrittsrecht entgegenhalten lassen müssen. Der Anleger kann damit beispielsweise von einem Grundstückskaufvertrag, einem Generalübernehmervertrag und einem Darlehensvertrag zurücktreten, nur weil seine Vertragspartner die Emissionsunterlagen zumindest kennen mußten.

Schließlich ist darauf hinzuweisen, daß alle diejenigen Personen und Unternehmen, denen das Rücktrittsrecht als Risiko droht, auf Schadensersatz in Anspruch genommen werden können. Hierzu sind dann allerdings die »normalen« von der Rechtsprechung bisher entwickelten Voraussetzungen notwendig (vgl. hierzu die Ausführungen unter 2.).

Anmerkungen

[1] Siehe hierzu insbesondere Westa, Prospekt- und Vertriebshaftung bei steuerbegünstigten Kapitalanlagen, Frankfurt a. M. 1988; ders., Prospekt und Abwicklungshaftung am freien Kapitalmarkt, Vorteilhafte Geldanlagen, Gruppe 5, 49 ff.; vergl. z. B. BGH, Urteil vom 30. 10. 1987 – V ZR 144/86, WM 1988, 48 ff.

[2] II ZR 258/78, DB 1980, 1117

[3] Urteil vom 24. 4. 1978 – II ZR 172/76, DB 1978, 1490 ff. und vom 16. 11. 1978 – II ZR 94/77, DB 1979, 396 f.

4 veröffentlicht in: Das Fachgutachten und Stellungnahmen des Instituts der Wirtschaftsprüfer auf dem Gebiet der Rechnungslegung mit Prüfung, Stand 5. Ergänzungslieferung Januar 1988.
5 veröffentlicht in: gerlach-report Nr. 1/89
6 Pabst, Haftungsrisiken der Lebensversicherer bei der Mitwirkung an Emissionen des freien Kapitalmarkts, Karlsruhe 1988, 7.
7 II ZR 172/76, DB 1978, 1490
8 BGH, Urteil vom 27. 9. 1988 – IX ZR 4/88, KaRS 1989, 45 ff.
9 Urteil vom 22. 3. 1982 – II ZR 114/82, BGHZ 83, 222 ff.
10 BVerfGE 45, 371; BGH MDR 1979, 510
11 Richter, wistra 1987, 117 ff.

Literaturhinweise

Literatur zum 2. WiKG oder zu § 264a StGB:
Achenbach, Das 2. Gesetz zur Bekämpfung der Wirtschaftskriminalität, NJW 1986, 1855 ff.

Cerny, § 264a StGB – Kapitalanlagebetrug – Gesetzlicher Anlegerschutz mit Lücken, MDR 1987, 271 ff.

Dornfeld, Anlegerschutz durch das Strafgesetz, Blick durch die Wirtschaft Nr. 139, 24. 7. 1987

Eckart/Klumpe, Kommentierung zu § 264a StGB, RPK Nr. 444/86, 7. 8. 1986, 662 ff.

Gallandi, § 264a StGB, Der Wirkung nach ein Mißgriff?, wistra 1987, 316 ff.

Geßler, Kapitalanlagebetrug und Computerbetrug nach dem 2. WiKG, Kriminalist 1986, 519 ff.

Granderath, Das 2. Gesetz zur Bekämpfung der Wirtschaftskriminalität, DB 1986, Beilage Nr. 18/86

Grotherr, Der neue Straftatbestand des Kapitalanlagebetrugs (§ 264a StGB) als Problem des Prospektinhaltes und der Prospektgestaltung, DB 1986, 2584 ff.

von Heymann, Anlegerschutz und Kapitalmarkt, Börsenzeitung Nr. 164, 29. 8. 1986

Jehl, Die allgemeine vertrauensrechtliche und die deliktsrechtliche Prospekthaftung der Banken und Versicherungen unter dem Blickwinkel des neuen § 264a StGB, DB 1987, 1772 ff.

Joecks, Anleger- und Verbraucherschutz durch das 2. WiKG, wistra 1986, 142 ff.

Joecks, Der Kapitalanlagebetrug, Praxis der steuerbegünstigten Kapitalanlagen XVII

Knauth, Kapitalanlagebetrug und Börsendelikte im 2. Gesetz zur Bekämpfung der Wirtschaftskriminalität, NJW 1987, 28 ff.

nota bene § 264 a StGB (Kapitalanlagebetrug) Ausgabe V/1986

Otto, Strafrechtliche Aspekte der Anlagenberatung, WM 1988, 729 ff.

Pabst in Falk (Hrsg.), Gewerbe-Immobilien, Kapitalanlagebetrug bei Gewerbe-Immobilien, 545 ff.

Pabst, 2. Gesetz zur Bekämpfung der Wirtschaftskriminalität, Vorteilhafte Geldanlagen, Gruppe 2, 2274 ff.

Pleyer/Hegel, Die Bedeutung des neuen § 264 a StGB für die zivilrechtliche Prospekthaftung bei der Publikums KG, ZIP 1987, 79 ff.

Richter, Strafrechtliche Neuregelungen zur Bekämpfung der Wirtschaftskriminalität, Vorteilhafte Geldanlagen, Gruppe 4, 1305 ff.

Richter, Strafbare Werbung beim Vertrieb von Kapitalanlagen, wistra 1987, 117 ff.

Rössner/Worms, Welche Änderungen bringt § 264 a StGB für den Anlegerschutz, BB 1988, 93 ff.

Schmidt-Lademann, Zum neuen Straftatbestand »Kapitalanlagebetrug« (§ 264 a StGB), WM 1986, 1241 ff.

Schniewind/Hausmann, Anlegerschutz durch Strafrecht – der neue § 264 a StGB (Kapitalanlagebetrug) und seine zivilrechtlichen Auswirkungen, BB 1986, Beilage Nr. 16, 26 ff.

Weber, 2. Gesetz zur Bekämpfung der Wirtschaftskriminalität, WM 1986, 1133 ff.

Worms, Anlegerschutz durch Strafrecht

ders., § 264 a StGB, ein wirksames Remedium gegen den Anlageschwindel, wistra 1987, 242 ff., 271 ff.

Literatur zu den Gesetzesentwürfen:

Jaath, Zur Strafbarkeit der Verbreitung unvollständiger Prospekte, Festschrift für Dünnebier, 605 ff.

Möhrenschlager, Der Regierungsentwurf eines 2. WiKG, wistra 1982, 203 ff.

Quast, Zivilrechtliche Haftungsfragen im Zusammenhang mit dem Vertrieb von steuerbegünstigten Kapitalanlagen, Praxis der steuerbegünstigten Kapitalanlagen II, RN 43 ff.

Literatur zu strafrechtlichen Risiken bei steuerbegünstigten Kapitalanlagen:

Backes, Zum strafrechtlichen Risiko der unternehmerischen Tätigkeit im Zusammenhang mit steuerbegünstigten Kapitalanlagen, RPK Nr. 9/81, 14.12.1981

Backes, Zur zivilrechtlichen und strafrechtlichen Haftung des Initiators bei Abgabe einer falschen Anlegerschutz-Erklärung, RPK Nr. 35/83, 12.9.1983

Joecks, Strafrechtliche Risiken durch den Tatbestand des Kapitalanlagebetrugs, Praxis der steuerbegünstigten Kapitalanlagen XVI, RN 179 ff.

Kaligin, Strafrechtliche Risiken bei der Konzipierung und beim Vertrieb von steuerbegünstigten Kapitalanlagen, WPG 1985, 194 ff.

Kaligin, Strafrechtliche Risiken bei der Konzeption und beim Vertrieb von steuerbegünstigten Kapitalanlagen, HdB Fach 4900

Richter, Strafrechtliche Risiken bei der Abwicklung von Bauherren- und Erwerbermodellen, Vorteilhafte Geldanlagen, Gruppe 4, 1193 ff.

Samson, Strafrechtliche Risiken bei steuerbegünstigten Kapitalanlagen, Praxis der steuerbegünstigten Kapitalanlagen VII, RN 187 ff.

DR. HANSWERNER JEHL

Zum Steuerrecht für Gewerbe-Immobilien unter besonderer Berücksichtigung geschlossener Fonds

Inhalt

1.	Steuerrechtliche Behandlung der Gewerbe-Immobilie	699
1.1	Managementimmobilien	699
1.2	Verwaltungs- bzw. Renditeimmobilien	699
2.	Vermarktung von Gewerbe-Immobilien	700
2.1	Konventionelle Vermarktung	700
2.2	Vermarktung bei offenen Fonds	700
2.3	Vermarktung bei geschlossenen Fonds	700
3.	Aktuelle steuerrechtliche Entwicklung	701
3.1	Konventioneller Verkauf	701
3.2	Offene Immobilienfonds	703
3.2.1	Einkommensteuer	703
3.2.2	Vermögensteuer	704
3.2.3	Verkehrsteuern	704
3.3	Geschlossene Immobilienfonds	704
3.3.1	Behandlung von Vermittlungsprovisionen	705
3.3.2	Spekulationsfrist bei Anteilen an geschlossenen Fonds	706
3.3.3	Grunderwerbsteuerrechtliche Fragen	707
3.3.4	Umsatzsteuer	707
3.3.5	Finanzierung von Beteiligungen an geschlossenen Fonds über Lebensversicherungen	707

1. Steuerrechtliche Behandlung der Gewerbe-Immobilie

Das Einkommensteuerrecht unterscheidet grundsätzlich nicht zwischen Wohnimmobilien und Gewerbe-Immobilien. So hat sowohl der Vermieter einer Eigentumswohnung als auch der Vermieter bzw. Verpächter einer Gewerbe-Immobilie einkommensteuerrechtlich Einkünfte aus Vermietung und Verpachtung im Sinne von § 21 EStG. Diese Vorschrift regelt die Vermietung und Verpachtung von unbeweglichem Vermögen, insbesondere von Grundstücken, Gebäuden, Gebäudeteilen und Erbbaurechten bzw. grundstücksgleichen Rechten. Der Investor eines Shopping-Centers, der dieses Center errichtet und anschließend vermietet, hat keine gewerblichen Einkünfte, sondern Einkünfte aus Vermietung und Verpachtung. Erst wenn sich der Investor im Rahmen der Konzeption und Vermarktung der Gewerbe-Immobilie über die reine Vermietungs- und Verpachtungsfunktion hinausbegibt, nimmt die Finanzverwaltung Einkünfte aus Gewerbebetrieb an. Einkünfte aus Gewerbebetrieb liegen jedoch selbstverständlich auch dann vor, wenn die Initiatorenfirma eine GmbH ist, da aufgrund der Neufassung des § 15 EStG eine GmbH bzw. eine GmbH & Co. KG wegen der in § 15 EStG zum Gesetz gewordenen sogenannten »Geprägerechtsprechung« des BFH diese Firmen stets gewerbliche Einkünfte haben.

Darüber hinaus ist zu unterscheiden zwischen verschiedenen gewerblich genutzten Immobilien, bei denen unterschiedliche steuerliche Wertungen erfolgen können:

1.1 Managementimmobilien

Hierzu zählen vor allem Freizeitimmobilien, Hotels, Kliniken, Alten- und Pflegeheime.

Bei dieser Form der gewerblich genutzten Immobilie kann durchaus eine gewerbliche Betätigung und damit Gewerbesteuerpflicht entstehen, wenn das Management vom Investor selbst durchgeführt wird und nicht auf eine fremde Betriebsgesellschaft übertragen wurde; er somit am allgemeinen wirtschaftlichen Verkehr teilnimmt.

1.2 Verwaltungs- bzw. Renditeimmobilien

Hierzu zählen in erster Linie Geschäfts- und Bürogebäude, Verbrauchermärkte, Lager- und Produktionsgebäude, Shopping-Center usw.

Bei dieser Gruppe dominiert die langfristige Vermietung des Objekts an einen oder wenige Mieter. Eine Managementgesellschaft ist – abgesehen von größeren

Shopping-Centern und Geschäfts- und Bürogebäuden – in der Regel nicht erforderlich. Die Finanzverwaltung nimmt daher bei derartigen Verwaltungs- bzw. Renditeimmobilien Einkünfte aus Vermietung und Verpachtung an.

2. Vermarktung von Gewerbe-Immobilien

Die Vermarktung von Gewerbe-Immobilien erfolgt zur Zeit im wesentlichen durch drei verschiedene Konzeptionen, die zum einen den konventionellen Verkauf betreffen, zum anderen die Aufbereitung als offene Immobilienfonds und als geschlossene Immobilienfonds.

2.1 Konventionelle Vermarktung

Bei der *konventionellen Vermarktung* wird die Immobilie vom Investor/Developer selbst aufbereitet, errichtet und durch den Abschluß in der Regel langfristiger Mietverträge vermarktungsfähig gemacht. Anschließend erfolgt die Veräußerung an einen oder mehrere Anleger bzw. an interessierte kapitalanlegende Firmen.

2.2 Vermarktung bei offenen Fonds

Bei den *offenen Fonds* handelt es sich um Kapitalanlagegesellschaften, die aufgrund des Kapitalanlagegesetzes (KAGG) in der Rechtsform der Aktiengesellschaft oder GmbH geführt werden müssen. Der Anleger in offenen Immobilienfonds hat somit Einkünfte aus Kapitalvermögen (§ 20 EStG). Der Name offener Fonds deutet an, daß Kapital und Vermögen variabel gestaltbar sind. Der Finanzierungsbedarf ist nicht wie bei den geschlossenen Fonds von vorneherein auf ein bestimmtes Objekt begrenzt. Kapitalzuflüsse und Kapitalabflüsse – es besteht eine Rücknahmepflicht für Fondsanteile – richten sich nach den Entscheidungen des Managements sowie nach den Marktverhältnissen, wobei das bereits erwähnte KAGG strenge Auflagen hinsichtlich der Sicherstellung der Anlegergelder macht.

2.3 Vermarktung bei geschlossenen Fonds

Auf dem Markt für gewerblich genutzte Immobilien treten als Nachfrager nach Gewerbe-Immobilien in letzter Zeit zusehends *geschlossene Immobilienfonds* in der Rechtsform der Kommanditgesellschaft oder der BGB-Gesellschaft auf. Mit einem derzeitigen Gesamtbestand von rund 25 Milliarden DM (allein 1985 wurden 250–300 geschlossene Fonds angeboten) haben die geschlossenen Immobilienfonds die offenen Fonds weit hinter sich gelassen. Die neun offenen Immobilienfonds verwalteten 1989 lediglich ein Bestandsvolumen von gut 15 Milliarden DM.

Bei einem geschlossenen Immobilienfonds ist das Zeichnungskapital von vornherein auf einen bestimmten Betrag und ein oder zwei konkrete Objekte begrenzt. Der Anleger weiß – im Gegensatz zum offenen Fonds – welches Objekt die Fondsgesellschaft für ihn erwirbt und er kennt auch den Finanzierungsrahmen und die Finanzierungskonditionen. Der Finanzierungsbedarf für das jeweilige Objekt ist somit begrenzt. Ist das erforderliche Fondskapital plaziert, werden keine weiteren Anleger mehr aufgenommen. Geschlossene Immobilienfonds sind darauf ausgerichtet, dem Kapitalanleger unmittelbares oder mittelbares Eigentum an einem Grundstück zu vermitteln, wobei als Anlageobjekte in der Regel gewerbliche Immobilien – wie bereits erwähnt – Verwaltungsgebäude, Supermärkte, Einkaufszentren, also gewerblich genutzte Grundstücke schlechthin, in Frage kommen.

Geschlossene Immobilienfonds sind im weitesten Sinne mit Grundstücksgemeinschaften vergleichbar. Die häufigste Form ist die reine Grundstücksverwaltungsgesellschaft in der Rechtsform der Kommanditgesellschaft oder der BGB-Gesellschaft. Bei dieser Konzeptionsform befinden wir uns im Bereich der Einkunftsart Vermietung und Verpachtung (§ 21 EStG). Es gibt jedoch auch geschlossene Immobilienfonds, die steuerlich Einkünfte aus Gewerbebetrieb haben (§ 15 EStG), soweit sie sich direkt am allgemeinen wirtschaftlichen Verkehr beteiligen oder in der Rechtsform der GmbH & Co. KG konzipiert sind.

3. Aktuelle steuerrechtliche Entwicklung

3.1 Konventioneller Verkauf

Beim konventionellen Verkauf haben sich in letzter Zeit vor allem steuerliche Probleme hinsichtlich der Frage ergeben, wann ein gewerblicher Grundstückshandel vorliegt und wann eine reine private Vermögensverwaltung gegeben ist.

Wie bereits erwähnt, wird von der Finanzverwaltung die Einkunftsart Gewerbebetrieb (§ 15 EStG) dann angenommen, wenn die Initiatorengesellschaft in der Rechtsform der GmbH oder der GmbH & Co. KG betrieben wird. Es gibt jedoch auch Initiatoren, die als natürliche Person auftreten oder als BGB-Gesellschaft bzw. als vermögensverwaltende Kommanditgesellschaft. Errichtet nun ein Initiator als natürliche Person oder eine BGB-Gesellschaft bzw. eine vermögensverwaltende Kommanditgesellschaft ein Gewerbeobjekt und veräußert dieses, so dürfte in aller Regel noch keine gewerbliche Betätigung des Initiators anzunehmen sein. Die Grenzen der reinen Vermögensverwaltung sind damit noch nicht überschritten. Anders kann es sich jedoch verhalten, wenn derselbe Initiator zwei oder drei ähnliche Projekte errichtet, einen Teil gegebenenfalls verkauft bzw. sich im Rahmen mehrerer Objekte auf dem Grundstücksmarkt aktiv betätigt.

Die Frage, ob es sich beim Verkauf von bebauten oder unbebauten gewerblichen oder Wohnungsgrundstücken um eine gewerbliche Betätigung handelt, ist für die steuerrechtliche Einordnung von wesentlicher Bedeutung. Kommt man zu der Auffassung, daß der Verkauf eine gewerbliche Betätigung (= Grundstückshandel) darstellt, so unterliegt ein eventueller Veräußerungsgewinn der Einkommensteuer und der Gewerbesteuer. Wird das Grundstücksgeschäft lediglich als privater Veräußerungsvorgang beurteilt, bleibt der Verkaufserlös regelmäßig steuerfrei, außer es handelt sich um ein Spekulationsgeschäft im Sinne von § 23 Abs. 1 Nr. 1 a EStG, bei dem zwischen Ankauf des Grundstücks und Verkauf weniger als 2 Jahre liegen.

Die Finanzverwaltung hat die Fragen der Abgrenzung zwischen gewerblichem Grundstückshandel und privaten Grundstücksgeschäften in Abschnitt 137 der Einkommensteuerrichtlinien zusammengefaßt. Auch in jüngster Zeit haben sich wieder die Finanzgerichte mit diesem Thema befaßt. So hat der Bundesfinanzhof in einem Urteil vom 9.12.1986 (AZ: VIII R 317/82) entschieden, daß beim Erwerb eines Grundstücks, das mit 4 Eigentumswohnungen bebaut wird und davon 3 veräußert werden, kein gewerblicher Grundstückshandel vorliegt.

Für eine Entscheidungsfindung kann neben der umfangreichen Rechtsprechung und dem vorzitierten Abschnitt 137 der Einkommensteuerrichtlinien auch § 1 Abs. 1 der Gewerbesteuerdurchführungsverordnung (GewStDV) herangezogen werden sowie § 15 Abs. 2 EStG 1985. Danach ist ein Gewerbebetrieb gegeben, wenn eine selbständige nachhaltige Betätigung, die mit Gewinnabsicht unternommen wird, sich als Beteiligung am allgemeinen wirtschaftlichen Verkehr darstellt. Die Betätigung darf weder als Ausübung von Land- und Forstwirtschaft noch als Ausübung eines freien Berufs noch als eine andere selbständige Arbeit anzusehen sein. Sie darf sich auch nicht als bloße Vermögensverwaltung darstellen. Bei der Entscheidung, ob das Erstellen und Veräußern von Gebäuden noch private Vermögensverwaltung darstellt, sind die *gesamten Umstände* des jeweiligen Einzelfalls zu berücksichtigen. Auch eine sich über Jahre hinaus abzeichnende Intensität des Grundstücks-An- und Verkaufs muß nach Ansicht des Bundesfinanzhofs dabei einbezogen werden.

Entscheidend kann auch für die Beurteilung der Umstand sein, daß der Verkäufer einer errichteten Gewerbe-Immobilie aufgrund seines Berufes (z. B. Architekt) der Bau- und Grundstücksbranche nahesteht. Er hat somit Branchenkenntnisse und kann seine Geschäftsbeziehungen entsprechend vermarkten. In einem derartigen Fall hat der Bundesfinanzhof einen gewerblichen Grundstückshandel angenommen.

Zu beachten ist auch, daß bereits für die Annahme der Gewerblichkeit die Ansprache eines begrenzten Personenkreises genügt. Nach der BFH-Rechtsprechung gehört bereits ein begrenzter Personenkreis zur Allgemeinheit, d. h. Teilnahme am allgemeinen wirtschaftlichen Verkehr. Ebenso schließt die Einschaltung dritter Personen (z. B. eines Maklers) in Geschäftsbeziehungen eine Teilnahme am allgemeinen wirtschaftlichen Verkehr mit seinem Austausch von Lieferungen und Leistungen nicht aus. Unter Umständen kann sogar die Geschäftsbeziehung zu einem einzigen Kunden genügen. Auch spricht nach Auffassung des Bundesfinanzhofs gegen eine private Vermögensverwaltung und für einen gewerblichen Grundstückshandel der relativ enge *zeitliche Zusammenhang* zwischen dem Ankauf eines Grundstücks, der Fertigstellung des darauf zu errichtenden Gebäudes und der anschließenden Veräußerung. Im Entscheidungsfall lag zwischen dem Ankauf des unbebauten Grundstücks und der Veräußerung des bebauten Grundstücks ein Zeitraum von etwas mehr als 2 Jahren. Der Bundesfinanzhof nahm hier einen der Gewerbesteuerpflicht unterliegenden Grundstückshandel an.

Eine über die Vermögensverwaltung hinausgehende Beteiligung am allgemeinen wirtschaftlichen Verkehr setzt nach der Rechtsprechung des Bundesfinanzhofs weiter voraus, daß sich der Steuerpflichtige mit seinen Verkaufsverhandlungen an den allgemeinen Grundstücksmarkt wendet.

Je größer die Zahl der an verschiedene Erwerber verkauften Objekte ist, desto eher werden diese Voraussetzungen erfüllt sein. Der BFH hat in einem Urteil entschieden, daß bei Verkauf eines Hauses *im Ganzen* mit einer Vielzahl von Wohnungen (nicht Eigentumswohnungen) an einen einzigen Erwerber in der Regel *keine* gewerbliche Betätigung anzunehmen ist.

Zusammenfassend kann mit dem BFH (Urteil vom 9. 12. 1986, vgl. oben) gesagt werden, daß eine private Vermögensverwaltung zu bejahen ist, solange sich die zu beurteilende Tätigkeit noch als Nutzung von Grundbesitz durch Fruchtziehung aus zu erhaltender Substanz darstellt und die Ausnutzung substantieller Vermögenswerte nicht entscheidend in den Vordergrund tritt.

Der Bundesfinanzhof stellt abschließend fest, daß er in seiner Entscheidung (Verkauf von drei Eigentumswohnungen kein gewerblicher Grundstückshandel) auch berücksichtigt habe, daß eine *zahlenmäßige Begrenzung* der gebotenen Vereinfachung Rechnung trägt.

3.2 Offene Immobilienfonds

3.2.1 Einkommensteuer

Bei den offenen Immobilienfonds haben die Anleger Einkünfte aus Kapitalvermögen im Sinne von § 20 EStG. Die Ausschüttung wird in der Regel ohne Abzug der Kapitalertragsteuer ausbezahlt. Von den Einkünften aus Kapitalvermögen können der Werbungskostenpauschbetrag (§ 9a EStG) von 100,– DM bzw. 200,– DM bei zusammenveranlagten Ehegatten – sowie der Sparerfreibetrag (§ 20 EStG) von DM 300,– bzw. DM 600,– bei zusammenveranlagten Ehegatten – abgezogen werden, insgesamt also DM 400,– bzw. DM 800,–. Eine Verdoppelung des Sparerfreibetrages auf DM 600,–/1200,– wird gegenwärtig in den politischen Gremien diskutiert und soll rückwirkend zum 1.1.1989 wirksam werden.

Bei lohnsteuerpflichtigen Anteilsinhabern ist auch nach Berücksichtigung der vorgenannten Freibeträge keine Einkommensteuer auf den verbleibenden Betrag zu zahlen, wenn dieser zusammen mit anderen, nicht dem Lohnsteuerabzug unterliegenden steuerpflichtigen Einkünften insgesamt DM 800,– nicht übersteigt und das Jahreseinkommen DM 24000,– bzw. DM 48000,– bei zusammenveranlagten Ehegatten nicht überschreitet.

Kursgewinne aus der Veräußerung von Anteilscheinen bleiben bei Zugehörigkeit zum Privatvermögen steuerfrei, sofern zwischen Erwerb und Veräußerung mehr als 6 Monate liegen. Die Ausschüttungen der offenen Immobilienfonds sind unter Umständen teilweise steuerfrei. Die Steuerfreiheit resultiert daraus, daß offene Immobilienfonds aus ihrem Fondsvermögen Grundstücke kaufen und außerhalb der Spekulationsfrist von 2 Jahren wieder verkaufen. Ein bei dieser Transaktion realisierter Gewinn unterliegt nicht der Einkommensteuer. Der offene Immobilienfonds läßt diese Einkommensteuerfreiheit den Anlegern zugute kommen, die ihre Fondsanteile im Privatvermögen halten. Werden die Fondsanteile im Betriebsvermögen gehalten, so ergibt sich eine andere steuerliche Beurteilung.

3.2.2 Vermögensteuer

Bei der Vermögensteuererklärung sind die Anteile an offenen Immobilienfonds mit dem Rücknahmepreis anzusetzen.

3.2.3 Verkehrsteuern

Der Erwerb und die Veräußerung von Anteilscheinen unterliegt nicht der Grunderwerbsteuer. Der Ersterwerb von Anteilen und die Rückgabe an den Fonds sind börsenumsatzsteuerfrei.

3.3 Geschlossene Immobilienfonds

Bei den geschlossenen Immobilienfonds, die – wie bereits dargestellt – in aller Regel in der Rechtsform der vermögensverwaltenden Kommanditgesellschaft oder BGB-Gesellschaft konzipiert sind, haben die Anleger Einkünfte aus Vermietung und Verpachtung und können somit die vor allem in der Investitionsphase anfallenden steuerlichen Verluste im Rahmen ihrer Einkommensteuererklärung bzw. im Lohnsteuerermäßigungsverfahren geltend machen. Bei den geschlossenen Immobilienfonds haben sich in jüngster Zeit interessante aktuelle steuerliche Entwicklungen ergeben:

3.3.1 Behandlung von Vermittlungsprovisionen

So hat sich der Bundesfinanzhof in drei neueren Entscheidungen gegen die Meinung der Finanzverwaltung gestellt und gezahlte Vermittlungsprovisionen für die Einwerbung von Gesellschaftern als sofort abzugsfähige Werbungskosten bzw. Betriebsausgaben anerkannt.

Bereits mit Urteil vom 13. 10. 1983 (Bundessteuerblatt 1984, II, Seite 101) hatte der Bundesfinanzhof zur Behandlung von Vermittlungsprovisionen Stellung genommen. Danach sind Provisionen, die eine gewerbliche Kommanditgesellschaft für die Vermittlung von Kapitalgebern (Kommanditisten) schuldet, Betriebsausgaben der Kommanditgesellschaft und weder in der Bilanz der Kommanditgesellschaft noch in Ergänzungsbilanzen zu aktivieren. Nach Auffassung des Bundesfinanzhofs entsteht durch die Zahlung von Vermittlungsprovisionen kein aktivierungsfähiges Wirtschaftsgut.

Allerdings hat der Bundesfinanzhof in diesem Urteil ebenfalls festgelegt, daß eine (Außen-)Provision für die Vermittlung des Beitritts zu einer Bauherrengemeinschaft steuerlich zu den Anschaffungs- bzw. Herstellungskosten der Eigentumswohnung gehört.

Die Finanzverwaltung reagierte auf dieses Urteil mit einem Erlaß vom 15. 2. 1984 (Bundessteuerblatt 1984, I, Seite 157), wonach bei Kenntnis des Gesellschafters über die Höhe und die Verwendung der Vermittlungsprovisionen zusätzliche Anschaffungskosten des Gesellschafters gegeben seien, die in einer Ergänzungsbilanz des eintretenden Gesellschafters zu aktivieren sind. Da aber – schon im Hinblick auf § 264a StGB – die Höhe und die Verwendung der Provisionen sich aus dem im Prospekt abgedruckten Investitionsplan der Gesellschaft ergeben, wurde von der Finanzverwaltung in aller Regel der sofortige Betriebsausgabenabzug bzw. Werbungskostenabzug versagt.

Nunmehr haben sowohl der IX. Senat, der VIII. und der IV. Senat des Bundesfinanzhofs eindeutig gegen die Auffassung der Finanzverwaltung Stellung bezogen und die gezahlten Vermittlungsprovisionen als sofort abzugsfähige Betriebsausgaben bzw. Werbungskosten eingestuft.

Im einzelnen:
– Beschluß des Bundesfinanzhofs vom 19. 8. 1986 (IX S 5/83, Der Betrieb 1986, Seite 2520)
  Der Bundesfinanzhof hatte im Verfahren der Aussetzung der Vollziehung über die Frage der Abgrenzung von sofort abzugsfähigen Werbungskosten zu den Anschaffungskosten des Grundstücks zu entscheiden. Wesentliche Aussage dieser Entscheidung des BFH ist, daß Subjekt der Einkünfteermittlung bei einer Personengesellschaft mit Gesamthandsvermögen nicht der einzelne *Gesellschafter*, sondern die Gesellschaft (Gesamthand) ist. Der Bundesfinanzhof beruft sich in seinem Beschluß ausdrücklich auf den Beschluß des Großen Senats vom 25. 6. 1984 (Bun-

dessteuerblatt 1984 II, Seite 751). Hinzu kommt, daß der Bundesfinanzhof seine Rechtsprechung – entgegen der Meinung der Finanzverwaltung – auch auf *vermögensverwaltende* Kommanditgesellschaften und BGB-Gesellschaften anwendet. Entscheidend für den Bundesfinanzhof ist das Abflußprinzip, das in § 11 EStG geregelt ist. Danach können bei der Einkunftsart Vermietung und Verpachtung alle Aufwendungen – unabhängig vom Zeitpunkt ihrer Entstehung – von den später beigetretenen Gesellschaften sofort abgezogen werden, wenn
– dem Grunde und der Höhe nach Werbungskosten vorliegen
– die Zahlungen nach dem Beitritt der einzelnen Gesellschafter geleistet wurden.
Damit stellt sich der Bundesfinanzhof gegen die Auffassung der Finanzverwaltung, wonach der Zeitpunkt der Entstehung der Gebühren entscheidend sei. Entscheidend ist nunmehr nach der Rechtsprechung des Bundesfinanzhofs der Zeitpunkt der Zahlung der Gebühren. Der Bundesfinanzhof hat in dem Beschluß vom 19.8.1986 ausdrücklich Provisionen, die die Gesellschaft für die Vermittlung von Kommanditisten schuldet, als sofort abzugsfähige Werbungskosten zugelassen.

– Beschluß des Bundesfinanzhofs vom 30.9.1986 (Aktenzeichen: XIII R 346/83)
Auch in diesem Beschluß bestätigt der Bundesfinanzhof seine bisherige Rechtsprechung, wonach Vermittlungsprovisionen, die eine KG für den Beitritt von Gesellschaftern schuldet, sofort abzugsfähige Werbungskosten bzw. Betriebsausgaben sind.

– Urteil vom 23.10.1986 (Betriebsberater 1987, Seite 179)
In diesem Urteil kommt der Bundesfinanzhof unter ausdrücklicher Ablehnung des Schreibens des Bundesministers der Finanzen vom 15.2.1984 (vgl. oben) zu dem Ergebnis, daß Vermittlungsprovisionen für den Eintritt von Kommanditisten sofort abzugsfähige Betriebsausgaben bzw. Werbungskosten sind, und zwar unabhängig davon, ob der Kommanditist Kenntnis von diesen Provisionen hat oder nicht.

Entscheidend ist hierbei wiederum, daß ausschließlich die Gesellschaft (gewerbliche oder vermögensverwaltende Kommanditgesellschaft bzw. BGB-Gesellschaft) Schuldner der Vermittlungsprovisionen für die Beschaffung von Eigenkapital ist.

Zusammenfassend kann gesagt werden, daß die drei vorzitierten Entscheidungen von unterschiedlichen Senaten des Bundesfinanzhofs gefällt wurden und somit von einer gefestigten BFH-Rechtsprechung ausgegangen werden kann, die die Finanzverwaltung zu einer baldigen Überprüfung ihrer mit der Rechtsprechung nicht mehr übereinstimmenden Meinung bewegen dürfte.

3.3.2 Spekulationsfrist bei Anteilen an geschlossenen Immobilienfonds

Die Spekulationsfrist für Anteile an geschlossenen Immobilienfonds, die im Privatvermögen gehalten werden, beträgt nach dem BMF-Schreiben vom 23.6.1986 (V B

4 - S 2256 - 8/86) 2 Jahre. Hierzu wird von den obersten Finanzbehörden der Länder die Auffassung vertreten, daß es sich bei einer Beteiligung an einem geschlossenen Immobilienfonds wirtschaftlich um ein grundstücksgleiches Recht handelt.

3.3.3 Grunderwerbsteuerrechtliche Fragen

Bei der Grunderwerbsteuer ist davon auszugehen, daß die Veräußerung eines Anteils an einem geschlossenen Immobilienfonds grundsätzlich keine Steuer auslöst, weil der Fonds zivilrechtlich selbst weiterhin Eigentümer des Grundstücks bleibt.

Bei der Grunderwerbsteuer ist allerdings die neuere Rechtsprechung des Bundesfinanzhofs bei Übertragung sämtlicher Anteile an einer BGB-Gesellschaft zu beachten. Der Bundesfinanzhof wendet dann den Mißbrauchstatbestand (§ 42 AO 1977) an, wenn die Übertragung sämtlicher Anteile an einer nur grundbesitzhaltenden GbR erfolgt, wenn der Grundbesitz nach wie vor demselben Unternehmen dient. Dann ist nach der Rechtsprechung des BFH (Urteil vom 4. Dezember 1985 II R 1942/84, Bundessteuerblatt 1986 Teil II, Seite 190) der Vertrag so zu besteuern, als hätten die Gesellschafter das Grundstück in Gesellschaft bürgerlichen Rechts gekauft.

Es sollte daher bei der Übertragung von Anteilen an einer nur grundbesitzhaltenden GbR darauf geachtet werden, daß nicht sämtliche Anteile übertragen werden.

3.3.4 Umsatzsteuer

Die Übertragung von Anteilen an geschlossenen Immobilienfonds unterliegt grundsätzlich nicht der Umsatzsteuer.

Da der Endzweck der Errichtung von Gebäuden im Rahmen von geschlossenen Immobilienfonds der gewerblichen Nutzung dient, kann – im Gegensatz zum Bauherrenmodell – die Rückerstattung der in den Baukosten enthaltenen Mehrwertsteuer an den Fonds durch das Finanzamt erfolgen.

3.3.5 Finanzierung von Beteiligungen an geschlossenen Immobilienfonds über Lebensversicherungen

Im Rahmen des Einstiegs von Banken und Lebensversicherungsgesellschaften in den freien Kapitalmarkt werden in jüngster Zeit durch die als Finanzdienstleistungen (financial services) bezeichneten umfassenden Kapitalanlageangebote auch Fondsanteile in Kombination mit Lebensversicherungen angeboten.

Diese bilden eine Alternative zur herkömmlichen Finanzierung über Annuitätendarlehen durch Absicherung und Tilgung des fremdfinanzierten Zeichnungsbetrages über eine Kapitallebensversicherung. Die Darlehen werden zur Refinanzierung des gezeichneten Fondsanteils zunächst von der Bank gegeben, wobei gleichzeitig eine Lebensversicherung abgeschlossen und an die finanzierende Bank abgetreten wird. Als Laufzeit ist in der Regel ein Zeitraum von 12 oder 15 Jahren vorgesehen. Nach Ablauf dieser Frist erfolgt die Tilgung des gewährten Darlehensbetrages in einem Betrag durch Auszahlung des dann angesammelten Versicherungsbetrages einschließlich Überschußanteilen an die finanzierende Bank. Der steuerliche Vorteil einer derartigen Finanzierungskonstruktion besteht darin, daß der Anleger 12 Jahre lang nur Zinsen zahlt und diese Zinsen voll steuerlich absetzen kann, während er bei einer herkömmlichen Annuitätenfinanzierung im Laufe der Zeit immer weniger Zinsen steuerlich absetzen kann, da der Tilgungsbetrag ständig steigt.

Zusätzlich wird mit dieser Finanzierungsform auch ein Versicherungsschutz aus der Lebensversicherung in der Weise erreicht, daß im vorzeitigen Todesfall des versicherten Darlehensnehmers das Darlehen ganz oder teilweise zurückgezahlt wird und damit die Hinterbliebenen finanziell entlastet werden. Selbst für den Fall der Berufsunfähigkeit des Darlehensnehmers kann durch Einschluß einer Berufsunfähigkeitszusatzversicherung eine teilweise Tilgung des Darlehens und eine Minderung des Aufwands sichergestellt werden.

Bereits jetzt zeichnet sich ab, daß große Versicherungsgesellschaften über diesen Weg der Fondsfinanzierung ein weiteres Absatzfeld für Versicherungen erschließen werden.

DR. MANFRED PROBST / RUDOLF HÄUSLER

Öffentliches Baurecht
Prüfen – Planen – Praxis

Inhalt

1.	Einleitung	711
2.	Baugenehmigung oder mehr?	711
2.1	Ausschließlich Baugenehmigung erforderlich	712
2.1.1	Nutzungsart	712
2.1.2	Planungsrechtliche Situation des Grundstücks	712
2.1.2.1	Planbereich	713
2.1.2.2	Unbeplanter Innenbereich	713
2.1.2.3	Außenbereich	713
2.2	Landesplanerische Beurteilung erforderlich	715
2.3	Flächennutzungsplan	717
2.4	Bebauungsplan	718
2.4.1	Einleitung des Verfahrens	718
2.4.1.1	Kooperatives Vorgehen	718
2.4.1.2	Juristische Auseinandersetzung	719
2.4.2	Planaufstellungsverfahren	720
2.4.3	Erlaß des Bebauungsplanes	721
2.4.4	Absprachen	722
2.4.5	Änderung eines bestehenden Bebauungsplanes	722
2.4.6	Baubeginn während der Planaufstellung	723
2.4.7	Besonderheiten der Baunutzungsverordnung	724
3.	Verhandlungen – Kompetenz, Kooperation	725

1. Einleitung

Das öffentliche Baurecht – die hoheitliche Gestattung eines Projektes wird spätestens dann zum Prüfstein, wenn ein Grundstück ausgewählt und ein Projekt entwickelt ist. Zwar regional verschieden, doch in den letzten Jahren verstärkt zu beobachten ist eine Tendenz zur Verhinderung von größeren Immobilienprojekten mit den Mitteln des öffentlichen Baurechts. Die Zeit der lockeren Genehmigungspraxis »auf der grünen Wiese« ist vorbei – die Tendenz hat sich ins Gegenteil verkehrt: Die zügige Realisierung eines gewerblichen Immobilienprojekts steht und fällt mit der rechtzeitigen Beachtung nicht nur der Ausweisung des Grundstücks in einem vielleicht bestehenden Flächennutzungsplan, sondern der Bewältigung all jener juristischen und auch politischen Hürden, die gegebenenfalls zu nehmen sind, bis mit dem Bau begonnen werden kann.

Unter dem Leitsatz – »aus der Praxis für die Praxis« – werden im folgenden einige Grundsätze aus der Sicht von mit der Materie befaßten Praktikern dargestellt. Wie immer ist juristische Tätigkeit letztlich Einzelfallprüfung; vorausschauende Analyse und die Beachtung von Grundsätzen kann jedoch helfen, Fehler zu vermeiden; manches Projekt wäre nicht gescheitert, hätte man bereits frühzeitig dem Aspekt der hoheitlichen Gestattung die ihm gebotene Beachtung geschenkt.

2. Baugenehmigung oder mehr?

Wer in der BRD eine Immobilie errichten will, bedarf der Baugenehmigung. Dieser Allgemeinsatz führt häufig zu dem Fehlschluß: Wer eine Gewerbeimmobilie errichten will, bedarf nur der Baugenehmigung. Nach der derzeitigen Rechtspraxis ist letzteres in den seltensten Fällen richtig.

Die Baugenehmigung ist als individuelle Errichtungserlaubnis zwar der letzte Schritt im hoheitlichen Gestattungsverfahren, setzt jedoch für größere Projekte in der Mehrzahl der Fälle vorausgehende, übergeordnete Schritte voraus. Als solche kommen in Betracht:
– ein Raumordnungsverfahren bzw. eine landesplanerische Beurteilung
– die Aufstellung oder die Anpassung des Flächennutzungsplanes der betreffenden Gemeinde
– die Aufstellung eines Bebauungsplanes durch die Gemeinde.

Diese übergeordneten Planungsschritte haben die unangenehme Eigenschaft, zeitaufwendig zu sein; dies insbesondere dann, wenn sie nicht koordiniert sind. Projektanten haben daher die Tendenz, zu Beginn eines Planungsverfahrens anzustreben, mit einer Baugenehmigung auszukommen. Dies kann richtig sein, muß es aber nicht:

2.1 Ausschließlich Baugenehmigung erforderlich

Ob für ein Vorhaben nur eine Baugenehmigung benötigt wird, hängt ab:
– von dem Projekt selbst (Art der Nutzung, Größe)
– von dem ausgewählten Grundstück und seiner planungsrechtlichen Situation.

2.1.1 Nutzungsart

Unter den in Abschnitt I dieses Buches genannten Projekten kommen für die reine Baugenehmigung eher in Betracht:
– die Hotels
– die privaten Kliniken
– die Seniorenhäuser
– die Parkhäuser.

Es handelt sich nach der Art der Nutzung um jeweils klar ausgerichtete Mono-Nutzung, die zudem noch die Eigenschaft hat, nicht unbedingt erhebliche Auswirkungen auf die unmittelbare Umgebung (z. B. durch Immissionen) zu haben.

Im Gegensatz dazu stehen beispielsweise:
– Gewerbe-Großimmobilien des Handels
– Feriencenter
– Gewerbeparks
– Technologieparks
– mehrfunktional genutzte Gewerbeimmobilien.

Diese Nutzungsarten üben einen stärkeren Einfluß auf die Umgebung aus; außerdem sind an unterschiedliche Nutzungen unter einem Dach gegebenenfalls unterschiedliche öffentlich-rechtliche Anforderungen zu stellen, die koordiniert werden müssen – auch dies führt häufig dazu, daß eine schlichte Baugenehmigung nicht ausreicht.

In manchen Fällen hat dies dazu geführt, daß Schritt für Schritt vorgegangen und zunächst ein Teil errichtet wurde (mit schlichter Baugenehmigung), um anschließend zu erweitern. War dies in früheren Jahren durchaus eine erfolgversprechende Strategie, ist heutzutage oft mit sehr einschränkenden Auflagen bei der Erstgenehmigung zu rechnen, die die Entwicklungsmöglichkeiten dann drastisch reduzieren.

2.1.2 Planungsrechtliche Situation des Grundstücks

Neben der Art der Nutzung ist die bauplanungsrechtliche Situation des Grundstücks maßgebend:
Zu unterscheiden ist zwischen Planbereich, unbeplantem Innenbereich und unbeplantem Außenbereich.

2.1.2.1 Planbereich

Von größtem Vorteil ist es, wenn für das betreffende Grundstück bereits ein Bebauungsplan vorliegt, der die beabsichtigte Nutzung zuläßt. Dieser Bebauungsplan ist streng zu unterscheiden von dem sog. Flächennutzungsplan, einem kommunalen Entwicklungsplan, der meist für das gesamte Gemeindegebiet besteht und häufig nicht grundstücksparzellenscharf ist. Ein Bebauungsplan regelt die konkrete Nutzung bestimmter Grundstücke und verleiht dem jeweiligen Grundstückseigentümer einen Rechtsanspruch auf diese Nutzung. Grundstücke, die bereits beplant sind, haben daher einen erheblich höheren Wert. Da für diese Bereiche die übergeordnete Planung bereits festgeschrieben ist, bedarf es zur Realisierung ausschließlich noch der Baugenehmigung. Gleichzeitig ist jedoch in diesen Fällen in der Regel die Bebauung selbst nach Art und Maß weitgehend festgelegt, so daß die entsprechenden Festsetzungen einzuhalten sind, wenn man nicht eine Befreiung erwirkt (vgl. unten).

2.1.2.2 Unbeplanter Innenbereich

Der unbeplante Innenbereich ist jener Teil innerhalb des Bebauungszusammenhangs eines Ortes, für den ein Bebauungsplan nicht besteht. Die Zulässigkeit einer Bebauung regelt sich hier nach der »maßgeblichen Umgebung«, in die sich das Vorhaben »einfügen muß«. § 34 BauGB enthält hierzu einige allgemeine Rechtsbegriffe, die als normative Tatbestandsmerkmale ausgelegt sind.

Wird Flächenrecycling betrieben, so gehört auch jene Nutzung häufig zum Bestand, die ersetzt werden soll. Wenn aus ihr heraus, weil sie artverwandt ist, die eigene Nutzungsart als zulässig und für die Umgebung typisch begründet werden kann, ist dies ein erheblicher Vorteil.

Bei Grundstücken im unbeplanten Innenbereich besteht eine Restunsicherheit insoweit, als es die Gemeinde bei entsprechender Größe des Vorhabens für erforderlich halten kann, einen Bebauungsplan aufzustellen. Rechtsmittel gegen diese Einschätzung sind nicht möglich, da es sich um kommunale Selbstverwaltung handelt.

2.1.2.3 Außenbereich

Grundsätzlich von Bebauung freizuhalten ist der unbeplante Außenbereich – § 35 BauGB –: Großprojekte sind dort kaum mehr ohne übergeordnete Bauleitplanung zu realisieren. In Zeiten der Flächenverknappung und der wachsenden Bedeutung von Grünbereichen wird es für Gewerbeimmobilien immer schwieriger, sie »auf der grünen Wiese« zu realisieren. Das Flächenrecycling wird daher in den nächsten Jahren auch in diesem Bereich zunehmend an Bedeutung gewinnen. Einzelne, bestehende Immobilien bilden, für sich gesehen, keinen Ortsteil und bleiben daher, wenn sie getrennt vom eigentlichen Ort errichtet sind, nach wie vor Außenbereich. Gleichwohl können dort häufig durch geeignete Ersatzbauten interessante neue Projekte realisiert werden.

Die *Entscheidung*, ob für ein *konkretes Vorhaben ausschließlich* eine *Baugenehmigung erforderlich* ist, trifft sinnvollerweise der Bauherr nicht alleine. Rückfragen bei der Baugenehmigungsbehörde sind zwar manches Mal aufschlußreich, jedoch nicht abschließend entscheidend. Die Baugenehmigungsbehörde – die Untere Staatliche Verwaltung (Kreisverwaltungsbehörden und Städte mit eigener Baugenehmigungsbehörde) – prüft einen konkreten Baugenehmigungsantrag nicht allein. Ab einer gewissen Größe ist die weisungsabhängige Untere Staatliche Verwaltung aufgrund interner Anweisungen gehalten, bei anderen Behörden rückzufragen. Als Beispiel seien die Einzelhandels-Großprojekte genannt, nach derzeitigem Rechtsprechungsstand können dies schon Verkaufsflächen ab ca. 700 m^2 sein. In diesem Fall prüft die staatliche Verwaltung, ob nicht ein sog. Raumordnungsverfahren notwendig ist, um die überregionalen Auswirkungen eines solchen Projektes auf ihre Verträglichkeit für die Umgebung hin zu überprüfen.

Selbst wenn für ein konkretes Vorhaben solche Weisungen nicht bestehen, kann die Untere Staatliche Verwaltung bei der Landesplanungsbehörde anfragen.

Wenn die Untere Staatliche Verwaltung die Auskunft gibt, eine Baugenehmigung sei ausreichend, so ist dies solange nicht verbindlich, als nicht auch die Kommune eine positive Entscheidung gefällt hat.

§ 36 BauGB schreibt nämlich vor, daß im Genehmigungsverfahren das Einvernehmen der Gemeinde erforderlich ist. In diesem Stadium hat sie zu beurteilen, ob sie die schlichte Baugenehmigung für ausreichend hält oder eine Bebauungsplanung für notwendig befindet. Dies entfällt sicherlich dann, wenn bereits eine entsprechende Entscheidung durch Aufstellung eines Bebauungsplanes gefällt ist; in allen anderen Fällen ist jedoch die Gemeinde insoweit Herrin des Verfahrens. Das Selbstverwaltungsrecht, zu dem nach der Rechtsprechung des Bundesverfassungsgerichts auch die sog. Planungshoheit gehört, ist im Grundgesetz, Art. 28 verankert – da die Gemeinden in den letzten Jahrzehnten an Selbständigkeit verloren haben, pochen sie zunehmend gerade auf dieses Recht und »wollen gehört werden«. Wenn also Aussicht besteht, daß ein Vorhaben ausschließlich mit einer Baugenehmigung realisiert werden könnte, weil es eindeutig umgebungsverträglich ist, sollte vor dem Einreichen des Baugenehmigungsantrages nicht nur bei der Baugenehmigungsbehörde, sondern auch bei der Kommune vorgesprochen werden, um den Verfahrensweg vorzubereiten bzw. abzustimmen.

Reicht eine Baugenehmigung aus, ist dies der schnellste Weg zum Baubeginn; es lohnt sich daher, für dieses Verfahren einige Verhandlungen zu führen. Relativ bald wird man feststellen, daß es beispielsweise der Kommune in Grenzfällen meist um Einzelheiten geht, die sie gesichert haben will. Es kann sich dann lohnen, Zusicherungen zu geben oder sich mit entsprechenden Auflagen einverstanden zu erklären; erfahrungsgemäß wird dort Schriftlichkeit gefordert bzw. entsprechende Anpassung der Baugenehmigungs-Antrags-Unterlagen (zur Verhandlungsführung vgl. unten).

Grundlage einer Verhandlungsbereitschaft auf seiten des Bauherrn muß eine eigene, genaue Analyse der planungsrechtlichen Situation sein. Es ist verhängnisvoll, sich auf Verhandlungen in diesem Stadium einzulassen in der Fehleinschätzung, es brauche nur eine Baugenehmigung, um nach Monaten des Verhandelns von kompetenter Seite zu hören, ohne landesplanerische Beurteilung könne nicht genehmigt werden. Eigene Überprüfung und gründliche Analyse der Verhandlungsgespräche sind daher unabdingbar.

Nicht außer acht gelassen werden dürfen die unmittelbaren Grundstücksnachbarn und betroffene Anwohner in der Nähe. Die unmittelbaren Grundstücksnachbarn werden im Baugenehmigungsverfahren nach den geltenden Landesbauordnungen ohnehin am Verfahren beteiligt – in der Regel bedarf es ihrer Nachbarunterschrift. Die möglicherweise nur wenige Meter weiter entfernten Anlieger ohne unmittelbare Grundstücksberührung sind jedoch ebenfalls zu berücksichtigen. Nach der Rechtsprechung der Obergerichte können sie dann ein Vorhaben blockieren, wenn die mit ihm verbundenen Auswirkungen ihr eigenes Grundstück schwer und unerträglich beeinträchtigen können. Eine bestimmte Anzahl von Betroffenen kann daher nicht allgemein genannt werden, sondern ist jeweils projektabhängig zu ermitteln. Wenn sich dort erkennbar Opposition zeigt, ist Minimierung der Betroffenheiten angebracht, wenn weiterhin ausschließlich mit Baugenehmigung vorgegangen werden soll; denn in solchen Fällen sind Nachbarwidersprüche zu erwarten, die regelmäßig zu einem Baustopp führen. In diesem Fall ist es von größter Wichtigkeit, daß sozusagen vorausschauend entsprechende, die Nachbarbelange sichernde Auflagen in der Baugenehmigung enthalten sind. Nur dann kann im sog. »überwiegenden privaten Interesse des Bauherrn« mit Aussicht auf Erfolg der Baustopp trotz Widerspruch durch Anordnung der sofortigen Vollziehbarkeit (§ 80 VwGO) überwunden werden – der Bau kann weitergehen.

2.2 Landesplanerische Beurteilung erforderlich

Nach den Landesplanungsgesetzen der Länder ist für Projekte mit überörtlicher Auswirkung ein sog. Raumordnungsverfahren (Raumordnungsgesetz des Bundes) durchzuführen. Dabei handelt es sich um eine Abstimmung des Projekts mit der Umgebung: z.B. Kaufkraftermittlungen, Auswirkungen auf Konkurrenzunternehmen, überörtliche Erschließungsfragen, Einflüsse auf Natur und Landschaft usw.

Ergeben die ersten Überprüfungen und Rückfragen bei der staatlichen Verwaltung, daß ein solches Verfahren für notwendig befunden wird, und fruchten Verhandlungen, es zu vermeiden, nicht, so ist es notwendig, dieses Verfahren selbst aktiv zu gestalten.

Nach den Landesplanungsgesetzen der Länder gibt es verschiedene Möglichkeiten, wie dieses Verfahren durchgeführt werden kann. So gibt es eine sog. »landesplanerische Abstimmung in sonstiger Weise«; – eine Vereinfachung des Verfahrens durch Reduzierung der zu beteiligenden Behörden und Fachstellen. Es lohnt sich, dieses Verfahren anzustreben, da es erfahrungsgemäß weniger lange dauert. Es ist immer dann in Betracht zu ziehen, wenn das Vorhaben in seinem Einfluß auf die nähere und weitere Umgebung als nicht allzu gewichtig einzuschätzen ist. Dies darzulegen ist Aufgabe des Projektträgers, wobei es erfahrungsgemäß nicht sinnvoll ist, Informationen zurückzuhalten, weil sie letztlich ohnehin gegeben werden müssen, und sei es in einem späteren Verfahrensstadium. In den letzten 3–5 Jahren sind landesplanerische Beurteilungen beispielsweise in Bayern zunehmend restriktiv geführt worden. Die Bedingungen, unter denen eine sog. positive landesplanerische Beurteilung erteilt wird, werden explizit genannt, so daß der Positivcharakter nur bei Einhalten dieser Bedingungen gilt und im anderen Fall dann die landesplanerische Beurteilung wiederholt werden müßte, weil die Baugenehmigungsbehörde nicht mehr an die positive Beurteilung gebunden ist.

Die aktive Gestaltung dieses Verfahrens betrifft auch den Zeitablauf. Von Vorteil sind viele Exemplare eines ausführlichen Antrages, damit die Fachstellen gleichzeitig prüfen können. Es ist auch sinnvoll, mit der zuständigen Planungsbehörde abzustimmen, wer im einzelnen gehört werden muß. Hierzu gibt es zwar Sollvorschriften in Dienstanweisungen; es ist jedoch nicht immer festgelegt, wie lange einzelne Fachstellen Zeit zur Stellungnahme eingeräumt bekommen müssen. Aktivität während des Verfahrens wirkt beschleunigend. Dies liegt auch im Interesse der Planungsbehörde selbst.

Der positive Ausgang hängt manches Mal von qualifizierten Beurteilungen ab. Daher ist es richtig, bereits im Vorfeld zu Fragen der Kaufkraftabschöpfung Gutachten zu erstellen, die von den Behörden überprüft werden können. Anderenfalls wird in letzter Zeit zunehmend die Neigung beobachtet, übervorsichtig Konkurrenzschutz für bestehende Betriebe in den Vordergrund der hoheitlichen Beurteilung zu stellen.

Die Dauer des Verfahrens unterschreitet in den seltensten Fällen 6 Monate, es muß jedoch nicht wesentlich länger dauern. Da konkrete Konstruktionszeichnungen nicht eingereicht werden müssen, sondern lediglich eine präzise Projektbeschreibung mit dem Blickwinkel »Einflüsse auf die Umgebung«, sind die eigenen Vorarbeiten relativ kurzfristig zu bewältigen.

Ein Rechtsmittel gegen die Durchführung eines Raumordnungsverfahrens ist nicht möglich; d. h., wenn von seiten der Behörden bei einem Vorhaben verfügt wird, daß ein Raumordnungsverfahren notwendig ist, kann hiergegen kein Gericht angerufen werden.

2.3 Flächennutzungsplan

Der Flächennutzungsplan, d.h. die langfristige Entwicklungsplanung der Gemeinde, wird von ihr als Ausfluß der kommunalen Selbstverwaltung und der Planungshoheit erstellt. Er regelt die unterschiedlichen Nutzungsarten entsprechend den Bestimmungen der Baunutzungsverordnung, unterteilt in Wohngebiete, Gewerbegebiete, Industriegebiete, Sondergebiete, Dorfgebiete oder Kerngebiete.

Die Baunutzungsverordnung enthält zu diesen einzelnen Definitionen jeweils die möglichen Nutzungsarten.

Der Flächennutzungsplan soll von den Kommunen aufgestellt werden, jedoch gibt es noch einige Gemeinden, die einen solchen Plan nicht haben. Dort ist die städtebauliche Entwicklung in der Regel sehr heterogen; es wird zunehmend schwieriger für diese Kommunen, mit der staatlichen Aufsicht zurechtzukommen und größere Projekte dort zu realisieren. Daher gehen die Gemeinden in den letzten Jahren vermehrt dazu über, Flächennutzungspläne aufzustellen.

Für ein einzelnes Projekt ist das Vorhandensein oder Nichtvorhandensein eines Flächennutzungsplanes nicht unbedingt maßgeblich. Ist er vorhanden, so sollte die dort für den betreffenden Bereich dargestellte Nutzungsart mit dem Vorhaben harmonieren. Ist dies nicht der Fall, kann eine Änderung des Flächennutzungsplanes erforderlich werden. Dieses Änderungsverfahren – bei Städten und Gemeinden größeren Umfangs sind Änderungen des Flächennutzungsplanes an der Tagesordnung – kann gleichzeitig mit der Aufstellung eines Bebauungsplanes, der die konkreten Einzelheiten für das betreffende Grundstück festlegt, durchgeführt werden. Ein Zeitverlust tritt dadurch in der Regel nicht ein.

Zu einer solchen Änderung muß jedoch die jeweilige Gemeinde bereit sein. Wenn ein Vorhaben mit der aktuellen Ausweisung im Flächennutzungsplan kollidiert, ist zunächst auf dem Verhandlungswege Bereitschaft zur Änderung zu wecken. Anderenfalls ist das Projekt an dieser Stelle nur schwer zu realisieren. Handelt es sich um ein sog. *Innenbereichsgrundstück*, dessen Umgebung bebaut ist, so ist nach der Rechtsprechung des Bundesverwaltungsgerichts, wenn das Projekt sich ansonsten einfügt, die allein entgegenstehende Ausweisung des Flächennutzungsplanes nicht maßgeblich – die jeweilige Baugenehmigung kann erteilt werden.

Der Flächennutzungsplan verleiht – im Gegensatz zum qualifizierten Bebauungsplan – keinen Rechtsanspruch auf eine bestimmte Bebauung bzw. Nutzung. Es handelt sich ausschließlich um einen kommunenbezogenen Plan, der auch *keiner Individualrechtskontrolle* unterliegt; gegen die Festsetzungen des Flächennutzungsplanes kann unmittelbar nicht geklagt werden.

2.4 Bebauungsplan

In den weitaus meisten Fällen größerer gewerblicher Neubauvorhaben gehen Kommunen in jüngerer Zeit den Weg über einen Bebauungsplan. Dies liegt an der sich verstärkenden Neigung, größere Bauvorhaben nicht unbesehen zu akzeptieren. Mit dem Beschluß des Gemeinderats, einen Bebauungsplan – weil er erforderlich ist – aufzustellen, ist die Entscheidung, was wie an einer bestimmten Stelle gebaut werden kann, zunächst aufgeschoben und ein breites Diskussionsfeld geöffnet. Die im Baugesetzbuch der Gemeinde an die Hand gegebenen Steuerungsmöglichkeiten können zur Blockade genutzt werden oder auch zur sinnvollen Steuerung städtebaulicher Entwicklung. Ein Projektträger ist gut beraten, wenn er versucht, ein solches Bebauungsplanverfahren kooperativ mit der Gemeinde zu bewältigen. Dies minimiert den Zeitverlust und bringt über den mit dem Erlaß des Bebauungsplanes verbundenen Rechtsanspruch Investitionssicherheit und Wertbestimmung für das Grundstück.

2.4.1 Einleitung des Verfahrens

Der sogenannte »Aufstellungsbeschluß«, das heißt die Entscheidung des Gemeinderates oder Stadtrates, für ein bestimmtes Gebiet einen Bebauungsplan aufzustellen, ist meist verbunden mit dem Bekanntwerden eines größeren Projekts für ein bestimmtes Grundstück bzw. Gebiet. Nach § 1 Abs. 3 BauGB »haben die Gemeinden Bauleitpläne aufzustellen, sobald und soweit es für die städtebauliche Entwicklung und Ordnung erforderlich ist«.

Dies setzt eine gewisse Größe und Betroffenheit für die Umgebung voraus – bei Gewerbeimmobilien, insbesondere solchen des Handels, ist dies sehr häufig der Fall. Wenn eine Kommune die Aufstellung eines Bebauungsplanes für erforderlich hält und einen entsprechenden Beschluß, einen Bebauungsplan aufzustellen, gefällt hat, so ist hiergegen ein *Rechtsmittel nicht gegeben*.

2.4.1.1 Kooperatives Vorgehen

Von großem Vorteil ist es, wenn der Aufstellungsbeschluß nicht aufgrund eines eingereichten, überraschenden Bauantrages, sondern als Folge von zahlreichen Vorgesprächen als unvermeidbare Konsequenz getroffen wird. Das Stigma eines zunächst zurückgestellten Bauantrages wird vermieden, außerdem kann der Aufstellungsbeschluß selbst in gewisser Weise vorbesprochen werden. Er beinhaltet nämlich auch die grundsätzliche Festlegung des »Umgriffs«, also der überplanten Grundstücke und in der Regel auch eine erste Tendenz, in welcher Richtung geplant werden soll.

Da anschließend – oft sogar in der gleichen Sitzung – auch der Beschluß gefaßt wird, einen bestimmten Entwurfsverfasser mit der Grobplanung zu beauftragen, ist rechtzeitige Darlegung der eigenen Interessen des Projektträgers in allgemeinem Interesse. Wenn es sich um ein größeres Projekt handelt und die Kosten des Planaufstellungsverfahrens erheblich sind, bietet sich auch die Möglichkeit einer Kostenbeteiligung – dies darf jedoch nicht gekoppelt werden mit einem Anspruch auf ein bestimmtes Planungsergebnis, dient aber zuweilen der Planungsbereitschaft der Kommune.

Eine weitere Möglichkeit ist, bereits im Vorfeld einen eigenen Entwurf entsprechend den Grundsätzen der Planzeichenverordnung, also jener technischen Anleitung, die die Ausgestaltung von Bebauungsplänen festlegt, selbst vorzubereiten und der Kommune an die Hand zu geben – oft bewährt sich allerdings die Zusammenarbeit mit einem unabhängigen Planungsbüro, um den Anschein übertriebener Parteilichkeit zu vermeiden.

In manchen Kommunen ist es auch möglich, dem Gemeinde- bzw. Stadtrat bereits in diesem Stadium, z. B. anhand eines Modells, das Projekt in seinen Grundzügen vorzustellen und damit die Angst vor Ungewißheiten zu nehmen.

2.4.1.2 Juristische Auseinandersetzung

Wenn sich herausstellt, daß die Aufstellung eines Bebauungsplanes ausschließlich zu dem Zweck beschlossen wird, um das Projekt zu verhindern, ist mit kooperativem Verhalten meist kein Fortschritt zu erzielen. Die Angelegenheit läuft dann auf eine intensive juristische Auseinandersetzung hinaus, die sehr stark einzelfallgeprägt ist. Wenn bestimmte politische Strömungen, die gerade die Mehrheit haben, das Projekt verhindern wollen, verbleibt ein Rest Verhandlungsspielraum, wenn es sich um grundsätzliche Fragen der städtischen oder gemeindlichen Zukunft handelt. Anderenfalls ist das Projekt nur zu retten, wenn in der juristischen Auseinandersetzung ein Rechtsanspruch auf Bebauung argumentativ entgegengesetzt werden kann. Da die Bestimmungen des öffentlichen Baurechts, insbesondere jene des BauGB, als das Eigentum einschränkende Normen anzusehen und anerkannt sind, muß im Hintergrund immer das grundsätzliche Recht auf Baufreiheit gesehen werden – d. h., nur wenn eine bestimmte Bebauung verboten ist und dieses Verbot sich rechtlich einwandfrei mit baueinschränkenden Normen begründen läßt, muß das Projekt aufgegeben werden.

Erfahrungsgemäß ist die juristische Auseinandersetzung zeitaufwendig. Gerade im Planungsrecht sind die Möglichkeiten eines Bauherrn zu vorzeitigem Baubeginn sehr beschränkt. Die Kommune kann mit dem Erlaß einer sog. Veränderungssperre jede Veränderung eines bestimmten Grundstücks während der Aufstellung eines Bebauungsplanes mehrere Jahre verhindern. Gegen eine sog. Veränderungssperrensatzung kann jedoch von dem Betroffenen *Normenkontrollantrag* zum Oberverwaltungsgericht erhoben werden. Die Veränderungssperrensatzung kann unmittelbar in der gleichen Gemeinderatssitzung nach dem Aufstellungsbeschluß für den Bebauungsplan beschlossen werden, so daß nach Bekanntmachung die Veränderungssperre wirksam ist – das Projekt gerät unweigerlich ins Stocken.

Die Gemeinde kann stattdessen auch im Zusammenwirken mit der Baugenehmigungsbehörde bei Vorliegen eines einzelnen Bauantrages auf die Dauer von bis zu 12 Monaten den Bauantrag zurückstellen lassen, wenn die Aufstellung eines Bebauungsplanes beschlossen worden ist. Diese Verzögerung kann durch Widerspruch und Klage zum Verwaltungsgericht angefochten werden – ein Zeitverlust ist damit ebenso verbunden wie eine »Verhärtung der Fronten«.

2.4.2 Planaufstellungsverfahren

Nach dem Aufstellungsbeschluß besteht auch während der Aufstellung des Bebauungsplanes ein erhebliches Koordinationsbedürfnis. Dies betrifft zum einen das Projekt selbst und die Erstellung der Planentwürfe, zum anderen die Beratungen im Gemeinde-/Stadtrat (bzw. dem zuständigen Ausschuß bei größeren Gemeinden) sowie die Sachbehandlung von Einwendungen. Ein Bebauungsplanentwurf hat zur Beteiligung der Bürger für die Dauer eines Monats auszuliegen; in der Regel werden in dieser Zeit Einwendungen erhoben, die dann zu verhandeln sind. Darüber hinaus werden im Verfahren die sog. »Träger öffentlicher Belange« gehört und nehmen ebenfalls zu den Planungsabsichten Stellung. Manchmal sind daraufhin Modifikationen entweder am Planentwurf oder auch an dem Projekt selbst notwendig, manchesmal handelt es sich um unüberwindbare Einwände – diese müssen im Verfahren ebenfalls sorgfältig »beachtet und bewältigt« werden:

Am Ende des Planaufstellungsverfahrens gilt es nämlich, die unterschiedlichen, betroffenen Interessen bzw. Belange vollständig aufzulisten und zu würdigen, gegeneinander sachgerecht abzuwägen und auf diese Art und Weise eine optimale Konfliktbewältigung zu erreichen.

Auch hierbei kann Kooperation zwischen Maßnahmeträger und planender Gemeinde von Vorteil sein, weil sich mancher Konflikt durch entsprechende Abstimmung minimieren läßt.

Das Planaufstellungsverfahren selbst nimmt einige Zeit in Anspruch – ein Jahr (und mehr) kann durchaus notwendig werden –, weil gerade die Träger öffentlicher Belange sich häufig mit ihren Stellungnahmen zu lange Zeit lassen. Die Gemeinde kann durch entsprechende Dringlichkeitsschreiben beschleunigend wirken; auch die Bereitschaft, die jeweiligen Sitzungen des zuständigen Organs kurzfristig anzuberaumen, ist von Vorteil. Ist das richtige Planungsbüro ausgewählt, so kann dies mehrere Monate Verkürzung bedeuten, da manche Büros Pläne allzu lange liegenlassen.

2.4.3 Erlaß eines Bebauungsplanes

Der Bebauungsplan wird als Satzung beschlossen und anschließend öffentlich bekanntgemacht; ab diesem Zeitpunkt ist er rechtsverbindlich.

Wenn schon ein Bebauungsplan erlassen wird, sollte sich der wenn auch Betroffene, so letztlich doch von dem Plan Begünstigte bemühen, einen Bebauungsplan zu erhalten, der Rechtsbestand hat, also nicht an Rechtsmängeln leidet. Die Beachtung der Verfahrensvorschriften obliegt der Gemeinde – sie kann lediglich begleitend überwacht werden. Insoweit gibt es jedoch umfangreiche Heilungsvorschriften, so daß die Gefahr eines Formfehlers als relativ gering anzusehen ist.

Wesentlich problematischer ist das bereits angesprochene »Gebot der Konfliktbewältigung«, das heißt die sachgerechte Berücksichtigung widerstreitender Interessen. In der jüngeren Vergangenheit zunehmend ist die *Umweltbetroffenheit* einer jener Belange, der mit erheblichem Gewicht berücksichtigt werden muß (vgl. hierzu im einzelnen den Beitrag von Beck).

Wenn bisher unbebaute Grundstücke der Bebauung zugeführt werden sollen und es sich um ein größeres Industrieobjekt handelt, so ist eine Umweltbetroffenheit nicht von der Hand zu weisen. Die sachgerechte Konfliktbewältigung gebietet die Darlegung der diesen Belang überwiegenden, für das Vorhaben sprechenden Interessen und Belange. All dies leistet die sog. Bebauungsplanbegründung, die dem gezeichneten Plan beigefügt sein muß und ebenfalls Gegenstand des gemeindlichen Satzungsbeschlusses ist. Diese Begründung kann durch entsprechende Beiträge des Maßnahmeträgers durchaus beeinflußt sein. Die Formulierung im einzelnen muß jedoch von der Gemeinde beschlossen werden. Sachgerechte Abwägung ist deshalb unabdingbar, weil sie im *Normenkontrollverfahren* von klagenden Gegnern vor Gericht gebracht werden kann. Ein Bebauungsplan kann dort bei Mißachtung des Abwägungsgebots für nichtig erklärt werden. Die Planungszeit ist dann verloren und in der Regel die Bereitschaft der Kommune zur Neuaufstellung eines Bebauungsplanes minimal.

Im Interesse des Projektträgers liegt es daher, daß der Bebauungsplan auch rechtlich Bestand hat; die hierfür notwendigen Beiträge müssen vor Erlaß des Bebauungsplanes beigebracht werden – danach ist es zu spät. Maßgeblich für die Beurteilung der Sach- und Rechtslage ist der Zeitpunkt des Satzungsbeschlusses in der Kommune.

Selbstverständlich ist es im Konfliktfall ebenfalls möglich, gegen unliebsame Bebauungspläne selbst den Weg zum Oberverwaltungsgericht zu gehen und Normenkontrollantrag zu stellen. Wenn sich im Verfahren zur Aufstellung des Bebauungsplanes nicht hinnehmbare Festsetzungen abzeichnen, sollte zwar hiergegen opponiert werden, Fehlervermeidung zum Schutze der Kommune ist jedoch dann nicht angebracht, weil Fehler im Bebauungsplanverfahren dann zum eigenen Vorteil erfolgreich bei Gericht vorgetragen werden können.

2.4.4 Absprachen

Bereits mehrfach ist angedeutet, daß die Kooperation zwischen Kommune und Projektträger von Vorteil ist. Gleichzeitig ist jedoch zu beachten, daß aufgrund des kommunalen Abwägungsgebotes die Gemeinde unabhängig und selbständig den Bebauungsplan zu erlassen hat. In Literatur und Rechtsprechung wird daher sehr häufig die Auffassung vertreten, Absprachen zwischen Projektträger bzw. Grundstückseigentümer auf der einen Seite und Kommune auf der anderen Seite seien grundsätzlich unmöglich, weil sie jeweils den Abwägungsspielraum der Kommune bei Erlaß des Bebauungsplanes unzulässig einschränken.

Dem muß widersprochen werden: In dem nach wie vor für Bebauungspläne maßgeblichen Grundsatzurteil des Bundesverwaltungsgerichts vom 5. 7. 1974 (Az.: BVerwG IV C 50.72), dem sog. Flachglasurteil, hat das Bundesverwaltungsgericht sehr praxisnahe deutliche Worte gefunden, die Bindungen im Vorfeld des Satzungserlasses ausdrücklich zulassen:

»... Es kann ernstlich keine Meinungsverschiedenheit darüber geben, daß insbesondere bei Projekten einer bestimmten Größenordnung häufig nicht alle Entscheidungen – im Sinne einer Erhaltung voller planerischer Freiheit – bis zur abschließenden Abwägung zurückgestellt werden können. Je umfangreicher und komplizierter ein planerisches Vorhaben ist oder wird, umso mehr kommt es nach aller Erfahrung zu einer notwendigen Wechselwirkung zwischen der planerischen Festsetzung und ihrer konkreten Verwirklichung. Das führt – in diesem oder jenem Stadium, innerhalb oder außerhalb des eigentlichen Planverfahrens – zu mehr oder weniger endgültigen Festlegungen, die eine entsprechende Schmälerung des abschließenden Abwägungsvorganges bewirken und auch bewirken sollen. Dem Planverfahren vorgeschaltete Besprechungen, Abstimmungen, Zusagen, Verträge u. a. m. können geradezu unerläßlich sein, um überhaupt sachgerecht planen und eine angemessene effektive Realisierung dieser Planung gewährleisten zu können. Das alles pauschal als gesetzwidrig abtun zu wollen ginge an der Realität der Planungsvorgänge vorbei.«

Das Gericht stellt dem zwar das Interesse an der Entscheidungsfreiheit der Gemeinde gegenüber und macht deutlich, daß ein Spielraum in der Entscheidung bei der Gemeinde verbleiben muß; gleichwohl wird klar, daß eine gesetzlich vorgeschriebene Zurückhaltung des Projektträgers nicht allgemein besteht, sondern die konstruktive Mitwirkung sehr wohl der Rechtsordnung entspricht.

2.4.5 Änderung eines bestehenden Bebauungsplanes

Wenn für ein in Aussicht genommenes Grundstück ein Bebauungsplan besteht, dessen Festsetzungen nicht dem konkreten Vorhaben entsprechen, gibt es rechtlich zwei Möglichkeiten, dieses Hindernis zu überwinden:

– Befreiung von den Festsetzungen des Bebauungsplanes für eine konkrete Baugenehmigung oder
– Anpassung des Bebauungsplanes durch Änderung.

Der einfachere und weniger Zeit beanspruchende Weg ist jener über die *Befreiung*. Diese ist nach § 31 BauGB möglich. Voraussetzung ist, daß entweder die Abweichung von den Festsetzungen städtebaulich vertretbar ist und die Grundzüge des Bebauungsplanes nicht berührt werden oder aber, daß die Durchführung des Bebauungsplanes zu einer offenbar nicht beabsichtigten Härte führen würde. Außerdem muß die Abweichung auch unter Würdigung nachbarlicher Interessen mit den öffentlichen Belangen vereinbar sein.

Die hierfür notwendige Einzelfallwürdigung bedarf gründlicher Analyse und ebenfalls einer Abklärung im Vorfeld des Baugenehmigungsverfahrens, weil andernfalls unnötige Verzögerungen eintreten. Als Beispiel seien geringfügige Überschreitungen der Baugrenze genannt; schwieriger ist es schon bei einer anderen Art der Erschließung; noch problematischer bei Nutzungskonflikten, wenn beispielsweise von dem Vorhaben Bereiche berührt werden, für die allgemeines Wohngebiet festgelegt ist.

Immer dann, wenn der bestehende Bebauungsplan in seinen Grundzügen betroffen ist oder erhebliche Abweichungen bestehen, kommt eine *Änderung des Bebauungsplanes* selbst in Betracht. Auch insoweit gilt, daß die Kommune die Erforderlichkeit selbst zu beurteilen hat.

Das Änderungsverfahren folgt im wesentlichen den oben bereits dargestellten Grundzügen eines Planaufstellungsverfahrens. Es sei jedoch darauf hingewiesen, daß es ein sog. »vereinfachtes Verfahren« gibt, bei dem die öffentliche Auslegung entfällt und das Verfahren insgesamt abgekürzt ist. § 13 BauGB enthält die näheren Einzelheiten.

2.4.6 Baubeginn während der Planaufstellung

Eine Besonderheit enthält § 33 BauGB. Nach dieser Bestimmung ist es möglich, die Baugenehmigung zu erteilen und damit dann auch mit dem Bau zu beginnen, noch bevor der Bebauungsplan selbst in Kraft getreten ist. Voraussetzung ist, daß im Bebauungsplanverfahren die öffentliche Bürgeranhörung erfolgt ist und die Träger öffentlicher Belange gehört wurden. Außerdem muß sich der Bauherr verpflichten, die in Aussicht stehenden Festsetzungen des Bebauungsplanes einzuhalten und zu beachten; auch die Erschließung muß gesichert sein. Wenn die Aufstellung des Bebauungsplanes bzw. die Änderung kooperativ erfolgt, besteht die Möglichkeit, über diesen Weg mehrere Monate Zeit zu gewinnen – ein nicht unerheblicher Vorteil.

2.4.7 Besonderheiten der Baunutzungsverordnung

Bei der Aufstellung des Bebauungsplanes werden die Gebiete entsprechend der Baunutzungsverordnung festgelegt. Es gibt grundsätzliche Gebietstypen vom Wohngebiet bis zum Industriegebiet, Sondergebiet und Kerngebiet. Die typisierende Auflistung in §§ 2 ff BauNVO enthält genaue Bestimmungen, welche Art von Gewerbebetrieben jeweils in dem einzelnen Gebiet zulässig sind.

Zur Feingliederung steht der Kommune jedoch noch § 1 BauNVO zur Verfügung. Nach der neueren Rechtsprechung kann die Kommune, wenn es städtebaulich begründbar und gerechtfertigt ist, einzelne Nutzungen, die in dem Gebietstyp nach §§ 2 ff BauNVO grundsätzlich zulässig sind, von dieser Zulässigkeit ausschließen und so das Gebiet in den Nutzungsmöglichkeiten noch stärker beschränken. Auch ist es möglich, im Rahmen eines größeren Gebiets die grundsätzlich zulässigen Nutzungen in Teilbereiche zu verweisen und auf diese Art und Weise eine besondere städtebauliche Struktur auszuweisen.

Liegt bereits ein Bebauungsplan vor, so ist anhand seiner Festsetzungen regelmäßig unter Berücksichtigung der BauNVO zu überprüfen, ob das konkret in Aussicht genommene Vorhaben in dem betreffenden Bereich zulässig ist.

Für Gewerbeimmobilien von besonderer Bedeutung ist § 11 BauNVO, der sonstige Sondergebiete festlegt und hierunter als insbesondere in Betracht kommende Nutzungen festlegt:
- Ladengebiete
- Gebiete für Einkaufszentren und großflächige Handelsbetriebe
- Klinikgebiete.

Einkaufszentren sind, ebenso wie großflächige Einzelhandelsbetriebe und sonstige großflächige Handelsbetriebe, in sog. Kerngebieten oder in entsprechenden Sondergebieten zulässig. Die regelmäßig angewandte, typisierende Betrachtungsweise geht davon aus, daß die besonderen Auswirkungen dieser Nutzungsarten insbesondere bei größeren Verkaufsflächen ab 1 200 qm erreicht sind. Inzwischen gibt es jedoch bereits extreme Einzelfallentscheidungen, die die Anwendung des § 11 BauNVO auch für zulässig halten bei Verkaufsflächengrößen ab 700 qm. Mehrere Grundsatzentscheidungen zu den großflächigen Einzelhandelsbetrieben hat das Bundesverwaltungsgericht am 22.5.1987 gefällt (abgedruckt beispielsweise in der Zeitschrift BauRecht, Jahrgang 1987).

Die BauNVO enthält darüber hinaus die genauen Bestimmungen zum Maß der Nutzung nach überbaubarer Grundstücksfläche, Zahl der Vollgeschosse usw., ebenso Fragen zur Zulässigkeit von Garagen und Stellplätzen.

Häufig wird die BauNVO auch herangezogen zur Beurteilung der Zulässigkeit von Vorhaben im Innenbereich, ohne daß für diesen Bereich ein Bebauungsplan vorliegt. Dies geht zurück auf § 34 Abs. 3 BauGB, der diese Beurteilung ausdrücklich für rechtmäßig erklärt. Die Schwierigkeit liegt dann oft darin, daß es konkrete Einzelfestsetzungen nicht gibt und die typisierenden Regelungen der BauNVO für den Einzelfall nicht hinreichende Genauigkeit anbieten. Auch in diesen Fällen ist, ausgehend von der grundsätzlichen Baufreiheit und dem genannten Einfügungsgebot des § 34 BauGB, Raum für kooperative Gespräche.

3. Verhandlungen – Kompetenz, Kooperation

Ausgehend von dem bereits zitierten »Flachglasurteil« des Bundesverwaltungsgerichts, hat sich die Erkenntnis durchgesetzt, daß *Kooperation* mit Genehmigungsbehörde und Kommune der geeignetere Weg ist, Projekte zu realisieren. Dies gilt nicht nur für die Errichtungsphase, sondern auch für die spätere Nutzungsphase – manchesmal wirken sich Fehler der Errichtungsphase verhängnisvoll auf die spätere Akzeptanz des realisierten Projekts in der Bevölkerung aus.

Grundvoraussetzung für erfolgreiche konsensuale Durchsetzung ist *eigene Kompetenz* sowie Zuverlässigkeit. Eigene Kompetenz bedeutet zum einen Erfahrung in der Verhandlungsführung selbst. Es bedeutet aber als Grundvoraussetzung Kenntnis der rechtlichen und tatsächlichen Gegebenheiten ebenso wie Einblick in die Strukturen eines Planungsvorganges und der politischen Entscheidungsprozesse. Von Vorteil ist das Vermögen, sich auch in die Rolle von Genehmigungsbehörde und gegebenenfalls planender Kommune hineindenken zu können, um aus dieser Sicht heraus argumentativ das eigene Vorhaben zu stützen. Die Durchsetzung von Ansprüchen wird umso leichter, je überzeugender diese Ansprüche angemeldet werden können.

Die Erfahrung lehrt, daß Streitverfahren aufgrund ihres Zeitaufwandes nur ultima ratio sind und sich erst rechtfertigen nach Ausschöpfung aller Möglichkeiten der Kooperation.

Die Beachtung der juristischen Seite beginnt nicht erst nach dem Scheitern von Verhandlungen, sondern muß Grundlage der Verhandlungen sein.

DR. JUR. WALTER BECK

Das Umweltschutzrecht – Ein Überblick

Inhalt

1.	Einführung – Das Unternehmerrisiko	729
1.1	Der Umweltschutz: das tonangebende Instrument	729
1.2	Das Grundrecht auf Umweltschutz	730
1.3	Das rechtliche Risiko	730
1.4	Organisationsfehler	731
2.	Ziele und Prinzipien des Umweltschutzes	731
2.1	Die drei Ziele	731
2.2	Die drei Prinzipien	732
2.2.1	Das Vorsorgeprinzip	732
2.2.2	Das Verursacherprinzip	733
2.2.3	Das Kooperationsprinzip	734
2.3	Die Instrumente des Umweltrechts	735
2.3.1	Planungsinstrumente	735
2.3.2	Ordnungsinstrumente	736
3.	Schaubild: Ziele – Grundsätze, Gefahren des Umweltschutzrechts	737
4.	Die Haftung im Umweltrecht	738
4.1	Die strafrechtliche Verantwortung	738
4.2	Unternehmenshierarchie und Strafrecht	739
4.2.1	Die Haftung des Organs – § 14 StGB	739
4.2.2	Die Haftung des Inhabers – § 130 OWiG	740
4.2.3	Die Haftung der juristischen Person – § 30 OWiG	741
4.2.4	Die Haftung des Beauftragten	742
4.3	Verunreinigung eines Gewässers – § 324 StGB	742
4.3.1	Die nachteilige Veränderung	743
4.3.2	Die Organisationspflichten	743
4.4	Die Luftverunreinigung und der Lärm – § 325 StGB	743
4.5	Umweltgefährdende Abfallbeseitigung – § 326 StGB	744
4.6	Unerlaubtes Betreiben von Anlagen – § 327 StGB	745
4.7	Die Belehrung der Mitarbeiter	746

4.8	Schaubild: Strafrechtliche Verantwortung	747
4.9	Die Haftung nach dem Zivilrecht	748
4.9.1	Emissionen/Immissionen	748
4.10	Das Nachbarrecht	748
4.10.1	Die Beweislastumkehr	749
4.10.2	Die Haftung mehrerer	749
4.11	Die Verkehrssicherungspflicht	749
4.11.1	Begünstigte der Verkehrssicherungspflicht	750
4.11.2	Das Verschulden	750
4.11.3	Beweislast	751
4.12	Die Produzentenhaftung – ihr Einfluß auf den Umweltschutz	751
4.12.1	Schutzgesetze	751
4.12.2	Die Produktbeobachtung – Beobachtung der Umwelteinflüsse	752
4.13	Die – reine – Gefährdungshaftung	752
5.	Probleme mit den Altlasten	753
6.	Die Umweltverträglichkeitsprüfung – UVP	753
7.	Der Umweltschutz in der EG	754
8.	Das Bundesimmissionsschutzgesetz (BImSchG)	755
8.1	Der Vorbescheid – § 9	755
8.2	Der Konzeptvorbescheid – § 9	756
8.3	Die Teilgenehmigung – § 8	756
8.4	Nachträgliche Anordnungen – § 17	756
8.5	Der Bestandsschutz	757
8.6	Der Nachbarschutz	757
9.	Die TA-Luft und die TA-Lärm	757
10.	Regelungskreise in Mietverträgen	757
11.	Schlußbemerkungen	758

1. Einführung – Das Unternehmerrisiko

Vielen Unternehmern hängt das Thema »Umweltschutz« schon heute »zum Halse« heraus. Es gibt aber keinen Zweifel, daß wir überhaupt erst am Anfang eines politischen und rechtlichen Prozesses stehen, der den Unternehmen und den Unternehmern, aber in fast gleichem Maße auch den Eigentümern oder Betreibern von gewerblichen Immobilien noch gar nicht absehbare Lasten und vor allem Risiken auferlegen wird. Dabei geht es nicht nur an den Geldbeutel, wie beispielsweise im Baurecht, wenn es zum Stillstand vom Bauvorhaben kommt oder zur Unterbrechung der Nutzung durch Baumängel oder etwa zu einer Verzögerung des Baubeginns durch Planungsprobleme.

Der Umweltschutz ist *kriminalisiert*. Die Gefahr für Unternehmer, wegen Verstößen gegen Umweltgesetze nicht nur mit Geldstrafen, sondern auch mit Haft bestraft zu werden, steigt ständig an. Dieser Trend wird sich verschärfen.

1.1 Der Umweltschutz: das tonangebende Instrument

In den nächsten Jahren wird der Umweltschutz in dem Konzert um die Wählerstimmen das tonangebende Instrument sein. Nicht nur die politische Präsenz der »Grünen« ist dafür ein Garant. Im Europaparlament haben durch die Wahlen vom 18. Juni 1989 die Linksparteien insgesamt die Mehrheit erhalten. Sie können Wähler aus dem Block der Grünen am ehesten über Umweltschutzfragen zurückgewinnen.

Europa geht es so gut wie nie. Materielle Ängste fehlen weitgehend. Die Menschen können sich daher voller Intensität der Frage widmen, wie sie ihren Besitzstand so lange und so gesund wie möglich genießen können. Verstöße gegen die Umwelt werden deshalb zunehmend als Verstöße gegen den *eigenen* Besitz, die *eigene* Gesundheit angesehen. Dies gilt auch für Richter, Staatsanwälte, Beamte. Wer also bei diesen Berufsgruppen auf Verständnis setzt, verkennt die Interessenslage. Da nützt es auch wenig, auf die unternehmerische Aufgabe zu verweisen, Arbeitsplätze zu erhalten oder zu schaffen.

Von den Unternehmern wird die Dominanz dieses Instruments Umweltschutz immer noch unterschätzt. Der Bereich *»Haftung«* für Umweltprobleme ist gerade deshalb in den Mittelpunkt dieses Beitrages gestellt worden.

Z.B.: *Gewerbeflächen sind an einen Betrieb für Biogenetik vermietet. Ohne Verschulden der Firma »entkommen« Viren, die Gen-Motivationen bei Pflanzen oder Tieren hervorrufen können. Haftet der Eigentümer des Gebäudes für Schäden, die dadurch entstehen – auch ohne eigene Schuld?*

Durch den Brand in der Lagerhalle einer Firma gelangen Chemikalien in die Luft.

Bei den umliegenden Bewohnern treten in den Tagen und Wochen danach Brechreize und Hustenanfälle auf.

Muß der Betroffene beweisen, daß die Chemikalien die Krankheit verursacht haben? Oder genügt schon die ärztlich oder durch ein ÖKO-Institut bestätigte Möglichkeit, daß die Chemikalien Verursacher sind? Muß dann der Unternehmer den Beweis erbringen, daß das unmöglich der Fall sein kann? Hilft es ihm, daß er an dem Brand schuldlos war? Hilft es dem Eigentümer des Grundstückes?

Bewohner in der Nähe einer Elektroversorgungsstation eines Altenheimes oder eines Gewerbeparkes klagen zunehmend über Kopfschmerzen. Es finden sich fachliche Bestätigungen, die einen erheblichen Einfluß der Veränderung des Magnetfeldes durch diese Elektroversorgungseinheit annehmen.

Eine Prüfung ergibt: Der dafür zuständige Angestellte hat die Wartung schlampig durchgeführt. Dadurch kam es zu erheblichen Magnetfeldverzerrungen. Kann der Unternehmer dafür bestraft werden?

Schon diese wenigen, der Praxis entnommenen Fälle zeigen den weitreichenden »Tonumfang« des Instrumentes Umweltschutz. Dem Unternehmer mag es dabei manchmal schrill in den Ohren klingen.

1.2 Das Grundrecht auf Umweltschutz

Die politische Willensbildung dringt auf eine Verankerung des Umweltschutzes in einem Artikel 20a des Grundgesetzes. Diese verfassungsrechtliche Einbettung wird die Intensität aller Betroffenen – und wer ist von dem Thema Umwelt nicht betroffen? – verstärken. Der politische Druck auf die Zulassung von Popularklagen in Umweltschutzfragen wird ebenfalls zunehmen. Da – notwendigerweise – jede unternehmerische Maßnahme in die Umwelt anderer eingreift, stehen uns noch eine Fülle von weiteren Umweltregelungen bevor.

1.3 Das rechtliche Risiko

In Gesetzgebung und Verwaltung ist der Umgang mit dem Umweltschutz immer noch neu und ungewohnt. Die heutigen Verwaltungsstrukturen passen nur schlecht auf ein so übergreifendes Thema, das Vernetzungen zwischen Technik, Verwaltung und Wirtschaft verlangt. Das Ergebnis sind schlechte, unscharfe Normen, die einen sehr weiten Spielraum lassen. Dies gibt Ansatzpunkte für überreizte Reaktionen der Verwaltung. Ein hoher Beamter hat kürzlich die Meinung vertreten, es sei das große Glück der Betriebe, daß die Verwaltung nicht ausreichend Personal habe, um die bestehenden Normen auch wirklich in aller Konsequenz durchzusetzen. Geht man davon aus, daß gerade das Gebiet Umweltschutz eine hohe Attraktivität besitzt, heißt dies: Es werden immer mehr Stellen verlangt und auch ausreichend Bewerber vorhanden sein.

Im Strafrecht sind ebenfalls die Normen schnell und damit risikoreich für die Betroffenen abgefaßt worden. Scharfe Reaktionen der Staatsanwaltschaft sind zu erwarten, schon weil sie in die politische Landschaft passen. Schließlich: auch Staatsanwälte und Richter wollen die Segnungen des Wohlstandes möglichst lange und gesund genießen. Gerade während der Abfassung dieses Artikels stand einer unserer Mandanten, ein renommierter mittelständischer Betrieb unter der sehr ernstgemeinten Drohung der Verwaltung, aus Umweltschutzgründen die Produktionsstätte zu schließen. Dabei standen 400 Arbeitsplätze auf dem Spiel. Buchstäblich in letzter Minute konnte diese Stillegung verhindert werden. Schon wenige Tage, nachdem das Thema Umweltschutz von der Presse aufgenommen war, war auch die Staatsanwaltschaft im Hause und hat zimmerweise Akten beschlagnahmt.

1.4 Organisationsfehler

Schließlich zeigt sich: die Unternehmen sind organisatorisch auf Umweltfragen noch nicht eingerichtet, weder gibt es klare Delegationen, die zumindest das Haftungsrisiko einschränken, noch gibt es konsequente Schulungen der Mitarbeiter, um den Kenntnisstand zu vertiefen. Solche Organisationslücken führen sowohl zu zivilrechtlichen Haftungsansprüchen wie auch zur Erfüllung von Straftatbeständen (vgl. Ziff. 4.2).

2. Ziele und Prinzipien des Umweltschutzes

2.1 Die drei Ziele

Zielvorstellungen sollen helfen, Auslegungsfragen zu erleichtern und die Rechtssicherheit zu stärken. Dies gilt insbesondere bei neuen Rechtsgebieten, in denen noch keine Erfahrung von Verwaltung und Rechtsprechung für überschaubare Linien sorgt. Je klarer deshalb die Zielsetzung, desto eher kann eine wirkungsvolle Hilfe bei der Auslegung von Unschärfen und Unsicherheiten erwartet werden. Es ist deshalb schade – vielleicht aber auch symptomatisch – daß in den verschiedenen Umweltgesetzen die Zielvorstellungen sehr weit gefaßt und vage sind.

Das Abfallbeseitigungsgesetz fordert beispielsweise eine geordnete Entsorgung »zur Wahrung des *Wohls der Allgemeinheit*, insbesondere des *Schutzes der Umwelt*, ...« (§1 Abs. 1 Abfallgesetz). Im §2 Abs. 1 heißt es: »Abfälle...« sind so zu entsorgen, daß das *Wohl der Allgemeinheit* nicht beeinträchtigt wird...«

Ähnlich legt das Wasserhaushaltsgesetz die Verpflichtung auf, Gewässer so zu bewirtschaften, ... »daß sie dem *Wohl der Allgemeinheit*... dienen und daß jede *vermeidbare* Beeinträchtigung unterbleibt.« (§ 1a Abs. 1). Das Bundesnaturschutzgesetz sichert die »*Lebensgrundlagen* der Menschen« (§ 1).

Gesetze, die den Schutz vor Beeinträchtigungen regeln, wie das Bundesimmissionsschutzgesetz, haben keine Grenze bei der Festlegung des Schutzumfangs. Ergänzungsvorschriften wie die TA-Luft oder TA-Lärm regeln jeweils nur vorläufig und setzen nur Maximalwerte fest. Auf Suche nach den *Zielen* paßt deshalb auch die Vorgabe des Umweltprogramms der Bundesregierung von 1971 noch heute. Danach soll das Umweltrecht
- dem Menschen eine Umwelt sichern, die es ihm ermöglicht, ein gesundes Leben und ein menschenwürdiges Dasein zu führen,
- die Umweltgüter sowie die Pflanzen und Tierwelt vor nachteiligen Eingriffen durch Menschen schützen und
- bereits eingetretene Schäden oder Nachteile aus Umwelteingriffen weitestgehend beseitigen.

Diese weite Fassung, die sich letztlich in den verschiedensten Gesetzen und Verordnungen widerspiegelt, weist dem Umweltschutz einen allumfassenden Kompetenzbereich zu. Für die Umweltschützer ist dies ein sehr reizvoller Ansatzpunkt, um auch überall kompetent zu sein. Für die Betroffenen stellt dies eine unabschätzbare Entwicklung dar und bringt eine Welt stets neuer Überraschungen.

2.2 Die drei Prinzipien

Drei entscheidende Grundsätze bilden das Fundament, auf dem der Umweltschutz eine künftig heile Welt aufbauen soll:
- das *Vorsorgeprinzip*
- das *Verursacherprinzip*
- das *Kooperationsprinzip*.

2.2.1 Das Vorsorgeprinzip

Eigentlich ist materielles Leitbild (so Schmidt) für die neue Umweltpolitik das Vorsorgeprinzip. Durch vorausschauendes Handeln und Überlegen sollen bereits mögliche Belastungen der Umwelt vermieden werden. Damit sollen die Quellen der künftigen Weiterentwicklung gesichert werden. Die vorhandene Ökostruktur soll zumindest für die Zukunft nicht mehr schlechter werden. Die entscheidende Forderung ist also, *das Übel an der Wurzel* zu packen.

Es ist also besser, gefährliche Abluft, die durch Arbeit mit chemisch belasteten Materialien entstehen kann, durch Ersatz dieser Stoffe zu vermeiden. Ein aufwendiges Filtersystem, das die entstandene schlechte Abluft nachträglich wieder reinigt, ist demgegenüber sozusagen nur eine »Krücke«. Besonders deutlich tritt dieser Vorsorgegedanke beim *Bundesimmissionsschutzgesetz* und dem Wasserhaushaltsgesetz auf. Verbunden mit der Verpflichtung, alle nur denkbaren Schadensursachen zu minimieren, stellt die Vorsorgepflicht eine erhebliche Anforderung an unternehmerische Weitsicht und ständige unternehmerische Kontrolle dar.

Im *Bundesnaturschutzgesetz* (§ 8) ist das *Verbot* enthalten, die Qualität des vorhandenen Umweltbestandes *zu verschlechtern*. In zahlreichen Planungsvorschriften, wie beispielsweise in dem neu gefaßten § 1 Abs. 5 des Baugesetzbuches oder im § 50 des Bundesimmissionsschutzgesetzes ist die Verpflichtung der Umweltgestaltung besonders deutlich festgehalten:

So heißt es in § 1 Abs. 5 BauGB:
»Die Bauleitpläne sollen ... dazu beitragen, eine menschenwürdige Umwelt zu sichern und die natürlichen Lebensgrundlagen zu schützen und zu entwickeln ...«

§ 50 BImSchG lautet:
»Bei raumbedeutsamen Planungen und Maßnahmen sind die für eine bestimmte Nutzung vorgesehenen Flächen einander so zuzuordnen, daß schädliche Umwelteinwirkungen auf die ausschließlich oder überwiegend dem Wohnen dienenden Gebiete sowie auch sonstige schutzwürdige Gebiete so weit wie möglich vermieden werden.«

Dieses Vorsorgeprinzip führt zu einer immer stärkeren Verpflichtung und Haftung des Betroffenen und zu einer *Beweislastumkehr* (vgl. dazu unter Ziffer 4.10.1). Die Grundgedanken dieser Vorsorgeüberlegung werden zu einer immer stärkeren Ausprägung und Durchführung folgender Regeln leiten:
– Jedes neue Belasten der Umwelt soll vermieden werden.
– Der Zwang zum Einsatz der jeweils besten Technologien soll verhindern, daß *zulässige* Grenzwerte in Anspruch genommen werden.
– Behörden müssen die Schädlichkeit eines Stoffes nicht mehr nachweisen. Es genügt die *Wahrscheinlichkeit* eines solchen Schadens.
– Keine neue Planung darf ohne Berücksichtigung der Umweltbelange durchgeführt werden.

2.2.2 Das Verursacherprinzip

Mit Hilfe des »Verursacherprinzips« soll bestimmt werden, *wem* die jeweilige Umweltbeeinträchtigung *angelastet* wird und *wer* konsequenterweise für die Beseitigung oder für die Verminderung der Beeinträchtigung *einzustehen* hat. Dies ist nicht nur eine Frage von Kosten und damit von Geld. Es geht um die materielle Verantwortung und darum, möglicherweise auch mit der eigenen Person für diese Umweltschäden einstehen zu müssen (Strafrecht).

Das gesamte Bestreben von Verwaltung und Gesetzgebung geht dahin, in allererster Linie den *unmittelbaren Verursacher* heranzuziehen. Die eigentliche Ursache der Umweltzerstörung sehen nämlich viele in der Tatsache, daß Luft, Wasser und Boden weitgehend unentgeltlich benutzt – und damit verbraucht oder verschmutzt – werden dürfen. Dadurch entstehende Schäden werden heute noch überwiegend von der Allgemeinheit getragen. Solange man das marktwirtschaftliche Prinzip des Wettbewerbs zugrundelegt, heißt dies: Alles, *was man kostenlos in Anspruch nehmen kann, wird überbeansprucht.* Soweit man daher eine konkrete Inanspruchnahme feststellen kann, die marktorientiert (gewinnorientiert) ist, muß der jeweilige Beanspruchser auch die daraus folgenden Konsequenzen in *seinem* Bereich mit *seinen* Erträgen lösen.

Freilich gibt es eine Fülle von Problemen bei der Festlegung des Ursacherprinzips:
Wer verursacht das Problem des Plastikmülls? Der Produzent von Plastikmaterial? Die Firma, die Plastikmaterial zur Verpackung verarbeitet? Der Produzent des Nahrungsmittels, der das Plastik zur Verpackung benutzt? Der Verbraucher, der kauft?

Die Tendenz wird dahin gehen, möglichst früh einzusetzen, also am liebsten schon beim Produzenten des Plastikmaterials, der künftig vielleicht nur noch umweltfreundliches Plastik anbieten soll. Im einzelnen ist aber die jeweilige Festlegung des Verursachers entscheidend geprägt durch die Zielrichtung der jeweiligen Maßnahme:

Ein Verbot der Produktion von Plastikmaterial dürfte nur schwer möglich sein. Ein Verbot des Einsetzens von Plastikmaterial bei häufigen Verbrauchsgütern ist schon eher erfaßbar. Das Gebot zur abgesonderten Entsorgung von Plastikmaterial beim Hausmüll ist schon wieder schwierig kontrollierbar.

Die Festlegung des Verursachers ist daher weitgehend von Zweck und Ziel der Maßnahme abhängig. Bei der heute sehr weiten Zielfestlegung läßt sich nicht voraussagen, wer künftig ins »Zielfeuer« dieser Festlegungen geraten kann. Führt die zunächst vorgenommene Festlegung eines Verursachers nicht zum gewünschten Erfolg, wird ein anderer vorgeschlagen und angegangen.

2.2.3 Das Kooperationsprinzip

Immer wieder wird das *Kooperationsprinzip* als Lösungsweg für die Umweltprobleme betont. Durch eine *»frühzeitige Beteiligung der gesellschaftlichen Kräfte am umweltpolitischen Willensbildungs- und Entscheidungsprozeß...«* – so schon der Umweltbericht 1976 – sollen die in der Vergangenheit verdrängten Umweltprobleme schneller und reibungsloser gelöst werden als durch einseitige Zwangs- und Strafmaßnahmen.

Diese Formulierung drückt den Wunsch aus, zusammen mit den durch Umweltschutzmaßnahmen betroffenen wirtschaftlichen Gruppen schneller zum Ziel zu kommen als durch Druck. Freiwillige Vereinbarungen erfordern weniger Kontrolle und weniger Personal zur Überwachung als einseitige Zwänge. Dieser politische

Wunsch erweckt in den Augen der dabei nicht beteiligten Bevölkerungskreise (also der Allgemeinheit) gegenwärtig allerdings eher das Gefühl, es werde ein »fauler Kompromiß« zu Lasten der allgemeinen Bevölkerung und zugunsten einer einseitigen Bevorzugung der Wirtschaft, des Unternehmers, des Profits eingegangen.

Durch eine Vereinbarung zwischen einem Landratsamt und einem Produktionsbetrieb werden beispielsweise für eine Übergangszeit Grenzbelastungen der Luft zugelassen, obwohl neueste technische Entwicklungen schon günstigere Werte zulassen. Der Betrieb macht allerdings übergroße wirtschaftliche Belastungen geltend; Dies hat das Landratsamt akzeptiert. Können die betroffenen Nachbarn wegen der Verletzung ihrer Nachbarrechte dennoch die Einhaltung der technisch erreichbaren Werte verlangen?

Bei der absehbaren Popularisierung des Umweltschutzrechtes muß man davon ausgehen: die Individualrechte von Nachbarn oder der allgemeinen Bevölkerung werden noch sehr viel stärker. Das Kooperationsprinzip kann deshalb wohl nur einen vorläufigen Schutz für schnelle Regelungen im Vorfeld geben. Einen Schutz vor der Allzuständigkeit der Allgemeinheit bietet es nicht.

2.3 Die Instrumente des Umweltrechts

Geht man von den verschiedenen Regelungsinhalten aus, kann man unterscheiden zwischen den planungsrechtlichen Instrumenten, Möglichkeiten des Eingriffes und Leistungsgeboten.

2.3.1 Planungsinstrumente

Überwiegend versucht der Umweltschutzgedanke, sich durch Fachplanungen zu artikulieren und im Rahmen von größeren Gesamtplanungen. Dies gilt beispielsweise für die Landschaftsplanung durch das Naturschutzgesetz; für die Festlegung von Belastungsgebieten und Luftreinhaltepläne im Immissionsschutzgesetz; für die Festsetzung besonderer Schutzgebiete, durch Planfeststellungen für den Gewässerausbau und wasserwirtschaftliche Pläne; durch Abfallentsorgungspläne und Planfeststellungen für Abfallentsorgungsanlagen.

Bei anderen Planungen muß der Umweltschutzgedanke jeweils mit einbezogen werden. In der Raumordnung und in der Landesplanung allgemein muß der Umweltschutz unmittelbar berücksichtigt werden. Besonders deutlich zeigt sich dies im Raumordnungsgesetz § 2 Nr. I Nr. 7 ROG:

»Für den Schutz, die Pflege und die Entwicklung von Natur und Landschaft einschließlich des Waldes sowie für die Sicherung und Gestaltung von Erholungsgebieten ist zu sorgen. Für die Reinhaltung des Wassers, die Sicherung der Wasserversorgung und für die Reinhaltung der Luft sowie für den Schutz der Allgemeinheit vor Lärmbelästigungen ist ausreichend Sorge zu tragen.«

Ein besonderes Planungsinstrument ist die »Umweltverträglichkeitsprüfung« (UVP). Sie ist durch die EG-Richtlinie vom 27.6.1985 eingeführt worden. Die Prüfung soll in die bisher bestehenden Prüfsysteme mit eingegliedert werden (vgl. dazu im einzelnen unter Ziffer 6).

2.3.2 Ordnungsinstrumente

Um zu intensives Verwaltungshandeln zu vermeiden, wird immer versucht, mit entsprechenden finanziellen Nachteilen das Verhalten wirtschaftlich zu steuern:

Ein Pfand auf Plastikflaschen, hohe Kosten für die Beseitigung von Sondermüll, gestaffelte Abgaben je nach Schädlichkeit des Abwassers (§ 3 und 4 Abwasserabgabengesetz), Ausgleichsabgaben für Natureingriffe (§ 8 Abs. IX Naturschutzgesetz).

Diese »Sonderabgaben« lassen sich umsetzen in allgemeine Verbesserungsmaßnahmen, die dann ihrerseits wiederum in der Politik gut »verkauft« werden können. Man muß deshalb davon ausgehen, daß solche Instrumente in der Zukunft immer stärker tatsächlich eingesetzt werden.

Eine Fülle von Anmelde-, Anzeige-, Auskunfts- und Sicherungspflichten sollen die Umweltschutzfragen bei der Verwaltung bündeln und einen Überblick verschaffen. Die Verpflichtung, in jeweiligen tendenziell »umweltgefährlichen« Betrieben Umweltschutzbeauftragte zu benennen, verlagert die Verantwortung in den Betrieb und personalisiert diese Verantwortung. Damit ist auch eine Zugriffs- und Haftungserleichterung für die öffentliche Hand geschaffen.

3. Schaubild: Ziele, Grundsätze, Gefahren des Umweltschutzrechts

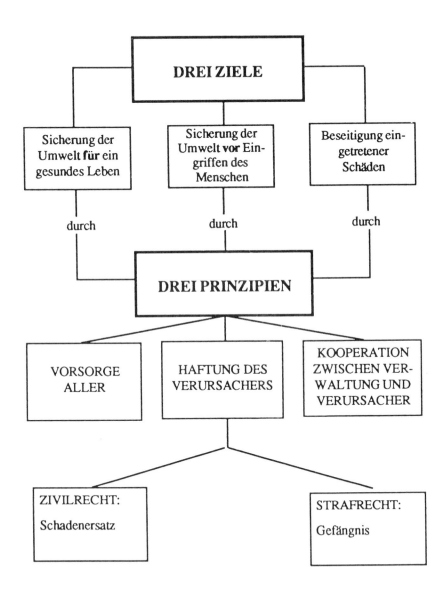

4. Die Haftung im Umweltrecht

Es ist immer wieder überraschend, wie leicht noch heute viele Betriebe und Gewerbetreibende die umweltschutzrechtlichen Haftungsfragen nehmen. Wenige wissen überhaupt, daß insbesondere durch das neu geschaffene »Umweltstrafrecht« die *persönlichen* Gefahren für den einzelnen Unternehmer/Verantwortlichen stark gewachsen sind. Das Umweltstrafrecht leidet im übrigen unter unscharfen und schwierigen Begriffseinordnungen. Es verleitet deshalb auch dazu, ideologischen Übereifer von Strafverfolgungsbehörden zu unterstützen.

Das *zivile* Haftungsrecht rückt im Umweltschutz von der Verschuldenshaftung systematisch ab. Durch die Beweislastumkehr wird es äußerst schwierig, die eigene Schuldlosigkeit an Schäden nachzuweisen, die durch den Betrieb entstanden sind.

4.1 Die strafrechtliche Verantwortung

Es ist schon verblüffend: Gerade diejenigen politischen Strömungen, die vor 20 Jahren noch die Abschaffung des Strafrechtes gefordert hatten und eine Umstellung auf die Fürsorgegedanken, fordern heute schärfere Umweltgesetze. Insbesondere soll nicht erst die Verletzung *konkreter* Umweltgüter bestraft werden, sondern es soll schon ihre Gefährdung genügen. Also auch dann, wenn kein Schaden eingetreten ist, soll eine Strafe ausgesprochen werden können. Auf Suche nach dem Grund für eine solche Änderung der Haltung kann man wohl folgenden Ansatzpunkt erkennen:

Die frühere Liberalisierung des Strafrechtes war in der Diskussion insbesondere zum Schutze von Einzeltätern, von radikalen Polittätern, von »typischen« Kriminellen. Die heutige Verschärfungsdiskussion geht tendenziell insbesondere gegen all diejenigen, die in großem Maße die Umwelt in Anspruch nehmen, also die gewerbliche Wirtschaft. Allein durch ihre Existenz stellt sie Gefahren für Leben und Gesundheit in der Allgemeinheit dar. Ob dies nun eine Firma für biogenetische Forschungen ist, eine Lagerhalle für chemische Düngemittel, ein Produktionsbetrieb von Papier, der Wasser benötigt, der Straßenbau, die Verdichtung im Wohnungsbau, die zu einer Veränderung des geographischen Klimas führt, oder was auch immer: Alles kann bei entsprechender Darstellung eine Gefährdung der Volksgesundheit darstellen. In einer solchen Diskussion nützt es dann wenig, darauf zu verweisen, daß gerade diese »Gefährdungsherde« dazu geführt haben, daß die Lebenserwartung der deutschen Bevölkerung in den letzten 80 Jahren sich nahezu verdoppelt hat.

Das politische Klima hat dementsprechend zu strafrechtlichen Regelungen geführt, die – milde formuliert – schwierig sind. Die herrschende Meinung in der Strafrechtliteratur hält die Vorschriften für nicht ausgereift und undurchsichtig. Gerade in dem so schwierigen und tief in die Persönlichkeit eingreifenden Strafrecht sind Gesetzestatbestände geschaffen worden, die eine Fülle von ungeklärten Rechtsfragen aufwerfen. Dies macht die Ausgangsposition für die betroffenen Gewerbetreibenden aber nicht leichter, sondern viel undurchsichtiger, schwieriger, unvoraussagbarer und damit auch gefährlicher.

Sicher kann man gegenwärtig lediglich prognostizieren: Wenn in einem Betrieb eine größere »Umweltsünde« festgestellt wird, ist die Wahrscheinlichkeit, daß der Staatsanwalt bald in der Tür steht, sehr groß.

4.2 Unternehmenshierarchie und Strafrecht

Bei Unternehmen aller Größenordnungen kann man oft zunächst nur ein Versagen der gesamten Organisation feststellen, ohne einer Person konkrete Schuld zuzuweisen. Gerade diese Tatsache führt zu dem engagierten Versuch, möglichst hochgestellte Beschäftigte im Unternehmen zur Haftung heranzuziehen, am liebsten den Unternehmer. Man möchte sich nicht gerne dem Vorwurf aussetzen, nur irgendeinen kleinen Angestellten strafrechtlich zur Verantwortung zu ziehen, dem die lästige Aufgabe zugeschoben wurde. Man will den Unternehmer, der es versäumt hat, den Umweltschutz zu seiner *Hauptaufgabe* zu erklären. Rechtliche Ansatzpunkte dazu bieten im Strafrecht der § 14 Strafgesetzbuch und im Ordnungswidrigkeitenrecht der § 130 OWiG.

4.2.1 Die Haftung des Organs – § 14 StGB

Eigentlich soll diese Vorschrift dem Betroffenen möglichst klar sagen, unter welcher Voraussetzung er sich strafbar macht. Tatsächlich ist die Vorschrift kompliziert und deshalb auch in der Auslegung nicht einfach.

§ 14 Handeln für einen anderen. (1) Handelt jemand
1. als vertretungsberechtigtes Organ einer juristischen Person oder als Mitglied eines solchen Organs,
2. als vertretungsberechtigter Gesellschafter einer Personenhandelsgesellschaft oder
3. als gesetzlicher Vertreter eines anderen,

so ist ein Gesetz, nach dem besondere persönliche Eigenschaften, Verhältnisse oder Umstände (besondere persönliche Merkmale) die Strafbarkeit begründen, auch auf den Vertreter anzuwenden, wenn diese Merkmale zwar nicht bei ihm, aber bei dem Vertretenen vorliegen.

(2) Ist jemand von dem Inhaber eines Betriebes oder einem sonst dazu Befugten
1. beauftragt, den Betrieb ganz oder zum Teil zu leiten, oder
2. ausdrücklich beauftragt, in eigener Verantwortung Aufgaben wahrzunehmen, die dem Inhaber des Betriebes obliegen,

und handelt er auf Grund dieses Auftrages, so ist ein Gesetz, nach dem besondere persönliche Merkmale die Strafbarkeit begründen, auch auf den Beauftragten anzuwenden, wenn diese Merkmale zwar nicht bei ihm, aber bei dem Inhaber des Betriebes vorliegen. Dem Betrieb im Sinne des Satzes 1 steht das Unternehmen gleich. Handelt jemand auf Grund eines entsprechenden Auftrages für eine Stelle, die Aufgaben der öffentlichen Verwaltung wahrnimmt, so ist Satz 1 sinngemäß anzuwenden.

Absatz 1 trifft die Organe und vertretungsberechtigten Gesellschafter, Absatz 2 einen Betriebsleiter bzw. besonderen Beauftragten. Die in § 14 zusammengefaßten Personen haften stellvertretend für das Unternehmen. Sie werden so behandelt, als ob das Unternehmen keine Körperschaft wäre, sondern ein lebendiger strafrechtlich erfaßbarer Organismus, der in diesen Personen zusammengefaßt wird.

Ein Unternehmen erhält z. B. einen Bescheid, in dem eine bestimmte Menge Styrol in der Abluft erlaubt wird. Wird dagegen schuldhaft verstoßen, haftet der Unternehmer, wenn er nicht einwandfrei und qualifiziert die Kontrolle der Einhaltung der gesetzlichen Vorschriften einem fachlich geeigneten Angestellten übertragen hat.

Alle strafrechtlich bedeutsamen Pflichten, also auch die Verpflichtung, sorgfältig zu verfahren, die Bescheide sorgfältig zu überwachen, treffen das Unternehmen und im Unternehmen den Unternehmer, sofern er nicht qualifiziertes Personal dafür abgestellt hat. Dieses qualifizierte Personal haftet dann aber seinerseits nach § 14 Abs. 2.

Durch diese Paragraphen wird das Organisationsverschulden eingekreist. Ein Unternehmer soll sich nicht darauf berufen können, er sei zur Beaufsichtigung nicht selbst in der Lage gewesen.

4.2.2 Die Haftung des Inhabers § 130 OWiG

§ 130 Verletzung der Aufsichtspflicht in Betrieben und Unternehmen
(1) Wer als Inhaber eines Betriebes oder Unternehmens vorsätzlich oder fahrlässig die Aufsichtsmaßnahmen unterläßt, die erforderlich sind, um in dem Betrieb oder Unternehmen Zuwiderhandlungen gegen Pflichten zu verhindern, die den Inhaber als solchen treffen und deren Verletzung mit Strafe oder Geldbuße bedroht ist, handelt ordnungswidrig, wenn eine solche Zuwiderhandlung begangen wird, die durch gehörige Aufsicht hätte verhindert werden können. Zu den erforderlichen Aufsichtsmaßnahmen gehören auch die Bestellung, sorgfältige Auswahl und Überwachung von Aufsichtspersonen.

(2) Dem Inhaber eines Betriebes oder Unternehmens stehen gleich
1. sein gesetzlicher Vertreter,
2. die Mitglieder des zur gesetzlichen Vertretung berufenen Organs einer juristischen Person sowie die vertretungsberechtigten Gesellschafter einer Personenhandelsgesellschaft,
3. Personen, die beauftragt sind, den Betrieb oder das Unternehmen ganz oder zum

Teil zu leiten, soweit es sich um Pflichten handelt, für deren Erfüllung sie verantwortlich sind.

(3) Betrieb oder Unternehmen im Sinne der Absätze 1 und 2 ist auch das öffentliche Unternehmen.

(4) Die Ordnungswidrigkeit kann, wenn die Pflichtverletzung mit Strafe bedroht ist, mit einer Geldbuße bis zu einer Million Deutsche Mark geahndet werden. Ist die Pflichtverletzung mit Geldbuße bedroht, so bestimmt sich das Höchstmaß der Geldbuße wegen der Aufsichtspflichtverletzung nach dem für die Pflichtverletzung angedrohten Höchstmaß der Geldbuße.

§ 130 OWiG gilt also nur für den Inhaber und gleichgestellte Personen sowie Betriebsleiter im Rahmen ihres persönlichen Verantwortungsbereiches. Hier entscheidet also, ob und inwieweit es eine innerbetriebliche Geschäftsverteilung gibt und inwieweit diese Geschäftsverteilung auch brauchbar und nachvollziehbar ist. *Aufsichtspflichtverletzung* ist das Stichwort. Der Umfang der Aufsichtspflicht fängt bei der sorgfältigen Auswahl der Personen an und verlangt eine regelmäßige Überwachung der Aufsichtspersonen oder der dafür bestellten Aufsichtspersonen. Zweckmäßig ist in diesen kritischen Bereichen auch eine schriftliche Dokumentation. Schließlich kann auch eine unzureichende Fortbildung und unzureichende Vorbereitung auf neue Pflichten Organisationsverschulden sein.

4.2.3 Die Haftung der juristischen Person § 30 OWiG

§ 30. Geldbuße gegen juristische Personen und Personenvereinigungen
(1) Hat jemand als vertretungsberechtigtes Organ einer juristischen Person oder als Mitglied eines solchen Organs, als Vorstand eines nicht rechtsfähigen Vereins oder als Mitglied eines solchen Vorstandes oder als vertretungsberechtigter Gesellschafter einer Personenhandelsgesellschaft eine Straftat oder Ordnungswidrigkeit begangen, durch die
1. Pflichten, welche die juristische Person oder die Personenvereinigung treffen, verletzt worden sind, oder
2. die juristische Person oder die Personenvereinigung bereichert worden ist oder werden sollte,

so kann gegen diese eine Geldbuße festgesetzt werden.

(2) Die Geldbuße beträgt
1. im Falle einer vorsätzlichen Straftat bis zu einer Million Deutsche Mark,
2. im Falle einer fahrlässigen Straftat bis zu fünfhunderttausend Deutsche Mark.
...

§ 30 ist die einzige Möglichkeit in unserem gesamten Rechtssystem, ein Unternehmen mit Buße zu belegen. Es werden zwei verschiedene Fallgruppen geregelt: In Abs. 1 und Abs. 4.

Absatz 1: Eine Geldbuße ist möglich, wenn ein *vertretungsberechtigtes Organ* gegen Pflichten der entsprechenden Gesellschaft verstoßen hat. Absatz 4: Ist die »*Verbandsgeldbuße*«. In diesem Fall braucht überhaupt nicht gegen die Vertreter ermittelt werden wie in Abs. 1. Es genügt die Festsetzung gegen das Unternehmen als solches.

Ein Verfahren gegen einen Vorstandsvorsitzenden wird eingestellt, weil er verhandlungsunfähig ist. Es steht fest, daß ein Vorstandsmitglied eine fehlerhafte Anweisung gegeben hat. Es läßt sich aber nicht mehr feststellen, welcher es war.

Die Höhe der Geldbuße kann eine Million DM und gemäß § 30 Abs. 3 höher werden. Eine Gewinnabschöpfung ist im Rahmen der Geldbuße möglich (§ 17 Abs. 3 Satz 2).

4.2.4 Die Haftung des Beauftragten

Die »Beauftragten« in verschiedenen Gesetzen entlasten den Unternehmer nicht:
Der *Gewässerschutzbeauftragte* nach § 21a WHG hat keine eigenen Entscheidungsbefugnisse, sondern soll lediglich dem Zuständigen entsprechende Vorschläge unterbreiten. Das gleiche gilt im übrigen für den *Immissionsschutzbeauftragten* nach § 54 BImSchG und dem *Abfallbeauftragten* gemäß § 11b Abfallgesetz.

Das OLG Frankfurt hat dazu erklärt: Aus der gesetzlichen Regelung ergibt sich, daß der Gewässerschutzbeauftragte keine Entscheidungsbefugnis bzw. Anordnungsbefugnis hat. Eine Garantenstellung ist nur dann gegeben, wenn er *neben* der gesetzlichen Beauftragung auch eine *echte Entscheidungsbefugnis* hat.

4.3 Verunreinigung eines Gewässers § 324 StGB

Liest man die Vorschrift unbefangen, kommt man nicht leicht in Versuchung, sich betroffen zu fühlen:

»*Wer unbefugt ein Gewässer verunreinigt oder sonst dessen Eigenschaften nachteilig verändert, wird mit Freiheitsstrafe bis zu 5 Jahren oder mit Geldstrafe bestraft.*«

Nach ganz herrschender Meinung erfüllt schon jede Einleitung von Abwässern in einen Fluß oder in das Grundwasser die Vorschrift auch dann, wenn die Behörde das Einleiten erlaubt hat. Diese Erlaubnis stellt »lediglich« einen Rechtfertigungsgrund dar.

Sollte sie also in Wirklichkeit nicht vorliegen oder weggefallen sein, fehlt auch der Rechtfertigungsgrund.

Bedenkt man noch die Haftung für das Organisationsverschulden gemäß § 14 StGB bzw. § 120 OWiG, d. h. also die strafrechtliche Verantwortung und Haftung für Mitarbeiter (siehe dazu oben), ist die Gefahr des Konfliktes mit dem Strafgesetz für den Unternehmer groß.

4.3.1 Die nachteilige Veränderung

Nachteilig verändert ist ein Gewässer immer schon dann, wenn durch die Einleitung eine nicht unerhebliche Verschlechterung der Wassergüte, der faktischen Benutzungsmöglichkeiten oder der sonstigen Beschaffenheit des Wassers festgestellt wird. Dabei hängt es wieder von der Vorbelastung des Gewässers ab. Ist ein Wasser bereits »tot«, ist die Einleitung, relativ gesehen, weniger problematisch als die Einleitung in ein sauberes Gewässer.

Für die Haftung genügt schon jede Verschlechterung, die Nachteile bringen *kann*. Die Möglichkeit einer Schadensverursachung bei Tieren, Menschen oder Pflanzen ist *nicht* erforderlich. Schon die Gefahr zusätzlicher Kosten bei der Wasseraufbereitung oder die Beeinträchtigung der natürlichen Regenerationsfähigkeit eines Gewässers reicht aus.

Der Nachweis der nachteiligen Veränderung ist verhältnismäßig leicht. Man muß nicht feststellen, daß eine bestimmte Abwassermenge eingeleitet wurde. Es genügt schon der Nachweis, daß die eingeleiteten Flüssigkeiten aufgrund ihrer chemischen Zusammensetzung den Wasserhaushalt nachteilig beeinflussen *können*. Hat eine Behörde Grenzwerte vorgeschrieben, ist bei ihrer Überschreitung immer eine nachteilige Veränderung als bewiesen anzusehen. Ob und inwieweit die Verunreinigung trotz Einhaltens der Regeln der Technik stattgefunden hat, spielt keine Rolle.

Ein Bescheid – wie schon gesagt – deckt Verhaltensweisen nur ab, solange das Unternehmen sich in den Grenzen des Bescheides bewegt.

4.3.2 Die Organisationspflichten

Die *Organisationspflichten* zum Schutz vor Verunreinigungen gehen sehr weit:
Ein Kühlaggregat hatte einen Materialfehler, den der Lieferant vertreten mußte. Dadurch sind wasserschädliche Produkte in ein öffentliches Gewässer eingedrungen.
Die Staatsanwaltschaft stellte sich auf den Standpunkt, der Lieferant des Aggregates hätte seine Pflichten strafrechtlich verletzt, weil er nicht überall Meßgeräte eingerichtet hätte.

4.4 Luftverunreinigung und Lärm – § 325 StGB

Auch hier zeigt die gesetzliche Formulierung wieder eine Überfülle von dehnbaren Begriffen:
§ 325 StGB Luftverunreinigung und Lärm
(1) Wer beim Betrieb einer Anlage, insbesondere einer Betriebsstätte oder einer Maschine, unter Verletzung verwaltungsrechtlicher Pflichten
1. Veränderungen der natürlichen Zusammensetzung der Luft, insbesondere durch

Freisetzen von Staub, Gasen, Dämpfen oder Geruchsstoffen, verursacht, die geeignet sind, außerhalb des zur Anlage gehörenden Bereichs die Gesundheit eines anderen, Tiere, Pflanzen oder andere Sachen von bedeutendem Wert zu schädigen, oder
2. Lärm verursacht, der geeignet ist, außerhalb des zur Anlage gehörenden Bereichs die Gesundheit eines anderen zu schädigen,

wird mit Freiheitsstrafe bis zu fünf Jahren oder mit Geldstrafe bestraft. Satz 1 gilt nicht für Kraftfahrzeuge, Schienen-, Luft- oder Wasserfahrzeuge.

(2) Der Versuch ist strafbar.

(3) Handelt der Täter fahrlässig, so ist die Strafe Freiheitsstrafe bis zu zwei Jahren oder Geldstrafe.

(4) Verwaltungsrechtliche Pflichten im Sinne des Absatzes 1 verletzt, wer grob pflichtwidrig gegen eine vollziehbare Anordnung oder Auflage verstößt, die dem Schutz vor schädlichen Umwelteinwirkungen dient, oder wer eine Anlage ohne die zum Schutz vor schädlichen Umwelteinwirkungen erforderliche Genehmigung oder entgegen einer zu diesem Zweck erlassenen vollziehbaren Untersagung betreibt.

Geschützt ist die saubere Luft und die Ruhe. Ähnlich wie in § 324 gehen auch hier die Auslegungen sehr weit.

Bei dem Begriff der *Veränderung der natürlichen Zusammensetzung* der Luft gelten die gleichen Überlegungen wie bei der Veränderung des Wassers (4.3.1). Verstoß gegen Lärmschutzvorschriften können gegebenenfalls schon Mitarbeiter geltend machen, die an Arbeitsplätzen arbeiten, die nicht von der jeweiligen Anlage umfaßt sind; auch Mieter in anderen Teilen des Gebäudes.

4.5 Umweltgefährdende Abfallbeseitigung – § 326 StGB

Wichtig ist hier lediglich der Absatz 1 Nr. 3:
  Wer unbefugt Abfälle, die ...
3. nach Art, Beschaffenheit oder Menge geeignet sind, nachhaltig ein Gewässer, die Luft oder den Boden zu verunreinigen oder sonst nachteilig zu verändern, außerhalb einer dafür zugelassenen Anlage oder unter wesentlicher Abweichung von einem vorgeschriebenen oder zugelassenen Verfahren behandelt, lagert, ablagert, abläßt oder sonst beseitigt, wird mit Freiheitsstrafe bis zu drei Jahren oder mit Geldstrafe bestraft.

In der Entscheidung vom Oktober 1986 hat dabei der Bundesgerichtshof klargestellt, daß auch schon *gewöhnlicher Hausmüll*, wenn nur die Menge ausreichend groß ist, von dieser Vorschrift mit umfaßt wird. Abfall wiederum ist gemäß § 1 Abs. 1 Abfallgesetz definiert:
  Abfälle ... sind bewegliche Sachen, deren sich der Besitzer entledigen will oder

deren geordnete Entsorgung zur Wahrung des Wohls der Allgemeinheit, insbesondere des Schutzes der Umwelt, geboten ist.

Problematisch ist insbesondere, daß schon jede *Lagerung oder Behandlung außerhalb* einer entsprechenden *zugelassenen Anlage* strafbar ist.

Die Diskussion wird deshalb heftig um die Frage geführt, ab wann eine Sache den Begriff Abfall erfüllt.
– Plastikmaterial, das in einem Container außerhalb des Firmengeländes gelagert wird: Abfall? Oder noch Wirtschaftsgut, das für den Betrieb benötigt wird?
– Ansammlung von gegenwärtig nicht verwendbaren Materialresten, sei es Holz oder Metall, auf einem freien Lagerplatz: Abfall? Oder Wirtschaftsgut?
– Ölreste, die wiederaufbereitet und dann wieder verwendet werden sollen: Abfall? Oder Wirtschaftsgut?

Die Diskussion ist offen. Eine höchstrichterliche Entscheidung gibt es noch nicht. Gerade deshalb sollte der Unternehmer vorsorgen und klare *interne Regelungen* treffen, welche Materialien als Abfall zu behandeln sind und welche nicht.

§ 326 wird von der Staatsanwaltschaft auch gerne als Arbeitsgrundlage verwendet, wenn ein Unternehmen seine Abwässer in eine kommunale Kanalisationsanlage ausströmen läßt. Ein solcher Abwasserkanal ist nämlich kein Gewässer im Sinne des § 324. Die Rechtsprechung hat entschieden: Die im Rahmen einer großstädtischen Abwassersatzung festgesetzten Grenzwerte einer höchstzulässigen Schadstoffkonzentration können als Richtschnur für die Beurteilung der Gefährlichkeit von Abwässern herangezogen werden.

4.6 Unerlaubtes Betreiben von Anlagen – § 327 StGB

Praktisch wichtig ist Absatz 2 Nr.1 i. V. mit der 4. Verordnung zum Bundesimmissionsschutzgesetz (§ 4 Abs 1 BImSchG). Dort ist in einem abschließenden Katalog eine Liste der genehmigungspflichtigen Anlagen aufgeführt (z. B.: die dort aufgeführten Anlagen werden in zwei Hauptgruppen (Spalte 1 und Spalte 2) unterteilt. Danach gibt es noch entsprechende Mengenbegrenzungen, beispielsweise bei Feuerungsanlagen für den Einsatz von Heizöl oder Holz mit einer Feuerungswärmeleistung von 1 Megawatt bis maximal 50 Megawatt oder mehr oder bei Anlagen zur Herstellung von Glas, zum Brennen keramischer Erzeugnisse unter Verwendung von Tonen, Anlagen im Rahmen der Metallverarbeitung sowie vielfältige Anlagen im Rahmen der Oberflächenbehandlung und der Verarbeitung von Harzen oder Kunststoffen.

Wir stellen immer wieder fest, daß Betriebe, die klein angefangen haben, unversehens in die Größenvoraussetzungen der 4. BImSchV hineingewachsen sind, ohne dies selbst zu kontrollieren. Diese Tatsache, die auch schon wieder ein Organisationsverschulden darstellen würde, kann nicht entschuldigen.

4.7 Die Belehrung der Mitarbeiter

Immer wieder erlebt man, daß Unternehmer ihre Mitarbeiter zum Stillschweigen verpflichten wollen, um so mögliche Umweltstraftatbestände zu vertuschen. In aller Regel gelingt das nicht. Irgendeiner »hält doch nicht dicht«. Dann ist die Verärgerung und möglicherweise auch die Strafe um so schlimmer.

Die einzige wirkliche Hilfe ist eine sorgfältige gute Durchorganisation, aus der sich die Verantwortlichkeiten, die Belehrungen und Informationen eindeutig ergeben. Der Versuch, die Schuld auf den Angestellten abzuschieben, in der Hoffnung, daß dadurch die Geldbuße geringer würde, hilft nur selten. Je überzeugender die Mitarbeiter darüber aufgeklärt werden, daß sie bei einer Zeugenaussage verpflichtet sind, die Wahrheit zu sagen, desto intensiver darf man sie auch darüber belehren, unter welchen Voraussetzungen sie selbst das Recht zum Schweigen haben. Dies besteht insbesondere

- gegenüber allen Polizeibediensteten
- gegenüber der Staatsanwaltschaft bei allen Fragen, bei deren wahrheitsgemäßer Beantwortung man sich selbst der Gefahr aussetzt, wegen der Strafbarkeit verfolgt zu werden.

Das Aussageverweigerungsrecht kann gerade unter dem Gesichtspunkt der Haftung im Rahmen der Beauftragungen (vgl. 4.2) sehr weit gehen.

Häufig stellt sich danach die Frage, ob entweder der Unternehmer selbst durch Verstoß gegen *seine Organisationspflichten* oder mehrere leitende Mitarbeiter durch schlampige Aufteilung der Organisation unter ihnen haften. Hier bestehen dann Interessenskonflikte zwischen dem Unternehmer und den leitenden Angestellten.

4.8 Schaubild zur strafrechtlichen Verantwortung

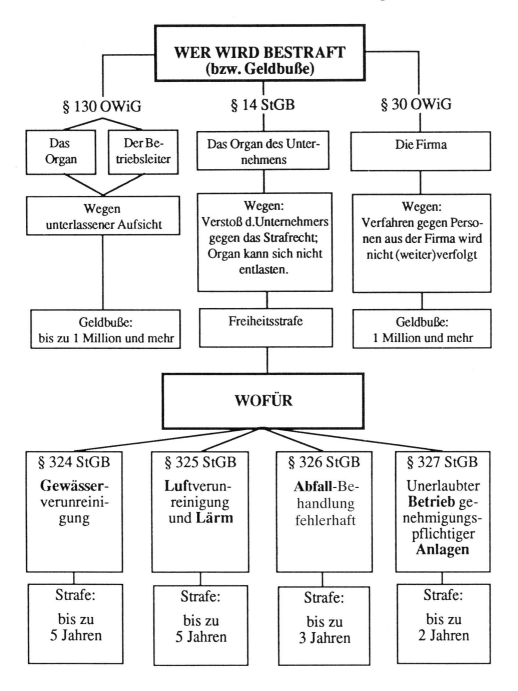

4.9 Die Haftung nach dem Zivilrecht

Die Haftungsfragen für Umweltschäden haben auch schon den Bundesgerichtshof beschäftigt. Ersatzfähig ist danach nicht der allgemeine ökologische Schaden, also die Beeinträchtigung des Naturhaushaltes. Umweltschäden, die an *konkreten* Rechtsgütern, wie Leben, Gesundheit, Eigentum an einem konkreten Gewässer, entstanden sind, müssen aber ausgeglichen werden.

Zum Unterschied:

Die Waldbesitzer gehen gegenwärtig von jährlichen Waldschäden von 50–100 Millionen DM aus. Das Bundesumweltministerium schätzt den jährlichen Waldschaden auf 5,5 Milliarden DM, bewertet unter dem Gesichtspunkt des Erlebniswertes, des Vermächtniswertes im Hinblick auf nachfolgende Generationen und des Existenzwertes im Hinblick auf den Eigenwert der Natur.

Die Tendenz der Rechtsprechung geht zusehends zu einer Verstärkung der Haftungsansprüche. Sie verläßt auch den Boden des üblichen Beweisschemas, wonach der Geschädigte die Schuld des Schädigers nachweisen muß. Heute wird die Schuld des Schädigers vermutet, und er muß beweisen, daß er nicht schuldhaft gehandelt hat.

4.9.1 Emissionen/Immissionen

Emissionsnormen sind die Grenzwerte, die beim Betrieb einer Anlage nicht überschritten werden dürfen, also beispielsweise der Ausstoß von Kohlenmonoxyd, von Styrol, von Halogenverbindungen und dergleichen bei dem Betrieb der Anlage.

Immissionsnormen dagegen legen fest, welche Maximalbelastungen in einem Gebiet auftreten dürfen.

Die beiden bekanntesten Normen sind hier die TA-Lärm (Technische Anleitung zum Schutz gegen Lärm vom 16.7.1968) und die TA-Luft (Technische Anleitung zur Reinhaltung der Luft vom 27.2.1986). Beide legen nur maximale Grenzwerte fest. Die Behörden können die Anforderungen verschärfen.

4.10 Das Nachbarrecht

Nach § 906 Abs. 2 Satz 2 BGB muß der Nachbar nur *zumutbare* Emissionen hinnehmen. Diese Regelung ist heute durch den Bundesgerichtshof zu einer Art Gefährdungshaftung ausgeweitet.

Aus dem Kamin einer gewerblichen Anlage wurde Staub ausgeworfen, der Fahrzeuge des Nachbarbetriebes beschädigte. Die Anlage selbst war genehmigt. Der Betreiber mußte beweisen, daß er alle Vorkehrungen getroffen hat, um die Schädigungen dieser Dritten zu vermeiden.

Nachbarn müssen *ortsübliche* Emissionen dulden. *Ortsüblich* sind aber nur solche Emissionen, die eine etwa gleichartige Nutzung verschiedener Grundstücke ergeben. Dies gibt dann sozusagen »Industrie-Luft« oder »Gewerbe-Luft«. Die Grenze dieser Emissionen bewegt sich im Rahmen der öffentlich-rechtlichen Erlaubnisse. Wird gegen die Erlaubnis verstoßen, braucht die Benutzung durch den Nachbarn nicht hingenommen zu werden. Insbesondere dann, wenn Auflagen zum Schutz der Nachbarn gemacht wurden (Luft und Lärm) oder wenn im Planungsverfahren die Nachbarn diese Auflagen erzwungen haben, haben die Nachbarn *eigene* Ansprüche auf Ersatz.

Die neueste Rechtsprechung begünstigt nicht mehr wie bisher *Altanlagen*. Auch eine seit Jahren existierende Firma kann daher nach heutigen Voraussetzungen nachbarschädigende Emissionen ausstoßen, die ebenfalls zum Ersatz verpflichten.

4.10.1 Beweislastumkehr

Der Nachbar muß lediglich seinen Schaden darlegen und beweisen. Der »Emittent« muß beweisen, daß die Emission in Wirklichkeit auf eine ortsübliche Benutzung zurückgeht oder daß sie durch mögliche und wirtschaftlich zumutbare Maßnahmen nicht verhindert werden kann.

Auch der Nachweis der *Kausalität* ist für den betroffenen Nachbarn erleichtert. Hat der Emittent die für ihn geltenden Werte überschritten, muß *er* beweisen, daß durch seine Verunreinigung die Belastung nicht eingetreten ist.

Ein Betrieb stößt mehr als 100 mg pro m³ Styrol aus und liegt damit über den Höchstwerten der TA-Luft.

Die Nachbarn klagen über Hustenreize und Kopfschmerzen und verlangen Schadensersatz. Ärztliche Bestätigungen ergeben, daß diese Kopfschmerzen und Hustenreize sehr wohl durch die Styrolbelastung kommen können.

Der Betrieb muß nunmehr beweisen, daß dies nicht der Fall ist. Ein wohl sehr schwieriges Unterfangen.

4.10.2 Die Haftung mehrerer

Sind mehrere Betriebe in der Umgebung, die jeweils ähnliche Emissionen verursachen, und haben auch mehrere entsprechende Störungen veranlaßt, haften sie als Gesamtschuldner, § 830 Abs. 1 BGB.

4.11 Die Verkehrssicherungspflicht

Jeder, der eine Gefahrenquelle oder einen gefahrdrohenden Zustand schafft, muß alle ihm zumutbaren Möglichkeiten ausschöpfen, um Schäden anderer zu vermeiden. Grund der Verkehrssicherungspflicht ist also regelmäßig ein *Unterlassen*. Der Unterlassende hat nichts getan, um den Schaden abzuwenden, obwohl er hätte handeln müssen.

4.11.1 Begünstigte der Verkehrssicherungspflicht

Bei schädlichen Immissionen gehören alle »Nachbarn« zu dem Kreis der Begünstigten, die von den Immissionen des Umweltverschmutzers betroffen sind. Der »Herrschaftsbereich« eines Unternehmers geht so weit, wie sich durch sein Verhalten Immissionen nachweisen lassen. Begrenzt wird diese sehr weite Haftung durch die Genehmigungsverfahren. Wenn also eine Anlage mit Genehmigung betrieben wird, kann auch ein entfernter Anwohner, der beispielsweise durch Geruch oder durch Schadstoffe »belästigt wird«, nichts unternehmen.

4.11.2 Das Verschulden

Die Haftung im Rahmen der Verkehrssicherungspflicht setzt Verschulden voraus; Fahrlässigkeit genügt (§ 823 BGB). Verschulden liegt dabei immer vor, wenn vom Standpunkt eines Betrachters von vornherein beurteilt werden kann, ob und welche Maßnahmen zur Schadensverhütung zumutbar sind oder ob sie der Betreiber unterlassen durfte. Verstößt er z. B. gegen Auflagen in der Betriebsgenehmigung, haftet er. Er muß sorgfältig sicherstellen, daß er beim Betrieb der Anlage die Auflagen ständig einhalten kann.

Was aber geschieht, wenn in der Betriebsgenehmigung selbst keine Vorschriften enthalten sind?

In einem Metromarkt rutschte ein Kunde auf einem Teppichfußboden aus, der sich gelöst hatte. Der Kunde verletzte sich.

Der Bundesgerichtshof prüfte nunmehr nicht, ob der Teppich *erkennbar schadhaft* war. Der BGH stellte die Forderung auf, es dürfe nur ein solcher Fußbodenbelag verwendet werden, bei dem es nicht zu solchen gefährlichen Ablösungen kommen könne. Das Verschulden wurde also schon bejaht, weil ein »potentiell gefährlicher« Belag verlegt worden war. Also: Verwendetes Material muß beständige Qualität haben. Dies gilt *auch für die Dauer* der Benutzung der Materialien. Es ergibt sich eine Wartungs- und Sorgfaltspflicht, die es nicht erlaubt, bis zum Schluß eine schon beinahe nicht mehr funktionsfähige Anlage zu benutzen. Ein privater Abwasseranschluß an das öffentliche Netz muß also z. B. schon ausgewechselt werden, wenn sich die Gefahr der Alterung zeigt, nicht erst, wenn der Alterungsprozeß auch tatsächlich eingetreten und der Schaden passiert ist.

Insofern trifft den Unternehmer auch die Verpflichtung, die Überwachung qualifiziert sicherzustellen. Sind Anlagen schwieriger, muß auch entsprechend hochqualifiziertes Personal eingesetzt werden. Liegt eine wirklich komplizierte Befeuerungsanlage vor oder eine aufwendige Klimatechnik, muß auch ein entsprechender Ingenieur zur Verfügung stehen, der rechtzeitig eingreifen kann. Ein Arbeitnehmer, der möglicherweise nicht einmal die Bedienungsanleitung lesen kann, weil er des Deutschen nicht ausreichend mächtig ist, erfüllt solche Voraussetzungen sicher nicht. Sind die Bedienungsanleitungen schwierig und aufwendig geschrieben, obwohl die Anlage möglicherweise einfacher zu handhaben ist, muß der Betrieb dafür sorgen, daß entsprechend leicht verarbeitbare Handbücher verfügbar sind. Ist die Tätigkeit besonders risiko- und gefährdungsgeeignet, müssen Stichproben gemacht werden, um Organisationsverschulden auszuschließen.

Die Verkehrssicherungspflicht kann auch *auf Dritte übertragen* werden. Das Organisationsverschulden wird dann zum »Auswahlverschulden«. Der Unternehmer muß also nachweisen, daß er sich die fachliche Qualität des Beauftragten genau angesehen hat. Auf die Aufgaben des Beauftragten allein darf er sich dabei nicht verlassen.

4.11.3 Beweislast

Auch im Rahmen der Verkehrssicherungspflicht ist die Beweislast umgekehrt worden. Es gelten die Ausführungen zum Nachbarrecht. Nur der Unternehmer selbst kann feststellen, ob er alle Sicherheitsvorkehrungen beachtet hat und auch alle entsprechenden Maßnahmen eingeleitet hat. Er muß demgemäß auch darlegen und beweisen, daß er diese Maßnahmen durchgeführt hat. Ein solcher Entlastungsbeweis liegt vor, wenn er nachweist, daß die behördlichen Auflagen oder Grenzen nicht überschritten sind.

4.12 Produzentenhaftung – ihr Einfluß auf den Umweltschutz

Auf den ersten Blick gehört die Produzentenhaftung nicht in den Umweltschutz. Die Regeln, die die Rechtsprechung zum Thema Produzentenhaftung entwickelt hat, werden aber in großem Umfange in die Umwelthaftung mit einfließen. Die Sachlage: Die potentielle Gefährlichkeit eines mangelhaften Produktes ist die gleiche wie beim Umweltschutz. Auch die Allgemeinheit ist einem solchen Produkt in der gleichen Weise ausgeliefert wie den Immissionen durch Gewerbebetriebe.

4.12.1 Schutzgesetze

Im Rahmen der Produzentenhaftung muß der Unternehmer auch für die Verletzung von Schutzgesetzen haften, also für die Verletzung von Gesetzen, die im Interesse der betroffenen Personen erlassen sind. Schutzgesetz kann dabei auch die Festsetzung einer maximalen Belastung eines Gebietes sein, weil dies im Interesse der betroffenen Nachbarn geschehen ist.

4.12.2 Produktbeobachtung – Beobachtung der Umwelteinflüsse

Der Produzent muß sein Produkt beachten. Ein Arzneimittelhersteller muß ebenso die Wirkung seiner Präparate bei der Anwendung überprüfen wie beispielsweise ein Automobilhersteller die auf dem offenen Markt angebotenen Zubehörteile für seine *Fahrzeuge*.

Ähnlich ist es im Umweltrecht erwartbar. Auch hier muß der Unternehmer laufend *beobachten* und *kontrollieren*, ob es irgendwelche auffälligen Erscheinungen oder Abweichungen durch seine Emissionen oder Immissionen gibt.

Schließlich ist im Rahmen der Produkthaftung eine umfangreiche *Aufklärungspflicht* entwickelt worden. Es bleibt abzuwarten, wie weit hier auch die Hersteller von umweltgefährdenden Produkten oder nur schwer wiederverwendbaren Produkten entsprechende Aufklärungspflichten haben werden. Es ist zweckmäßig, sich darauf einzurichten.

4.13 Die – reine – Gefährdungshaftung

Vorbild für die Gefährdungshaftung ist § 22 Wasserhaushaltsgesetz.

§ 22 Haftung für die Änderung der Beschaffenheit des Wassers.

(1) Wer in ein Gewässer Stoffe einbringt oder einleitet oder wer auf ein Gewässer derart einwirkt, daß die physikalische, chemische oder biologische Beschaffenheit des Wassers verändert wird, ist zum Ersatz des daraus einem anderen entstehenden Schadens verpflichtet.

Bei einer Kläranlage von BASF waren Abfälle in den Rhein gelangt. Die Kosten für die Entnahmen der Wasserproben mußte BASF bezahlen, ohne daß die Frage der Schuld dabei eine Rolle gespielt hätte.

Die *nachteilige Veränderung* des Wassers wird im Zivilrecht im Rahmen der Haftung ebenso beurteilt wie bei § 324 Abs. 1 StGB (vgl. dazu oben Ziffer 4.3).

Eine Haftung ist nur dann ausgeschlossen, wenn höhere Gewalt vorliegt (§ 22 Abs. 2 WHG). Als *höhere Gewalt* gilt aber nur ein außergewöhnliches betriebsfremdes Ereignis, das durch elementare Naturkräfte oder Handlungen Dritter herbeigeführt wurde, die nach menschlicher Einsicht und Erfahrung nicht vorhersehbar waren und auch nicht durch *äußerste* vernünftigerweise zu erwartende Sorgfalt verhütet oder unschädlich gemacht werden konnten.

Diese »*äußerste*« Sorgfalt geht sehr weit. Übliche erwartbare Naturereignisse, wie beispielsweise Hochwasser, die Öltanks überfluten, oder Schneestürme, die Filter verstopfen und dadurch die Abluftreinigung verhindern, sind keine zulässigen Ausreden. Auch immer wieder vorkommende Orkanstürme, die beispielsweise Lagertanks umwerfen und dadurch das Erdreich verschmutzten, sind vorhersehbar.

5. Probleme mit den Altlasten

Verbesserte Prüfmethoden und schärferes Umweltbewußtsein vermehren die Grundstücke mit Altlastenproblemen erheblich. Der Begriff »Altlasten« ist nicht geregelt. Technische Fragen und Voraussetzungen sind in dem Artikel »Flächen-Recycling« in diesem Buch umfassend behandelt.

6. Die Umweltverträglichkeitsprüfung – UVP

Die EG übernahm 1985 eine Anregung aus den Vereinigten Staaten. Der amerikanische Senat hatte 1969 mit dem National-Environmental Policy Act die Überprüfung der Umweltverträglichkeit bedeutender Bundesmaßnahmen eingeführt. Mit der EG-Richtlinie RL 85/337 wurde dieses Instrument zur »Umweltverträglichkeitsprüfung«. Die Mitgliedsstaaten wurden verpflichtet, die UVP bis 2.7.1988 national umzusetzen. In Bonn gibt es dazu einen Gesetzesentwurf (BR-Dr 335/88). Das Gesetz ist noch nicht erlassen, es wird aber noch für diese Legislaturperiode erwartet. Der Entwurf zeigt die Marschrichtung: Das Gesetz selbst will *keine neuen Verfahren* in Gang setzen. Die Prüfung soll verbunden werden durch Änderungen bestehender Bundesgesetze unter Ausnutzung der bestehenden Prüfungsformen. Die UVP ist also geplant als *unselbständiges* Verfahren für die jeweiligen konkreten Zulassungsverfahren nach dem Bundesimmissionsschutzgesetz, dem Abfallgesetz, dem Wasserhaushaltsgesetz und anderen Gesetzen.

Schließlich soll noch als Ergebnis eine zusammenfassende Darstellung der *Umweltverträglichkeit* vorgenommen werden.

Bisher existiert noch keine einheitliche Definition der UVP. Man kann davon ausgehen, daß sie folgende Zielsetzungen verfolgt:

Sie soll zur Versachlichung und Durchdringung komplexer Planungsvorhaben beitragen, indem sie schrittweise vorgeht und den Diskussions- und Bewertungsprozeß analytisch transparent aufbereitet.

Dadurch soll sie politische Entscheidungen über umweltrelevante Vorhaben verbessern.

Als Instrument der Umweltvorsorge soll sie die von den geplanten Vorhaben zu erwartenden schädlichen Auswirkungen auf die Umwelt feststellen und entsprechende Vermeidungs-, Minderungs- oder Ausgleichsmaßnahmen aufzeigen (Punkt 4.9).

Es sind bisher in einigen Städten Versuche unternommen worden, die UVP in die Bauleitplanung einzuführen (z.B. Essen, Köln). Allgemein akzeptierte Handhabungen gibt es noch nicht.

In der EG-Richtlinie werden dem jeweiligen Träger von umweltbedeutenden Maßnahmen Mindestanforderungen abverlangt (Art. 5 Abs. 2).

»Die vom Projektträger gemäß Abs. 1 vorzulegenden Angaben umfassen mindestens folgendes:
– *eine Beschreibung des Objektes nach Standort, Art und Umfang;*
– *eine Beschreibung der Maßnahmen, mit denen bedeutende nachteilige Auswirkungen vermieden, eingeschränkt und, soweit möglich, ausgeglichen werden sollen;*
– *die notwendigen Angaben zur Feststellung und Beurteilung der Hauptwirkungen, die das Projekt voraussichtlich für die Umwelt haben werden;*
– *eine nicht-technische Zusammenfassung der unter dem ersten, zweiten und dritten Gedankenstrich genannten Angaben.«*

Zweckmäßigerweise sollten schon heute Planer davon ausgehen, daß die Anforderungen der UVP im Laufe des nächsten Jahres Gesetzeskraft erlangen. Laufende Verfahren werden dann unter Umständen mit neuen Anforderungen befrachtet, die zu erheblichen zeitlichen Verzögerungen führen können. Es ist deshalb sinnvoll, schon jetzt die Anforderungen der UVP vorzubereiten und am besten mit in das Verfahren einzuführen, damit es dann keine unvorbereiteten Verzögerungen gibt, die Zeitabläufe umwerfen.

7. Der Umweltschutz in der EG

Gemäß Artikel 25 der einheitlichen europäischen Akte (EEA) ist der Titel VII Umwelt in den EWG-Vertrag eingeführt worden. Dort heißt es nunmehr:

»(1) Die Umweltpolitik der Gemeinschaft hat zum Ziel, die Umwelt zu erhalten, zu schützen und ihre Qualität zu verbessern,
– *zum Schutz der menschlichen Gesundheit beizutragen,*
– *eine umsichtige und rationale Verwendung der natürlichen Ressourcen zu gewährleisten.*

(2) Die Tätigkeit der Gemeinschaft im Bereich der Umwelt unterliegt dem Grundsatz, Umweltbeeinträchtigungen vorzubeugen und sie nach Möglichkeit an ihrem Ursprung zu bekämpfen, sowie dem Verursacherprinzip. Die Erfordernisse des Umweltschutzes sind Bestandteil der anderen Politiken der Gemeinschaft.

(3) Bei der Erarbeitung ihrer Maßnahmen im Bereich der Umwelt berücksichtigt die Gemeinschaft
– *die verfügbaren wissenschaftlichen und technischen Daten,*
– *die Umweltbedingungen in den einzelnen Regionen der Gemeinschaft,*
– *die Vorteile und Belastung aufgrund der Maßnahmen bzw. ihrer Unterlassung,*
– *die wirtschaftliche und soziale Entwicklung der Gemeinschaft insgesamt sowie die ausgewogene Entwicklung ihrer Regionen.*

(4) Die Gemeinschaft wird im Bereich der Umwelt insoweit tätig, als die in Absatz 1 genannten Ziele besser auf Gemeinschaftsebene erreicht werden können als auf der Ebene der einzelnen Mitgliedstaaten. Unbeschadet einiger Maßnahmen gemeinschaft-

licher Art tragen die Mitgliedstaaten für die Finanzierung und Durchführung der anderen Maßnahmen Sorge.«

Der EG-Vertrag enthält also wie das nationale Recht ein starkes Gewicht im Sinne vorbeugender Maßnahmen (Abs. 2). Das Verursacher-Prinzip wird festgeschrieben. Der Auftrag zur Qualitätsverbesserung und zur rationellen (sparsamen?) Verwendung der natürlichen Umwelt wird festgehalten.

Theoretisch muß deshalb in allen Ländern der EG mittelfristig ein ähnliches Anforderungsprofil an Umweltschutz gewährleistet sein wie in der Bundesrepublik. Der Linksruck durch die Europa-Wahlen vom 18. 6. 1989 wird die Umweltanforderungen noch verstärken. Inwieweit andere Mitgliedsländer die dann verschärften Vorschriften schnell und genau umsetzen, mag hier dahingestellt bleiben. Die Bundesrepublik wird sicher, wie in den meisten dieser Fälle, eine Vorreiter-Rolle übernehmen.

8. Das Bundesimmissionsschutzgesetz (BImSchG)

Das BImSchG ist die wichtigste Grundlage für den Immissionsschutz. Zweck des Gesetzes ist es, Menschen, Tiere, Pflanzen und andere Sachen vor schädlichen Umwelteinwirkungen zu bewahren. Der Geltungsbereich umfaßt Luftverunreinigungen, Geräusche, Erschütterungen, Licht, Wärme, Strahlen und ähnliche Wärmeumwelteinwirkungen (§ 3 Abs. 2). Die vom Gesetz umfaßten Anlagen sind in der 4. BImSchV zusammengefaßt (vgl. dazu 4.6).

Das Prüfungs- und Genehmigungsverfahren nach dem BImSchG kennt zum Teil vom Baurecht abweichende Verfahren.

8.1 Der Vorbescheid – § 9

Zur Klärung sieht das Gesetz die Möglichkeit eines *Vorbescheides* nach § 9 vor, der einzelne Genehmigungsvoraussetzungen und den Standort der Anlage entscheiden kann. Er beinhaltet nur eine Auskunft, keine Genehmigung.

Ein *Vorbescheid* darf aber nur erteilt werden, wenn nach dem vorläufigen Gesamturteil eine *hinreichende Sicherheit* dafür besteht, daß die *gesamte Anlage* später betrieben werden kann und daß sich die Genehmigungsfähigkeit mit *hoher* Wahrscheinlichkeit ergibt. Insofern hat ein Vorbescheid auch Bindungswirkung für die Genehmigungsbehörde. Soweit also nach Erlaß des Vorbescheides für den geprüften Bereich keine neuen Erkenntnisse auftreten, bleibt die Behörde im Prinzip an die damalige Prüfung gebunden.

8.2 Der Konzeptvorbescheid – §9

Neben diesem Vorbescheid gibt es auch den *Konzeptvorbescheid*. Damit kann die grundsätzliche Genehmigungsfähigkeit der gesamten Anlage festgestellt werden. Der *Konzeptvorbescheid* ist zwar im Gesetz selbst nicht erwähnt, seine Zulässigkeit ist aber unstritig.

Die *Bindungswirkung* der Vorbescheide umfaßt alle diejenigen Entscheidungen, die für die Beurteilung im Rahmen des Vorbescheides erforderlich sind. Das umfaßt regelmäßig auch den Standort und damit die bauplanungsrechtliche Zulässigkeit der Anlage. Mit einem Vorbescheid im Rahmen des BImSchG ist damit *auch baurechtlich das Vorhaben entsprechend geprüft*. Eine Rücknahme wegen einer rechtswidrigen Prüfung könnte nur nach den engen Voraussetzungen des allgemeinen Verwaltungsrechts erfolgen (§ 48 VwVfG).

8.3 Die Teilgenehmigung – §8

Die Teilgenehmigung nach § 8 hat zwar Ähnlichkeiten mit dem Vorbescheid, aber einen anderen Zweck. Sie ist eine echte Genehmigung nach §4, beschränkt auf bestimmte Bereiche. In ihrem Teilbereich hat sie die Wirkung einer vollständigen Genehmigung. Die Verfahrensvorschriften der §§ 10–21 BImSchG gelten in vollem Umfange. Bei einer Teilgenehmigung ist insbesondere die Möglichkeit einer Befristung sowie der entsprechenden Auflagen gegeben.

Auch bei der Teilgenehmigung muß eine *vorläufige Prüfung* der *gesamten* Genehmigungsfähigkeit vorausgehen. Noch schärfer als der Vorbescheid stellt die Teilgenehmigung einen *Querschnitt aus dem Gesamtverfahren* dar. Sie bindet daher im Prüfungsgehalt weiter als der Vorbescheid. Gerade bei der Teilgenehmigung gehört das positive Gesamturteil in der Regel zur Prüfungsvoraussetzung.

8.4 Nachträgliche Anordnungen – §17

Ist eine Genehmigung erteilt, ergeben sich nachträgliche Änderungsmöglichkeiten auf der Basis des § 17. Diese nachträglichen Änderungen sind zulässig, wenn Allgemeinheit oder Nachbarschaft nicht anders vor erheblichen Nachteilen oder Belästigungen geschützt werden können und die Anordnung für den Betreiber wirtschaftlich vertretbar ist.

8.5 Der Bestandsschutz

Anlagen, die noch vor dem BImSchG genehmigt wurden, haben für eine Übergangszeit je nach Qualität und Beeinträchtigung durch die Anlage Schonfrist. Ab 1991 müssen aber auch solche Altanlagen den Qualifizierungsvoraussetzungen des BImSchG entsprechen. Schon heute besteht die Möglichkeit, die Anpassung an die neuesten Vorschriften zu erzwingen, wenn nämlich der Betreiber Änderungen an der Anlage durchführen will, die nach heutigem Recht genehmigungspflichtig sind. Liegt eine solche – wesentliche – Änderung vor (§ 15) kann die Behörde auch die Anpassung an die neuesten Voraussetzungen fordern.

8.6 Der Nachbarschutz

Ist eine Anlage genehmigt und hält sich der Betreiber im Rahmen der Genehmigung, haben Nachbarn regelmäßig keinen Anspruch, wenn durch Immissionen Schäden auftreten. Wird aber gegen die Vorschriften der Genehmigungsvoraussetzungen verstoßen, werden die Meßwerte überschritten, besteht ein zivilrechtlicher Ausgleichsanspruch und im übrigen auch die Gefahr einer strafrechtlichen Verfolgung (vgl. dazu oben Ziffer 4).

9. Die TA-Luft und die TA-Lärm

In beiden Fällen handelt es sich um Vorschriften, die auf der Basis des BImSchG erlassen worden sind. Sie stellen lediglich eine Orientierungshilfe dar, keinen zwingenden Grenzwertpunkt. Es bleibt der Behörde unbenommen, die Werte der TA-Luft oder der TA-Lärm zu unterschreiten und schärfere Anforderungen zu stellen.

Solange keine besonderen Anforderungen gestellt sind, erfüllt ein Unternehmer seine gesetzlichen Verpflichtungen, wenn er sich im Rahmen dieser Vorschriften hält.

10. Regelungskreise in Mietverträgen

Die Haftung im Umweltschutz tendiert zu einer Gefährdungshaftung, die letztlich auf den Störer zurückgreift. Störer ist häufig der Eigentümer einer Immobilie, gleichgültig, an wen er vermietet hat. Im Rahmen von Mietverträgen haftet der Mieter dem Eigentümer häufig wieder nur im Rahmen der Schuld. Es kann also eine Deckungslücke geben, weil der Eigentümer als Störer unbegrenzt und ohne Schuldvorwurf haftet, der Mieter aber jedenfalls dem Eigentümer gegenüber seine Haftung begrenzen kann.

In der Zukunft müßten daher Mieter besonders auf diese Fragen der Umweltverträglichkeit und der Umwelthaftungsansprüche durchleuchtet werden.

11. Schlußbemerkungen

Die Organisation in Unternehmen muß sich regelmäßig stärker als bisher an den Voraussetzungen des Umweltschutzes orientieren und klare Regelungen, Zuständigkeiten und Entscheidungsbefugnisse treffen. Ein »Herausreden« auf Nichtwissen oder Organisationsmängel wird in Zukunft immer weniger hingenommen werden. Gerade im Umweltschutz ist man in der Zukunft manchmal schneller vorbestraft als im Steuerrecht oder im Verkehrsstrafrecht.

Eine *Gesamtbetrachtung* zeigt:

Niemand bestreitet die Notwendigkeit des Umweltschutzes. Die Tatsache, daß die Problematik lange nicht erkannt war, hat nunmehr in den letzten Jahren zu stürmischen Reaktionen und damit Überregelungen geführt. Dies führt zu Unschärfen und Unsicherheiten, die nicht kalkulierbare und auch nicht darstellbare Risiken beinhalten. Es ist deshalb jeder Unternehmer gut beraten, der diesem Gesamtbereich sehr intensive Beachtung schenkt. Schließlich wollen wirklich alle, nicht nur die Nachbarn, die Richter und die Staatsanwälte, sondern auch die Unternehmer und ihre Kinder in der Zukunft in einer möglichst gesunden Umwelt leben.

Freilich: Unser Hauptproblem bleibt. Wir können die Auswirkung unserer heute beschlossenen Maßnahmen nicht voraussehen, weil uns dafür auch in der nahen Zukunft die notwendigen Kontroll- und Meßmöglichkeiten fehlen. Unsere Vorsorge wird Stückwerk bleiben. Dies ändert nichts an unserer Verpflichtung: im Rahmen unserer Möglichkeiten das Zumutbare zu leisten.

Literaturhinweise

Braun, Rainer: Umweltverträglichkeitsprüfung-UVP in der Bauleitplanung, 1987

Christoph (Herausgeber): Handwörterbuch des Umweltrechtes, Band 1, 1986; Band 2, 1988

Henselder, Ruth: Abfallgesetz, 1986, Verlag Franz Rehm, München

Krusche, Mathias: Umweltrecht, Neues Denken – Neue Perspektiven, 1988

Jarass, Hans D.: Bundes-Immissionsschutzgesetz-Kommentar, 1983

Jarass, Hans D.: Umweltverträglichkeitsprüfen bei Industrievorhaben, 1986

Schmidt, Rainer: Einführung in das Umweltrecht, 2. Auflage 1989

Storm, Peter-Christoph: Umweltrecht, 2. Auflage 1987

Rengeling, Hans-Werner: Umweltvorsorge und ihre Grenzen im EWG-Recht, 1989

Reschke-Kessler, Hilmar/Hammrainer: Aktuelle Fragen und Rechtsprechung zum Umwelthaftungsrecht der Unternehmen, 1988

Abkürzungsverzeichnis

AfA:	Abschreibung für Anlagen
AGB:	Allgemeine Geschäftsbedingungen
API:	Angabepflichtiger Prospektinhalt
AO:	Abgabenordnung
BAK:	Bundesaufsichtsamt für das Kreditwesen
BauGB:	Baugesetzbuch
BauNVO:	Baunutzungsverordnung
BewG:	Bewertungsgesetz
BFH:	Bundesfinanzhof
BGB:	Bürgerliches Gesetzbuch
BGF:	Brutto-Geschoßfläche
BGH:	Bundesgerichtshof
BIG:	Berliner Innovations- und Gründerzentrum
BMZ:	Baumassenzahl
BPflV:	Bundespflegeverordnung
BörsG:	Börsengesetz
II. BV:	2. Berechnungsverordnung
CAD:	Computer Aided Design
CSW:	Chartered Surveyors Weekly
DIN:	Deutsches Institut für Normung
ECE:	Einkaufs-Center-Entwicklungsgesellschaft, Hamburg
ErbStG:	Erbschaftsteuergesetz
EStG:	Einkommensteuergesetz
EStR:	Einkommensteuerrichtlinien
F + E Abt.:	Forschung- und Entwicklungsabteilung
GbR:	Gesellschaft bürgerlichen Rechts
GewO:	Gewerbeordnung
GewStDV:	Gewerbesteuerdurchführungsverordnung
GFZ:	Geschoßflächenzahl
GIP:	Gewerbe im Park
GrEStG:	Grunderwerbsteuergesetz
GRG:	Gesundheitsreformgesetz
GrStG:	Grundsteuergesetz
GRZ:	Grundflächenzahl
HBG:	Hypothekenbankgesetz
HeimG:	Gesetz über Altenheime, Altenwohnheime und Pflegeheime für Volljährige
HGB:	Handelsgesetzbuch

HoAI:	Honorarordnung für Architekten und Ingenieure
IfG:	Institut für Gewerbezentren
IfH:	Institut für Handelsforschung
IHK:	Industrie- und Handelskammer
KAGG:	Gesetz über Kapitalanlagegesellschaften
KG:	Kommanditgesellschaft
KHBV:	Krankenhausbuchführungsverordnung
KHG:	Krankenhausfinanzierungsgesetz
KHR:	Krankenhaus-Richtlinien
KWG:	Kreditwesengesetz
MABV:	Makler und Bauträger-Verordnung
NJW:	Neue Juristische Wochenschrift
PR:	Public Relations/Öffentlichkeitsarbeit
Reg-E:	Regierungsentwurf
RVO:	Reichs-Versicherungsordnung
RWI:	Rheinisch-Westfälische-Immobilien-Anlageges. mbH.
SGB V:	Sozialgesetzbuch
StGB:	Strafgesetzbuch
ULI:	Urban Land Institute, Washington D. C.
UStG:	Umsatzsteuergesetz
UStR:	Umsatzsteuerrichtlinien
UWG:	Gesetz gegen unlauteren Wettbewerb
VDE:	Verband Deutscher Elektroingenieure
VDI:	Verband Deutscher Ingenieure
WEG:	Wohnungseigentum-Gesetz
WiKG:	Gesetz zur Bekämpfung der Wirtschaftskriminalität

Literaturverzeichnis

Arbeitskreis Gewerbliche Ansiedlung und Innenstadtsanierung Köln (Hrsg.). Subventionierter Gewerbebau – Untersuchung über die An- bzw. Umsiedlung von Klein- und Mittelbetrieben in neu zu ordnenden Stadtteilen, (Studie 4), Köln 1979.

Arndt, H.; Maschke, J.: Hotelbetriebsvergleich, München 1977.

Arnold; Wurtzebach; Miles: Modern Real Estate, 3. Auflage, Boston 1980

Arthur Anderson & Co.: Ausländische Investitionen in US-Grundvermögen. Herne-Berlin 1984.

Atkins, Evaluating the Appraisal, in: National Real Estate Investor, 1987 (März), S. 52 ff.

Basler Handelskammer: Technologiepark im Wirtschaftsraum Basel – überflüssig oder notwendig? In: Schriftenreihe der Basler Handelskammer Nr. 13, Basel 1987

Bielenberg, W./Ernst, W./Zinkahn, W.: Kommentar zum Bundesbaugesetz, 4. Auflage, München 1983

Bihr/Jahrmarkt/Knapp/Wipfler: Vorteilhafte Geldanlagen – Handbuch für Anleger, Berater und Vermittler, Freiburg 1978

Bloom; Weimer; Fisher: Real Estate, 8. Aufl., New York 1982

Bölter, Hendrick H.: Der geschlossene Immobilienfonds, Frankfurt/Main 1986

Bogner, W.: Handbuch des Erschließungsrechts, 5. Auflage, 1981

Robert-Bosch-Stiftung: Beiträge zur Gesundheitsökonomie 20, Krankenhausfinanzierung in Selbstverwaltung, Teil I, Kommissionsbericht, Gerlingen 1987

Brestl: Vermögen in Amerika. Ein Ratgeber für Kapitalanleger in den USA und Kanada. 2. Aufl., Niederklatt 1981.

Brönner, W.: Deutsche Denkmalschutzgesetze, Schriftenreihe des Deutschen Nationalkomitees für Denkmalschutz, Bd. 18, Bonn 1982.

Broermann, B.: Immobilien in USA, Zürich 1979.

Brückner, O.: Ermittlung des Bodenwertes, 3. Auflage 1977 (Handbücher der Grundstückswertermittlung, Bd. 4).

Büschgen, Hans E.: Handwörterbuch der Finanzwirtschaft, Stuttgart 1976

Bundesminister für Raumordnung, Bauwesen und Städtebau (Hrsg.) Bodenpreise, Bodenmarkt und Bodenpolitik (Expertengespräch) (= Schriftenreihe 03 »Städtebauliche Forschung«, Heft 088), Bonn 1981.

Carpenter, H. jun.: Shopping-Center-Management, New York 1978

Clavadetscher A./Thurnherr F.: Immobilien in den USA als Kapitalanlage, Niederglatt-ZH, 1985

Das neue Krankenversicherungsrecht, Fünftes Buch Sozialgesetzbuch, AOK-Verlag, Bonn 1989

Degener, Th.: Die Leasingentscheidung bei beweglichen Anlagegütern – ein Vorteilhaftigkeitsvergleich zwischen Leasing und Kreditkauf aus der Sicht gewerblicher Investoren, Frankfurt/Main 1986

Deutscher Bäderverband e. V.: Deutscher Bäderkalender, Gütersloh 1989

Deutscher Industrie- und Handelstag (Hrsg.): Orientierungshilfe bei der Bauleitplanung – Daten für IHK-Gutachten zu großflächigen Einzelhandelsbetrieben, Bonn 1983 (wird jährlich überarbeitet)

Deutscher Sparkassenverlag: Geschlossene Immobilienfonds, Konstruktion – Rentabilität – Zweiterwerbspreise, Ausgabe 1984, Stuttgart

dies.: Internationale Investitionen in US-Grundvermögen, Genf 1980

DIFU/ISI (Deutsches Institut für Urbanistik, Berlin/Fraunhofer-Institut für Systemtechnik und Innovationsforschung, Karlsruhe), Gründer- und Technologiezentren – Planung, Finanzierung, Management (Seminarunterlagen), Berlin/Karlsruhe 1984

Deutsches Zentrum für Altersfragen e. V.: Altwerden in der Bundesrepublik: Geschichten – Situationen – Perspektiven, Heft 40 Band I–III

Dornfeld, R.; Klumpe; Quast; Richter; Schmider; Söffing: Handbuch der Bauherrengemeinschaft und geschlossenen Immobilienfonds, Köln 1983

Dyllick-Brenzinger, F.: Betriebskosten von Büro- und Verwaltungsgebäuden; Wiesbaden/Berlin 1980

Eichhorn, S.: Krankenhausbetriebslehre – Theorie und Praxis des Krankenhausbetriebes, 3 Bde, 1975–1987

Epping, Günter: Bodenmarkt und Bodenpolitik in der Bundesrepublik Deutschland, Berlin 1977

Fahrholz, B.: Leasing in der Bilanz, Köln – Berlin – Bonn – München 1979

Falk, B. (Hrsg.): Einkaufszentren, Landsberg am Lech 1982

Falk, B.: Kundenforschung in Einkaufszentren, Berlin 1975

Falk, B. (Hrsg.): Immobilien-Handbuch – Wirtschaft, Recht, Bewertung, Stuttgart 1985

Falk, B.: Gewerbe-Immobilien, Landsberg a. L. 1987

Falk, B.: Prüfungskriterien für die Beleihung von Gewerbeobjekten. In: Der langfristige Kredit 18/86, S. 564–569

Falter, M.: Die Praxis des Kreditgeschäfts, 12. Aufl., Stuttgart 1987

Feinen, K.: Das Leasinggeschäft, Frankfurt a. M. 1983

Flachmann, K./Scholtz/Schork-Steder: Handbuch für das Investmentwesen, Berlin, Bielefeld, München 1981

Fleischmann/Bellinger/Kerl: HBG-Kommentar, 3. Aufl., München 1979

Fleischmann, G.; Röschinger, W.; Meyerhof, H.-D.: Steuern, die Vermögen werden? Ein Wegweiser für steuerbegünstigte Kapitalanlagen, Landsberg a. L. 1983

Gaedeke, R./Tootelian, D.: Marketing, St. Paul 1983

Gerlach/Hieronymus/Schwatlo u. a.: Die Gewerbeimmobilie als Kapitalanlage, 2. Aufl., Freiburg 1988

Goedecke, W./Kerl, V.: Die Hypothekenbanken, Frankfurt a. M. 1974

Goedecke, W.: Realkredit, Perspektiven und Probleme, Frankfurt a. M. 1979/82

Gottlöber, E.: Planung, Finanzierung und Rentabilitätsbegutachtung von Hotelbauten, Berlin 1979

Gugg, E.; Lüdtke, L.: Betriebsabrechnung für Beherbergungs- und Gaststättenbetriebe, München 1972

Habermann, G.: Der Gewerbehof als Instrument kommunaler Ansiedlungspolitik, in: Bremer Zeitschrift für Wirtschaftspolitik, 5. Jg., Nr. 1–2, 1. und 2. Quartal 1982

Hagenmüller, K. F.: Leasing-Handbuch, Frankfurt a. M. 1982

Hahne, R./Jansen, P. G.: Gewerbehöfe im Städtebau (Schriftenreihe der ILS, Band 2.032), Dortmund 1982

Henckel, D.: Gewerbehöfe – Organisation und Finanzierung, Berlin 1981 (DIFU-Materialien)

Henckel, D.: Recycling von Gewerbeflächen – Zum Problem von Umnutzung und Wiedernutzung gewerblicher Fläche, in: Archiv für Kommunalwissenschaften, 21. Jg., Band 2, 1982

Hennicke, M./Tengler, H.: Industrie- und Gewerbeparks als Instrument der Kommunalen Wirtschaftsförderung, Schriften zur Mittelstandsforschung, Nr. 4 NF, Stuttgart 1986

Heyel: Encyclopedia of Management, New York 1973

Hoffmann, H.: Zur Situation des Krankenhauswesens in der Bundesrepublik Deutschland, Düsseldorf 1985

Institut der Wirtschaftsprüfer in Deutschland e. V., IdW: Stellungnahme WFA 1/1983, Grundsätze ordnungsmäßiger Durchführung von Prospektprüfungen sowie Anlage 1, Mindestanforderung an den Inhalt von Prospekten zu Angeboten über Kapitalanlagen, Düsseldorf 1983

Jährig, A./Schuck, H.: Handbuch des Kreditgeschäfts, 5. Aufl., Wiesbaden 1984

Jansen, D. E./Matern, A. (Hrsg.): Immobilienanlagen in den USA, München

Jansen, D. E./Matern, A. (Hrsg.): Kapitalanlagen in Kanada, 2. Aufl., München 1983

Jansen, P. G.; Thebes, M.; Hahne, P.: Planung von Industrie- und Gewerbeparks als Instrument der Landesentwicklung in Nordrhein-Westfalen, in: Schriftenreihe Landes- und Stadtentwicklungsforschung des Landes Nordrhein-Westfalen, Landesentwicklung, Bd. 1.018, Dortmund 1979

Jansen, P. G.; Illerhaus, Klaus: Industrie- und Gewerbeparks in der Bundesrepublik Deutschland – Erfahrungen und ihre Übertragbarkeit auf das Verbandsgebiet, in: Konzeption zur Industrieansiedlung, Hrsg. vom Siedlungsverband Ruhrkohlenbezirk, Essen 1977, S. 143–189

Jebe, H.: Preisermittlung für Bauleistungen, Düsseldorf 1974

Kremer, E., ten Hoevel, W.: Kredite an Unternehmen. Kreditgeschäft, 4. Aufl., Stuttgart 1987

Kreutzfeldt, R.: Leitfaden durch das Realkreditgeschäft, 4. Aufl., Stuttgart 1987

Kunz, E.; Ruf, F.; Wiedemann, E.: Heimgesetz, Kommentar, 3. Auflage, Verlag C. H. Beck, München 1981

Kurth, H.: Der geschlossene Immobilienfonds. Handbuch für Anleger und Berater, Freiburg im Breisgau 1986

Kutsch, K./Schiffers, K. H.: Marketing im Bauwesen, Braunschweig 1979

Kyle, Robert C.: Property Management, 3. Aufl., USA 1988

Landmann, R. v.; Rohmer, G.: Gewerbeordnung-Kommentar, München 18. EL zu I/II September 1986

Laux, H./Ehl, K.: Grundstücks-Investment – die offenen Immobilienfonds

Leder, Walter: Rechtsfragen bei der Ansiedlung von Einkaufszentren, Band 31, Siegburg 1987

Leiderer, W.: Kennzahlen zur Steuerung von Hotel- und Gaststättenbetrieben, Schriftenreihe der Fachhochschule München, Band 1, Stuttgart 1982

Leifert, H.: Finanzierungs-Leasing in Deutschland, Berlin 1973

Littmann, E./Bitz, H./Meincke, J. P.: Das Einkommensteuerrecht, Kommentar zum Einkommensteuergesetz, 14. Aufl., Stuttgart 1985

Locher/Koeble: Baubetreuungs- und Bauträgerrecht, 3. Auflage, Düsseldorf 1982

Luber, F.: Krankenhausfinanzierungsgesetz (KHG), Percha 1989

Lusser, Franz: Die Haftungsverhältnisse bei Anlagefonds, Zürich 1964

McCarthy, E.: Basic-Marketing, Homewood, 3. Aufl., 1965

Meffert, H.: Marketing, 6. Aufl., Wiesbaden 1982

Melaniphy, John C., Jr.: ULI-the Urban Land Institute: Commercial & Industrial Condominiums, Washington, D.C. 1981

MI Verlag: Management Enzyklopädie, Landsberg a. L. 1982/83

MI Verlag: Marketing Enzyklopädie Band 1 bis 3, München 1975

Mink, Claudius: Immobilienkapitalanlagen, München 1988

Mülhaupt, L./Kandlbinder, H. K. (Hrsg.): Die deutschen Spezialfonds, Entwicklungen, Aufgaben, Rechtsstellung, Frankfurt a. M. 1979

Müller, P. L.: Planungsökonomie im Bauwesen, Leitfaden der Kostenplanung, Stuttgart 1982

Northedge: Mortgage Lending Property Finance, Banker 1986, S. 148ff

Oeser, F. W.: Möglichkeiten zur kontinuierlichen Kontrolle der wirtschaftlichen Durchführung einer Baumaßnahme, Heft 6, Technische Universität Hannover, Lehrstuhl für Betriebswirtschaftslehre, 1971

Paghel, H. S.: Zeitgemäße Gästebetreuung im Hotel und Kurhaus, Animation – sales promotion management, München 1985

Pfarr, K. H.: Die Bauunternehmung, Wiesbaden-Berlin 1967

Pfarr, K. H.: Baukalkulation auf der Grundlage von fixen und variablen Kosten, Wiesbaden-Berlin 1970

Pleyer/Bellinger: Das Recht der Pfandbriefbanken in Europa, München 1981

Pohnert, F.: Kreditwirtschaftliche Wertermittlung. Typische und atypische Beispiele der Immobilienbewertung. 3. Aufl., Wiesbaden 1986

Pottschmidt, G./Rohr, U.: Kreditsicherungsrecht, Ein Handbuch für Studium und Praxis, 3. Aufl., München 1986

Prause, H.: Die Baupreiskalkulation in der bauindustriellen Unternehmung, 1981, Betriebswirtschaftliches Institut der Westdeutschen Bauindustrie.

Quast, D.: Steuerbegünstigte Kapitalanlagen in betriebswirtschaftlicher, steuerrechtlicher und zivilrechtlicher Sicht, Köln 1982

Richter, H.: Leasing im Steuerrecht – Dokumentation, Köln, 1982

Ring, A./Dasso, J.: Real Estate, 9. Aufl., Englewood 1979

Ritter, U. P.: Industrieparks, in: Handwörterbuch der Raumforschung und Raumordnung, Hannover, 2. Auflage 1970, Spalte 1277

Ross, R./Brachmann, R.: Ermittlung des Bauwertes von Gebäuden und des Verkehrswertes von Grundstücken, 24. Auflage, Hannover 1983

Ross, J.; McKeever, ULI-the Urban Land Institute: The Community Builders Handbook, Anniversary Edition, Washington, D. C. 1968

Roulac, S. E.: Modern Real Estate Investment, San Francisco/Kalifornien

Runge, B./Bremser, H./Zöller, G.: Leasing, Heidelberg 1978

Seldin, M.: The Real Estate Handbook, Homewood 1979/80

Shenkel, W.: Marketing Real Estate, Englewood Cliffs 1985, 1. Aufl.

Sherwood, C./Nordstrom, R./u. a.: Marketing, St. Paul 1983

Siegel, G./Wonneberg, R. + Partner: Bau- und Betriebskosten von Büro- und Verwaltungsbauten, Berlin 1979

Sill, O. (Hrsg.): Parkbauten – Handbuch für Planung, Bau und Betrieb von Parkhäusern und Tiefgaragen, 3. Auflage, Wiesbaden und Berlin 1981

Sirmans, C. F./Jaffe, A. J.: The Complete Real Estate Investment Handbook, USA 1988

Sommer, H. R.: Kostensteuerung von Hochbauten, Stuttgart 1983

Sommer, H.: Überwachung von Baukosten, Wiesbaden-Berlin 1983

Schirnding, L. v./Hammer, P. G.: Immobilienfonds und Immobilienbörse in Deutschland, in: Bankwirtschaftliche Sonderveröffentlichungen des Instituts für Bankwirtschaft und Bankrecht an der Universität zu Köln – Band 15

Schneider, D.: Investition und Finanzierung, 5. Aufl., Wiesbaden 1980

Stannigel/Kremer/Weyers: Beleihungsgrundsätze, Stuttgart 1984

Steacy, R.: You can make it selling real estate, Toronto 1988

Steffan, F.: Handbuch des Real- und Kommunalkredits, Frankfurt/Main 1977

Tietz, B.: Die Grundlagen des Marketing, Band 1 und 2, München 1975

Tootelian, D./Gaedeke, R.: Cases and Classics in Marketing Management, San Diego 1986

Troll, M./Simon, J.: Wertermittlung bei Geschäfts- und Fabrikgrundstücken, München 1980

ULI-the Urban Land Institute (Hrsg.): Dollars & Cents of Shopping Centers: Washington, D. C. 1984

ULI-the Urban Land Institute: Industrial Development Handbook, Washington, D. C. 1975

ULI-the Urban Land Institute: Industrial Districts, Principles in Practice, Technical Bulletin 44, Washington, D. C. 1962

ULI-the Urban Land Institute: Business Parks, Office Park Plazas & Centers, Technical Bulletin 65, Washington, D. C. 1970

Veltins: Das Recht der US-partnership und limited partnership einschließlich ihrer Besteuerung. Herne-Berlin 1984

Verband Deutscher Hypothekenbanken, Jahresbericht 1988

Vogel, E./Reinisch, G./Hoffmann, G.: Kommentar zum Umsatzsteuergesetz (52. Erg.-Lfg. 6/86)

Vogels, M.: Grundstücks- und Gebäudebewertung – marktgerecht, 2. Auflage, Wiesbaden und Berlin 1982

Walterspiel, G.: Einführung in die Betriebswirtschaftslehre des Hotels, Wiesbaden 1969

Winteler, E. U.: Kapitalanlagen in den USA, Wiesbaden 1984

Wolf, E./Eckert, H. G.: Handbuch des gewerblichen Miet-, Pacht- und Leasingrechts, 5. Aufl., Köln 1987

Stichwortverzeichnis

A

Abbruchkosten, 628
Abfallbeseitigung, umweltgefährdende, 744
Abgaben, öffentliche, 615
Abluft, 238
Abnehmer, Rücktrittsrecht des, 691
Abrechnung, verbrauchsabhängige, 609
Abrechnungsmodalitäten, 608
Abwicklung, 488, 657
AGB-Gesetz, 494, 643
Aktivitäten, sportliche, 141
Altenheim, 192, 201
Altenpflegeheim, 192
Altenwohnheim, 191
Altlasten-, 753
-- untersuchung, 628
Anforderungen, bauliche, 155
Anforderungskriterien, spezielle, 198
Anlage-
-- formen, 680
-- kriterien, 17
-- markt, 42
Anlagen, unerlaubtes Betreiben von, 745
Anleger, individueller, 454
Anzeigen, 52
Architektur, 246

Arztpraxen, 239
Auftrag, 560
Auslands-
-- geschäft, deutsche Kreditinstitute im, 503
-- investitionen, deutsche, 503
-- objekt, 321
Ausstattung-, 247
-- bauliche, 198
-- personelle, 199
Ausstattungs- und Einrichtungsprüfungen, 178

B

Bankenprodukt, 331
Bau-
-- ausführung, 215, 222
-- beginn, 723
-- freigabe, 307
-- genehmigung, 306, 711
-- kosten, 119
-- kredit, gewerblicher, 468
-- leistungen, 306, 411
-- nutzungsverordnung, 724
-- recht, 407
--- öffentliches, 709
--- Prüfung des, 301
-- substanz, 118
-- träger, 44
-- weise, 214
-- wert, 628

»Be there where the action is«, 265
Bebauung, 85
Bebauungsplan, 85, 629, 718
Bedienerfreundlichkeit, 591
Beendigung, 654
Begleitung, treuhänderische, 360
Beherbergungsbetriebe, 578
Beleihungswertermittlung, 419
Besonderheiten mehrfunktionaler Gewerbe-Immobilien, 243
Bestands-
-- Objekte, 574
-- aufnahme, 558
-- beobachtung, 322
-- schutz, 757
Betrieb, 223
Betriebs-
-- und Nebenkostenabrechnung, 605
-- führung, 179
-- kosten, 119, 607
-- kriterien, 195
-- typologie, 63
Beurteilung, landesplanerische, 715
Beurteilungskriterien, 403
-- ausgewählte, 405
-- grundlegende, 416
Bevölkerungsentwicklung, 188
Beweislast-, 751
-- umkehr, 749
Bewirtschaftung, 70
Bewirtschaftungsformen, 73
Bezugsrahmen, 345
Boardinghouses, 55

Branchen-/Mietermix, 246
Branchen-Mix, 25
Bundesimmissionsschutzgesetz, 755
Büro-
-- und Verwaltungsbauten, 404
-- arbeit, Rationalisierung der, 33
-- arbeitsplatz, 33
-- atmosphäre, 32
-- flächen, 577
-- gebäude, 284
-- häuser, 38, 39
--- Planung von, 46
--- als Kapitalanlage, 31
-- immobilien, Bewertung von, 426
-- mieten, 35
Büros, 237
Buy-and-lease, 488

C

Center-Management, 411
City-Einkaufszentren, 20
Computerunterstützung, 587
Controlling, 597

D

Daten-
-- auswertungen, variable, 591
-- basis, 601
-- integration, 590
-- zugriffsrechte, detaillierte, 591
Der gewerbliche Immobilienmarkt 1989, 283

Design, 69
Dienstleistungssektor, 34, 316
Drittverwendungsfähigkeit, 486

E

Eigenmanagement, 516
Eigenregie, 226
Einflußfaktoren, 352
Einkaufshöfe, 20
Einkommensentwicklung, 188
Einkommensteuerreform, 275
Einkunftsart, 338
Einrichtungen, multi-funktionale, 193
Einrichtungskriterien, 191
Einzelhandels-, 237, 287
-- immobilien, Bewertung von, 436
Entwicklung
-- sozio-demographische, 188
-- steuerrechtliche, 701
Erbschaftssteuer, 164
Erfolgsaussichten, 366
Erfolgsbedingungen, 123
Erhaltung, 645
Erlebniszonen, 26
Erschließung, 85, 86, 629
Ertragsmanagement, 326
Europa, 312
Expansionsmanagement, 525

F

Fachmarkt-Kombinationen, 21

Fachmärkte, 21
Fremdfinanzierung, 271
Ferienzentren, 55
Finanzierung, 307, 451, 488
-- konventionelle, 461, 467
-- traditionelle, 495, 497
Finanzierungsform, 134, 450
Finanzierungs-,
-- modelle, 304, 410, 505
-- partner, 501
-- strategie, 357
fiskalische Regelungen, Einfluß, 489
Flächen-Recycling, 625, 632
-- Maßnahmen des, 631
Flächen-,
-- management, 524
-- nutzungsplan, 717
-- relationen, 104
-- struktur, 315
Flexibilität, 240
Fluktuation, 249
Fonds, geschlossene, 697
Fonds-,
-- anteile, 355
-- prognoserechnung, 345
-- syndikatoren, 362
-- zeichner, 362
Food-Courts, 22
Förderungs-,
-- bedingungen, 165
-- kriterien, 197
Freizeit-, 237
-- anlage, 138
-- einrichtungen, 404

-- gesellschaft, 130
-- immobilien, 127, 131
--- Beispiele von, 134
--- Beurteilung von, 131
-- markt, 129
-- parks, 139
Fremd-,
-- management, 516
-- vergabe, 226
Frischezentren, 23
Fungibilität/Werterhaltung, 246
Funktionstüchtigkeit, 94

G

Galerien, 20
Gästetypologie, 64
Gastronomie, 237
Gebrauchsgewährung, 645
Gefährdungshaftung, 752
Gemeinschaftseinrichtungen, 612
Genehmigung, 221
Gesamtinvestition, 409
Geschäftsverhalten, Wandel des, 311
Gesundheits-Reformgesetz, 146
Gewährleistungsregelungen, 494
Gewässer, Verunreinigung eines, 742
Gewerbe-Immobilien, 416, 447
-- ausländische, 501, 509
--- Finanzierung, 504
-- Beurteilungskriterien für, 401
-- Leasing für, 483
-- Management, 513

-- Marketing für, 567
-- mehrfunktional genutzte, 233
-- Projektentwicklung für, 295
-- Rentabilität von, 445
-- Steuerrecht für, 697
-- Vermarktung von, 571, 700
-- Vermittlung von, 555
Gewerbegebiet, Lage eines, 84
Gewerbepark, 79, 578
-- Architektur des, 87
-- Konzept, 93
-- Philosophie und Umsetzung, 97
-- Werbung für den, 92
Gewerbesteuer, 160
Großgastronomie, 26
Grundsteuer, 163, 615
Grundstücks-
-- auswahl, 214
-- sicherung, 305, 410
Grünflächen, 89

H

Haftungsregelungen, 494
Handel, 26, 27
Handels-Immobilien, 18, 140, 403, 577
Handwerkerhöfe, 99
Hausmeister, Kosten für, 614
Heim-
-- gesetz, 200
-- vertrag, 207
Heizkosten, 609
-- verteiler, 610
Hotel, 55, 238. 288

-- Finanzierung eines, 434
-- architektur, 69
-- immobilien, Bewertung von, 431
Hotellerie
-- Entwicklung der, 61
-- heute, 70

I

Image-, 241
-- Politik, 583
-- anspruch der Eigentümer, 242
Immobilien-,
-- anlage, langfristig nachgefragte, 313
-- finanzierungen, gewerbliche, 466
-- fonds, 173
--- geschlossene, 329, 334, 458, 704
--- offene, 309, 313, 456, 703
-- gewerbliche, 15, 463
--- Management der, 531
-- investitionen, Steuerbelastung bei, 278
-- Leasing, 485, 489, 490, 491, 495, 496
-- makler, professionelle, 44
-- management, 359
--- Aufgaben des, 516
-- markt
--- amerikanischer, 262
--- gewerblicher, 15, 570
-- Vertragsklauseln beim, 493
-- wirtschaftliche Phasen, 631
Industrieparks, 101
Instandhaltungs-

-- durchführung, 600
-- planung, 600
Instrumentarium, marketing-politisches, 572
Investitionen, 303
Investitions-
-- land, Amerika als, 258
-- rechnungen, 67
-- ziele, 255
Investor, 109

K

Kalkulation, 488
Kapital-
-- anlagenbetrug, 670
-- bindung, 41
Kaufpreisfindung, 429
Kennziffern, 75
Ketten, 71
KG-Gewerbefonds, 335
Klimatisierung, 240
Klinik-Immobilien, 165
-- gewerbliche, 168
Kliniken, private, 143
Kompatibilität, 242
Komponenten, optische, 229
Konkurs, 659
Kontrollfunktion, 361
Konzeption, bauliche, 238
Konzeptvorbescheid, 756
Kooperation, 71
-- prinzip, 734
Korrekturphase, 563
Kosten-

-- entstehung, 533
-- gesichtspunkte, 472
-- management, 326, 523, 533, 549
-- reduzierung, 548
-- vergleich, 495
-- verteilung, 535
Krankenanstalten, Steuerrecht privater, 156
Krankenhaus-Typen, 151
Kredit-
-- entscheidung, Nebenbedingungen der, 478
-- institut, 413
--- Finanzierung durch ein deutsches, 508
-- potential, 477
Kündigung(s-), 654
-- außerordentliche fristgebundene, 655
-- fristlose, 656
-- ordentliche, 655
-- regelungen, 494

L

Lage, 132
Lagerhäuser, 286
Landinvestments, 289
Lärm, 743
Leasing-
-- nehmer, 490
-- objekte
--- Gewerbe-Immobilien als, 486
Lebensmittel-SB-Markt, Wertermittlung für einen, 443

Lebenszyklus, 27
Leistungs-
-- angebot, 503
-- störungen, 652
Liquiditätsmerkmale, 477
Luftverunreinigung, 743

M

Makler, professionelle, 53
Makro-Standort, 35, 103, 194
Management, 90, 223, 248
-- Immobilien, 515, 699
Marketing-, 81, 107
-- instrumentarium, 230
Markt-
-- analyse, 407
-- anteilsströme, 332
-- erweiterung, 312
-- forschung, 573
-- halle, 23
--- Angebot der, 25
-- segmente, 334
-- situation, aktuelle, 312
-- strukturen, 465
-- zyklen, 36, 264
Maßanzugsimmobilien, 316
Maßnahmen
-- flankierende, 562
-- organisatorische, 584
-- personal-politische, 583
-- produkt-politische, 576
-- werbe-politische, 581
Mieter(-), 109, 410
-- Pflichtenkreis des, 650

-- mix, 106, 270, 315
-- vereinigung, 93
Miet-
-- erträge, 304
-- nebenkosten, 611, 616
-- optionsvertrag, 640
-- recht, 635
-- vertrag(s-), 247, 248, 307
--- Kaufen eines, 269
--- laufzeiten, 316
--- management, 521
--- verwaltung, 593
-- vorvertrag, 640
-- zinsen, 646
Mikro-Standort, 35, 103, 194
Miniwarehouses, 211
Mitarbeiter, Belehrung der, 746

N

Nachbar-
-- recht, 748
-- schutz, 757
Nachinvestitionen, 316
Naschmarkt, 24
Nebenkosten-, 247, 249, 607
-- abrechnung, 598
--- beispielhafte, 619
Nebenpflichten, 650
Negativkriterien, 105
Neubauvorhaben, 324
Nutzen-
-- kategorien, 338
-- profil, 337
Nutzergruppen, 237

Nutzungs-
-- anforderungen, 104
-- konzept, 302, 408

O

Objekt-
-- philosophie, 99
-- anbieter, 317
-- aufbereitung, 560
-- aufnahme, 557
-- beschreibung, 560
-- besichtigung, 419
-- betreuung, 325
-- bewertung, 327, 559
-- buchhaltung, 595
-- einkauf, 317, 322
-- entwicklung, 322
-- fondsspezifisches, 313
-- mehr-funktionales, 579
-- nutzer, 323
-- präsentation, 562
-- prüfung, 321
-- seite, 557
-- standorte, 320
-- typen, 317
-- unterlagen, 419
-- verkauf, 325, 328
-- vereinbarungen, 494
Ordnungsinstrumente, 736

P

Parkflächen-Management, 526
Parkhäuser, 27

-- Betrieb, 219
-- Management, 219
-- Planung, 219
Parkierung(s-), 245
-- flächen, 612
Parkplätze, 88
Parzellierung, 629
Passagen, 20
Plakatwerbung, 52
Planaufstellungsverfahren, 720
Planung(s-), 66
-- instrumente, 735
Pre-Opening-Kosten, 197
Preis-/Konditionen-Politik, 580
Privatkrankenanstalten, 153, 173
Privatrecht, 635
Produkte, 572
Produktnutzen, 337
Produzentenhaftung, 751
Profilierungs-Management, 518
Profit-Center, 224
Projekt-
-- entwicklung(s-), 66, 189, 517
--- unternehmen (Developer), 16
-- idee, 298, 406
-- realisierung, 305
-- studie, 300
Prospekthaftung, 666
Prüfung(s-), detaillierte, 405
-- kriterien, 177

R

Radiowerbung, 53
Rahmenvertrag, 641

Ratendarlehen, 497
Reagan, 283
Realisationsbedingungen, 356
Realkredit-
-- begriff, 467
-- system, 509
Rechts-
-- beziehungen, 641
-- folgen, 669
-- grundlagen, 221
-- mängel, 652
-- stellung der Heimbewohner, 207
Regionalität, 314
Rehabilitation, 149
Rendite-
-- immobilien, 699
-- projektionen, 266
Rentabilität, 243, 345, 448, 616
Reparaturkosten, 613
Return-on-Investment, 133
Revitalisierung, 528
Risiken, rechtliche, 663
Risiko-
-- streuung, 244
-- überlegungen, 469
Rückgabepflicht, 657

S

Sach- und Preisgefahr, 493
Sachmängel, 653
Sale-and-lease-back, 488
SB-Lagerhaus, 211
-- als Investment, 217
Schenkungssteuer, 164

Schieflagen, 659
Schutzzwecke, 201
Senioren-
-- einrichtungen, 185
-- heime, 579
Sensibilitätsanalysen, 352
Service-
-- angebot, 121
-- kriterien, 227
-- politik, 580
Shopping-Center, 18
Sicherheit(s-), 245
-- anforderungen, 239
-- management, 527
Software, 592
Sonstiges, 690
Spaßbäder, 139
Squashanlage, 136
Stadt, 109
Stadtteile vom Reißbrett, 263
Standort(-), 66, 236, 265
-- analyse, 407
-- bedingungen, 114
-- innerstädtischer, 315
-- kategorien, 236
-- kriterien, 194
-- prüfung, 300
-- qualität, 94
-- wahl, 83
Stellenwert, 637
Steuer-
-- arten, 158
-- oase, 261
-- reform, 273
Strafrecht, 670, 739

Struktur, immobilienwirtschaftliche, 117
Suchkartei, 561
Synergieeffekte, 94

T

TA-Lärm, 757
TA-Luft, 757
Tatbestand, 689
-- subjektiver, 686
Täter, 682
Tätige Reue, 688
Täuschungsmittel, 680
technischer Fortschritt
-- Einfluß des, 31
Technologie-
-- parks, 111
-- zentren, 111
Teilamortisation, 497
-- lineare, 496
Teilbarkeit, 247
Teilgenehmigung, 756
Tennishallen, 135
Trägerschaft, 144
triple-net-Mietvertrag, 269

U

Übergangsregelung, 278
Übernachtungs-Gewerbe, 404
Überprüfung, turnusmäßige, 426
Überwachungs-
-- kriterien, materielle, 206
-- system, administratives, 202

Umetikettierung, 116
Umsatzsteuer, 161
Umstrukturierungen, 324
Umwelt-
-- einflüsse, 752
-- recht, Haftung im, 738
-- schutz, 729
--- in der EG, 754
-- schutzrecht, 727
--- Ziele, Grundsätze, Gefahren des, 737
-- verträglichkeitsprüfung, 753
Unterbringungskosten, 195
Unterhaltung, 237
Untermietverhältnis, 658
Unternehmenshierarchie, 739
Unternehmerrisiko, 729
US-Immobilienerwerb, 264
US-Markt, 253

V

Veräußerungsgewinne, Steuerbelastung der, 281
Vergleich, 660
Verhandlungsphase, 564
Verjährung, 670, 688
Verkauf, konventioneller, 701
Verkehrs-
-- anbindung, 84
-- sicherungspflicht, 749, 750
Verlustausgleich, 277
Vermarktung, 50, 89
-- bei geschlossenen Fonds, 700
-- bei offenen Fonds, 700

Vermiet-Management, 519
Vermieter, Pflichtenkreis des, 651
Vermietung(s-), 592
-- broschüre, 51
-- schild, 51
Vermittlungstätigkeit, 561
Vermögens-
-- anlage, 454
-- steuer, 162
Verschulden, 750
Versicherungen, 615
Verteilerschlüssel, 615
Vertrag(s-), 409
-- abschluß, 564, 639
-- beobachtung, 326
-- inhalt, 643
-- klauselkontrolle, 494
Verursacherprinzip, 733
Verwaltung(s-), 90, 216, 248
-- EDV-System zur, 589
-- immobilien, 699
Videofilm, 53
Viktualienmarkt, 24
Vorsorgeprinzip, 732

W

Wachstums-
-- land, 260
-- markt, 129
Warenhaus-
-- flächen, Umwidmung von, 21
-- konzerne, 21
Wärmemengenzähler, 610
Warmwasserkosten, 609

Welttourismus, 57
Werbeziele, 107
Werbung, strafbare, 689
Wert-
-- entwicklung, 313
-- erhaltung, 528
-- ermittlung, 421
-- konstanz, 486
Wieder-
-- veräußerbarkeit, 363
-- verkauf, 271
-- verkäuflichkeit, 411
Wirkungen, steuerliche, 365
Wirtschaftlichkeit(s-), 305
-- kriterien, 196
Wirtschaftsklima, 258

Wohnerwartungen, 189
Wohnungen, 239
Wohnungsbau, 288

Z

Zahlungsströme, 477
Zentrumsfirmen, 122
Ziele, 113
Zivilrecht, 666, 748
Zugänglichkeit, 238
Zugriff, dezentraler, 590
Zwangsversteigerung, 661
Zwangsvollstreckung, 661
Zweitmarktaspekte, 363